新訂 日本建築

渋谷五郎・長尾勝馬 原著
妻木靖延 著

学芸出版社

まえがき

筆者が建築の実務に携わり始めた昭和30年頃から、木造建築でわからないことがあると、本棚の『新版 日本建築（上）（下）』に助けてもらっていた。この本は渋谷五郎・長尾勝馬両先生の共著で、建築関係者必携の参考書であった。内容は、木造在来工法の全般にわたり詳細に述べられ、さらに茶室、庭園、社寺建築、宮殿建築まで網羅されている。しかし、刊行されてすでに50余年の日々が経過しており、その間のはげしい社会変化によって、現在ではその当時と異なったものになったり、消えてしまったものもある。そこで、この名著『新版 日本建築』を再び甦らせ、現在に通用するものに改めるため、自らの浅学非才をも省みず、おおいに躊躇したが、蛮勇を奮って書き直し、加筆した次第である。

第Ⅰ部伝統建築で扱う範囲は、門、玄関、茶室、土蔵、神社建築、寺院建築、宮殿建築、庭園である。
　茶室については、茶の発生から発展期の安土桃山時代の茶室、そして建築に最も大きな影響を与えている数寄屋についても述べた。
　土蔵では、伝統的な木造の土蔵と、新しい工法の土蔵についても述べた。
　神社建築では、その発生と経緯を歴史的に考え、古代発生の社殿について木割等を詳述した。
　寺院建築については、古代、中世、近世の堂宇の変遷、構造の変化、組物等を詳述し、屋根、軸部、内部のしつらえや天井、装飾用部材にいたるまで述べた。
　宮殿建築では、奈良後期時代の住宅から書院造までの変遷とその詳細を述べ、また書院造を形成する帳台構えや建具等についても詳述した。
　庭園は建築ではないが、日本庭園は原則として建築とともに存在し、建築とは切り離せない造形である。近代の考古学により発見された古代の庭園から、近世の大名庭園にいたる経過を解説し、各部名称も述べた。もちろん、茶庭（露地）にも言及した。
　これら伝統建築については、一般には住宅ほど身近に存在するものではなく、ある特殊な人たちのものと考えられがちであるが、建築に携わる者は、教養・知識として知っておかねばならないものばかりである。またその中に先人の考えた意匠、構造が満ちあふれており、それが材料となって新しい意匠、構造を生み出すためにおおいに役立つものであると考え詳述した。なお、戦後の考古学発展の結果、発見されたもの等を加え、一般の木造建築と異なる用語等のうち難読のものには振り仮名をつけた。

第Ⅱ部では、木造在来工法を扱う。現在これ以外に多くの工法があるが、木造在来工法はわが国で営々と培われてきた工法である。世界的に見ても非常に優秀な工法であるが、現在種々の条件からその継承が危ぶまれているのを感じる。本書では、この優秀な意匠・工法を残し、新しい材料・工法を加味して、さらにすばらしい建築を提供するため、過去の工法の再認識が不可欠であると考え、現代に通用する木造在来工法を取り上げた。
　戦後の社会変化は想像を絶するもので、建築も、計画、施工、材料、構造それぞれがおおいに変化した。また、これに伴う建築設備も同様である。建築家はこの変化を把握しておかないと、職方との信頼関係が築けない。また職方も、その職種に関連するところを理解する必要がある。

用語は、一般に現場等で用いられているものを使用した。この方がスムースに打合せ等が行われ、間違いも少ないと考えたからである。地域によって差異等があるかもしれないが、ご容赦いただきたい。

　本書を書くにあたって、旧著の精神を逸脱することなく、古い伝統もより多く残すことに努めた。ただし、断面表示や規格等は戦後決まったものが多く、図面は旧著のものをすべて描き直し、あるいは新規追加した。
　建築に携わろうとする人や建築を学ぼうとする人々にとって、種々役に立つ本であると信じている。

2009 年 7 月
妻木靖延

「新版　日本建築」はしがき

　終戦後の混乱期を脱して、昨今ようやく世態人情も軌道にもどり、文化国家としての再起の槌音も聞かれるようになったので、予てから斯界の各層、権威ある学究や技術家を初とし、各地方の青年技術者・学生・現場関係者等から、しきりに督促されていた本書の再版に対し、私も若がえって大改訂の意欲が起り、昨年以来駑馬に鞭を加えて日夜に稿を練り、これを長尾君に提示して意見を交換し、茲に面目を一新、社会にまみえる事にしたのが、この新版「日本建築」である。
　すでに下巻の原稿も出来ていることでもあり、上下を合本にしたいと思ったが、何分文学書などとちがって、説明上非常に多くの図版を必要とするので、その費用も巨額に嵩むのと、長い日時を要するので、順序として上巻から出すことにした。
　幸に、京都・学芸出版社の竹原君の義挙によって、煩雑な図版を持つ本書が茲に先ず上巻から実現を見るに至った事を感謝すると共に、著者としての私自身も及ばぬ綿密さと熱心さで、一字一句、図版の一点一画にさえも嵩費を惜まず、改版稿正をかさね、社会に出た本書に恥なからしめんとする同氏の努力に対して、深く敬意を払わずにはおけないのである。以上の点に於て、十分自信の持てる積りでいるが、なお諸賢のご叱正を得ば著者の本懐とするところである。
　やがて明年巻を追って出版されるさるべき下巻に、より大なる期待をかけて頂くことが出来れば幸いである。

　　昭和 28 年 9 月 23 日　中秋名月の夜
　　恩師斎藤兵次郎先生の風貌を想念しつつ

阪急沿線清荒神清宝園寓居にて
著者　渋谷五郎

『新訂　日本建築』もくじ

第Ⅰ部　伝統建築

1　門　10

1. 棟門 …………………………10
2. 上土門 ………………………10
3. 薬医門 ………………………12
4. 大棟門 ………………………12
5. 四脚門 ………………………12
6. 重層門 ………………………12
7. 三門 …………………………12
8. 楼門 …………………………12
9. 唐門 …………………………15
10. 高麗門 ………………………15
11. 櫓門 …………………………15
12. 長屋門 ………………………15
13. 穴門 …………………………15
14. 八脚門 ………………………15
15. 随身門、仁王門 ……………18
16. 築地塀 ………………………18

2　玄関　20

1. 玄関構え ……………………20
2. 足元と軸部 …………………22
3. 軒回り ………………………22
4. 妻飾り ………………………24

3　茶室、茶屋　28

1. お茶について ………………28
2. 茶と禅 ………………………29
3. 数寄屋の発生 ………………29
4. 四畳半 ………………………31
5. 茶室、茶屋、数寄屋の区別 …31
6. 茶室の配置と必要設備 ……34
7. 茶室の構造 …………………41
8. 茶席の利用 …………………47

4　土蔵　49

1. 土蔵と湿気 …………………49
2. 伝統的な土蔵 ………………49
3. 現代の土蔵：木軸ラス貼工法 …53
4. 現代の土蔵：鉄筋コンクリート造 …57
5. 現代の土蔵：コンクリートブロック造 …59

5　神社建築　59

1. 特徴 …………………………59
2. 神社建築の体系 ……………61
3. 各種本殿の様式 ……………64
4. 主な造の詳細 ………………70
5. 鳥居 …………………………78

6　寺院建築　84

1. 寺院建築 ……………………84
2. 時代ごとにみる伽藍配置と建物の変化 ……84
3. 寺院の各建築 ………………86
4. 堂塔の基礎回り ……………96
5. 本堂の軸組 …………………98
6. 組物 …………………………100
7. 軒回り ………………………105
8. 入母屋、千鳥破風 …………107
9. 屋根瓦葺 ……………………109

7　宮殿建築　114

1. 貴人の住宅の歴史……114
2. 縁……119
3. 出入口と窓……123
4. 床と天井……126
5. 彫刻意匠……128

8　詳細部　132

1. 向拝……132
2. 向拝の構造……133
3. 唐破風造……135
4. 縋破風……139
5. 桧皮葺……139

9　彩色　141

1. 彩色装飾……141
2. 彩色の下地ごしらえ……142
3. 置上げ極彩色の手順……143
4. その他の彩色……144

10　庭園　145

1. 庭の変遷……145
2. 庭園のテーマ……147
3. 庭園の分類……147
4. 和風庭園の分類……147
5. 作庭の心得……150
6. 築山と泉水……153
7. 石組……157
8. 飛石と敷石……159
9. 樹木の移植……161
10. 芝植え……163
11. 築山庭の景物……165
12. 平庭の景物……167
13. 庭園の手入れ……173

第Ⅱ部　木造在来工法

11　敷地の選定　176

1. 利便性……176
2. 敷地の地勢……176
3. 敷地の形状と地盤の状態……176
4. 公共設備……176
5. 関連法規の確認……176
6. 建物の配置……181

12　建築環境　181

1. 日照と日射……181
2. 風……183
3. 音……186
4. 色彩……188
5. 環境の汚染……192
6. 家相方位……193

13　建築構造　198

1. 組積構造……198
2. 架構構造……198
3. 一体構造……200
4. 木造の在来工法……200
5. 他の木構造……200
6. 建築の寿命……201

14　計画の要素　203

1. 与条件……203
2. 経年変化……203
3. 晴と褻の世界……204
4. 収納……204
5. 現場調査……204

15 平面計画　206

- 1 必要諸室の摘出とゾーニング……206
- 2 平面の形式……………………………206
- 3 平面計画構成のための各部屋の再検討……206
- 4 外構、エクステリア…………………228

16 建築設備計画　236

- 1 電気設備………………………………236
- 2 給排水衛生設備………………………243
- 3 ガス設備………………………………249
- 4 空調設備………………………………251

17 建築設計　252

- 1 平面と高さの基本寸法………………252
- 2 基本設計………………………………254
- 3 実施設計………………………………254
- 4 設計図書………………………………255
- 5 積算見積り……………………………272
- 6 建築工事の方法………………………274
- 7 業者の選定……………………………274
- 8 確認申請………………………………274
- 9 事前協議………………………………274
- 10 確認申請書……………………………276
- 11 請負契約………………………………278
- 12 工程表…………………………………278

18 敷地の整備　279

- 1 石垣と擁壁……………………………279
- 2 地業工事………………………………282
- 3 地業……………………………………292

19 建前工事　296

- 1 木材……………………………………296
- 2 構造用金物……………………………302
- 3 軸組……………………………………306

20 床組　315

- 1 床組……………………………………315
- 2 足固め…………………………………315
- 3 大引……………………………………315
- 4 床束……………………………………315
- 5 簡単な床組……………………………315
- 6 根太……………………………………318
- 7 改め口と揚げ板………………………318
- 8 二階床の構造…………………………318
- 9 胴差……………………………………318
- 10 二階梁…………………………………318
- 11 二階根太………………………………320
- 12 床板……………………………………320

21 小屋組　323

- 1 小屋……………………………………323
- 2 建前と上棟式…………………………324
- 3 和小屋（和式小屋）…………………324
- 4 洋小屋（洋式小屋）…………………326
- 5 和小屋の小屋梁………………………326
- 6 小屋束、小屋貫、小屋筋違…………329
- 7 母屋と棟木……………………………329

22 屋根野地　331

- 1 隅木と谷木……………………………331
- 2 垂木……………………………………331
- 3 軒先……………………………………331
- 4 野地……………………………………334
- 5 妻（傍軒）の仕舞……………………336

23 屋根　337

- 1 勾配……………………………………337
- 2 屋根葺材料……………………………340

3 瓦葺の施工法 …………………… 342	
4 金属板葺（銅板、鉄板、アルミ板、鉛板）… 346	
5 金属板葺の施工法 ……………… 348	
6 スレート ………………………… 350	
7 石類 ……………………………… 350	
8 アスファルト類 ………………… 350	
9 板葺（木端板葺、木賊葺、スレート葺）… 353	
10 樹皮葺、草葺 …………………… 353	

24　樋　356

1 降雨量と樋の大きさ …………… 356

25　壁　359

1 和風壁下地 ……………………… 359
2 日本壁 …………………………… 359
3 洋壁 ……………………………… 365
4 外壁仕上 ………………………… 369
5 タイル、石工事 ………………… 374

26　造作　378

1 縁側 ……………………………… 378
2 窓 ………………………………… 384
3 庇（廂）と戸袋 ………………… 394
4 内法（敷居・鴨居）…………… 396
5 天井 ……………………………… 410
6 床の間と床脇 …………………… 414
7 階段 ……………………………… 422

27　建具工事　426

1 金属建具 ………………………… 426
2 木製建具 ………………………… 433
3 建具用金物 ……………………… 441

28　ガラス工事　444

1 板ガラス ………………………… 444
2 ガラスブロック ………………… 445
3 ガラス繊維（ガラスウール）… 447
4 その他のガラス製品 …………… 447

29　塗装工事　451

1 塗装の目的 ……………………… 451
2 塗料の構成 ……………………… 451
3 塗料の種類 ……………………… 451
4 塗料の施工 ……………………… 456

30　床仕上材と工事　459

1 畳 ………………………………… 459
2 織物類 …………………………… 461
3 床タイル ………………………… 463
4 床シート（長尺床材）………… 465

索引 ……………………………………… 469

第Ⅰ部

伝統建築

1 門

　伝統的な建築につく門には、棟門、上土門、薬医門、大棟門、四脚門、仁王門、重層門、三門、楼門、唐門、高麗門、櫓門、長屋門、穴門、八脚門、随臣門等がある。

1 棟門

　棟門は、また「むなかど」ともいい、厳格な大邸宅や、寺院の山門（総門）などに用いられる（図1・1）。この門は、まず唐居敷といわれる厚い板の上に丸い柱を建て、左右の門柱とする。柱の頂上に肘木（女梁）をのせ、その上に台輪に相当する碁平の冠木を掛け、左右門柱につないで固めて、この上に屋根を作る。

　棟門の小屋組は、出し梁腕木（男梁）を女梁の上に重ねかけ、冠木に渡し腮に架け渡して桔ね出す。冠木の上に、両端は出し梁の上にそれぞれ板蟇股（雲板ともいう）を置いて棟木を支え、出桁の上で、出し梁の鼻に出桁を渡し腮に掛け、化粧屋根を作る。扉は多く唐戸（図7・18、p.124参照）で、塀は築地塀が最もよく似合う。

　棟門の木割は、まず門柱の太さは、柱真々距離の1/10の太さとする。唐居敷の厚さは柱の4分、長さは柱の3本分、幅は方立内面より垂木幅ほど出して礎石の上に据える。内法寸法は、門真々の7分とする。軒は、茅負、木負、出桁下端を水平に揃える。これを「六連れ」という。木負の位置は、扉を開いた位置から柱の8分くらい出た所に出す。出桁は、両端木負間の1/7の所に出桁芯とする。屋根引渡し勾配は、6.5/10（6寸5分勾配）とするのが普通である。

　棟門のその他の寸法、大きさは、表1・1の通りとする。

　小屋は、板蟇股の厚さは3a（aは柱径の1/10）くらいにして長さは、女梁ほどのものを図1・1のように繰って両妻と中間に建て、その上に桝形（斗形）8a角を置いて実肘木をのせ、棟木を架ける。化粧棟の大きさは、桁ほどのものがよい。

　棟門の屋根は、傍軒の出は、柱間の1/3を破風外面とし、冠木の長さは傍軒の出の1/7だけ破風板より入った所で垂直に切り、その鼻を銅板で包む。破風の幅は、柱の7分、上に2〜3分の増、下にも1分増をつける。屋根は軽い桧皮葺か枌板葺（柿葺）がよく似合う。

　扉各部は、方立は、框の厚さほどにかけ、扉幅の1/24を框の見付けとし、その見込みは、8分取りとする。中桟は、上下摺桟と框の裏目（矩指しの裏の目$\sqrt{2}$を掛けた数値）ほどあけ、三ツ割に配る。八双金物の長さは、戸幅の1/3くらいとして、その幅は框ほど、その先の開きは、裏目ほどにするのがよい。なお見付けは「幅」、見込みは「厚さ」を表す用語である。

　築地塀の高さは、冠木の下端までの2/3とし、すぼまりは、高さの8/100勾配とする。須柱の大きさは、柱の4分とする。棟門の門柱は、この築地塀の須柱の踏張りと唐居敷の踏張りで持たすが、地震に弱いため、大きくして、支えをつける等が必要である。塀で門柱が倒れるのを防ぐのである。

2 上土門

　棟門の建地の上に化粧屋根を板のように貼って、その上に土をのせ屋根を作った門を上土門（図1・2）という。土をのせるため、屋根の腐りが早く、現在では見当たらないが、古代から中世の絵巻物の中にはたびたび登場する。妻板の関係で、屋敷の勾配は極めてゆるく、枌板葺（柿葺等）か、桧皮葺で仕上げているのは屋根材料が軽いからである。木割の大きさは、ほぼ棟門に準じるが、少し華奢に作った方がよいようである。

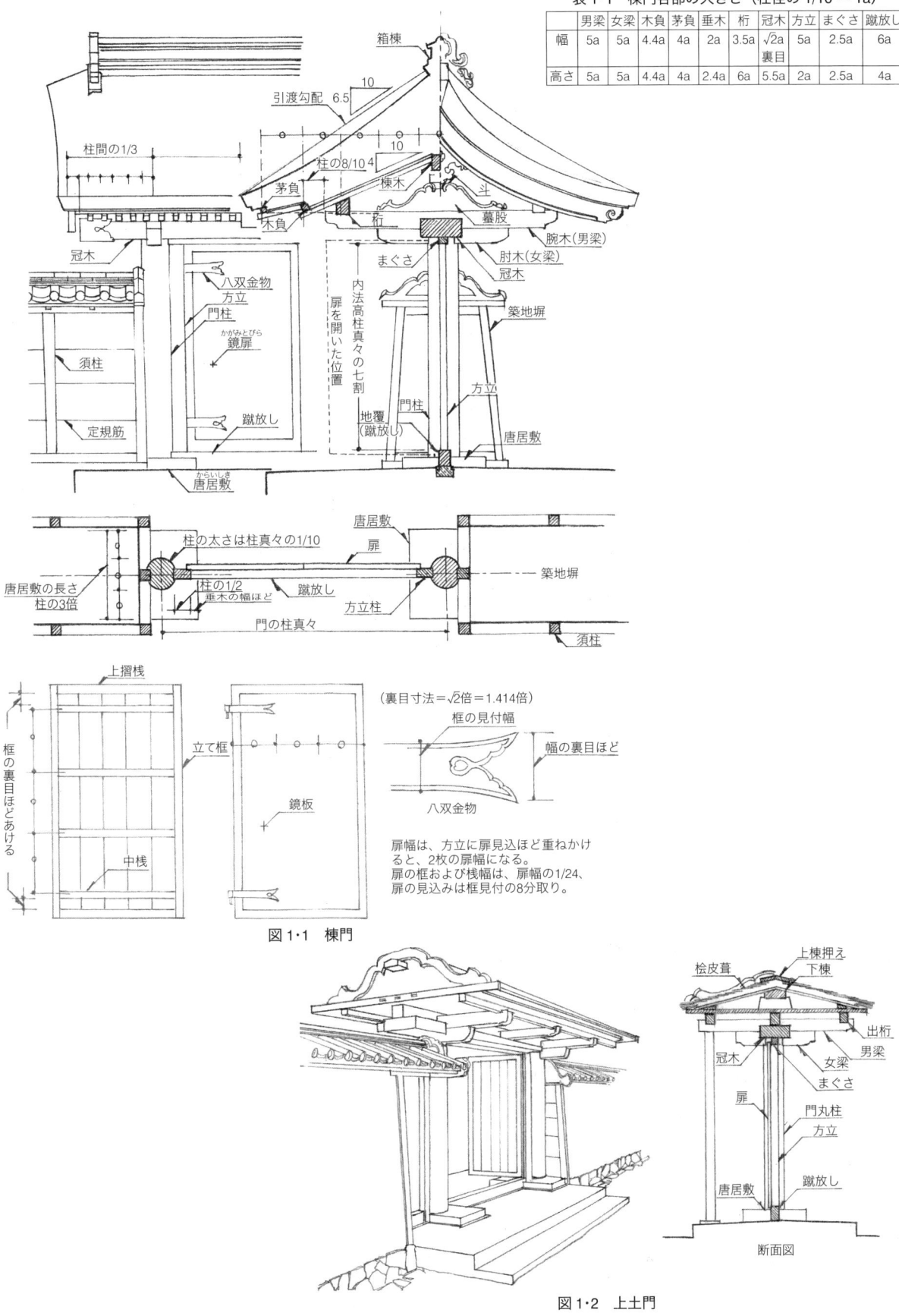

表 1·1 棟門各部の大きさ（柱径の 1/10 = 1a）

	男梁	女梁	木負	茅負	垂木	桁	冠木	方立	まぐさ	蹴放し
幅	5a	5a	4.4a	4a	2a	3.5a	√2a 裏目	5a	2.5a	6a
高さ	5a	5a	4.4a	4a	2.4a	6a	5.5a	2a	2.5a	4a

図 1·1　棟門

図 1·2　上土門

3　薬医門

薬医門は、最もよく見られる屋根門である（図1・3）。棟門と同じような建前だが、棟門が柱2本のみであるのに対し、この門は、内側に控柱（押え柱ともいう）として本柱の8分角くらいのものを2本建て、ここに屋根荷重の一部を負担させるようになっている。その点、棟門より進歩している。

このことから本柱の正面見付けは太く、柱真々の11/100くらいとし、見込みは、見付けの6分取りくらいの碁平の柱を使う。軒の出は、桁真々の1/2を出し、表側柱芯から約1/3入った所を本柱の位置とする。軒は普通一軒だが、二軒の時は、六連れにする。棟木は束立てまたは蟇股斗形の上に置く。その他の木割はほぼ棟門に準じるが、屋根の仕上は、本瓦葺や桟瓦葺が多い。

4　大棟門

普通の棟門は柱間が一つであるのに対し、大棟門は中央柱間の左右に中央の柱間よりやや狭い小脇扉を設け、一直線の冠木で大きな柱間と小さな柱間を連ねる。屋根は切妻破風で、一軒に葺き、木割はほぼ棟門に準じる。東京大学の赤門（旧前田家の大門）が大棟門である。

5　四脚門

四脚門は2本の円柱の本柱前後に、4本の丸柱または角柱を建てて屋根を支えた門である（図1・4）。その4本の柱を袖柱という。屋根は切妻で、反りをつけた破風造である。また平唐破風、向唐破風造などもある。瓦葺あるいは、桧皮葺である。扉は両開き板唐戸、桟唐戸で、欅、桧等の一枚板を用いることもある。附属する塀は、練塀が最も多い。社寺建築の表門には四脚門がよく用いられる。東大寺法華堂の北門が有名である。

6　重層門

屋根が二重で外部から見ると二階建のように見える建物を重層といい、平家に見えるものを単層という。二階は建物の機能がないのが普通で、重層門（図1・5）も二階には上がれない。大寺院の門は、この重層門が多い。

典型的な重層門は、以下のように表現する。桁行3間、梁間2間、1戸（1戸は、出入りできる大きさで、普通両開き扉の意）重層入母屋本瓦葺で、軒二軒、下層組物、上層組物の名が書かれ、上層高欄（擬宝珠高欄、桔高欄、禅宗様高欄等の種類がある）付とし、柱間装置を表す。

重層門で最古のものは、法隆寺西院中門だが、この門は非常に特殊で、桁行4間、梁間3間、2戸である。中央に柱が建てられている門は他にない。

7　三門

重層門の一種で、鎌倉時代栄西によってわが国にもたらされた禅宗寺院の主要な門である。三解脱門が正式名称だが、略して三門という（図1・6）。規模が大きく、桁行5間というのが一般的である。

重層門との最も大きなちがいは、三門の上層は、機能していることである。すなわち上層にも板敷きの床を作り、そこで仏事が行われるような設備がなされている（図1・7）。当時の民衆は上部からの眺めを知らなかったが、この三門の出現により上部からの眺めを経験することになった。やがて二層、三層の楼閣（鹿苑寺舎利殿「金閣」、慈照寺観音殿「銀閣」等）を作り出していく一つの契機になったという考え方もある。なお、上層に上るための山廊という階段設備が、左右についているのが普通である。

8　楼門

楼門の多くは、桁行3間、梁間2間か、桁行5間、梁間2間の規模で、1戸あるいは3戸に扉をつけ、両脇の各1間には囲いを設ける。重層門とよく似た大きさだが下層の屋根がなく、そのかわりに斗肘木（斗栱）を組み、それによって桔ね出された切目縁を巡らせてその上に高欄をつけている（図1・8）。

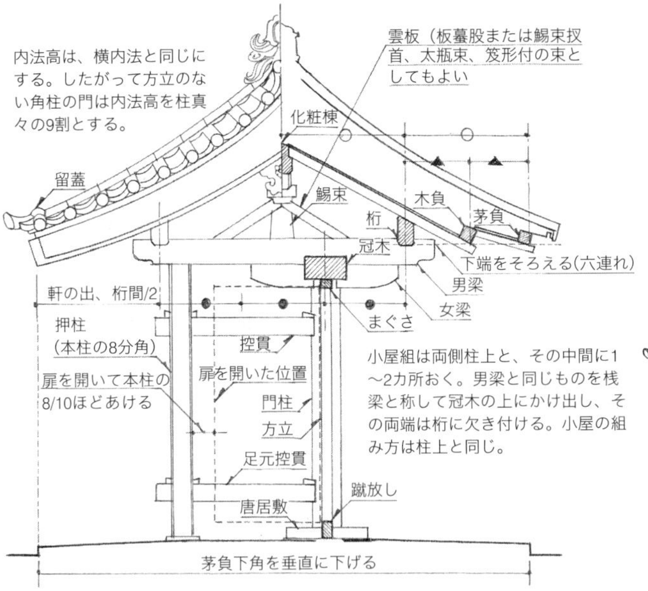

図1・3　薬医門の木割

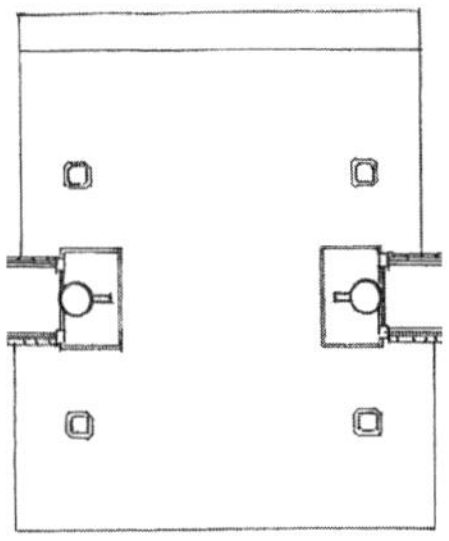

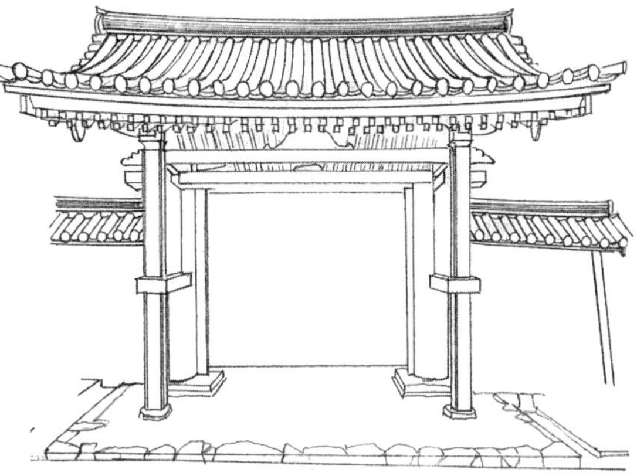

図1・4　四脚門

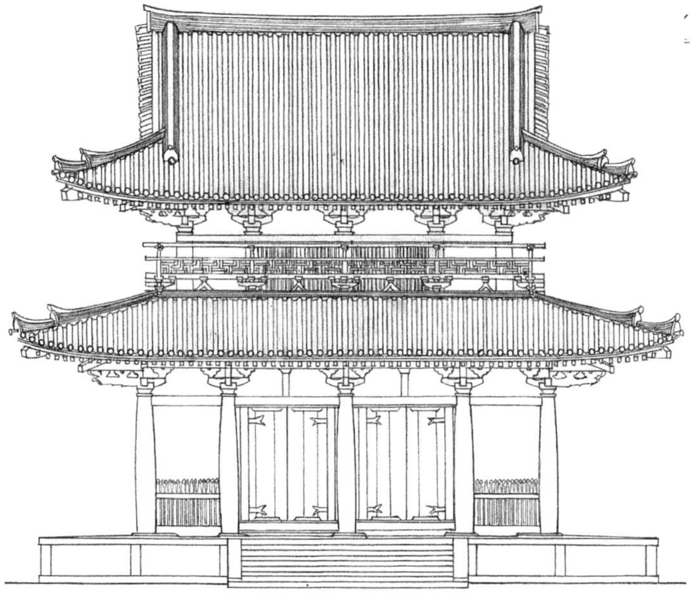

図1・5　重層門　中央に柱が建てられている法隆寺西院中門
（出典：奈良六大寺大観刊行会編『奈良六大寺大観　法隆寺一』岩波書店、1972、p.42）

図1・7　三門上層内部（スケッチ）

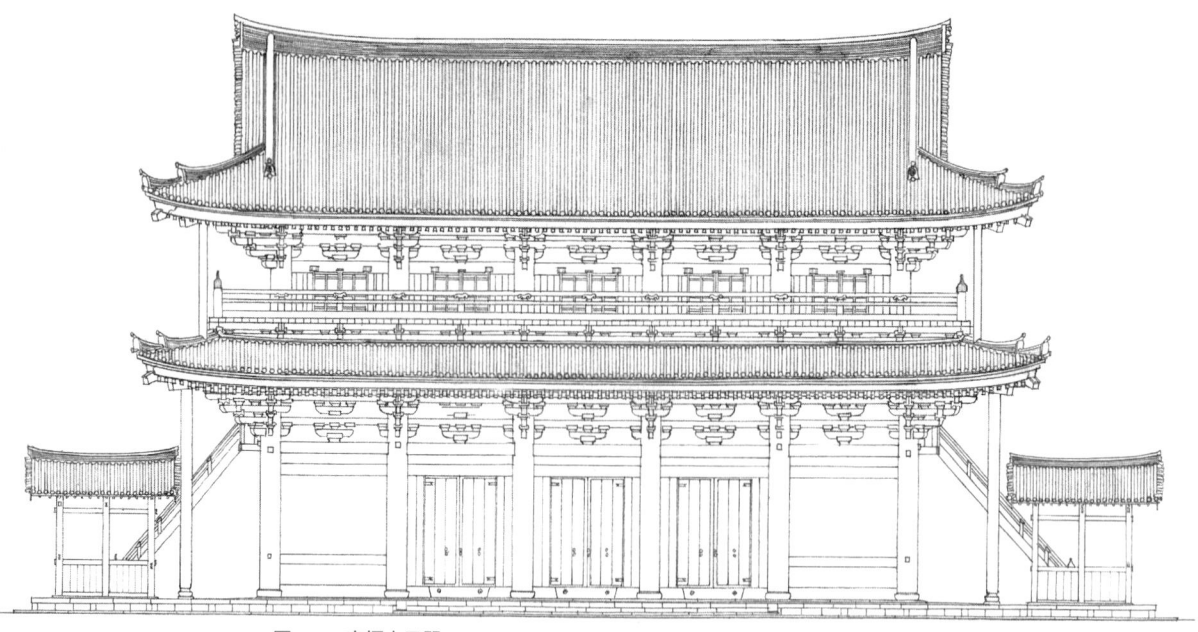

図1・6 東福寺三門（出典：大阪工大 BAUEN 特集号、大阪工業大学建築文化研究部、1956）

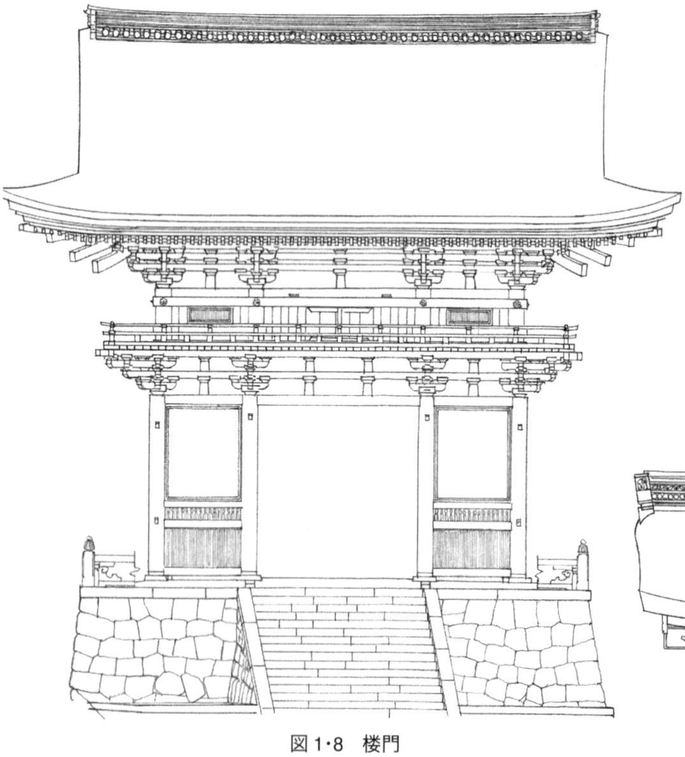

図1・8 楼門

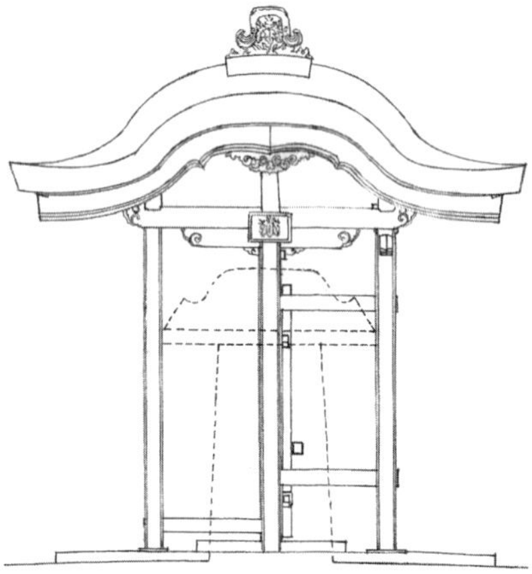

側面図

正面図
図1・9 平唐門（棟門）

上層柱は、下層柱より少し内に入れて建て、中央は板扉で縁に出られるようになっており、脇の柱間はたいていの場合、連子窓になっている。屋根は、斗肘木に支えられた入母屋本瓦葺または桧皮葺で、軒二軒が普通である。

楼門は、城郭建築が本格的に建てられる以前、その代わりをしていた大寺院が、防衛の必要から出現させたものが、今日まで残ったものである。古いものには、長保寺（和歌山県）、園城寺（滋賀県）の楼門があり、各地でも見られる。

9 唐門

唐門は、特別な人の公式訪問に際して開かれるために、宮殿や大寺院に作られる門である。形式は、棟門や四脚門で、四脚門の時は、外に出ている柱上部に斗肘木を組み、虹梁を架けて唐破風をつける。唐破風の妻が側面両妻にあるものを「平唐門」（図1・9）といい、正面を向いているのを「向唐門」（図1・10）という。

扉は、両開きの桟唐戸で、格狭間、花狭間や菱格子あるいは、建物全体を彫刻で満たしている豪華な門であることが多い。このように建物を飾る方法が、後に日光東照宮等の建物に引きつがれたと考えられている。

代表的な平唐門には、醍醐寺三宝院の唐門が、向唐門には、西本願寺の唐門、豊国神社の唐門、大徳寺の唐門がある。

10 高麗門

高麗門は、城郭の門、あるいは、常に開放していて非常の時だけ閉じる門として使われる。構造は、棟門に控柱を立てたもので、この部分に常に開かれている門の扉が納められ、この控柱と本柱上部に袖屋根を作ったものである。寺院境内の入口の門によく使われる。内法が他の門より大きいのは、騎乗のまま通行するからだと考えられている（図1・11）。

11 櫓門

櫓門は、城郭建築の門で渡り櫓または多聞とも呼ばれている。石垣の上に櫓を建て、その下を門にしたもので、城郭の入口や桝形（城の角、隅等戦略的に重要な場所）に設けられる（図1・12）。

12 長屋門

長屋門は、古い武家の住宅に用いられ、次第に有力農家の門として用いられるようになったものである（図1・13）。これは、建物の一部を門として機能させ、他を門番・仲間（下働きの男衆）部屋などにした門である。農家に用いられるようになってから、納屋、物置、馬屋あるいは、離れ部屋、下男部屋等に利用されてきた。屋根は瓦葺で起付の入母屋が多く、構造は、普通民家と変わりはない。しかし外壁は、防衛を考えていかつく作る。腰は江戸下見板貼または、海鼠壁にして強い扱いとし、武者窓（与力窓）などの格子も荒く、門扉等も欅材を使用する等、権威を表すように作られている。

13 穴門

厳密に門とは言えないが、穴門とは、練塀や築地塀に穴を開け、人が出入りできるようにして扉をつけたもので、普通通用口として用いられることが多い（図1・14）。中国の古典園林（庭園）では、風景を変える目的で、種々の意匠を施した穴門が多く見られる（図1・15）。もちろん扉はついていないが参考になる。

14 八脚門

桁行3間、梁間2間、単層切妻本瓦葺1戸の門が一般的で、両側面と中央扉の左右に壁があり、前後4本の柱が独立している門を八脚門（やつあしもんともいう）という（図1・16）。

寺院の門として、四脚門より格式の高い門が必要とされる所に設けられ、古代に多く用いられた。妻飾は、二重虹梁蟇股で、天井は、Mの字形に竿縁のみを配置しているのが一般的である。これを三棟造と呼ぶ。代表的なものに法隆寺西院東大門や東大寺転害門がある。

正面図　　　　　　　　　　　　　　側面図

図1・10　向唐門（四脚門）

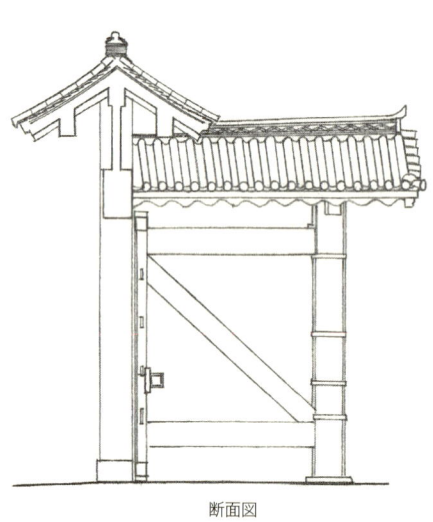

内部からの立面図　　　　　　　断面図

図1・11　高麗門

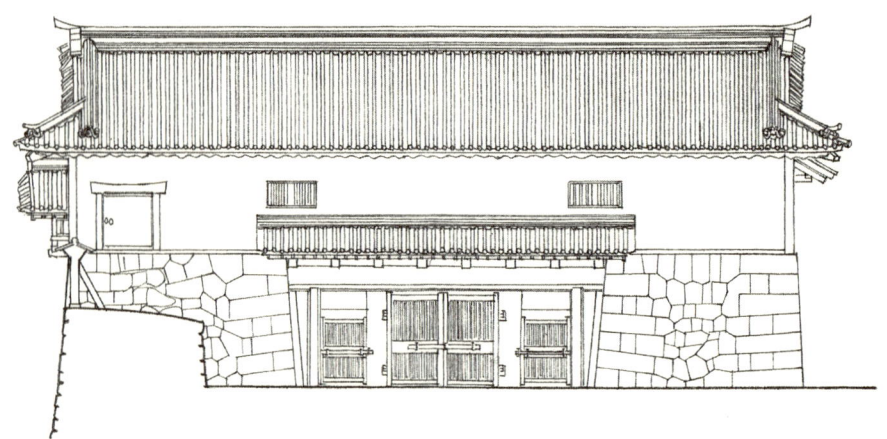

図1・12　櫓門

1 門

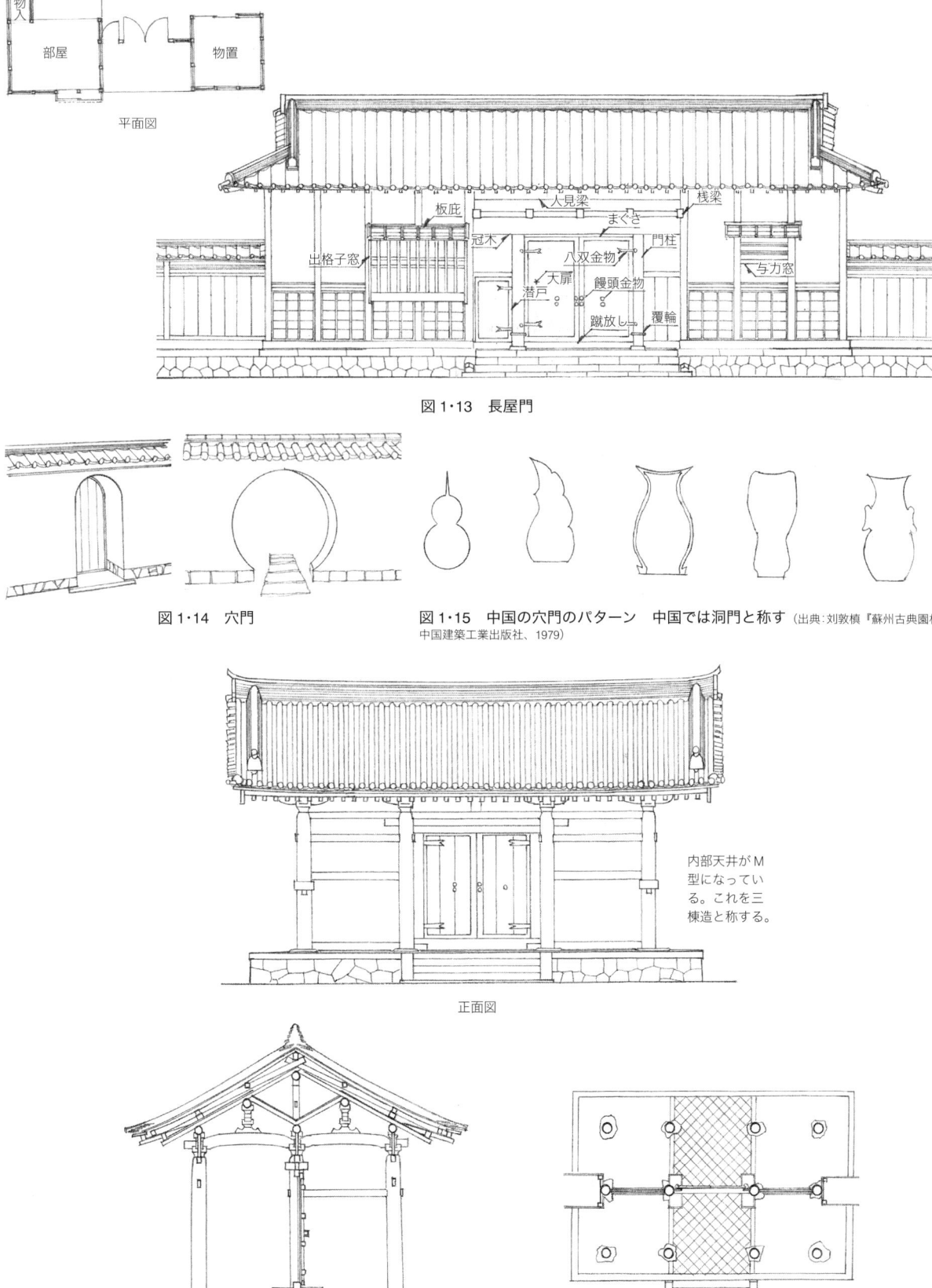

図1・13　長屋門

図1・14　穴門

図1・15　中国の穴門のパターン　中国では洞門と称す（出典：刘敦楨『蘇州古典園林』中国建築工業出版社、1979）

図1・16　八脚門　法隆寺西院東大門（出典：奈良六大寺大観刊行会編『奈良六大寺大観　法隆寺一』岩波書店、1972、p.83、p.84）

⓯　随身門、仁王門

　門の形式にはあまり関係なく、桁行3間で一戸の門の場合、左右の脇の間に、随身像を安置したものを随身門（ずいしん）という。また同じ脇の間に金剛力士像を安置したものを仁王門という。金剛力士像の周囲の垣は形に特徴があり、金剛垣または金剛柵といわれている。

　以上、現存している門のあらましを述べたが、これらが門を設計する時の参考だけでなく、古建築の鑑賞や研究のきっかけになればと考えている。設計の要は、主屋の形式、意匠、用途に合わせ、品位や雅味にも充分考慮するということである。

⓰　築地塀

　築地塀は門ではないが、門と密接な関係があるので、ここで述べる。

　築地塀とは、土でできた塀の総称で、練塀と版築塀（はんちくべい）に大きく分けられる。

　練塀（図1・17）は、粘土に藁苆を多く混ぜ、練り合わせてレンガより少し大き目の長方形に切り、少し固まった所で、粘土モルタル（粘土を柔らかくしたもの）を挟んで築く。また、割石、レンガ、古瓦等も混ぜて積み上げる。他に、厚い堰板（せきいた）で仮枠にして、その中に粘土モルタルを打ち込み、45cm以内の高さに、横に長く築き進む方法もある。練塀の厚さは30～40cmくらいで、高さは3m以下である。天端は3/10勾配の瓦葺にし、壁仕上は、例えば、高さの1/4くらいまで腰石積みにし、それ以上は左官の漆喰塗にするもの等がある。瓦は小端を水平に並べて表し、目地塗漆喰にしたもの等がある。天端近くは、軒蛇腹として、土蔵の鉢巻（はちまき）のように作り出す。この蛇腹の心（しん）には、丸竹または垂木程度のものに荒縄を巻き付け、これを横たえて塗込めとすれば、土が落ちにくくてよい。

　版築塀の版築とは、本来、大規模な建物の基礎部分の地盤改良に用いられる方法であるが、この方法で塀を築いたものである。粘土に、石灰、苦汁（にがり）を適当に混ぜて材料とし、塀部分の外側に板で仮枠を作り、その中に厚さ5～7cmに材料を打ち込み、これが3～4cmになるまで突き固め、乾燥したら、その上に塀を繰り返し構築するものである。したがって、この塀は仮枠の長さに従って垂直に継目ができるが、これが伸縮目地（エクスパンション・ジョイント）の役目をはたしている。版築塀には土以外の材料はなく、荷重もこの土が負担している。屋根は練塀に準ずるが、壁の仕上は土塗の場合が多い。また須柱を入れ、その柱と柱の間を版築にすることもある（図1・18）。

　練塀も版築塀も、本体自身は土そのものであり、木軸を用いないが、これに似せて内部に柱を建て木軸を作り、これに土を塗回して、土壁に見せるものが多い。これも含めて土塀全体を築地塀と呼んでいる、これらはそれぞれ、建物の大きさに応じて塀の大きさが決められるが、中には底部の幅が1mに達するものもある。また建物の格式を表すために横線を入れる場合があるが、これを筋塀という。

　このような塀が寺院に用いられるようになったのは、城のなかった時代、寺院が砦として用いられ、塀で防衛しようとしたからだといわれている。

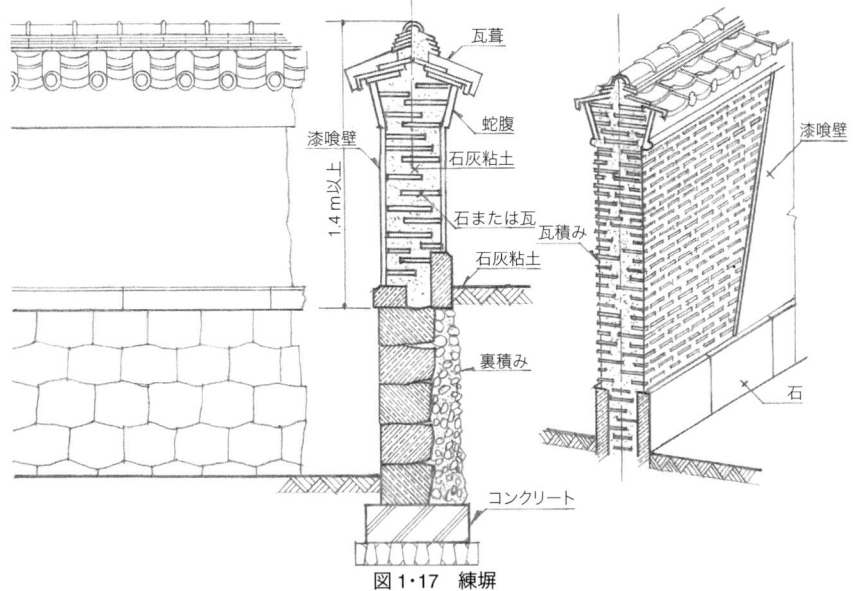

図1・17 練塀

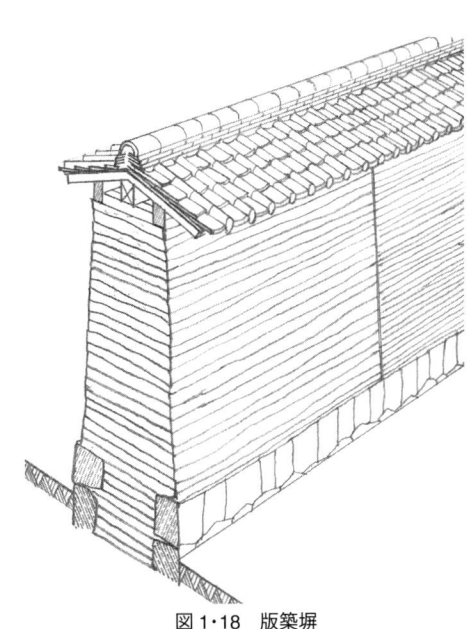

図1・18 版築塀

2　玄関

　玄関とは、もともと禅宗において、「玄妙な道に入る関門」という意味であった。室町時代に、禅宗の塔頭寺院の方丈に入る門に使われるようになった。

　一方、格式の高い出入口、すなわち表座敷に直接通じる出入口を式台と呼んでいた。江戸時代に入ると、武家や公家、あるいは名主等格式の必要な建物には、身分の高い人々の出入口として式台が設けられた。武家、公家以外の者が式台を設けることは禁じられ、式台を設けるには、領主の許しが必要となった。これがやがて一般の民家の格式を表す道具立てに変化する。そして正式に出入りする場所を玄関と呼び、この玄関先の一段低い板の間を式台と呼ぶようになった。

　式台付の玄関は、明治時代までは、中流以上の家には必ず設けられたが、その後次第に跡を断ち、現代では、これから述べるような本格的な玄関は見られなくなってしまっている。

　しかし社寺建築にあっては、依然としてその形式を求められることが多く、また詳細なども相通じる部分が多いことから、ここに述べることにする。

1　玄関構え

　住宅の玄関は、間口1間半（約3m）ほどが普通で、小住宅では、1間（約2m）ほどである。寺院や大邸宅などの大玄関や向拝などでは、2間（約4m）〜5間（約10m）くらいのものもある。

　平面は、主屋から突き出して前方に2本の独立柱を建て、三方を吹き放しにするものと、側壁をつけたもの、また平面は突き出さずに主屋の中に入れるものがある（図2・1）。

　吹き放しの玄関の場合は、自動車を横付けできる構造（馬車回し）で、大玄関に多く用いられた、これを「車寄せ」という。住宅の場合は、側壁のついたものが多い。

　古風な玄関は、その内部に狭義の式台を設け、ここでお客様を出迎え、見送る。上り框は、4枚引違い（両側2枚嵌殺しの舞良戸）で戸締まりとし、奥は畳敷きになっている。大正以後のものは、表で戸締まりし、その内側に土間を取り沓脱石からすぐ上り段とし、上り框の上に明障子4枚引違いか、左右2枚舞良戸、2枚明障子にしたものが多い。

　附属設備の供待は、玄関内部に腰掛を設けるものと、門から玄関の間の小庇などを利用して風流に装うものとがある。また玄関内部に別に雨具コート、履物の類を入れる押入れのような戸棚を設けると便利である。寺社、公館では、帽子、コート、手回り品などを預ける場（クローク）を設けることもある。

　軒先は、本屋の軒先より低くするのが普通である。したがって、軒桁もやや下げて納めるのがよい。玄関は、外来者に一番に目のつくところであるから、屋根の構えは他の部分より、手法、工法、意匠に多少変化のあるように設計するのが普通であるが、あまり凝り過ぎるとかえって下品になる。

　一般住宅の玄関の軒の高さは、地盤面から7尺（約2.1m）以上、8尺（2.4m）くらいがよい。あまり軒高が高いと雨が吹き込む等、都合の悪いことがおこる。

　屋根の形には、千鳥破風、起破風（両破風とも入母屋および切妻あり）、唐破風、縋破風など色々あるが、ここでは、主として、起破風入母屋造の玄関について述べることにする（図2・2）。他の屋根構えについては、寺院建築の項を参照してほしい。

　屋根の材料は、瓦が一番多く、場所によって桧皮葺、銅板一文字葺などもある。また主屋の屋根と必ずしも同じ材料でなくてもよく、意識して玄関を主張するために、異なる材料を採用することもある。軒の出は、多少形を考慮して主屋の出より大きくすることが普通で、約3.3尺（1m）取り、二軒、化粧屋根裏とするのが最も一般的である。

　軒裏の形は、柱上部の納まりは普通住宅と変わりないが、大玄関では肘木を用いたり、平桁、水引梁、虹梁、頭貫、組物等を使うことがある。あるいは、逆に磨き丸太の桁、母屋を用いて風流に装い、わざと目立たせぬような方法もある。

　内部天井は多くの場合、格天井か、特別の意匠に貼る。建具類は、舞良戸、唐戸、欄間なども厳格な意匠のものを選ぶ。

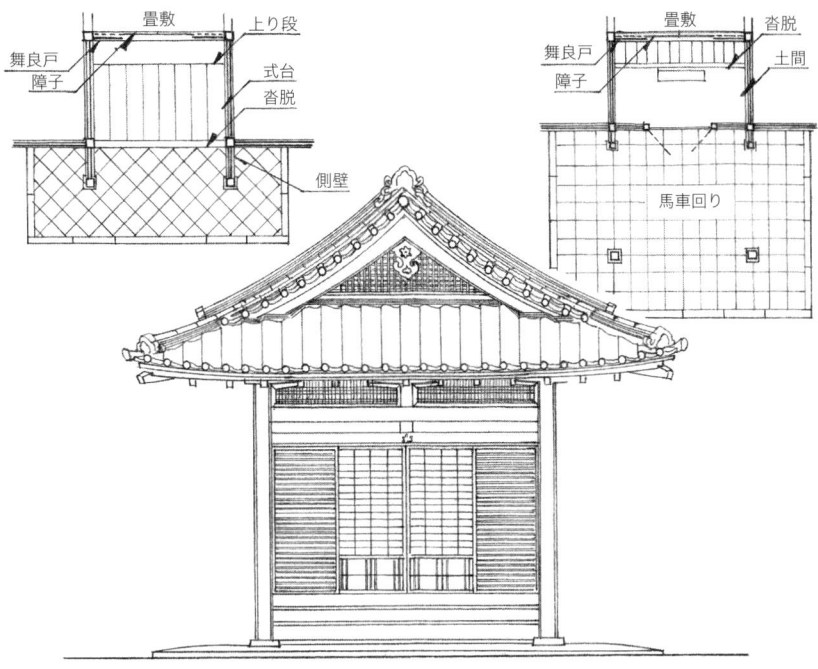

図2・1 入母屋千鳥破風玄関

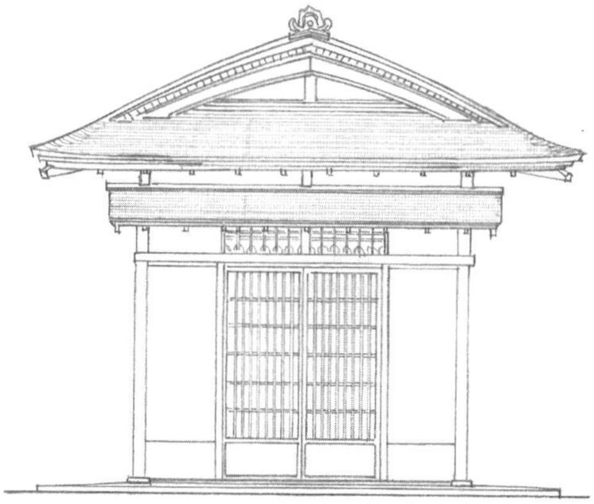

起破風入母屋造

起破風切妻造

大唐破風車寄せ玄関

起破風入母屋造

図2・2 玄関の形

2　足元と軸部

独立柱の下方には、沓石を置き、上端に柱直径の1/3角、深さ約1寸（3cm）の柄穴を刻み、これに柱柄を納める。沓石自身は、柱直径の1.5倍角を天端とし、25/100勾配に四方転びに下方を広げる。その高さは、柱幅の3/4がちょうどよい（図2・3）。

玄関の独立柱の太さは、玄関幅の約0.6掛（0.06倍）とする。たとえば、幅1.5間（約3m）とし、6寸（18cm）、幅2間（約4m）とすると8寸（24cm）くらいが目安である。柱の角は幅の1/10〜1/14の平面を取る。高さは地盤面から軒桁下端までを柱横内法の1.2倍くらいにする。あるいは、水引梁、虹梁の下端までを柱横内法と同じ寸法に取ったりする。主屋鴨居下端に玄関欄間鴨居下端が同じ高さ程度に納められるのがよいようである。

柱の頭部柱頭に、直径の1/4角くらいの重柄（かさね）を作って組物の中心を通し、軒桁に差し合わせる。組物の下は、平桁、あるいは頭貫などを取付け、水引梁、虹梁なども用いられる。

平桁とは、幅より高さの小さいものをいう。虹梁とは、水引梁に絵様繰形をつけたものである。頭貫は、壁上部に取付けられるが、平桁、水引梁および虹梁は、独立柱に繋ぎ梁として架けられる。

梁桁類を柱に取付けるには、それぞれ追い入れとし、高さの半分くらいから上で、鯱柄（しゃち）、引き独鈷などによって固める。木鼻（きばな）、拳鼻（こぶしばな）、象鼻（ぞうばな）の取付けは、その木口に蟻を作り、柱を追い入れて落し込み、上端に鯱柄穴を彫っておいて、虹梁、頭貫の鼻から作り出された鯱柄に栓を打ち固める。この場合、柄穴のために柱をあまり弱めないようにすることが大切である（図2・4）。

組物は、柱頂部にくるもので、簡素な玄関には置かないが、厳格な意匠を取り入れた構造のものには舟肘木を用いることもあり、さらに混み入ったものには斗肘木を用いる。組物のうちで簡単なものは、斗と肘木で構成される大斗肘木（だいとひじき）であるが、いっそう複雑なものには、大斗および巻斗と肘木で構成した三ツ斗（みつど）を取付けることになる。

丸桁（まるげた）とは、化粧軒桁のことでガンギョウともいう。

丸桁の幅は、柱の8分取りとし、高さは、幅の約1.2倍、木口は下方の肘木鼻から幅ほど長く延ばして、下端に設けた2カ所の太柄に肘木を取付ける。隅の組み方は、お互いに留めに合わせ、普通の軒のようにねじ組にして隅木を架ける（図2・5）。あるいは、一方の桁鼻に下方から蟻に入れ上げて肘木で受けさせる簡単な組方もある。

3　軒回り

軒の出は、たいていの場合は深く（柱間の1/3が柱芯から垂木鼻まで）取るから桔木（はねぎ）（図2・6）を使い、時には二軒にする。野地勾配が5/10くらいであれば化粧垂木の勾配は、3/10〜2.5/10くらいにすると納まる。

ⓐ──垂木

住宅では本繁垂木は厳格過ぎるから、化粧垂木の間隔は、半繁または、吹寄せにする。化粧垂木の太さは、幅柱の1/2〜1/3の範囲とし、高さはその2分増（5〜6cm）くらい、やわらか味を与えるためには、猿頬面（さるぼおめん）を取る。化粧裏板は、横板貼にするのが普通だが、流れに貼ってもよい。小舞を打ってその上に化粧裏板を貼ることもある。

垂木の取付けでは、化粧垂木を丸桁に取付ける時、面戸決りをして丸桁上端に約1.5cm角の堅木で作った太柄を植え、上部から納めるか、垂木上端から釘打ちする。垂木鼻は、鼻隠しを用いず直角に切り、茅負を垂木幅の半分から1本分くらい入れて納める。茅負と垂木の取り合わせは、肘または蟋首（けらくび）、独鈷形、あるいは、真鍮大木ねじを垂木の上端に植え、茅負の下端に寄せ、吸い付き蟻穴に召し合わせ、緊密に取付ける。

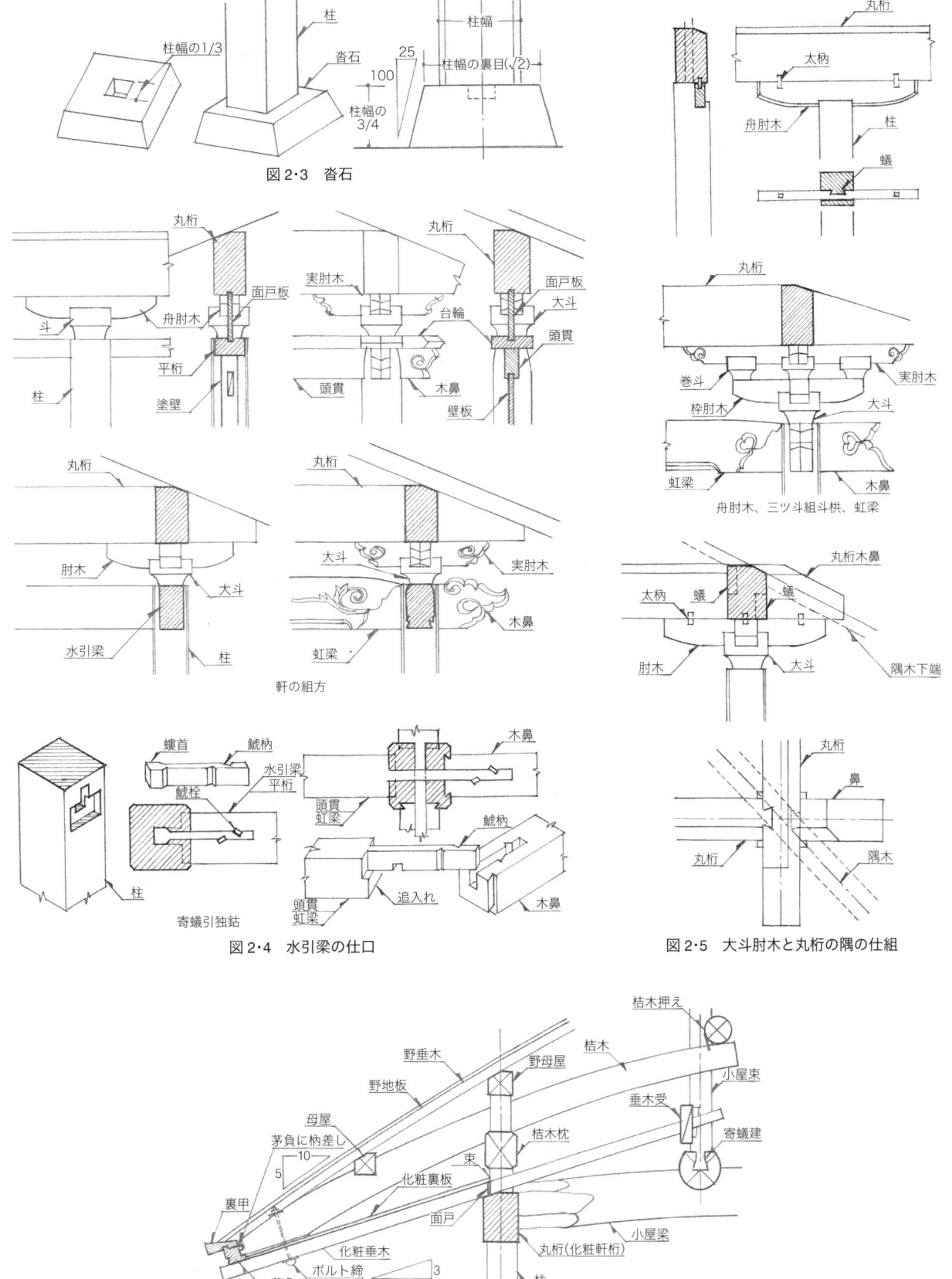

図2・3 沓石

図2・4 水引梁の仕口

図2・5 大斗肘木と丸桁の隅の仕組

図2・6 化粧軒の構造と桔木

b ── 垂木受、茅負、裏甲

垂木の上端は、小屋裏で小屋束に取付けた垂木受けに柄納めして、鼻栓止めか釘打ち止めにすると軒は丈夫になり、垂れ下がりを防ぐ（図2・7）。

茅負は、垂木幅の2倍角、高さの中央に高さの1/10くらいの深さの絵様決り（えようじゃくり）をつける。柱芯あたりから反り始めて、隅木に近づくに従って、反り上げていくのが普通である。その反り高は、柱の半本か1本くらいが適当だろう。鼻には高さ2分（6mm）くらいの増をつける。茅負の隅留めの召し合せは、柄差しにして上から込み栓を打つか、裏から篠差栓（しのさしせん）にする。平の継ぎは、宮島継ぎとするのが普通であるが、垂木芯で、曲折れ目違いの突付に継いで、上端から引独鈷か鎹打にしてもよい。

裏甲の幅は、茅負の2倍、見付け高さは、茅負の6分取りくらいとし、胸の出は、茅負の見付け高くらいにする。下端は、小穴溝を突いて、茅負上端外角に作り出した部分に嵌め、上端から大釘で止める。隅もやはり茅負に沿って反るが、茅負裏甲とも太い材木から反り癖を墨かけして木取る。隅の納めは、留に切り、曲折れ目違いに組み、上端から茅負同様に止めるが、ていねいな仕事では留めが透いて不体裁にならぬように、鼻紙留めにする。これも鼻の高さの2分くらいの増をつけておく（図2・8）。

c ── 隅木、桔木

隅木の高さは、口脇外角までを「垂木幅＋垂木の高さ」とし、幅は、垂木幅の2倍くらいとする。ただし化粧裏の見え隠れでは、高さを増して桔ねる強さを持たせ、これで茅負の反り上がりを支える。化粧裏板の当たる所は、板決りをして嵌め込み、裏板の隅木側面の隙間のないように嵌め合わす。鼻の下端は、さらに反り上げ、上端は、鎬（しのぎ）に削り下げて直角に切る。高級な建築になると鼻を銅板で包んで飾りをつけることもある（図2・9）。

桔木（はねぎ）は、普通松丸太または、栗杣削り材の末口10〜15cmのものを元口で軒先茅負に柄差しにして化粧垂木をボルト締めとし、腹部は、丸桁上端の太柄に嵌め込む。あるいは束立てにした桔木枕（または、土居桁15〜20cm角）を支点として、桔元を桔木押え（小屋束に取付けた横木）の下に潜り込ませ、これに緊結して桔ね上げ、ボルト、鎹（かすがい）で締め付ける。小屋裏の桔木押えを取付けた小屋束は、桔木のために跳ね上げられる恐れがあるので、束の根柄を梁上に寄せて蟻仕掛とし、その梁の軒先の重さで跳ね上げられないように充分堅固に取付けておかなければならない。

4 妻飾り

屋根の形としての反りは、起りも照りも同一で、上に起きるのか下に反るのかの違いだけである。流れ（棟の頂点から裏甲鼻まで結んだ直線）の中央で、全長の3/100を起りあるいは反りとするのが適当である。なおこの直線の勾配を「引渡し（勾配）」と呼んで、屋根勾配を定める基準とする。

破風の位置は、入母屋造の位置によって全体の形に大きな変化を与えるものである。軒先から流れの全長の1/3上がった位置に破風尻を置いたものを「三つ母屋納め」、1/5に置くものを「五つ母屋納め」、1/7の位置に置くものを「七つ母屋納め」という。2/7の所に破風を建てたものは「三つ半母屋納め」とよんでいる（図2・10）。

a ── 箕甲、破風

破風上（かみ）および破風尻は、大屋根勾配面よりもその引渡し勾配がゆるいので、同じ傾斜面には納まらず、これを馴染ませるように野地を葺けば曲面をした三角形が切妻正面に現れる。この全曲面を「箕甲（みのこう）」という。

箕甲（みのこう）の格好は破風の上に登裏甲（破風板の上端に沿って上るもの）を拝み合わせ、その上端を野垂木の拝み合せ上端から10〜15cm下った所に位置を定め、破風尻は裏甲の上端を野垂木の下端に納めて位置を定める。この部分を「落とし込み」という。この落とし込みは、屋根の大小、格好によって多少上げ下げして、加減をすればよい。

破風板は棟木や母屋に取付かない位置まで下がることがあるから、別に化粧棟や指母屋（さしもや）を妻に桔ね出して、その各木口に破風板を差し込むための杓子柄を作り出す。化粧垂木は化粧棟と化粧母屋に架け渡して化粧裏板で二重に貼る（図2・11）。

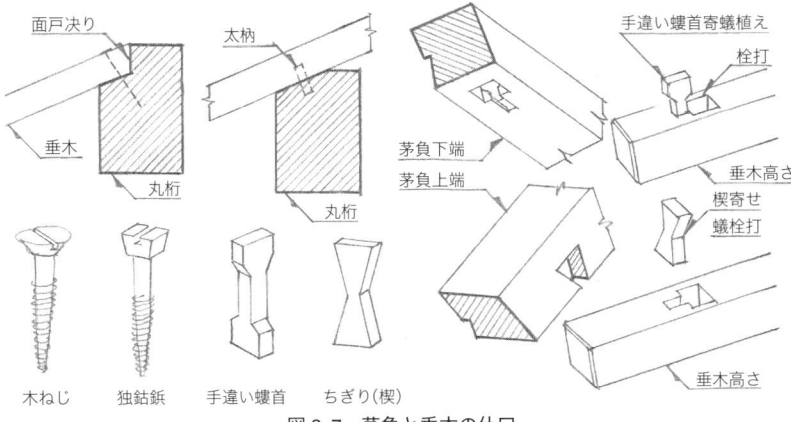

図 2・7　茅負と垂木の仕口

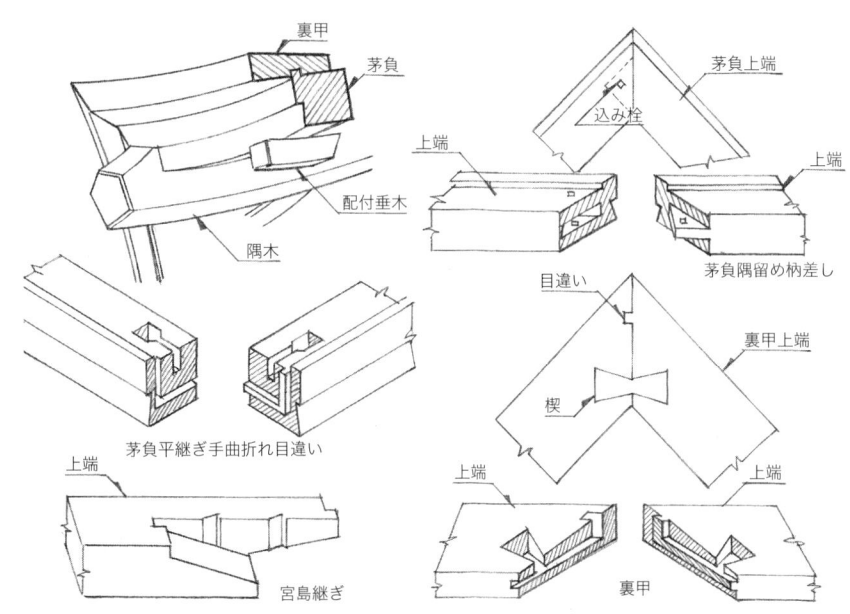

図 2・8　茅負と裏甲の仕口

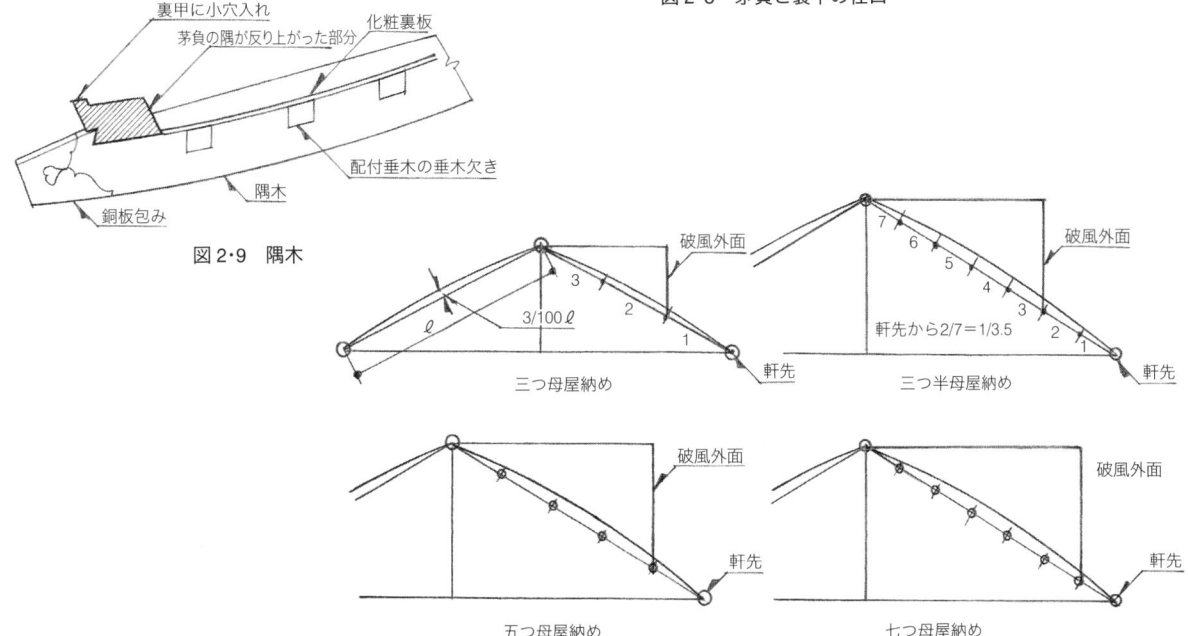

図 2・9　隅木

図 2・10　入母屋造の母屋の位置

破風板の木割は、破風板の腰幅（破風の全長の中央の幅）を、長さの約8/100〜6/100として、その腰幅の約1/4を反らす。上は、腰幅の1/2増し、下は腰幅の1/10減または増にして、破風下端の曲線を作り出す。

破風板の下方には、腰幅を7等分して、2：2：3の割合に虹梁や茅負のような眉決（まゆじゃく）を2本入れることがある。また一筋眉といって、腰幅の1/5の所に決ることもあるが、これは目安で、意匠は自由である。

破風板の厚さは、垂木の幅と同じくらいにして取付けるのが、適当である。下から眺めた時に破風板は垂直に見えるよう上方を手前に少し傾かせるとよい。たいていの場合は、破風板の幅くらい、前に転（ころ）ばす。これを「小返し（こがえし）」という。

ⓑ──懸魚、妻飾

懸魚（げぎょ）（図2・12、図5・26、p.74）は、破風板の下端に小穴または枘穴を彫ってこれに嵌め合わせ、裏面から笄（こうがい）を差し入れて止めるか、また金物で止める。簡単な方法では、鎹（かすがい）で引き止めることもある。懸魚は、破風板の下端に取付けて、棟木や母屋の木口を隠すのが本来の目的だが、近代では、単なる意匠的意味も強くなり、繰形や絵様の種類も多くなってきた。大建築の場合は、母屋鼻あたりにも取付けることがある。これを「降懸魚（くだりげぎょ）」または、「脇懸魚（わきげぎょ）」という。

妻飾りの仕上とは、入母屋の妻（三角形の部分）の壁面の仕上のことである、漆喰を塗ることもあるが、玄関は、木連格子にする場合が多い（図2・13）。また板貼を押え格子で化粧的に止めることもある。木連格子の下は、妻軒屋根の瓦上端か熨斗瓦（のしがわら）1〜2枚上げて前包みを取付け、この前包みの上に格子を立てる。羽目板を立てるか塗壁に仕上げてもよい。

前包みは高さ2寸2分（6.6cm）×幅2寸3分（7cm）くらい、見付けは柱幅ほどとし、見込みは約7分取りで、上端には、水垂勾配（約1/100勾配）をつけ、高さ方向の中央に茅負と同じように眉欠（まゆか）きを引くこともある。その取付けには、小屋束の前包みの裏面から、太枘、引独鈷、あるいは鎹で止める。

木連格子（狐格子）は、破風板内部に接して建てるものと、破風板から傍軒（そばのき）の出（普通25〜40cm）ほど内側に建てるものとの二種類がある。後者の方が重々しく感じるので、大邸宅の玄関などにはよい。

鬼板の居所は、大棟では、破風の前面に立水（たちみず）に上げた線に前面（まえつら）を置くのが普通であるが、箕甲の格好によって多少出入りすることもある。降り棟の鬼板は、茅負外面を垂直に引き上げた所を前面とする。平の降り棟は、軒の出約6/10の所を垂直に上げて前面とする。

「玄関を飾る」という言葉がある。これは玄関だけ飾って表面だけよく見せようという行為で、いいかえると「見栄っ張り」「ええ格好しい」ということになる。このようなことは、厳に戒めなければならない。

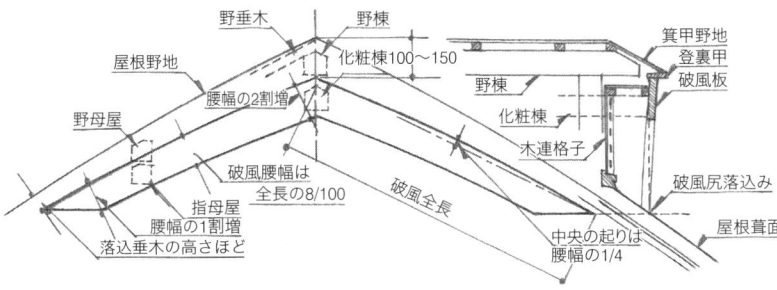

図2・11　破風の納め方

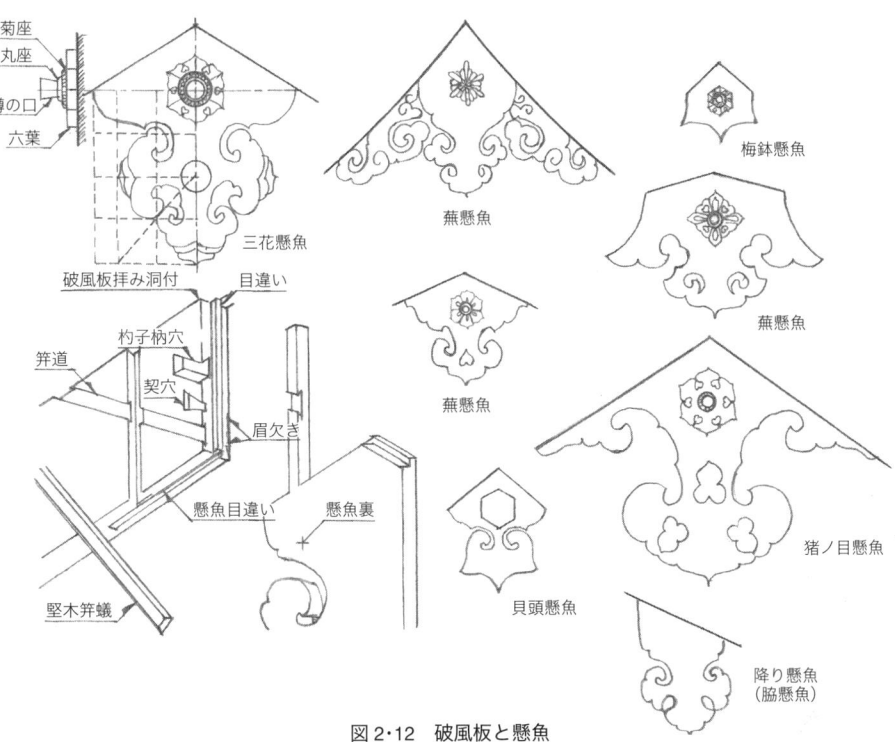

図2・12　破風板と懸魚

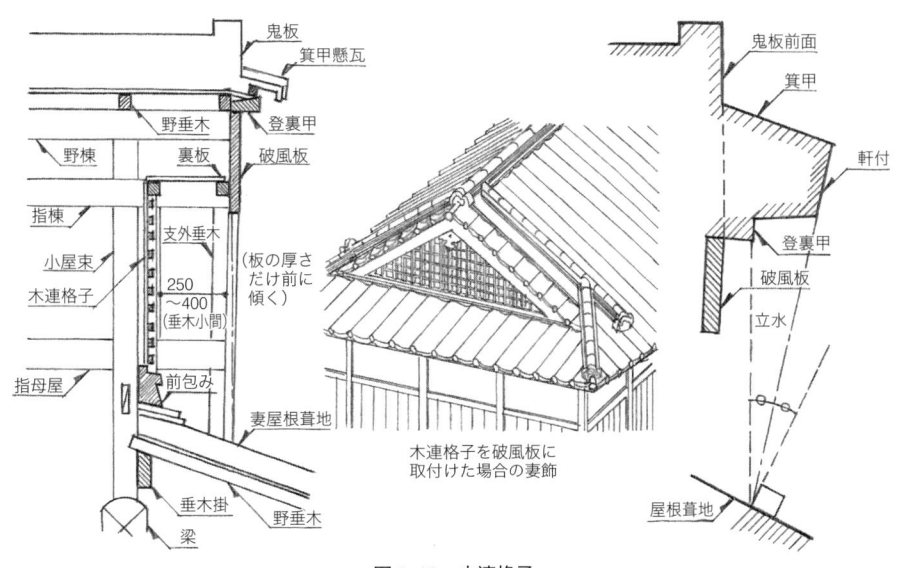

図2・13　木連格子

3 茶室、茶屋

1 お茶について

　お茶がわが国に入ったのは、奈良後期時代（天平時代）とされている。当時は、磚茶と称して、お茶の葉をれんがのように固めたものを削り、煎じて飲んでいた。目的は薬用であった。正倉院の御物の中にも残されている。その後、わが国は、平安後期時代（藤原時代）の約270年にわたる長い鎖国（ちなみに江戸時代の鎖国は約200年）があり、大陸と国交を断ったが、やがて南宋と貿易が開始され、渡宋した僧の中に、栄西が居た。栄西が、お茶の種を持ち帰り、これを高山寺の僧明恵上人に渡した。明恵は、種を高山寺に蒔いて茶畑を作り、それが次第に広がっていった。栄西は、お茶ばかりでなく新しい仏教である禅宗も持ち帰ったが、当時旧勢力の強かった京都では布教ができず、新しい政治体制で出発した鎌倉幕府を頼って布教を行い、後に、京都に建仁寺を創建する。このようにお茶と禅宗の関係は深い。

　禅宗寺院では、お酒を飲むことができない。水だけでは味気ない、といった所に新しい飲み物であるお茶が登場したのであろう。また、禅宗の僧は、当時新進の知識人で、彼らの飲んでいるものに一般の人々は憧れを持っており、その点からも急速に広がっていったものと考えられる。

　そして喫茶の流行からお茶を飲みながら話し合うという、後のお茶会のようなことが行われた。やがて名物、宝物を話題として愛でながら喫茶を楽しむようになる。この当時の名物は、時あたかも盛んになった勘合貿易によってもたらされた。唐物の白磁、青磁といった陶器や、牧渓に代表される絵画などが最高とされた。また「バサラ大名」といわれた佐々木道誉に代表される派手好みが、台子（茶道具を飾る棚。様々な名物が飾られ、贅沢の象徴とされた。侘茶では用いられなかった）のお茶とともに流行した。また闘茶というゲームも行われた。これは、お茶を飲んでその産地を当てる賭事で、その賞品として唐物等の贅沢なものが話題になった。派手好みは、さらにエスカレートし、文明の頃（室町時代中頃）に催された茶会では、「淋汗の茶」がたびたび催された。これは、風呂と茶席と酒宴を組合せて風流を凝らした遊びで、風呂の外に茶屋が建てられ、その中に、黒木の棚が作られて種々の器物が飾られたといわれ、派手で贅沢なものであったことがうかがわれる。これが茶室の起こりとされている。こうして、金持ちや権力者ばかりが有利で話題になる茶会を催した。

　一方お茶がさらに一般化し、庶民の間でも用いられるようになると、当然このような茶会に反発する人達が出てくる。南都称名寺の僧であった村田珠光もその一人で、晩年数寄者として名を上げ、特に将軍家の茶湯に対して茶数寄（下々の茶湯、侘茶）を主張し、その工夫に務めた。その結果、「茶の湯の開山」とあおがれた。珠光の考え方は、その後、武野紹鴎、千利休に引き継がれた。利休により侘びの茶の湯は完成するが、「珠光の道を得、紹鴎の術を得た」と利休は称えている。ここに珠光、紹鴎、利休という「侘茶」あるいは、「茶の湯」の系統が完成したのである。そしてこの考え方に賛同し、さらに発展させて行った人達が、古田織部、織田有楽、小堀遠州等である。

　喫茶という行為は、どのような茶会でもそれほど異なったものではない。最も重要なことは、喫茶を嗜む人々の教養の高さ、知識の広さであり、精神性なのである。そして自然でなければならない。それを表現するために、建物、しつらえ、道具が存在する。これは日常の中から教養や知識がにじみ出してきたものを尊しとする考え方で、最も嫌われるものは、故意に奇を衒うことである。

2　茶と禅

　利休の弟子、南坊宗啓による書物『南方録』の中に、「仏法を以って修業得道することなり」という利休の教えがある。仏教（禅）が一つ行われれば、茶もまた一つの行、仏道修行と茶の湯の精神の間にどれほど精神的な差異があるのであろうか、という意味である。珠光は茶の奥義を尋ねられ、「茶は一味、清浄禅悦法喜」と答えたという。一碗の茶をいただく中、禅の悟りと同じほどの喜びがあるということである。お茶の精神的基盤を仏教に求めた心の姿勢が、その後の芸道や、およそ道という名のつくものにどれほどの影響を与えたか、測り知れない。

　しかしすべてのお茶が侘茶であったわけではなく、以前の豪華な茶も存在し、武士の茶という系統もあった。さらに貴族の茶（公家の茶）の系統もあった。

　「侘茶」が「待庵」（図3・1）を作り出し、一方で他のお茶が「黄金の茶室」を作り出したのである。

3　数寄屋の発生

　安土桃山時代は戦国時代ともいわれ、各地に群雄が割拠して戦いに明け暮れていた。各大名は、要地に戦いのための城郭を作っていったが、城ができると城下町ができ、そこに人が集まる。そして寺や神社ができていく。この時代は全国的に空前の建築ブームとなった。現在の都市は、この頃にでき上がったといっても過言ではない。

　戦乱の中で崩壊し、炎上した宗教建築も為政者の政治の道具とされ、その再建復興も盛んであった。この需要に答える工人、特に大工の不足は深刻なものとなり、大工の養成が急務であるとされた。今までのような養成方法では、とても間に合わない。そこで考え出されたのが、建物全部を規格化し、規格を理解する者が大工と認められるというものである。この規格を書いたものが、「木矩（規矩）」「木割」といわれるもので、修得した者は免許皆伝ということになる。

　木矩、木割は、平安時代から存在したようだが、厳密に細部にわたっての規格化が進み、木矩、木割が完成したのが、この時代である。各棟梁は、その流儀に従って奥義書をまとめたが、中でも現在まで伝えられている有名なものに、和歌山の棟梁で、後に江戸幕府の大棟梁になる平内政信の著した『匠明』がある。

　このようにして出現した数多くの技術者と方法が、年とともに一般化して、世の中に浸透していった。その結果、建物が画一化し、興味を感じられないものになり、一方で、権力の象徴として目に映るようになった。

　そもそも建築に携る者、作り出す者、特にデザインを考える者にとっては、発想することが一番苦しく、また楽しいものである。建物が規格化されてしまうと、一番意義のあるところがなくなってしまう。建物が工場生産品になってしまうのである。建物はもともと種々の条件や要求の中で発想し、提案し、考え、悶え苦しみながら生み出され、進歩していくものだと筆者は考えている。しかし「この規格に合ってさえいれば」「規格通りであるから」といった安易な考え方で作り出されていく建築は、心のないものになった。

　時代が降ると権力はより強固なものとなり、このような建物が増えてくる。そして権力が強固になればなるほど、このような建物が増えれば増えるほど、権力と規格化されたものに対する反発が強くなり、反発する者も多くなっていく。彼らは、自分の意志を表現するために種々の方法を用いるが、その中に、規格とは関係のない建物を求める動きがあり、いわゆる「好き勝手」に自分の発想や考え方の赴くままに、建物を作っていったのである。これが「数寄屋」と呼ばれるようになった。

　考えの赴くままにといっても、勝手、気儘、無秩序に作られるのではなく、それを作り出していく精神性（数寄）が尊ばれた。より高い教養と広い知識に裏付けられ、自然の気持ちが必要になるのである。いいかえると精神性こそが、巨大な権力の建築に対抗する手段であった。

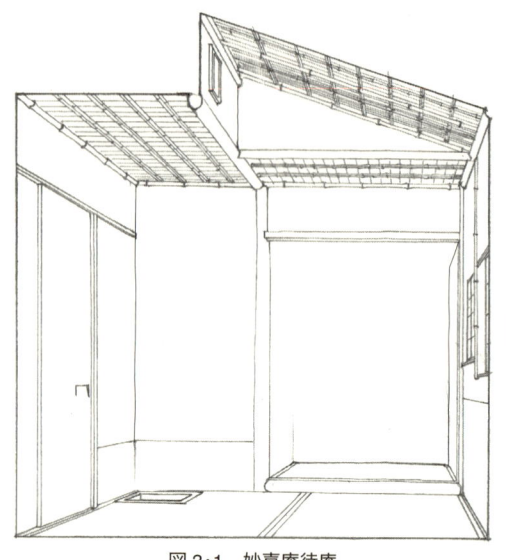

図3・1 妙喜庵待庵

図3・4 西本願寺黒書院

図3・2 桂離宮　新御殿・楽器の間・中書院

図3・3 修学院離宮　下ノ茶屋　寿月観

その精神性が具象化されたものとして「侘茶」の影響を色濃く受けている茶室は、わが国の建築の中で内向きではない唯一の囲われた空間だが、この精神性はそのままに、日本建築本来の開放的な建物も作っていった。代表的なものとして桂離宮（図3・2）や修学院離宮（図3・3）、曼殊院、西本願寺黒書院（図3・4）等、数多くのものが残されている。やがて大名屋敷にもこの考え方は浸透し、遊里にまで広まった。そして数寄屋の中で最も大切な精神性は、薄れていき、奇を衒った派手なものとなり、堕落していく。

4　四畳半

茶室の基本の広さは、四畳半（図3・5）である。これより大きい茶室は、広間と呼ばれ、小さなものを小間ということはよく知られている。しかしこの四畳半がどうしてできたかについては、定説はない。足利義政が1482（文明14）年から造営に着手した東山殿（現慈照寺）内の東求堂は（図3・6）、1485（文明17）年頃に完成した義政の持仏堂だが、この中に同仁斉と称する四畳半の書院がある（図3・7）。これが四畳半の茶室の最初のものであると考えられてきたが、現在では否定されている。

一方、書院造の上段あるいは次の間は、18畳敷きが多く、九間18畳と呼ばれる3間四方の部屋である。この大きさは、一対一の話もでき、20人くらいの宴会もできる空間である。しかし茶の湯には広すぎることから、これを1/4に仕切って使うと四畳半となるので、この仕切の中の四畳半を囲と称したのではないかという説がある。ちなみに茶室は本来、「囲」といわれた。

室町時代の中頃、村田珠光の時代には、すでに四畳半一間床付が存在していた。次に紹鴎の四畳半が伝えられているが、北向で一間床付、簀子縁がつき、北面のみ建具を建て、他の面からは光が入らなくなっている。利休の完成させた四畳半（図3・8）は、1788（天明8）年火災の後の再建だが、裏千家の又隠（図3・9）が極めて忠実に再建されている。利休の理想とした侘茶では、求道性を尊び、緊張した空間を作り出すために小間が多くなり、三畳台目、三畳中板、二畳、一畳台目等の茶室が作られていった。

5　茶室、茶屋、数寄屋の区別

侘茶で建物全体が小さくなった結果、茶室だけでは自立できず、他の建物に附属するように建てられているのが、一般的である。しかし、侘茶以外の武家の茶、公家の茶では、その思想に応じた茶室空間が模索された。

武家の茶は、織田有楽や古田織部に代表されるような茶で、「侘び過ぎ」を批判するような方向に進み、やがて次の世代である小堀遠州などによって、茶室の書院化が進んだ（図3・10～12）。

公家の茶は、侘茶に影響される部分は少なく、庭園等の散策や、宴遊の際の休憩を主目的とする独立した建物を庭園内に建て、茶屋とした。桂離宮（図3・13）、修学院離宮や水無瀬の燈心亭（図3・14）、旧一条恵観山荘に茶屋を見ることができる。

数寄屋には、広義のものと狭義のものが考えられる。

広義には、数寄屋に対する考え方の中に茶室や茶屋を含み、古くは茶屋のことを数寄屋と呼んでいたこともあった。狭義には、茶室と茶屋と数寄屋を区別する。現在では、狭義の考え方に傾いているものの、まだはっきりと分けられてはいない。しかしこれらは、分けて使った方がわかりやすいのではないかと思われる。

室町時代の終わり頃から江戸時代の初期にかけて、侘茶を中心とした活発で自由な創作活動があった。それは、建築を始め、茶関係の道具、飾物や作庭に至るまで芸術全体に多大な影響を与えた。しかし江戸時代中期からのお茶の家元制度は、この活動に制限を加え、自由さをなくし、茶道自身も硬直化していった。

茶室の構造、計画は、前述したことを踏まえると、自由活達に行うのが本来であるが、もともとは、人々の自慢したいという意志がその根底にある。自由に計画する場合でも、流派による作法と、それに対する機能が必要である。自慢の行為の中でどうしても名木、珍木を並べると奇を衒うことが多くなることは、厳に戒めなければならない。

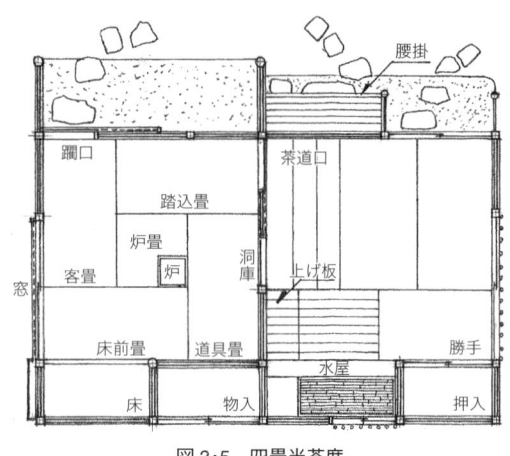

図3・5　四畳半茶席

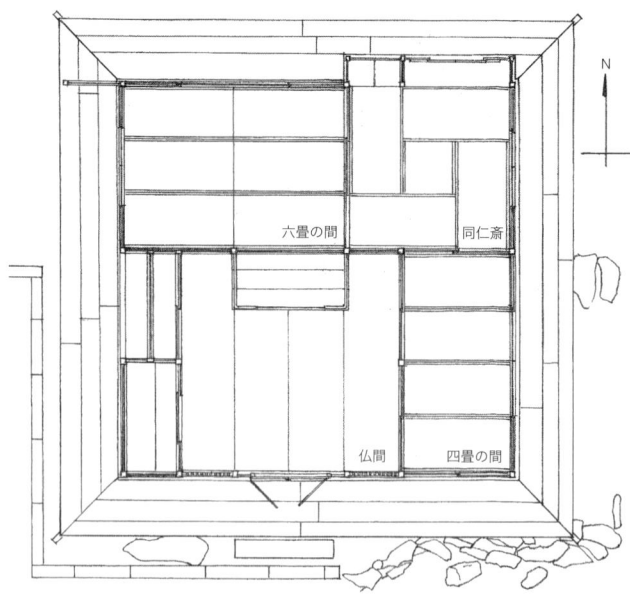

図3・6　慈照寺東求堂平面図

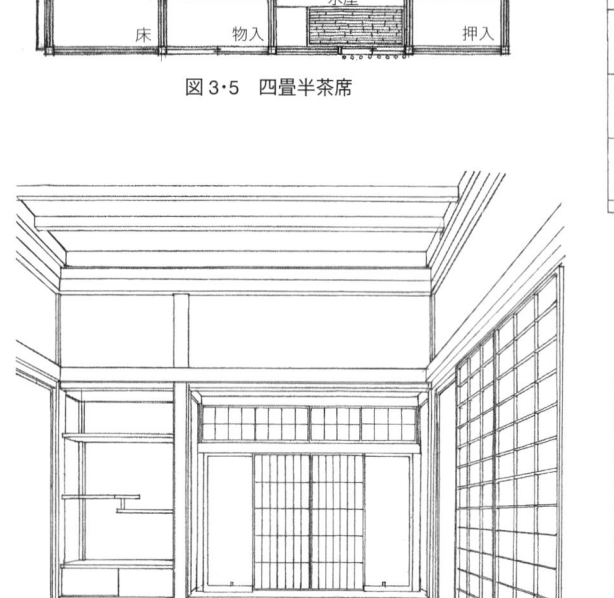

図3・7　慈照寺東求堂　同仁斎

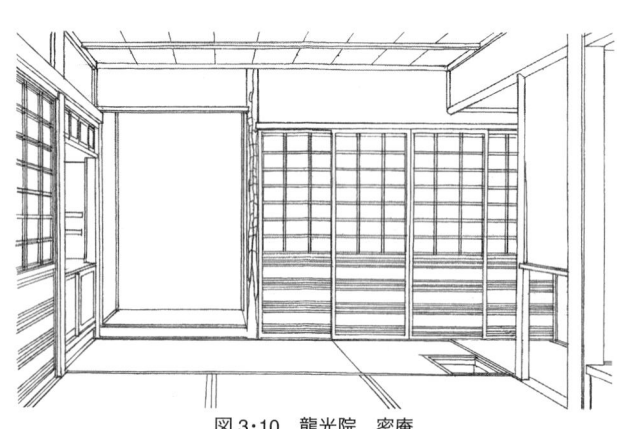

図3・10　龍光院　密庵

図3・8　東大寺四聖坊の利休の四畳半復原図（左）
図3・9　利休の四畳半にきわめて近い姿とされる裏千家又隠（右）

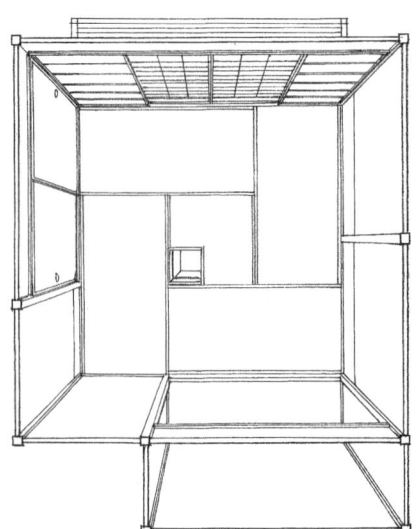
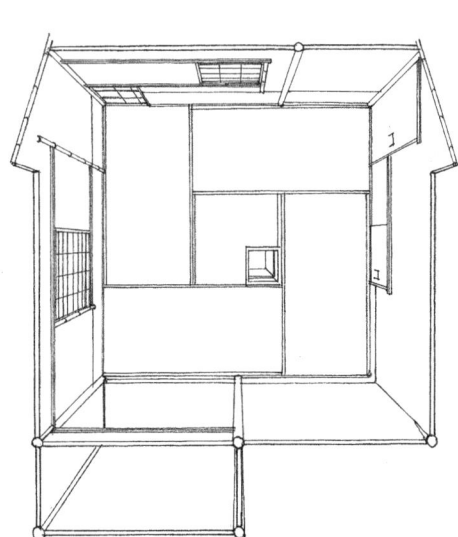

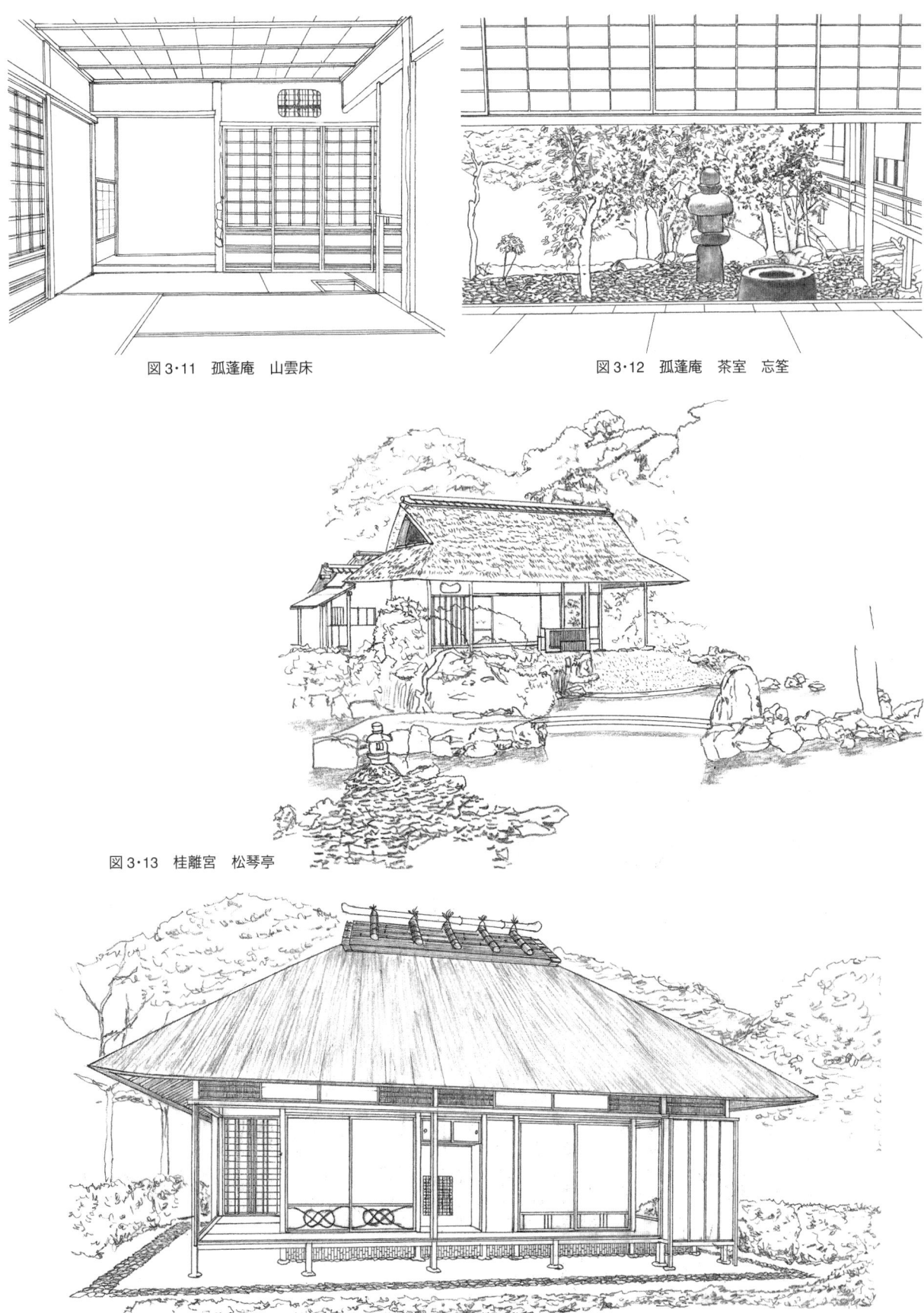

図3・11　孤篷庵　山雲床

図3・12　孤篷庵　茶室　忘筌

図3・13　桂離宮　松琴亭

図3・14　水無瀬神宮　燈心亭

江戸時代中期の茶人、川上不白による指南書『不白筆記』には「目立たぬがよし」という文がある。また物好きが過ぎたり、珍し過ぎる造りについては、「悪し」とか「不好」と記している。数寄の構成に趣向を凝らすのはよくないということであろう。「数寄は常の事成」とあるが、常の事が問題になる。常に自分の知識や教養の向上が必要で、そこから常の事をすることで、数寄のデザインがにじみ出てくるのである。語呂合わせのようになるが、「粋」に致るためには、精神的なやる気、すなわち「意気」がなければならないと考えている（図 3・15、16）。

6　茶室の配置と必要設備

ⓐ──茶室の配置

茶室は、主屋の内側に間取るもの、主屋に連続して設けられるものがある。いずれも草庵が考え方の根底にあるから、外界の喧噪に影響されることがあってはならない。また他に気を奪われるものを排除し、これからお茶会に向かう心の準備のできる場所の中に配置することが必要である。細川三斉が虎ノ門の茶室から愛宕山が見えないように樹木で隠したという説話がこれにあたる。

ⓑ──茶室に向かう順路

独立して建てられた茶室の場合は、中潜り・中門の内側の庭を内露地とし、待合から中潜りまでを外露地とする。外露地に待合と下腹雪隠を設ける。内露地までの塀の片庇などを深くしたり、あるいは、待合等の外側の壁を利用して、腰掛を取付け、入席前の亭主の出迎えまでに余裕を持って一服する。また一会約4時間中、食事（懐石）を終わって、客一同が席を出て小憩する中立ち待合というべき所を設ける。待合から中門、梅軒門、中潜りに達し、さらに進んで、蹲踞に至り、手と口を清めた後に茶室の躙口または、貴人口に至る（図 3・17）。

ⓒ──待合

待合（図 3・18）は寄付または、袴着（遠州流など大名風の場合や、普通の侘茶では、羽織、袴を脱ぐ）とも称し、露地の入口か、中潜りの外に建てる。ここは、一同が着衣を改め、待合せ、席順の打合せをしたり、また休憩する所でもある。もちろん床の軸や花、その他の調度品は、主人が当日客のために趣向を凝らして馳走し（食事ではない）、用意するが、客が遠慮なく寛げるようにした部屋である。

ⓓ──雪隠

狭い露地でも、どこかに雪隠（図 3・19）を設けなければならない。その中で、砂雪隠（飾雪隠ともいう）は、貴人以外は決して入ってはならないことになっている。したがって、これを汚さないのが礼儀である。このことから、客用の小便所を設けるが、これを下腹雪隠といい、外露地の適当な場所（腰掛待合附近）に設置するのが普通である。

どちらにも手水鉢を設けるが、手拭掛は置かない。雪隠内部は、両側に足懸石2個を置き、小用返し石、裏返し石の計4個の石で囲み、中間を約30cm低くして砂をまいておく。前石と後石の距離は、約60cm、両方の跨ぎ石の間隔は約25cmでよい。入口下部には、地上より少し頭を出した戸摺石を埋めておく。茶席の雪隠で大便をするのは客の恥になるので、茶席に招かれた時は、小便以外をしないように心掛ける必要がある。

「茶の湯は、当座人前ばかりのことにあらず、日用のことは、離れることなく行住座臥、目に見え心に及ぶことあり。日夜茶の湯の心ざしを忘るべからず。宗旦」

現在では、小便所は陶器製の筒便所に杉の青葉などを立てて詰め、用便の時に不快感のないように心掛ける（白隠の『養成訓』には「禅家では立小便はせず、屈むこと婦人の如く」とある）。

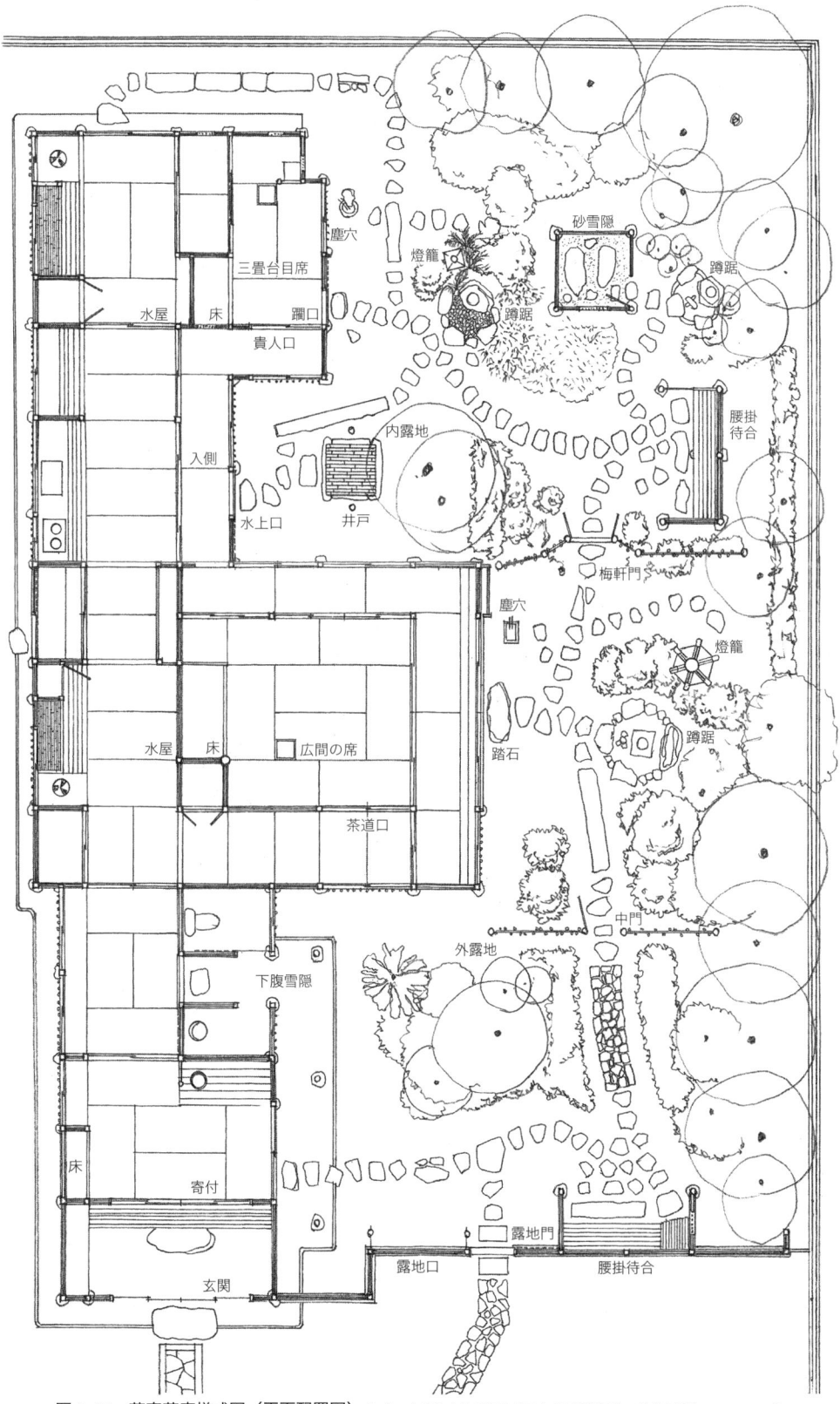

図 3・17 茶室茶庭様式図（平面配置図）（出典：京都林泉協会編著『日本庭園鑑賞便覧』学芸出版社、2002、p.76）

四畳枡床
聚光院枡床席

二畳
妙喜庵待庵

四畳台目亭主床
西芳寺湘南亭

四畳半台目
龍光院密庵

三畳半鱗板入
如庵

四畳半
裏千家又隠

三畳
聚光院閑隠席

図3・15　茶室間取 (出典：京都林泉協会編著『日本庭園鑑賞便覧』学芸出版社、2002、p.75)

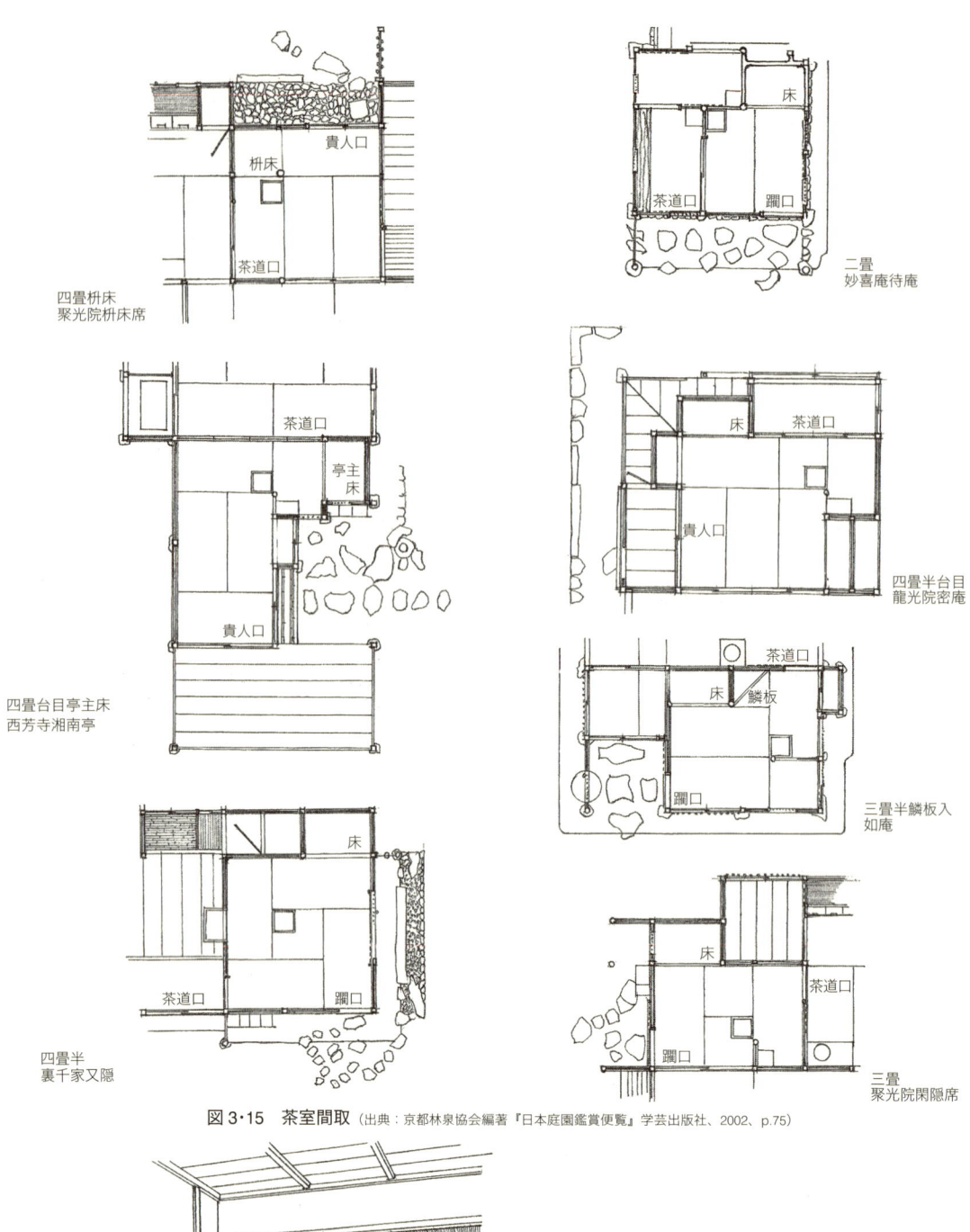

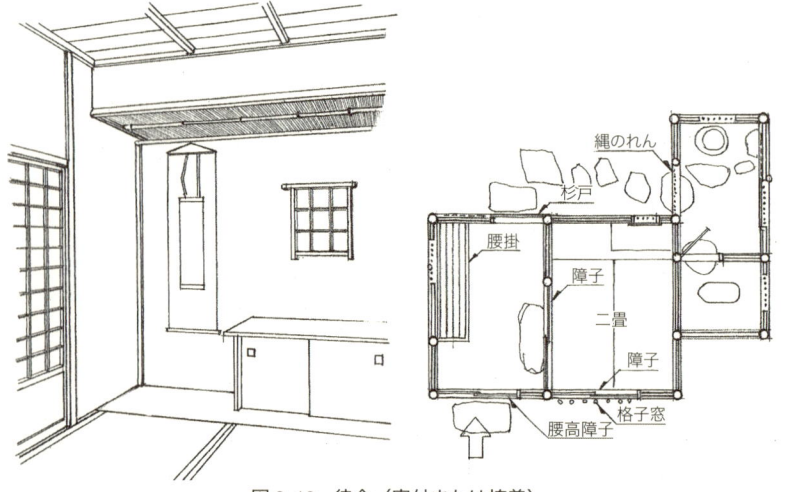

図3・18　待合（寄付または袴着）

図3・16　茶室間取（出典：京都林泉協会編著『日本庭園鑑賞便覧』学芸出版社、2002、p.75）

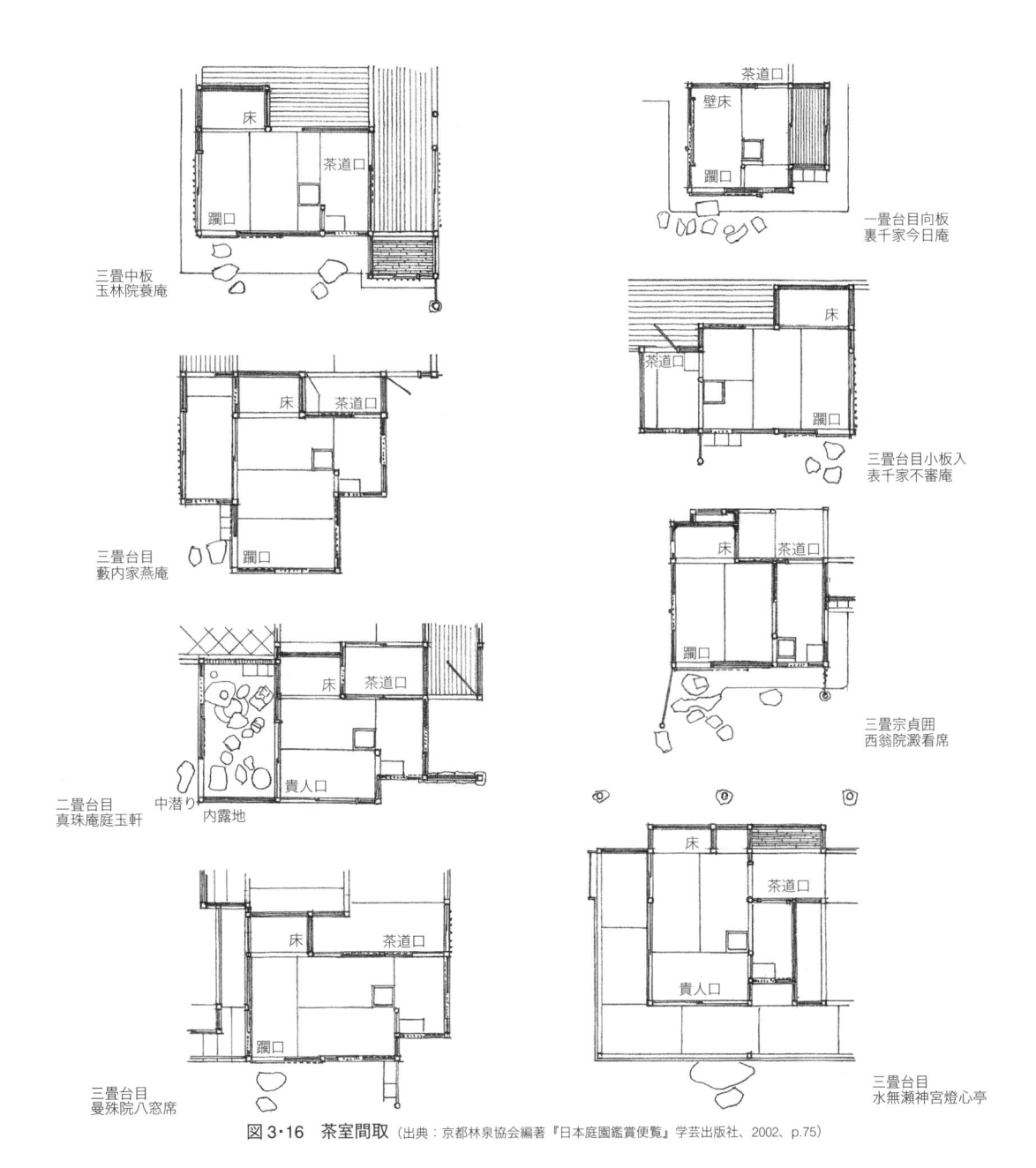

図3・19　雪隠と役石

ⓔ——中潜り

　外露地と内露地の境に立てるものには中潜り（図3・20）、中門（図3・21）、露地門、梅軒門がある。中潜りは、二本の掘立て丸太柱に枝折戸をつけ、また風雅な扁額を掲げることもある。客が席入りの時は、主人は、席からこの門まで出向き、目礼してすぐに茶室に帰る。

　中潜りの外には客人石を据え、内側に間隔25cmあけて、乗越石（やや大きな平石）を、それよりさらに15cmほど隔てて、亭主石（小さな石）を3cmばかり下げて据える。客を迎える時は、亭主はこの亭主石に立つ。また夜会の時は、客の送迎の際に、主人が持っている手燭を置くために、亭主石の左右いずれかに15cmほどあけて、手燭石を据える。中潜りが門になっている時は、戸の下部に戸摺石を内7分、外3分の位置に据える。

ⓕ——中立ち

　中立ちの時は、腰掛待合を用いる。必ずしも、一定の場所に限らず、中潜りから寄付待合の間の片庇などを特に深くして、壁に腰掛を取付けたものもある。ここに円座、たばこ盆などを置き、入席前と中立ちの時に客の休憩場所とする。客は、腰掛けながら庭を眺め、あるいは、一服する。

ⓖ——蹲踞

　これは、茶席に入る前、少し幽粋な趣きを作った所へ飛石伝いに客を導き入れて、手と口を清めるための設備である。手水鉢（図3・22、23）は、自然石、方形、円形など、種々の意匠がある。たとえば、灯籠の礎石やその他の古い石を使う時には、上端に径30cmくらいの水溜穴を彫り、排水口は、呉呂太石で隠して下に排水管を伏せる。手水鉢と手燭石、湯桶石、前石4個の石組で囲いを作る。手水鉢は、手燭石、湯桶石（湯揚石）より上端を少し上げて据え、前石は、少し下げて平らな面を上端にする。

　手水鉢に水を入れる方法は、来客の都度汲むこともあるが、筧で導くのも風情があっておもしろい。手水鉢中央底に導水管を入れ、常時水が溢れているようにすることもある。

　この蹲踞（図3・24）の石組回りは、モッコク、笹などを障り木（囲い木）とし、茶庭の趣きを増すように工夫する。また夜間に客を招く用意として、必ず灯籠を手水鉢の前方にたてておく。

ⓗ——茶席入室の順序

　客は招待された時間より20〜30分くらい前までに、それぞれ寄付待合に集合する。客人一同の用意ができれば、いつでも入席できる合図として備え付けの木板、その他の打ち物などで主人に知らせる。それからおもむろに連れ立って、席次の順に飛石伝いに腰掛待合（図3・25）に入り、相客（連れ客）と露地の景色を眺めながら休息し、主人の出向えを待つ。

　主人は内露地に打水をし、これが出迎えの合図となる。前記のように亭主石の所まで主人が出迎え、正客は客石まで進んで目礼し、相伴の客は、それに合して礼をする。亭主は、席に引き返し、客もまたいったん腰掛へ戻る。客は、間合を計って、順々に手水鉢を据えた蹲踞に行き、屈んで（蹲踞は、ソンキョとも読める。相撲のソンキョの姿勢は、ここからきているといわれる）手杓で手を清め、手の平に清水を受けて口を濯ぎ、終わりに手杓の柄を洗って始めの形に置いてから手をぬぐう。以上の順序は、正客から最後のお詰まで乱れのないようにし、躙口あるいは、貴人口（貴賓口）から茶室に入る。

ⓘ——茶室に着席する

　茶室は、四畳半以下種々あるが、だいたい床前畳は避け、正客から踏込畳までにお詰とも3〜5名（奇数の客が着席する。ただし席の都合で、正客だけは床前畳に座してもさしつかえない）が座る。着座した頃を見て、亭主は勝手から襖を開いて、まず正客に挨拶し、順次連客にも及ぶ。次に炭点前をして食事（懐石）を進める。挨拶の後、膳、酒飯など運び、最後に菓子を出してから客は中立ちをする。小憩の後再び入席して、濃茶、薄茶のもてなしを受ける。

　一説には、炭手前の後、中立ちして、再び入席し、まず濃茶をふるまい、その次に懐石を出して後、薄茶に終わる順序を主張する人もある。

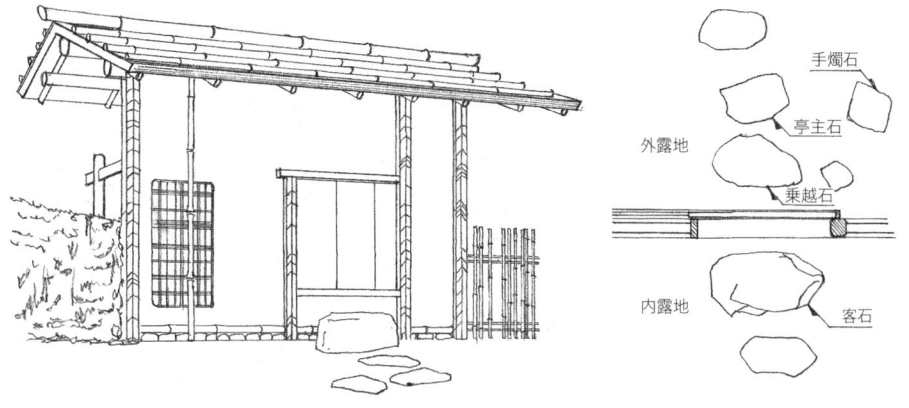

図 3・20　中潜りと役石

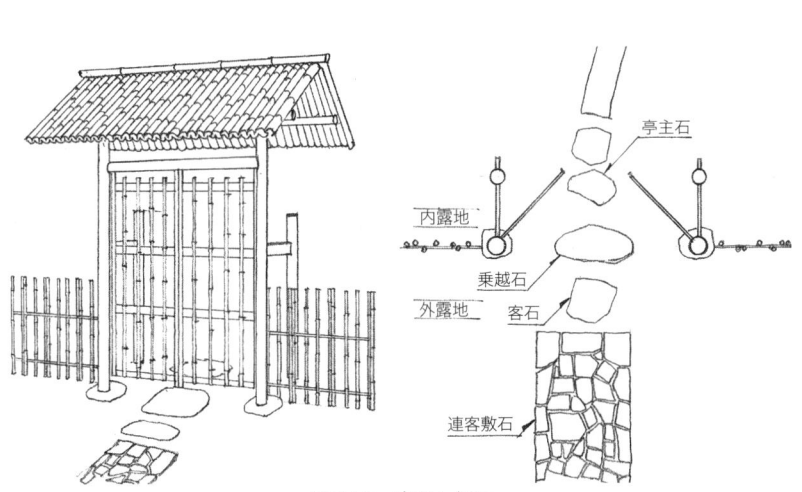

外露地　手燭石　亭主石　乗越石
内露地　客石

図 3・21　中門と役石

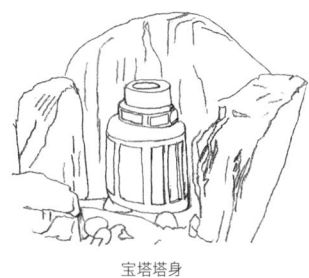

亭主石
内露地　乗越石
外露地　客石
連客敷石

宝塔塔身

礎石（表千家不審庵）

図 3・22　手水鉢　(出典：京都林泉協会編著『日本庭園鑑賞便覧』学芸出版社、2002、p.67)

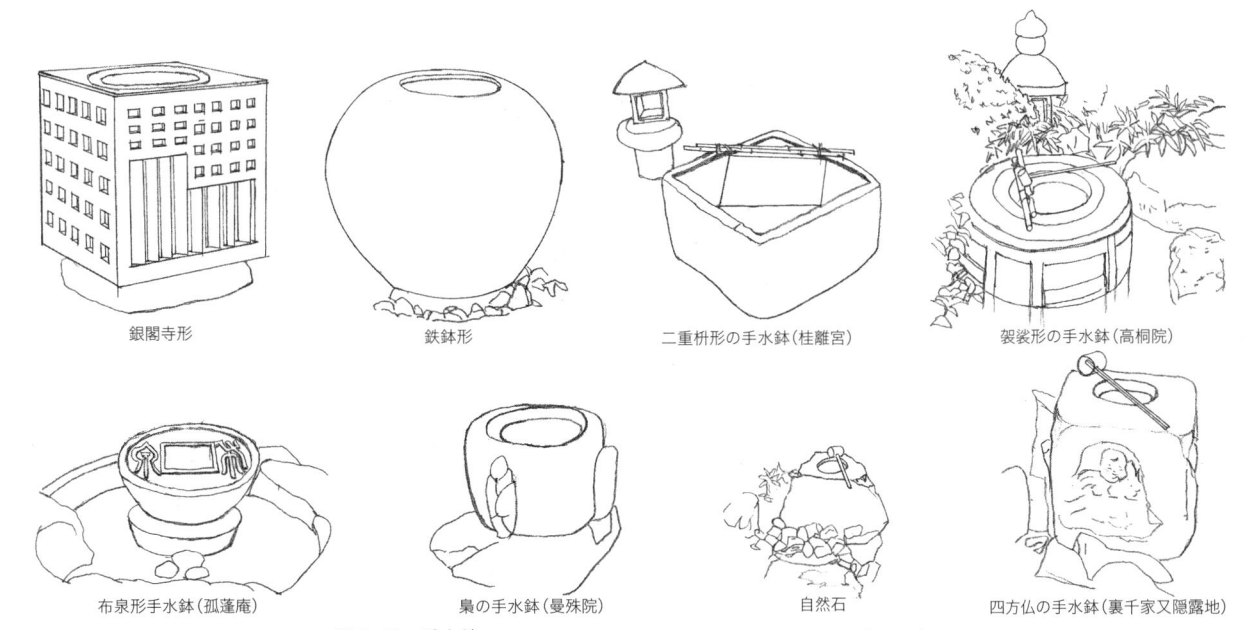

銀閣寺形　　鉄鉢形　　二重枡形の手水鉢（桂離宮）　　袈裟形の手水鉢（高桐院）

布泉形手水鉢（孤蓬庵）　　梟の手水鉢（曼殊院）　　自然石　　四方仏の手水鉢（裏千家又隠露地）

図 3・23　手水鉢　(出典：京都林泉協会編著『日本庭園鑑賞便覧』学芸出版社、2002)

3　茶室、茶屋

図 3・25　腰掛待合と役石

蹲踞役石（表千家流）
- 手水鉢
- 湯桶石
- 手燭石
- 前石

蹲踞役石（裏千家流）
- 手水鉢
- 湯桶石
- 手燭石
- 水受石
- 前石

貴人石／次客石／連客石／お詰席

図 3・24　蹲踞（出典：京都林泉協会編著『日本庭園鑑賞便覧』学芸出版社、2002、p.66）

表 3・1　畳勝手八炉の構え

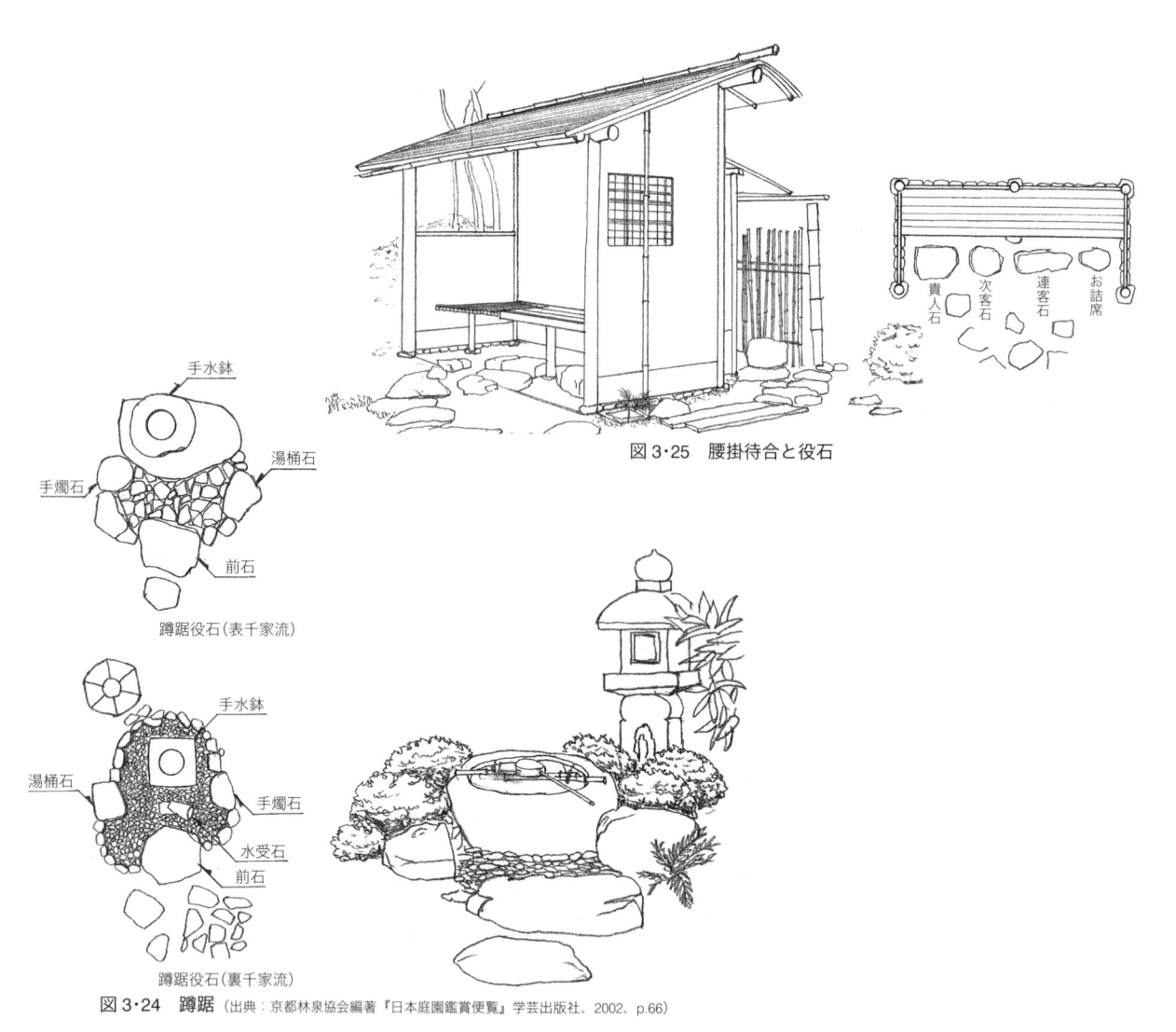

勝手＼名称	四畳半切り 四畳半の中に炉を切る	台目の長さの畳を 道具畳とする 出炉道具畳の外に 炉を切る	向切り壁の むこう炉を切る	隅炉 隅に炉を切る
本勝手 点前をする 人の右に客 が座る	四畳半切り　本勝手（四畳半）	台目切り　本勝手（二畳、台目、出炉）	向切り　本勝手（深三畳）	隅炉　本勝手（二畳）
逆勝手 点前をする 人の左に客 が座る	四畳半切り　逆勝手（四畳半）	台目切り　逆勝手（一畳、中板、台目）	向切り　逆勝手（二畳）	隅炉　逆勝手（二畳）

j —— 炉の勝手

茶室の平面、炉の位置については種々工夫されている。四畳半切り、台目切り、向切り、隅炉の四種類があり、これらを本勝手あるいは、逆勝手に間取る。これを茶室の「八炉の構え」（表3・1）という。本勝手というのは、亭主の右手に茶を差し出すような勝手で、それに対して逆勝手は、亭主の左手に茶を出すように床の位置を定めた間取りをいう。

また水屋は、勝手の適当な所に設け、準備に便利なように、流しおよび棚等を設ける。なお、勝手水屋側から道具畳の壁の裾に地袋窓のように低く開口して、小襖などを建て込んでおくと、老人等が点前する時など、一々勝手口から遠回りしたり、物を運ぶ都度、立ったり座ったりの労が省ける。この構えを「胴庫」（道幸）と呼ぶ。これは、道具類の出し入れ口として設けるものである。

k —— 躙口まわり

躙口（図3・26）の石組は、踏石、落石、乗り石の三個によって組まれる。客人が飛石に導かれ、躙口から茶室に入る時、この踏石に草履を脱ぎ、頭を室内に入れて、次に膝を畳の上に入れる。ふり向いて自分の脱いだ草履を片脇に寄せ、裾壁に立てかけて、次の客が踏石に乗りやすいようにする。

古くから、武士が茶席に刀を持ち込まないように、躙口の壁の一部に刀掛けが取付けられていた。この刀掛の下には、高さが二段になった石を据えて、この石の上に上り、刀を掛けるようにしたのである。今日では、その必要はないが、伝統の形として残されている。

茶室の傍の目立たない場所に、塵穴（塵壺）を1カ所設けておく。この穴に落葉などを青竹の箸で拾って入れて掃除の後、落葉を始末して、客を招く場合の心使いとする。

7 茶室の構造

a —— 茶室の計画

設計にあたっては、換気と採光に特に気をつけなければならない。小さな室で、しかも天井は低い。利休は、「夏涼しく、冬暖かにする」と記している。窓はあまり大きなものは冬寒く夏暑いということになるから、普通の住宅より小さ目のものがよい。また採光も明る過ぎると落ち着かなくなり、茶室独特の囲われた空間の意味もなくなるので、注意する必要がある。

夏の照り込みを防ぐために、庇や軒を深くし、樹木の植え込み等にも充分配慮しなければならない。窓、開口部に簀を釣る他、もっぱら紙障子を用いる。ガラス障子は、厳禁である。

b —— 基礎と柱割

基礎はあえて作らず、割栗石を充分突き固めた上に根石を地中から2/3ほど埋めるように据え、上端を地盤面から約6〜10cm上げるようにする。根石の高さは、約18〜30cmとなる。床の高さは約45〜50cmで、踏石の高さで調節し、膝頭を躙口の床の上にのせやすい高さとする。計画グリッドは、畳寸法が、基本となる京間（本間）で、畳の大きさは、191cm（6尺3寸）×95.5cm（3尺1寸5分）である。部屋の都合上小さな畳にすることもあるが、その場合も調和を保つことが大切である。普通畳の大きさの3/4ほどの大きさの畳を台目畳（大目畳）といい、道具畳として使われることが多い。道具畳にさらに炉を切ると使いにくい場合は、この道具畳より外に出して炉を切る。これを「出炉の構え」という。

c —— 柱

柱は、杉の磨き丸太を面皮に仕上げるか、赤松の皮付、桧の角材等を用いることが多い。太さ約10cmで、極めて細く、軽く見えるように仕上げる。末口8cmほどの丸太柱にすることもある。また雑木の皮付のまま使うこともあり、その場合は雅趣に富んだものとなる。

特に由緒ある木材を利用して床柱、落し掛けに使うことが多い。

ⓓ——屋根の形と材料

　茶室、茶屋は、元来小さな建物なので、その屋根の作り方によっては、物置や便所に見えてしまうこともある。またあまり意匠に凝り過ぎても、いやらしくなる。

　屋根の形（図3・27）は、方形（宝形）、入母屋、切妻、寄棟（四注）などになるが、これらに片流れ、招き屋根をつけ、庇等を巧みに複合させた屋根を考え作っていく。材料は、藁、茅、桧皮、杉皮、柿、瓦、スレート、銅板等がある。普通の仕事では不調和であっても、巧みに扱うデザイン力と発想があれば、雑味、妙味が出る。例えば丸竹を使って蕨縄で、いぼ結び（男結びともいう）に押えるのも案外よいものとなる。これはあくまで参考意見で、茶屋の意匠材料は、元来自由なものなのである。

　なお市街地では建築基準法22条の規定により、屋根の材料は不燃材としなければならないので、注意する。

　以下、標準的な寸法を書いておく。

　屋根の勾配は、屋根の仕上材料によるが、あまりゆるいと軽々しく見えてしまうので、4.5/10～3/10くらいにする。草葺の時は、6/10以上と急にしなければならない。軒の出は、45～90cm程度が普通である。

　化粧垂木は、径4cmくらいまでの杉磨き丸太で、その他に赤松、雑木の皮付のまま、あるいは竹など1間（約1.8～2m）に5本くらいを配置する。淀、広小舞は、杉または、桧の厚さ2.4cm（8分）幅約10cmのものを用い、小舞は、女竹2本ずつ並べて藤蔓で掻きつけるか、または赤松の径約1.8cm（6分）、長さ3m程度のものを適当に配って掻きつける。裏板は、長さ約1mの長柃を縦に使い、または芦の簀張りにするか、竹枝、萩、雑草、萱、藁など並べて裏板で押える。

ⓔ——天井

　天井（図3・28）は、格式の高い順に真・行・草の三種に作り分けることが多い。

　掛込み天井は、化粧屋根裏をそのまま天井にしたもので、「草」の態である。台目畳の上の天井は、必ず落天井とし、網代、葭簀、粉板、萩、鏡板、杉皮、蒲など種々の材料を使う。これは、「行」の態である。その他は、竿縁天井にし、「真」の態となる。

　要するに、真・行・草の三態といっても、調和のある変化の基準を示したもので、しいて一定の法則にとらわれることはない。なお、天井の回縁は、竹、丸太、角材等自由だが、高さは2.5～3cm、幅は、壁に埋め込む部分を1.5cmほど見込んでおく。天井の高さは畳上端から1.85～2.25mほどが適当である。

ⓕ——壁

　外壁は、下部腰貼（図3・29）として、板、竹、葭簀などを用いる。その下に丸い玉石と柱根石との間に狭間石（差石）として置くか、または壁留めといって、竹か桧丸太を横にして柱間に切り込んで、壁の裾を受ける。この壁止まりを少し浮かすと、床下の通風がよくなる。

　茶室の塗壁は薄いので、よく吟味して慎重に扱わねばならない。したがって、下地も普通の壁とは異なり、乾燥による狂いを生じないように柾目の貫を用い、力竹を1間に三本ほど縦に入れて、その他は割竹で、下地縄は棕梠または麻糸でかく。この際、竹と竹の間に指が通らないから鉄鉤で表裏から二人がかりで掻き合わせると能率もよく、しっかりした壁下地ができる。

　下塗の後、チリはのれん打ちを、また貫当たりには、古蚊帳や麻布切などを塗り込む。中塗は、薄目にむらなく塗って、上塗の内部は、水捏といって、ほとんど糊を加えない京土か、大阪土を用いる。色は渋味のものを選び、あまり派手なものや、淡青色のものは、用いない方がよい。内外を同色に仕上げることが多いが、多少変えることもある。鉄粉を土に混和して塗り上げると、後日鉄錆が表面に出ておもしろい斑点が現れ、雅味のあるものになる。

　内部の腰壁のうち、織部床以外の床の間には決して腰紙貼はしない。席中は、高さ8寸（24cm）～9寸（27cm）くらいの美濃紙等を、裏を表面に出して貼る。紙の継目は、1.5cmほど重ねる。勝手付の壁は、高さ1尺8寸（54cm）～2尺（60cm）くらいの高さに二段に腰紙を貼る。

図3・26　茶室と躙口の役石

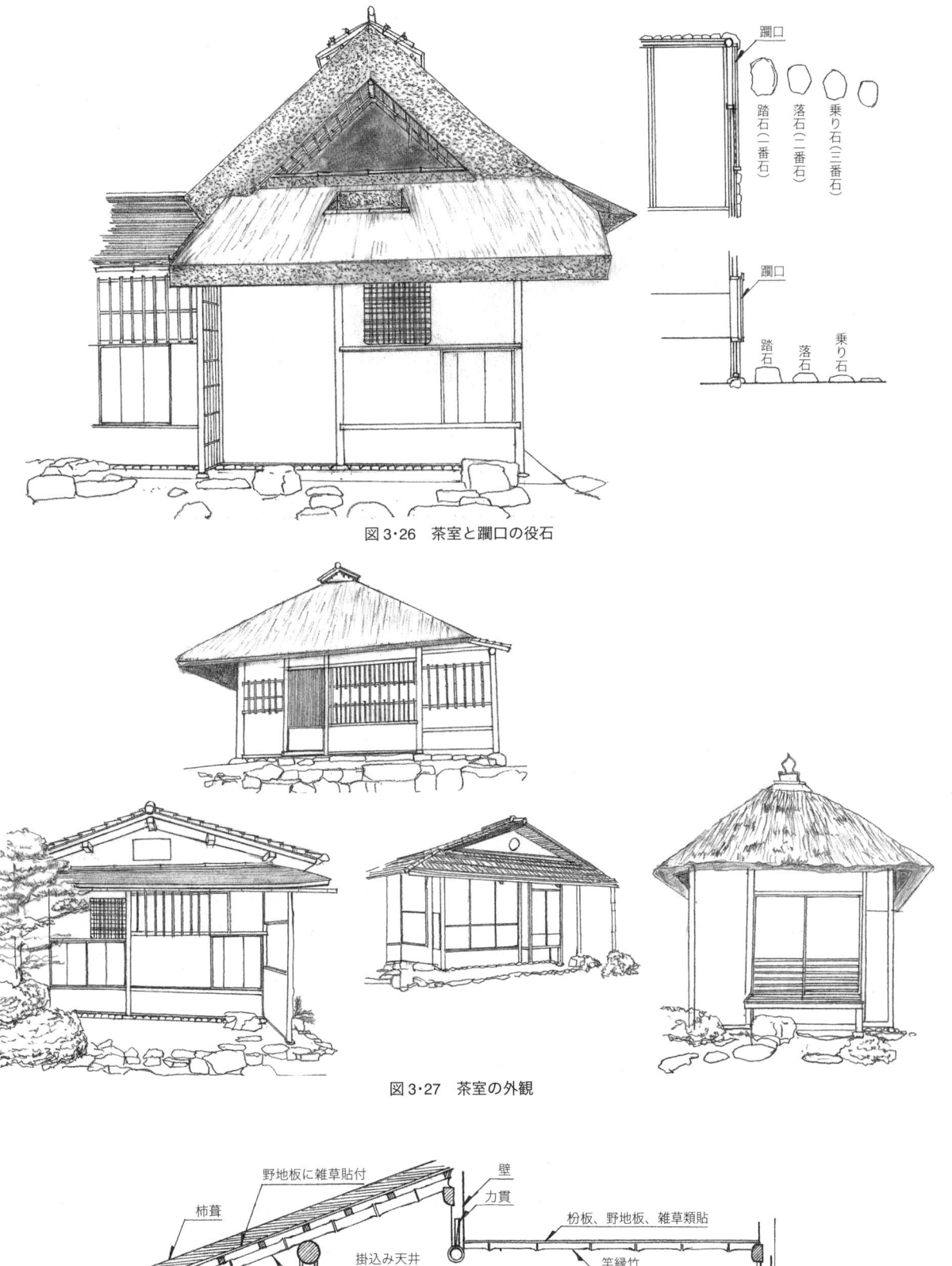

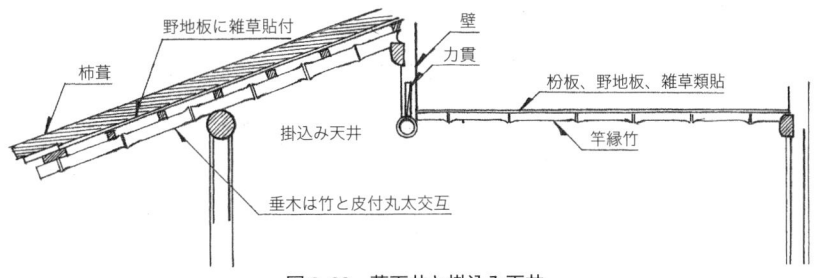

躙口
踏石(一番石)　落石(二番石)　乗り石(三番石)

図3・27　茶室の外観

柿葺
野地板に雑草貼付
壁
力貫
枌板、野地板、雑草類貼
掛込み天井
竿縁竹
垂木は竹と皮付丸太交互

図3・28　落天井と掛込み天井

図中ラベル:

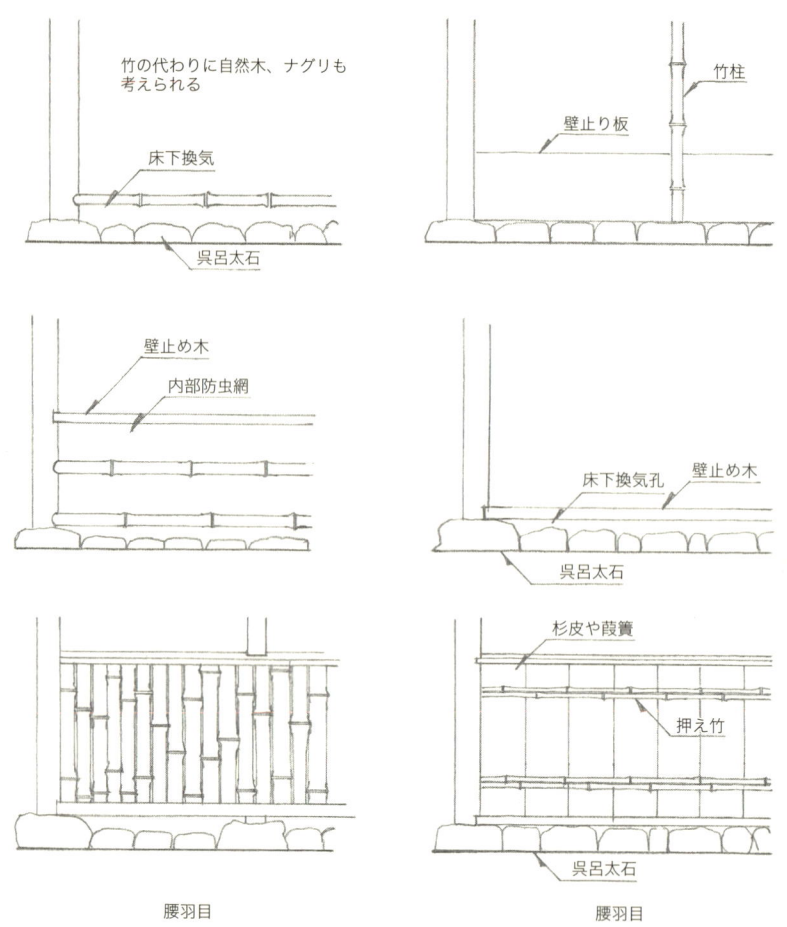

左上図: 竹の代わりに自然木、ナグリも考えられる／床下換気／呉呂太石

右上図: 竹柱／壁止り板

中左図: 壁止め木／内部防虫網

中右図: 床下換気孔／壁止め木／呉呂太石

下左図: 腰羽目

下右図: 杉皮や葭簀／押え竹／呉呂太石／腰羽目

図 3・29　外部腰回りの扱い方　あまり凝ると上品さが失われる。

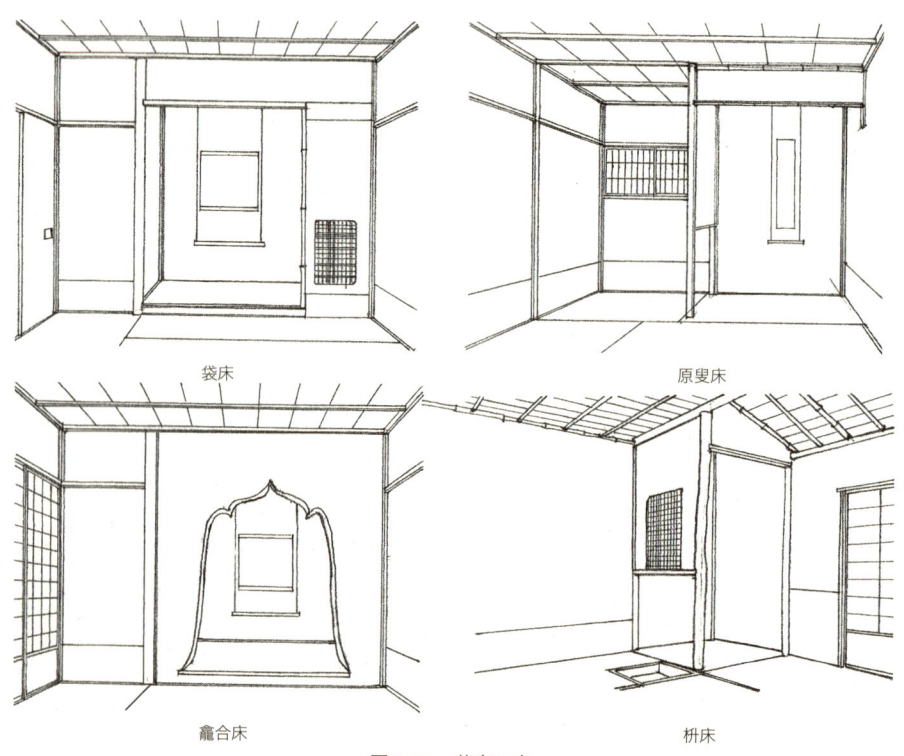

袋床　　原叟床

竈合床　　枡床

図 3・30　茶室の床

ⓖ──床

　茶室の床（図3・30）は、上座床（陽床、本床）と下座床（陰床、逆床）とに分けられる。下座床の方が使い勝手がよいとされている。

　床の形は本床としたものより、多少調和を崩した形の袋床、竈合床、枡床などを採用した方が風雅でよい。枡床は、半畳の床である。大徳寺聚光院枡床の席がある。

　床の構造は、床柱や落し掛けには、竹または磨き丸太を用い、常に軽妙を心得て作る。懸花生の釘の高さは、框と落し掛けの内法高さの下から6割くらいの所に打つ。中央正面の壁に塗り込んで引出すように作る。また内隅に打つ釘は、天井の高さの8割くらいの高さか、あるいはぐっと下げて打つ。掛物を掛ける釘は皮付の竹釘で、長さ約2.5cm壁面から出し、太さは根元で6mm角、天端で3mm角に削り、天井回縁下端から2.5cmくらい下げて、皮目を下に向けて打つ流儀もある。

　下地窓は、茶室を構成する重要な要素なので、先人の作った優雅なものをたくさん見て、茶室全体に調和し、機能的なものを作ることが大切である。一般には、小舞竹の間隔は約4cmが適当とされる。小舞竹には、丸竹など種々あり、葭が使われることもある。

ⓗ──出入口

　躙口（図3・26）は、躙り上り、または「潜り」ともいわれ、高さ2尺2寸（66cm）幅2尺（60cm）、杉の引き戸とするのが標準で、大きさには多少の差がある。挟み敷居および鴨居の幅は1寸5分（45mm）、厚さ2cm、方立見付け8分（2.5cm）、幅1寸5分（45mm）、角柄は、8分（2.5cm）ずつ延ばす。

　戸框見付け7分（2.1cm）、見込み8分（2.4cm）、下桟見付け一寸（3cm）、上桟、中桟とも見付け8分（2.4cm）、戸板は3枚打ちとし、その幅は、手前から8、7、5の割合で厚さは、2分5厘（約8mm）くらいを竹釘で打つ。目板は、幅7分（2cm）、厚さ1分2厘（4mm）くらいで敷目板に打つ。

　貴人口（貴賓口）（図3・31）は、キン口とも略し、貴人を接待する時に躙口から腰を屈めてはい込ませるのは失礼にあたることから、特に大きくつくらせた出入口である。内法4尺5寸（1.35m）〜5尺3寸（1.6m）、幅は4尺5寸（1.35m）くらいで、2枚建てか、開口部によっては、3枚建ての障子を建て、常人常用の躙口と区別する。

　給仕口は、通い口ともいう。時には設けないこともあるが、懐石などの時には、食事を運ぶのに都合がよいので、設ける方がよい。その高さは、内法約5尺（1.5m）、幅約2尺（60cm）とし、1本引きの襖を建てる。敷居の幅は3寸（9cm）、畦3分（9mm）、溝6分（18mm）、鴨居の高さ8分（24mm）、幅2寸8分（84mm）、方立の幅2寸4分（81mm）、見付け8分（24mm）、角柄の出8分（24mm）くらいとするのが一般的である。

　勝手口は、茶道口、茶立口ともいう。亭主が最初に客に挨拶する時から、点前をする時に出入りする所で、普通内法で5尺2寸（1.56m）、幅2尺（60cm）、その仕様は給仕口と同じである。

ⓘ──炉

　炉は、壁土塗の内法1尺角（30cm角）、深さ1尺1寸（33cm）が普通で、縁塗の厚みは2寸（6cm）、縁木の厚さ2寸（6cm）、幅1寸2分（36mm）、その内法は1尺1寸（33cm）である（図3・32）。

　炉の寸法は始め、1尺5寸7分5厘（47.25cm）角であったが、紹鴎から利休へ受けつがれる間に、1尺4寸（42cm）角に定められたと伝えられている。

　また特別なものとして大炉がある。これは、1尺8寸角（54.5cm）のもので、特別な茶会の時に使う。

図 3・31 貴人口

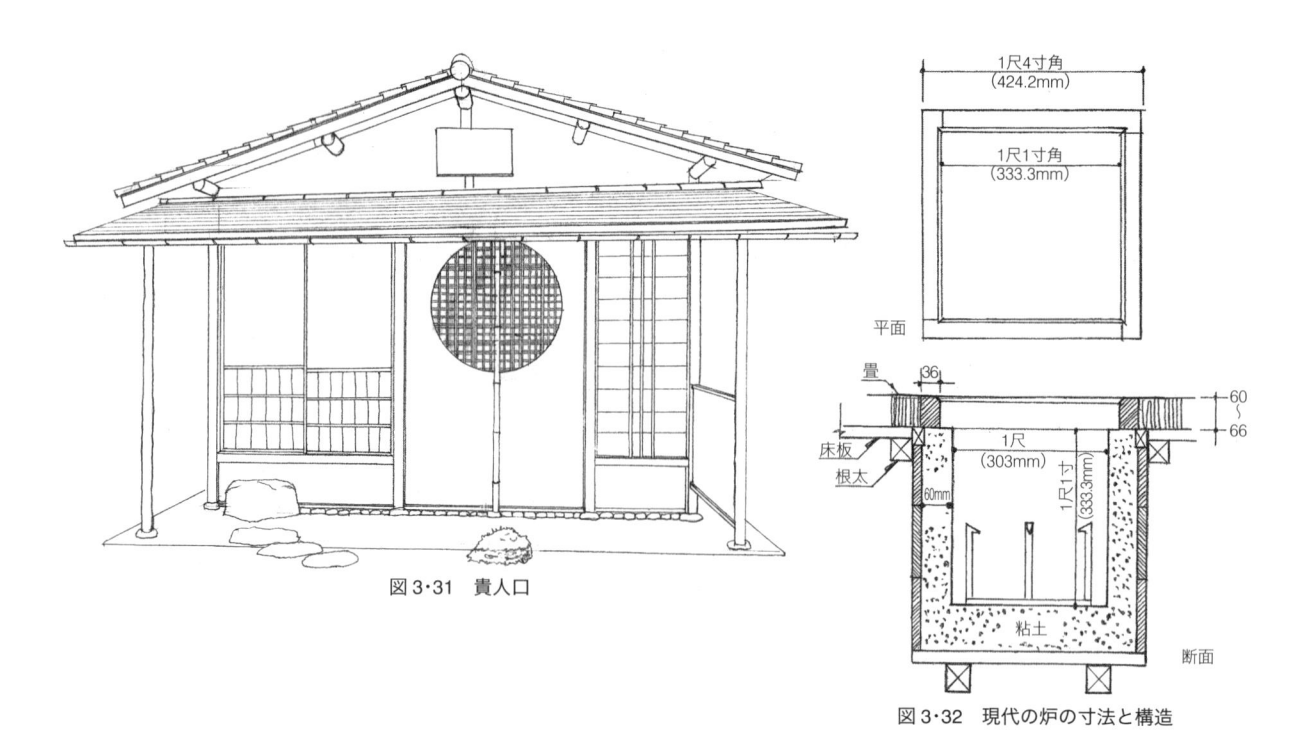

図 3・32 現代の炉の寸法と構造

図 3・33 水屋

j —— 水屋

水屋（図3・33）は、勝手の便利な方へ葺下ろした庇に造り付けられ、両妻を壁にして、正面は引違いの障子というのが一般的である。しかし、下地窓を開け、掛障子を入れることもある。席の都合により、寸法も種類も様々となる。腰板には、水屋釘（竹釘）を1寸（3cm）くらい出して、腰板上端から1寸（3cm）くらい下げ、4寸（12cm）開けて13本打つ。

左の板に替柄杓掛け2、次に手拭掛け、正面板には釜据え2、雑巾2、茶筅2、右板には、布巾、コボシ、敷切1寸（3cm）下がって、タワシ掛を打つが、これは必ずしも一定していない。

流しの中に入れる簀子は、直径6〜7分（2cm）くらいの丸竹を落しの中いっぱいになるように切り込む。落しは、底を銅板で貼り、傾斜をつけて向う隅に水抜きを開け、ここに竹または、銅製の竪樋で水を落とし、外に導くようにする。

k —— 窓の構造

窓は紙貼障子で、引違い、1本引き、引き開け、掛障子等にする。戸当りの木格子は、角柄に組むこともあり、連子窓の格子は、竹または自然木の皮付の小丸か、栗のなぐりなどを粗野にこしらえるもので、打ち付け格子とすると似合う。下地窓にする時は、磨竹を葛で組むのがよい（図3・34）。

雨仕舞は、窓が軒の下にある時は差し支えないが、戸袋を設けない時は、突き上げ雨戸を使うか、掛け雨戸にしてもよい。

8　茶席の利用

茶席では、気を養うために静かに端座して、菓子を点心とし、自ら点前して薄茶を喫し、水を味わい心を鎮める。秋によく、春によく、冬ことによい。親しい友人を招いて清談し、応接するには、誠に趣味多い。あるいは、日時を定めて同好の友を招き（五客を適当とする。隔意ない人達がよい）、懐石料理を供し、茶を進める行事は、ことの他ご馳走となる。

近頃の世相は、有為転変し、生きていく上で心のゆとりがなくなっている。そこでたとえば半日の清遊をすることで、心のゆとりを取り戻し、次の活動の源とするためにも、茶事は有意義なものと考えている。茶室を設けるのは、誠に意義深いことなのである。

茶室に学ぶことは非常に多い。一つは、前述した茶事の効果と、茶室の内部も含む建物自体に加え、茶事で得られる情報がある。茶室で話し合われることは、上品で教養と知識に溢れる。その中にいる間に、自身の教養知識も上品に、かつ深まっていくのである。このことは、「数寄は常の事成」という言葉通り、常の自分のレベルアップに大いに役立つことと考えている。

侘茶の発生時、その精神性を具象化するために自由奔放な発想があったが、これこそが、現代に求められているデザインの発想であるといっても過言ではない。そして具象化されたもののバランス、調和もまた、現代のデザインに答えられるものである。

茶屋、茶室は、単に喫茶を楽しむ場所であるばかりでなく、種々の有意義な要素を持っている。この要素は各人の理解によって大きくもなり小さくもなる。茶室を理解することは、建築家たるもの、あるいは建築に携わる者、携わろうとする人には必須であると考えている（図3・35）。

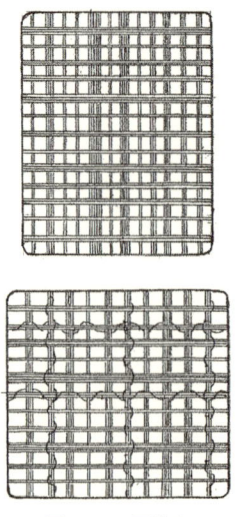

図3・34　下地窓

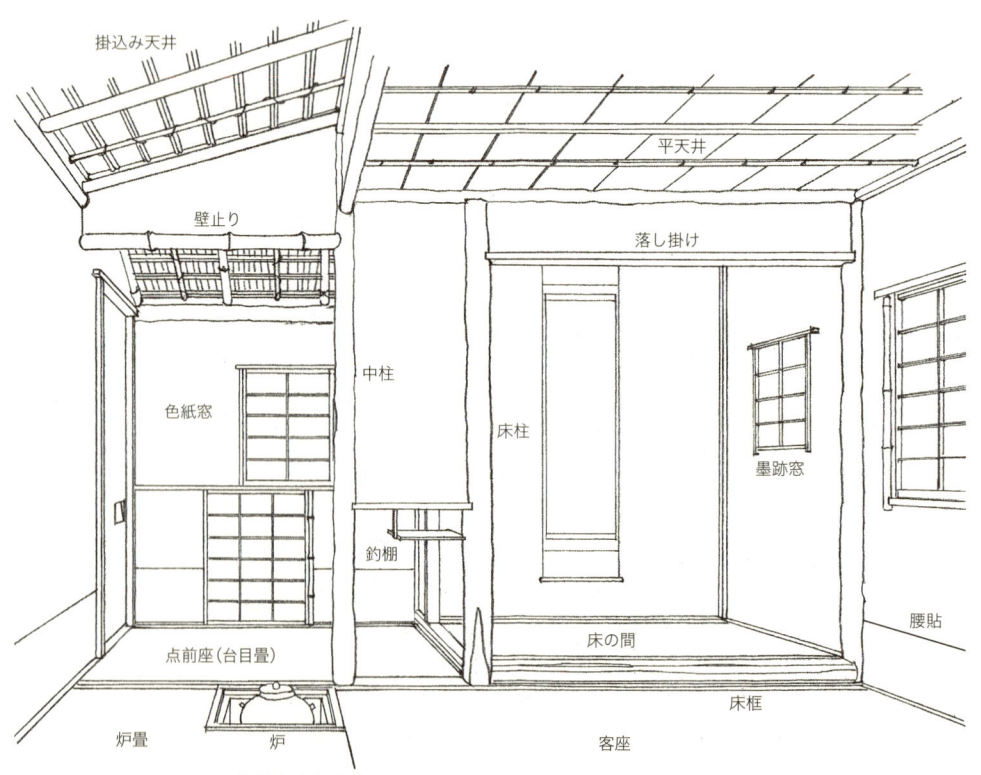

図3・35　茶室内各部名称（出典：京都林泉協会編著『日本庭園鑑賞便覧』学芸出版社、2002、p.77）

4　土蔵

蔵は、物を貯蔵したり、保管したりする目的で建てられるものである。

有力商人や豪農といわれる農家には、必ずといってよいほど土蔵が建てられている。これは、蔵がその家の格式を表す道具立てになっているともいえる（図4・1）。

蔵は、火災、地震あるいは、台風といった災害から収納物を守るための特殊な構造と設備が要求される建物である。過去の日本建築の多くが真壁構造を頑として守ってきたのに対し、土蔵の場合は、ほとんど大壁構造になっている。

また土蔵に多くのものが収納されることは、蔵が生活における褻(け)の世界を受け持つことを意味する。蔵があるから主屋の屋敷を始め多くの部屋が、晴の世界として機能することを忘れてはならない。

1　土蔵と湿気

貴重品を長期間保存するため、湿気の問題は非常に重要である。各種の災害に配慮することはいうまでもないが、わが国のように気温が高く、夏季の湿気の多い所では、物品の変質が生じ、貴重品の保存が困難になることが多い。湿気を含んだ空気が土蔵内部にできるだけ流れ込まないような工夫が必要であると同時に、外部の気温ができるだけ土蔵内部に影響しないように、調整と断熱を心掛ける必要がある。

土蔵には、湿度71％以上の空気が侵入することは不適当である。気温が10℃以下の場合は、多湿でも差し支えないが、15℃以上の時湿度71％になると物品保存上非常に有害で、陶磁器、ガラス以外の貴重品は、長い期間に必ず腐朽をおこす。気温18℃以下、湿度75％は最悪の気候なので、注意して土蔵内にその外気を入れないように、また内部の温度が高くならないようにしなければならない。

年間を通じて、3〜4月頃から10月頃まではまったく出入りせず閉め切っておき、寒中に保存物の手入れや検査をするのがよい。伝統行事の曝涼(ばくりょう)（虫干し）が、湿気の少ない初秋に行われるのはこのためである。土蔵はできるだけ出入しない方がよいが、それでは実用的でないので、出入りする時に科学的な設備を用いることが必要になる。たとえば簡単な冷暖房設備やエアーコンディショニング（空気調整）の応用もその一つである。

日常物品を出し入れする土蔵では、次のようなことに注意する。

まず、外気が土蔵の中にできるだけ入らないようにする。これには、蔵前という前室を設けていったん室を締め切り、次に土蔵の扉を開くようにする。

外気が乾燥している時（湿度70％以下）は、窓を開いて換気を図り、反対に湿度の高い時は窓を閉鎖して、やむを得ない時以外は、出入りを制限するようにする。

土蔵内部は、常に冷暗であるようにする。内部の温度が高いと、開扉時に、外部の空気で室内が急に冷やされ、水蒸気が露となる。これが壁や物品に凝結すると、非常に有害だからである。

2　伝統的な土蔵

ここでは、まず古い土蔵の構造等を述べ、さらに現在では、どのような構造の土蔵がふさわしいのかを考える。土蔵の修理を含めて学ぶ。先人達の種々のアイデアを、建築に携わる者の常識としなければならない。

コンクリートのなかった頃、基礎の多くは花崗岩の組合せで作られていた。厚さ20cm、幅75〜90cmくらいの石を並べて基礎とし、その上に同様の石を基礎立ち上がりとして並べ、その石の約1/3を土に埋めていた。また自然石を並べて基礎とすることもあった。

図4・1　土蔵の風景

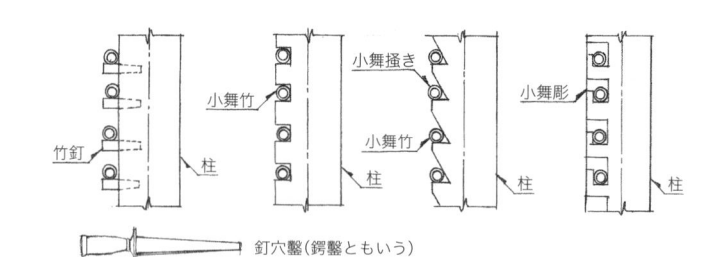

図4・2　土蔵、柱の苆掛けと小舞掻き

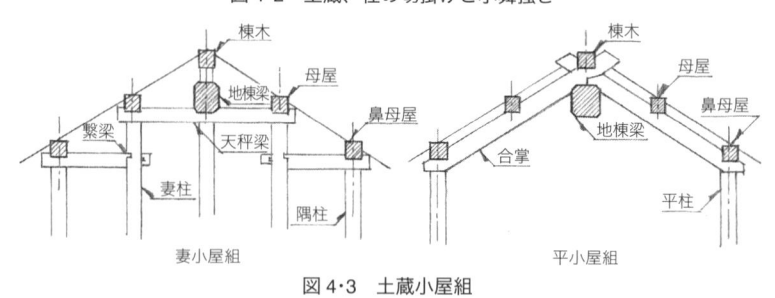

図4・3　土蔵小屋組

図4・4　合掌の仕口

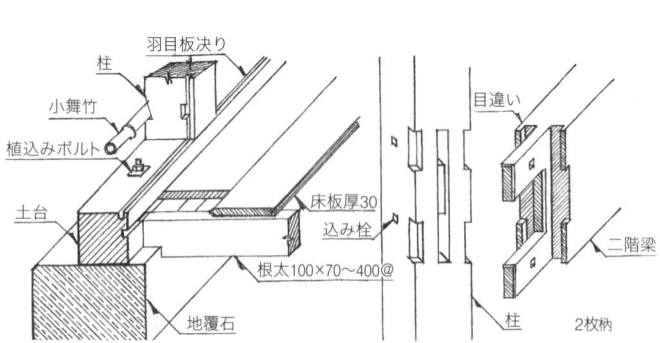

図4・5　土台と二階梁の仕口

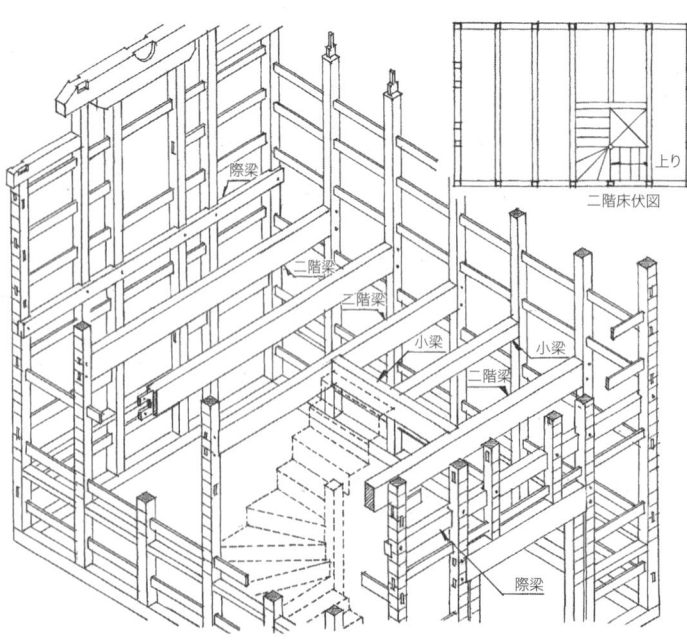

図4・6　軸組と二階床組

ⓐ——土台、柱、軸組

　土台は、桧の 12 〜 15cm 角に防腐剤を塗り、基礎に 1m 間隔でボルト（直径 13mm）で緊結して、据える。柱は桧の 12cm 角を根枘込み栓打ちで建て、外面に苆掛けを 12 〜 15cm おきに刻むか、あるいは、大竹針（厚さ 1cm、幅 2cm）を打ち込む。釘穴鑿、鍔鑿で柱に穴を開け、それに肉厚の竹釘を強く打ち込むのである（図 4・2）。貫は、大貫を 60cm 間隔で通し、平屋なら中央一通し、二階建の場合は二通りを力貫として掛子彫に通し、楔、込み栓で固める。間渡し竹は、普通の壁と同様に約 60cm 間隔で小舞竹の内側から立てて、小舞一本開けて落とし入れる。これを尺八竹と呼ぶ。

　軸組の柱間隔は、約半間とする。両妻の柱は母屋に差し通し、天秤梁を柱に枘差しにする。あるいは、柱に天秤梁を折置に架け、その上部に母屋を置く。繋ぎ梁は一方を柱に枘差しし、他方を母屋の下に折置、または枘差しする。

ⓑ——小屋組と屋根

　小屋組は京呂組と折畳組に分けられる（図 4・3）大きくは小屋組は、地棟梁（牛梁）は径 40 〜 45cm の桧丸太を使う。妻の天秤梁の仕口は、渡り腮で蟻掛けとすることが多い。平の小屋組は、地棟に合掌（登りともいう）を架け、母屋を受ける。合掌は、高さ 24cm、幅 12cm くらいの桧材で、下方は平の柱に折置きとし、その上に鼻（端）母屋を置く。地棟の下では、合掌を相欠きに組み、地棟に欠き渡し、棟木母屋は、合掌に渡り欠きにのせる（図 4・4）。

　屋根は、5 〜 6 寸勾配の切妻とする。垂木は、6 〜 7cm 角を 40 〜 45cm 間隔で母屋の上に置き、軒桁上で止めて鉢巻貫および広小舞を打つ。妻の束および垂木、鉢巻貫に苆掛を彫っておいて、塗込めの付着しやすいようにする。野地の裏板は、下面を削り立て、垂木に釘打して貼り、上端に縄掛け貫および土止め木を打つ。

ⓒ——床

　二階梁は高さ 45cm 以上のものを、柱ごとに 2 枚枘差しにする。両妻の部分では単に柱に根太掛を打てばよい。

　床は根太を用いず、直に松の厚さ 3cm 以上の床板を貼るのが普通である。二階床板は両面削り立てにする。一階の床は土台に板決りをし（図 4・5）、これに床板を入れる。根太の高さは 10cm、幅 7cm くらいのものを 40 〜 45cm 間に端に地覆石をかけて、中間では大引、床束（桧）で支える。二階梁の間には荷場用の穴を作り、棟木、合掌などに滑車を取付け、荷物を釣り綱で釣り上げる装置を作っておく（図 4・6）。

ⓓ——壁

　壁下地掻きには、壁は、柱の苆掛けに横に小舞竹を掛け、柱に釘打ちして止めるか、落としに入れる。小舞は、丸竹の径 3cm 以上、または 4cm 角の木材を縦横約 10 〜 12cm に組み、交差部は、棕梠縄か蕨縄（蕨の根で作ったもので、水に浸してやわらかくして使用する。乾燥後堅くなり、長く腐らない）で、本大和または片大和に掻き付ける（図 4・7）。30cm 間隔で千鳥に下げ縄を結び付け、尺八竹の所にももろともに巻き付ける。

　壁つけは下げ縄に荒打ち塗粘土塊を縛り、小舞竹の格子に手でひねり込んで荒壁地を作る。やや乾いた後、粘土を打ち付けて荒むらの少ないように（荒打という）、次第に塗り付けて、柱の外面から約 15 〜 18cm の厚さになるように塗籠め、大むら、小むら直し、中塗の上、仕上塗を行う。鉢巻（図 4・8）の箇所は、屋根板上から長釘を打ち、これに棕梠縄で結んで網目を下げ、壁の中塗に塗り込み、はげ落ちるのを防ぐ。このように完成した土蔵は、3 年ほどは湿気がこもるが、次第に乾燥して理想的な保存庫となる。室内の空気の乾湿を土蔵が調整するようになるのである。

　外壁では、雨にさらされて破損することを防ぐために、水切り、あるいは、焼板貼、下見板掛けが工夫される（図 4・9）。焼板を貼るには、長釘の折釘で外壁から柱あたりに打ち込み、胴縁を固定し、これに板を貼る。また鎧下見を掛けるには、折釘を鉢巻下 20cm くらいの所と、腰巻上 40cm くらいの所に打ち、壁面から約 10cm 出し、乳房形に塗り出してこれに鎧下見を釣る。折釘は、修理の際、足場を組む時に利用できる。腰巻の高さは、腰無目の上端までとする。腰巻下端の出は軒鉢巻の外を垂直に下ろした線とする（図 4・10）。

図4・7 小舞の搔き方

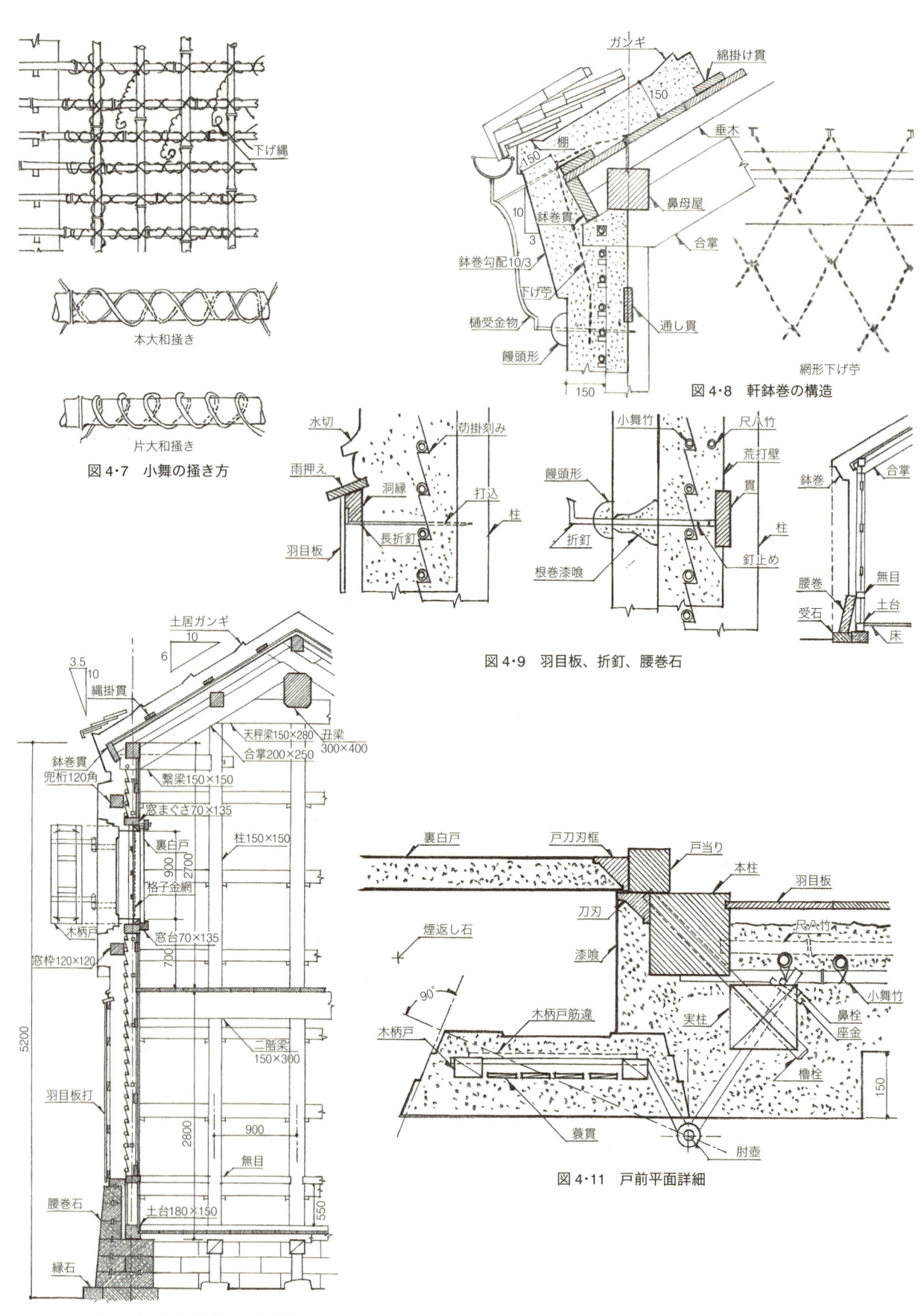

図4・8 軒鉢巻の構造

図4・9 羽目板、折釘、腰巻石

図4・10 木造漆喰塗土蔵矩計図

図4・11 戸前平面詳細

ⓔ——出入口

　出入口には、外開き防火扉（これを戸前という）をつけるが、大阪方面では片開きの防火扉を使うことがある（これを大阪戸という）。沓摺は、煙返し石といって高さ約25cm、幅約28cm（木柄戸の厚さによって一定しない）。この下に上り階段を二段くらい据える。高さの内法は、煙返しの上端から刀刃下端まで1.8m、横幅の刀刃内法を1.2〜1.5mくらいとする。実柱の大きさは、12cm角くらいで、平壁の塗り面と面一（同一面）に納め、左右の開きは、本柱内法面から平壁の厚さほどあけて建て、櫓栓（12×3cmくらいの樫の栓）を前後から串差しに打ち固める（図4・11）。

　兜桁は高さ15cm、幅13.5cm、高さは、まぐさ下端から桁下端まで、28〜30cm上げて実柱に枘差しに取付ける。肘壺は、木柄戸の下から30cm上がり、上端から20cmくらい下がった所で、実柱に貫通し、鼻栓で止める。戸は、下端煙返しの踏面から約5cm下げて上端のまぐさ下端までの長さとする。

　防火扉は、木柄戸建てで、框7.5×6.5cm、上下桟約10×6.5cm、中桟は、7.5cm角、筋違も同じ。蓑貫は、杉の厚さ2cm、赤身板を幅6cmに挽き割り、木摺のようにして木柄戸に打ちつける。窓の木柄戸は、見込み4.5cmと少し小さくてもよい。壁下地として棕櫚縄を巻き付けて塗り、防火扉全体を漆喰で塗り包む。厚さは、木部外面より6cm以上塗る（図4・12）。

　裏白戸は、四周の框を刀刃として組み、中桟を入れて、木摺下地の塗下地を作る。これに漆喰を塗って、小火災による火熱の侵入をたやすく防げるようにする。

　戸締用に錠前を取付ける。また戸引手は、彫沈めにして表面を平らにしておく方がよい。入口は、さらに、防鼠防虫用として銅網戸を1本引きで内側に取付け、ひんぱんな平素の出入りに対しても手軽に開閉できるようにすることもある。穀物倉には特に防鼠の注意をしなければならない。

ⓕ——窓

　窓の構造は、窓枠の大きさ12cm角、入口の実柱と同様に柱に櫓栓で固め、刀刃は、約5.5cmに取り、木柄戸を入口同様に吊り込む。鉄板で、防火扉にすることもある。防犯、防鼠、防虫のために約2cm角の鉄棒を約15cm間隔に組入れ、鉄格子とし、内部に亀甲銅網を張る。さらに内部に防湿と平常戸締り用として塗戸（裏白戸）を建てる。一筋の敷居鴨居を枠に組んで取付け、格子戸および塗戸には戸車をつけて建て込む（図4・13）。

　以上は、従来土蔵が作られてきた方法で、地方の農家などではこれからも建てられる方法である。現代の新しい工法や材料によって土蔵が作られ、それらは耐火という機能では従来の土蔵を凌駕していると思われるが、物の保存に案外よいのは、その壁土が室内の湿気を調節するからである。またわれわれ建築を志すものにとっては、一般の普通住宅にない納まりや工夫されたものがあり、参考になる所も多いから、大切にしなければならない（図4・14）。

❸　現代の土蔵：木軸ラス貼工法

　現在よく作られているのは、木軸ラス貼の土蔵と、鉄筋コンクリート造の土蔵である。

ⓐ——地業

　木軸ラス貼土蔵の地業について述べる（図4・15）。

　土蔵はそのものの重量が大きく、基礎の負担も大きいので、住宅と同じというわけにはいかない。地盤の弱い泥土層だと、常水面下まで根切りをし、松丸太末口10cm以上で長さ1.5m以上のものを、約50cm間隔に打ち込み、その上に松材の捨て土台を敷くか、割栗石を杭間に詰めてコンクリート基礎を作る。松丸太のかわりにヒューム管を沈め、この中に砂を入れて地耐力を増す方法もある。粘土層、並土の地質では、割栗石厚さ15〜20cm、幅75cmくらいに敷き固め、その上にコンクリートの基礎を作る。砂層、砂利層の場合は、これより簡単でよい。

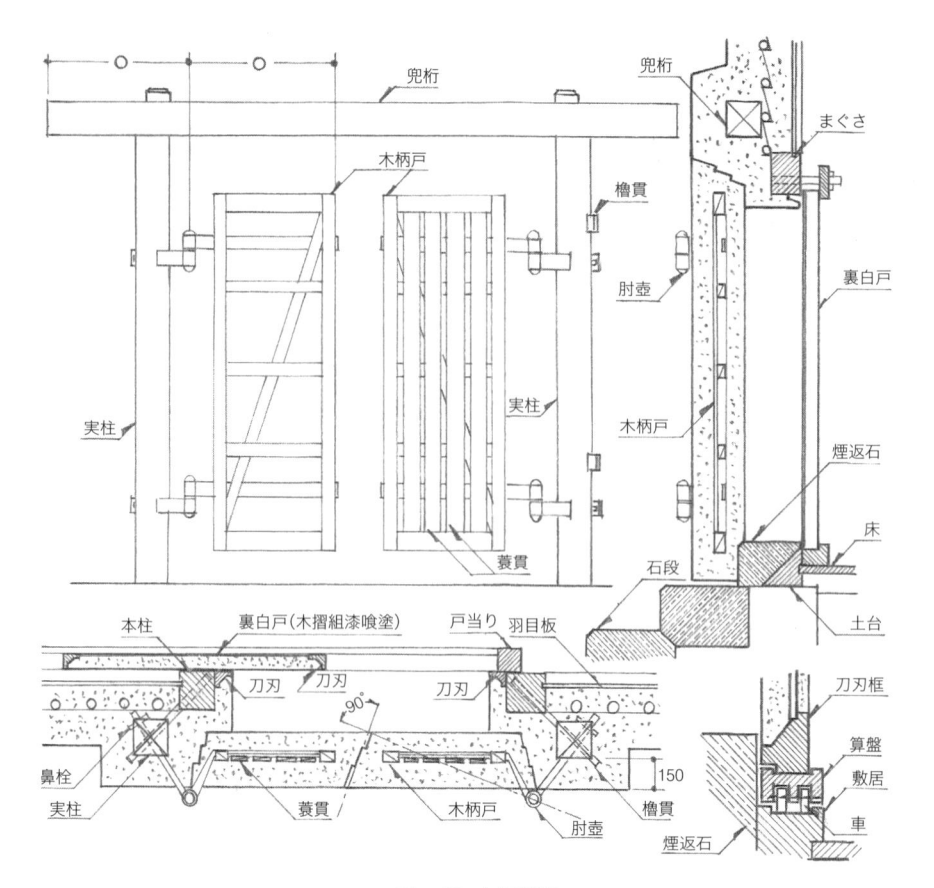

図 4·12 扉の構造

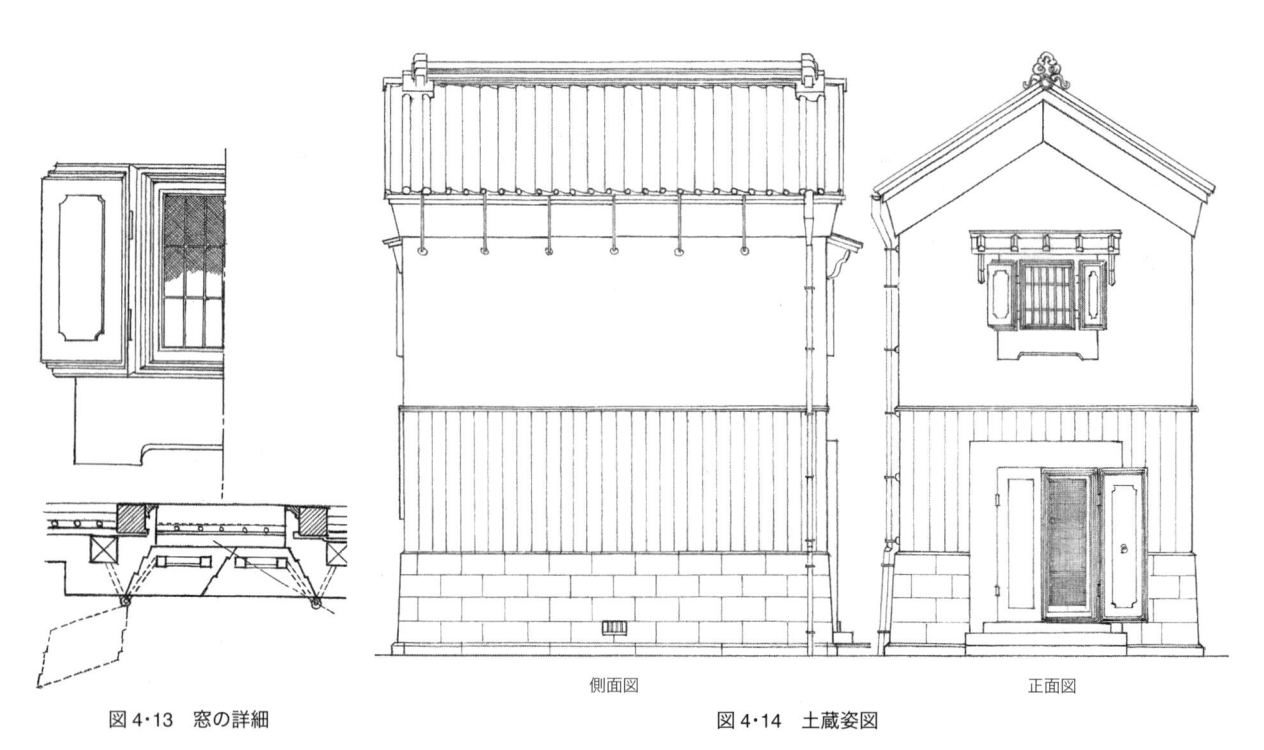

図 4·13 窓の詳細

図 4·14 土蔵姿図

側面図　　　　正面図

基礎は幅70cm、厚さ15〜20cmくらいのベース部分で、配筋は、D-13φを15〜20cmピッチで組む。立上がりは、厚さ約25cmで、配筋は、D-13φを15〜20cmピッチを立上がり筋として、横筋もD-13φを同じピッチで入れる。高さは、床面くらいまで上げる。この部分を腰壁という。その上に土台を据える。

床は厚さ12cmくらいの鉄筋コンクリート造とする場合と、木造にする場合がある。腰壁の外観は、人造石洗い出しにするか、花崗岩の板石を立て掛け貼りにする。

ⓑ――床

床下の準備について述べる。床が木造の場合、床下に換気孔をつける。一般住宅の換気口は法規で300cm²以上となっているが、土蔵ではもう少し大きく、25cm角くらいのものを四方側面に1〜2カ所開けるが、これは地盤面から10cm以上上げた方がよい。またこの穴には、鉄格子を嵌め込んでステンレスの網を張り、鼠の侵入を防ぐことも忘れてはならない。

床の高さは60cm以上、床下面にポリエチレンフィルムを敷き、厚さ20cm程度に乾燥砂を入れるか、厚さ6cm程度のコンクリートを床下全面に打ち、防湿コンクリートとして床下の防湿をする。

ⓒ――柱、壁

軸組として木軸の土台、柱などすべて桧の心持ちで12cm角以上とし、半間間隔、間柱は、その中間（1/4間）に一本ずつ取付ける。

土蔵は、二階建の時でも、全部通し柱にした方がよい。また二階梁は、高さ30cm、幅12cm以上の一本物を半間間隔で向い側の柱に枘差しして架ける。胴差は、二階梁の下端を受けて柱にボルト締め（抱き胴差）とする方が堅固になる。

壁下地は、ラス貼壁（図4・16）とする。すなわち柱、間柱の外部になるべく塗代の多くなるようなラスか、鉄網を貼り、力骨として径6mmまたは9mmくらいの鉄筋を20〜30cm間隔に縦横に通して、股釘等で柱、間柱に充分止めて下地とする。モルタルの塗り付けは、内側からセメント1：砂2：硅藻土（セメント重量の1/20〜1/10）の割合のモルタルをできるだけ厚く一回塗する。次に硬化を待って外側から同様の調合で、厚さ3cmくらい塗りつけるが、この塗りは一回塗がよい。なかなか困難な仕事だが、厚く塗るのが理想的である。その上に防水剤を入れた防水モルタルを塗る。防水剤単体では火に弱いので、その上に仕上塗を施す。仕上塗は、意匠によって、人造石洗い出し、白色セメントモルタル、色モルタル、漆喰塗等とし、これに海鼠壁（なまこ）を併用してもよい。

ⓓ――内部仕上

内部仕上は、湿度の高いわが国では板貼（桐か杉）にするのが防湿上最も有効である。これは、柱面に約40cm間隔以下に胴縁を打ち、1.5cm厚の桐（または杉）板を縦貼にする。場合によっては、漆喰、ドロマイトプラスターを内部に組んだ竹小舞に塗って、二重壁に仕上げる左官壁にすることもあるが、空気の流通の少ない左官壁は、梅雨の頃、外部との温度差で結露することがあるので、貴重品の収納庫としては不向きである。特に骨董品等の保管のための文庫倉等では内部を桐板貼にするのが理想的である。また地方によっては、この二重壁の中に砂利、砂などを詰めて、防犯、防熱に備えているものもある。

幅木は、高さ15cmくらいのものを打回しておく。木部は、内部に見える所は、全部鉋削り仕上とし、他は素地のままで防腐剤塗りとする。

ⓔ――窓と出入口

窓と出入口については、いずれも防火扉とし、煙や炎が内部に入らないよう充分な構造にすることが肝要である。また防犯、防鼠、防湿についても万全を期し、土蔵本来の目的に合致したものでなければならない。

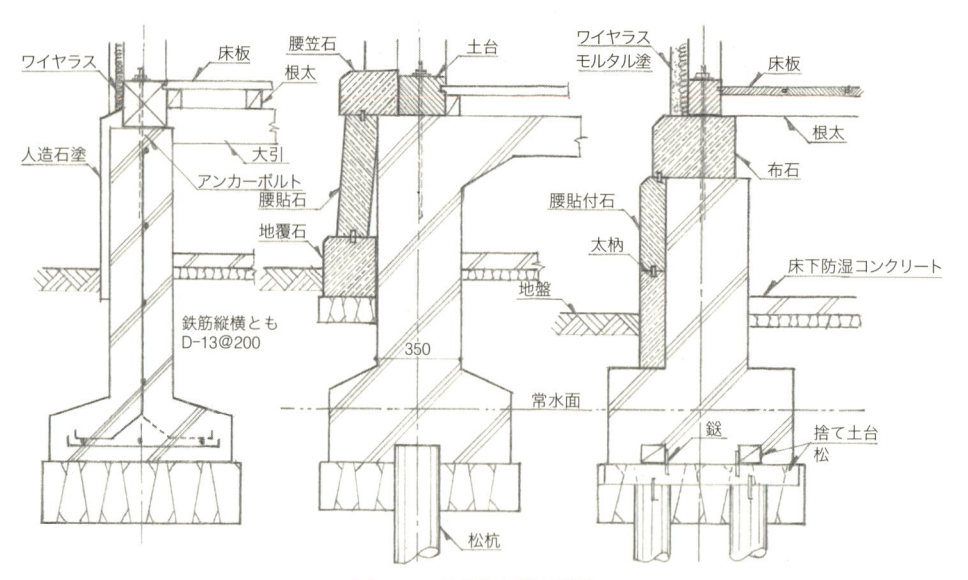

図 4・15　ラス貼土蔵の基礎

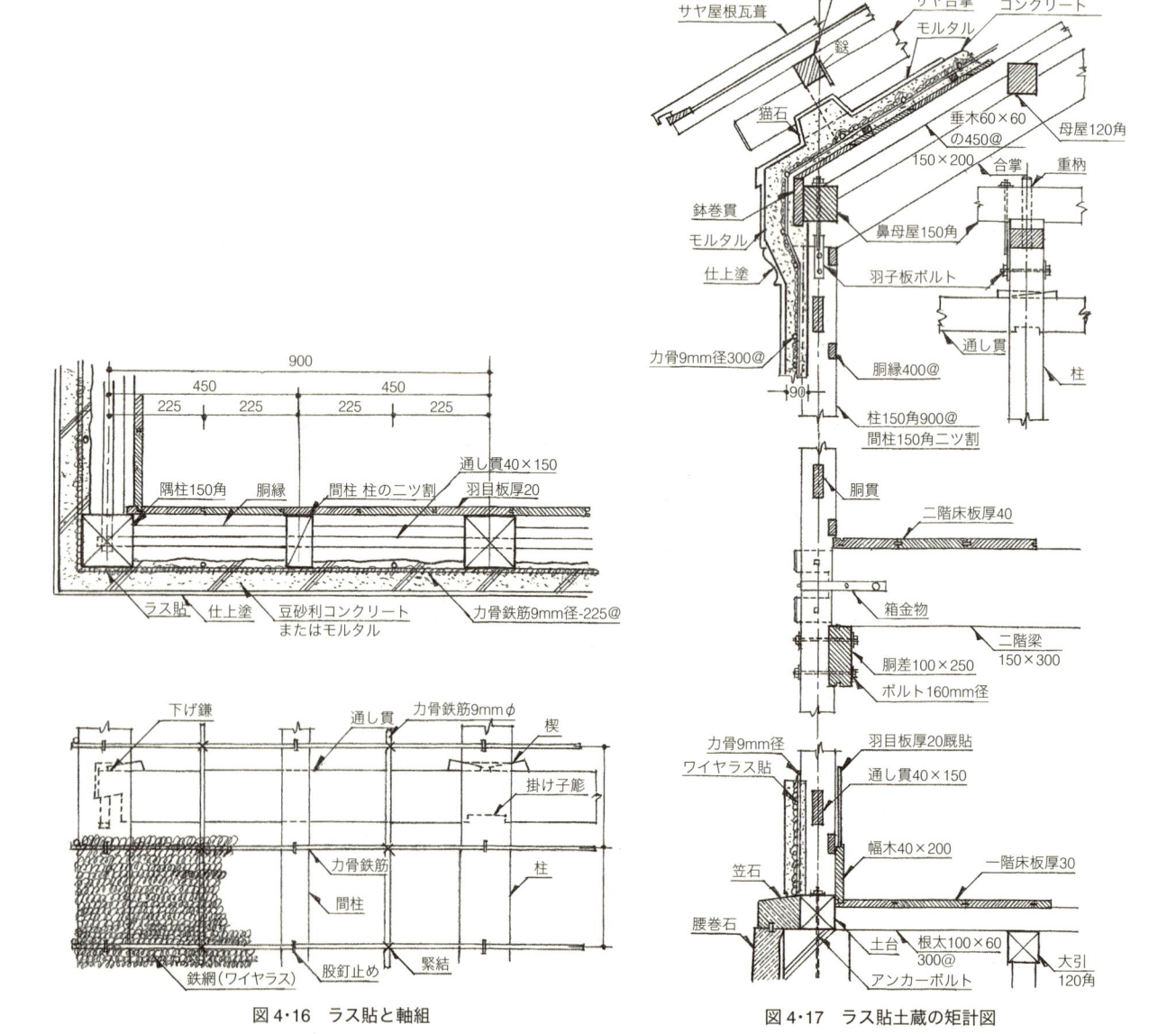

図 4・16　ラス貼と軸組

図 4・17　ラス貼土蔵の矩計図

f —— 屋根

屋根の構造は垂木、野地板を化粧屋根裏とし、野地板に力骨の鉄筋を壁同様に這わせ、ラス貼モルタル塗も壁同様にして、土居塗の厚さ5cm以上に塗り土止めを作って葺き土を敷き、瓦葺する。小屋組については木造と同じである（図4・17）。

地方によっては、土居塗の中にモルタルで猫石を作り出し、その上に合掌を載せてボルトで締付け、これに母屋、垂木、野地板で葺き、地を作って上家葺にすることもある。上家葺のことを鞘葺ともいう。夏季の熱をできるだけ内部に伝えないためのもので、農家などでは、萱、藁等で葺き上げたものもある。

4　現代の土蔵：鉄筋コンクリート造

鉄筋コンクリートの土蔵は、耐震、耐火、防犯等の意味から理想的なもので、耐久性もあると考えられる。しかし結露が生じやすく、これに対する配慮が必要となる。それを完全にすれば、土蔵に最も適した構造といえる。

鉄筋コンクリート造の土蔵を計画する時は、それほど大規模でもなく、開口部も最低といってよいくらい少ないので、ラーメン構造ではなく壁構造にした方が有利である。いずれにしても、主要構造部、鉄筋の数、配筋方法、コンクリートの強度等を構造計算によって導き出す。施工は各専門の職方にゆずるが、一般的な鉄筋コンクリート造の設計について、防湿を考えながら述べてゆく。

a —— 壁

壁の構造は、二重にする（図4・18）。外側は、普通の鉄筋コンクリート造（壁構造の場合は主体構造の柱）とする。内側壁は外部の壁との間に6〜8cm控えて、以前はホーローブロック（中空れんが）をモルタルで積み上げたが、現在では、コンクリートブロックの厚み10cmのものを縦横40cmピッチで、径13mmの鉄筋を入れて積み上げる。中空れんがは現在手にはいりにくい上、積上げだけなので地震の時に崩れることが予想され、使用されることはない。またALC版（発泡プレキャストコンクリート）を内部に建て、上下を鉄筋で緊結する方法も考えられる。ALC版は内部に空気層を持つ。

また内面仕上は、結露しやすい平坦面とせず、粗面の漆喰、蛭石モルタル、珪藻土等で仕上げるか、杉、桐、朴、ボード等を貼りつける。この場合、胴縁をコンクリートブロックやALC版に取付け、その上に貼付けることになるので、中空部分ができ、直接塗壁にするより断熱効果がある。

b —— 屋根

屋根は、コンクリート床版の上に防水を施工し、コンクリートブロックをモルタル下地の上に敷き詰め、その上に葺土を充分敷き込んで瓦葺に仕上げる（図4・19）。また鞘組にする場合、屋根床板の上に防水、そしてブロックとし、この上にモルタルでいったん仕上げる。その上に合掌を組み、普通の屋根を作って通風をよくする。夏季の熱気が内部に伝わらず、火災の時は、鞘組の方が燃え、内部に被害が及ばない構造になる。熱気あるいは換気のことを考えると、鞘組の方が効果的である。

c —— 天井と床

天井は、前述した壁と同じく、スラブ部下側に荒目の漆喰を塗る程度でよいが、ていねいな仕事の場合は、桐板か杉板を貼るとよい。床は、一、二階ともスラブの上に根太を埋め込み「転し根太」とし、これに床板を貼るが、コンクリート面に不陸が多い時には、10×5cm（半割）の大引をホールインアンカーで止め、モルタル等で、下部の不陸を直し、その上に根太を打つ方が、楽に仕事ができる（図4・20）。

二階床には、木造、鉄筋コンクリート造あるいは、鉄骨造の階段を掛け、別に荷物を上げ下げする穴を開けて、上げ蓋を設置するようにする。

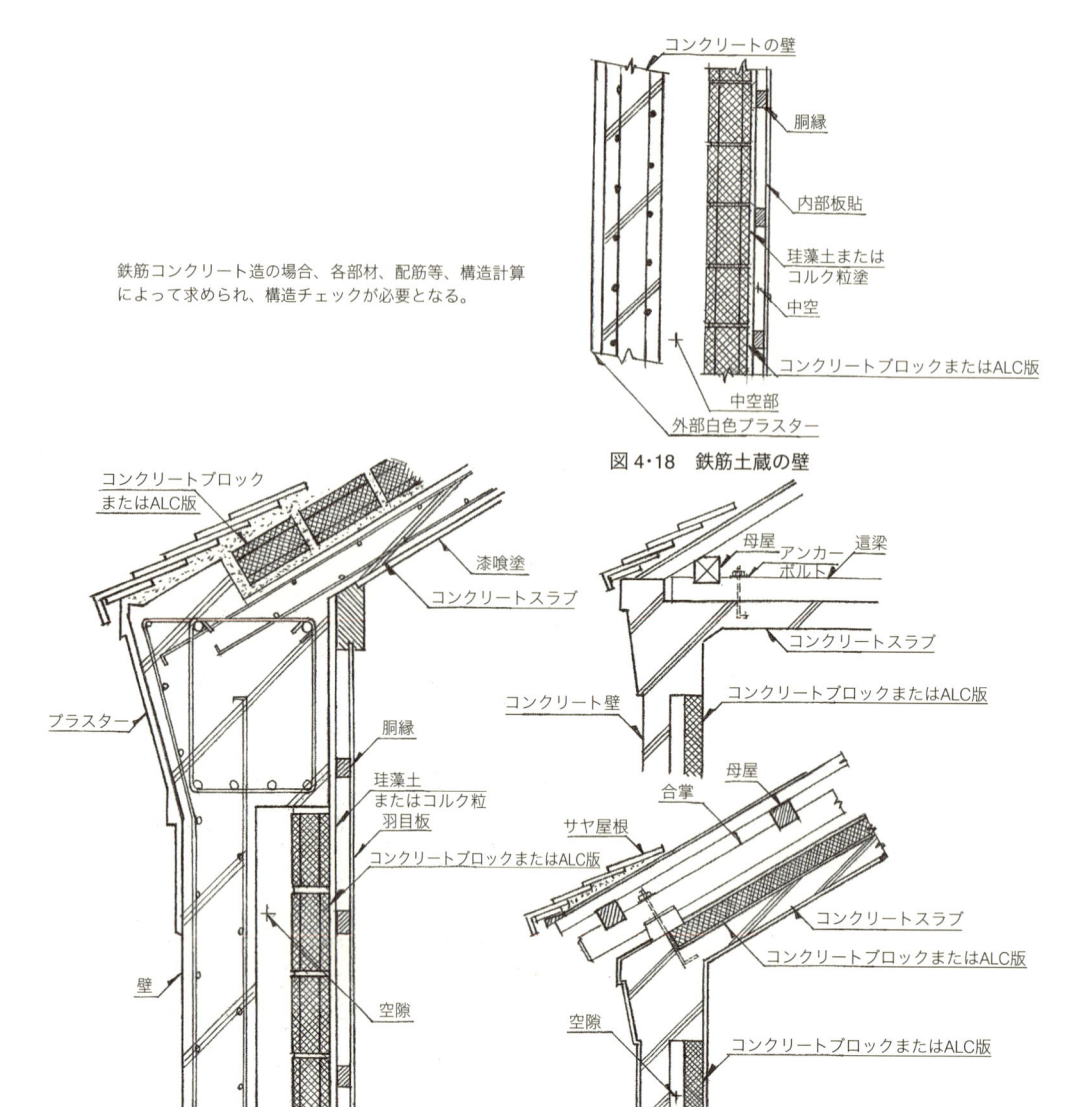

鉄筋コンクリート造の場合、各部材、配筋等、構造計算によって求められ、構造チェックが必要となる。

図4・18　鉄筋土蔵の壁

図4・19　鉄筋コンクリート造土蔵の壁

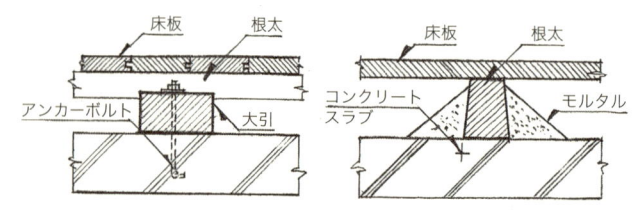

図4・20　鉄筋コンクリート造土蔵の床の構造

d —— 窓と出入口

窓と出入口は、前述に準じる。窓はできるだけ小面積とし、防火扉は鉄筋コンクリート造とする。その厚さは、10cm以上で重いものとなるので、肘壺(ひじつぼ)その他に特別なものを用いることが必要になる。湿気の少ない時は防火扉を開放するので、鉄格子にステンレス網などを張って、防鼠、防犯に備え、内側に内白戸を設けて不意の火災にも備え、昼間の出入りに便利なガラス障子を建て込み、その裏面に紙を貼って、結露を防ぐ。

火災の時には自動閉鎖戸が便利に働く。これは、気温が異常に上昇した時にセンサーが感知し、扉を開けている掛金が外れて、扉の自重により自動的に閉鎖する構造である。現在は自動ドアが一般に普及しているが、これらを応用することも可能である。

5 現代の土蔵：コンクリートブロック造

コンクリートブロック造の土蔵は、軽量コンクリートブロックの組積造の土蔵である。れんが造の土蔵によく似ているが、ブロック内部に配筋し、コンクリートを充填して梁や柱のかわりとするものである。仮枠の必要がなく、隣地境界線いっぱいに施工できること、中空であり湿気の点で有利なこと、また工費が鉄筋コンクリート造より20〜30％安価にできる等の利点があり、一時多く建てられたが、地震に対する不安感は拭い去ることができず、現在ではあまり建てられなくなっている。

5　神社建築

古来、神は神話の中に登場し、決まった社殿を持たなかった。神は人々の要請によってその都度天降った。その場所を依代(よりしろ)といい、人々はそこに神籬(ひもろぎ)を作って神を迎えた。依代を視覚化したのが、磐境(いわさか)、磯城(しき)で、大きな樹木や岩、山等が選ばれていた。

ところで石器時代や縄文時代は、狩猟による生活がなされたとされ、弥生時代には稲作が始まる。その主力は米であったから湿地が必要で、大きな川の河口等で農業が始まった。そこでは川の氾濫がたびたびおこったであろう。収穫は年に一度で、この収穫物が水に濡れると集落の人々が飢えなければならないことから、高床の倉、すなわち高倉を作った。

日常生活する場所は竪穴住居でも、収穫物を入れておく所は、水や獣害に耐えられるように高倉（図5・1）としたのである。高倉は、集落の人々の生命線を握る大切な場所であることから、神聖な場所とされ、人々の近寄り難い存在となった。やがて倉は、神と同義語になって、ここに神が宿ると考えられるようになり、神社のプロトタイプができたのであろう。その後、身分の高い人々は、高床に住むようになり、やがて高さを競うようになっていくが、これを規制して、階(きざはし)の級によって身分を示すようになった。

社殿の建築は、仏教伝来以前にも存在したであろうが、本格的になるのは、奈良前期時代（白鳳時代）以降と考えられている。

1 特徴

初期の神社建築の一般的な特徴は、
①屋根の形が切妻であること
②屋根葺き材が瓦以外であること
③下地壁、すなわち土壁を用いないこと
④装飾が質素なこと
が挙げられる。仏教伝来以降、新しい技術である礎石、基壇、瓦、土壁、彩色あるいは、大きな屋根を支える架構法や塔の技術ももたらされたが、神社建築では、仏殿との差別化と古来からの神々のために、意識的に用いようとはしなかった。

高倉

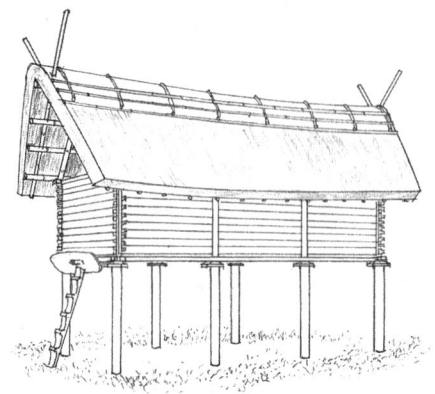

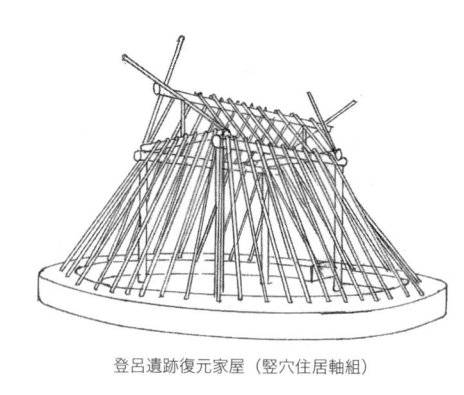

登呂遺跡復元家屋（竪穴住居軸組）

高倉（登呂遺跡復元家屋）

登呂遺跡復元家屋（竪穴住居）
図5・3　掘立て

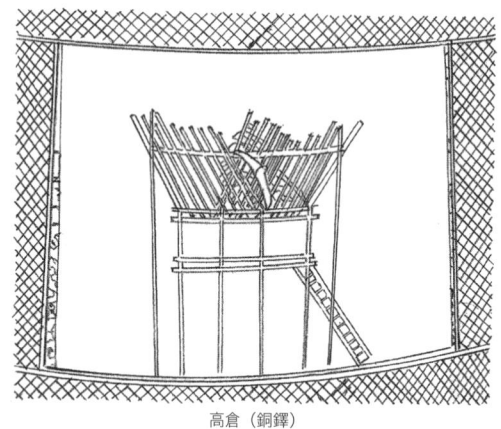

高倉（銅鐸）
図5・1　高床

図5・4　天地根元之宮造

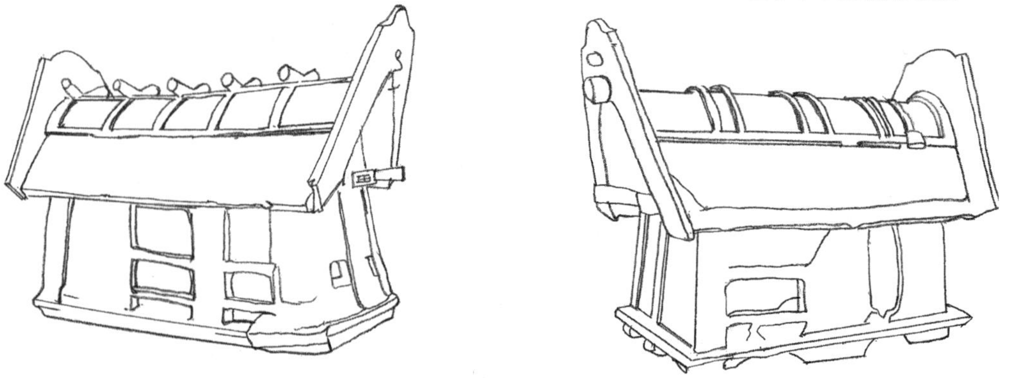

棟持柱　棟押さえ
合掌
出入口

図5・2　家形埴輪

戦後、考古学の発展により、わが国の古代の住宅や建物が発掘調査や出土品（図5・2）によってある程度明らかになってきた。それによると住宅の場合、屋根は錏葺(しころぶき)のようで、高倉は切妻になっている（静岡市、登呂遺跡の復元住宅（図5・3）や、『鉄山秘書』に描かれた高殿の図）。当時は錏葺より切妻の方が仕事は難しく、そのことが切妻が高級な建物に用いられた理由の一つと考えられる。

2　神社建築の体系

天地根元之宮造(てんちこんげんのみやづくり)（図5・4）は神社建築の源と考えられている。神社の根元は、太古の住宅の遺構に基づくものであることはすでに述べたが、この天地根元之宮造は茅屋に他ならない。正方形の土地を画して、前後に二本の柱を埋め込み、それに棟木を取付け、両端から各二本の丸太を棟木に組合せて合掌とする。合掌の上に、母屋丸太を横たえ、これに茅を掛けて、茅葺とした。妻合掌が屋根に突き出したものが千木(ちぎ)（知木）となり、棟の茅押えの切丸太が堅魚木(かつおぎ)（勝男木、鰹魚木、葛緒木）となったのである。これが後に、床を高くした妻入りの建物になった。しかしこの天地根元之宮造は、江戸時代の工匠が、神社建築の原形として仮想した建物であり、この構造を暗示するような遺跡が発掘された例が皆無であることから、実在しなかったと考えられている。

神社建築は、古くは掘立柱であり、耐久性に乏しく、ある年代で建て直す必要があった。その時は、忠実に元の形を踏襲して行われ、正確に伝承される。この「宮を遷す」ことを現在では、式年遷宮といい、伊勢神宮（内宮、外宮を始めとする建物）では、20年ごとに行われている。

神社建築では、仏教建築の新しい技術を、機能的なものを優先して最小限取り入れてきている。まず礎石を取り入れた結果、遷宮の考え方がなくなり（伊勢神宮だけは現在でも掘立柱）、組物が応用され、向拝の利用、さらに彩色される等だが、神社建築の形式は、忠実に伝えられてきている。現在社殿では、それ自身が最も古いものとしては、平安後期時代（藤原時代）といわれる京都の宇治上神社本殿がある。

古い神殿の形式には、大社造、住吉造、神明造が挙げられ、それに続くものが、春日造、流造、八幡造であり、さらに日吉造、祇園造、吉備津造、香椎造、権現造となる（図5・5、6）。このうち、仏教の影響を受けて彩色されたのは、春日造からである。

春日造は平安時代に生まれた様式で、切妻造妻入りで、正面に庇を取付け向拝としたものである。

流造も平安時代に生まれた様式で、切妻平入りで、正面の庇を延ばし向拝としたものである。両造とも屋根に反りを持たせ、曲線を強調し、斗肘木を用い、錺金物で、装飾が施される。春日造は、丹塗等の彩色がなされている等、明らかに大陸の影響が出ている。

ⓐ──平面の変遷

1◆本殿

大社造、住吉造、神明造は簡単な外壁だけで、妻入りと平入りであったが、次第に、平面が内陣と外陣に区別された。さらに祭典が複雑になるに従って、内々陣のある八幡造ができ、ついに別棟の拝殿が必要になって、本殿と拝殿をつなぐ「中殿」（幣殿(へいでん)）も出現した（図5・7）。

屋根の形は、最初は切妻であったが次第に複雑になり、春日造、流造のように庇をつけ、降ろしたものから、日吉造（聖帝造(しょうていづくり)）のように、正面と側面の三方に庇をつけ、正面から見ると、現在の入母屋造に見えるものに変化した。また八幡造は、二棟の建物を連立させ、陸谷(ろくたに)でつなぐ。

仏教建築では奈良後期時代に双堂(ならびどう)という形式の建物が生まれた。これは、礼堂(らいどう)と正堂(しょうどう)を併立させた建物であった（東大寺法華堂）（図5・8）。鎌倉時代になると神社本殿の前に拝殿が設けられるようになって、ちょうど双堂のようになった。鎌倉時代にできた拝殿は、多くの場合、「割拝殿(わりはいでん)」といって、本殿の前に別棟として建ち、桁行3間、梁間1間または、桁行3間、梁間2間の中央の間を土間として、両側に床を貼り、土間より拝礼したのである。この土間のことを馬道(めどう)という。

| 大社造（妻入） | 住吉造（妻入） | 神明造（平入） | 春日造 | 流造 | 八幡造 |

図5・5 神社社殿の平面

神明造　　　住吉造　　　春日造

八幡造　　　流造

日吉造　　　大社造

図5・6 神社社殿の姿面

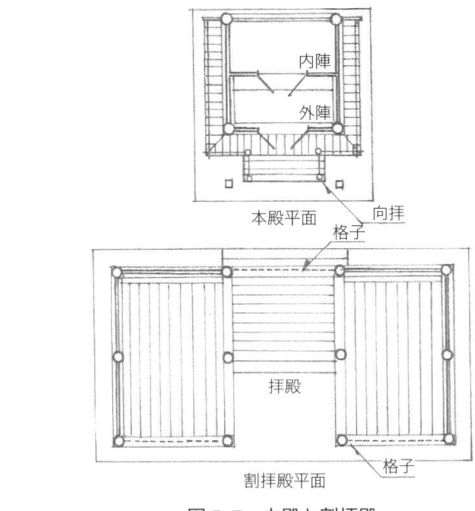

図 5・7　本殿と割拝殿

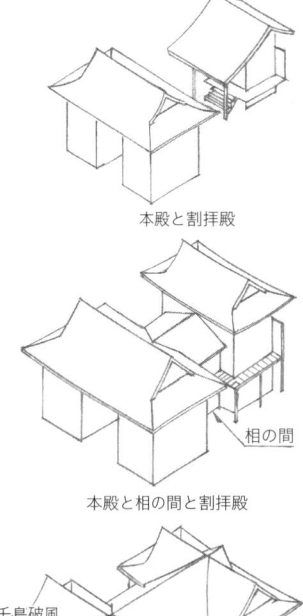

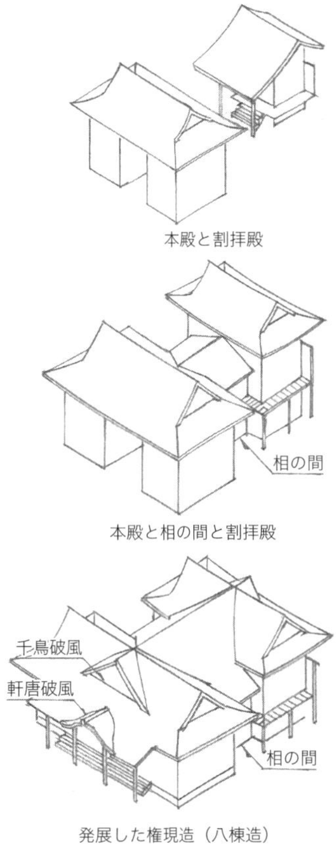

本殿平面
内陣
外陣
向拝
格子

割拝殿平面
拝殿
格子

本殿と割拝殿

本殿と相の間と割拝殿
相の間

発展した権現造（八棟造）
千鳥破風
軒唐破風
相の間

図 5・10　権現造（八棟造）の発展過程

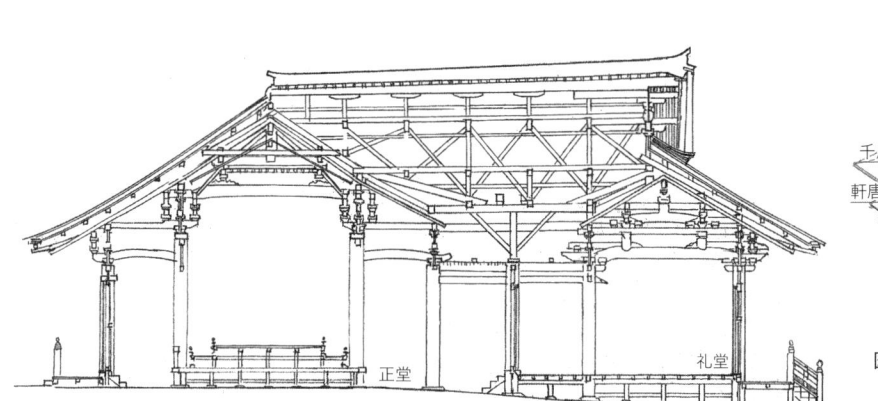

図 5・8　東大寺法華堂（三月堂）断面図　権現造の発生に影響した仏殿。双堂の上に大屋根がかけられている。

正堂　礼堂

図 5・9　永保寺開山堂断面図　双堂それぞれが独立している。

木鼻　大虹梁
大瓶束
尾垂木
藁座
礎盤　礼堂　祠堂

5　神社建築

また拝殿と本殿（神殿、正殿）に庇を降したり、棟をつけたりして、次第に複雑な平面となり、これによって屋根の形も変化してきた。これらの中で、最も特徴あるものに、祇園造、吉備津造、香椎造がある。祇園造は、入母屋で庇を正面と両側面に降し、拝殿やその他の部屋を設けている。吉備津造は、本殿の中に、内々陣、内陣、中陣、外陣を設け、これに拝殿がつき、屋根棟をＨ形に架け、屋根全体は、比翼入母屋造という形になっている。香椎造は、内陣、外陣が一棟の中にあり、拝殿または、拝所を付随させ反り屋根になっている。室町時代には、神社の形式は、ますます自由になり、いっそう仏教建築の影響を受けたが、新しい形式は、できなかった。

権現造は、桃山時代になって室町時代に発達した禅宗の開山堂の形式を取り入れ（祠堂と礼堂を相の間で連絡した永保寺開山堂等）（図5・9）、本殿と拝殿の間に幣殿を入れて一連の建物とした神社様式のことで、江戸時代に入ってますます多くの神社に採用された。権現造は一種の双堂である。仏教建築では双堂は独自の発展をするが、神社建築では権現造として発展していく（図5・10）。

権現造の相の間（幣殿）は、拝殿の床より一段低くなっているので板石敷になっていた。そのため石の間ともいわれていたが、後には、同じ高さに床が貼られるようになり、その後、拝殿より一段高くして、御幣を祀るようになった。本殿の床は、それよりもさらに高床にするのが普通である。拝殿の屋根は入母屋造で、前面中央に千鳥破風の屋根妻飾りを見せる。本殿は、入母屋造か切妻造である。棟は拝殿と平行だが、床は、拝殿より一段高くなっている。相の間の屋根は、拝殿の屋根より下げて、拝殿、本殿の棟に直角に棟を架ける。場合によっては、軒下に棟が入ることもある。拝殿の正面には向拝をつけ、屋根は、唐破風になっている。唐破風には、軒唐破風と大唐破風があるが、たいていは柱を建て、軒唐破風で、正面3間あるいは5間の大向拝になっているのが普通である。これは、別名、八棟造ともいう。

権現造で有名なものには、東照宮、大猷院を始めとする日光の建築、仙台の大崎八幡神社等がある。

2 ◆ 附属社

神社の附属社は、その本殿を中心として周辺に設けられるものである（図5・11）。本殿の前に拝殿、その本殿と拝殿の間に、幣殿も設けるのが普通で、本殿を巡る玉垣または、透廊を設ける。拝殿の前に手水屋を、本殿の裏または横に神輿庫、祭器庫を置く。社務所は、入口からの参道より少し退いた所に設け、神饌所は、社務所の近く、幣殿に近い位置にするのが便利であるとされている。その他神社によっては、幄舎、神厩、神楽殿、舞殿、絵馬堂などがある。また境内には、摂社、末社を本殿と同じ形式か、流造、春日造などで設ける。境内の外側に塀、あるいは玉垣を巡らせ、正面の位置には、楼門、または、鳥居を建てる。社格によっては、第一の鳥居、第二の鳥居など数基の鳥居を設けることもある。

以上諸建物は、その社殿の様式と一貫しているのが普通である。しかし建物および配置その他は、敷地の状況に応じて、その神社特有の形式に適合されるもので、どれもが一律に配置されるべきものではない。

3 各種本殿の様式

ⓐ──大社造

出雲大社を範とした様式のことである。

出雲大社は、古くは、杵築大社と記されていたが、明治以後に出雲大社と呼ばれるようになり、社名に因んで大社造と命名された。祭神は、大国主命である。現在の社殿は、1744（延享元）年に寛文年間の本殿の規模や意匠を踏襲して建てられたもので、日本最大の大社造である（図5・12）。

図5・11　神社社殿付属舎配置図

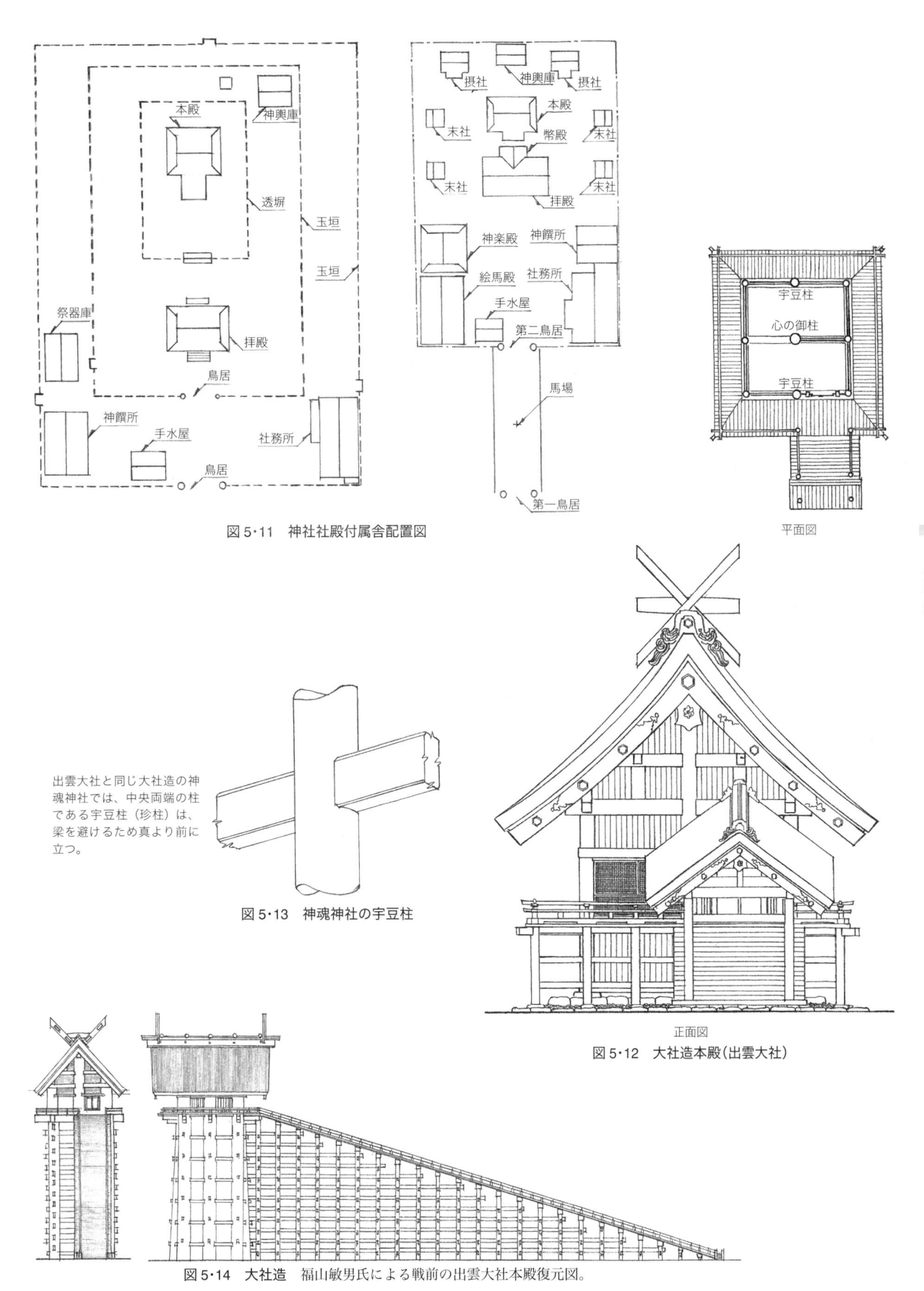

平面図

出雲大社と同じ大社造の神魂神社では、中央両端の柱である宇豆柱（珍柱）は、梁を避けるため真より前に立つ。

図5・13　神魂神社の宇豆柱

正面図
図5・12　大社造本殿（出雲大社）

図5・14　大社造　福山敏男氏による戦前の出雲大社本殿復元図。

5　神社建築

平面は、36尺四方（約10.9m）、高さは千木の上端まで8丈（約24.3m）の規模をもつ。全部で、9本の柱でできており、中心の柱を「心の御柱」といい、その前後の柱を宇豆柱という。その他は、側柱である。したがって、建物は、方2間、単層切妻桧皮葺で、周囲に高欄付の切目縁を巡らし、南面東側半分に木階一五級（階段15段の意）を設け、その奥間口半分に両開きの板戸を吊る。妻入りである。平面は、心の御柱と東の側柱の間に間仕切りをつけている。これは、古代の住まい方を示したものといわれ、手前がパブリックゾーン、北側はプライベートゾーンとも考えられている。

出雲大社は遷宮により何度も建て直されており、その都度、規模、意匠に変遷はあったとされている。

また宇豆柱は、棟持柱で、梁は貫のように柱の中を通っているが、同じ大社造でも1583（天正11）年に再建された神魂神社（松江市）の宇豆柱は、壁面より外に大きくずれており（図5・13）、梁は貫のように柱に通らず、柱を欠取る形になっているのは、古制を示すものと見られる。

出雲大社の規模は、1391（明徳2、康応3）年の記に景行天皇の時、高さ32丈、その後16丈となり、次が8丈と低くなっていったことが伝えられている。32丈は約97mということになり、とても本当とは思えないが、「金輪造営図」から16丈（48.5m）の社であったのではないか、と福山敏男氏により復元図が作成された（図5・14）。この説には異論があったが、近年、大社の一部が発掘され、直径3mの丸太3本を金輪で束ねた柱の根の部分が発見されて、16丈の本殿のあったことが裏付けられた。現在、その柱の位置が本殿附近の石畳の上に、ペンキで描かれている。全体規模は、八坂神社本殿や厳島神社の半分にもおよばないが、9本の柱で架構されていることは、豪快であると同時に、寺院建築との異質性を感じさせる。

ⓑ──住吉造

住吉造は、海神の底筒男命、中筒男命、表筒男命と息長足姫命（神功皇后）の四神を祀り、同形同大の本殿が西向きに建つ住吉神社の本殿形式をいう（図5・15）。古くは海岸に面していたが、今は埋め立てられて、内陸にあるように見える。

側面4間、背面2間、正面1間、単層切妻桧皮葺で妻入りの建物で、内部は前方2間を外陣、後方2間を内陣とし、外陣正面と内外陣境に板扉を設ける。床は、貼っている。縁はない。

屋根は直線的で反りはなく、棟上の5本の堅魚木は、角で、置千木を置く。妻の懸魚が楯形になっているのは珍しく有名だが、神宝に同じ形の楯があることからこの形になったと考えられている。現在は、正面前に拝殿が平入りで建てられていて、正面からは、定かには拝見できない。また現在の社殿は、1810（文化7）年に建てられたもので、古くは、20年ごとに式年遷宮がなされていた。この前後2室に分けられた平面形は、天皇が即位する時の悠紀主基の大嘗宮の正殿に似ている所から、よく論争にもなってきた。奈良後期時代の住宅にもつながる平面形であるとも考えられている。

ⓒ──神明造

前述の二社は妻入りだが、神明造は平入りである。平面は、正面1間、側面1間の時もあるが、正面3間、側面2間のものが多い。古くは出雲族の大社造に対して、大和族の神明造と考えられていた。

神明造の基本形になったのが伊勢神宮（内宮、外宮、その他、別宮、摂社、末社等を含む）の建物で、この伊勢神宮の様式を唯一神明造という（図5・16）。特徴は、単層切妻茅葺、柱はすべて円柱で掘立柱、従って礎石はない。両妻の外側に独立した棟持柱を建てる。壁はすべて横板壁で、破風は屋根を貫いて千木になっている。千木の先端は、水平（内宮）垂直（外宮）に切る。堅魚木は10本（内宮）9本（外宮）で、破風上部に4本ずつの小木（鞭掛、小狭小舞）を突き出している。周囲は高欄付の簀子張りの縁を巡らす。内部は一室で床を高く貼り、天井は貼らず、正面10級の階を設けている。全体に厳しい規範（order）のもとに建てられた建物である。そして少なくとも奈良前期時代から式年遷宮が行われ、途中中絶の時期もあったが、今日まで続いている。

平面図

側面図

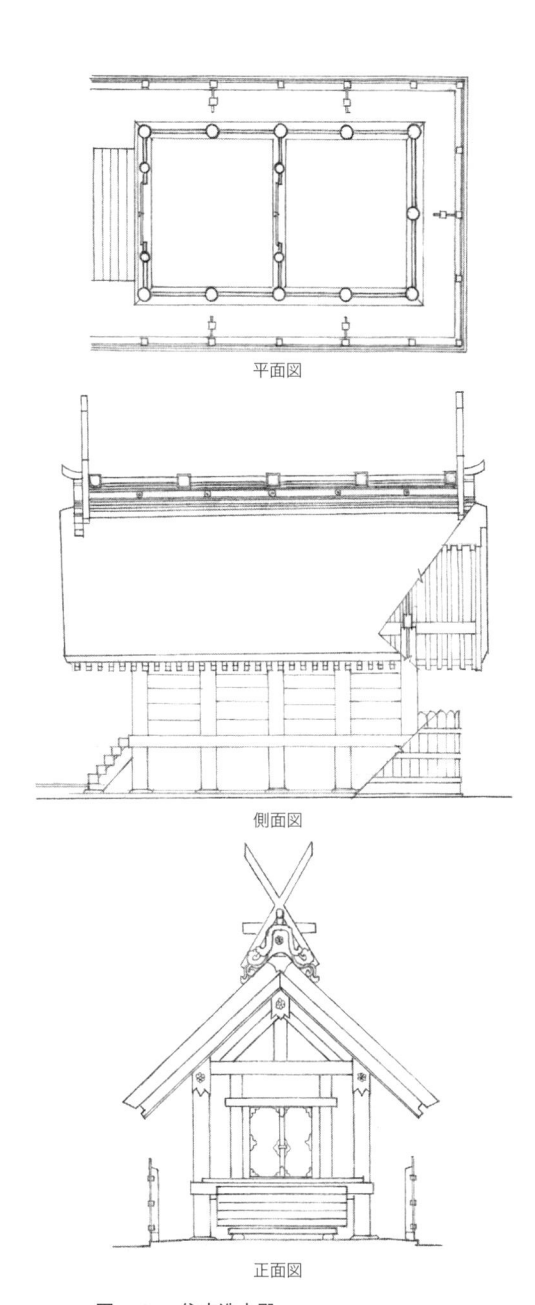

正面図

図5・15 住吉造本殿（出典：『アルスの建築学』）

正面図

側面図

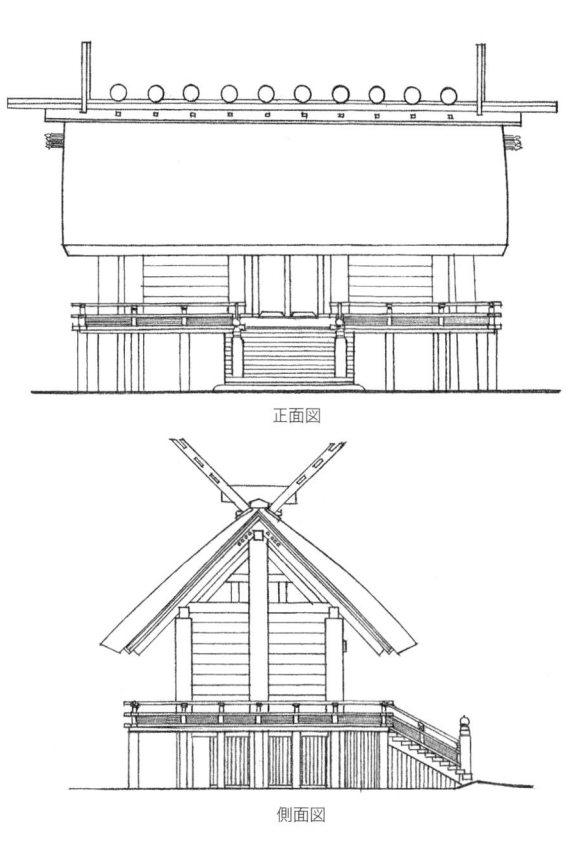

図5・16 唯一神明造

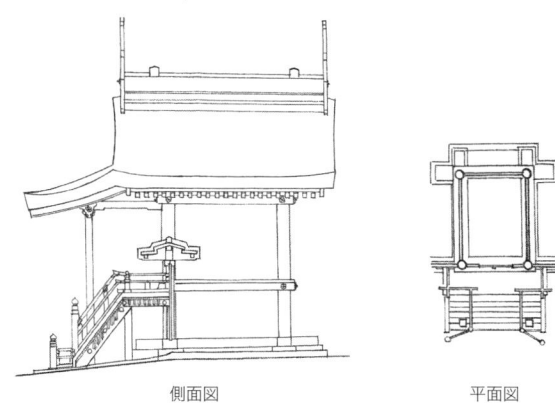

側面図 　平面図

図5・17 春日造

側面図

平面図

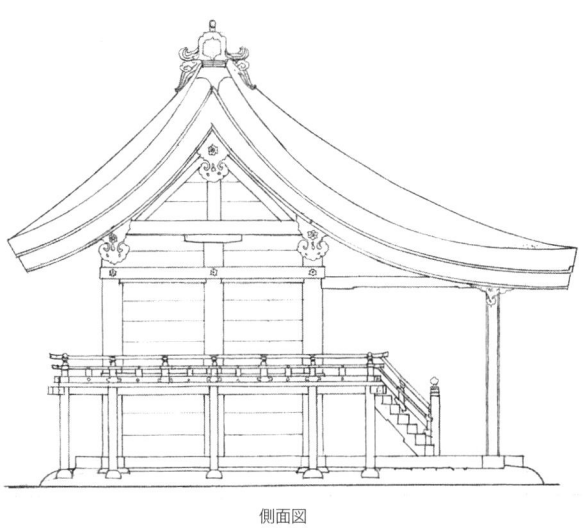

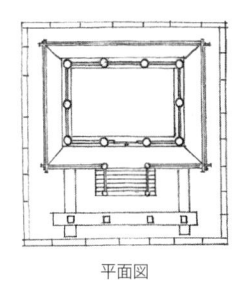

図5・18 流造

5 神社建築

この唯一神明造は、伊勢神宮にのみ許された建物で、他で忠実に作ることは禁じられているので、この名がある。この唯一神明造を種々変化させて建てられたのが、神明造といわれ、各地に採用されている。著名なものに仁科神明宮（長野県大町市）があるが、この建物には礎石があり、掘立てではない。屋根は桧皮葺である。

ⓓ——春日造

春日造は、平安前期時代に生まれた奈良の春日大社の本殿の形式である。全国に広く分布する。この建物は小さく、方1間の切妻造妻入りの社殿の正面に向拝をつけた形である（図5・17）。木部は、丹塗とし、屋根は桧皮葺で、置千木と置堅魚木を置く。床は高く、向拝下部に階をかける。

現在の春日大社本殿は、1863（文久3）年のものである。春日造の最も古いものとしては、円成寺（奈良）春日堂、白山堂があり、1197〜1228（建久8〜安貞2）年の間に建立された。春日堂、白山堂は仏教建築の影響を多少受けており、向拝繁垂木、柱上に三ツ斗、蟇股等があるが、春日大社本殿にはない。

ⓔ——流造

流造は、平安前期時代に生まれた様式で、切妻、平入りで、正面3間、側面2間の主屋の前に、1間の向拝を設け、単層平入りの建物の屋根を前面に葺き降ろしたものである（図5・18）。屋根は切妻桧皮葺で、千木、堅魚木はない。京都の賀茂別雷神社（上賀茂神社）と賀茂御祖神社（下鴨神社）の本殿が基本型である。現在の賀茂別雷神社の本殿は、1863（文久3）年の造営である。

流造は、後世最も広く普及した社殿の形式で、正面柱間の数によって、三間社流造、一間社流造などと呼ぶ。またこの流造の変形が厳島神社の両流造になる。

ⓕ——八幡造

本殿形式は、独立した二つの棟の建物が、前後に結合して一つの社殿になったものである。正面3間、側面2間の後殿と、側面1間の前殿とが並び、その間に相の間を設けて、前後殿をつなぐ。それぞれ切妻桧皮葺平入り、両殿の間に大きな樋を通して雨水を受ける（陸谷）（図5・19）。

宇佐八幡宮本殿（大分県宇佐市）が基本型で、石清水八幡宮（京都府）の社殿もこの形式である。現在の宇佐八幡宮の社殿は、1855〜1861（安政2〜文久元）年にかけて造り替えられたもので、正面流れ部分1間を向拝のようにした結果、縋破風が発生していることは、見逃せない特徴である。

ⓖ——日吉造

3間2間の身舎（内陣）の前面と両側面に庇を持つ平面形がそのまま外観に現れて、正面は、入母屋造のように見えるが、背面は、独特の形になっている（図5・20、6）。正面および側面には、高欄付の縁があり、向拝部分には階があり、この部分に縋破風がついている。

日吉大社の東本宮、西本宮（滋賀県大津市）が基本型で、現在の東本宮は、1595（文禄4）年の再興である。

ⓗ——祇園造

八坂神社（京都市）の本殿形式で、現在の本殿は、1654（承応3）年再建のものである（図5・21）。一見非常に複雑な仏殿のような平面形だが、創建当時の形式をとどめている。すなわち正面5間、側面2間の身舎の周囲に庇を巡らせて本殿を作り、その前に正面7間、側面2間の礼堂を付加した形式で、その外にさらに向拝や孫庇を付けて、現状のようになっている。神仏混合が進行した時代に生まれた代表的な神社本殿といえる。また平面上、身舎と庇に分かれることから、平安後期時代の公家の住宅であった寝殿造の影響があると考える説もある。

ⓘ——吉備津造

これは、吉備津神社（岡山市吉備津）本殿の呼び名である。現在の社殿は、1425（応永32）年に再建されたもので、他に例を見ない特異な形式である（図5・22）。

その平面は、中央に内陣と内々陣があり（これが従来の流造の平面にあたる）、その四周に中陣が巡り、その前面に向拝がついている。さらにその外側に幅1間の外陣が巡り、全部で正面7間、側面8間の平面となる。いいかえると、三間社流造の周囲に二重の庇を巡らした形で、内部になるほど床、天井が高くなっている。外部に高欄付の縁を巡らし、下部亀腹は、非常に高い。

側面図

図 5・19　八幡造

平面図

平面図

側面図

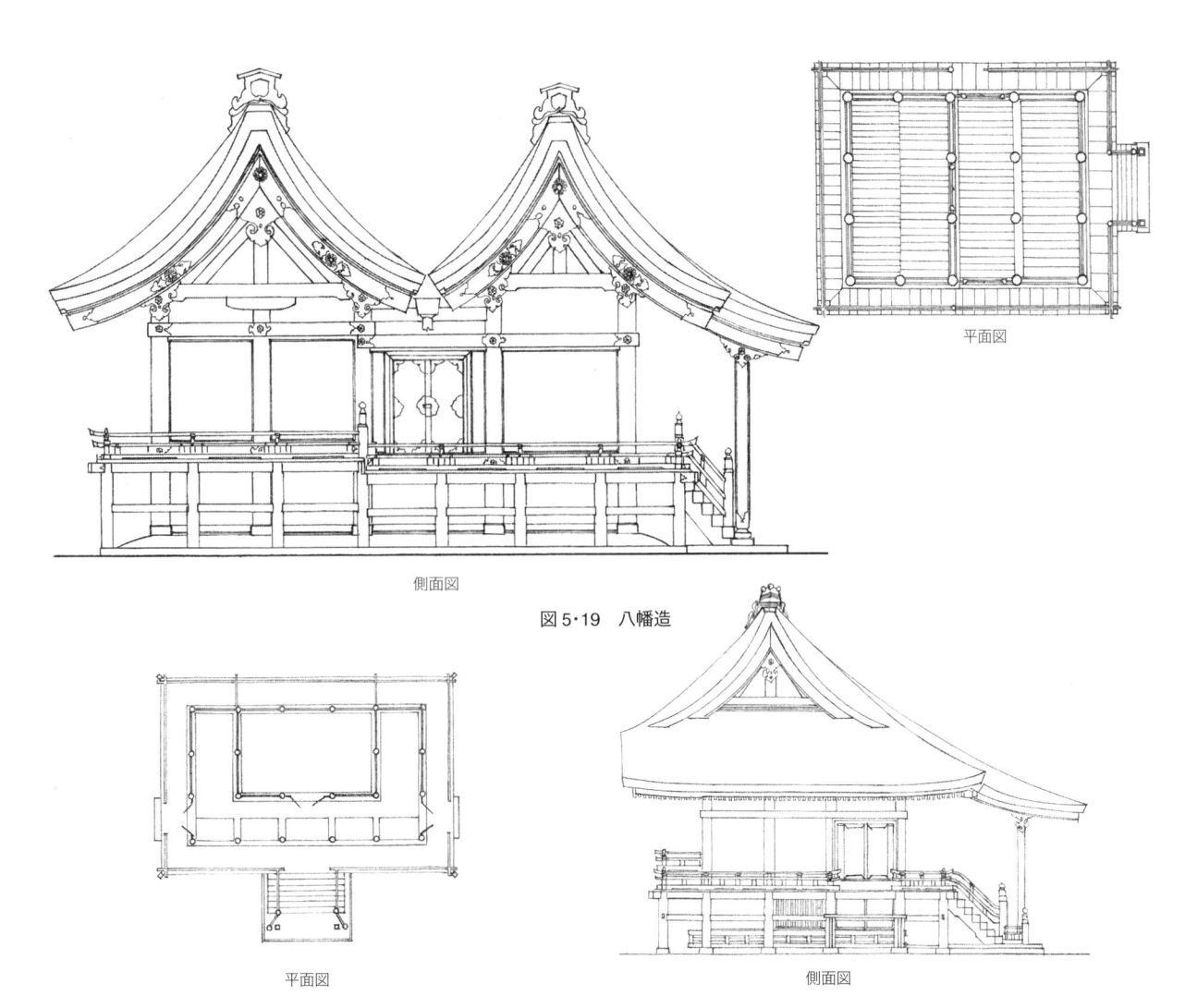

図 5・20　日吉造

平面図

側面図

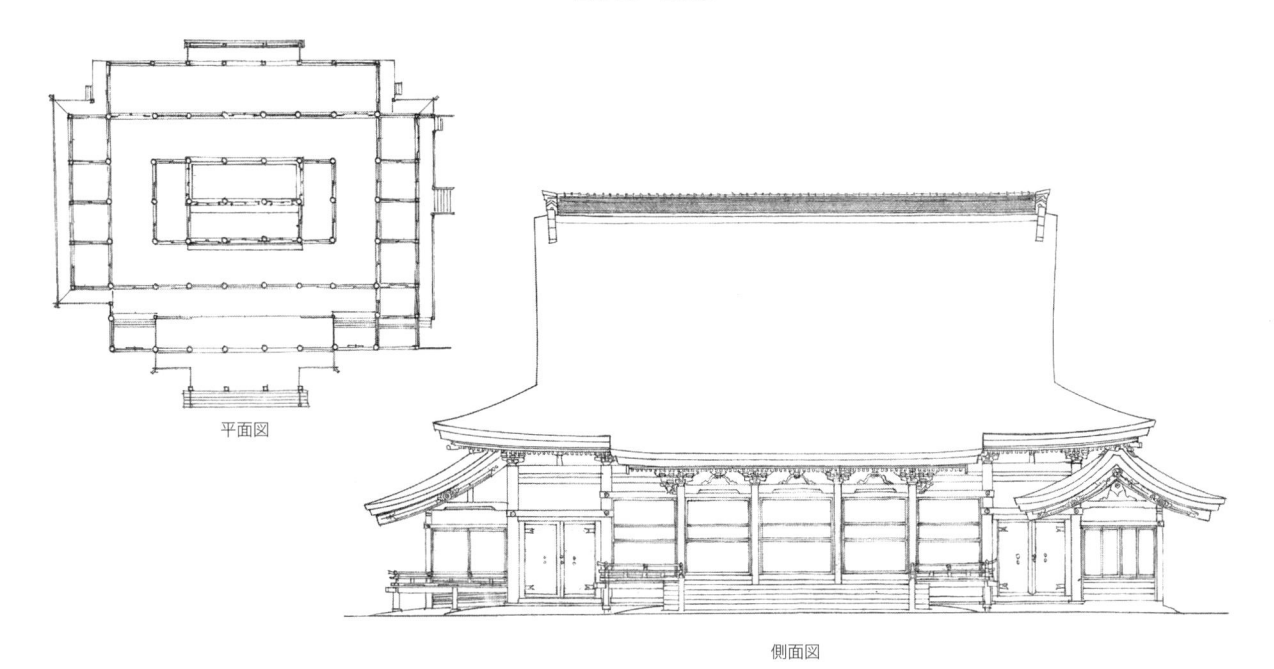

図 5・21　祇園造

5　神社建築

69

本殿組物は大仏様の挿肘木三手先、屋根は、H型に棟を置いて四つの千鳥破風を持つ比翼入母屋造（ひよくいりもやつくり）と特殊な形で、桧皮葺、千木と堅魚木を置く。この本殿にビルトインされた形の拝殿は、正面1間、側面3間で単層庇付であるが単層の途中で庇をつけるので、重層に見える。切妻造桧皮葺で、庇は、本瓦葺、庇と上部屋根の間は連子窓で、わが国では、珍しいハイサイドライト（クリヤーストーリィ clearstory）が、実感できる。非常に大きな建物で、建物の発展過程の中で、仏教建築の要素を取り入れてできた本殿である。

j──香椎造

福岡市の香椎宮の形式で、平面は、間口3間、奥行3間、奥より内々陣、内陣、外陣に分かれる。そして外陣左右両脇に、間口奥行とも、1間の屋根の出た平面になっている。特に注目すべきは、外陣の両翼屋根の出ている部分の下が車寄せになっていることで、階（きざはし）がついている（図5・23）。

四周には高欄付の切目縁を巡らし、正面中央に間口1間、奥行1間の向拝があり、浜床（はまゆか）がつけられ、屋根の上段が高くなっている。したがって屋根の形が複雑で、入母屋で側面に千鳥破風、正面にも千鳥破風がつく。外陣の両翼は切妻で、正面向拝は縋破風である。屋根に千木、堅魚木のあることで神社本殿とわかるが、仏教建築の影響が各所に見られる。現在のこの本殿は、1801（享和元）年の建立と伝えられている。

k──権現造

安土桃山時代にできた様式である。前述した仏教建築でいう双堂の礼堂と正堂をいかにつなぐかということと同じで、権現造は、神社建築における拝殿と本殿の納め方の、一つの結論的な形式である（図5・24）。

権現造では、拝殿と本殿の間に幣殿（相の間、石の間）を設ける。また、屋根は、拝殿と本殿を入母屋とし、この大棟の方向と直角に幣殿の棟をつける。香椎造屋根と同様、正面に千鳥破風をつけ、また向拝の屋根を唐破風にするなどたいへんややこしく、にぎやかな屋根を作ることが多い。これらの屋根を俗に「八棟造（やつむね）」と呼ぶことがある（必ずしも、棟の数が八つなくてもこのようにいう）。

以上、神社のおもな様式を述べたが、次に社殿の最も基本的な詳細を示すために春日造、流造、神明造の手法とその木割などについて述べる。

4　主な造の詳細

ａ──垂木の間隔と傍軒

垂木は本繁垂木にして、手挟み納めとするのが普通であるが、真納めにすることもある。

破風板の形は、破風板の反り格好で、これは化粧垂木の勾配から割り出す。すなわち垂木、木負、茅負を連ねる線を持って破風板の曲線を描く。破風板の幅は、腰（中央）で、柱幅くらい取り、上で3分増し、下で1分5厘増しくらいの程度がよい。破風尻は、立水（たつみず）と飛檐垂木の矩折墨（かねおりずみ）との中間で切るのがよい。鼻を絵様繰形にすることもあり、簡素な造りの時は、欠取りをつけるだけでもよい（図5・25）。

眉欠（まゆか）きは、破風板幅を10等分し、1、1.5、2.5の割の三筋に欠く。また2.5の一筋だけ欠くこともある。

意匠、繰形に合わせて適当な懸魚を取付ける。懸魚には、梅鉢、貝頭（かいがしら）、猪目（いのめ）（図5・26、図2・12、p.27）等の種類があり、また鰭（ひれ）のついたものもある。懸魚の幅は、破風腰幅の倍くらいがよい。

屋根は、一般に桧皮葺が多いが、柿葺（木端板葺）、銅板葺、銅瓦棒葺、瓦葺等種々のものが用いられ、妻は、箕甲（みのこう）納めになっている。棟は瓦葺、あるいは、箱棟納めとする。

側面図

断面図

平面図

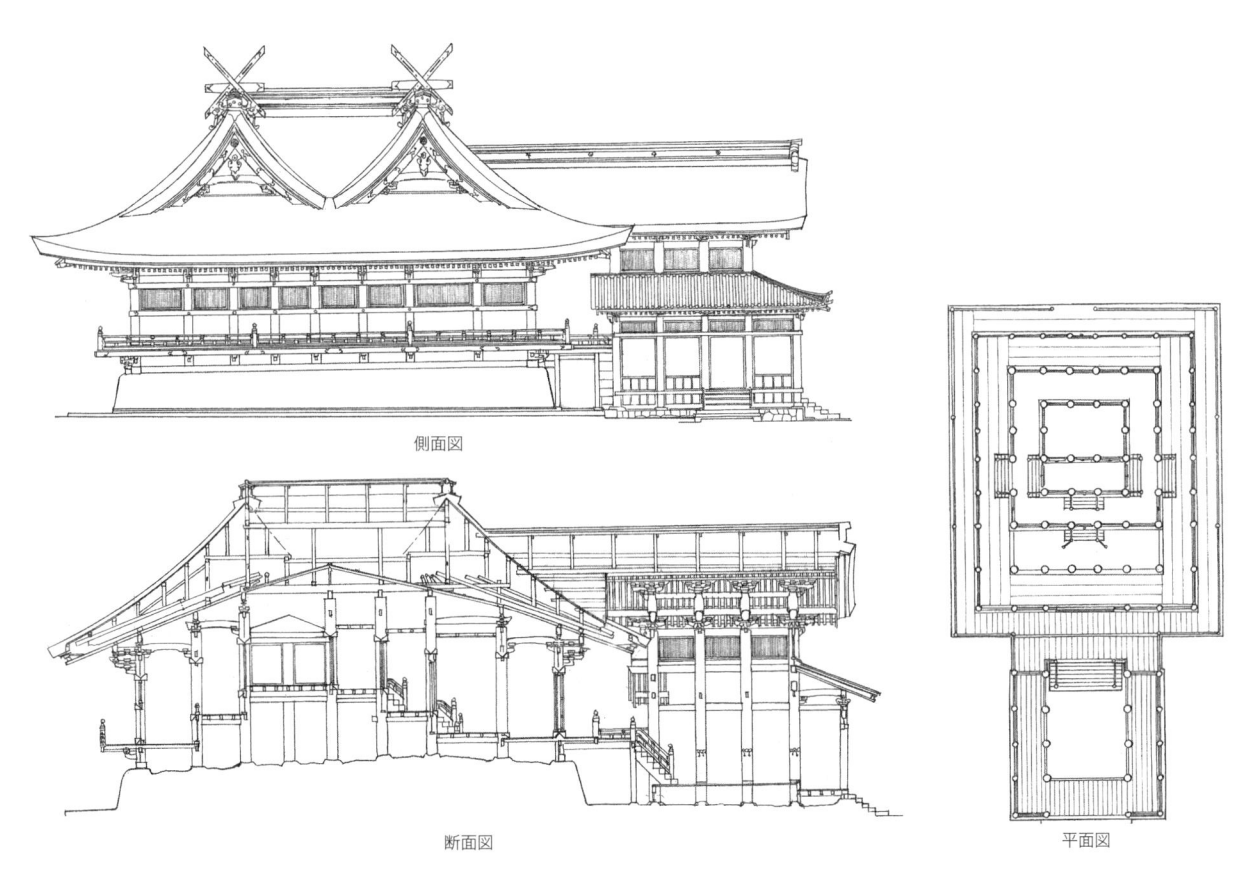

図 5・22　吉備津造 （出典：天沼俊一『日本古建築提要』河原書店、1948、p.358 〜 369）

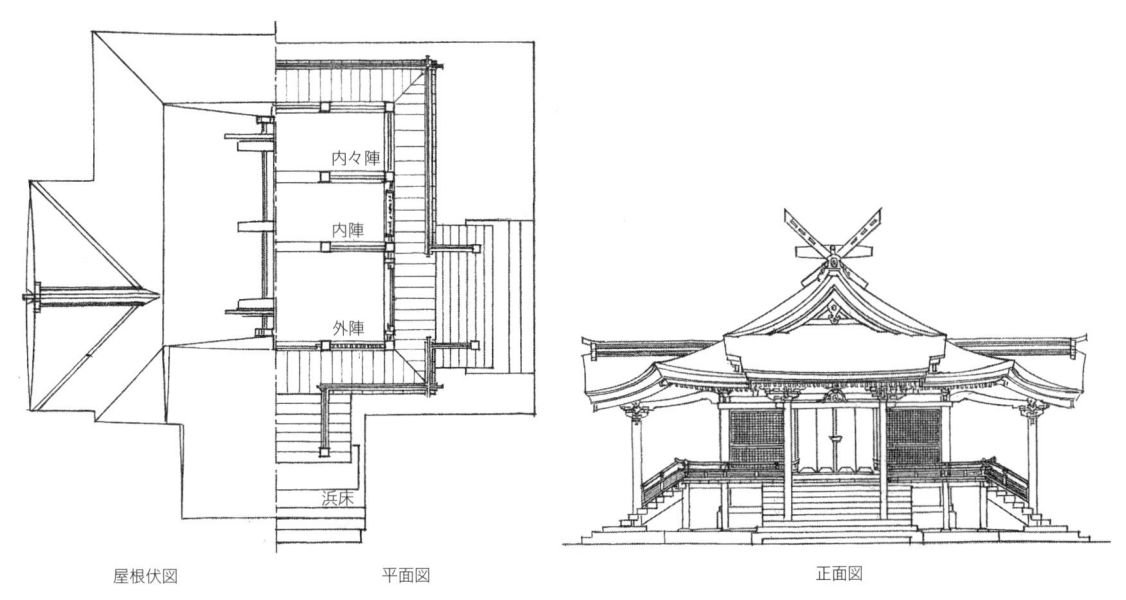

内々陣
内陣
外陣
浜床

屋根伏図　　　平面図　　　正面図

図 5・23　香椎造

側面図

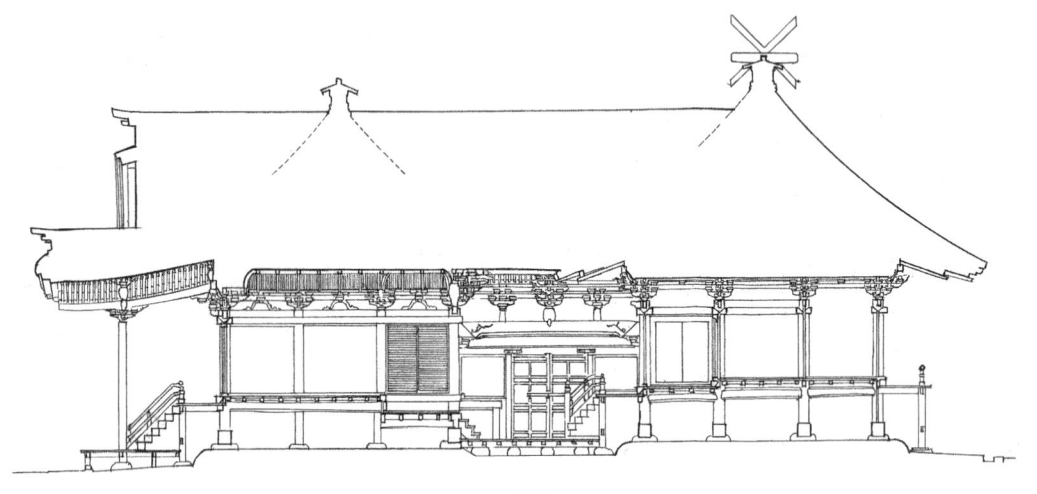

縦断面図

平面図

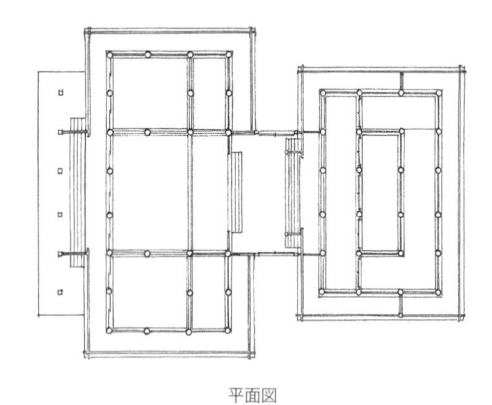

図5・24 権現造

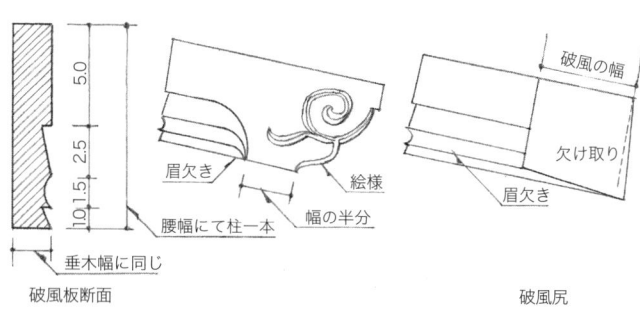

破風板断面　　　　　　　　　　　　　破風尻

眉欠き　絵様　幅の半分　腰幅にて柱一本　垂木幅に同じ　破風の幅　欠け取り　眉欠き

図5・25 破風板眉欠きと破風尻

b —— 春日造と流造

本殿の平面は、一間社は、正面、側面とも1間の本殿で、それに1間の向拝をつけたものである。したがって、正面1間の決め方によって、社殿の大小が決まる。三間社、五間社は、その正面が3間、5間というものである（図5・27）。

屋根の形は、正面に切妻破風を見せる「春日造」（向作り）と、「流造」の二種になる。春日造は、切妻の正面に庇をつけて正面としたものである。流造は、平入切妻屋根の片方の屋根をもう1間葺き降して、向拝の機能にした屋根の形である。

1 ◆ 寸法

基本寸法は、柱の太さと垂木の間隔の両単位を用いる。垂木の間隔を用いる時1間社の場合は、正面1間の柱真々を22等分して、これを22枝といい、垂木の幅と垂木の高さの合計を1枝（図5・28）とする（垂木の幅を1とし、垂木の高さを1.2とする）。

平面の大きさは、正面柱間隔が8尺（2.42m）の神殿一間社を設計する場合、1枝＝2.42÷22＝11cmとなるから、この11cmを単位として各部の大きさを定める。梁間を18枝とすると、11×18＝1.98mとなり、向拝の深さを17枝にすると11×17＝1.87mとなる。

本殿の柱の太さは、正面幅、柱真々の1/10径の丸柱とする。向拝の柱は、幾分細く8分取りにする。この本柱を単位として、高さ関係を決めていく（図5・29）。

2 ◆ 高さの木割

柱一本は2.2枝、亀腹は、本柱一本半（3.3枝）上げて、地覆の下端とする。浜床の高さは本殿の地覆上端から板の厚さほど、高くする。壁はすべて板壁納めとする。

大床（縁）の高さは、地盤からだいたい7.5本（16.5枝）とし、内法は、本柱6本（13.2枝）、軒頭貫下端までの高さは、地盤から柱15.05本（33.11枝）とする（図5・30）。

3 ◆ 組物と向拝

軒の組物は、三ツ斗組（図5・31）にする時と、出組（一手先）（図5・32）にする時がある。組物と組物の中間には蟇股を置く。出組の時は、通肘木の下に斗組の蟇股を置き、三ツ斗組の場合は、丸桁下に実肘木を用いる。

向拝の組み方は、向拝の正面に虹梁で柱の頭を連ね、絵様の木鼻を両端に出す。柱頭には、三ツ斗組を置いて丸桁を支え、中央に蟇股を用いる。

また梁間方向には、本柱頭貫を海老虹梁でつなぐ場合と、これをつながずに丸桁の位置で手挟と丸桁を四つに組んで手挟（図5・33）納めにして、正面海老虹梁を下げる方法とがある。なお、海老虹梁は、本屋と向拝の高さが異なる柱をつなぐために考察されたものである。幣軸（図5・34）を中心として、扉が開閉する時、扉の上端が虹梁にさわらぬように、しかも海老虹梁自体の曲線をあまり極端な曲がり方にせず、両柱に馴染み添わせるようにした方がよい。

この時、頭貫の下端（または、長押の下端）と向拝の丸桁下端が同じ高さになっているのが普通である。

4 ◆ 妻飾り

妻飾りは、妻梁の位置を丸桁の位置と高さを同じにして虹梁を渡して妻飾りとし、束は、大瓶束を立てて笈形を取付ける時もあれば、簡素な社殿では束または、豕扠首を用いることもある（図5・35）。

化粧垂木の勾配は、身舎の間を矩勾配に（45度）、地垂木は、5.2/10くらいに、飛檐垂木は、2.4/10にする。丸桁下端、木負、茅負の下角が一直線になる。軒の出は、地垂木8枝、飛檐垂木5枝とする（図5・36）。

向拝の化粧軒は、打越垂木を地垂木の上にのせる時と、身舎丸桁に架ける時とがあるが、飛檐垂木の勾配は、2.4/10でよい（図5・37、千木、堅魚木は図5・38）。

c —— 神明造

神明造には一間社と三間社があるが、ここでは、一間社（図5・39）について述べる。

本殿の木割は、平面正面22枝、側面18枝、四周に縁を巡らす。その幅は、両側に11枝、前後に8枝出し切目大床（切目縁）とする。

板壁は、厩貼（柱に小穴溝を突き、板を水平に落とし込む）とし、棟持柱（二柱）は、縁板を貫き、妻壁から離して建てる（図5・40）。

貝頭懸魚　　　梅鉢懸魚

猪の目懸魚　　三つ花懸魚　若葉鰭

図 5・26　懸魚

一間社

22枝　脇障子
18枝　大床
17枝　浜床
階　向拝

14枝 | 16枝 | 18枝 | 16枝 | 14枝
16枝　内陣
16枝　外陣
18枝　向拝

五間社

図 5・27　平面図

1枝　高さ　幅　　　幅　高さ　b　1.2b

図 5・28　本繁垂木の大きさと1枝（垂木幅を1とし、高さを1.2とする）

頭貫木鼻　海老虹梁
付鴨居　斗栱
脇障子　本柱
高欄　虹梁
大床　向拝柱
腰長押　縁葛
地覆　浜床
亀腹

側面図

7枝　6枝
22枝　18枝　7枝　10枝　6枝
本殿　大床　階
7枝　脇障子　22枝
7枝

平面図（軒三斗組）

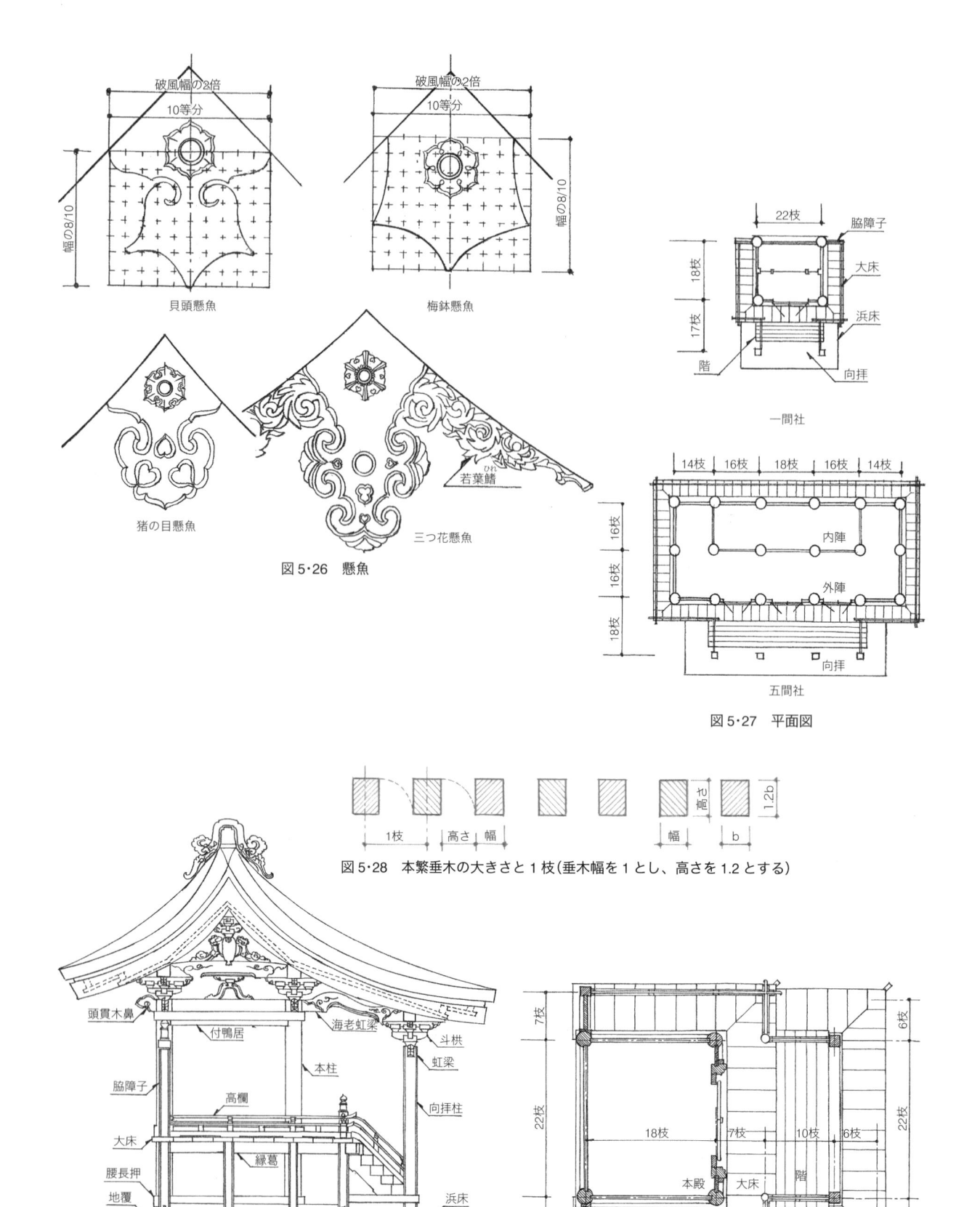

図 5・29　流造

図 5・30　流造正面詳細

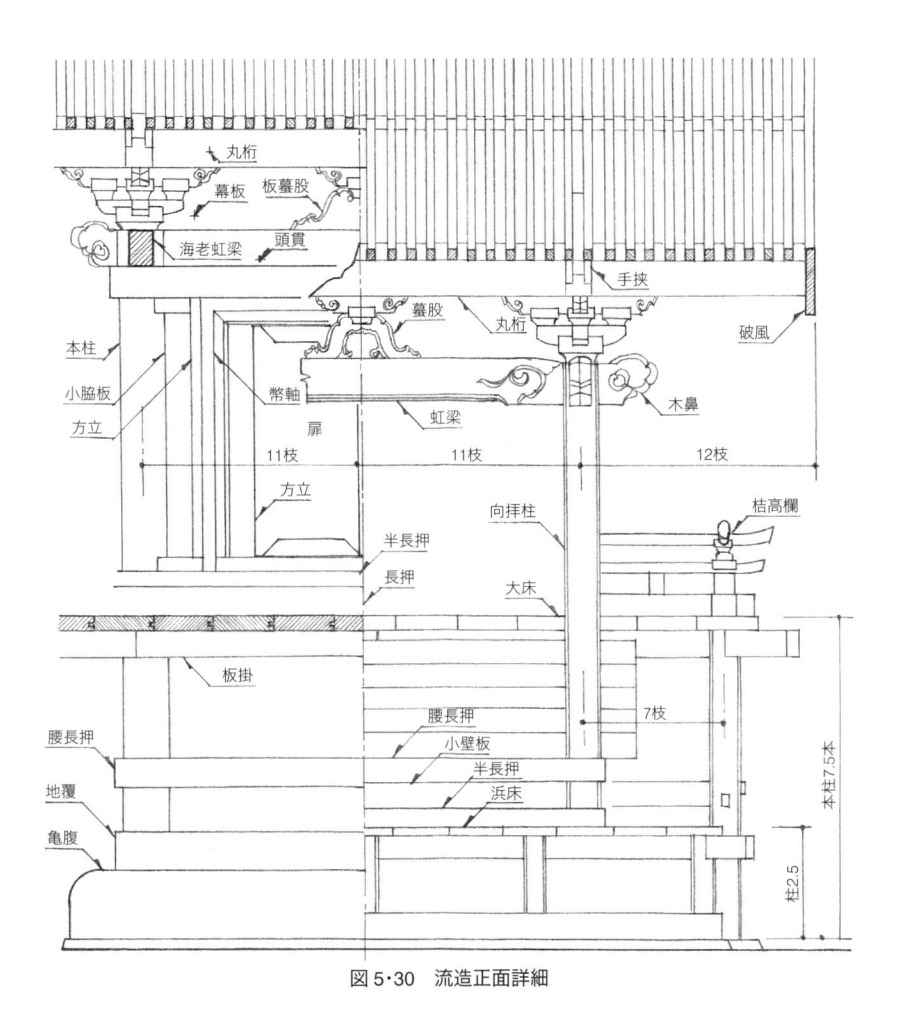

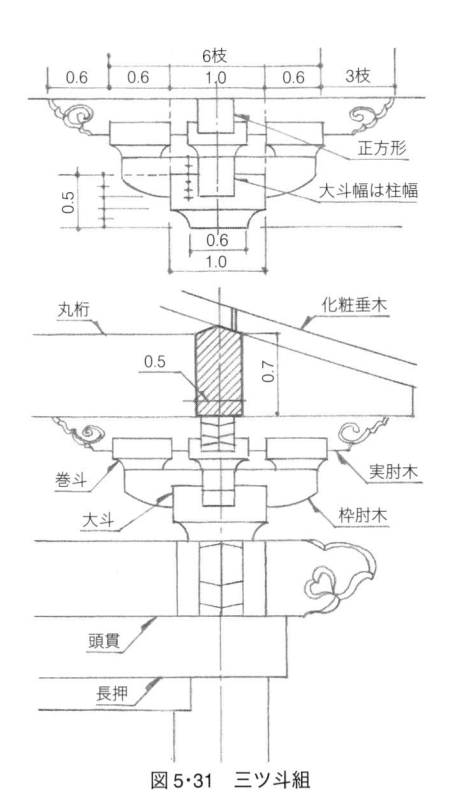

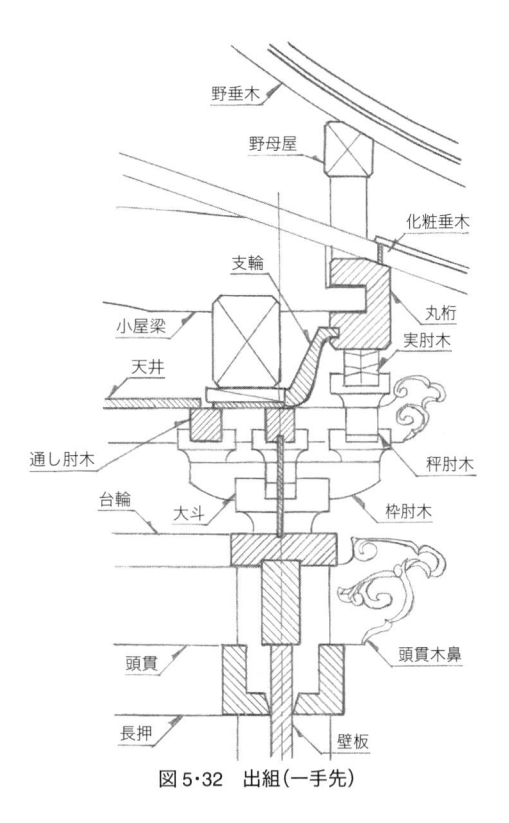

図 5・31　三ツ斗組

図 5・32　出組（一手先）

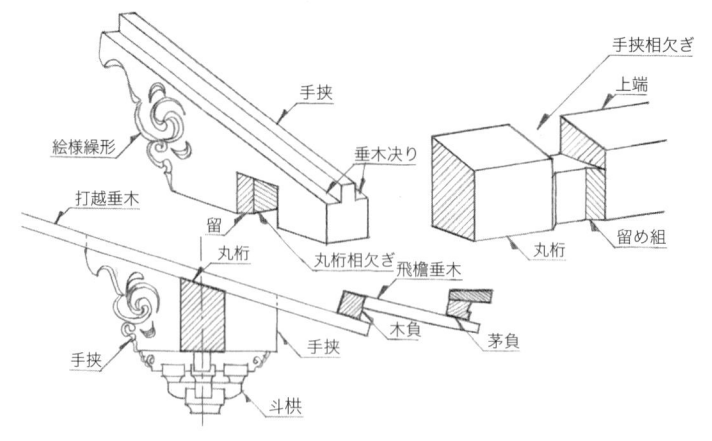

図5・33 丸桁と手挟

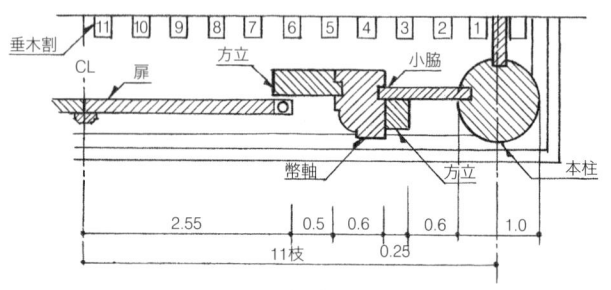

図5・34 流造幣軸小口割

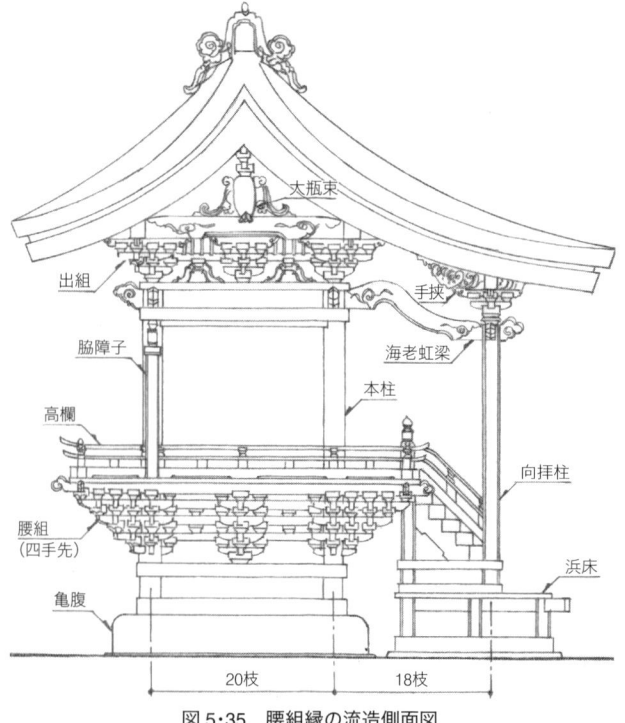

図5・35 腰組縁の流造側面図

図 5・36 流造の垂木と破風板

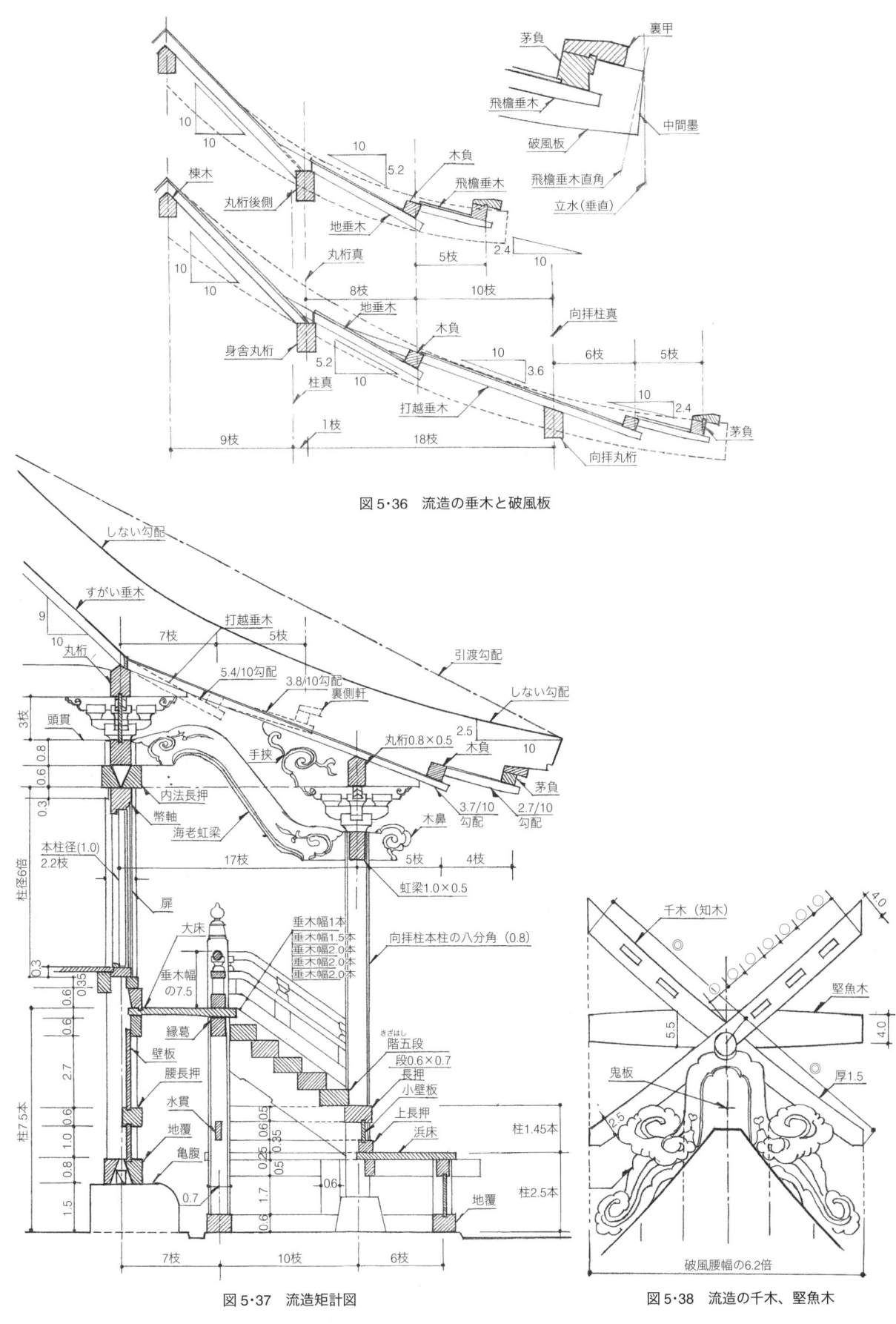

図 5・37 流造矩計図

図 5・38 流造の千木、堅魚木

1 ◆ 下部納まり

正面に向拝はなく、階(きざはし)と浜床は、野天のままである。地業は、掘立てではなく、亀腹を作り、地覆を置いて、その上に柱を建て、また縁束に沓石を据える。

2 ◆ 軸組の木割

建地の木割で、柱の太さは表の間の1/10径の丸柱とし、これを基準にすべての木割寸法を算出する。

縁床の木割は、大床高さ本柱7本を板の上端とし、軒桁上端の高さは、妻柱外面の間と同寸に取る。小壁は、1～3本下げて、内法長押を入れる。軒桁の高さは柱の8分とし、屋根の勾配は、9.5/10～10/10(矩勾配(かねこうばい))とする。軒の出は、茅負の下端角までを8枝、側軒の出は11枝とする。

浜床の高さは、地盤面から柱2本分とし、広さは、段面(だんづら)より8枝出す。浜床の両側の出は、6枝、階段は、大床と浜床との高さの差を6分して5段設け、踏面と蹴上げを同寸とする。

軸部の大きさは、柱幅を1として、亀腹は柱2本分、地覆高さ0.6×幅1.2本、軒桁0.9×0.6、棟木0.8×0.6、妻梁1.0×0.6、扠首0.4×0.4である。棟持柱(ふたばしら)(二柱)の径は、上を本柱の0.8、下は本柱ほどとし、上方は、側柱の出の中央に納め、下方は外の柱径の半分出して中央に納め、下方は、柱径の半分出して転びとする(表5・1、図5・41)。

3 ◆ 造作各部

造作各部は、長押は大床板上端(縁)に下長押(高さは、柱の0.7)を取付け、内法長押(高さ柱の0.8)の胸(突出し)は、柱面から高さ0.2出して取付ける。敷居鴨居の厚さは柱の0.3、その幅柱の0.8、正面方立見付けは柱の0.3、小脇柱は柱の0.7角とする。

蟇羽の納め方は、妻飾の豕扠首(いのこさす)の見付け、柱の0.4、見込み同じく0.3とし、垂木下端より扠首幅だけ下げて組み、扠首束は、柱の0.8角として扠首の下に建てる。

軒の納まりでは、軒垂は反らさず、一軒(ひとのき)とする。高さは、幅の2割増しとする。

屋根各部の大きさは、茅負2.0角、裏甲厚み1.0×幅4.0、小舞0.5×0.7、破風板厚さ垂木の1本、幅は、長さの8/10、葺地厚本柱の8分、軒付けの出垂木2本ほど、小狭小舞(鞭掛)の太さ垂木幅の8分角とし、その出は、あふり板と同じとする。先端は、根元の8分角くらいに細くする(表5・2)。

破風の組み方(打ち合わせ)は、その目違いを厚さの1/5～1/3とし、正面から見て前に流れた破風を右側にねじる。すなわち両妻から見れば、「人」という字のように組合せる。破風板の幅は、柱の0.8～1倍に、厚さは、垂木幅ほどにする。

4 ◆ 棟仕舞

棟仕舞は、あふり板の厚さは柱の0.2、幅は、千木根元の下端より、その厚さほど残す。突出しは、6枝ほど出し、その1/2の所までは、傍軒葺地を出す。甲板の幅は、柱幅の2本分、厚さ外角(そとかど)まで柱の0.7とし、上端に、3/10の勾配をつけ、妻の出は、あふり板鼻より厚さほど出す。

千木は、柱と同寸のまま(破風板と同寸)または、破風板の8分、厚さは破風板と同寸とする。長さは、身舎柱(もやばしら)外面の見通しを千木上端まで引き出して、その交差点より水平(内宮)、または垂直(外宮)に切る。風穴は、千木中心線を六つ割(内宮)、もしくは7.5割(外宮)に割って、その一つずつを彫り広げる。堅魚木の長さは、柱見通し線の2/3とし、中央柱の0.5、両端で柱の0.4を径とし、6本を甲板に配る(図5・42)。

縁束は、柱の0.7角、縁葛(えんかつら)は、高さは、柱の0.7、幅は、0.4とし、束真に納める。縁は切目縁に貼って、板厚は垂木の高さほどにする。板鼻は、厚さの2倍ほど出す。

縁貫の下端は、本屋地覆上端見通し、浜床は、流造に準じて作る。

5 鳥居

磯城神籬(しきひもろぎ)の祭祀の際、賢木(さかき)を立て、神鏡を掛けた。神を遥拝する時、神との節点として二本の柱を建て、注連縄(しめなわ)を渡したのが鳥居の原形と考えられている。見方を変えると、鳥居は神と人間の境、すなわち結界の性格を持つ。

表 5・1　軸組各部材寸法割合（柱幅＝ 1）

名称	大きさ	名称	大きさ	名称	大きさ
亀腹高	柱 2 本	軒桁	0.9 × 0.6	妻梁	1.0 × 0.6
地覆	高さ 0.6 × 幅 1.2	棟木	0.8 × 0.6	さ首	0.4 × 0.4

表 5・2　神明造屋根各部大きさの割合（垂木幅＝ 1）

名称	大きさ	名称	大きさ	名称	大きさ
茅負	2.0 角	小舞	0.5 × 0.7	葺地厚さ	本柱の 8 分
裏甲	厚 1.0 ×幅 4.0	破風板	厚さ垂木 1 本幅は長さの 8/100	軒付けの出	垂木 2 本ほど

図 5・39　神明造平面図

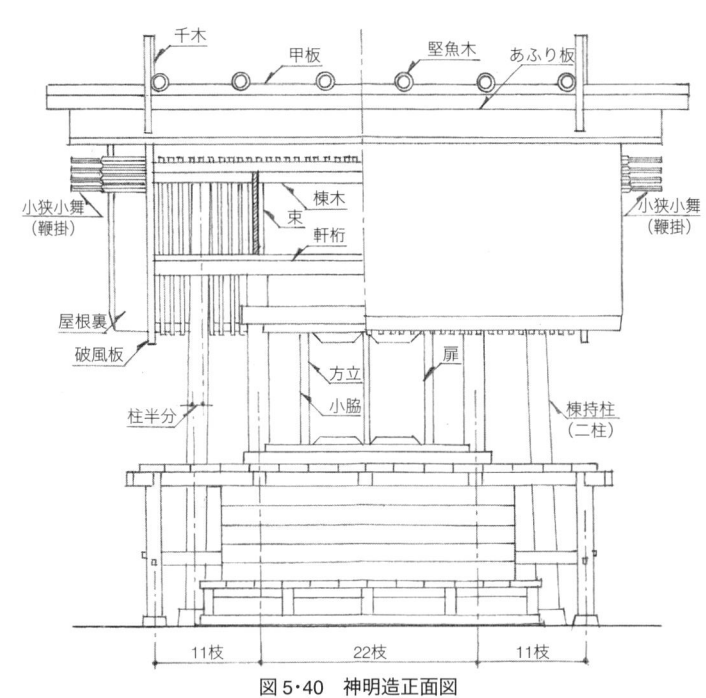

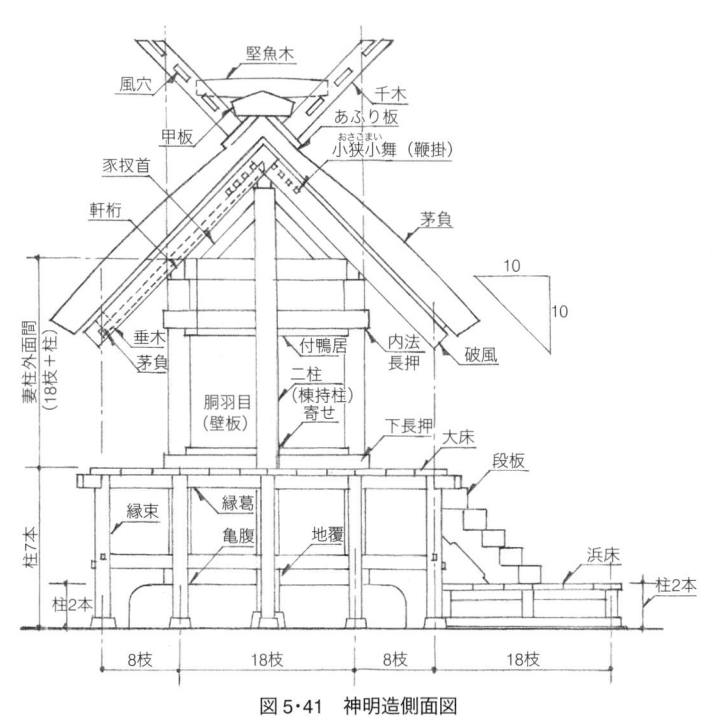

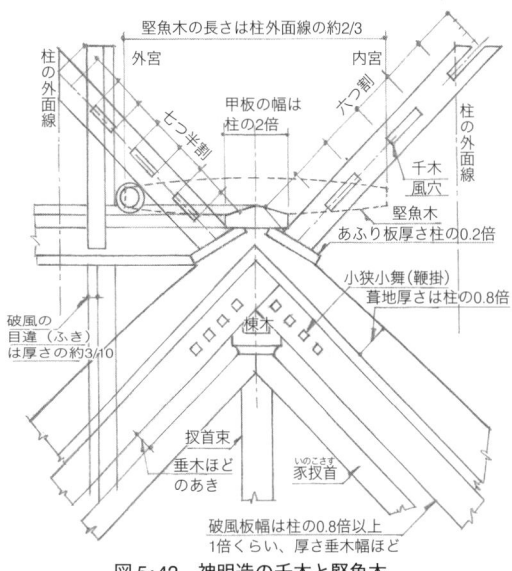

図 5・40　神明造正面図

図 5・41　神明造側面図

図 5・42　神明造の千木と堅魚木

5　神社建築

やがて社殿ができあがると、社殿自体が神の降る依代（よりしろ）で祭祀の際にはここに人が集うようになり、鳥居から結界の意味が薄れ、神域の門という性格に変わっていった。鳥居の語源は、「通り入る」の転訛という説が一般的である。他に天岩戸の神話の中に、長鳴鶏（ながなきどり）を一斉に鳴かせて神の再来を迎えた時、そこに鶏（にわとり）が居たからという話もある。鳥居の名称は他に、天門、神門、額木、鶏（鳥）栖、神木、鳥井等ある。諸外国でこれに似たものは中国の幸表牌楼（こうひょうひろう）、韓国の紅箭門（こうがいもん）等ある。特に意味深いのはインドのサンチー（Sanchi）の大塔（BC300）を取り巻く玉垣の門で、形は鳥居に似ており、名前が「トーラナ」（torana）という（図5・43）。

非常に簡単な構造であるにもかかわらず、鳥居を通る時、人々は身の引き締まる思いと清浄感を感じるものである。

鳥居の種類には、神明（しんめい）（内、外）、黒木（くろき）、鹿島（かしま）、春日（かすが）、八幡（はちまん）、両部（りょうぶ）、稲荷（いなり）、山王（さんのう）、三輪（みわ）、鳥居門などあり、各神社によって少しずつ詳細は変わるが、ここでは基本的なことを述べる。他に柱の異様に太い筥崎鳥居、三本の柱で三角に作った三柱鳥居（京都蚕ノ社（かいこのやしろ）の鳥居）など、個性的なものもたくさんある。

a──神明鳥居

神明鳥居（図5・44）は、伊勢神宮の鳥居を範としたものである。柱の太さは両柱の真々距離の1/10が根元の寸法で、末口は1割細目に仕上げる。そして内側を垂直に建てる。笠木は柱の根元ほど、上端を水平にする。左右両柱間の1/3を左右に出す。貫は柱根元の0.8×0.3、楔（くさび）は見えがかり柱の1/2、厚さは貫ほどが木割である。材料は桧、槇（まき）、椹（さわら）など腐朽に強いものを用いる。建て方は土の中になる部分に根搦（ねがら）みをつけ、防腐剤を塗布して埋めるが、正式には根搦みをつけないとされている。

b──黒木鳥居

黒木鳥居はすべて自然木の皮付丸太をそのまま用いた鳥居である（皮付のままを黒木といい、削ったままで塗装しないものを素木（しらき）という）。そのことで神明鳥居より原始的で鳥居の原点であると考えられている。京都嵯峨野の野宮（ののみや）の斉宮に用いられている。貫も皮付丸太のままで、その太さは柱径の8分取り、その他は神明鳥居に準じる。

c──鹿島鳥居、香取鳥居

鹿島鳥居（図5・45）、香取鳥居は柱と笠木は素木造りである。茨城県の鹿島神宮のものが、代表的である。木割はだいたい神明鳥居に似ているが、笠木の長さが神明鳥居より柱の直径ほど左右に延びて長い。現在のものはその鼻を投墨（なげずみ）に切っている。貫は角材で柱の両側に突き出し、鼻を地の間の1/3延ばして切り、貫鼻と同寸の長い楔を外から内に貫通して打つ。香取神宮も同じ形式だが、鹿島鳥居の笠木の元口が、向かって左に置かれているのに対し、香取鳥居は元口を右に置いている。

d──春日鳥居

春日大社は平城遷都の際、藤原家が氏神として平城京の外京に建立したものである。その春日神社にある春日鳥居（図5・46）は、鹿島鳥居より繊細で、都会風な手法でできあがっている。春日鳥居の柱の太さは鹿島鳥居と同様で、建て方は内側に末口の半分または八ツ中転（やつなかころ）びとする。笠木には丸太を用いず、角形の島木を用い、その上に上端鎬付（うわばしのぎつき）の笠木をのせる。笠木、島木、貫鼻の出は投墨で下端の点を求め、その点より垂直に切る。また貫の中央に額束（がくづか）を立てる。柱の根元に亀腹をつけることもあるが、その時は柱直径の6分くらいの高さを地盤面より出し、円の太さは柱径の2倍くらいとする。

e──八幡鳥居

八幡鳥居は春日鳥居とほぼ同様だが、笠木、島木の鼻を投墨に従って斜めに切る点が異なっている。

f──明神鳥居

明神鳥居（図5・47）は笠木、島木に曲線を用いて反りができ、その鼻に増がつく。柱の直径の半分を転ばせる（半転（はんころ）びという）。亀腹の径は柱2本半、高さは柱径の7分くらい、その他の木割は図に示す。笠木鼻は島木下端の高さで柱の真から反り始め、島木は高さの2/10反りあがらせ、上端の鼻で1.5/10増をつける。笠木の上端は笠木の高さの3/10反らせる。中央の額束は下方を柱の8分に、上方は7分取り、厚さは貫の内面納めにする。

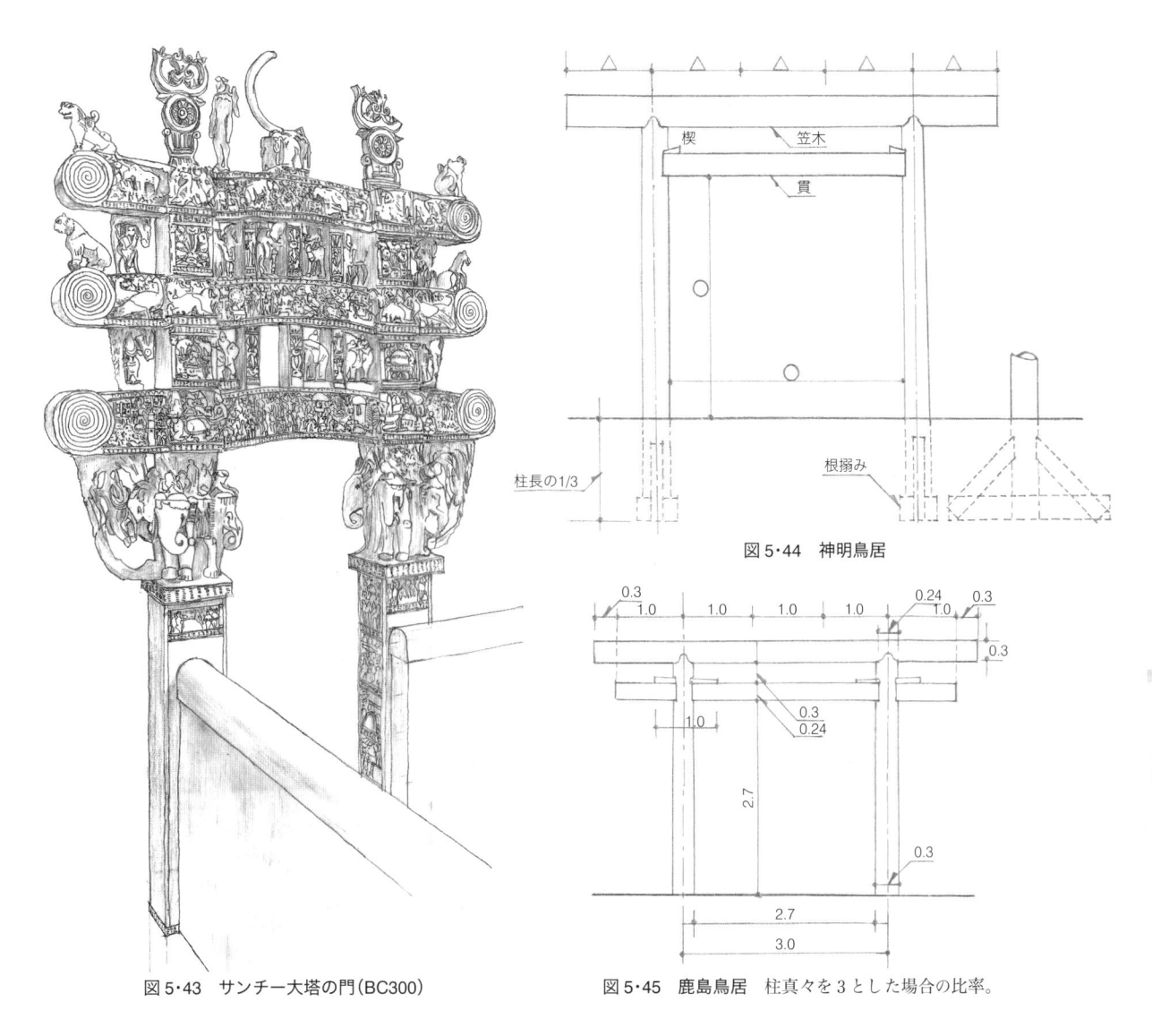

図 5・43　サンチー大塔の門（BC300）

図 5・44　神明鳥居

図 5・45　鹿島鳥居　柱真々を3とした場合の比率。

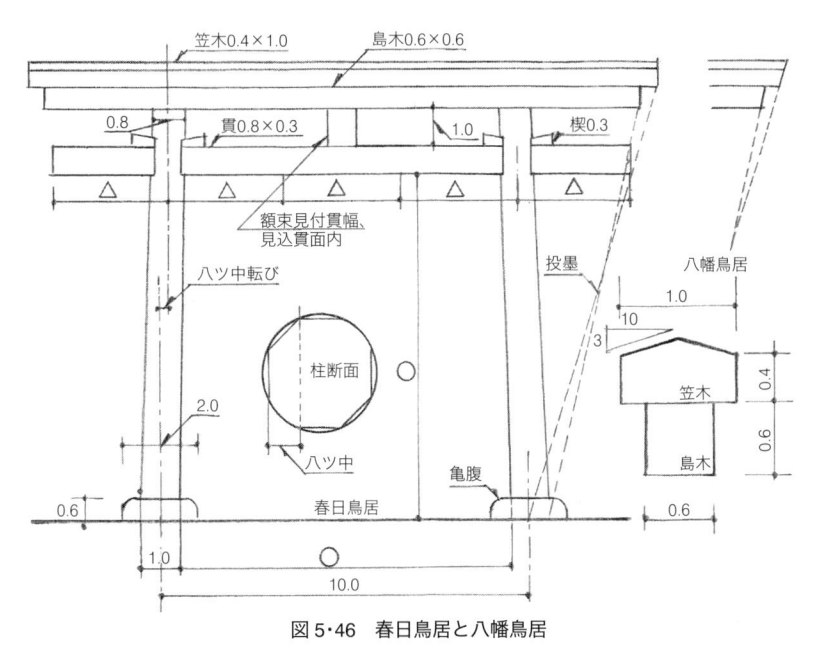

図 5・46　春日鳥居と八幡鳥居

ⓖ──両部鳥居

両部鳥居（図5・48）は、四脚鳥居、権現鳥居、袖鳥居、枠指鳥居ともいわれ、木割は明神鳥居と同様である。ただ小柱という四足がついていることと、親柱の頭に島木を受ける台輪が設けられていることが著しい相違点である。小柱は親柱の7分角、径の3分だけそれぞれ親柱の方に倒れ、相前後に建ち、これを上下2本の貫でつなぐ。正面から見ると親柱は中央に八ツ中分転んでいるが、小柱は垂直に建っていて、「親は転んでも子は転ばず」となっている。

鳥居の雨覆いとして、笠木の上端に別に雨覆いを作りつけることもある。雨覆板は笠木の高さの4分の厚さとし、軒および傍軒の出は板の厚みの3倍くらいにする。上棟（押板）は柱の1/4を高さと定め、幅は高さの8分取り、鼻に増しをつけ、背に3/10勾配の鎬をつける。なお目板形に打つこともある。

ⓗ──稲荷鳥居

稲荷鳥居の木割は、小柱のない両部鳥居とまったく同じである。なお親柱の転びは半転びである。

鳥居の基礎には、明神鳥居、両部鳥居と稲荷鳥居ではともに亀腹を置く。柱の建て方はその根入れを柱の長さの1/3とし、掘方の底に割栗石を叩き堅め、コンクリートを打ち、その上に石を据える。亀腹の根板当りは径の1/10ほど首切りし、その根石を2枚にしてから前後に抱合わせる。なお海中に建つ厳島神社の両部鳥居は、単に海中の砂の上に鳥居を組立てて据えたもので、自重で建っている。

ⓘ──山王鳥居

山王鳥居（図5・49）は柱は八ツ中転びで、笠木、島木鼻投墨、その他は稲荷鳥居と同様だが、反り方がやや強く、また鼻の増しも少し大きい。

特徴は笠木の上に破風板の合掌も設け、その頂上に「鳥兜」という木片をのせていることである。貫と島木の間は柱1、2本、額束の見付けは柱の7分、見込み4分取りとし、破風板の下幅は柱の5分、上幅は6分取り、眉は一筋、裏甲見付け破風幅の1/3、幅は柱の6分、上端に2寸勾配の鎬をつける。鳥兜を乗せる笠木の幅は裏甲の2倍に、高さはその2分増、反りと鼻増しをつけ、鼻は3寸返り勾配に切る。柱根元の饅頭形亀腹石は石造または漆喰塗あるいはコンクリート造で、高さは柱径の8/10、上端の直径は柱2本分くらいとする。

ⓙ──三輪鳥居

三輪鳥居（図5・50）は奈良県三輪の三輪神社にある鳥居である。その形はちょうど門のような格好で、木割は、山王鳥居や両部鳥居に似ている。しかし柱は垂直で、その両脇に脇鳥居（潜り）があり、長押を用いて板戸をもつ例もある。

ⓚ──鳥居門

鳥居門（図5・51）は瑞垣などの出入口に設けられ、各種の鳥居と同様にその形に各種ある。要するに扉のつけられる鳥居といってよい。

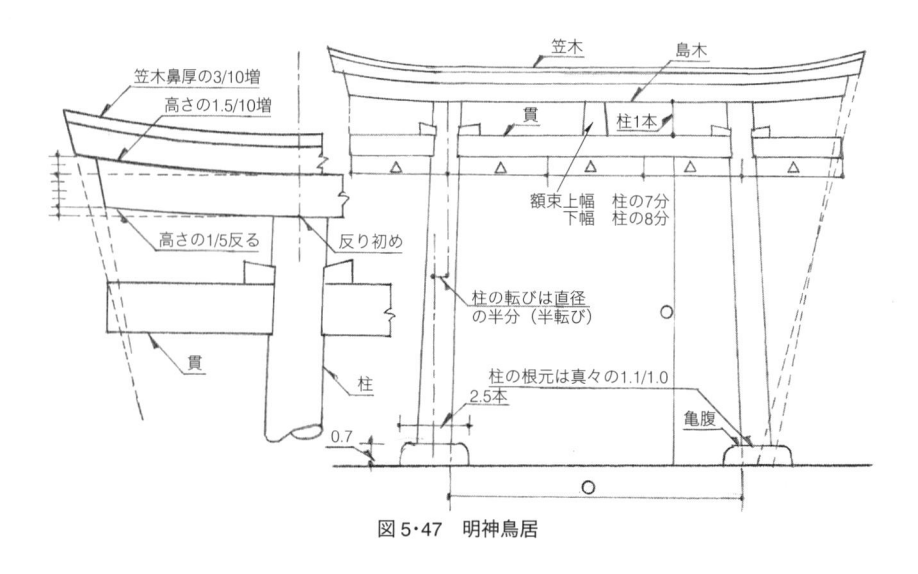

図5・47　明神鳥居

図 5・48　両部鳥居

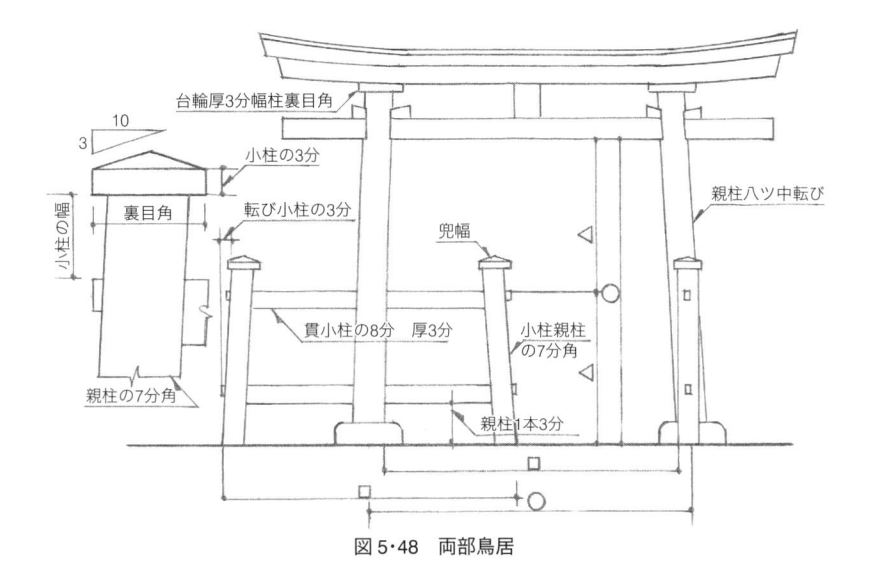

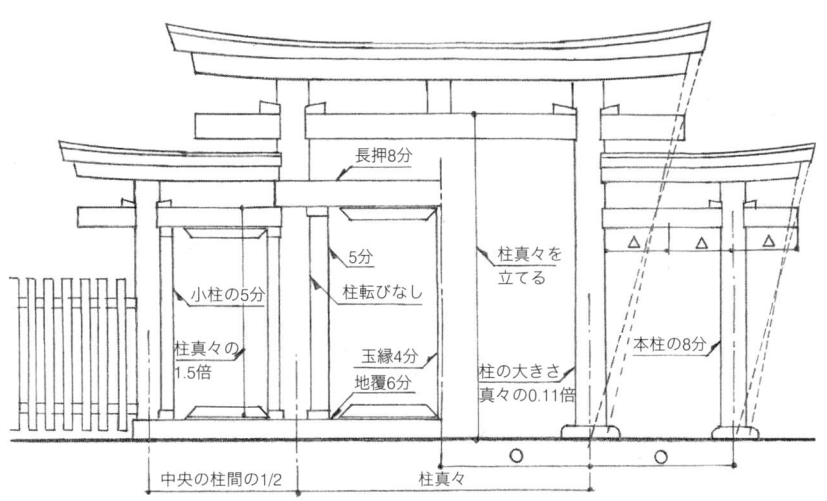

図 5・50　三輪鳥居　書込以外の木割は、神明鳥居と同じ。

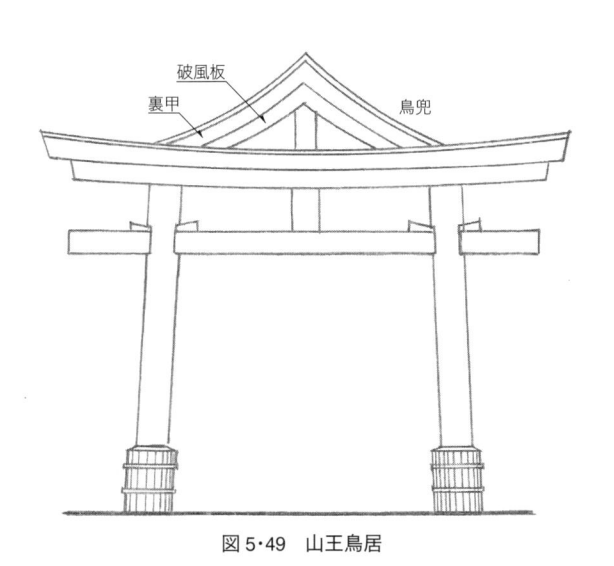

図 5・49　山王鳥居

図 5・51　鳥居門と瑞垣

6 寺院建築

1 寺院建築

　寺院建築を学ぶ場合には、歴史の流れの中でいかに世の中が変化し、その時代の要求によって建物が変化してきたかを把握することが最も大切なことである。

　いいかえると、社会の変化が具象化したものが、その時代の建築であるともいえる。具体的には、環境、宗派によって敷地の状況、建築の様式、手法等が異なり、独特の伝統や相違について知る必要がでてくる。これを学ぶことによって伝統的に積み重ねられた先人の工夫、努力を知ることができ、そのことが明日の建築を作り出す原動力になる。実際の計画に際しては、識見ある僧侶、学識経験者、専門の研究家の意見を広く求め、その時代、慣習、特徴を考慮した上で計画するのがよい。そのことによって建築的知識、教養の水準もあがる。その上で新しい技術や工法、新材料も取り入れて、細部意匠まで慎重に計画することが肝要である。

2 時代ごとにみる伽藍配置と建物の変化

ⓐ——飛鳥時代

　仏教が伝来した飛鳥時代は、競って平地に寺院が建てられたが、仏教が変化するとともに、寺院も少しずつ変化していった。飛鳥寺、四天王寺、川原寺、法隆寺等が代表的な寺院である。この時代で最も重要な対象は塔であったと考えられる。すなわち仏舎利信仰であり、同じ時代でも塔が少しずつ変化していくことが読み取れる。

ⓑ——奈良前期時代(白鳳時代)

　この時代のものであることがはっきりわかる伽藍配置は、薬師寺である。すでに信仰の中心は塔から仏像に移り、塔は寺院の付属建築物で、寺の存在を現すものとなっている。

ⓒ——奈良後期時代(天平時代)

　平城京遷都の際、前時代の寺々を都に移転させ、さらに多くの寺院が建てられた。しかし塔の存在の意味はさらに薄れ、主要伽藍の内部ではなく、外に出されていく。この時代の宗派はいわゆる南都六宗といわれた「三論」「法相」「華厳」「律」「倶舎」「成実」であった。前の三宗が大乗教、後の三宗が小乗教である(図6・1)。

ⓓ——平安前期時代(弘仁貞観時代)

　奈良の仏教の横暴は政治にまで介入し、それを嫌った桓武天皇は、平安遷都を決行した際、奈良の寺院の移転は行わなかった。新しく登場した天台、真言の二宗を採用したのである。その結果、都には東寺と西寺の二寺しかなくなった。この宗派は平地の生活を嫌い、山の中に寺院をつくったので、山岳密教と呼ばれた。山岳密教は、山中の平らな土地に建物を建てていくことから、整然とした伽藍配置はなくなってしまった(図6・2)。また真言宗では、最も大切な建物として根本大塔が登場する。

ⓔ——平安後期時代(藤原時代)

　この時代の始めは、一般に菅原道真の遣唐使の廃止(894年、寛平6年)とされている。以後平清盛が南宋と貿易を開始するまで、約270年間は大陸と国交がなかった。これは江戸時代の鎖国より長い期間である。世は貴族文化全盛の華やかな時代とされているが、一方では末世(釈迦の教えが守られなくなり、世の末という時代)で、人々は死後の世界、末世の極楽浄土にいくことを願って阿弥陀仏、浄土教が信仰され、有力者は競って阿弥陀堂と池を中心とした伽藍を建築した。この時代までの様式を、一般的に和様という。

ⓕ——鎌倉時代

　この時代に入る直前の1180(治承4)年に南都に侵入した平重衡の軍勢によって、東大寺、興福寺は焼き払われた。この東大寺再建のために俊乗坊重源によって編み出された様式を大仏様(古くは天竺様といわれた)という。

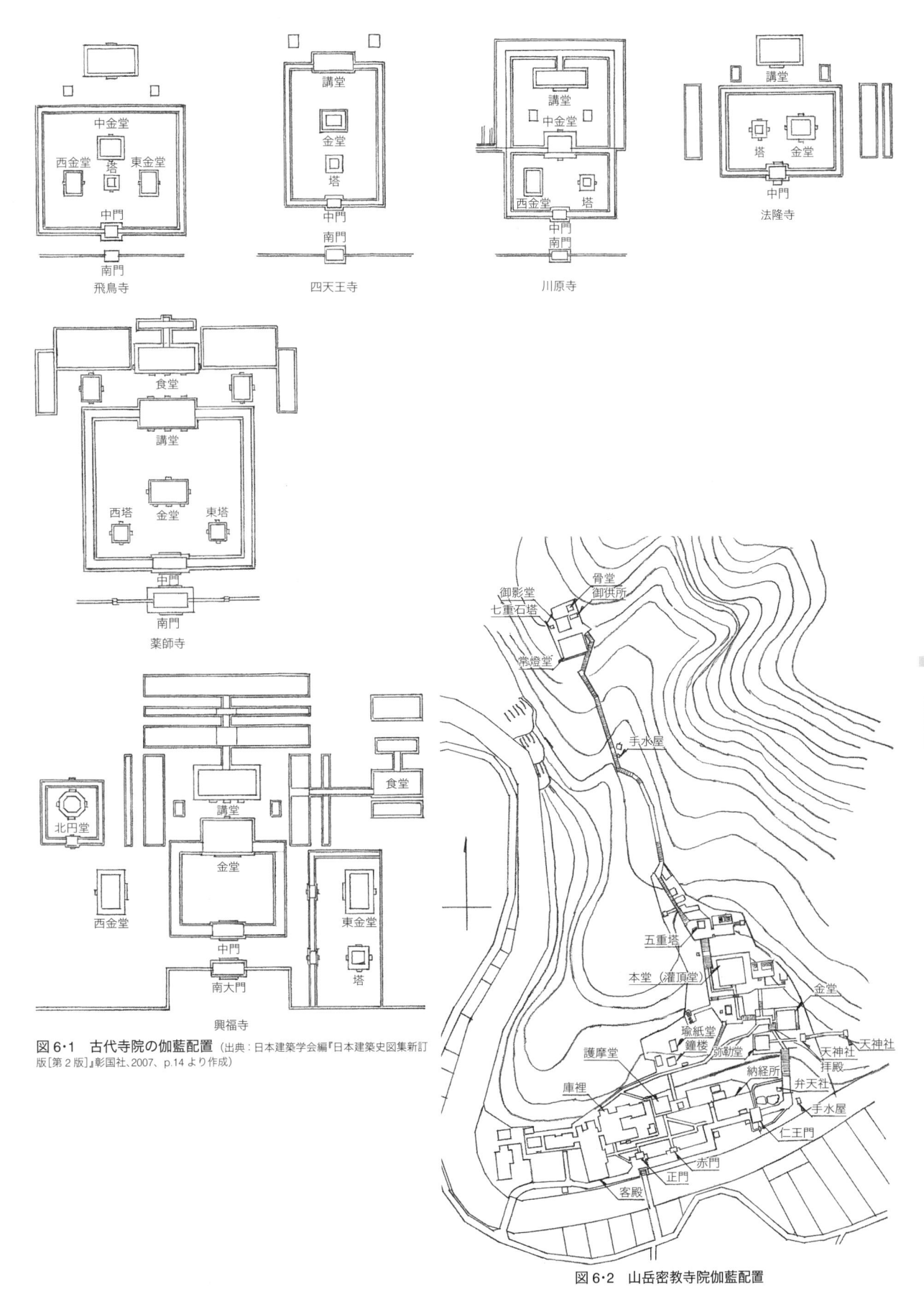

図 6・1　古代寺院の伽藍配置 (出典：日本建築学会編『日本建築史図集新訂版[第 2 版]』彰国社、2007、p.14 より作成)

図 6・2　山岳密教寺院伽藍配置

また、やや遅れて僧栄西によって、南宋から新しい宗教、禅宗が入ってきた。この新しい宗教のための建築は、今までのものと異なることから禅宗様（古くは唐様といわれた）と呼ばれ、禅宗様伽藍配置（図6・3）が完成する。それまでの建築様式（和様）は、鎖国時代の公家による繊細で優雅な建物であったが、政治を行う武士好みの、質実剛健な建築にするために、奈良時代の建築をモデルに建てていったものを特に鎌倉和様と呼んでいる。

時代を代表する三つの様式（和様、大仏様、禅宗様、表6・1）は、時代が降ると混ざり合っていく。このようにしてできた建物を折衷様という。

一方、庶民のために新しい宗教である浄土宗、浄土真宗、日蓮宗等が勃興し、建物に多くの人々を収容しなければならないという必然性から、双堂形式の平面形を一つの大きな屋根の中に納める本堂が出現する。この内部は内陣と外陣に分かれるのが普通で、その過程は当麻寺曼荼羅堂（奈良県）や長寿寺本堂（滋賀県）、その他に見ることができる。

g──室町時代

前時代を踏襲しつつも、室町時代には重層楼、三層楼が出現し、お茶の普及により建築も大きく変化した。人々は前時代に輸入された禅宗の三門（三解脱門）の上層で仏事が行われることで、初めて上からみる景色を体験し、三層楼、重層楼を作るようになった。現存するものとして金閣（鹿苑寺舎利殿）（図6・4）、銀閣（慈照寺観音殿）があるが、当時他にも多くの建物が建てられた。

また前時代に栄西によって中国からもたらされたお茶は、この時代に普及し、茶を楽しむための施設ができた。この時代のお茶は派手なものであったが、村田珠光はこれを嫌って質素な茶の場を展開しようとし、ここに侘茶が生まれた。

h──安土桃山時代

戦国時代ともいう。群雄は戦に明け暮れ、競って城郭をつくった。そして封建制の発展から、その権威を現すために御殿を建て、ここに書院造の完成を見る。前時代に生まれた侘茶は体系化され、独特の空間をつくっていく。寺院は多く戦で失われたが、為政者達が宗教とその信者たちの心を取り込むために再建に努力した。新しい建築として廟建築が発生し、豊国廟はその豪華さ、規模において追随を許さなかったと言われ、次の時代に受け継がれていく。この時代に、現代ある、わが国の地方都市がほとんど形成され、城を中心とした都市計画もなされるようになった。このことから建築の需要は多く、大工の不足を補うための方法として木矩、木割が完成したことも見逃せない。

i──江戸時代

江戸幕府の開幕によってようやく天下は安定し、出城の取壊し等も行われた。廟建築は日光の東照宮や大猷院の過飾的な建築となり、これが廟建築以外にも影響し、幕府は贅沢を戒める禁令を出す等をした。また数寄屋の思想の普及によって、派手で過飾的な建築は姿を消していく。一方、幕府を始め諸大名はその権威を保つための建築として御殿を築いた。書院造を中心に豪華なものができたが、一方でその体制に反発する人々によって数寄屋も隆盛した。

j──明治時代以後

明治維新以後、欧米の文化がわが国に入り、建築材料はれんがが主体となり、組積構造のものが多く生まれた。しかしその建築群は関東大震災で壊滅的な打撃を受け、その後は用いられなくなっていった。

一方、わが国伝統の建築は疎外され、神仏分離令や廃仏毀釈の破壊運動によって多くの文化財が失われたり、海外に流出した。ようやく明治中期になってこれら文化財の保護の必要性が認められるようになり、現在の文化財保護法（昭和25年）につながっている。

3　寺院の各建築

a──総門、南大門

寺院は、事情が許すかぎり南面して建てられる。寺域の南に入口をもつのが正式で、南の端に建てられ寺境の門となるものが南大門（図6・5、6）であり、禅宗様では総門といわれている。形は宗派、規模、時代によって多少異なるが、一般的に単層入母屋の八脚門（図6・7）または四脚門が多い。

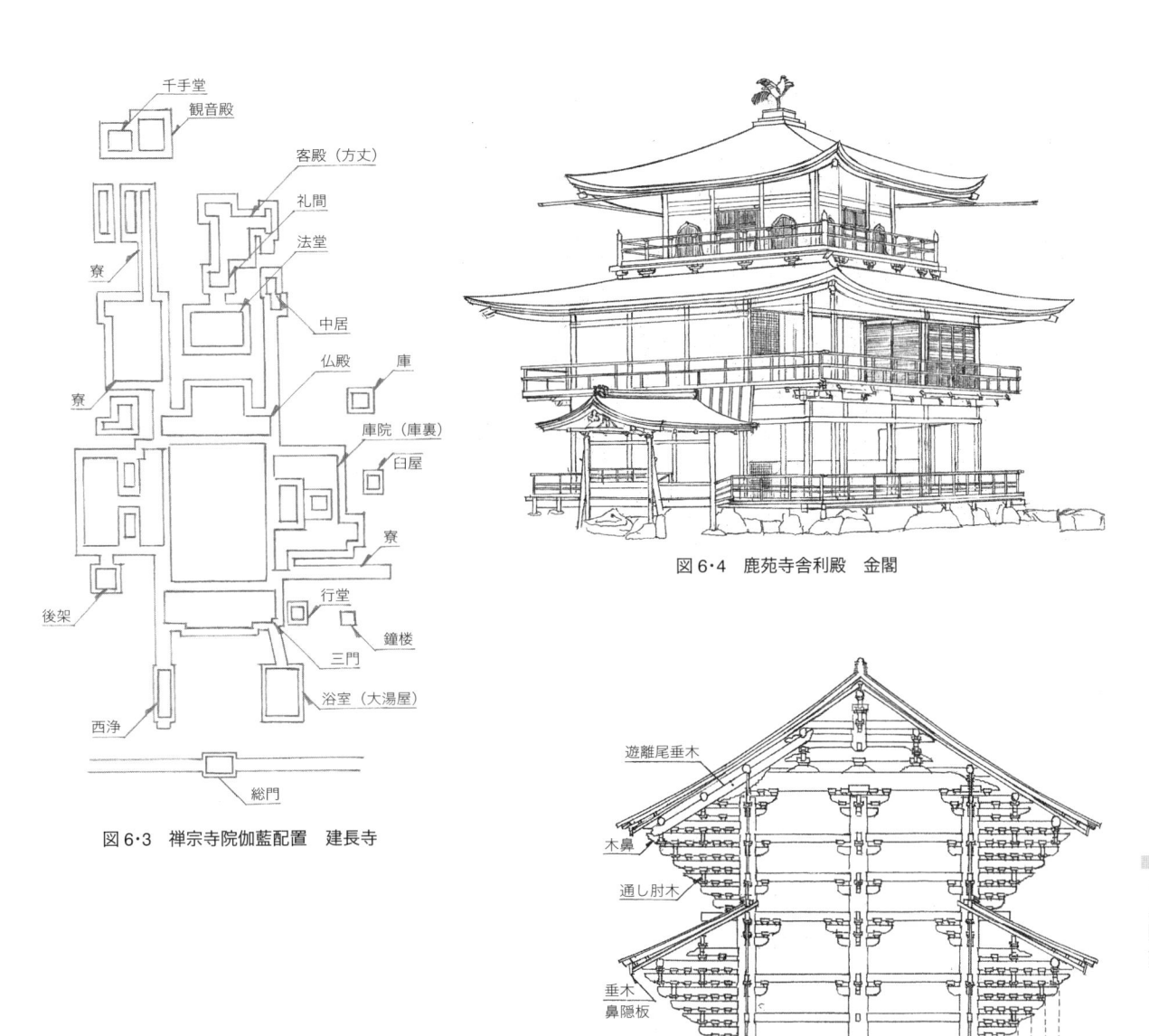

図 6·3　禅宗寺院伽藍配置　建長寺

図 6·4　鹿苑寺舎利殿　金閣

図 6·5　大仏様の重層南大門断面図　東大寺 (出典：天沼俊一『日本古建築提要』河原書店、1948、p.339)

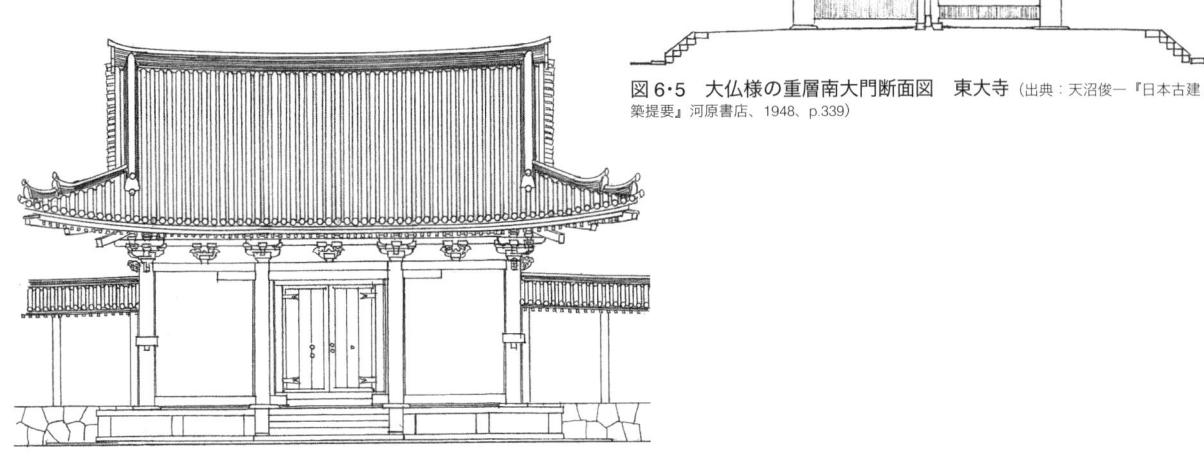

図 6·7　単層入母屋南大門　法隆寺 (出典：奈良六大寺大観刊行会編『奈良六大寺大観　法隆寺一』岩波書店、1972、p.82)

図 6・6　大仏様の重層南大門正面図　東大寺（出典：天沼俊一『日本古建築提要』河原書店、1948、p.340）

表 6・1　和様、大仏様、禅宗様の比較

	柱基部	柱	組物	尾垂木	支輪	中備	虹梁
和様	礎石の上にすぐ柱が建つ	円柱は、円筒形	組物は大斗から上に始まり、肘木下部曲線は、滑らかな曲線	奈良時代の形に反りと増がつく	伝統的な蛇腹支輪	間斗束、蟇股の他、花肘木になることもある	伝統的な梯形断面で「眉」も「袖切」もなかったが、鎌倉時代以後付くようになり、鯖尾も顕著になる
大仏様	礎石の上にすぐ柱が建つ	円柱で、上部は多少細くなっているが、目立たない	肘木下部曲線は和様に似る。肘木は柱に挿し込む挿肘木で、前後に広がるが横に出ない。斗尻に独特の繰形があり、斗の位置の揃わないこともある	組物が横に出ない挿肘木なので、尾垂木は組込めず、柱の間の遊離尾垂木となる	軒支輪はない	特にないが、遊離尾垂木の入るところに支点になる蟇股様の木が入る	太い円断面の虹梁で、両端を細くして柱に挿し込んで納め、下部に錫杖彫りを施す
禅宗様	礎石の上、柱との間に礎盤が入る	円柱で、上部と下部が細い。これを「粽」という	肘木下部曲線は円弧、又はそれに近い曲線である、組物は大斗から始まる	尾垂木の先端が細くなり、上部に鎬（しのぎ）がつく	組物が「詰組」になるので、蛇腹支輪は取付け難く、また目立たないので板支輪となる	柱上の組物と同じ組物が柱と柱の間に2〜3組入り、軒下を組物で充される。これを「詰組」という	袖切り、眉、錫杖彫りが施される、海老虹梁はこの様式から始まる

	束	垂木	木鼻	床	天井	扉窓	彩色
和様	方形断面の伝統的な束が多い	二軒が多いが地垂木飛檐垂木とも、角の繁垂木である	特に頭貫の端が柱から出た所に繰形を付けるが鎌倉時代以前にはなかった	床を貼る場合（拭板敷き）と、そうでない土間の場合がある	組入天井や小組折上天井が多いが、化粧屋根裏もある	扉は板戸で、八双金物や饅頭金物が付く。窓は連子窓がほとんどである	外部は丹塗だが、内部は極彩色で飾る
大仏様	円形断面でかなり太短い感じのする束が使われる	すべて一軒で、建物の出隅は扇垂木となる。垂木木端に鼻隠板を打つ	頭貫、地貫の柱から出た所に繰形を付けるが、形が付けられるものの、彫刻はない	床は貼る（拭板敷き）。一部貼らないものもある	天井はすべて化粧屋根裏。特に貼ることはない	どのような建具だったか定かでない。桟唐戸に似ていたと推測できる。藁座で吊る	内外部とも、丹、黄土、緑青、胡粉等で彩色されるが、紋様、絵画はない
禅宗様	化粧束として、上部は幅が広く、下部が細くなる円形断面の大瓶束が多い	二軒で垂木角。重層の建物のときは、上層の建物の中心から扇垂木、下層出隅が扇垂木となる	頭貫端、その他の木端に繰形が付けられ、拳鼻、象鼻といわれ彫刻されている	床は貼らない。床の土間は、敷瓦の四半敷が多く、布に敷くこともある	建物の中心部分は鏡天井で、その他は化粧屋根裏である	出入口、窓とも上部に独特の曲線が用いられ、これを「花頭縁」「花頭窓」と呼ぶ。建具は桟唐戸で藁座で吊る	三門上層は極彩色で飾られるが、他は木口のみ胡粉で白く塗り、他は素木で原則的に彩色しない

ⓑ──三門、中門

　寺院の主要伽藍に入る門で、ここから回廊が主要伽藍を囲むように延びていく。禅宗様以外のこのような門を中門といい、一般的に重層入母屋本瓦葺で、桁行5間、梁間2間、3戸（1戸は、出入りできる大きさで、普通両開き扉の意）のものである。禅宗様ではこの部分に三門（図6・8）（三解脱門、すなわち空、無相、無作の意味）が建てられる。この門の形式も普通桁行5間、梁間2間、重層入母屋本瓦葺で、中門とよく似ているが、上層で仏事が行われる関係上、上層に登る階段として山廊が左右につく。中小寺院の場合は単層切妻の八脚門か、四脚門になる時が多い。時代が降ると、楼門の形式（重層だが下に屋根がなく、バルコニーがつく形式）のものもできてくる。いずれの形式でも両脇柱間に金剛力士像を安置したものを仁王門と呼ぶこともある。三門とよく混同される山門は、山岳密教等の整然とした伽藍配置を持たない寺院の門によく用いられる門の呼称で、またお寺の山号による門という意味で用いられることが多い。

ⓒ──回廊

　回廊は中門の両脇より出て、主要伽藍を囲むように巡るもので、上代では多く採用されたが時代が降るに従って、築地塀や土塀に変化する。回廊は荘厳な儀式の時、僧侶が正装して行道するのに必要な建物である。

　回廊には単廊と複廊がある。梁間1間のものが単廊（図6・9）、2間のものを複廊と呼ぶ。複廊の場合は、梁間中央が間仕切となる。間仕切は一般に連子窓がつけられ、他の面は吹き放しの独立した柱が並ぶ。屋根は単層長棟となり、内部天井は化粧屋根裏で丹塗りされている場合もある。一般に単廊が多く、複廊には京都御所紫宸殿前の回廊や延暦寺根本中堂のものがある。

ⓓ──鐘楼

　鐘楼は鐘を突くための施設で、音が遠くまで届くように工夫されたものである。回廊のある寺院では、一部を高くして回廊の屋根の上に出るような位置に設けている。また回廊に組込まれたものと独立したものがある。独立したものは二階建のようにして上部に鐘を吊り、建物周囲を連子窓として外部に高欄付の露台を巡らせる。階下は出入口以外は塗壁で、これに袴腰板貼にしたものもあり、このような鐘楼を「袴腰付鐘楼」（図6・10）という。下部袴腰は下部に開いていくが、この面に反りの少ないほど、古式であるといわれている。

　四周に石垣を巡らせた基壇上に4本の柱を外側に踏張らせて建て（四方転びという）、壁をつけず、重い屋根や鐘を支える鐘楼を「吹き放し鐘楼」（図6・11）という。これには特に風圧や地震に耐える工夫が大切である。このような吹き放し鐘楼の最も古いものとして、東大寺の鐘楼（鎌倉時代）がある。

　鼓楼とは鐘の代りに太鼓を打つための楼閣で、古代にはよく用いられたが、現在ではあまり用いられなくなっている。形式は鐘楼に準じる。

ⓔ──経蔵

　経蔵とは経巻を収納する建物である。建物の形には種々あるが、配置は鐘楼の対面に位置する場合が多い。近世の経蔵の中には、収納しておく棚全体が回転する輪蔵形式といわれるものもある。

ⓕ──金堂

　金堂（図6・12）は南都六宗、天台宗、真言宗の伽藍の中で、本尊を安置する建築物である。天台宗の場合、根本中堂と呼ばれることもある。金堂は、壇上積みの基壇に建ち、大きさは桁行3間、梁間2間から、桁行11間、梁間6間まで種々あるが、桁行7間、梁間4間のものが最も多い。一般に桁行方向は奇数で、梁間方向が偶数で長方形平面になる。禅宗様ではこの中心的建物を仏殿といい、桁行5間、梁間5間の方形のものが多い。

　一般に金堂の屋根は本瓦葺、桟瓦葺、桧皮葺、柿葺等で単層（平屋）または重層（二重屋根）である。屋根の形は、四柱（寄棟）か入母屋の反りのある屋根である。入母屋の場合、妻飾りは古いものは豕扠首、中世以後は大虹梁大瓶束形式のものが多い。内部は床を貼らず、板石または敷瓦の土間とし、中央に須弥壇を設けて本尊や脇士、その他関係仏像を安置する。

図 6・8　三門山廊付きの立面図

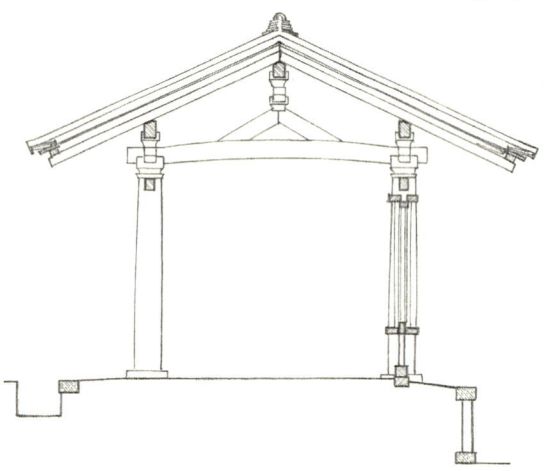

図 6・9　回廊断面図　法隆寺西院 (出典：天沼俊一『日本古建築提要』河原書店、1948、p.278)

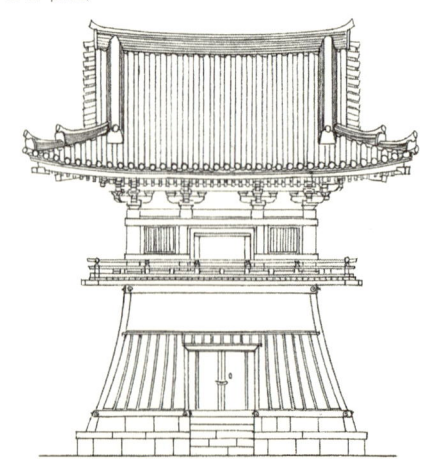

図 6・10　袴腰付鐘楼正面図　法隆寺東院 (出典：奈良六大寺大観刊行会編『奈良六大寺大観　法隆寺五』岩波書店、1971、p.29)

図 6・11　吹き放し鐘楼

立面図

平面図

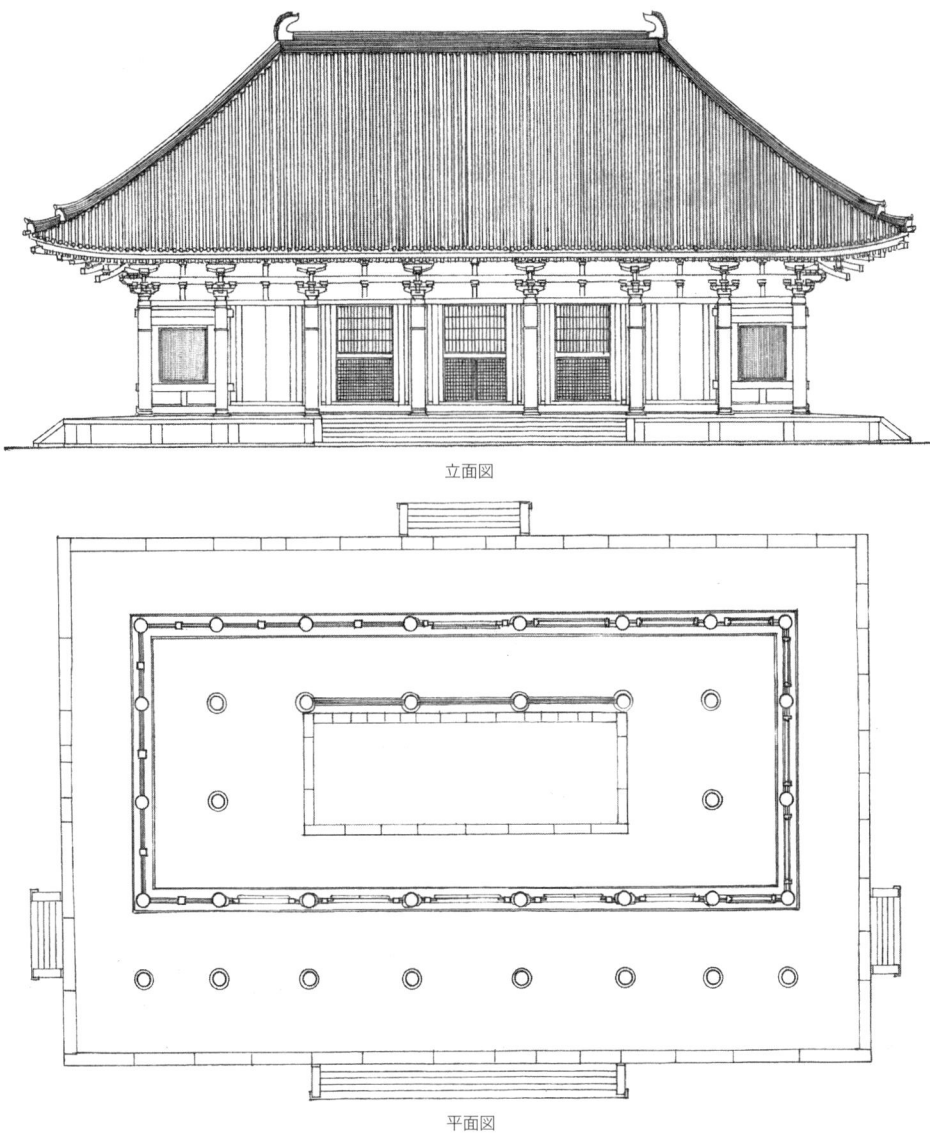

図6・12　古代金堂 (出典:天沼俊一『日本古建築提要』河原書店、1948、p.289)

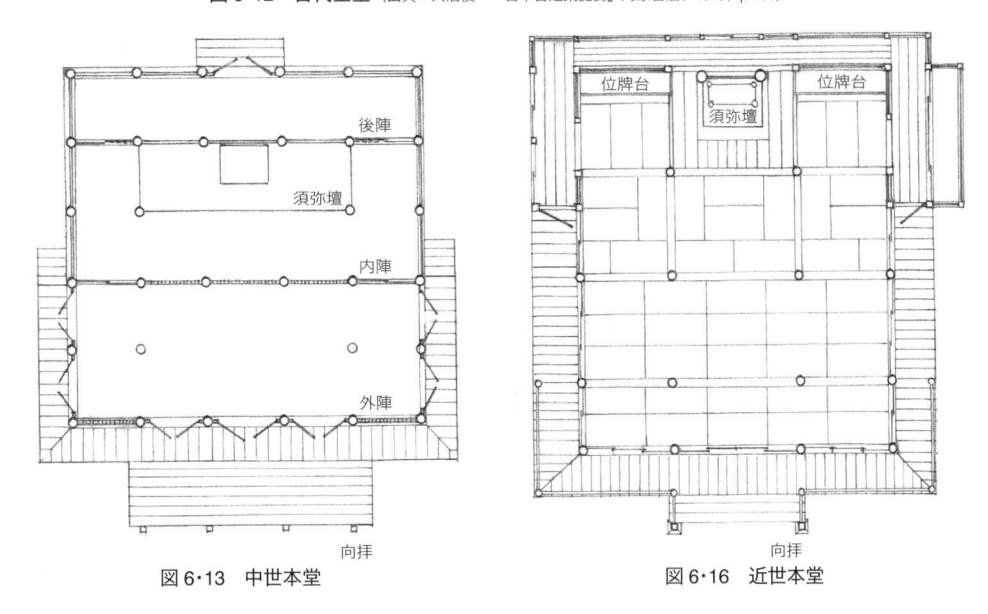

後陣
須弥壇
内陣
外陣

向拝

図6・13　中世本堂

位牌台　須弥壇　位牌台

向拝

図6・16　近世本堂

窓は連子窓によって採光通風を行い、壁には仏画を描くこともある。出入口は南面を主とし、中世以前は板扉を設け、中世以後は桟唐戸を吊り込み、他に東西南北にも出入口を設ける。ただし須弥壇が後壁（北）に接する時は出入口は設けない。内部天井は折上格天井、格天井、小組格天井とし、本尊の上部に天蓋を降ろす。禅宗様の場合は仏殿というが、中央は平らな鏡天井、他は化粧屋根裏である。禅宗様は素木のまま木口のみ胡粉（白）塗とする。禅宗様以外の金堂は極彩色で彩色する。

g ── 本堂

浄土宗、浄土真宗、法華宗（日蓮宗）または系統様式を持たない寺院では、本尊を安置している堂宇を本堂という。本堂（図6・13）は、信者が1人でも多く入れるようにという要求から、双堂（ならびどう）形式の建物を一つの大きな屋根に収容したものである。その結果、床は土間とせず拭板敷き（ぬぐいいたじ）で、外陣は畳敷き（時には拭板敷き）が多い。内部は初期には双堂の面影を残し、内外陣に分かれ、この内外陣境には柱列を通して扉、格子戸、障子等を入れ、上部には菱格子欄間等を入れて仕切る。内陣はだいたい三つに分かれ、中央に須弥壇を置いて仏像を安置し、左右は祖師堂や太子像等の関係諸仏を安置する。

本堂屋根は、本瓦葺（桟瓦葺）、桧皮葺、銅板葺が多く、単層入母屋または四注（寄棟）の反りを持つ。建物周囲から三方に切目縁を巡らすが、後には高欄付のものも出てくる。正面向拝の石敷の部分から、階（きざはし）（木製）により縁にのぼる。左右両側面に明障子、夜間閉扉のため両開き扉を吊り込む。

禅宗様を除いて、鎌倉時代以後は本堂形式が多く用いられたが、それ以前は金堂がその役を果たした。前述の双堂の機能に大きな屋根を架けた本堂の一例として、西明寺本堂（図6・14、15）（滋賀県）を挙げておく。この堂は桁行7間、梁間7間、単層入母屋桧皮葺の建物で、前面に向拝をつけ、西面して建つ。前面から奥行3間を外陣とし、その奥2間を内陣、さらにその奥2間を後陣とする。内陣中央の間口3間奥行1間を須弥壇とし、この内陣部分の天井は化粧屋根裏、外陣天井は前面1間化粧屋根裏、奥2間は小組格天井で、床は内外陣とも拭板敷きである。外陣も本来板敷きだが、中央間口5間、奥行2間は畳敷きになっている。内外陣境は下部引違い格子戸、上部菱格子吹寄せ欄間になっている。正面建具は揚げ蔀戸（しとみど）、正面および側面奥行3間分矩折に切目縁がつき、向拝部分から階（きざはし）7級で登高欄付である。向拝部分は室町初期といわれているが、小屋裏に初期に計画された小屋組の一部が残されており、双堂に大きな屋根を架けた本堂の初期のものであることがわかる。その後、時代の要求とともに、内陣、後陣の奥行が狭められ外陣が大きくなり、この形式の本堂はさらに多くの人を収容できるようになっていったのである（図6・16）。禅宗様では仏殿といわれている（図6・17）。

h ── 塔婆

塔のことを塔婆ともいう。墓参りの時に新しく戒名等を書いて持参する木の札のことを卒塔婆（そとうば）というが、墓を現わしたものである。インドのサンチー（Sanchi）にある釈迦の墓とされる円墳は、スツーパ（stupa）といわれ、この転訛したものと考えられる。塔は墓を表わし、塔のどこかに仏舎利が奉安されて、初期の仏教では最も重要な建物で、遠くからも拝礼できる施設であった。時代が降るとともにその重要性は薄れ、鎌倉時代以降の新興仏教では必要のないものとして、新しく建てられることは少なくなった。

塔婆は、三、五、七、九、十三など多層建築である。なお平安前期時代、密教に採用された多宝塔はその発生と意味が塔婆と多少異なるので、後述する。

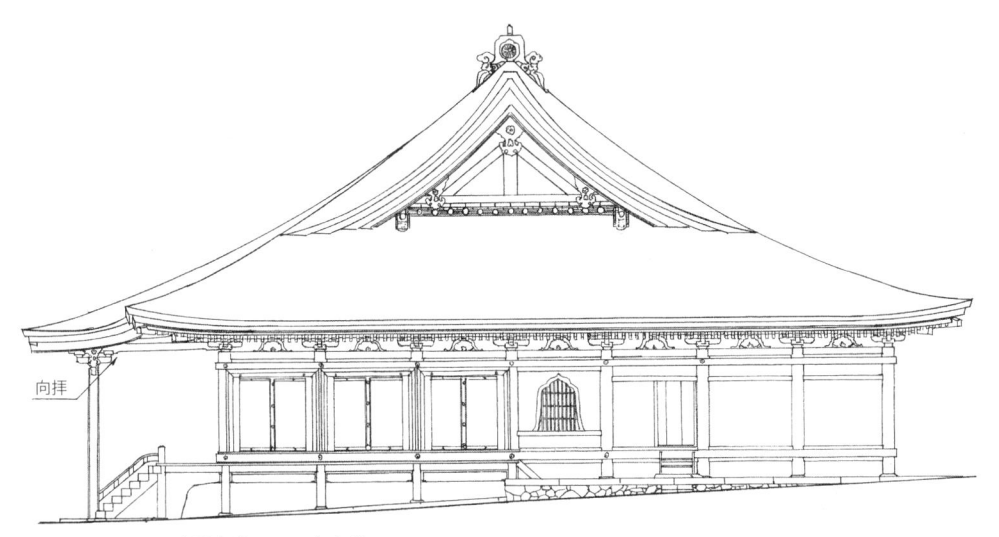

図 6・14　中世本堂　西明寺本堂（出典：『國寶西明寺本堂及塔婆修理工事報告（復刻版）』二二　西明寺本堂側面図）

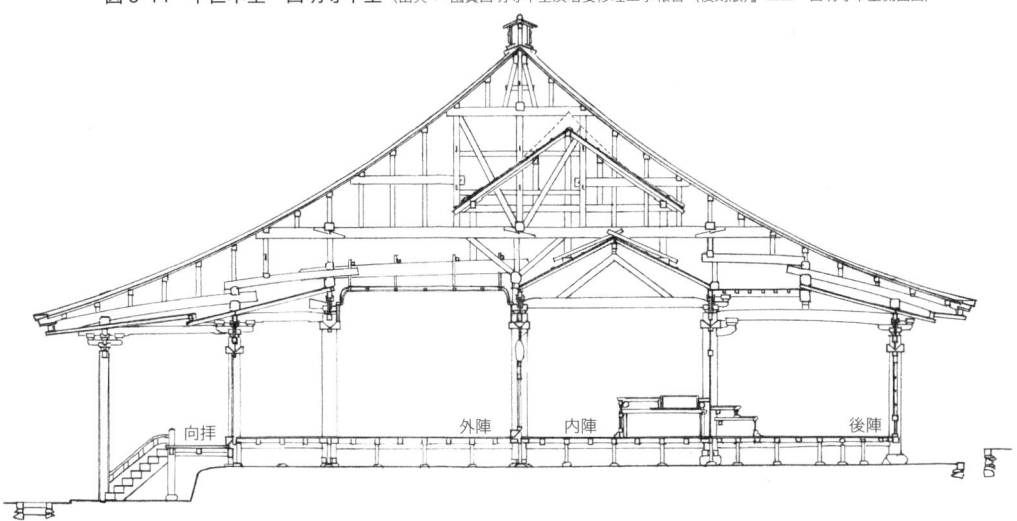

図 6・15　中世本堂の断面図　西明寺　建設途中の変更が窺われる（出典：同上、二三　西明寺本堂縦断面図）

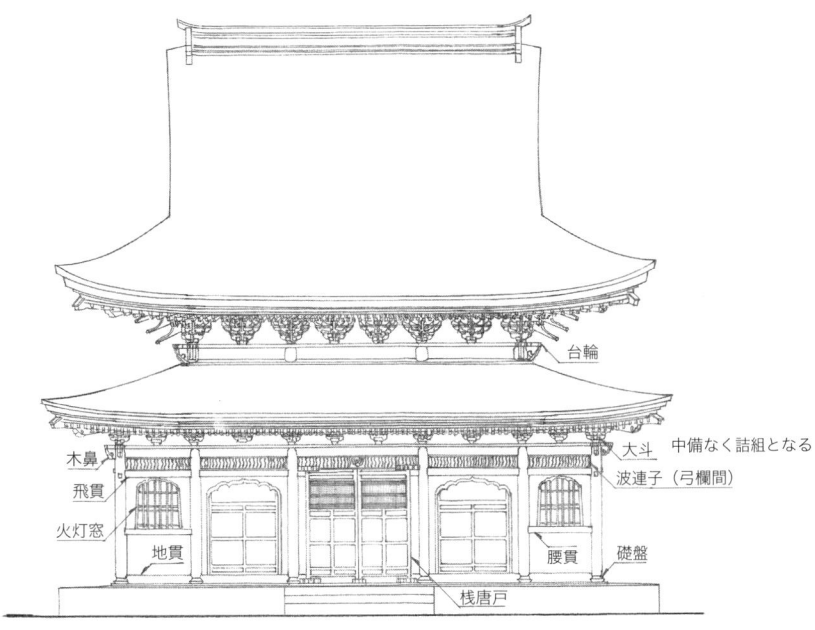

図 6・17　禅宗様仏殿　円覚寺舎利殿（出典：天沼俊一『日本古建築提要』河原書店、1948、p.334）

1 ◆ 五重塔

　五重塔は壇上積み、あるいは石積みの基壇の上に建ち、方3間、五層、屋根葺材料は本瓦または桧皮で、銅板葺もある。中心の心柱は礎石より頂上まで貫くのが一般的だが、中には2層目床より頂上までで、初層に心柱のないものもある（海住山寺五重塔、京都市）。この心柱を囲むように建つ4本の柱を四天柱という。初層中央各面に扉を開き、古い塔の内部では釈迦八相の物語が塑像でつくられている（法隆寺、薬師寺のみ。薬師寺のものは現存しない）。他の塔では須弥壇を築き、仏像を安置している。最上層の屋根の形はいずれも方形で、その上に露盤を据え、伏鉢を伏せ、その上に請花（受花八弁）を開く。請花のないものもあり、これに代るものを平頭といってインドのものに近く、古式とされている。中心から高く延ばした心柱（刹）を軸として宝輪（相輪、九輪ともいう。当麻寺の東西塔には八輪しかないが、これは例外だと思われる）を上げ、その上に水煙をつける。水煙の上は龍車、最上部が宝珠である。最上層の屋根以外の屋根も方形で、葺止めのところに高欄付の切目縁を巡らし、壁面中央に出入口を設ける。各層とも隅木鼻に風鐸を掛ける（カバーソデ参照）。

　塔が初層から上層にかけて平面が小さくなっていくことを「逓減する」といい、この比率のことを逓減率という。逓減率が大きいものほど古く、法隆寺の五重塔は最上層で小さくなりすぎて方2間になっている。その他、時代や建てられた時の事情等により、すべての五重塔がそれぞれ特徴を持っていることは興味深いことである（図6・18）。

2 ◆ 多宝塔

　多宝塔の原点は、密教で最も重要な根本大塔（図6・19）であった。大塔とはいかなる塔か、判明しているのは丸い平面形に四角い屋根というだけで、種々議論もあり、一時単層の宝塔や瑜祇塔（図6・20）ではないかとされていた。

　一方、古くから大塔と呼ばれていた大伝法院の多宝塔（根来寺の大塔、和歌山県）は、下層平面四天柱の周囲に12本の円柱が円形に建てられており、その外側を正方形の裳階（庇）が方柱（角柱）で囲んでいるというものである。上層は当然円形平面で屋根は方形となっている。1515（永正12）年の建立ではあるが、これこそ正しく大塔ではないか、ということからこの塔を参考に1936（昭和11）年に高野山の根本大塔が建設された。

　丸い平面形は、工作が非常に難しい。たとえば敷居鴨居も円弧に作らなければならず、障子も円弧に納めなければならない。そのことから円形の身舎の部分を省いて、裳階の部分の柱を円柱にして建てられたのが多宝塔であると考えられている。一般の多宝塔は重層で上層屋根方形、露盤、伏鉢、請花、相伝、宝珠を置くが、水煙はない。上層平面円形で下層屋根の間に亀腹状の土塗部分が出ている。下層屋根方形、下層平面方3間、各面中央に扉を開き、四周切目縁を巡らしたもので、縁には高欄のつくものとつかないものがある。

i —— 講堂

　講堂は南都六宗と天台、真言の八宗時代に別棟として建てられ、仏説を講義し法讃講式の仏儀を行った建物である。古代の講堂は壇上積みの基壇に建ち、長方形の平面で、正面に扉を開いており、単層入母屋本瓦葺で、細部は金堂より一段格の下がったものとなっている。新しい宗教では、金堂と講堂を兼ねて本堂にしたと考えられている。禅宗では、この講堂によく似た機能を持つ建物を法堂と呼ぶ。

j —— 宝蔵

　宝蔵は主として寺宝、経典、古文書、記録等を収容保存するために建てられたもので、経典だけを保存する建物は経蔵と呼ばれている。古代の宝蔵はいわゆる「校倉」（図6・21）という井籠組の壁体だけで屋根を支え、高い吹き通しの床束の上にこれを組み上げ、明り窓を用いずにただ1カ所の出入口を設ける。屋根は方形または四注（寄棟）本瓦葺、天井は化粧屋根裏、内部壁面は板貼である。外面は凸凹に作り、木材の伸縮性を利用して室内空気の乾湿を自然に調整し、保存物に支障のないものにしている。後世の学者が、今なお思い至らない微妙な工夫がある。またこの校倉造はわが国の建築の中で唯一の組積構造である。後世には市街地が寺域に接近したため、防火の必要から土蔵に変化していった。

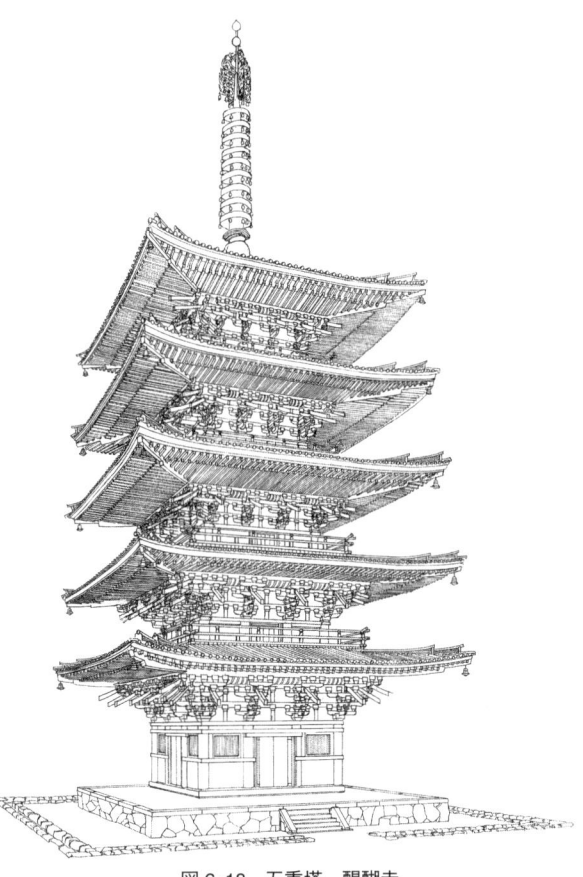

図6・18　五重塔　醍醐寺

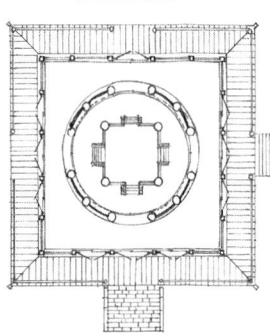

図6・19　大伝法院の多宝塔（根来寺）
（出典：天沼俊一『日本古建築提要』河原書店、1948、p.357）

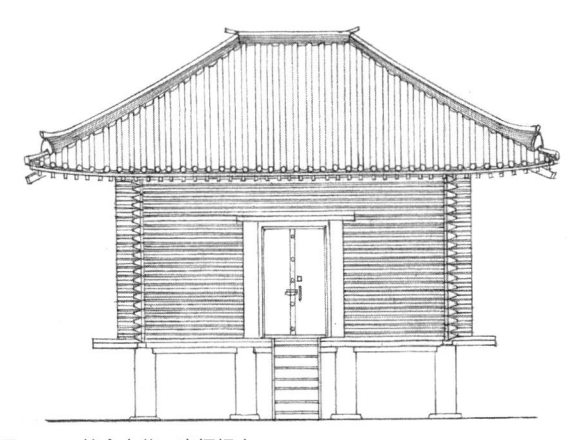

図6・21　校倉宝蔵　唐招提寺 （出典：木造建築研究フォラム『図説木造建築事典（実例編）』学芸出版社、1995、p.18）

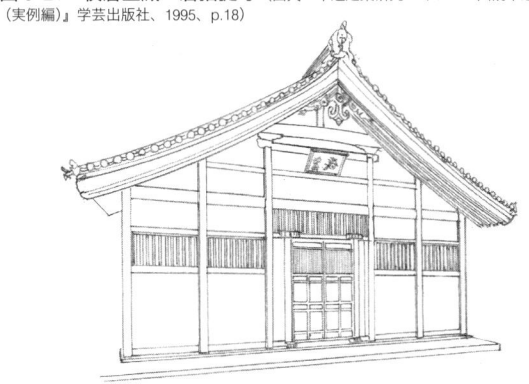

図6・22　浴室　大徳寺

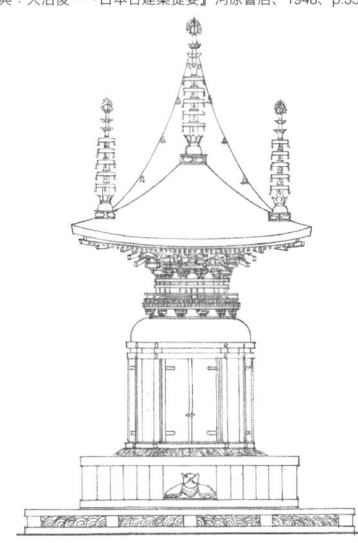

図6・20　高野山根本瑜祇塔復原図
（出典：天沼俊一『日本古建築提要』河原書店、1948、p.299）

k──その他の諸堂

その他、宗派や寺格などによって、それぞれ特殊な建築が建てられた。たとえば六宗の寺院では三面僧房、食堂、浴室（図6・22）など、天台宗では戒壇院、文殊堂、法華堂、常行念仏堂、相輪橖、真言宗では灌頂堂、大師堂など、浄土宗では祖師堂、阿弥陀堂、太子堂、茶所、法華宗では祖師堂、太子堂、釈迦堂、禅宗では禅堂、開山堂、食堂、浴室、東司（便所のこと、図6・23）などあって、七堂伽藍（悉堂伽藍）といっても各宗で異なる。

l──塔頭

塔頭は、禅宗寺院で老僧の隠居所として建てられた。塔頭内部の方丈は仏事を行う場だが、後に住宅の平面に多大な影響を与えた。平面は六ツ目プランといって建物を前後に分け、それを3等分したものである。室町時代の幕府の会所等を見ると機能こそ違え、平面形はよく似ている。

4　堂塔の基礎回り

a──基礎

寺院建築は、普通の住宅建築よりはるかに大きく重い建築であることから、古来よりその基礎については、慎重に考えられてきた。古くは、大きな建物の時は、版築（またはばんちく）という方法が行われた。これは一種の地盤改良で、そのまま基壇上部まで行い、その上に礎石を置いた。また以前は、まず地突き（土を真棒胴突で突き締めること）を入念にして、玉石あるいは、間知石を突込み、その上に、大礎石を突き込んだ。現在では、割栗地業の上にコンクリートを打つのが普通で、場合によっては、鉄筋コンクリート造の基礎にするのがよい。

b──礎石

大きな本堂等の主要な柱は、土台を用いず、礎石（地業石）の上に、直接建てる。昔の礎石は、充分に突込んだ玉石の上に自然石を据え、さらにその上から充分に突き固めた。礎石の上端は、柱の木口に合わせて作り出し、柱根元の湿気を防ぐようにしている。古代のものでは、礎石上端に作り出さず、床と面一、同一平面に据え、柱の木口に通気孔を彫り抜いて、柱の根元の湿気の用心をしていた。礎石上端が凸凹している時は、柱の馴染をよくするために、鉛板を挟む等のこともなされた。現在は、礎石をモルタルで据えるのが普通である。壁の下端には、礎石と礎石の間に、狭間石を据えるのが古い手法だが、現今では、布石を敷くようになった（図6・24）。

c──基壇

建物を建てるために、版築等の地盤工事を行い、地表面に出てきた部分を土壇と呼ぶ。土壇が崩れないように排水等を考え、周囲を石等で囲ったものを基壇という。建物の格式の高いものは、その威厳を考えて、壇上積みとする場合が多い。壇上積みは、軒の出の鼻より少し内側に作るが、地覆石、束石、葛石（縁石）を組立てて、羽目石を入れる構造である。壇上積みでない場合は、石垣積み、亀甲積み、玉石積みにしたものもある。いずれの場合も、葛石は用いる。また上端は、外に向かって水垂勾配をつけ、敷瓦、敷石、たたき、モルタル等で仕上げる（図6・25）。

1◆たたき

たたき（三和土と書く）はモルタルが一般化する以前の土間仕上げで、叩き土（花崗岩、安山岩の風化した可溶性珪酸に富む土で、石灰と水を加えて練ると硬化する土）に約倍量の石灰を混ぜて、水と苦汁で練り、厚さ約9cmに塗り、もとの厚み1/3までたたき込む。表面を木鏝で叩いて乾燥させて仕上げる方法である。

叩き土としては、天川土、三州土、深草土が有名で、三州たたきという名もそこからきている。

d──亀腹

建物に縁を巡らす後世の仏堂では、基壇にせず、ただ礎石を高くして、柱の根元を養生する。礎石を保護し、縁の下を隠すために漆喰かモルタルでこの部分を丸く包んでおくことを亀腹（図6・26）という。亀腹は、白いのが普通であるから、漆喰の他、白色セメントモルタルや現場研ぎ人造石（現テラ）などでもよいが、やはり本来は、漆喰を用いる。亀腹を設けた時の建物の周囲は、基壇と同様に外側に向かって水垂勾配をつけ、敷石またはモルタルの叩きとし、その先に縁を設ける。軒落ちとの境に葛石を置き、排水溝を設けるが、この開溝は、軒先の真下に設けるのが常則である。

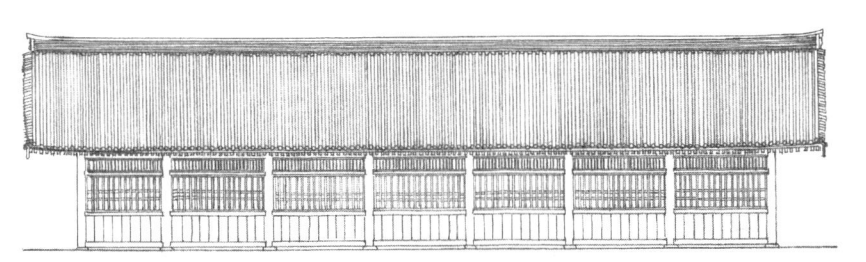

図6・23 東司(西浄) 東福寺 (出典：西澤文隆『日本名建築の美』講談社、1990、p.182)

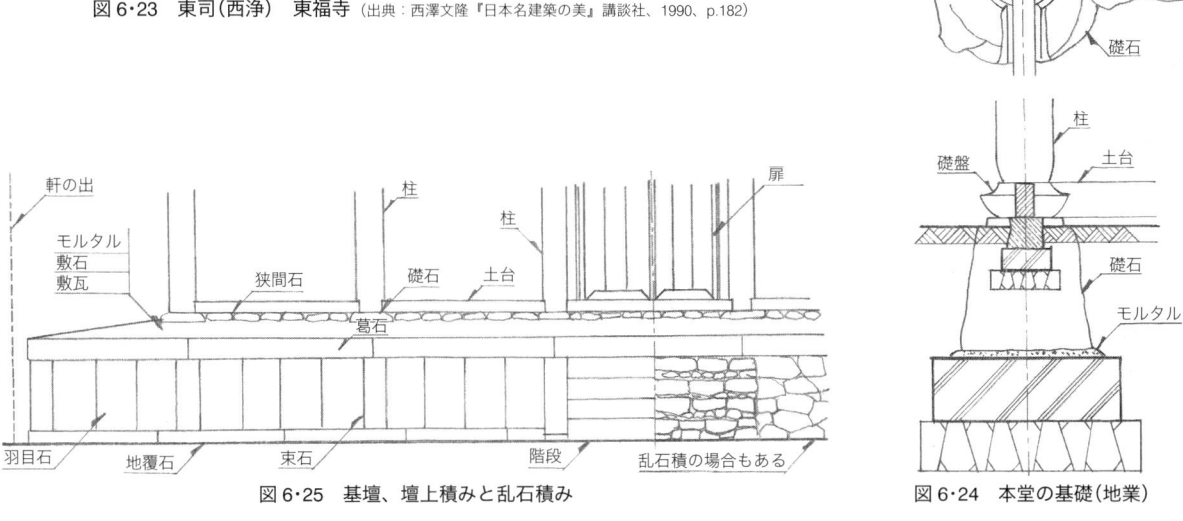

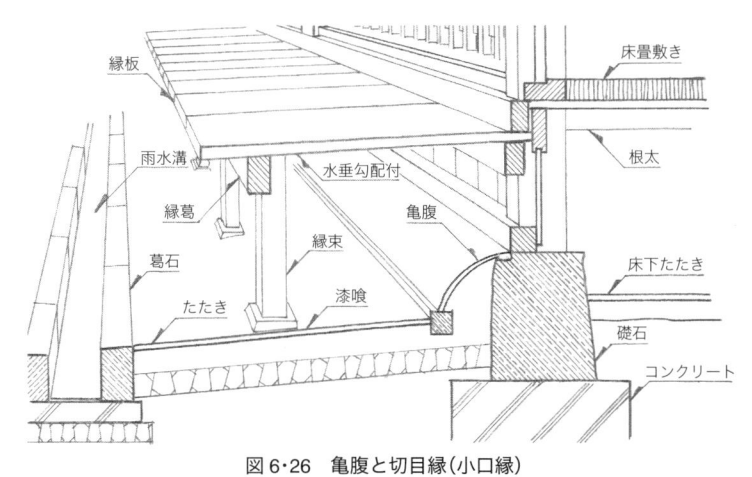

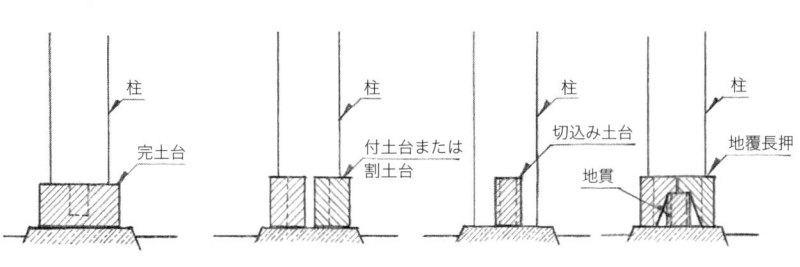

図6・25 基壇、壇上積みと乱石積み

図6・24 本堂の基礎(地業)

図6・26 亀腹と切目縁(小口縁)

図6・27 土台の入れ方

5　本堂の軸組

ⓐ——本堂の根間割

本堂の根間割は、正面を奇数で割り、中央を少し広くする。柱の間隔は、建物によって異なり一定しないが、たいていの場合、左右対称になる。建物の大きさに応じて、1間（約2m）から2間（約4m）の間にする。以前は、側面の柱割りを「面」といっていたが、これは古い記録から、そう呼ぶのではないかという憶測で使われていた。しかし現在では、面というのは、身舎に対する庇の数をいうのだということがわかり、5間4面というのは、正面5間の建物身舎の四周に庇のついている建物を指す。したがって、現在では、桁行7間、梁間4間もしくは、正面7間、側面4間というように表現している。

本堂の平面には種々あり、桁行3間、梁間2間、桁行5間、梁間4間のものから桁行11間、梁間8間といったものもある。江戸時代中期の禁令では、一般の寺院では、本堂正面梁行3間に規制され、その場合両側にそれぞれ1間庇を出すことが許された。したがって、正面5間に見える5間堂が多く作られた。また浄土真宗の別院など階級の高い寺院等では7間堂が作られている。

ⓑ——本堂の柱

柱は、方柱（角柱）、円柱（丸柱）のいずれかが用いられる。たとえば、主要な柱（重い荷重を受ける室内の柱）を、装飾的に、また大衆が密集した場合などを考慮して、円柱とし、周囲の壁付の柱は、壁の構造納まりの点から、方柱にすることが多い。

柱の太さは、柱間の9/100（9分）から11/100（1割1分）くらいが適当で、欅、桧、栂の心持材を用いる。したがって背割（一辺の中央より樹心に達する鋸目を入れて、他の部分の乾燥による割れを防止する方法）を施しておかないと、ひび割れができる。また背割の代わりに「心抜き」（中心に穴を通す）にしてもよい。

ⓒ——軸組

外壁の納まりには、多くの場合、土台、まぐさを用いず、貫、長押を使って組む。すなわち地貫、腰貫、内法貫、飛貫、頭貫を通し、それに内外から地覆長押、内法長押を用いて押える。頭貫の上には、台輪をのせて統一させるために、柱間の連絡を取る。壁は、板壁の場合と、土壁（漆喰壁）の場合とがある。

ⓓ——土台および足元

簡単な構造の場合には、下を切り込み、土台（土台と長押を兼用したもの）として足元をつなぎ、その他は、通し貫にして塗壁仕舞とする。柱頭に舟肘木を用いて、丸桁を受けさせ、軸組にしたものもある。この場合、特に貫を太くして堅固に通しておかないと、後日、建物が傾斜する恐れがある。

土台の種類には、完土台（土台を据えて柱をのせるもの）と付土台、切込み土台がある（図6・27）。完土台にするのは、ごく小さな建築であって、幅は、柱の1割増、高さは、柱の5分取りくらいにする。切り込み土台は、柱に切り込んで取りつける土台で、その外側に地覆長押または付土台を、高さ柱の8分取りとし、柱に襟輪欠ぎを施してボルトで締めつけ、飾金物で化粧する。

ⓔ——貫の種類と大きさ

地貫（切込み土台）、腰貫、内法貫は、いずれも長押によって隠れるが、いずれも堅固に施工することが必要である。飛貫、頭貫は、見え掛り（化粧）になるから意匠的にする必要がある。また頭にかぎって、隅は、木鼻（懸鼻または拳鼻）に出す。頭貫の高さは、柱の7〜8分に、見込みは柱の3分から1/3取りにする。その他の貫の高さは、柱の5〜6分取り、厚さは、柱の1/4くらいとする（図6・28）。

ⓕ——台輪

台輪は、柱の直上、頭貫の背上を横に這わせた平らな構造材である。主に、禅宗様の建築に用いられていたが、最近はあまり区別されなくなっている。その高さは、柱の太さの3分、幅は裏目（柱幅×$\sqrt{2}$くらいで）、柱に粽（柱上下木口を細めたもの）があれば、柱の9分取りくらいにする。隅は、十文字に組むものと、向止に組むものとがある（図6・29）。

図 6・28　本堂の軸組

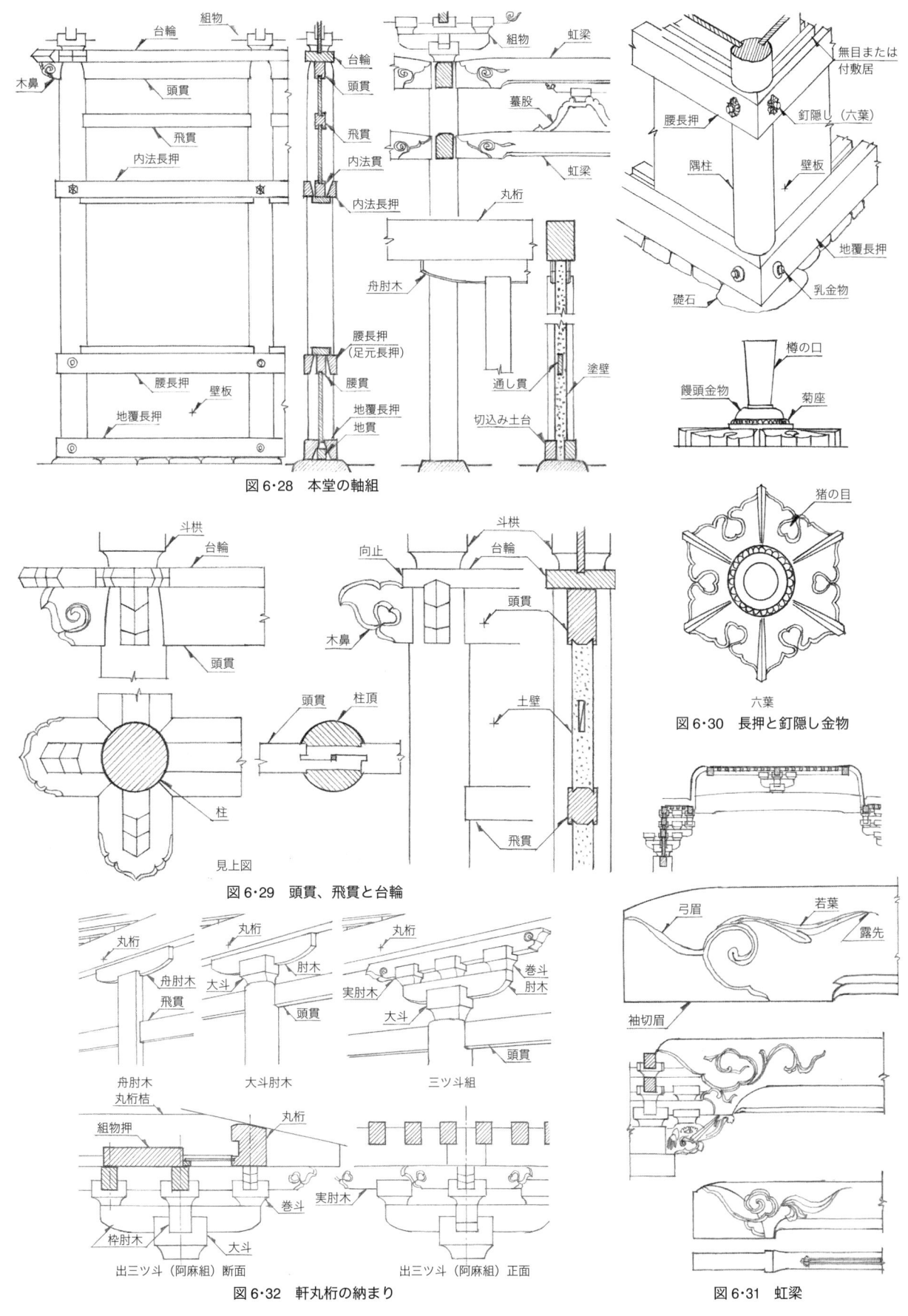

図 6・29　頭貫、飛貫と台輪

図 6・30　長押と釘隠し金物

図 6・31　虹梁

図 6・32　軒丸桁の納まり

g ── 長押

　長押の大きさは、場所と意匠によって定まる。高さは、柱幅の6〜8分、見込み幅は、柱の外へ、柱の1.5〜2分くらい吹き出す。柱への取付は、襟輪欠きにし、柱の正面から釘打ちまたはボルト締めとして、その上に青銅（ブロンズ）などの釘隠金物を取りつける。釘隠金物の絵様には、その寺社の紋所、あるいは、六葉乳金物（饅頭金物）などが用いられる（図6・30）。

h ── 虹梁

　虹梁は、梁の役目をするもののうち、特に装飾的に意匠を凝らしたもので、上部の荷重に充分に耐える寸法と形状に作り、上部に起らせたものである。両端が柱に取付いた所を袖切り、眉欠きにして、その厚さを薄くし、頭貫同様に納め、中央大部分の下端を刳り欠き、本眉欠きを施して、上端を少し起らせて強く見えるようにする（図6・31）。

6　組物

a ── 組物の意義

　組物とは、柱の直上から軒裏を飾るため斗および肘木で次第にせり出し、深い軒を支えるのに充分耐えられるように工夫され、しかも装飾意匠の効果ももつ。古代においては、深い軒を支える機能をもつものは、軒組物しかなかったが、中世以後、野屋根の出現や桔木が登場した。しかし軒下を飾り、建物の格式を示すためには、軒組物はなくてはならないものである。

　軒組物の種類は、その形状とともに多種多様である。これらは複雑だが、大略分類し、基本を理解することが必要である。また軒組物の種類は、寺院建築の分類の一つの要素となり、時代によって少しずつ変わっていくので、創建時代の判断基準にもなる。

b ── 簡単な軒組物

　舟肘木は、神社建築や簡単な附属建築によく用いられる。柱直上に置いて、横架材を支えるものである。

　大斗肘木は、柱直上に大斗を置いて、その上に肘木をのせ、横架材を支える。大斗とは、柱直上にある斗のことで、斗そのものの大きさは名称とは関係しない。

　三ツ斗組は、大斗の上に肘木、肘木の上に巻斗を三つ並べて、その上に実肘木を置き、横架材を支える組物である。平三ツ斗ともいう（図6・32）。

　出三ツ斗（阿麻組）は、三ツ斗組を十文字に組んだもので、今までの組物は平面的だが、これは、手前に肘木と巻斗が飛び出してきて立体的なものとなる。

c ── 複雑な組物

　出組（一手先）（図6・33、34）は、大斗の上に三ツ斗を置き、その外側の巻斗の上に、秤肘木をのせて三ツ斗を並べ、その上に実肘木を置いて、丸桁を受ける組物である。

　二手先（図6・35）は、大斗の上に三ツ斗を置き、その上にさらに、三ツ斗を置き、柱真から外側に二つ出して、巻斗、秤肘木、実肘木の上に、丸桁を受けるもので、尾垂木付のものもある。

　三手先は、二手先より斗や肘木を多く出している。すなわち丸桁を受ける斗の下に尾垂木を用いる。外側の斗の合計が三つ外に出たものである。

　四手先は三手先に斗がもう一つ加わって四つ外に出たもので、和様、禅宗様では少なく、大仏様には多くみられる。

　五手先、六手先、七手先等もあるが、もっぱら大仏様に用いられる。

　これらの組物に軒支輪や尾垂木を用いたもの等の組合せがある。

　和様では、組物は、柱の上部のみにあるが、禅宗様では、柱のない部分にも柱上の組物と同じ組物を一つか二つ並列させている。これにより軒下がたいへんにぎやかな組物のことを詰組という。

　以上の組物を、さらに詳しく見ていく。

d ── 出組

　出組は三ツ斗組の肘木を十文字に組んで、その上に、壁面と直角方向に肘木を前面に突き出し（枠肘木）、その上に壁面に平行に平三ツ斗をのせ、さらにその上に実肘木をのせ、丸桁を支えるようにしたもので、その結果丸桁は、柱芯に置かず、斗一つ分だけ外側に出たものになる。また一手先ともいう。

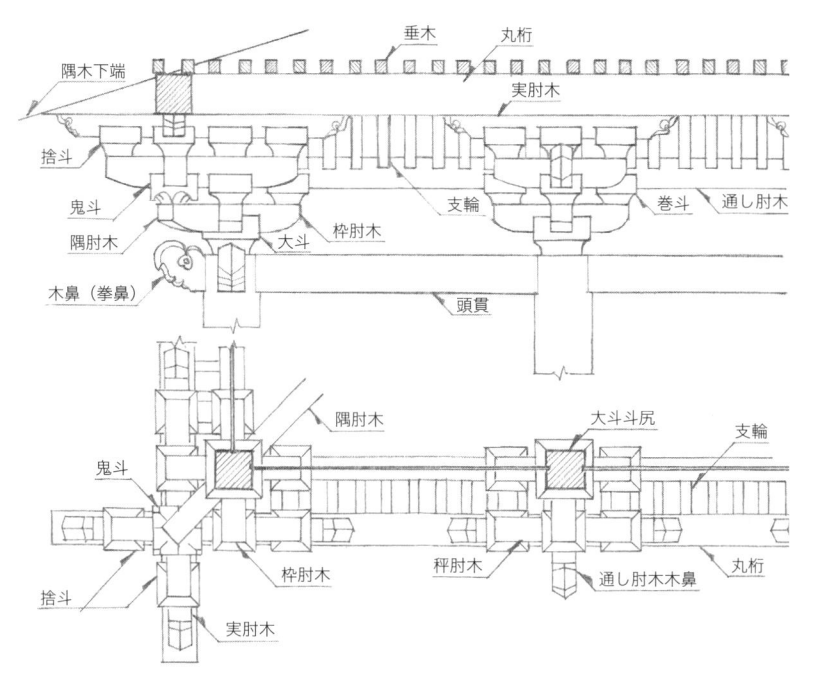

図6・33　出組の詳細

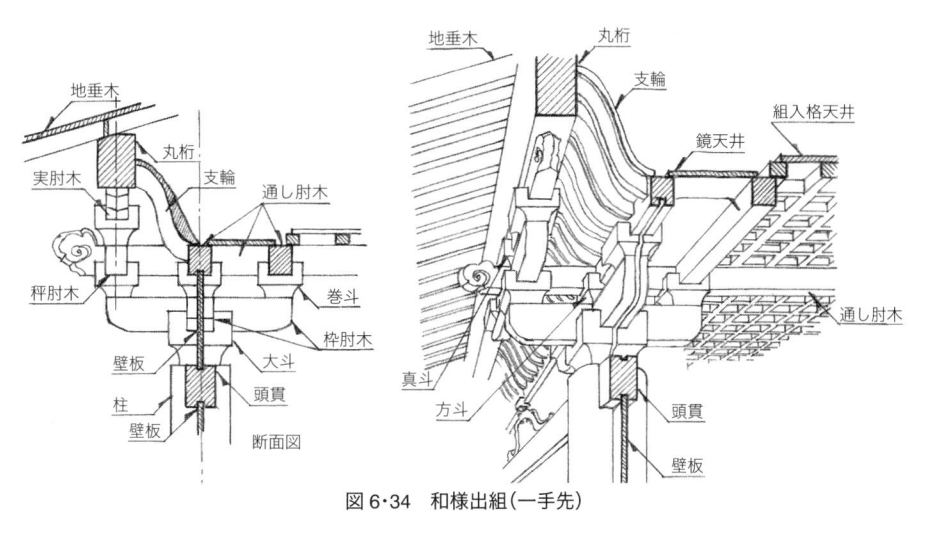

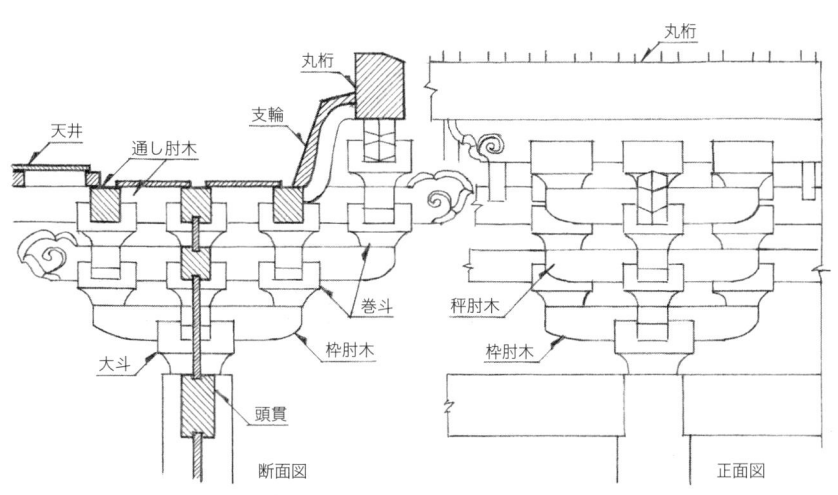

図6・34　和様出組（一手先）

図6・35　和様二手先

図6・36 和様三手先

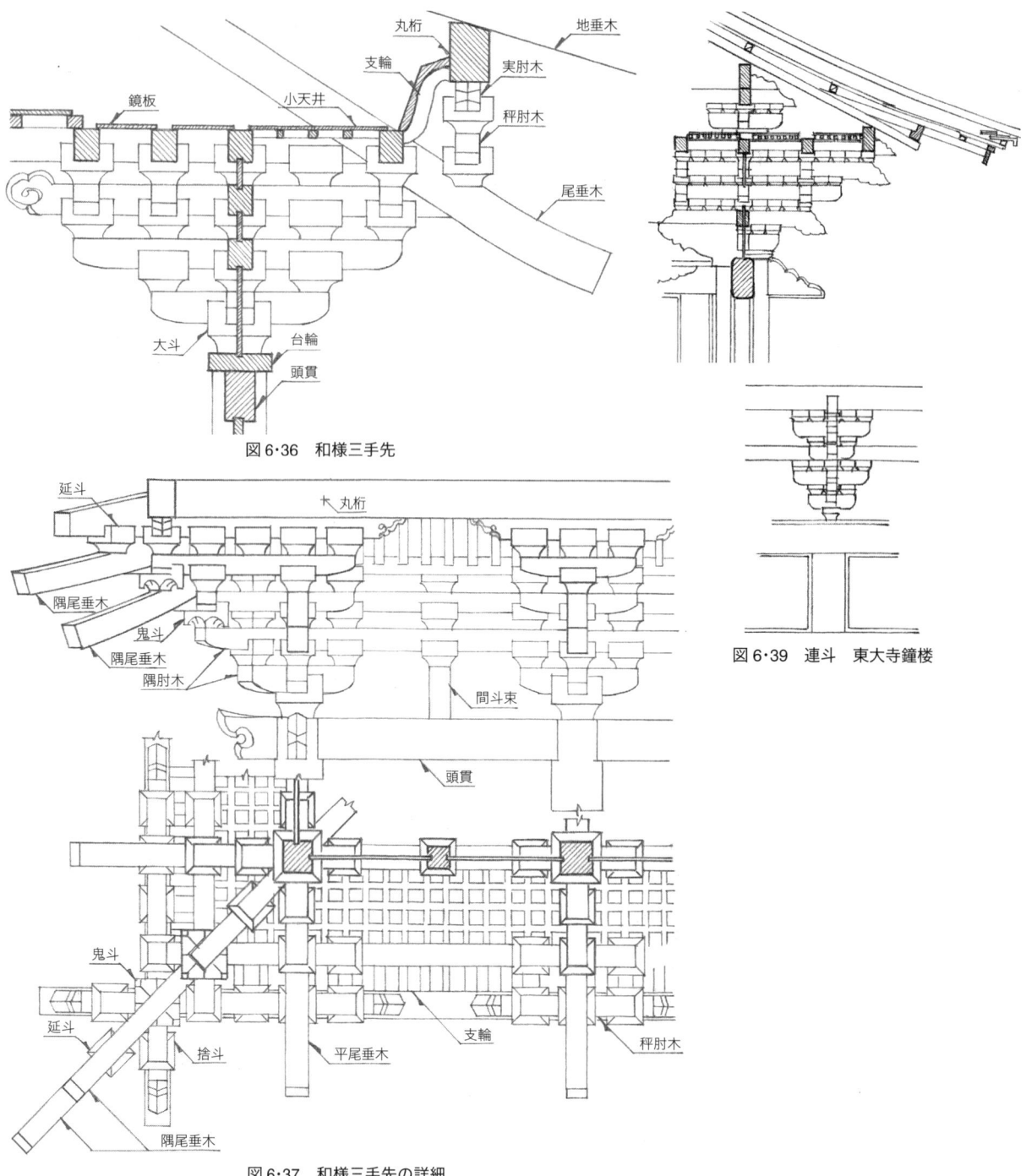

図6・39 連斗 東大寺鐘楼

図6・37 和様三手先の詳細

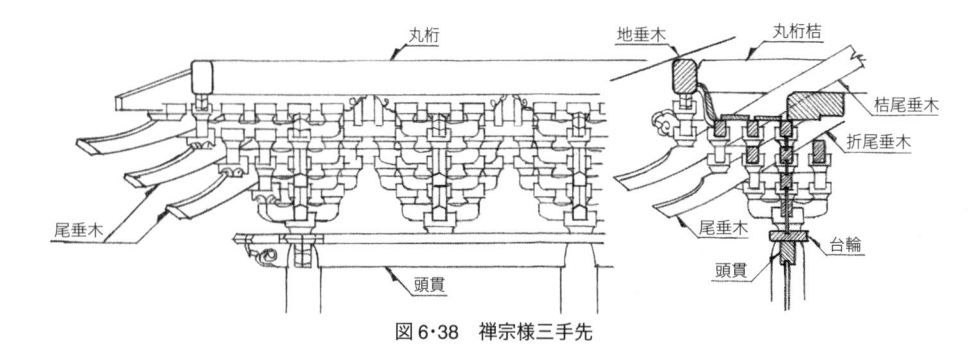

図6・38 禅宗様三手先

ⓔ——二手先と三手先

丸桁が柱芯から斗二つ分出たのが二手先で、三つ分出たのが、三手先（図6・36）となる。次第に多くなると、四手先、五手先、六手先となるが、和様では、四手先まで（奈良金峰山寺本堂上層）がある。禅宗様には、四手先以上はなく、大仏様では八手先まである。

一般に三手先の場合は、尾垂木が入り、その尾垂木先に、平三ツ斗を組み、実肘木を置いて、丸桁を受けている。また二手先には、尾垂木付とそうでないものがある。

ⓕ——支輪と小天井

二手先、三手先と出すに従って、組物と丸桁の高さの差も出てくるので、支輪（軒蛇腹）を同じ間隔で渡し、軒先を化粧する。軒先が出るに従って、小天井（軒天井）を貼って組物の裏を隠すようにする。なお純粋な大仏様には、支輪も小天井もない。

ⓖ——隅の納め方

出組、二手先等では、丸桁を壁芯から出して組合せるために、隅の組物は、いっそう複雑になる。すなわち、大斗上に交差した枠肘木に隅肘木を架け、鼻に鬼斗を置いて、秤肘木に仕組む。二手先、三手先になるに従って、鬼斗も二つ三つと増える（図6・37）。

鬼斗とは、ねじれた斗のことである。壁面に平行な部分では、肘木は、壁面に平行または、直角に納まっているが、出隅の部分では、肘木は、45度の方向に出ていく。しかし丸桁の方向は、壁と平行なのである。ここに斗を置くと、斗と肘木、丸桁の方向に45度のずれが出てくる。そこでこのずれを調整するために、斗の上部は、壁面丸桁と平行で、斗尻（斗の下部）は、隅肘木と平行というねじれた斗を作り、それで納める。

ⓗ——詰組

禅宗様の建築では、柱の上ばかりではなく、柱と柱の中間にも柱上部と同じ組物を使う。そして、軒裏にすき間のないまでに詰めることもある。このように斗肘木でおおわれた軒裏のことを詰組（図6・38）という。巻斗やその他の斗、肘木も同一型のものを使う。なお禅宗様肘木下部の曲線は、円弧になっているのが大きな特徴である。

ⓘ——尾垂木

二手先、三手先と出すに従って、丸桁の支持が不安定になり、軒が下がる恐れがあるので尾垂木で支える。尾垂木は、柱芯を支点として、外側の軒の荷重と、内側主屋屋根の荷重を天秤のように釣り合わせる役目を持ち、後出の桔木によく似た役目をする部材である。この尾垂木は、組物が深くなるほど、2本、3本と増えていく。隅は45度に出てくるので、平の部分より1本多く使って隅木の下端を桔ね支える。したがって、単に出組のように平の部分に尾垂木を1本も使わず、隅だけ尾垂木を使う建築もある。このような尾垂木は、丸桁を桔ね上げるのが目的だが、小屋裏に丸桁桔ねの梁を使う時は、単に化粧尾垂木として通し、肘木の先を垂れ下げて尾垂木に見せることがある（東大寺鐘楼の連斗、図6・39）。しかし、正式なものではない。

また禅宗様では、尾垂木を和様より多く使うが、桔尾垂木の他に、折尾垂木といって組物押えの下に蟻に殺ぎつけて押える尾垂木も使う（図6・38）。また尾垂木上部に鎬（図6・40）をつける。大仏様の組物には、尾垂木はなく、柱と柱の中間で軒の垂れを防ぐために、天秤に働く材を用いるが、これは「遊離尾垂木」（図6・41）という名称で使用されている。

ⓙ——斗肘木の構造

斗肘木の組立ては、肘木と斗を交互に組合せて、堅木込栓で位置が動かないように、斗尻に四角い太枘穴を貫いて組立てる。これらの大きさや比例については、後述する。

ⓚ——間斗束、二ツ斗（双斗）、花肘木

和様の斗肘木と、斗肘木の間を中備というが、ここに斗束を入れて、横架材を支える。単に束の上に斗を置いたものを間斗束といい、最も簡単なものだが、古い形式のものである。時代が降ると、束の下部が広がり、これを撥束という。またこの斗の下に繰形をつけたものを蓑束という。板蟇股や本蟇股（図6・42、図7・36、p.131）を入れることもある。鎌倉時代以後は、これに加えて、二ツ斗（双斗）、花肘木も加わり、種類が増えていく。これらは時代推定によい部材である（図6・43）。

図6・40　禅宗様尾垂木

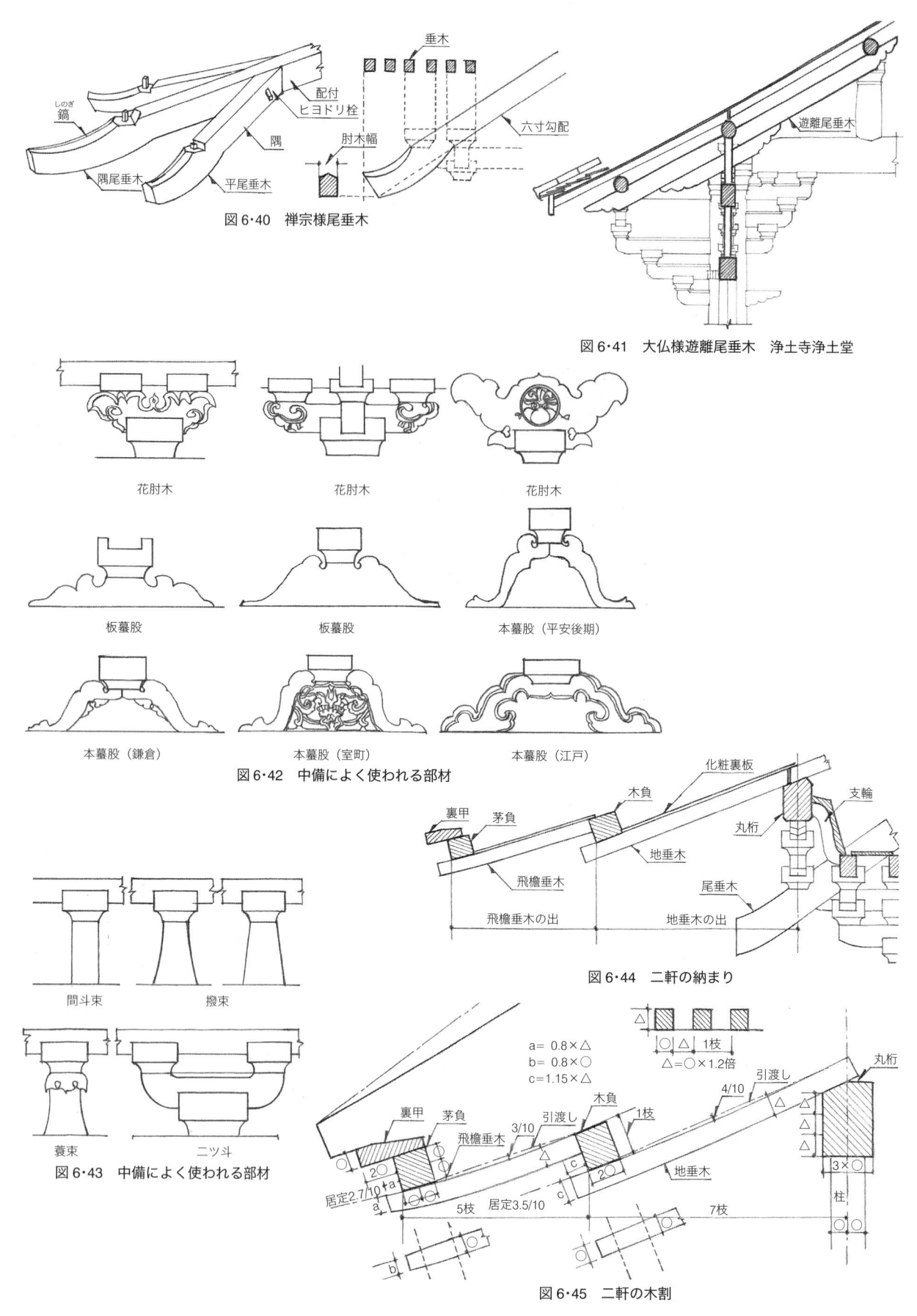

図6・41　大仏様遊離尾垂木　浄土寺浄土堂

花肘木　　花肘木　　花肘木

板蟇股　　板蟇股　　本蟇股（平安後期）

本蟇股（鎌倉）　本蟇股（室町）　本蟇股（江戸）

図6・42　中備によく使われる部材

間斗束　　撥束

蓑束　　二ツ斗

図6・43　中備によく使われる部材

図6・44　二軒の納まり

$a = 0.8 \times \triangle$
$b = 0.8 \times \bigcirc$
$c = 1.15 \times \triangle$

$\triangle = \bigcirc \times 1.2$倍

図6・45　二軒の木割

7 軒回り

　日本の寺社建築で外観上最も技術的に、美術的に発達しているのは、軒の姿である。軒の出の深い理由については前述したが、美的要素として絶大な力を持っている。したがって、軒の出を定めるには、より慎重でなければならない。これは、建物の大小や軒の高さによって判断し決定する。一般には、梁間の約1/3～1/5出す。6間（約11m）の梁間であれば、約2間（3.6m）出すということである。

ⓐ——寺院の軒の構造

　寺院の軒の出を深くするために、先人たちは種々苦労をし、試行錯誤を重ねてきた。軒の構造の要点について述べておく。

①真桁の他に丸桁を外に出す。
②隅木、力垂木、桔木などによって、軒を桔ね上げて支える。
③軒を明るくするために、野垂木の勾配では暗いので、勾配をゆるくして、二軒（図6・44）にする。野垂木と化粧垂木によって生じる懐に、桔木、力垂木を用い軒先の下がるのを防ぐ。
④軒裏が大きいので、これに変化を与えて美化するために二軒とし、場合によっては、小舞貼とする。
⑤垂木の間隔を密にして、小口が美しく見えるように配列する。
⑥軒先に反りをつけて、重苦しい屋根を軽快に見せる。

ⓑ——二軒の構造

　二軒は、丸桁の上に、地垂木を支輪と同じ間隔でのせ、その鼻に木負を架け、これに飛檐垂木（飛簷垂木、飛詹垂木）を地垂木と同じ間隔で架け、その端に茅負と裏甲を置いたものである（図6・45）。

　化粧裏板は、一枚を流貼にしたり、小舞を打って裏板貼にする。このようにすれば、軒の出をますます深くすることができる。軒の出を深くすることで桔木、力垂木の高さ寸法の大きいものが必要になってくるが、それだけ屋根懐が大きくなっているので、納まりがよい。

　垂木の間隔は、普通は本繁とするが、簡単な建物では、半繁または、疎垂木とする。

　二軒の木割は、丸桁芯から木負の下端まで7枝取り、それより茅負の下端まで5枝とする。地垂木は、4/10勾配に、飛檐垂木は、3/10勾配とし、地垂木の鼻は3.5/10、飛檐垂木の鼻は2.7/10の勾配で上方に反らせる。この鼻の反りを居定勾配という。垂木の太さは、柱間の1/22～1/18を1枝とするか、柱間の1/48～1/40を垂木の幅とし、高さは、その2割増くらいにする。この高さと幅を合わせた寸法を1枝として、本繁の配列を定める。すべて軒の木割は、この1枝または垂木の大きさから割り出す。

ⓒ——特殊な軒裏

　特殊な軒裏に、一軒および三軒がある。古建築では、一軒はあまり重要でない建物に使うことになっている。また三軒は、地垂木の上に、一ノ飛檐、二ノ飛檐と木負を上にかけ、次第に勾配をゆるめて軒を反らすが、一般的にあまり用いられない（興福寺北円堂、図6・46）。この他に、扇垂木（図6・47）という配列方法がある。建物の出隅柱を中心にしたものと、建物の中心から放射状に垂木を配置したものとの二種がある。主として禅宗様や大仏様に用いられ、これにも、一軒と二軒がある。

ⓓ——軒反り

　軒先は隅に近づくに従って跳ね上がるが、これを隅反りという。わが国は雨量が多く、水はけをよくするために屋根勾配を急にするが、軒の出の深いこともあって屋根の面積が大きくなり、しかも重苦しく感じられる。そこで比較的水量の少なくなる隅の部分を反り上げて、勾配をゆるめても雨仕舞に差し支えなく、かつ屋根を軽快な感じに見せているのである。

　軒反りには、総反り（図6・48）と真反りがある。総反りは、軒先が懸垂線状に、糸を垂らしたように全部が曲線になっているものをいう。建物の真中から左右に反り上がる。真反りというのは、隅の柱の見当まで水平で、そこから隅木に近づくに従って反り上げたもので、この場合、反り始めは、柱芯か桁芯から始める。この反り始め点を「反り元」という（図6・49）。

図6・46 八角円堂 興福寺北円堂（出典：奈良六大寺大観刊行会編『奈良六大寺大観 興福寺一』岩波書店、1969、p.22）

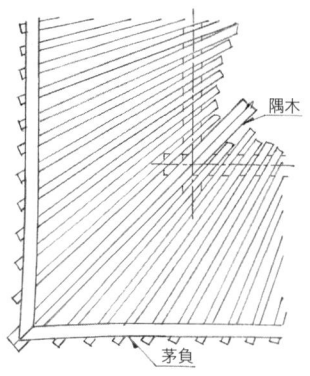

図6・47 扇垂木

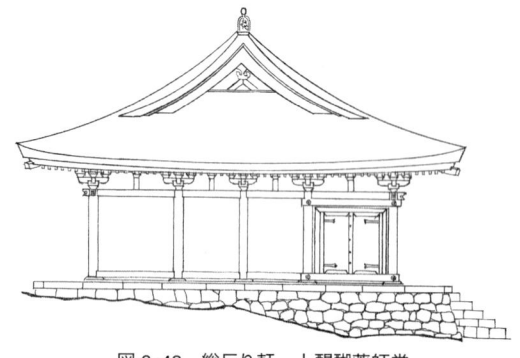

図6・48 総反り軒 上醍醐薬師堂

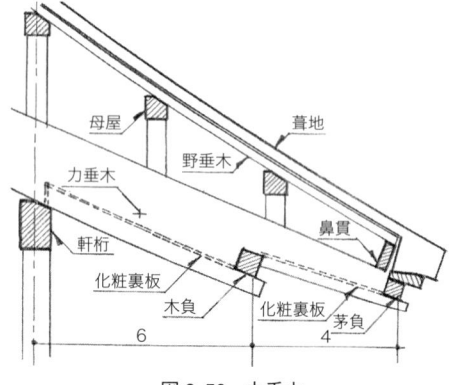

図6・50 力垂木

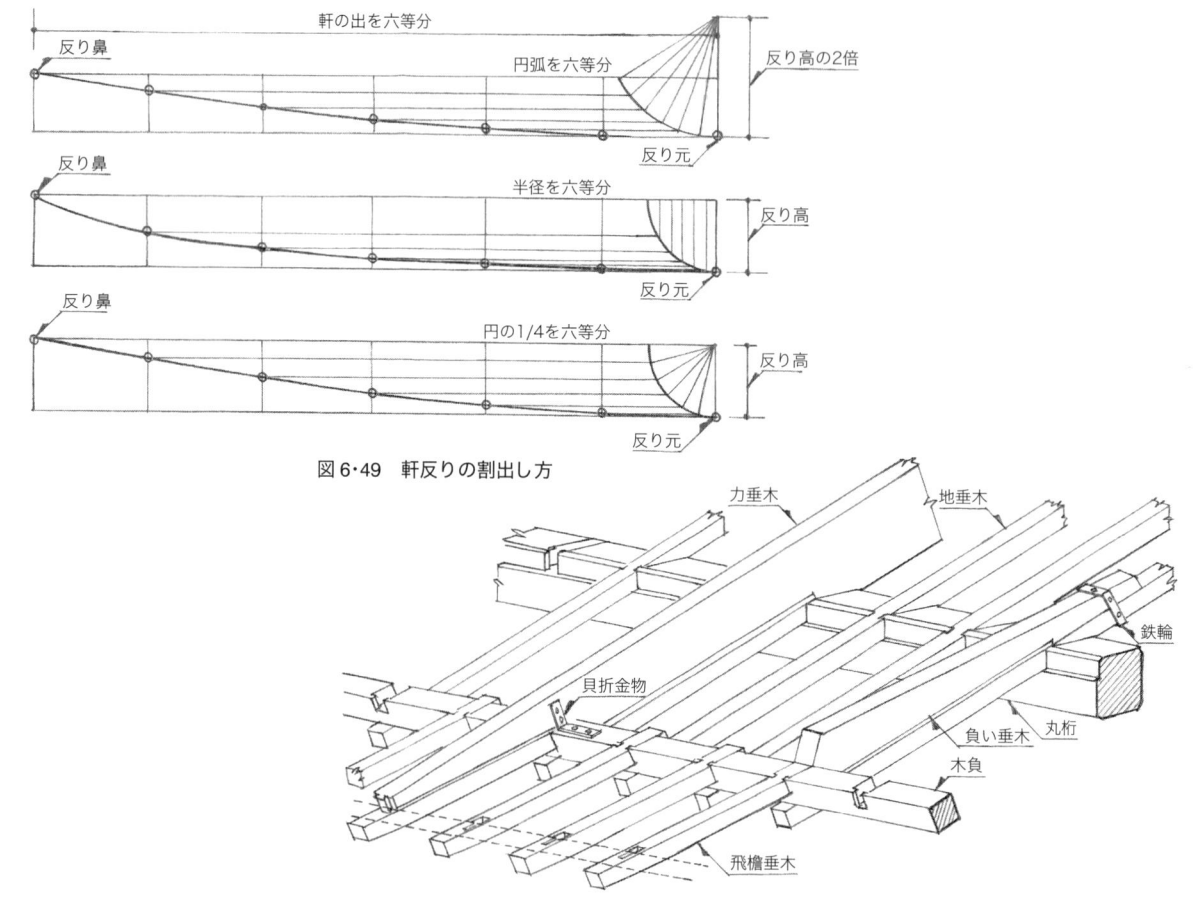

図6・49 軒反りの割出し方

図6・51 垂木の納め方 力垂木と負い垂木

反り高は、茅負の隅の所で、茅負の高さの1/2から、1本、1本半、2本、3本とあり、格式の高い建築ほど大きく反る。また反り元は、隅柱の芯から反り始める（真反り）ことに固執せず、大建築ほど次第に建物の中央に入れ、総反りに近い状態にしないと、反り元が垂れ下がって見える。急激に反るか、ゆるやかに反るかという反り加減は意匠によってまちまちだが、反り過ぎて鋭い感じをおこさないようにする。屋根がすらりと軽やかに見えるのがよい。

茅負の上端の反りは、隅で高さの2割増しとし、裏甲の上端の反りもその高さの2割増とする。桧皮葺、銅板葺の軒付けの厚さも、隅でその2割増しの厚さとするので、次第に反りは大きくなる。したがって、普通行われている反り高は、茅負下端の反りの方が、茅負の高さの半分ないし1本が適当とされている。

e ── 垂木の納め方

地垂木の取付方法は前述したが、飛檐垂木の取付は、束当りに力垂木を用いて地垂木、飛檐垂木を1本の材で作り出し、根元小屋束に鼻栓止めにする（図6・50）。その中間は垂木2〜5本おきに、負い垂木を地垂木の背に合わせて鼻を飛檐垂木に揃える（図6・51）。

f ── 化粧裏板

地垂木、飛檐垂木の背には化粧裏板を貼る。本繁垂木の場合は流れ貼にし、半繁あるいは、疎垂木の時は、小舞を置いて横板打ちにする。

桔木（はねぎ）については前述したが、隅の所にも隅桔木を用いる。隅木、茅負、木負も前と同じにする。

裏甲は、茅負の上に長く横にのせるものと、木口を軒先に表すように縦に茅負をのせるものとがある。横に置いたものを「布裏甲（ぬのうらこう）」といい、木口を表したものを「切裏甲（きりうらこう）」という。布裏甲の上に、また切裏甲をのせることもある。

g ── 出隅、入隅の納まり

出隅の軒裏の化粧隅木は、地垂木と飛檐垂木のように、2本重ねて使うこともあるが、1本の木材で隅木を作り出して、小屋裏では、桔木として軒に反りを持たせる。

入隅の軒裏には、谷木を用い、これに垂木を配付け受けさせるが、ていねいな仕事ではねじ上がりとして飛檐垂木と地垂木を互いにやり違えに打ち越して、入隅の軒裏に納めるようにする（図6・52）。

8　入母屋、千鳥破風

a ── 小屋裏

寺院の本堂には、軒裏を見せるもの（化粧小屋）と、天井を貼って野小屋を隠すものとがある。化粧小屋は、たいていの場合、禅宗様や大仏様（図6・53）のものが多い。和様では、格天井を貼るのが普通である。化粧小屋は、虹梁と大瓶束（たいへいづか）とを斗組で組上げて屋根の傾斜をつけるが、野小屋の場合は、天井に隠れるので、丸太、二重梁、小屋束、桔木などを使って自由に組む。

b ── 屋根勾配と破風板の位置

大屋根の勾配は、野垂木の頂上（拝（おが）み）から、裏甲上端まで引いた直線で定める（引渡し勾配）。だいたい6/10〜8/10くらいまでとする。中央の反り（垂（ふ）み）は、流れ全長の3/100くらいが適当である。妻の勾配と平の勾配を同じにすれば、正面の形がよくなるが破風の流れ寸法が短くなり過ぎ、また破風板を強く大きく扱えば、正面の大棟が長くなっていかにも頭が大きくなる。そのため妻軒を平の勾配よりゆるくするのが普通である。したがって野地の隅は、「振れ棟」（図6・54）になる。化粧軒隅木は45度に扱って、野地だけ振れさせておくと、外観上の不都合を防ぐことができる。

破風の立つ所には、前述したように、三ッ母屋、五ッ母屋、七ッ母屋納め（図2・10、p.25）などがあるが、隅の柱芯より内方に破風板を納めるくらいにするのが調子よく見える。

破風板の厚みは、垂木幅くらいとし、幅は、全長の8/100くらいを腰幅に、上に2分の増をつけ、下は、多少とも減らす（1分減）。この方が、隅に向かって軽い曲線になる。反りは、5/100〜6/100たるませ、眉欠きを施し、少し前に傾けて取りつける（表6・2）。

登り裏甲は、平の裏甲の1分増しとし、上に登るに従って、1分5厘の増しをつける。桧皮葺の箕甲（みのこう）付の葺地の厚さは、上にさらに2分増しとする（表6・3、図6・55、56）。

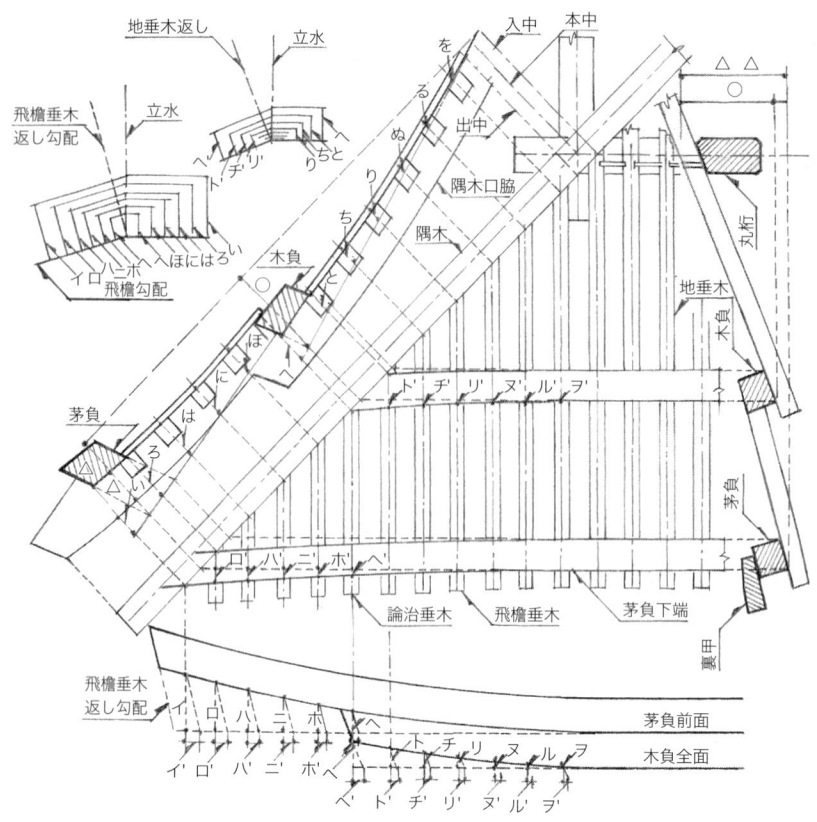

図6・52 隅木の口脇

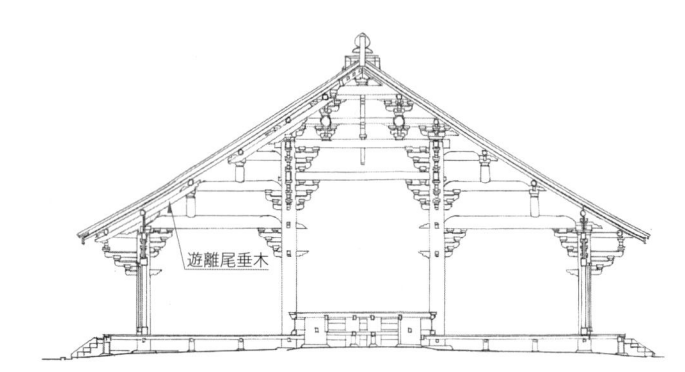

図6・53 化粧屋根裏 浄土寺浄土堂、大仏様 (出典：「和風建築」22、和風建築社、1984、p.107)

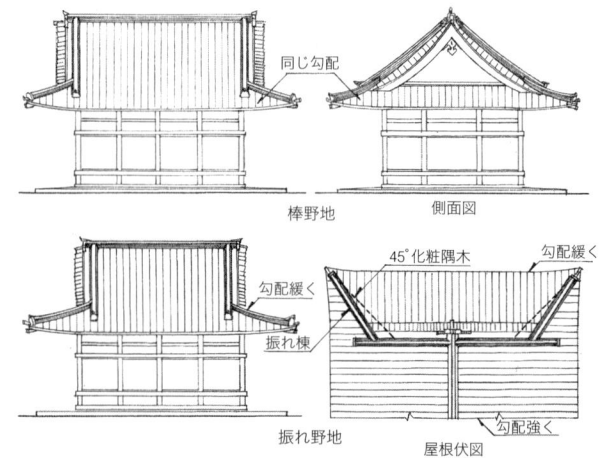

図6・54 棒野地と振れ野地の入母屋の比較

千鳥破風を取りつける位置は、裏甲の拝み合わせ上端点を野垂木上端天と同じ高さにし、足元は、野垂木下端を裏甲上端と定め、この裏甲の下端線に密着して破風板の位置が決まる。この下方を俗に、「落ち込み」という。箕甲の格好によっては、落とし込みをさらに多少上に上げたり、あるいは下げることもある。

千鳥破風は、起破風の反対に破風板が中央で垂れ下がっているので、指棟、指母屋を使わなくても、少し無理をすると納めることもできる。しかし無理をすると自由な形に作れないから、やはり指母屋を用いて、支外垂木を渡して甍天井（化粧裏板）を貼るのが普通である。

c——前包み

前包みの高さは、破風板腰幅の 8 分、幅は、同じく 6 分とし、その高さの 1/5 を雨覆とし、深さは高さの 1/10 くらいに決りをつける。上端水返しをつけて、水垂勾配にするか、別に雨押えを置く。

d——木連格子

木連格子は、懸魚の幅の内法に、3 本納め、5 本納め、7 本納め等にする。5 本納めだと、懸魚の幅を 9.8 で割った解を格子見付けとし、見込みは、その 8 分取り、小間は、格子見付けの 1 本 2 分とする。

格子の貫は、格子見付けの 8 分、厚さは、その 1/3、組方は、内面さすりに組んで裏板を貼り、風窓を作る。

e——妻飾り

寺院建築の妻飾りには、古代においては、家扠首が用いられたが、鎌倉時代以降、屋根の大きな場合には、斗組、虹梁、大瓶束などを用いて、化粧小屋組を作り、これに面戸板または塗壁で小屋を区切る。これは、大虹梁大瓶束と呼ばれ、禅宗様の妻飾りの形式だが、時代が降ると、他の多くの建物にも採用された。

f——懸魚

懸魚（図 6・57）は、意匠に種々のものがあり、それだけ工夫されてきたものといえる。大きさは、破風板の腰幅 2 倍を懸魚の肩幅とし、垂れは肩幅の 8 割、その幅も 8 割くらいにし、鰭の長さは肩から垂れ先端までの距離ほどにするのが適当である。厚さは、破風板の厚さの 8/10 くらいとするのが普通である。

9　屋根瓦葺

寺社建築の屋根には、瓦葺が最も多く用いられる。他に桧皮葺、銅板葺などがある。桧皮葺、銅板葺については、後述する。ここでは寺社建築の瓦葺について述べる。

a——瓦葺

一般的に、本堂の瓦葺には本瓦を用いる。したがって葺方はべた葺にする。反り屋根では、軒先の勾配がゆるく、しかも雨量が多く集まるために、瓦の重ねを多くし、平瓦は長さの 1/3 くらい（約 7cm）を葺き足にする。棟の近くではこれと反対に葺き足を大きくし、重ねを 1/7 くらいにしても、勾配が急なため、雨仕舞には差し支えない。

b——瓦

軒先および棟回りの瓦は、寺社建築では特別に注文し、意匠、模様は、設計に適したものを作るのが普通である。唐草瓦、巴瓦などに寺社の紋章を表わしたり、特殊な紋様や模様または、文字を入れることもある。

c——箕甲納め

妻は、箕甲納めにすると、箕甲のついた所は大屋根の野地よりも水垂れが前下りになるので、箕甲の瓦は丸瓦も平瓦もともにそれぞれ癖に合わせてずり落ちないように懸瓦（掛瓦）を使い、利根丸瓦で押える。棟が大きい時には、箕甲瓦を 2 枚 3 枚と平のように葺くこともある（図 6・58）。

表6・3　その他の千鳥破風入母屋木割表

柱　間	柱真々 4.8m	垂木高さ	幅真々の 1/80 高さ幅の 2 割増 6 × 7.2cm
軒　高	地覆石上端より丸桁上端まで 4.0m	沓　石	高さ 17cm、上端 35cm 角、転び勾配 10/25
軒　出	柱真より茅負鼻まで柱真々× 1/3　1.6m	軒隅反	反元柱真、隅にて茅負下端、茅負の高さだけ反り上げる
二軒割	地垂木 8、飛檐垂木 7 の割合とする	傍軒出	丸桁真を妻壁真とする
化粧勾配	地垂木 4/10、飛檐垂木 3/10 で鼻で反る	破風尻	三ツ母屋納め
野地勾配	野地板上端引渡勾配を 7.5/10 たるみ 3/100	鬼　板	幅、高さとも柱 2 本
柱太さ	柱真々の 5/100　4.8 × 5/10 = 24cm		

木割は参考値

表6・2　破風板幅の定め方

上幅	腰幅の 2 割増 24 × 1.2 = 28.8cm
腰幅	破風長さの 8/100 3m × 8/100 = 24cm
下幅	腰幅の 1 割減 24cm × 0.9 = 21.6cm

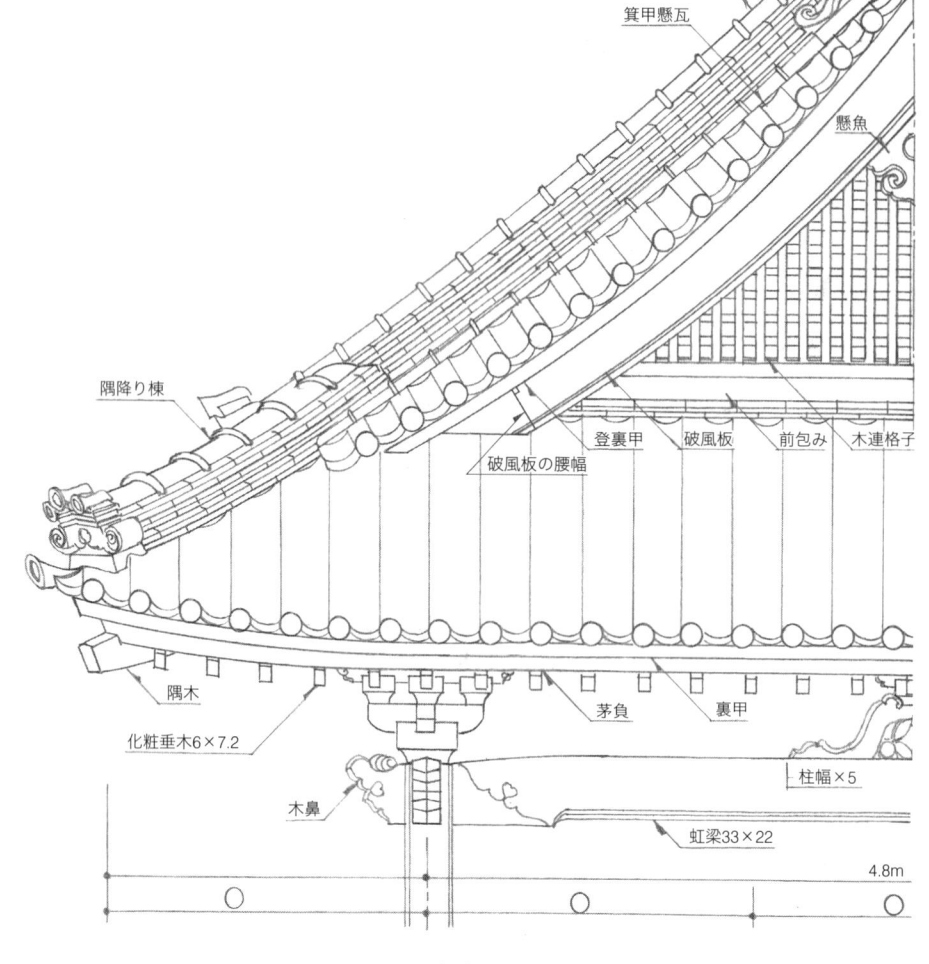

図 6・55　千鳥破風入母屋木割

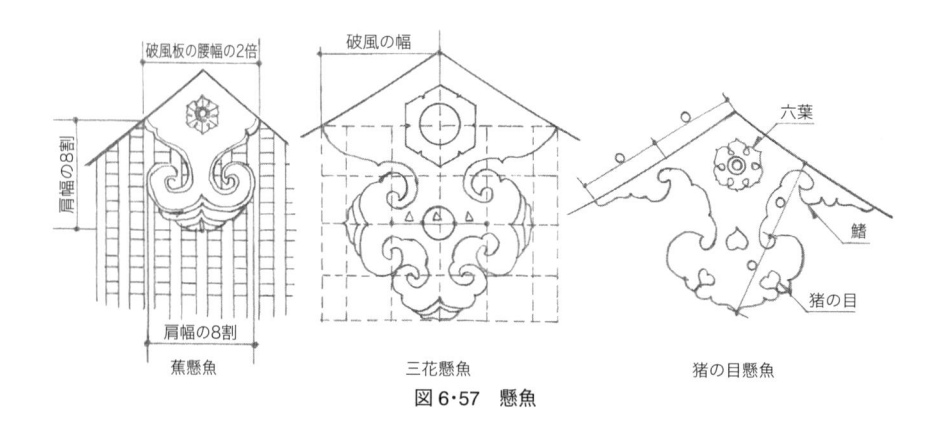

図 6・57　懸魚

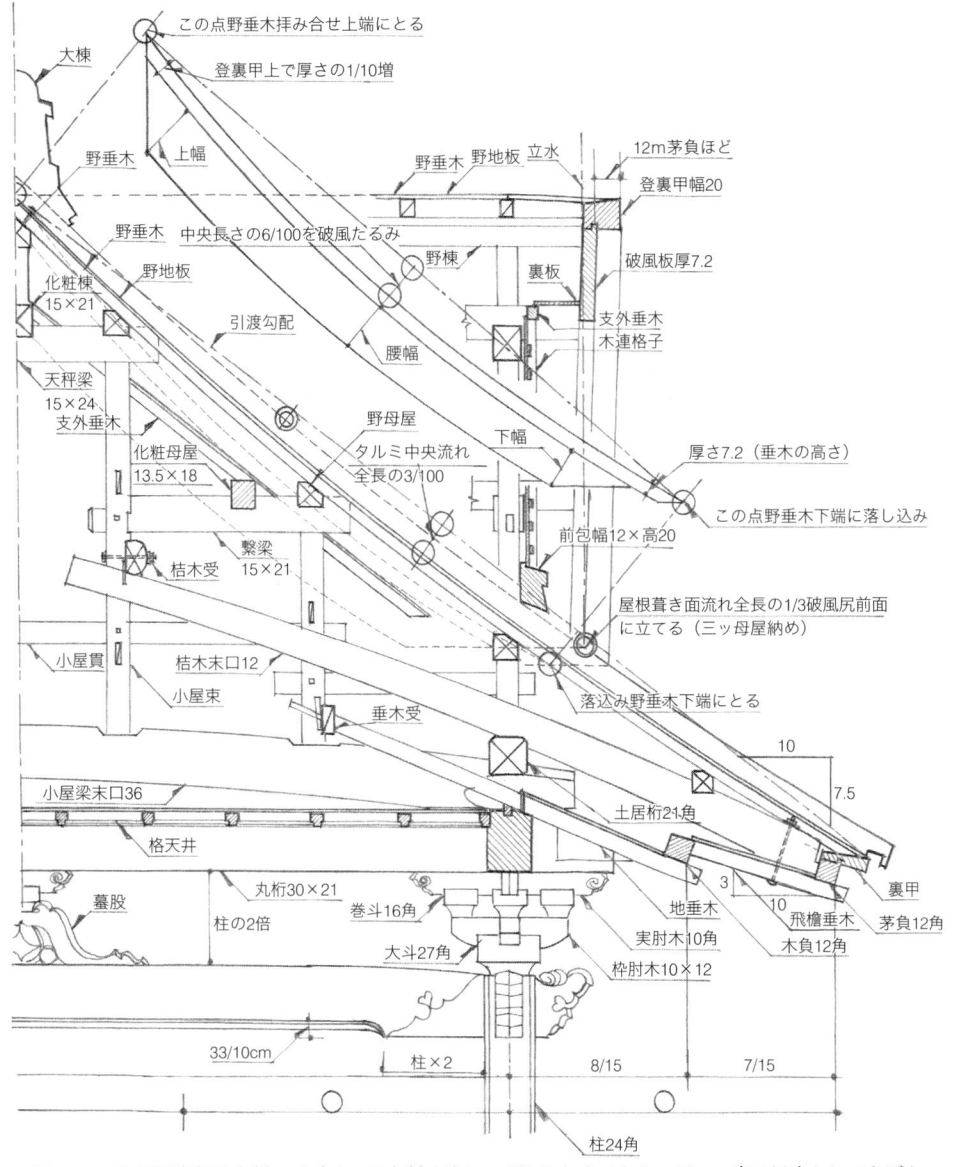

図6·56 入母屋妻部分木割　デザインは木割寸法にこだわらなくてもよいが、一応の目安としてあげた。

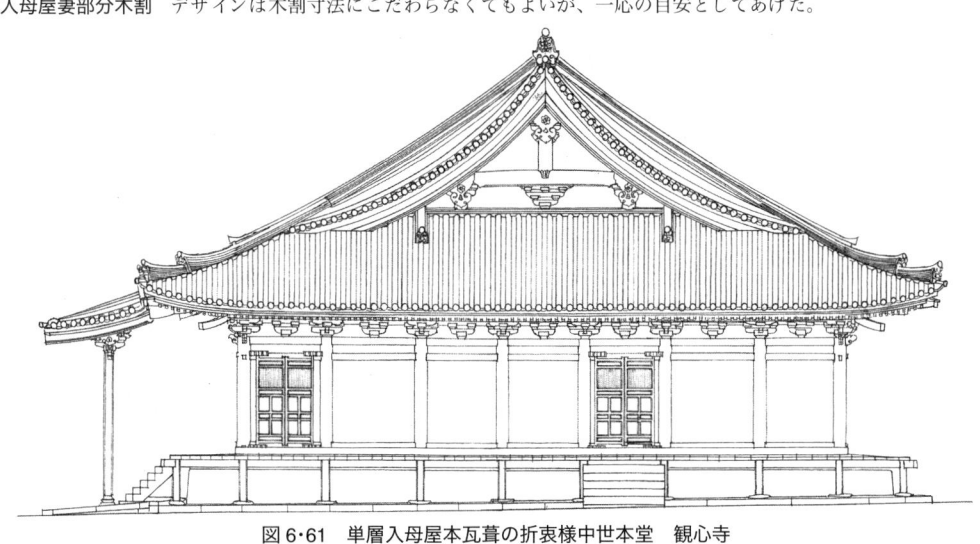

図6·61 単層入母屋本瓦葺の折衷様中世本堂　観心寺

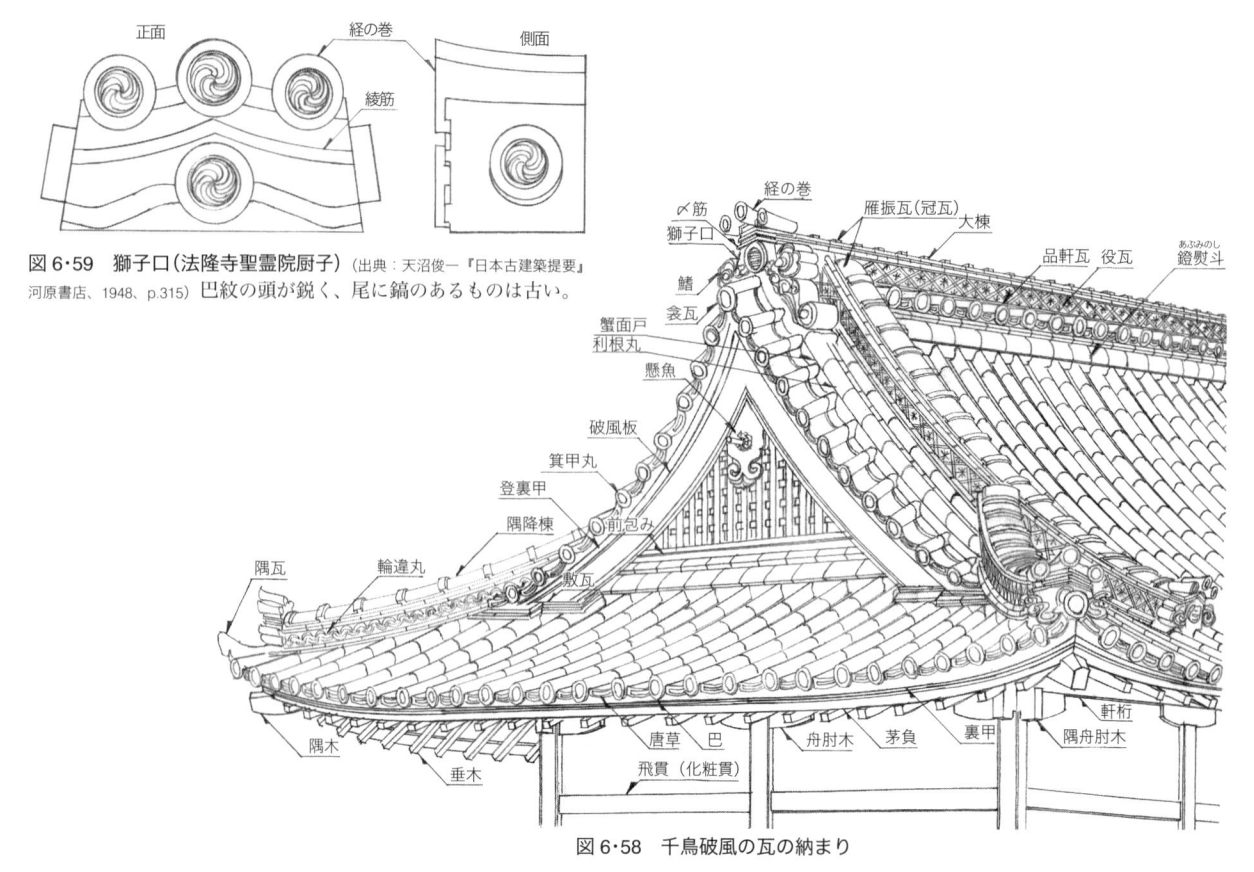

図6・59 獅子口（法隆寺聖霊院厨子）(出典：天沼俊一『日本古建築提要』河原書店、1948、p.315) 巴紋の頭が鋭く、尾に鎬のあるものは古い。

図6・58 千鳥破風の瓦の納まり

d ── 降り棟

利根丸瓦の下は、降り棟の熨斗積みの側面で納まり、上は鬼板台の下に納まる。利根丸瓦から平瓦一通りまたは、三通り入った所に降り棟を築く。この降り棟の側面に上降り棟の上が取付く。利根丸瓦と降り棟の間の雨水は、隅降り棟の下を潜って流れる。

棟の納まりは、大棟、降り棟、隅降り棟、妻の利根丸瓦、破風瓦、あるいは前記前包みの熨斗瓦下には、丸瓦、平瓦の隙間をつめるために蟹面戸瓦を用い、その上に鐙熨斗を1枚伏せて完熨斗2枚半、半熨斗2枚を伏せる。破風尻は、熨斗丸上に敷瓦にのせる。あるいは、木連格子の前包みを受ける熨斗瓦の代わりに役瓦を使うこともある。

e ── 棟の形

寺社建築の棟の高さは、相当高くなるので、棟の冠瓦と熨斗瓦の間に、輪違丸、菊丸などの役瓦を交互に積み上げたり、時には甍葺や唐草の紋様のついたものを使うことがある。なお大きな建築では、棟飾りに変化を与えるために大棟の両端を反り上げたり、隅棟の端を反らして、二段に鬼板を置いて、稚児棟を作ったり、入母屋前包みの両端から軒先に向かって破風棟を作ったりすることがある（図6・58）。

f ── 鬼板

古くは、鬼板に鬼面を彫塑したものが多かった。横から見て板状に見えるものを鬼板といい、相対的に古く、鬼の顔が立体的に見えるものを鬼瓦といい、時代が降る。大棟両側には、鬼瓦ばかりではなく、現在では、経の巻付の獅子口（図6・59）、鳥衾付の鬼板、鴟尾、鯱、正吻などが使われ、一定しない（図23・20、p.343、図23・22、p.345 参照）。いずれも、鬼板台の上に据え、鰭は、破風幅の約2倍の長さを持つものをつける。また稚子棟の上に、鬼龍子を置いたり、向拝の利根丸瓦と唐草の留めに留蓋瓦を置くこともある。

以上、一般的な本堂を設計すると、図6・60のようになる。室町時代以降は折衷様が主流となるが、その最古のものとして、観心寺本堂（図6・61）がある。

側面図　　　　　　　　　　　　　　　　正面図

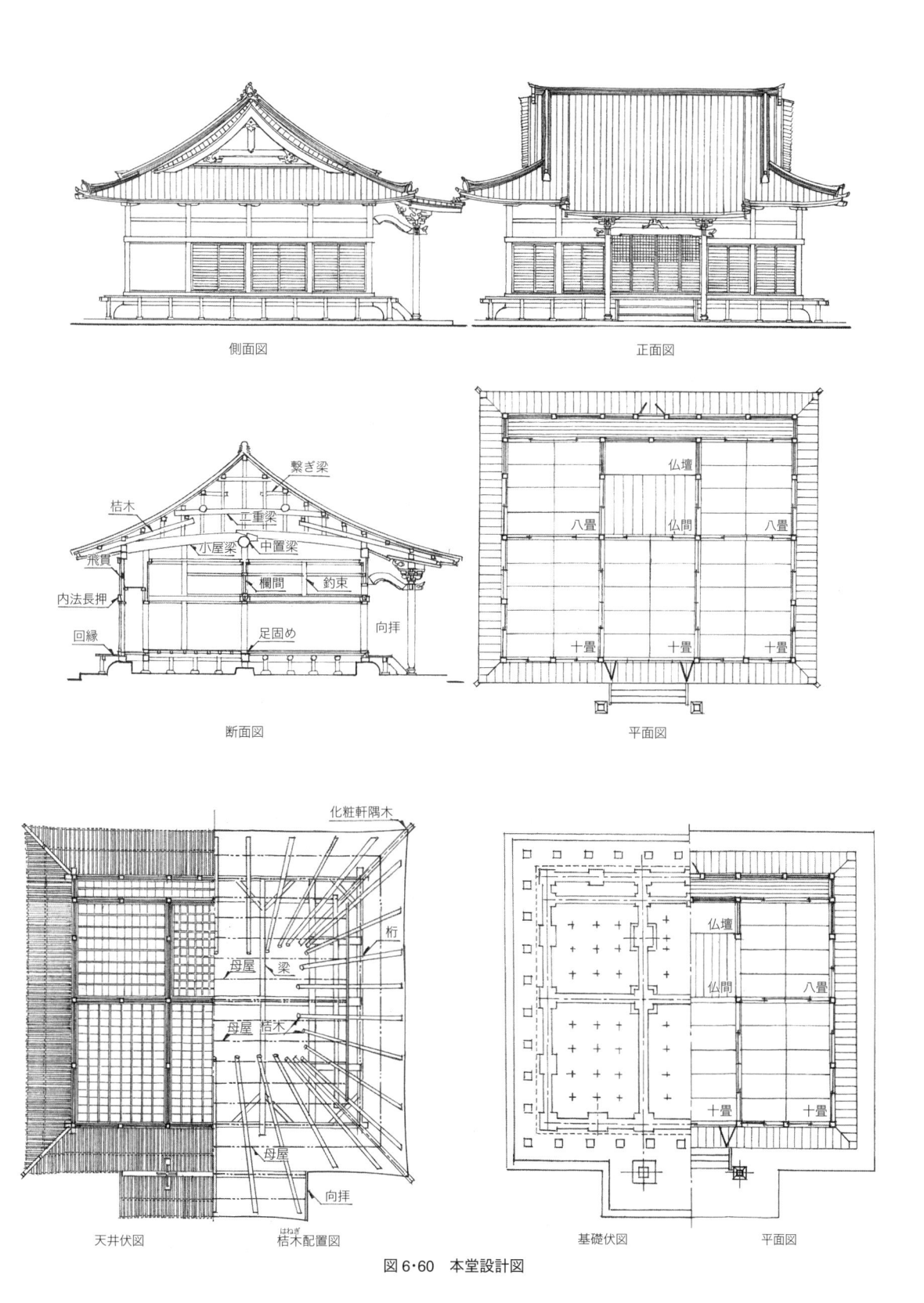

断面図　　　　　　　　　　　　　　　　平面図

繋ぎ梁
桔木　　二重梁
小屋梁　中置梁
飛貫　　　欄間　釣束
内法長押
回縁　　　　足固め　　向拝

仏壇
八畳　　仏間　　八畳
十畳　　十畳　　十畳

化粧軒隅木
桁
母屋　梁
母屋　桔木
母屋
向拝

仏壇
仏間
八畳
十畳　十畳

天井伏図　　桔木配置図　　　　　　　基礎伏図　　平面図

図6・60　本堂設計図

7 宮殿建築

1 貴人の住宅の歴史

宮殿とは、高貴な人々の住む建物を指す言葉である。ここでは、宮殿建築の流れを概説するとともに、それらの建物の造作についても詳述する。

神社建築の項で既述したように、縄文弥生時代から高倉が神聖な場所として崇められ、神の住む場所として変化していき、やがて高貴な人々もそのような建物に住むようになったと推測される。これが神社建築の神明造、大社造、住吉造であった。中でも住吉造は、大嘗祭の時の正殿とその平面がよく似ている。大嘗祭に使われるこの建物は、天皇が神になるための仮屋で、古い住宅の一つの形であると考えられる。

ⓐ——奈良時代の住宅

奈良時代の住宅として知られている藤原豊成邸（図7・1）は、桁行5間、梁間3間で、前後中央3間が奥行1間の吹き放しの庇のついたものである。柱間から考えると、住吉造が少し大きくなったと考えればよい。豊成は、藤原武智麻呂の子、藤原不比等の孫にあたる人物である。

奈良後期時代、法隆寺に施入された東院伝法堂は、橘夫人の住宅といわれ、調査の結果、前身建物（図7・2）が解明されている。それによると、桁行5間、梁間4間で、桁行のうち3間が閉鎖空間で他の2間は開放空間であり、その外側に幅の広い縁がついている。全体的に見ると、桁行5間、梁間2間の身舎に前後庇のついた建物になっている。この庇は、豊成邸にはなく、この庇付の建物が次の寝殿造に受け継がれていく。

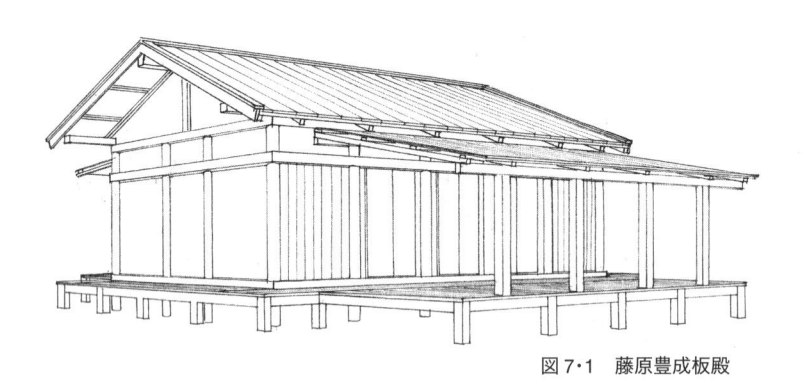

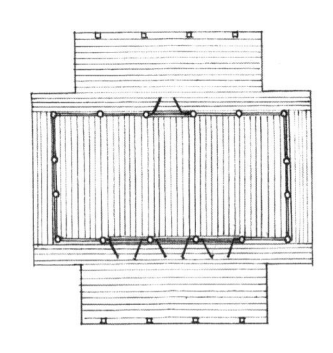

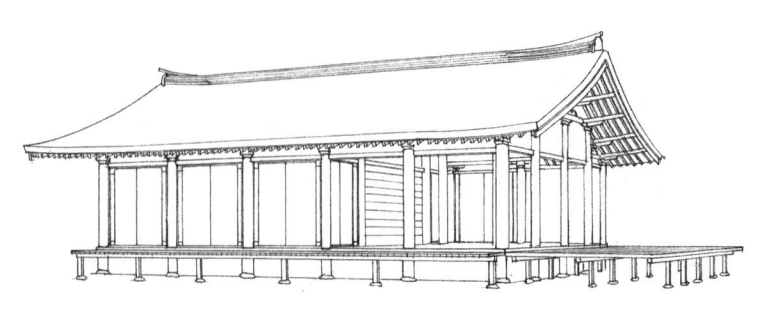

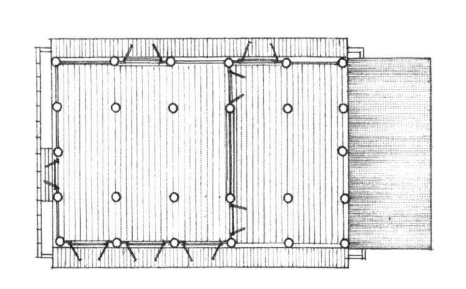

図7・1　藤原豊成板殿

図7・2　法隆寺東院伝法堂前身建物（関野克復元）

ⓑ──寝殿造

寝殿造（図7・3）は、一般に広大な邸宅の印象があるが、官位によって広さの上限が決められ、貴族の富の状態によって、色々なものがある。基本型は、寝殿とその附属建物、たとえば侍所、車宿、中門廊という玄関の機能のみを持つ建物等からなる。位が上がり経済的に余裕が出てくると、その敷地内に対の屋というものが増築される。寝殿の東にあるものが、東の対の屋、西に西の対の屋、北に北の対の屋が設けられ、これらの建物を渡り廊下（渡殿）がつなぐ。さらに大規模になると、対の屋は増築され、東の二の対といった名前で呼ばれることになる。一位から三位までは、敷地は、方一町（約1ha）と定められ、官位が下がると敷地の規模も小さくなる。

南に対の屋は設けられず、行事や儀式に使われる白砂の広場をつくり、その向こうに池が掘られ、中島を築き、これに橋が架けられているのが、一般的である。対の屋から池に向かって透廊を設け、その先端に、泉殿または釣殿を設けるが、二つ設けるわけではなく、どちらか一つが設けられ、いずれの機能にも使われたようである。池に龍頭鷁首の舟を浮かべて詩歌管弦に耽り、泉殿は涼を取ったり、観月に使われた。泉殿から池の魚を釣ったという記録もある。北の方には常の設備があり、その北には雑舎として下人の住居や物置、台所、井戸とそれらにともなう設備が設けられた。

寝殿本体の規模は、桁行5間の梁間4間、桁行7間の梁間4間、桁行9間の梁間5間といった大きさで、その規模は、種々あった。その建物の内部周囲1間に柱を建て、この柱に囲われた中央部を身舎と呼び、周囲1間通りを庇と呼んだ。この身舎と庇の関係は、後々の堂宮を始め、様々な建築に影響を与えた。どうして内部に柱を建てたのだろうか。内部に柱がない場合は、梁のスパン（梁の支持点から支持点までの距離）が長くなり、大きな梁が必要となる。構造も複雑になり、かつ難しくなるからだと思われる。

外部柱間に蔀戸を建て、外周には高欄付の縁を巡らし、南面に階を設けるが、その級数（階段の数）も官位によって定められていた。

内部空間は、小規模なものは一屋一室とし、簾、屏風、衝立、几帳、軟障、帽額などの移動間仕切を用いて生活していた。天井は化粧屋根裏で、床は拭板敷き、その上に、筵、畳、円座、褥などを必要な所に敷いていた。

御所（内裏）の紫宸殿（図7・4）は、御所の正殿で、桁行9間、梁間4間の建物である。前面奥行1間を南庇とし、その奥2間を身舎として、後部1間を北の庇としている。また東と西の身舎部分に桁行3間梁間1間の東の庇と西の庇がついている。南庇と身舎の間に間仕切はなく、独立柱になっており、身舎と北庇の間は賢聖障子（聖人の絵を描いた襖）で仕切られている。周囲に高欄付の「簀子縁」が巡り、南面中央に階が十八級で設けられている。庇の東西面は板戸で、階がつけられ、車寄になっている。屋根は、身舎部分切妻で、四周庇がつくので、入母屋のように見え、桧皮葺である。軒は、三軒で、地垂木、飛檐垂木は、繁垂木、その外の飛檐垂木は、疎垂木になっており、出隅の軒には、垂木が隠され、板の打上げになっていて庇を強調している。屋根の切妻は、古代の神社本殿の屋根がすべて切妻であり、神である天皇の居ます場所として切妻にしなければならなかったと思われる。全体として巨大な寝殿と考えられている。

都では、時代が降るとともに寝殿造が拡大していったが、地方貴族は貧窮化し、この形式も簡略化して変質し、中世で次第に書院造に移行していった。

大規模寝殿造平面模式図

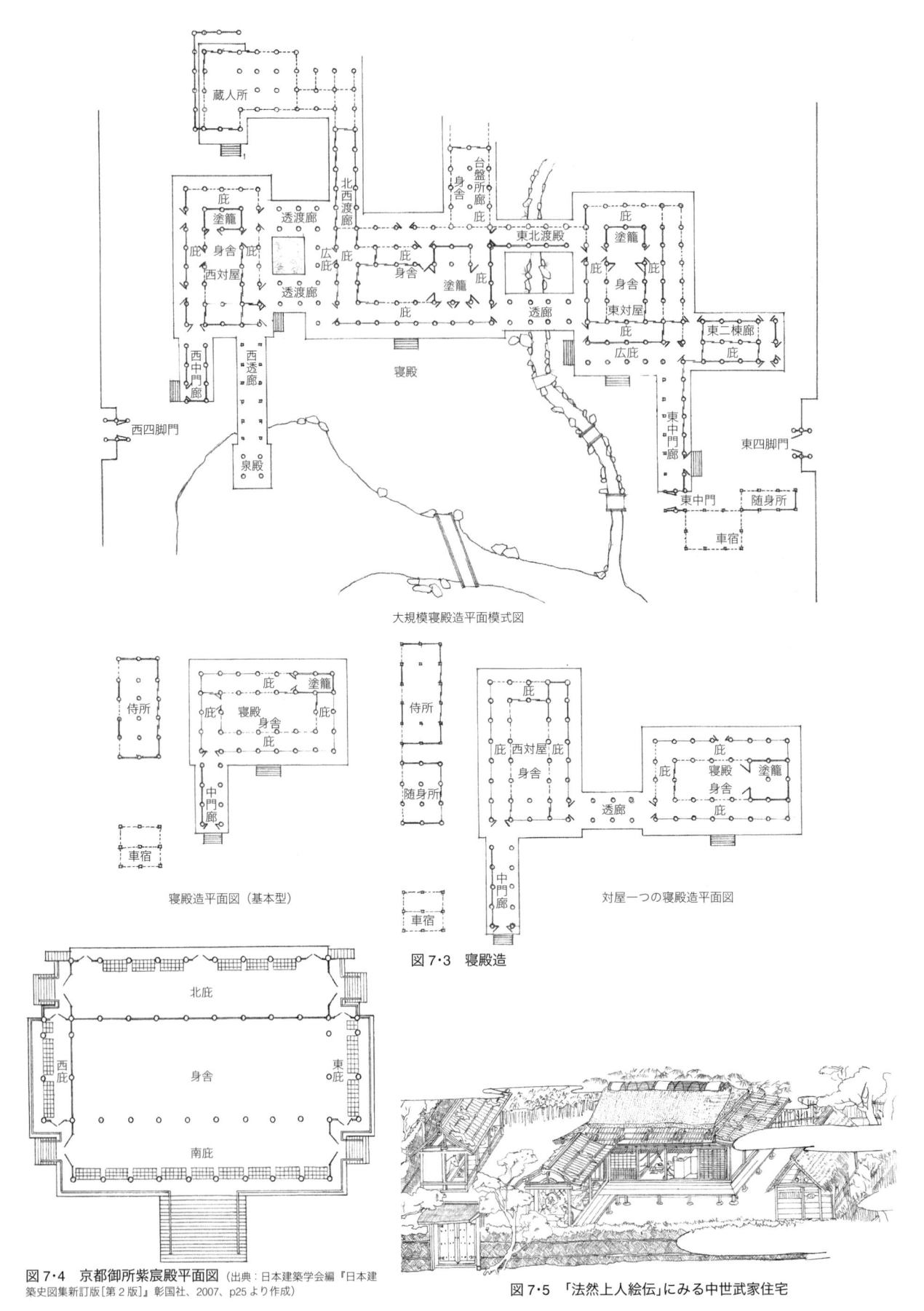

寝殿造平面図（基本型）

対屋一つの寝殿造平面図

図7・3　寝殿造

図7・4　京都御所紫宸殿平面図（出典：日本建築学会編『日本建築史図集新訂版［第2版］』彰国社、2007、p25より作成）

図7・5　「法然上人絵伝」にみる中世武家住宅

C── 書院造

　中世前期の武家住宅については、資料が非常に少なく、規模その他を明らかにするのは困難だが、上流武士の邸宅は寝殿造の系統を引きつぎつつ、武士の生活に適合するように改変されていったものといえる。

　「法然上人絵伝」に描かれている美作国の押領使（図7・5）の家は、桁行4間、梁間3間草葺の屋根、周囲に板庇がついている。これに唐破風の妻をもつ中門廊があり、主屋の左右に厩と厨らしい建物、草葺の門がある。これなどは地方で寝殿造が変質したものであろう。

　室町時代の足利義政の室町殿では、色濃く寝殿造の雰囲気を残すものの、その機能変化に対応していることがわかる。足利義政の東山殿会所の平面は、おそらく禅宗塔頭の方丈の影響が大きく、寝殿造の特徴は影を潜め、トコ、ショイン、オシイタ、タナ等が設けられ、書院造の要素が多く見られる。同じ東山殿の東求堂は書院造発祥の建築といわれ、床には、畳が全面に敷かれ、襖等で部屋を分割し、それぞれの部屋がそれぞれの機能を持つという建物である。このような機能の変化から、それまでよく用いられた武家造、主殿造の名称は、用いられなくなった。

　書院造の基本型は建物を4分割し、一番奥まった部屋に、床または押板、棚、書院、帳台構えを設け、一段部屋全体を高くして上段の間とし、次に次の間、三の間、四の間と続ける。帳台の内部には納戸（武者隠し）を設ける。周囲は入側（畳廊下）が巡り、その外側外部は切目縁が巡る。床は畳敷き、天井は格式によっては折上格天井、格天井、竿縁天井（猿頬天井）等が用いられる（図7・6）。外部建具は三本溝で、舞良戸または板戸2枚に明障子1枚となり、時代がさらに降ると2本溝となり、明障子引違いの外に1本溝の雨戸が入るようになる。このような建物を一つの単位として数棟建て、これらを渡廊下でつないでいく。また玄関、遠侍（侍の詰所）といったものや、生活のための建物は、別棟として建てる。

　園城寺光浄院客殿（図7・7）は1601（慶長6）年頃の建立と伝えられている。桁行7間、梁間6間の建物で、南北2列の部屋を取り、南面は、入側（鞘の間6畳）と18畳の部屋二つが並び、庭に面して広縁があり、落縁をつけている。この縁の続きの東南の隅に中門廊がある。各室とも畳を敷き詰め、上座の間には、押板、棚、帳台を設け、その脇につく2畳の上段の間は、床付の書院になっている。また各室の仕切には襖を建て、天井は猿頬天井で、猿頬は、いわゆる床差になっている。また、二つの部屋の仕切上部にも、筬欄間が入れられている。

　東側正面車寄の部分には妻戸横連子を設け、建具は蔀戸で、上部庇に唐破風がつき、この下のみ両開き板戸である。南側の建具は、3本溝の付樋端で、舞良戸2枚、明障子1枚の構成となる。建物全体は、入母屋、柿葺で妻入りになっている。書院造の発生過程を語る建物である。

　18畳の二室は、古来からよく用いられた九間18畳で、座敷飾りが揃っており、書院造の古い典型と考えられる。また建具は、寝殿造でよく用いられる蔀戸を正面に配し、中に中門廊を設けているのもその伝統によるものである。一方南側の三本溝は、この時代の新しい建具のあり方を示している。

　光浄院客殿は、安土桃山時代に建築を規格する目的でできた、木矩、木割の中で、和歌山の大工の棟梁、平内政信が、1608（慶長13）年に作った木割書『匠明』全5巻のうち、殿屋集にある「昔六間七間主殿の図」とよく似た建物であることに意味がある。

　中門廊に続く広縁や落縁、さらに縁に建つ独立柱の位置や構成、庭に至るまで絶妙の意匠力を発揮している建物である。

　書院造は、一方で武士の住宅として発展してきたものであり、寝殿造のようにその姿を一般に見せない住宅とは違うことから、わが国の現在の住宅に引き継がれて大きな影響を与えた。しかし寝殿造も書院造に影響を与えたことから、その共通点も多い。ここでは、その共通する造作について述べていく。

　宮殿の矩形図の例を描いておく（図7・8）。

図7・6　書院造上段の間模式図 （出典：京都林泉協会編
著『日本庭園鑑賞便覧』学芸出版社、2002、p.86）

竿縁天井　竿縁（棹縁）　折上格天井　格縁
回縁　蟻壁　蟻壁長押　亀尾（支輪）
釘隠　落し掛け　内法長押
書院欄間　床柱　天袋
書院障子　違棚
付書院（出書院）　地板
縁　地板　押板　床　床框
帳台構え

正面図

南　北
床　押板　違棚
上段の間　6畳
広縁　上座の間18畳　8畳
次の間18畳　12畳
中門廊　鞘の間6畳　4畳

平面図

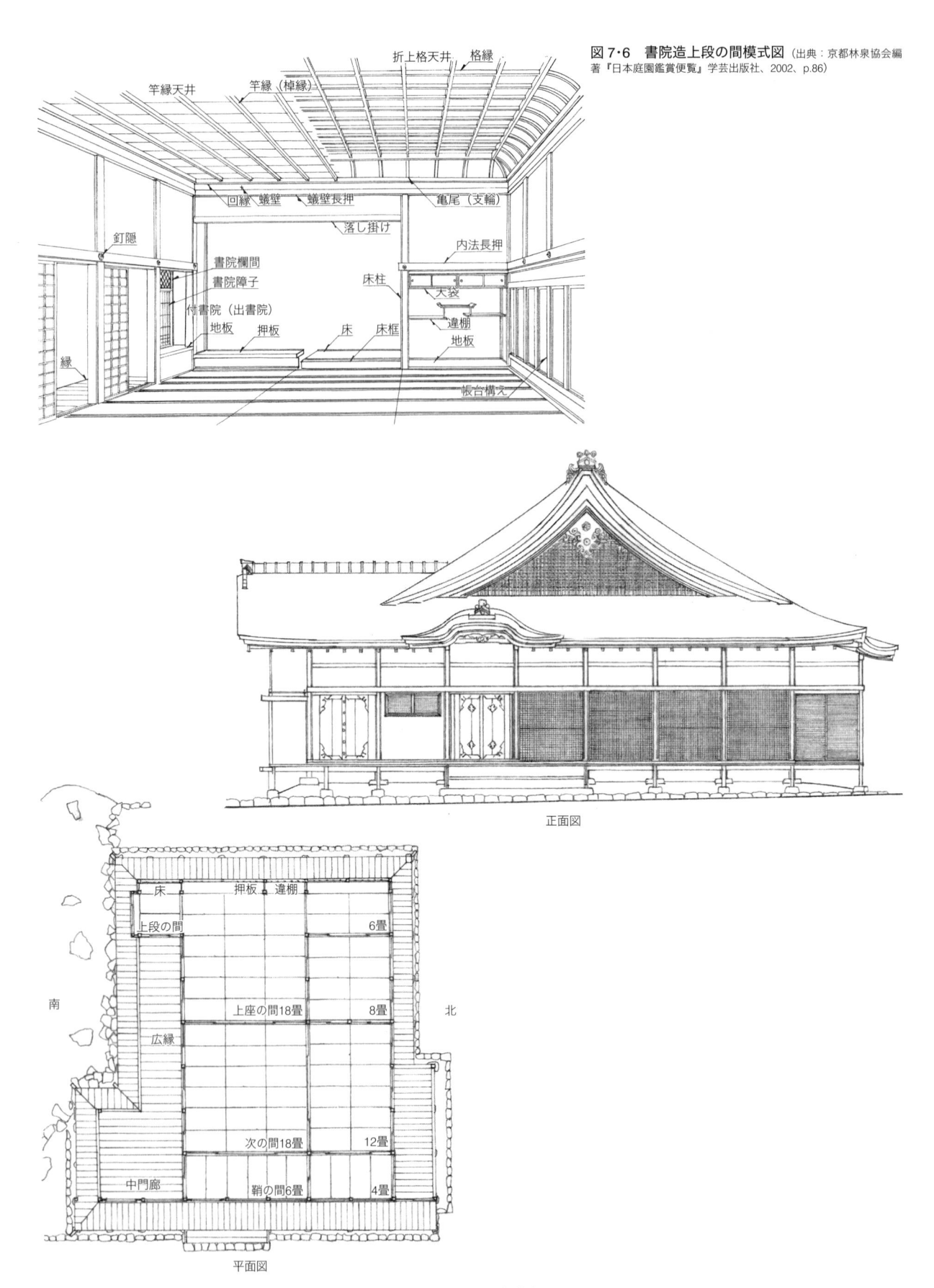

図7・7　園城寺光浄院客殿

2 縁

ⓐ——入側

　建物の縁構えには、二つの形式がある。そのうちの一つは「入側」(座敷縁または、庇)を巡らし、その外側に濡縁として落縁をつけて、入側と落縁の間に戸締りをつける。もう一つは建物の外側に直接戸締りをつけて入側を取らず、直に濡縁を回すものである。前者は書院造に多く用いられ、後者は社殿、仏堂他に多く用いられる。

ⓑ——書院の入側

　入側は、幅1間以上あって、畳敷にするのが普通である。書院造の初期は、入側部分を板貼にした。この場合、敷居1枚の高さ下げて切目貼、隠し釘打ちとする(図26・2、p.379)。

　内法は長押を回し、欄間を取付け、天井は多くの場合竿縁または猿頬天井とする。室内と入側の間仕切は明障子を建て、外部戸締まりは蔀戸または雨戸、唐戸などを建てる。入側が長い場合、区切として普通杉戸を用いる。これに極彩色の花鳥画などをあしらい、框は塗框とするのが一般的である。

ⓒ——落縁

　落縁は、入側床上端から15〜30mm下げて貼った濡縁のことである。普通は地覆長押1本下げ(図7・9)、雨戸建ての時には地覆長押の代わりに一筋敷居(図7・10)とする。簡単に取り扱ったものには、上框だけのものもある。これを切目縁という。落縁の終端の突き当たりには、脇障子を建てて区切る。

　切目縁の幅は縁葛の外面を軒の木負の外角垂直線に納め、縁板の厚さは垂木の幅ほどとし(図7・11)、外側に向かって水垂勾配を幅の1/100〜1/200くらいつけ、板傍は、突きつけにして、太枘を45cm間隔くらいに入れ、面取はせず、面一(さすり)に入れる。板鼻は縁葛の幅ほどか、板厚の2倍くらい持ち出して、木口を胡粉で白く塗る。縁葛の大きさは、幅を柱の半分、高さは柱の9分5厘とし、束は、8分角を沓石の上端に太枘立てとし、隅に隅抉首を45度に入れる。

ⓓ——鶯貼

　鶯貼の切目縁は、厚板の下端を蒲鉾形に削って貼ってあるので、その上を歩く人の重さで、板が反転して根太と釘とで軋む音を出し、また側面が擦れ合って微音を発するような技巧を施したものだということである。一方で、板を取りつけるための目鎹が板の痩せによって隙間ができて、音を発するようになったものを鶯貼として貴重に思っているだけだという説もある。この音が忍者除けだという説もあるが、関係ないだろう。

ⓔ——高欄(勾欄)

　切目縁には、高欄を巡らすものが多く、縁の終端には脇障子を立てる。高欄には、和様と禅宗様があるが、寺院以外は、ほとんど和様である。縁の隅の回り角で高欄を十文字に打違えて、その木端を少し反らす(桔高欄または、桔高欄)時と、擬宝珠のついた親柱(これを宝珠柱という)に納める時もある。また、出隅を打違にして、入隅を宝珠柱にすることもある。

　高欄の木割では、和様の高欄では最上部にあるものを架木という。大きさは垂木の高さの1.2倍の円形、または長径1.2倍、短径1倍くらいの長円形とする。架木の下に平桁を通し、下部は地覆を這わす。地覆、平桁、架木の間隔は図7・12のようになる。垂木の高さの8〜11倍を全体の高さ(高欄の高さ)とし、適当に割りつける。その間の支えには、たたら束(立足束)と斗束を立て、1本おきに込たたら束(込立束、嫁たたら)を立てる。たたら束は地覆の内面に納まる正方形の束で、根枘を延長して縁板を貫き、縁葛あるいは縁束に包込枘に入れて裏から込み栓で止める。

　斗束は、たたら束の8分角とし、上部に斗をつけてたたら束の直上に立てる。斗の幅は束幅と同じで、高さはその8分取りに定め、2/5を斗刳としてその束の肩の部分を丸身に削る。入たたらは、平桁と地覆に上下枘入りとする。

図 7・8　宮殿の矩計図の例 [cm]

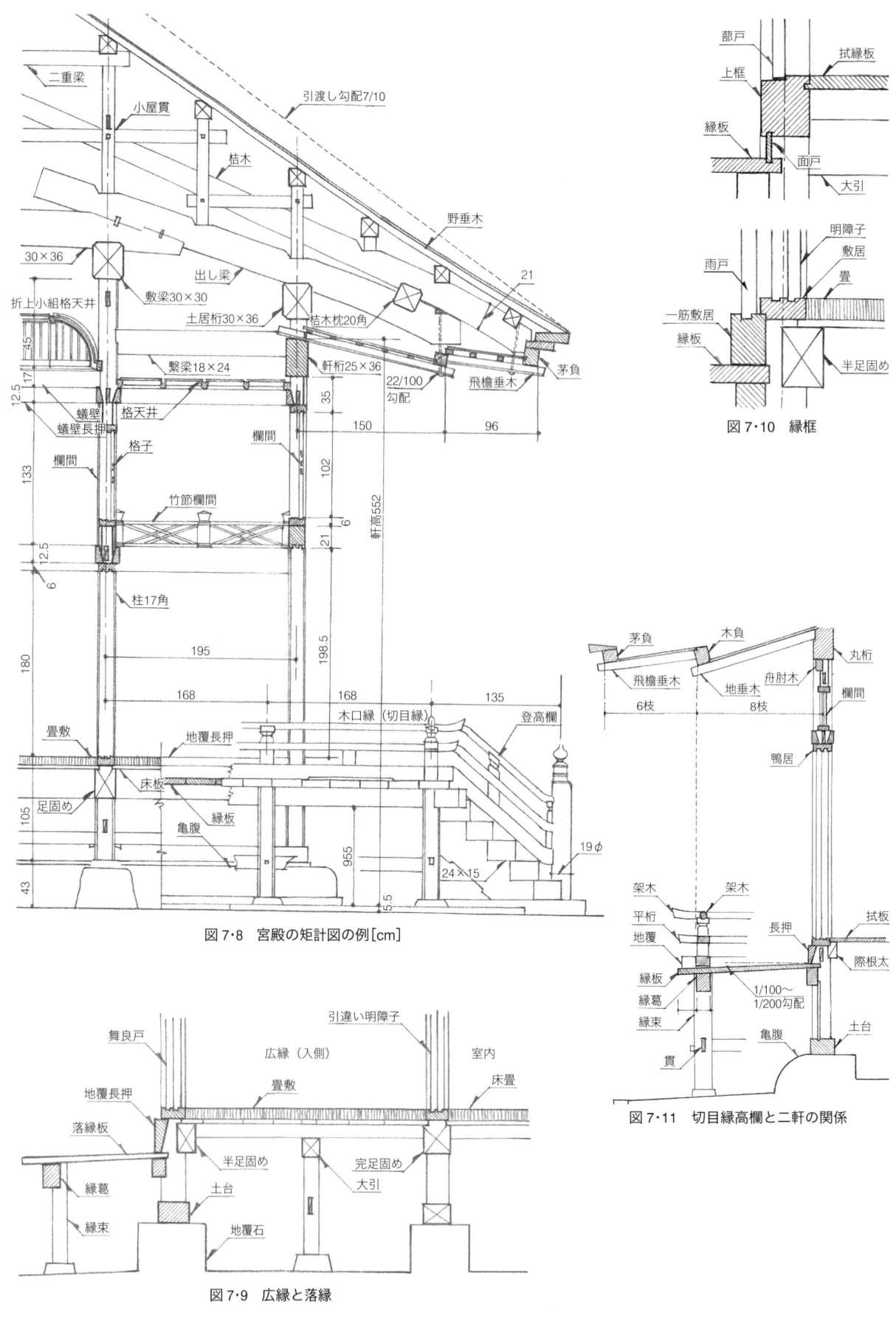

図 7・9　広縁と落縁

図 7・10　縁框

図 7・11　切目縁高欄と二軒の関係

架木の出は、地覆上端鼻とを引き通した10/2.5～10/3.5勾配の直線に切る。この直線が垂直の場合は反りと増はつけないが、普通架木下端を直径ほど反り上げ、上端の高さを1.2～1.3倍増す。これらの出の長い時には、力金（力骨金物）を用いて各木口の出の6分くらいの所を貫通し、木口の垂れを防ぐ。平桁は、地覆高さの1本半以内出し、鼻を上向に反りつける。反り加減は下端をその高さの1/3以内反り上げ、上端を1/2くらい反り上げると、鼻1分5厘くらいの増をつけて反らすことになる。桔高欄（刎高欄）（図7・13）の出隅の地覆は、両小口をその高さほど出して組む。

擬宝珠柱（宝珠柱）は入隅の打違い部分にだいたい用いられるが、用いない時は、地覆幅の半分くらいずつ出して交差させる。寺院では、擬宝珠柱を出隅にも用いる。

階段の上り始めに建てる宝珠柱の太さは、地覆幅の裏目（√2ないし、高さの1.6～1.7倍分を直径とした丸柱）根柄とたたら束と同じ工法で建てる（図7・14）。高さは、直径の半分から7分ほどを架木上端から柱肩まで伸ばして、それから胴繰、覆輪、欠き首、宝珠などの繰形をつける。あるいはまた銅鋳物、青銅などで、図7・13のような割合で作って取りつけることもある。

禅宗様の高欄（図7・15）は、禅宗寺院に多く用いられているもので、大略は、擬宝珠高欄に似ている。親柱を建てることは、和様のものと同じだが、その頭部の形は、擬宝珠ではなく、逆蓮柱と呼ばれているものになっている。この名は蓮の花を逆さにした形に似ている所からきている。また架木を受ける斗が握蓮（蓮葉）や、まれに蓮花形になることがある。架木、平桁の先端がS字型に曲がり（蕨手という）、そこに唐草やその他の彫刻をつけたりもする。

f——階

前庭の階段を階といい、縁や向拝に用いられる。一般には、3段、5段までだが、御殿や大寺院などの正面には、12段のものもある（紫宸殿は、天子18階といって、18級ある）。簡単なものでは、厚さ6cm以上の踏板で、蹴込板を用いず、踏板の両端に、用じ材料を使って側桁とし、踏板を柄入れして固定する。濡縁に手摺高欄をつけない場合には、階にも高欄はつけない。入念な階には手摺高欄をつける（登高欄という）。この時は、全体に板組ではなく、角材の段板を重ねて、これを裏から簓桁で受け止め、段板の木口は高欄の外側に現す。段板の上に地覆を斜めに這わせ、親柱（宝珠柱）に直角につくように曲げて馴染ませ、たたら束を柄立てして、平桁、架木も、これに準じて組みつける。

g——脇障子

回り縁の終端には、区切をつけるために、脇障子（図7・16）をつける。古いものには、羽目板に極彩色の花鳥を描いたものや、薄肉の彫刻をレリーフのように取付けたものもある。邸宅等では、羽目板には杉柾（または杢）の約2cm厚みの良材を選んで無地のままの、1枚板で作ることが多い。羽目板以外の部材は、柱、長押等と同じ材料のものを用いる。濡縁の脇障子は、風にあおられることがあるので、「竹の節」の頭を延ばし、化粧垂木に柄差しで取付け、つなぎとする。小脇柱の根元は、地覆、縁板、縁葛に固定する。

脇障子の木割は、小脇柱は本柱の6分取り、片蓋柱（方立柱）はその二つ割りとする。笠木の高さは本柱の4分、その幅は7分取りとし、本柱に追い入れ、突っ込み柄とする。

鼻の出は、小脇柱の外面から、その下端までを小脇柱の2倍ほど出し、地覆の下端外角に、引き通した投墨で切る。上端の増しや反りについては、架木に準じる。

羽目板は額縁の見付けを小脇柱の四分半ないし垂木の高さほど、見込みは見付けの8分取りで、留に組む。板は、四方額縁に小穴で組込み、その厚さは、2cm以上とする。あるいは、裏表を1.5cmくらいの板2枚にして内部に蟻差しにして、胴縁に3通り吸いつけ、それに額縁を取りつける。これを「太鼓張り（フラッシュ）」という。

蹴込板も、羽目板同様に工作する。脇障子には潜を付け、出入りに便利なようにすることもある。この時は、平桁を敷居とし、踏板を設けておく。

図 7・13 桔高欄と擬宝珠

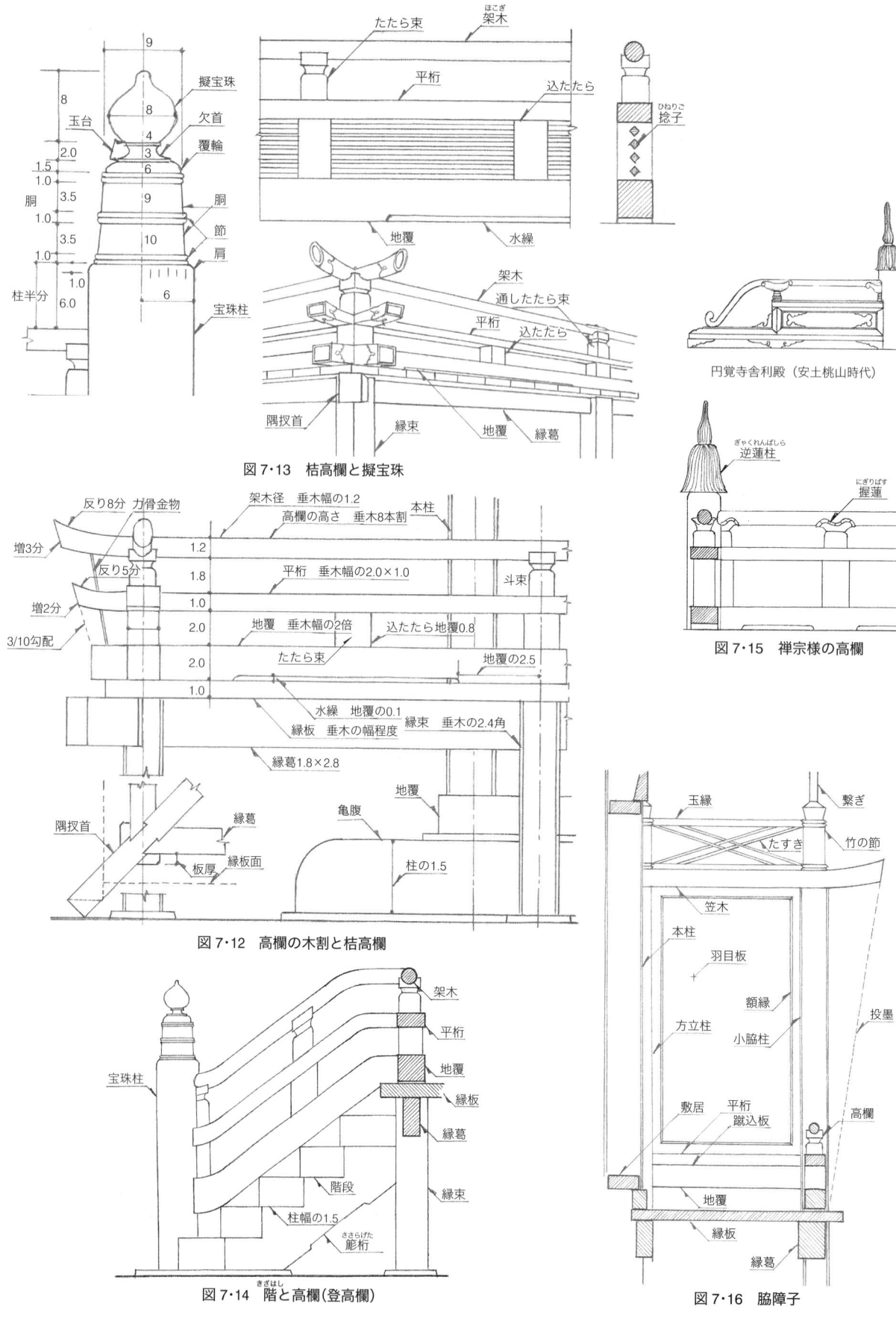

図 7・12 高欄の木割と桔高欄

図 7・14 階と高欄(登高欄)

図 7・15 禅宗様の高欄

円覚寺舎利殿(安土桃山時代)

図 7・16 脇障子

3 出入口と窓

ⓐ——寺院や御殿の建具

屋外への出入口には、おもに吊戸を用い、間仕切の出入口には引戸を使うことが多い。吊戸には板唐戸と桟唐戸とがあり、開き戸とする。蔀戸(しとみど)は、横吊りし、突き上げて使うもので、雨の降り込みを防ぐのに都合がよい。建具には、舞良戸(まいらど)、格子戸、杉戸などの他、明障子(あかりしょうじ)、襖(ふすま)等の類がある。

ⓑ——板唐戸(板戸)

板唐戸は社殿や古式の寺院等に開戸として用いられている。桟や框を使わないで、厚い1枚板か、2枚矧ぎの板の小口に端喰(はしばみ)を取付けて反りを防ぎ、また八双金物(はっそうかなもの)を取りつけて、割れを防ぎ、かつ装飾の役ももたせる。扉板の厚さは柱の2分取りで、端喰の幅は、敷居厚ほどにする。

吊込みは、柱両側に方立板を建て、場合によっては、幣軸(へいじく)を立て額縁として、両側と上部三方に回し、下は地覆長押(じふく)で見切る。この方立板は、决(しゃく)をつけて、板唐戸には、上下に軸柄を出し、軸に杓金物(しゃくかなもの)をかぶせ、内法長押(うちのり)または幣軸と地覆長押とに軸を入れて吊込む。召し合せ部分には、定規縁(じょうぎぶち)を打つ。方立板の幅は、長押の幅ほどにし、付幣軸の見付は、柱の1/3ほどとして、掛りは、その半分くらいとする。幣軸には柱幅の1/4の唐面取り(銀杏面、覆輪面)を取る(図7・17)。

ⓒ——桟唐戸

桟唐戸(図7・18)は、板戸より繊細で、華麗な建築に採用する。見付は、約6～8cmの縦框に横桟を意匠に合わせて組立て、鏡板を嵌め、上下に連子(れんじ)、菱格子(ひしごうし)、花狭間(はなざま)、格狭間(ごうざま)等を嵌め込んで、装飾する。また、唐面戸は組子を、框桟の幅の1/6とし、その交差した箇所に真鍮(しんちゅう)、青銅、銅等で作った装飾金物を打つ場合が多い。

框および桟の見付け幅は、扉の幅の1/12、見込みはその半分くらいとして、胴付を面組に作り、枘に差し固める(図7・19)。鏡板(綿板)(わたいた)は框の厚みの1/5くらいとする。

桟唐戸の吊込み(図7・20)は、板唐戸同様に軸吊だが、多くの場合、地覆長押も框も小さく、軸を植える余地が少ないので、別に軸受を取りつけることもある。この軸受のことを藁座(わらざ)という。建築の状態によって下部だけのこともあり、上下つけることもある。

脇羽目(わきばめ)の幅は、柱ほどとし、方立の見付けは柱半分、見込みは3分取り、門の扉の場合には、柱の下に唐居敷(からいしき)を置いて、これに軸を植え唐戸を吊込み方立を立て、戸当りには蹴放し(けはなし)を両側の柱の足元に追い入れて嵌める。

ⓓ——蔀戸

この戸は、はじめは寝殿造に用いられていたが、中世以降は神社社殿、寺院の建物の戸締用として採用されている。扉は、桟を木連格子(きつれごうし)に組んで、その裏面に紙を貼り、または、板を打ったものである(図7・21)。

蔀戸の吊込みは、高さ内法寸法を二つまたは三つ割とし、上の戸をはね上げ、地垂木から下げられた吊金物で掛け、下の戸一枚は、柱に縦溝をつけて、上げ下ろして取りはずすか、または上下扉を丁番で取付け、折りたたんで吊る。一般には外に開くが、内に開くようにしたものもある。上部だけはね上げて開き、下部を取り外すようにした蔀戸を半蔀戸(はじとみ)ということもある。

蔀戸の木割は、框見付けは柱の2分とし、見込みはその8/10、小間木(組子)の幅は框の約半分、小間は小間木の約1.5倍の間隔で縦横とも正方形に割り付ける。裏板の厚みは約1cmとする。

蔀戸の開いている時は柱間全部が開き、建物全体が非常に軽快に、しかも開放的になるが、扉が重く、開閉は大変であることを考慮する必要がある。

図 7・17 板唐戸の吊り方

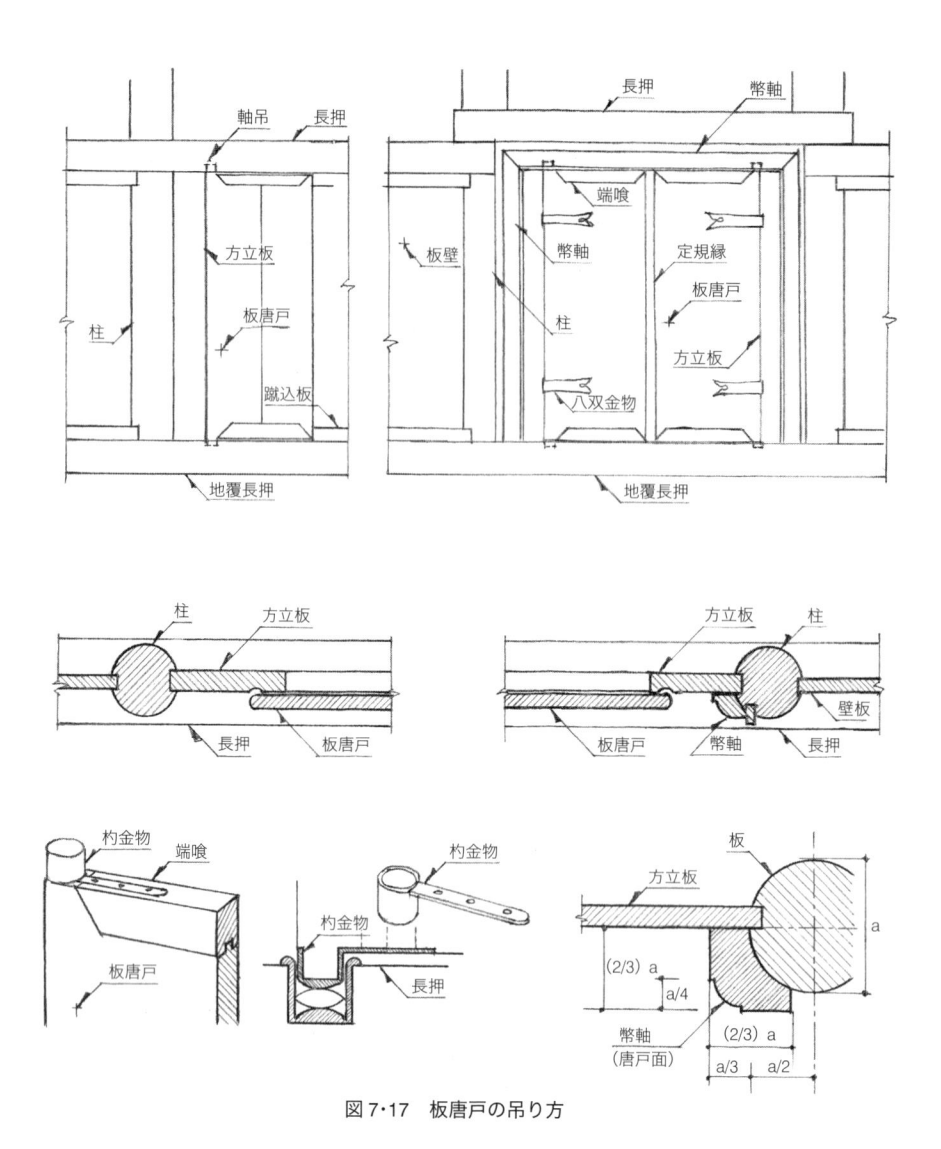

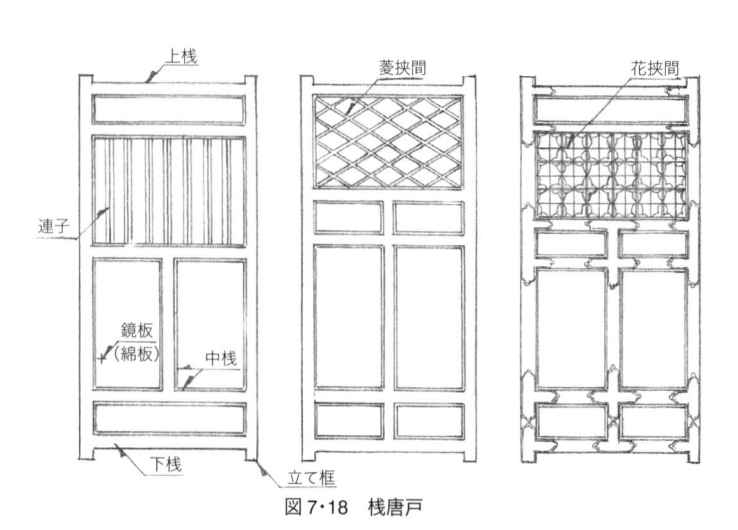

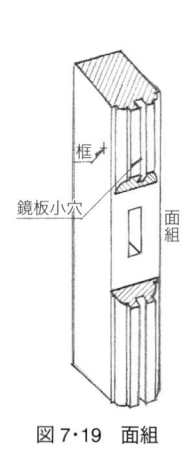

図 7・18 桟唐戸

図 7・19 面組

図 7・20　桟唐戸の吊り方

図 7・21　蔀戸の吊り方

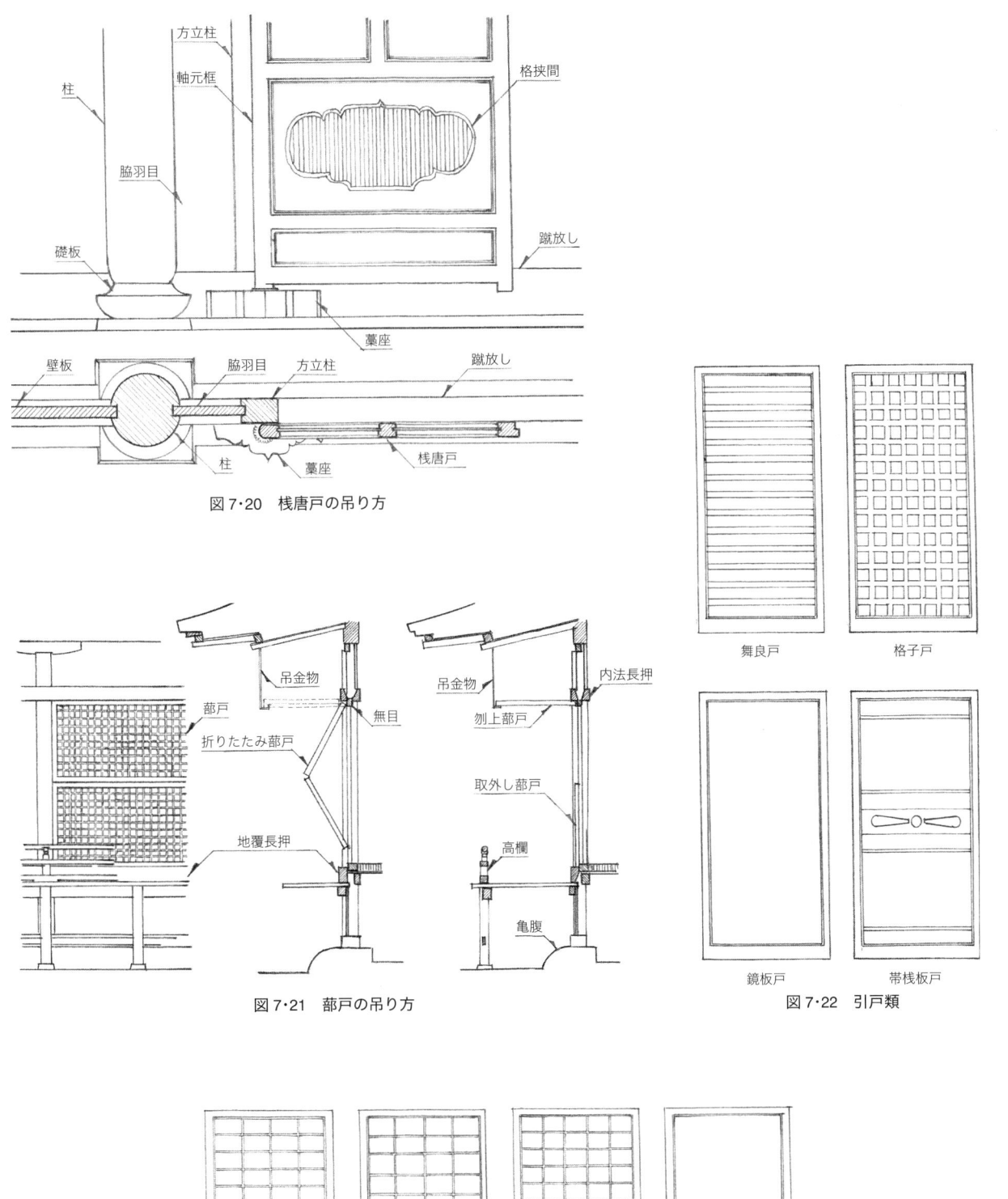

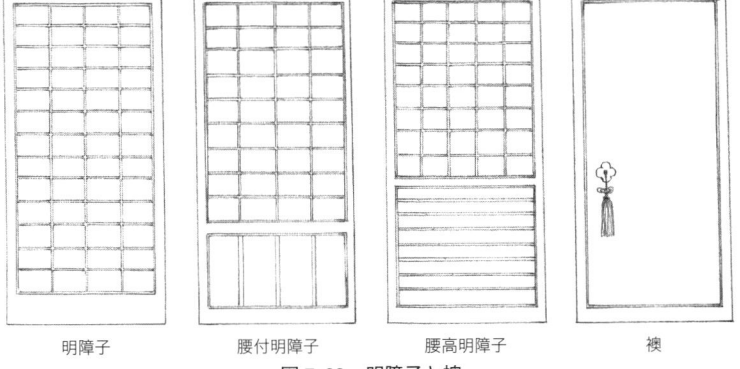

図 7・22　引戸類

図 7・23　明障子と襖

e──引戸

　引戸には、舞良戸、格子戸、杉戸等があり、明障子、襖とともに、室内の間仕切にも用いられるが、外部用に用いられることの方が多い（図7・22）。舞良戸は、框を回し、鏡板を入れて表裏から舞良子を横に小間返し（見付と同じ幅に開けること）、あるいは、格子幅の5倍間隔で取りつけたもの等がある。舞良戸には、舞良子を表のみに取りつけたものや、吹寄せにしたものもある。

　格子戸は、蔀戸を縦にしたようなもので、裏面に板、紙、ガラス等を貼ったり嵌め込んだりしたものと、何もないものとがある。杉戸は、着色しない杉の一枚板を立てたもので、絵を描くこともある。板戸は、帯板に透かし彫などして板を貼ったもので、框は、舞良戸に準じた寸法とし、桟や框を漆塗にすることが多い。内角には面を取り回す。これを「面腰押」という。

　明障子は紙貼、紗貼等で、その意匠を一般の住宅より厳格にしたものである。框も桟骨も普通のものより太いものを用い、頑丈に作る。腰回りに引戸の意匠を取り入れたものを「腰障子」といい、一般には、美濃紙を貼る。襖は布障子が変化したもので、框引手等も一般の住宅よりいかめしく、丈夫に見えるように少し太目に作る（図7・23、図27・22、p.439、図27・26、p.442）。

　書院造の上段の間にしつらえられる帳台構えに使用する襖は、框見付けも大きく取り、引手に房引手をつけるのが普通である（図7・24）。

f──欄間

　欄間は、主として間仕切上部に用いられる。外回りの欄間（雲障子）には連子（櫺子）以外の意匠のものは少ない。室内欄間の意匠は、現在普通住宅に使われる筬欄間や透し欄間の他、竹の節欄間や籠彫の透し欄間や花狭間、菱狭間、剣菱等がある。寺院では、虹梁、蟇股を使って欄間を省くこともある。また御殿等の格式を高く作るものには筬欄間が用いられる（図7・25）。

g──窓

　窓は、多く連子窓（図7・26）で、菱狭間、剣菱、花狭間等も用いられる。寺院では火灯窓（火頭、花頭、瓦灯とも書く）が用いられることが多い。もともと禅宗様から出たものである。内部を木連格子、連子、花狭間などでうずめ、障子、板戸を建てる場合もある。

　連子窓の框見付けは、柱の約1/4〜1/3、見込みは、その約半分、連子の断面は、方形か菱形にして小間返しくらいに縦に入れる。内側は、障子を建てる場合と無双にしたもの、また吹抜けにしたもの（古代）などがある。

　裏板を貼りつけ、外観だけ連子窓のような形をした「盲連子」もある。その他、連子子を横に入れた「ひねり格連子」（横連子）というのもある。

　火灯窓は、寺院の外観や書院造の書院窓などに用いられる。寺院に用いられる場合は割合よく似た意匠のものが多いが、書院造に用いられる火灯窓には、富士火灯、木瓜火灯（図7・27）等、種々変形させたものもある。框は漆塗とし、内部に引き開け障子を入れるが、この障子は、書院障子と同じく繊細なものとし、吹寄せ桟にすることも多い。禅宗の寺院の窓および出入口を、図7・28に描いておく。

4　床と天井

a──床

　宮殿および御殿の床は、もともと拭板敷きであったが、室町時代の中頃から縁側、廊下、広間以外は、たいてい畳敷きとなった。床板の上に畳を敷くことは、普通住宅と同じだが、普通住宅のように遣り違いに敷かず、同方向に床差しにならないように敷いていた。

b──畳の縁

　畳の縁には、黄、緑色の無地のものか高麗縁、繧繝縁などが用いられる。高麗縁には大紋縁と小紋縁の別がある。特に大紋縁は格式の高い部屋に用いられる。高麗縁は、紺色、緑色などの地色に紋を白抜きにするか、あるいは、白地に黒紋を置くもので、地質は絹、麻、木綿などである。繧繝縁は古来から御所や神前で用いられ、その他の所では、用いられないことになっている。これは、紋の周囲を同色の濃色、中色、淡色の三段にしたもので、菊、雲、七宝などの紋様が用いられる。

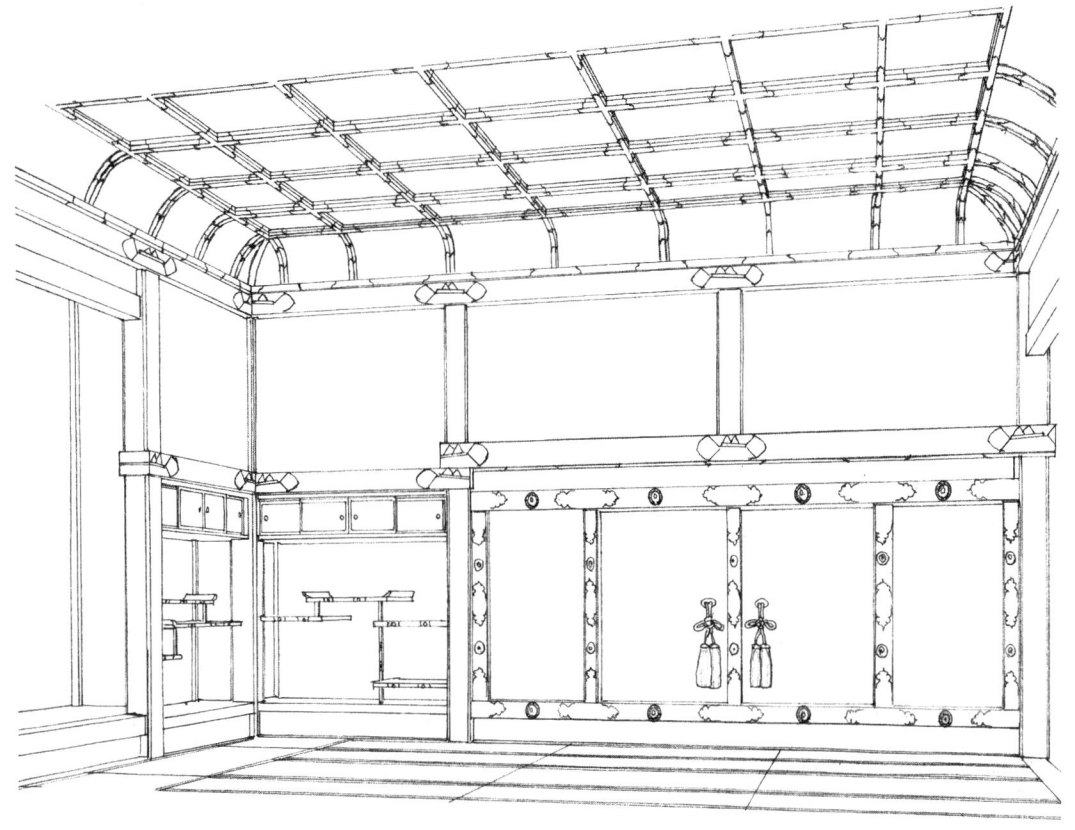

図7・24　上段の間　帳台構え襖（房引手付襖）

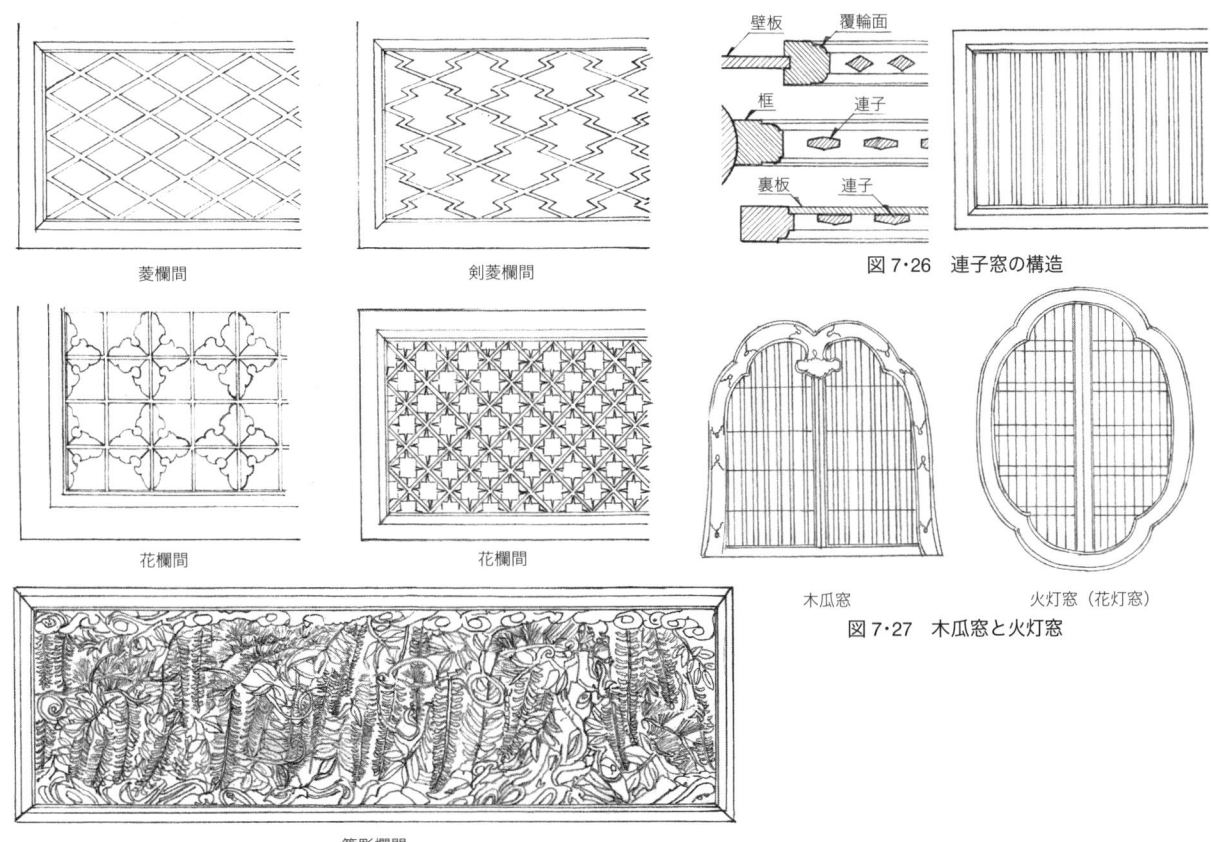

菱欄間

剣菱欄間

花欄間

花欄間

図7・26　連子窓の構造

壁板　覆輪面
框　連子
裏板　連子

木瓜窓　　火灯窓（花灯窓）
図7・27　木瓜窓と火灯窓

籠彫欄間
図7・25　欄間

7　宮殿建築

c —— 二重床

　書院造の上段の間は畳敷きとするが、その床は、厚い床板を二重に貼ったものになっている。これは、戦国時代、床下に潜り込む刺客に備えたものであった。

d —— 天井

　宮殿建築の天井には、格天井（図7・29）が多く用いられているが、竿縁天井も格式の差を表すのによく用いられる。まれに鏡天井が用いられることもある。格天井の組方には、平格、折上格、二重折上格（図7・30）などがあり、格間の天井板の貼り方は、鏡板、板違い、張付け、小組などがある。張付天井は、紙に絵を描いて鏡板に張付けたもので、龍、波、花鳥、唐草模様を彩色したものである。この場合の格縁は多く漆塗に仕上げ、格の交差する所に装飾金物を打ちつける場合もある。また古代の寺院では格の貼り板に胡粉を塗り、板の表面に紋様を描いた後、格の上から取りつける方法もあった。この時描かれる紋様は、宝相華や蓮華などである。

　格間の構造を示す。割り方は柱真々の距離を三つあるいは四つ割にし、方眼になるように柱の芯納め、または手挟に割り込む。格縁（図7・31）の大きさは、柱の3分角とし、下端から1/6ずつ覆輪面を取る。また高さの中央に決り欠ぎをする。小組格（図7・32）の高さは、格縁の1/3とし、下端の幅は、格縁の約1/6～1/10取り、間隔は、小組格の高さほど開けて方眼に組む。したがって、折上格天井の場合は、格縁は、亀の尾となって正弦曲線（sin曲線）形に回縁や小組天井外框に組付き、また小組格天井小組桟は、支輪になって亀の尾形に平行な正弦曲線を描いて、亀の尾と同様に回縁や天井框に組みつける。

　鏡天井は、羽目板を一枚板にしたもので、絵画装飾をすることもある。あまりに天井が広い場合には、縁を井桁か亀甲に組んで板を貼ることもある。鏡天井（図7・33）は、鎌倉時代に入ってきた禅宗様から始まって、一般化したものである。

　その他、古代の堂宇等では、組入れ天井といって中央だけに太い格縁を小間返しくらいに組んで天井としたものがある。今までの天井が構造体とは独立したものであるのに対し、これは構造体の一部と見なされ、「組天井」「組入れ」等といわれている。しかし現在ではあまり用いられない。

5　彫刻意匠

　宮殿建築に用いられる彫刻意匠には、以下のものがある。

a —— 塗装と装飾

　仏教建築が輸入されてからは、丹塗や曲線が用いられるようになった。繰形、彫刻等の装飾も次第に用いられるようになってくる。安土桃山時代以後には、彫刻が盛んになり、ついには、建築の部材に構造的な意味以上に、意匠装飾のための彫刻が豊富に用いられるようになった（図7・34）。はなはだしい時には、構造上必要な部材までも変形させたり、彫刻のために本来不要な部材を挿入することもあったが、数寄屋の普及や禁令等によって、一部の宗教的なものを除き、過飾的なものは次第に姿を消すことになる。

b —— 彫刻の種類

　和風の建築に使用される彫刻を類別すると、だいたい次のように分けられる。

1◆絵様繰形

　絵様とは、建築細部に用いた彫りの浅い平面的な装飾彫刻のことをいう。木鼻（図7・35）のように曲線輪郭で作られたものを絵様繰形という。

①輪郭絵様……雲斗、板蟇股、蛭眉（図7・36）
②直線彫り…切眉、欠眉、几帳面
③繰出し彫り……柱の粽、礎盤、斗組、擬宝珠
④線彫り……虹梁唐草絵様（図7・37）

2◆肉彫り

①薄肉彫り、半肉彫り（レリーフ）
②高肉彫り（浮彫り）籠彫り欄間：羽目脇障子等に花鳥人物等を彫る。
③丸彫り：花鳥、動物等を掘り出したもので、木鼻、懸魚、蟇股などに象、獅子、十二支などを彫り出す。
④透かし彫り：欄間、蟇股に山水、風月、花鳥などを透かし図案として彫る。

図7・28 火灯窓と波連子欄間

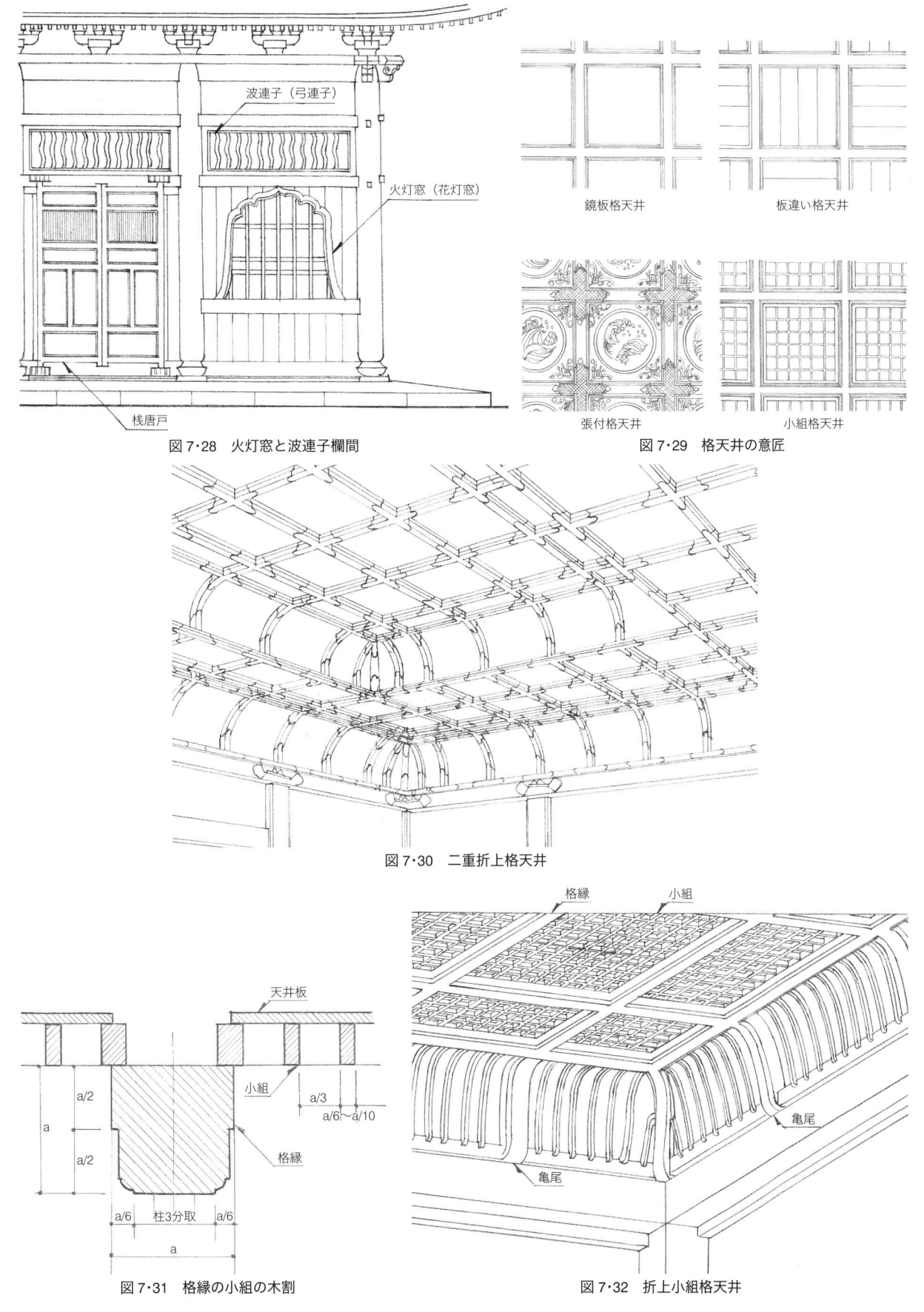

鏡板格天井　　板違い格天井

張付格天井　　小組格天井

図7・29 格天井の意匠

図7・30 二重折上格天井

図7・31 格縁の小組の木割

図7・32 折上小組格天井

図7・33 鏡天井

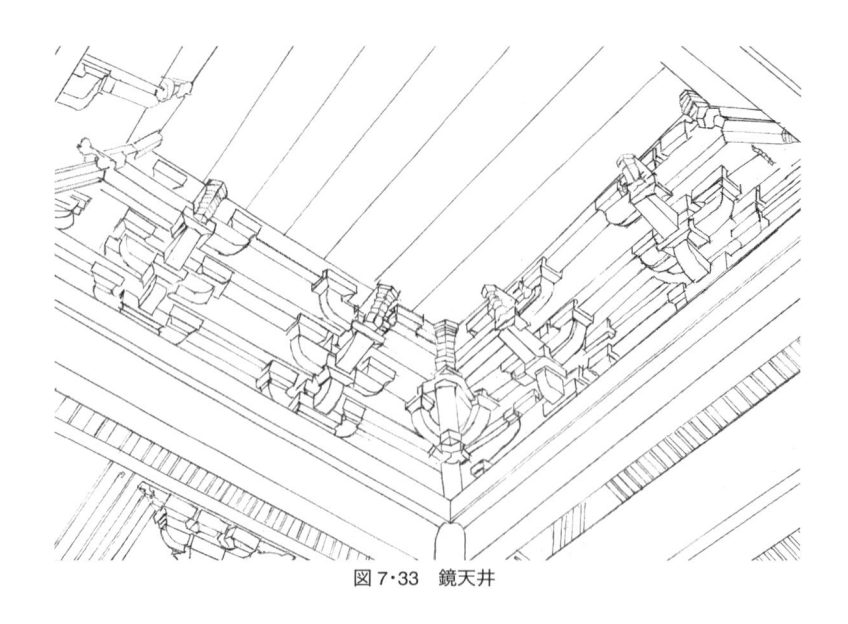

図7・34 彫刻に充たされた建物　日光東照宮唐門

図7・35 木鼻の絵様

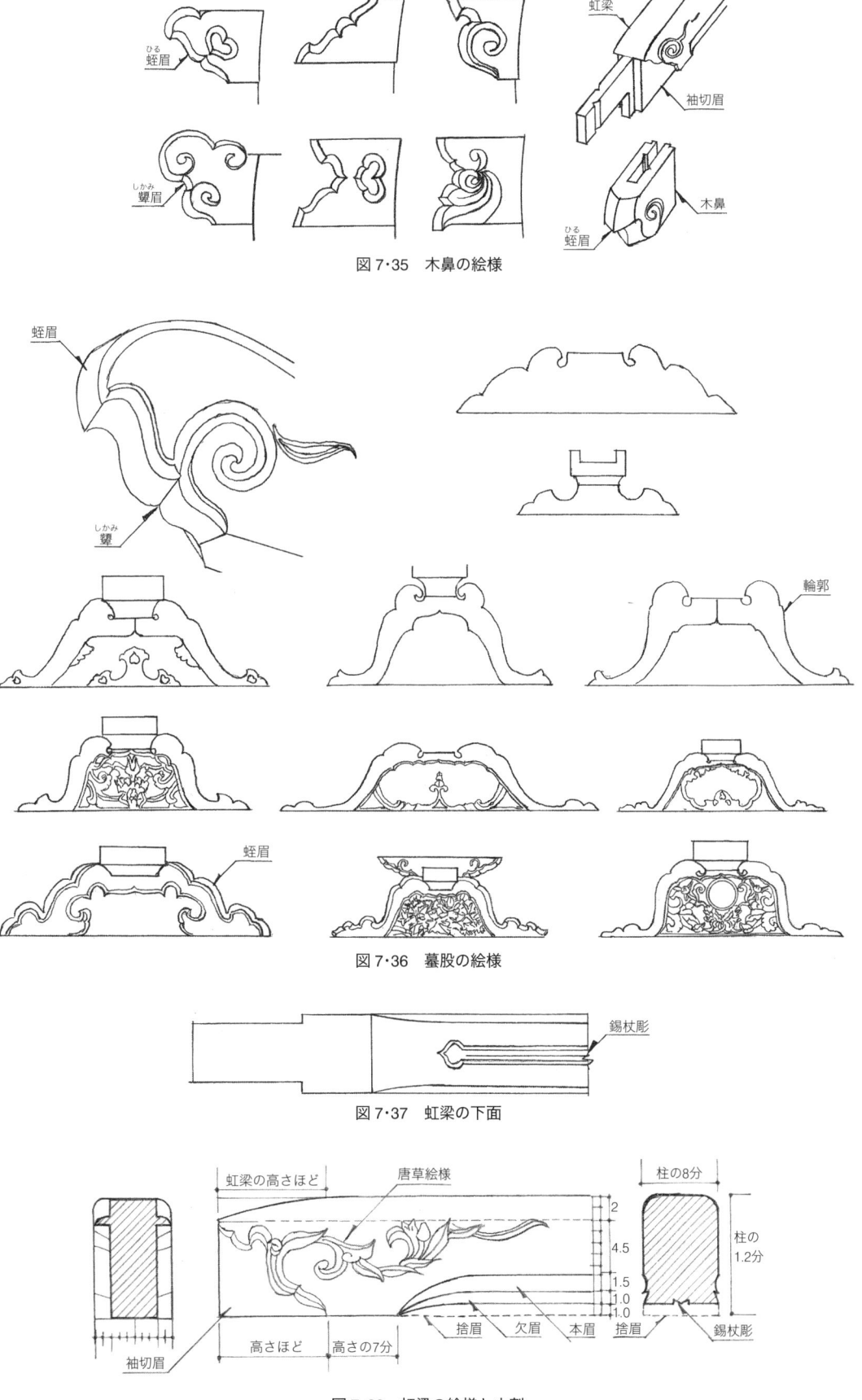

図7・36 蟇股の絵様

図7・37 虹梁の下面

図7・38 虹梁の絵様と木割

ⓒ——絵様の題材

絵様には、宝相華、唐草が多く使われる。その他猪の目、巴、渦紋、水、雲、若草、蔦などをやわらかい曲線で図案化したものが多い。

絵様の変遷を見ていくと、平安後期時代（藤原時代）のものは風格手法が優美で、鎌倉時代のものは、剛健であった。安土桃山時代のものは、華麗豪壮で、江戸時代のものは、繊細になる。しかし現在では、その煩雑さを嫌って、簡単な絵様が歓迎されている。

肉彫りの主題（テーマ）は、花鳥、人物、獣魚、山水、日月、水、雲等で、それぞれ古事由来を表現したものが好んで用いられる。たとえば、十二支、松竹梅、鶴亀、二十四孝など、一組の由緒を含んでいて、いわゆる縁起のよいものが選んである。また牡丹に唐獅子、竹に虎、桐に鳳凰、梅に鶯、松に鶴、竹に雀、月に雁等対称的なものもあれば、鯉の滝登り、一富士二鷹三茄子など吉兆を意味したもの、その他伝説、歴史物語や近江八景の写生風に彫刻したものなどある。

神社の式年造営では、前様式をそのまま受継ぐが、新しく建立または再建される建築物については、近代的な気風が取り入れられ、煩雑なものは避け、ごく簡単なものを彫刻に用いるようになっている。

絵様を施した虹梁の木割を描いておく（図7・38）。

8　詳細部

ここでは、多くの伝統建築に共通する詳細部について述べていく。

1　向拝

神社あるいは寺院の正面で、衆人の礼拝する部分の軒は、特に深くして、雨天の時に、雨が降りかからないようにした。しかも、この場所は建物の正面中心に当たるので、極めて厳格荘重に取り扱うのが普通である。この部分を向拝（図8・1）といい、普通住宅の玄関に相当する。向拝ができてくるのは、一般庶民に対する仏教が普及してきた鎌倉時代以降のことで、本堂に人を収容した時の履物の脱ぎ場としてもたいへん便利な設備である（図8・2）。

ⓐ——向拝の大きさ

向拝は、建物正面に設ける。その幅は、建物正面の1/3よりも大きく、3/5くらいまでとする。これは正面5間堂の3間分ということになる。奥行は、建物の種類、性質に応じて種々あるが、向拝は、柱間1間くらい取るのが一般的である。

向拝は、柱立て向拝にするのが普通で、建物の大きさによって、向拝柱を、2本、4本、6本と建てて、1間、3間、5間の奇数間にする。この間隔も、本殿柱と柱筋を通すのが普通だが、時に中央の柱間を大きくし、両端に行くに従って、次第に狭くする方法もある。本殿の柱と柱筋を通さないと、本殿柱と向拝の接続に無理が起き、納まりが困難になる。

ⓑ——向拝屋根

向拝の高さは、本殿よりも、基礎、基壇、礎盤（沓石の上にのせる石。禅宗様堂宇の柱下部にしかつかなかったが、向拝柱下は水に濡れることから、次第に他の様式にも取り入れられるようになった）などを下げて築く。軒先は、本殿の軒先から次第に勾配をゆるめて葺き降ろされるので、本殿の軒先より下がるのが普通である。雨降りの時等を考えても、軒先は低い方がよい。

屋根の形は、「大唐破風造」「軒唐破風造」「縋破風造」に大別できる。大屋根の軒よりも下げて唐破風軒を作るのが大唐破風造といい、本殿から持ち出した軒茅負と破風尻とを一致させたものを軒唐破風という。向拝の屋根葺材料は、本殿と同一のものを使用するのが普通で、桧皮葺、銅板葺、瓦葺等になる。

2　向拝の構造

ⓐ──礎盤

柱下の杏石および礎盤（双盤）は図8・3に示すような割合が普通だが、意匠の都合で、多少変化しても差し支えない。その高さは、柱直径の6/10〜7/10で、これらを5等分して2/5を上割形とし、3/5を下割形とする。また礎盤下の杏石（礎石の表面）は、礎盤の高さの約1/5で、柱直径の裏目角（$\sqrt{2}$倍）ほどにする。礎盤はなく、杏石だけのこともある。

ⓑ──床

床は、軒先の立水線より少し内側に縁石を据え、内部は土間コンクリート、モルタル目地切か、人造石塗り研出し（現テラ）または石、敷瓦とし、目地は、碁盤目地または、四半目地とする。

ⓒ──柱

柱の寸法は、柱真々距離の0.05〜0.06を乗じる。すなわち柱真々が4mであれば約20〜24cm角とする。柱は上部および下部で多少細くする。これを粽柱といい、その細める割合は、古式と今様（江戸時代）では多小違うが、上下両端の木口は、柱の8分角になるようにする。粽も礎盤と同じように禅宗様の柱の形であったが、他の様式でも向拝柱にはよく採用されている。

柱の面は、柱見付け幅の1/10（七ツ面または、十割面）から1/14（十面または十四割面）を几帳面に取るのが普通である。柱の足元を沓巻銅板で巻くこともある（図8・3）。

ⓓ──虹梁

虹梁の高さは、柱の1.2〜1.3本とし、幅は、柱の7〜8分取りにするのが普通だが、彫刻の都合で、柱と同寸にして、その胴付の所を納めるために、袖切眉を取り、幅を小さくして柱に組合せることもある。袖切や虹梁の木造り彫刻は、図7・36（p.131）のようになる。下端中央を「捨眉」と称して削り取る。仏寺の本堂の豪華なものになると、虹梁下端を錫杖彫りすることもあり、意匠様式によって一定ではない。

ⓔ──木鼻

幅を柱の7〜8分、高さは虹梁と同寸とし、適当な彫刻を施す。その鼻の長さは、意匠によって異なるが、柱見付け幅の1本半くらいがよいようである。

ⓕ──海老虹梁

縋破風の場合、本柱と向拝柱とに高さの差があるため、直虹梁でつなぐのは都合が悪く、曲がった海老虹梁を使って巧みにつなぐ。向拝の浅い場合は、下屋の意味で、繋虹梁を用いて、極めて素朴に納めることもある。また野屋根がしっかりしている場合には手挟のみで虹梁を省くこともある（図8・4）。

ⓖ──正面の虹梁

平虹梁と丸桁の天地は柱2本分ほどにし、柱頭に斗肘木を置き、虹梁背の中央に蟇股を置く。斗肘木には単に大斗の上に肘木を組んだものもあるが、唐破風造のような複雑な意匠の時には、台輪、皿斗を用いる場合もある。

ⓗ──三ツ斗

向拝の木割には六枝掛三ツ斗が用いられることが多い。木割は、大斗の幅を垂木2本分＋小間三つ分、高さはその3/5とする。大斗の高さを5等分して、その2/5を含みとして枠肘木を組込む。1/5を敷面として残り2/5を下方斗割とする。斗尻の敷幅は垂木2本分＋小間一つ分とするのが、江戸時代からの方法である。

三ツ斗組の木割は、枠肘木の幅が大斗の1/3、高さは幅の2割増し、長さは大斗の大きさの2倍くらいにし、方斗巻斗の大きさは大斗の斗尻と同一（垂木2本分＋小間一つ分）、その他の比例は大斗と同じにする。方斗は、巻斗より幅を大きくすることがある。実肘木の大きさは、枠肘木の高さをそのまま高さにする。幅はその8分取り、長さは垂木6本分と小間五つ。その長さに加えて巻斗の大きさだけ外に伸ばして、端を刻る。大斗に皿斗を置く時と置かない時があるが、置く時の割合は図8・5のようになる。

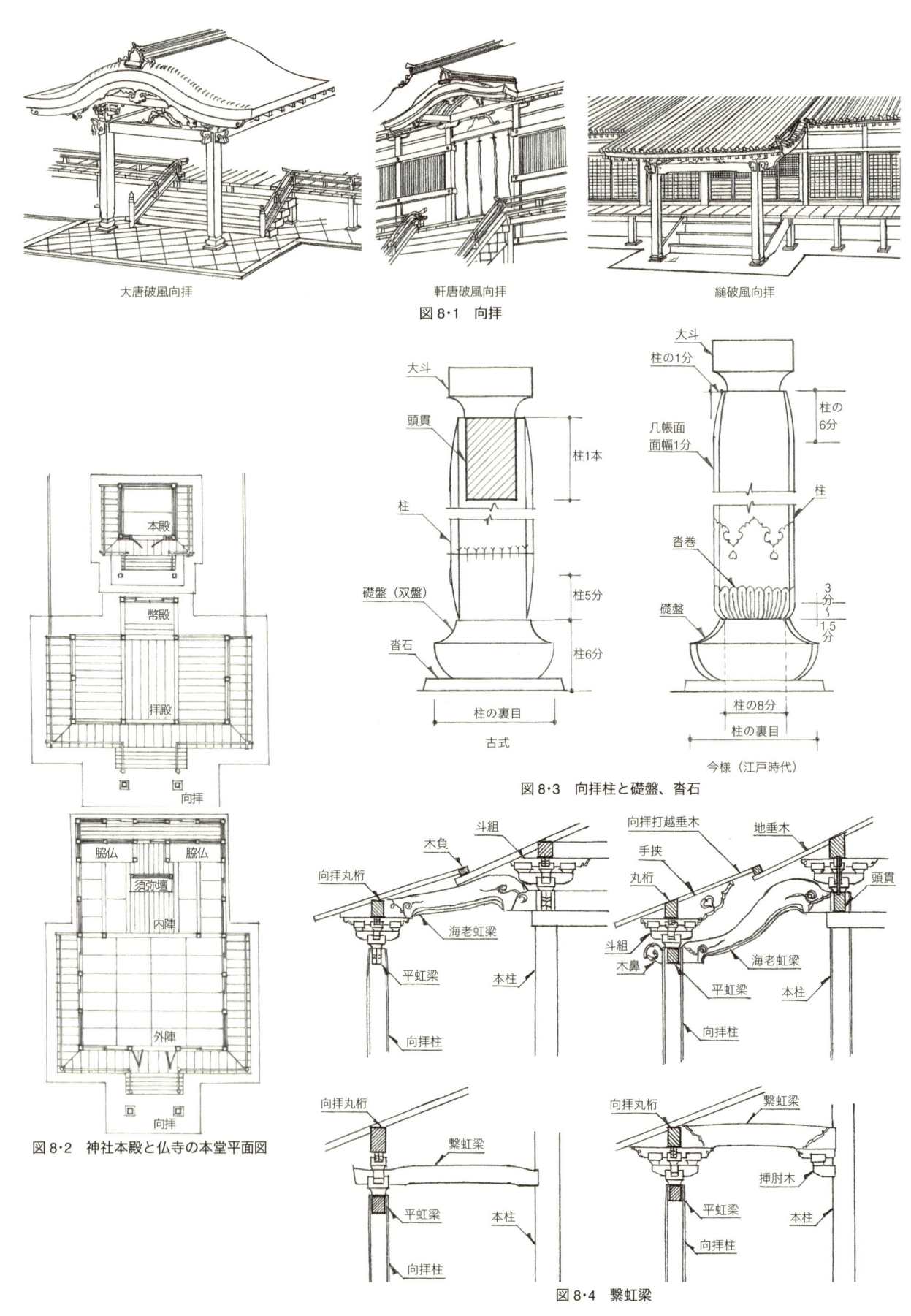

大唐破風向拝　　　　　　　軒唐破風向拝　　　　　　縋破風向拝

図8・1　向拝

図8・3　向拝柱と礎盤、沓石
古式／今様（江戸時代）

図8・2　神社本殿と仏寺の本堂平面図

図8・4　繋虹梁

i——蟇股

　蟇股は、飛鳥時代の人形束（割束）がその起源だとされている。蛙が脚を開いた形に似ているので、この名がある。奈良時代には、板を絵様に刳った種々の板蟇股（図6・42、p.104）が出現した。最初のものは、高さの低いものだったが、形が次第に融合し、高さが高くなって蟇股の形になったのである。しかしあくまで化粧構造材で、板そのままでできていた。平安後期時代になるとこの板蟇股の中央が刳り取られたものが出現し、構造材というよりも装飾材としての意味が大きくなってくる。この蟇股のことを本蟇股（刳蟇股、繰蟇股）という。蟇股は、時代によって高さと幅の割合、刳り取られた部分の意匠が顕著に異なることから、古建築の創造時代の判断材料としてよく使われる。

　板蟇股は、化粧材として、また構造材としてよく使われるが、あまり目立つ所には出てこない。一般に、目立つ所にあるのは、本蟇股が多く、向拝の中央にあるのはほとんどが本蟇股である。木割は、本蟇股下の長さは柱5本、または垂木8枝とする。高さは斗と肘木を加えて斗幅の3倍、また蟇股の厚みは斗尻の敷幅と同寸とする。蟇股の絵様の意匠は種々あり、古代と近世では手法にも大きな相異がある。蟇股は虹梁、丸桁に太枘で組付ける。

j——丸桁と大瓶束と笈形

　丸桁は、幅を柱の8分取り、高さはその裏目（柱幅×$\sqrt{2}$）の大きさにする。

　大瓶束（図8・6）は、もともと禅宗様建築の束として使用されたが、折衷が進んだ現在では、化粧束としてよく採用されている。始めは、丸木の束だったが、次第に曲線に削られ、ついに装飾的なものとなって、妻飾り等に使われるようになった。唐破風造等では、化粧棟を支えるために、虹梁の上に大瓶束を立てたりする。大瓶束の上幅は、柱1〜1.2本分、下は、柱の8分ほどの大瓶束の下に結綿の繰形をつけて虹梁との取り合いを飾る。頭には斗組を置き化粧棟を支えるが、その時の斗は大斗の7分取りくらいの比例にする。

　この大瓶束の左右に繰形（鰭）をつけたものを笈形という。笈形の起源は、間斗束の左右に繰形の模様を描いたものといわれている（興福寺北円堂、法界寺阿弥陀堂の壁画）。この描かれた模様が、立体的な彫刻になったのである。虹梁と丸桁の間が何らかの都合で高くなり、蟇股で納めにくい時などによく使われる（東大寺大仏殿、図8・7）。

3　唐破風造

　唐破風造は、大唐破風と軒唐破風に分けられる。大唐破風は、その破風尻が本殿の軒の茅負と何の連絡もなく、屋根も本殿と別棟になっているものである。玄関や門構え（唐門）などに採用されている。軒唐破風は、平の軒先の中央を少し上に起り上げたもので、平の軒先と唐破風前面がほぼ一致している。神社建築の向拝に多く採用されている。最古の唐破風は、鎌倉時代とされる法隆寺聖霊院の厨子（図8・8）のもので、軒唐破風の優れた意匠を見ることができる。

　これら唐破風造は、その弓形曲線の取り方に巧拙があり、手法もまたむずかしい。中世鎌倉時代のものは、極めて美しい曲線を現したものが多いが、時代が降ると立ち上がりが大きくなり、江戸時代以降は、立ち上がりが大き過ぎて、重苦しい感じのものが流行したようである。

a——大唐破風の構造と木割

　大唐破風の軒の出は、柱真々の1/3くらい出し、地垂木と飛檐垂木の割合を約3対2にする。地垂木は、正弦曲線（sin曲線）に似た曲線に描き、傍軒の丸桁を越えて中央化粧棟に納める。この垂木のことを「茨垂木」または「輪垂木」という。茨垂木は、柱真々距離の1/7ほど柱芯から水平に入った所に茨鰭をつける（表8・1、図8・9）。

図8・5　六枝掛三斗組の木割

図8・6　入母屋妻飾、虹梁太瓶束（出典：天沼俊一『日本古建築提要』河原書店、1948、p.331）

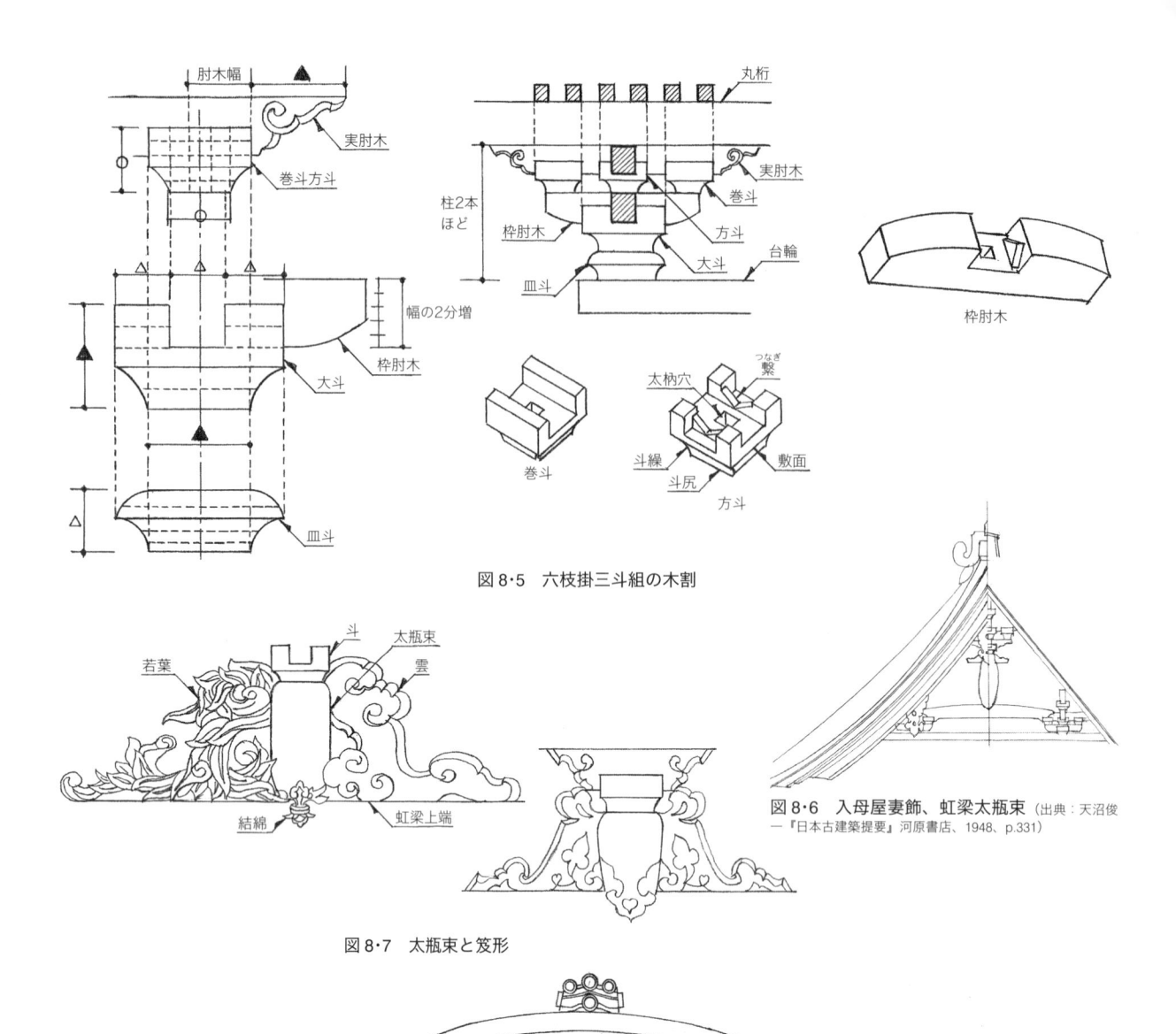

図8・7　太瓶束と笈形

図8・8　古い唐破風（法隆寺聖霊院厨子）（出典：天沼俊一『日本古建築提要』河原書店、1948、p.315）

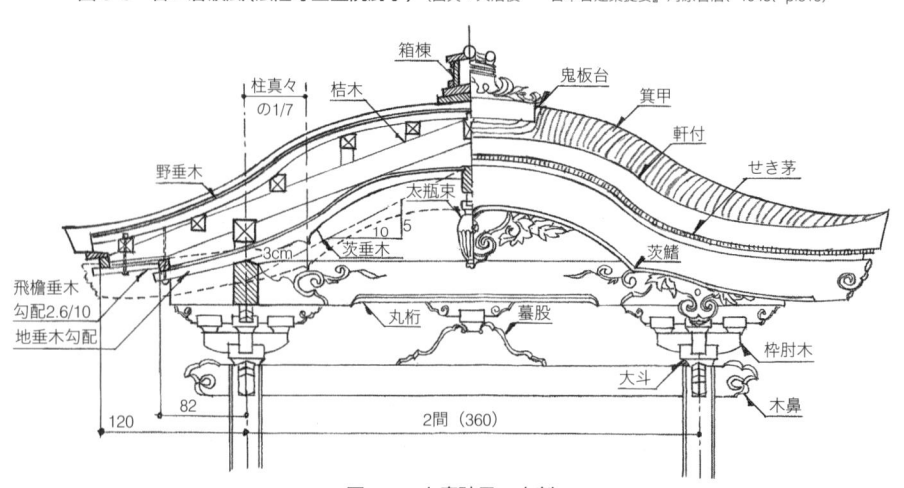

図8・9　大唐破風の木割

垂木は、疎らに配列して小舞を置き、化粧裏板で、仕舞をつける。唐破風の破風板の作り方は、丸桁芯で、化粧裏板上端から約3cm上げた所を破風板上端と定め、ここから所要の破風板幅を計って、その下端の曲線を決定する。破風板下端と丸桁芯の交わる所から5/10の勾配線を仮に引き渡して、これに連ねて美しい形の曲線を描く。勾配線の緩急によって起り方の曲線を加減することができる。なお、丸桁芯から軒先までの破風曲線は、ほとんど水平に近い程度と考え、全体の曲線の調子を定めればよいが、破風尻が垂れ下がった感じにならないようにしないと、締まりがなくだらしないものになる。

唐破風の据え方は、破風尻では茅負の据え方と同様に垂木上端に矩の手とし、上の拝み合せは、立水線と矩の手線の夾角の1/3だけ内側にねじらせるように破風板全体の内面を馴染よく削ると、仕上後の外観が美しく見える。これは、軒唐破風も同じで、図面を参照するとよくわかる。また破風板上端登裏甲との召し合せは、矩の手に小穴入れとする。次に破風板の腰幅は、柱間の7.5/100とし、上幅は10/100、下幅は7/100程度とし、その下端に茨垂木と同じように同一直線に茨鰭を作り出す。破風尻の切り方は、柱根元から引いた投墨で切る。また形よく繰形を彫る。

ⓑ——軒唐破風の構造と木割

軒唐破風（図8・10）の構造と木割は、大唐破風と同様である。構造上の相違は、大唐破風は柱で屋根を支えたが、軒唐破風は大屋根の軒桁（平の丸桁をいう）を枕にしてはね出した、菖蒲桁という化粧材2本を傍軒の桁とし、その中央の化粧棟と3本の片持梁（cantilever）で屋根を支える形である。したがって、3本の化粧材は、大屋根裏に強い桔木（野物）を仕込んで、各々の鼻に引独鈷またはボルトで吊込み、桔木尻は、大屋根裏の小屋材に、確実堅固に緊結しておくことが必要である。

まず、菖蒲桁は、その下端線が、平の軒先の地垂木と飛檐垂木の下端角を重ねた線に平行で、かつそれよりも少し下がった所に、位置を定める。またその上端線は、平の軒先の茅負および木負の上端角を連ねた線に平行で、かつそれより下がらない点に位置を定めないと、平の化粧裏との見切（区切）がつかないことになる。この菖蒲桁は、平らな丸桁（軒桁）に架けられるのであるから、丸桁をあまり痛めないように、また菖蒲桁自体の腮裏も大きく欠込まないように注意しなければならない。腮裏は、渡り腮に架かるからである。

このように菖蒲桁は、自然と前方に垂れ下がり、突出することになるので、端午の節句で、軒端に差した菖蒲に見立てて、その名を用いたものである。この菖蒲桁の位置は、平の桁の長さによっては、必ずしもこれにこだわらなくてもよいが、平の柱（主屋の丸桁を支える柱）間真々の1/5ずつ内に寄せて、桁芯に定めるのが江戸時代の習慣である。その手法に従えば、菖蒲桁の芯と平の柱芯との枝割の関係は、柱芯から垂木小口三つと小間三つ半隔たって菖蒲桁の側面とする。

化粧棟木は、平の丸桁の背に立てた大瓶束で軒下端が支えられ、その尻手は、大屋根裏に深く突っ込み化粧裏に隠された野桔木とともに、大屋根の小屋材に緊結する。したがって、支点となる大瓶束に伝わって平の丸桁に相当の荷重のかかることを忘れてはならない。この化粧棟の置かれる高さは、大唐破風と同様、左右菖蒲桁芯から約5/10勾配で引いた線の交点を化粧棟心と定めればよい。前方への上り下りは垂下り突き出した菖蒲桁と平行になる。

破風板の作り方は、大唐破風に準じ、破風尻の長さは、菖蒲桁真々距離の約1/3にする。その下端は、平の茅負と裏甲の厚さの和と一致させ、上端はこれの2分増くらいで、曲線および茨鰭のつけ方も、大唐破風に準じて格好よく描き出せばよい。破風板尻の傾き加減は、茅負の転びに合わせ、その他も、大唐破風の時と同様である。

裏甲の大きさは、平の裏甲と同寸とし、中央拝み合わせの点までに15/100ほど増しをつけて、前方に傾ける（切裏甲とすることもある）。

葺地の厚さは、柱の8分くらいとするのがよいが、銅板葺と桧皮葺の時は、箕甲で丸め、瓦葺の時は、箕甲瓦を別注して利根丸瓦で押え、雨仕舞をつける。

表8・1 大唐破風木割(柱真々3.6m(12尺) [cm]ただし( )内=寸)

名称	寸法	名称	寸法	名称	寸法	名称	寸法
柱	22.7 (7.5) 角	虹梁	高さ33 (11.0) 幅17.4 (5.8)	茅負	12.0 (4.0) 角	小屋梁	松末口30 (10.0) 丸太
沓石	高さ15.0 (5.0) 上幅31.5 (10.5)	丸桁	虹梁に同じ	裏甲	高さ6.6 (2.2) 幅21.2 (7.0)	土居桁	19.5 (6.5) 角
頭貫	高さ22.5 (7.5) 幅14.5 (4.8)	蟇股	下長90.9 (33) 厚さ75 (2.5)	せき茅	3.6 × 0.9 (1.2 × 0.3) 長さ27.0 出9 (9.0) (3.0)	桔木	高さ24.0 (8.0) 幅16.5 (5.5)
木鼻	高さ頭貫の1分増 長さ柱の1本半	同上斗	高さ12 (4.0) 幅21 (7.0) 角	軒の出	柱間の1/3	野垂木	並6.0 (2.0) 角
大斗	高さ15.0 (5.0) 幅27 (9.0) 角	同肘木	13.8 × 9.6 (4.6 × 3.2) 長さ63 (21.0)	破風板	上34.5 (11.5) 下25.5 (8.5) 腰27.3 (9.0)	母屋	大12.0 (4.0) 角
枠肘木	12.6 × 9.6 (4.2 × 3.2) 長さ66.7 (22.0)	茨垂木	高さ7.2 (2.4) 幅6.0 (2.0)	葺地	厚さ18.0 (6.0)	棟木	同上
巻斗	高さ11.4 (3.8) 幅19.5 (6.5) 角	飛檐垂木	6.6 × 5.4 (2.2 × 1.8) 高さの1/6反り	裏甲	厚さ上 (カミ) 24 (8.0)	小屋束	同上
実肘木	9.6 (3.2) 角	木負	高さ10.8 (3.6) 幅12.0 (4.0)	鬼板台	高さ15.0 (5.0)	太瓶束	上ミ柱1本 下モ柱0.8本

表8・2 桧皮の種類

名称	特徴など
箱皮(丸皮)	全体の幅が同じもの
トンボ皮(トンボ)	手前の幅と奥の幅の異なるもの。「三分落」「五部落」で区別する
箕甲皮(破風皮)	登り箕甲葺専用の皮で上質の桧皮を加工して使う
蛇腹皮	軒蛇腹用の皮で最高級の桧皮を軒蛇腹に加工するもの

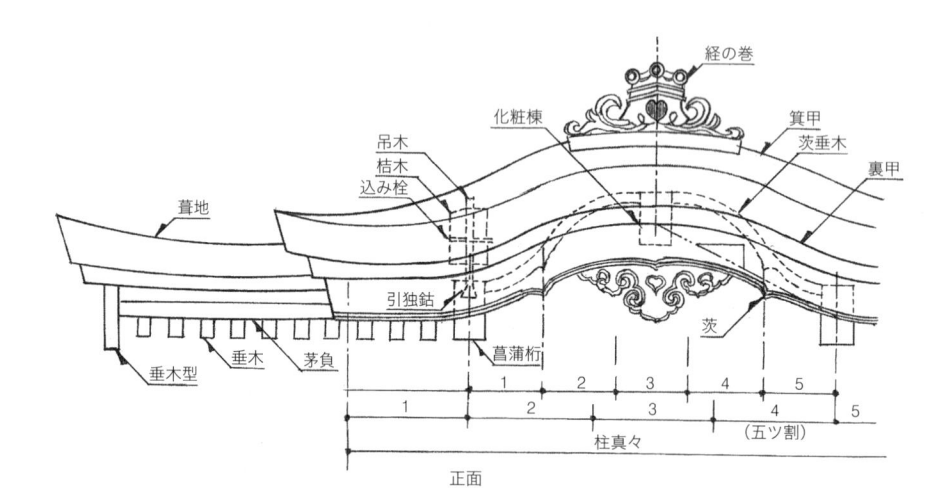

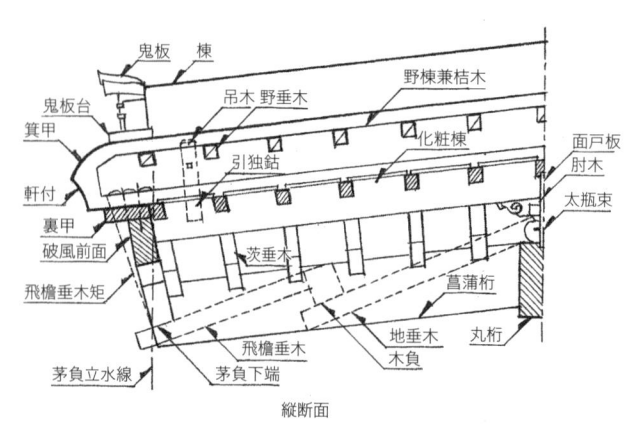

図8・10 軒唐破風の詳細と木割

4 縋破風

ⓐ──縋破風の構造

縋破風は、本殿から一段下った向拝の丸桁に、本殿軒の飛檐垂木(ひえんだるき)を延長して架ける。その先端をさらに向拝の飛檐垂木につけることもある。本殿の柱と向拝柱をつなぐために海老虹梁を用い、斗組の上に手挟(たばさみ)を置いて、その納まりをつけるという手法が多い。

両妻には、箕甲をつけ、風切丸瓦の上には、留蓋丸(とめぶたまる)をのせて、仕舞をつける。風切丸瓦がのぼるにつれて、大屋根の平の丸瓦に馴染をつける。したがって、向拝屋根と平の大屋根を馴染つけるために、風切丸瓦の見通しの線から左右に大屋根の箕甲状の曲面ができる。桧皮、銅板の時にも、これと同様の曲面が大屋根に現れるが、これこそ日本建築の味といえる（図8・11）。

ⓑ──縋破風板

破風板の下(しも)の幅は、柱の7分、上幅は、これに2分増しとし、箕甲を受けつつ本殿飛檐垂木に取りつける結果、上で急激に曲線を描いて上がる。破風尻は、少し内側に向けて切るか、絵様に繰る。あるいは、主屋からの飛檐垂木が急に縋破風板に幅を増して木作りすると納まりがよい。

5 桧皮葺

ⓐ──桧皮葺の特徴

桧皮葺は、宮殿、寺院、神社などの大屋根の他、起(むくり)唐破風、千鳥破風、唐破風の屋根に用いられる。古雅優美な外観を呈するが、高級な桧皮葺であっても30～50年くらいしかもたない。加えて耐久性に欠けるのが、大きな欠点である。しかし、室内の気温、湿度が自然に調節されるので、わが国の気候に対して好適な屋根葺材料として古くから用いられてきた。一般には、あまり用いられることは少ないが、宮殿、寺院、神社を把握するには、概要を知っておくことが必要である。

ⓑ──桧皮

桧皮葺の材料には桧の樹皮を用いる。これを桧皮(ひわだ)という。桧皮の産地は、丹波、奈良、高野、木曽などで、職方もその地方の少数の人が半農的に生産しているに過ぎない。桧皮の切り出しは秋がよく、約1mの長さに切り、丸く束ねて販売されている。

ⓒ──皮ごしらえ

現場で所定の寸法に切り、皮ごしらえを行う。皮ごしらえとは、鬼皮（外側のもろい皮）、根皮（根本でちぎれた皮）、甘皮（木質に近い薄い白皮で、虫が付きやすい部分）などを取り去り、長さ25～50cmくらいにし、使用部位と形により、箱皮、トンボ皮、箕甲皮、蛇腹皮（表8・2）などに分けて切り揃えることである。この皮を水につけて、やわらかくして用いる。

ⓓ──軒付け

皮ごしらえのできた桧皮は、軒先から葺きのぼるが、軒先で、桧皮を厚く積み重ね、葺地の厚さを柱1本または8分くらいに見せ、その木口をきれいに切り揃えることを「軒付け(のきづけ)」という（図8・12）。

ⓔ──蛇腹皮

軒付けは、裏甲鼻から、裏甲の出ほど出すので、桧皮の垂れを防ぐために、蛇腹皮を裏甲の上端に小刃立て(こばだて)（木端立て）に取りつけ、銅釘（または竹釘、亜鉛めっき鉄釘、ステンレス釘）を打ちつける。取付け方は、軒先中央に三角形木口の木片を打って、これに蛇腹皮を傾斜させながら左右に並べていき、隅木の上では扇状形（放射状）に納め、隅心で、留形小口の木片で留める。軒付けの分厚い時は、蛇腹皮のかわりに、桧板の厚さ1cmくらいのものを少し傾けてジグザグに並べる。これを板蛇腹という。

ⓕ──軒付けの仕様

軒付けの仕様は、木口の幅約3～5cmのトンボ皮を厚さ5cm以上に束ねて、竹釘で串差(くしざし)したものを串皮と呼ぶ。前に打ちつけた串皮と、次に打ちつける串皮の端の皮とが一枚ごとにからみ合うように擦りつける。そして長さ約8cmの釘で裏甲まで届くように打ちながら、次第に横に進み、二重、三重と同様に串束を打ち重ねて、所定の厚さの軒付けを作る。

図 8・11 縋破風

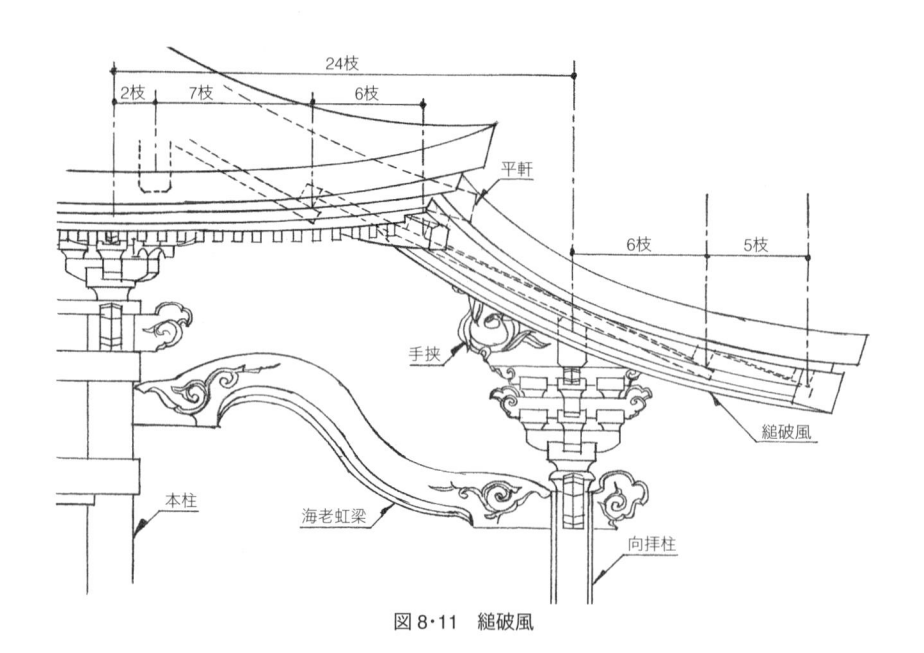

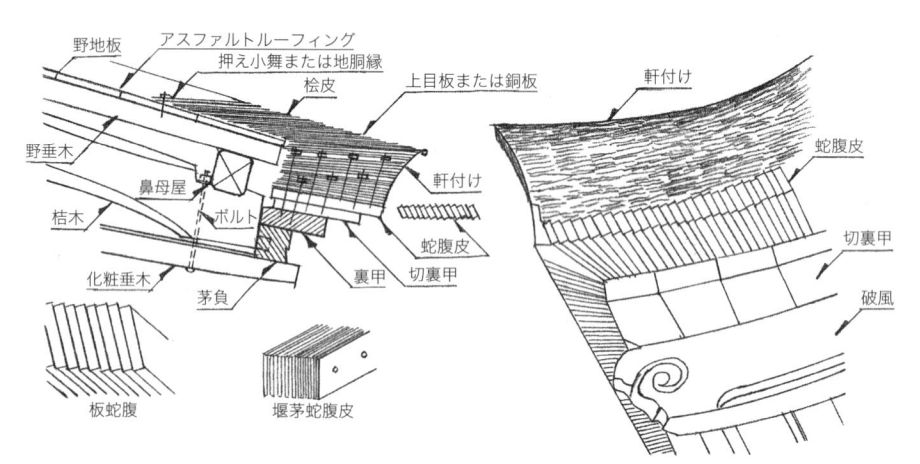

図 8・12 桧皮葺の軒付け

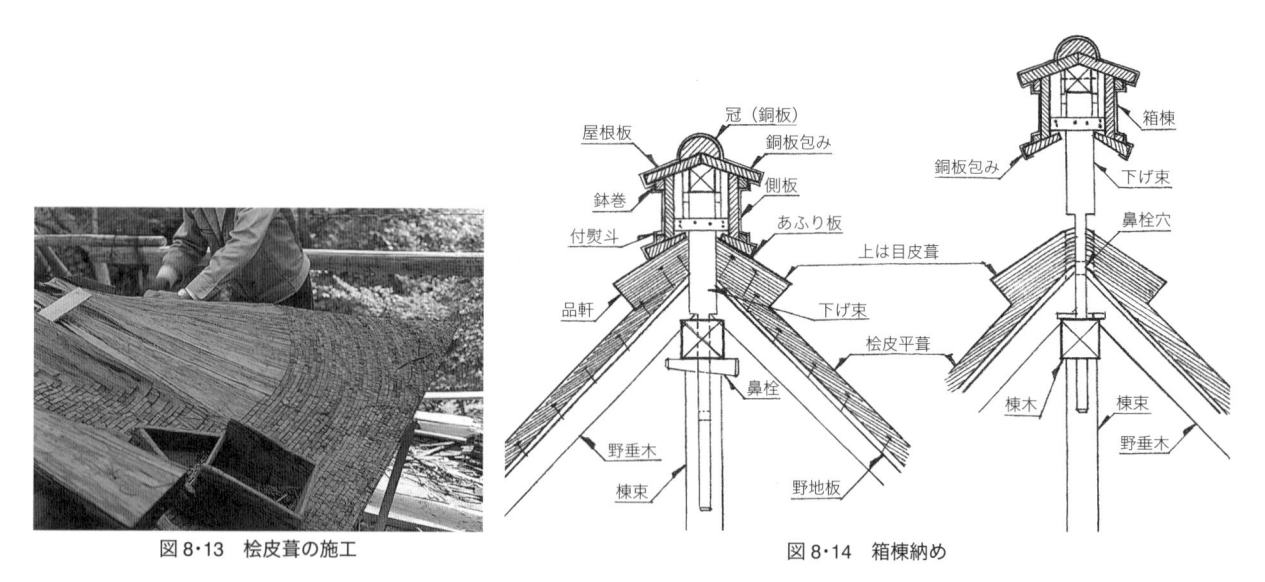

図 8・13 桧皮葺の施工

図 8・14 箱棟納め

ⓖ――平葺の仕様

　平葺は、明治の頃までは小舞下地であったが、すべて野地板にした方が作業しやすい。防水のルーフィング等を使えば、野地はさらに長持ちする。軒先の上から葺きのぼって行く。この時箱皮を使うのが最上で、トンボ皮を使うこともある。釘の長さは、3〜5cmのものを横に2cmの歩み（間隔）で皮の中央よりやや葺足に近い所に打っていく。葺足は、軒先で1cm、中1.5cm、棟近くで2cm くらいで、勾配がゆるく、雨量の多い所ほど、葺足を短くする。昔から軒3分、中5分、棟7分と言われ、葺きのぼる途中に皮の長さに応じた間隔で小舞（野地板）に打って固める。

ⓗ――箕甲付け

　切妻、唐破風ののぼり軒付けおよび箕甲は、平葺の葺きのぼりにつれて施工する。のぼりの切裏甲上端に蛇腹皮を並べ、箕甲付の串束を所定の厚さに釘打で取りつけ、屋根から箕甲端へは、弧形に切った箕甲皮を、巧みに美しい曲線を作りながら水流れの方向に葺き上げる（図8・13）。

ⓘ――箱棟納め

　棟に熨斗瓦（のしがわら）を用いて押え、輪違い瓦で棟を形作って、冠瓦（かんむりかわら）で押えた、いわゆる瓦屋根の大棟のものもあるが、桧皮葺の場合は、多くは箱棟納め（はこむねおさめ）とする（図8・14）。

　箱棟は、板で箱形の棟を作り、銅板で被覆しておき、束で棟木に引きつけて鼻栓打ちで止める。鬼板も銅板で、意匠の形に打ち出し、鬼板素地を包んで取付ける。銅板で被覆せず素木のままや、木部を墨塗したままの簡素なものもある。

ⓙ――仕上

　全部葺き終わると、平およびのぼりの軒付けは、水で充分に濡らすか、降雨後直ちに小口を前鉋（まえちょうな）で巧みに削り、場合によっては鉋（かんな）を用いて仕上げる。箱棟のあふり板（鐙板（あぶみいた））または側板面に神社や寺院の紋様金物を打ったものもある。また、力鎖（ちからくさり）を垂れ下げる所もある。力鎖とは、簡単な修理や屋根の掃除の昇降に便利なように、1間（約2m）または1間半（約3m）の間隔で、屋根の流れの7分くらいの所まで垂れ下げる鎖である。一種の装飾にもなる。

9　彩色

1　彩色装飾

ⓐ――彩色装飾の傾向

　上代において、わが国固有の建築物は素木造で、装飾も簡単なものであったが、飛鳥時代に仏教が伝来するとともに色彩装飾も輸入され、堂塔、宮殿建築に丹塗が施されるようになった。このような彩色を単彩色と呼ぶ。

　平安時代には、彩色は次第に華美になってきたが（図9・1）、その後鎌倉時代に始まった禅宗様の建築では、素木造であることが影響して、社寺、宮殿とも、彩色が行われなくなった。禅宗様の建築は原則として彩色しないが、三門の上層内部等には、極彩色を施す。

　中世桃山時代になると、すべて豪華絢爛となり、その風潮が社寺建築にも影響して、極彩色を用いた華麗極まる建築となった。

　近世江戸時代に入ると、日光東照宮のような霊廟建築に漆塗が用いられ、次第に漆塗彩色の建築が多くなった。

　現在では上古の素木造のよさが再評価される傾向がある。この他、特殊なものや室内の構造物、造作、建具、調度などに彩色することもあるが略述する。

図9・1　装飾彩色　(出典：国立歴史民俗博物館『日本建築の装飾彩色』1990, p.25)

ⓑ──**単彩色**

単彩色の配色には、以下のものがある。
① 柱、梁、軒回りの木部に丹土（朱色）を塗る。
② 板壁には、胡粉を塗る。
③ 木材の木口の現れる所には、黄土を塗るか、金銅金具を取付ける。
④ 窓、格子は緑青塗で仕上げる。

単彩色は、下塗、中塗、上塗の3回以上塗り上げることが多い。使用される顔料（表9・1）のうち、天然の岩石を粉末にした岩絵具は高価だが退色は少なく、深みのある色となる。化学的顔料（泥絵具）は安価であるが退色しやすく、深みが足りない。しかし簡単な施工には使用されている。

ⓒ──**極彩色**

梁、長押、柱、小壁、天井、桁、斗組、あるいは、彫刻物等に極彩色を施すことがある。模様には幾何学模様や、宝相華、蓮華等が用いられる。

古来行われてきた特殊な単彩色や、極彩色以外は、現在あまり使われていないが、極彩色の種類と彩色法には、次に示す5種の彩色法がある。
① 置上げ極彩色：最も手数のかかるもので、模様の下地すべてを胡粉で肉を作り、高く盛り上げて金箔を押し、その上に、絵具で彩色する方法
② 平極彩色：盛り上げず、胡粉下地のまま、あるいはその上に金箔を押して、それを扁平に彩色したもの
③ 無地彩色：盛り上げもなく、模様もなく、無地に塗り上げる塗り方
④ 生彩色：漆の上に金箔を置き、この上から各種岩絵具で、金箔が透き通る程度に塗ったもの
⑤ 密陀絵彩色：漆に金箔を置き、その上に密陀油で絵具を溶かした油絵具で彩色する方法。密陀油は、荏油（荏胡麻から採取した油）を煮て、密陀僧（一酸化鉛、リサージ）を入れて煮詰めて作ったものである。

ⓓ──**繧繝彩色**

濃色から淡色への段階、または色を変える時に、量ではなく着色を層にして変化させる方法である。3度（三繧繝）または5度（五繧繝）と次第に濃度あるいは色を変化させ、それに白色の層も加えて、同系色の調和を生かした塗り方で、平安後期時代（藤原時代）に最もよく用いられた彩色法である。

繧繝彩色の例として、唐招提寺金堂の支輪、鏡板の宝相華の彩色は、以下のようになっている。
① 朱線、白緑、黒、朱、白
② 朱線、白、桃、紫、濃紫、朱白

ⓔ──**現在の彩色**

現在一般に行われている彩色は、素木の木口の現れる所だけ木口割れと水分の吸収を防ぐために白色を塗るというものである。下地塗として砥粉で目止めし、中塗、上塗は2回とも胡粉を糊あるいは膠（元来は、動物の皮、腱、軟骨、骨などから得る硬質ゼラチン。接着剤として使われる）で練って塗る。

特に、風雨に晒される外部の切目縁の木鼻、垂木木口、切裏甲の鼻等には白ペンキを2回塗することがある。

2　彩色の下地ごしらえ

彩色下地には、種々種類があり、彩色法ごとに最も適した下地準備工作が必要である。次にその準備と工程を記す。

ⓐ──**青漆下地**

地ごしらえは、青漆地という工程で、木地固め、刻苧、布着、地つけ、切粉、地着せ、錆着せの順序で行われ、最も完璧な下地となる。下地の上にさらに中塗、箔下上塗、漆で金箔または銀箔を置くなどの手順を経て、完全な金箔地または銀箔地を作ると、密陀絵および生彩色の下地になる。

ⓑ──**鍮泥下地**

青漆下地を施さないかわりに、鍮泥を塗る、やや簡単な下地である。鍮泥は、緑青112gに真鍮の粉75gを混ぜて充分に摺りつぶし、粉末にして、千本膠15g、清水0.18ℓの割合で煮溶かした液で、適当な濃さに練り合わせたものである。

鍮泥下地はもっぱら平彩色下地として用いられるが、時間の経過に従って、真鍮粉のために上塗絵具の白みのある淡色絵の具が白緑色に変化してしまうのが欠点である。よって、完全な下地とはいえない。

ⓒ──**胡粉下地**

胡粉下地は青漆下地の代用をするもので、水湿のな

い部屋や、工芸品の彩色下地などに用いて差し支えない。その調合は、膠13gと水0.18ℓの割合で、煮溶かしたものに胡粉375gと光明丹190gを混合し、塗りやすい濃度にする。塗り方は施工物の大きさによるが、刷毛あるいは筆で1回ないし2回、斑にならないように注意して塗る。

ⓓ──置目の方法

　以上青漆、鏽泥、胡粉の三種類から建築の程度、事情に応じた下地を作った後、いよいよ彩色仕上になるが、その絵様、紋様を正しく数多く描くために、下地の上に下絵を印すことが必要となる。その方法の一つとして、「置目法」がある。まず彩色しようとする絵様、紋様などを薄目の紙の表面に正しく描き、その原紙の裏面に弁柄（または石黄、胡粉、油煙、墨）で、表面の輪郭を細線でなぞって所定の面に伏せ、その上から軽く撫ぜつけると、下地にはっきり絵様の下地が写し取れる。これを「置目」という。

　紋切置目は、渋紙に紋様を透かして切り抜き、下地面に当て、弁柄、石黄等を極めて淡い膠水に溶かして、渋紙をずらさないように刷毛で摺りつける方法である。

❸　置上げ極彩色の手順

ⓐ──置上げ胡粉

　置上げ胡粉は、まず膠13gを水0.18ℓに煮溶かし、これに胡粉375gと光明丹190gを混和して充分に摺り練り合わせて、さらに差し膠（前記の膠より2割程度少なく溶かしたもの）を用いて、濃度を加減したものである。冷気で固まりそうになった時は火で暖め、煮詰まれば、差し膠で濃度を加減して使用する。

　適当に盛り上がるまで数回塗り重ねるが、太い線は3～4回、細い線は1～2回にする。始めは、前項の置目で印をした下絵の線よりも細く控えめに塗り、2回目はそれより太く塗り出して、3回目でようやく下絵の太さに合うように塗り上げると、次第に蒲鉾形に盛り上がり、重なる。

ⓑ──肌磨き

　次に肌磨きを行う。置上げ胡粉の練り方が不良であったり、冬季に膠が早く硬化して、肉に胡粉の粒ができたり、あるいは泡が浮いたりした時に、木賊で塗肌を磨いたり、湿った布巾で軽くふいたりして、肌をなめらかにする。

ⓒ──湿気防ぎ

　第3の工程として、湿気の浸入を防ぐとともに、置上肉のはげ落ちを防ぐために紙貼を行う。紙を上置した後、その上に、麦漆（生漆に少量の小麦粉を混ぜたもの）で天狗紙、吉野紙、雁皮紙などの生漉紙を貼付ける。より完全に外気の侵入を防ぐ目的で、その貼り紙の上にさらに一回摺漆を施すこともある。しかしあまり平滑な面にすると、絵の具の固着を弱めることになるので、注意する。

ⓓ──箔下塗

　これは、第4の工程で、胡粉を膠11g、水0.18ℓの溶液で練り、上置の表面に1～2回ほど斑のできないように塗ることをいう。

ⓔ──捨膠塗

　箔下塗が早く乾くのを防ぐために、捨膠塗を行う。捨膠は膠11.2gに水0.18ℓの割合で煮溶かして冷やしたものを1回塗り、乾かしてからもう一度塗る。礬水引き（後述）でもよいが、胡粉の粘着力を弱らせるので、捨膠塗の方がよい。

ⓕ──箔押し

　膠9.5gに水0.18ℓの割合の溶液を塗って、金箔を押す。箔は金銀ともそのままではあまりに軽く取扱いに困るので、わずかに油じみた竹の皮か、布巾または紙等で摺りつけ、これに箔を移してから膠押しする。これを「アカシ押」という。膠押でなく漆押の場合は、アカシ押をしてはいけない。

ⓖ──礬水引き

　押し上げた箔の表面は、絵具がつきやすいように礬水引きをしておく。礬水とは、明礬1.1g、膠3gの割合のものを0.18ℓの熱湯に溶かしたものである。漆箔押し上げたものにも、これを引くと絵具のつきがよくなる。

ⓗ──絵具下地

　絵具下地は膠12gに水0.18ℓの割合の煮溶液で、胡粉を加えて適当な濃度に練り、差し膠で伸ばしながら置上線上を避けて1回塗りを行う。

[i]──繧繝下塗り

　繧繝彩色をする時は、塗る部分の上に胡粉を膠3g、水0.18ℓを加えて煮溶かした液でもう1回塗る。その上に、膠9.5g、水0.18ℓの煮溶液に、水簸胡粉を溶かしたものをさらに1回塗る。

[j]──中味絵具

　以上のような工程の後、繧繝の白色部分を除いて中味絵具（下に塗った白色と上塗絵具の中間色のもの）を塗る。中味絵具の練り液は膠8.5g、水0.18ℓの煮溶液である。

[k]──上絵具下

　最後の下塗として上絵具下を施す。膠7.5g、水0.18ℓの煮溶液で、前項中味絵具を塗ったうち、中味色の必要な部分だけ残して、最後に上塗する所だけ塗る。しかし泥絵具仕上の時には、この上絵具下塗を省いて上塗を行う。

[l]──上塗

　以上の工程が完了した後、最後に上塗をする。上塗は、群青、緑青のような岩絵具を用いるので膠3.5～6.5g、水0.18ℓの煮溶液を作って適当に練り合わせ、1～2回手際よく塗っていく。

[m]──絵具

　彩色に使用する絵具には表9・1に示すようなものがある。

　緑青など鉱物の粉末から精製された岩絵具は、長い年月を経過しても決して退色や変色はない。これらで彩色されたものは、風化を防ぐにも都合がよいので、古来から賞用されている。

　朱色については、本来は太陽の直射を受けるとたちまち変色して黒くなるので、陶磁質の人造朱色岩絵具の方が変色しなくてよい。そこで朱色の部分は、本朱を塗った上に、これを2～3回塗っておくのが理想的である。

4　その他の彩色

[a]──平極彩色

　置き上げ極彩色は色の部分が盛り上がるが、盛り上がらない彩色を平極彩色という。これは錆漆または鏨泥の下地を置き、極彩色の下地と同じに作り、平極彩色を施すものである。下地は、置上げ胡粉肉（膠15g、水0.18ℓの煮溶液で、胡粉375gと光明丹190gを練ったもの）を1回塗る。次に膠13g、水0.18ℓの煮溶液で、胡粉を適当に溶かしたものをその上に塗る。

　箔下および上塗は、白く残る部分を胡粉の上にもう一度、置上げ工程と同様、水簸胡粉を1回塗る。さらに金箔地をする時は、置上げ同様に金箔を押す。箔地でない時は、直ちにその上に絵具下塗を施し、絵具上塗をするのは、置上げ極彩色の時と同様である。

[b]──無地彩色

　無地彩色は、模様がない彩色のことで、塗り方は平極彩色と同様である。いずれの下地でもよい。

[c]──生彩色

　漆押金箔に胡粉その他の下塗などは施さず、直接種々の彩色をするものである。その順序は、箔地の上に、上絵具によく似た色合いの下絵の具を1回薄く塗り、それが充分乾燥した後、上絵具で平塗を1～2回行って仕上げる。仕上が紋様等型物の時は、下絵を前記のように置目にするか、型摺写しにしておく。

　絵具の調合は、下絵具は、膠7.5g、水0.18ℓの煮溶液で、上絵具は膠6.5～7.5g、水0.18ℓの煮溶液で上絵具（岩絵具）を溶かしたものである。

　絵具を厚く塗りつけず、岩絵具の各分子の間から、金箔地が薄く見える程度に薄く塗る。

　絵具を塗る時は、漆押金箔地に胡粉の多い絵具を厚く塗りつけてしまうと絵具がつきにくいばかりでなく、かえってはげ落ちやすいので注意が必要である。たとえ肉薄に塗ったとしても、膠の分量が多過ぎると、今度は、金箔地ともにはげ落ちることがある。なお漆押箔地、膠押箔地のいずれとも、絵具で暈すには、よほど手際よく筆を使わないと乾いてから膠水の跡がはっきりと現れてしまうので、熟練の技が必要である。

[d]──密陀絵彩色

　密陀絵彩色は、生彩色と同様に漆押金箔地の下塗などしないで直に密陀油で練った各色絵具で彩色する方法である。密陀絵具は充分吟味して、変色しないものを選ぶことはもちろんのこと、よく粉摺しておかないと、後で、吉野紙で濾過することができなくなる。

　絵具は、粉摺のできた絵具と密陀油を少量ずつ、ガ

ラス板の上で竹ベラで混ぜ合わせて充分に練り合わせ、それを吉野紙で濾過して適当な容器に入れ、風の当たらないように保存しておく。寒中で濾過しにくい時には、火で温めながら濾す。

塗り方は、適当な濃度にテレピン油で薄め、また乾燥を早めるために、密陀油を少しずつ混ぜて、流れないように注意して塗る。すべて同色の場合でも、油で練り上げた時は必ず手板で試し塗りをして、色の加減をよく検討しなければならない。色の調子を見極めてから塗り出せば、失敗することはない。

塗り終えた後には、刷毛、筆、ヘラなどの道具類は、すぐに石油、テレピン油、荏油などを使って絵具を洗い落としておく。こうすると次回の使用に差し支えなく都合がよい。道具類の後始末は、どんな場合にも忘れてはならない。

密陀絵具の色調の一例を表9・2に示す。これは、色調と混和物（土、顔料等）の規準なので、各自の好みや意匠に従って、その分量を加減すればよい。

各色調とも、密陀油で練る。なおいずれも少量の唐土を混ぜると、色調もよく、不透明となって塗りむらがつかない。

密陀絵具は暖かい時は流れやすいので、使用時には雫のたれないように注意する。白色には必ず密陀油に唐土を入れる。もし胡粉等を入れると、たちまち灰黄色になってしまう。

絵具は、木、竹、漆器、陶器、金属、ガラス、画用紙、礬水引き、日本紙、布地類などには、塗付けできるが、日常よく取り扱う器具には不適当である。建築物でも、あまり接触の多い所には用いない方がよい。

表9・1 絵具の種類

色別	黒	白	赤	青	黄	緑	赭	褐
絵の具の種類	墨	胡粉	朱	紺青	黄土	緑青	岱赭	弁柄
		唐土	丹	群青	金泥	白緑		朱土
			猩燕脂	白群	雌黄			
			洋紅	藍	石黄			

赭（シャ）：鉄分を含んだ赤土のこと。アカとも読む。

表9・2 密陀絵の色調

色調	混和物	色調	混和物	色調	混和物
白色	唐土	白群青	白群青	黄土色	黄土
白緑	白緑	群青	花群青と白群	黄色	石黄
緑青	エメラルドグリーン	朱色	本朱	紫色	紫えんじ
草色	花群青と石黄	朱黄色	朱土	黒色	油煙墨

10　庭園

庭という言葉には、いわゆる庭園といわれるもの以外の意味がある。たとえば、神を祀る場所は「斉庭(ゆにわ)」、勉強のための場所は「学びの庭」、農作業に使う農家の広場も「にわ」と呼ばれている。これらは、その目的に使われる場所を指している。

古代から人間の居住する所は、自然の猛威や外敵から守りやすい所、逆に自然の恩恵に浴しやすい所、すなわち住環境に適した所であった。さらに自然の恩恵をより多く受けるために、草を刈り、木を切り、果実などの実る木を手近に植えるといったことが行われてきた。庭園を作り出そうとする意志がなくとも、自然と共存しようとした時、そこに庭が出現する。

すなわち庭は、本質的に人間の造形行為である。これら自然発生的なものに、造形するという意志の働いた時、庭園として扱われるようになる。庭本来は、あくまで自然発生的なもので、居住するもの、すなわち建築があって存在するものであるといえる。いいかえると庭と住居、庭園と建築は、一対のものであると考えられる。本項では、この庭園について簡単に取り上げる。

1 庭の変遷

中国においては、秦の始皇帝（BC259～210）や、前漢の武帝（BC156～87）を始め、多くの皇帝が作庭した記録が残っている。また神の宿る所、磐石(ばんじゃく)や磐座(いわくら)といった巨石群（図10・1）も庭の原形と見られている。

飛鳥時代は、仏教の伝来とともに大陸文化が洪水のようにわが国に入ってきた。その中に庭の記録としてあるのは、蘇我馬子が自邸に小さな池を掘り、中島を築いたので「島の大臣(おとど)」といわれた、というものであった。1991（平成3）年に、上野市の木津川上流右岸で発掘された城之越(じょうのこし)遺跡（図10・2）は、四世紀後半のものといわれ、祭祀用とされるが、後の時代の庭園の石組に、大きく影響したことが推測される。

図 10・1　阿知神社石組の磐座

図 10・2　古墳時代の石組（城之越遺跡）　祭祀用石組といわれるが庭園の石組に影響を与えたのは確かである。

発掘時（奈良後期時代）　　　　　　　　　　　　　　　　　　　　　　　　　発掘時
図 10・3　平城京三条二坊の庭の石組

奈良時代には庭園がなかったとされていたが、1975（昭和50）年に平城京三条二坊の庭（図10・3）が発見された。この庭は、その頃流行したであろうと考えられていた曲水の庭（流觴曲水ともいい、流れの前に座り、上流から流された盃が手元にくるまでに、詩歌を作り盃の酒を飲むという、中国起源の宴遊を行う庭）で、現在復原されて見ることができる。また平城京東院の庭（図10・4）も復原されている。その他、まだ発掘されていない庭もあると考えられている。

平安時代は遷都に際して広大な神泉苑が作られ、それに呼応するように、有力貴族が海をテーマにした広大な池庭を作っていった（図10・5、6）。また中期には、寝殿造のための庭が多く作られた。一方、この時期は末世思想とともに阿弥陀堂が盛んに建設されて、それにともなう浄土庭園が作られた。浄土庭園は京都ばかりでなく、遠く平泉といった地方にも作られていった。

鎌倉時代は、京都では前時代の庭園形式が踏襲されたが、この時代の終わり頃に禅の庭が発生している。これは浄土庭園のように、堂宇の前に池泉を設けるものではなく、禅の修行を日常的に行うためのものであった。

室町時代は、この禅の庭が最も隆盛した時代である。またそれまでのように豊富な水が得られなくなったことから、池の形に変化をつけ、汀の長さを長くした、心字池が多く作られた。この心字池がついには、枯山水を作り出したという説もある。視覚を楽しませる庭ばかりでなく、精神性を求める庭も多くなった（図10・7）。

安土桃山時代は信長、秀吉にかかわる庭がその代表的なもので、豪華絢爛な大庭園が作られた（図10・8）。一方で、現在の一般住宅の庭にも影響を与えている茶室の露地も、この時代に発生した。

江戸時代に入ると、各大名は、競って大池泉庭園を作っていった（図10・9）。中期にはそれが商家や庄屋といった富裕層の民家にも作られるようになった。末期には、大名庭園の改造も多く行われ、小石川後楽園といった大庭園も作られた。

明治大正時代は、豪商や資本家が大庭園を造営した。京都の南禅寺界隈には琵琶湖疏水を利用した別荘に庭園が作られたが、そのほとんどが七代目植治こと小川治兵衛の作庭によるものだった（図10・10）。また1873（明治6）年に、公園設置布告が出され、多くの大名庭園をそのまま公園にすることが行われたが、その中で東京の日比谷公園は、わが国で最初の本格的な洋風庭園として整備、公開された。

昭和に入ると、庭園の研究が盛んに行われるようになる。また、今までの庭園の常識から脱却しようとする庭園も作られるようになった。戦後、考古学の発掘調査の進歩は、数々の庭園を明らかにし、数多くの庭園が復原されている。

2　庭園のテーマ

庭園を作ろうとする時には、何らかのテーマ（主題）が必要になる。自然をテーマとすると、たとえば、海洋、滝、月、橋、石、野筋、名勝地、山里、田園等のものを表現しようとする。他方、人間の思いや思想をテーマにすることもある。武陵桃源、須弥山、九山八海、神仙思想には、不老不死を求めた道教思想が入っている。陰陽五行説、四神、四季の庭、浄土思想、はん池、禅の修行のための池、文学的テーマでは源氏物語を始めとする物語や、白楽天の文集に代表される漢詩等も用いられる。まためでたい題材として、鶴亀蓬莱もよく用いられる。

3　庭園の分類

庭園は、洋風庭園と和風庭園に分けることができる。洋風庭園はわが国では、公共の公園になっている場合が多く、ここでは取り上げない。和風庭園も公共的な公園になっている場合もあるが、本書では私的な個人の庭園について述べる。

4　和風庭園の分類

和風の庭園は、池泉庭園と枯山水庭園、茶庭（露地）の三つに分けられる。

図 10・4　平城京東院の庭の石組（奈良後期時代）

図 10・5　大沢池　嵯峨院跡（平安後期時代）（出典：京都林泉協会編著『日本庭園鑑賞便覧』学芸出版社、2002、p.123）

図 10・6　毛越寺庭園の荒磯風の出島（平安後期時代）（出典：西桂『日本の庭園文化』学芸出版社、2005、p.58）

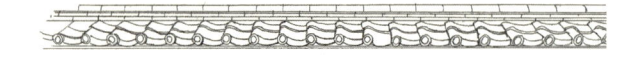

図 10・7　枯山水の庭　大徳寺大仙院方丈東庭（室町時代）

図 10・8　大規模庭園　三宝院（安土桃山時代）

図10・9　大名庭園　兼六園琴灯籠付近(江戸時代)

図10・10　近代の庭　無鄰庵(明治時代)

図10・11　枯山水の庭　龍安寺の石庭

図10・12　枯山水の庭　金地院庭園　(出典：西桂『日本の庭園文化』学芸出版社、2005、p.140)

10　庭園

ⓐ——池泉庭園

池泉庭園とは、池を中心とした庭のことで、庭の始まりは、池庭からである。さらにこの池泉庭園は、池泉舟遊式、池泉回遊式、池泉観賞式に分けられる。池泉舟遊式と池泉回遊式の庭園は大規模なものになるのでここでは省くが、京都市にある大沢の池（旧嵯峨院庭園）や鹿苑寺は舟遊式庭園で、慈照寺や西芳寺は回遊式庭園である。

池泉鑑賞式の庭園は建物からの観賞を第一に考えた庭園で、庭と称されるものの大部分がこれに当たる。

敷地の状態によって、平地式、準平地式、山畔利用式等にも分けられる。平地式はほとんど高低差のない敷地に作られたもので、築山なども作られない。代表的なものとして、平等院（京都府）や毛越寺（岩手県）等がある。準平地式は、池を掘削した際に出た残土を利用して築山等を作ったもので、二条城二の丸御殿の池（京都市）、醍醐寺三宝院の庭園（京都市）等がある。

山畔利用式式は背後にある山を直接利用した庭で、常栄寺（山口県）、天龍寺（京都市）等がある。

ⓑ——枯山水庭園

枯山水庭園は、おもに室町時代に禅宗寺院を中心に作られた庭園で、水を一切使わず、山水を表現した庭園である。禅の修行の場として作られた。その他、池泉式庭園と同様のテーマも使われている。枯山水庭園成立の理由について、この時代になると庭の数が多くなり、水を引くことが非常に困難になったからという説もあげられている。

枯山水にも時代が降ると種々工夫されたものができてくる。龍安寺方丈（京都市、図10・11）、南禅寺金地院（京都市、図10・12）、酬恩庵（京都府）がその代表である。

ⓒ——茶庭（露地）

安土桃山時代から江戸時代にかけて発展した侘茶のための茶室、草庵に設けられるもので、観賞ばかりでなく、茶の機能を満足させるための庭である。これ以前の庭は神仙蓬莱といったテーマに基づいて作庭されたものであったが、それとは異なった、日本独自の外部空間としての庭である。最も重要なことは、侘びた山間の風景を思いおこさせる場であることである。茶庭（露地）は、草庵式の露地と書院式の露地に分けることができる。

草庵式露地は、侘び本位の草庵茶室に面した露地で、茶の湯の機能を満たしたものである。表千家（京都市）、裏千家（京都市）等、茶の湯の家元の庭が代表的である。

書院式露地は、草庵式に比べて茶室自体が広いことからそれに合わせて飛石等も大きくなり、少し派手好みになる。大徳寺孤篷庵（京都市、図10・13）、居初天然図画亭（滋賀県、図10・14）等が代表的な庭である。

5　作庭の心得

ⓐ——建物と庭園

庭園は、その建築物にいっそうの雅趣を添えることが一つの目的で、敷地内の空地に、山池林石を配するものであるが、庭園のできのよくない時は、建築の意匠、設計にいくら苦労したとしても、建築を含めて不快なものとなってしまう。

特に住宅では、庭園に注意を払う必要がある。一塊の雑石でもその的確な使い方によっては、無類の趣を発揮する。それとは逆に、奇石珍木を集めても、その用い方が拙いと、不快なものになってしまう。各自テーマ、方針をしっかりと立て、作庭することを心掛けることが大切である。また、庭師や園丁などに作庭を依頼して、任せきりにしておくと、主人の趣味や個性が反映されないばかりでなく、植木屋の庭か陳列場のようになり、工費ばかり高くなって、気品がないどころか嫌味な庭になってしまうこともある。庭を築こうという人は見識を高め、教養に精進し、過去の名園などを見学して研究しておくことが、常に必要である。
（図10・15）

庭園設計の心得は、いかなる場合も、建物と庭園がより調和するように心掛ける。たとえば、格式の高い座敷の前には、剛壮な庭園を、すっきりした数寄屋風の屋敷には、奥深い趣を醸し出す庭園を、静かな客間には、落ち着きある風景を、といった具合である。

これら気品を表す計画手法は、様々なテーマを考えて練り合わせ工夫すればよい。

ⓑ──庭の趣き

庭に風流な趣きを添えるには、変化に重きを置くことが第一であるが、物が多過ぎると雑然となり、かえって不快を感じさせる。美辞麗句を並べるよりも、むしろ文字数の少ない、しかも豊富な意味を含んだ俳句や和歌を作る心持ちで庭は築くべきものである。何事も控え目が大切である。

庭園は内部を作るばかりでなく、その外にある風景を取り込んで調和させる必要がある。外にある風景、つまり遠くの山や林といったものを意識して作庭するのである。またこれを利用することもある。このことを「借景（しゃっけい）」という。

有名な借景庭園として円通寺（京都市、図10・16）の庭がある。借景の対象物は自然物ばかりではなく、大きな建築物等を借景として作庭することもある。たとえば西本願寺対面所東庭は、その向こうの御影堂が借景となっていて有名である。作庭する時はなるべく無駄を省き、金をかけない方が嫌味がなく、よいものができる。作庭の経験のない人の庭園でも、その人が禅味を解し、茶道の精神を心掛けた人であれば、人の心を打つ庭ができる。

地勢には、単に平らな土地で、庭として何らたよるべき地物のない場合と、起伏が多く自然に利用できるものが多い場合、また外景にも庭内の景趣に合う背景のある場合などがある。第一の場合は、建物を建てた後、これに応ずる庭を作る方がよい。第二、第三の場合は、庭園の計画を先に立ててから、家屋の配置やその方向を定める。郊外の別荘などでは、家屋が庭園の一景物として建てられることさえもある。

ⓒ──作庭の基準

昔から、庭園設計では基準として重要視されている理論がある。伝説によると聖徳太子の遺墨であるとか、インド伝来のものであるとかいわれ、この規矩を基本において、種々の石、樹木を配し、様々な風景を作り出したとされるものである。また昔から日本庭園作庭に非常に大きな影響を持ち続けているいわば虎の巻に、『前栽秘抄（せんざいひしょう）』がある。これは、『作庭記』ともいわれ、平安時代に橘俊綱が著したといわれている。俊綱は平等院を作った藤原頼通の子息で、作庭する時の様をこと細かく、海、嶋、石、滝、遣水、山、野筋、磯、洲浜、樹木、草花に至るまで記している。この作庭記は、純粋の和風の庭である寝殿造の庭について記している。また作庭記と同時代に成立したとされる伝増圓撰作『山水并野形図（さんすいならびにのがたず）』という書物もある。こちらは中国風の影響があるといわれている。この当時、作庭はたいへん盛んで、その記録が多く残されている。時代が降り、それらの書物が写されたり、書き改められた参考書のようなものが出され、作庭が行われてきた。これも建築における木矩、木割と同じように、現在では、絶対的なものではない。意匠計画する時の参考、あるいは、きっかけになるものであると思っておくとよい。

全体の水準の調和を保つためによく用いられるのが「真」「行」「草」の考え方であるが、必ずしもこれに頼ることなく、設計者の叡智と経験によって設計していくのが、本来の姿であると考えている。

ⓓ──庭の主景

座敷、書院のどの位置に座っていても、観賞できる場所に主景を配置する。しかしその場合、主景を中心に置くのではなく、少し片寄った位置にすると、粋な感じが出てくる。それは日本の意匠意識の根本には釣合（balance）があるからで、洋風庭園の意匠意識が左右対称（symmetry）であるのと異なるからである。

庭の景を形作るものに、石組、築山、滝道、池と島、樹木等がある（図10・17）。石組は、守護石（不動石、主人石）と滝副石を庭の中心点（主眼点）とし、庭園全体を総括するだけの雄偉尊厳の形の石を据える。古くからこのような石には名石といわれるものが用いられ、三尊石に組まれることも多い。

図 10·13　平庭　孤蓬庵

図 10·14　書院式露地の庭　居初天然図画亭

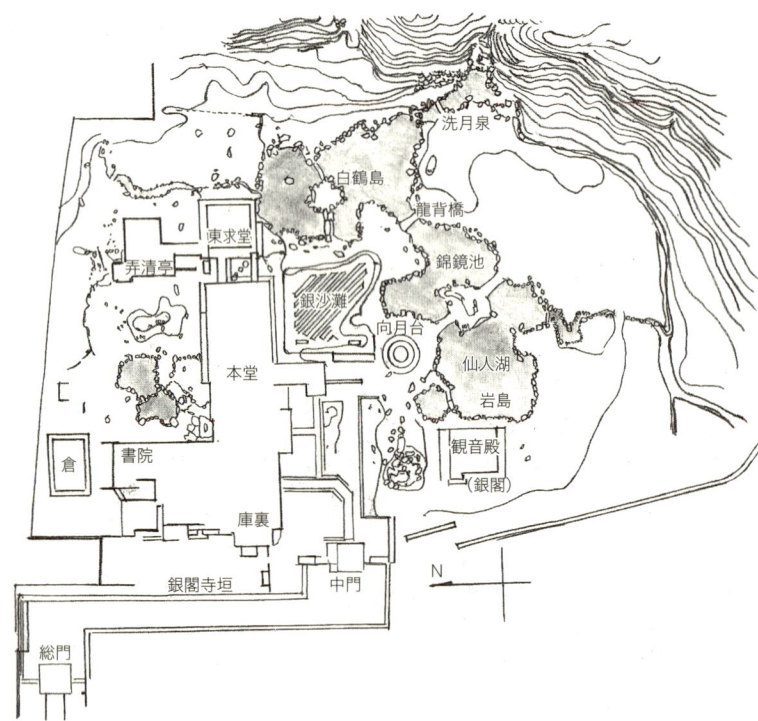

図 10·15　慈照寺配置図

図 10·16　借景の庭　円通寺

築山は、石組を囲んで、遠景、近景に添えるために、築く。三つあるいは、五つ築くことがある。正面守護石の附近に滝を作って、池へ水を落とす。山裾に山路を設け、吹上浜を作る。

池の中に中島を作り、枝振りのよい松を一本植え、左右岸からは主人島、客人島を半島として突き出し（これを出島という）、手前の岸辺に礼拝石という平石を据える。この石のあたりから庭全体が見えるようにする。このような庭はあくまで標準的な池泉庭で、この中から何を除き、何を加え強調するのかが、庭園の意匠であり、特徴になる。

6 築山と泉水

ⓐ——築山の土質

山を作る時は盛土をするが、樹木を植えるので、表土を表面に盛らないと下草が生えてこなくなる。よって、表面の土を一時他の場所に移し、掘下げ土（底土）を山の中土として盛り上げ、表面に取っておいた上土を拡げるように準備しておけば、樹木の成育が早く、庭の風情も早く整う。

土を盛る時は、雑草や木の根等を取り除いて、30cmくらいずつ突きながら盛り、約1〜2割余分に盛り上げておく。盛り上がった土はそのまま半年ほど寝かしておき、土が落ち着いた所を見計らって石を据え、木を植える。土の落ち着かない所では樹木が枯れることが多く、時には石の動くことさえある。

庭を広く見せるには、池や築山の配置を工夫することである。たとえば、池の末端が見えないように半島を出し、岩や刈込みで隠す。塀のそばを高くするか、植込みで塀がまったく見えないようにする。あるいは塀を擁壁としてこれに山を築きかけて樹木をこんもり繁らせる等をする。また、庭の大部分を広い芝生や池等にして、外回りに懸崖（けんがい）を作って塀を隠したり、植込みや屈曲した道や丘を作ると、割合広い感じに仕上がる。

池の中に島を設けるのも、池を広く見せるためには、有効である。島の形は、その庭の風情によって、種々の形のものがある。

①山島：島に森や岩をおいた小高い島
②森島：大小の樹木を寄せ植えした島
③野島：島を扁平に作り、水際に草を植えるもの
④松皮島：松の鬼皮のように、大小の岩や小島の散在している島（図10・18）

島を作る場合は、鶴島、亀島を意識して作る場合が多く、それなりに抽象化されて作られる。島が一つの場合は神仙島ということになる。

ⓑ——池の趣と構造

池は、茫洋とした池もよいが、庭をできるだけ広く見せたいのであれば、汀に凹凸をつけた方がよい。半島や出島等で変化をつけるのである。汀（みぎわ）の延長線が長くなり、汀の線を視線がたどるから池が広く見えてくる。このように汀に凹凸をつけた池のことを心字池というが、「心」という字にこだわるものではない。また全体に池の面積が小さく、水が少なくてすむという利点もある。

池の深さが1m以内の浅い場合には、底に木葉等が沈積している様子が見え、いかにも古池の感じが出て妙味もある。池は、自然に土を掘ったままだと漏水があるので、これを防がねばならない。古くは粘土に石灰を加えた「南蛮土（なんばんつち）」や三州たたきで底を作っていた。今ではコンクリートまたはモルタルで壺底（つぼぞこ）を作り、砂利か砂を敷いて底を隠すのがよいが、コンクリートを打つ前に、ビニールシートやアスファルトフェルトで防水層を作っておいた方がよい（図10・19）。

もともと湿地や沼沢のあった所へ池を作る場合には、漏水の心配は少ないが、排水についての設備も充分に考慮しておかないと、ボウフラが発生したり、水が腐ったりして、不衛生になる。また家相上からも不吉になるとされている。

池の岸は、水面から上が急勾配だと落ち着かない。水面から下を深くして、岸からはゆるくする方がやわらかく感じる。しかし浅瀬をむっくりとさせ、渚の趣きを出すこともまた大切なことである。

図 10・17　庭の景

山島

森島

野島

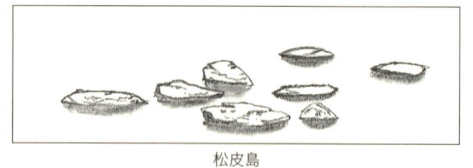

松皮島

図 10・18　島の形

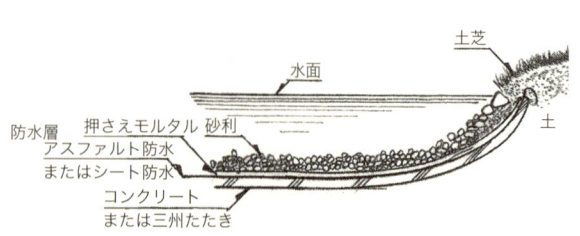

干潟

州浜

磯様

砂浜

防水層　押さえモルタル　砂利　　　　　土芝
アスファルト防水　　　　　　水面
またはシート防水　　　　　　　　　　土
コンクリート
または三州たたき

図 10・19　泉水池の断面図

図 10・20　岸辺

岸辺（汀）の納め方には、次のように形容されるものがある。
① 池様：上芝、板搦、竹搦、葦蘆、菖蒲
② 河様：乱杭、しがらみ蛇籠、捨石
③ 海様：干潟（潮が干いた時、渚に小石が散在している様子）
④ 磯様：島の渚に白砂が波で寄せられた有様
⑤ 州浜：河口の岸辺で、水と潮の干満などで形成された有様
⑥ 砂浜：渚が屈曲して遠く連なる姿（図10・20）

その他、岩砂、浜松などがある。

護岸は、岸が水に洗われ池の形を変えることを防ぐために、工作を行わねばならない。護岸が人工的に見えては庭園の趣きがなくなるので、石組によって自然の姿を作ったり、乱杭を入れたり、柵搦をつけるなどして装うことが大切である（図10・21、22）。

c──流れ

庭の中に流れを作ると、たいへん趣きがでる。これを古くから遣水、潺湲という。元来は、雨水の流れていく様を作ったものであったといわれている。

平安時代、寝殿造の池に向かって、渡殿の下を水が流れていく様子は誠に風情のあったものと考えられる。急流、緩流、せせらぎなど折り混ぜて、渓谷の風景から淀、渚吹き上げ等、妙味ある変化が望ましい。しかし、源から川下まで一目で見渡せると庭が狭く見えてしまうから、途中屈曲し、山や樹木で見え隠れするように流れの様子に注意し、工夫しなければならない。

水源は、石の間から湧き出す泉のようにしたものや（図10・23）、滝口から落としたもの（図10・24）、あるいは、谷間の灌木の間から流れ出したような風情に作ったものなど種々工夫される。一つの方法として、小庭では、筧の落口を蹲踞の手水鉢（図10・25）に落とし、あふれさせて玉石の間を流れ去るようにしたり、また手水鉢の底の穴から水を湧き上がらせ、その穴を小石で隠し、水をあふれさせて水源とする方法もある。

川底には、砂利を敷いて整えるが、流れが弱いと泥がたまり、流れが急すぎると砂利を押し流してしまうので、コンクリートの底に大粒の砂利を埋め込み、その上に玉砂利等を川底一面に河原のように敷きならす。川岸に庭石の自然石を据えたり、セメント製の杭形土居木を並べる等、庭の趣に従って工夫することが大切である。

d──滝

古来から、滝は憧れであり、万葉集に出てくる吉野の滝の宮居は、有名である。当時の滝は今のように水落ちするものではなく、急流を指したものと考えられている。平安時代には滝に対する関心はますます強く、人々は兵庫の布引の滝や大阪の箕面の大滝、はては、那智の滝にまで観賞に行ったようである。

やがてその滝を庭に競って作るようになるが、その滝の高さは、せいぜい90cmくらいのものと考えられている。しかし中には法金剛院の青女の滝（京都市、図10・26）のように、高さが3.9m（1丈3尺）あったといわれるものも存在した。

室町時代には滝の意味が変わり、鯉が滝を登って龍になるという故事が、禅宗の悟りを開いて龍となるという教えと重なり、龍門瀑というものが登場する。これは、中国黄河中流の流れの非常に速い所を登龍門ということからきたものと考えられている。

捨石　　　　　　　　　　　　　　　　　　　　　　　　板垣、竹垣

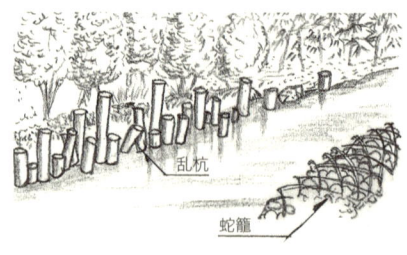

捨石護岸　　　　　　　　　　　　　掬垣

立て土居木

土居木護岸　　　　　　　　乱杭　　　　　　　　　　　崩し積石垣、菖蒲護岸
　　　　　　　　　　　　　蛇籠
　　　　　　　　　　　　　乱杭護岸

図10・21　土留め護岸　防水層は、アスファルト防水またはシート防水がよい。

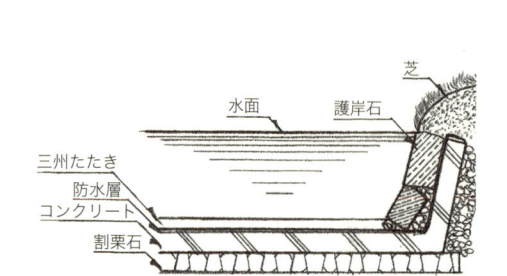

水面　護岸石
芝
三州たたき
防水層
コンクリート
割栗石

図10・22　土留め護岸の断面　護岸石を土留め杭とする場合もある。

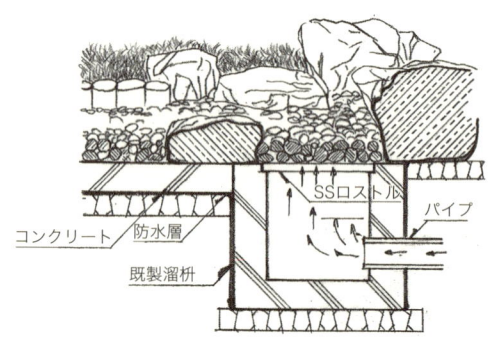

コンクリート　防水層　　SSロストル　パイプ
　　　　　既製溜枡

図10・23　湧水泉水源

瀧（離れ落ち）　コンクリート
　　　　　　　給水管

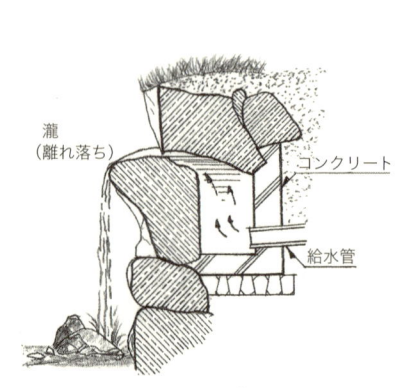

図10・24　瀧口

かけい
筧
水鉢

図10・25　筧水源

前述の『作庭記』には、滝の落ちる様が種々書かれている。

向落：向落は向かって麗しく、同じほどに落ちるべきなり。

片落：かた落ちは左より添えて落ちれば水を受ける頭前の高さも広さも、水落の石の中ばにあたるを左のかたに寄せて立て、その石の頭にあたりて、横様に白味わたりて、右より落ちるなり。

伝落：石のひたいに従って流れ落ちるなり。

離落：はなれて落ちるなり。

稜落：そば落は瀧の表を、少しそば向けて稜の離方より見せしむるなり。

布落：布落は、水落の表で、麗しき石を立て、滝の上を澱めてゆるく流しければ布さらしたように見えて落ちるなり。

絲落：いと落は、水落の頭に差してあたると、あまた石を立てれば、糸かけたるように落るなり。

重落：かさね落は、水重を二重に立てて、風流なく滝のたけに従って二重にも三重にも落ちるなり。

この他にも、左右落、横落等の記述がある（図10・27）。

現在では、滝の落ち方を直落ちと伝い落ちの二つに分け、さらに直落ちを糸落ち、離れ落ちなど様々な落とし方に分けている。また伝い落ちは斜面に添って流れ落ちる姿のもので、急流の激しい形を見せる。いずれもその源は深い渓谷から流れ出した水が、滝にかかる風情の場所を選んで滝副石（滝の落口の石）をおき、滝壷を設け波切石を点々と滝壷の附近に置き、また石の間を流れて渓谷を作る。

滝の源を見せて、泉の形にする滝もある。また、いったん落ちた水を一度石櫃に受け、さらにあふれさせるのも趣きのある一つの方法である（図10・28）。

龍門瀑の場合、落ちる途中や滝壷の附近に鯉魚石を配するのが普通で、鹿苑寺（図10・29）（京都市）や天龍寺（京都市）のものが有名である。枯山水にも龍門瀑はある。

流れの排水口を水吐き（図10・30）、または水抜口という。その吐口は常水面を保つと同時に、排水口らしく見えないように水を抜かなければならない。石渡りか、石組を集めた場所に、目立たぬように排水管を伏せて流れの水を放出するように工夫する。

池は、雨季、乾季によって水を調整する必要がある。調整口を水門という。水門には池の底の調整口として排水管を伏せて排水するものもあり、また流出する所を見せるものもある。池に魚を放っている時は、吸い込み口に防塵網を取りつけて魚の流出を防ぎ、同時に枯葉等が排水管を塞がないようにする必要がある（図10・31）。

平安時代の京都では湧水が利用されたが、この湧水が涸渇すると、川から給水するようになった。現在では、水道水に頼らなくてはならなくなっている。しかし滝の場合、四六時中水を流さなければならず、その費用も大変なことから、水を循環させ用いることが増えている。あまり大きな設備にはならないが、庭の規模にもよってその設備の設置場所を計画しておく必要がある。

7　石組

ⓐ──庭石

和風の庭園になくてはならないものは石である。古くから姿のよい石は少なく、平安時代から、石を集めるのには苦労していたことが察せられる。

庭石は、それぞれ用いられる場所や形状によってその名称が変わる。たとえば須弥山石、鶴亀蓬莱の石組、三尊石、滝組、鯉魚石等の庭のテーマに基いて石を組んでいく（図10・32〜34）。

庭石の石質について述べる。石は産地によって名前がつけられ、岩石の内容で分けられることは少ない。たとえば御影、北木、稲田や鞍馬石、鞍馬石に似た石で甲州鞍馬、丹波鞍馬等、その産地で呼ばれることが多い。必ずしも有名な産地の石である必要はなく、設計者のイメージに合った石で構成していけばよい。

花崗岩は苔がなかなかつきにくいが、生駒山から出るものは上等とされ、特に錆色のものが賞揚される。

直落ち（別れ落ち） 　　　　糸落ち 　　　　　　　　　伝い落ち 　　　　　　　　布落ち

図 10・27　瀧

図 10・26　法金剛院青女の瀧

図 10・30　池の水吐き

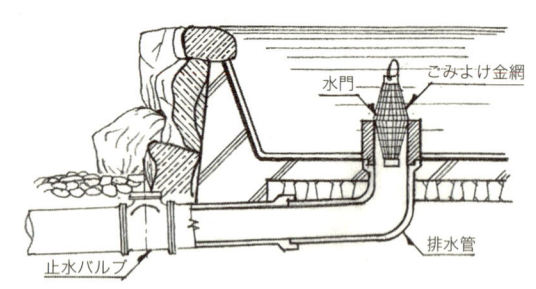

図 10・31　排水調節水門

図 10・28　石樋

旧秀隣寺庭園　鶴の部分

図 10・29　龍門瀑　鹿苑寺

鯉魚石

旧秀隣寺庭園の亀島部分

図 10・32　鶴亀庭園　（出典：西桂『日本の庭園文化』学芸出版社、2005、p.95）

海岸の石は丸味があり海石と呼ばれる。川の上流から持ってきた石は角張っていて川石、山から引き出した風雨に晒された石は山石という。それぞれ庭の景色の中で、海石は、海岸のような所へ、川石は池水のような所へ配置するのがよい。

石組はその配置される場所によって名称がつけられているが、この名称は、庭園のテーマ（主題）あるいは作庭者の姿勢によっても変わる。一般によく使われる石組の名称には図のようなものがある。これらの庭石が巧みに組合わされることによって、いっそう庭の風情が引き立つ。

石は、天然になるように、あるいは、自然にあるように置かねばならない。昔から言い伝えられている置き方によると、逃げるような石の傍には、追うような石を添え、傾いた石には、支えるような石を、天を仰ぐ石には、地に伏す石を、立った石があれば、座した石を、互いに呼応するように置くと韻律が現れ、自然に見えるものだといわれている。

石は、地山が充分に固まってから据付けねばならない。深く掘り、埋め戻しの時は充分に突き締めながら据える。複数の石を据える場合は、大きいものから順次小さいものに及ぶようにし、石の一番美しい自然の面を地表に現わすように工夫する。欠けた面はできるだけ巧みに隠すように注意して据える。

8　飛石と敷石

ⓐ──飛石

飛石は、桃山時代の茶庭（露地）に始まる。その後、茶庭以外にも用いられるようになった。雨の時等、濡れた土や苔の上を草履で歩いて足を汚すことのないようにというのが用いられた大きな理由である。飛石は、打たれた通りに歩かねばならない。このことをよく考えて打っていく必要がある。

茶庭の中で、特別な働きを持つ飛石のことを役石という。茶室の項で触れたが、腰掛待合の役石には貴人石、次客石、連客石、お詰石等が、中門には客石、乗越石、亭主石が、蹲踞（つくばい）には水受石、前石、湯桶石、手燭石が、躙口には、踏石（一番石）、落石（二番石）、乗石（三番石）が、砂雪隠には足懸石、裏返し石、小用返し石があり、この他、踏分け石、物見石、額見石、刀掛石（二段）等がある。

飛石（図10・35）は、歩きやすいように打つ。左右交互に打つのが基本で千鳥打という。その他飛石の距離や役割、庭全体の均衡を考えて、直打、大曲り、二連打、三連打、二三連打、三四連打、雁掛け、七五三打、筏打などの打ち方を用いる。飛石の大きさは、径30cm前後のものがよいが、天端（上端）は、やや平たい面を上に向けて、地面や水面から6〜10cmくらい顔を出すのがよい。また池の中にある飛石を、石渡石（沢渡石）（いしわたりいし）（さわたりいし）（図10・36）という。

石の種類では、鞍馬石が最上とされている。茶庭以外で用いられる飛石は、いっそう美しさを求められるので、慎重に打つことを心掛けなければならない。

ⓑ──敷石（延段、畳石、石段）

敷石は、古墳時代から見られ、発掘された旧明日香村の酒船石のまわりには、敷石が敷かれている。敷石が庭園の道筋（苑路）に敷かれるようになったのは、飛石と同じく茶庭ができてからである。利休が西芳寺の敷石を見て、茶庭に用いたといわれている。利休の時代には、石を敷くことを畳むといったので、畳石、延段、石段ともいった。敷石は、飛石より歩きやすく安全で、歩行者に自由な歩幅が与えられる。茶庭では客が一列に並んで立待する所、迎付を受ける中門前や、蹲踞にかかる少し手前などに敷かれる。草庵風の露地の敷石は、自然石をそのまま生かした敷石であり、格式が高いのは、切石敷である（図10・37）。

格式が高い敷石には、その目地の形から、市松敷、短冊敷、れんが敷、四半敷、鱗敷、氷紋敷、網代敷、亀甲敷などの名がつけられている（図10・38）。

自然石の石敷きは玉石を敷き詰めるのが基本で、これを霰零（あられこぼし）と呼ぶ。石の大小や目地の取り方によって、大霰、小霰、千鳥足、芦分（あしわけ）、霰崩（あられくず）しに分けられる。千鳥足は石を網代状に並べたもの、芦分は、目地が十文字にならないようにていねいに並べたもの、霰崩しは大小の石を取り混ぜて無雑作に敷いたように見える敷石である。

図10・33 名石 三宝院の藤戸石

図10・34 三尊石 慈照寺の白鶴島

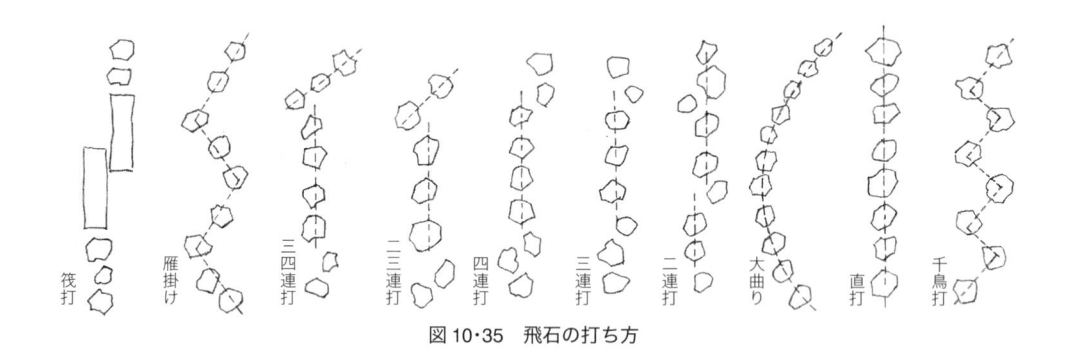

図10・35 飛石の打ち方

筏打　雁掛け　三四連打　二三連打　四連打　三連打　二連打　大曲り　直打　千鳥打

図10・36 沢渡石 清澄園（出典：飛田範夫『日本庭園と風景』学芸出版社、1999、p.42）

図10・37 敷石（延段） 孤蓬庵

切石と自然石を混ぜ合わせて意匠した敷石は、多種多様ある。敷石は、この種のものが最も多い。敷石は、石の質感が何より大切で、表面がつるつるしているものは危険なので、鑿仕上など荒肌の方がよい。また丸瓦を木端立てに並べて組合せた瓦畳もある。これらに、真、行、草の考え方を入れて選び、意匠化することができる。

縁先踏石の配列は、庭と建物の接点として大切なものである。縁先には特に上端の平たい大きな石を、縁框下に少し入れ込むように据える。この石のことを沓脱石（くつぬぎいし）といい、縁面と地面の間にあって、階段の役目をする。次に沓脱石より低く小さな石を一の石と二の石として据える。そして全体として始めの飛石から5段目で縁に上れるようにするのがよいようである。沓脱石には、鞍馬石が最もよく、本御影石、小豆島石、伊勢石の順になる（図10・39）。

庭に苔や芝を植える場合は、軒先の地面に雨落を作り、庭との区別をする。それに延石を使ってもよいが、巴瓦や野石を並べたり、水はけのため、松炭の切ったものを木端立てにして用いることもある。

ⓒ——苑路の作り方

庭園の道を苑路という。その意味では、飛石も苑路ということになる。築山では、山路や芝生や苔の間を踏み分け道とする。この道は自然に人が通ることによってできたという風情を作り、坂道では、土居木（どいぎ）や野石の土居を作ってもよい（図10・40）。

大邸宅の門から玄関に至る車道は、砂利敷にするのが最も上品である。もちろん水はけ勾配を考え、排水に注意し、また自動車の回転するロータリー風の築山や植込みを作って、門から玄関の出入が見えない方がおくゆかしい（図10・41）。小住宅の門から玄関までは、コンクリート舗道に飛石を埋めたり、れんがや巴瓦を混ぜてまだらに組み、その余りをモルタル敷にしたりするとすっきりしたものになる。あくまで建物に調和した意匠にすることが大切である。

9　樹木の移植

ⓐ——樹木と庭園

庭の風景を演出するには、樹木の植え方、場所、種類をより考えねばならない。たとえば、遠い山や遠景の樹木は、林を想わせるようにしなければならず、植え方の粗密の調子もよく考える必要がある。近景として単独に植えた松などは枝振りのよいものを植えるか、あるいは2～3本を形よく寄せ植えにするのもよい（図10・42）。

大きな樹木を軒先に植えると、物静かで奥深い気分になるが、屋内が湿っぽくなるのが欠点である。家の近くに大樹を植え、その幹の間を通して前方はるかに低い木を点々と植えると堅実な庭園になるが、落葉樹の多い庭は淡泊な庭になってしまう。

ⓑ——樹木の種類

樹木は、湿地に適したものと、乾燥地を好むものがあるから、これらを区別して植えないと枯枝が出たり成育に差ができて見苦しい。桧、アオイ、サカキ、楓、ヤツデ、熊笹、小笹などは、日陰でもよく成育する樹木である（表10・1）。

根締め植えというのは、高い庭木の根元に日陰で育つ低木を植えることである。高木の根元を保護すると同時に、排水も見映えもよくなる。

橋の袂（たもと）（橋挟み）、石灯籠の根元（燈障り（ひさわり））、手水鉢の囲い、滝口の落口（飛泉障り（ひせんさわり））などに植える、趣を添える樹木を景色の役木という。石の裾の役木には、ツワブキ、サツキなどがよい（図10・43）。

ⓒ——植樹の方法

植樹は、季節を選ぶのが大切である。樹木の種類によって適する季節が多少異なるが、だいたい樹木が活動を中止し、樹木の新芽が発芽する前、すなわち三月頃が最もよい時期とされている。あるいは、活動の終わった秋もよい時期である。夏の暑い時期は地面の乾燥が激しく、樹木も活動の最中であることから、根づきにくい。また、冬は霜、雪の季節で樹木は活動を中止していても寒さのため移植に失敗することが多い。

植樹によい地質は、さらさらした砂質（珪質）で一様に細かく、水や空気の流通のよい、しかも養分を含んでいる土が一番よい。

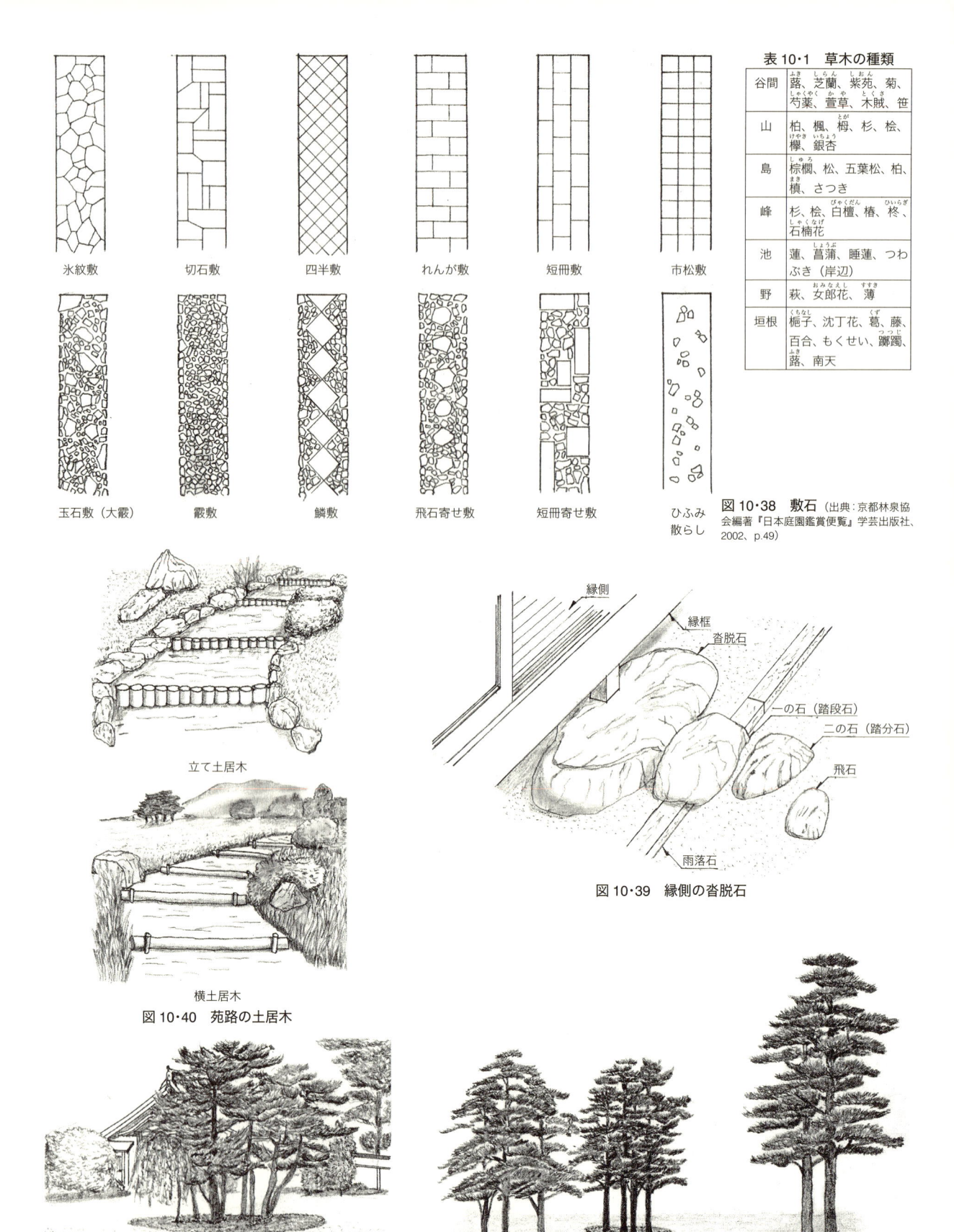

| 氷紋敷 | 切石敷 | 四半敷 | れんが敷 | 短冊敷 | 市松敷 |

| 玉石敷（大霰） | 霰敷 | 鱗敷 | 飛石寄せ敷 | 短冊寄せ敷 | ひふみ散らし |

表10・1 草木の種類

谷間	蕗（ふき）、芝蘭（しらん）、紫苑（しおん）、菊、芍薬（しゃくやく）、萱草（かや）、木賊（とくさ）、笹
山	柏、楓、栂（とが）、杉、桧、欅（けやき）、銀杏（いちょう）
島	棕櫚（しゅろ）、松、五葉松、柏、槙（まき）、さつき
峰	杉、桧、白檀（びゃくだん）、椿、柊（ひいらぎ）、石楠花（しゃくなげ）
池	蓮、菖蒲（しょうぶ）、睡蓮、つわぶき（岸辺）
野	萩、女郎花（おみなえし）、薄（すすき）
垣根	梔子（くちなし）、沈丁花（じんちょうげ）、葛（くず）、藤、百合、もくせい、躑躅（つつじ）、蕗（ふき）、南天

図10・38 敷石 （出典：京都林泉協会編著『日本庭園鑑賞便覧』学芸出版社、2002、p.49）

立て土居木

横土居木

図10・40 苑路の土居木

図10・39 縁側の沓脱石

（縁側／縁框／沓脱石／一の石（踏段石）／二の石（踏分石）／飛石／雨落石）

図10・41 大玄関ロータリー

図10・42 寄せ植　他に5本植、6本植等がある。

植木屋から買入れたものならすでに養生がしてあるので差支えないが、屋敷内にある樹木を他の場所に運搬移植する時は、よほど慎重に行わないと失敗する。最も安全に行うには、根回しといって約1年くらい前から樹木の周囲に、幹の太さの約5倍の直径に溝を掘っておく。細根がこの回りに生じるので、他へ移植しても差し支えないようになる。このようにしてできた部分を鉢と呼ぶ。

　移植するために掘り取る場合は、鉢等を作ってよく準備した樹木を、なるべく振動を与えないように注意して、藁縄で鉢巻をする。そして藁や菰類に包んで化粧巻をして養生する。最後に直根(牛蒡根)を鋸で切って土地から離す。樹木によっては、掘り取った根の間の土壌を落とし、裸根にして荷造ることもあるが、これは、完全な移植法ではない(図10・44)。

　植え方は、樹木の太いものから先に鉢を据え、順次細い木を置いて、庭園の風景、枝振りなど見定めて鉢縄を解き(そのまま埋めてもよい)、培養土(肥土)をその周囲にかき込む。根土を入れる前に、小さな棒で根に隙間のできない程度に突きながら埋戻す。根の周囲に水を注いでも、他に流れ出ないように周囲を少し高い目、鉢の大きさほどに溝を作る。これを水鉢というが、この水鉢に水を注ぐ。この作業を土極という。落葉樹の場合は、半分くらい埋め戻した時、水を根回りに充分めぐらして、埋め戻し完成後、水鉢(図10・45)を作り水を注ぐ。

d──養生

　移植完了後、種々の養生をする。

　風除け養生とは、風で幹や根がゆり動かされないように、風除け支柱を取りつけ養生することである。竹、丸太などで水平または三方より支え、市街地、公園など土地利用の激しい場所では鳥居形、ふんばり形で風除杭を打ち込み、それに棕梠縄で結びつけて止めておく(図10・46)。

　枝払いの養生を行う。これは、移植後に少なくなった根の負担を軽くするためのもので、枯れ枝や衰弱した枝、懐枝などの他、枝振りに関係のないものは適当に切り透かして水分の発散を防ぐとともに、空気の流通と地面の日当りをよくして、根や葉の成育、繁茂するのを待つ。枝払いは枝の元から切り取る。松のように枝の出にくい樹木は、枝のかわりに葉や実をむしり取って、小枝の間を掃除しておくようにする。

　幹巻養生(図10・47)とは、水分の発散が多く、移植後枯れやすい常緑広葉樹や針葉樹に、幹からの水分発散を防ぐために幹巻をすることをいう。防寒、防虫害に役立つ。藁縄や菰を巻き、時には、泥を藁で包んで縄を巻きつけたりする。秋に移植した時は、枝葉を筵で包み霜除をすることもある。

　植付後、5日ほどの間に日に2回灌水する。夏季は毎日行う。また除草、除虫等の手入れも充分にする必要がある。枝葉は3年目くらいから形を整え、刈り込んでいく。

10　芝植え

　樹木の移植が終わると、貼芝を行う。苔を植える庭もあるが、昨今では、芝を植えることが多い。

　高麗芝(朝鮮芝)、中芝、野芝の3種は日本芝といわれ、他に西洋芝がある。高麗芝は、葉が細く青みが強く光沢があるので、上品に仕上がる。野芝は、葉が荒いが湿地にもよく育ち、子供達の遊び場としても枯れることは少ない。中芝はその中間の性質である。日本芝は手入れにもよるが10年以上長持ちする。冬は枯葉色になる。西洋芝は冬でも緑を保ちやわらかいが、10年ほどで貼り替える必要がある。

　芝貼の季節として最適なのは、3～4月と、11～12月頃である。あまり暑い時は、他の雑草に養分を奪われて発育が悪く、また寒中では植痛みが多いので、このような季節は避けた方がよい。

　芝の植え方には、蒔芝、張芝、筋芝の3通りがある。蒔芝は種子を地面にまいて発芽繁殖させるものと、地下茎を一節ずつ切ってこれを散布して土をのせておくだけのものとがある。張芝は生育した芝を四角形に切りおこして、地面に張りつけるものである。筋芝は堤や小山等の傾斜地に、水平に幾筋にも植え、これを一面に繁茂させて芝生にする方法である。現在では張芝が多い(図10・48)。

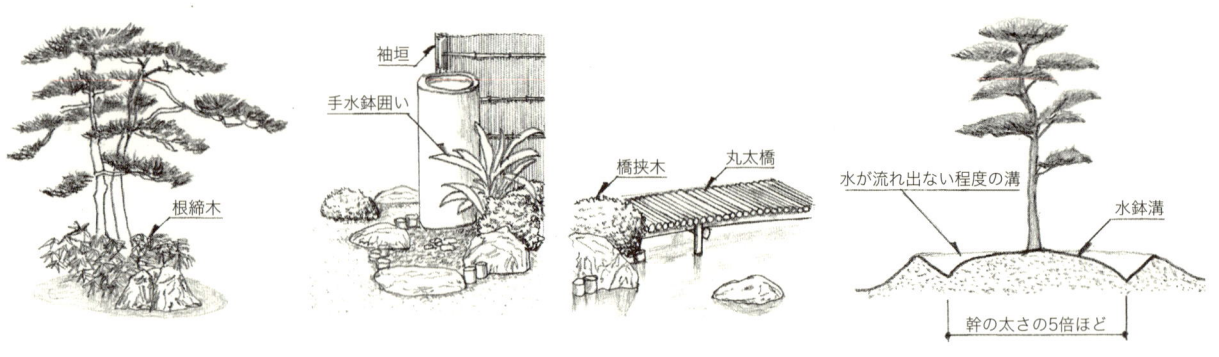

図 10・43　役木（根締木、囲木、橋挟木）

図 10・45　移植後の水鉢

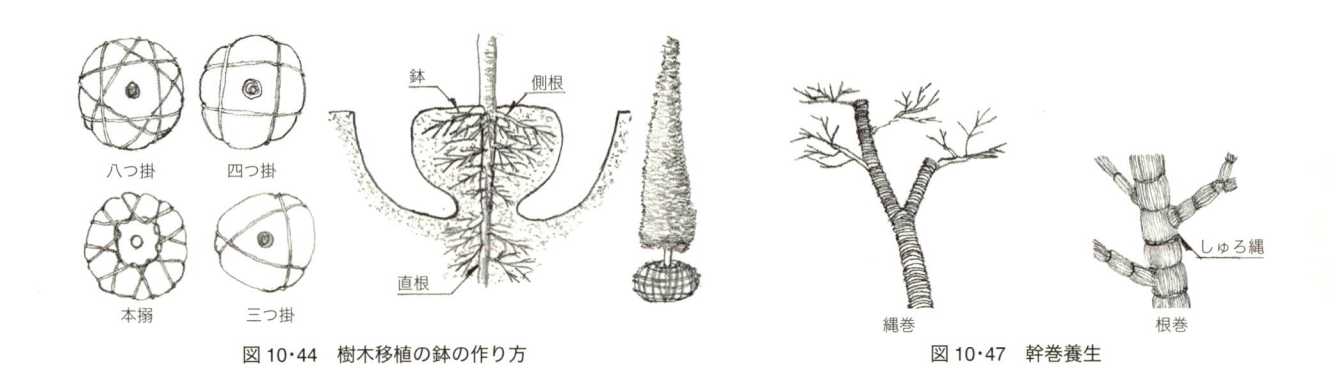

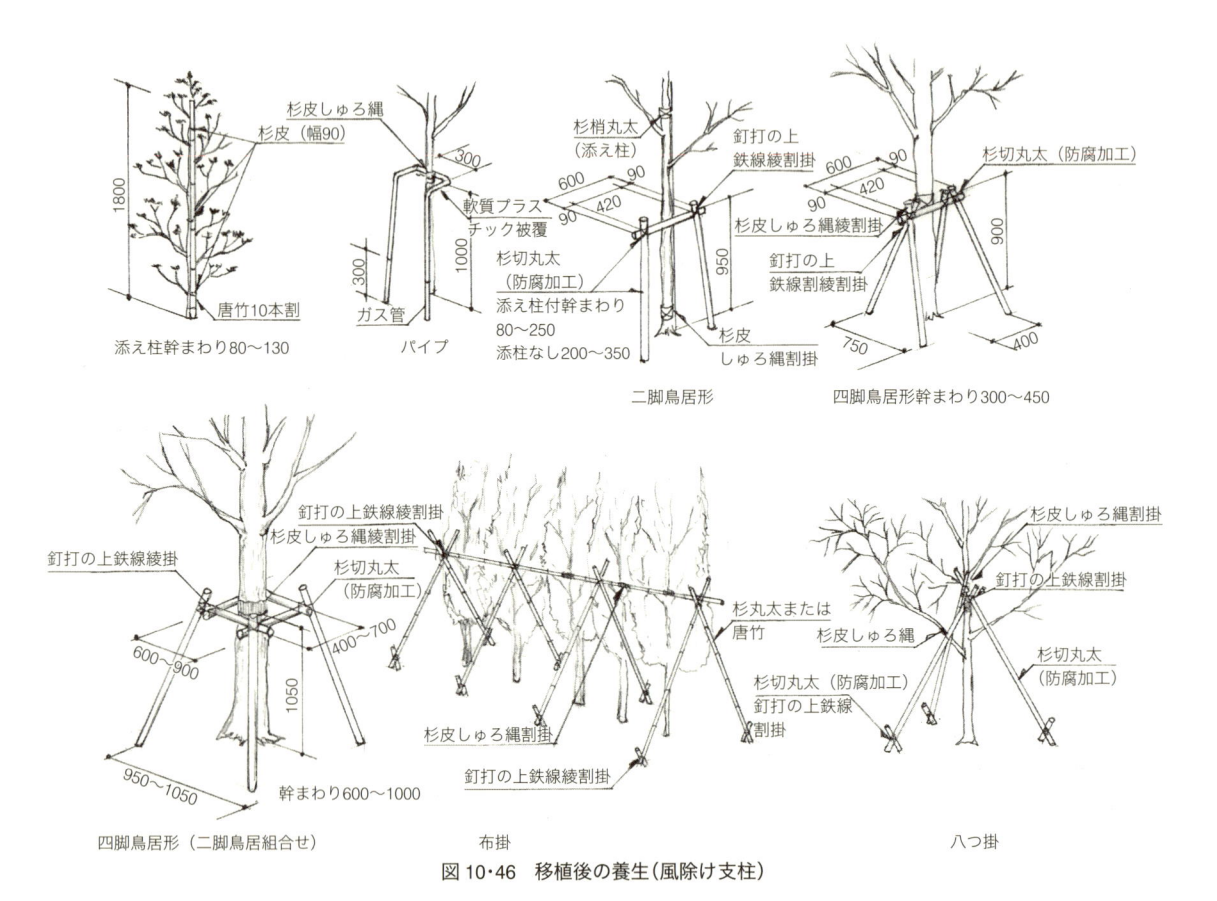

図 10・44　樹木移植の鉢の作り方

図 10・47　幹巻養生

図 10・46　移植後の養生（風除け支柱）

芝下は、深く耕し肥料を与え、板または小蛸で地ならしをする。リーマでは、少し硬すぎるかもしれない。また広い場所ではローラーで地ならしをし、相当の硬さにしておいてから蒔芝や張芝を施す。

張芝は20×40cm（1坪に50枚）、あるいは30×60cm（1坪に18枚）の長方形で、束にしてある。これを芝下のできた所へ市松形か、約5cmの目地で、互の目地形に並べる。また密に芝張りをする場合には張芝を全面に敷き植えればよい。

目土着とは、張った芝の上から厚さ約1cmの土（砂でもよい）をかけておくことをいう。傾斜地では竹で作った芝杭を差して、芝が移動しないように止める。このようにして適時灌水すると5〜6月頃に根を下ろし発芽してくる。

芝は刈り込むほど繁茂が盛んになる。毎月1回ずつ芝刈機か手鎌で刈るとよい。また、肥料を多く要求する。施肥の多くは下肥とあるが、臭いがするので化学肥料が使われることが多い。とにかく施肥を忘れないようにし、充分手入れすることが大切である。中でも雑草抜きが案外たいへんである。よく手を入れると素晴らしい芝生の庭ができあがる。

変わった芝庭として、芝を使わず、根芝、小笹等を貼り付け繁茂させると趣きのある庭となる。「龍の髭」を植えることもある。

11 築山庭の景物

庭が自然の風景ばかりに片寄っていると、野景と変わらなくなる。そこで人工的な構造物をその風景の中に築き、明確に見せて趣きを引き出すことで変化と落ち着きが生まれ、一種の味が出る。これを庭の景物または添景物という。

景物の設置は、築山と平庭では、多少異なる。築山の一部を平庭に作ったり、平庭の一部を築山に取り入れたりすることもあるので、どちらに用いても差し支えない。

築山の景物には、四阿（東屋、亭）、腰掛、橋等の他、水車小屋、茶屋、地蔵堂、祠、小社等がある。

平庭の景物には、灯籠、手水鉢、蹲踞、井戸、袖垣、枝折戸等がある。これらを適所に設けると、庭に一段と趣きが加わる。

ⓐ——四阿と亭

四方吹き放しの小さな建物の柱に添って、腰掛や卓を設けたものを四阿という（図10・49）。小憩しながら四方の景色を眺めたり、あるいは庭から主屋を見るのによく、庭園の景物として価値を発揮する。やや大きく、壁があり、茶席構えのものを亭というが厳密な区別はない。屋根の形には、傘形、四注（寄棟）、方形、六角（六注）、八角（八注）等があり、屋根葺材料には杉皮、萱、藁、草、木端板（柿葺）などの天然材料を使って野趣を添える。

四阿は、見晴らしのよい場所を選んで設け、他から眺める時に大樹の陰に見え隠れして、建物全体が見えないくらいがよい。この屋根の上におおいかぶさる樹木を庵添の木という。岩の鼻、崖の鼻、池の鼻等に建物の片柱をのり出して建てたり、林間の松の幹の間に設けるのも趣きがある。

ⓑ——腰掛

洋風のベンチを設けるのも四阿と同様で、日本庭園では木の切株、玄蕃石、平らな自然石、あるいは陶器の腰掛を適所に置いて小憩を促し、あわせて庭の風景を引き立たせるように配置する。また四阿のように見えるが、茶室の外待合風の建物を用いることもある。

ⓒ——橋

庭園の中に池があり、島があるから、当然橋が架けられる。平安時代、寝殿造の南庭には、建物側に朱塗の高欄（欄干）を持つ橋と、島の南側に平橋が架けられるのが一般的であった。また石橋も遣水などに多く使われている。これらの橋は、渡るという機能の他に、庭の景としても重要な要素になっているのは、いうまでもない。室町時代になると禅の影響で橋に別の意味が加わる。それは橋を渡るとそこが別世界、すなわち修行中の世界と悟りの世界をつなぐ象徴というものである。石橋は橋石組として一般の石組と同じように扱われている。

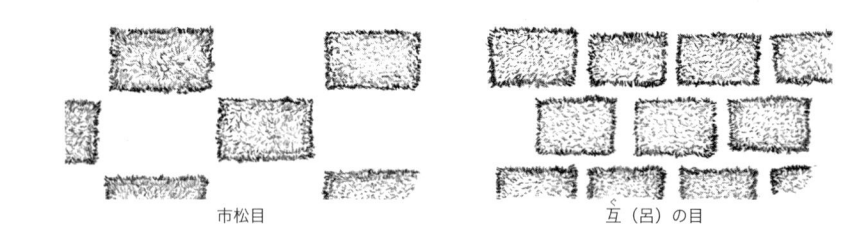

市松目　　　　　　　　　　　互（呂）の目
図 10・48　芝の貼り方

図 10・49　四阿（亭）

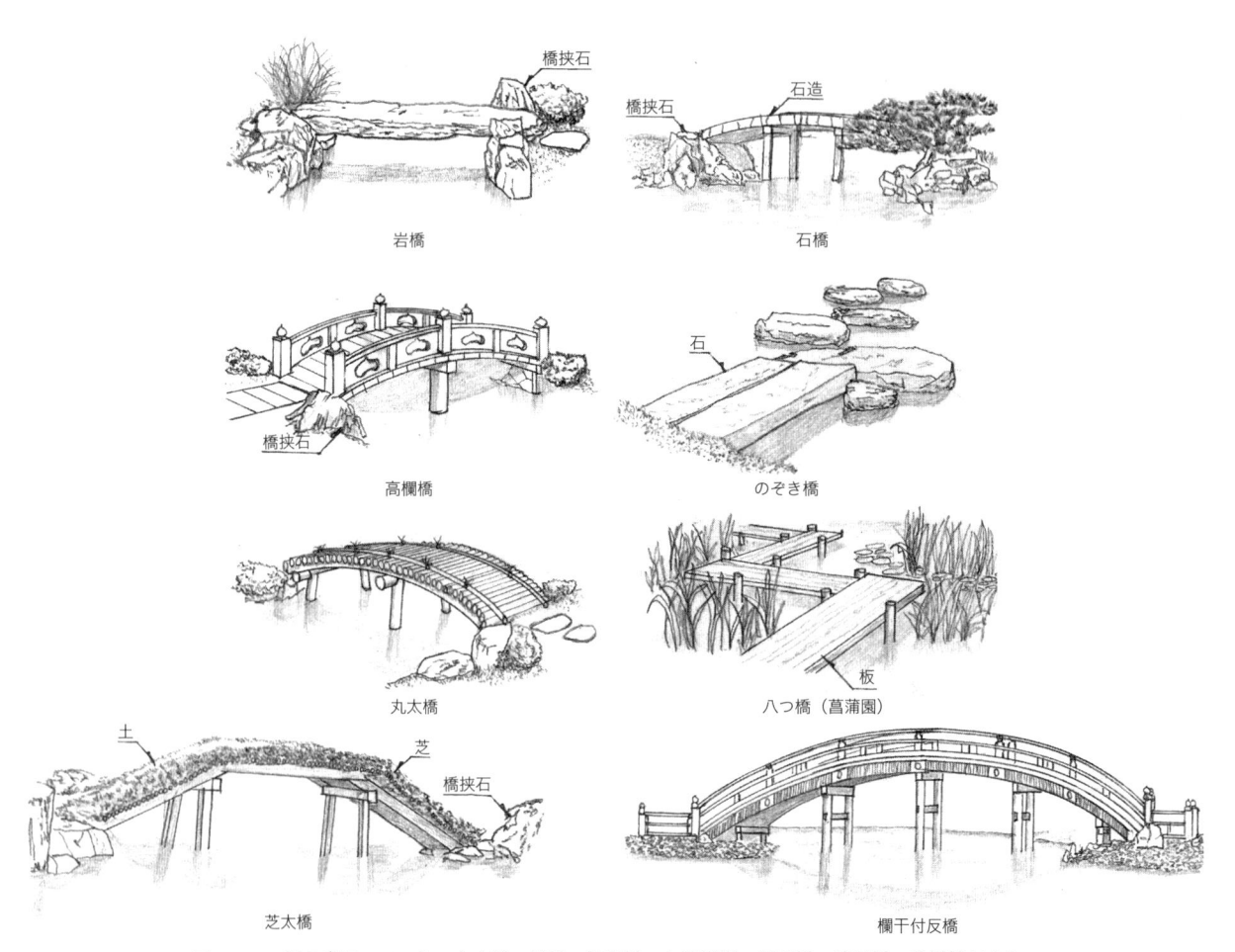

橋挟石　　　　　　　　　橋挟石　　石造

岩橋　　　　　　　　　　　　石橋

橋挟石　　　　　　　　　　　石

高欄橋　　　　　　　　　　のぞき橋

土　　　　芝
　　　　　　　橋挟石　　　　　　　板

丸太橋　　　　　　　　　八つ橋（菖蒲園）

芝太橋　　　　　　　　　欄干付反橋

図 10・50　橋の意匠　この他、丸木橋、板橋、組出橋、木端板橋、通天橋、連尺橋、釣橋等がある。

しかし、一つの場所から庭を眺めた時、橋が三つも見えるのは、感心しない。一つか二つ見えるようにし、橋が主役にならないよう控目に見える方がおくゆかしい。材料と意匠によって色々の趣きが出るので、全体の風景や意匠に合わせた橋を設計するようにする。橋の種類には図10・50のようなものがある。

橋に反りをつけて架けると、静かな水面にその影が映っていっそうおくゆかしく見える。座敷正面から橋の裏が見えたり、橋の中心線の延長が座敷に直角にあたるような見通しの位置に橋を架けるのは感心しない。

橋の両詰（両袖）に橋挟石を据えたり、橋元に木等を植えると橋と景色の調和が取れいっそう引き立つし、また落ち着く。池橋には橋の根元に遊魚石を置く方法もある。

12　平庭の景物

ⓐ——庭園の灯籠

灯籠は、古くは社寺の本殿や本堂の前に一灯だけ立てられ、献燈の意味を持っていた。室町時代から桃山時代にかけて、左右一対にする習慣ができた。これらの灯籠を請い受けて茶庭に用いたのは、利休がその始めといわれている。灯籠には多くの種類がある。そのデザインの基になるものを本歌という。

灯籠は、そのままでも庭の景物として雰囲気を増すが、灯火を点じると誠に落ち着きのある風情を作り上げる。さらにその灯火が水に映った様は、他の景物とは異なった趣きがある。

灯籠には石造、木製、金属製のものなどがあり、その形も様々である。庭園には、石造のものが多く使われている。灯籠の組立ては、台石または台沓石（台は古いほど低いものが多い）という基礎の上に竿石を立て、その上に中台（火袋の台石）というやや平たい石を重ね、さらにこの上に火袋石を置く。火袋石は中を中空にしてその中に灯火を入れる。そして障子を嵌める。火袋石の上に笠石をのせ、またその上の中心に請花宝珠を置くのが標準的な組方である（図10・51）。

灯籠の種類は数多いが、意匠の厳格なものとして西の屋形、柚の木形、大仏形、宮立て形、春日形、二月堂形、木製の誰屋形などがある。これらは神社寺院に用いられるものを庭園に利用したものである。風雅な灯籠には、道しるべ形、雪見形、置灯籠、袖形、織部形、円形、遠州形等がある。釣灯籠などにも金属製、木製ものがある。釣灯籠以外は灯籠の後ろには火上げ石という平らな石を、地上15～30cmくらいに現して据える（図10・52、53）。

灯籠を立てるのは、もともと道や庭の照明が目的である。むやみに立てないように、手水鉢のほとりや、木陰、池辺、苑路（庭の道）のそば、庭門の側など実用的な意味と同時に、局部の眺めを風雅にするように立てる。一つの庭に同形のものを三つも四つも置いたり、狭い庭に数多く見えるのは醜い。また灯籠だけ単独に立てず、必ず灯籠控え（または燈障木）を添えて全体が見えないようにするのがおくゆかしい（図10・54）。

ⓑ——石塔

石塔類も庭の点景として用いられる。これらはもともと仏教の聖地あるいは墳墓を示したり、供養のために建てられたりしたものである。石塔類には多重塔、宝塔、多宝塔、五輪塔、宝篋印塔、笠塔婆、無縫塔、板碑、石幢（図10・55）などがある。これらは、森の陰、山の端などにその先端をかいま見せるように設置する。特に多重塔（三重、五重、七重、九重、十一重、十三重がある）は山腹、山路、大樹の根元、池の向こう、滝口等に据える（図10・56）。

少し崩れ、石苔の生えた形のよい石塔はなかなか得難い。だからといって古人の墳墓や寺院秘蔵のものなどを単に趣味としてむやみに珍重がり、何のゆかりもないのに自庭に据えるのは社会的にも、精神的にもよくないので戒むべきである。

図 10・51　石灯籠各部名称 （出典：京都林泉協会編著『日本庭園鑑賞便覧』学芸出版社、2002、p.57）

宝珠
請花
笠
蕨手
連子
円窓　火袋
請花
中台
珠文帯　中節
　　　　竿
反花
格挟間　基礎
　　　　基壇

道しるべ形　雪見形　寄灯籠　置灯籠　袖形

塔灯籠　織部形　円形　四角形　六角形

図 10・52　石灯籠 （出典：京都林泉協会編著『日本庭園鑑賞便覧』学芸出版社、2002、p.57）

図 10・54　雪見灯籠　琴柱形

誰屋形（木製）　釣灯籠（木製）　宮立て形　遠州形

寸松庵形　西の屋形　柚の木形

図 10・53　石灯籠 （出典：京都林泉協会編著『日本庭園鑑賞便覧』学芸出版社、2002、p.58〜59）

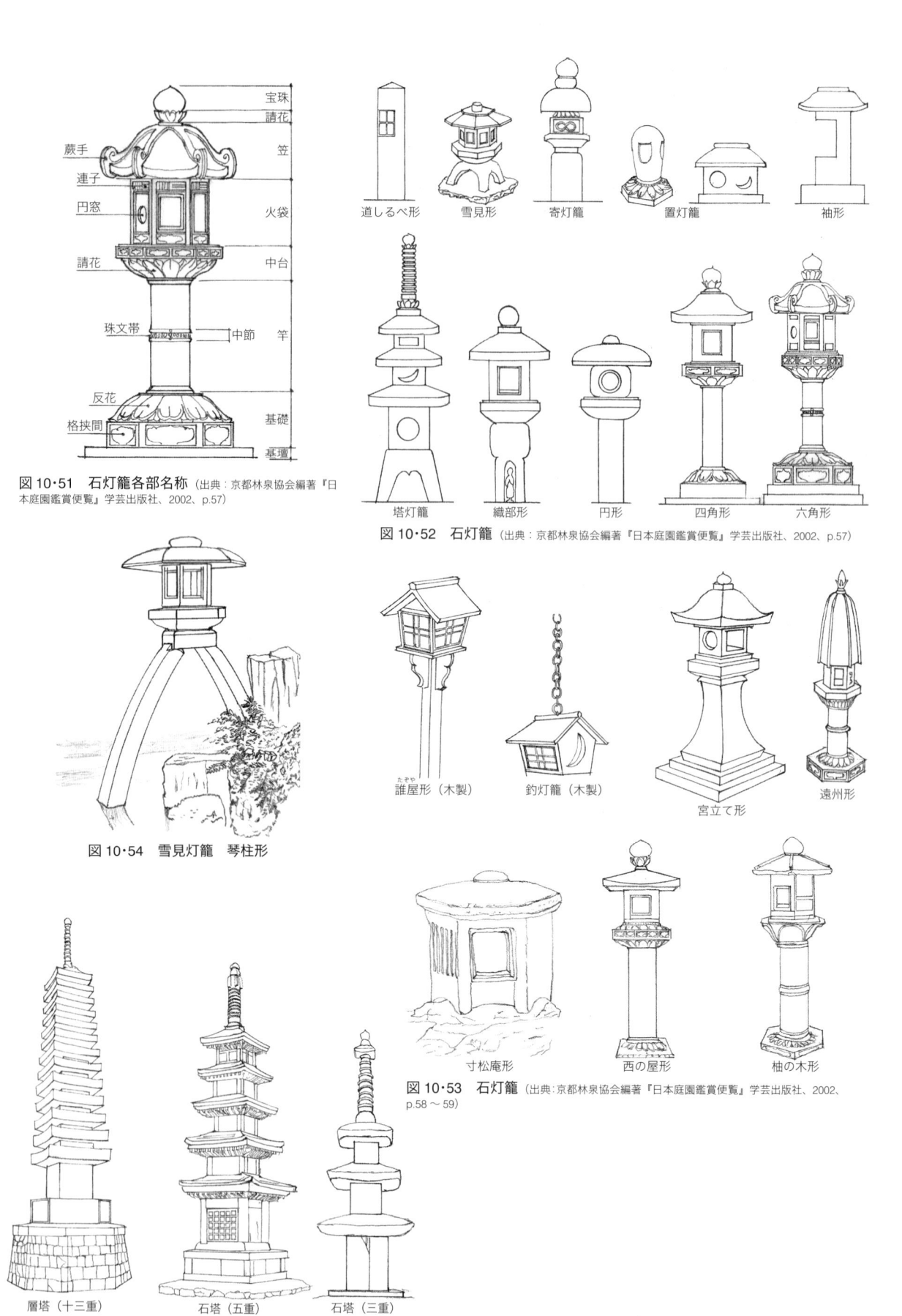

層塔（十三重）　石塔（五重）　石塔（三重）

図 10・56　塔類 （出典：京都林泉協会編著『日本庭園鑑賞便覧』学芸出版社、2002、p.61）

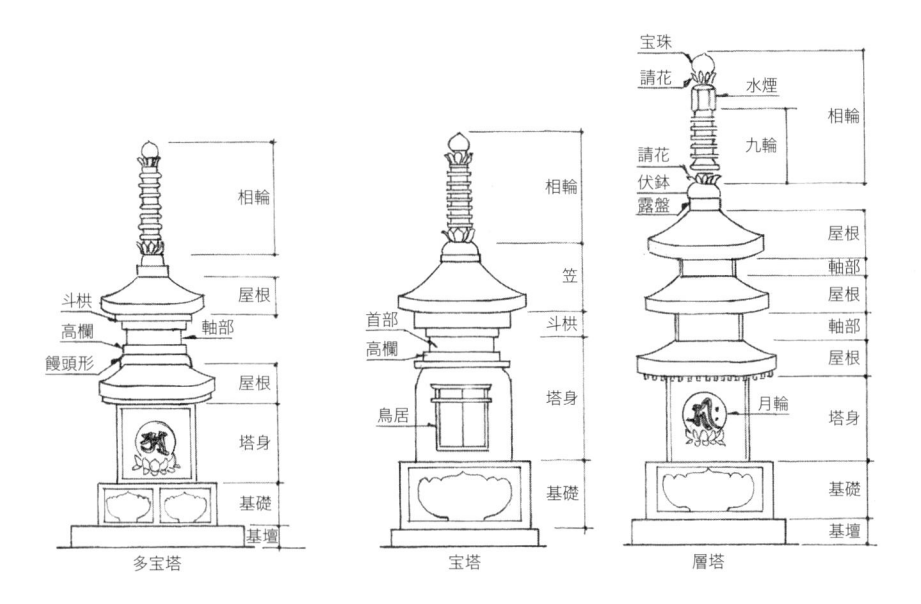

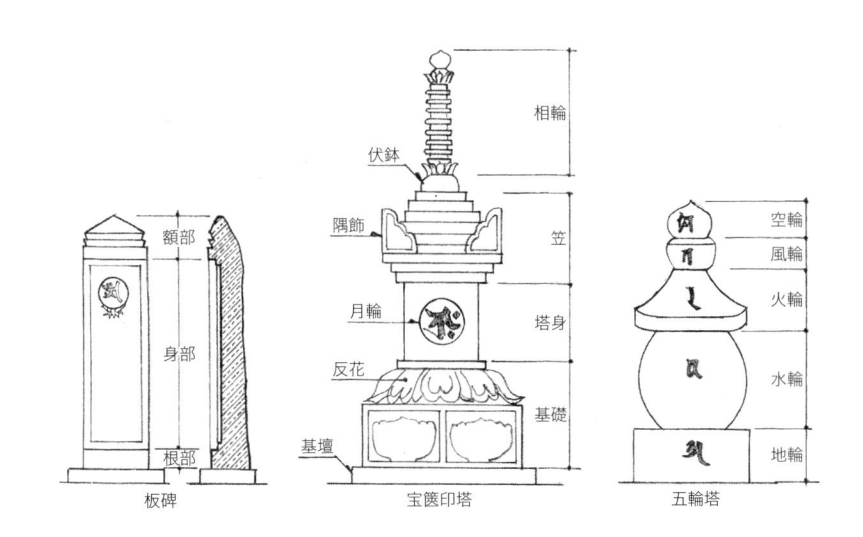

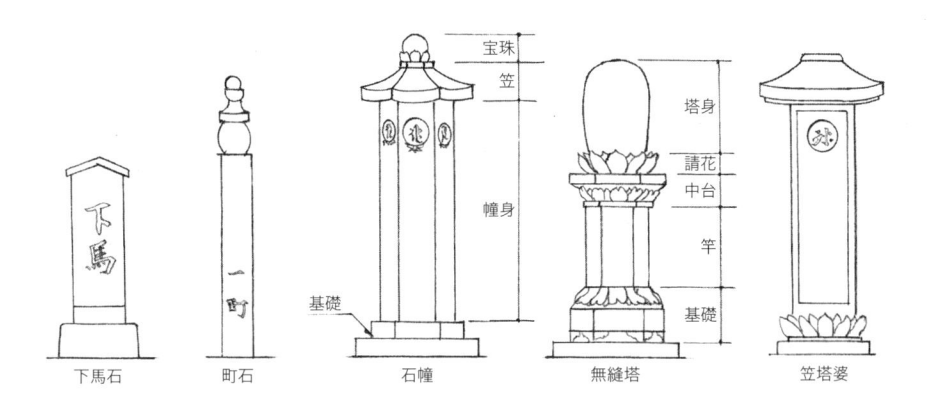

図 10・55　石塔類 (出典：京都林泉協会編著『日本庭園鑑賞便覧』学芸出版社、2002、p.62〜63)

c —— 手水鉢

手水鉢は庭園内や縁先にあって、手と口を清めるための、石、陶器、金属で作られた水鉢をいう。社寺には参拝用の水鉢が古くからあり、庭園や茶庭（露地）には、なくてはならないものである。設置場所は縁先手水鉢と蹲踞の二種類に大きく分けられる。形は、自然石の上に水穴を開けたもの、石を加工して特殊な形にしたもの、あるいは古い石造美術品の部分を転用したいわゆる見立物とがある。

手水鉢の足元には、手水鉢囲い（洗った水を落とす吸込み場）を設け手水鉢囲いの木を灯籠と同じように植え、袖垣をつけるなどするとなごやかな雰囲気になる。

手水鉢の石組は、台石の上に鉢を据え、清浄石、水返石（鏡石）、水汲石の三つの役石を置いて囲を構え、中にコンクリートを打ち、モルタル塗の鉢形に作り、中央に呉呂太石を4～5個入れて、水抜き口を隠す。背後に水揚石を置いて、手水鉢に水を入れる時の足場にする（図10・57）。

茶室の露地に用いられる手水鉢囲いは、入席前の作法として使い、特に蹲踞といわれている。手水を使う人の姿勢が蹲踞になるのでその名がある。水返石は前石、清浄石と水汲石はそれぞれ手燭石と湯桶石と呼ばれる。

手水鉢の水壺には常に清浄な水をたたえる。いつの来客でも、まず手と口を清めるので、不衛生や不潔であってはいけない。これは特に注意するべき所である。したがって来客の面前で主人が水またはお湯を手桶で運び、少々あふれるほどに汲み入れるようにするのがよい。

手水鉢の形には種々あるが（図10・58）、縁先手水鉢、蹲踞それぞれの使い勝手によって、大きさ、特に高さを決め、それに個人の意匠や思いを込めたものを考えるとよい。

d —— 井戸

井戸は平庭に水を補給するために設けるものだが、水道設備のある所では、平庭に設ける井戸は単に庭の景物となっている場合が多い。井戸側としては、板石を井桁に組んで、飛石伝いに井戸端に導いた所に水汲石、手桶石等を据え、排水は手水鉢と同じようにすればよい。井戸の蓋は丸竹の簀子を棕梠縄で編んで掛蓋としたものが一般的で、上には木製の滑車が、あたかも釣瓶用として用意されているのも趣きがある。

e —— 垣

塀の一種で、塀より簡易なものを垣という。種類は多いが、庭に最も多く用いられるのは竹垣である。野趣、風情があり、侘の世界を象徴する竹垣は、大別すると次の四種類になる。

竹を割って立子を張りつけたものに、建仁寺垣、銀閣寺垣、大津垣等がある。網代垣は竹を叩いて延ばして網代に貼ったもので、沼津垣ともいう。

竹の穂を用いたものを穂垣といい、大徳寺垣、桂穂垣、蓑垣が有名である。桂垣は、生えたままの竹を折り曲げて竹の葉を組込んだという点で特殊な垣である。

小竹をそのまま用いたものに、四ツ目垣、金閣寺垣、随流垣などがある。四ツ目垣は露地の間の垣として最も一般的なものである。小竹を横に張った簾垣は関東に多くみられる（図10・59）。その他、珍しいものには、光悦垣（図10・60）、龍安寺垣、鉄砲垣などがある。

柴垣は黒文字や萩、雑木の小枝を用いたもので、侘の趣きが強い。黒文字垣のことを鶯垣ともいう。以上の垣を適材適所に設けることで、庭の品位を上げるようにしなければならない。

垣の短いものを袖垣（図10・61）という。手水鉢の囲いとして用いたり、縁の端や庭の一部、見せたくない所に目隠しの塀をして風景を引き立せるために用いられる。その幅約1m、高さ1.2～1.5mくらいのものを建物等から突き出す。材料は、竹、萩、黒文字、葦等で、前出の垣の意匠を参考にして作ると、庭全体に統一感が出る。

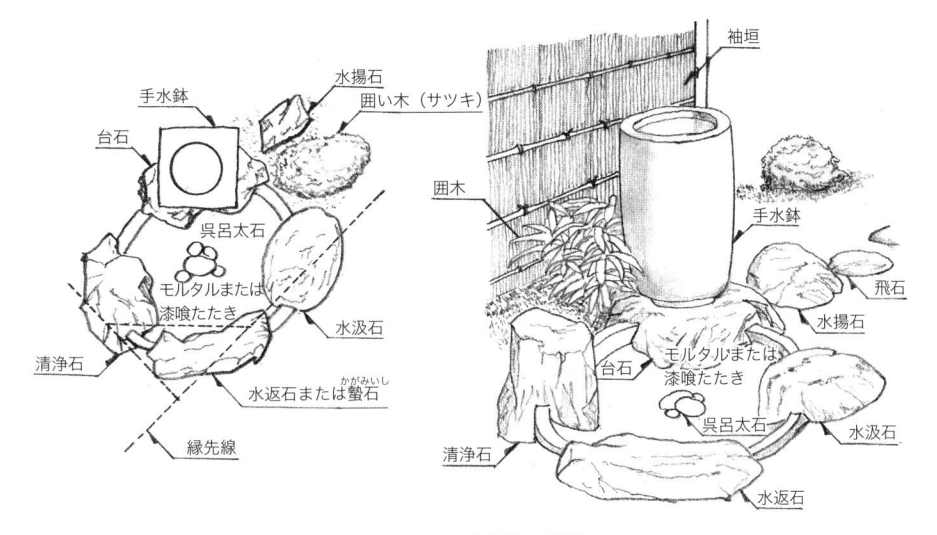

図 10·57　手水鉢の配置

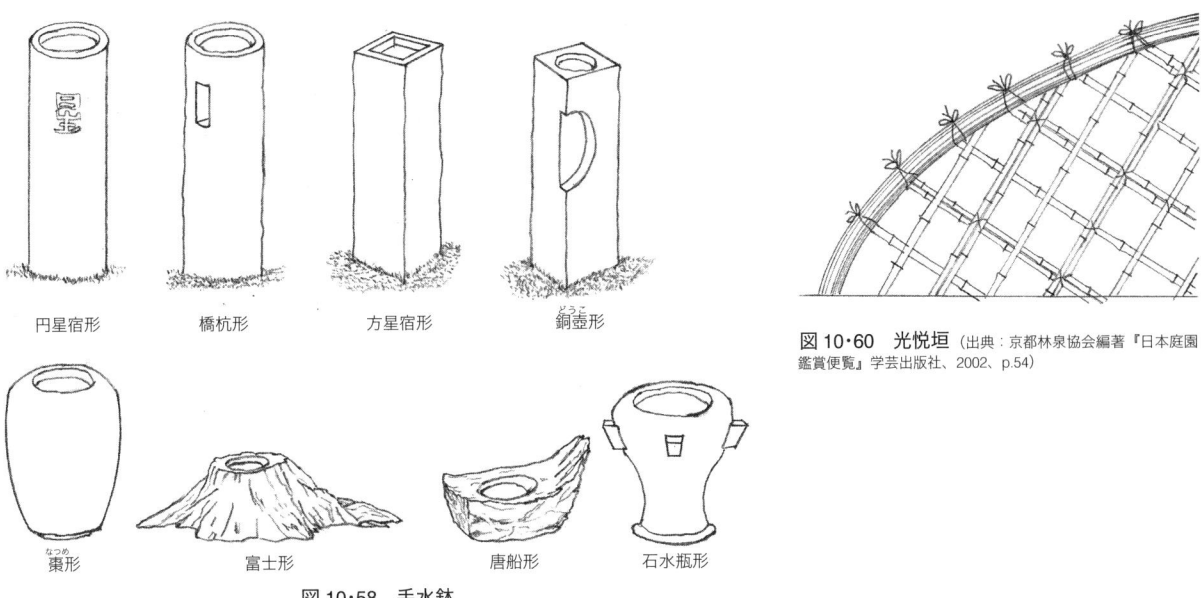

図 10·58　手水鉢

円星宿形　橋杭形　方星宿形　銅壺形
棗形　富士形　唐船形　石水瓶形

図 10·60　光悦垣（出典：京都林泉協会編著『日本庭園鑑賞便覧』学芸出版社、2002、p.54）

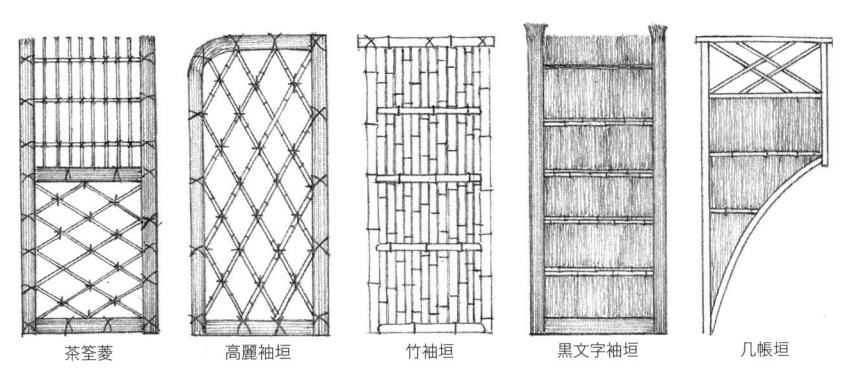

図 10·61　袖垣

茶筌菱　高麗袖垣　竹袖垣　黒文字袖垣　几帳垣

建仁寺垣　　　　　　　　　　　　桂穂垣

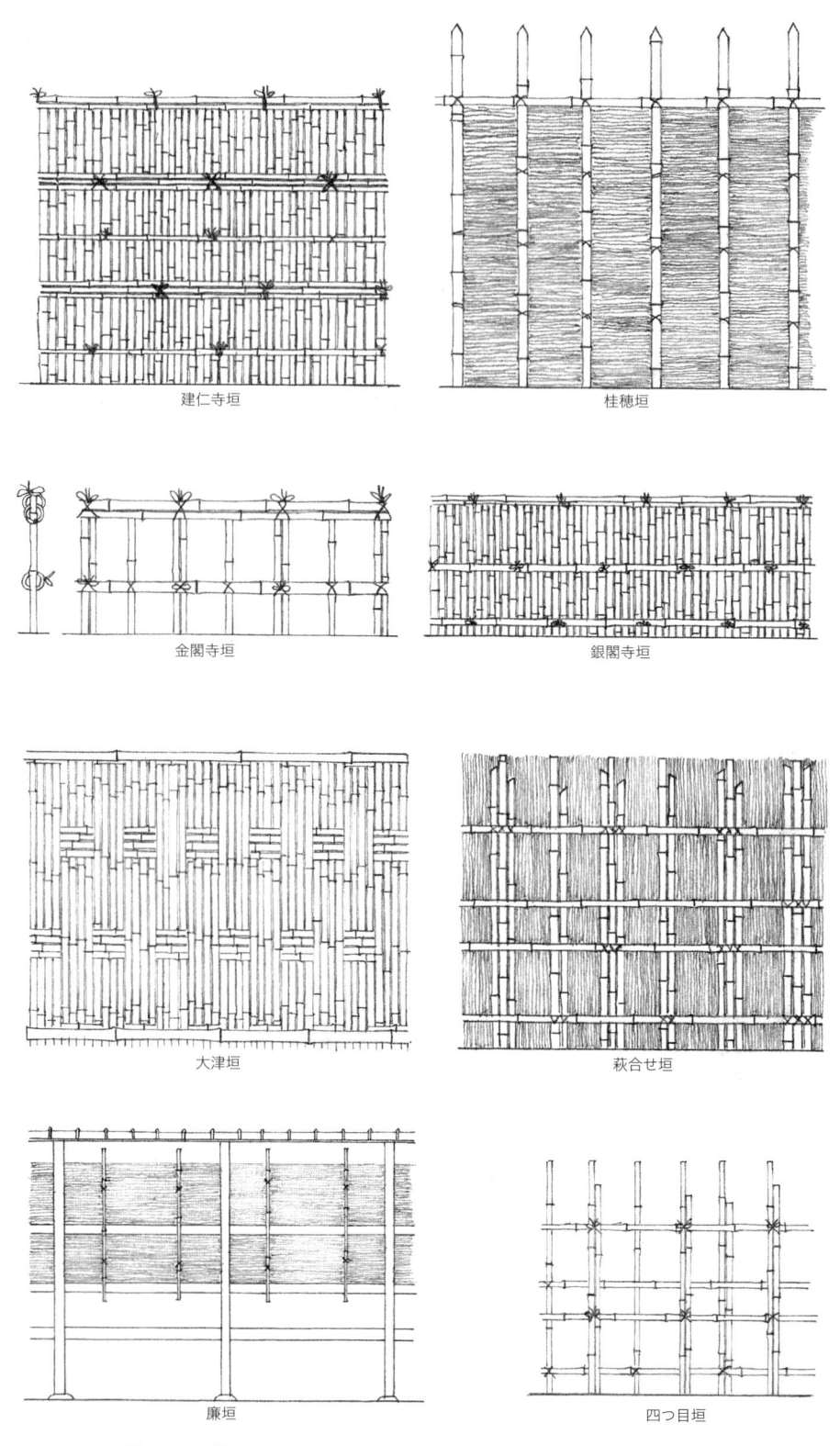

金閣寺垣　　　　　　　　　　　　銀閣寺垣

大津垣　　　　　　　　　　　　　萩合せ垣

廉垣　　　　　　　　　　　　　　四つ目垣

図 10・59　垣 （出典：京都林泉協会編著『日本庭園鑑賞便覧』学芸出版社、2002、p.53 〜 54）

f ── 中門

中門（図10・62）は庭の添景として風雅に作るのが常識で、柱、桁、欄間等は自然木を用い、屋根は萱、竹、藁、柿、杉皮等を使う。扉は網代戸、猿戸、枝折戸、四ツ目戸、唐戸などを使うと趣きのあるものができる（図10・63）。

中門には簀戸門（図10・64）、枝折戸（図10・65）、木戸門、大木戸、枯木戸、利休門などの種類がある。

13　庭園の手入れ

庭園は、手入れ掃除が特に必要である。いかに贅を尽し、豪華で粋な庭を作っても、手入れ、掃除が行き届かなくては、たちまちその新鮮さが失われる（図10・66）。小さく簡素な庭であっても手入れ、掃除が行き届いているだけで、清々しく粋な庭に見えてくるものである。庭は手入れと掃除である。そこから発想するのも庭の作り方かもしれない。

図10・62　景物としての中門

竹屋根門（唐戸付）

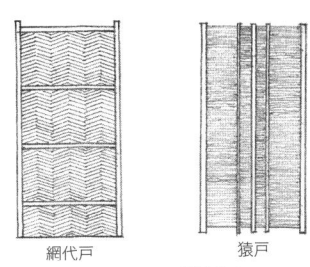

網代戸　　猿戸
図10・63　門と扉

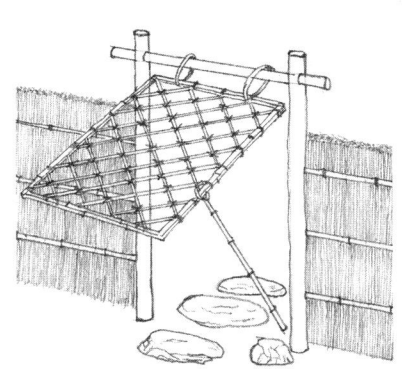

図10・64　簀戸門

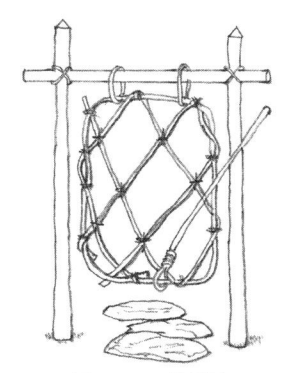

図10・65　枝折戸

図10・66　手入れのできた庭

第II部

木造在来工法

11　敷地の選定

建物を建てる時に必要となる敷地の条件について述べる。

1　利便性

敷地選定の条件として、以前は住環境、現在では利便性が一番にあげられる。最寄の交通機関や通勤時間、学校や病院等の公共施設までの距離・時間は社会生活を営む上で、最も優先される事柄であるが、すべて希望通りになることは少ない。妥協を繰り返しながら敷地を決定していくのが一般的である。

2　敷地の地勢

敷地の地勢（方角・起伏の状態）を充分に検討することも大切である。

ⓐ——敷地の方位と高さの関係

南東に低く、西北に高い敷地がよい。冬暖かく、夏涼しいからで、関西では六甲山系南面、関東では湘南がこの地勢である。この反対の場合は、よい敷地であるとはいえない（図11・1）。

ⓑ——敷地の環境

大規模な工場、コンビナート（図11・2）の風下や広い道路に敷地が接している時は、排気ガスや騒音に影響される。また地方ごとに地域性があり、習慣や言葉等も微妙に異なる。生活に合わないと長い生活の中で負担になることも多く、注意を要する。また、建築に影響する用途地域などの法規についても、考えておかなければならない。

3　敷地の形状と地盤の状態

形状は正方形、長方形に近いものがよい。三角形や多角形では使いにくく、建物の強度・納まりにも影響することがある。敷地の形が住む人の精神性に影響するとも昔からよく言われている。

土質は洪積層の粘土層、砂混じりの粘土層、砂利混じりが最もよいが、土質がよくなくても、種々の土地改良方法もあるので、土質をよく把握して対処することが必要となる。池沼の埋立地は、土質の他に残留水分の影響があるのでよい敷地とはいえない。

敷地に高低差のある時は、そのまま生かすか、平らに造成するかの二つの方法がある。そのまま利用すると地盤は地山（元から山）なので、地耐力は心配ないが、階段の多い家になってしまう。また平らにするために削り取ってしまうと、これも地耐力は変わらないが、大きな擁壁が必要になる。高い方を削って低い方に盛土をすると、それぞれ地耐力が異なることになるので、基礎等特に留意することが必要である。

4　公共設備

公共設備とはライフラインやインフラといわれるもので、電気・水道・ガスおよび公共下水である。このうち公共下水の整備が最も遅れていて、場所によってはまだ設置されていない所もある。公共下水整備については、市町村役場の下水道課に問い合わせるとわかる。整備されていない場合は水洗便所にするために、独自の浄化槽が必要となる。

5　関連法規の確認

建物を建築する時には、建築基準法とその関連法規を順守することが義務付けられている。この法規は敷地に建てられる建物の大きさ、高さ、敷地内の位置等が大きく影響してくるので、事前に知っておくことが大切である。また、都道府県、市町村の特殊事情や条例によって、その内容が異なることから、該当する地方公共団体で調べて、その敷地に関係ある部分を摘出しておくことも必要である。

ⓐ——敷地と道路の関係

敷地は道路（幅員4m以上）に2m以上接する必要があり、道路幅が4m未満の時は道路中心線から2mの所が道路境界線となり、容積率に影響する（一般に二項道路という）。

図 11・1　南斜面の住宅地

図 11・2　コンビナート

表 11・1　容積率＝延べ床面積／敷地面積の限度 [%]

敷地の条件等 \ 用途地域	第一種／第二種低層住居専用地域	第一種／第二種中高層住居専用地域	第一種／第二種住居地域／準住居地域	近隣商業地域	商業地域	準工業地域	工業地域 工業専用地域	無指定
一般の敷地	★ 50 60 80 100 150 200	★ 100 150 200 300 400 500	★ 100 150 200 300 400 500 (750)	★ 100 150 200 300 400 500 (750)	★ 200 300 400 500 600 700 800 900 1000 1100 1200 1300	★ 100 150 200 300 400 500 (600)	★ 100 150 200 300 400	《50 80 100 200 300 400》
敷地前面道路幅 < 12m	前面道路の幅員 [m] × 0.4	一般の場合前面道路の幅員 [m] × 0.4《0.6》 高層住居誘導地区は × 0.6《0.4 または 0.8》	①特定行政庁が定める区域前面道路の幅員 [m] × 0.6《0.4 または 0.8》 ②前面道路の幅員 [m] × 0.6 ①②が重なる場合は、厳しい容積率を採用					

★の数値は、都市計画で定める。
( ) 内の数値は、高層住居誘導地区内の建築物で、住宅の用途に供する部分の床面積の合計が 2/3 以上のもの。
《 》内の数値は、特定行政庁が都市計画審議会の議を経て決定。

表 11・2　建蔽率＝建築面積／敷地面積の限度 [%]

	用途地域 \ 敷地の条件等	第一種低層／第二種低層／第一種中高層／第二種中高層住居専用地域	第一種住居／第二種住居／準住居／準工業地域	近隣商業地域	商業地域	準工業地域	工業地域	工業専用地域	無指定
原則	一般の敷地	[30、40、50、60]…Ⓐ	[50、60、80]…Ⓑ	[60、80]…Ⓒ	80	[50、60、80]…Ⓓ	[50、60]…Ⓔ	[30、40、50、60]…Ⓕ	《30、40、50、60、70》…Ⓖ
特殊な場合	①角地	Ⓐ+ 10	Ⓑ+ 10	Ⓒ+ 10	90	Ⓓ+ 10	Ⓔ+ 10	Ⓕ+ 10	Ⓖ+ 10
	②防火地域内の耐火建築物	Ⓐ+ 10	Ⓑ+ 10	Ⓒ+ 10	制限なし	Ⓓ+ 10	Ⓔ+ 10	Ⓕ+ 10	Ⓖ+ 10
	①及び②	Ⓐ+ 20	Ⓑ+ 20	Ⓒ+ 20	制限なし	Ⓓ+ 20	Ⓔ+ 20	Ⓕ+ 20	Ⓖ+ 20

[ ] 内の数値は、都市計画で定める。
《 》内の数値は、特定行政庁が都市計画審議会の議を経て決定。

ⓑ──用途地域

　都市計画区域内には区域が分割されており、これを用途地域という。この区域の別によって、容積率・建蔽率・高さ等が決定される。用途地域には、第一種低層住居専用地域、第二種低層住居専用地域、第一種中高層住居専用地域、第二種中高層住居専用地域、第一種住居地域、第二種住居地域、準住居地域、近隣商業地域、商業地域、準工業地域、工業地域と工業専用地域に分けられ、その他に防火地域、準防火地域や高度地区、特別用途地域等がある。たとえば、工業専用地域に住宅を建てることはできない。

ⓒ──容積率

　これは、建物の延べ床面積の敷地面積に対する割合で、各用途地域によりその比率は異なる。また前面道路幅員が12m以下の時、住宅関連の地域での容積率は道路幅員に0.4を、その他の地域では0.6を乗じた数値以下となる。自動車の車庫の床面積は、延べ床面積の5分の1を限度とし、延べ床面積には算入しない。また地下室部分の緩和処置もある（表11・1）。

ⓓ──建蔽率

　建蔽率とは、建築面積の敷地面積に対する割合である。各用途地域別の建蔽率とその緩和については、表11・2に示した。建築面積とは、柱の中心線または壁の中心線に囲われた水平投影面積をいう。建蔽率とその緩和率についても市町村役場で調べておくことが大切である。

ⓔ──建築物の高さ

　第一種低層住居専用地域、第二種低層住居専用地域には絶対高さの制限がある。前者は10m、後者は12m。他の用途地域でも最高の高さはそれぞれ決まっている。これも市町村役場で確認しておくことが肝要である。

ⓕ──道路斜線の勾配

　敷地に接する道路幅員によっても高さの制限を受ける。これを道路斜線といい、道路境界線の直上に、住居関連地域にあってはその道路幅員の1.25倍、その他の地域では1.5倍の高さの点と、向こう側道路境界線を結んだ直線から外側に建物を建てることはできない。道路幅員と用途地域によっては、垂直に建物が建てられる高さが20〜30mの間で決められている（図11・3）。

ⓖ──隣地斜線

　第一種・第二種低層住居専用地域では、絶対高さが低いのであまり関係はないが、第一種・第二種中高層住居地域、第一種・第二種住居地域、用途地域の指定のない場所は、敷地境界線の直上20mより、高さ1.25の勾配の斜線の外に建物を建てることができない。

ⓗ──北側斜線

　住居の日照を確保するという目的で北側に設けられる斜線で、第一種・第二種低層住居専用地域では、真北の敷地境界線から直上5mの点より1.25の斜線の外側に建物を建てることができない（0.6の場合もある）。第一種・第二種中高層住居専用地域では、直上10mで勾配は同じ。基本は真北からになる（図11・4〜6）。

ⓘ──壁面後退

　第一種・第二種低層住居専用地域内では、外壁またはこれに代わる柱の面から敷地境界線までの距離が1〜1.5mと決まっている。これを壁面後退という。これも市町村役場で確かめることが大切である。この距離は、壁または柱の面からの距離であり、真々（芯々とも）寸法ではないので、注意が必要である（図11・7、8）。

ⓙ──防火地域・準防火地域

　防火地域は火災が他に及ばないように、準防火地域は延焼の速度を遅くすることをそれぞれ目的として設けられている。耐火建築物は主要構造部が耐火構造で、開口部で延焼のおそれのある部分を防火戸・防火設備を有するものとし、準耐火構造は耐火建築物以外のもので、外壁の開口部に政令で定める防火戸、防火設備を有するものである。準耐火構造のイ項、ロ項の二種あるので、その都度調べることが必要である（表11・3）。その他火災に関しては、法22条地域がある。外壁を防火構造とし、延焼のおそれのある部分は政令で定める防火戸とし、屋根は不燃材で葺かなければならない、という地域である。延焼のおそれのある部分とは、隣地境界線、道路中心線から一階にあっては3m以下、二階以上にあっては5m以下の距離にある建物の部分を指す（図11・9）。防火構造は、鉄網モルタル、しっくい塗等の構造で政令で定める防火性能を有するものをいう。

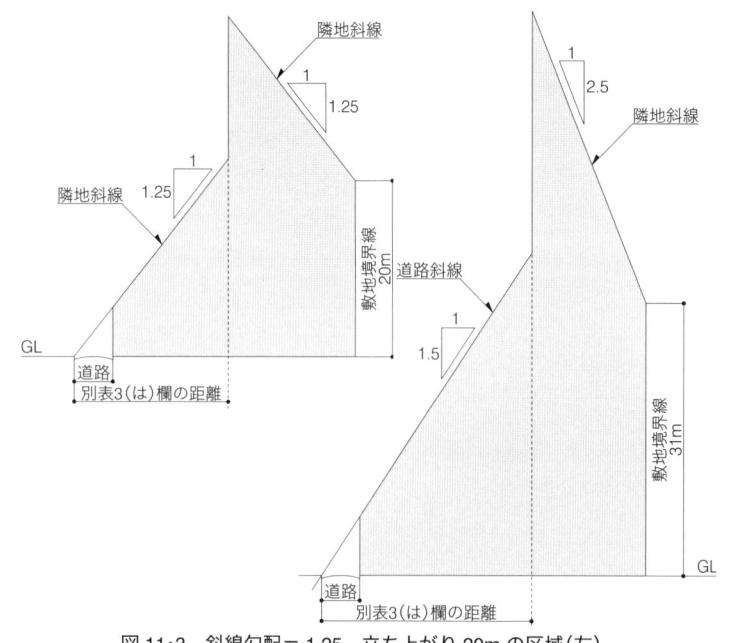

図 11・3　斜線勾配＝1.25、立ち上がり 20m の区域（左）
斜線勾配＝1.5、立ち上がり 31m 区域（右）

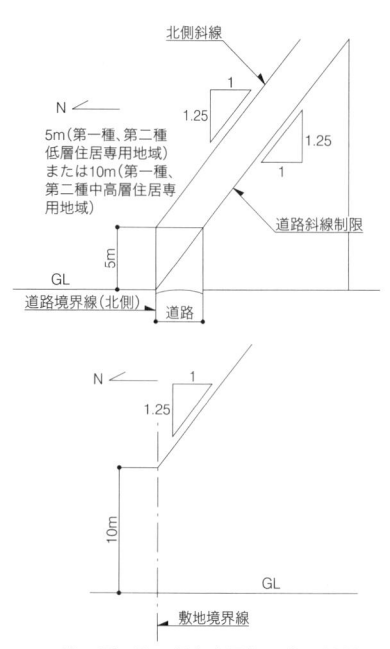

図 11・4　第一種、第二種中高層住居専用地域の北側斜線

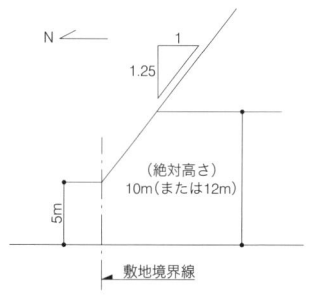

図 11・5　第一種、第二種低層住居専用地域の北側斜線

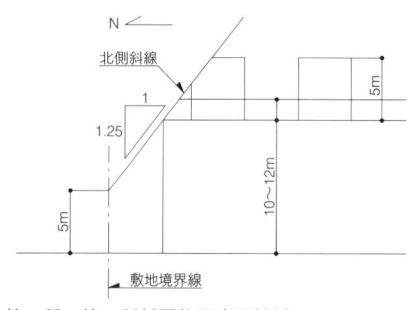

図 11・6　第一種、第二種低層住居専用地域のペントハウスの取扱い

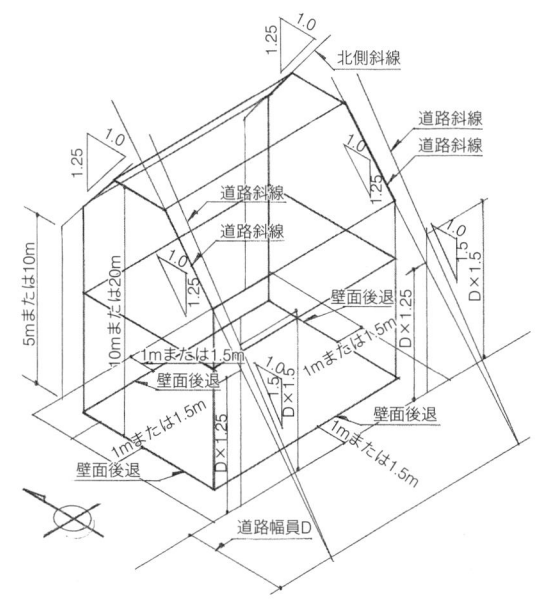

図 11・7　壁面後退、北側斜線、道路斜線と建設可能部分

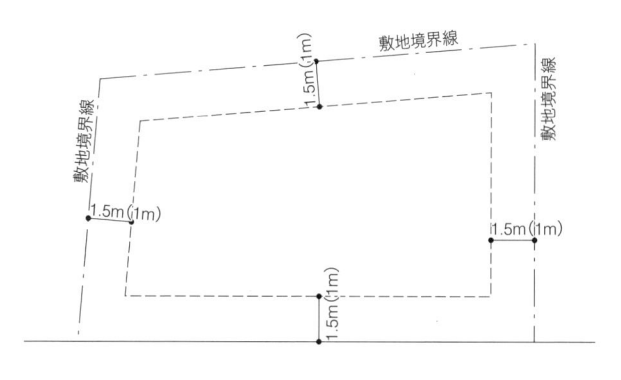

第一種、第二種低層住居専用地域内では、建築物の外壁またはこれに代わる柱の面から敷地境界線（道路境界線を含む）までの距離の限度が1.5mまたは1mと定められている時がある。次のような場合は緩和される。
①外壁またはこれに代わる柱の中心線の長さの合計が3m未満。
②物置等で軒高≦2.3mでかつ床面積の合計が5m²未満、また地方公共団体によっては道路後退を2m要求されることがあるので注意する。

図 11・8　第一種、第二種低層住居専用地域内における建築物の外壁後退の制限

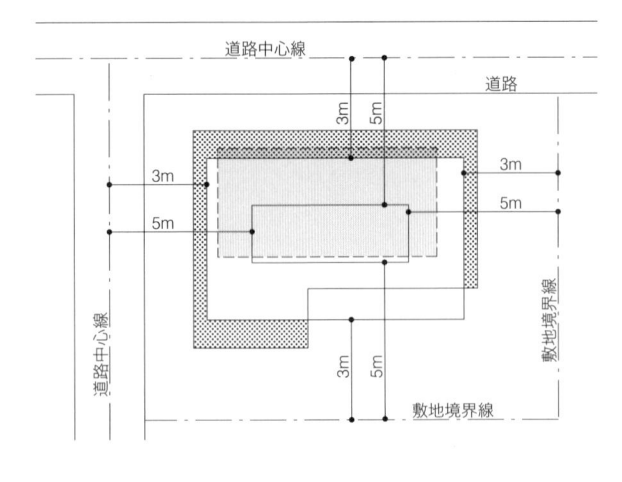

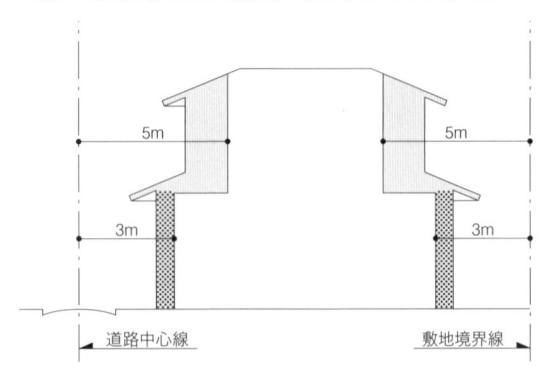

図 11・9 延焼のおそれのある部分

表 11・3 防火地域・準防火地域の建築制限

地域＼種類	耐火建築物	耐火建築物または準耐火建築物	外壁・軒裏を防火構造とする
防火地域	・階数（地下を含む）≧ 3 ・延べ面積 > 100m²	左欄以外の建築物	延べ面積 ≦ 50m² の平家建付属建築物
準防火地域	・地上階数 ≦ 4 ・延べ面積 > 1500m²	・地上階数 = 3 ・500m² < 延べ面積 ≦ 1500m²	木造建築物（延焼のおそれのある部分）

①防火地区内でも、次のものは耐火・準耐火建築物としなくてよい。
　イ　主要構造部が不燃材料で造られた卸売市場の上家・機械製作工場の類
　ロ　高さ 2m を超える不燃材料製等の門・へい
　ハ　高さ 2m 以下の門・へい
②準防火地域内で、政令の技術的基準に適合すれば、木造 3 階建が建築可能。
③防火・準防火地域内で、耐火構造・準耐火構造でない屋根は不燃材料で造り、または葺く。
④防火・準防火地域内にある建築物で、外壁が耐火構造のものは、民法の相隣関係の規定（建築物は隣地境界線より 50cm 離す）に関係なく、その外壁を隣地境界線に接して設けることができる。
⑤防火地区内にある看板・広告等（工作物）で、高さ 3m を超えるもの・建築物の屋上に設けるものは、主要構造部を不燃材料で造るかおおう。
⑥建築物が 2 以上の地域にまたがる場合、制限のきびしい方の規定が適用される。
⑦防火・準防火地域内にある既存不適格建築物を、増・改築するときには、その範囲が定められている。

有効採光面積 ＝ W × A

	用途地域	α	β	D	A の修正値
①	住居系地域	6	1.4	7m	道路に面しない場合 α ≧ D、A < 1 のとき……A = 1 α < D、A < 0 のとき……A = 0 道路に面する場合 A < 1 のとき……A = 1
②	工業系地域	8	1	5m	
③	商業系地域 無指定地域	10	1	4m	

W：窓の面積　A：採光補正係数

(1) 窓が道に面する場合は、その道の反対側の境界線とし、公園、広場、川等に面する場合は、その幅の 1/2 だけ外側に隣地境界線があるものとみなす。
(2) 次の場合は、右側の数値を採光補正係数とする。
　①天窓：A × 3
　②窓の外側に縁側（濡縁を除き幅 ≧ 90cm）がある場合：A × 0.7
(3) 障子、ふすま等で仕切られた部屋は一室とみなす。

$$A = \frac{d}{h} \times \alpha - \beta$$

（d (D)：窓の直上にある建物の各部から隣地境界線等までの水平距離（半透明の庇等ある場合を除く）
h：窓の中心から直上の建築物の垂直距離）

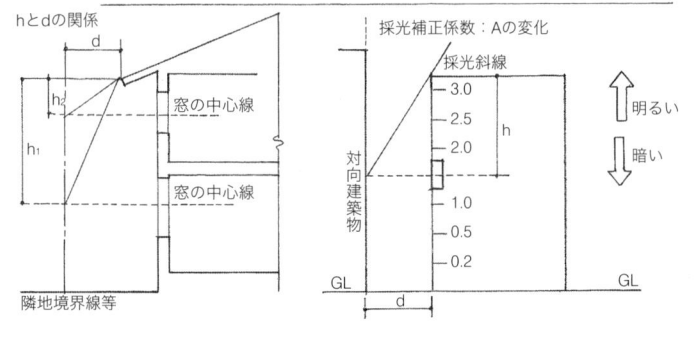

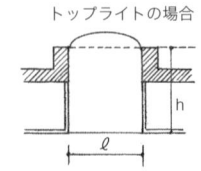

ただし A ≦ 3

h と d の関係

採光補正係数：A の変化

トップライトの場合
h：天井から建築物の立ち上がり部分までの高さ
ℓ：天窓の径（矩形の場合は短辺の長さ）
採光関係比率：ℓ / h = A
各用途地域ごとの採光補正係数算定式に、採光関係比率を代入し算出された数値に 3.0 を乗じた値が有効採光面積となる。

図 11・10 有効採光面積算定

k——有効採光面積

居室の床面積に対して、住宅では 1/7 以上の有効採光面積が必要である。襖障子その他随時開放されるもので仕切られた二室は、一室とみなし、また開口部の外側に縁側（濡縁を除く）等がある時は、その面積の 7/10 の面積とみなす。天窓の有効採光面積は、採光関係比率 A = ℓ /h を算出し、これに 3 を乗じた数値である。ℓ は天窓の直径または短辺、h は天井からガラス面までの距離である。

有効採光面積は、窓の面積×採光補正係数で、採光補正係数は α /h × α － β で、α は窓直上にある建築物の各部分と敷地境界線までの水平距離、h は窓の中心から直上の建築物の各部分までの垂直距離、α と β は係数で図 11・10 に示す。用途地域でも採光面積の異なることがわかる。

6　建物の配置

まず、法律で建てられる範囲が決まる。その後、日照通風を考慮して、南側を広げるのが一般的である。道路位置も考え、周辺も眺めて、近隣の状態、樹木の位置等も参考にする。

以上、地価・物価の動向も条件に含めて詳細に調査し、将来のことも考え、熟考の上、決定することである。

計画の前に、建築環境を考えておくことも重要である。

12　建築環境

1　日照と日射

太陽のエネルギーのうち、主として直射光の光効果や、保健衛生効果を日照といい、熱効果を日射といっている。

a——太陽の高度と角度

太陽の出没は、春分・秋分には正しく東西で、夏至・冬至には 30 度弱の偏角があり、太陽高度は緯度により異なる。たとえば、春分・秋分で北緯 35 度（京都）の正午の太陽高度は 90°－ 35°＝ 55°で、夏至には 78°27′、冬至には 31°27′の角度で照射する。23°27′は公転面に対して地軸の傾いている角度である（図 12・1 ～ 4、表 12・1）。この、季節によって変化する赤道面と太陽のなす角を日赤緯という（表 12・2）。

b——太陽光線の波長

太陽光線は、その波長によって紫外線・可視光線・赤外線に分けられる。紫外線は成層圏のオゾン層で大部分が吸収され、赤外線は波長によって、水蒸気や二酸化炭素に吸収されやすいものがある。

太陽放射のうち、380 ～ 780nm の波長のものが可視光線である。直射光の照度は 10 万 lx にも達し、照明として利用できないといわれていたが、コンピューターを利用することで、照明へも利用されはじめている。

波長が 380nm 以上のものが紫外線で、殺菌力が強く、色を褐色化させ、皮膚癌や白内障の原因にもなるが、300 ～ 320nm の波長のものはドルノ線（dorno rays）または健康線といって、カルシウムやビタミン D を作る作用が強く、人体に必要な光線である。屋外での紫外線量は、太陽高（h）が高い程、多量であって、夏至の正午 78°27′で 80 とすれば、春分、秋分の正午では 55°では 52、冬至の正午 31°33′は 16 位の割合になる。太陽高度が小さくなると、直射日光中の紫外線より天空中の紫外線の方が多くなる（表 12・3）。

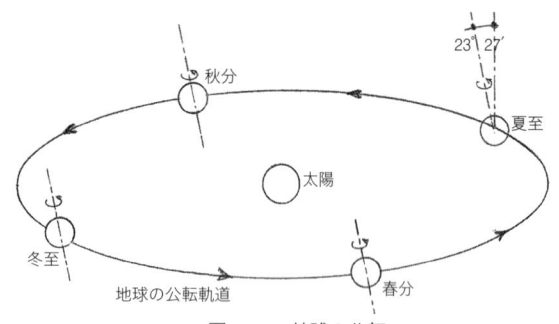

図 12・1　地球の公転

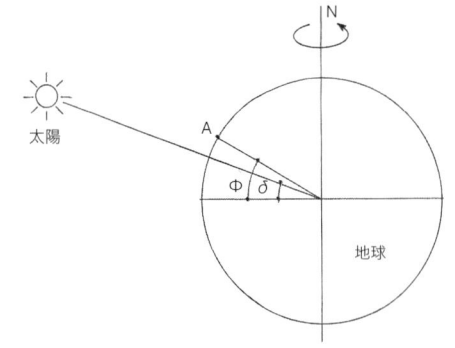

図 12・2　地球を中心にした夏至の太陽

表 12・1　各地の緯度

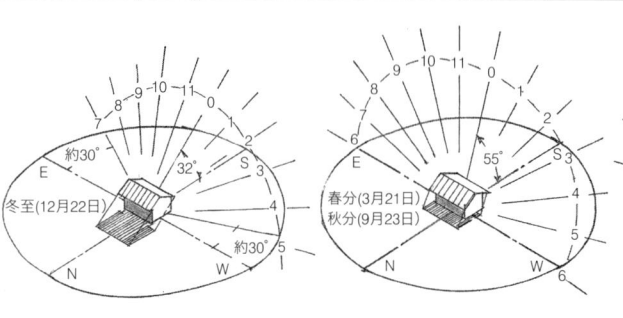

地名	北緯	地名	北緯	地名	北緯	地名	北緯	地名	北緯
札幌	43°20′	長野	36°39′	松江	35°28′	広島	34°23′	佐賀	33°15′
秋田	39°43′	金沢	36°34′	名古屋	35°10′	高松	34°21′	大分	33°14′
仙台	38°41′	水戸	36°22′	京都	35°01′	和歌山	34°14′	熊本	32°48′
新潟	37°55′	福井	36°04′	大阪	34°41′	山口	34°11′	長崎	32°45′
福島	37°45′	東京	35°40′	岡山	34°40′	松山	33°50′	鹿児島	31°36′

表 12・2　日赤緯 δ

立春	2月4日	−16°24′10″
春分	3月21日	0°0′7″
夏至	6月22日	+23°26′19″
立秋	8月8日	16°28′29″
秋分	9月23日	0°09′35″
冬至	12月22日	−23°36′17″

図 12・3　北緯 35°における太陽の高度変化

表 12・3　太陽光線の波長と線名

放射線名	γ線	X線			紫外線	可視光線	赤外線	遠赤外線
波長 単位 nm	10^{-4}	10^{-3}	10^{-2}	10^{-1}	1　10	10^2　10^3	10^4	10^5
波長 単位 m	10^{-13}	10^{-12}	10^{-11}	10^{-10}	10^{-9}　10^{-8}	10^{-7}　10^{-6}	10^{-5}	10^{-4}

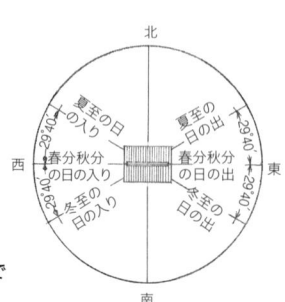

図 12・4　北緯 35°での太陽の出没方位角

表 12・4　日影による中高層建築物の制限（建築基準法第 56 条の 2 および別表第 4 による）

(い) 地域又は区域	(ろ) 対象建築物	(は) 測定面の高さ	(に) 日影時間の限度（条例の号で定める）		
			号	敷地境界線から5mを越え10m以内の範囲 （ ）内は北海道	敷地境界線から10mを越える範囲 （ ）内は北海道
第一種／第二種低層住居専用地域	軒高 7m 又は階数≧3、地階を除く	1.5m	(一)	3(2)時間	2(1.5)時間
			(二)	4(3)時間	2.5(2)時間
			(三)	5(4)時間	3(2.5)時間
第一種／第二種中高層住居専用地域	高さ 10m	4m または 6.5m	(一)	3(2)時間	2(1.5)時間
			(二)	4(3)時間	2.5(2)時間
			(三)	5(4)時間	3(2.5)時間
第一種／第二種住居地域 準住居地域 近隣商業地域	高さ 10m	4m または 6.5m	(一)	4(3)時間	2.5(2)時間
			(二)	5(4)時間	3(2.5)時間
商業地域					
準工業地域	高さ 10m	4m または 6.5m	(一)	4(3)時間	2.5(2)時間
			(二)	5(4)時間	3(2.5)時間
工業地域					
工業専用地域					
用途地域の指定のない地域	(イ) 軒高＞7m または階数≧3 （地階を除く）	1.5m	(一)	3(2)時間	2(1.5)時間
			(二)	4(3)時間	2.5(2)時間
			(三)	5(4)時間	3(2.5)時間
	(ロ) 高さ 10m	1.5m	(一)	3(2)時間	2(1.5)時間
			(二)	4(3)時間	2.5(2)時間
			(三)	5(4)時間	3(2.5)時間

図 12・5　北欧の急勾配の家の町並み　冬季の日射受熱量を大きくするため。

波長が780～1000nmのものが赤外線で、熱効果があり熱線ともいう。物の乾燥や暖房機器の熱源、赤外線写真やセキュリティ設備、軍事用の暗視等、幅広く利用される光線である。

ⓒ──日照の熱効果

全波長域の太陽放射によって、地球が熱を受け気温を形成する。建物へは屋根・外壁・窓・その他を伝導・透過し、室内の熱環境に大きな影響を与える。冬季は建物の保温や湿気の防除に効果がある（図12・5）が、夏季は室内の熱負荷が大きい。水平面の受熱量は図12・6に示すように、夏季日本では赤道直下よりはるかに多く、地球上最大の地域である。屋上小屋裏の放射熱や伝導熱をいかにするかを考える必要がある。屋上小屋裏の換気口、スラブ面直下の断熱材はもちろん、屋根の上にもう一つ軽構造の屋根を作り、屋根との間の空気層を作ることは有効で、これらの対策は冬季の暖房熱の大気中への放散防止にも役立つ（図12・7）。

木造の切妻入母屋の屋根に換気口を設けることは割合簡単で、方形・寄棟の場合は難しいが、小屋裏換気のため、煙出しのようなものを設ける工夫をすることもある（図12・8）。

壁の垂直面は夏季の正南面の受熱量は最小で、冬季が最大であるから（図12・9）、室内にとっては理想的である。南面の開口部を大きく、庇を充分深く、あるいは庇をルーバー形（図12・10）にする等が有効である。建物の多くは四面以上の壁に囲まれているが、東西の壁を少なくし、東西に長く、南北に短い建物にするのも、夏季の受熱量に起因する。また屋根と同じように、二重壁（図12・11）にするのも有効な手段となる。

和風の建築には庇がある。これは降り注ぐ雨を防ぐためともう一つ重要な機能として日射を防ぐことを忘れてはならない。季節・時刻の推移で日射を受ける状態が変化する様は、図12・12に示すようになる。

建物ばかりでなく、敷地全体のことも考える。庭に何も植えないと照り返しの熱が非常に大きいので、芝等適当に地面を覆い、樹木・藤棚・ブドウ・ヘチマ・朝顔垣等も考えながら、庭全体を考えていくことも大切である。

敷地は以上のことからも、南に開いていることが、健康上はもちろん、眺望による情緒的なものも含めて有利であることがわかるが、なかなかそのような敷地は少ない。しかし少しでも近いものを選ぶことが大切である。

ⓓ──日照と法規制

また敷地の周囲に建物が及ぼす影響も考えなければならない。戦後、建物の高層化で低層住宅の日照阻害が問題になり、建築基準法で日影規制ができた。この規制の対象となる建物は表12・4の地区、地域にあって(ろ)の建物で、これらは日影図によって建設の可否が求められる。日影図とは建てられる建物の冬至の影の軌跡が描く日影曲線（図12・13）で求められ、午前8時から午後4時までのもので、建物の影を描いて、他の建物への影響を調べるものである。これを日影時間図という。この図は手作業で正確に書くことは難しく、コンピューターや専門家の手を借りることになるが、検討のための概略図ならば、日影図から簡単に描くことができる（図12・14）。(は)欄にあるように、高さ1.5～6.5mとそれぞれあり、水平面が持ち上がった面に落ちる影になる。また道路や川に面する等、種々の緩和規定もあり、近隣の交渉も含めて専門家に相談する必要が生じることもある。

2 風

自然の恵みには、日照・日射の他に風がある。ここでの風とは心地よいさわやかな風で、風速3～5m/sまでの風のことである。風はその場所によって、年間を通じてだいたい同じ方向から吹いてくる。これを知って窓の位置・大きさを決めれば風を享受でき、風が入りにくければ、袖壁・生垣で調整できる。

山谷風・海陸風もある。山谷風（図12・15）は昼間、谷から山に向かって吹く風で、夜間は吹く方向が逆になり、海陸風（図12・16）は昼間、海から陸へ、夜間はこの逆に吹く風である。海風と陸風の力が均衡した時は無風状態となる。これは一日二度おこり、一般に朝凪・夕凪と呼ばれる状態のことである。

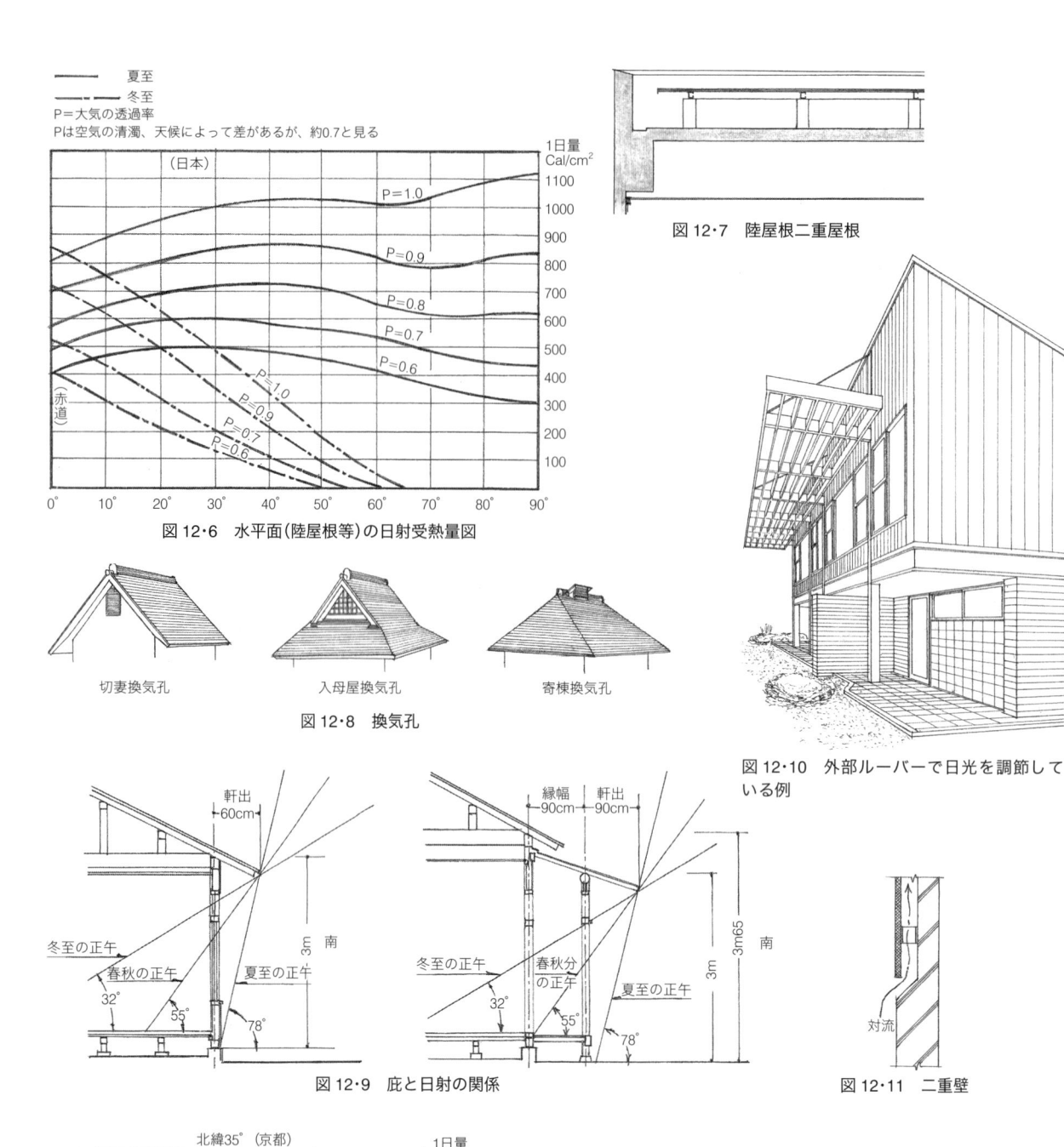

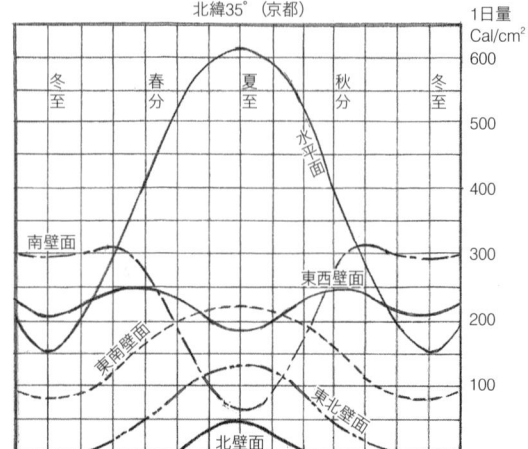

―― 夏至
―‐― 冬至
P＝大気の透過率
Pは空気の清濁、天候によって差があるが、約0.7と見る

図 12・6　水平面（陸屋根等）の日射受熱量図

図 12・7　陸屋根二重屋根

図 12・8　換気孔
　切妻換気孔　　入母屋換気孔　　寄棟換気孔

図 12・9　庇と日射の関係

図 12・10　外部ルーバーで日光を調節している例

図 12・11　二重壁

図 12・12　北緯 35°における各壁面の日射受熱量

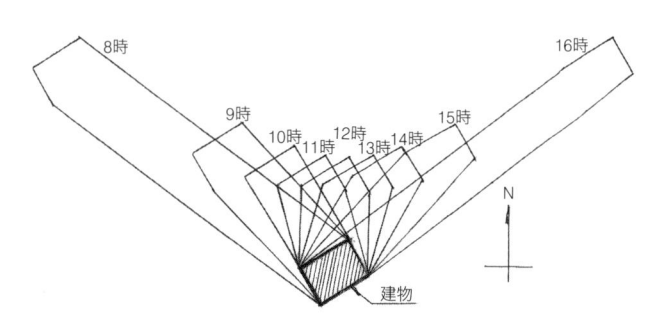

図 12・14　冬至の日影図

図 12・13 日影曲線

図 12・15 山谷風　山の斜面では昼は谷から、夜は山から風が吹いてくる。

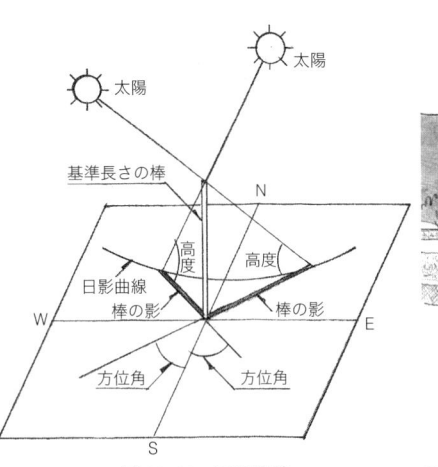

図 12・16 海陸風　山と海の接する所では、昼は海風、夜は山風が吹く。

表 12・5　月別最多風向と平均風速

地点	1月 最多風向頻度%	1月 平均風速 m/s	3月 最多風向頻度%	3月 平均風速 m/s	5月 最多風向頻度%	5月 平均風速 m/s	7月 最多風向頻度%	7月 平均風速 m/s	9月 最多風向頻度%	9月 平均風速 m/s	11月 最多風向頻度%	11月 平均風速 m/s	年 最多風向頻度%	年 平均風速 m/s
札幌	WNW13	2.5	NW17	2.9	SE18	3.2	SE22	2.6	SE18	2.5	SE13	2.7	SE15	2.7
函館	WNW27	3.8	WNW19	4.3	E10	5.5	E15	3.0	E13	3.5	WNW21	3.9	WNW15	3.7
旭川	SSE10	1.5	NNW9	1.9	WNW14	2.1	WNW15	1.7	WNW9	1.5	SSE12	1.9	WNW10	1.7
稚内	W13	5.1	W11	4.7	SSW19	4.7	SSW17	3.7	WSW12	4.3	W20	5.0	SSW11	4.5
網走	W13		NW11		S12		S14		S17		SW14		S11	
青森	SW26	4.0	SW22	4.2	SW15	3.6	SW11	3.1	SW15	3.1	SW24	3.9	SW19	3.7
盛岡	W11	2.6	W12	3.2	S18	3.3	S29	2.7	S17	2.4	S13	2.6	S18	2.8
仙台	NNW16	1.4	NNW15	1.7	SE16	1.8	SE22	1.5	NNW15	1.4	NNW17	1.4	NNW13	1.6
秋田	SE17	5.1	SE17	4.8	SE22	4.1	SE26	3.7	SE28	3.7	SE25	4.6	SE23	4.4
山形	SSW14	1.4	SSW13	1.7	N10	1.8	N11	1.5	N9	1.4	SSW12	1.4	SSW10	1.6
福島	WNW20	2.5	WNW18	3.8	NE14	2.7	NE21	2.1	NE14	1.9	WNW14	2.2	NE11	2.4
東京	NNW38	3.4	NNW27	3.7	S15	3.4	S16	3.0	N17	3.2	NNW32	3.2	NNW20	3.3
新潟	NW13	4.6	SSW11	3.8	NNE15	3.3	NNE12	2.9	S12	3.0	S16	3.6	S12	3.5
富山	SW26	2.9	SW19	3.2	NNE15	3.2	NNE15	2.6	SW19	2.7	SW28	3.0	SW19	2.9
金沢	SSW14	5.0	ENE15	4.4	E14	3.8	SW15	3.5	ENE17	3.6	ENE14	4.3	ENE13	4.1
福井	S16	2.6	S14	2.8	S14	3.0	S16	2.6	S16	2.5	S18	2.6	S16	2.7
甲府	NNW11		NW11	2.7	SW16	2.4	SW18	2.0	SW12	1.8	NW9	1.8	SW11	2.0
長野	E17	1.9	ENE15	2.7	WSW14	2.8	WSW15	2.4	WSW14	2.4	ENE13	2.1	ENE11	2.4
松本	S13	2.1	N16	2.3	N15	2.5	S12	2.2	N12	1.9	N15	2.1	N14	2.2
静岡	WSW12		NE14		S14		S15		NE12		NE12		NE11	
名古屋	NW22	3.0	NW24	3.5	NNW12	3.0	SSE17	2.6	NNW17	2.6	NNW23	2.6	NNW17	2.9
津	NW26		NW34		NW16		SE16		NW19		NW26		NW22	
京都	WNW10	1.4	NNW13	1.7	NNE10	1.8	NNW10	1.7	N12	1.6	N10	1.3	N10	1.6
大阪	W17		NNE19		NE17		WSW19		NE23		NNE20		NNE16	
神戸	WNW21		N14		ENE12		WSW13		N17		N16		N13	
和歌山	ENE18		ENE15		ENE15		WSW14		ENE20		ENE25		ENE18	
鳥取	ESE25	3.3	ESE22	3.3	ESE22	3.2	ESE17	2.7	ESE24	2.5	ESE31	3.0	ESE24	3.1
松江	W22	3.8	E15	3.4	W19	3.4	W22	3.4	W16	2.8	W16	2.9	W16	3.3
岡山	W19		ENE9		ENE12		ENE13		N11		W10		ENE9	
広島	NNE31	3.8	NNE32	4.1	N23	3.5	SSW19	3.4	NNE37	4.1	NNE39	4.3	NNE28	3.9
下関	NW14		E15		E19		E20		E16		E15		E16	
徳島	WNW35	3.4	NW19	3.3	SSE15	3.1	SSE17	2.9	WNW18	2.8	WNW31	2.9	WNW20	3.1
高松	W17	2.9	WSW11	2.5	N10	2.3	ENE10	2.1	SW10	2.0	SW15	2.2	WSW12	2.4
松山	WNW15	2.2	WNW11	2.0	WNW12	1.9	E12	1.8	ESE12	1.7	ESE12	1.9	WNW11	1.9
高知	W27	1.8	W22	1.9	W20	1.8	W14	1.7	W22	1.7	W27	1.8	W22	1.8
福岡	SE16	3.1	N16	3.1	N16	2.8	SE14	2.8	N19	2.8	SE17	2.7	SE15	2.9
佐賀	NNW11		NE12		S10		S21		NE14		N13		NE11	
長崎	N14	2.3	N16	2.5	SW16	2.1	SW26	2.4	NNE14	2.0	NE13	2.0	N12	2.2
熊本	NW15	1.8	NNW14	2.1	SW13	1.9	SW18	2.2	NNW15	1.9	N14	1.7	NNW12	2.0
宮崎	NW29	3.0	W18	2.9	NW15	2.7	WSW15	3.0	NW19	2.6	NW27	2.5	NW18	2.8
大分	S17	3.0	S15	2.7	S18	2.3	S15	2.2	S20	2.4	S24	2.7	S18	2.6
鹿児島	NW34		NW23		WNW15		WNW12		NW15		NW27		NW20	
那覇	NNE23	5.5	NNE15	5.2	ESE12	5.0	SE16	5.2	NNE13	5.3	NNE30	5.5	NNE16	5.3

最多風向は「理科年表」、平均風速は「日本気候表」より作成（1971 ～ 2000 までの資料による）。

通風には、換気の機能もある。自然の通風は換気回数で表せば数百回/hになり、機械換気は遠く及ばないことの認識も必要である。

『徒然草』（第55段）に「家の作りようは、夏こそむねとすべし、冬いかなる場所でも住まる。暑き頃わろき住居は、堪えがたきことなり」とある。これは充分に風を意識した記述である。屋内だけでなく、以前によく見かけた夕涼みは、近所の方々とのコミュニケーションを深め、情報を得る場でもあったのだが、これも風によって成り立っていた（表12・5）。

現在、自然を考えなくても快適な生活ができる可能性のあることから、風等考えず、ついに窓の開かない建物まで登場してきた。その中は一年中温度の調整がなされ、快適な生活のようにみえるが、長く暮らすうちに暑さ寒さに脆弱な体になり、健康で快適な生活など望むべくもない。コミュニケーションもなく、この環境を保つためにより多くのエネルギーを消費することになり、さらにこれが原因で、犯罪の増加・核家族化・騒音・大気汚染・都市のヒートアイランド化等が引き起こされている。自然に背を向け、自己だけの物の考え方で自然を享受しないのは、現代人のおごりである。

3 音

現代生活では、音には非常に多く悩まされる。音には種々雑多の発生源があり、静かで落ち着いた生活はなかなか難しい。ここでは、音について考えてみる。

音とは、固体・液体・気体に伝わる波である。その要素は、「波長」「振幅」「波形」の三つになる。

波長は音の高低で、単位はヘルツ（Hz）である。これは1秒間にどれだけ振動するかという数値で、大きくなると高い音になり、小さくなると低い音になる。

振幅とは波の振れ幅で、多くなると大きな音、少なくなると小さい音になり、単位はデシベル（dB）で表される。

波形は、音色を決めるものである。

ⓐ──音の伝わり方

話し合いの声・楽器の音等、空気中を伝わって耳に達する音は「空気音」といい、人が歩く音・衝撃音・アパート上階を歩く音等は「固体伝搬音」といい、一般に固体音と呼ぶ（表12・6）。

音が発生し、壁に投射された時、音の一部が跳ね返ってくることを音の「反射」といい、一部が壁に吸収されることを音の「吸収」という。その時、壁の反対側の空気を再び振動させ、音となって空気中に放射されることを音の「透過」という。この三つの行方は、音の周波数・壁の厚みや材質、さらに表面の形によっても変わるのでたいへん複雑な条件になってくる（表12・7）。

各材料の遮音性能とは、たとえば70dBの音が壁を通過して30dBになると遮音性能は40dBということである。通常の音は、静かな音で40dB前後、睡眠時は35dBくらい、60dB・70dBを超えると「うるさい」となり、120dBを超えると聴覚に障害がおこる（図12・17）。

音を防ぐためには、遮音はもとより、吸音も必要である。吸音とは、音が物体を透過する際に音を熱のエネルギーに変えて弱めるもので、このような材料を吸音材といい、遮音性能をあげることができる（表12・8）。

一般に、密度が大きく厚さが厚いほど遮音性能が大きくなり、多孔質でやわらかく軽い材料は吸音性が高く、なめらかで堅く重い材料は吸音性が低い。

一重壁の厚さを倍にしても遮音性能が倍になることはなく、壁厚は4倍以上必要になるので不可能に近い。そこで壁を二重、三重にすると目的が達せられる。一般的には二重壁で、壁と壁の間に空気層を設けたり、吸音材を入れることで効果が上がる。空気層は厚いほどよいが、40mmくらいで一般木造住宅でも効果を上げる方法もある。防音工事は新築時の方がよいが、既設のものでも多少手間は増えるが可能である。

ⓑ──防音室

音は直進するばかりでなく、回折・屈折・共鳴する。これらを防ぐために壁のみではなく、床・天井・出入口・窓・埋込み照明器具に遮音の処置が必要となる。大げさにいうと、遮音する部屋は水槽を作るようなものと考えてよい。

表 12・6　床衝撃音に対する遮音等級と生活感

遮音等級	人の走り回り、飛びはね等（重量床衝撃音）	椅子の移動音 物の落下音など （軽量床衝撃音）	住宅における生活実感、プライバシーの確保
L-40	かすかに聞こえるが、遠くから聞こえる感じ	ほとんど聞こえない	上階で物音がかすかにする程度 気配は感じるが気にならない
L-45	聞こえるが意識することはあまりない	小さく聞こえる	上階の生活が多少意識される状態。スプーンを落とすと、かすかに聞こえる。大きな動きはよくわかる
L-50	小さく聞こえる	聞こえる	上階の生活状況が意識される。椅子を引きずる音は聞こえる。歩行などがわかる
L-55	聞こえる	発生音が気になる	上階の生活行為がある程度わかる。椅子を引きずる音はうるさく感じる。スリッパの歩行音がよく聞こえる
L-60	よく聞こえる	発生音がかなり気になる	上階の生活行為がわかる。スリッパ歩行音がよく聞こえる
L-65	発生音がかなりうるさい	うるさい	上階の生活行為がよくわかる
L-70	うるさい	かなりうるさい	たいていの落下音は、はっきり聞こえる。素足でも聞こえる

表 12・7　各種材料の透過損失（出典：建築のテキスト編集委員会編『初めての建築環境』学芸出版社、1996、p.134）

構造	名称	密度 [kg/m²]	周波数 [Hz]					
			125	250	500	1000	2000	4000
単一板壁	鉛板（1）	11.3	26	26	28	32	38	43
	ラワン合板（6）		11	12	16	21	24	22
	石膏ボード（9）		10	14	21	27	35	38
	フレキシブルボード（6）		24	23	28	32	36	30
	発泡コンクリート（ALC板）（100）	50	30	31	28	35	44	46
	発泡コンクリート（ALC板）（100）両面モルタル塗（6）	81	34	33	35	44	51	57
	コンクリート（180）両面プラスター塗（13）	440	45	43	53	58	66	69
複層板壁	合板（6）＋ウレタン（50）＋合板（6）		13	18	19	16	30	33
	合板（6）＋As（100）＋合板（6）（木造間柱タイコ張り）		11	20	29	38	45	42
	PB（9）×2＋As（84）＋PB（9）×2　目違い張り（木造間柱タイコ張り）		20	28	40	46	50	48
	PB（12）×2＋As（100）＋PB（12）×2目違い張り（両面独立スタッド）		33	42	50	59	66	58
	ALC板（100）＋As（40）＋PB（9）		26	36	39	51	60	―
建具	普及型アルミ製引違い窓（ガラス5mm）　1600W×1300H		20	22	23	18	21	27
	気密型アルミ製片引き窓（ガラス3mm）　1300W×1500H		17	19	24	29	33	25
	気密型アルミ製引き窓（ガラス5mm）　1300W×1500H		20	23	29	33	31	34
	普及型引違いアルミ建具の二重、ガラス（5-5）、As（100）		18	22	26	25	21	32
	普及型引違い窓と木造用引違い窓の二重、ガラス（5-5）、As（275）		28	32	30	33	32	33
	気密型建具の二重、ガラス（5-5）、As（150）		27	31	35	39	40	42
	気密型片引きアルミ建具の二重、ガラス（5-5）、As（150）		28	31	35	39	41	42
	気密型片引きアルミ建具の二重、ガラス（5-5）、As（200）		28	34	40	45	50	50
	鋼板中空、鉄板（2）＋As（45）＋鉄板（2）		25	30	34	37	36	35

As：空気層、PB：石膏ボード、材料名または上記記号の後の数値は厚さを示す [mm]。各種材料の各周波数ごとの数値が透過損失の値（単位 dB）。
（社）日本建築学会編「設計計画パンフレット4　建築の音環境設計」彰国社より作成）

表 12・8　各種材料の吸音率と吸音力（出典：建築のテキスト編集委員会編『初めての建築環境』学芸出版社、1996、p.136）

分類	材料・構造名	密度 [kg/m²]	厚さ [mm]	空気層厚 [mm]	周波数 [Hz]					
					125	250	500	1000	2000	4000
多孔質材	グラスウール（フェルト）	16～24K	50	0	0.20	0.65	0.90	0.85	0.80	0.85
	グラスウール（フェルト）	16～24K	50	100	0.40	0.90	0.95	0.85	0.85	0.85
	ロックウール（ボード）	40～160K	50	0	0.20	0.75	0.95	0.90	0.85	0.90
	ロックウール（ボード）	40～160K	50	100	0.55	0.90	0.95	0.90	0.85	0.85
板状材	石こうボード		9～12	45	0.26	0.13	0.08	0.06	0.06	0.06
	フレキシブルボード（グラスウール充填）		3～5	90	0.29	0.15	0.08	0.06	0.06	0.06
	合板		9	45	0.11	0.23	0.09	0.07	0.07	0.08
	合板		9	90	0.24	0.15	0.08	0.07	0.07	0.08
共鳴器型材	穴あき板φ5、15mmピッチ裏打材なし		5	45	0.02	0.08	0.20	0.35	0.18	0.12
	穴あき板φ5、15mmピッチ 　GW（20kg/m³、50mm厚）裏打		5	45	0.15	0.36	0.82	0.60	0.31	0.27
	穴あき板φ5、15mmピッチ 　RW（50kg/m³、25mm厚）裏打		5	180	0.32	0.85	0.71	0.61	0.40	0.18
一般材	ガラス（大版）				0.18	0.06	0.04	0.03	0.02	0.02
	コンクリート　ペンキ・モルタル VP				0.01	0.01	0.02	0.02	0.02	0.03
	プラスチック系タイル仕上（コンクリート下地、床）				0.01	0.01	0.02	0.02	0.03	0.03
	パイルカーペット（10mm厚）				0.10	0.10	0.20	0.25	0.30	0.35
	吸音用カーテン　0.25～0.3kg/m²、2倍ひだ			50～100	0.10	0.25	0.55	0.65	0.70	0.70
吸音力 [m²]	劇場用椅子、モケット張り				0.13	0.22	0.28	0.30	0.30	0.30
	劇場用椅子、ビニールレザー張り				0.04	0.13	0.22	0.17	0.16	0.11
	人物（劇場用椅子モケット張り着席）				0.25	0.34	0.41	0.43	0.42	0.41
	人物（木製椅子に着席）				0.10	0.19	0.32	0.38	0.38	0.36
	木製椅子（教室用）				0.02	0.02	0.02	0.04	0.04	0.03

GW：グラスウール、RW：ロックウール。吸音力は1席あたりのものを示す。
（（社）日本建築学会編「設計計画パンフレット4　建築の音環境設計」彰国社より作成）

実際には、一階床は根太の間全面に吸音材を入れ、その上にコンパネ等の捨貼を全面に行い、さらに防音シートを貼ってその上に床仕上材を貼る。床に使われる防音シートと天井、壁のものはつながっていなければならない。二階床の時も一階床に準じるが、空気音ばかりでなく固体音も出るので、L値（床衝撃音に対して遮音性を表す数値で、この値が大きいほど遮音性は劣る）に注意して床仕上材を選ばなければならない（表12・9）。天井は野縁の間を吸音材で埋め、野縁に遮音下地パネルを貼り、その下に12mm厚の石膏ボード、その下に化粧吸音板で仕上げるが、大音量の場合、天井が共鳴するのでその処置も必要になる。

出入口は既製のドアもあるが、本格的にする場合は二重ドアがよく、ドアとドアの間が20cm以上離れている方が効果は大きい。

窓は、防音サッシという各サッシメーカーの商品である程度の効果はあるが、本格的な防音室にする場合は二重サッシにし、間隔は20cm以上開け、ガラスの厚さも変えた方が効果がある。また平行にせず、角度を付けた方が効果は大きい。このような部屋は密閉されることから換気が必要になる。換気扇はそれ自身音を出す厄介なものだが、防音室用換気扇・防音カバー・防音換気口といった商品を用いて防音する。

また換気では、排気とともに吸気を忘れてはならない。防音室では冷暖房は非常によく効く。したがって一般の部屋より小さいもので充分である。外の音は一切聞こえなくなるので、人の訪れや電話もわからなくなる。そのため視覚でわかるような機器を考案する必要もおこる。

給排水関係も騒音の原因になる。埋込み配管はできるだけ避け、給水管にはウォーターハンマー（管内が満水時、流れている水を急激に閉めると、水の持っている運動エネルギーが圧力エネルギーに変わり管内に急激な圧力上昇が起こって、管を叩くような大きな音を発すること）防止器をつけ、便器は消音節水型とするが、便器自身の振動による音を発生するので、便器と床、排水管と壁の接する所に緩衝材を敷いたり（図12・18）、充填することで音をやわらげる。和風より洋風が有利である。

4　色彩

色はすべてのものにあり、その素は太陽光線である。この光は白色だが、プリズムで屈折させると、赤・橙・黄・緑・青・藍・紫等の美しい色に分解される（表12・10）。これをスペクトルといい、それぞれの波長によって色が現れてくることから太陽の光が種々の色の光線の束であることがわかる。物に色の見えるのは光を反射して見えるものと、光が透過して見えるものがあり、反射して見えるのは、光が当たって吸収されなかった色で、透過して見える色は、その過程で吸収されなかった色なのである。ちなみに虹の色は、このスペクトルが雲に映ったものである。色には非常に多くの要素があるので、少し整理しておく。まず色の三要素として「色相」「明度」「彩度」がある。

ⓐ──色相、明度、彩度

色相とは、赤・青や他の色の色味のことである。色味を感じる色を「有彩色」という。これに対して白から黒に至る色には色味がなく、スペクトルの中にもない。この色のことを「無彩色」「無色相」という。

明度は、色の持つ明るさ暗さのことである。彩度は色相の現れ方の強弱、色相の強さの度合を考えれば理解しやすい。この三要素の組合せで色は決まり、この三要素を「三属性」と呼ぶこともある。アメリカ人の画家が考案した色の表示方法をマンセル記号といい、万国共通に使われている（図12・19）。

色相×（明度÷彩度）といった表示で、わが国の日本工業規格の見本帳もこのマンセル記号による表示である。

ⓑ──原色

原色とは根元になる色の意味で、青・赤・黄の三色をいう。

この三原色は塗料や絵具の三原色で、もう一つ三原色がある。それは光の三原色で、これは赤・緑・青である。身近では、カラーテレビや舞台照明などがそれに当たる。三原色には二種類あるということである。

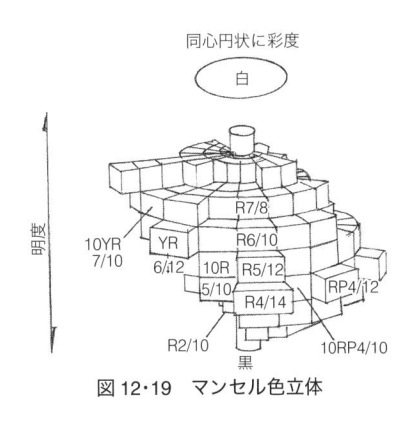

図 12·17 騒音レベルをもとにした遮音の目安（出典：松下電エカタログ）

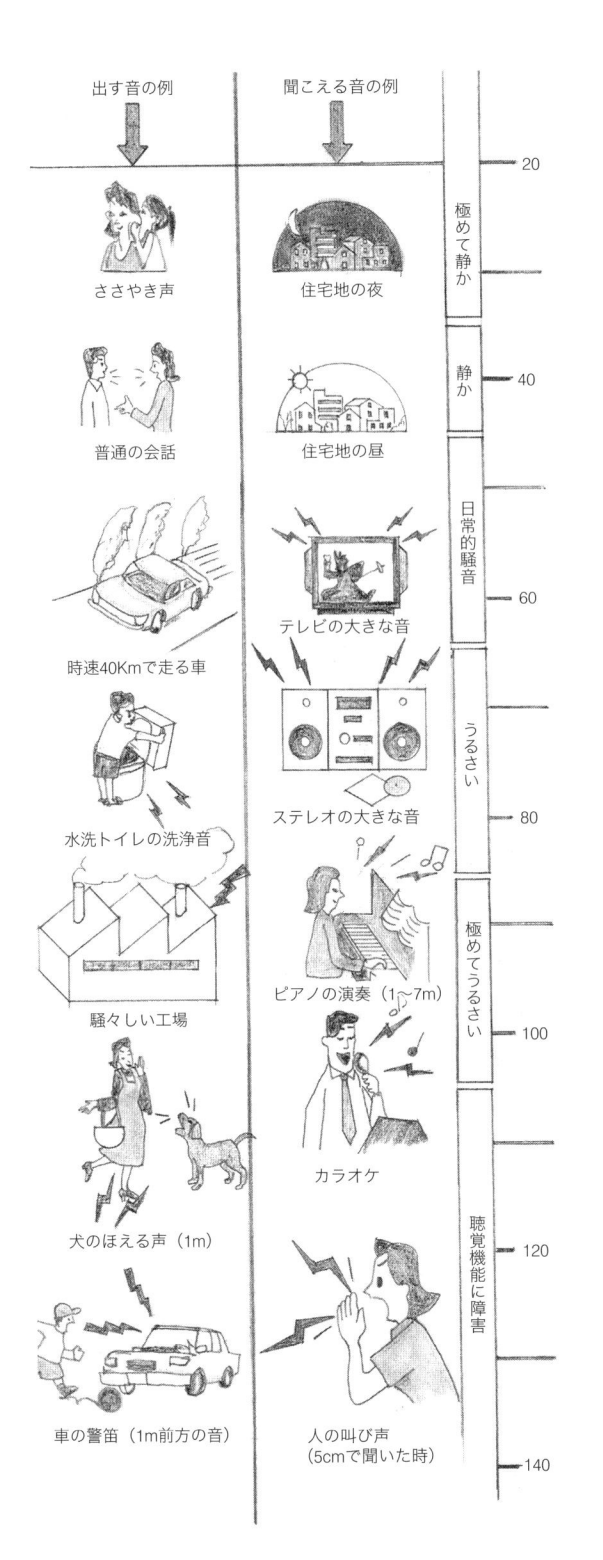

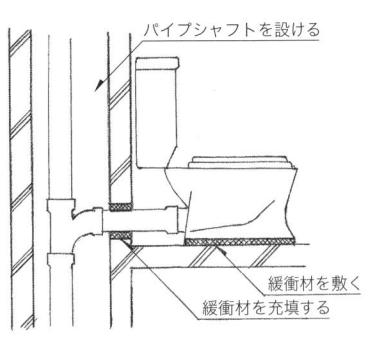

出す音の例 / **聞こえる音の例**

- ささやき声 / 住宅地の夜 — 20（極めて静か）
- 普通の会話 / 住宅地の昼 — 40（静か）
- 時速40Kmで走る車 / テレビの大きな音 — 60（日常的騒音）
- 水洗トイレの洗浄音 / ステレオの大きな音 — 80（うるさい）
- 騒々しい工場 / ピアノの演奏（1〜7m） — 100（極めてうるさい）
- 犬のほえる声（1m） / カラオケ — 120
- 車の警笛（1m前方の音） / 人の叫び声（5cmで聞いた時） — 140（聴覚機能に障害）

図 12·18 便器と排水管の振動絶縁の施工例
（出典：建築のテキスト編集委員会編『初めての建築環境』学芸出版社、1996、p.151）

パイプシャフトを設ける／緩衝材を敷く／緩衝材を充填する

表 12·9 住宅の遮音等級と適用等級

建築物	部位	適用等級			
		特級（特別仕様）	1級（推奨）	2級（標準）	3級（許容）
集合住宅	隣戸間界床	LL-40	LL-45	LL-50・55	LL-60

LLは比較的軽い衝撃音。L値は上階に生じる音がどの程度小さくなるかの基準で、数字が小さくなるほど、遮音性能がよい。

図 12·19 マンセル色立体

同心円状に彩度／白／明度／黒

10YR 7/10、YR 6/12、R7/8、10R 5/10、R6/10、R5/12、RP4/12、R4/14、R2/10、10RP4/10

表 12·10 色の波長（出典：『アルスの建築学』）

色相	赤	橙赤	橙	橙黄	黄	緑	青緑	紺青	青	紫青	紫
波長	0.770n	0.620n	0.597n	0.588n	0.581n	0.527n	0.508n	0.496n	0.473n	0.438n	0.406n

（n = 1/1000mm）

塗料の三原色をそれぞれ同量混ぜると、黒に近い灰色になる。また円盤に塗料を同面積塗って回転させると、白に近い灰色に見える。このことは塗料・絵具の三原色を混ぜると明度と彩度が落ち、光の三原色を混ぜると明度は上がり彩度は低くなることを意味する。塗料を混ぜることを負混法（負色混法）、光を混ぜることを正混法（正色混法）という。正混法は一般に用いることは少ない。負混法で鮮やかな色・明るい色を求める時はできるだけ混ぜる塗料を少なくし、落ち着いた色・暗い色の時は、多くの色を混ぜて作るとその目的が達せられる。

c──補色、暖色系、寒色系、対比色

補色というのは反対色のことで、色を環状に並べ、対角線上にある色を補色という。その代表的なものが、赤と緑である。

冷たく涼しく感じる色を寒色系といい、緑から青に至る色をさす。暖かく暑く感じる色を暖色系といい、赤橙黄等をさす。色彩を決める時は、まずどちらの系統かを決め、その後他の色を入れて色彩のバランスを見てゆくが、その時の気温に影響されることが多い。暑い時は寒色系（図12・20）、寒い時は暖色系（図12・21）を選びがちなので、再確認が必要である。

膨張色と収縮色というものがある。暖色系の色は物を大きく見せ、興奮させる色で膨張色と呼ばれる。寒色系の色は物を小さく見せ、他に沈静・落着きという印象があり、収縮色と呼ばれる。

対比色として考えられるのは理論的には補色であるが、参考に二色を判別できる距離を示しておく。

　　第一位　　黄地に黒　114.34m
　　第二位　　白地に緑　112.07m
　　第三位　　白地に赤　111.15m
　　第四位　　白地に青　111.09m
　　第五位　　青地に白　108.83m
　　第六位　　白地に黒　106.98m

以下続くが、交通関係の標識に黄地に黒が多いのは判別しやすさから選ばれているということがよくわかる。

d──色調

色調（トーン）は、同じ色であっても明度の高低、彩度の強弱で感じの異なることを表している。一般にはカードになっていて、ファッション業界で使われる言葉で表現されている（図12・22）。

P（ペール）うすい、Ltg（ライトグレイッシュ）明るい灰色味・シック、g（グレイッシュ）灰色味・シック、Lt（ライト）浅い・フォーマル・ロマンティック、d（ダル）にぶい、dk（ダーク）暗い・エレガンス、b（ブライト）明るい・カジュアル、dp（ディープ）濃い・ゴージャス・ダンディ、v（ビビッド）さえた・スポーツマン・マリンチェック。

e──色彩計画

人によって色の好き嫌いがあり、これは食物の好き嫌いに似ているので色彩計画の時は留意することが必要である。

外部の色彩計画は、外壁の色とコントラストする色の釣合の取れるように計画する。ここでも膨張色か収縮色かから始める。まず一色を決め、その色に合わせていくが、うまくいかなかったら最初の色を変更するのがよいようである。

天井・壁・床は主役でなく、主役はそこに住む人や家具であることを意識しながら室内の色彩計画を行う。部屋の主役を引き立たせることが大切である。床・壁・天井が主役になると本当の主役がぼやけ、たいへん落ち着きがない部屋になってしまう。同色系で決めていき、そこにポイント色を小面積入れるのが基本で、この小面積の部分は、ドア枠・幅木・天井回縁・額縁が挙げられる。

一般の室内の場合、床・壁天井の色彩は上にあるほど明度・彩度の高い材料で、下にあるほど明度・彩度の低いものを使うのが基本である。この他、部屋で大きな面積を占めるものとしてカーテン・テーブルクロス等があるが、部屋ができあがってから検討した方がうまくいく。

二色・三色が重なってくると、どうしてもうまくいかないことがある。その場合は、全体が暖色系、寒色系のどちらでもよいが、一度無彩色（無色相）を考えてみることである。上着の色に合うズボンやスカートを選ぶのに苦労するが、無彩色ならほとんど調和するのと同じことである。「困った時の無彩色」という言葉を覚えておくと、役に立つ。

図12・20　寒色系でまとめられた部屋

図12・21　暖色系でまとめられた部屋

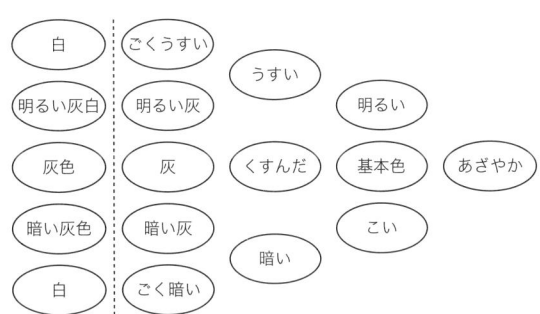

図12・22　日本工業規格（JIS）系統色名の修飾語

白　ごくうすい
うすい
明るい灰白　明るい灰　明るい
灰色　灰　くすんだ　基本色　あざやか
暗い灰色　暗い灰　こい
暗い
白　ごく暗い

表12・11　CO濃度の人体影響（出典：建築のテキスト編集委員会編『初めての建築環境』学芸出版社、1996、p.57）

濃度［ppm］	暴露時間	影響
5	20分	高次神経系の反射作用の変化
30	8時間以上	視覚・精神機能障害
200	2〜4時間	前頭部頭痛・軽度の頭痛
500	2〜4時間	激しい頭痛、悪心・脱力感・視力障害
1000	2〜3時間	脈拍こう進、けいれんを伴う失神
2000	1〜2時間	死亡

COによる中毒のじょ限度は、濃度、暴露時間、作業強度、呼吸強度、個人の体質の差などで、それを設定することは難しいが、Handersonによれば、濃度［ppm］×時間［h］＜600であるといわれている。
（社）日本建築学会編「建築設計資料集成1　環境」丸善より）

表12・12　CO_2濃度生理現象および最大許容限度（出典：建築のテキスト編集委員会編『初めての建築環境』学芸出版社、1996、p.57）

濃度	意義	摘要
0.07%	多数継続在室する場合の最大許容濃度（Pettenkopfer 説）	CO_2そのものの有害限度ではなく、空気の物理的性状が、CO_2の増加に比例して悪化すると仮定したときの汚染の指標としての最大許容濃度を意味する
0.10%	一般の場合の最大許容濃度（Pettenkopfer 説）	
0.15%	換気計算に使用される最大許容濃度（Rietchel 使用）	
0.2〜0.5%	相当不良と認められる	
0.5%以上	最も不良と認められる	
4〜5%	呼吸中枢を刺激して、呼吸の深さ、回数を増す　呼吸時間が長ければ危険。O_2の欠乏を伴えば障害は早く生じ決定的となる	
8%	10分間呼吸すれば、強度の呼吸困難、顔面紅潮、頭痛を起こす。O_2の欠乏を伴えば障害はなお顕著となる	
18%以上	致命的	

（社）日本建築学会編「設計計画パンフレット18　換気設計」彰国社より）

5　環境の汚染

　1970年後半から、欧米の省エネルギーを進めた換気の少ないビルで建物内に入ると吐き気・頭痛・めまい・平衡感覚障害・目の痛み・呼吸器系統の乾燥や痛み等の症状を訴える、シックビル症候群が発生した。その原因は、建物内部の防虫剤・芳香剤や建築材料に含まれる化学物質アレルゲン（アレルギーを引き起こす物質の総称）などで、これが住宅におこったのがシックハウスである。症状にはこの他、アトピー性皮膚炎や多くの器官・臓器への障害があるが、これらの症状はいずれも建物から離れると軽くなるのである。

　古来、わが国の住宅は開放的で材料も自然のものばかりで換気量は極めて大きく、シックハウスとは無縁であった。これを開放型住宅という。これらは夏季は快適だが、冬季は劣悪な住環境であった。一方、北海道等寒冷地では隙間を少なくした、いわゆる断熱・気密化住宅が作られ、冬季の室内環境は飛躍的に向上した。このような住宅を閉鎖型住宅という。しかし室内で発生する汚染物質や水蒸気を屋内に滞留させる結果となり、カビやダニの発生が喘息の原因に、多用される新建材から発生する有害な汚染化学物質の滞留がシックハウスのおもな原因になっている。

ⓐ──生活様式の変化

　人口の都市集中により狭隘な土地に住宅が密集し、夏季でも窓の開放を困難にした。他方、排気ガス等がヒートアイランド現象を引き起こし、さらに窓を開放することが減って換気量が少なくなっている。また建築とともに生活用品にも化学物質が多用され、家具の接着剤・芳香剤・防臭剤・防カビ剤・防虫剤・化粧品・ヘアスプレーも大きな原因である。

ⓑ──大気汚染

　昭和40年代後半の急激な経済成長はわが国に公害問題をおこし、それ以降工場から排出する汚染物質は厳しく規制された。しかし、化石燃料を使用している限り大気中に汚染物質が排出し続けられ、一方、農村では生産性の向上のため大量の農薬が使われ、この大部分が川や海に流出しているという現実もある。

　換気で室内の空気を清浄化できるのは、外部の空気が清浄であるという前提によっている。多くの場合は外気の方が清浄だが、場所によっては異なることもあることを知らなければならない（表12・11、12）。

ⓒ──人体

　化学物質過敏症は、呼吸や食物を通じて蓄積された化学物質が、ある限度を超えると発症する。科学物質の種類や量は、以前に比べて格段に多い。また体内に蓄積された化学物質が子供に受け継がれ、その子供は生まれた時からある程度の蓄積をもつので、アレルギー人口は増加していく。

ⓓ──室内汚染の原因

　在室者によるものでは、人体・動物の呼吸や発汗・臭気などの他、喫煙・清掃などの生活行為に伴う粉塵やガスなどがある。

　燃焼系設備機器によるものでは、ガスレンジ、ガスストーブなどの燃焼ガスや水蒸気など、建築室内仕上によるものでは、新築・増改築直後の建材や塗料からのガス・粉塵・臭気・カーテン・カーペットのダニやカビなど、室条件によるものでは、台所・便所・浴室などの臭気・煙・水蒸気などに分けられる。

ⓔ──粒子状汚染物質と浮遊粉塵の種類

　粒子状汚染物質は、二酸化炭素・一酸化炭素・臭気（体臭・タバコ・塗料・食物の腐敗臭や便所の臭い・化粧品の臭い）・窒素酸化物・ホルムアルデヒド・VOC（揮発性有機化合物）・ビニールクロス・木工用接着剤・エポキシ樹脂系接着剤・DOP（フタル酸ジオクチル）・DEP（フタル酸ジエチル）・DBP（フタル酸ジブチル）等が挙げられる。

　浮遊粉塵は、大気中の粉塵で、固体または液体状のものが多く、その種類も多い。火山の噴火物、地上風によって運ばれてくる土壌塵埃や煙、産業廃棄物の粉塵化したものなど、さまざまな発生源がある。一般に室内の粉塵濃度は外気の粉塵濃度によって決まる、といわれている。他に種類として、アスベスト・アレルゲン（アレルギー反応をおこさせる物質）があり、これらガス状汚染物質と粒状汚染物質の複合で生じる複合汚染物質としてタバコがある。

昔の住宅のように、木と紙と土と草で作ったら良いかというとそう簡単なものではない。無垢の材料が汚染物質を出さないとは限らないからである。

桧の芳香や紙の製造に化学物質は使われ、土や草にも残留農薬があるかもしれない。またそのような建物を建てようとしてもコストが非常に高く（推定で3〜5倍）、現在の生活を享受することはできない。そこで通風の良い、汚染物質をできるだけ放散しない材料の住宅にすることが大切なのである。

国は建築物に使用される建築材料および換気設備に関する規準を定めた。規制の対象になった化学物質は、クロルピリホス（防蟻剤）、ホルムアルデヒド（断熱材・接着剤・塗料）である。クロルピリオスは全面禁止、ホルムアルデヒドは四段階に分けて、それぞれ室の使用面積の上限や換気設備設置が決められている。数多い汚染化学物質の中から、ホルムアルデヒドだけが取り上げられているが、換気することで他の汚染物質も排出されるということであろう。規制がないのに比べれば進歩である。法律というものは最低の規定をしたものであるから、これが守られればよいというものではない。よりよい住環境を提供するためには、設計者はじめ建築関係者の叡智を発揮しなければならない。

6 家相方位

設計の打ち合せの時、家相・方位・年回りといった科学的根拠のないものに振り回される。新築・増改築や家を借りようとする人まで気になるようである。その信じ方には個人差があるが、気にしない人はめったにいない。科学の裏付けはないものの、人類の長い経験から導き出されたものとして何かあるのではないか、という考え方と未来への不安とが、これらを信じさせる所以である。信じる信じないは別として、どのようなものであるか、一応把握し、種々調べておくことが必要であろう。

ａ——方位

1◆干支、九星

最も古く、基本になっているのは、中国前漢の時代（BC200年頃）からある、陰陽五行説である（表12・13）。物の根元は五つのものからできていて、陰と陽とに分けられるといい、宇宙の根元は、木・火・土・金・水であるとされた。この順番を変えず、これらそれぞれに兄と弟があると考え、十干ができた。甲・乙・丙・丁・戊・己・庚・申・壬・癸の十をいう。

十干と同じ頃できたのが十二支で、子・丑・寅・卯・辰・己・午・未・申・酉・戌・亥である。十干と十二支は組合され、現在もわれわれの生活の中に時間・方位等として、生きている。この組合せは5度60回繰り返すとまた元の組合せになる。60歳で再び生まれた年と同じ干支になることから還暦というのである。

方位に使われる場合は、北を子として時計回りに丑寅と動き、東は卯、南は午、西が酉となる。別に東西南北に四神、青龍・朱雀・白虎・玄武があり、八等分したものをさらに三等分して、二十四に分け、二十四山という。「陰中陽有、陽中陰有　互いに交鎖して万象生成化育する」という思想が源となっている。

そのそれぞれの角度は15度である。東西南北の両端に、東はきのえ・きのと、南はひのえ・ひのと、西はかのえ・かのと、北はみずのえ・みずのととし、中央につちのえ・つちのとがくる。

九星という思想もある。暦の中に出てきて、人の生まれた年により、一白・二黒・三碧・四緑・五黄・六白・七赤・八白・九紫の九つで、これも方向に当てはめられているが、八等分として五寅が中央と決めている。九星は暦の上で運勢に関するものとして知られている。また図の中に、艮・巽・坤・乾の文字もある。ここに掲げる家相方位一覧表（図12・23）は家相の吉凶を示すものであるが、これは一例にすぎない。占は江戸時代の後半から盛んになり、多くの流派ができ、より複雑にわかりにくくなっているが、それが信奉者に神秘性を与えている。これらの吉凶は、理に叶うこともあり、そうでないこともあるので、注意して用いた方がよいだろう。

2 ◆ 中心と鬼門

方位を考える時、中心がどこにあるかが問題になる。家相の専門家によっても違うが、だいたい次のどれかのようである。

①建物の重心、②主人の居室の中央、③敷地の重心、④神棚のある所などで、他に大黒柱や大棟の中心もある。一般的には一階平面図の重心というのが多い。これを採用する時は、建物の方位を正確に測っておくことが大切である（図12・24）。

これ以外の方位は鬼門が最も一般的で、必ず出てくるが、鬼門の意味を知っている人は割合に少ない。

鬼門の方向は、家相方位一覧図の艮(うしとら)の方向で東北である。中国中原(ちゅうげん)の沃野(よくや)は気候もよく、豊富な土地で、ここに栄えた文明は他国からの羨望の的であった。現在の中国東北部は、寒く、不毛に近い所であったので、ここに住む民族は隙あらば中原の沃野に向かって移動しようとした。この民族を総称して匈奴(きょうど)といい、この外圧に中国の歴代皇帝は悩んできたのである。また冬に東北から吹く風は冷たく「万里枯れる」悪魔の風として恐れられていた。匈奴の侵略はすでに商、殷の時代（BC1500）からあり、後に中国を統一した泰の始皇帝はBC200年頃、万里の長城を築く。その後の歴代皇帝もこれを修復し延長していった。また中国の皇帝は手をこまねいて匈奴の侵攻に備えたのではなく、種々の方策を取ったのであるが、中でもBC150年頃、前漢の武帝は雄大な戦略を実行し、成功した。しかし後には他民族が入り、混乱はつづいた。

この方向を鬼門というのは、東北の奥には鬼が住んでいて、亡者が集まり忌み嫌われる所に入る門であるからといわれる。また家相方位一覧表では、北の陰から東の陽に移る陰の極で、ここに死者の精気である鬼が集まり、よくないことがおこるので鬼門という説もあるが、多分占的こじつけであろう。裏鬼門は坤(ひつじさる)の方向で南西である。ここは東北と反対に暑く住みにくい所で、中原への憧れは匈奴と同じく、この圧力の総称を「南越」と呼び、歴代皇帝は匈奴南越対策に頭を痛めてきた。この雄大で大陸的な話がわが国に入ってきたのは、奈良後期時代（天平時代）の終わり頃と考えられる。平安京のできた時、東北の護りとして、比叡山延暦寺、賀茂別雷神社（上賀茂）が作られ、裏鬼門を避けるために、石清水八幡宮が九州の宇佐八幡宮から請願された（図12・25）。

中国大陸と日本では、規模も地理的条件もまったく異なるが、権威のために形式だけ取り入れたものと考えられる。これが長い時間の経過とともに、庶民の間に浸透した。江戸時代中期以後、占の発達とともに、その地位を築いたものだろう。

鬼門の方向は建物の東北で、太陽の照るのは1日のうち午前中の短い時間で、気温の上がるまでに日照はなくなる。したがって乾燥し難く、いつもじめじめした湿気の多い場所であることから、不衛生な環境にあり、汲取り便所と土間の台所の時代、ここに水廻りを持ってくることを誠める意味があった。逆に裏鬼門は、一日の最高の気温の時に日照があり、さらに日没まで日のあたる場所である。したがって食料などの腐敗が早く、不衛生であることから、鬼門と同じ扱いになったと考えられる。しかし電気冷蔵庫と水洗便所が、その意味をなくした。わが国の地理的条件としては、東北は日本海、南西は太平洋なので、ただ単に吉凶・善悪の方向の形として輸入されたものである。

この他、暗剣殺がある。親が子に、主人が雇人に殺されるという最悪の方向であるが、これは年によって変わる。

色々と考えてもまだ「何かあるのでは」と考えるものである。気になさる人には否定するのではなく、気が休まるように対応し、計画していくのが設計者始め建築関係者の務めである。

表12・13 世の中のすべてあてはまる五行説

行	木火土金水
星	歳星ケイ惑填星太白辰星
方向	東南中央西北
季節	春夏土用秋冬
五味	酸苦甘辛鹹
生焦	胆小腸胃大腸膀胱
臭	鶏焦香腥朽
五感	視聴嗅臭味蝕
声	角微宮商羽
五臓	脾肺心肝腎
色	青赤黄白黒
五体	筋血肉皮骨
五則	規衡縄矩権
五金	鉛銅金銀鉄
五節句	人日上巳端午七夕重陽

図12・23 九星八門廻盤図解

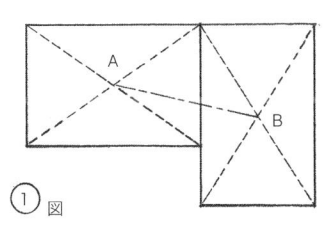

① 図
この建物を図のように分割して考えると、その重心はAB線上にあることになる。

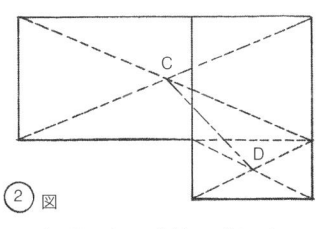

② 図
次に図のように分割して考えると、その重心はCDにあることがわかる。

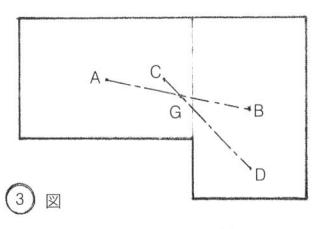

③ 図
二つを重ねたABとCDの二線の交わる点が求める重心G点となる。

図12・24 重心の出し方の一例（出典：山片三郎『家相』学芸出版社、1971、p.82）

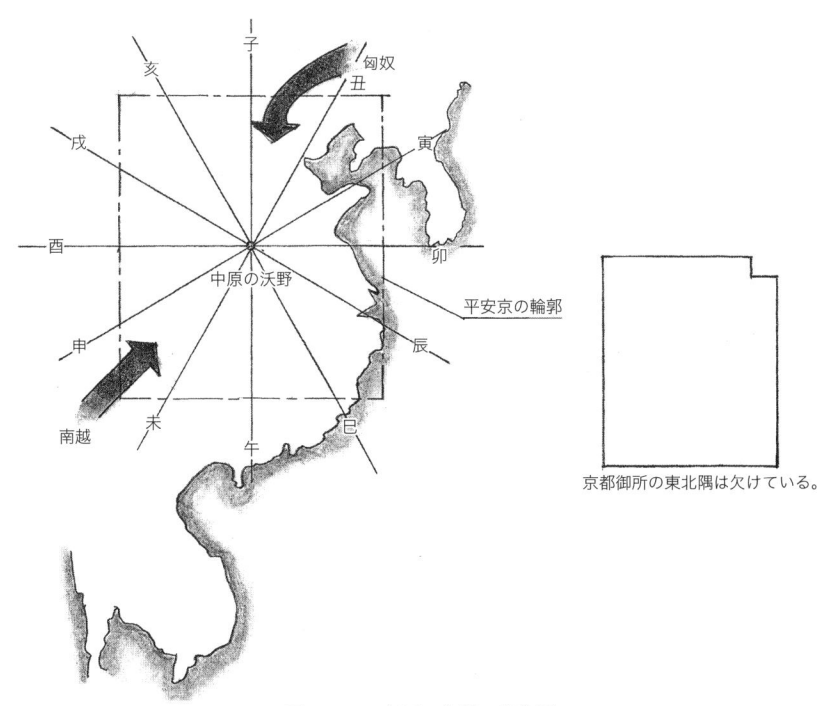

京都御所の東北隅は欠けている。

図12・25 中国の鬼門の概念図

b —— 吉日と凶日

方位だけでなく、その日が好い日か悪い日かを判断する占も幾種類もある。それを知るのは暦しかない。元来暦は農業・畜産・漁業といった一次産業に有効に使われ、暦のあるところに大文明がおこった。われわれの最も身近にある吉日凶日の暦は、六曜星（表 12・14）である。これは室町時代に渡来したもので、その内容を変えながら今日に至っている。先勝、友引、先負、仏滅、大安、赤口の六つで、順番に回ってくる。いちいち算出できないので、カレンダー・手帳・暦によって知ることができ、これもあくまで占いの類だが、吉日凶日を見分ける従来の使い方の他に、日を定める時、どうしても段取りできない時の言い訳に使用するのも一つの便法である。

その他暦には、十二直（中段、表 12・15）、二十八宿（表 12・16）があり、さらに三隣亡、八専、十方暮、天一天上、犯土、三伏日、不成就日、天赦日、一粒万倍日、五墓日等があり、それらそれぞれに吉凶（善悪）がある。

これだけ吉日・凶日があると、六曜星・十二直・二十八宿がすべて吉日となるのは、年に一〜三日ほどとなる。他のものを入れると数年に一度ということにもなり、動きが取れなくなるが、易ではこのうちの一日でも吉日があればよいという決まりがあり、それに従って行動している。

この決まりがあるので信用できないとも思われる。歴史的発生もまちまちで、時代によって意味が変わり、それらが積み重なって複雑になった。過去の積み重ねによってできたものだから、あまり軽々に扱うべきないという意見もあるが、それに頼らなければならないのは、いかがなものだろう。

c —— 年回り

年回りは厄年・流年といったよくない年を指す言葉で、男性は 25 歳・42 歳・61 歳、女性は 19 歳・33 歳・37 歳である。このうち男性の 42 歳、女性の 33 歳は大厄（本厄）とし、その前の年を前厄（入厄）、翌年を後厄（はね厄）という。厄年は何らかの災害にあうので、結婚・新築・旅行など慎まなければならない、とされている。流年は男女とも 10 歳・19 歳・28 歳・37 歳・46 歳・55 歳・64 歳・73 歳で、1 の位と 10 の位の数字を加えたものが 10 になる年である。

これらの年はいずれも数え年が本来だが、今は満年齢で行われることも多い。いずれにしても、特に本厄は男女共働き盛りなので、行き過ぎや過労を戒めたものと解釈できる。

建築の計画段階で「年回りが悪いから」という意味の言葉がよくでてくる。「いつになったらよくなるのですか」の質問に対し、はっきりした時期の答えがかえってくる時はよくなるまで計画を練ればよいが、時期がはっきりしない場合は、仕事を断る手段としてはよく使われるので、見極めて行動するようにしないと努力が徒労になり、こちらが厄年になってしまう。

以上は市販の暦から出たもので、その他の占い師もいる。これらの人々は他との差をつけるために好き勝手とも取れることをいい、より複雑なことになる。これを信じて心が安らぐというメリットもあるが、一番大切なことは、自分自身の生活であり、清く正しく努力してからの話ではないか。また占いや易には反論できない。なぜなら科学的論拠が薄弱であるが故に、反論する論拠がないからである。当たるも八卦、当たらぬも八卦とはよくいったものである（表 12・17、図 12・26）。

表 12・14　六曜星の吉凶 （出典：山片三郎『家相』学芸出版社、1971、p.36）

六曜星の種別		吉凶	意味
◐	先勝日　センショウ	午前－吉　午後－凶	万事早ければ利あり。午後はわるし
◓	友引日　トモビキ	朝夕－吉　午頃－凶	相引いて勝負なし。朝夕はよし
◑	先負日　センプ	午前－凶　午後－吉	静かなこと吉。午後からよし
◒	仏滅日　ブツメツ	大凶日	万事用いて望みなき日
○	大安日　ダイアン	大吉日	旅行、結婚、移転などすべて大吉
●	赤口日　シャック	朝夕－凶　午頃－吉	万事用いて凶。ただし午頃は吉

表 12・15　十二直の吉凶 （出典：山片三郎『家相』学芸出版社、1971、p.39）

種別		意味	
たつ	建	世界造立日	事を始め、ものを作ることは吉。その他のことは凶
のぞく	除	一切解除日	療養すること、掃除することは吉。何事によらず改めるは吉
みつる	満	一切充満日	五穀を納め、蔵を建てることは吉。何事も成就する日
たいら	平	一切平安日	敷地をかため、家を造ること、その他一切万事が大吉の日
さだむ	定	一切必定日	仕事につくこと、掟などをきめること、すべて吉
とる	執	一切所持日	他方より物を持ってくること、物を取ること吉
やぶる	破	一切破烈日	訴訟や交渉ごと、および家を毀すこと大吉。その他は凶
あやぶ	危	一切俟厄日	万事控えること。事業をすればすべて成就しない日
なる	成	万物成就日	種を蒔くこと吉。志を立て事業をすれば成就できる日
おさむ	納	万物納蔵日	五穀や、財宝を家の中に納める日。故に万事について吉
ひらく	開	法蔵開戸日	すべての事業が一つとして成就せぬもののない大吉日
とず	閉	法蔵閉鎖日	万事成就しない日。故に諸事行わないこと

表 12・16　廿八宿の吉凶（建築に関するものを抜粋） （出典：山片三郎『家相』学芸出版社、1971、p.42）

種別		意味	種別		意味
角	かく	柱建て、上棟、造作は吉	奎	けい	開店、植木の植え替えは吉
亢	こう	普請、造作は凶	婁	ろう	普請、造作を開始すること吉
氐	てい	開店は吉、その他は凶	胃	い	造作、修繕は凶
房	ほう	柱立て、棟上げ、移転は吉	昴	ほう	大吉日、すべてよし
心	しん	神事仏事、移転は吉	畢	ひつ	普請、造作、屋根替え、上棟すべて吉
尾	び	造作、開店は吉	觜	し	大悪日
箕	き	普請、造作は吉	参	しん	普請、造作は吉
斗	と	建築、土掘り、井戸掘りは吉	井	せい	井戸掘りは吉
牛	ぎゅう	諸事を急速に進めることは吉	鬼	き	大悪日
女	じょ	家造りは凶	柳	りゅう	修繕は吉、普請することは凶
虚	きょ	普請、造作は控えること	星	せい	普請、造作は吉
危	き	土を動かすことは吉、その他は凶	張	ちょう	家造り始めることは吉
室	しつ	家造り、祝い事などすべて吉	翼	よく	何事も凶
壁	へき	大吉日	軫	しん	普請、棟上げなどすべて吉

表 12・17　正節表 （出典：山片三郎『家相』学芸出版社、1971、p.40）

旧暦			新暦
1月	立春　りっしゅん	寅	2月4日頃
2月	啓蟄　けいちつ	卯	3月6日頃
3月	清明　せいめい	辰	4月5日頃
4月	立夏　りっか	巳	5月6日頃
5月	芒種　ぼうしゅ	午	6月6日頃
6月	小暑　しょうしょ	未	7月7日頃
7月	立秋　りっしゅう	申	8月8日頃
8月	白露　はくろ	酉	9月8日頃
9月	寒露　かんろ	戌	10月9日頃
10月	立冬　りっとう	亥	11月8日頃
11月	大雪　たいせつ	子	12月7日頃
12月	小寒　しょうかん	丑	1月6日頃

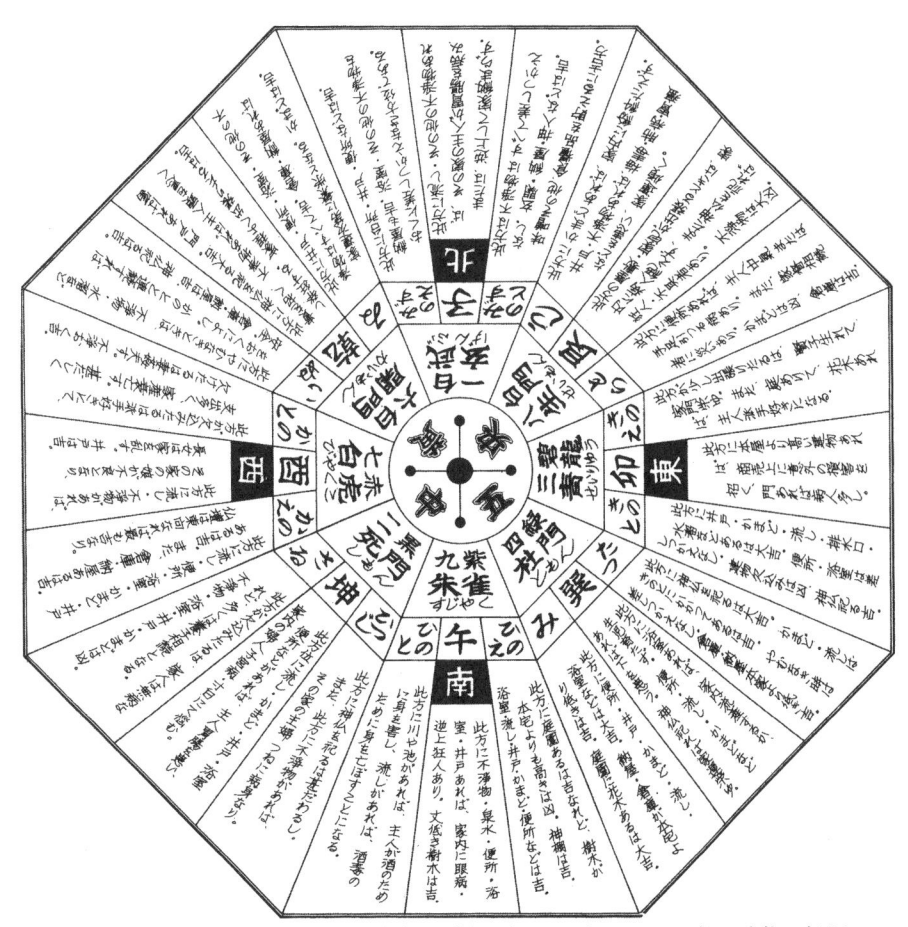

図 12・26　家相方位一覧図　図の中心を、平面図の「家の中心」に重ねて、それぞれの方位の吉凶をみる。
（出典：山片三郎『家相』学芸出版社、1971、p.76）

13 建築構造

建築を計画し、それが具体化してくるとどの構造が強いか、どの構造にするのかの問題になる。本書では伝統建築と木造在来工法をおもに扱うが、他の工法の基本的な知識も必要なので、他の構造も少し見ておこう。

建築構造は、まず組積構造、架構構造、一体構造の三つに分けられる。

1 組積構造

組積構造（masonry construction）は、れんが（図13・1,2）・石・磚（中国でよく使われる、れんが状のもの、れんがより少し大きく、高温で焼かれているので、硬く強い）等を積み上げて空間を作り上げて行く方法で、これを主要構造とした国々は、ユーラシア大陸のほとんど、アフリカ大陸、そこから伝播した南北アメリカ・オセアニアの大部分を占める（図13・3）。歴史も古くエジプト、オリエント、インド、中国等、古い歴史を支えてきた構造である。小さな片を積み上げているので簡単な構造ともいえ、それが主要構造部になることから地震に弱い。また、大開口部を取るのが困難な構造である。わが国には明治時代に本格的に輸入され、多くの建築に採用され大建築がつくられた。しかし1928（大正12）年の関東大震災でほとんど崩壊し、それ以後は門・塀という附属建築物に採用されるのみになった。

古代エジプトでは、巨大な石を採取することができたので、開口部の上に架け渡し、さらにその上に石を積んだ。この架け渡した石を、まぐさ（lintel、図13・4）という。西アジアの建築材料は日乾れんがで、まぐさが取れないことから、開口部上部の双方の壁かられんがを少しずつ迫り出していき、最上部のれんががお互いに突張り合って上にれんがをのせても落ちてこないように工夫した。これを迫出積み（hanging over、図13・5）という。その後BC300年頃にこのれんがを斜めに半円形に積むようになる。これが作り出したものがアーチ（arch、迫持積み、図13・6）で、ローマ時代には完全なものが出現する。いったんアーチができると、これを長く伸ばしたもの、ヴォールト（vault、穹窿、図13・7）ができ、これを交差させた構造、交叉ヴォールト（crossvault、図13・8）ができる。中世ヨーロッパの教会の天井の幾重にも重なる交叉ヴォールトは、荘厳な雰囲気を醸し出す。このアーチを一回転させるとドーム（dome、図13・9）ができる。この六つが組積構造の基本型といえる。

これらは時代により少しずつ形を変えてゆくが、縦に長い窓はこの構造から作り出されたことがわかる。19世紀には、ポルトランドセメントや鋼の大量生産が可能になった。非常に経済的に、長い間の懸案であった横長窓と大空間を見出したのは20世紀に入ってからで、主要に用いられる構造は次に述べる架構構造となり、架構構造の歴史をもった国がモデルとなった。

ちなみに日本建築唯一の組積構造は校倉造で、正倉院や唐招提寺の校倉が有名である。

2 架構構造

架構構造（framed construction, skelton construction）は、ある部材を一部加工して、骨組を組立て空間を作る構造で、一般的に木造の在来工法や、鉄骨構造がこれに当たる。伝統的にこれを主体としてきた国は、わが国の他、朝鮮半島、フィリピン、マレーシア、インドネシア、ポリネシア、ミクロネシアなどに限られ、この構造を用いている国は少なかった。20世紀に入って、梁・柱による建築が新しい構造として欧米で脚光を浴びた時（1914年に発表されたル・コルビュジエのドミノシステム等、図13・10）、すでに架構構造を用いている国のあったことは脅威であったろう。新建築と称されるものは、ほとんどこの架構構造なのである。後述する木造建築はもちろんこの中に入る。

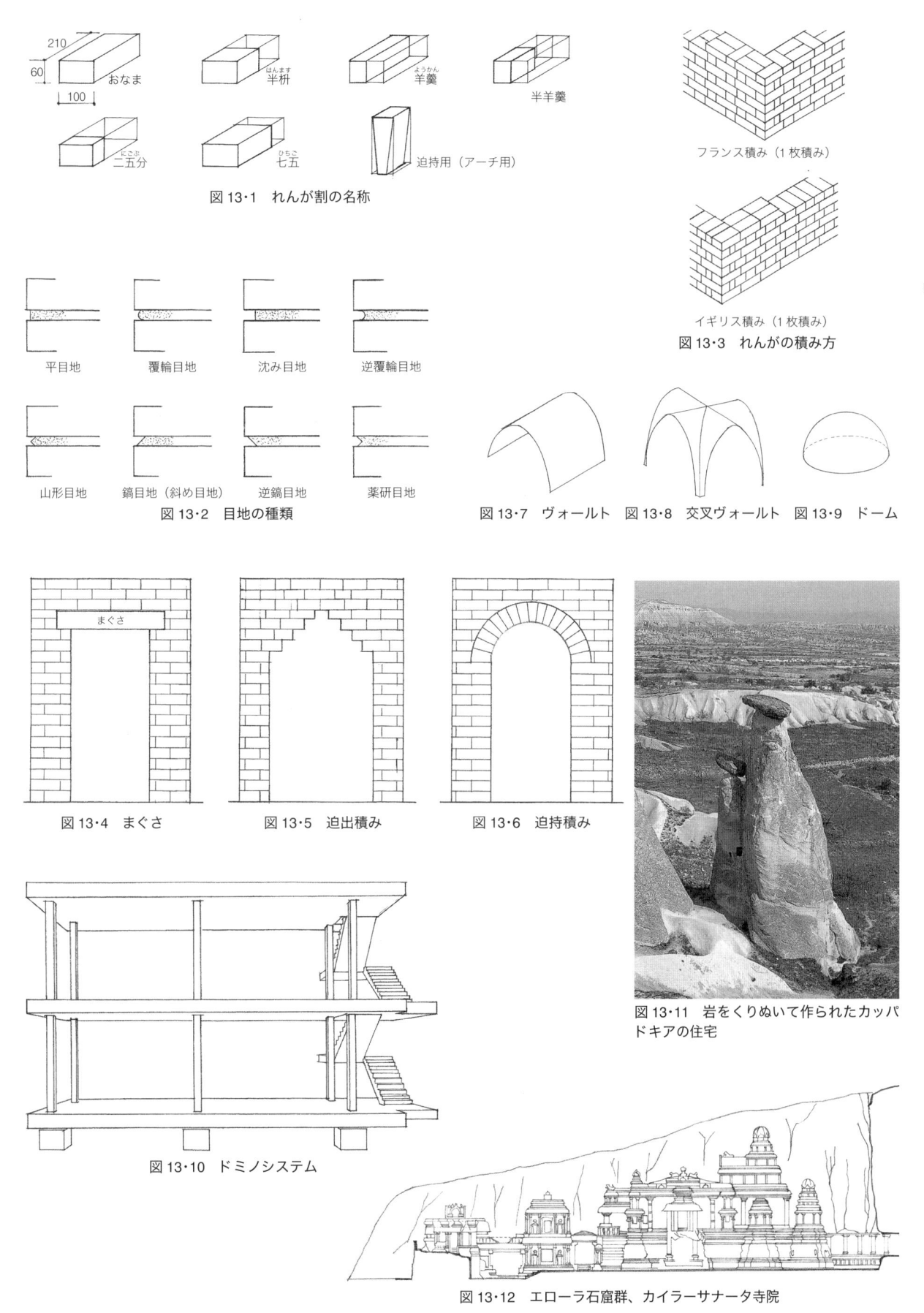

図13·1　れんが割の名称
- おなま (210×100×60)
- 半枡(はんます)
- 羊羹(ようかん)
- 半羊羹
- 二五分(にこぶ)
- 七五(ひちご)
- 迫持用（アーチ用）

図13·2　目地の種類
- 平目地
- 覆輪目地
- 沈み目地
- 逆覆輪目地
- 山形目地
- 鎬目地（斜め目地）
- 逆鎬目地
- 薬研目地

図13·3　れんがの積み方
- フランス積み（1枚積み）
- イギリス積み（1枚積み）

図13·4　まぐさ

図13·5　迫出積み

図13·6　迫持積み

図13·7　ヴォールト　　図13·8　交叉ヴォールト　　図13·9　ドーム

図13·10　ドミノシステム

図13·11　岩をくりぬいて作られたカッパドキアの住宅

図13·12　エローラ石窟群、カイラーサナータ寺院

13　建築構造

199

3　一体構造

　一体構造（monolithic construction）とは、一般には、鉄筋コンクリート造、鉄骨鉄筋コンクリート造を指す。これらは架構構造のように見えるが、柱・梁・床・基礎といった主要構造部が、継目なく一体でできているものをいう。鉄筋コンクリート造の建物は、1903年にオーキュスト・ペレ（August Perret）によって建てられたパリのフランクリン街のアパートが最初で、つくりだされるようになってから約100年しか経過していない。前出の二つの構造に比べると歴史が浅いが、建築の構造体が一体になっているものには他に岩窟でできた住宅や建物がある。有名なものとして、中国敦煌の莫高窟、インドのエローラ（Ellora）やアジャンタ（Ajanta）の石窟寺院群、トルコのカッパドキア（Cappadocia）の岩窟住宅（図13・11）や地下都市等、世界各地に存在している。なかでも、エローラ石窟群の第16窟、カイラーサナータ（Kailasanath、図13・12）は8〜9世紀に作られ、岩に穴を掘るのではなく、岩の上から下に向かって掘り出したもので、間口約65m、奥行約130m、高さは一番高い所で約30mという堂々たる建築群である。ヒンドゥー教の寺院として今も現役で、世界遺産に指定されている。建築というより、巨大な彫刻といった方がいいようだ。

　以上、三つの構造を元に構造は細分化していく。組積構造は、わが国で建てることが法律上不可能なこと、また鉄筋コンクリート造・鉄骨造といった木造以外の構造は、この本が木造建築を主力に考えることから省略し、木造建築物について記述する。

4　木造の在来工法

　いわゆる木造のことで、戦後、木質系プレハブ造とツーバイフォー工法が、新しい工法として開発された。ところで、現在いわれている在来工法は二種類に分けられる。

　伝統工法（図13・13）では、柱を礎石の上に直接建て、柱上部で柱と柱を差物という横架材でつなぎ、脚元はせいぜい足繋ぎを、壁には通し貫を入れて楔で固定して（図13・14）地震や風圧といった横の力に耐えると同時に、壁下地の支えとした。

　戦後からの在来工法はこれと異なり、基礎を作り、その上に土台を基礎に埋め込まれたアンカーボルトで緊結し、その土台の上に柱を建てるので丈夫そうに見えるが、地震の場合、脚元が自由でないのでよい構造とは考えていない。建築基準法ではこの工法が指定されているので、従う必要があるが疑問が残る（図13・15）。

　横の力には筋違がその力を負担する。この筋違は引張力と圧縮力に耐えるようにしなければならない。筋違を使用することが一般的になったのも戦後建築基準法ができてからのことで、伝統的な在来工法といいかねるものである。これら工法については、後に詳しく述べる。

5　他の木構造

ⓐ──木質系プレハブ

　プレハブ（prefabrication）とは工場であらかじめ作ることで、プレファブリケーションという言葉の略である。工場で作ることで生産性を向上させ、質の均一化・精度の向上等を目的とした工法で、工期の短縮化も図ろうとするものである。

　工場で生産することは品質の向上につながるが、品質の向上した分、柱が細くなり、壁全体で応力に対応するため、在来工法と少しも変わらず、むしろ弱いのではないかと思われる部分もある。また耐力壁が要所に配置されることで、増改築の場合には制約が多く、建物を快適に使う時間は短くなりがちである。工期もそれほど短いわけではない。完成してから50年くらいは住み続けようとする家の工期を半月や1カ月短くすることをどう考えるか、それが問題である。

ⓑ──ツーバイフォー（木造枠組壁工法）

　この工法の材料は木材だが、考え方は組積構造で、アメリカで開発された。北米は広く、都市以外では建築の専門家が呼べないことから発達した、もともとは素人が集まって建築できるシステムなのである。アメリカではカタログを見て発注すると、材料・釘・ハンマー・釘抜き・組立説明書がセットになって運び込まれ、これを組立て建物が完成する。

主要材料の断面が2インチ×4インチであることから工法名となった。他に2インチ×8インチ、2インチ×6インチもある。これらは工場でプレカット（寸法切り）され、現場で枠を作り、これに構造用合板を貼る。建物の主要構造部は、柱梁ではなく壁なのである。

横の力には構造用合板が抵抗するが、この合板に用いられている接着剤の化学的汚染物質の放散と耐用年数が心配である。壁がすべて耐力壁なので増改築の時、壁の取れないことはもちろん、単に窓を大きくしようとしても相当の補強を覚悟しなければならない。

なお、この本で扱うのは、在来の木造住宅が中心だが、住宅には鉄骨系のプレハブ工法があるので、これについて少し記しておく。

c──鉄骨系プレハブ

プレハブの意味は、木質系と同じで、構造の基本的な考え方もほとんど同じである。ブレース（鉄筋の筋違）の入った耐力壁が横からの力を負担する。したがって増改築の場合、この壁を撤去できないという不便さも同じである。

鉄骨系といわれる所以は、主要構造部の材料が鉄であるということによる。これは製鉄所の圧延で作られるものではなく、鉄板を曲げて作られたもので、これを冷間圧延という。厚さは2.3mmと3.2mmが大勢を占め、各メーカとも2.3mmを使用する。これらの材料を軽量鉄骨（図13・16）というが、錆の問題は重量鉄骨とちがい間仕切部分に柱が立ち、柱が多く、その上2.3mm厚さでは簡単に補修、補強が行えない。めっきや塗装で防錆処理し「絶対に錆びない」とうたうメーカーもあるが、歴史ある工法ではないので、その効果のほどは不明である。これらは建物の寿命に影響するので、次項で改めて述べる。

6　建築の寿命

構造を決定する時、建物の強さが問題になる。この強さには二通りの意味があり、一つはどれだけ長持ちするか、ということと、地震等の瞬間的な力にどれだけ耐えられるかということである。双方とも必要だが、ともすると地震のおこった時の力（短期荷重）のみに目を奪われて、長持ちする家を忘れることが多い。これらはいずれも物理的な話で建物の崩壊を寿命としたものだが、建物が使えなくなった時を寿命と考える場合もある。すなわち「機能しなくなった時、建物は死ぬ」ということである。建物が使いにくくなった時点でおこるのが増改築で、これだけ目まぐるしく変わる社会であるからこそ、増改築に耐えられる構造計画が必要なのである。

a──家を〆る

木造の在来工法は前述のように、戦前のものと戦後のものは違っている。戦前のものは長い試行錯誤の結果を多く残してきたのであるが、戦後はどんどん簡単にできるものに移行していった。木というものは、時間が経過すると繊維方向に直角の方向に縮み続け、枘（ほぞ）・継手がどんなに固くても、やがてガタガタになっていく。この状態になることを先人たちは知っていて「家を〆（しめ）る」（図13・17）という方法で、家を再生させるシステムがあった。現代では強力な接着剤や安易な方法がこれを忘れさせようとしている。

住宅が経済のサイクルに組込まれていて、その寿命が長いとかえって経済全体に悪く影響するという考え方があるようにさえ思われる。しかしこれから家を建てようとする人は、いい家を長く使いたいし、何回も家を建てるわけにはいかないだろう。そのことを考えると、経済のサイクルに組込まれた建物は極力避けるべきであろう。

地震や台風といった横の力には、現在筋違がこれを負担しているが、古くは長押が、鎌倉時代以後は通し貫がこれを負担した。同時に通し貫は土壁の下地小舞竹の骨としても使われ「家を〆る」時の重要な部分であった。通し貫と楔があるから家がより長く使えるのである。

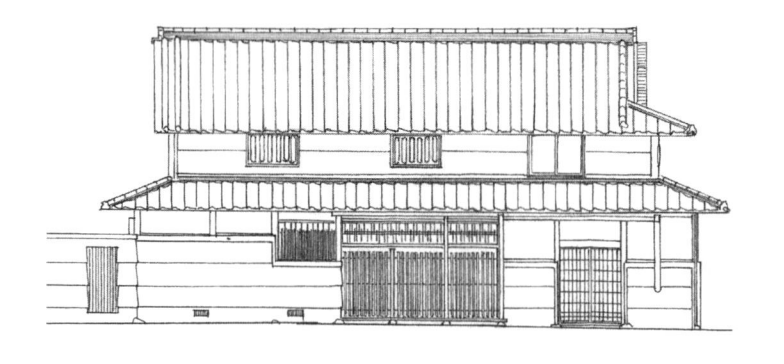

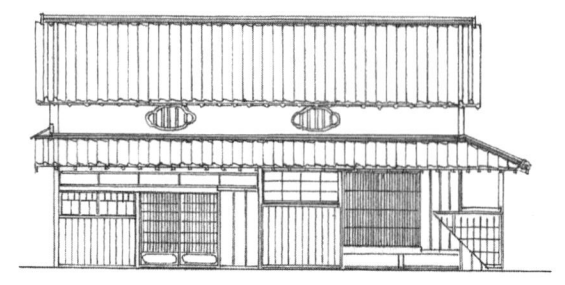

図 13・13　江戸時代から建つ町家

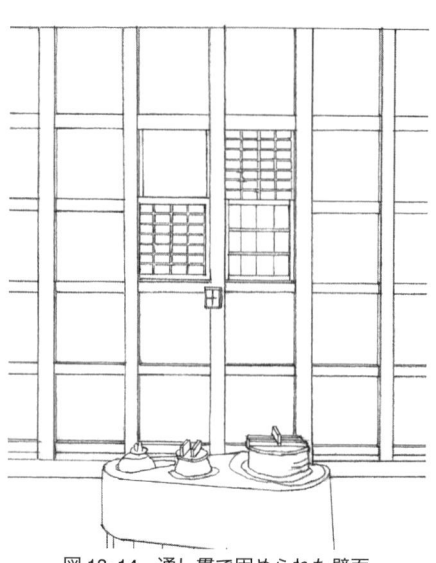

図 13・14　通し貫で固められた壁面

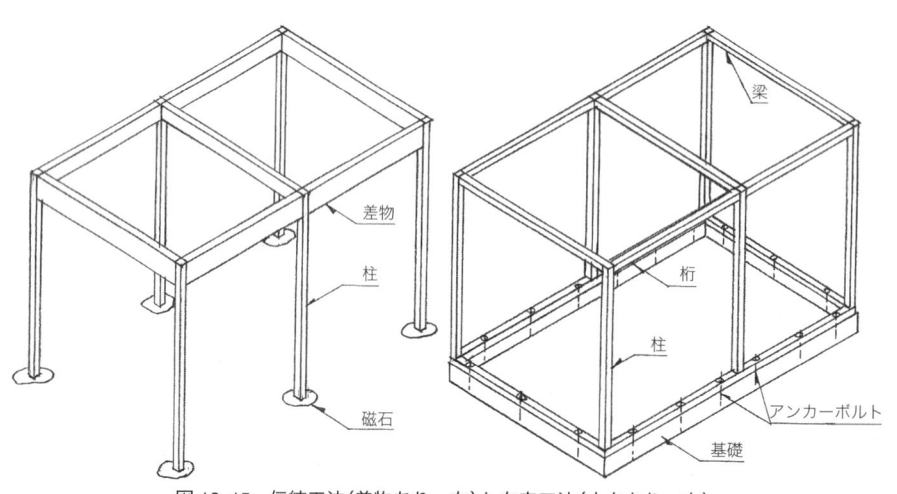

図 13・15　伝統工法（差物あり、左）と在来工法（土台あり、右）

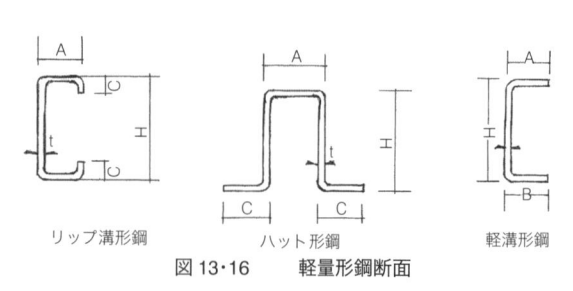

図 13・16　軽量形鋼断面
リップ溝形鋼　ハット形鋼　軽溝形鋼

図 13・17　修理中の木造建物

木造の家は強いですかという質問に対して法隆寺は1300年も建っています、という答えをよく聞くが、法隆寺は仏殿の機能をもち、その構造体の大きさは、一般の建物に比べて桁外れに大きく木材量も多いので、比較にはならない。しかし約400年建っている桂離宮の柱は、一般の柱と変わらない12cm角の杉の面皮柱である。それがどうして400年もっているのか。70年から100年くらいで〆直しているからで、手入れをするというシステムをもつ建物だからである。たとえ、実際に〆直すことができなくても「家を育てる」という気持ちで手入れしていけば、長持ちする家に気持ちよく住むことができる。

ツーバイフォーや木質系プレハブでは〆るということはできない。

ⓑ——木造建築の強さ

建築を新築し、増築し、大規模な模様替えをする時には、確認申請書が必要となる。木造以外の建築では、構造計算書や構造詳細図など構造関係の図面書類が必要となる。これはもちろんその建物が種々の荷重に耐える丈夫な建物であるかどうかをチェックするためのものである。しかし木造建築物で階数が2以下で延べ面積が500m²以下の建物には、構造計算書ばかりか、伏図も構造詳細図も必要ない。これは構造的に横架材が充分耐えられるからである。たとえ構造計算によって安全と確認しても、撓みによる許容範囲が大きく、二階梁等が多少撓んで床鳴の原因となり、クレームの元になることから、大工さんは伝統的な大きさの梁を採用する。これは計算上の梁より断面が常に大きなものが使用されるので、構造計算書の必要がない。いいかえると木造建築物は他の構造物より強さに余裕があるということである。しかし現在では軸組の計算（必要壁量）や耐力壁の配置の計算は必要である。

以上木造建築の強さについて述べてきたが、他の構造も含めてよく考え、話し合って決定することが重要である。

14　計画の要素

1　与条件

敷地が決定すると平面計画に入る前に打ち合わせに入り、ここで施主側の与条件が示される。この際、施主側にできるだけ贅沢に範囲を広げて細かい所まで、敷地や予算を無視して希望を出してもらう。希望条件のそろったところで、敷地面積や予算等の条件を加えると、最初の条件から脱落するものは当然でてくるが、一番欲しいもの、一番必要なものが残って後悔することが少なくなる。これを引き算の与条件という。

実際には作業量が多く煩雑になり、専門家の間で嫌われることが多いが、このプロセスを嫌っていてはよい住宅はできない。

2　経年変化

江戸時代は一口に300年といわれたが、その間社会生活、特に家庭生活の変化はほとんどなかった。明治維新後、社会は目まぐるしく変化し、戦後はこの変化が加速し、近年さらに大きくなっている。この変化に住宅も対応する必要がある。建物が建設された時点では一応達せられているが、この建物が50年、100年機能しなければならない。変化に対応するのが増改築で、これが容易にできるような特に構造面での配慮が大切である。

今日のものを今日作るのではなく、明日のものを作ることを心掛けるべきである。未来のことは誰にもわからないが、昨日、一昨日から明日、明後日が推測でき、同じように1年後、3年後は多分こうであろうと考えられる。いいかえると過去の事象を充分理解することで、未来が見えてくるのである。このことも計画する時の大きな要素となる。

3　晴と褻の世界

　一昔前まで生活を晴と褻に分けて行っていた。これは中国でも朝鮮半島でも同じだが、晴とは人に見ていただきたいもの、見てもらっても差し支えないもので、褻は人に見てもらいたくないもの、人に見せられないもの、日常のものをいう。

　古い民家等を見ると、これが平面の上にはっきりとみてとれる（図14・1）。戦後の住宅不足を解消するために住宅公団はじめ、民間も住宅を建設していったが、面積より戸数を優先し、居間の端や食堂の端に流し台を設置したのが、DK、LDKである（図14・2）。その結果、すべての部屋が褻の世界になり、中途半端な面積は、その面積なりの機能を果たしていない。その当時の住宅事情は一般に劣悪で、いわゆる団地が立派に見え、これが今後の生活の指標となると思ったのが大きい錯覚であった。今後住宅を考える時は、晴と褻のことも考え、本来どうであったか配慮することが大切である。

4　収納

　戦後わが国は貧乏のどん底にあり、何もない時代を経験した。その後急速に豊かになったが、この時代のことがトラウマになって、物を処分したり譲ったりすることなく、ただひたすらに溜めていった結果、不必要なものが部屋に蓄積し、狭い家をより狭く、使いにくくしている。

　一方、住宅の収納部は何もなかった時代とくらべてあまり増加していない。この原因は家に住む側にもある。見てくればかり広い部屋を求め機能を考えないからである。

　たとえば六畳の面積を考えた時、六畳間とするのと四畳半に一間半の押入付とするのとではどちらが使いやすいかすぐにわかる（図14・3）。広い方がよいという先入観が押入のない部屋を選ばせるのだ。この考え方が家の機能的寿命を極端に縮めることになる。以前の生活の中には倉やよく整備された物入れがあった。これは褻の世界である。褻の世界の良否が、よい家とそうでない家を分けるといっても過言ではない。

5　現場調査

　人には、それぞれライフスタイルがある。そのライフスタイルに、あまりにかけ離れた家は住みにくい。それを調べるため、新築でも増改築でも、現状を徹底的に実測し、調査をする。それは平面ばかりでなく、高さ関係も含めて行う。そして現状図を作り上げる（図14・4）。

　この作業をしながら、その家の動線（人の移動する軌跡）や、この家の良さ、欠点、はては住人の趣味や好みまで調べる。すなわちライフスタイルもある程度把握することが大切である。さらに家だけでなく、タンスの類・流し・冷蔵庫・食器棚・TV・ステレオ・本棚・レコード・CD・ビデオテープ・DVDに至るまですべて計っておく（表14・1）。このことが収納を考える規準になる。これで現状図を描くのであるが、この際、新しく作る家の図面と同じ縮尺にしておくと、理解もされやすいし、打ち合わせもスムースに進む。

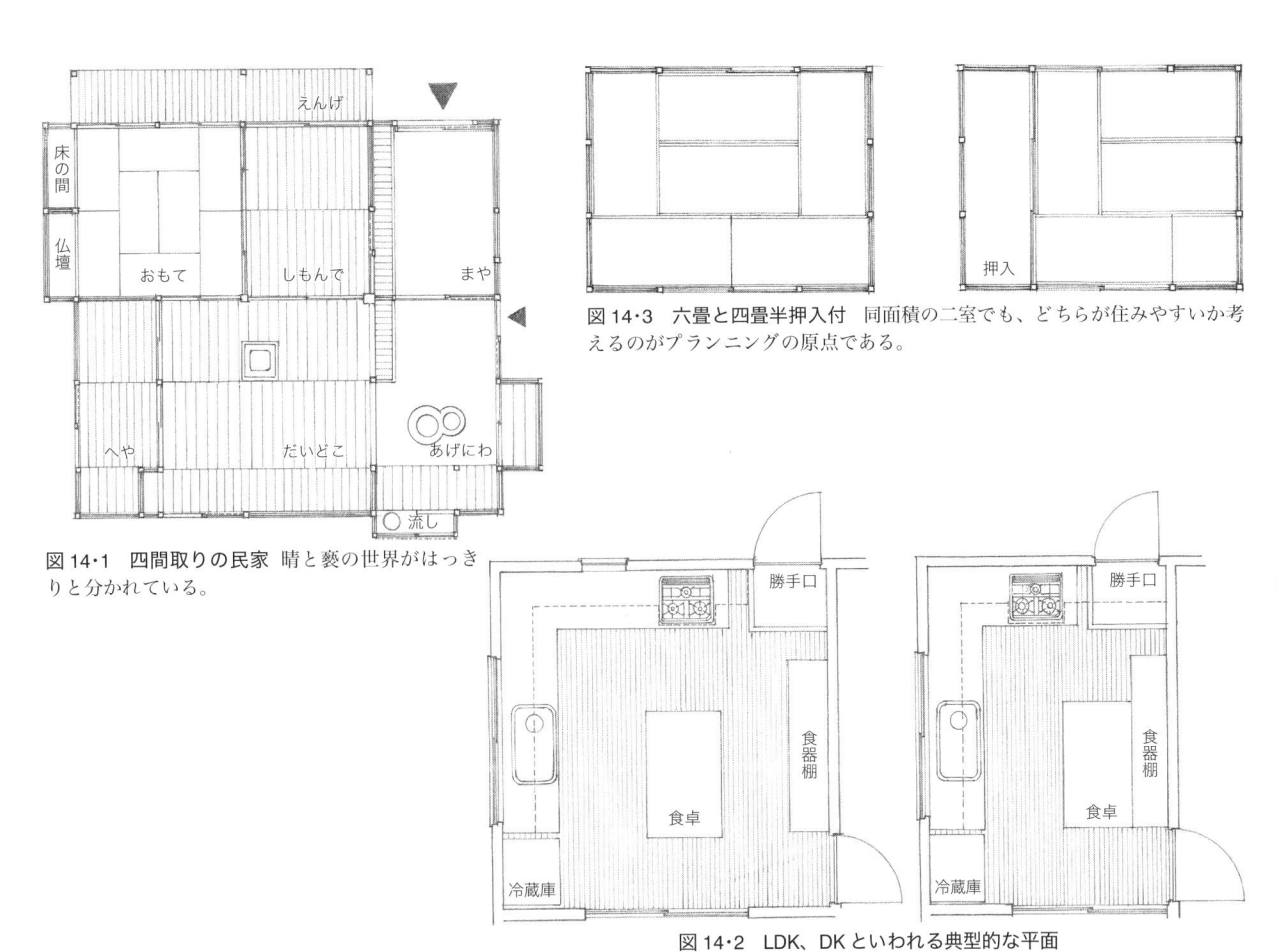

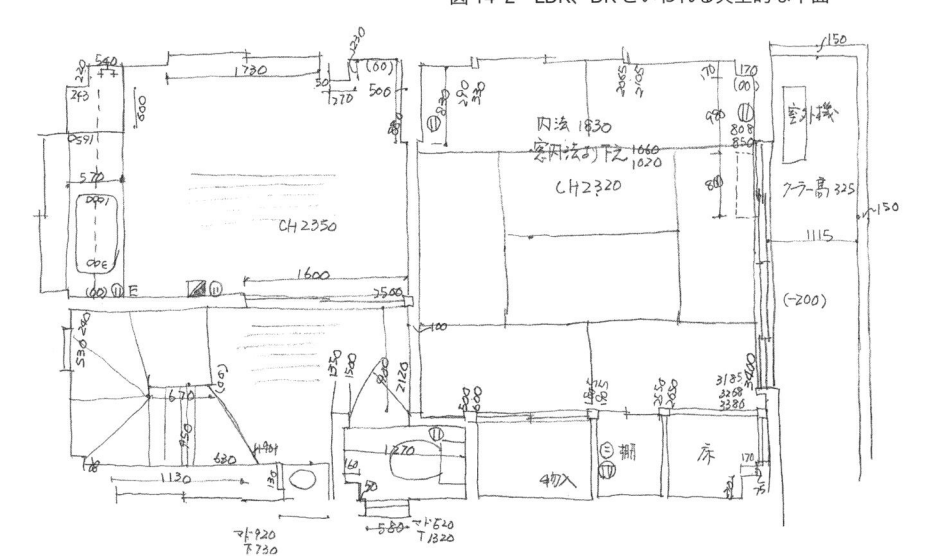

図14・1 四間取りの民家　晴と褻の世界がはっきりと分かれている。

図14・3 六畳と四畳半押入付　同面積の二室でも、どちらが住みやすいか考えるのがプランニングの原点である。

図14・2 LDK、DKといわれる典型的な平面

図14・4 現況調査野帳

表14・1 家具および備品リスト[mm]

品名	寸法	品名	寸法	品名	寸法
洋服タンス	800 × 590 × 1800	中衣装	1200 × 400 × 1610	整理タンス	1030 × 450 × 910
テレビ	500 × 400 × 400	鏡台	600 × 320 × 1380	座卓	1580 × 870
下駄箱	910 × 360 × 900	洗濯機	690 × 430 × 980	冷蔵庫	560 × 560 × 1350
食器棚	1050 × 360 × 1750	掃除機	360 φ × 440	人形ケース	500 × 500 × 530
本棚	900 × 350 × 1800	本箱	480 × 140 × 900	机	1050 × 730 × 730
……	……	……	……	……	……

15　平面計画

◾️1　必要諸室の摘出とゾーニング

　与条件として、必要諸室の摘出を行う。そこに住む人々のライフスタイル・家族の人数・職業等によって異なり、特別な部屋の必要性も出てくる。これらは住む人と相談しながら行う。この場合、摘出するのは独立した部屋のみで、連絡や通路にあたる玄関ホール・廊下・階段・ロビーといった所は必要ない。

　これができたら方位と動線を意識してゾーニング（zoning）を行う（図15・1）。住宅の規模によってはそれほど必要はないが、部屋の並び方を決めるものである。この場合、部屋の形・大きさは無視して並べていき、それができると部屋と部屋の連絡のために、先ほど省いたホール・廊下・階段・ロビー等の位置と動線をチェックしていく。しっかりしたゾーニングは、平面計画を円滑にする。

◾️2　平面の形式

　住宅の平面形は、時代によって異なる。それはその時代の政治形態・経済・社会生活等、あらゆる社会の要求によって具象化されたもので、世相を映したものである。社会の変化とともに変化し続けるものなのである。明治以後の一般住宅を考えると、初期は江戸時代の踏襲であったが、明治の末には西洋文化の影響が出てくるものの、一挙に出てくるのではなく、住宅の中に浸透してくるのである。その完成形として、大正から昭和の初めにかけての文化住宅（今の文化住宅、つまり木賃アパートではない）という一連の住宅があった。平面は、玄関に近い所に洋風の応接室があり、南側に座敷・次の間が、北側に台所・女中室・水回り、その中央に廊下が互いの部屋を連絡するというもので（この廊下で晴と褻を分けている）、平面の形から櫛刺プランとか、ダンゴプランといわれていた（図15・2）。部屋が不足すると、二階建にする、もしくは「離れ」と称する別棟を建て、渡り廊下で連絡するようにしていた。

　1940（昭和15）年には、戦時統制により30坪以上の家は贅沢であると建てられなくなったが、この時は、都市の過密な所は空襲の延焼にそなえて、建物を間引いて壊す方向にあったので、あまり問題にならなかった。そして終戦。何もない時代はバラックと称する劣悪な仮設住宅であったが、世の中が少し落ち着いた頃には20坪以上の住宅は建てることができなくなった（図15・3）。中廊下の面積が取れなくなり、加えてアメリカから持ち込まれた「プライバシー」と相俟って、居間を中心に各部屋が連絡する平面が計画されるようになった。出窓が面積に入らないことで、やたらと出窓のある住宅が設計された。1951（昭和26）年にこの20坪令は廃止されたが、平面形は20坪令の時のものを引きずり、各部屋の大きさが大きくなったままで今日に至っているように思う。このような経緯を知った上で明日の平面を考えて行かなければならない。

◾️3　平面計画構成のための各部屋の再検討

　一般の必要諸室は西欧のそれを真似たものが多く、近年その傾向はますます強くなり、畳の部屋が減少している。真似して50年を経て、社会も変化している。そろそろ再検討する必要があるだろう。各部屋について、改めて考えてみたい。

ⓐ──DK・LDK

　DK・LDKはあくまで暫定的なものである。これがきれいに素晴らしく使われているのは見たことがない。広さと用途が中途半端だからである。面積を大きくし、素敵なDK・LDKを設計して見ると皮肉なことに立派な独立キッチンとDKの取れる面積となる。

ⓑ──食堂と居間

　西欧の食堂は、緊張の空間である。わが国の食堂は発生が茶の間という緩和の空間であり、団欒の場であったが、部屋に入る家具の変更によって食堂となり、緩和の空間がそのまま受け継がれている。西欧では、緊張の空間である食堂に対して、緩和の空間である居間が必要となる。わが国においては緩和の空間が二つ並ぶことになり、必ずしも居間が必要であるとは考えられない。そのため、居間を応接室的に使っている場合が多い。

図 15・1　ゾーニング

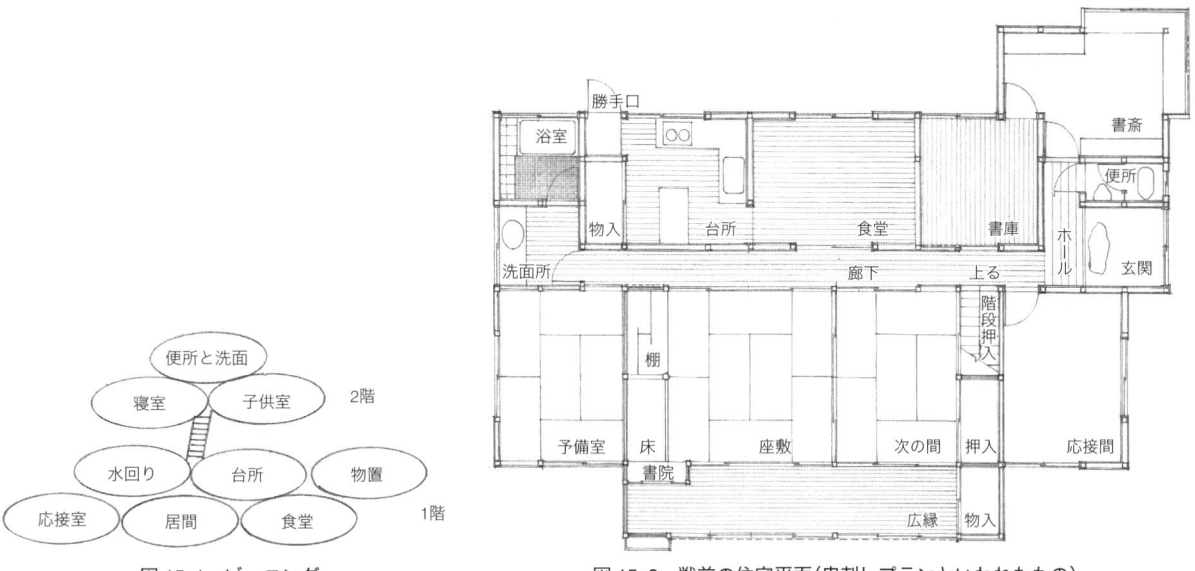

図 15・2　戦前の住宅平面（串刺しプランといわれたもの）

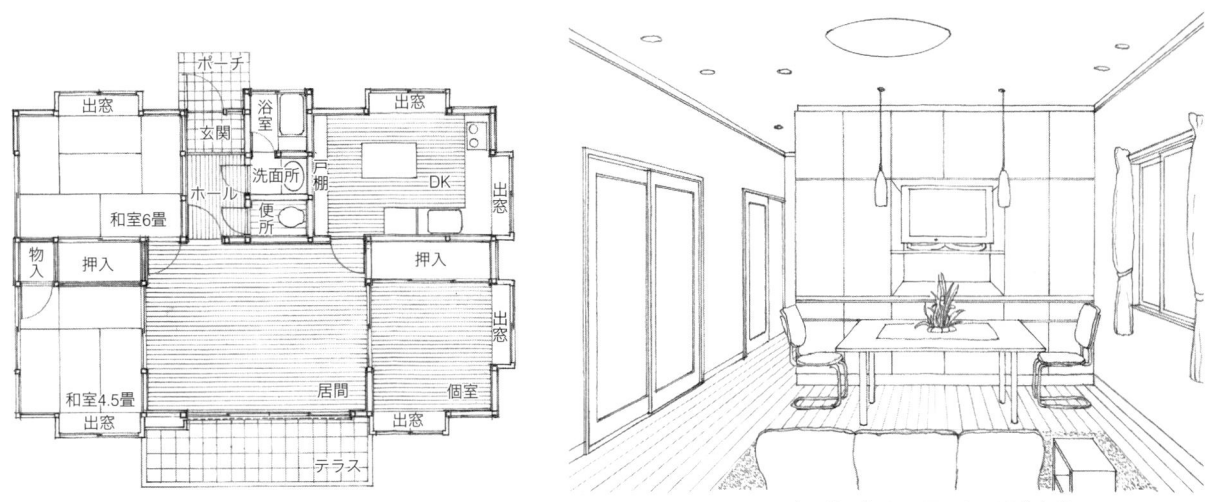

図 15・3　20 坪令下の住宅

図 15・4　多目的戸棚を設置した居間兼食堂

図 15・5　戦前の居間

そこで日本では食堂を充実させて、食堂的居間（居間的食堂）にすれば、その分面積に余裕が出てくる。団欒も充実させる一つの方法として、多目的戸棚等の設置も検討する（図15・4）。応接コーナーは別に考えればよい。西欧の食堂と居間の精神性とわが国のそれは、根本的に異なっていることを知って計画すべきである。

戦前の居間と称される部屋は、和室で多目的に使用される部屋（図15・5）だった。家人が常時使用するのはもちろん、寝室として使用することも普通のことであった。また大きなお宅では、主人の間と、夫人の居間に分けられることもあり、次の間を取ることもあった。さらに書斎を兼ねたり、親密な友人を通す客間にも使用する。部屋の感じを和らげるために、色々の家具調度がしつらえられた。南向きで縁側のある居間が最高であった。

ⓒ——寝室

戦前は特に寝室としては設けず、和室が寝室として使われていた。多目的に使えるということが、和風の部屋の特徴だった。

戦後、プライバシーが導入されて寝室という固定された使用目的の部屋が設置されるようになったが、この就寝方法は、和室の畳の部屋とベッドを用いる洋風の部屋に分けられる。畳の部屋の場合は特に変わったところはないが、設備としての収納に、和装と洋装の割合の違いといったものがある。広さは六～八畳くらいが普通である。2人用の寝室でベッドを使用する時は、ダブルベッドとツインベッドの形がある。最も安眠できるのはツインベッドの方式（図15・6）である。これを採用すると、畳の部屋より大きな面積が必要になり、十二～十五畳にさらに収納設備がいるので、相当の面積となる。窓の位置も、使用する生活サイクルに合わせて考える。なぜなら、ライフスタイルによって、朝の光が邪魔になることもあるからである。

ⓓ——子供室

戦前には、子供室を特に作っている家庭は限られていた。発育中の子供のための部屋は、台所に近い、最も健康に適した所でなければならないといわれていた。室内は床板貼の洋室で、机と椅子とベッドを用いるとが必須の条件であった。子供は宝であるから、陽光さんさんと降る部屋ですくすくと育てなければならないとされたが、現在子供がこの部屋を利用するのは、圧倒的に夜間が多い。また、直射日光のもとで勉強すると、結膜炎をおこす恐れがある。

そこで子供室は北側に取るのがよい。少し大きめの窓を設けて、太陽の輻射光を取り入れる。その光は照っても曇ってもあまり変わらず、輝度のないコントラストの少ない光の中で勉学ができる。また、光や温度の較差が部屋の中では少ないことから、補助光や冷暖房もまんべんなく効く。面積としては六畳ぐらいにワードローブ、家具として、机・椅子・ベッド・本棚等が一般的である。全体の平面を考える時、南側に大きな部屋が集中するので苦慮するものだが、北側に子供室（図15・7）を取ることで、計画がしやすくなる。この子供室の使われる期間は10～15年くらいである。

ⓔ——和室

畳の部屋は多目的に使える。応接・家族の催し・お客様の寝所・仏壇の置場等に使えるので和室を多く作られることをお勧めする。この和室に、床の間・棚・書院をつけることで格調高い座敷ができる。この座敷に次の間を作ると、さらに座敷としての機能が充実する。もちろん座布団や布団、家具の収納も考えておかなければならない。位置は南面しているのが最もよいがあまりこだわらなくてよい。座敷の外側に縁側をつけるのが一般的（図15・8）で、これには単に通路としてだけではなく、庭と和室の間の緩衝帯という重要な使命がある。和室・縁側の組合せは日本人の癒しの原点である。

ⓕ——台所

家族の健康を司る食生活の中心が台所である。戦後、住宅の中で最も大きく変化した所でもある。戦中・戦後のしばらくは、土間で下駄履き、いつも水に濡れていて薄暗く、不衛生な場所で、少し便利に工夫されたものでも、土間の上に簀子敷きくらいであった。

図15・6 寝室

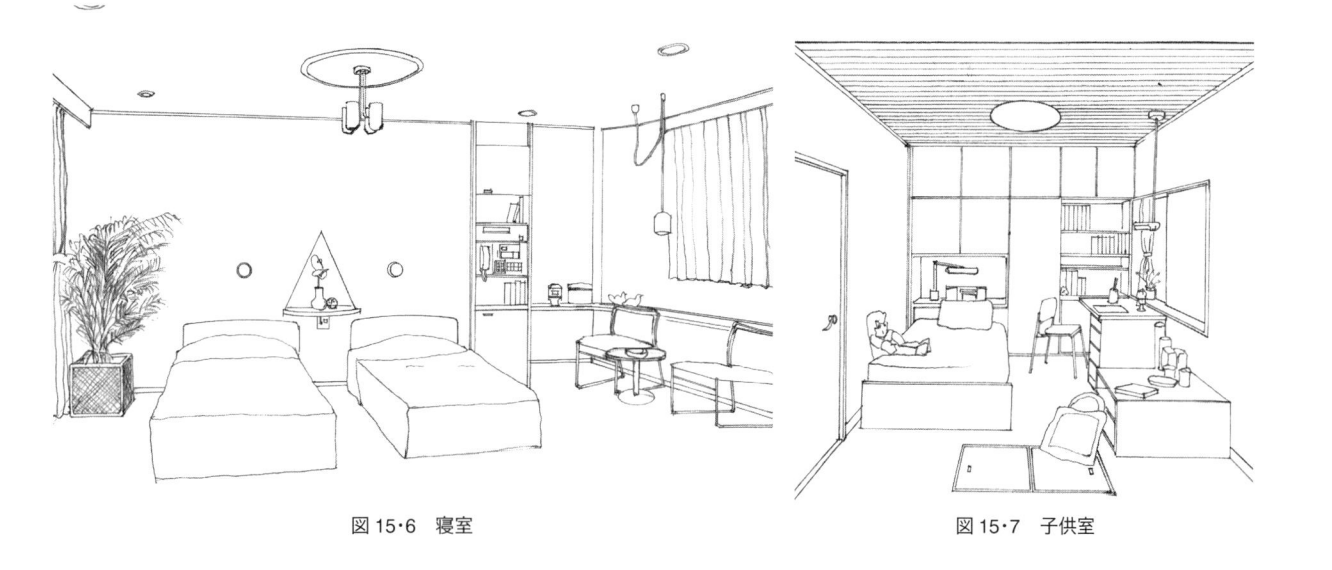

図15・7 子供室

図15・8 座敷と縁と庭園

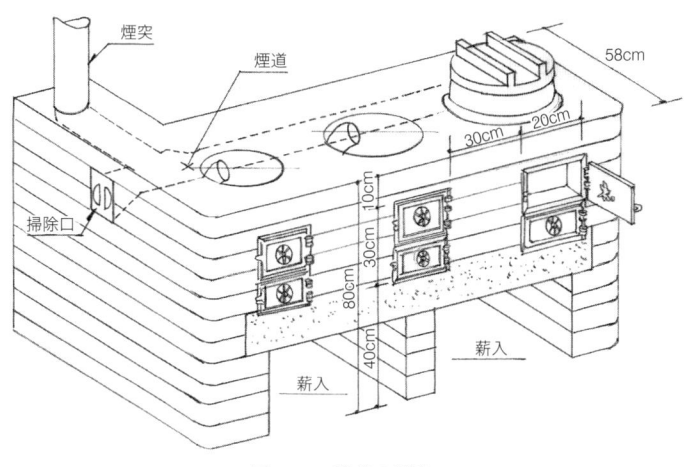

図15・9 戦前の薪竈

台所の設備には、まず竈（かまど）（図15・9）があり、薪・ガス・電気・木炭・石油といった燃料、戸棚類・燃料庫・食品庫・上げ蓋（床下収納庫）・氷冷蔵庫の他、流しも数種用意されていた（図15・10）。

戦後、電化製品やガス器具を始め台所用品が大きく変化し、上下水道の普及、ステンレス流し台の登場等、台所自体もどんどん変化した。社会の変化が最も影響したのが台所で、その要点を挙げると、以下のようになる。

1◆機器の変化

戦後各台所設備メーカーは、便利・速い・きれいを合言葉に種々の製品を開発し普及させてきた。改めて見てみると、その種類の多さに驚く。

木製・金属板貼の流しがセメント製、人造石研出し、タイル貼と変化し、ステンレス製の流しとなった。これから発展し拡大したのが、システムキッチンというワークトップ（天板）一体型の台所セットである。ワークトップも他に人工大理石・天然石・メラミン合板等があり、吊棚・レンジフード・カップボード（食器棚）等が組合わされて台所主要機器が構成できるようになり、日々変化している。

2◆食生活の多様化

現在、わが国の台所で作られている料理は、日本料理だけでなく、世界各国の料理あるいはそれらの国の地方の料理にまでなっている。これらの料理に使う道具・食器・調味料等がどんどん増え、その収納をどうするか、台所の計画に大きく影響してくる。酒類や保存食物類についても同じことがいえる。

3◆流通機構の変化

食料品の仕入れは、それぞれの専門店で行われてきたが、スーパーマーケットの出現によって一店で何でも揃い、できるだけ台所で手間を掛けずに済むようになってきている。

冷凍食品の普及（コールドチェーン）が食料品の長期保存を可能にした結果、食料品のまとめ買いが通常のこととなった。その結果、冷蔵庫や食品庫の新設や増設という事態がおこり、動線や面積に影響してくる。

4◆女性の変化

戦前・戦中の女性、特に娘さんは学校を卒業すると、行儀見習・料理見習としてお手伝いさんに出た。そして縁あって結婚すると、専業主婦として家庭に入った。

戦後は男女平等が叶えられた結果、女性は学校を卒業すると勤めに出て結婚しても勤めはそのまま、兼業主婦になった。

このことには二つの意味がある。一つはお手伝いさんを雇う可能性は皆無になったこと、もう一つは、いくら仕事があるとはいえ、家事を省くわけにいかないから、主婦は非常に多忙になったということである。台所は働く場所として、機能本位の非常に便利なものでなければならない。また、日本の主婦は無意識のうちに世界の料理を三度三度作っているのである。こんな主婦は世界中にはいない。このことからも機能性の重要なことがわかる。

5◆オープンキッチンとクローズドキッチン

「どのような台所がお望みですか」と尋ねると、施主はカタログや雑誌の切抜きを持参されるが、全部オープンキッチンである。お茶一杯飲んでも、汚れものは湯飲みと急須とが出る。これを洗って拭いて収納して、はじめてカタログに出ているような状態が保てる。四六時中これが続く。

きれいな台所は結構なのだが、それに用いられるエネルギーをもっと料理の方に使ってほしいし、台所は褻（け）の世界である。何も汚い台所にする必要はないが、気軽に使える、そして便利な台所を計画すべきであろう。便利な台所は狭くて写真に写らないので、カタログがオープンキッチンになるのである。

図 15・10　戦前の台所

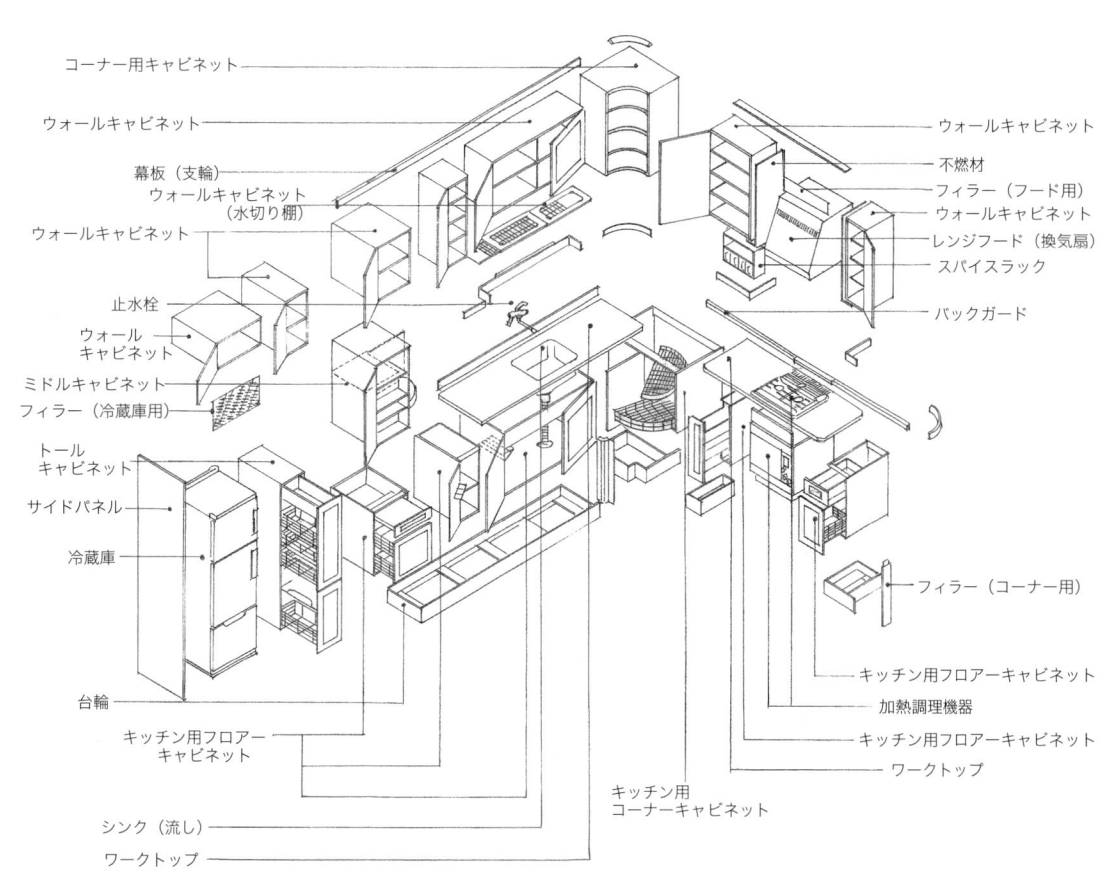

図 15・11　システムキッチン模式図

6 ◆ システムキッチン

現在、台所機器はシステムキッチンを指すことになり、簡易施工型と部材型に分かれる（図15・11）。

簡易施工型のシステムキッチンは、ワークトップ（天板）の規格サイズを作り、フロアーユニット（流し・下部収納棚）とガスや電気の関係機器を組合せ、標準化して販売されているものである。Ⅰ型とL型があり、上部にくる吊戸棚やレンジフードも規格化され、上下の組合せになっている。Ⅰ型の長さは195〜300cmで15cm毎の長さがあり、L型は225〜300cmまでで、短か手の長さは165cmと180cmの組合せである。

部材型システムキッチンは、各種キャビネットを規格化し、それを自由に組合せるもので、簡易型に比べて自由度が高いが、これを採用する時はしっかりと方針を立てておかないと混乱する。また部材型の方が簡易型より高級品と位置づけられている。

これらに共通するワークトップは、ステンレス、人工大理石や天然石、メラミン樹脂製がある。人工大理石や天然石は堅く、ガラスや陶器が触れるとカチカチ音の出るのが気になる人もいるので注意することが必要である。また人工大理石はテンプラの油などで、シミが付くことがある。天然石、特に花崗岩系は火に弱く、コンロの回りが皮を巻くように剥がれることがある。メラミン化粧板の長所はステンレスに準じる。

流し部分はステンレスの場合は一体型であるが、他の材料の時は、ステンレス・琺瑯・陶器があり、形、大きさも種々のバリエーションから選ぶことになる。最近ではドアが開き戸でなく、引出しになっているもの（コンテナタイプ）があるが、Ⅱ字型・U字型の台所では使いにくいのではないかと考えている。

以上のことから、どのような台所にするのかイメージを立ち上げる。

7 ◆ 台所の計画

台所の形式には、その平面形からⅠ型・Ⅱ型・U型・L型がある。他にアイランド型・ペニンシュラ型があるが、この二者は大面積となり一般的でないので省く。

Ⅰ型は調理機器を一列に並べるもので、褻の世界にならず、また歩行距離も大きくなるのであまり感心したものではない。L型もこの欠点に陥りやすい形式である。Ⅱ型の場合、調理機器と反対側に、天井までのカウンター兼食器棚を設けると考えると、歩行距離も小さく使いやすくなり、かつ他の部屋から台所内部が見えない。これも適当な寸法でないと使いにくい。長さは約2間（363.6〜390cm）必要である。問題は幅で、主婦1人が動く幅は80〜110cmで、それ以上大きくても小さくても使いにくいものとなる。これに調理機器の幅とカウンターの幅45cmを加えると198〜228cmとなる。これは普通住宅で用いることの多い設計グリッド（基準寸法モデュールともいう。後出）に合わない寸法ではあるが、半端に残った部分に収納を考えるか、隣の部屋を広く使うかすればよい（図15・12）。

高さ関係でも工夫が必要である。従来大工さんが伝統的高さとして重視する内法寸法（うちのりすんぽう）は洋間で180cmであることから吊棚をその上に吊り、主婦の手の届かない棚になってしまっていた。この内法寸法を無視し、頭を打たない所まで吊棚を降ろすだけで、使いやすい棚となる。また食器棚兼カウンターは天井まで建ち上げ、下部高さは流し台と同一とし、引出しは適当にとる。天板はカウンターと物置（お茶の缶、海苔の缶、コーヒーメーカー、砂糖壺、トースター等）とし、その上を30〜40cm空けた上から手の届くまでの位置を食器棚として奥行約35cmにする。その上は物入れとする。これはあくまで主婦1人を想定したものである。U型の台所はⅡ型に準じ、少し圧迫感が強くなるが、馴れによって解消する（図15・13、14）。

結論をいうと、台所はグリッド寸法のラウンドナンバーで作られているので六畳や四畳半は使いにくく、それなりの的確な寸法が必要である。前出以外の機器には床下収納庫があり、これは昔の上げ蓋に相当するもので、種類・大きさとも種々あり、ぜひ設けたいものの一つである。

台所の仕上材には、特に注意が必要である。床は一時期長尺ビニールシート（CF）が多かったが、現在は木質床材（合板の縁甲板）がほとんどである。

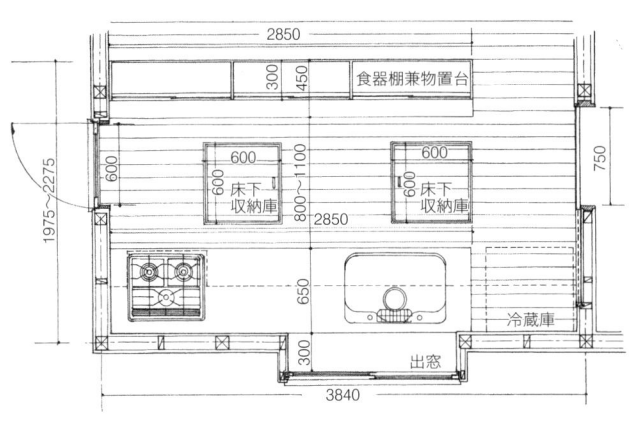

図 15・12 使いやすい台所（グリッド 960）[mm]

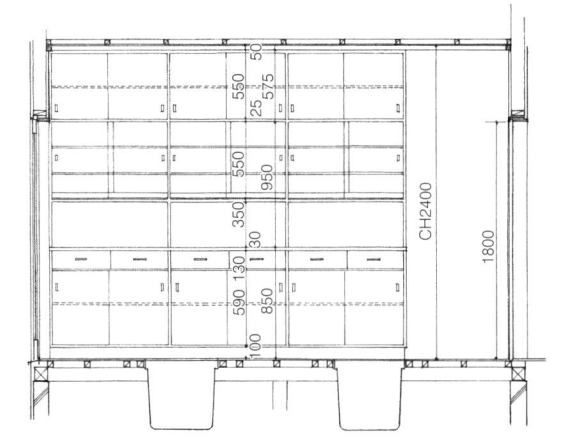

図 15・13 使いやすい台所の食器棚兼物置台[mm]

図 15・14 使いやすい台所の断面図

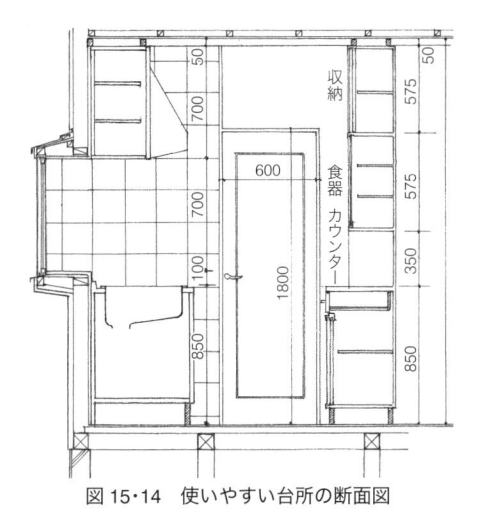

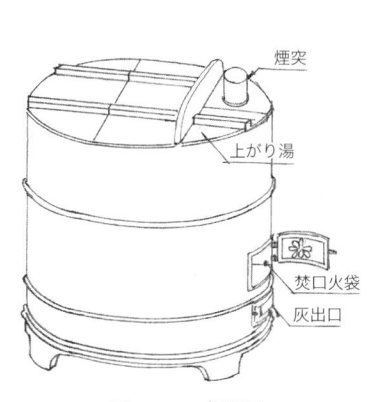

図 15・15 桶風呂

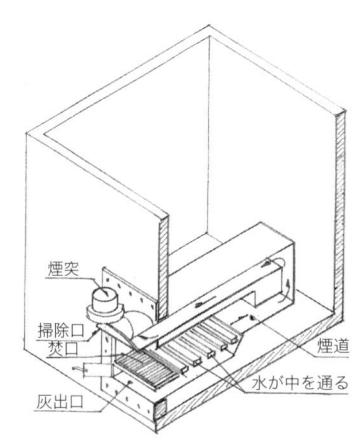

図 15・17 箱風呂（内釜）

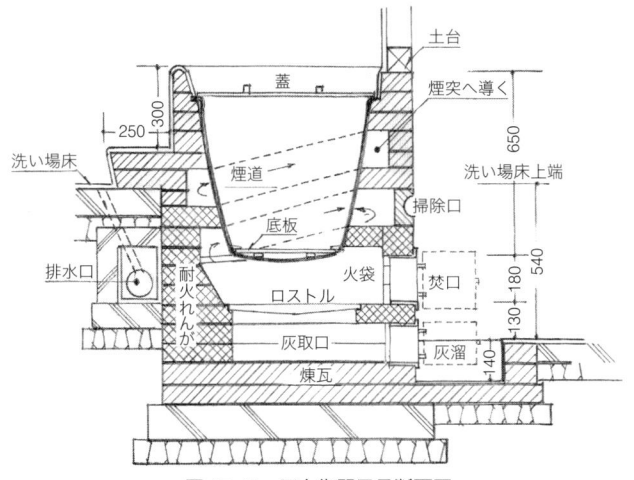

図 15・16 五右衛門風呂断面図

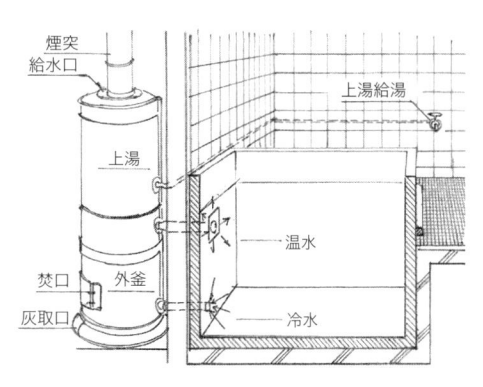

図 15・18 箱風呂（外釜）

15 平面計画

213

8 ◆ 法規上の注意

消防法と建築基準法によって、台所の壁および天井には不燃材または準不燃材を用いなければならない（台所だけでなく火気を使用する室の場合）。流し前は一般にタイル貼が多かったが、最近はよくキッチン板が用いられている。しかし調理機器や吊戸棚の裏も不燃材または準不燃材が必要なので注意する。他の壁は、石膏ボード下地ビニールクロス貼を用いることが多い。天井は、この他に岩綿吸音板や硅酸カルシウム板の水性ペンキ仕上もよく用いられる。また台所は居室にあたるので、床面積の 1/7 以上の有効採光面積が必要となる。

照明器具は、台所全体照明と流し元灯が必要で、双方とも簡単に掃除できるものがよく、流し元灯はミニスポット付のものが使いやすい。

g ── 浴室

戦前から戦後にかけ、都会の人々はほとんど公衆浴場（銭湯）を利用していた。一部の人々の家には風呂があり、それらは桶風呂（図15・15）・五右衛門風呂（長州風呂、図15・16）・外釜風呂・ガス風呂・電気風呂等であった。桶風呂は鉄砲風呂ともいわれ、桶と釜が一体で移動でき、特に浴室はなかった。五右衛門風呂は、全体が鉄の釜で火の回りがよく経済的であることから多く使われたが、錆びや他の住宅部分の意匠から見劣りするので、次第に箱風呂に移行していった。

箱風呂は槙・桧・椹・米桧で作った浴槽にガス釜・電気釜が内蔵されたもの（図15・17）である（外釜（図15・18）もあった）。木製のため、腐ったり、漏れたり、ちびたりして、その都度取替が必要であった。鋳鉄琺瑯、モルタル塗やタイル貼の浴槽が売り出され、さらに鋼板琺瑯やFRP（ガラス繊維強化プラスチック）ができた。琺瑯はひびが入ったり錆びたり、FRPは軽いことからステンレスの浴槽ができたが、流しの中にいるようで落ち着かないといった評判があった。錆びずに強いことから現在も販売されている。最近主流になっているのはエポキシアクリレート、ポリエステル、アクリル等の人工大理石製のものでそれぞれ特徴があり、また浴槽自身にも種々工夫されたものがある（図15・19）。

1 ◆ 給湯設備の進歩

湯を沸かす設備は外焚釜が進化して、給湯機能付のガス釜が出てシャワーも使えるようになり、やがて他にも配湯ということで集中給湯器によるものが普及した。追焚機能がついて暖房の熱源機としても使え、これにコージェネレーションの機能（発電も可能）のものまであり、自動お湯はりや温度調整機能までつくようになった。

浴室は、始め浴室として特別なものはなく、真壁に土間といったものだった。水を使う場であることから次第に工夫が重ねられ、水の当たる所をモルタル塗タイル貼等にしたが、上部はまだまだ土塗真壁が多かった。その後、床壁全体のタイル貼が一般的になり、天井は桧板、あるいは桧板のペンキ塗となった。

現在は、硬質塩化ビニールの内部に発泡ウレタン保温したバスリブが多く採用されている。同じ材料でできたバスカベという壁用のものもある。

2 ◆ ユニットバスの普及

マンションが普及し、浴室全体をセットにして組立てるユニットバスが普及し始めた。プラスチックの味気ないものから、現在は豪華なものまである。容積さえあれば二日ほどで組立てられ、掃除も従来のものに比べて簡単なことから急速に普及している。他に二階以上に設置しても水漏れの心配が少ない等、種々の利点がある（図15・20）。

入浴の目的は、西欧では体の清潔さを保つためだが、日本人の目的はそれのみではない。入浴は、大きな浴室、たっぷりのお湯、体を洗いきれいにし、リラックスして楽しむ癒しの空間と時間である。四方の景色を楽しみたいという希望は銭湯の壁に富士山が描かれていることからでもわかる。すなわち日本人の入浴感覚は温泉感覚なのである。

3 ◆ 在来工法の浴室

以前の浴室には高い所に小さな窓があり、外が眺められなかった。これは外から覗かれないためであった。現在は、覗かれない工夫を設計に組込むことで、大きな外の眺められる窓、明るい浴室が出現している。すなわちバスコート（浴室専用の庭）を設置する等により、四方の景色とまではいかないが、少なくとも緑を楽しむ入浴ができるようになる。広さは、あまり広いと冬寒い感じになる。現在の浴槽の大きさから考えると約1.25坪以下とした方がよいようである（図15・21）。

部屋が狭いので、天井高は約2.2mを基準とし、タイル貼等とすればよいだろう。床は滑りにくさを第一に考え、モザイクタイル貼か床用タイル貼がよい。木製の簀子床はよいが、毎日乾燥させる手間と設備が必要になる。壁は施釉タイルが一般的で、大きさ・アクセントに種々の工夫がなされると趣ある浴室ができあがる。石貼は豪華で高いと考えられがちだが、加工技術の発達によりタイルに近いものが作り出され、貼る手間もそれほど変わらない。ただ採用する場合は、水に強い石、たとえば花崗岩がよく、水に弱い大理石などは採用してはならない（図15・22）。

浴槽のエプロン（縁）が高く入りにくいという問題があるが、これはエプロンの高さではなく、浴槽の深さに関係する。エプロンが低いと入りやすいのは確かだが、出にくくなる。それを補い、かつ安全のために握りバー（手摺、図15・23）の設置が必要で、これを取付ける時には当事者の希望を聞くことが大切である（図15・24）。

浴室内には、種々の容器類等も入る。以前は一個の石鹸を家族中で使ったものだが、現在は体を洗うもの、洗顔料、シャンプー、リンス、はては個人専用のもの等、種類は各家庭によって異なるので、それらへの配慮も必要である。鏡についても、使用目的によって位置・形・大きさを決める。また寒さによる高齢者の事故を防ぐために、浴室換気乾燥暖房機（図15・25）の設置も普及してきた。ミストサウナの機能をもったものもある。

出入口ドアは、以前は木製の一本引きであったが、真鍮製の戸車が錆びて調子の悪くなることから、アルミ製の片開きドアが一般的となった。しかし、ドアはそのドアの幅を半径にした円の1/4の面積が使えなくなる。また狭い浴室での事故で開けられないこともあり、折戸が普及してきた。現在ではアルミ引戸で戸車がステンレス製のものも販売されており、面積のロスはほとんどない。また高齢者・車椅子の使用にも便利なことから、見直されるべき建具である。

浴室内の照明器具は、必ず防湿防雨型にしなければならない。手暗がりにならないようにし、複数設置も可能である。

ⓗ──洗面所

戦前、戦中に洗面所のある家は高級な家だった。浴室はあっても洗面所はなかったのである。洗面所は、広さは二～三畳くらいで脱衣場を兼ね、それなりの設備が施されていた。現在の洗面所も本質的には同じだが、洗濯機と乾燥機が設置（図15・26）されていることが多い。

洗濯機が普及したのは1955（昭和30）年頃であったが、当時住宅事情は最悪で設置する場所もなく、屋外に置かれる場合が多かった。洗濯機を機能させるには、給排水と電源があればよく、洗面所の設備をそのまま利用すればよいことに気付いて暫定的に置いたのがそのまま居続けて、洗面所に設置すべきものと思われている。しかし台所と最も関係の深い洗濯機・乾燥機が洗面所からなくなると、浴室・洗面所・台所の関係はなくなり、浴室・洗面所（図15・27）が自由に設置できる。

一般の住宅では二階がプライベート、一階がパブリックという形式が多く、二階に浴室洗面所の設置を考えると、朝夜等家族の動線はスムースになり、たいへん便利になる。しかし水漏れの心配から、なかなか実現しなかった。現在普及しているユニットバス等を使うと、簡単に可能なことである。台所の近くに主婦の作業スペースを作れば洗濯機を置くのに便利で、他の機能を入れてユーティリティにするのも一考である。

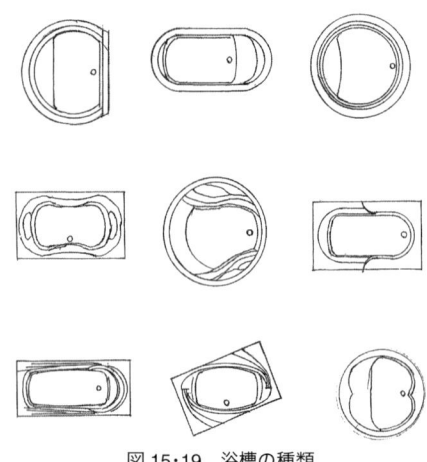

図 15・19　浴槽の種類

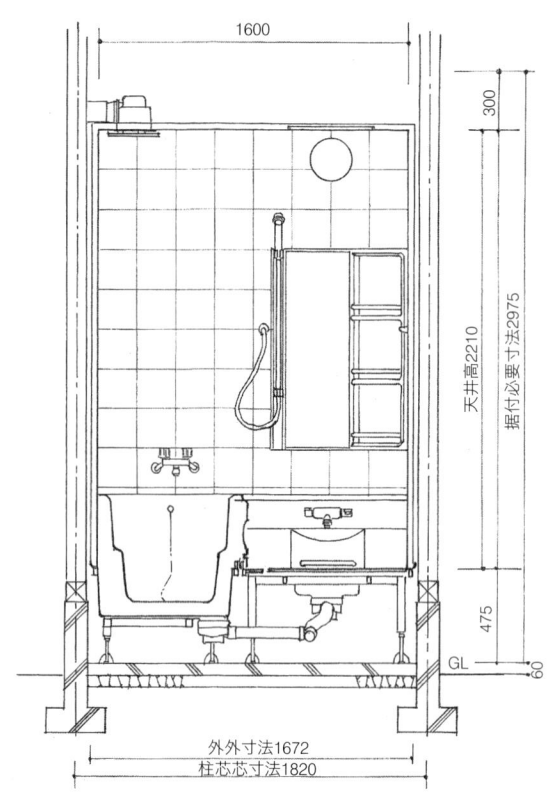

図 15・20　ユニットバス断面図

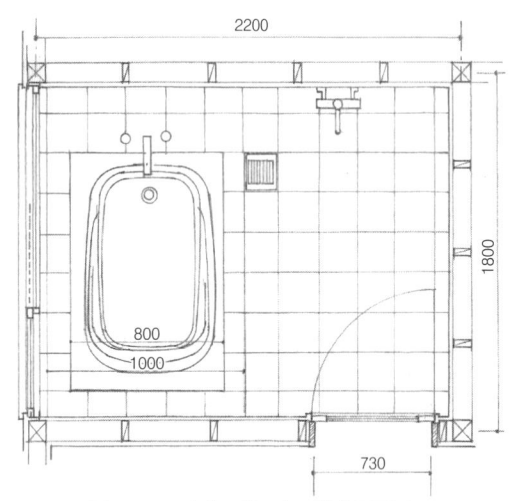

図 15・21　在来工法による浴室平面図

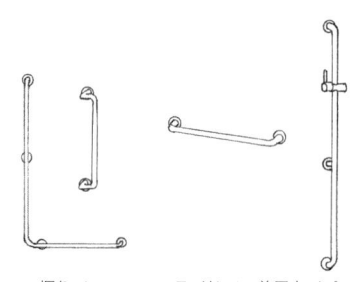

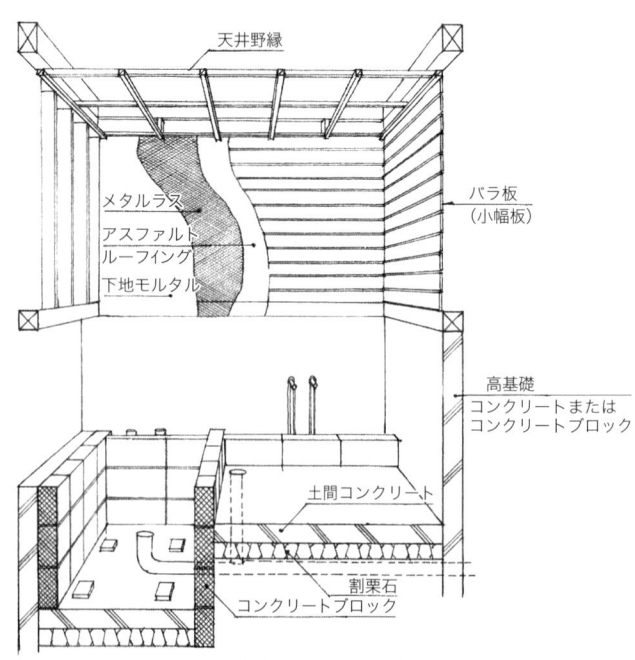

図 15・22　在来工法による浴室下地模式図

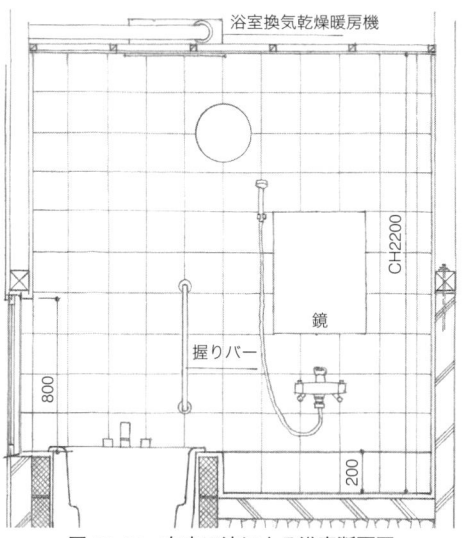

握りバー　　スライドバー兼用タイプ

図 15・23　浴室用手摺

図 15・24　在来工法による浴室断面図

洗濯機のなくなった洗面所の広さは、一・五～二畳くらいで、洗面化粧台を在来工法で設置する。既製品の洗面化粧台を設置するという二つが考えられる。前者の場合、住む人の希望に合ったものを設計すればよく、後者の洗面化粧台は種々のサイズの他、洗面のみのもの、洗髪のできるもの、組合せのできるコンポーネントタイプ等あり、よく検討して決定しなければならない。また収納部に関しても、浴室より個人の小物が増えることに注意して設備することが大切である。

床の仕上材は長尺ビニールシート（CFシート）がよく使われたが、足触りが気になるので、現在は木質床材が一般的である。床に藤筵（とうむしろ）を敷くと足触りがよい。壁は湿気の多いことを考えて前述したバスカベや珪酸カルシウム板に水性ペンキ仕上がよい。一般によく用いられる石膏ボードビニールクロス仕上は、カビやクロスの剥がれ、はては石膏ボード自身の崩れ等が生じるのでよくない。天井も湿気の関係からバスリブがよく、照明器具も防湿防雨型の設置が必要である。

ⅰ──ユーティリティ（多目的家事室）

ユーティリティとは「弾力的に使える」という意味で、住宅においては家事室と訳されている。洗面所から出た洗濯機の設置場所として洗濯コーナーを台所の近くに取るのもよいが、この家事コーナーを拡大して家事室としたらどうだろう。単なる洗濯場ではなく、多目的に使える部屋で洗濯して乾燥させ、アイロンが掛けられ、日常品・食料品の支払いの忘記の設備（白板・黒板・ピンナップボード）、またこれにともなう忘記の設備、料理の参考書等の本立て、さらにHA（ホームオートメーション）のコントローラーやコンピューターと多目的な機能をもつコーナーである。

HAは、おもに電気器具の点滅・作動・停止の作業が集中的にできるもので、リモートコントローラーとは異なり、電灯線の中を信号が走り作動させるものである。家の中の全電気器具の状態が一カ所で集中してわかり、その場で操作できる。出かける時にも必要以外の電気を一度に停めることができ、またセキュリティーや火災の感知、電話による遠距離からの操作も可能である。またコンセントに差し込むだけで指定の機器が作動するポータブルコントローラーやテレビ画面で作動するTVアダプターもある。これがなければ生活できないというものではないが、今後普及していくであろう。各メーカーのカタログの最後尾にHA対応と書かれているのはこの可能性のある機器である。

コンピューターは日々発展し、日常の買物が家に居てできるようになるであろう。

このようなユーティリティとして密度の高い空間に必要な面積は、二～三畳で、机の天板を開くとアイロン台がでてくるといった工夫が必要である（図15・28、29）。

ⅰ──便所

便所は衛生的に最も注意が必要な場所で、古くは主屋より遠く離れて作られた。家屋が近代化するとともに便所も主屋の中に入ってきたが、匂いは無視できず、家屋の周辺に設置された。初期は汲取便所（図15・30）で、この汲取られた下肥は、農業用としてリサイクルされていたが、公共下水の普及はリサイクルをなくしている。現代では、都市部では水洗便所がほとんどである。

便所の処理方法は汲取と水洗の二つであるが、水洗便所に辿り着くまでに大正式、SO式、多槽式と種々の改良便所が考案された。この当時水洗便所は公共建築や大規模な建築にしかなかった。

戦後、集中汚物処理場の建設と公共下水の普及により水洗便所が一般化し、また公共下水の設備されている所では水洗便所が義務付けられた。公共下水の完備していない地域で水洗便所を採用する場合、各自の屎尿浄化槽を設置しなければならないのである。屎尿浄化槽は、既製品のFRP製のものが多く出ており、使用する人数により自動的に大きさが決まるようになっている。この浄化槽の水は、農業用水路や河川に出るので、これらの管理組合や管理団体の同意か承認が必要になる。

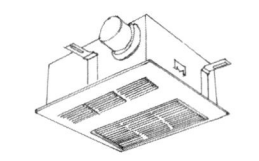

図15・25　浴室換気乾燥暖房機

図15・26　洗面所（洗濯機のある場合）

図15・27　洗面所（洗濯機のない場合）

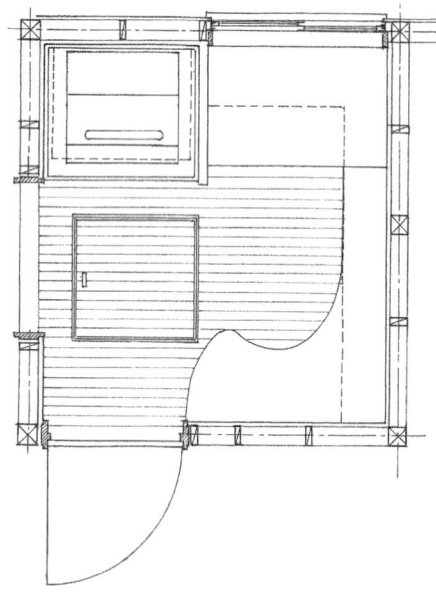

図15・29　ユーティリティ平面図

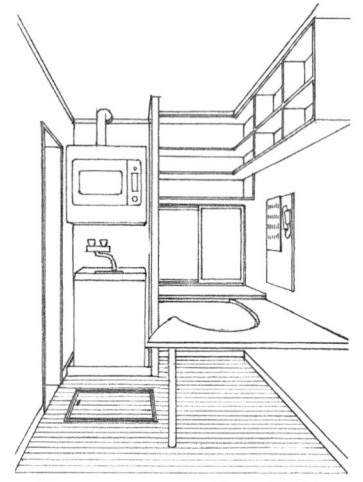

図15・28　ユーティリティ透視図

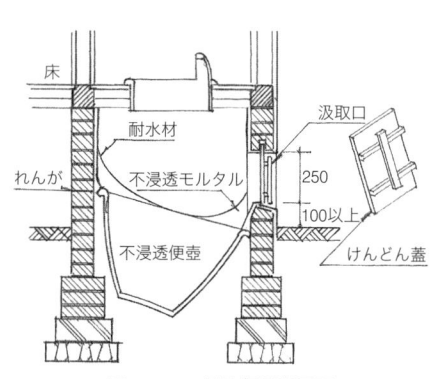

図15・30　汲取便所断面図

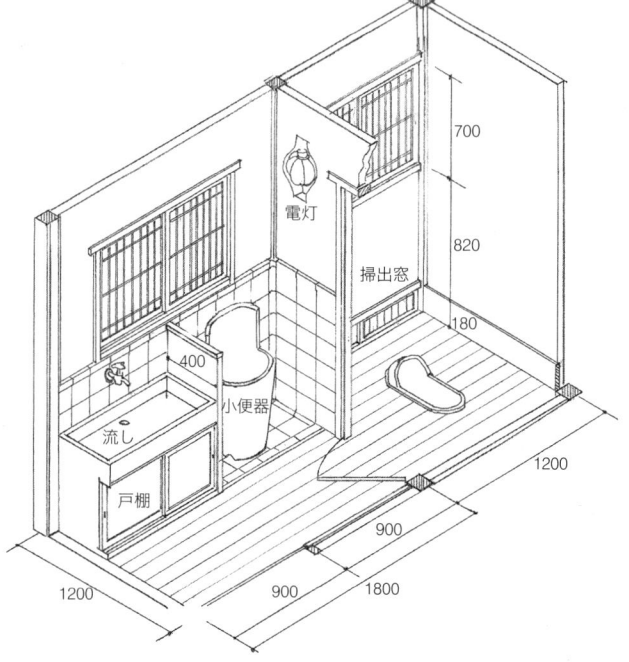

図15・31　戦前の和風便所

1 ◆ 面積

便所の広さは、1950年ごろは一畳くらいで、その中に大便器、小便器、手洗等が設備されていた（図15・31）。戦後の住宅不足は便所にもおよび、半畳の大きさに大小両用の便器が設置されることが多く（汽車便といった）、住宅公団も例に漏れずこれを採用した。しかし評判は誠に悪く、とはいえ一畳も割ることができないので考えた末、四分の三畳（台目畳寸法）の面積に洋風便器を採用したのである（図15・32）。珍しさと高級感で少しずつ普及していき、そのうち高齢者の高血圧等、しゃがむより座った方がよいという理由と、衛生的な便座の開発で、急速に普及した。高齢者や身障者で車椅子使用の場合は、幅1.2～1.4m、長さ1.35～1.5m以上が介護の人のスペースも考えて必要になる。また、手摺や昇降機能付の便器など対応機器も多く、よく検討して便利で快適な便所にしなければならない（図15・33）。扉もドアでなく引戸にした方がよい。また非常用ボタンの設置も必要となる。

便所の法的チェックとして「便所には採光および通風のための直接外気に接する窓を設けなければならない。ただし水洗便所でこれに代わる設備をした場合はこの限りではない（建築基準法施行令）」とあり、この時の採光は、有効採光とは異なる。これに代わる設備とは照明器具と換気扇で、汲取便所にも法で定められている。

2 ◆ 設備

便所の設備機器には、まず大便器がある。一般的に陶器製だが、古い便所では木製が多く、中には漆塗金蒔絵といった豪華なものもある。水洗便所用の大便器には下部にトラップがあり、この方向によって蓋付のものと、そうでないものがある。蓋付は掃除に便利だが一般的ではない。便を処理する方式には、洗流式、洗い落し式、サイフォン式、サイフォンジェット式と洋風便器のみの吹き飛ばし式（ブローアウト）があり、それぞれに特徴がある（図15・34）。

止水栓の方式は、洗浄弁（フラッシュバルブ）とタンク方式があり、洗浄栓は連続使用に耐える。一般家庭ではほとんどタンク方式で、ハイタンクとロータンクに分けられるが、現在ではロータンク方式が多い。

小便器（図15・35）は、小型の壁掛のいわゆる朝顔といわれるものが一般的であったが、洋風便器採用の時は省略されることが多い。小便器は前述の朝顔の他に床から立ち上がるストールや、それを壁に付けた壁掛ストールがある。洗い流す方式は押ボタン式が一般的だが、センサーにより自動的に流すものや、間歇的に流す方式等がある。

手洗器（図15・36）は便所の狭い時、壁の入隅や壁に埋込まれる。また面積があっても小型の手洗器が用いられ、小型のものも取付けられない時は、洋式便器背後のロータンクが手洗いになっているものが採用されている。

紙巻器はロールのトイレットペーパーのホルダーのことで、一連、二連、金属製、プラスチック製等種類も多く、機能本位に選ぶことが大切である。

タオル掛は必ず必要で、一枚用、二枚用、一文字、リング状のものがあり、その中から選ぶが、一文字が簡潔で清潔感があるように思う（図15・37）。

鏡は必ずしも必要ではないが、ちょっとした身繕いのためにあると重宝する。その他トイレットペーパーのスペアやちょっとした掃除道具入れがあると便利である。

換気扇は、法的に必要のない便所でも設置した方がよい。またスイッチは消し忘れのないようにパイロットスイッチ（ホタルスイッチ）を用いた方がよい。スイッチにはタイマー付のものもある。照明器具は狭い部屋なので影の位置をよく考慮して取付ける。

3 ◆ 内装仕上

床を水で洗うことは一般住宅ではほとんどないので、床は拭床とする。和風では肥松か桧のフローリング、床から1.2mくらいの所を腰とし、ウエルドパネル（斑作りで木目を出した合板）等で竪羽目板のように貼り、それより上部は真壁造で聚楽壁等にする。天井は杉柾または中杢の底目貼、照明器具は和風のものから選ぶ。浴室や洗面所等ほど防湿に気を遣う必要はない。

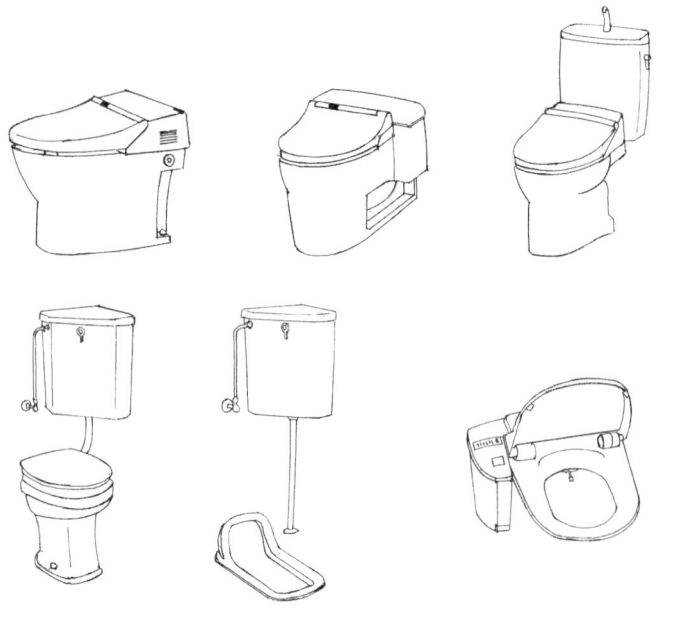

図 15・32　大便器とウォシュレット

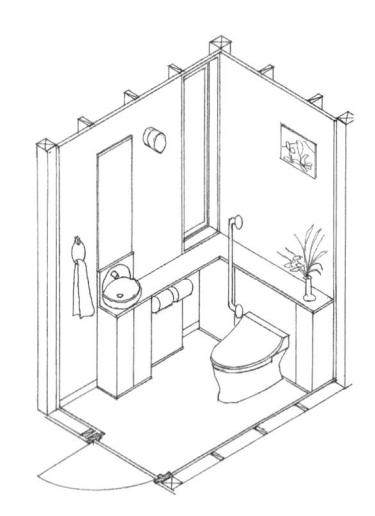

図 15・33　便所

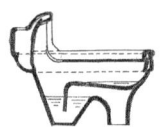

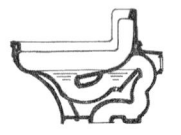

洗い落し式（和風）　サイフォンジェット式（和風）　洗い落し式（洋風）　サイフォン式（洋風）　サイフォンジェット式（洋風）　吹き飛ばし式（洋風）（ブローアウト）

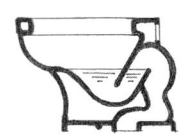

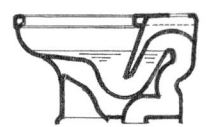

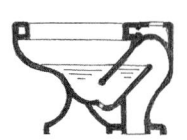

図 15・34　大便器の種類

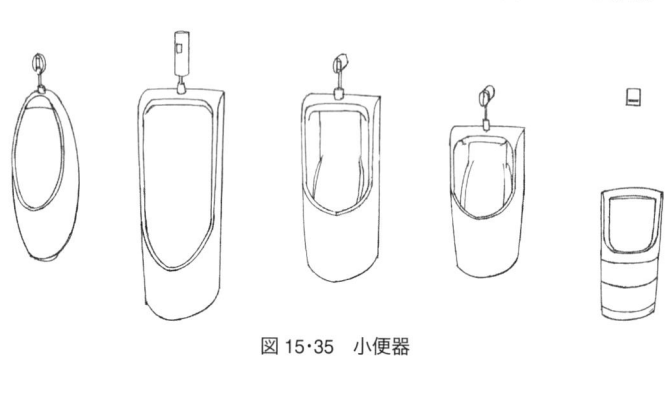

図 15・35　小便器

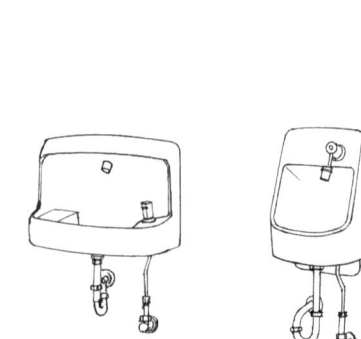

図 15・36　手洗器

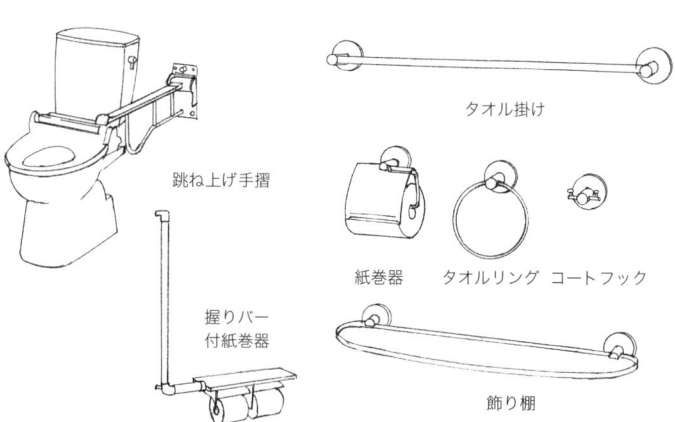

跳ね上げ手摺

握りバー付紙巻器

タオル掛け

紙巻器　タオルリング　コートフック

飾り棚

図 15・37　トイレ用アクセサリー　種類も多く、多岐に渡る。

また床をタイル、石（玄昌石）敷瓦等で作り、窓には明障子を入れると趣のある室となる。洋風の場合、床はタイル、石貼、長尺ビニールシート、アスファルトタイル（Pタイル）、木質床材（フローリング）等が用いられ、壁はすべてタイル貼やバスカベの採用も考えられる。天井は石膏ボードビニールクロス貼、硅酸カルシウム板に水性ペンキ仕上、あるいはピーリング等も考えられる。それぞれよくコーディネートされ便利で、明るく快適な便所をデザインすることが大切である。

k──老人室

高齢者の身体的不自由さは時間とともに増していくが、その加速されていく生理的特性を大まかに分類すると、関節可動域が小さくなる、聴覚・視覚・臭覚が落ちる、骨・関節・筋力が弱くなる、体温調整機能・温熱感覚や排泄機能が低下する、といったことがあげられる。

老化の程度を大まかに分けると、①自立歩行のできる状態、②歩行補助具や介助の必要な状態、③日常車椅子が必要な状態、④寝たきりの状態、と大きく四つに分けられる。一度に現れるものではなく、この順番に出てくるので、その都度対応することが大切である。建築物にできることとしては、床に段差をなくす、車椅子を自由に動かせる面積の確保（図15・38）、手摺を必要に応じて設置する、視覚の低下による照明器具への配慮、コンセント、スイッチの高さの考え方、ドアより引戸の採用などが考えられる。さらに機器として、リフター、階段昇降機、段差解消機、室内エレベーター等を計画する必要が出てくる。

部屋の位置は、陽のよく当たる場所で便所に近い所がよく、場合によっては専用便所の設置も考えられる。また持っておられる物も多いことから、収納タンス置場にも配慮しなければならない。平均寿命の上昇とともに、この部屋は約30年間は使われるようになってきている。その点、子供室と大きな差のあることを認識して計画することが大切である。

l──書斎

書斎というのは、一般に主人専用の部屋である。主人の居間兼用となる場合と、純粋に学者が終日研究したり、創作等に耽る場所でもあるので、静かな場所が望ましい。それが本来の書斎であるが、現在の一般の住宅に主人専用の部屋のあることは稀で、ほとんどの住宅にはない。これから週休5日制が定着してくると、なおさら必要な部屋となってくる。

絵を描く、模型を作る等、他の人に煩わされることのない趣味の部屋が今後必要になるだろう。計画によっては、面積3.3m²（約一坪）でも充分書斎として機能する部屋を作ることができる（図15・39）。

m──玄関

ゾーニングの項で既出したが、必要諸室の間にクッションのように配置されるのが、玄関、ホール、勝手口、縁側、廊下、階段等である。

もともと玄関は間口1.5～2間くらいのものが普通であった。床高と地盤面の高さ45～60cmを一気に上がれないので踏脱石があり、その次に上がり框、その上に敷居を設け、両脇に舞良戸、中央に明障子両開きの部分に上がって畳敷きか板敷きの玄関の間（ホール）に入るようになっていた。この形は式台が変化したものである。式台とは、17世紀末から18世紀初頭にかけてできる公式の出入口で、一般の庶民には作ることが許されなかった。外部建具はなく、駕を降りて式台を通るという形のもので、庶民に許されたのは明治以後のことである。式台は玄関と呼ばれるようになり、その名称は玄関の一部として残ったのである（図15・40）。現在の玄関は、間口1間で1坪くらいのものが多く、上がり方も外部ポーチを設け、ここで25cmくらい上がって玄関に入り、残った高さの上がり框で玄関ホールへ上がる（図15・41）。

床はモルタル目地切が多かったが、現在は外部床用タイル貼や石貼が多い。壁仕上は、和風の時は真壁で、腰羽目板貼、無目を入れるか、長押を回す時もある。洋風では、プラスター塗等の左官壁や銘木合板、ビニールクロス等洋室仕上が用いられ、天井は格式の高いものとして格天井が用いられることもあるが、玄関ホール、廊下と同じ材料にする場合も多い（図15・42）。

便所にて　　　　　　　回転する

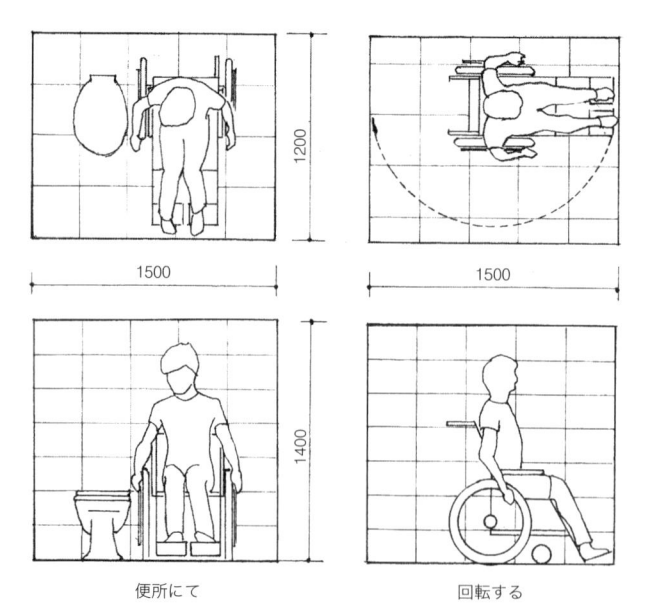

図15・38　車椅子での動作 （出典：日本建築学会編『建築設計資料集成3　単位空間Ⅰ』丸善、1980、p.60、76、75）

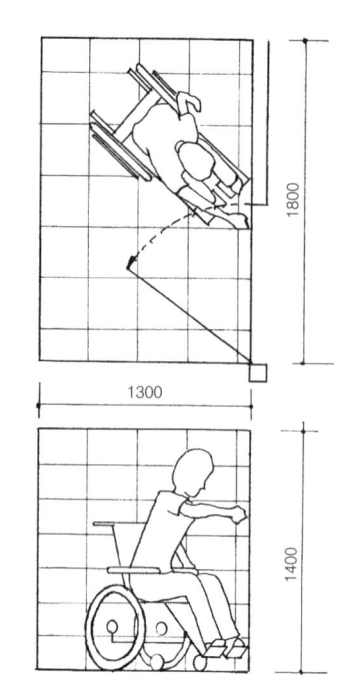

ドアを開ける

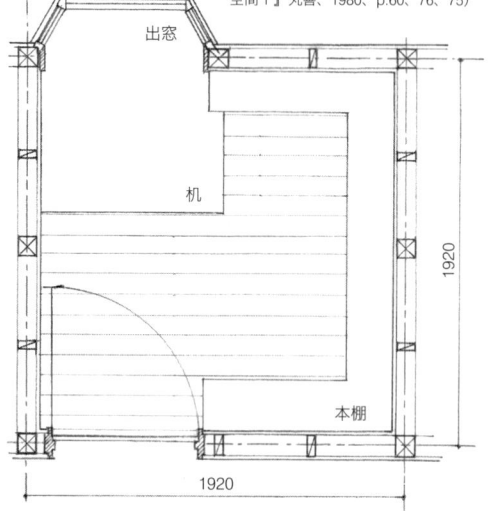

図15・39　小さな書斎

図15・40　現代和風の玄関

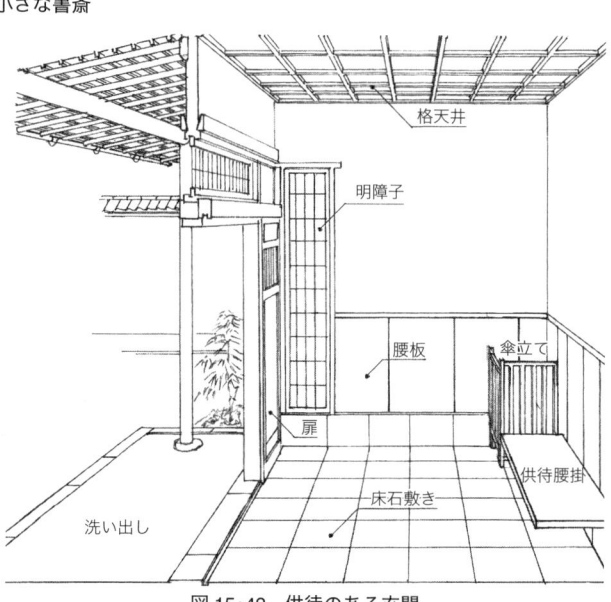

図15・42　供待のある玄関

玄関に設けられる収納は、1965年頃までは下駄箱くらいであったが、収納するものの種類も多くなり、既製品の収納セットも多種出回っているので、個々の考え方に合わせて選ぶことが大切である。一部にコート掛けがあると便利である。また小さな腰掛を設けておくと老人に便利で、かつ女性のブーツの脱着に重宝する。手摺りの設置も忘れてはならない。玄関用の建具は、1960年頃までは洋風、和風ともにそれぞれ意匠を凝らした手作りの別注品であったが、現在では和風、洋風とも、アルミ製の既製建具が多く、これらの種類寸法も多岐に渡り、この中から選び採用することが多い（図15・43）。

n —— ホール（広玄関）

ホールは玄関と別に取ることもあるが、上がり框部分の板の間をホールと兼ねる場合が多い。床仕上は縁甲板か絨毯の敷込みが多い。和風ではホールを別に取って玄関の間とし、畳敷きにすることもある。天井、壁については玄関に準じる。

o —— 勝手口

勝手口は扉を開けるとすぐ外部というのが割合多いが、外から見ると履物が雨に濡れていかにも侘びしい。建物内部に土間を作るのが本来の姿である。土間床はモルタル鏝押えで充分である。壁、天井の仕上は台所に準じる。勝手口用のアルミドアもあるので、種々検討することが大切である。

p —— 縁側

縁側は、和室と庭の間にあるもので庭と室内の仲介をし、庭を建物の中に、建物を庭の中に意識して誘い込む大切な空間である。その他、通路や、ある種の接客を行うこともできる。縁側については造作の項で後述する。

q —— 廊下

廊下は各部屋を連絡する通路である。戦後は面積の関係から、廊下を短くする努力がなされている。幅は半間（91〜105cm）くらいが普通である。各面部屋に囲まれて暗くなることが多いので採光に注意し、時にはトップライトも考えるとよい。これからの高齢社会では車椅子使用を考慮する必要があり、有効幅は約85cmとする。関東間（真々91cm）では大壁仕上、真壁仕上とも85cmが確保できないので、その場合廊下を広げる等工夫が必要となる。

建物が二棟以上に分散している場合、これをつなぐものとして渡廊下がある。幅は前述の廊下に準じるが、両側からの動線を断たないように、下部に通路を取るか、床の一部が跳上げになるような工夫が必要である（図15・44）。

仕上は、和風では床、桧か肥松の縁甲板、壁は聚楽の塗壁、時として腰貼することもあり、天井は竿縁天井か、杉柾、杉中杢の底目貼が多い（図15・45）。洋風は、床は楢、桜等の広葉樹の縁甲板、壁銘木合板かビニールクロス貼が多く、天井は雑木のピーリング貼（図15・46）かビニールクロス貼が多い。左官工事のプラスターや漆喰塗は以前は多かったが、今はほとんどなくなっている。また壁と天井の関係を利用して間接照明（図15・47）にすると、豪華な感じの廊下になる。

r —— 階段

三門ができるまで一般の人々は上層へ上がる経験もなく、階段は三門とともに一般化した（図15・48）。住宅に階段が必要になるのは、江戸時代も後期である。したがってわが国では階段に対する意識は薄く、欧米のようなデザインされた豪華な、その建物の格式を示すような階段は、歴史的になかった。現在のような階段ができたのは明治以降、欧米文化が入ってきてからである。

戦前多くの人は借家に住んでいた（大阪では約80％が借家住まいだったといわれている、図15・49）。安い家賃の家を提供するために、1間の長さで約3m上る階段が一般的であった。これは非常に急勾配で、段梯子といった方がよく、これが後述する住宅の階段（共同住宅の共用の階段を除く）の蹴上げ、踏面の規則に影響したのである（図15・50）。

階段は、上層と下層層を結ぶ通路である。階段の設置場所によっては、面積に無駄が出る。おおむね上層平面の中央付近で上り切るようにすると結果がよいようである。階段の数は一般的には1カ所であるが、大住宅の時、表階段、裏階段と2カ所設ける時もある。延べ床面積と階段の数の目安を表にした（表15・1）。

図15・41　一般的な玄関

図15・43　接客コーナーを持つ玄関

図15・44　渡廊下（跳上げのあるもの）

図15・45　舟底天井の廊下

図15・47　照明の廊下

図15・46　ピーリング張りの天井

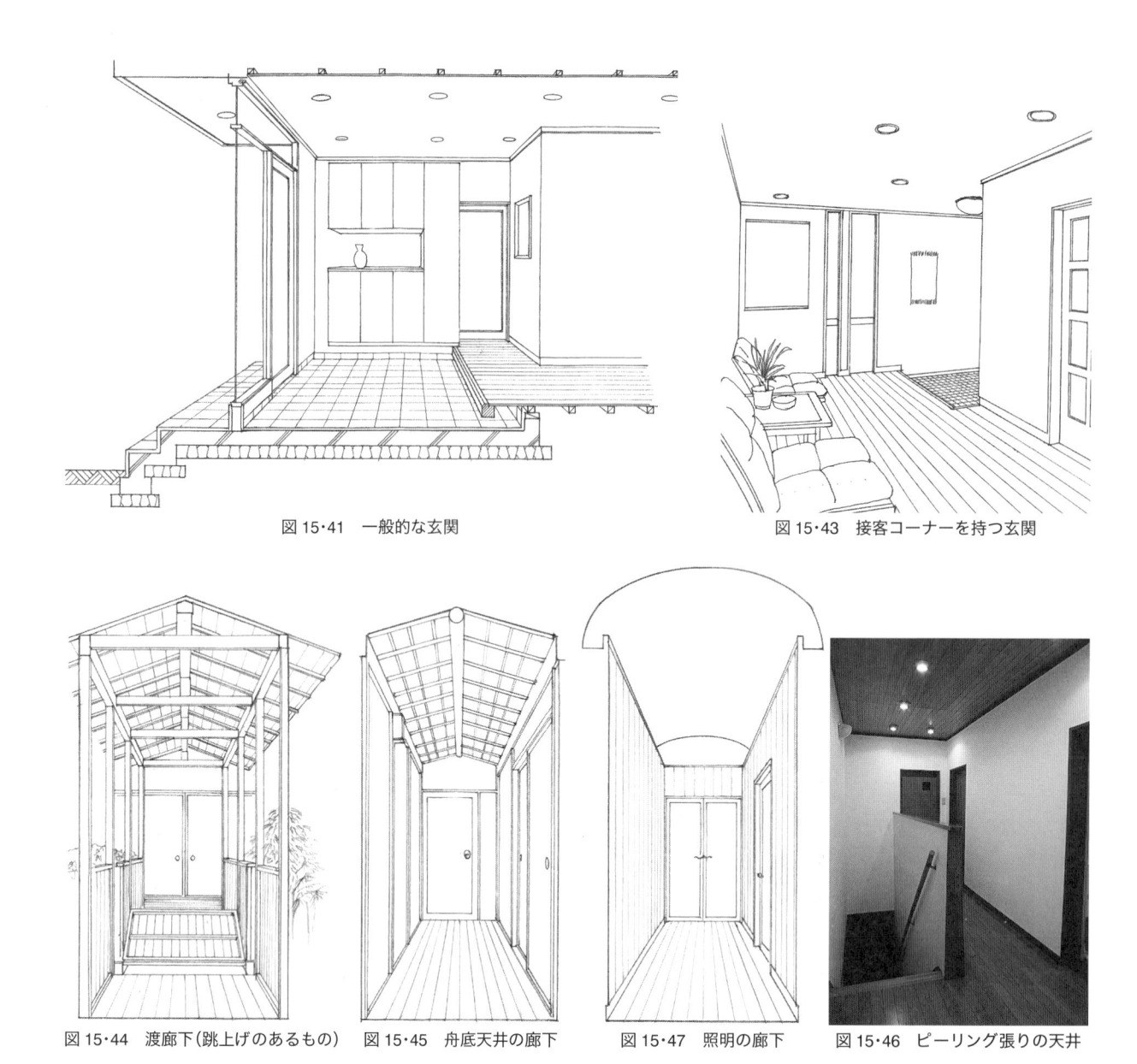

図15・49　門のある長屋

図15・50　極限の階段　住宅の階段（共同住宅の共同の階段を除く）の踏面、蹴上げの最低寸法。

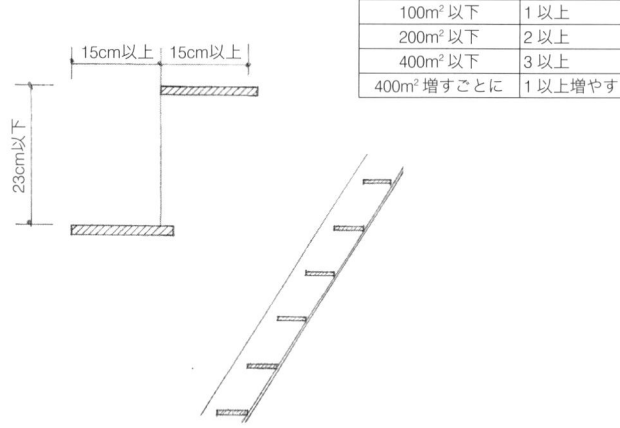

表15・1　延べ床面積と階段数

床面積	階段数
100m² 以下	1 以上
200m² 以下	2 以上
400m² 以下	3 以上
400m² 増すごとに	1 以上増やす

階段の種類は上り方や形によって、直通階段、折れ階段、回り階段、螺旋階段、中明階段に分けられ、構造によって、吊階段（図15・51）、箱階段（図15・52）、踏板階段、踏込板階段に分けられ、材料によって、木造階段、鉄骨階段、鉄筋コンクリート階段、石階段等に分けられる。猿梯子（タラップ）も階段の中に入る（図15・53）。

1◆寸法

階段は、蹴上げ、踏面寸法で上りやすいものと上りにくいものができてしまうので、慎重に決定することが大切である。基準法では、住宅の専用階段（共同住宅の共用のものを除く）は、蹴上げ23cm以下、踏面15cm以上であるが、非常に急勾配で、高齢者や子供でなくても危険な階段である。そのため種々の階段寸法の出し方が試されてきた。

①蹴上げcm×踏面cm＝450

　蹴上げ15cm×踏面30cm＝450

②蹴上げcm＋踏面cm＝45

　蹴上げ18cm＋踏面27cm＝45

③2×蹴上げcm＋踏面cm＝50〜60

　2×18cm＋x＝60　　x＝60－36＝24cm

ということで、いずれの計算式でも近い数値が算出される。

上足と下足ではその勾配の感じ方が異なり、下足の時の方が急に感じる。また一般に快適な階段であっても、高齢者や幼児には急な階段になり、高齢者や幼児に合わせると一般の成人には上りにくいものとなる。経験上、上足で割合上りやすい寸法は、蹴上20cmくらい、踏面22〜24cm、階段全体の勾配は45度より少しゆるいのがよいようである（図15・54）。

階段の有効幅も法規で規定されている。一般住宅の階段は60cm以上とあるが、物を持って上り下りすることを考えると75cm以上はほしい。

階段の踊り場は一般住宅では4m以内ごとに1カ所と決まっており、一般の階高（3〜3.5m）から考えて設ける必要はない。階段に代わる斜路の勾配は8分の1以上と規定されているが、車椅子を使用する場合も考えて少しゆるい方がよい。

階段の必要面積も重要である。直通階段の例として、階高3m、蹴上げ高20cmとすると、300÷20＝15段で、踏板数は15－1＝14面となる。踏板幅を22cmとすると、14×22＝308cmで柱真々91cm（関東間で）、308cm×91cm＝2.81m^{2}となる（図15・55）。関西間96cmグリッドでは柱真々が違うので、当然この面積は異なってくる。

階段の設計で最も大切なものは安全である。したがって一つの階段で蹴上げ、踏面の寸法は絶対に変えてはならない。また螺旋階段や螺旋状になっているもの、よく見かける上り口、下り口や両方が回り階段になっているものも危険である（図15・56）。特に下り口で回り階段になっているものは絶対に採用してはならない。

2◆部材

階段の部材は、蹴込板、踏板と側板（簓桁）は友板（同一材）である。和風の階段では桧、栂、松がよく使われ、洋風の場合は楢、桜、塩地の他、ラワン、アピトンや最高級なものにはチークがあり、欅は和風、洋風の双方に使われる（図15・57）。

現在では、各住設建材メーカーからシステム階段という名前で階段の部材が手摺も含め売り出されている（図15・58）。材料はラワンの積層材で、それぞれの材料の突き板（単板）を貼って、蹴上げ、踏板の寸法も多少調整できるようになっており、曲がり階段や折れ階段用のものもある。また危険防止のため一般的に手摺が必要で、高さは踏板上端から1.2mくらいが基準である。使用する人の状態によって調整し、75〜90cmがよい場合もある。部品も既製品があるので、参考にするのも一方法である。

高齢化社会を受けて、階段の他、機械による諸設備がある。一般的にはエレベーターがあり、また椅子式階段昇降機（階段の幅に注意を要す、図15・59）や、屋外で使用する車椅子用リフト等種類も多く、適材適所に採用をする（図15・60）。

図 15·48　山廊付き三門の立面図　三門上層で行事が行われる。

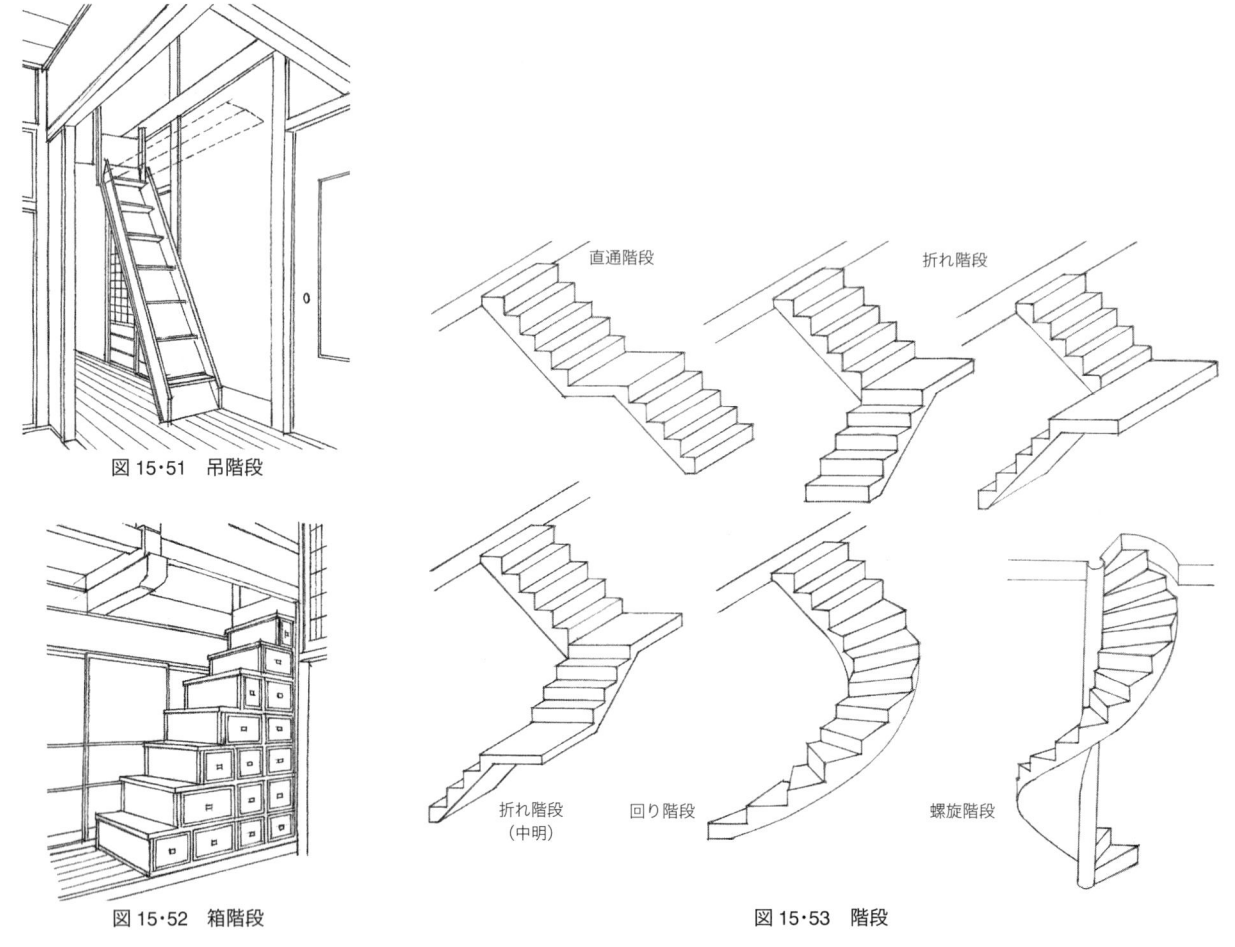

図 15·51　吊階段

図 15·52　箱階段

直通階段　折れ階段

折れ階段（中明）　回り階段　螺旋階段

図 15·53　階段

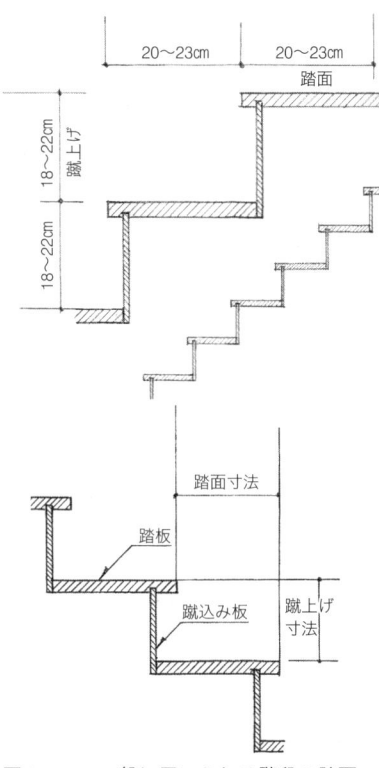

図 15・54 一般に用いられる階段の踏面、蹴上げ寸法

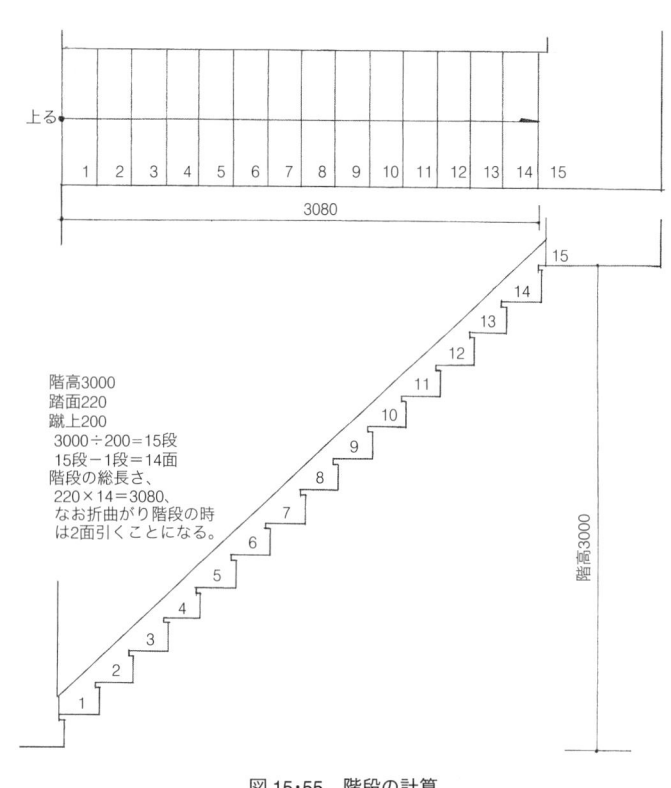

図 15・55 階段の計算

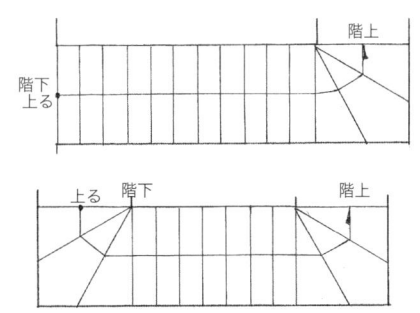

階高3000
踏面220
蹴上200
3000÷200=15段
15段-1段=14面
階段の総長さ、
220×14=3080、
なお折曲がり階段の時
は2面引くことになる。

図 15・56 危険な階段の平面図 上部回り階段は非常に危険。

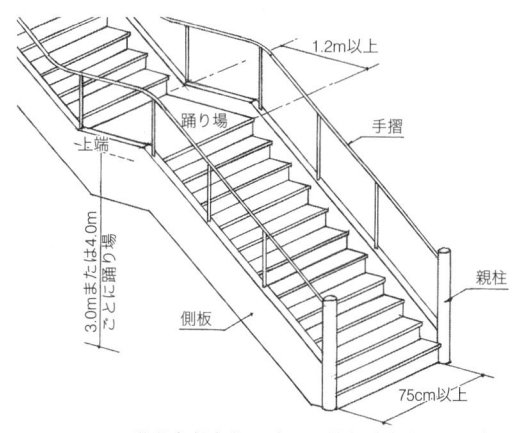

図 15・57 階段各部名称と踏面、蹴上げ寸法の取り方

図 15・58 既製品の階段

図 15・59 イス式昇降機 種類が多いので機能・価格等よく調べて採用する。

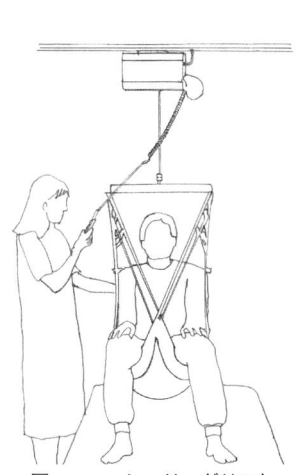

図 15・60 シーリングリフト

15 平面計画

4　外構、エクステリア

　外構とは、建物から離れているものでおもに門、塀、アプローチを指す。

　門は市街地の商店等には必要ないが、ステータスを感じさせるもので、門構えはある種、庶民の憧れでもあった。古くから門は世相、社会変化、機能等によって様々に変化してきた。用途、規模、建物に合った意匠を選ぶ知識が必要である。

　門は和風、洋風、屋根のない門、屋根のある門に分けて考えると容易に決定できる。

ⓐ——和風の門

　わが国の伝統的なものには、塀重門、冠木門、長屋門、棟門、上土門などがあり、また社寺では四脚門、(四足門)、八脚門（八足門）、高麗門、唐門、勅使門、楼門、薬医門等がある。社寺や宮殿の門については項を改めて詳述する。現代の住宅では、多種多様な材料で種々の門が作られているが、厳格な区別はなく、門として上品なものをつくればよい。したがって、このような伝統的な門を作られることは少ないが、基本となる事項を記しておく。

　和風で、屋根のないものに塀重門と冠木門がある。塀重門は気品のある門で御所でも使われる。扉を開くと通路の上に横たわるものが何もないので、背の高いものの通行が自由である。木割は、だいたい図15・61に示すようになる。大小住宅にもよく適合する門である。扉すべて内開きにして、その割合は、地覆上端から下桟下端まで約8cm開け、上下桟の間を6等分し、下から2/6を帯桟の真とし、その上3/6を中桟の中心とする。

　冠木門（図15・62）は、ただ左右の門柱と冠木で連絡した門で、大邸宅にはよく合うが小住宅に用いるとかえって落ち着かなくなる。木割は、柱の真々距離の8.5分の1を柱の見付けとし、この寸法をaとする。扉は門柱の横内法（7.5a）の1/24を立て框の見付とし、これをbとする。

　腕木門（図15・63）は門柱の頂上に棟木を架け、両柱前後に腕木を貫いて桁を架け、屋根を葺いた門である。扉は板扉を両側に開閉できるようになっている。門柱の建て方は掘立てにするか、基礎杏石を用いるかで、杏石を用いる時は内側に木または石の枠控柱か抱控柱を掘立てにして、これに上下2カ所控貫で締め固めて柱の倒れるのを防ぐ（図15・64、65）。

　木戸門（図15・66）は、小住宅に用いる腕木門の一種で、大規模な腕木門のことを棟門ということもある。いずれも2本の柱で棟木を支え、腕木に出桁を架け、屋根を設けた門で、耐震耐風には控柱が必要である。屋根は板、銅板、瓦などを選び、反り屋根、起屋根にすることもある。

　中門（図15・67）は玄関前の広場を仕切るように屋敷内の塀に設けるもので、表玄関を通らず庭園に出入りするために設けるので、雅味のあるものにする必要がある。少なくとも厳しいものにしないことが大切である。

ⓑ——洋風の門

　洋風の門は、歴史的に独立した門は少なく、建物に組込まれている場合が多い。日本的発想で洋風にデザインされ鉄製で唐草をあしらった門や門扉が明治、大正時代の西洋館に作られた（図15・68）。現在洋風の門の機能は、和風と同じと考えてよい。屋根のない門では、門柱の形や材料に種類が多く多種多様であるが、それに続く塀の高さの門柱のものと、塀より突出して門柱の高いものとに分けて考えるとよい。さらに門柱が和風の伝統的な2本柱と、種々の形の塀であるような意匠に分けて考えることができる。いずれにしても現在の門には、あまり大袈裟なものは少ない。

　洋風の門では、コンクリート打放し（図15・69）、コンクリートやコンクリートブロックを躯体にして、石貼、タイル貼（図15・70、71）、れんが積み（図15・72）等の仕上が考えられる。石貼は花崗岩や大谷石等の石や、鉄平石の小口積み（図15・73）もよく見られる。

図 15・61　塀重門と木割

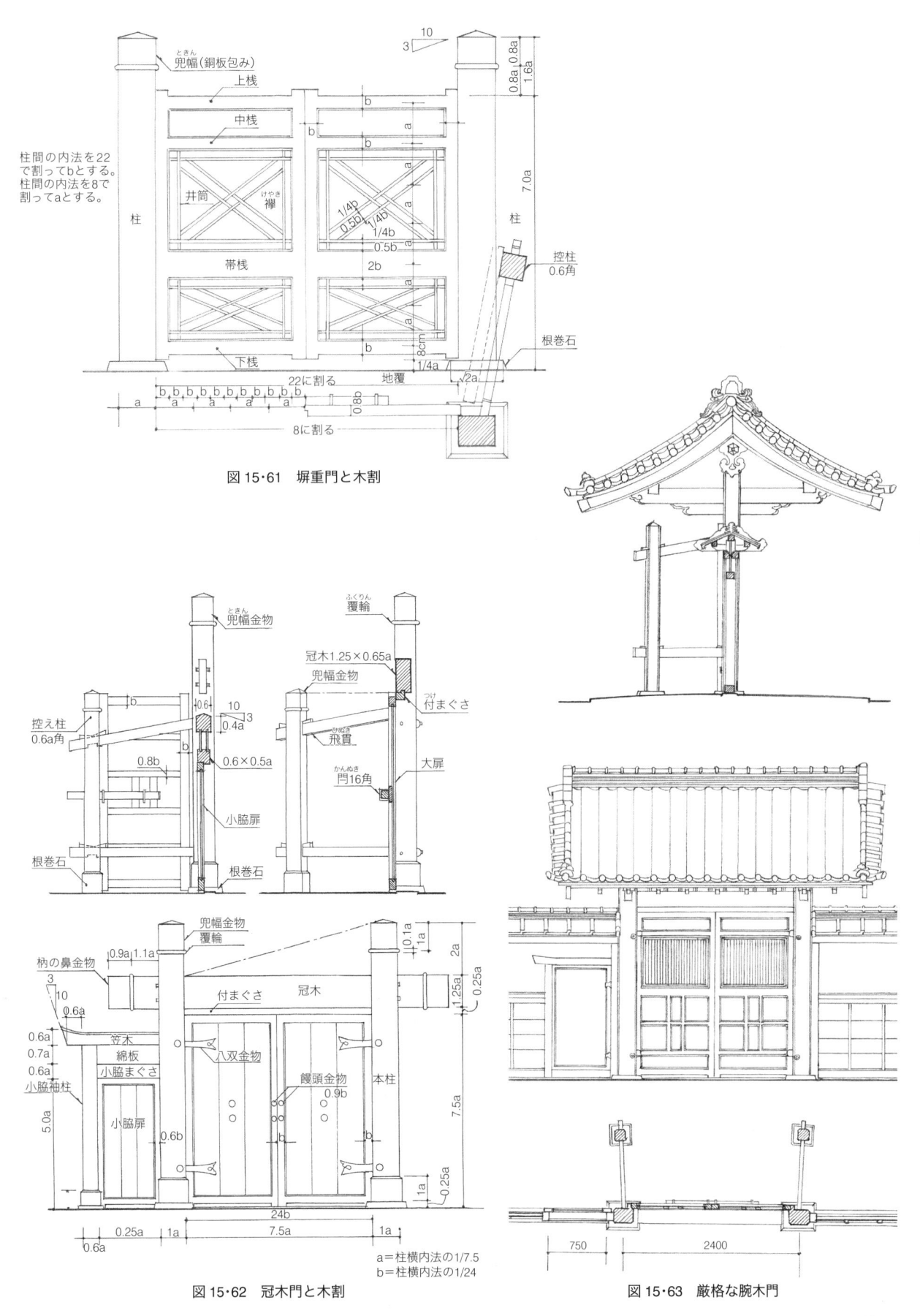

図 15・62　冠木門と木割

a＝柱横内法の1/7.5
b＝柱横内法の1/24

図 15・63　厳格な腕木門

図 15・64 腕木門断面図

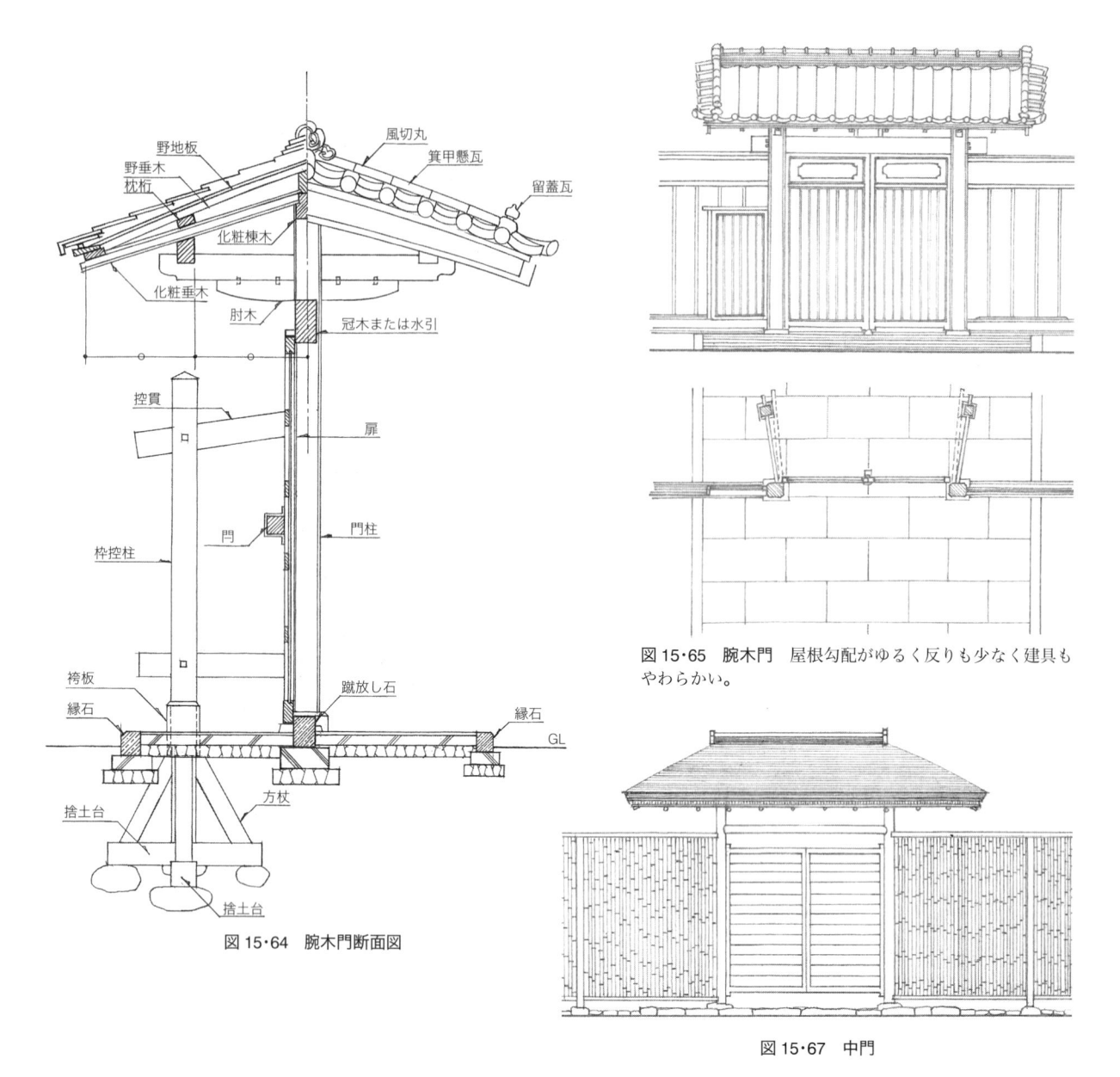

図 15・65 腕木門　屋根勾配がゆるく反りも少なく建具もやわらかい。

図 15・67 中門

図 15・66 木戸門

図 15・68　洋風鉄製唐草門（明治大正時代）

図 15・71　吹付けタイル仕上の門

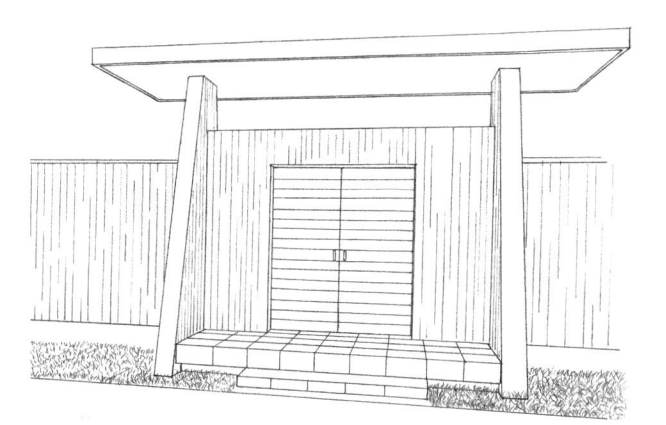

図 15・69　現代風屋根のある（コンクリート打放し）

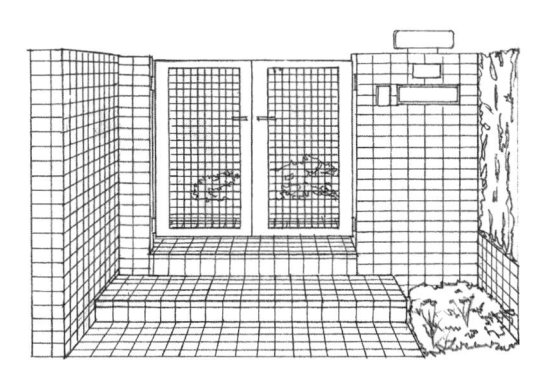

図 15・70　タイル貼仕上の門

図 15・72　れんがにこだわった遊び心ある門

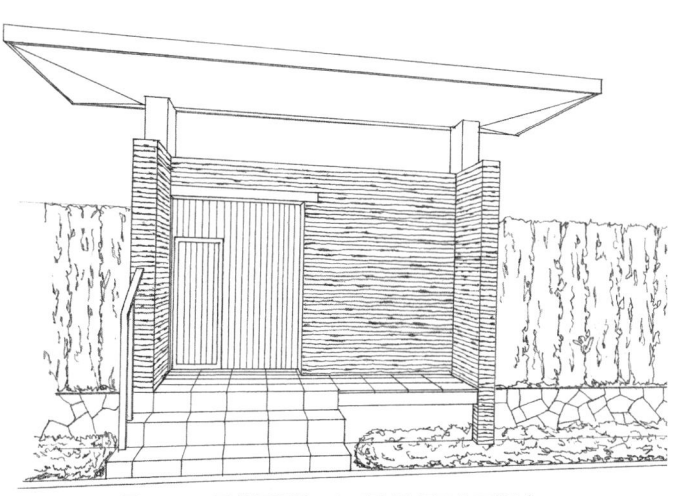

図 15・73　現代風屋根のある門（鉄平石小口積み）

c —— 門灯、車庫、扉等

門に付属する設備には、門扉、郵便受け、門灯、インターホン、表札、さらに最近ではテレビカメラがあげられる。門扉は既製品が採用されることが多く、材質は鉄、アルミニウムの組立てのものや、ダイキャスト（鋳物）のものが多い。外部から内部の透けるものとそうでないものがあり、これに合わせて門柱の形、門柱の間隔、片開きか両開きか等、考えていく方法もある。郵便受けは箱形のステンレス製が多く、門柱にビルトインされたものと外付のものや、この中に門灯や表札、インターホンのセットされたものもある。門灯は当然ながら防湿防雨型から選ぶ。

車庫の出入口も多種類の既成扉がある。車庫が建物内部にある時や独立した建物になっている時は、一般にシャッターが用いられるが、静かな住宅地で早朝、深夜の開閉に大きな音が響いて気になる時はスウィングアップドア（図15・74）がよい。双方とも電動でリモートコントロールのできるものも市販されている。車庫が建物にない時のドアとして、伸縮して引出し開閉するもの（図15・75）と、スウィングアップドアのように回転しながら上部に引き上げられるもの（図15・76）や、複数台用のものもあるので、それらを基本に決定する。

d —— 塀と垣

塀と垣は門に続いて敷地を区画するものである。人の背丈までの高さで、垣根越しで話し合う情景を作り出すのが垣で、人の背丈より高く、内部の見られないのが塀と考える。敷地内部の瀟洒なものは庭園の項で述べたが、敷地境界線を明示する塀について述べていく。

敷地境界線を挟んで二重の塀を作るのは不経済でまれである。しかし隣人同士の考え方の相違や確執等によるものであると思われる二重塀が現実にあるのは不幸なことである。一般的には当事者同士の話し合いで敷地境界線上に塀の真を持ってくるのが理想であるが、なかなかそれもうまくいかない。宅地造成地では、先に建設した人の塀を後から建物を建てた人が話し合いで使わせてもらうケースが多い。隣地境界線に塀を作る時は、当事者同時がよく話し合うことが肝要である。

当然、門と塀は一対のものであるから門の形式によく合ったものでないといけない。和風の門は和風の塀、洋風の門には洋風の塀を合わせる。和風の塀には透塀、屋根塀、源氏塀、真壁塀、練塀、築地塀、版築塀等がある。練塀、築地塀については庭園の項で述べた。

板塀（図15・77）は基礎および猫石の上に土台を架け、それに柱を建て上部を笠木でつなぎ、柱間に胴縁を欠込んで板を打ち付け、板と板の間に目板打ちしたものである。

透塀（図15・78）は、板塀を意匠的に作ったもので、目隠塀ともいい、目線の部分のみ中間に板を貼り、上下を透かしてそこに竹や自然木を入れた粋な塀である。

屋根塀（図15・79）は板塀の上に屋根をつけた塀で、柱から腕木を出し、その先端に出桁を取付け屋根を作り、桧皮、板、柿、瓦等で葺く。

源氏塀（図15・80）は屋根塀の一種で古風なもので、腰長押を用い、その間を表裏とも、種々意匠を施した板を打ち付け、腰長押と笠木の間に襷掛に組子を入れて窓とし、屋根は七五三の板葺猿頬押えとした塀である。

真壁塀は、板塀の板部分に小舞竹を組み、真壁と同様に作ったものである。下部の雨のかかる所を下見板、焼板の目板にするもので、上部に櫛形等の窓を開けることもある。

以上の塀は、木軸でできている。木軸以外の塀には、和風にも洋風にも表現できる鉄筋コンクリートの塀がある（図15・81）。

e —— コンクリートの塀

鉄筋コンクリートの塀は、耐震、耐火、耐風に優れ、どんな形にもでき、しかも練塀、築地塀より材料の心配もなく安価なことから割合多く採用されていて、外部仕上によって和風にも洋風にもすることができる。厚さ12～18cmくらいのコンクリートで、鉄筋はシングル配筋、直径D-13、縦横とも20cmくらいとしたものが多い。施工にあたっては、長さ10m以内ごとに伸縮目地（エクスパンションジョイント）を設け、処理することが必要である（図15・82）。

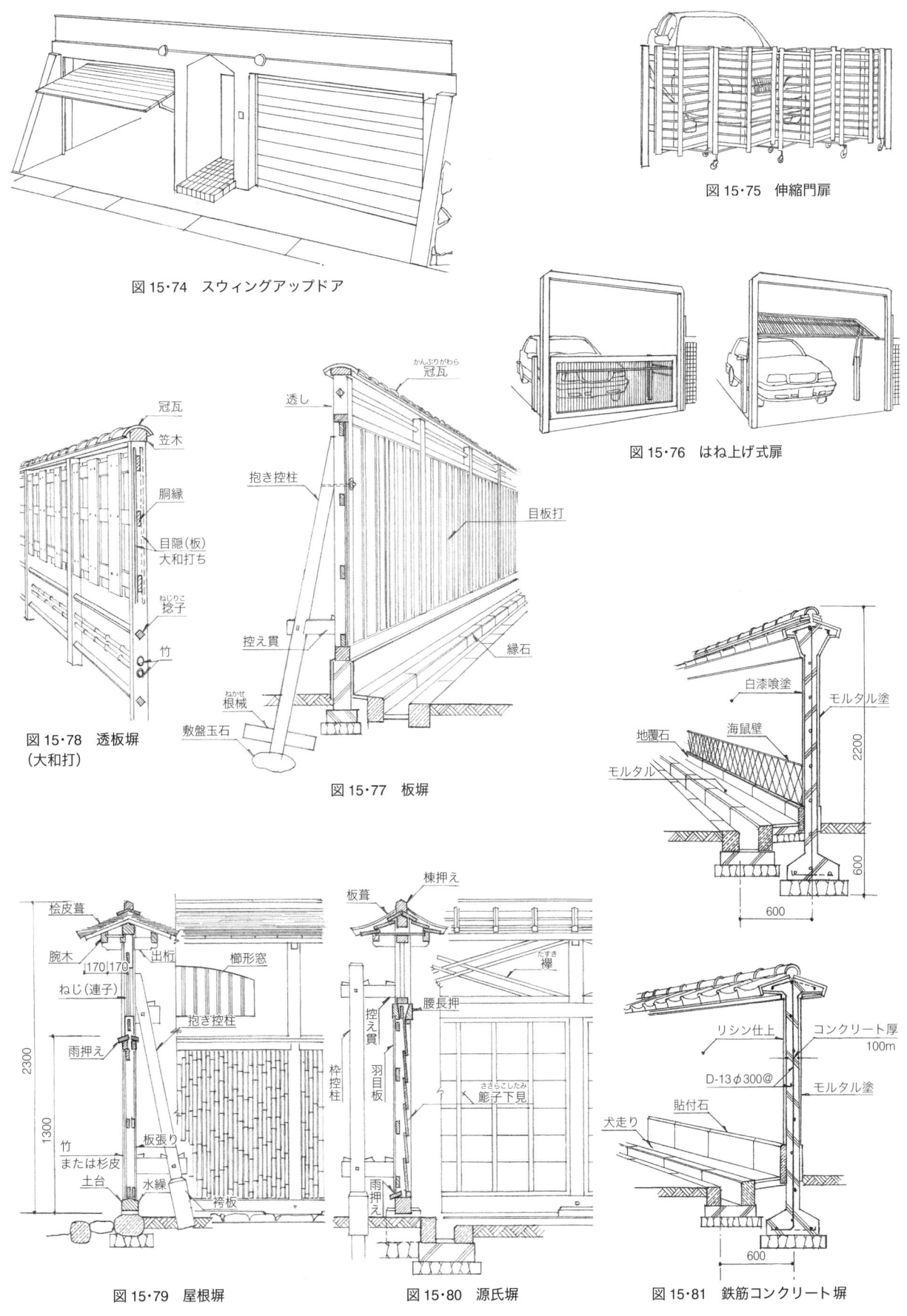

図 15・74　スウィングアップドア

図 15・75　伸縮門扉

図 15・76　はね上げ式扉

図 15・78　透板塀（大和打）

図 15・77　板塀

図 15・79　屋根塀

図 15・80　源氏塀

図 15・81　鉄筋コンクリート塀

同じコンクリートで、基礎、柱、簓板、笠木を部材とし、現場で組立てるプレキャストコンクリートの塀も一時よく用いられた。基礎の上に柱を建て、その柱に縦に溝があり、その溝に簓板状のコンクリートの板を落し込んでいき、最後に笠木をのせて完成する。通称萬代塀といわれていたが、塀が開放的になってきたのであまり見かけなくなった。

れんが塀もよく用いられたが、れんがを積むことは構造上、組積構造になり、わが国では建築基準法の規制があって高いものが作れなくなっている。特にれんが塀を望む時は、鉄筋コンクリートの塀を作り、化粧としてれんがあるいはれんがタイル貼とした方が得策である。

コンクリートブロック塀は手軽なことからよく採用されるが、これも建築基準法で構造が定められている。また配筋もきっちり行わないと地震時に倒れて人身事故がおこるので、特に配慮が必要である。また長さ3.4m以内ごとの控壁も忘れてはならないが、この控壁は高さと関係がある（令62条の8）、このブロックの表面にエンボスの模様を作り出した化粧コンクリートブロックも多くの種類が売り出されていて、組合せ如何ではおもしろく興味深い塀を作り出すことも可能である。ブロック塀といえども軽々しく扱うべきではない。

f——**その他の材料の塀**

塀の下部をブロックやコンクリートで作り、石やタイル、れんが等で化粧し、その上に既製品のアルミ鋳物フェンスや型材で組立てられたフェンスを取付けると開放的で明るく、近代的な塀を作り出すことができる。このフェンスは種類も多いので、その中から選んで採用することができる。

最も簡単で開放的な塀として、ネットフェンス（図15・83）がある。これはコンクリート、コンクリートブロックを基礎とし、パイプで柱、笠木、柱繋ぎを組立てそれに格子ネットやスプリングネットを張ったもので、内部が全部見えてしまう欠点はあるが、通風に優れ、軽快な塀である。堅牢ではなく、弱そうですぐ乗り越えられそうに見えるが、上ってみると弱いことが幸いして、すぐに曲がってしまい、なかなか乗り越えられない。また見えることを防ぐため、蔦類等の植栽、とりわけ朝顔等を植えると季節感が出る。何より安価なことが魅力である。コンクリート吹付けの塀もある（図15・84）。

現代まで、ガラスは塀にはほとんど用いられなかったが、板ガラスを何らかの枠に入れた塀（図15・85）、鉄骨の枠にガラスブロックを嵌込んだ塀（図15・86）が出現している。今は目隠し程度のものが多いが、いずれ一般化すると考えている。

g——**アプローチ**

アプローチは門と玄関の関係を演出する。門と玄関が直線的に相対峙しているのは、端近でなんとなく味気なく、潤いのないもので、少し曲がっていたり、折れ曲がっている方が、アプローチに味が出る（図15・87）。アプローチの材料や形も種々あるが、建てられた家のスタイルによって設計すればよく、和風では茶庭の延段等がよいヒントになる。洋風も根底にこの考え方があれば容易に設計が可能である。

敷地と道路の境界線にはほとんど側溝がある。この蓋には石橋の類がよいが、高価である。現在ではほとんどにグレーチングが用いられ、他に鉄板のチェッカープレートも用いられている（図15・88）。

h——**車庫**

車庫も設計段階で、必須条件になっている。位置的にはその機能から道路に面し、門と並列することからお互いに調和することが難しく、特に和風の門とは合わないことが多い。敷地の間口が広い時は門と車庫の間隔をとることで助かるが、間隔のない時はこれらが全然別の建物と考えた方が、解決しやすくなる。

車庫を建物の中に設置するか、建物から離して作るかの二つが考えられ、建物の中に設置すると建物の延べ面積の5分の1を限度として延べ面積から車庫面積が除かれ、容積率が有利になる。一台の車に必要な大きさは車の長さより60cmくらい余裕を持たし、幅は扉の開き代を見込んで3mくらい欲しいものである。数台の車の並列する時は幅2.5mくらいでもよい。ワンボックスカー等では高さも考慮する。

図 15・82 現代風透塀

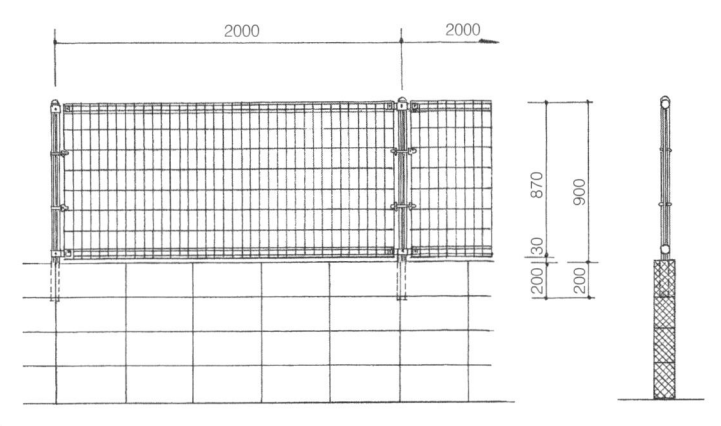

図 15・83 ネットフェンス

圧接タイプ（溶融亜鉛メッキ）　ステンレス組構式

グレーチングの長さ（L）
アングル　ベアリングバー　クロスバー
ベアリングバーの高さ(h)
製品の幅(A)
グレーチングの幅(w)
溝の幅

図 15・88 溝蓋（グレーチング）

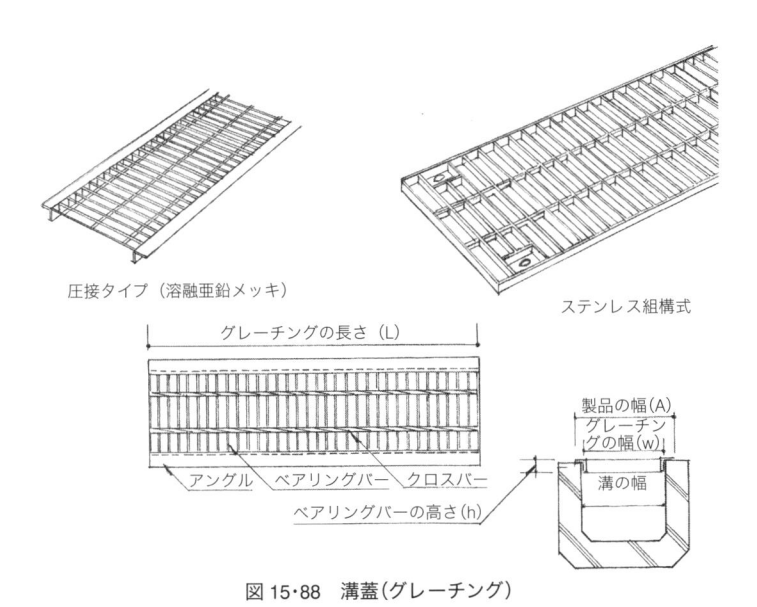

図 15・84 コンクリート吹付けの塀

図 15・85 ガラスの塀

図 15・86 ガラスブロックの塀

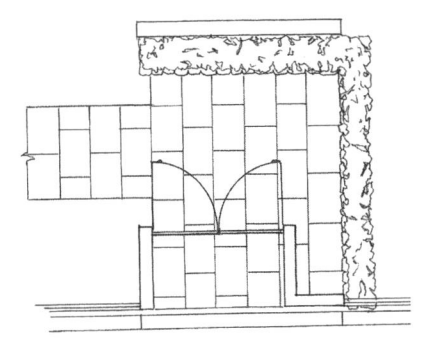

図 15・87 現代の門の平面図　アプローチも考慮する。

15 平面計画

235

16　建築設備計画

　建築設備とは、建築の内部で建築物に求められる機能をより効果的にするための種々の機器装置である。建築基準法によると設備は建築に含まれ「建築物に設ける電気、ガス、給水、排水、換気、暖房、冷房、消火、排煙若しくは汚物処理の設備または煙突、昇降機若しくは避雷針をいう」と書かれている。

　建築設備工事は電気工事、給排水衛生工事、ガス工事、空調設備工事に大きく分けられ、それぞれの工事がさらに細分化され、専門分野が形成されている。しかも設備機器については、日々新しいものが提供され供給されているので、ここではできるだけ新しいものを含めて、基本的な考えを述べてゆく。またこれらの機器の寿命と建築の寿命の差も、充分考える必要がある。

1　電気設備

ⓐ——照明設備

　光の種類の単位には、光束（ルーメン lm）、照度（ルクス lx）、光度（カンデラ cd）、光束発散度（ラドルクス rlx）、輝度（ニット nt、ステールブ sb）等があるが、ここでは、照明一般について述べていく。

1◆照明方式

　照明方式は、照明器具の配置による作業面の照度分布から分類すると、作業面に一様に照度を与える全般照明、必要な所だけ与える局所照明、それにこれらを併用した全般局部併用照明に分けられる。照明器具の配光による分類は、光源から直接作業面に達する光束による直接照明、一度壁や天井に反射して作業面に達する間接照明、両者の割合によって半直接照明、全般拡散照明、半間接照明などに分けられる（表16・1）。

2◆適切な照明のための留意点

　照明の効率をよくするためには、適当な照度を選ぶことだが、近年は必要とされる照度が大きくなっている。照度が一定だと落ち着かないので、照度の分布を適当にする。明るさも影も必要である。輝度の分布も適度に行う。輝度とは眩しさを意味する。一般住宅では輝度を抑え、アクセントとしての照明を使用するのもよい。また適当に陰影が必要で、明るさはすぐ出せるが、陰りをうまく利用すると落ち着いた部屋となる。

　光の色の選択も大切である。光源は白熱灯の色は決まっているが、蛍光灯は色が豊富なのでこの中から生活環境、部屋の使用目的、当事者の年齢等に応じた光の色を選ぶ必要がある。

　居間等で落ち着いた雰囲気を必要とする時、明るい蛍光灯の光の渦は、工場や駅のコンコース等の雰囲気を作り出してしまう。当事者とよく話し合って、照度計画を決定していかなければならない（表16・2、3）。

3◆光源の種類

　光源の種類には白熱灯、蛍光灯、高圧水銀灯、ナトリウム灯等がある。

①白熱灯

　真空にしたガラス球の中にアルゴンガスが封入され、フィラメント（タングステン）に電流が流れると高温になり発光する。光源が小さく、点滅や調光が簡単で比較的安価だが、効率が悪く寿命が短いという特徴がある。現在光源になる電球の種類は非常に多く、その中から適当なものを選ぶ必要がある。

②蛍光灯

　蛍光灯はガラス管の中に水銀蒸気とアルゴンガスが封入されている。管両端のフィラメントに電流を流すと加熱されて放電が生じ、水銀蒸気が紫外線を発し、これが管内に塗られた蛍光物質にあたって光を発する。白熱灯に比べて寿命が長く効率はよいが、光色により色の見え方が悪くなることがある。現在蛍光灯の光色は、白色（7200K）、ナチュラル色（5200K）、昼光色（5000K）、電球色（3000K）等があり、形、光源とも種類が多い（Kは色温度、ケルビン）。

③高圧水銀灯

　水銀灯は水銀の蒸気圧度を上げ、可視光を直接発光するもので、高輝度、高効率である。建物内部の作業やスポーツ、天井の高い所には効果がある。また庭園灯で屋外に使用すると植物の色も美しく見える（図16・1）。

表16・1 照明方式と照明器具の分類

分類	直接照明形	半直接照明形	全般拡散照明	半間接照明型	間接照明型
上向光束[%]	0〜10	10〜40	40〜60	60〜90	90〜100
配光					
下向光束[%]	100〜90	90〜60	60〜40	40〜10	10〜0
照明器具の種類	埋込下面開放形／反射笠付形	逆富士形／トウフ形	乳白色ガラスグローブ	乳白色ガラス	金属製不透明反射皿／コープ照明

表16・2 照度規準

照度段階	2000	1000	500	200	100	50	20	10	5〜0.5
照度[lx]	3000〜1500	1500〜700	700〜300	300〜150	150〜70	70〜30	30〜15	15〜7	7〜0.3
住宅			書斎、勉強室	居間、食堂	応接室(洋室)座敷	寝室、浴室洗面所	玄関ホール廊下階段	車庫ポーチ	敷地内広場
事務室	玄関ホール(昼間)	事務室(a)営業室設計室製図室	事務室(b)役員室、会議室、応接室、印刷室、制御室、受付、玄関ホール(夜間)、電気室、機械室	書庫金庫室講堂エレベーター	喫茶室休養室宿直室更衣室倉庫玄関(車寄せ)	非常階段屋内駐車場			
学校		製図室被服教室	教室、実験実習室、実習工場、研究室、図書閲覧室、書庫、事務室、教職員室、会議室	食堂厨房、給食室印刷室、放送室屋外運動場	渡り廊下倉庫	車庫非常階段	屋外運動場		夜間使用構内道路(5lx)
病院保育所	眼科明室など視機能検査室(10000〜5000lx)	手術室	診察室、処置室、救急室、分娩室、看護婦室、薬局製剤室、剖検室、病理細菌検査室	病院、X線室、物療室、温浴室、運動機械室、聴力検査室、麻酔室、回復室、滅菌室、薬品室、霊安室、更衣室	車寄せ内視鏡検査室X線透視室眼科暗室病棟の廊下	動物室暗室			深夜の病室と廊下

注 事務室は細かい視作業を行う場合、および窓外が明るく室内が暗く感じる場合は(a)を選ぶことが望ましい。

表16・4 照明器具概念図 和風、洋風それぞれ多種発売されており、雰囲気や機能によって採用する。水回りや屋外の場合、防湿防雨型でなければならない。

天井直付け形	天井吊り下げ形	スタンドライト	スタンドライト	門柱灯
シーリングライト	コードペンダント	床置き方	卓上形	外灯

天井埋込み灯	シャンデリア	壁付灯	足元灯
ダウンライト	コードペンダント	ブラケット	フットライト

その他の光源として、高速道路に用いられるオレンジ色の光を放つナトリウム灯や、広告、看板に使用されるネオン灯等は、一般的ではないので省略する。

④発光ダイオード（light emitting diode）

半導体のｐとｎの結合したものに、電流を流すと、ｎ形半導体の電子がｐ形半導体域に、ｐ形半導体の正孔がｎ形半導体域に拡散する。これらの電子と正孔は、それぞれの領域にある電子と正孔を再結合するが、その際、半導体の禁制帯幅に応じたエネルギーに対応する波長の光を放出する。

この形の発光は、1907年にイギリスのラウンドが、炭化ケイ素に針を立てて電流を流して、発光現象を観察しているが、今日の形の化合半導体を用いた発光ダイオードは、アメリカのローブナー（E. E. Loebner）によって1957年からの開発で求められた。

化合半導体の種類と色は、GaAsLED（ヒ化ガリューム）赤外、GaPLED（リンガリューム）赤、緑、GaAsLED（リン化ガリューム・ヒ素）赤、橙、赤外、GaAlAsLED（ヒ素ガリューム・アルミ）赤、赤外であるが、最近GaNLED（窒素ガリューム）やSic（シリコン）などにより青色が開発されている。

小型、堅牢、低電圧、低電流で駆動ができ、高輝度で応答性に優れており、すでに文字や数字、あるいは公衆電話の電源標示、低速やアナログ通信、カメラの自動機構や煙感知器等、各種センサーの光源あるいは、信号機、道路案内表示板などに、広く実用化されている。

光の三原色は、赤、緑、青である、これらの混合により白色の発光が得られるであろう。発光ダイオードは一般の照明の一部として、登場している（図16・2）。

4◆照明器具

各照明器具メーカーのカタログは、シャンデリア、シーリングライト、コードペンダント、ブラケット、スタンド、浴室灯、外灯、ダウンライト等に分類され、それぞれ和風と洋風が用意されている（表16・4）。

①シャンデリア

シャンデリアは複数の光源を持ち、天井から下がっていて光源がガラスのシェード（火屋(ほや)）やガラス片で飾られたものを指し、天井の高いホールや階段室によく用いられる。

②シーリングライト

天井直付器具のことである。この器具は種類が多く、あらゆる場所で採用可能であるが、その場所の雰囲気や、機能に応じた選び方が大切である。

③コードペンダント

これは天井からコードで下げられた照明器具で、器具から作業面の遠い和室等によく使われる。洋風食堂の雰囲気作りに一役買っているのもよく見かける。

④ブラケット

これは壁付灯で一般に補助的に使われる他、玄関、廊下、浴室、便所、外灯等に使われる。それぞれの機能に合ったものが用意されている。

⑤スタンド

これは局所照明に利用され、フロアスタンドとテーブルスタンドに分かれる。前者は部屋の雰囲気作りに使用され、後者は読書、作業、その他局所採光に用いられる。

⑥浴室灯

浴室灯は防湿防雨型の表示のあるものから選ばなければならない。形としてはシーリングライトやブラケットである。また親子灯もあり、必要に応じて採用すればよい。

⑦外灯

屋外に設置されるもので、ブラケットや軒下灯、エントランスライトといわれる自立灯もある。外灯の場合、防雨型と防湿防雨型があり、またダウンライトもある。設置場所に応じて選ぶことが必要である。

⑧ダウンライト

天井埋込み灯で、蛍光灯のような大きなものから鳩目と呼ぶ小さなものまである。一般的に白熱灯、ハイビームランプ、ハロゲンランプ等が用いられるが、最近では蛍光灯のツイン型も用いられ、部屋の補助光や絵画灯としてよく用いられる照明器具である。種類も多岐に渡る。

表16・3　電気配置図における凡例

記号	名称	記号	名称	記号	名称
○	白熱灯	⊙₂	2口壁付コンセント	●	点滅器スイッチ
⊙L	シーリングライト、天井直付け	⊙E	壁付アース付コンセント	●₃	三路スイッチ
⊖	コードペンダント	⊙WP	壁付防水コンセント	●P	パイロット付スイッチ
Ⓡ	レセプタクル	⊙	壁付でないコンセント	●L	プルスイッチ
⒞H	シャンデリア	⊙	電話アウトレット	WH	電力量計メーター
◐	壁付灯、ブラケット	ⓣ	壁付テレビアンテナコンセント	◢	分電盤
◎	ダウンライト埋込み灯	⊗	換気扇	▣	壁付インターホン

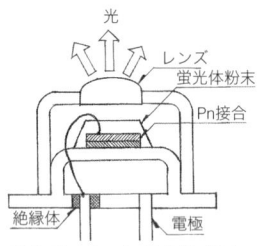

図16・2　発光ダイオード発光模式図

シリカ電球 まぶしさの少ない光が得られる。クリア電球もある。

ミニ電球 様々な器具に使用できる小型電球。

ボール電球 ムード照明、装飾照明に幅広く使える小型電球。

ミニクリプトン電球 クリプトンを封入した小型電球で、長寿命高効率。

ボール電球 黄ばみをなくし、透明感あるランプで食卓の料理などを鮮やかに見せる。

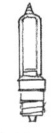

KTクリプトン電球 コンパクトな高効率高寿命な電球でダウンライトに適す。

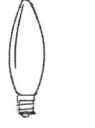

シャンデリア電球 電球の形を見せる器具に用いる炎形の電球。ホワイトとクリアがある。

小丸電球 常夜灯、残置灯、灯明用等長時間点灯の必要な器具に使用。

クリア小丸電球 小丸電球のクリアタイプ。

ミニレフ電球 ビーム角40度の小型レフ電球。
レフ電球(パイランプ) クリプトンを封入した小型レフ電球。

ナローレフ電球 内面にアルミを蒸着したビーム角30度のミニスポット電球。

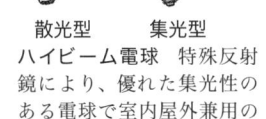

ハイビーム電球 特殊反射鏡により、優れた集光性のある電球で室内屋外兼用のスポットライトに使用。（散光型／集光型）

ダイクール電球(ダイクロビーム電球) 熱線を80%カットしたハロゲン電球で高効率、高寿命、高色温。

ハロゲン電球(110V) 従来のミニハロゲンに比べて節電かつ高寿命。

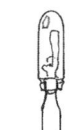

キセノン電球(12V) 高輝度のランプ。

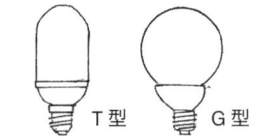

電球型蛍光灯（T型／G型） 小型軽量の電球型蛍光灯で高効率な光が得られる。

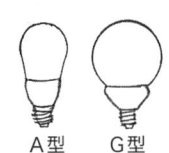

電球型蛍光灯（A型／G型／D型） 電球型蛍光灯をさらに小型化したもの。

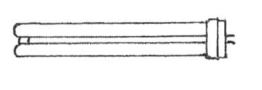

ツイン蛍光灯(ツイン1) 電球型蛍光灯をさらに小型化したもの。

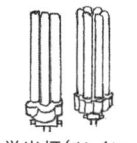

ツイン蛍光灯(ツイン2、3) 4本、6本のガラス管を束状にしたもの。

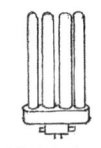

ツイン蛍光灯(ツイン2パラレル) 平面光源を得るための蛍光灯。

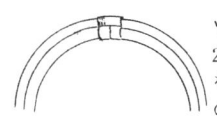

ツイン蛍光灯 管径20mmの丸型発光管を、同心円状にしたもの。

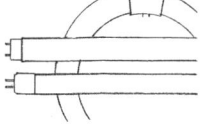

蛍光灯 一般的なもので色の違いまた直管の管径や大きさの違いなど種々多様。

水銀灯 水銀の蒸気中の放電により白色に発光する。

図16・1　ランプの種類

⑨その他の灯具

　足元灯は廊下、階段、寝室等で、邪魔にならないように壁に埋込み、足元を照らす灯具である。

　手元灯は台所の吊戸棚の下に取付けられる。

　シーリングファン付照明器具というものもある。これは天井換気扇に取付けられたシャンデリアで、天井の高い部屋の暖房に有効である。

　建築化照明というものがある。これは建築と一体化した照明で、多くは間接照明で雰囲気作りに用いられるものである。現在では照明器具メーカーが数多くの種類の照明器具を作り出しており、適材適所に選定すればよい。

ⓑ——配線設備

1◆コンセント

　戦前、戦中は家庭内に電灯以外に電気器具は少なく、二股ソケットで対応できたが、戦後電気器具は増え続け、その種類と数を大幅に増やしている。数と容量のチェックと余裕を持たせることが必要である。

①二口コンセント

　一般のコンセントで差込口が二つあるもの。壁付が普通だが用途によっては床の場合もあり、また三口のものもある。

②接地極付コンセント

　一般にアース付コンセントといわれるもので、モーター内蔵の機器や、接地を要求される機器に通電するのに便利なコンセントである。

③防水コンセント

　屋外設置型で、庭園、植栽の手入れや屋外で使用する機器に便利である。屋外設置機器に用いる場合は、機器専用とするのがよい。たとえば瞬間湯沸器等である。

④引掛けローゼット

　コードペンダントを取付ける時、器具の取付けと通電が同時にできるコンセントの一種で、コードペンダントの位置に取付ける。

⑤レセクタブル

　電球の差込器、一般にソケットといわれ、ねじ込みプラグを使用してコンセントとして使用することもできる。

⑥抜け止め防止コンセント

　押し込む時強く押し込むと抜けなくなり、もう一度強く押すと抜けるコンセントで、安易に抜けると困る時に使用する。

⑦マルチメディアコンセント

　インターネット、電話、FAX、TVの電源が取り出し可能というものである。

⑧マグネットコンセント

　アダプターにより、つまずいても抜けないもので、抜く時は簡単に電源を切ることのできるコンセントである。

⑨直結（専用）コンセント

　形は普通のコンセントであるが、使用機器が大容量で固定されている時に使用する。一回路一口コンセントでクーラー、電子レンジ等に使用する。

2◆点滅器、分電盤

　点滅器とはスイッチのことである。古くはソケットについたひねりスイッチで点滅したが、現在一般的なものとして壁付の片切スイッチと照明器具についているプルスイッチがある。

　これらスイッチは近年のエレクトロニクスの発展により、多種多様に、かつ変化し続けており、常にこの情報を集めるように心掛ける必要がある。

①片切りスイッチ

　最も一般的なスイッチで、単に点滅機能のみのものである。

②プルスイッチ

　照明器具内に内蔵され、紐を引くと点・消灯する。全灯、半灯、豆球の点灯と消灯という四段階の機能のものが多い。

③パイロットランプ付スイッチ

　このスイッチ自身に小さな明かりの点るもので、スイッチの位置を示すものと通電しているか示すものとの二種類がある。

④三路スイッチ

　一つの機器にスイッチが二つつき、どちらからでも点滅できるもので、住宅では階段の上下にスイッチをつけることが多い。

⑤自動点滅器

　明るくなれば消灯し、暗くなれば点灯するスイッチで、電子 EE スイッチという。これはおやすみタイマーを取付けると 1 時間から 10 時間の間で消灯時間が予約でき、門灯等に使用されるものである。

⑥センサー付点滅器

　センサー検知範囲で人に反応し、点灯、消灯するもので、階段、便所、廊下、ポーチライトに使用される。バリエーションとして防犯灯としても使用される。

⑦リモコンスイッチ

　リモコン送信機とアダプターの組合せによるスイッチで、寝室等で起き上がれなくてもスイッチの操作ができるもの。蛍光灯用と白熱灯用があり、1 回路 8ch と 1ch のものがある。

⑧調光機能付スイッチ

　調光器と組合せたもので、蛍光灯用と白熱灯用があるので、使用にあたってはその点注意が必要である。

⑨タイマー付スイッチ

　スイッチを操作した時ではなく、30 秒〜5 分の間のセットされた時間に作動するスイッチで、便所の換気扇によく使われる。

⑩リレースイッチ

　これは機器に内蔵されているものである。

⑪分電盤

　分電盤は分岐回路の開閉器で保安装置である。一般には鋼製の箱で、中に各回路の開閉器（ブレーカー）とメインの開閉器が入っている。一般に回路 20 A（アンペア）で、機器の数によっては大きくなるので、設置場所等をよく考えた方がよい（図 16・3）。

C───通信情報設備

　通信情報設備とは建物内の情報の伝達をつかさどる設備で、電話設備、インターホン設備、テレビ共同受信設備などが挙げられる。

1 ◆ 電話設備

　電話設備は近年多くの種類方法がでている。1980 年頃、住宅のどの部分に電話のアウトレットを設置するかが大問題であったが、親子電話の出現で多少緩和された。現在では携帯電話や PHS（簡易型携帯電話）の機能も飛躍的に進歩、発展したことにより、この問題はなくなった。電話設置の場合、これらの点をよく考慮しておくことも大切である。

2 ◆ インターホン設備

　特定の用途に対する屋内連絡専用の有線通話装置をいう。住宅では一般に門あるいは玄関から、住宅内部と連絡するものがほとんどである。また簡単なものとしてコールドチャイムがある。TV 付のものもある。さらにこれらの発展形として HA（ホームオートメーション）がある。

　インターホンの方式は、親子式、相互式、複合式に分かれ、親子式は親機と複数の子機との間に通話網が構成される方式である。相互式は親機と親機の間に通話網が形成される方式である。また複合式は親子式と相互式の組合せにより通話網が構成されるもので、一般住宅の場合、親子式がほとんどである。

3 ◆ ホームオートメーション（HA）

　これは建物内部にある電気設備のすべてを、一カ所、または数カ所でコントロールするシステムである、現在では一部マンションや住宅に設置されているが、一般には普及していない。なければならない装置ではないが、今後普及していくことが予想される。このシステムは大きく分けて、コントローラー、アダプター、それに電話を利用しての、テレコントローラーになる。

　コントローラーは、一般の住宅では、主婦の滞在時間の最も長い台所や、ユーティリティに設置されるが、これにより住宅内部の電気機器の使用状態が一目でわかり、その場でこれら電気機器の点消ができ、扉の開錠施錠もできる。またポータブルコントローラーもあり、持ち歩きができ、住宅内のいずれのコンセントでも、予めセットされた機器を操作できる。さらにテレビのテレビ用のアダプターをセットすることによって、テレビリモコン操作と同じように、これらで電気機器を扱うことができる。

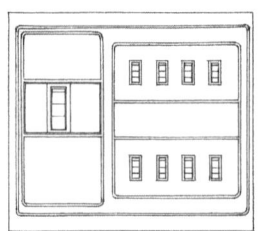

図16·3 小型分電盤

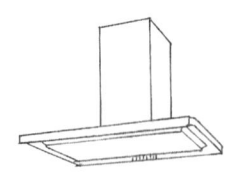

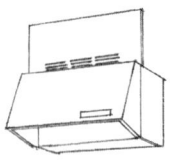

図16·5 レンジフード　レンジフード用の換気扇にはプロペラファンとシロッコファンがある。プロペラファンの方が効率がよい。

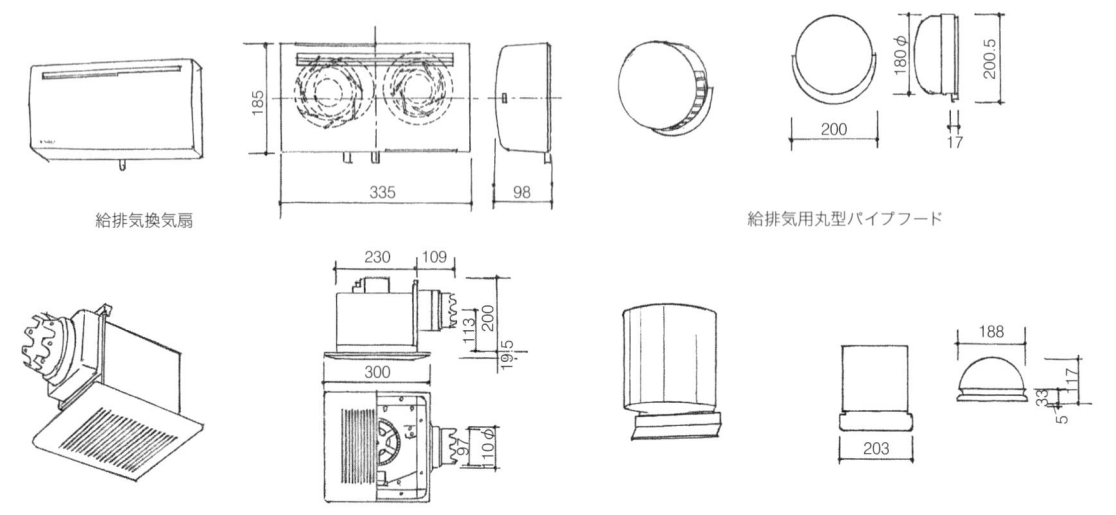

給排気換気扇

給排気用丸型パイプフード

天井埋込型換気扇

図16·6 換気扇

吸排気ファン用角型パイプフード

図16·7 パイプフード

建築基準法で常時換気の可能な機械換気設備が義務付けられている。無垢材等ホルムアルデヒドを含まない建材だけを使用した場合でも、家具等の設置があるので換気回数は部屋体積の0.5回/hの機械換気が義務づけられている。給排気用の換気扇を始め、多種類の換気扇が売り出されているので、その中から機能するものを採用設置する。

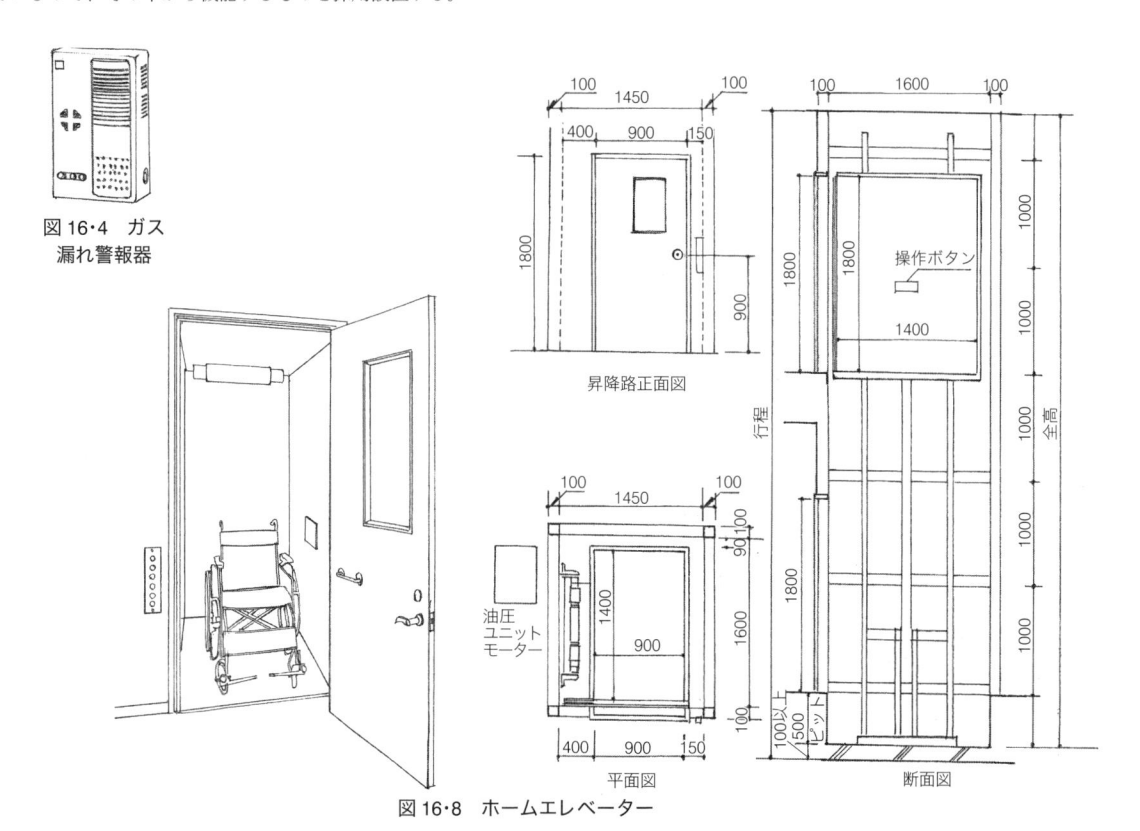

図16·4 ガス漏れ警報器

昇降路正面図

平面図

断面図

図16·8 ホームエレベーター

アダプターは、一般のスイッチのような作動をするが、違うのはこの装置によってコントローラーからの信号を、受信し発信できるものである。

テレコントローラーは、電話を掛けることで、電気機器、ガス釜、給湯器（床暖房等）が操作でき、カーテン、シャッター、ブラインドの開閉もできる。

この他、戸締りや火災のチェックもできる装置である。

ⓓ──警報設備

警報設備は、おもに火災に関するもので、自動火災報知設備、非常警報設備、ガス漏れ火災報知機がある。これらは火災を早期に発見することを目的とし、避難や、人命の安全を図るものである。

消防法により火災報知機の設置が義務づけられる。

1◆自動火災報知設備

自動火災報知設備は火災が発生した時、自動的に火災を検知し、防災センターに通報するもので、内蔵されている感知器には熱感知と煙感知があり、それぞれに、差動式（分布型とスポット型）、定温式（スポット型と感知線型）と複合式がある。

2◆非常警報設備

非常警報設備は居住者に火災の発生、避難の方法を知らせるもので、非常ベル、自動サイレン、放送設備からなる。これらは、起動装置、表示灯、音響装置（ベル、サイレン、スピーカー）、操作装置により構成されている。

3◆ガス漏れ警報器

これは燃料用のガス漏れ検知機で、ガス漏れ検知機、中継器、受信機で構成され警報装置を付加したものである。簡単な警報装置のみのものもある。

以上の警報装置は、集合住宅等に設置が義務付けられており、種類も多い。一般木造住宅でも自発的に設置することが増えている。いずれにしても専用の電源が必要になる（図16・4）。

ⓔ──換気設備

気密性の高い住宅が増えているので、換気扇に対する必要性が増しており、種類、数量、設置場所等を決めなければならない。以前は換気扇というと台所のレンジフード（図16・5）くらいのものであったが、便所、浴室や居室の煙草の害を少なくするため等に採用されるようになった。さらに住宅の気密化に伴うシックハウスの問題も生じ、その処置の一つとして換気扇設備が義務付けられた（シックハウスの項、確認申請の項参照、図16・6、7）。

ⓕ──昇降設備

エレベーターは電力等の動力によって人や荷物を上下に運搬する装置で、乗用、荷物用、人荷共用、病院用、非常用等に分けられる。現在一般住宅にも高齢者対策の一つとして、ホームエレベーターが求められることが多い。面積としては約 $3.3m^2$ 必要となる。

またエレベーターには安全のための基準（特に検査と点検）が設けられ、この基準はどのエレベーターにも採用される。維持のための費用も考慮する必要がある（図16・8）。

2　給排水衛生設備

この設備工事は、給水工事、排水工事、給湯工事とその関連機器設置工事からなる。

ⓐ──給水設備工事

水道施設は、「水を人の飲用」に供給するもの全体で、水道直結式と受水タンク式に大別できる。

1◆水道直結式

これは水道を直結する方式で、戸建住宅では一般的である。この方式では水圧は二階までしか届かないと考えられており、三階以上の時はブースターポンプ等の他の設備が必要になる。

2◆受水タンク式

これは受水タンク（図16・9）に貯めた水を、揚水ポンプで屋上等の高置タンク（高架水槽ともいう）（図16・10）に揚水して、必要各戸に給水するもので、戸建住宅以外の大規模な建物に採用される。他の方法として圧力タンク式、ポンプ直送式がある。

3 ◆ 配管材料

配管材料は、JIS（日本工業規格）やJWWA（日本水道協会規格）に規定されているもので、代表的なものは亜鉛めっき鋼管、ステンレス鋼管、塩化ビニールライニング鋼管、ポリエチレン粉体ライニング鋼管、耐衝撃性硬質塩化ビニール管等あり、使用目的、用途に適した材質、形状、大きさのものを用いることが大切である。

4 ◆ 給水栓

給水栓は止水栓、カランと呼ばれ、水、湯を容器に供給する器具のことである。口径は13mm、20mm、25mmのものがあり、一般の戸建住宅では13mmが使用されている。機能、デザイン等多岐にわたるので、適材適所で採用していくことが大切である。

洗面器、手洗機の給水栓は基本的に立水栓で、上をねじると水が出たり、止まったりするものである。またお湯とともに使われる混合水栓があり、現在ではシングルレバーの混合水栓が多く採用されている。また洗髪用吐水口のある止水栓もある。

台所の給水栓も種類は多く、古くは自在水栓という単水栓で壁に取付けられていたが、給湯が一般的になり、システムキッチンの普及とともに、ワークトップに取付けられる等長所の多いシングルレバーが一般的となった。またアルカリイオン水生成器、浄水器専用自在水栓等もあり、提案し打合せすることにより、何を採用するか決定していかねばならない。

浴室の給水栓は、基本的には洗面器用のものと同じである。設置場所によって壁付のものと、台付タイプ（デッキカラン）に分けられ、ほとんどシングルレバー混合水栓となり、壁付タイプではシャワー付になっている。また浴室によっては、壁付タイプで、浴槽落とし込みと給湯を併用する場合とそれぞれ専用にすることがある。またサーモスタット付も用意されている。この水栓も種類が多く、浴室の大きさ、意匠を考慮して選ぶ必要がある。

洗濯機用水栓はホーム水栓が基本である。これは吐水口がくるくる回り、ホースを取付けやすくするもので、混合水栓やサーモスタット付、自動ミキシングタイプ等がある。

自動車の掃除、庭園の散水等の散水栓は、カップリング付で、ホースの脱着が簡単にできるものである。他人の給水を防止するキー式のものもある。

この他、われわれが普通目にすることの少ない給水栓に、ボールタップがある。これは便器の汚水流し用タンク内の自動水栓で、受水槽などにも使われる。汚水流しは他にフラッシュバルブがある（平面計画、便所の項参照）。この他に目につかないものとして、仕切弁、玉形弁、逆止弁等、弁類は種々あるが、ここでは省略する。

5 ◆ 給水の汚染防止

水道水は直接飲用するので、水道管の中で飲料水以外の水と混じるようなことがあってはならない。誤って、クロスコネクションや逆サイフォン作用が起こらないよう配管しなければならない。

クロスコネクション（Cross connection）は、給水、給湯の配管系統に他の配管装置等を誤って直接接続させること等で、汚水が上水に混じることである。

逆サイフォン作用とは、いったん使用されて容器の中に出た水が、給水管内に生じた負圧によって給水管内に逆流することでおこる汚染である。

これらを防ぐために、給水管系統に他の配管を接続してはいけない。また給水配管は不浸透質の耐火材料にすることが必要であり、給水管内の汚染防止は、建設省告示1597号により規定されている（図16・11）。

6 ◆ ウォーターハンマー現象（水撃作用）

これは管内の流れを急に停止することによっておこる。給水栓や配水管をハンマーで叩くような振動音がする。そして周囲の仕上が破損する時もある。

防止方法は、少し大きめの管を使用し、急速に栓を止めないようにすることである。配管途中にウォーターハンマー防止器を設置する方法もある。

7 ◆井戸

公共水道の普及以前は、井戸が貴重な飲料水の水源だった。夏は冷たく、冬は暖かく、防火用、散水用として非常に便利なものであった。しかし上水道の普及と維持管理の面倒さもあり、次第にその姿を消していった。また大阪市のように地下水の汲み上げによる地盤沈下という問題もあり、少なくなった井戸はもはや一般的ではなくなっている。

汲上方式は構造的に種々工夫されているが、井戸の種類には浅井戸、深井戸、掘抜き井戸、埋込み井戸等があり、それぞれポンプの形式が違うが、ここでは省略する。また井戸は給水以外にも使われ、特に災害時の上水道の断水時に威力を発揮する。利用可能なものは積極的に維持管理しておかれることをお勧めする。

ⓑ──給湯設備

1955年頃は一般住宅でお湯の出る家はまれだったが、現在ではお湯の出ない方が少なく、給湯は普通のことになっている。はじめは台所流し前の小型給湯器（図16・12）だけだったが、やがて屋外設置型（図16・13）で、台所以外の給湯もできる三点給湯（台所、浴室、洗面）が標準化し、さらに自動食器洗機、浴室換気乾燥暖房機、温水床暖房、パネルヒーティング、冷暖房機の熱源になっているものもある（図16・14、15）。給湯方法は局所式と中央式給湯方法がある。局所式は瞬間式、貯湯式、貯蔵式、サイレンサ式に、中央給湯方法は、直接加熱式、間接加熱式に分けられる。

このうち一般住宅では、直接法の瞬間式と貯湯式、中央法の直接加熱式が用いられる。また瞬間式と直接加熱式は、熱源機として瞬間湯沸器の方式が用いられる。貯湯式（図16・16）は夜間電力を利用した電気温水器が一般的であるが、無制限に給湯することはできない。その点、瞬間湯沸器利用の場合はその心配がない。燃料はガスが主流で、電気、石油等も用いられる。

給湯配管材料には、いずれも配管用の炭素鋼管、鋼管、銅管、黄銅管、ステンレス管、ポリエステル管、ポリブデン管、耐熱用硬質塩化ビニール管などがあるが、主として銅管、ステンレス管が使われる。これら管の熱損失を防ぐための保温施工にはロックウール保温管やグラスウール保温管が使われ、すでに保温材の巻かれた既製品の被覆銅管もよく用いられる。

お湯と水の物理的なちがいは、お湯は温度が上がると、体積が膨張する。0℃の水が100℃になると約4％膨張するので、この膨張量を逃がす管（逃し管または膨張管）を設ける必要があり、またお湯の中に飽和空気が発生する等があるので、これらのことについて専門家と事前に打ち合わせ、確かめることが重要である。

ⓒ──排水設備

建築物からの排水は、汚水、雑排水、雨水、特殊排水に分けられ、汚水とは大便器、小便器、ビデ、汚水流しからの排水で、人間の排泄物（し尿）を含む。雑排水は台所、洗面所、浴室等からの排水で汚水を含まないもの、雨水は雨の水や湧水をいう。特殊排水は有害、有毒、危険な性質の排水で一般の排水系統や下水道に放流することはできない。

排水方式には、直接排水と間接排水がある。直接排水は一般の排水管に直接接続するもので、間接排水とは飲料水や食器などを取扱う機器から、排水管に直結すると排水管が詰まることを避けるため、排水空間を設けて水受容器に排水することである。間接排水を用いる機器には冷蔵庫、米洗器、食器洗い器、洗濯機、脱水機等がある。

排水方式には、合流式と分流式がある。合流式は敷地内で汚水と雑排水を一緒にして排水することで、分流式は敷地内では汚水と雑排水は別々とし、敷地を出る手前で一緒にして下水に流すことである。

公共下水の排除方式は前述の場合とは異なる。合流式とは汚水、雑排水、雨水を一緒にして終末処理することで、分流式とは雨水は終末処理場を経ず、直接河川に放流し、汚水、雑排水を終末処理場で処理することをいう。

図16・9　受水タンク

図16・10　高置タンク

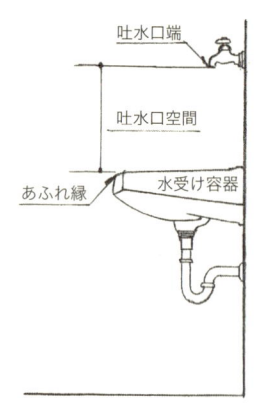

図16・11　吐水口空間

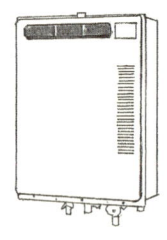

図16・12　ガス給湯器屋外設置壁掛型

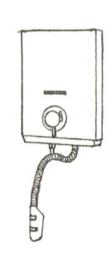

図16・13　ガス給湯器元止式

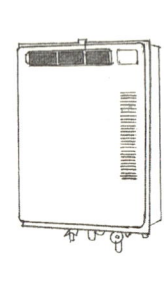

図16・14　ガス給湯暖房機　屋外設置壁掛型　給湯と各種温水暖房の熱源機を兼ねるポンプ内蔵の機器。

図16・15　暖房専用熱源機　もっぱら温水暖房用の熱源機で給湯できない。給湯器がすでにある場合に採用される。

図16・16　貯湯式電気湯沸機（右）　貯湯式なので湯量に制限がある。左の給湯器とは大きさの比較である。

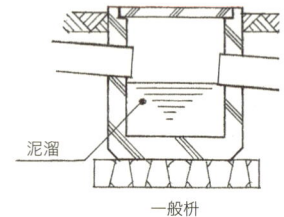

Sトラップ　　Pトラップ　　Uトラップ

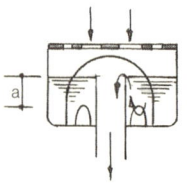

ドラムトラップ　　ベルトラップ（椀トラップ）　　造り付けトラップ

図16・17　トラップ　上段はサイフォン式トラップ、下段は非サイフォントラップ（出典：建築のテキスト編集委員会編『初めての建築設備』学芸出版社、2000、p.117）

一般枡

インバート枡（泥溜なし）

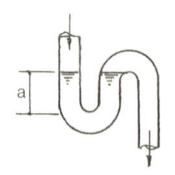

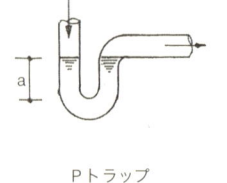

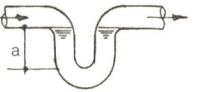

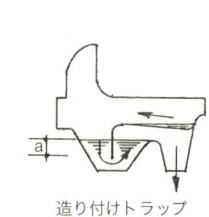

トラップ枡

図16・18　排水枡（会所）

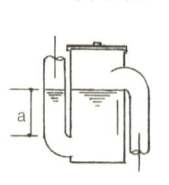

1 ◆ 排水トラップ

トラップは水封ともいい、排水管内の器具に近い所に設けられる。ここには排水の行われない場合にも常時水を溜め、これで悪臭や衛生害虫の侵入を防ぐ。トラップは各機器に設けられるのが原則で、その形によって多くの種類があり（図16・17）、適材適所に採用されている。また高さによっては、トラップ枡にすることもできる。

トラップが水封作用を失うことを破封という。原因には種々あるが破封の意味を知っておくことが大切である。またトラップを同一配管系上に直列に二個以上設けることを二重トラップといい、禁止されている。これはトラップとトラップの間に空気が抜けないため、スムースに水が流れず、水封も失われるというのが禁止の理由である。

2 ◆ 通気管

排水管内部で排水が行われていない時には空気が入っている。ここに排水すると空気が逃げ場を失い、スムースに排水できなくなるので、通気管を設けるが、衛生工事に含まれるので専門家（給排水衛生工事担当者）の意見を聞くことである。

3 ◆ 配管方法

排水管は自浄作用が必要であるから、勾配をつけ、流速を確保する。管径65mm以下では1/50、75mm、100mmでは1/100、125mmでは1/150、150mm以上200mmでは1/200の最小勾配と0.6m/s以上の最小流速が必要で、最大流速2.4m/s以下、平均流速は1.2m/s程度必要とされている。

排水管の材料である排水用鋳鉄管は、鋳鉄製で直管と異形管がある。配管用炭素鋼鋼管はガス管とも呼ばれ、黒管と白管（亜鉛めっきしたもの）があり、白管がよく使われる。塩化ビニールライニング管は、黒管の内部に塩化ビニールを貼り付けたもの。硬質塩化ビニール管は耐食性に優れ、軽量、安価で種類も多く、接着剤で簡単に接着できることから、広く使われ、厚肉のVP管、薄肉のVu管と呼び、一般住宅のほとんどの排水管として使われている。

その他にVP管の外側を防火のため石綿等でコーティングしたトミジ管というのもあったが、外部コーティングは石綿以外の材料（例えば岩綿）に代わっている。

建物内、敷地内には排水管の掃除口を設ける。場所は横走管の起点、長い場合管径100mm以下の時は15m以内ごとに、100mm以上の場合は3m以内ごとに、排水管の角度が45度を超える角度で方向を変える箇所、排水縦管の最下部またはその附近に設ける。排水管の詰まり等を考えると多少多目に設けておく方が後々便利になる。

4 ◆ 枡（会所）

排水枡のことを会所とも呼ぶ。敷地内排水では管内径の120倍以内ごとに適当な箇所や、勾配方向を大きく変える所に、管の接触や清掃を目的として枡を設ける。枡には一般枡、インバート枡、雑排水枡、トラップ枡等がある。一般に枡は、れんが積モルタル仕上、既製品のコンクリート製が大勢であったが、今では小孔径のプラスチック製の枡に代わっている（図16・18）。

d ──衛生器具

衛生器具とは、建物内、船舶、車両内において、給水・給湯および排水に必要な機器の総称である。材質は、陶器製のものが多く、衛生陶器といわれ、吸水性がほとんどなく、最も優れている。特別な場合にはステンレス、琺瑯等が使われることがあるが、現在はほとんど陶器製である。

水を受ける器具には、大便器（c）、小便器（u）、洗面器（図16・19）、手洗器（L）（図16・20）、洗濯流し（sk）、掃除用流し（sk）、実験用流し（sk）や病院などの汚物流し（sk）や浴槽がある。このうち大便器・小便器・浴槽・給水栓については、便所の項、洗面所の項、浴室の項、給水工事の項で既出である。スロープシンクはsk（図16・21）と呼ばれる。

図16·19 コンポーネント型洗面化粧台　現代では洗面器単独で使われることが少なく、洗面化粧台がよく用いられる。

カウンター用　　　　　カウンター用

図16·20　洗面器

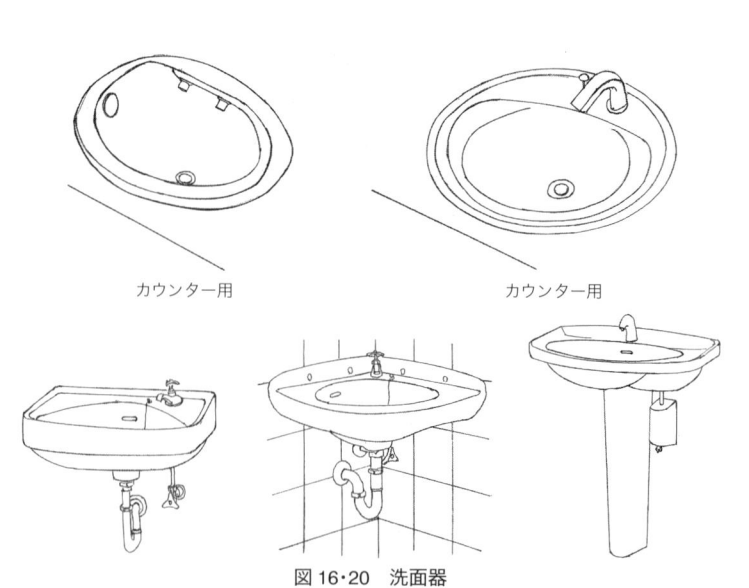

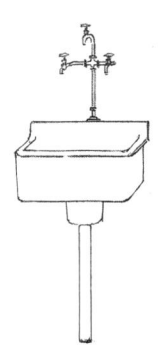

図16·21　左から、実験用流し、汚物流し、掃除用流しにSK（スロープシンク）と呼ばれる。これら流し類は一般

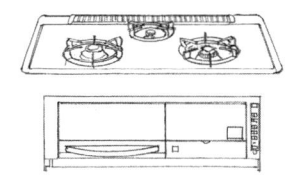

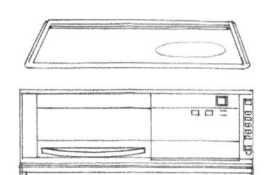

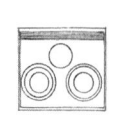

図16·22　ガラストップガスコンロ（ドロップイン型）

図16·23　IHクッキングヒーター（ドロップイン型）

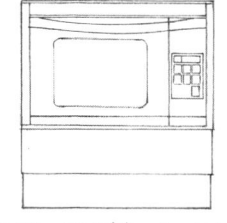

図16·24　コンビネーションレンジ（高速オーブン＋電子レンジ）

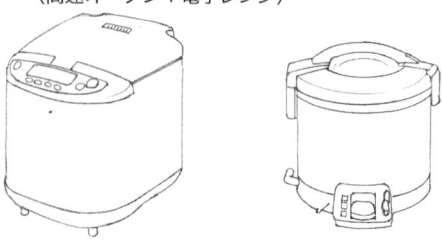

図16·25　ガス釜

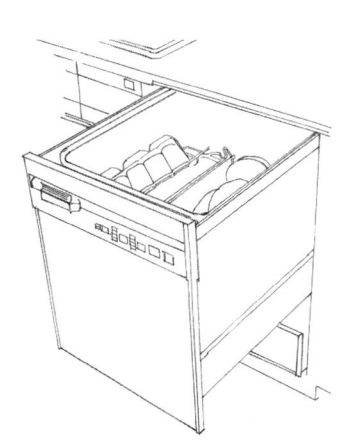

図16·26　自動食器洗い器

3　ガス設備

　家庭の主力燃料としてのガスは、都市ガスとプロパンガスに大別される。都市ガスは明治の初めにガス灯、すなわち照明器具の燃料として出発したが、大正期にガス灯は電灯にとって代わられ、もっぱら燃料用になった。

　戦後の急激な都市の膨張に都市ガス供給が追いつかず、取り残された所はプロパンガス（LPG、液化石油）になった。また石油燃料の参入もあり、現在の都市ガスは、毒性がなく、液化して輸送でき、さらにカロリーの高い液化天然ガス（LNG）を加工したものである。

　従来、住宅のガスコックのある場所は台所と浴室くらいだったが、生活の変化、機器の発達、食生活の変化等熱源としてのガスの需要は多く、その結果、ガスコックの数と位置を考えておかないと、機能しなくなっている。

　ガス機器の種類を簡単に述べておく。

　台所調理機器として、テーブルコンロがある。これは台所セットのガス台に置かれ、バーナーが二〜三口あり（図16・22、23）、ほとんどの場合、魚焼器がついていて、両面焼と片面焼があるが、次第に両面焼が一般化している。よく汚れる所なので、天板がフッ素コートされたものや、ガラストップのものもある。一口コンロには、卓上用やキチネット用もある。ドロップインコンロはもっぱらシステムキッチン用で、ワークトップ（天板）に組込まれ、機能はガスコンロと同じだが、バーナーが三口のものが多い、ガラストップで、内燃バーナーのものもある。

　オーブンは、高速オーブンとコンビネーションレンジに分かれる。高速オーブンは従来のオーブンの機能のみで、コンビネーションレンジは、高速オーブンの機能に電子レンジの機能を持つものである（図16・24）。一般に、テーブルコンロの下に設置される。ペアーフリーという。ガス台の代わりに、システムキッチンの時は、オーブン、コンロが別々に指示されていて、セットフリーという。

　古くはガスコンロの上に釜をのせて御飯を焚き、火加減等はまったく勘に頼っていたが、それらをすべて自動化したのがガス炊飯器（図16・25）である。これは人数によって種類があり、付加機能として、タイマー、保温機能等のついたものと、単機能のものがある。台所の設計で案外この炊飯器の置き場所に戸惑うことがあるので、あらかじめ心掛けておくことが大切である。

　自動食器洗乾燥機は主婦の希望の多い機器で、暖房用の熱源機のお湯等によって、食器を洗浄し乾燥させるものである。形は種々のものがある（図16・26）。

　給湯器は給湯工事の項で一部述べたが、少し大きい号数（13〜24号）のものが一般的になり、1960年頃からは16号が標準で、機器自身の大きさは、コンパクトになっている。

　給湯器のお湯は流し放しであるが、給湯暖房熱源機は、このお湯が機器に戻り、再び加熱されて送り出される機能を持ったものである。給湯器は水圧によって作動するが、この機器はポンプを内臓することで可能になった。したがって、ボイラーも二つ備え、新鮮なお湯と、暖房用のお湯を作り、その結果暖房だけでなく、浴槽の自動お湯張り、追焚き機能、お湯の追加も自動的にできる。給管は機能が増えれば増えるほど複雑になる。また暖房専用の熱源機もある。

　コージェネレーションシステムというものがある。これはガスが燃料で自動車用のエンジンを回し、その回転によって発電を行い、そのエンジンから出る熱で水をお湯に換え、給湯と電力供給を行おうとするものである。従来は大規模なビル等で採用されていたが、近年家庭用のものが売り出されている。もちろん、給湯暖房熱源機の機能は全部充たし、その上発電しようという機器がある（図16・27）。

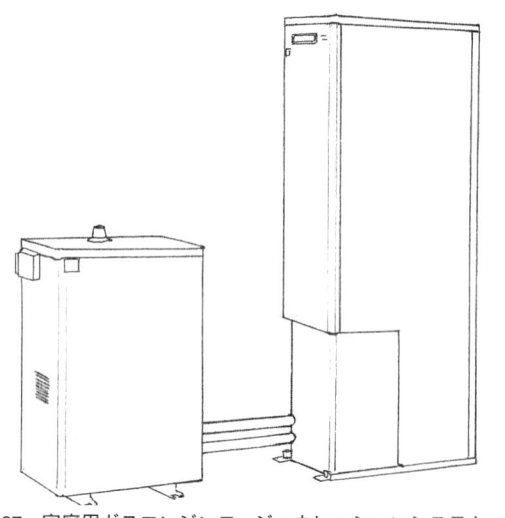

図 16・27　家庭用ガスエンジンコージェネレーションシステム　発電用エンジンで発生する熱で給湯する、省エネ時代にふさわしいシステム。これから主役になる機器と思われる。

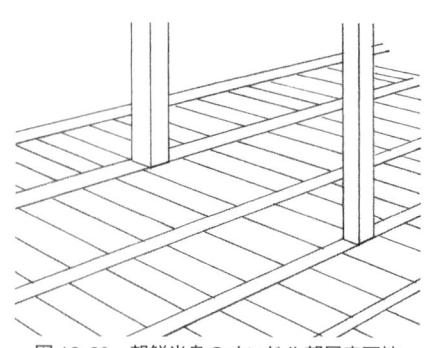

図 16・29　朝鮮半島のオンドル部屋床下地

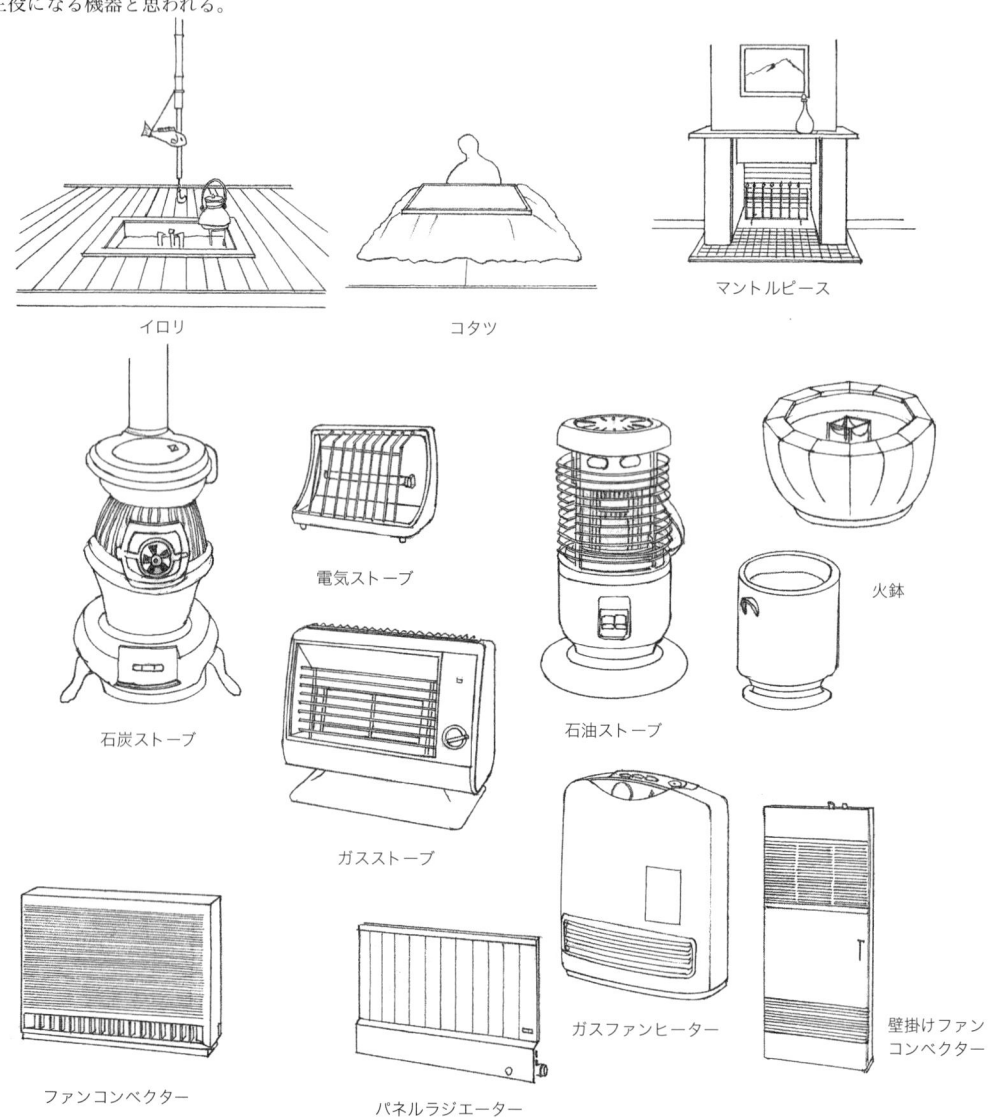

イロリ　　コタツ　　マントルピース

石炭ストーブ　電気ストーブ　石油ストーブ　火鉢

ガスストーブ

ファンコンベクター　パネルラジエーター　ガスファンヒーター　壁掛けファンコンベクター

図 16・28　暖房器具

4 空調設備

空調とは空気調整（air condition）のことで、室内における空気の温湿度・気流・塵埃・臭気・有害ガス・細菌等の条件を、室内の人間、動物、物品に対して良好に保つことを目的とした設備全体のことである。

調整された空気はダクトから供給され、気圧の差によってダクトから戻る方式のもので大規模な建築に採用されているが、住宅にはそのような設備はない。一般にエアコンといわれる家庭用の機器は、このエアコンディショニングの言葉を縮めたものだが、暖房と冷房を一つの機械でするもので、換気や空気調整を行っているわけではなく、室内の空気を冷房し暖房して掻き回しているだけのものなのである。

ⓐ——暖房設備

昔の暖房設備は直接火を使用し、燃料は薪、木炭、石炭、石油、ガス、電気等であった。次第に工夫が加えられてはきたが、原則的には機器の内部で燃焼しその熱の放出によって部屋を暖めるものであった。その中で電気ストーブだけは燃焼によらず、ニクロム線の電気抵抗によって加熱され、CO_2を出さず室内酸素も使わない、クリーンな暖房であるが、費用が高くつくので部分的な暖房に用いられた。ストーブの効率を上げるため、ストーブの中に扇風機（ファン）を入れ、暖風を吹き出させるようにしたのがファンヒーターで、現在よく用いられている。燃料は石油、ガスで、タイマーがつき、センサーによる温度管理のできるものも多く出ている（図16・28）。

燃焼で発生した熱を、外の媒体に移して暖房する方法もある。媒体には湯、蒸気、特殊な油等があり、高熱を室内に設置されたラジエーター（熱交換器）により放熱したが、規模が大きく、住宅に採用することは難しかった。

特殊な媒体を使うものもある。温度差によりパネルの中で媒体が対流をおこしてそのパネル自体が放熱するもので、大きなものができないので部分暖房に適しており、熱源はおもに電気が用いられる。いずれもクリーンな暖房である。

北欧で用いられるペチカは、れんが等で作った煙道の壁からの輻射熱で暖房するものであるが、設備が大きく面積が必要で、わが国では普及しなかった。

古くから朝鮮半島で用いられたオンドル（図16・29）は、床下に煙道を作り、そこへ台所等から出る煙を通すもので、床組も煙道を長くするように工夫され、室の内部仕上も特殊な油紙を部屋全体に貼ったものであった。いずれにしても、輻射熱による暖房は穏やかな心地のよい暖房で、最高級の暖房といわれてきたが、設備費が高く、暖房に時間がかかる等、あまり採用されなかった。

近年になって温水床暖房（図16・30）が急速に普及している。これは熱源になる床仕上材の中に、樹脂や銅のパイプを埋め込んで床を貼り、温水を通して床暖房するものであるが、この合板製のパネルの種類も多く、その特徴をよく把握して採用する必要がある。改築、新築いずれの場合も、床の高さが高くなるので、その分、床組を低くしておかなければならない。暖房パネルは床全体に敷く必要はなく、床面積の70％くらいが目安になる。この熱源として前述の給湯暖房機があり、他に浴室換気暖房乾燥機や温水ラジエーター、暖房ファンコンベクターも各種あり、冷暖房機の暖房部分を温水で行うものもある。

電気の床暖房は、基本的には温水床暖房と変わらないが、温水の部分がコードヒーターになり、熱源機は不要である。しかし穏やかなガス温水暖房に比べて質（保温性が劣り立ち上がりが遅い）の問題と経費（ランニングコスト）に差があるのでよく検討しなければならない。

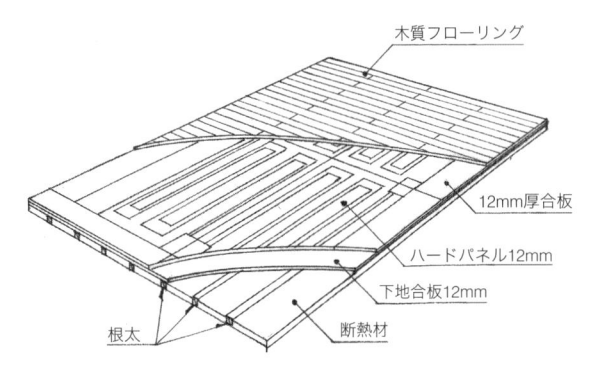

図16・30　温水床暖房の構造模式図（ハードパネル使用）

ⓑ——冷房設備

　冷房が一般化したのは比較的近年のことである。1950年代半ば（昭和30年代）に大規模建築には使われていたが、家庭内に普及したのは1970年代（昭和40年代後半）からである。現在では冷媒を圧縮液化し、それが気化する時の気化熱を空気中から奪って温度を下げる方法が一般的で、冷媒はフロンガスが用いられてきたが、環境破壊の問題から現在では代替フロンガスになっている。このシステムの運転を逆にして暖房する方式が開発され、これを熱ポンプ（ヒートポンプ）という。この熱ポンプの出現によって、一台の機器で冷暖房が可能になった。

　しかし、冷房の方が効率がよく、暖房の能率が落ちるので、同じ体積の部屋で暖房する時、熱ポンプでは熱量が不足する。これを補うため種々の方法が取られている。

　家庭用冷房機の初期のものは、機器を窓に取付けるウィンド型で、裏側は室外に出て熱交換するものであった。それが室内機と室外機に分かれて、室内機は割合自由に部屋の壁に取付けられるようになり、セパレート型といわれている。これら室外機と室内機の連絡運転は数本のパイプで行われ、建築工事としては壁に10cmくらいの穴をあけるだけである。冷房に暖房機能がつき、一台の室外機で数台の室内機の運転が可能になり、住宅用エアコン（冷暖房機）として一般化し、今日に至っている。各メーカーとも日本人に最もわかりやすい畳の畳数で能力を表しているので、それを目安に採用するが、設計図作成の時点でもう一度専門家のチェックを受けた方がよい。

17　建築設計

　今まで述べてきたことすべてが包含され、具象化したものが設計図である。基本設計図と実施設計図に分かれる。作成にあたってはつねに建築主と打合せながら進めていくことが大切である。

1　平面と高さの基本寸法

ⓐ——平面作成の基本寸法

　わが国の寸法は、原則的に畳寸法が基本になっている。このような基本寸法を持っている国は、世界でわが国だけである。半畳の寸法でグリッドを組み、プランニングを行う。ところがこの畳寸法も、柱真々の取り方も地方によって異なる。代表的なものに関東間（江戸間、田舎間）と関西間（京間、本間）がある（図17・1）。

　関東間は柱真々を基本91cm（3尺）としたもので、柱分だけ部屋が狭くなり、内々寸法が単純な整数比にならないことから同じ部屋に敷く畳の寸法が異なることになる。しかし東日本では一般的な基本寸法である。

　関西間は逆に畳寸法から基本寸法を出す。畳寸法は95.4cm（3尺1寸5分）×190.9cm（6尺3寸）と大きく、たとえばこの畳が6枚入って6畳ということになり、その外側に柱真々が出てくる。したがって敷かれる畳寸法は同じだが、柱芯が通らなくなるのでそれを納めるのが関西の大工であった。

　たとえば関東間の6畳の面積は9.94m²だが、関西間のそれは11.61m²（柱10cm角として）と大きくなる。関西で基本寸法を決めようとすると圧倒的に関西間の希望が多いが、大工にすると芯ずれの煩わしさから何とか真々寸法でということになる。1mグリッドにすると明快だが、わが国の建築はメートル標示こそすれ、材料もその他の寸法も尺寸なので、材料に半端が出て不経済なことになる。そこで関東間より広く、より関西間に近いグリッド寸法を求めることになる。経験から96cmの倍数による寸法を使うと関西間より少し狭いが、関東間より広い部屋ができあがる。これに対するクレームはない。

関東間（江戸間、田舎間）六畳の間　　　　　関西間（京間 本間）六畳の間

内々寸法3540　真々寸法3640　内々寸法2630　真々寸法2730

内々寸法3818　真々寸法3918　内々寸法2864　真々寸法2964

内々寸法3740　真々寸法3840　内々寸法2780　真々寸法2880

960mmモジュールの六畳間

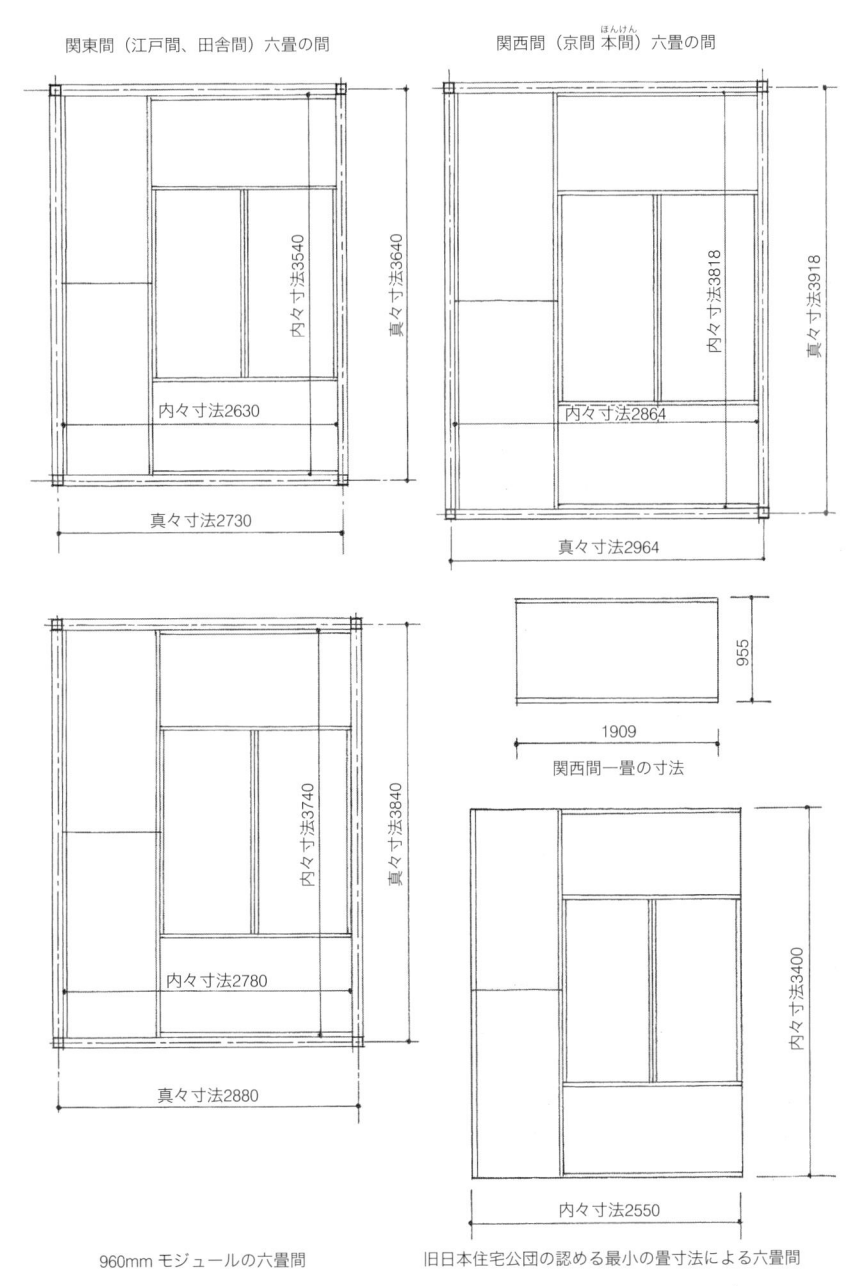

955　1909
関西間一畳の寸法

内々寸法3400　内々寸法2550
旧日本住宅公団の認める最小の畳寸法による六畳間

図17・1　各モジュールによる広さの比較（六畳、柱寸法100 × 100）

17 建築設計

どうしてこのようなモジュールができたかについては、平安京の条里説、織田信長の旧体制の打破の一方法説、太閤検地等諸説ある。

また、関東間、関西間だけではなく、他に六一間（畳寸法が92×185cm）、三六間（畳寸法が91×182cm）、五八間（畳寸法が88×175cm）等があり、旧住宅公団の団地間（畳寸法が85×170cm以上）がある。他にサッシメーカーは、関東間、関西間、九州四国間と区別している。

ⓑ──**高さ関係**

一般木造住宅の各部の高さは、一階の床面と設計地盤面（GL）高さで基準法では45cm以上に定められているが、床下の防湿、換気のため60cmくらいが望ましい。基準法では、防湿の設備をした場合はこの限りではないとあり、床下に全面コンクリートを打つか、ポリエチレンフィルムを乾燥砂で押えることがこの設備にあたる。全面コンクリートの時は白蟻以外の虫が上ってこない。

天井高とは床仕上面から天井までの高さのことでch（シーリングハイトの略）ともいう。居室の天井高は2m10cm以上。一室で天井高が異なる場合はその平均値が2m10cm以上と定められているが、昔から「八畳八尺」といわれ、八畳の部屋は天井高八尺（2m40cm）くらいがよいとされている。現在売られている銘木合板やシステム○○といった家具、台所セット等は2m40cmを標準としているので、この高さが都合がよい。便所、浴室、洗面所等狭い部屋は、これでは高すぎて落ちつかず、寒い感じがするので2m20cmくらいを標準にした方がよい。

内法高さとは出入口や窓の上の高さのことで、和風の時は1m72cm～1m76cm（5尺7寸～5尺8寸）くらいである。京間2間4枚建ての襖・障子の縦横の比率（プロポーション）が非常にきれいにみえる寸法で、関東間の場合あまり関係はない。和室の内法高さより上にあるものは床の間の落し掛けと欄間くらいで、壁の部分でも、無目や附鴨居が部屋中を回り、和室の意匠の要因となるので、大工が大切にする寸法である。洋室は1.8m（6尺）が基準だが、最近高くなる傾向があり、1.9～2mくらいになっている。これは日本人の身長が高くなったからで、各建材メーカーの木製室内建具も2mが多い。

階高とは、ある階の床高から次の階の床仕上面までの距離である。一般に一階の天井高に、天井と二階床の間（これを懐という）を50～60cm取り、2.9～3.0mくらいになる。懐は一階天井にとりつける設備と天井下地、二階床組や配線、配管のためのスペースになる。

軒高は標準地盤面から柱直上にある桁上端までの距離である。二階建の住宅で一階床高を60cm取ると軒高は約6m30cmになり、平家の軒高は約3.5～3.6mである。第一種低層住居専用地域では、最高高さ10mという規制に加え、道路斜線や北側斜線といった厳しい規制がかかり、軒高に影響することがあるのであらかじめ充分検討、把握しておくことが肝要である（図17・2）。

② 基本設計

基本になる設計のことで、はじめはエスキス（素描）やスケッチ程度の平面図で繰り返し打合せを行い、与条件や建築家としての知識も加えて固めていく（図17・3～5）。エスキスで納まるかどうかという時点で1/100程度の平面図とし、さらに打合せながら決定にこぎつけるのであるが、この基本設計の打合せ時間の長さに、生活に合った家を提供することができるかどうかがかかっている。時期を見て正式な1/100の平面図・立面図・断面図を描いて、基本設計が終わる（図17・6）。

③ 実施設計

基本設計の後、実施設計に入る。この図面が積算見積り、建築施工、最後の精算までの基本になるので、できるだけ正確に細かい所まで描くことによって設計変更やそれに伴う精算時のトラブルが避けられる。各職方（各工事の職人）は施工方法を心得ているので細かく指示しない図面の設計者も多いが、これでは建築主や建築家の信念のようなものがぼやけてしまう。図面が、建築物を形作っていく時の偉大な指揮官となるよう描き込む。

4 設計図書

基準法で設計図書とは、建築物とその敷地に関する工事用の図面および仕様書と規定されている。設計図書に含まれるものを記しておく。

ⓐ──確認申請用図面

1◆附近見取図

附近見取図はその建築工事がどこで行われるかを示す図面である。必要なものは、道路および必要となる地物で、市町村役場で発売されている白地図に建築予定地と方位を明記したものが一般的である。附近見取図は確認申請の時も必要となる（図17·7）。

2◆配置図

縮尺、方位、敷地境界線、敷地内における建築物の位置、申請にかかわる建築物と他の建築物の別、擁壁、井戸およびし尿浄化槽の位置、建物の各部の高さ、並びに敷地に接する道路の位置およびその幅員、実施設計の配置図も同じで、敷地が小さい時は一階平面図を兼用することができる。

3◆各階平面図

平面図とは建物の窓の中ほどを水平に切断したと仮定した垂直投影図である。縮尺、方位、間取り、各室の用途・壁および筋違の位置および種類、通し柱、開口部、防火戸の位置、並びに延焼のおそれのある部分の外壁および構造を記す。縮尺は一般に1/100で情報があまり書き込めないが、確認申請用の図面として使え、基本設計の総仕上として役立つ図面である（図17·8）。

4◆立面図

立面図は姿図または外観図といわれ、建物の外観の垂直投影図で各面を描く。立面図を表現するものは縮尺、開口部の位置および構造並びに外壁および軒裏の構造とある。基本設計と大差ないが、立面図で表現するものは、詳細図を描くときの基本になるものなのでていねいに描く。東西南北の各立面図を標示する（図17·9）。

5◆断面図

断面図は建物を任意の位置で切断して、右または左を見た時の図面である。切口からその向こうに見えるものを描く。縮尺、床の高さ、各階の天井高、軒および庇の出、並びに軒の高さ、および建築物の高さとあるが、屋根の勾配、最高の高さ、北側斜線、道路斜線、階段の有効幅員、蹴上げ、踏面の寸法も記入する。確認申請の場合二面以上とあるのは、縦横方向の二面ということである（図17·10、11）。

ⓑ──実施設計用図面

1◆各階平面詳細図

1/100では、ほとんど情報が入らない。そこで面積は4倍、長さは2倍の1/50の図面を描く。平面図を基本に描き、これにほとんどの情報を入れる。真壁と大壁の違い、間柱の位置、通し柱と管柱、筋違の位置、建物に必要な金物の位置と種類、窓や出入口の納まり、床仕上材の目地、額縁や出入口枠の見付けや形等が描け、寸法線も細かい部分まで入れる。この図面が最後まで中心になる図面となるので、ていねいに描かなければならない（図17·12）。

2◆立面図

立面図は1/100のものでもよいが、1/50で描くとより細かいことが描け、納まりが正確に把握できる。また樋の位置、竪樋の位置等が示せる。

3◆断面詳細図

断面詳細図は平面詳細図とともに重要で、切口から向こうに見えるものは全部描く。扉の種類、幅木、天井回縁、腰の位置、床壁腰天井の仕上、また小屋裏、懐、一階床下、基礎、土台、大引、根太、二階床組、天井野縁等、野物構造材から外壁の仕上、屋根葺材料等全部描く。さらに必要な書き込み高さ関係の寸法も必要である。平面詳細図以上のテクニックが必要なことから省略されることもあるが、一目で建物が把握できる便利な図面であるから、ぜひ描いておきたい。これが描けるようになると、製図のテクニックも一人前といえる。縮尺は1/50である（図17·13）。

4◆矩計詳細図

矩計詳細図は建物の主要な高さ関係と基礎、床組、懐内部、天井野縁、軒の納まり、外部内部の仕上等を一番よくわかる部分で切断し、示した図面である。断面詳細図があれば必要ないと思われがちだが、双方突き合わすことで間違いも発見でき、かつ1/20で描くので見やすい。描いておいた方がよい図面である。

和風　　　　　　　　　　　　　　　　洋風

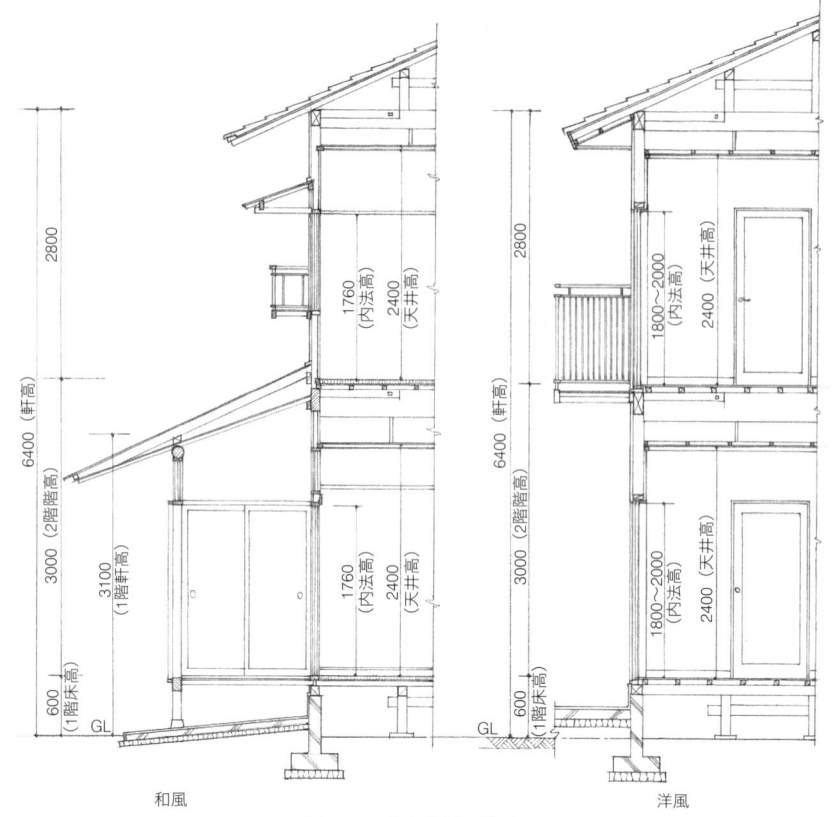

図17・2　高さ関係の模式図

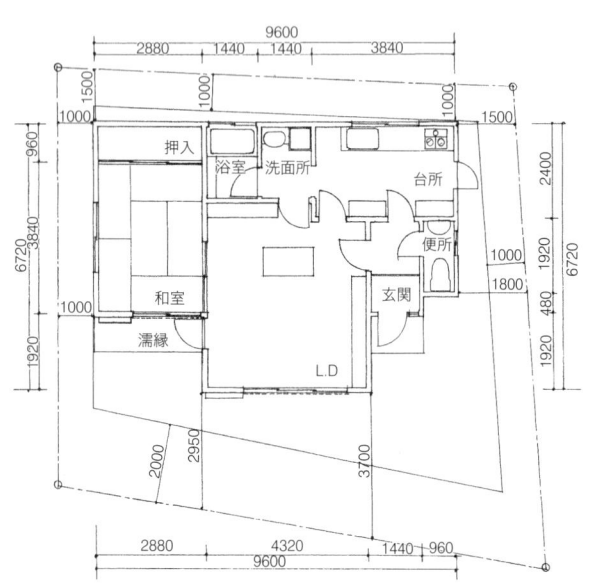

図17・3　エスキスその1　敷地と建蔽率の関係もあり、たたき台のつもりのエスキス。

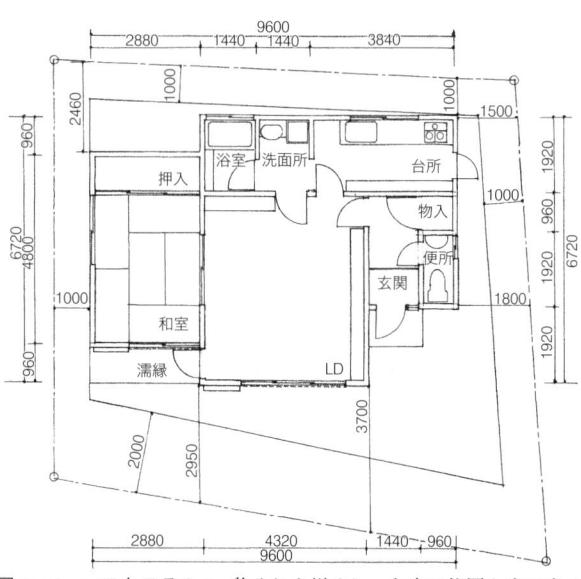

図17・4　エスキスその2　物入れを増やし、和室の位置を南に寄せた。あくまで平屋の計画であった。

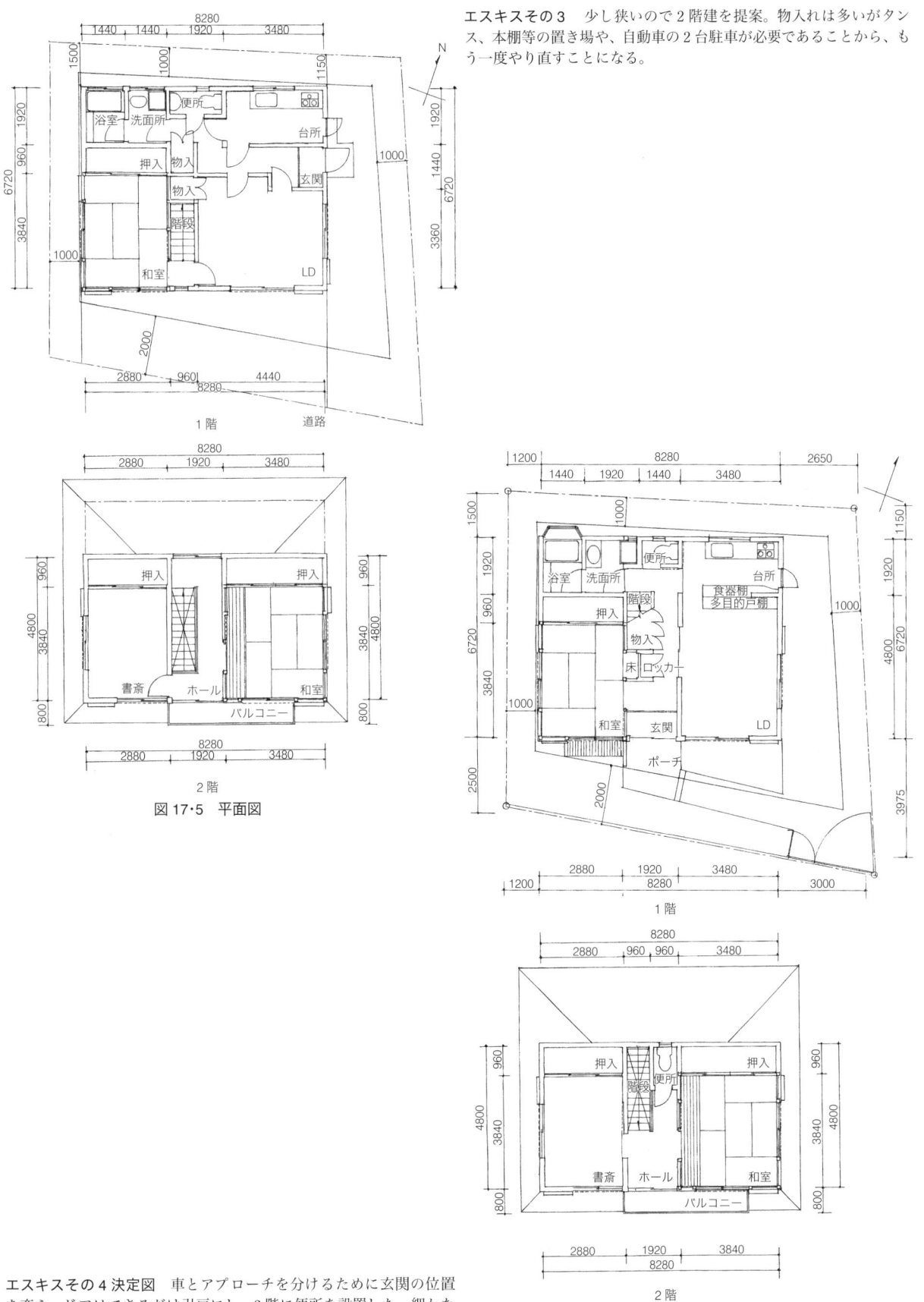

エスキスその3 少し狭いので2階建を提案。物入れは多いがタンス、本棚等の置き場や、自動車の2台駐車が必要であることから、もう一度やり直すことになる。

図17・5 平面図

エスキスその4 決定図 車とアプローチを分けるために玄関の位置を変え、ドアはできるだけ引戸にし、2階に便所を設置した。細かなところを種々調整して平面図を決定。

図17・6 平面図

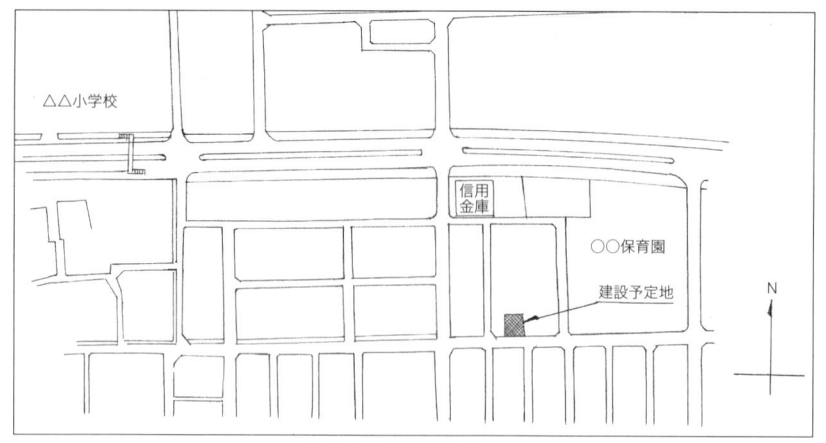

図 17・7　付近見取図

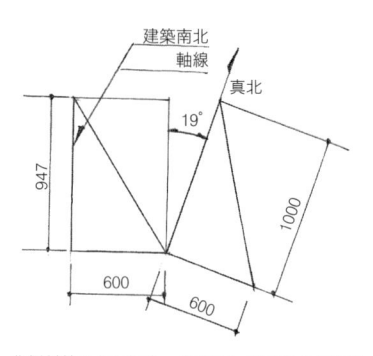

北側斜線のある場合、真北線と建物の南北軸の
ズレによって勾配が変わる。この場合、19度の
ズレとなるので1mが947になることを示した
図。また、敷地境界線直上5mなのでcos19°＝
0.947 → 0.95
0.6 × 2.3 + 5 = 6.38m　2階屋根の高さ
0.6は北側斜線勾配

図 17・10　真北からの斜線矯正

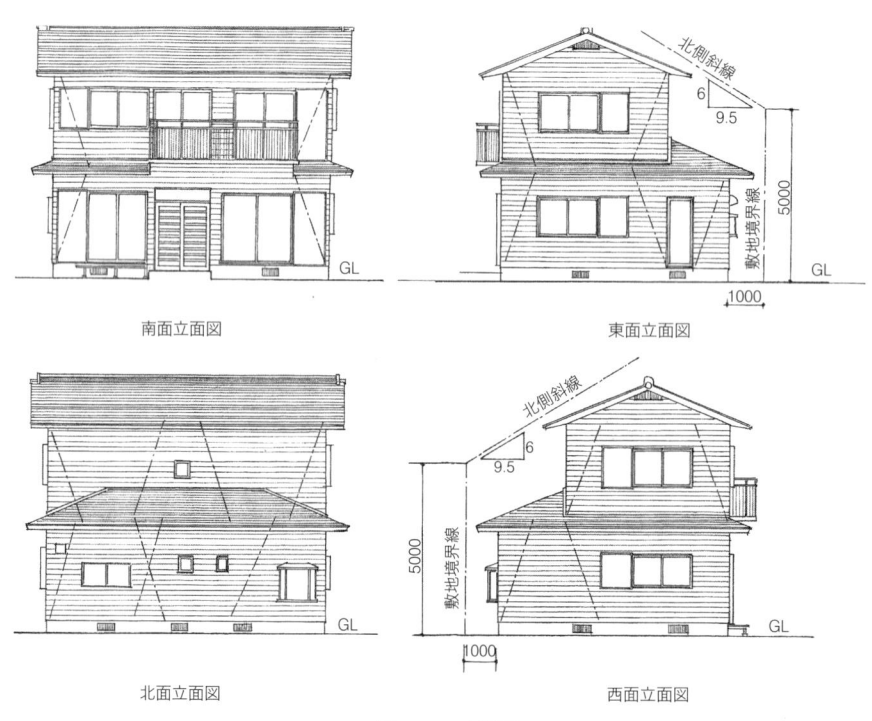

南面立面図　　東面立面図

北面立面図　　西面立面図

図 17・9　立面図

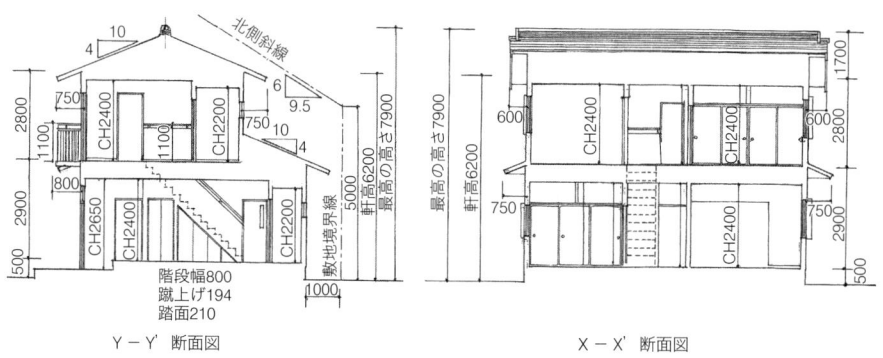

Y－Y' 断面図　　X－X' 断面図

図 17・11　断面図

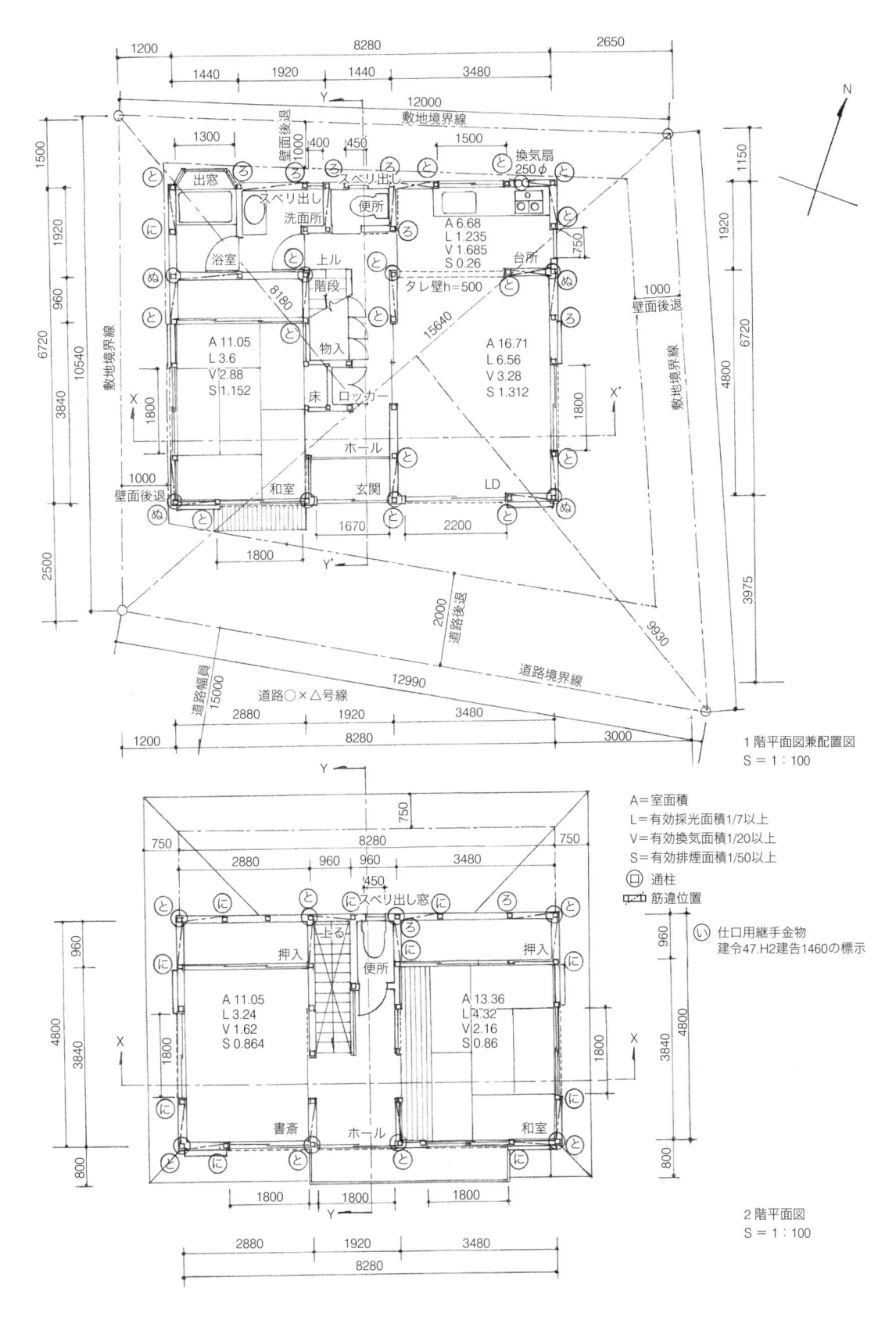

図 17・8　確認申請用平面図

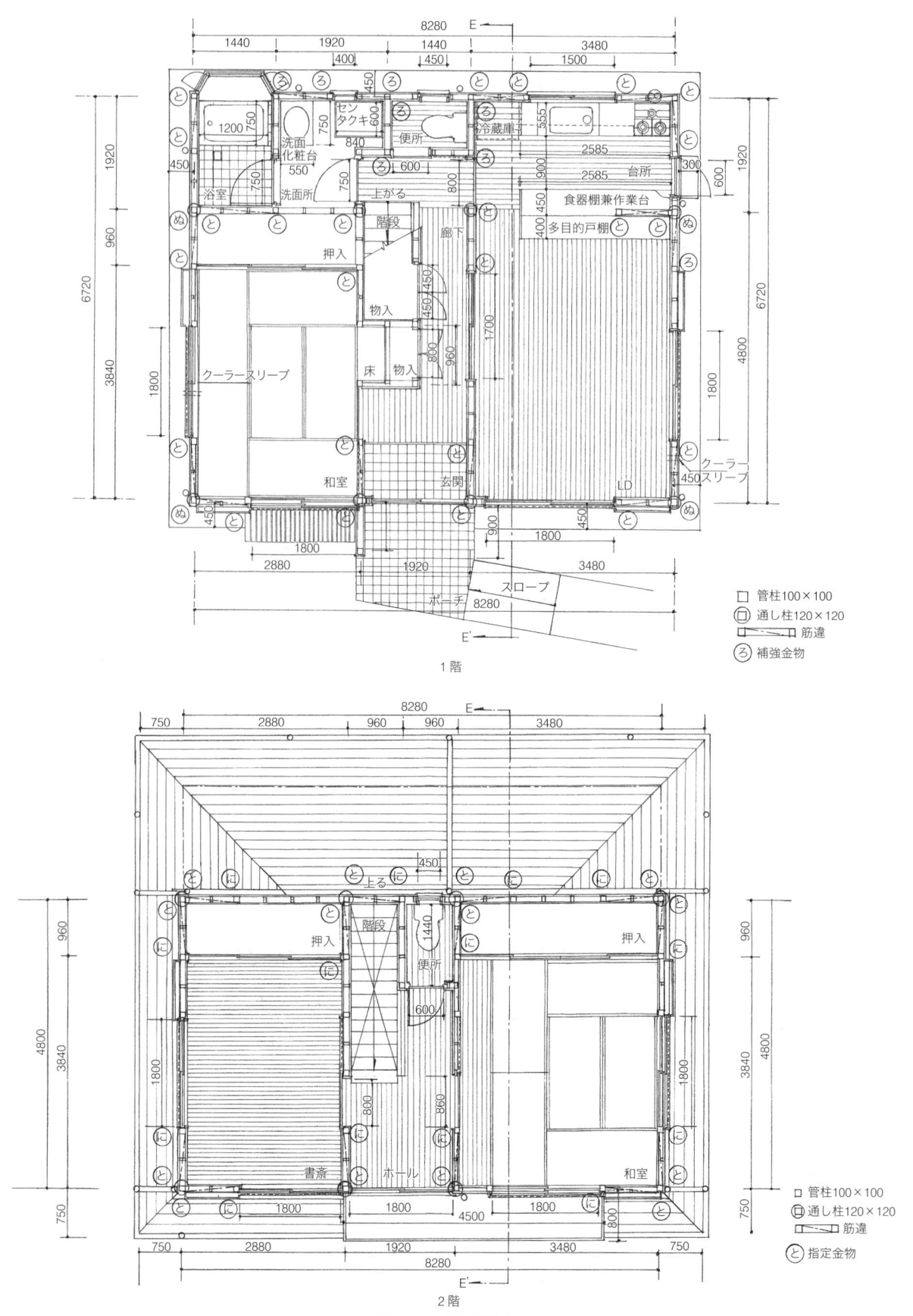

図 17・12 平面詳細図

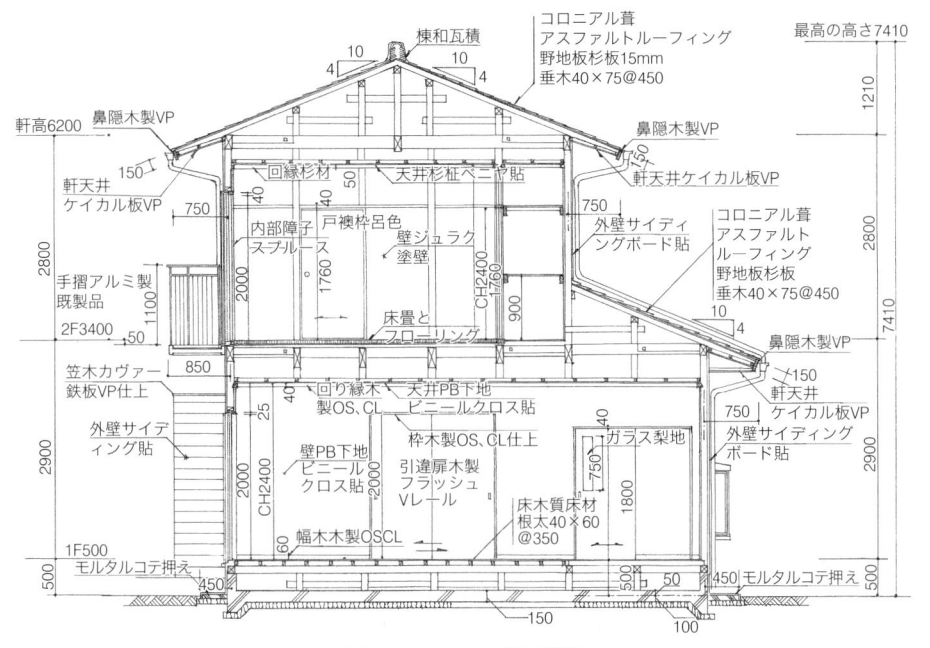

図 17・13　E－E' 断面詳細図

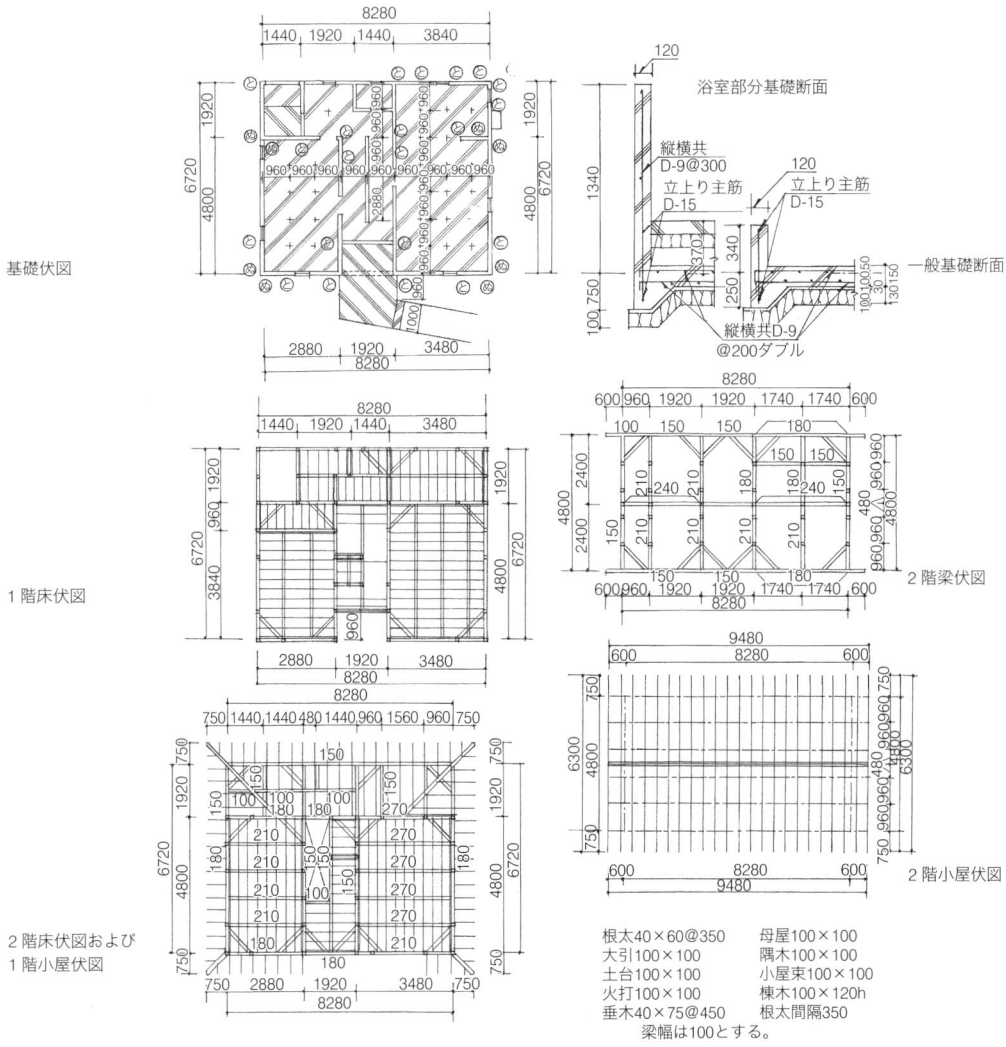

基礎伏図

1 階床伏図

2 階床伏図および
1 階小屋伏図

浴室部分基礎断面
縦横共 D-9@300
立上り主筋 D-15
一般基礎断面
縦横共 D-9 @200ダブル

2 階梁伏図

2 階小屋伏図

根太 40×60@350　母屋 100×100
大引 100×100　　隅木 100×100
土台 100×100　　小屋束 100×100
火打 100×100　　棟木 100×120h
垂木 40×75@450　根太間隔 350
梁幅は 100 とする。

図 17・14　各伏図

5 ◆ 基礎伏図

基礎伏図は、基礎の状態を上部からの水平投影図として描く。一般の住宅では、布基礎、独立基礎、束石、床下換気口の大きさ、位置を描く。床下換気口は5m以内ごとに300cm²以上の穴を開け、鼠等入らないように設備することが法規に書かれているが、この図面で各室床下に風が通り抜けるよう設計し、柱の位置を避けて配置する。また浴室の高基礎、玄関や勝手口の土間の取り合いは断面で現わし、基礎断面とともに1/20で鉄筋の配筋と太さも描く。

6 ◆ 一階床伏図

一階床伏図は、一階に床板の貼っていない状態を描く。土台、大引、根太、火打の位置、各部材の大きさおよび間隔、アンカーボルトの位置等を描く。

7 ◆ 二階床伏図

二階床伏図も床板を貼っていない状態を描くが、二階床組の状態を描くことになる。一階の柱で支えられている梁と、支えられていない梁の大きさが異なるのは当然だが、二階の柱の位置や間仕切に惑わされて間違うことが多いので、常にチェックが必要である。

また根太は一階のものと同じものを使い、二階梁を半間間隔で入れる時と、根太の高さを一階の根太の倍にし、二階梁を一間間隔で入れる場合がある。根太の高さが倍になると4倍の強さになるが、高さが高く二階梁に釘がとどかない。横からななめに釘打ちしているのを見かけるが、これでは釘が効かない。根太が梁に合う部分を半分に欠き、梁もこの根太部分を欠取って組合せ（渡り腮ごという）で上部から釘打ちすると水平に歪みのない丈夫な二階床組となるが、工期や手間賃のこともあってなかなか実現しない。また半間か一間かについては、大工の得手不得手があるので、相談して決めることが必要である。

縮尺は1/100である。二階梁の大きさを決めるのには簡単な計算方法もあるが、構造計算の範疇に入るので省略する。梁の高さはその支持点間の距離（スパン）の約1/10〜1/14で、梁幅は柱と同寸法とする。また荷重状態が異なることもあるので考慮しておくことも大切である。一般住宅ではスパンが5mくらいまでのものが多いが、それ以上になると梁の自重も大きく、梁端部の仕口も複雑で困難になるので、組立梁や合成梁を使用することもある。これらについては後述する。

8 ◆ 小屋伏図

小屋伏図は建物の屋根仕上材と野地板を取った状態を上から見た図面で、小屋梁、桁、小屋束、棟木、母屋、火打、垂木等、それぞれの大きさ、間隔を描く。重なりが多く見にくい時は、別に小屋梁伏図を描くこともある。縮尺は1/100である。

9 ◆ 屋根伏図

屋根伏図は屋根を上から見た図面である。切妻等簡単な屋根ならよいが、複雑な屋根になると棟、降り棟、尾根、谷等の位置、軒の出とその寸法、樋や竪樋の位置、種類を記入して描く。縮尺は1/100である。以上の伏図は図17・14に示した。

10 ◆ 天井伏図

天井は見上げると左右が逆になるが、建築設計図では平面図そのまま天井にした図面になる。天井の形、仕上材料、材料によって竿縁や目地、回縁の壁面からの出、各室の天井高、天井に直接取付ける機器（シーリングライト、ダウンライト、冷暖房機、浴室換気乾燥暖房機、換気扇、点検口）の位置、大きさ、品番を記入する。この図面は情報量が多いので、1/50の方が、見やすく、間違いのない図面になる（図17・15）。

11 ◆ 軸組図

軸組図は一般木造住宅ではあまり描かないが、特に主張する時、わかりにくい時に描く。各柱通りに符号、番号を打ち、その符号、番号の柱通りの軸組をそれぞれ描き、通し柱・管柱・間柱・梁・桁・胴差・土台・筋違・窓まぐさ、窓台に大きさ、高さも記入する。縮尺は1/100である。

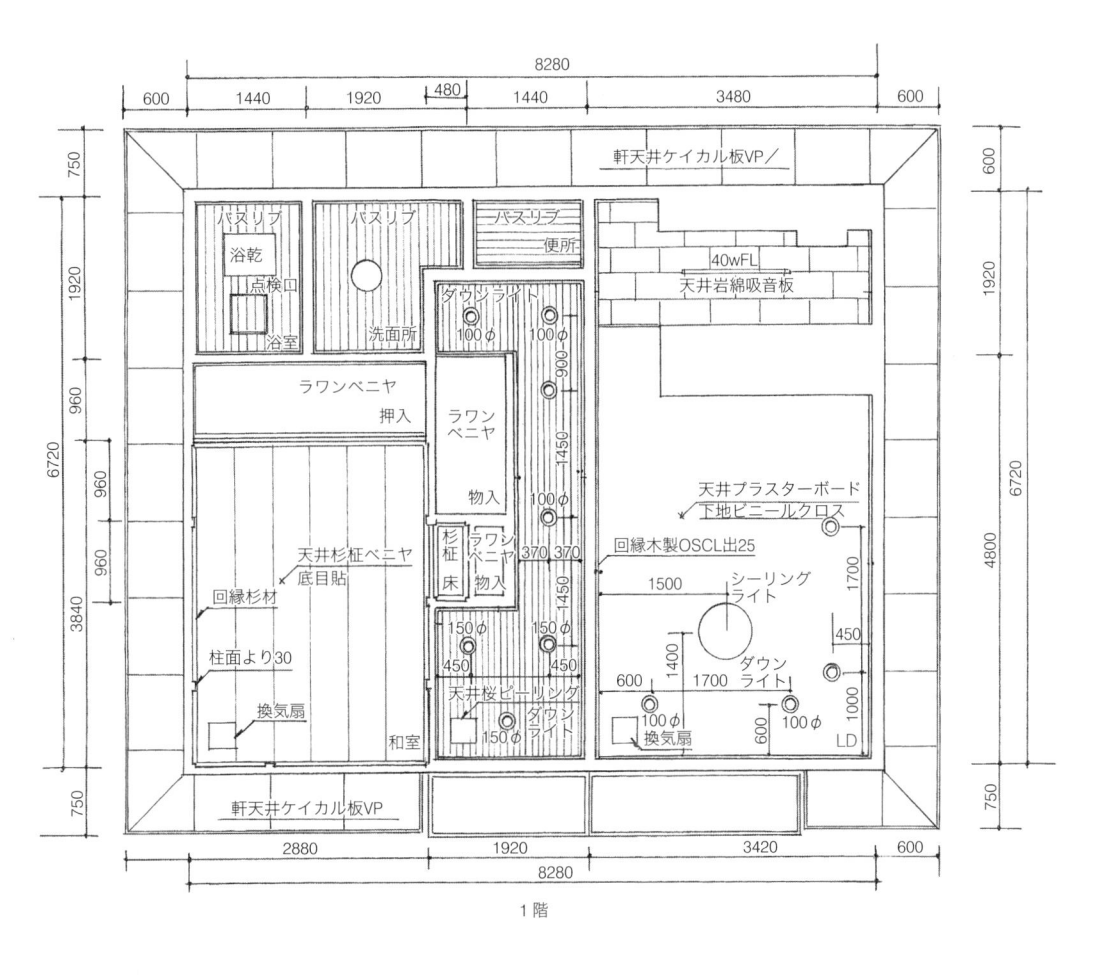

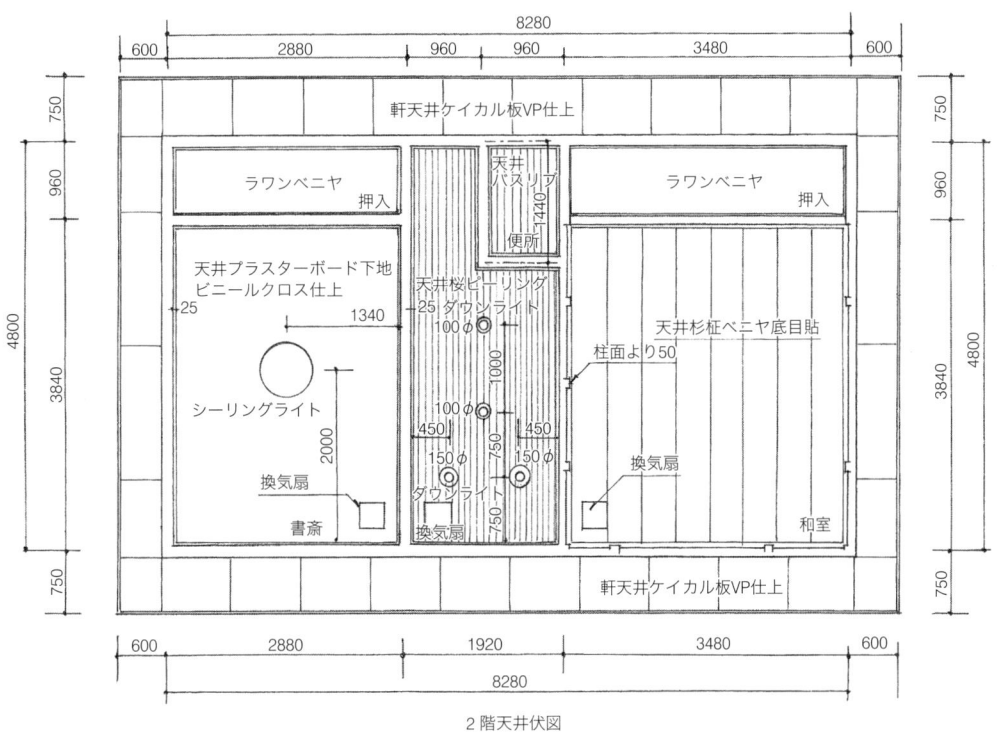

図 17・15 　天井伏図

12 ◆ 各部詳細図

今までの図面で描けなかった部分や、重要な部分、描きにくい部分をより詳細に描くのが各部詳細図で、普通は玄関、階段、和室、台所、便所、洗面所、浴室、和室の床回りの他、あまり一般的でない部屋が描かれる。この中には、各部寸法、仕上材名、品番や和室の障子の桟割り太さ、浴室、便所等のタイル割も描く。具体的には、1/20 で平面詳細図を描き、その部屋の各面を断面になる部分も含めて描く。施工が仕上に入ってからは、この図面が中心となるので、慎重に描くことが大切である。1/20 でも描きにくい所、たとえば、和室の回縁、長押、敷居、鴨居、附鴨居、竿縁や階段の踏面、蹴上げ、簓桁（ささらげた）、手すりの笠木の形等を余白部分に 1/10〜1/5 くらいで描いておくと、より親切な図面になる（図 17・16）。

13 ◆ 展開図

展開図は詳細図で描いていない部屋の各壁面を、平面で指定する展開方向か、東南西北面の順番で描いたものである。これには床、幅木、腰、壁、天井、回縁、建具等の仕上を記入し、高さ関係の寸法は特に記入する。展開図と詳細図の重複する時、展開図を省くこともあるが、後々のチェックのために、なるべく双方ともを描く方がよい。縮尺は 1/50 である（図 17・17）。

14 ◆ 建具表

建具表は一般に描くことは少ないが、建具の種類が多く、煩雑で間違いやすいのではないかと考えられる時に描く。建具の種類を集約し、同じ仕様のものを集め、姿図を描き、その上下部分に建具の型式、使用される室名、見込み（建具の厚み）、数量、仕上部材、ガラスの種類と厚み、使用される金物、その建具につけられた記号を書き込んだ表である。記号は、SD はスチールドア、SW はスチールウィンドウ、AD はアルミドア、AW はアルミウィンドウ、WD は木製ドア、WW は木製の窓、S は障子、F は襖で、種類によって番号を打っていく。姿図の縮尺は 1/50 くらいである。

15 ◆ 建具表見取図

建具表見取図は建具表に描かれた建具がどこに使われるか、簡単にわかるようにした見取図で、一般には簡単な 1/100 程度の平面図に記号、番号を記入していくが、平面詳細図に記入して省略することもある。

設備工事用の図面を描く時、トレーシングペーパーを使用して、1/50 の平面詳細図の簡略化したものを左右逆に描き、それを裏にして表に設備機器を描くようにすると、変更、間違いがおこった時、たいへん効率的に図面の作成ができる。機器部分を消しても、平面は消えないからである。

16 ◆ 電気設備図

電気設備図は電気関係全般にわたって描く。分電盤、各照明器具、換気扇、コンセント、テレビ用アンテナコンセント、各スイッチ、インターホン、電話用アウトレット、冷暖房機の室内機、室外機、食洗器、浴室換気乾燥暖房機といった電気に関するものの位置、大きさ、種類、品番等をくまなく描く。配線については資格のある人にお願いするので、電気配置図とした方がよいのかもしれない。HA 設置の場合も同じである（図 17・18）。

17 ◆ 給排水衛生設備図

給排水衛生設備図は、給水、排水、給湯の配管の位置、止水栓、混合水栓、シャワー水栓、便器、洗面器、洗濯パン、スロープシンク、台所用流し、浴槽等の位置、種類、品番等を記入し、排水の会所や雨樋による雨水排水の位置等も描く（表 17・1）。メーターは外部から見やすい場所につける（図 17・19）。

18 ◆ ガス設備図

ガス設備図は都市ガスでもプロパンガスでも、ガス設備機器の位置、大きさ、品番を記入し、配管系統も描く。またメーターはそれ自体が大きく、文字が小さいので、これも外部からよく見えるよう工夫することが親切な設計である（図 17・20）。

19 ◆ 外構図

外構図は建物の外部、エクステリアの設計図面である。門、塀、車庫の設備、アプローチ、植栽、側溝、溝蓋等の位置、大きさ、品番等を描き、場合によっては庭の設計図を兼ねることもある。縮尺はその内容により、その都度最も適当と思われるもので描く（図 17・21）。

表17・1 給排水衛生設備配置図における凡例

記号	名称	記号	名称	記号	名称
⌀	止水栓	□	会所（桝）	―	汚水排水管
●	給湯用止水栓	……	給水管	―	雑排水排水管
▷	シャワー	―	排水管	―・―	給湯管

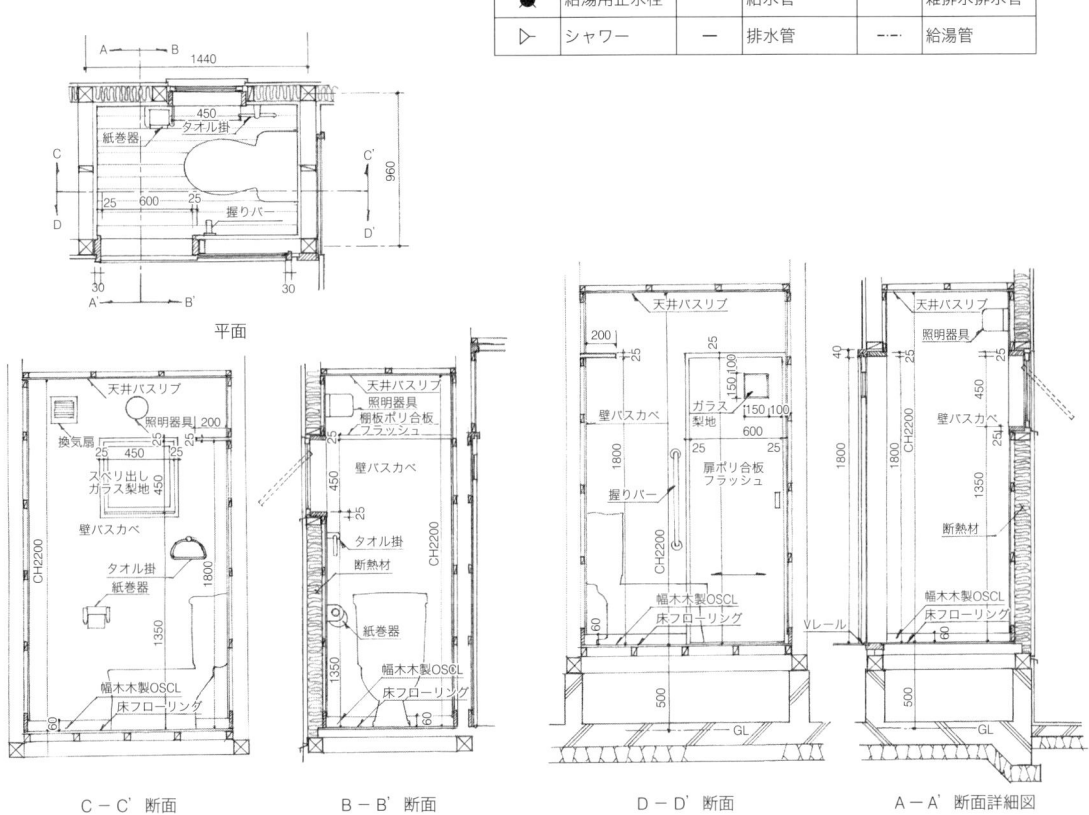

図17・16　便所詳細図

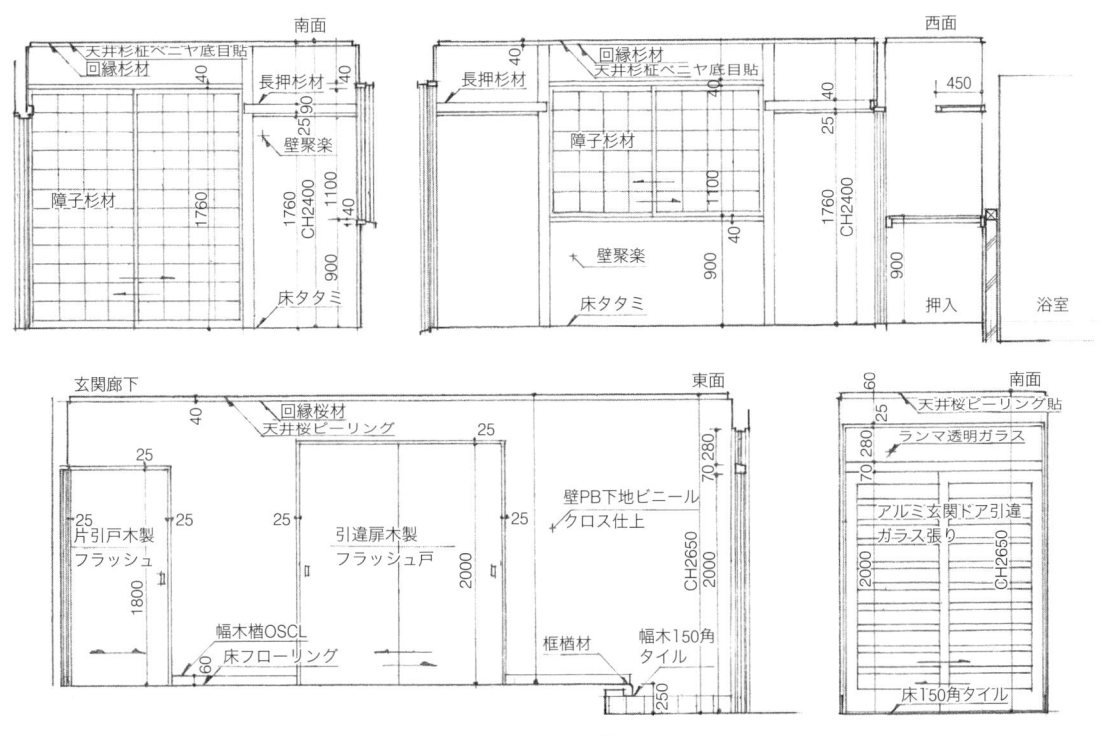

図17・17　展開図

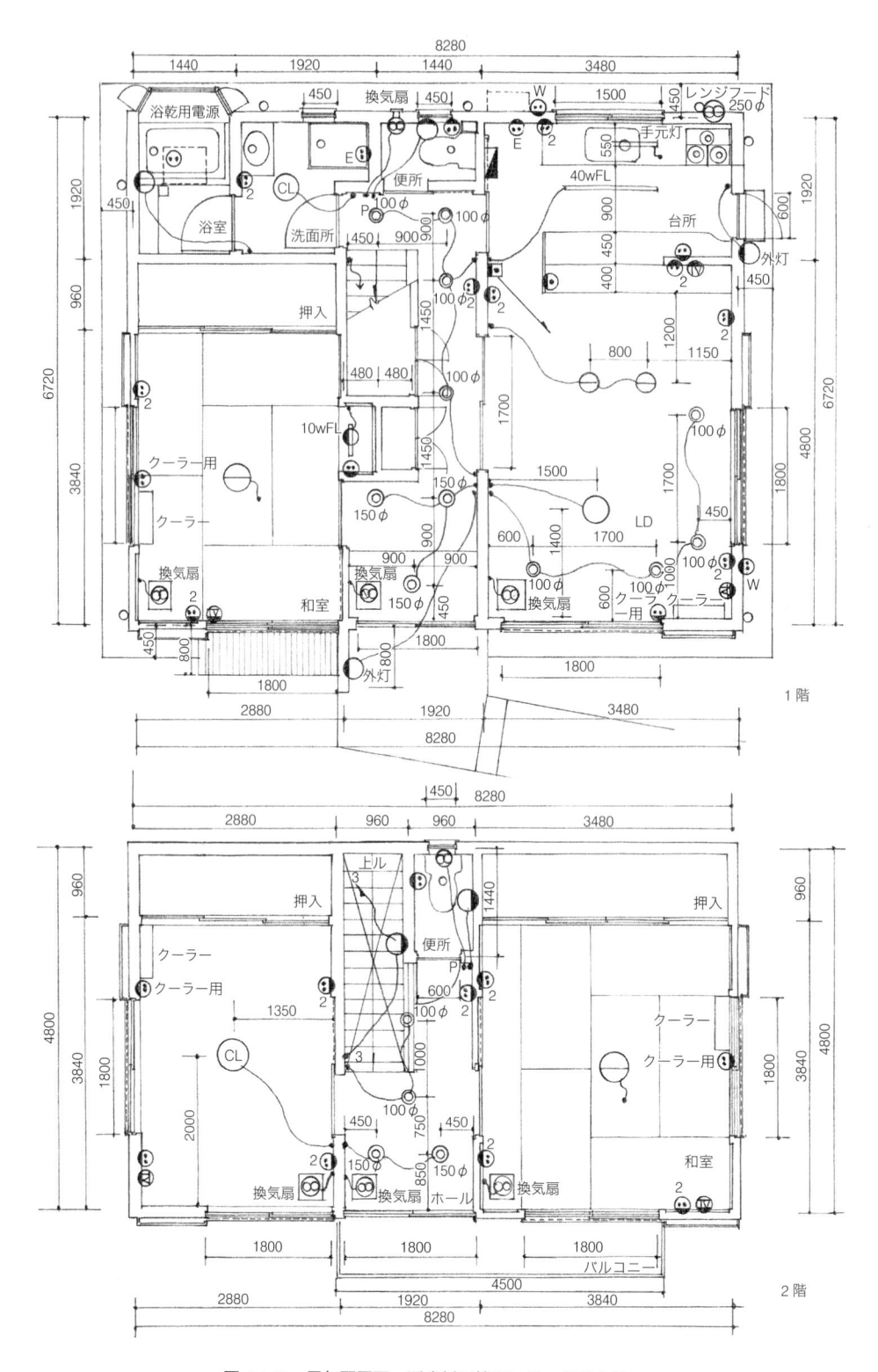

図17・18 電気配置図　通常採用機器には、品番を打つ。

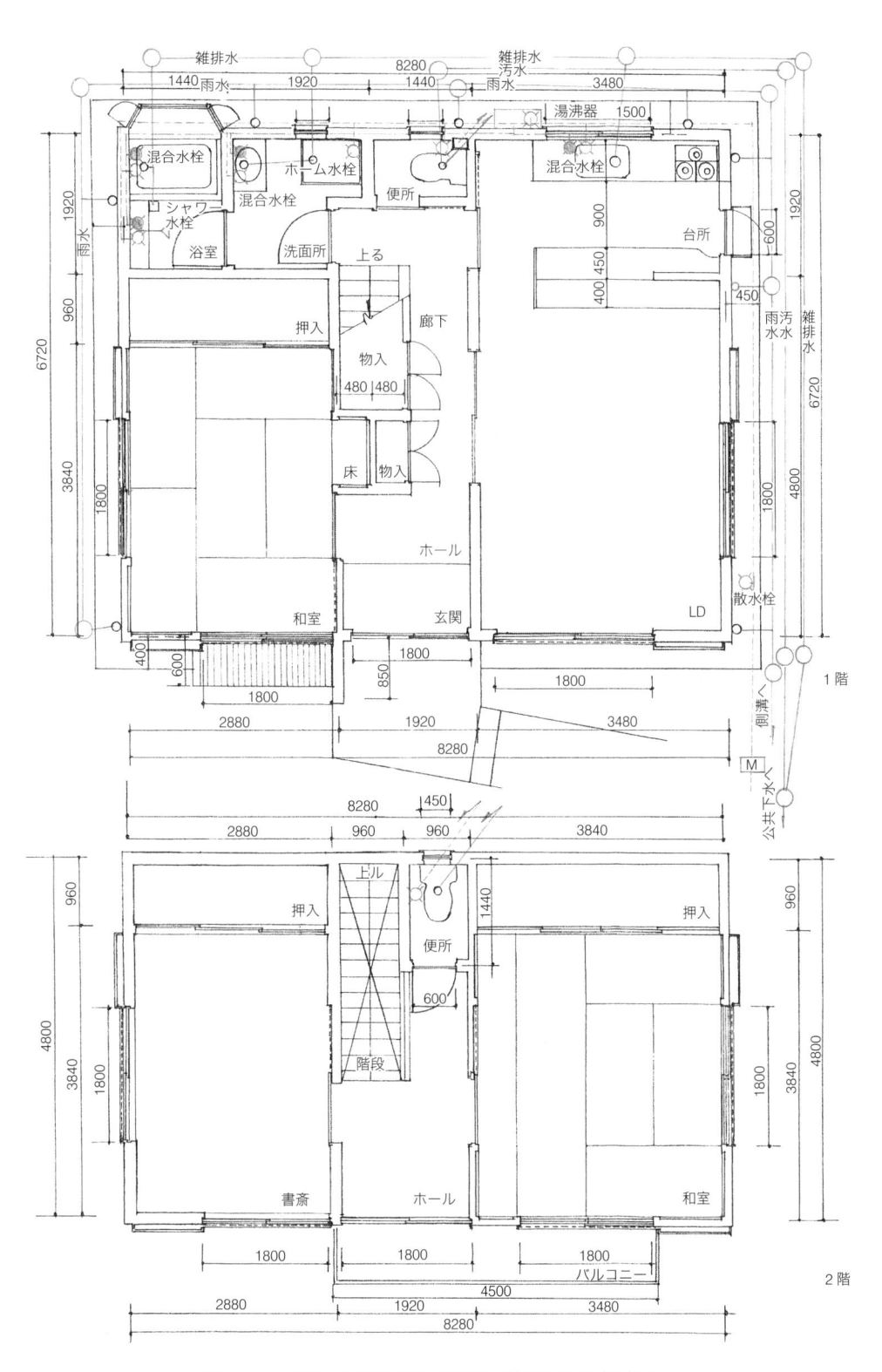

図 17・19 給排水設備配置図　通常採用機器には品番を打つ。

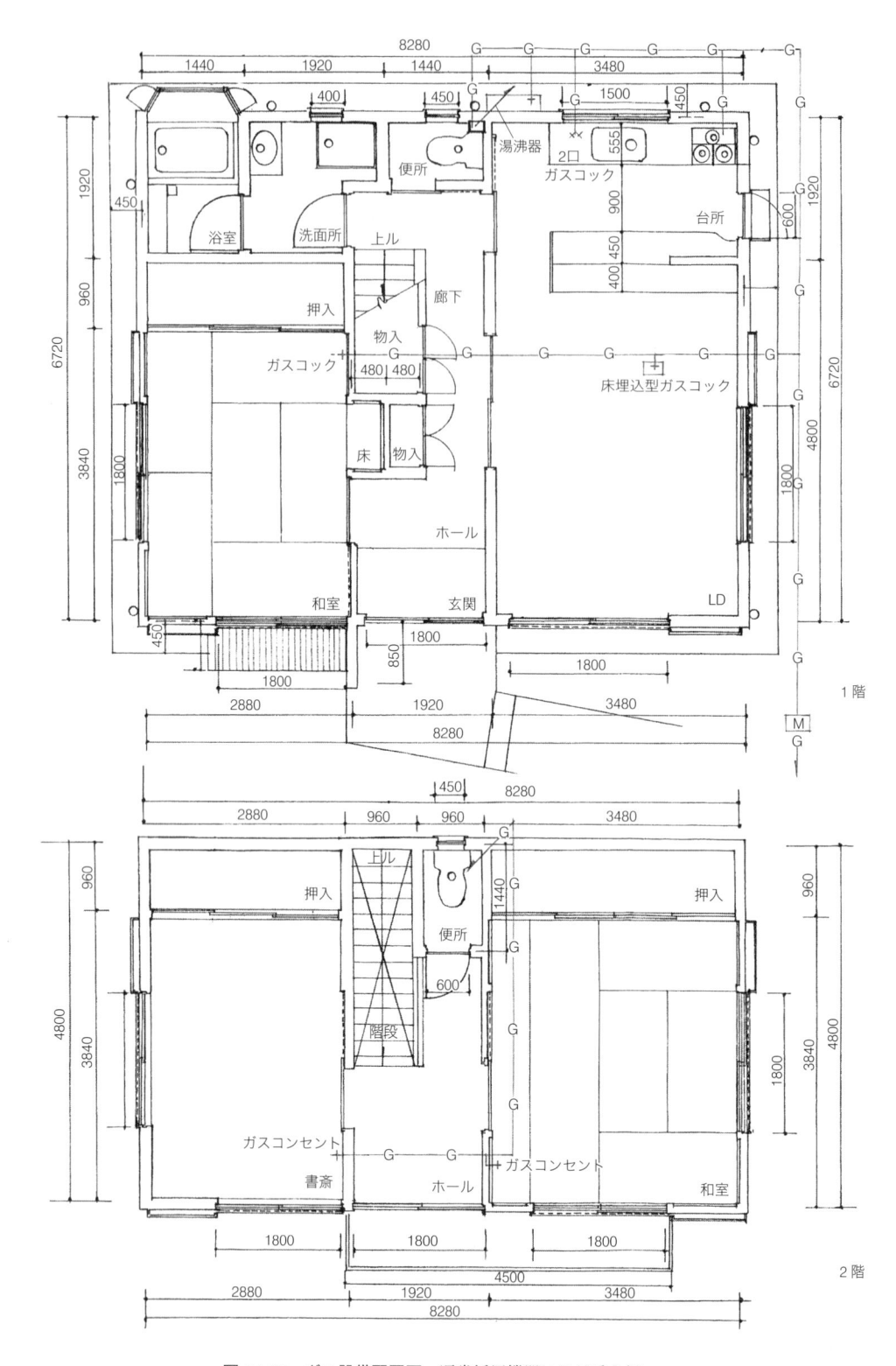

図17・20 ガス設備配置図　通常採用機器には品番を打つ。

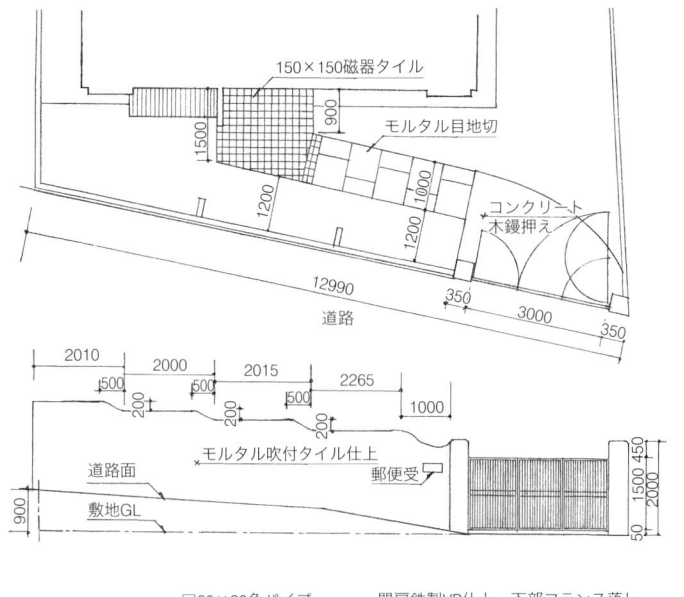

図 17・21　外構図

図 17・22　透視図（完成予想図）

20 ◆ 透視図

透視図はパースペクティブ（Perspective Drawing）、俗にパースという図面で、外観、室内が描かれる。これも作図法で順序正しい手続きによって作成され、決して絵画ではない。建築は頭の中で三次元で発想し、二次元の図面を描き、再び三次元の空間を作っていくもので、一気に三次元から三次元へという方法がないかと、十九世紀には種々模索されたができず、その副産物として透視図が生まれた。他にアイソメがあり、もっぱら完成予想図に用いられている。奥行のある図面として唯一のものなので、着色など施して建築主に差し上げるとたいへん喜ばれる（図17・22）。

c —— CADと設計

CGはコンピューターグラフィック（Computer Graphices）のことで、CADは二つ意味がある（Computer Aided DesignまたはComputer Aided Drawingの略）。Computer Aided Designは、コンピューターによる設計支援を意味し、Computer Aided Drawingは、コンピューターによる作図の支援を意味しており、両方合せて、CADまたは建築CADと呼ばれる。

その特徴は、①精度の高い図面ができ、品質が向上する、②作図途中の修正・変更など作業に柔軟性がある、③図面の保管、検索など効率的な管理が可能となる、④作図速度が向上し、作業時間の短縮が図れる、⑤部品のデータベース化により、図面の標準化が図れる、⑥CADデータに基づいて、構造計算、日影計算、冷暖房負荷計算、積算などができ、三次元データの入力により透視図の作成ができる、と幅広い。

図面を多く描くには長い時間と手間が必要である。また設計時間が長くなるとよい建物のできる可能性は大きいが、この時間を短縮するため、CGやCADが発達した。しかしCADの中に発想に対する支援はない。

設計とは、発想を含んで頭で考えている時のことで、しかも発想とそれに伴うデザインが即出てくるものではなく、ある程度の時間をかけ、何度もやりなおし、よいものができるのである。設計を図面化していく時間に思いつくこともある等、貴重な時間である。それを繰り返すことで人間的な血の通った建物ができる。

このような作業の後、図面化にCADを使うのはよいが、CADがあれば設計ができると考えるのは大間違いで、CADがなければ図面ができないようでは建築家になり得ず、技術者に他ならない。

建築の基礎は図面を自身で考え、手で描き、読めることにある。そのため勉強し、経験し、積み重ねるのである。それを具現化したのが設計図である。これからはCADによる図面も多くなり、扱えるテクニックも必要になると思うが、根本になっている図面を忘れてはならない。CADは単なる機械で考える能力はなく、考えるのは人間である。

以上が一般木造住宅に必要な図面であるが、これだけの図面を作成してくれる建築家や設計事務所は少ない。ましてや工務店や住宅会社に直接お願いすると充分な図面がなく、これが精算時のトラブルの大きな要因になることは、前にも指摘した通りである。

d —— その他の設計図書

設計図書は他に、建築概要、外部仕上表、内部仕上表、仕様書、特記仕様書等がある。

建築概要は表にして、建築工事名称、用途、建築場所（その場所の住所）、地名地番（地籍の番号）、工事種別（新築、増築その他の工事の種類）、防火指定（防火地域、準防火地域、法22条地域の別）、用途地域、構造、敷地面積、建築面積、各階床面積、延床面積、最高の高さ、最高の軒高、建築主、その他（自己所有地か借地か、市街化区域かそうでないか）を書き込む（表17・2）。

外部仕上も表にして、屋根、外壁、腰、バルコニー、軒裏、鼻隠し、外部建具、ポーチ、犬走り、テラス、その他外部の仕上を書き込む（表17・3）。

内部仕上表は、縦軸に階と室名、横軸に、床、幅木、腰、壁、天井と備考を取り、それぞれ仕上および品番等書き込む。また備考には、取付家具や取付ける機器の品番等を記入しておく（表17・4）。

表17・2　建築概要

工事名称	○○邸新築工事	建築面積	55.64m²
用途	専用住宅	床面積	1階 55.64m²　2階 39.74m²
建築場所	○○市××町△2番8号	延べ面積	95.38m²
地名地番	○○市××町△12番16号	最高の高さ	7m410
工事種別	新築	最高の軒高	6m200
防火指定	法22条地域	建築主	×山○雄
用途地域	第一種低層住居専用地域	建ぺい率	40%
構造	木造	容積率	100%
敷地面積	141.62 ㎡	その他	自己所有地

表17・3　外部仕上

屋根	ノンアスベスト カラーベスト（コロニアル）葺き
外壁	セメント中空押出し形成板 t = 15mm
バルコニー	フラットデッキ型柱なし先付けタイプ
軒裏	珪酸カルシウム板 VP 仕上げ
外部建具	アルミサッシ、雨戸網戸つき、白色
ポーチ	無釉タイル 150 × 150
犬走り	モルタルコテ押さえ
濡縁	桧材縁甲板無垢 18mm 厚板貼
外構	門、門扉、塀、アプローチ工事

表17・4　内部仕上表

階	室名	床	幅木	腰	壁	天井	備考
1	玄関	無釉タイル 150 × 150	同左	プラスターボード下地 ビニールクロス仕上げ	同左	桜ピーリング打上げ	上り框楢材
	ホール	フローリング貼	楢材 OS、CL	同上	同上	同上	
	LD	フローリング貼	楢材 OS、CL	同上	同上	プラスターボード下地 ビニールクロス貼	多目的戸棚
	和室	タタミ	タタミ寄せ	聚楽壁（塗壁）	同左	杉柾ベニヤ底目貼	床回り造作
	廊下	フローリング貼	楢材 OS、CL	プラスターボード下地 ビニールクロス仕上	同左	桜ピーリング仕上	
	台所	フローリング貼	楢材 OS、CL	キッチンパネル PB 下地ビニールクロス	同左	岩綿吸音板打上げ	システムキッチン、カウンター兼食器棚
	洗面所	コンパネ下地の上ダイハード貼	楢材 OS、CL	バス壁貼	同左	バスリブ	洗濯パン、洗面化粧台、タオル掛け
	浴室	無釉タイル 150 × 150	施釉 150 × 150 タイル	同左	同左	バスリブ	浴室乾燥器、物干しパイプ 2 本
	便所	フローリング貼	楢材 OS、CL	バス壁	同左	バスリブ	ウォシュレット、紙巻器、タオル掛け、ニギリバー
	押入	ラワンベニヤ	見切材	ラワンベニヤ	同左	ラワンベニヤ	中段、上部棚取付け
2	階段	踏板、蹴込板楢材	楢積層材	プラスターボード下地 ビニールクロス貼付	同左	桜ピーリング貼	手摺既製品笠木楢材
	ホール	フローリング貼	楢材 OS、CL	同上	同上	同上	
	和室	タタミ、一部フローリング	タタミ寄せ	聚楽壁（塗り壁）	同左	杉柾ベニヤ底目貼	
	書斎	フローリング貼	楢材 OS、CL	プラスターボード下地 ビニールクロス仕上	同左	プラスターボード下地 ビニールクロス仕上	
	便所	フローリング貼	楢材 OS、CL	バス壁	同左	バスリブ	ウォシュレット、紙巻器、ニギリバータオル掛け
	押入	ラワンベニヤ	見切材	ラワンベニヤ	同左	ラワンベニヤ	中段

OS、CL は、オイルステインクリヤーラッカー仕上。通常各部材、機器には品番が打たれる。

表17・5　木工事

●一般事項：材質その他

①木材はよく乾燥したものを用い、その含水率は 12 〜 18%とする。②木材の規格は「用材の日本農林規格」による。③合板の規格は「合板の日本農林規格」によるが、特に構造用合板については農林省告示第 1371 号「構造用合板日本農林規格」による。④構造材、造作材とも、種類、品等は次表による。⑤鯱、込み栓、太柄、楔等の材種は楢、樫、欅、桜等の堅木を用いる。⑥指定の材種がなく、他のもので代用するときは、強度、耐久性を考慮して、係員の承認の処置を講ずる。

構造材の樹種、品等、工法など

名称 位置		樹種 部材	樹種	品等	継手、工法、構造用金物 箇所	工法	その他
軸組	野物	土台	桧 105 × 105	1等	アンカーボルト	柱際より 150mm 離し、1.5m 以内間隔に基礎に埋込む。ボルト直径 16、埋込み長さ 300mm 以上	防腐剤塗布
					継手	柱位置、アンカーボルト位置を 150mm 避けて、追掛大栓継ぎまたは腰掛蟻継ぎ、隅は襟輪枘入れ、小根枘差し、割楔締め	
		火打土台	桧、松、米栂	1等	土台	傾き大入れ、ボルト締め、ボルト直径 16mm	
		柱	桧 105 × 105	1等	土台	筋違のあるとき、短枘差し、箱金物あてボルト締め	直径 1 〜 16mm
						筋違のないとき、短枘差し、両面鎹打ち、主要な柱は両面帯鉄あてボルト締め	120mm × 直径 9mm 鎹
		通し柱	桧 120 × 120		胴差	筋違のあるとき、短枘差し、両面帯鉄あてボルト締め	直径 1 〜 16mm
					(桁)	筋違のないとき、短枘差し、両面帯鉄あてボルト締め、主要な柱は両面帯鉄あてボルト締め	120mm × 直径 9mm 鎹
		間柱	桧、米栂	1等	仕口	上は短枘差し、下は寄せ枘各大釘 2 本打ち	
	化粧	管柱	桧 指定箇所 桧構造用集成柱	1等	継手	筋違のあるとき、短枘差し、両面帯鉄あて、ボルト締め	直径 1 〜 16mm
						筋違のないとき、短枘差し、両面帯鉄あて、ボルト締め	120mm × 直径 9mm 鎹
		通し柱	桧 120 × 120		胴差	筋違のあるとき、短枘差し、両面帯鉄あて、ボルト締め	直径 1 〜 16mm
						筋違のないとき、短枘差し、両面帯鉄あて、主要柱は両面帯板あてボルト締め	120mm × 直径 9mm 鎹 工事中養生のこと
	真壁	間柱	桧、米松	1等	仕口	上は短枘差し、下は寄せ枘、各大釘 2 本打ち	45 × 45、45 × 60
		桁	松、米桧	1等	継手	柱真より 150mm 持ち出し追掛け大栓継ぎボルト締め（相対する桁の継手は同じ柱間に作らない）	直径 2 〜 16mm
					柱	筋違のあるとき、箱金物ボルト締め、または羽子板ボルト両面あて締付ける。	直径 1 〜 16mm か直径 1 〜 19mm
						筋違のないとき、短枘差し、羽子板ボルト締め	直径 1 〜 16mm
	野物	胴差	松、米松		継手	上部梁、柱を受けない梁間で継ぐ。柱より持ち出し追掛大栓継ぎボルト締め	直径 2 〜 16mm
					通し柱	傾き肘付短枘差し、両面短冊金物あてボルト締め	直径 2 〜 16mm
						隅柱には上記に準じ箱金物ボルト締め	直径 1 〜 16mm
				1等	添受材	荷重の大なるときは添柱で受ける	120mm × 直径 9mm 鎹

仕様書（表17・5）は、図面に表せない文章、数値、品質、成分、性能、精度や製造、施工方法を表すものである。一般的な部分については、どの工事も似通っているので、既製品の仕様書（たとえば種々の団体が出しているもの）を利用することも多い。内容は工事関係者には常識的なことがほとんどであるから、一般的な住宅の規模の建築では省略されることが多い。しかし、意識の違いからくる間違いや揉めごとの回避と、円滑な工事進行のため必要である。しかし仕様書の必要性が出てくるようでは信頼という点で問題があり、よい工事といえない。

特記仕様書は、材料のメーカーや一部施工業者、特殊な工事等の指定や仕様書にない施工法、材料を記載する。メーカー、業者には気をつけないと、謝礼を餌に指定を迫ってくることもある。設計に携わるものは常に厳正中立の立場であるので、できるだけ指定を行わず、同じような材料の場合は、同等品という文言をつけて、もう一度検討することが大切である。

これで設計図書は全部揃った。ここで必ず実行することは、施主とショールーム（図17・23）等へ出向き、仕上表に記載した多くの材料や取付家具（台所セットを含む）機器等を見比べて品番、形、色等をチェックし納得と確認を得ることである。少し時間はかかるが、記憶違い等による揉めごとを防ぐため大いに役に立つし、少しでもイメージの異なった時はその場で検討、品番の変更もできる。この機会に、施主とより緊密なコミュニケーションと信頼を得られるというメリットもある。

5　積算見積り

積算とは、工事に使われる材料の量を算出することである。

仕上材、木材の野物と化粧材、材種のちがい等、種類別に拾う。この時、見積りと項目を合わせておくと便利である。この作業は設計者側でも行っておくことも必要である。大規模な建築では積算の専門家がおり（積算事務所）、ここから出た数量に単価を掛け、工賃と経費を加えると見積り金額となる（表17・6、7）。

見積りも、あらかじめ設計者側で行う。金額を施工者側と打ち合せることはしないが、ある程度の単価を確認しておくことが必要である。施工者から、見積書が提出されると、どの程度の細目にわたってなされているか、各項目にわたってチェックする。横着な業者は、見積り項目が非常に少なく、各工事一式で見積もられることがあるが、このような業者には工事を控えてもらうべきであろう。のちのち設計変更の際、揉める原因になる。数量、単価とも慎重にチェックすることが大切である。

[a]──材料代と手間賃

以前は物を安く作ろうとすると、まず安い材料を探した。しかし、1960年代（昭和35年代後半）から人件費の高騰が始まり、今や価格を決定する大きな要素は、人件費であるといっても過言ではない。

たとえば浴室の壁仕上の時、全面をタイル貼とした時と、湯水のかかる腰までタイル貼で上部左官のリシン掻落し仕上の時を比べると、下地モルタルは左官工事、タイル貼はタイル工事で、リシン掻落しにもう一度左官工事が必要となる。つまり全面タイル貼では職方が二つ、掻落しがつくと職方が三つになり、価格は材料のタイルにもよるが、あまり変わらなくなる。経済的にやろうとすると、職方の数を少なくし、手間をできるだけ掛けないことである。

見積書の金額が、当初の予算に合うか検討する。予算より低い金額であれば問題はないが、高い時は見積書を提出した業者に金額の圧縮を依頼し、それでも合わなければ、仕様の変更、工事範囲の縮小、果ては面積の縮小も含めて検討することもある。なお予算交渉中に業者が一括して予算に合せてくることがある。これを受け入れるとしても項目別にはっきり記入した見積書が必要で、これは前述した工事完了後の精算に用いる。

表 17・6　内訳書（中項目一覧）

番号	名　称	数量	単位	単価	金額
B	建築工事　内　訳　書				
B-1	仮設工事	1	式		
B-2	土　工事	1	式		
B-3	基礎工事	1	式		
B-4	防水工事	1	式		
B-5	タイル工事	1	式		
B-6	木　工事	1	式		
B-7	屋根工事	1	式		
B-8	金属、錺工事	1	式		
B-9	左官工事	1	式		
B-10	木製建具工事	1	式		
B-11	金属製建具工事	1	式		
B-12	ガラス工事	1	式		
B-13	塗装工事	1	式		
B-14	内外装工事	1	式		
B-15	雑工事	1	式		
				B-計	

図 17・23　ショールーム

表 17・7　木材明細書

番号	名称	材質	巾	厚	長さ	備考	数量	単位	単価	金額
31	1F 小屋火打	米松	105	105	1,000		15	丁		
32	2F 小屋火打		105	105	1,000		12	丁		
33	1F 小屋束	米松 1 等	105	105	3,000		2	丁		
34	2F 小屋束	米松 1 等	105	105	3,000		6	丁		
35	通り柱	桧 1 等モルダー	120	120	6,000		4	丁		
36	化粧通り柱	桧集成 2 方ム	118	118	5,950		1	丁		
37	〃	桧集成 1 方ム	118	118	5,950	四分一	3	丁		
38	1F 管柱	杉 1 等	105	105	3,000		28	丁		
39	1F 化粧柱	桧集成 3 方ム	103	103	2,950		1	丁		
40	〃	桧集成 2 方ム	103	103	2,950		4	丁		
41	〃	桧集成 1 方ム	103	103	2,950		2	丁		
42	〃	桧集成 1 方ム	103	103	2,950	四分一	2	丁		
43	2F 管柱	杉 1 等 KD	105	105	3,000		13	丁		
44	2F 化粧柱	桧集成 2 方ム	103	103	2,950		7	丁		
45	〃	桧集成 1 方ム	103	103	2,950		1	丁		
									イ－小計	
二	枠、額打、幅木等化粧材　明細書									
1	根搦み貫き	米松 1 等	105	12	4,000		8	丁		
2	〃	〃	105	12	3,000		4	丁		
3	小屋貫き	米松 1 等	105	12	3,000		6	丁		
4	小屋筋違	〃	45	90	4,000		8	丁		
5	小屋筋違	〃	45	90	3,000		3	丁		
6	垂木	〃	45	90	4,000		46	丁		
7	下屋垂木	〃	45	90	4,000		12	丁		
8	下屋垂木	〃	45	80	3,000		16	丁		
9	垂木受け	米松 1 等	45	105	3,000		2	丁		
10	広小舞	〃	105	20	4,000		4	丁		
11	広小舞	〃	105	20	3,500		4	丁		
12	広小舞	〃	105	20	3,000		1	丁		

6　建築工事の方法

　建築工事の方法は、大きく自営と請負に分かれる。

　自営とは工事全体を建物の発注主が行うもので、戦前の御隠居さんの普請がそうである。この時の建物は複雑なものではなく、伝統に支えられたもので、若い頃から建物に興味があり、よく知っている旦那が、知り合いの大工を連れて来て行う。いわゆる旦那普請で、現在行われることは少なく、営繕補修工事程度が多い。

　請負工事には種々ある。請負というのは、元来ある種の契約を指すが、昨今では建設を行う業者を指すことが多く、分類すると、一式請負、部分請負、実費精算式に分かれる。

　一式請負とは全工事を施工し完成させる方式である。一般の小規模の建物によく用いられる。この請負の下では各種の職方があり、材料の手配、職人の段取り等すべて行われる方式で、発注側として最も手間の掛からないものである。

　部分請負は分割請負ともいわれ、各職方全部、あるいは数種の職方と請負契約を結ぶもので、自営に似ているが、職方それぞれと請負契約を結ぶので、施工期間と予算はある程度守られる。しかし統轄する煩雑さは、自営と変わらない。

　実費精算式は各職方の施工の出来高で、その都度精算していく方式で、物価が安定せず、見積りが不可能な時などに用いられる。しかし工事によっては、出来高の見極めが難しく、したがって煩雑になるのは避けられない。

　この他、これらが複合した請負形式もあり、種々の請負契約が成り立つ。現場の特性、経済性等考慮して、契約の方式を決定しなければならない。

7　業者の選定

　業者の選定には、特命と入札がある。

　特命とは、一業者を選定する競争によらない請負契約のことで、古くから出入の業者や、信用できる知り合いの紹介である時、特命が多い。気心の知れた業者であるから、なにごとも工事がスムースにいく利点がある。

　入札とは、見積り価格で契約を競うもので、全体の価格で業者が決まる。一般の住宅においてはそのような大々的な入札を行わないまでも、数社から見積書を提出してもらい、その内容を検討して決定する。その時、価格が安いからといってよくない仕事なのか、というとそうではなく、高いからといって良い仕事であるとは限らないところに、難しさがある。

　以上のような業者選定方式があっても、しっかりした図面が完成していても、どの業者に決定するかは難しい。世の中には悪質な業者もいる。より良心的で、親切な業者を見つけることは大変なことなのである。一般には設計者や施主に関係ある業者や、時として取引銀行の紹介といったケースもあるが、候補に挙がった業者の自慢の作品を見るのも、判断基準の要素になる。

8　確認申請

　建築主が建築しようとする時、確認申請書を建築主事または指定確認検査機関に提出する。以下、一般の木造住宅を対象に述べる。

　まず建築の規模、構造、階数、用途、建築の種別（新築、増築、改築、移転）または大規模な修繕、大規模な模様替をする時に、確認申請書と添付図面を提出し、この計画が建築物の敷地、構造、設備に関する法令に適合している旨の確認を受け、確認済証の交付を受けなければならない。

9　事前協議

　確認申請提出前に、事前協議が必要な場合がある。これは敷地のある市町村によって違うので、その都度役所に尋ねればよい。事前に、敷地の位置、規模、方位、建物の大きさ、道路の位置等を用意して指導を受け、建築物建築届と必要書類、図面、現況写真、委任状等が必要になる。敷地面積が500m^{2}以下の場合は、開発事前協議の必要ない場合が多い（表17・8）。

表17・8 宅地開発事前協議届

様式第1号（第3条関係）

宅地開発事前協議届

○○市住みよいまちづくり条例施行規則第3条の規定に基づき、下記のとおり協議します。

平成　年　月　日

　　市長　様

事業主　住所
　　　　氏名　　　　　　　　印
　　　　TEL

開発区域の所在	○○市　　町　　番地
開発区域の面積	
土地利用計画	
計画工期	平成　年　月　日から平成　年　月　日まで
工事施工者	住所　　　氏名 TEL
標識の設置年月日	平成　年　月　日
添付書類	宅地開発設計説明書・位置図・土地現況図・実測求積図・土地利用計画図・造成計画図・排水施設計画平面図・水道施設及び給水装置計画平面図・がけの断面図・擁壁の断面図・現況写真等・その他必要な設計図
受付番号	平成　年　月　日　第　号
承認番号	平成　年　月　日　第　号
審査結果	

建築物建築計画の概要

敷地の所在	町　　番地
敷地の面積	m²
土地利用計画	
計画建築物 用途	
構造	
高さ	最高高　　　m
階数及び棟数	地上　階　地下　階（　棟）
建築面積	m²
延床面積	m²
建築主	住所 氏名　　　　　TEL
代理者	住所 氏名　　　　　TEL
計画工期	平成　年　月　日から平成　年　月　日まで
標識の設置年月日	平成　年　月　日

この計画について知りたい方は、上記までご連絡ください。

←90cm→　↕90cm

確認申請提出以前に、事前協議が必要になることがある。規模が大きくなると開発協議になるが、これは規模の小さい時の書式。また確認申請以前に上記の看板を作成して、現場に一定期間、標示する必要のあることもある。

表17・9 確認申請書式の一部　申請には他に「建築計画概要書」「建築工事届」「工事監理報告書」「工事監理者届」「委任状」等が必要になる。

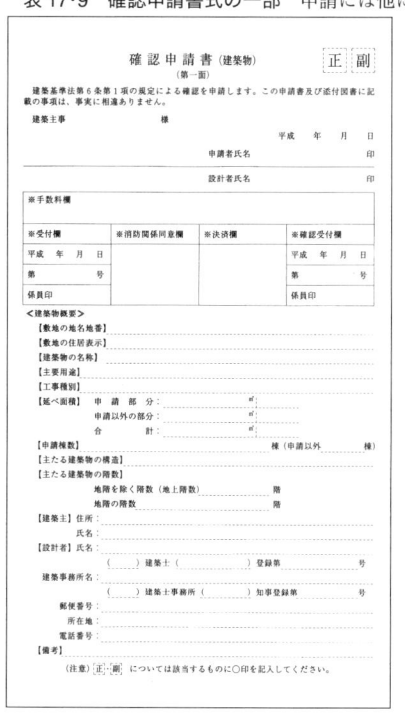

（第一面）確認申請書（建築物）　正　副

（第二面）建築主等の概要

（第三面）建築物及びその敷地に関する事項

17　建築設計

確認申請は、木造の住宅程度なら簡単だったが、最近はだんだん難しくなり手間がかかるようになった。したがって実施設計に入る時に提出した方が時間的によいだろう。書類は市町村役場にあり、この時、建設地の含まれた白地図（2500分の1）を購入しておくと、附近見取図その他に便利である。

❿　確認申請書

書類を購入すると、確認申請書（建築用）を書くことになる。第一面に正副とあるが一通しかないので、まず書き上げ必要部数（正副か正副副）をコピーし、正副を○で囲めばよい。この他に必要書類として、建築計画概要書、建築工事届、工事監理者届出書等、があり、所定の欄に書き込んでおく。またこの建築確認申請手続を施主（建築主）に依頼されていることを示すために、委任状も必要である。この中で工事施工者の欄があるが、決まっていない時は未定として提出し、決定した時点で工事施工者届出書を提出すればよい。書き込み方は煩雑で戸惑うことが多いので、経験者に尋ねることをお勧めする（表17・9）。

ⓐ——添付図面

添付図面には、建築基準法施行規則第一条三の表による⒤および㋺項の図面が必要で、附近見取図、配置図、各階平面図、し尿浄化槽見取図が⒤項にあり、㋺項では、2面以上の立面図、2面以上の断面図とある。木造建築物で階数2以下、延べ面積500m²以下の建築物は⒤項のみでよいが、㋺項も入れておくと理解してもらいやすい。これら図面については、設計図書の項で前述した。

特に書き込まなければならないものもある。まず平面図にはA、L、V、Sを入れなければならない。

これは居室に関するもので、Aは居室の面積、Lはその居室の有効採光面積で住宅の場合その床面積の1/7以上、Vは換気面積で、床面積の1/20以上（開放できる面積、たとえば引違いは半分）、Sは排煙面積で床面積の1/50（天井より80cm下がった所までで開放される面積）である。

次に換気扇の位置と計算で、台所用、便所用、シックハウス用と数が増えているが、それぞれ必要である。

木造の継手・仕口に関する補強金物、⒤～㋨まで十種類出ており、それらを所定の場所に使用することがわかるように記入しておく（図17・24）。

また、台所の室内仕上表も必要である。台所の壁および天井は、不燃材または準不燃材で仕上げなければならないからである。それぞれの材料に認定番号の記入も必要となる。この他に軸組計算や耐力壁の配置の計算書が必要である。またシックハウスについての申請書添付図書がいる。これに伴って換気扇の配置計画、使用建築材料表、居室ごとの機械換気設備表、天井裏等への措置の表等が必要になる。立面関係では、北側斜線や前面道路斜線を描いて、法をクリアしていることを示しておくことも大切である。

これらの書類は非常に煩雑だが、多く専門書も出ているので、参考にして作成する。

なお、手続きなので多くの捺印が必要だが、印鑑は認印でよく、実印の必要はない。

確認申請もおり、見積書の調整の結果、施工業者が決定すると、業者と請負契約を交わす。

ⓑ——中間・完了検査

着工すると、工事中のある指定された工程に中間検査が行われる。これには中間検査申請書、中間検査用工事監理状況報告書が必要で、検査が終わると、中間検査完了書が交付される。

工事が完了すると、完了検査申請書を提出し、完了検査を受ける。打合せた日時に検査員が現場に来訪して工事完了検査を行い、これが通ると後日工事完了検査済書が交付され、一切の役所関係の仕事が終わることになる。

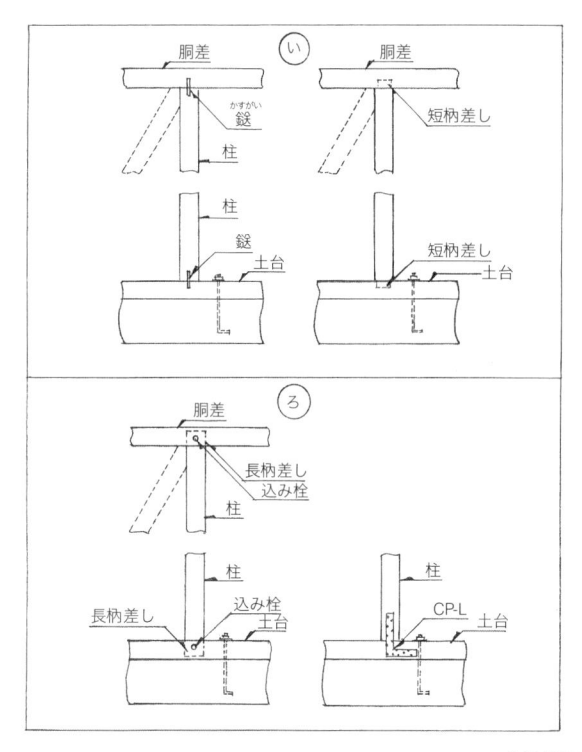

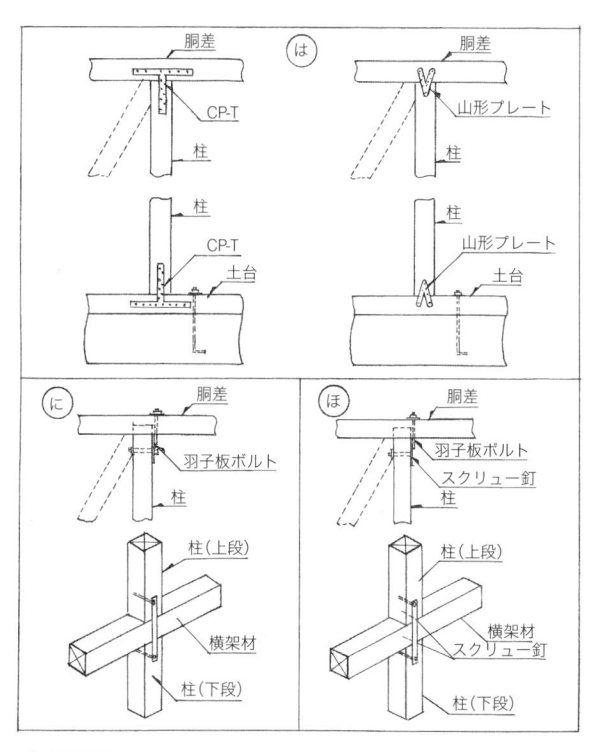

筋違端部と軸組との止め付け部

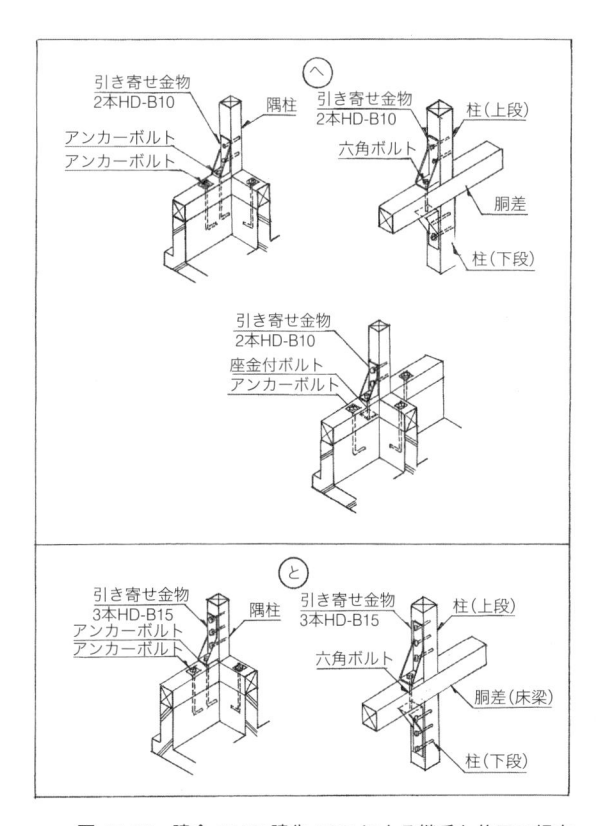

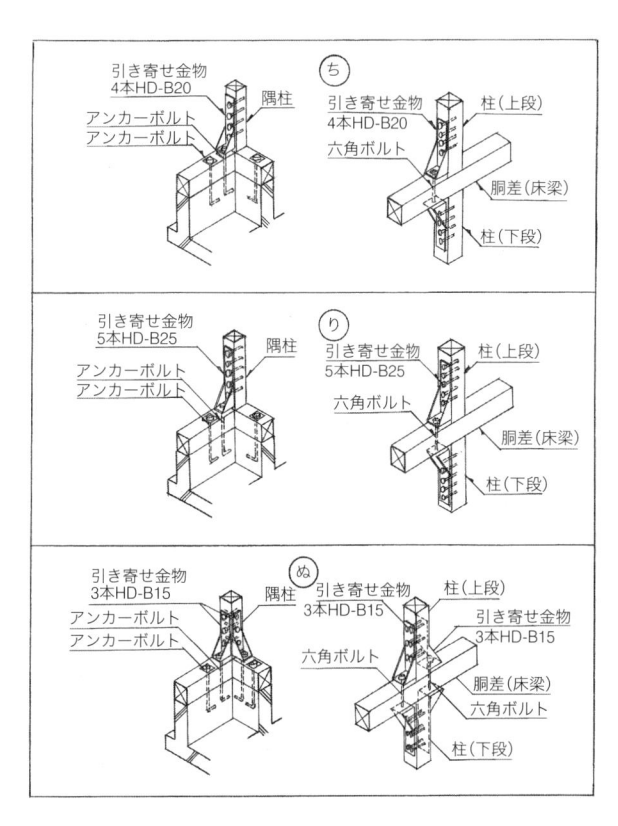

図17・24　建令47.H2建告1460による継手と仕口の規定（出典：「平成12年度版　木造住宅工事共通仕様書（解説付）」㈶住宅金融普及協会より作成）

11 請負契約

日時を決めて、建築主、施工業者、設計者が集まり、請負契約（工事契約）を行う。契約書の書式はほとんどの場合、既製品のものが使われ、二通作成して、一通は建築主、他方は業者が保管する。契約書には契約の年月日、総工費、支払条件、工事範囲、着工日、完成予定日、特記事項などが書き込まれ、設計図書も添付される。双方よく確認の上署名捺印し、契約が完了する。この時、印紙が必要で、この金額は契約金額によって決まるが、馬鹿にならない額になるので、それぞれが支払うのが原則である。

設計者は当事者ではなく、立会人として署名捺印する。この書類は、工事の約束事を書類にしたものだが、建築工事は建築主、設計者、施工業者の信頼関係の上に成り立つものであるから、後日この契約書が役立つことになる工事はよい工事とはいえない。

請負契約が終わると、施工業者は工程表を作成する。

12 工程表

施工工期全般を円滑に手順よく運ぶために推定基準となるもので、各職方の作業量を時間、日数で換算して、工事の日程をわかりやすく表にしたものである。職方の作業日の重複や、順番の間違いを避けることができ、その時々の仕事の内容の把握もできる、便利で不可欠なものである（図17・25）。

作成にあたっては、工事は天候に左右されることもあり、できるだけ余裕をもった期間のものにする方がよい。

工程表が建築主と設計者に提出されると、いよいよ現場が動き出す。

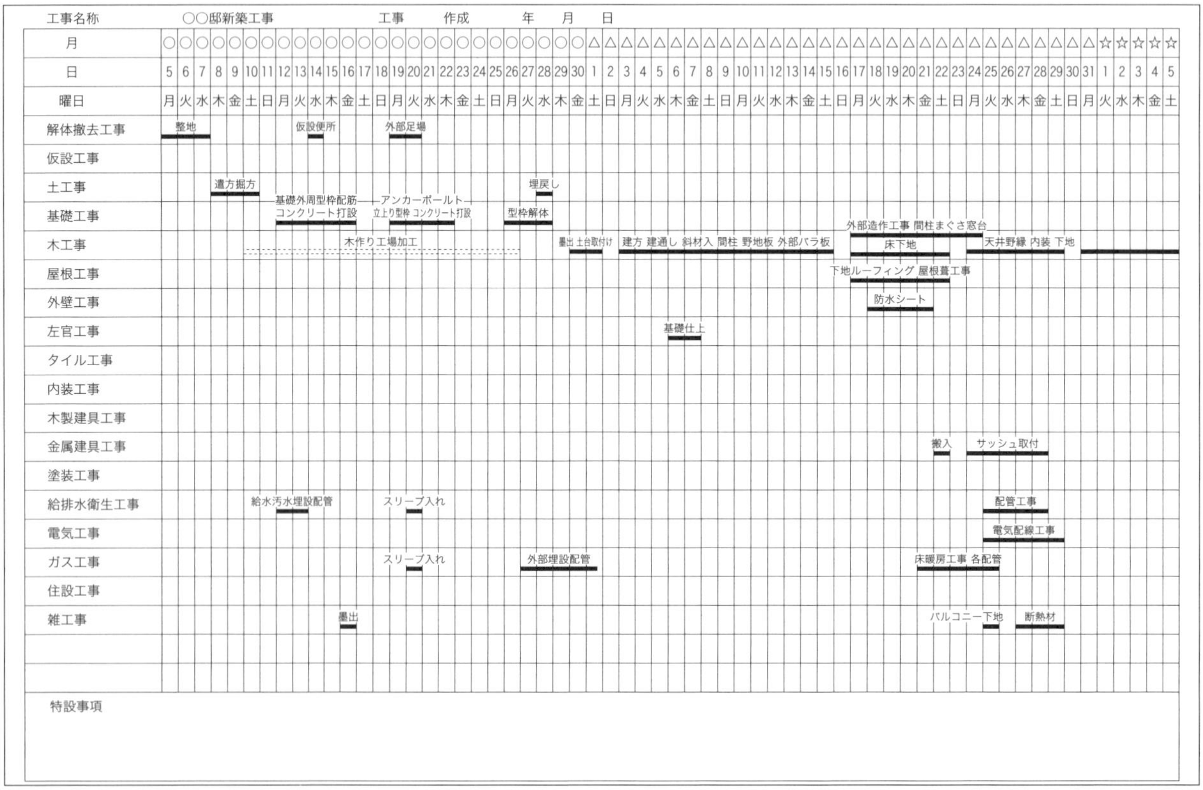

図17・25　工程表

18　敷地の整備

1　石垣と擁壁

敷地に高低差のある場合、地均しをすると土留めが必要となる（図18·1）。この土留めの方法として古くは石垣が積まれたが、昨今ではほとんどの場合、鉄筋コンクリートで築く擁壁（retaining wall）になっている。ここでは、1960年頃よく用いられた石垣を含めて、土留めについて簡単に述べておく。

石垣の材料には、花崗岩、硬石（安山岩の類）がある。石の形で区別すると、野面石、粗石、角石、切石、間知石になる。このうち間知石が最もよく用いられ、切石は高級な仕上に用いられる。しかし石材は高価なことから、コンクリート製の間知ブロックが用いられることが多くなった（図18·2）。

石の積み方は外観から分類すると、次のような名称になる（図18·3）。

石垣の積み方には、空積みと練積みがある。空積みは石のみで積み、練積みは石と石との間にモルタルやコンクリートを詰めて積む。目地部分を合端といい、空積みではこの奥を飼石で固定し、裏砂利を入れて積む。空積みは雨水や湧水が目地から出て土圧が小さくなるが、練積みは土圧が大きくなる。客観的に見て、どちらが強いのか考える所である（図18·4）。

石垣の傾斜を法勾配といい、高さに対して傾く寸法で、3分、5分と表す。法勾配は石垣が高いほど大きくなる。また、寺勾配といって下部ほど勾配をゆるめ、縄垂曲線にする積み方もある（表18·1）。

石垣の背後に降った雨水を抜くために、3m²以内ごとに内径7.5cm以上のビニールパイプを水抜きとして設け、石垣の長い時は、石垣全体の崩壊を防ぐためエクスパンションジョイント（expansion joint）を設ける。

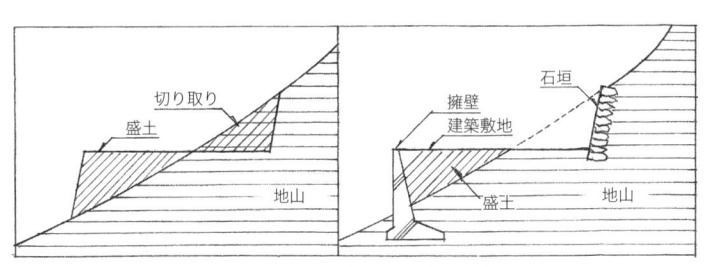

図18·1　切り取り土留めと盛り土土留め

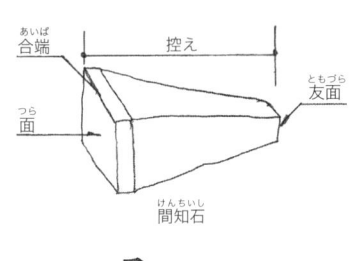

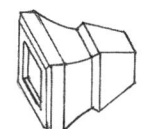

図18·2　間知ブロック

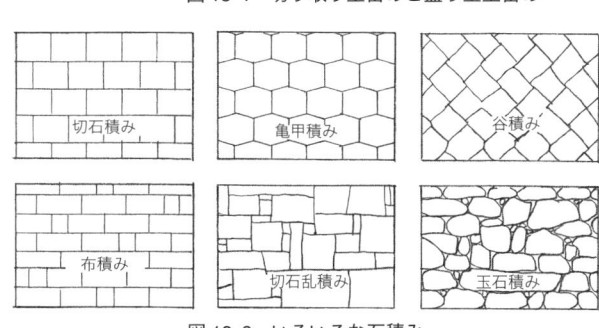

図18·3　いろいろな石積み

表18·1　石垣高さと法勾配と控

石垣高 (h)	控長さ (b)	法勾配 (c)
2m以下	25〜40cm	3
5m以下	35〜60cm	4
7m以下	45〜75cm	4.5
7m以上	60〜90cm	5

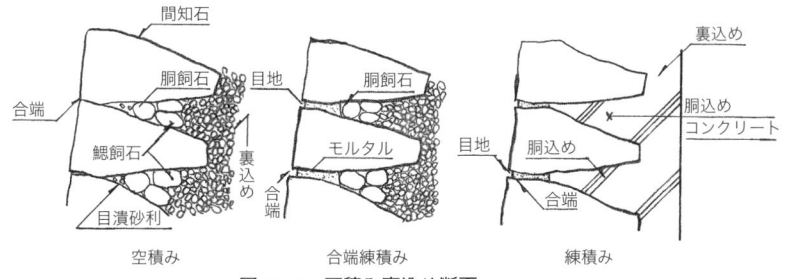

図18·4　石積み裏込め断面

a —— 間知石積み

　間知石積みはわが国独自の石積法で、割合低廉なことから、一般によく用いられる。江戸時代末に考案されたのか、城郭の石垣には見られない。

　積み方は亀甲形に合端を合わせ積むが、最近では落積み（谷積み、矢筈積みともいい、石面の対角線が垂直線になる積み方）が多い。裏込めというのは間知石の尻裏に詰め込む砂利のことで、大砂利を使う。裏込めの充分に行き届いた石垣は、背後の土圧によく耐える。高い石垣ほど、裏込めを下部で広げるようにする（表18・2）。

　基礎は充分に根切りをし、栗石を突き固め、その上に根石を据える（表18・3）。栗石にコンクリートを打って根石を据えることもある。基礎が常に水中にある時は、胴木（算盤）を置いて根石を据える（図18・5）。根石の据え方には、追掛据え、五角根石、夫婦根石の三種類があり（図18・6）、控えの長さは根石と間知石面から1/3～1/4くらい出して据えると、いっそう強くなる。石垣最上部天端は水平にすることから、二、三段下から加減する。納め方には五角天端、三角天端、夫婦天端（図18・7）がある。

　石積みの注意点は、毛抜き合端は弱いので避けるということである。この合端（図18・8）は合端に奥行のないものである。また石の大きさが不揃いだと、力の不均等がおこる。

　この他、不都合な施工として以下がある。四つ目は目地が十字になること、目通しは目地が縦に直線で通ること、芋は同じ場所で同じような石を重ねること、腮、鏡張り、目違い棚はどれも石垣表面の不均等なことである。また石垣全体がねじれることもある。いずれも積上げる時に注意しないとよくおこることなので、配慮が大切である（図18・9）。

b —— 切石積み、布石積み

　やわらかい安山岩や凝灰岩の時、石ごしらえが容易な、切石積みや布石積みがよく用いられる。石垣にやわらか味があり、優美なものになる。古くから高さ1m以下の石垣によく用いられた（図18・10）。

　切石積みの積み方は間知石とほぼ同じだが、要所に控石として小口積みの長石を積み込んでおくと強くなる。切石積みと布石積みの強さは、石の合端の摩擦力によって保たれるので、目地部分が重要で、目地はモルタルを用いない盲目地にしたり、モルタルを用いて眠目地にすることもある。また目地を工夫して覆輪目地、沈み目地、逆覆輪目地、山形目地、鎬目地、斜目地、逆鎬目地等がある。よく用いられる江戸切目地や凹目地（薬研目地）もある。仕上面は瘤出し、鑿切り、小叩き、ビシャン等好みの石の粗さで行われる（図18・11）。

c —— 野石積み

　野石の角張ったものを野面石、丸みのあるものを呉呂太石という。いずれも自然の石で、石の大小、色等不揃いのものを巧みに使い、石垣を作る（図18・12）。積み方によっては、野趣に富んだ趣ある石垣となる。川底から採取したもので、丸みのある石（玉石、呉呂太石）で石垣を作るのを玉石積みと呼ぶ（図18・13）。

　積み方は、矢筈積み（落積み）と布積みとになる。径50cm以下の呉呂太石は矢筈積みにする。この時、長径の方を斜めに立てて積む。布積みは比較的大きな野石の時は切石積みのようになり、この時は長手の方を横に寝かして積上げる（図18・14）。積む時、大きな石を下に、順次小さいものを上にと積んでいくことはいうまでもない。

　野面積みは石を積む時、たいてい空積みが普通だが、時としてモルタルを合端に詰め、積上げると非常に強い石垣になる。この胴込めは、割栗石のみやコンクリートを打つことも多いが、コンクリートを打つ場合は必ず水抜き穴を設けることを忘れてはいけない。

　庭石のくずれ積みは、道路脇や、風雅な門に続く石垣や庭園の石垣等に積み、合端の隙に、ツツジ、サツキ、クズ、ツタ、ツゲ等を植え、風情のある石垣を作るものである（図18・15）。

　宅地の需要が急増し、傾斜地が多くなることから、このような敷地では土留めが敷地の必須条件になる。なかには充分な強度を持たない土留めも多いことから、宅地造成等規制法で規制されている。法によると、高さにもよるが、原則として練積みでなければならない。また切口の土留めと盛土の土留めは条件が違い、石垣の構造が変わるので注意が必要である。

表 18・2　石垣の高さと裏込めの厚さ

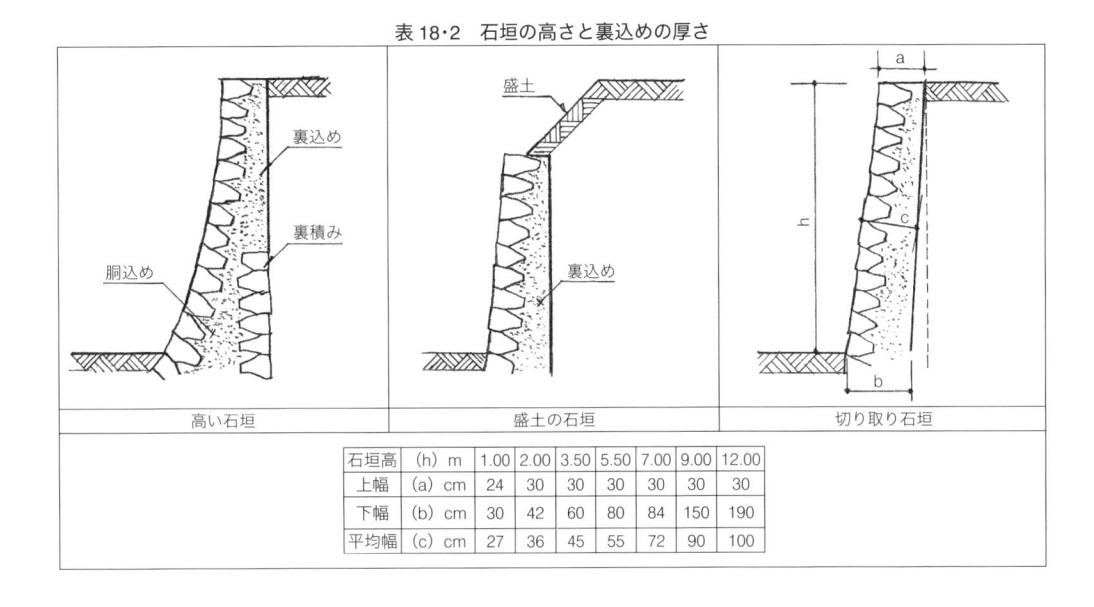

石垣高	(h) m	1.00	2.00	3.50	5.50	7.00	9.00	12.00
上幅	(a) cm	24	30	30	30	30	30	30
下幅	(b) cm	30	42	60	80	84	150	190
平均幅	(c) cm	27	36	45	55	72	90	100

高い石垣　　盛土の石垣　　切り取り石垣

表 18・3　石垣の基礎 [cm]

地盤	硬石	軟石	砂利	粘土
根切り深さ	60	100	200	300

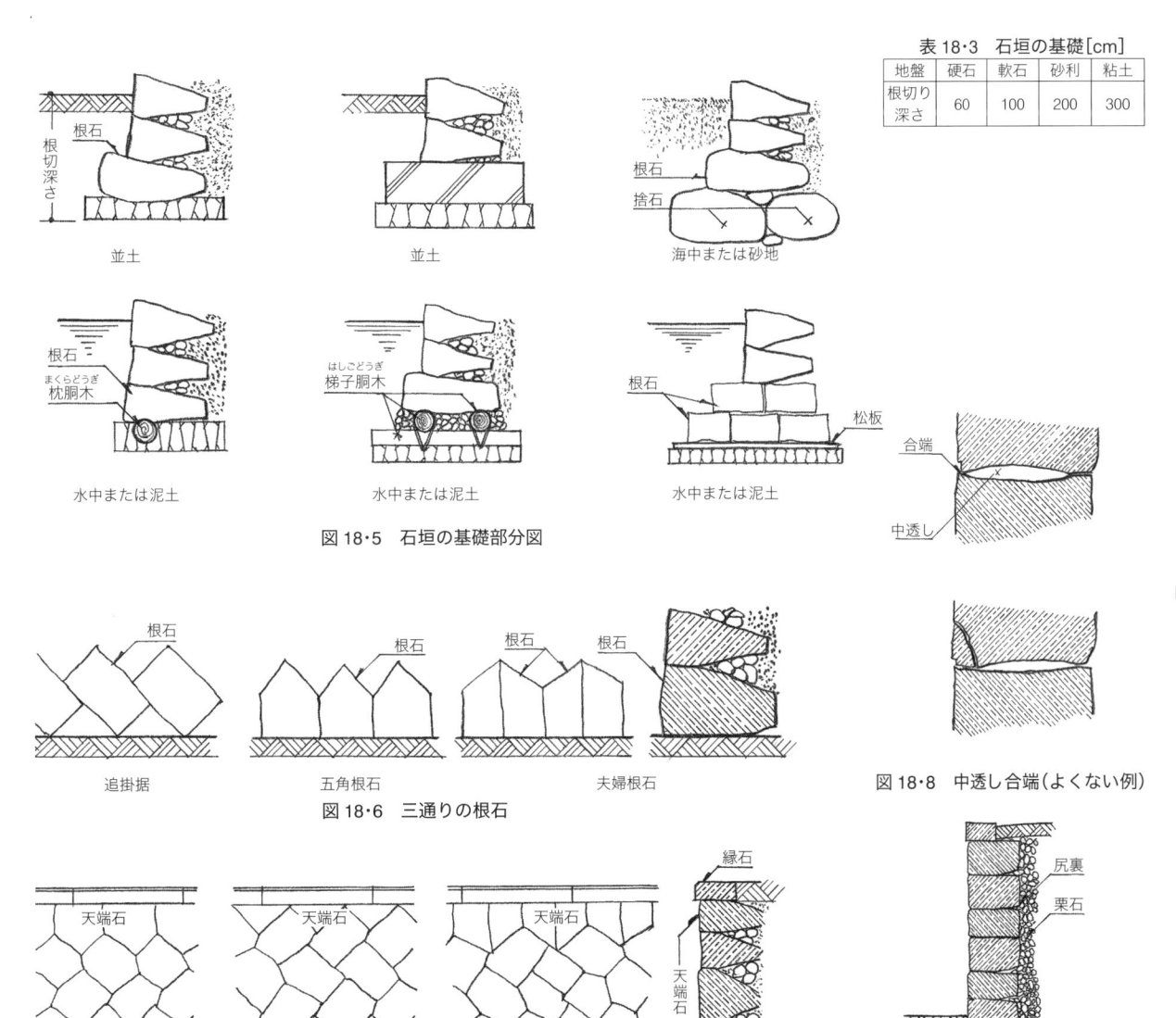

図 18・5　石垣の基礎部分図

並土　　並土　　海中または砂地
水中または泥土　　水中または泥土　　水中または泥土

図 18・6　三通りの根石

追掛据　　五角根石　　夫婦根石

図 18・8　中透し合端（よくない例）

図 18・7　三通りの天端石

五角天端　　三角天端　　夫婦天端

図 18・10　尻裏

d ── 擁壁

　土留めの高い場合、土圧、石材の不足、工期それに伴う経済性から、鉄筋コンクリートの擁壁を作ることが多くなっている（図18・16）。

　敷地境界線の関係は、上部の擁壁は上部の所有者、下部の擁壁はその敷地の所有者の所有ということになり、それぞれ責任が発生する。

　一般的な擁壁は、高さによって形や大きさが違ってくるが、ここでは2mくらいと考えて述べていく。擁壁は横から等変荷重がかかるので上部より下部にいくほど厚く（上部約15cm、下部約30cm）し、基礎はL形に土中に敷き込むようにする（高さの約1/3～1/2）。

　配筋方法は、引張力の働く方にD-10～D-13mm径を15～30cm間隔で縦に入れ、横方向へは約30cm間隔に入れていく。鉄筋は仮枠から6cmくらいセパレートで離してコンクリートを打つが、この時水抜きパイプを忘れてはならない。また「豆板」「あばた」（コンクリートがよく混ざらず、砂利のみが多く出て、砂やセメントの少ない所で豆板やあばたに見えることからその名がある）のできないように注意して打設する。

　埋戻しは、打設から3週間くらい経ってからが安全である。この時、裏込め等の透水層を作ることは、いうまでもない。また擁壁には化粧する必要はないが、道路側等に、石貼やタイル貼をすることもある。

　前述のように、土質や高さによって形、大きさ、配筋等が変わってくる。基本的には、宅地造成規制法等を参考に、建築基準法による構造計算によって、規模、形、大きさ、配筋等を決定しなければならない（図18・17）。

2　地業工事

a ── 準備工作

1◆地均し

　建築工事の最初の仕事が地均し（整地）である。工事に邪魔になる樹木の植替えや雑草刈りを行い、工事に支障のない程度に敷地を平坦にする。また埋設物や障害物は上から見てもよくわからないので、あらかじめ調べ、見積書には別途と記入しておく。文化財関係の出土があった時は、各市町村の教育委員会に報告する義務があり、調査が終わるまで工事ができない。建物が建てられなくなることもある。

2◆地鎮祭

　地均しが終わると地鎮祭を行う。建物を建てる人は、未来永劫その建物の存在を望んでいるからで、それを神に託するのである。正式には「トコシズメのマツリ」と読む。祭神は大地主大神、産土大神で、建築の起工に際し、その敷地の守護神を祭って神慮を和らげ、土地の平安堅固を祈請する（表18・4）。

　式場は、四隅に四方竹（笹葉付の竹）を立て、注連縄を張り、中央に神壇を設け、神饌を供え、式次第に沿って行う。刈初めは神官か設計者が行い、斎鋤は建築主、斎鍬は施工業者が、それぞれ神官の指示に従って行い、次に神官、建築主、施工業者の順に玉串を奉奠し、式次第通りに式は終わる。これを厳かに、スムースに行うには充分な打合せが必要である。最近では、地鎮祭を行わない工事も多くなっている（図18・18）。

3◆地縄張り

　地縄張りとは、建物の建つ位置に実際の大きさにビニールテープ等を張って、敷地と建物の大きさ、隣地境界線や道路と建物の関係等を建築主と設計者、施工者の立会いの上で確認することである（図18・19）。

　地縄張りには藁の荒縄が使われたのでこの名があるが、現在荒縄が入手困難なことから、梱包用のビニールテープがよく使われている。

四つ目　目通り　芋ぐし

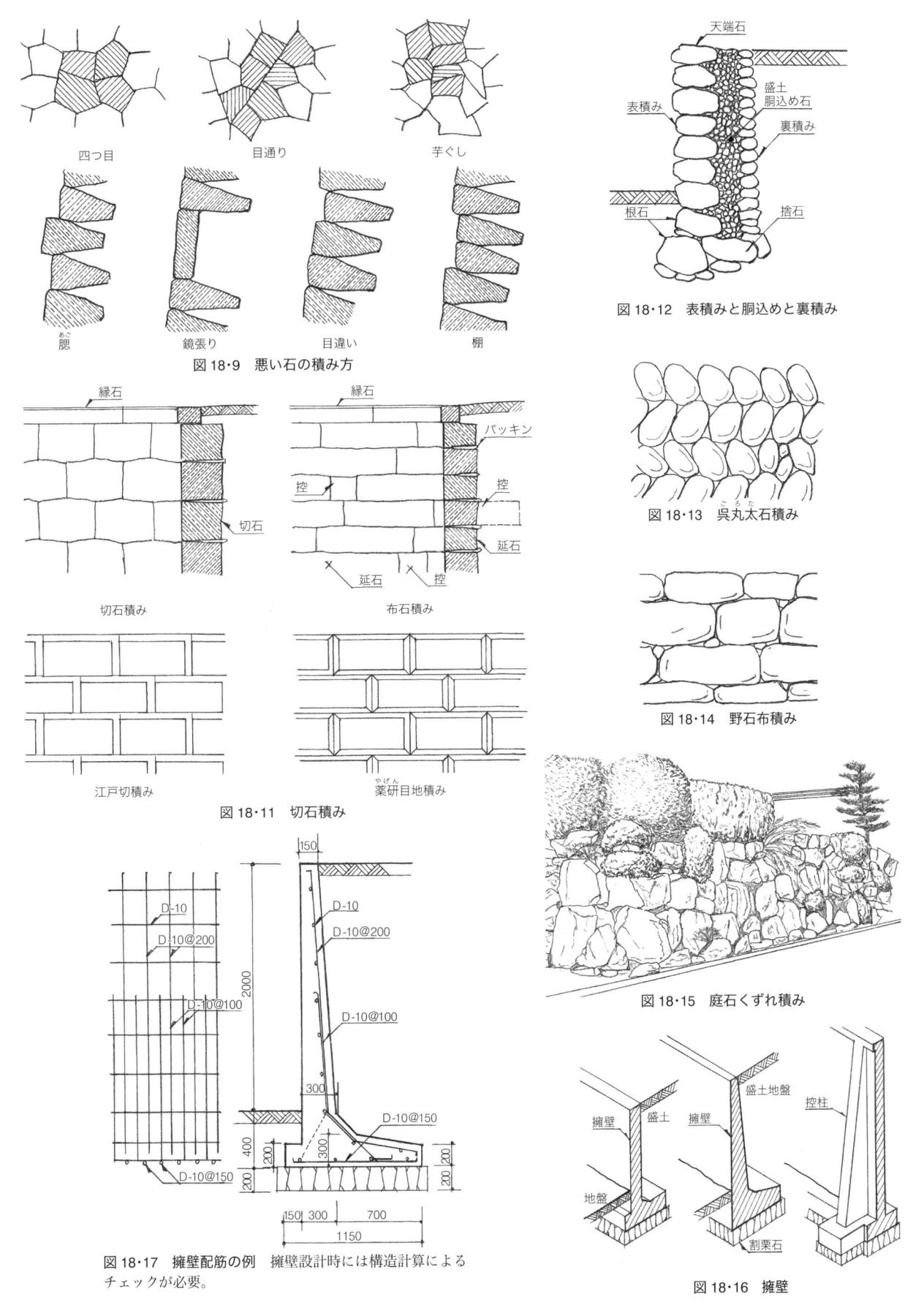

腮（あご）　鏡張り　目違い　棚

図 18・9　悪い石の積み方

切石積み　布石積み

江戸切積み　薬研目地積み

図 18・11　切石積み

図 18・12　表積みと胴込めと裏積み

図 18・13　呉丸太石積み

図 18・14　野石布積み

図 18・15　庭石くずれ積み

図 18・17　擁壁配筋の例　擁壁設計時には構造計算によるチェックが必要。

図 18・16　擁壁

4 ◆ 水盛り

　水盛りとは、建築の水平基準（陸）を出すことである。水盛りは地縄張りの外側約1mと各隅々に水杭という杭（杉丸太、径約10cm、長さ約1.5mのもの）を約60cm打込む。これに水平点を標記しておく。

　水平を出す方法は、ほとんどの場合、レベル（水準器）（図18・20）によってなされる。レベルは望遠鏡と下部の台から構成され、望遠鏡（内部に十字の糸が見える）下部にある、水の入った器とその中にある気泡と印を調整することによって簡単に水平を求めることができ、各杭に水平になるように印をつけることができる。既製の塀等を利用して、絶対に動くことのない基準点を設けておくことも必要である。

　最近、レーザー光線によって水平を出し、さらに水糸もこの光線によってつけられる測量機器が売り出され、普及している。

　1955（昭和30）年頃は、水平な所では水面も水平になる、という性質を利用した水盛りタンクというものが一般的であったが、昨今では、ごく小規模な工事に用いられる他はあまり見かけなくなった。また、もっと古くは、障子水盛りや水盛盤水盛りという水盛り方法があったようだが、今では目にすることすらできなくなっている。

　水杭の高さに印をつけたら、その印に合して水貫を打つ。水貫は一般に幅10cm、厚さ1.5cmくらいの板である。まちがえてたたいてしまわないよう水杭の上端をいすかに切る時もある。

5 ◆ 遣方

　建物の真出し（芯出し）と角度を定めるには、縄張りした建物の芯で水貫に印をつけ、その印と印の間に水糸を緊張させて張る。直交する糸を張る時は、大定規（三四五、大矩ともいう）を当てて正確に直交させて張る（図18・21）。最初にできた直交水糸を規準に、次々と水貫に柱真、壁真の印をつけ、これに水糸を張って遣方が終わる。

　大定規（三四五、大矩）は直角三角形の各辺が、それぞれ3、4、5の倍数になる「ピタゴラスの定理」を利用して作られている。

　1960（昭和35）年頃までは、建物の高さを定めるのには尺杖（間尺）を使った。約3cm角の性のよい材料を使い、長さ1〜2間のものに正確に寸法を記入し、誤差の出ないようにしたものである。現在ではスチールテープの使用がもっぱらである。一般には2〜50mの種類が売り出されているので、その中からその場で使いやすいものを選べばよいが、幅の広いものの方が使いやすい。

　遣方へは、水貫の中心墨を基本とし、根切りの幅、コンクリートの幅、石積み面、れんが根積み幅など基礎に関することを書き込む。

6 ◆ 根切り（掘方）

　地下に基礎等を作るために地面を掘ることを、根切り、または掘方という。掘る深さは建物の規模、地耐力、凍結の有無によって決まる。一般木造住宅では、種々の条件により異なるが、幅、深さとも約50cmが一般的である。

　根切りの種類には、土台の下になる部分を掘っていく「布掘り」、独立柱等、独立基礎のための「壺掘り」、地下室やベタ基礎のための「総掘り」がある。

　根切りの寸法は差下げ棒（俗にバカ棒）を作って行う。後の作業である割栗石、目潰し砂利、捨コンクリート等、作業の進行に従ってこの定規の上部を切り縮めて各作業を行う（図18・22）。

　現在掘方は手掘りでなくなり、機械掘りとなった。バックホー（現場ではユンボと呼ぶ）で行う。この時埋戻しの土は、現場の空いている所に積上げておくことも大切である（図18・23）。

　根切りが深くなると土留めが必要になる。粗材の板や丸太によって「堰」（図18・24）を作ったものであるが、現在ではコンパネ（コンクリートパネル用合板）とアジャストスタットで、組立てられている。

表 18・4　地鎮祭式次第

一	二	三	四	五	六	七	八
一同着座	神職着座	修祓	降神	献饌	祝詞奏上	鍬入之儀	鎮物

九	十	十一	十二	十三	十四	十五	十六
斉主玉串奉奠	施主玉串奉奠	施工者玉串奉奠	参列者玉串奉奠	散饌	昇神	神職退下	一同退下

図 18・18　地鎮祭の式場

平面図

図 18・19　水盛り遣方

図 18・20　レベル（水準器）

図 18・21　建物の真（芯）出し

図 18・22　遣方と根切り

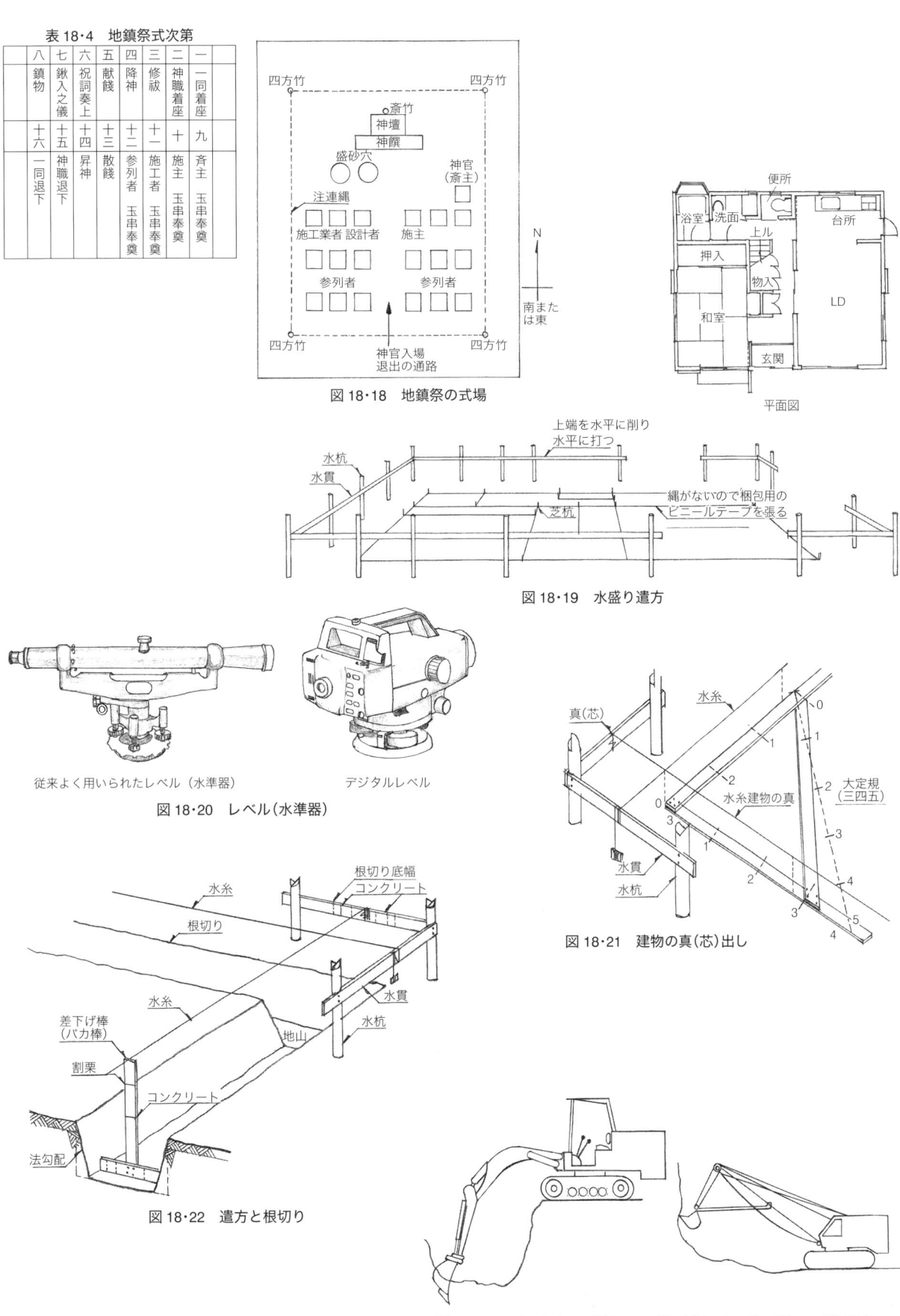

図 18・23　バックホー（俗にユンボ、左）とローデングシャベル（右）

7 ◆ 仮囲い

仮囲いは、材料工具の整理、盗難防止、危険防止、外界との遮断、災害防止のために敷地の周囲に設けられる。

1960年頃までは、板囲い（図18・25）や、広い敷地の場合は竹矢来（たけやらい）が用いられたが、現在は見かけない。現在用いられている仮囲いは、パイプで骨組みを作り、この骨組みに鋼板（図18・26）やシートを張ったもので、正面にゲートを設置するものがある。これらの機材は、リースによって調達される場合がほとんどである。

8 ◆ 下小屋（したごや）および詰所（つめしょ）

下小屋は木作り（木材を切断し、枘を切り、継手を作り、化粧材は削って、すぐ組み立てられる状態まで加工すること）の作業場として、長い木材の出し入れや振り回しに便利なように、屋根のみで作った仮設のもので、今はほとんど見かけない（図18・27）。

現在、木作りは、材木店や工務店の木作り専門の建物で、機械工具の使用によりなされ、時には工場内でプレカットされた上、加工され、仕口もコンピューターでカットされるようになっている。

材料置場はセメント、石灰等の左官材料、縄類、釘鯨類（ちょうげいるい）（釘鑑、その他ボルト等の金物類）、金属類等雨を嫌う材料を一時格納する所で、普通の工事では下小屋の一部を置納屋（おきなや）にすることがある。

詰所は工事監督者、工事監理者の事務室、応接、現場員の休憩室に使用するために設置するもので、現在では材料置場、詰所ともプレハブのものをリースで使用している。仮設便所もリースの場合が多い。

9 ◆ 足場または足代

足場は職人の足留り、材料の運搬通路、監督の巡視等に使われる。足代の外側に張られるシート、葭簀（よしず）や金網の支柱は、上家（うわや）を設ける時の建地などの目的のためにも用いられる。

1960年頃までは、足場の材料は足場丸太（図18・28）がほとんどで、これを焼鈍し（やきなまし）番線を用いて鳶職が巧みに組んでいったもので、片足場、抱き足場、本足場等があったが、建物の規模が大きくなり、災害防止の目的からあまり見かけなくなった。

現在では、パイプ足場が一般的で、これには単管足場（図18・29）、枠組足場（図18・30）、吊足場（図18・31）、ローリングタワー（図18・32）等がある。いずれもパイプを専用の緊結金物で組立てたもので、単管足場は簡単な工事に、枠組足場は本格的な工事に、吊足場は梁等から吊って用いる工事に用いられる。ローリングタワーはパイプの長さを一単位として組立てられた足場の下部にキャスターを取付け、移動できる足場として用いられる。

危険を伴うことから足場の安全基準は厳しく（表18・5）、これをよく守ることが大切である。仮設だからとおろそかにしてはならない。

10 ◆ 上家

社寺、宮殿、大邸宅、土蔵等工期の長い工事では、上家を掛ける。

屋根は亜鉛めっき鉄板の波板で、材料は足場と同じ杉丸太を用い、足場と同じように組んだものだが、現在ではパイプがこれに代わり、大規模なものは鉄骨造のこともある。周囲は足場に準じるが、一般木造住宅で用いられることはほとんどない。

ｂ────地業用材料

1 ◆ 杭材

杭打ちは地耐力の少ない地盤の時、建物を支持することを目的に、地山や地耐力のある支持層まで達する杭を、根切りの底まで打つことである。

戦前は、松杭を常水面下に打ち込んでいたものだが、現在では、既製のコンクリート杭を打つのが一般的である。一般の木造住宅で杭を打つことはまれで、地耐力の弱い土地の場合、地盤改良工事やベタ基礎で対応することが多い。

2 ◆ 割栗石

割栗石は俗にグリ石ともいい、地盤を固めるために、根切りの底に突き込む礫（れき）のことである。石質は硬質のものがよく、玉石を割って用いることもある。この割栗石は、それを敷く厚さで発注する。現在、一般木造建築に用いる割栗石の層を形作る厚さは、10〜15cmくらいが普通である。目潰し砂利は、割栗石の隙間に敷いて表面を平らにするもので、現在では、砕石の小さいものがよく用いられる。

図 18・24　以前よく用いられた山留

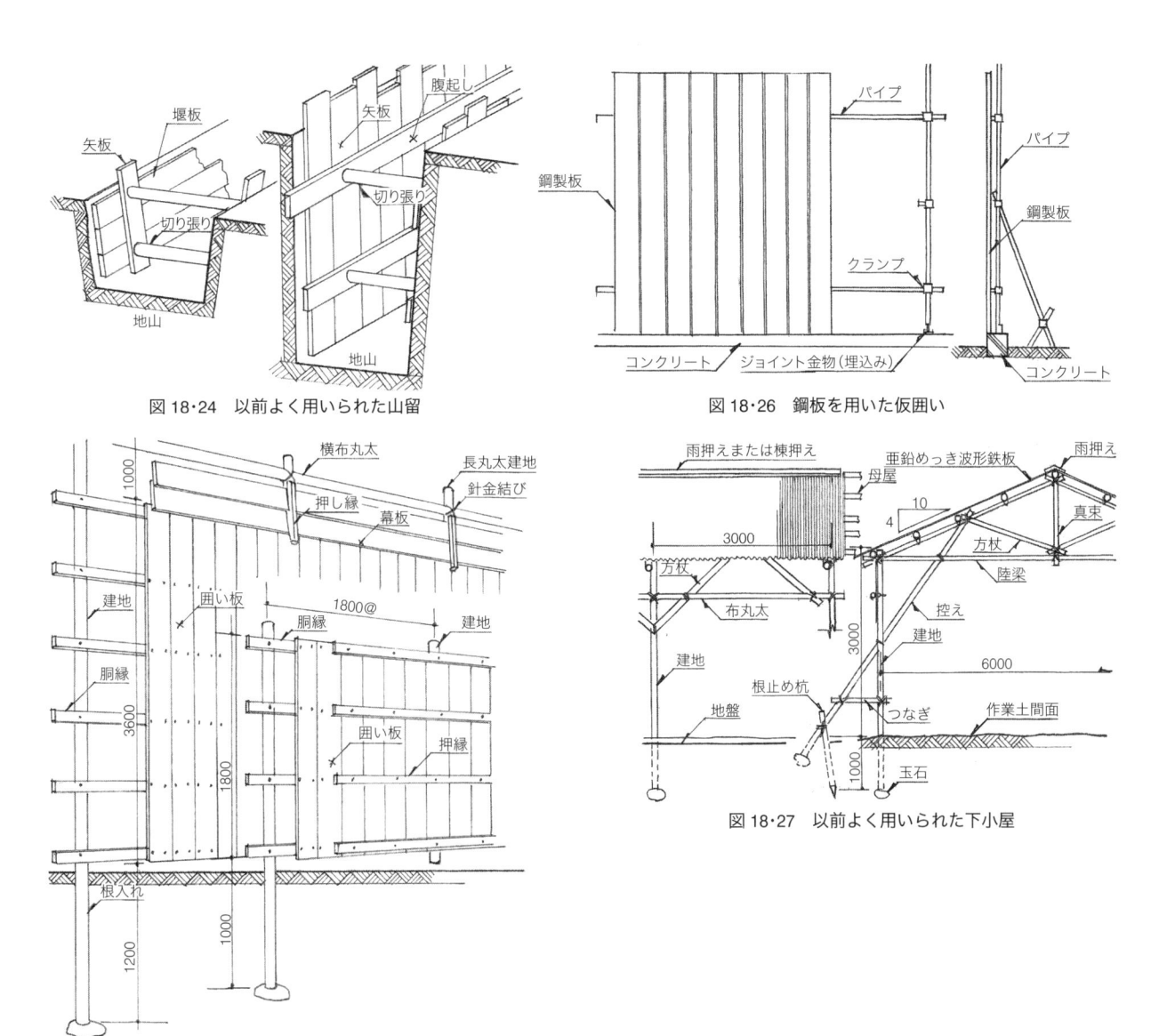

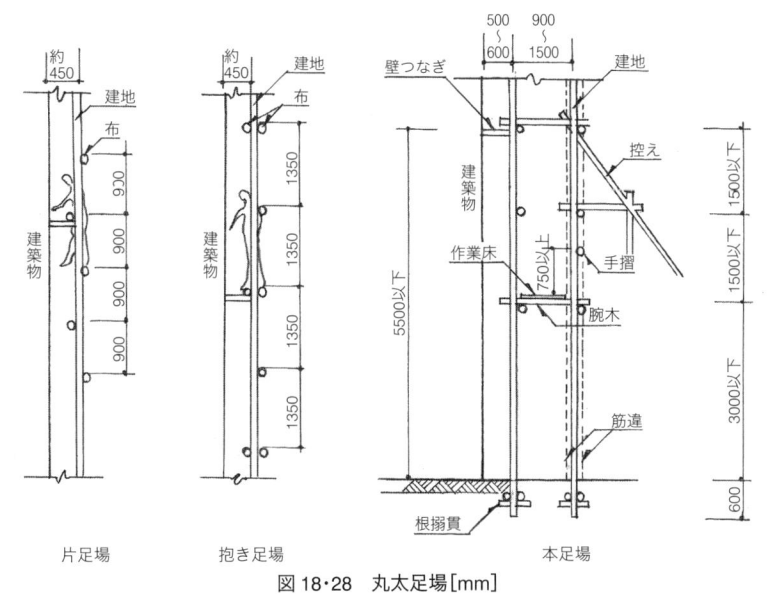

図 18・26　鋼板を用いた仮囲い

図 18・25　以前よく用いられた仮囲い

図 18・27　以前よく用いられた下小屋

図 18・28　丸太足場[mm]

表 18・5　足場の安全基準 （出典：建築のテキスト編集委員会編『初めての建築施工』学芸出版社、2000、p.147）

種類	鋼管足場		ブラケット足場	丸太足場
	単管足場	枠組足場		
建地または主枠	桁行 1.8m 以下 梁間 1.5m 超える部分は 2本組	主枠の高さ 2.0m 以下 間隔 1.8m	1.8m 以下	2.5m 以下
地上第一の布	2.0m 以下	−	2.0m 以下	3.0m 以下
腕木	1.5m 以下	−	−	1.5m 以下
壁つなぎ 垂直	5.0m 以内	9.0m 以内	3.6m 以下	5.5m 以下
壁つなぎ 水平	5.5m 以内	8.5m 以内	3.6m 以下	7.5m 以下
建地間の積載荷重	400kg 以内	−	150kg 以内	−

（JASS より）

3 ◆ コンクリートの材料

コンクリートに混ぜる砂利と砂は骨材という。砂利は、丸くて泥土や塵芥のない、径約2～5cmのものが強く、砕石などの角のあるものは、よくない（強度は丸い方が強い）。砂は、塩気や土気のない尖鋭な川砂を使う。海砂は、鉄筋を錆びさせることになるので、使用することを禁じられていたが、川砂の不足から、1967（昭和42）年に塩分をよく除いてという条件で、使用が認められた。

用材は、容積m³で取引されたが、現在では重量で行われることが多い。配立法（砂、砂利等の体積を計算する方法で、現在はあまり用いられない、図18・33）によるか、車の数で計算するのが便利である。木箱（舟という）で計ることも稀にある。

4 ◆ セメント

一般にセメントとは、ポルトランドセメント（Portland Cement）を指す。1824年イギリスのJ.アスプデンによって発明された。

ポルトランドセメントは、石灰石と粘土が主原料で、ケイ石、酸化鉄原料等を微粉砕し、適当な比率で混合する。これを回転窯（ロータリーキルン）で高温焼成し、できた黒い小さな塊クリンカーを粉砕し、3～5%の石膏を加えてできあがる。

性質は水硬性で、水を混ぜた場合、水和反応が進み、やがて硬化する。この硬化する時に多少収縮するようになっていて、膨張するものは使えない。種々の試験方法で規格化され、JIS R 5201～5203で試験され、JIS R 5210～5213の品質規格に適合したものが使われる。

セメントの種類には、次のようなものがある。

普通ポルトランドセメントは、最も一般的に使われているセメントである。

白色ポルトランドセメントは、性質は普通ポルトランドセメントと同じだが、白色であることから、化粧仕上部分に多く使用されている。

早強ポルトランドセメントは、セメントの水和作用が早く、普通のものに比べて1日に3倍、3日で2倍の強さになるセメントで、水和熱、乾燥、収縮の量が大きい。

その他に、超早強セメント、中庸熱ポルトランドセメント、耐硫酸塩ポルトランドセメント等のポルトランドセメントがあり、これ以外に、高炉セメント、シリカセメント、フライアッシュセメント、ソリジチットセメント、アルミナセメント、マグネシアセメント、超速硬セメントと種類も多く、それぞれの特徴に合わせて使用されているが、一般の建築工事では、圧倒的に普通ポルトランドセメントの使用が多いため、詳細は略す。

セメントは、通常ハトロン紙の二重袋に入れ、一袋25kg入りで売られている。1m³のセメントは1550kgで換算される。袋入りのセメント使用はモルタル等に使用する小口の場合が多く、大量のセメントを使用するコンクリート工事では、工場で製造されるレディーミクストコンクリート（Ready-mixed concrete　生コンクリート、通称レミコンまたは生コン）をアジテータートラック（通称生コン車）で運ぶ（図18・34）。

5 ◆ 混和剤

珪藻土は淡黄白色の粉末で、太古の繊細な単細胞藻類の死骸が沈積して土中で層になったものである。耐火性と断熱性に非常に優れていることから、糊とカーボンファイバーの力を借りて、固めたものである。

火山灰は、凝灰岩の風化したものや、火山灰の堆積したのを採掘したものである。

石灰は、石灰岩を焼いて生石灰を作り、これに水をかけると熱を出して、消石灰ができる。本来石灰は、土間のたたき（三和土）や漆喰に用いられる左官材料である。以上の混和剤は、セメントを節約するために用いられた。現在の工事では、このような消極的な混和剤の使用は、ほとんどない。

リシンは一般のモルタルを着色するための色粉で、外壁等によく使われる。

積極的な混和剤とは、添加することによって、コンクリートの強度が上がったり、ワーカビリチー（施工性）がよくなったりする。空気連合材（AE剤）といわれている。これは気泡剤で、コンクリートの中に無数の微細気泡ができ、この気泡がベアリングのような働きをするので、ワーカビリチーが改善される混和剤である。これをさらに改良し、種々の特徴をもたせたAE減水剤や、流動剤がある。

図 18・29 単管足場（一般住宅でよく用いられる例）

図 18・30 枠組足場

図 18・31 鉄骨工事の吊足場

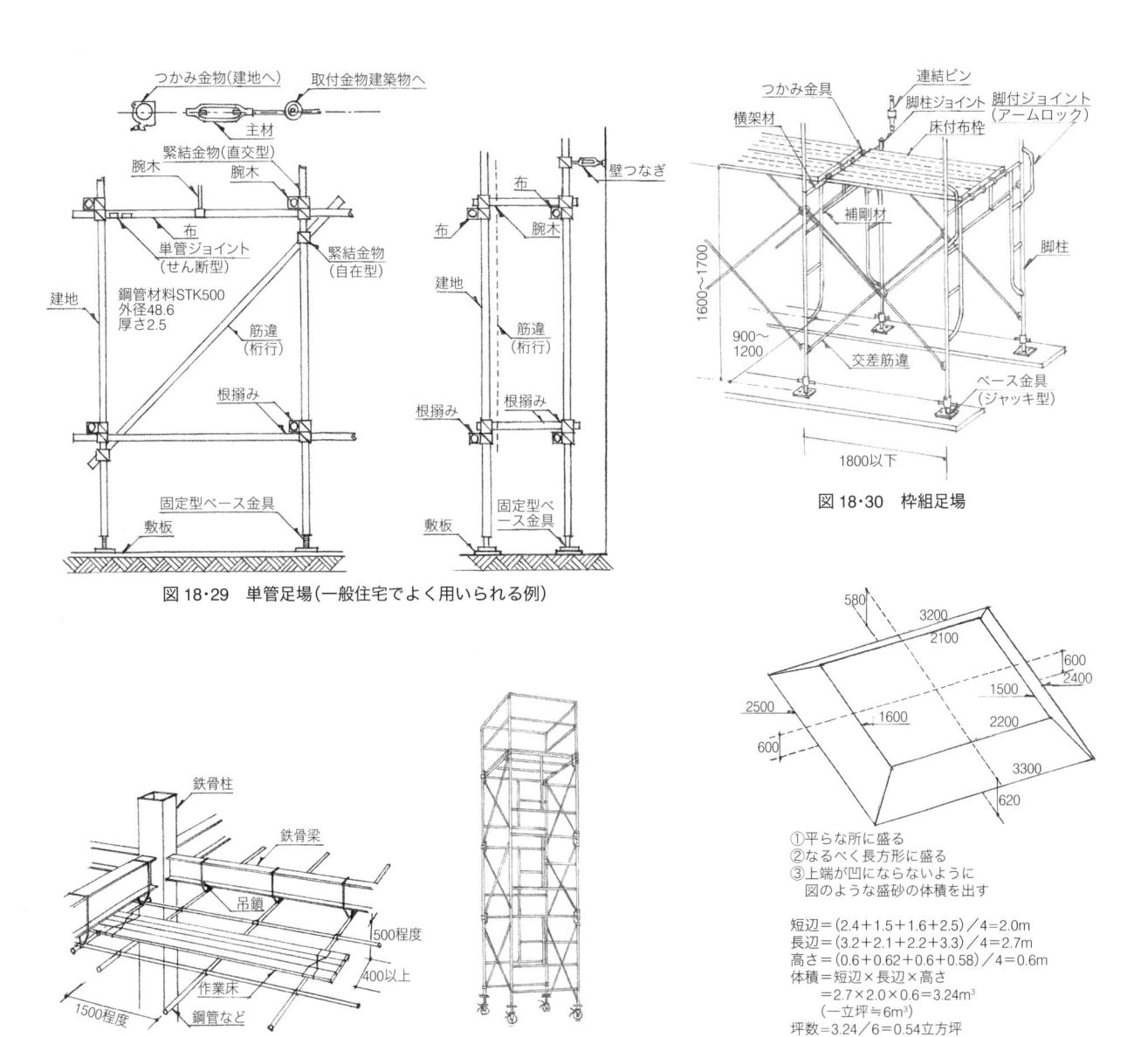

図 18・32 ローリングタワー

① 平らな所に盛る
② なるべく長方形に盛る
③ 上端が凹にならないように図のような盛砂の体積を出す

短辺 = (2.4 + 1.5 + 1.6 + 2.5)／4 = 2.0m
長辺 = (3.2 + 2.1 + 2.2 + 3.3)／4 = 2.7m
高さ = (0.6 + 0.62 + 0.6 + 0.58)／4 = 0.6m
体積 = 短辺 × 長辺 × 高さ
　　 = 2.7 × 2.0 × 0.6 = 3.24m³
　　 （一立坪 ≒ 6m³）
坪数 = 3.24／6 = 0.54立方坪

図 18・33 配立法の図

表 18・6 基本れんが寸法 [mm]

記号	種類	製品寸法		
		長さ	高さ	厚さ
N	標準形	215	65	102.5
		(210)	(60)	(100)
Y	ようかん	215	65	45
		(210)	(60)	(50)
L	大形			140
		215	65	(150)
		390	90	(190)
		140		215

( ) 内寸法は、当分の間認められるものとする。

表 18・7 石材の材形寸法 [cm]（出典：建築のテキスト編集委員会編『初めての建築材料』学芸出版社、2000、p.131）

材形	板石		角石		間知石		割石	
	幅×長さ	厚さ	厚さ×幅	長さ	控長	表面積 [cm²]	控長	表面積 [cm²]
寸法	30×30		12×15		35 以上	620 以上	30 以上	620 以上
	40×40		15×18		45 以上	900 以上	35 以上	900 以上
	40×90		15×21	91	50 以上	1220 以上	40 以上	1220 以上
	45×90		15×24	100	60 以上	1600 以上		
	50×90		15×30	150				
	55×90		18×30					
	60×90							
	65×90							

| 形状 | | | | |

(JIS A 5003 より)

また、セメントが収縮してクラックを生じることを防ぐための膨張剤があり、コンクリート施工の状態によって対応する。凝結遅延剤や、凝結急結剤もあり、他に多くの混和剤が売り出され、使用されている。

6◆れんが

れんがは、わが国では主要構造物に用いられないことから、付随あるいは、付属構造部に用いられる。

れんがの主原料は粘土である。粉砕等の原土処理を行い、適当な添加物を加え調合し、これを練り合わせて成型してできた生れんがを乾燥させて焼成し、製品にする。焼成温度によって低い方から、普通れんが、建築れんが、耐火れんがとなり、それぞれの用途で使用される（表18・6）。

れんがは、硬く、吸水性が自重の1/10以下で、打てば金属性の清音を発するものがよい。形の狂いや割きずなどの有無が、善し悪しの目安になる。

粗末なれんがに、セメントれんががある。非焼成で弱く吸水率も大きいが、安価なことからモルタル下地等によく使われている。大きさは、普通れんがと同じである。

中国では、古くから、磚、という材料があった。れんがより大きく、少し黒味がかって固い材料で、建築や構造物（例えば、万里の長城等）によく使われている。中近東ではもっぱら日干しれんがで、土を練って木の型に入れ、日で乾かし、カチカチになったものを積み上げて、建物を形作っていく。

7◆コンクリートブロック

いわばコンクリート製のれんがである、軽くするため内部に空洞が作られている。正しくは、軽量コンクリートブロックと呼ばれ、戦後作られるようになり、規格化（JIS A 5406）されている。手軽に扱え、耐火性があり腐らないことからよく用いられる。これを使った住宅が出現したこともあったが、現在構造的には使われず、間仕切や塀に使用される便利な材料である。

種類は空洞ブロックと型枠ブロックに分けられる。空洞ブロックは一般にいうコンクリートブロックで、基本ブロックと異形ブロック（役物）に分かれ、施工では、目地部分空洞にコンクリート（豆砂利コンクリート）または、モルタルを充填し、必要とされる鉄筋径D-10を@40cmで縦横とも配筋する。一般住宅では各所でよく使われ、増改築時の高基礎等の設置などに重宝する。型枠用は鉄筋コンクリートの壁で型枠の余裕のない時等に使用し、一般住宅に用いられることは少ない。

圧縮強度については区分記号で示されているが、特に強度が必要な時以外、それほど気にする必要はない。

一般によく使われるコンクリートブロックは、長手40cm（実寸39cm）、高さ20cm（19cm）、厚さ10cm、15cm、20cmのものが大勢である。この場合、目地幅は1cmとする。他に化粧されたブロックも多く出ている（図18・35）。

規格化されたブロックではないが、床束下部束石に用いられる束石ブロックがある。束石は、もともと河原等で適当な天然の石を採集して使用していたが、加工が難しく、採集もできなくなったので、ブロックが用いられるようになった。寸法は、20×20cmで高さ約15cm、もちろん空洞はない。

8◆石材

ここでは地形用材料となり得る石材を取りあげる。布石、沓石、根石、上り段石、縁石、束石等だが現在地業に使われることは、化粧以外では稀になっている。石質は、硬いものがよく、花崗岩や安山岩、凝灰岩の順で、青石や龍山石が用いられることもある。石に鉄分の含まれているものは特に化粧では避けた方がよい。

JIS A 5003により、産地、地方、丁場（石切場）によって石の名称が異なり、同じ花崗岩であっても、北木、稲田、御影等といった異なる名で呼ばれる。

石の既製品は、本、間、枚、個の単位で売買されるが、注文品は、才（切れ、立方尺）で売買される。これは既製品より高く、小さい石より大きい石の方が高いことはいうまでもない（表18・7）。

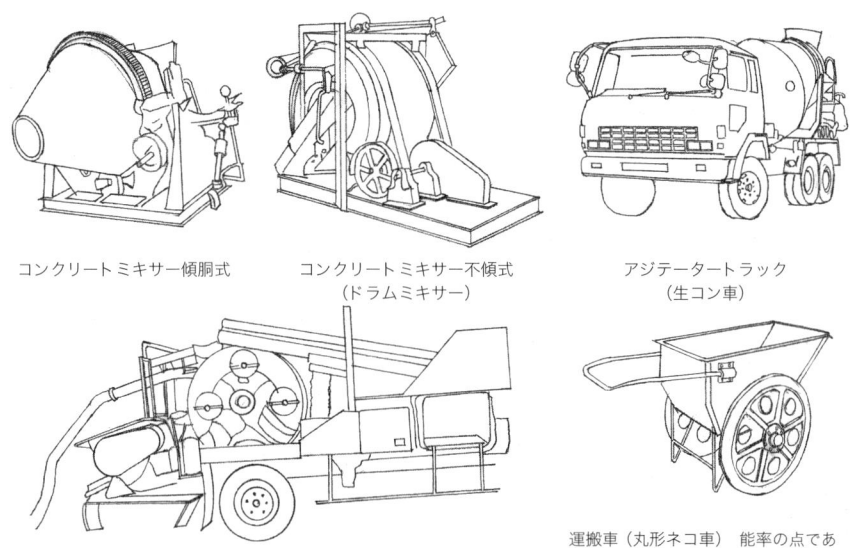

コンクリートミキサー傾胴式　　コンクリートミキサー不傾式　　アジテータートラック
　　　　　　　　　　　　　　　　（ドラムミキサー）　　　　　　（生コン車）

コンクリートポンプ車（スクイーズ式）他に油圧式等がある。　　運搬車（丸形ネコ車）　能率の点であまり見掛けなくなった。

図 18・34　コンクリート運搬機器

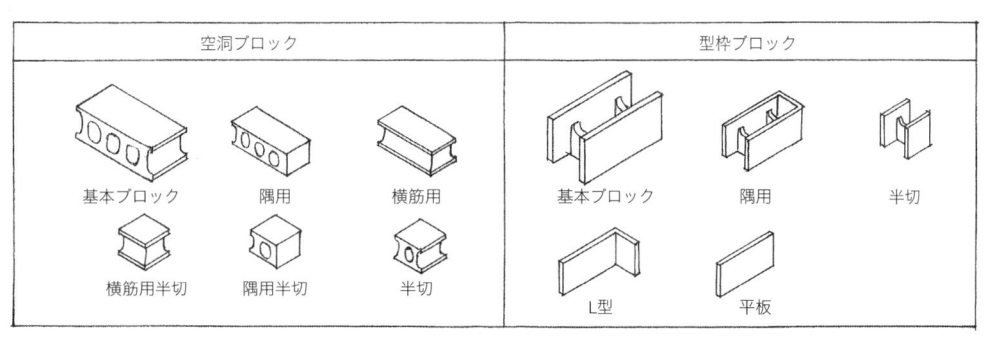

空洞ブロック	型枠ブロック
基本ブロック　隅用　横筋用 横筋用半切　隅用半切　半切	基本ブロック　隅用　半切 L型　平板

図 18・35　コンクリートブロックの種類

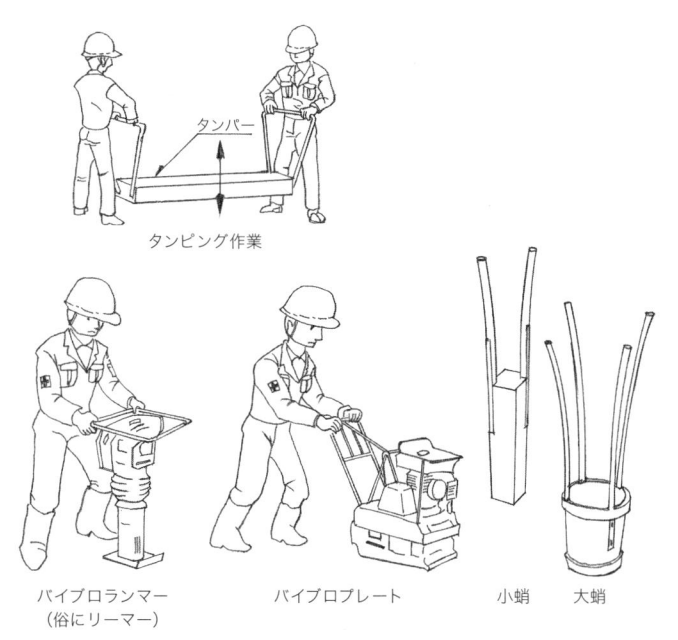

タンパー　タンピング作業

バイブロランマー　バイブロプレート　小蛸　大蛸
（俗にリーマー）

図 18・36　地業用機器（出典：建築のテキスト編集委員会編『初めての建築施工』学芸出版社、2000、p.83）

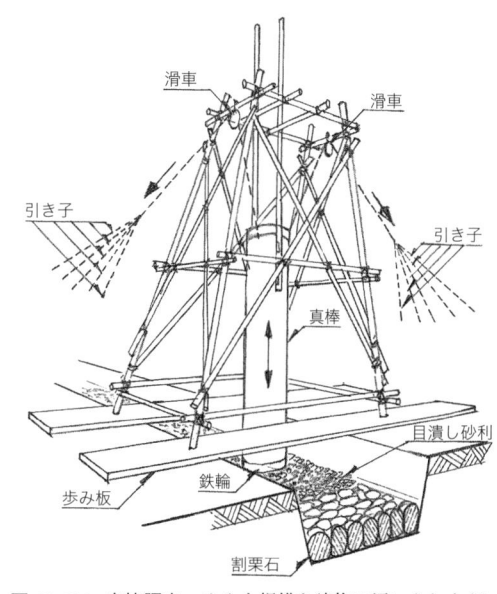

滑車　滑車　引き子　引き子　真棒　目潰し砂利　歩み板　鉄輪　割栗石

図 18・37　真棒胴突　やや大規模な建物に用いられたが、今ではあまり見掛けなくなった。引き子のことを、「よいと巻け」ヨイトマケといった。

3　地業

　地業とは、基礎による建物の狂いを防止するために、地質や建物の自重に応じて種々の方法により土地を構築するものである。

　荷重としては建物の自重の他、地震、風等横の力、積雪荷重、またトラック等による震動等がある。寒冷地では、地盤の凍結による地業の持上がり等も考慮しなければならない。

　地業の種類は多岐に渡るが、ここでは一般木造住宅（軽量建築）について述べていく。軽量建築の地業には以下のものがある。

- 軽量建築地業
- 地盤固め
- 割栗突き：地突き、割栗石
- 杭打ち：松杭、コンクリート杭、鉄筋コンクリート杭、無筋コンクリート杭
- 構法：切石据、玉石据、ろうそく、れんが積み、コンクリート打

　軽量建築での地業の方法は、次ⓐ～ⓒの三種類となる。

ⓐ──壺地業

　独立柱下部に独立基礎を作るための地業で、荷重の軽い時に行われる。

ⓑ──布地業

　柱が並んでいる時、これを連ねて一筋の地業とするもので、現在では最も一般的な地業である。

ⓒ──総掘地業（ベタ地業）

　もとは、地下室のある時などに建物全体の下を掘る地業だった。現在は一般の木造建築でも床下の防湿、残土処理が簡単になり、地耐力の不均一が避けられる等の利点と、他の工事に比べてコンクリート自体が安価なことから、増えている。今後も増加すると考えられる地業である。

ⓓ──割栗地業

　根切りの上に割栗石を突き込んで地山を固め、その上の基礎により建物の荷重を地面に伝える地業である。割栗石の厚さは、一般の木造住宅の場合10～15cmで充分だが、地質によって決定する。

　割栗石詰めでは、栗石は、小刃立て（小端立て）で突き込み、地山によくめり込むようにする。ていねいな仕事では、手で一つ一つ重ねていったものであるが、今では、栗石を敷き、少し調整するくらいである。できるだけ、栗石が横にならないように気を配ることが大切である。

　割栗石の上の隙間を埋めるため、目潰し砂利をこの上に敷く。これで空隙がなくなり、次のコンクリートが打ちやすくなる。目潰し砂利は、現在では砕石が用いられるのがほとんどである。1950（昭和25）年頃までは、目潰し砂利の上から、胴突で突いたものであった。ちなみにこの突き方人夫のことを「よいと巻け」と俗にいった。現在では、バイブロランマー（リーマーといわれている）やバイブロプレート（図18・36）による突固めが一般的で、均一によく突くことが重要である。

ⓔ──杭地業

　杭地業は、建物の自重の重い時や地盤の相当に悪い時に行われる。戦前は、松の丸太杭を真矢（図18・37）や二本子で常水面下に支持層に達するか、摩擦によって支持させるかということで打った。最近は、様々な方法と機械により、より効率のよい方法で杭打地業はなされている。杭もほとんどコンクリートパイルが使用されている。しかし一般木造住宅で杭を打つことはほとんどない。相当地盤の悪い場所（沖積層など）でも、鉄骨3階建の建物ぐらいまでなら、ベタ基礎で対応できる。この点も、ベタ基礎が多くなった所以である。

ⓕ──コンクリート

　コンクリートは、セメント、砂、砂利と水とを混ぜて作る。これらの材料の混合比によって強度に差が出てくる。

1◆品質

コンクリートの配合は、以前は容積配合で、セメント、砂、砂利の比は1：2：4あるいは1：3：6を使用していた。現在でも本質的に比は変わっていないが、これに水セメント比（セメント水比）や、スランプ値を加味し、細分化されている。混合比は、1950年頃まで、意識がセメントの量にばかり集中していた。しかし強度を決定する大きな要因は、水セメント比（セメント水比）である。コンクリートは水が多い方が弱く、水が少ないと強くなる。しかし水が少ないと、ワーカビリチー（施工能率）が悪くなる。ワーカビリチーが良好で強いコンクリートを求めると、この二つの条件の兼ね合いが難しくなる。目安では、セメント重量の65％以下の水量が望ましく、これを調べる方法としてスランプ試験がある。

スランプ試験とは、底面直径20cm、上部直径10cm、高さ30cmの円錐形の缶をガラスの板等平面の上に置き、その中にコンクリートを3段階に突固めて、缶を上部に引き抜くものである。下部に広がったコンクリートの最も高い所と、缶の上部との差をcmで計り、この値がスランプ値となる。一般の工事では、19〜20cm以下とされている（図18・38）。

1950年代（昭和25年代）までは、現場でコンクリートを作っていた。コンクリートの練り方には、機械練りと手練りがある。機械練りはコンクリートミキサー（混捏機）を動力で回転させて練る方法で、大規模な工事に用いられる。手練りは、少量のコンクリートを作る時に用いられる。充分練ることが重要で、普通空練り3回切り返し（砂とセメントで2回、砂利を入れて1回）、これに水を加えて3回練るので、都合6回練り直すことになる。

以上の他現在では、専門工場で製造されるレディミクストコンクリートがほとんどである。品質管理上からも工場製品の方がよく、また材料置場や製造する場所の問題も解決する。しかし製造工場から現場までの所要時間は、90分以内としなければならない。したがって、発注する工場は、この限度時間内にあるJIS認定の工場になる。

発注は、骨材（砂利）の最大寸法、スランプの値、呼び強度等の組合せで行う。運搬は、アジテータトラック（通称ナマコン車）が用いられ、工場で練ったコンクリートを撹拌しながら現場に運ぶ。

捨コンクリートとは、割栗地業の上の目潰し砂利の上に、厚さ3cmくらいのコンクリートを打つことである。その上で、上に張られた水糸から下げ振りで建物の中心（真、芯）を出し、その真へ墨を打って正確に建物の中心線をコンクリート面に写し取る作業を行う。

2◆基礎打設

1960（昭和35）年頃までは、木造住宅の基礎は、布基礎、独立基礎とも、無筋コンクリートであった。旧住宅公団の標準仕様は、ベース、立ち上がりとも配筋するようになったことから、一般でもベタ基礎を含めて配筋するようになってきている（図18・39）。配筋が終わると、型枠工事になる。

コンクリートを型に流し込んで一定時間おくと硬化するが、この枠のことを「型枠」または、「堰板（せきいた）」という（図18・40、41）。1960年頃までは、北海松等の無垢板で作られたが、現在は、コンクリートパネル用合板（コンパネといわれる12mm厚の合板）が主要な材料で、板と板との間隔を保つためのセパレートといった金物も用意されている（図18・42）。この他、鋼製の型枠（メタルフォーム）やアルミ、プラスチックの型枠も用意されている。型枠は、型枠大工（仮枠大工）が製作し、繰り返し使用されるのが普通である。

型枠作成時に床下換気口の設定をする。建築基準法にも定められ、基礎伏図に描かれているので、それに従って施工する。また設備機器の配管のためのスリーブ（紙製のパイプ、俗にボイドともいう）を入れておくことも忘れてはならない。これも設備図に従って、現場で各設備担当者と打ち合わせて行う。浴室部分は、高基礎とする。高さ1mくらいが普通であるが、浴室の桁下まで打つこともある。もちろん配筋する必要のあることはいうまでもない。

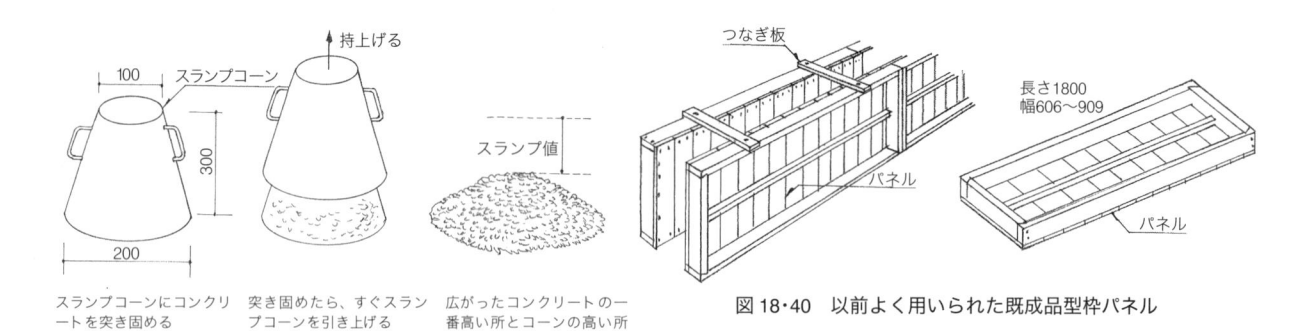

図 18・38　スランプ試験とスランプ値

図 18・40　以前よく用いられた既成品型枠パネル

玉石基礎

割栗基礎

コンクリートを用いた基礎

独立基礎

以前の布基礎

現在最も多く用いられる布基礎

浴室の周囲に用いる高基礎

ベタ基礎

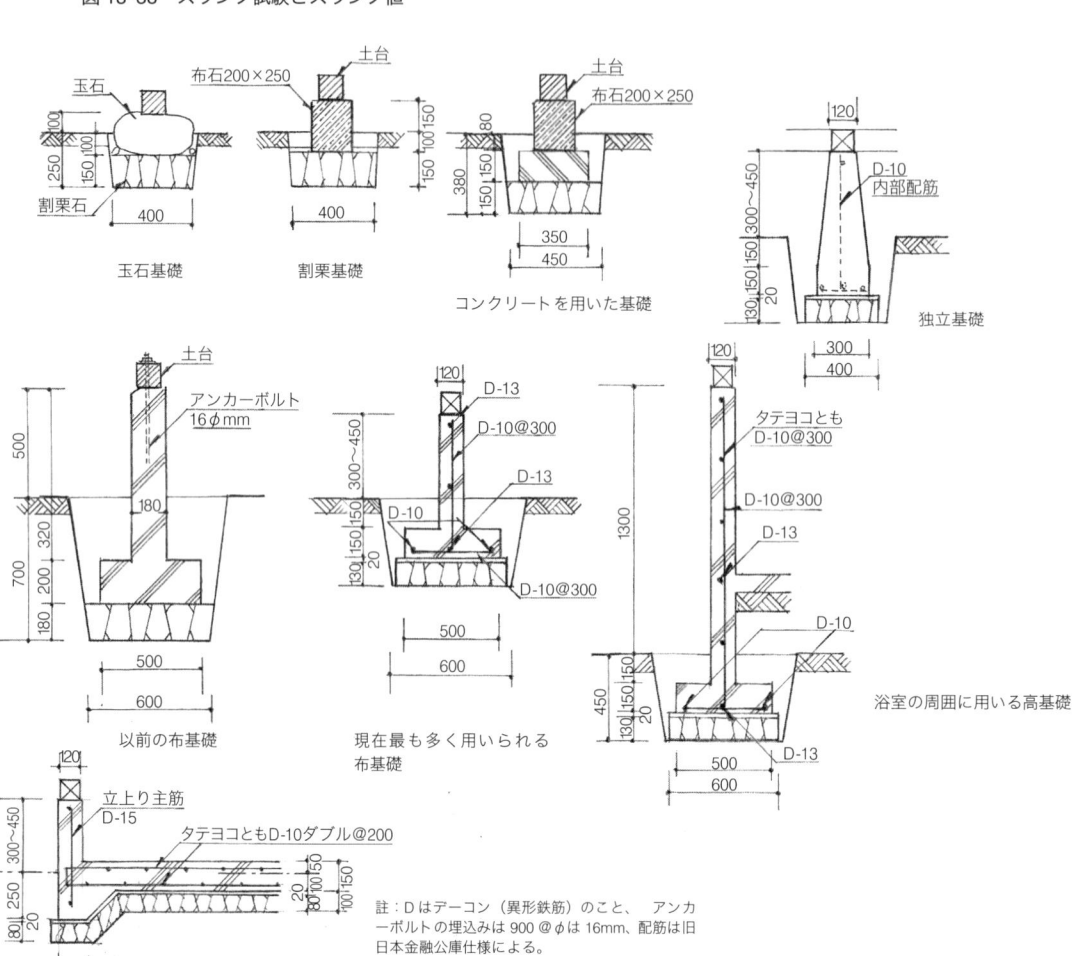

註：Dはデーコン（異形鉄筋）のこと、アンカーボルトの埋込みは 900 @φは16mm、配筋は旧日本金融公庫仕様による。

図 18・39　基礎断面

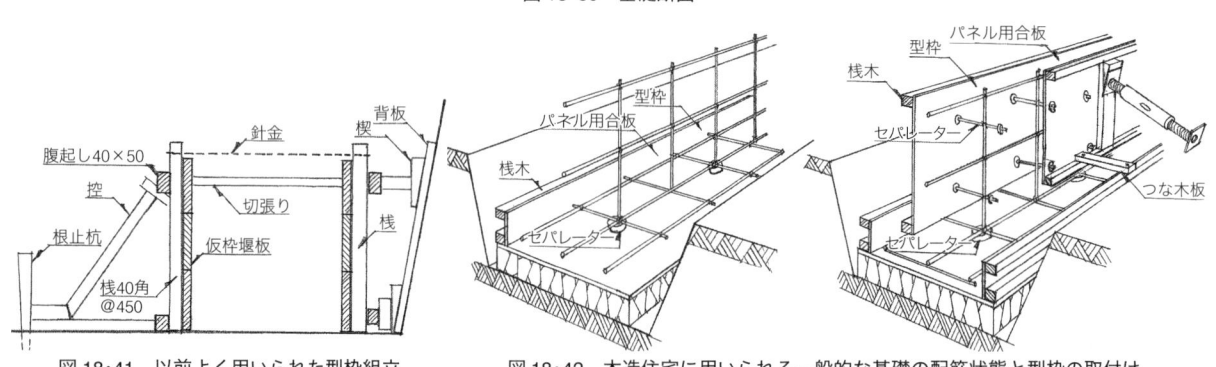

図 18・41　以前よく用いられた型枠組立

図 18・42　木造住宅に用いられる一般的な基礎の配筋状態と型枠の取付け

コンクリートの打設では、荷卸し地点からシュート、バケット、手押車（一輪車）で運搬するが、大規模工事の時は、コンクリートポンプ車を使用する。一般木造住宅では、使用料の関係からポンプ車が使用されることはあまりない。

打設時の注意事項を記す。まず型枠内部を充分に清掃し、内部に水を打ち充分に濡らしておく。打設後は、分離、コールドジョイント（不連続面）、豆板、沈み、ひび割れが生じないよう、よく突き棒で突固め、次の打設をする。コンクリートは、水平に移動させてはいけない。またアンカーボルトも埋め込む。

3◆養生

打設後は、夏季は水分の急激な蒸発を防ぎ、冬期は凍害を防ぐために筵で覆って養生する。振動や衝撃を与えることは禁物である。

型枠の解体までには、時期にもよるが、約1週間はほしい。解体時は、まだコンクリートが充分硬くなっていないので、注意深く行わなければならない。

型枠撤去後、基礎天端をモルタル等で水平に調整する。

g——その他の地業方法

その他に、玉石地業、ろうそく地業、胴突地業等あるが、現在では、ほとんどがコンクリートで行われている。

h——石拵え

石拵えとは、石を使用目的に応じて寸法切りし、化粧面の仕上げをして、現場で、即、使えるようにすることで、木工事の木作りにあたる。この石拵えは基礎とその周辺のもので、仕上方法は石の硬軟、工事の程度によって種々あり、普通地業石は、以下の加工までで、水磨きはしない。花崗岩の加工は下叩きとして、玄能払い、荒切り（瘤取り）、鑿切り（中切）があり、仕上叩きには、荒叩き（一遍叩き）、中叩き（二遍叩き）、上叩き（三遍叩き）、小叩きが四遍叩きから六遍叩きまである。水磨きには、荒砥磨き、白砥磨き、青砥磨き、名倉砥磨き、合わせ砥磨き、艶出しがある。安山岩の加工は、小叩きと水磨きは花崗岩と同じ。凝灰岩は、下叩きは「ケズリ叩き」で、槌で石面を削る。仕上叩きとしては三回くらい小叩きとし、磨きはない。

石の継目は、布石のように長い石では、規則正しく目地を6mmくらい開けるので、合端を約2cm通り小叩きにする。仕上で面がねじれたり、矩の手が狂わないようにする。また石の水平部には、水垂勾配をつける。

石を据え終わったら、水刷毛で附着したモルタル等の汚れをよく洗うことが大切である。石拵えのモルタルは、容積比でセメント1：砂1とする。

石添えの養生は、3日ほどを要する。この間、強い力を加えたり、上を踏んではならない。また仕上面は、筵や合板で養生する。

i——床下防湿

床下に防湿を施すと、軸部は乾燥し、山間の土地や田園地帯では、床下からのゲジゲジやムカデ等の侵入がかなりなくなるという利点がある。

19 建前工事

1 木材

ⓐ──木材の使われ方

木材が建築物に用いられる理由は、①入手しやすく、②比較的軽く、③強度もあり、④加工が容易であるからである。現在の住宅建設の70％は木造建築である。

1960年頃までは国産材がほとんどであったが、大きなものが得られなくなったので、外国産材、いわゆる外材が増えてきた。価格の問題とわが国の林業の衰退もあって、輸入材が全体の60％に達している。北米からは、現地で製材されたものが輸入され、シベリアやカムチャッカ半島からは北洋松が大量に輸入され、南洋からはラワン材（主産地フィリピン）が最も多く輸入され消費されている。その他、唐木という紫檀、黒檀、鉄刀木や、チーク、ウォーク、ウォールナット、ローズウッド、アガチス、メープル、スプルース等々、多種が輸入されている。

ⓑ──木材の種類

木材は、大きく針葉樹と広葉樹に分かれる。

針葉樹は一般に常緑で、葉が細長く、樹形は円錐形のものが多い。その種類は約800といわれ、おもに温帯から亜寒帯にかけて分布する。代表的なものは、桧、杉、松等で、材質は比較的軟かく（軟木という）、軽く、加工容易でまっすぐなものが多く、長材が得やすい利点があるので、一般住宅の構造、造作材を問わず、広く採用されている。木材の肌は年輪が通り、端正で美しいのが日本人の好む理由の一つでもある。

広葉樹は葉の形が平らで広く、丸味を帯びた樹形である。温帯では、落葉広葉樹で、温帯から熱帯にかけて常緑広葉樹となり、樹木生育域全体の3/4を占める樹木である。代表的な種類は、欅、樫、栗、楢、塩地、栓、桜、楓、ぶな、ラワン、チーク等多く、材質も堅いので、堅木といわれている。長材が比較的得にくいことから、仕上材、造作材として使われる他、家具、建具等に使用されることが多い。肌は年輪が筋となって通らず、点線や鎖線の連続したものが線に見え、南洋材は、材質によっては、年輪のはっきりしないものもある（表19・1）。

ⓒ──木材の欠点

木材の欠点は、火に弱く、吸水性、吸湿があるので腐朽しやすいことがあげられる。節割れがあり品質が一定しない。変形をおこしやすく（これを俗に暴れるという）、常に乾燥が必要で、菌や虫害がおこりやすい。また、成育に時間がかかる。さらに年輪の直角方向に縮み続けるといった欠点もあり、これらに対応する必要がある。

ⓓ──木材の構造

樹木の樹幹は、樹皮、木部、髄に分かれ、このうち木部が木材の主体で、建築用材となる。春季は成長が早くやわらかい部分に、秋季は成長が遅く堅い部分になり、この繰り返しが年輪を形成し、同心円となって現れる。

木材の切口を見ると、中心部の淡紅色で周囲より濃い色になっている所が心材で、幾分脆いが腐りにくく、一般に「赤味」といわれる。周辺部分の心材より淡い色の部分は辺材という。辺材は樹木を育てる部分なので養分が多く、材質として腐りやすく、虫害の発生、乾燥による変形、さらに節のできる部分も多い。この辺材のことを「白太」と呼んでいる。一般に心材の方が優れている（図19・1）。

元口は樹木の根に近い部分をいい、末口は樹木の上部にあたる部分をいう。

反りのある樹木の内側を腹といい、外側を背という。木は、一般に背の方に反る傾向があるので、梁材は、背を上端にする。

板目で樹皮側を木表といい、樹心側は、木裏という。木表は鉋かけが容易で、見え掛りに使われる。木裏はその逆で隠れる部分に使われる（図19・2）。

心持材は製材された時点で髄を持っているもので、髄のないものは、心去材という。心持材は強く構造材に使用されるが、年輪の方向に収縮し割れができるので、年輪の直角方向に鋸目を髄まで入れ、ここに収縮が集中するようにする。これを「背割り」という。

表 19・1　建築用材

	名称	特徴（気乾状態）	産地	用途
国産針葉樹	すぎ	軽く軟らかい。木理通直。工作容易	全国一般、秋田、奈良、京都	構造材、造作材、建具材
	あかまつ	脂気多く弾力に富む。水湿に耐え、加工容易	全国一般、岩手、福島、宮崎	構造材
	くろまつ	脂気多く水湿に耐えるが、工作やや困難	本州南部、四国、九州	構造材
	つが	堅実光沢あり。水湿に耐え耐久力がある	京都、和歌山、宮崎、奈良	構造材、造作材
	ひのき	木理通直、柔軟、弾力性大、耐久力大	長野、愛知、和歌山、奈良	構造材、造作材、建具材
	ひば	香気あり、堅実、反曲大。水湿に耐える	青森、愛知、長野	構造材、水湿場所に使用
	からまつ	脂気多く、水湿に耐える。辺材が多い	本州中央山岳地域	土台、床材など
	もみ	軟質、加工容易、乾燥収縮、反り大	千葉、静岡、中国、四国	建築一般、建具材
	ひめこまつ	もみに似ているが、やや優れている	中国地方	窓枠、建具材、その他小割材
	えぞまつ	もみよりさらに軟質、収縮反り大、耐久性小	北海道	もみ、ひめこまつに準ずる
	さわら	軽量、木理通直で、水湿に耐え、産出量小	長野、岐阜、奥羽地方	柾目取りで桶、建具材、杮葺材
輸入針葉樹	台湾ひのき	ひのきよりやや劣るが大材あり	台湾	構造材、造作材、建具材（輸入禁止）
	べいすぎ	木理通直、軽く軟らかい。スプルースとも呼ぶ	北米、太平洋沿岸	構造材、造作材
	べいまつ	木理通直、脂気多い	北米、太平洋沿岸	構造材、造作材、建具材
	べいひ	木理細理、強度大	北米	構造材、造作材、建具材
	べいつが	木理粗臭味あり。耐久力小	北米	構造材、造作材、建具材
	べいもみ	もみに似てさらに粗しょう。	北米	造作材、堰板、建具材
国産広葉樹	あかがし	肌目粗、重く硬い。加工困難	熊本、鹿児島	敷居溝、栓
	くり	重く硬い。弾力大、耐久性あり	兵庫、高知、千葉	杭、水湿な場所に使用
	けやき	重硬、木目美、反曲小、水湿に耐える	和歌山、秋田、青森	構造材、造作材、家具材
	きり	軽軟、木理粗、脂気なし、防湿性大	東北地方、八丈島	家具材、建具材、装飾材
	さくら	緻密、硬軟適々、粘性比較的大	全国	家具材、建具材、装飾材
	なら	硬く、木肌に髄線多い	北海道、青森、岩手、秋田、鳥取	家具材、建具材、造作材
	ぶな	通直性小、比重大、反り大	奥羽地方、伊豆半島	縁甲板、家具材
	かえで	緻密で木目が美しい	熊本、鹿児島	家具材、造作材、ベニヤ単板
	しおじ	ならに似るが、やや劣る。反り小	北海道、奥羽地方、長野	家具材、建具材、造作材
	せん	なら、しおじよりやや劣る。木目が美しい	北海道、長野、栃木、奥羽地方	同上
	たも	せん、しおじに類似する	北海道、静岡、愛知	同上
	かつら	軟質で木理少なく加工容易	北海道、静岡	家具材、装飾材、彫刻用材
	しな	緻密で平滑。木理目立たない	北海道	ベニヤ板単板
輸入広葉樹	オーク	かしに類似する	北米、カナダ	家具材、造作材、建具材
	ウォールナット	緻密、弾力性、耐久性大	米（北東、東南）	家具材、造作材、建具材
	マホガニー	堅硬、色彩、光沢美、独特の色あり	メキシコ、中米	家具材、造作材、建具材
	チーク	反曲小、虫害小、耐久性大	タイ、ミャンマー、インド	家具材、造作材、建具材
	ラワン	年輪不明、虫害がある	フィリピン、マレーシア、インドネシア	家具材、造作材、装飾材
	したん	堅硬で重い。暗赤色を呈する。耐久力ある	インド、ミャンマー	家具材、床廻り装飾材
	こくたん	緻密で重く黒色を呈す。耐久力ある	インド南部、ミャンマー	家具材、装飾材
	かりん	木目緻密で微赤色を呈する。したんに似る	中国原産、全国一般	家具材、装飾材
	アピトン	赤ラワンに似るが重く強く硬く耐水性がある	フィリピン、サラワク	構造材、家具材、造作材

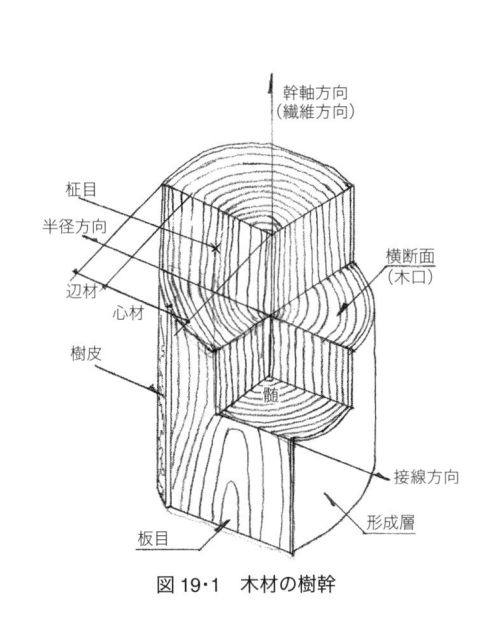

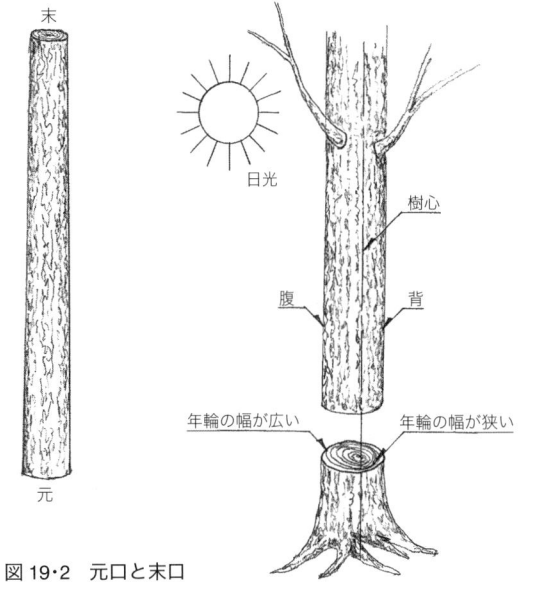

図 19・1　木材の樹幹

図 19・2　元口と末口

e── 木材の乾燥

伐採する前の木を生木という。水分と樹脂を多く含んでいるので、このまま使用すると、収縮して狂いを生じる。木材を使用する時は、乾燥材でなければならない。以前は、材木店に乾燥の程度をまかせていたが、現在では、含水率は売買する時に、売る側、買う側とも、割合簡単に測定できる。

木材を乾燥させると重量が軽くなり、強度が増大し、加工が容易になり、菌の発生、虫害、腐食が抑えられる。塗料や薬剤の効果も大きく、狂いが少なくなる。

自然乾燥は、木材に含まれる樹液や水分を自然に乾燥させる方法である。木材を水中に沈め6カ月ほどすると、水分と樹液が置換して、水分のみとなり乾燥の時間を短くすることができる。自然乾燥は時間がかかるが、木材にとって無理のない乾燥ができ、よい結果が得られる（図19・3）。

乾燥時間の短縮と乾燥場所の縮小を目的とする、人工乾燥には、高温乾燥を始め種々の方法がある。いずれにしても設備が必要で、コストの問題もある。木に対しても強制的になり、無理がおこるのは、致し方ない。

含水率は、15%以下が理想的な木材である。

f── 木取り

伐採された木を原木といい、これに用途に応じて墨を打つことを木取という。木取は、必要な木材の歩止りを高くするために、需要の多寡や木理（木目）の状態を考慮し、木材の欠点を避けて、品質の高いものを多く得るようにすることが大切である。

木理とは、木取の方法によってできる年輪の模様で、年輪が縞模様の場合を「柾目」という。また、平行にならず、種々の模様の現れたのを「板目」という。柾目は、本柾、半柾、糸柾に区別される、また木取によって四方柾、二方柾ができる。これは収縮が少なく、ねじれや割れのほとんどない木材で、見た目も美しいが、大きな原木を必要とするため高級なものとなる。

板目は一般に竹の子状になり、山形板目、波形板目、杢目等になる。膨張伸縮が比較的大きく、割れは中央からおこる。しかし幅の広い材料が取れ、歩止りが大きいので安価になる。これらを適材適所に使っていくのである（図19・4）。

g── 木材の傷

木材は、その山林の手入れ、生長過程、立地条件という成長時に生じる欠点と、伐採、運搬、製材等、伐採後の欠点があり、これらを総じて「傷」という。これらは、品質を落とす要素になる。傷には、次のようなものがある。

心割れは、年輪の直角方向に割れることである。

目割は、年輪に沿って割れることである。

ねじれは、樹木の生長過程で木自身がねじれたもので、製材しても癖は直らない。

節は、枝の取付で、生節、死節、抜節がある。節は品質の基準になり、また強度にも影響するので、無視することはできない。

瘤は、生長過程でバクテリアの侵入によって瘤のようになった部分である。

入皮は生長時の外傷が原因で、外皮の一部を樹木が巻き込んだものである。

陽疾は、日光不足その他で発育不良となり、年輪の詰まった部分のことである。

脂壷は木材の一部に脂の溜まったもので、松系の材に多い。

胴打は、伐採される際、岩等に激突して組織の壊れた部分をいう。外からはわかりにくい。

空洞は、木材の中心部が空洞になっているものである。

h── 木材の形状

木材を購入する時の形状は、一般に丸太材と挽物に分けられる。

1◆ 丸太材

丸太材は、木材を伐採して樹皮を取り除いたもので、種々のものがある。

杉長丸太は間伐材で、目通り（根元から約2mの所の直径）約10cm、長さ4〜10mくらいのもので、おもに足場や仮設に用いられた。

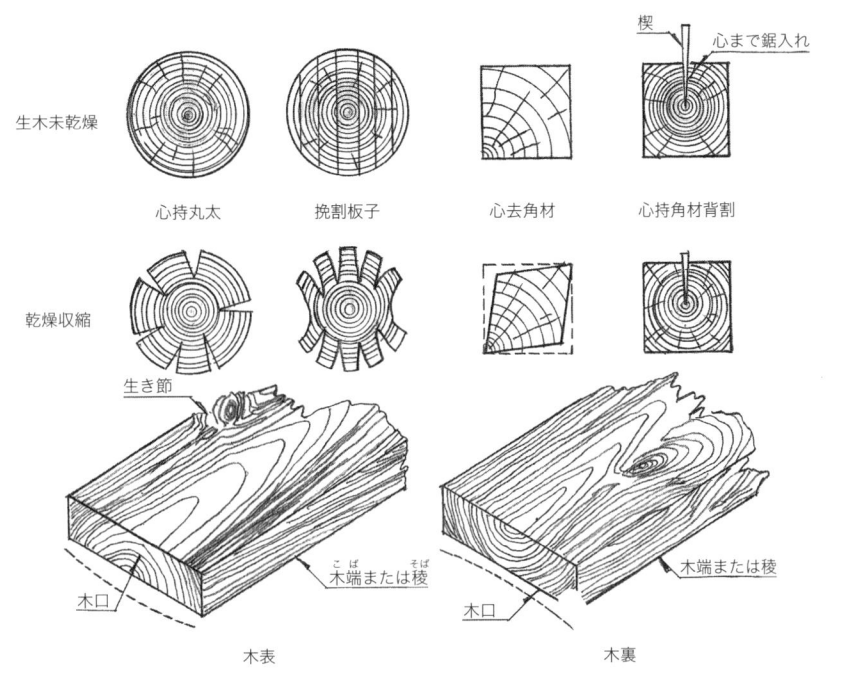

図 19·3 木材の収縮状況および割れ、木裏、木表　樹心に遠い部分ほど収縮大。

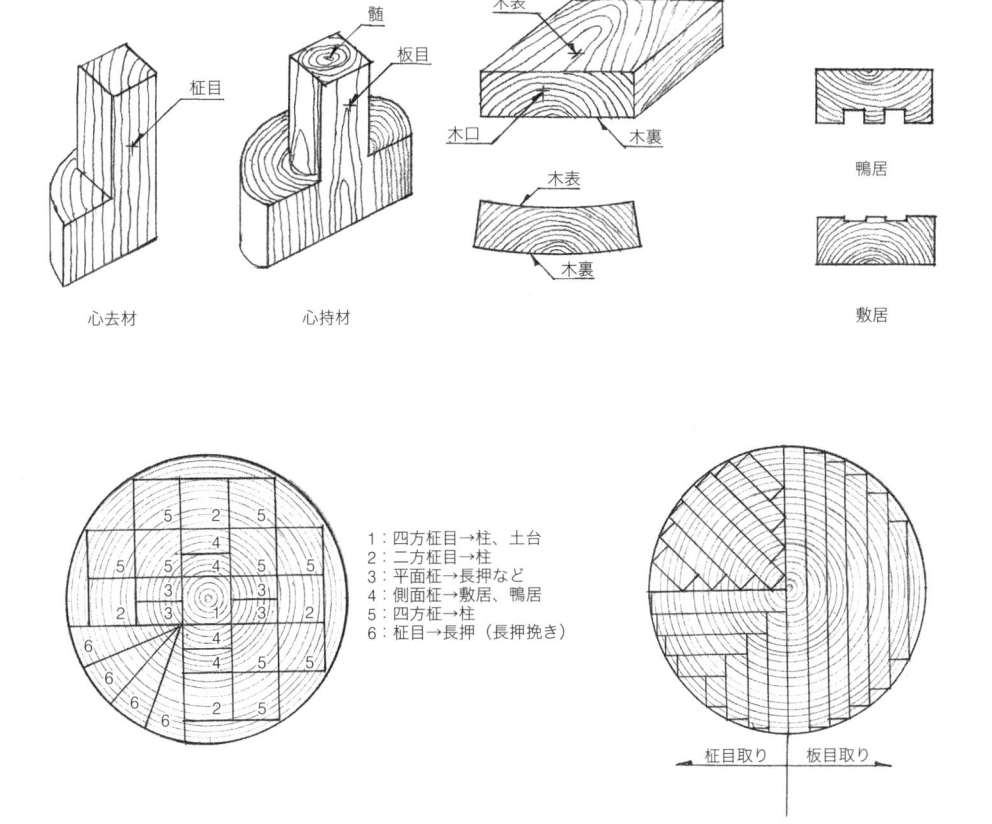

1：四方柾目→柱、土台
2：二方柾目→柱
3：平面柾→長押など
4：側面柾→敷居、鴨居
5：四方柾→柱
6：柾目→長押（長押挽き）

図 19·4　木材の木取

杉切丸太は末口約20cm、用途は、根太、大引、母屋、棟木等であったが、現在では挽物が使われている。

杉磨き丸太は化粧材に用い、秋に伐って外皮を剥ぎ、籾殻等で磨き、大切に扱われ販売される。床柱、縁桁、丸太長押、面皮柱等、数寄屋風の建物には不可欠である。産地は奈良の吉野や京都の北山である。また表面に皺のあるものをシボ丸太といい、人造シボ（生育中に木材の小片を括り付けたもの）や天然シボ丸太に分けられる。

杉小丸太は直径5cm前後くらいの小さな磨き丸太で、化粧垂木として使われる。

桧丸太は別名を、源太丸太ともいい、尾州（木曽桧）、紀州産が主で、長さ4〜8m、化粧桁（丸桁）によく使われる。尾州は、直径長さとも延び分（増し）が多い。

松丸太は、粗材の通りのよいものを「筋良材」といい、生木のまま地業杭に使っていた。曲がったものは、小屋梁に使われる。末口15〜30cmで、長さ3〜8mのものが多い。

松化粧丸太は嵯峨丸太といい、京都府で産出する女松（赤松）の皮付丸太である。末口10〜15cm、長さ3〜4mで、床柱に使われる。

松化粧小丸太は「海布丸太」ともいわれ、直径2cm前後、長さ3〜4mのもので、傷や節のないものが茶室の天井竿縁としてよく使われる。

自然の化粧丸太で、元口と末口の差の小さいものは少ないことから、人工的に加工されたものが出回っている。たとえば他の材料の丸棒に、松や桜の皮を貼付けたものである。末口と元口にあまり差がないと、不自然に見えるので注意が必要である。

外国産の木材は、注文寸法で輸入される北米からのものを除いて丸太で輸入され、だいたい直径50cm〜1m、長さ4〜12mくらいのものである。またラワン材を合板製造時のロータリーベニヤにする場合も、丸太のまま輸入される。

丸太、角材とも、積算は体積から算出する。古くは、単位は石であったが、今はm³である。

2◆挽物

角材には野角と押角があり、これらを挽物ともいう。

野角は大角ともいわれ、一辺20cm以上（多くは、30〜50cm）の矩形の木材で、長さ約3〜6m、尾州、遠州、紀州、土州、上州等の別がある。材種は杉、松、桧、栂、樅などで、挽いて使用する。

押角（小角、荒角）は一辺8〜20cmのもので、長さ約3〜4m、四隅に丸味があり、材種は杉、桧が主である。土台、大引、母屋、束等によく用いられた。

挽材は、鋸で挽いたという意味で、少し断面が小さく、そのまま使用できる木材を指す。

端柄物は古い言葉で、出来合品のことである。一般に既製品と呼ばれ、形状、長さ、材種が在庫されている。呼び名はメートル法が建前ではあるが、いまだに尺貫法で呼ばれることが多く、とまどわないようにしなければならない。販売単位は、「本」「枚」「丁」が普通で、細い材料には、「束」がある。板の場合は「板」「坪」で、3.3m²（坪）当たりで販売されている（表19・2）。

集成材は、戦後接着剤の進歩と、良質材の入手が困難なことから作られるようになった。これは、小角材や挽板（ラミナ）などを繊維方向に平行に重ね、幅および厚さ、長さの方向に集成接着したものである。

構造用の集成材は、柱や梁等耐力部分に用いられる。ラミナの厚みが5cm以下と厚いもので、積層の材料が4枚以上となっている。継手はスカートジョイントかフィンガージョイント（図19・5）を用い、直材だけではなく、両端の断面形状の異なるものやアーチ型、各種曲線に対応することができる。集成材の長所は多いが、接着剤の対応年限と建物の寿命との兼ね合いの問題がある。

構造用合板というものがある。これは建築の構造耐力上主要な部分に使用する合板で、その品質は農林省告示第1371号「構造用合板日本農林規格」で定められ、ツーバイフォーや在来木造住宅の強度係数が与えられるので、他の合板と区別する必要がある。

下地用の合板（ベニヤ板）や化粧合板については後述する。

表19・2 針葉樹の製材の建築用標準寸法

(1) 斜面板以外のもの

厚さ[cm]	幅[cm]																	長さ[m]					
0.7			4				12	14	16	18	20	22	24	26	28	30	32	34	2.0	2.15				
0.8			4				12	14	16	18	20	22	24	26	28	30	32		2.0	2.15				
1.0				小幅板			12	14	16	18	20	22	24	26	28	30	32		2.0	2.15		3.0	3.3	4.0	4.3
1.25					8		12	14	16	18	20	22	24	26	28	30	32		2.0	2.15	2.7	3.0	3.3	4.0	4.3
1.5	2					10	12	14	16	18	20	22	24	26	28	30	32	板	2.0	2.15	2.7	3.0	3.3	4.0	4.3
1.75						11	12	14	16	18	20	22	24	26	28	30	32		2.0	2.15		3.0	3.3	4.0	4.3
2.0	2						12	14	16	18	20	22	24	26	28	30	32		2.0			3.0	3.3	4.0	4.3
2.5		3	平割					16		20	22	24	26	28	30	32			2.0			3.0	3.3	4.0	4.3
3.0			4	6		10		16		20		24		28		32			2.0			3.0	3.3	4.0	4.3
3.5			4	5						20		24		28		32			2.0	正角のみ		3.0	3.3	4.0	4.3
4.0			4	5	6	10	11	12	14	20		24		28		32	厚板		2.0			3.0	3.3	4.0	4.3
5.0						10	11	12	14	20		24		28		32			2.0			3.0	3.3	4.0	4.3
6.0	正割					10	11	12	14	16	20		24		28		32		2.0			3.0	3.3	4.0	4.3
8.0				8		10	11	12	14										2.0		2.7	3.0	3.3		4.3
9.0					9			12	14					平		角			2.0		2.7	3.0	3.3		4.3
10.0						10		12		16		20		24		28	32		2.0		2.7	3.0	3.3		4.3
11.0							11			16		20		24		28	32	36	4.0	2.0		2.7	3.0	3.3		4.3	6.0
12.0			正角					12		16		20		24		28	32	36	4.0	2.0		2.7	3.0	3.3		4.3	6.0
14.0									14	16				28			32	36		2.0			3.0	3.3		4.3	6.0
16.0										16							32			2.0			3.0	3.3		4.3	6.0

斜面板 [cm]

上端	下端	幅	長さ
0.6	3.0	8.0	215
0.7	3.5	10.0	300
0.8	4.0	12.0	400

表の寸法の許容限度

事項 種類		厚さ [cm]		幅 [cm]		長さ [m]	
		(+)	(−)	(+)	(−)	(+)	(−)
板類	厚さ3cm 未満	制限なし	0.05 未満	制限なし	0.2 未満	制限なし	0
	厚さ3cm 以上	同上	1.0 未満	同上	同上	同上	同上
ひき割類		同上	同上	同上	0.1 未満	同上	同上
ひき角類		同上	同上	同上	同上	同上	同上

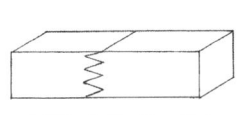

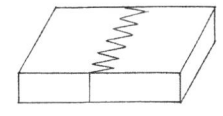

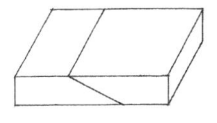

水平フィンガージョイント　　垂直フィンガージョイント　　スカーフジョイント

図19・5　集成材のジョイント

表19・3　釘の種類と記号

種類	材質	記号
鉄丸釘	鉄	N
		FN
太め鉄丸釘		CN
細め鉄丸釘		BN
ステンレス鋼釘	ステンレス	S
石膏ボード用釘	鉄	GN
	ステンレス	GNS
シージングインシュレーション、ファイバーボード用釘	鉄	SN
自動釘打機用釘	鉄	PN
	ステンレス	PNS

この他に法令で規制されている補強金物がある。

ジベルは、横架材の継手に補強のために使用される。

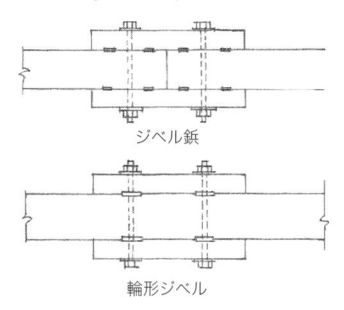

ジベル鋲

輪形ジベル

図19・7　ジベル使用箇所

2　構造用金物

木造建築の構造を補強するために、各種の金物が使用される。

ⓐ──釘

釘は、一般に鉄製で、他にステンレス製、ユニクロめっきのものもあり、非常に種類が多い。薄物を打つときに、タッカーというホッチキスの針を大きくしたようなものを使用することもあり、ともに手打ちか、コンプレッサーによる空気圧で打込む（表19・3）。

ねじ釘はいわゆる「木ネジ」といわれるもので、太さと長さが番手で示され、材料も、鉄製、ステンレス製、黄銅製、ユニクロめっき製等種類も多くある。また以前は「－」のものであったが、現在はほとんど「＋」ねじになっており、ねじ込みにも、電動ドリルが使用される。

この他、化粧角釘や化粧折れ釘、簡単に取付けられる折れねじ（ヒートン）類もあり、また二つの材料を簡単につなぐものとして、又釘や浪釘といったものもある。

釘の長さは、打ち付ける木の厚みの2.5倍くらいが適当とされている。

ⓑ──鎹

鎹（かすがい）は、直角に交わる材を簡単に緊結できる金物である。材料は鉄製で、大角方向に打って、使用する。一般に、枘（ほぞ）の類は、下からの力と引張力に抵抗するように打つ。現在では、丸鋼のものが多いが、古くは火造りの上等のものもあった。

目鎹は一方が鎹のように折れ曲がり、他方にプレートがついたもので、厚板を下地に引付ける時などに使われる。

ⓒ──ボルト

ボルトは二材を結び付け、引付けるための非常に使いやすい金物で、片ねじボルトと両ねじボルトがある。片ねじは普通一般のボルトナットで、両ねじは、両方からナット締めするものである。一般には、径13mmや16mmのものが使われ、長さ不定の時はすべてねじ切りしたズン切ボルトもよく使われる。

羽子板ボルトは、梁と桁や柱に用いられる。一方がボルトで他方に鉄板が溶接されており、それぞれの引付けに使用される。

ⓓ──アンカーボルト他

アンカーボルトは、基礎に土台を緊結するのに使用する。一方のねじを切り、他方を5～7cm折り曲げたものである。長さは基礎に25cm以上埋めるので、35～40cmくらい必要となる。

短冊（たんざく）金物は鉄板に穴を開けたもので、胴差と柱、胴差同士の継手に用いられる。

箱金物は、一般に褌（ふんどし）金物といわれる、鉄板をコの字に曲げた金物である。

矩形金物は鉄板を直角に曲げたもので、現場ではアングルと呼ばれている。

腰掛金物は、鉄板を折り曲げて加工したもので、横架材を簡単に直角方向に取付けるのに使い、また補強等にも使われる（図19・6）。

ジベルは鉄製の輪型や鋳鉄製の星型のもの、爪付のもの等あり、木材の合わせ目に食い込ませて接合すると強度が充分出せる金物で、特に合成梁等に用いると効果があるが、住宅にはほとんど用いられない（図19・7）。

以上が、従来から一般に用いられる構造用の金物である。この他に木造建築を建築する時、使わなければならない金物が、その構造材の位置によって、建築基準法で定められている。これは確認申請の項ですでに述べたが、必要壁量と耐力壁の配置に連動するもので仕口の補強として10種類（ⓘ～ⓩまで）（図17・24、p.277）が用意され、指定の場所に定められたものを取付けなければならない。それ以外にも、補強金物が多く売り出されているが、木造建築は仕口で組立てるのが本来の姿である。仕口をおろそかにして、金物に頼って充分ということはありえない。仕口が主で、金物はあくまで従の立場であると考え、補強に使うものなのである。

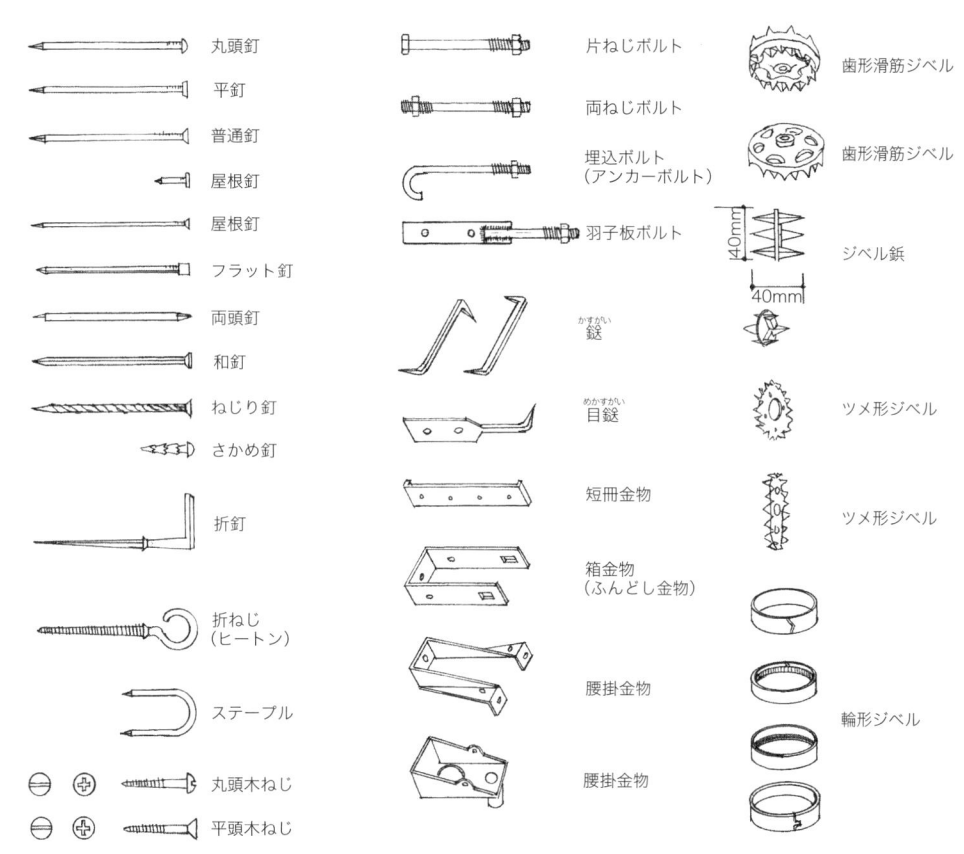

図 19・6　一般木造住宅に使用される構造用補強金物　この他に、法令で規制されている補強金物がある。

表 19・4　法律による柱の太さ（建令 43）

建築物	柱の太さ（d/h）			
	(イ) 梁間 ℓ、桁方向 ℓ' が 10m 以上の時 (ロ) 学校、保育所、劇場、演芸場、観覧場、公会堂、集会場、店舗（> 10m²）、公衆浴場		左欄以外の柱	
	最上階または平屋建ての柱	その他の階の柱	最上階または平屋建ての柱	その他の階の柱
(1) 土蔵造など壁が特に重い建築物	1/22	1/20	1/25	1/22
(2) 金属板葺、スレート葺などの軽い屋根の建築物	1/30	1/25	1/33	1/30
(3) (1)(2)以外の建築物 例、日本瓦等	1/25	1/22	1/30	1/28

表 19・5　従来の柱の大きさの考え方（d/h）

建物の種類	柱の太さ 最上階または平家の柱	2階建1階の柱	3階建の最下階の柱
(1) 大壁塗込め瓦葺等壁の重い建物	1/22	1/20	1/18
(2) 木造金属板葺、スレート葺の建物	1/30	1/25	1/22
(3) 木造瓦葺	1/25	1/22	1/20

表 19・6　法律による柱の太さ（建令 43）

(1) 主要構造部における柱の大きさ（小径）は、それぞれの主要構造部の横架材相互の垂直距離に対して、上記表に挙げる割合以上必要である（表 19・4、p.303）。
(2) 2 を越える階数の建築物の 1 階の柱の大きさ（小径）は、梁間方向、桁行方向とも 13.5cm 以上とする。
(3) 柱の大きさ（小径）に基づいて算定した柱の所要断面積の 1/3 以上を欠き取った時（断面欠損）、その部分を補強する必要がある。
(4) 2 階建以上の建築物の隅柱または、これに準ずる柱は通し柱としなければならない。
(5) 構造耐力上必要な柱は、細長比（断面の最小二次半径に対する座屈長さの比）を 150 以下にすること。
以上の他、構造計算やボルト締、その他これらに類する構造方法により、安全が確かめられた柱の大きさ（小径）を小さくする可能性もある。

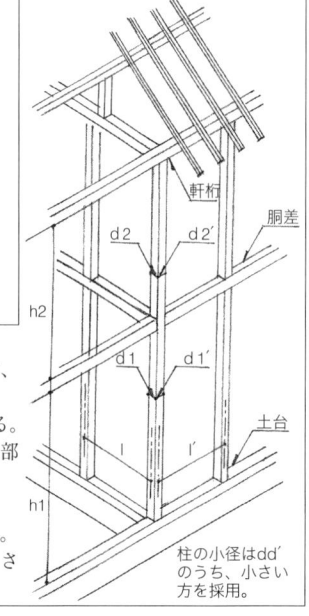

柱の小径は dd' のうち、小さい方を採用。

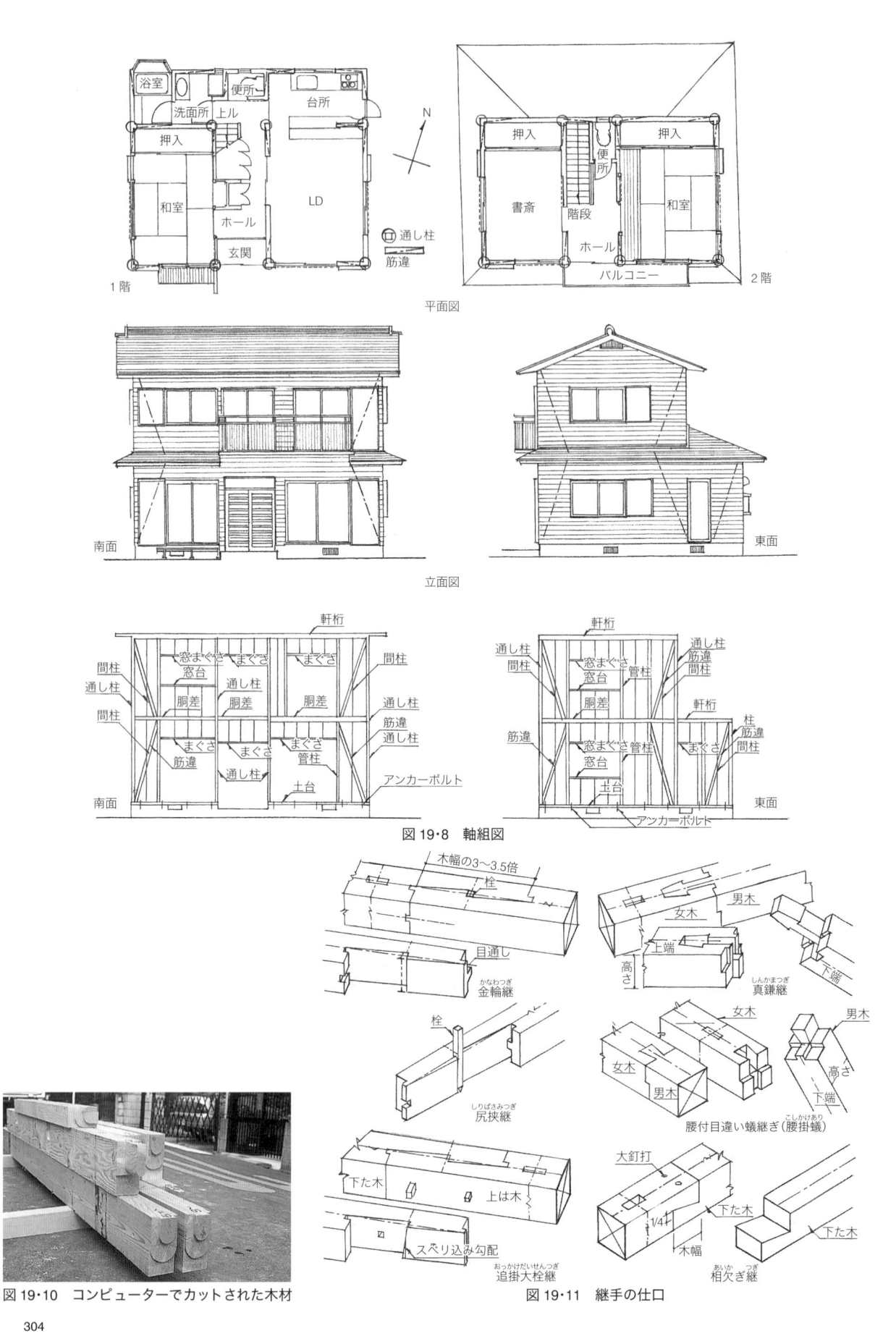

平面図

立面図

図 19・8　軸組図

図 19・10　コンピューターでカットされた木材

図 19・11　継手の仕口

304

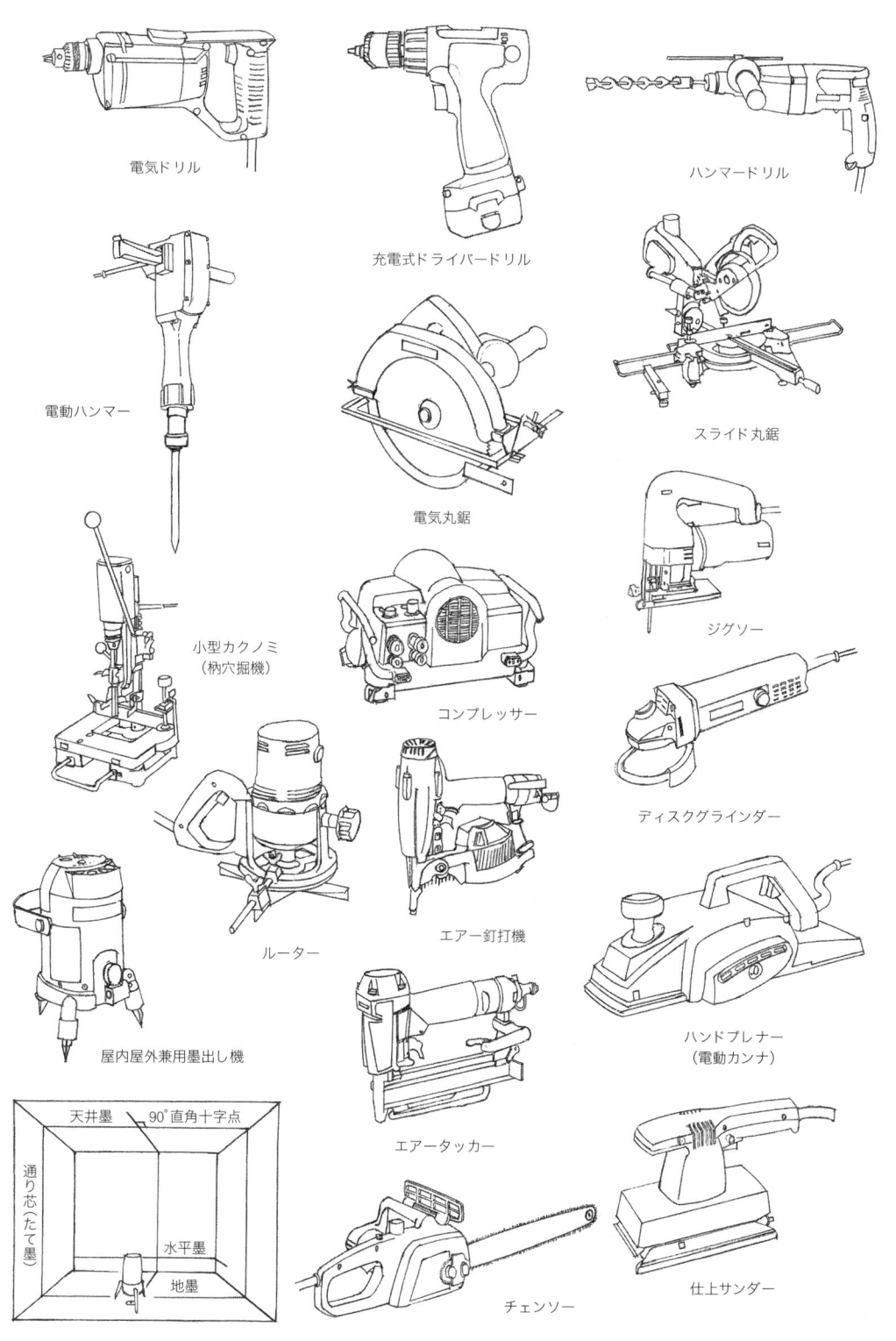

電気ドリル　　　　　　充電式ドライバードリル　　　　　　ハンマードリル

電動ハンマー　　　　　電気丸鋸　　　　　　スライド丸鋸

小型カクノミ　　　　　コンプレッサー　　　　ジグソー
（枘穴掘機）

　　　　　　　　ルーター　　エアー釘打機　　ディスクグラインダー

屋内屋外兼用墨出し機　　　　　　　　　　　　ハンドプレナー
　　　　　　　　　　　エアータッカー　　　　　（電動カンナ）

天井墨　90°直角十字点
通り芯（たて墨）
水平墨
地墨
　　　　　　　　　チェンソー　　　　　　仕上サンダー

図 19・9　現場で用いられる電動工具

3　軸組

　軸組とは、その建物の骨組（躯体という）の中で特に壁部分をいう（図19・8）。この他に、小屋組と床組がある。

　これらの躯体を組立てるために、木作りをする。木作りは、古くは、野帳場で行われていたが、現在は工場で行われている。

　木作りとは各部材に仕口を切り込み刻む作業で、図版（看板板、番付）に従って行うが、昨今では、平面詳細図や、矩計図（かなばかりず）によって行われる。古くは鑿（のみ）と鋸（のこ）、鉋（かんな）、玄能（金槌の少し大きなもの）等の工具であったが、現在は各種電動工具（図19・9）をコンピューターによって動かし、行っている（図19・10）。

ⓐ――壁面

　壁には大壁と真壁があり、軸組として変わってくるのは間柱である。大壁の間柱は、柱と柱の間に幅は柱と同じ、厚みは、柱の半分〜1/3くらいのものを、約1/4間の間隔で入れていく。真壁の場合、古くは塗壁であったので通し貫を用いたが、現在は乾式工法が普及しており、この場合間柱は、45mm角のものを間隔1/4間で入れていく。

ⓑ――土台

　土台は、建築全体の荷重を柱によって基礎に均等に伝えるとともに、柱を固定するものである。

　土台の材料は、12cm角の桧の心持ちが最もよいが、一般的には、10.5cm角（三五角（さんごかく））が多い。また米栂や松で、すでに防腐加工されたものもある。

　土台は、基礎の上に横に置き、すでに設置されているアンカーボルトで据えつける。その時、土台と基礎の接する面に防腐剤を二度ほど塗布して固定した方が、腐りにくくなる。また、基礎と土台の間に防震ゴムを挿入することも行われている。

　土台の継手は、金輪継ぎが理想で、この他に真鎌継ぎ（しんかまつぎ）、腰付目違い継ぎ（こしつきめちがい）、蟻継ぎ（ありつぎ）はよく採用されたが、土台がアンカーボルトで基礎に固定されていることから最も粗末な相欠ぎ継ぎ（あいかぎ）も利用される（図19・11、12）。

　柱の枘穴は、土台の下端まで彫り抜いて栓打ちとするのが理想だが、半分くらいで彫り止めて、平枘入れで柱を建て、両面から鎹打ちするのが一般的である。枘の長さは、5cm以上必要である（図19・13）。

　隅の仕口は、梁間の土台に目違い小根枘（こねほぞ）にして桁行の土台に差し込み、小根枘鼻から割楔（わりくさび）打ちとしたが、他に隅鬢太留（すみびんたどめ）、隅留枘があり、簡単なものは、隅台輪留めにする。

　火打土台は、地震や台風時に水平面上の変形を防ぐもので、隅や間仕切りなどの土台の交差部から90cm〜1m隔てて、土台間に45度の角度で取付けられる部材である。大きさは、柱の二つ割か柱の同寸くらいで、仕口は両端を斜胴付短枘で、直径約16mmのボルトで取付けるのがよい仕事である。少なくとも火打材を大入れにして土台に欠込み、鎹打ちすることが大切である。突付け釘打ちは、すぐ抜けるからしてはならない。

ⓒ――柱

　柱は、屋根、床、壁などの荷重を支えるため土台上または根石に直接建て、横架材間を連絡し荷重を下に伝える部材である。

　材質は、桧、杉、栂、松や米栂が用いられる。また使用する場所によって、心持材、心去材、柾目、板目等の柱を適材適所に配置する。和室は化粧柱になるので、座敷等では無節、さらに桧、松の柾目を柱とする。柱が揃わない時は構造用化粧貼集成材も使われる。柱の大きさは一般の木造住宅では10.5cm角（三五角（さんご））〜12cm角（四寸角）が一般的である。これは加工等で10cmくらいの分止まりとなる。また管柱（一階二階で別々の柱）を10.5cm角とし、通し柱（一階二階で1本の柱）を12cm角にするのをよく見かける。心持柱は強度が強いので、大壁部分に用いられる。格式の高い部屋の床柱は、四方柾、三方柾の大面取りが本格的である。茶室、数寄屋といった瀟洒な建物では、杉の面皮や磨き丸太、シボ丸太、嵯峨松丸太が多く用いられる。柱の太さも建築基準法で定められているが、特別でないかぎり10.5cm角で充分である。ただ、木造3階建の場合は通し柱の数や太さに規定があり、一階部分では13.5cm角（4寸5分角）となっている（表19・4〜6）。

柱は、使用する場所を区別するため墨で印をつけ、根枘、上枘、貫穴など工作する。

柱の面取りは、一般に細面取り（糸面取）という非常に細かいものであるが、高級な仕事では面幅を5〜8mmくらい取る。長押、鴨居等もそれに応じて面を取ると室内の感じがやわらかく、落ち着いた部屋になるが、造作、取付け手間が多くかかる。また集成材の場合は面が大きく取れないので、注意が必要である（図19・14）。

柱下枘は二種類ある。隅柱は扇枘とし、平の柱は平枘とする。桁への上枘は、隅柱は重枘（天狗枘）とし、平の部分を桁上端で止め、尖端は隅木上端まで通す。平の柱は平枘として、桁上端まで通し、込み栓打ちとする。

柱には横架材が取付いて、二方差し、三方差し、四方差しの仕口がくるので、枘穴によって断面欠損が多くなり、柱が弱くなる。そのため、地震や暴風といった横の力に留意した補強が必要となる。その方法としては、金物で補強する、挟み梁で通し柱を挟みボルトで締付ける、添柱で補強する等あるが、一般的には、断面欠損の少ない仕口とし、短冊金物、矩金物、羽子板ボルトを駆使して補強する場合が多い（図19・15）。

柱に彫る穴には、土壁の時は、貫穴(ぬきあな)と間渡(まわた)し竹穴とがある。貫穴は、60〜90cm間隔にする。この他に、地貫、腰貫、内法貫、天井貫を彫る場合がある。貫穴は、貫の幅より15mmくらい広く彫り、「楔代(くさびしろ)」とする。間渡し竹穴は土壁の真壁にのみ必要で、現在の乾式工法採用の場合は、貫穴、間渡し竹とも不要である。

和室の柱は、工事中から仕上げられた状態なので、汚れないように養生する。柱に布を巻いたり、ハトロン紙を巻いたりするが、現在では、既製のプラスチック製の養生板も出ている（図19・16）。竣工後は、全部取り除き、柱を水洗いまたは水拭きする。古くは、美装塗料として「イボタ」蝋を混ぜたものがよいとされていた。またよく使われる養生に砥粉拭があったが、これは樹脂の多い桧や松には向かない。

間柱は、片面真壁、片面大壁で乾式工法の時は、7×3cmくらいのものを入れていく。

d ── 貫（通し貫）

貫は、柱と柱を横に連絡し、軸部を固め壁を支えるものである。わが国のような地震の多い国では、地震の横の力に抵抗することも大きな目的である。

古代では、長押がその役目を担っていたが（図19・17）、鎌倉時代に考案された大仏様(だいぶつよう)（天竺様(てんじくよう)）は長押を用いず、通し貫（図19・18）を使ったことから、それが一般化した。また、この通し貫の採用によって、建物を「締める」ことができる。

木というものは、何年たっても縮み続ける。したがって時間が経つと木と木の間に隙間ができ、建物に狂いを生じる。そこで軸組を締め直し、貫の楔を打ち直すことで、再び建物が強固になるのである。筋違主体の建物ではこの工事はできない。

貫は、土壁をつけるためにあると思っている人が多いがこれは誤りである。横の力に抵抗するために貫があり、そこに貫があるからそれを利用して小舞竹をつけたのである。ところが今では貫は土壁を塗るための材料と思われ、柱と柱の間に釘打ちしていた。これでは本来の貫の使命を果たし得ないのは当然である。本来の機能を忘れて形だけに終始してはならない。現在では簡単に枘穴を掘削する電動工具もあるので、通し貫の見直しも必要と考えている。

貫の材料は杉が主で、松、栂、桧が使われる。大きさは小幅板といわれるもので、大貫、中貫、三寸貫といったものである。大貫は幅10.5〜12cm、厚みは約15〜21mm、中貫は10〜10.5cmの幅で厚さ15mm、三寸貫は幅8〜9cm、厚み約9〜15mmくらいのものである。一般の住宅では、中貫程度のものを採用したい。

「三通貫(みとおしぬき)」「四通貫(よとおしぬき)」（図19・19）という言葉がある。地貫と内法貫の間に2枚入れると「四通貫」、1枚入れると「三通貫」ということである。貫は、5本から4本入ることになる。

図 19・12　組付の仕口

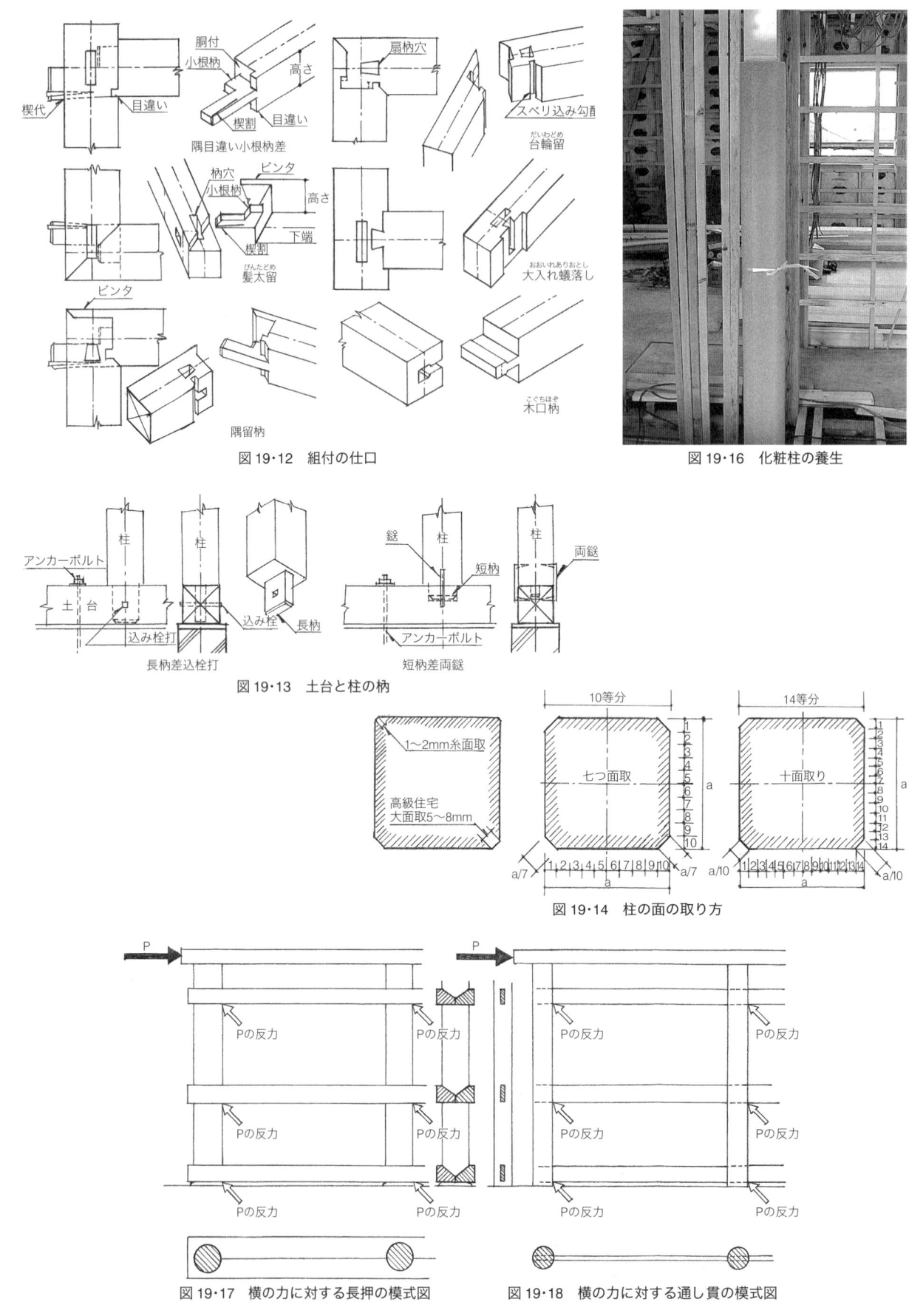

図 19・16　化粧柱の養生

図 19・13　土台と柱の枘

図 19・14　柱の面の取り方

図 19・17　横の力に対する長押の模式図

図 19・18　横の力に対する通し貫の模式図

図 19・15 柱柄と横架材の仕口

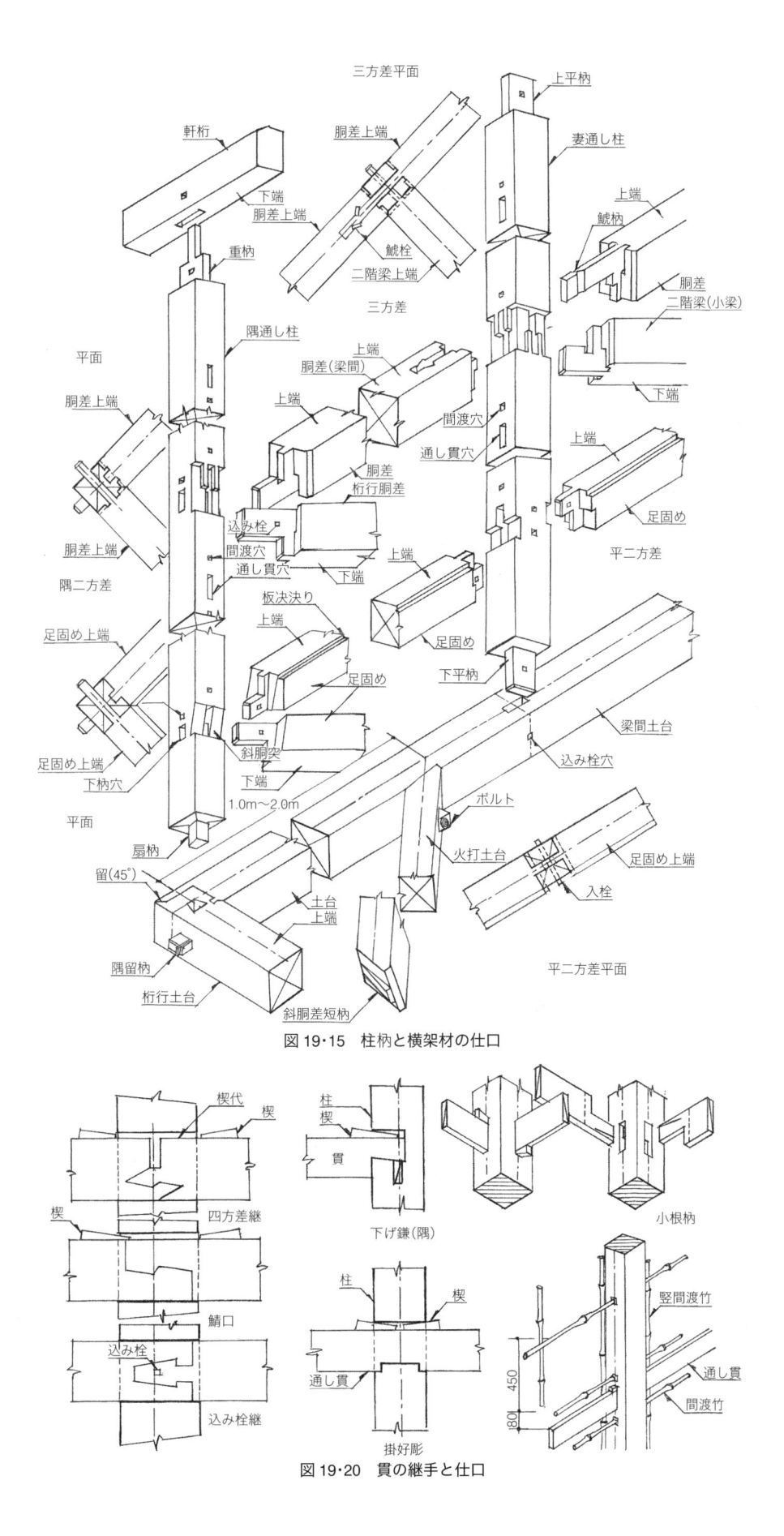

図 19・20 貫の継手と仕口

1◆貫の施工法

　土壁の厚みの中心は小舞竹の中心になるので、貫穴を柱芯に彫ると壁が柱の中心に位置しなくなる。したがって、このことを考慮して貫穴の位置を決める。柱と壁の間を散りは普通15～25mmくらいとする。散りは和室では非常に重要な寸法で、その部屋の雰囲気に関係するので、充分考えて貫穴の位置を決める。

　貫の継ぎ方は、高級な仕事では図19・20のようにするが、粗末な仕事では突付けのままで楔で締めて釘止めすることが多い。このような時でも、柱中心まで貫鼻が届くようにすることが大切である。貫を継ぐ位置は、軸組の中で縦一列に並ばないよう千鳥の位置になるよう心掛ける。隅柱と貫では、下鎌にするか、桁行貫と上端小根枘切り、梁行貫下端下根切りとし、割楔で締める。

　貫の締め方は、貫が柱を通る所を両方から楔を飼い締めるか、込み栓打ちで固める。釘打ちのみでは機能しない。

　柱間隔が一間以上と大きい時、通し貫だけではねじれるので、中央で貫を支えるために中貫くらいのものを縦に使う。上下とも横架材に深さ約2cm差し込んで釘2本で止める。土台に差し込む時は貫鼻を約2cm浮かすようにする。

　貫を固定する前に、建前(たてまえ)の建直しについて述べておく。躯体全体が組上がった時、上部より下げ振り(図19・21)を柱の角に下げ、糸と柱の間隔を計って同じなら、建物は垂直である。寸法が異なると垂直ではないということなので、勾張りで軸部をおこして垂直にし、仮筋違で止めてから楔を締めて回る。これは桁行方向も梁間方向も行い、その後小舞を搔いた時にもう一度行う。

e——筋違

　長方形の軸組に横の力が加わると平行四辺形になる可能性があり、この変形を防ぐために筋違(すじかい)を入れて三角形を二つ作る。

　古来より筋違を始めとする斜め材は、わが国の建築には馴染まなかった。その理由は真壁造であり、材料が土で、斜めの材を入れると壁が割れるのを嫌ったからだといわれている。しかし横の力には通し貫よりも効果的で、種々壁が割れない方法が考え出された。現在では、真壁といえども乾式となり壁芯は空洞になっており、ここに筋違が簡単に入れられるようになった。また前出の確認申請の項で述べたように、筋違を入れると、構造耐力上必要な計算の時に倍率が大きく有利になることもあって、採用が多くなっている(図19・22)。材料は、杉、米栂、米松等で、大きさは、10cm角の二つ割または三つ割が基本である。筋違は横の力に抵抗するが、横とは一方向とは限らない。圧縮力を受けた時、その反対に力が作用すると引張力となり、この両方の力に耐える必要のあることから、仕口部分に金物を取付け(図19・23、24)、引張力にも耐えるように施工し、間柱と筋違が交差する時は間柱を欠取って筋違を優先させる(図19・25)。鉄筋で入れる時は、たすき掛に入れる。鉄筋は圧縮力に弱く、座屈をおこすからである。

　筋違を入れる場所は、隅の通し柱や、二方三方四方から胴差や梁等が差し込まれ、断面欠損の多い所に、筋違からの力が加わらないように注意して考えないと、地震の際など、簡単に通し柱等の重要な柱が折れてしまう。

f——差物

　差物(さしもの)とは、建物の壁のない所を固める横架材で、平物(高さが大きく、幅は、柱幅の桁材)として横に渡し、横の力に備えるものである。古くから和風家屋の耐震材、耐風材の役目を果たしてきた部材である(図19・26)。

①床の下にあるものは、足固めと差敷居である。足固めは床を負い柱の脚元を固める。差敷居は、足固めと敷居を兼ねた差物、框は敷居の溝のないもの、これらは高さ18～36cmくらい、材料は松が多く、框は桜、欅、桧を用いることもあるが高級品である。ともに両端の差口は柱に二枚枘差し込み栓打ち、または鼻栓で止める。

②建具の上にあるまぐさは、上部の壁の重さを支え、鴨居または無目を兼用した差物である。小壁の高い時や、入口等の持ち放しの大きな所等、実用と強度の必要な場所に用いる。大きさ材料、仕口等は差敷居と同程度である。

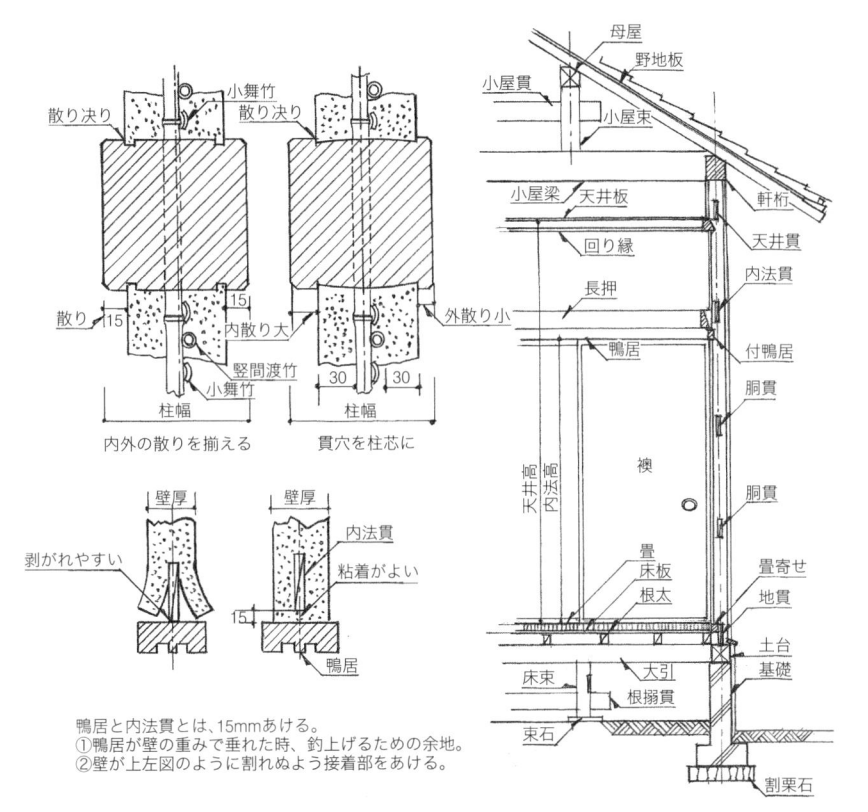

鴨居と内法貫とは、15mmあける。
①鴨居が壁の重みで垂れた時、釣上げるための余地。
②壁が上左図のように割れぬよう接着部をあける。

図 19・19　四通し貫矩計図

図 19・21　下げ振り

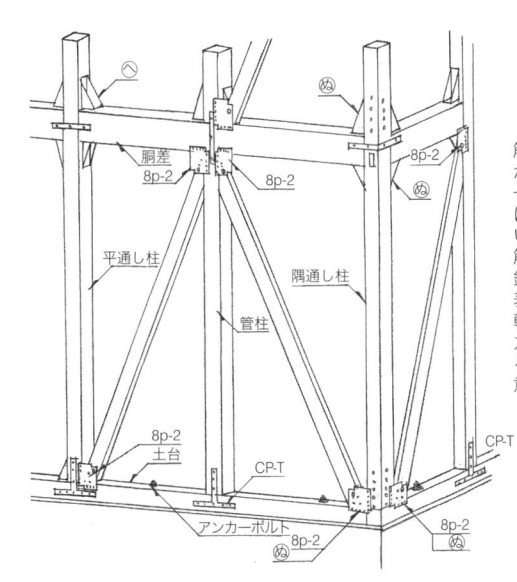

筋違の仕口については、法で細かく規定されており、図はその一例である。引張力にも圧縮力にも、効かなければならないというのが基本の考え方である。
筋違の配置については、以前は釣合よく入れるといった曖昧な表現であったが、耐力に必要な軸組等の規定で、軸組計算、耐力壁の配置によって、決められるようになっているので、要注意である。

図 19・22　筋違

19　建前工事

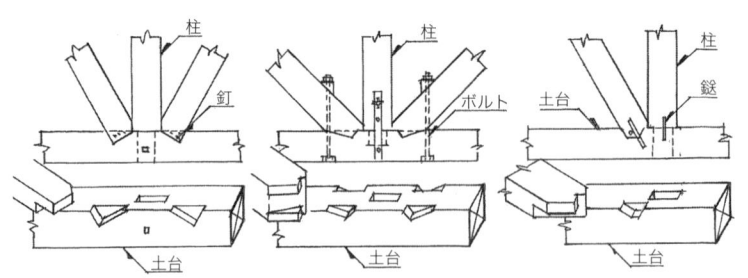

図19・23 筋違 筋違が一般的でなかった頃の端部の納まりだが、図のように施工すると、その目的を達することができる。

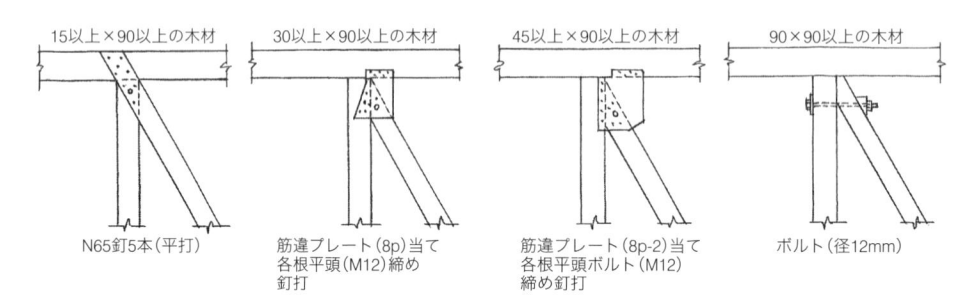

N65釘5本(平打)

筋違プレート(8p)当て 各根平頭(M12)締め 釘打

筋違プレート(8p-2)当て 各根平頭ボルト(M12) 締め釘打

ボルト(径12mm)

図19・24 筋違取付けと金物

図19・25 筋違の横の力に対する模式図

図19・26 差物

図19・27 軒の峠と小返し

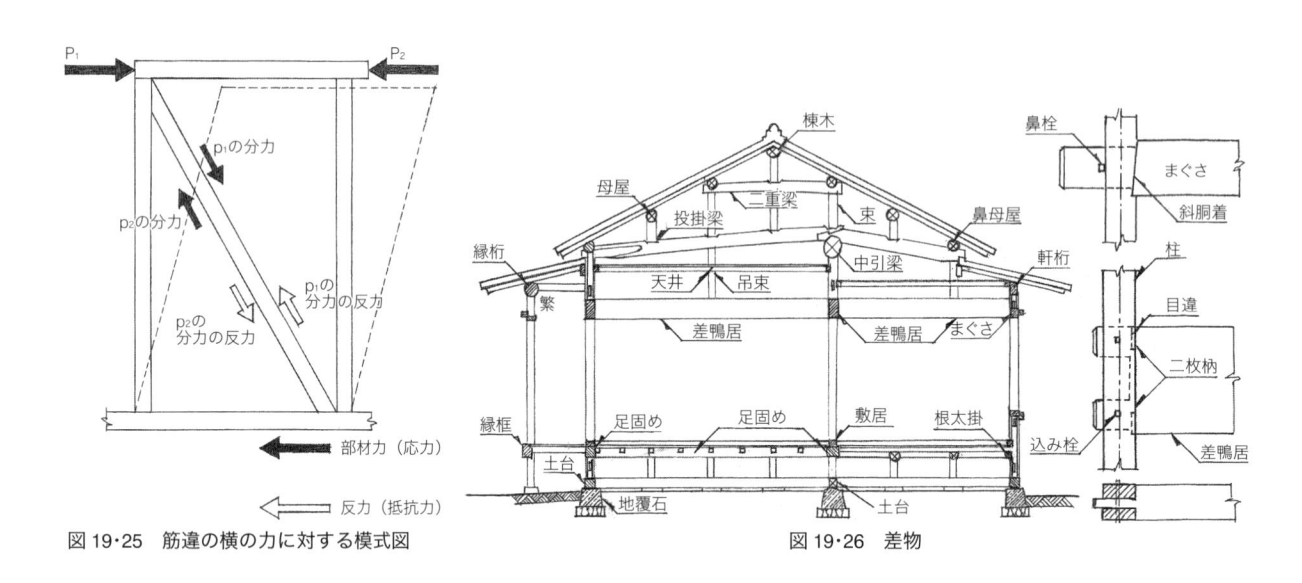

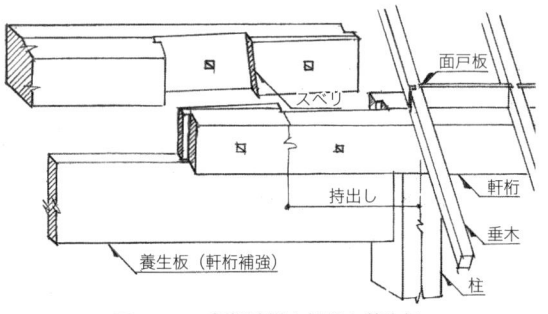

図19・28 軒桁追掛大栓継と養生板

312

③二階建の時は胴差となる、伝統的な建物や民家では、差物で柱間を固める。開口部が多く、通し貫や筋違が少ない時は、差物と柱で構成された軸組で建てられていた。また基礎のないものが普通で、差物と柱によって建物の形を保っていた。現在の木造建築では、軸組、基礎等細かい規定がなされ、構造の基本的変化から、差物は用いられることが少なくなっている。その原因は、大きな材料の入手困難、その材料の重さが大きいこと、そして意匠的に軽快にならないこと等も挙げられる。

g──軒桁

軒桁は、側回りの柱頭を連絡する横架材で、小屋と垂木を受け、地回りともいう。

材料は、松、栂、桧、米松等強い材料がよい。大きさは、支点間距離（スパン）と屋根の重さによって変わり、幅は、だいたい柱と同寸、高さは1.5～2倍、スパンが3m以内で12～24cm、屋根が軽い時は高さ15cmくらいでもよい。いつも小屋梁を意識して決める。不充分な時は適当に補強する。垂木の納まりを馴染ませるので、上端を屋根勾配に合わせて斜めに削る。これを「小返し」といい、この小返しの面が柱の中心に合った所を「軒桁の峠」といい、ここが軒高の基準点となる（図19・27）。軒桁の工作は柱に平枘とし、高級なものは込み栓打ちで、一般には短枘に鎹打ちである。

梁と軒桁の組み方は、大別して京呂組（軒桁の上に小屋梁のくる時）と折置組に分かれ、さらに京呂には兜蟻と渡り腮蟻落しに、折置組は、渡り腮、柱重枘差と軒桁渡り腮、鼻母屋組に分かれる。

軒桁と小屋梁の仕口は、京呂組で兜蟻である。羽子板ボルトをつなぐ。折置組では小屋梁が直接頭枘に差されており、その上にのる軒桁には、柱の重枘（天狗枘）を通す。小屋梁と軒桁は渡り腮にする。

いずれも軒桁の継ぎは、柱の中心上で継ぐ「真継ぎ」があるが、柱から桁の高さの約3～4倍出た所で継ぐのが普通で「持出継ぎ」という。

軒桁の継手は、追掛け大栓継ぎ（図19・28）か、鎌継ぎあるいは腰掛蟻継ぎが一般的である。

折置組では、切妻の隅で妻梁が兜蟻で、螻羽は破風板の関係から杓子枘、蟻枘になる。

屋根の形が、方形、寄棟、入母屋の時は軒桁を交差させて組合せ、その隅木（桶）が落掛り勾配にかかる。ここに隅木道を作るので、これで両軸桁を相欠渡り腮に組み、肌は水平にせず、隅木勾配の傾斜に組み、これは「捻組（ねじりぐみ）」（図19・29）という。面戸板は軒桁峠の垂木の間に設け、虫や鼠、雀が小屋に入らないようにする板である。垂木の両面に小穴を彫り、上から落とし込む。ここに一部金網を張ると小屋の通風、換気がよくでき、夏涼しくなる。

h──敷桁

敷桁は軒、小屋をさらに強くするもので、軒桁より丈夫な材料を桁下に入れる。しかし、一般の木造住宅等で使われることは少ない（図19・30）。

材料は松が多く、化粧の時は桧、欅も使われる。大きさは普通で径20～35cmの太鼓釣り（たいこばつり）丸太か、平物では12～40cm以上で諸条件で決める。

小屋梁との仕口は、渡り腮仕掛けで、敷桁の上に小屋梁をのせ、その上に軒桁を渡り腮に架け、ボルトで縫締する。継手は追掛け大栓継ぎで、隅の仕口は相欠組にするか、斜胴付短枘差しとし、隅金物でボルト締めにする場合がある。

i──火打（燧材）

火打土台の所で既述したので省略する。地回りや、二階胴差と梁とに掛ける火打で本質的には火打土台と変わらない。また形鋼や丸鋼でたすき形に入れることもあるが、住宅で用いられることは少なく、木材と鋼材を同時に使用すると、特別に養生しないと木材の割れる恐れがある。たすき形に入れる時は雲筋違と呼ぶ。

仕口は、敷桁があって、二階梁が台輪組の時は、斜めに渡り腮とする。軒桁があって隅梁の架かる時、二階胴差の上に架けられない時は、斜胴付短枘差しにし、径16mmのボルトで締める。ボルトの座に注意して、彫り込みや鋳鉄製の座金を使う。単なる突付けは絶対にやめて、少なくとも大入れ欠込みにボルト締にしないと、圧縮と引張りの両方の力に効かせることはできない（図19・31）。

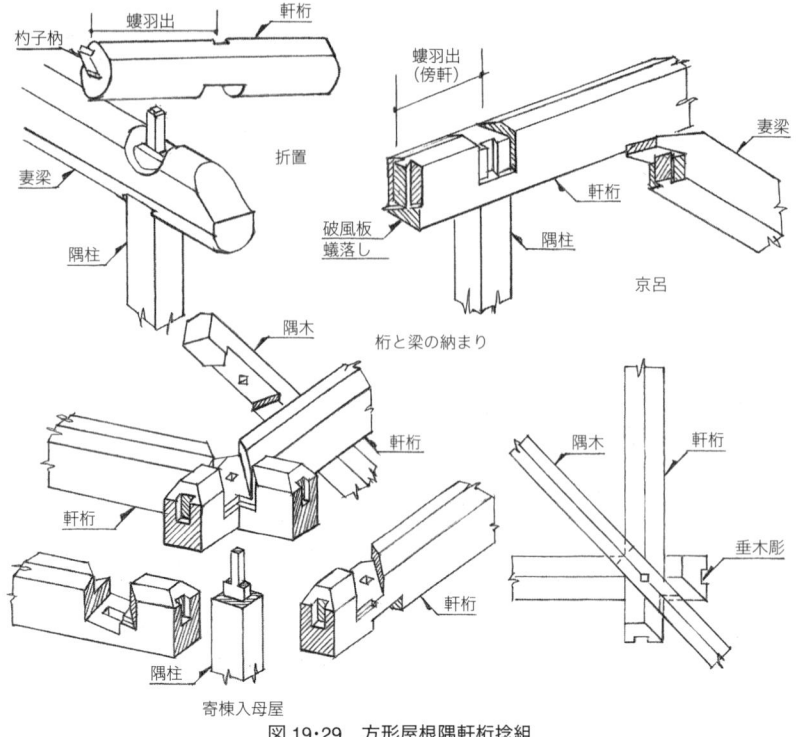

図 19・29　方形屋根隅軒桁捻組

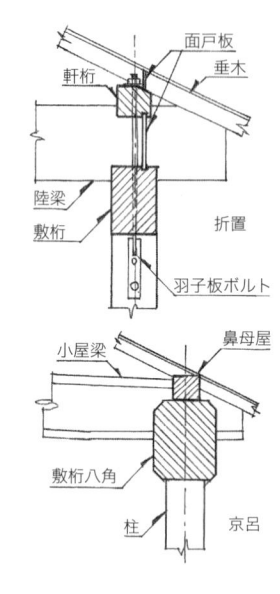

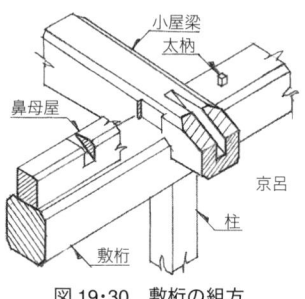

図 19・30　敷桁の組方

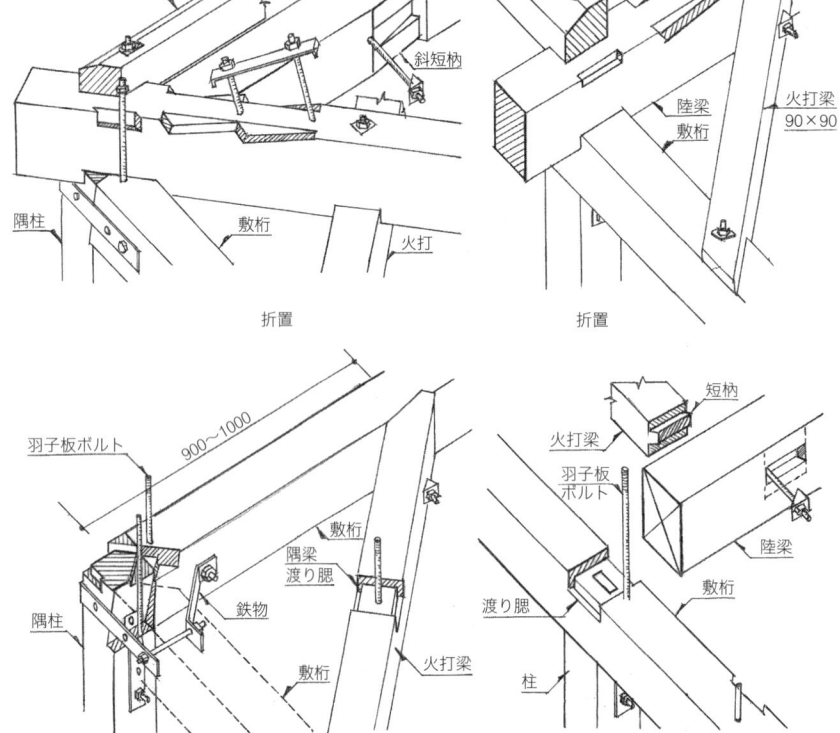

図 19・31　敷桁と火打梁の渡り腮および隅仕口

20　床組

1　床組

　床は上に居住するという目的以外に、水平の強度を担う。したがって、一階と二階では求められる強度が異なる。二階床組は胴差や二階梁で、頑丈に軸組に組合さなければならない。一階の床は基礎に土台がアンカーボルトで緊結されているので、変形は二階床に比べて少ない。土台に大引を架けて組むが（図20・1）、ていねいな仕事では足固めで柱の足元（脛の部分）をつないで固め、それに大引、根太を架けて床組を形成する（図20・2）。

2　足固め

　足固めは、柱と柱の足元を固めると同時に床荷重を受け、敷居を密着させる材で、開放的な部分が長く、筋違が用いられない時代に用いられたもので、現在のように布基礎があり、土台が緊結されている時にはあまり必要がない。

　また数寄屋に近い開放的な建物でも、できるだけ布基礎を用い、見せないように工夫する。そうしないと本来の耐震構造にはならない。しかし皆無ではないので、少しだけ述べておく。

　足固めは普通足固め、半足足固め、狭み足固めの三種に分けられ（図20・3）、それぞれ適材適所に用いられる。材料は、桧の心持ち材が多く、工作として上端は床板の厚さだけ板決りをして板と面一に納め、根太受けとして木口の寸法に応じて蟻入れまたは大入れ（追入れ）を彫る。束が半間くらいの間隔で入るので、束の柄穴も彫っておく。足固めと柱の仕口は、普通足固めでは、四方差、三方差、二方差になるので、仕口は、だいたい鯱柄差しである。雇鯱柄や、腰付込み栓という簡単な方法もある。半足足固めや、狭足固めでは、柱に欠込んで大釘打ちとするか、ボルト締程度である（図20・4）。

3　大引

　大引は根太を受け、床束に支えられる横架材で、約半間の間隔で配置される床下地材である。

　材料は桧や米栂、米松が多く、大きさは土台や柱とほぼ同じ大きさのものが用いられるが、古くは杉丸太等も用いられた。上端を荒削りして陸直して使用する。取付けは土台に腰掛け蟻柄で取付けているが、古くは一方を扇柄、他端を蟻落しにして取付けていた（図20・5）。その他、バリアフリーや温水床暖房の設置の場合、床高が大引に影響することがあるので、場合によっては根太彫をする必要も出てくる。また大引の下面に床束用の柄を彫っておくことも必要である（図20・6）。

4　床束

　床束は大引の支えとして床下に約半間の間隔で入れ、玉石、割石（束石）、束石コンクリートブロックに、束の根柄を差し込み、束頭は平柄で込み栓打ちとするのが高級な仕事である。一般的には根柄を作らず、ベタ基礎や束石の上に立て、上端は平柄とする。材料は桧の10cm角が普通で、床の高い時は根搦貫を縦横に通し、楔締にするのが本式である。束を縦横とも貫の幅に欠込み釘打ちにする時、貫を単に束に釘打ちする場合もあるが、少なくとも欠込みを入れたやり方がよいようである（図20・7）。

5　簡単な床組

　金物で作った伸縮束というものがある。これは上部鉄板で大引を受けるように加工され、その下部は鉄の棒が溶接されており、その中間に調整ねじがついていて、下部は接着剤で固定するようになっている。間隔は従来の床束と同じである。簡単に取付けられることから、ベタ基礎とともに今後普及していくことだろう（図20・8）。

　転し根太がある。鉄筋コンクリートのスラブ（床版）に45mm角くらいの根太を直接モルタル等で固定し、その上に床を貼るものである。この床組は陸が取りにくいことから、柱の半割くらいの材を碁平に使い、ホーリンアンカーボルトで固定して転がし大引とし、その上に根太、床板と取付けるが、どちらにしても高級な床組とはいえない。

図 20・1　1 階床組

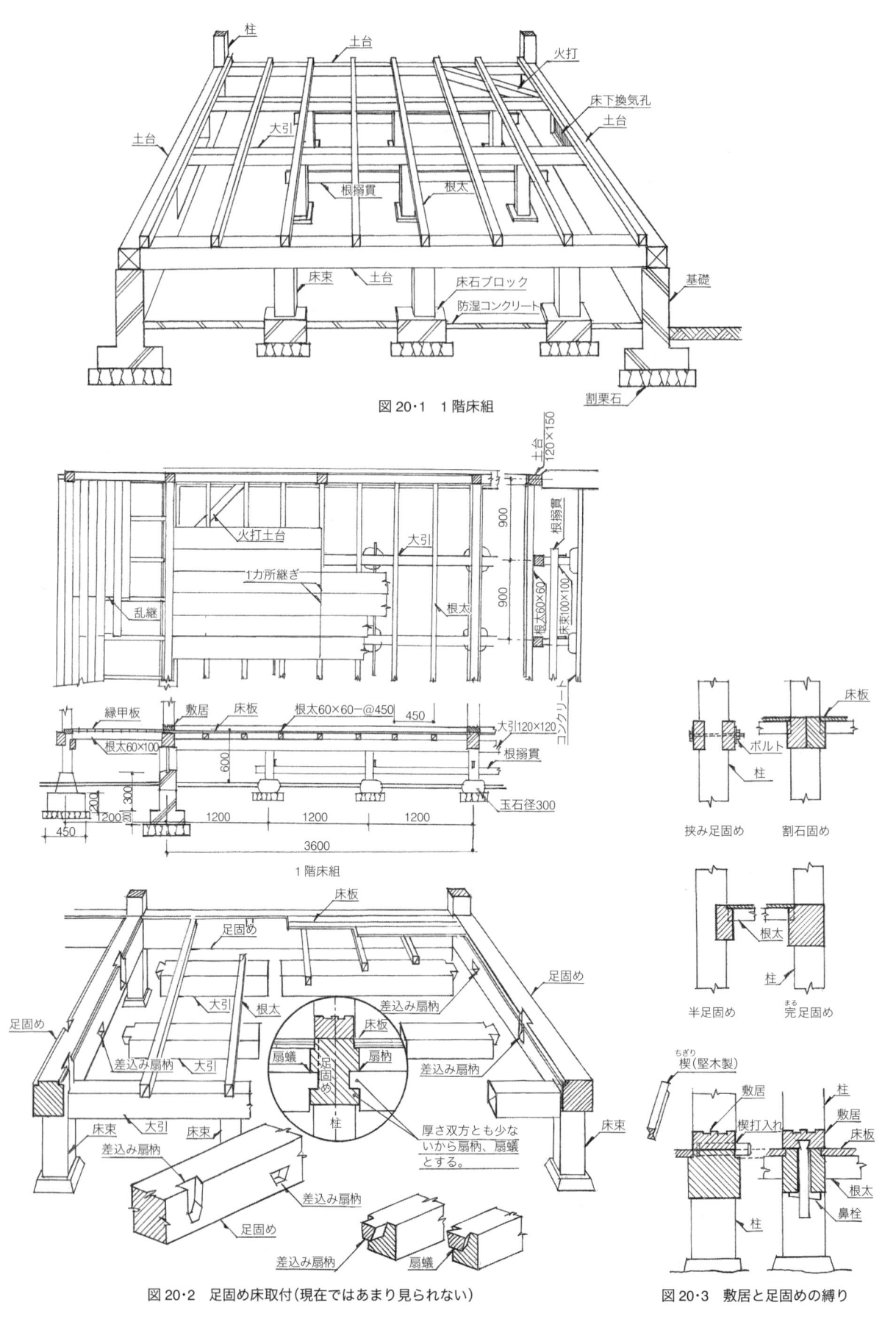

1 階床組

図 20・2　足固め床取付（現在ではあまり見られない）

図 20・3　敷居と足固めの縛り

図 20・4 足固めの仕口と継手

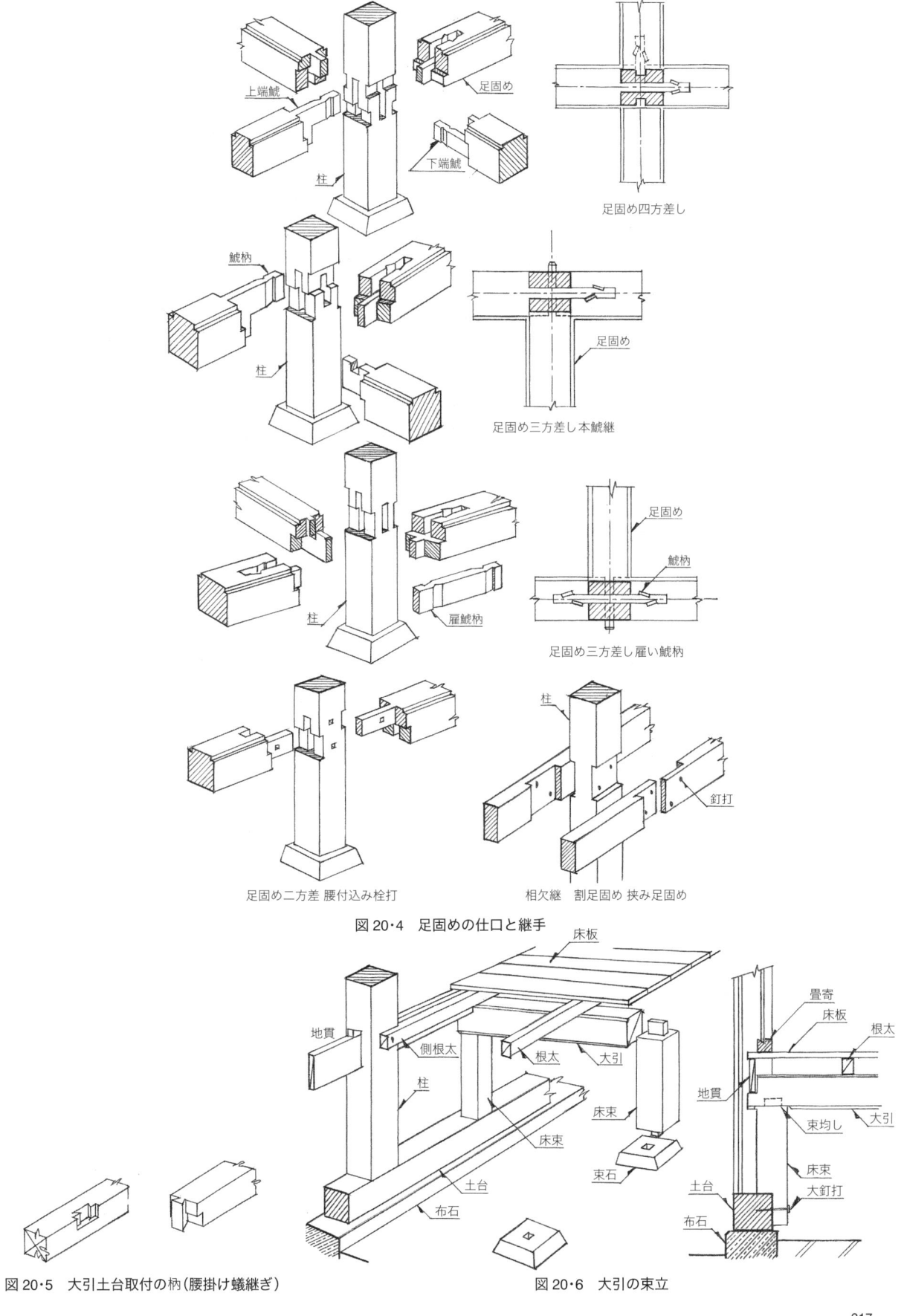

足固め四方差し

足固め三方差し本鯱継

足固め三方差し雇い鯱柄

足固め二方差 腰付込み栓打

相欠継 割足固め 挟み足固め

図 20・5 大引土台取付の柄（腰掛け蟻継ぎ）

図 20・6 大引の束立

6　根太

現在、一般住宅の一階床組の根太は、大きさ45mm角×45〜60mmのものを、間隔303〜360mmで入れていく。ピアノや本棚等、特に重量のあるものを設置する可能性のある場合には、根太の数を増やしておく。

7　改め口と揚げ板

床に改め口や揚げ板を作ると、床下の調査、点検、修理、清掃の時便利である。1960年頃までは、揚げ板というのがあった、これはいわば動かせる床板で、いつでもそこから床下の点検ができた。改め口は床下点検口である、現在既製品で売り出されている床下収納庫も、この点検口となる。種類は多いので、適当な場所に設けるべきである。

8　二階床の構造

二階の床は一階の床に比べて強度が要求されるので、それだけ複雑なものとなる。二階梁は足固めや土台の代わりに胴差を用いる。古くは二階梁を半間間隔で架け渡し、厚い床板を貼った。この床下は一階の天井となり、民家に多く見られたが、現在はあまり見かけない。現在は二階床と別に一階天井を貼るのが一般的になっているので、床組は、外からは見えない。

9　胴差

胴差は、二階建以上に使われる部材で、二階梁を受け通し柱間を連絡する役目を持っている。管柱ばかりの場合、胴差の役目に台輪が用いられ「台輪組」といわれるが、この構造は、現在法律で禁止されている。

胴差には、松、栂、桧、米松、シベリア松等、強い木が用いられる。杉等のやわらかい木は用いない方がよい。化粧を意識する時は桧が用いられる。

胴差の大きさは、スパンや荷重の関係によって決める必要がある。スパン2間くらいの時は、幅は柱の幅で高さ約24cm、4間の時は約36cmのものを使う。もちろん床面積、屋根荷重、二階梁の架かってくる数等考慮する必要がある。計算による方法もある。胴差の材料のやわらかい時に管柱の木口がめり込むことがあるので、そのような場合30cm×6mmくらいの鉄板を柄穴に開けて、柱尻に当てることもある。

胴差の上端や下端にくる管柱は平柄込み栓打ちか、短冊金物で結び付ける。二階梁（ささら梁、小梁）の胴差との接合は、普通「蔭入蟻落し」にするが、稀に兜蟻にもする。床組によって胴差の上端に渡り腮に架け、ボルト締めにする。

柱の取り合わせは、二方差、三方差など足固めと同じで、鯱栓継ぎにするが、現在よく行われているのは、二方差の時、腰掛け目違い柄とし、柱より約12cm離れた所に約4cm角の穴をそれぞれ開け、直径約16mmのボルトを組込んで双方より締め上げ、二階梁が来る時は、腰掛け柄を大入れに入れ、羽子板ボルトで引き付ける方法がよく行われている（図20・9）。

10　二階梁

二階床組で、スパンが比較的小さい時に梁を半間くらいの間隔で架ける場合を「単床」という。スパンが大きくなると、大梁に対して直角に、小梁を半間くらいに架ける時があり、これを「複床」と呼ぶ。

二階梁の材質は、松、北洋松、米松が普通で、稀に桧や栂も用いる。大きさはいずれも幅は柱と同じにすると、金物が使いやすい。スパンの大きい時は、梁の高さが大きくなるので、梁の横振止めを兼ねて複床にした方がよい。

非常に梁間が大きい時、また荷重の大きい時は、木材だけでは梁は難しいので、種々の組立梁が用いられる（図20・10）。これには構造力学の充分な知識が必要である。組立梁のうち、よく採用された軽量型鋼（ライトゲージ）のトラス（図20・11）は、梁両端の仕口が難しい。異なる材料の架構は仕口部をよほど補強しておかないと、木部を割ってしまう恐れがあるので、相当の手当をする必要がある。

図 20・7　床束

図 20・8　鋼製束

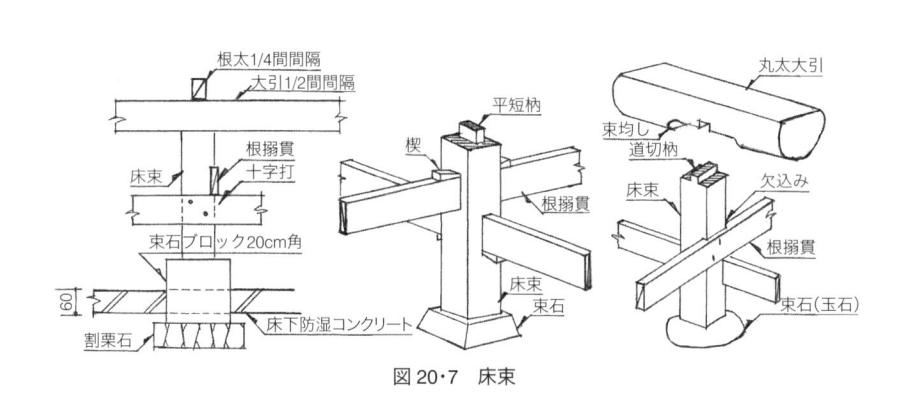

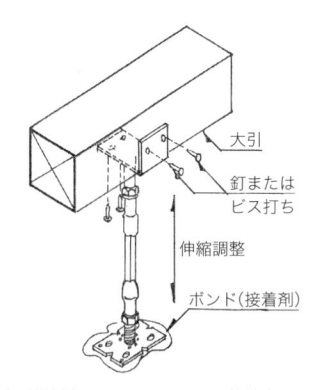

最近鋼製束というものがある。伸縮束ともいわれ設置する際、長さが調節できる。設置が簡単で床に接着固定するので、根搦貫等の必要はなくまた柄の必要もない。

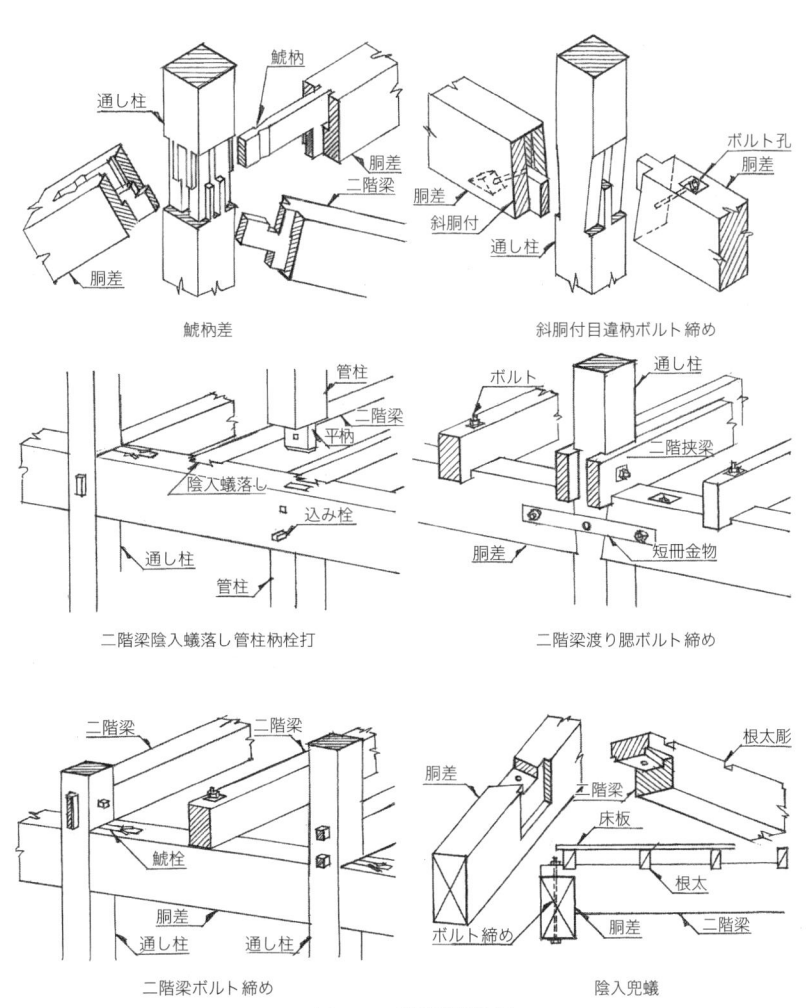

鯱柄差

斜胴付目違柄ボルト締め

二階梁陰入蟻落し管柱柄栓打

二階梁渡り腮ボルト締め

二階梁ボルト締め

陰入兜蟻

図 20・9　胴差各部仕口

横架材は、次の諸条件から大きさを決定しなければならない。

① 建物の種類
② 荷重を受ける状態
③ 梁間スパンの大小
④ 梁の材質
⑤ 梁幅の大小
⑥ 梁の高さ

二階梁の幅と高さは、幅が倍になると強さも倍になるが、高さが倍になると強さは 4 倍になることを考慮し、高さを優先させる。

梁の木作りは、大梁は小梁を受け、胴差同様柱に枘差しにするか、または胴差の上に架ける小梁は、大梁の上に渡り腮、蟻落し、あるいは横流し枘差し（牙枘）に架ける。根太掛に二階梁と同方向に側板に襟輪欠きで大釘で取付け、高さは梁と同様、幅は梁の半分か、6cm くらいにするのが普通である。根太のくる所に根太彫をしておくとよい（図 20・12）。

11　二階根太

二階の根太は、小梁や二階梁の上に取付けられる。間隔は一階と同様である。材料は、松、杉、桧、北洋松、米松が多い。古くは海老割（丸太の半分）を使ったこともあった。根太の大きさは、梁を半間ごとに架けた時は、一階根太と同じ 45mm 角か、45 × 60mm くらいであるが、梁を 1 間ごとに入れた時は 45 × 90mm を縦使いにする。この時、梁には渡り腮をつけなければ釘は効かない。根太の横から斜めに釘打ちというのを見かけるが、やってはならない。小梁、梁に取付ける時は、大入蟻落しで、天井を作る時は渡り腮とする。継手は梁上部で継ぐが、同じ梁の上で継手が並ぶことは避ける。乱継ぎが一般的で、木口と木口を合わせ「突付継ぎ」にする。また、斜めに殺ぎで上から釘の重ね打ちにするのを「殺継ぎ」といい、高級な仕事になる。

床の上に重い物を置く場合の根太補強については前述の通りだが、さらに重い物の場合、二階なので、小梁、梁の大きさをよく検討しなければならない。

手間を省くために、小梁、梁の上に直接 24mm 厚の合板を貼ったものを見かけるが、これは民家の天井のない部屋の応用である。たしかに根太がなく、強さも実績あるものだが、合板接着剤の耐用年数に疑問が残る。工法としては古いが、新しさを強調するため、ネダレス等と呼ばれる。

12　床板

床板の貼り方には、見えなくなるものと、そのまま化粧となるものがある。

畳下地の時は、杉、松、栂、桧等の板を用い、表面を荒鉋削り（プレナーでよい）にし、傍は突付け、または相决りにする。高級な工事では本実矧ぎにする。従来の一般住宅では荒板で隙間の多い床貼もあったが、今では少なくなった。現在、畳その他床仕上材の下地としてコンパネ（12mm 厚合板）を根太に打付けていくのがほとんどであるが、接着剤の寿命を考える必要がある。

化粧貼の材料は、桧、松、栂、米松等で厚さ 2cm 以上、幅は柱と同じくらいを本実矧ぎで谷切目地（大面取）で隠釘打とする。長手の継手は互いに変え、乱継ぎとする。「縁甲板」「縁格」「縁榑」と呼ばれる。現在ではフローリングが一般的である。和風の材料で高級品は桧の無節の尾州、肥松柾目のものである。これらは、無垢の材料で、さらに高級な工事には、継目なしの長尺物を使用する。

現在は無垢板は高価で入手しにくく、ねじれや膨れ、乾燥による痩せ、暴れ等から、合板にこれら材料の突板を貼ったものが多用されている。長さは約 1.8m、幅約 10cm のものと、約 30cm で表面が 3〜4 枚に見えるものである。

合せ梁

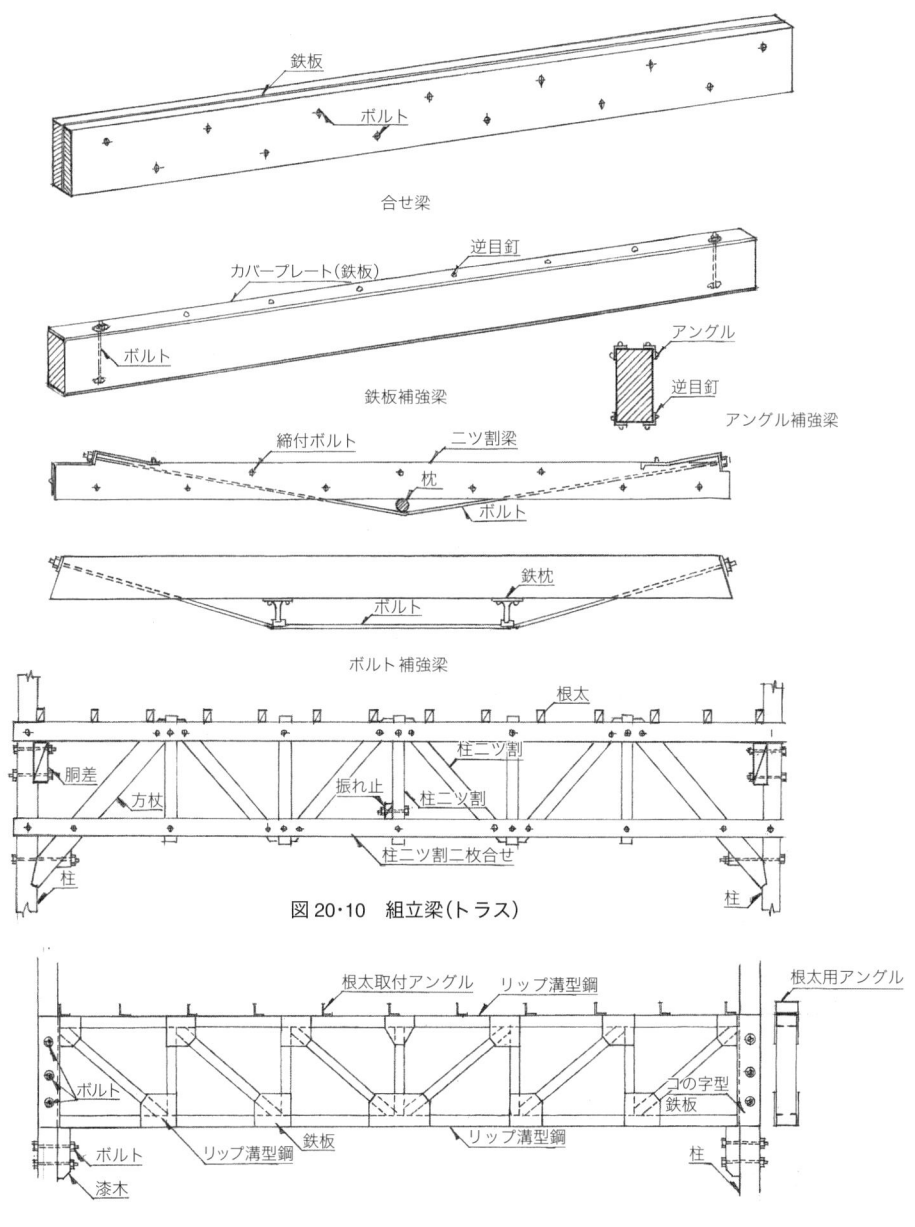

鉄板補強梁

アングル補強梁

ボルト補強梁

図20・10　組立梁(トラス)

図20・11　軽量型鋼(ライトゲージ)による補強梁(トラス)

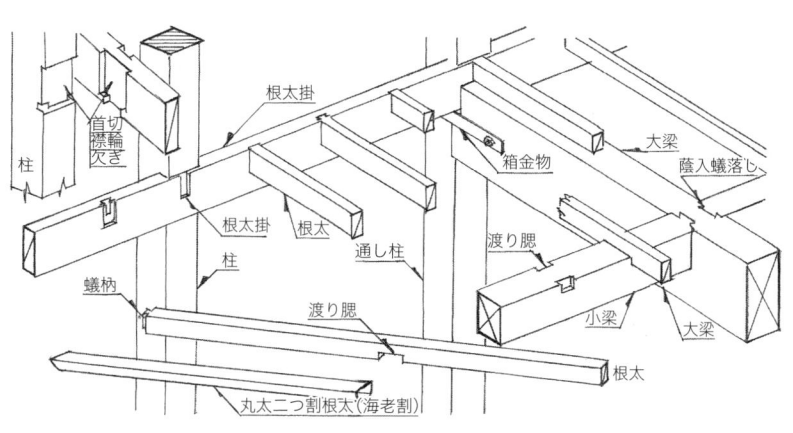

図20・12　大梁小梁と根太掛け

洋室では、貼り方は和風と同じだが、材料は、ラワン、ぶな、桜、樺（かば）、楢（なら）、チーク、アピトン等の堅木で、フローリング用に加工されたものが使われた。これらの材料も元は無垢材であったが、現在は合板に突板（厚さ0.3〜0.6mm）を貼ったものになっている。寸法も和風と同じで、厚さは1.2〜1.5cmが一般的である。床暖房採用の場合は床暖房用のフローリングを採用しないと表面が割れる等の事故がおこるので、注意が必要である。

貼り方は、15mm厚のものはそのまま隠釘で貼ればよいが、12mm厚の場合は床鳴の恐れがあるので、一度コンパネ等で下貼をした方がよい。

寄木貼は下地貼をして、下地均しをした上に、種々の模様になる各種木片を貼っていくものだが、横摺り、サンドペーパーの摺り、磨きと手間も多いことから、寄木貼も突板と合板で作ったものが使用されている。材種は、楢、桜、チーク、黒檀等である。

床板の貼り方は、矧目（はぎめ）を密着させるため鎹（かすがい）、引張等で一枚一枚叩き寄せて釘を打つ。間隔は8〜10cmくらいがよい。この時、根太に白ボンド（白色の木工接着剤）を塗っておくと床鳴が防止できる。また釘を用いず、木ネジを電動ドリルのねじ回しで締め付ける方法もよく使われている。無垢の板で幅の広い時は、裏釘彫りして、目鎹で取付けるようにする（図20・13）。

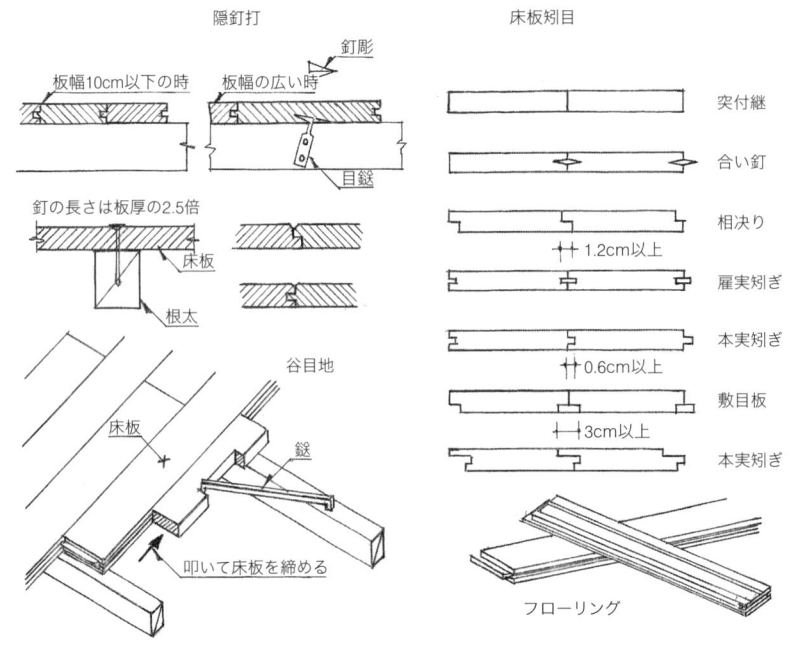

図20・13　床板の矧目と貼方　現在、無垢のものは少なく、フローリング合板がほとんどである。

21 小屋組

1 小屋

小屋とは屋根と天井に囲まれた部分をいう。小屋組とは、この構造を形成する構造体をいい、和小屋と洋小屋に分けられる。

ⓐ——和小屋の概要

和小屋は、地回り（桁）に小屋梁を架け、その上に束を立て、母屋や棟木を渡して屋根の骨組とするもので、梁には湾曲（曲げモーメントとせん断力でおこる）に抵抗する強さが必要である（図21·1）。

和小屋の長所を以下に記す。

① 湾曲に抵抗するため力学的に弱い構造なので、材料は太くなる。メンテナンス、組立が容易である。
② 丸太や曲がった木でも自由に組立てられるので、経済的である。
③ 室内の柱（大黒柱等）にも荷重を分担させるので荘厳感が出しやすい。

ⓑ——洋小屋の概要

洋小屋は、小屋梁、合掌、束、方杖を三角に組合せて形成し、合掌の上端に母屋を架け、互いに平衡するように組立てられる。部材にかかる力は、すべて軸方向力となる。いわゆるトラス(truss)である（図21·2）。

洋小屋の長所を以下に記す。

① いずれの部分も三角形で形成されているから、細い材料で非常に丈夫にでき、変形が少なく、大きなスパンが得やすい。
② 構造力学から出発した組み方なので、製作技術者に力学的知識が必要である。金物等も関係してくるので、入念な注意が必要である。
③ 多数の小屋を製作する時、同形の小屋を作る時は至極便利で、能率的に仕事ができる。

図21·1 和小屋

図21·3 レッカーによる建方

図21·2 洋小屋

図21·4 和小屋の特殊なもの

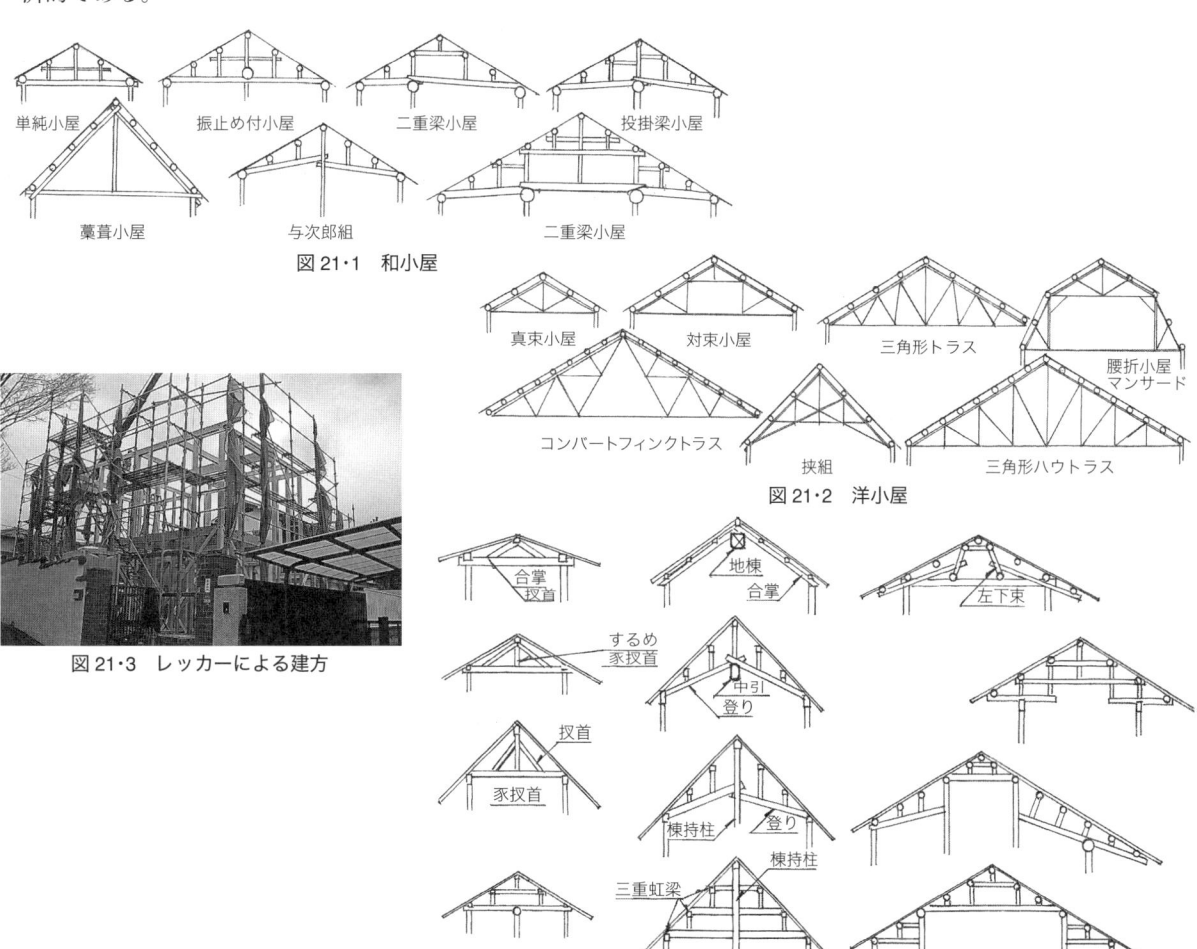

2　建前と上棟式

　木材の木作り、切り刻みが終わると、吉日を選んで建前に着手する。古くはロープ、滑車等で、所定の場所まで運んで組立てたが、現在ではある程度地上で組み、レッカー（クレーン）で吊上げ、所定の場所で組んでいく。最後に最上部の棟木を架け渡して、上棟となる（図21・3）。

　上棟式は、大規模な建築では立柱式とともに盛大に取り行われるが、一般木造住宅の場合は略式で行われることが多い。四隅の柱に御神酒をかけ、洗い米を撒き、関係者の代表が礼拝する程度である。現場に臨時に作った会場で直会（なおらい）をするが、この時、各職方の親方が必ず出席する。職方間のコミュニケーションが取れ、大まかな仕事の段取りもできるので、大切な時間である。

　棟札の形式も地方により色々だが、必ず上棟の年月日、建築主名、設計者名、施工者名を記録し、屋根工事の終わった後、棟木に括り付けておく。

　上棟が終わっても、建物は充分固まっていないので、仮筋違を打ち、場合によっては四方へ控綱（トラ綱という）を張って養生する。建物の建ちを直し、筋違、楔、ボルト、金物類で締め直し、建物が狂わないようにしてから、屋根仕舞に着手し、同時に土壁の時は、左官工事の壁小舞掻きに着手する。

3　和小屋（和式小屋）

　和小屋の概要は既述したが、屋根の荷重が洋小屋のように外壁柱にばかりにかからず、間内柱にも負担させられる。また小屋梁には束を通じて荷重が垂直にかかることから、洋小屋の陸梁より太くなる。

　小屋梁は、従来丸太またはそれらを加工したものが用いられた。丸太は、中起（なかむく）りに架け渡して使うため、水平（陸墨）を厳格に打ち、それを基準に形成していく等、手間がかかることから、現在は正角の挽物梁が一般的である。

　部屋の広い所は天井も高い。天井の低い部屋で外回りにある部屋を下屋とし、天井の高い、梁間の大きい所に大屋根を架ける。

　地回り（軒桁）に小屋梁が架かるので、この下に柱が立てられていると都合がよい。平面作成時に小屋梁の位置を決めておくことが必要である。

　火打は、軒桁敷桁と小屋梁が、Tの字の所や隅々で、桁の長さが2間（約4m）以上の所に入れていく。火打に関しては前述した。

　建物の長手方向の中央が棟の位置になる。平面的に凸凹の所には、谷や隅屋根ができるが、後出の水取り（図23・6）を参考に、工夫して屋根を決める。

　小屋梁は、棟に直角方向に架ける。場合によっては平行にも架け、要するに母屋や棟木が、1間（2m）程度で支えられるように梁をかける。

　小屋梁は、通常1間間隔で架ける。最大1.5間（約3m）までなら、母屋や棟木はもつ。梁は中間に柱があると、その柱の頭を押え建物が強くなるから、柱の位置もそのように設定しておくことも大切である。

　軒桁に柱のない所に小屋梁が架かる時は、軒桁が梁からの荷重に耐えられないことがあるので、軒桁を太くする。またこのような時は、小屋梁の方が軒桁より大きいはずなので、その木口を隠すためにも、軒桁の下端に添物をして鏝で止める等の方法がある。

　丸太梁は元口と末口が交互になるように架ける。途中に柱のある時は、末口と末口を合わせるように投げ架け、梁間の大きい時は、中引梁（丑梁）を桁方向に架け、これに小屋梁を投げ架ける（図21・4）。

　母屋の間隔は、半間（1m弱）で、それより狭くてもよいが、広くしてはいけない。それは垂木の強度と継目を考えて母屋を架けるのと、垂木の強度のことも考えるからである。

　小屋束は、母屋や棟木が梁の交差する場所に立てる。梁の上に吊りこれらを支える。

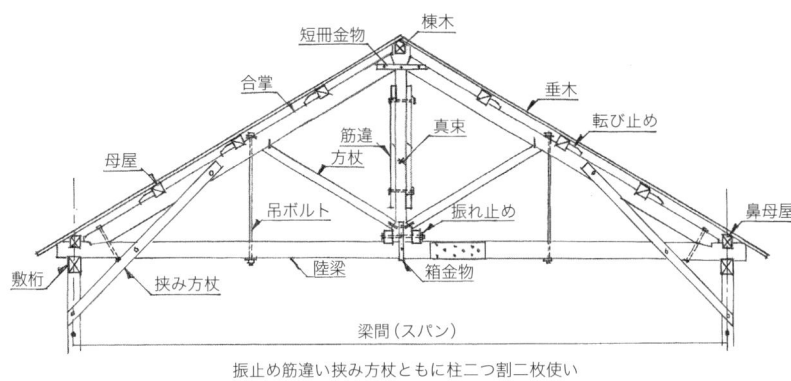

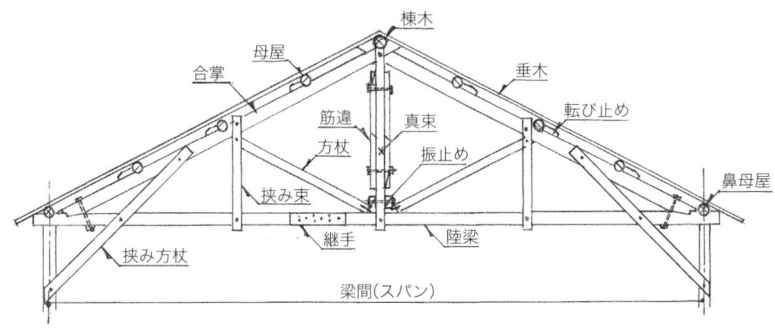

図21・5 真束小屋組(トラス)

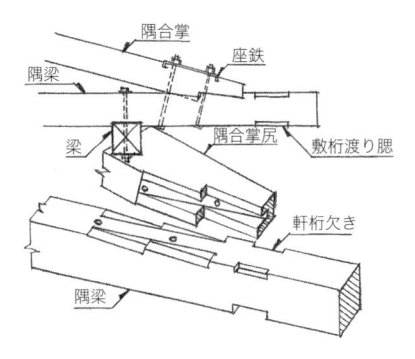

図21・6 洋小屋隅合掌尻仕口

表21・1 真束小屋部材寸法

梁間 [m]	小屋組間隔2mで瓦葺の場合 [cm]						小屋組間隔3mで瓦葺の場合 [cm]						垂木
	小屋梁	合掌	真束	方杖	母屋	棟木	小屋梁	合掌	真束	方杖	母屋	棟木	
4.0	6×13	6×10	6×7	6×4	10×12	5×10	7×16	7×10	7×7	7×5	12×15	5×10	4×5
4.5	7×14	7×10	7×7	7×4	10×12	5×11	8×16	8×11	8×7	8×5	12×15	5×11	5×6
5.0	8×14	8×11	8×7	8×5	10×12	5×12	9×17	9×12	9×7	9×6	12×15	5×11	5×6
5.5	8×15	8×12	8×7	8×6	10×12	5×12	10×18	10×13	10×7	10×6	12×15	5×12	5×7
6.0	9×15	9×12	9×7	9×6	10×12	6×13	10×18	10×13	10×8	10×7	12×15	5×13	5×8
6.5	10×16	10×13	10×7	10×6	10×12	6×13	11×19	11×14	11×8	11×7	12×15	5×14	5×9
7.0	10×16	10×14	10×7	10×7	10×12	7×14	11×20	11×15	11×8	11×8	12×15	5×15	5×10
7.5	11×16	11×14	11×7	11×7	10×12	7×14	12×20	12×16	12×8	12×8	12×15	5×16	5×10
8.0	11×17	11×15	11×7	11×7	10×12	7×14	12×20	12×16	12×8	12×8	12×15	5×16	5×11
8.5	12×17	12×15	12×7	12×8	10×12	7×15	13×21	13×17	13×8	13×9	12×15	5×17	5×12
9.0	12×18	12×16	12×7	12×8	10×12	7×15	14×22	14×17	14×8	14×9	12×15	5×17	5×13
9.5	13×18	13×16	13×7	13×8	10×12	7×16	13×22	14×17	14×8	14×9	12×15	5×18	5×14
10.0	14×19	14×17	14×7	14×9	10×12	7×16	15×23	15×18	15×8	15×10	12×15	5×19	5×15
11.0	14×20	14×18	14×7	14×9	10×12	7×17	16×23	16×19	16×8	16×10	12×15	5×20	5×15

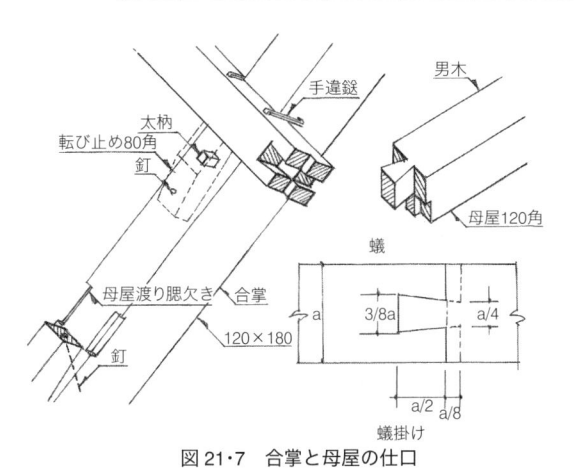

図21・7 合掌と母屋の仕口

表21・2 梁間と梁の太さ

梁間	間	1	2	3	4	5	6	7	8
(持ち放し)	m	2	4	6	8	10	12	14	16
末口の太さ	尺	0.4	0.6	0.8	1.0	1.1	1.2	1.4	1.6
(径)	cm	12	18	24	30	33	36	42	48

4 洋小屋（洋式小屋）

洋小屋で一般的なものは、真束小屋組（キングポスト）で、他に対束小屋組等がある（図21・2、5）。

部材は挽立材を用い、案外細いもので充分だが、金物等の補強を充分行う必要がある。

陸梁には引張力が働き、組上げられた後、中央で垂れ下がりがちになるので、梁間送目釘打ちかボルト締めとする。真束と棟木は輪薙钌とし、両髪太をのばすか、棟木を陰入木口蟻落しにして垂直に繋ぎ固める。一つの小屋の部材の幅は全部揃える必要がある。挟み方杖など両側面から挟むためである。小屋組の間隔は約1〜1.5間（約2〜3m）で取付け、この間隔に応じて母屋、棟木の寸法を決める（表21・1）。筋違、振止めは小屋組間に充分取付ける。これを怠ると小屋組が将棋倒しになる。隅の構造は図21・6を参照。

母屋は、合掌に直角に取付けるので、転ばないように上端に渡り腮に架けて大釘打ちか、目違い鎹で止める。さらに転び止め（猫木）をつける（図21・7）。これは母屋の高さよりやや低く、長さ約25cmで合掌に太钌を入れ、大釘で止める。この合掌と母屋の取付けは、重要な点なので、注意が必要である（図21・8、9）。

以上が真束小屋組（キングポスト）の仕口についての注意事項だが、他の洋小屋もこれに準じる。

洋小屋はトラス（truss）という。これは三角形で成り立つ構造体で力学的に各部材とも軸方向力のみを受け、他の力を受けない。また各部材の接点は、回転端（ピン、滑接点）と考えられ、剛接点のような仕口の複雑性もない。このことから、梁間の大きさに比べて各部材とも割合に細い部材で支えることのできる合理的な構造なのである（図21・10）。

しかし作業量は和風の小屋に比べて多く、組立ててから現場に運び取付けるためにどうしても機械力が必要となる。また小屋は強いが、地回りとの接点が弱く、挟み方杖が必要といった欠点もある。通常の木造住宅では、和小屋の採用がほとんどである（図21・11）。

5 和小屋の小屋梁

小屋の名称は、梁の組み方によって、敷梁、中引梁、天秤梁、二重梁、三重梁、投掛梁、繋ぎ梁、飛梁など種々ある。

材料は、前述のように丸太使用の時は、松丸太、桧丸太の乾燥材がよい。乾燥が不充分なものは、使用後大割れができてしまう。高級なものは、両側に面付けして「太鼓落し」にしたり、「八面取り」にし、野角物を用いるのが最高とされている（図21・12）。

しかし現在は丸太が用いられることは稀で、ほとんど挽角物が使われている。

小屋梁の太さは、梁間と屋根葺材による（表21・2）。

梁の間隔は台目寸法（1間の3/4）〜約1間くらいで、屋根の材料は桟瓦葺としている。

梁と軒桁の組み方は、前述のように大別して京呂組（軒桁の上に小屋梁がのる）と折置組（小屋梁の上に軒桁がのる）に分かれ、さらに京呂組は兜蟻と渡り腮蟻落しに、折置組は、渡り腮、柱重钌差と軒桁渡り腮、鼻母屋組に分かれる。兜蟻（京呂蟻、図21・13）は、軒先が化粧になる時、外から木口が見えないのが特徴である。渡り腮蟻落しは、ごく少し木口が見えるが強くなる。渡り腮柱重钌差しは、軒桁が丸太の場合京呂では難しいので、小屋梁を直接柱の钌差しとし、その上に軒桁を置き渡す組み方で、強いが、柱が必ず梁の下になければならないという制約がある。敷桁渡り腮は、軒天井を貼るか、軒桁に荷重を持たす時の組み方で、最も強く入念な組み方である。

a──敷梁

梁間が大きく、一本の梁では足りない時は、間内柱に敷梁を架け、中引梁を渡し、その両側から投掛梁を架ける。その時の仕口は台持継ぎとし、上に束を立て屋根荷重で押えるようにする。地棟と登りは、敷梁が棟下でやや高い所にある時「地棟梁」（または中引）といい、これに投掛梁または登り梁を架ける。登りも投掛けも元口を軒桁側にする（図21・14）。二重梁は梁間が大きく、棟束が大きくなる時、その中間に胴締めをする目的で使う（図21・15）。三重梁も同じである。繋ぎ梁とは、束が倒れないように、母屋と母屋、母屋と束をつなぐ小梁のことである。

図 21・9　洋小屋隅真束各部詳細

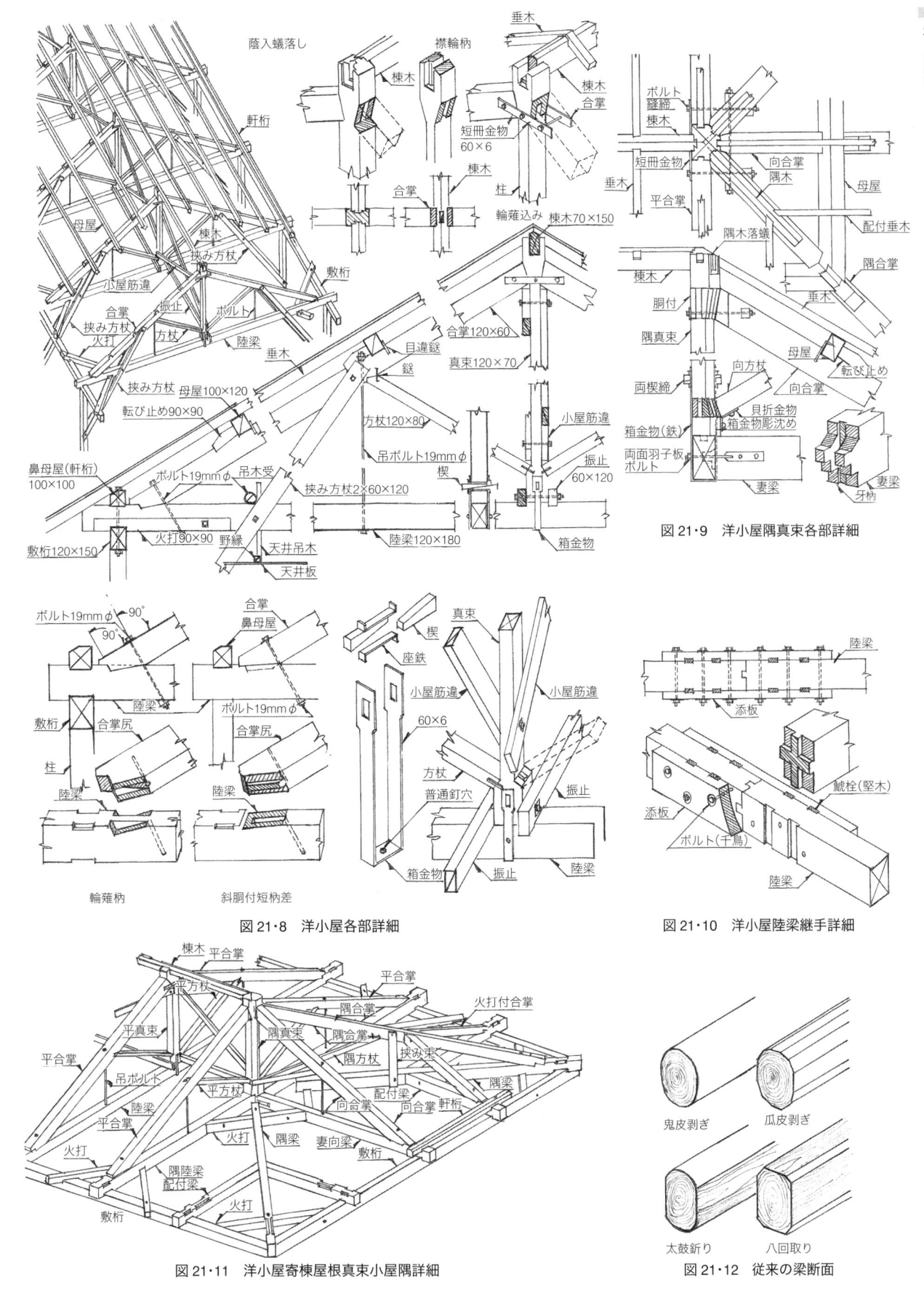

図 21・8　洋小屋各部詳細

図 21・10　洋小屋陸梁継手詳細

図 21・11　洋小屋寄棟屋根真束小屋隅詳細

図 21・12　従来の梁断面

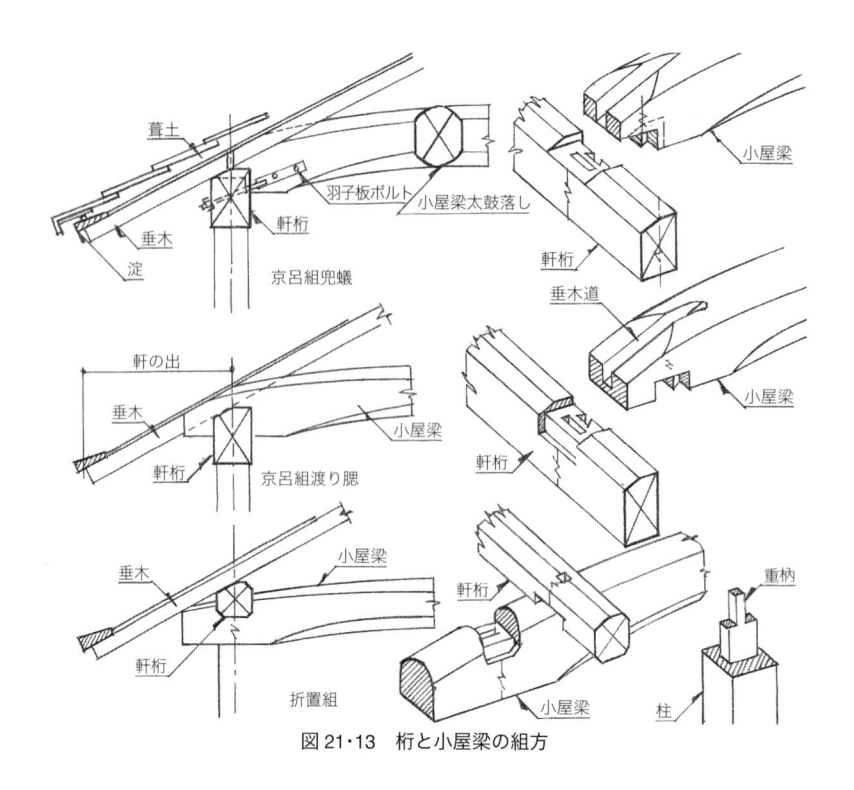

図 21・13　桁と小屋梁の組方

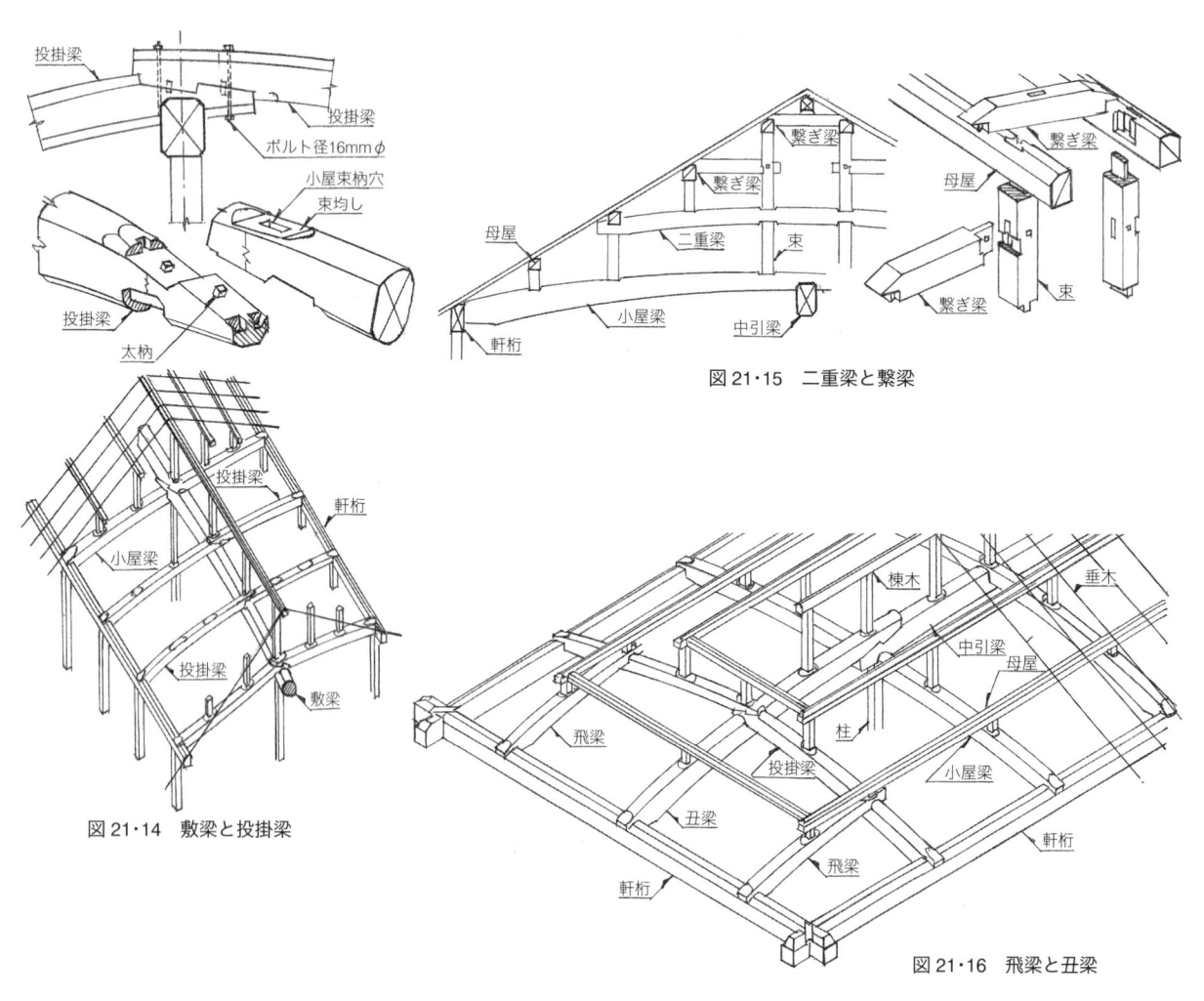

図 21・14　敷梁と投掛梁

図 21・15　二重梁と繋梁

図 21・16　飛梁と丑梁

ⓑ──飛梁、丑梁

　寄棟や入母屋の妻の母屋端を支えるために、妻から梁を架けるのを飛梁といい、縁束を支える場合を丑梁という（図21・16）。

　出し梁は、入側や縁側の屋根裏に、小屋梁の延長として垂れ下がったように組まれる梁のことである。

6　小屋束、小屋貫、小屋筋違

　戦前は小屋束には、杉丸太が用いられ、荷重の重い時などは松丸太が使われていた。現在では特別な場合以外は野角の杉、桧、米松等が用いられる。手間賃が高くなったためである。束は上下に平枘差し、または上長枘、下短枘にする。数寄屋等の丸太の場合には、束と母屋等を「ひかり胴付」（丸太にきっちりと胴付けする）とすることが必須である。また小屋梁の胴差に鎹を打っておくと、台風時の屋根の吸上げに抵抗し、強い屋根になる。

　小屋束の配置は、束は梁の上と母屋、棟木の下にあるので、おのずから決まる。棟下の束は棟束といって、瓦屋根の棟巻き（瓦で棟を築くこと）が重いから地棟梁を半間（約1m）に建て、棟が垂れないように配慮する（図21・17）。

　小屋貫は束が倒れないようにするもので、杉中貫（約15mm×10cm）を用いる。特に大きな建築の時は大貫を使うこともある。また筋違形に束面から梁面につけるのも簡単で、合理的である（図21・18）。

　従来の方法では、束と貫の取り合わせは化粧小屋では孔打抜きにして込み栓打ちであるが、野小屋は楔打締めとする。現在では束面に釘打ちがほとんどであるが、せめて貫分の束を欠いて釘打ちにしたいものである。

　振れ止め貫（雲筋違）は棟束の長い時、棟木と地棟の中間に貫を斜めにして、束に大釘打ちする。この位置はジグザグに配置するのがよい。

7　母屋と棟木

　材料はともに普通杉材で、大きさは10〜12cm角、長さ2間（約4m）ほどである。古くは、杉丸太等もよく使われた。母屋の配置は垂木の定尺（約4m）を考えて半間前後に配置する。母屋の加工は和小屋では、屋根勾配と同じ小返しを上部につけ、隅の組み方は、捻組にするか、蟻落しにする。化粧屋根の場合には、束頭は母屋へ長枘差、込み栓打ちにする。

　棟木の木造りは、棟の両面の勾配に従って鎬に削り、垂木の納まりによって拝合せ、垂木彫り、面戸決りの三通りの処理をする（図21・19）。現在は、拝合せが一般的である。

　棟木、母屋の継手は、鎌継ぎが普通で、簡単なものは蟻継ぎである。やはり持出継ぎとし、場所も、一本の梁の上で継がず、2、3カ所、「千鳥」（互い違いにすること）に分けて継ぐ。この方が、屋根面にむらができず、丈夫になる。

　屋根の流れの方向には、「起り」（上に曲がる）と「反り」（または照り、下に曲がる）の二通りがある。母屋の高さと束の長さで調節する。起りのある一般住宅では、流れ1間に垂木1本分くらい起らせる（図21・20）。社寺建築の反り屋根については別項で述べる。

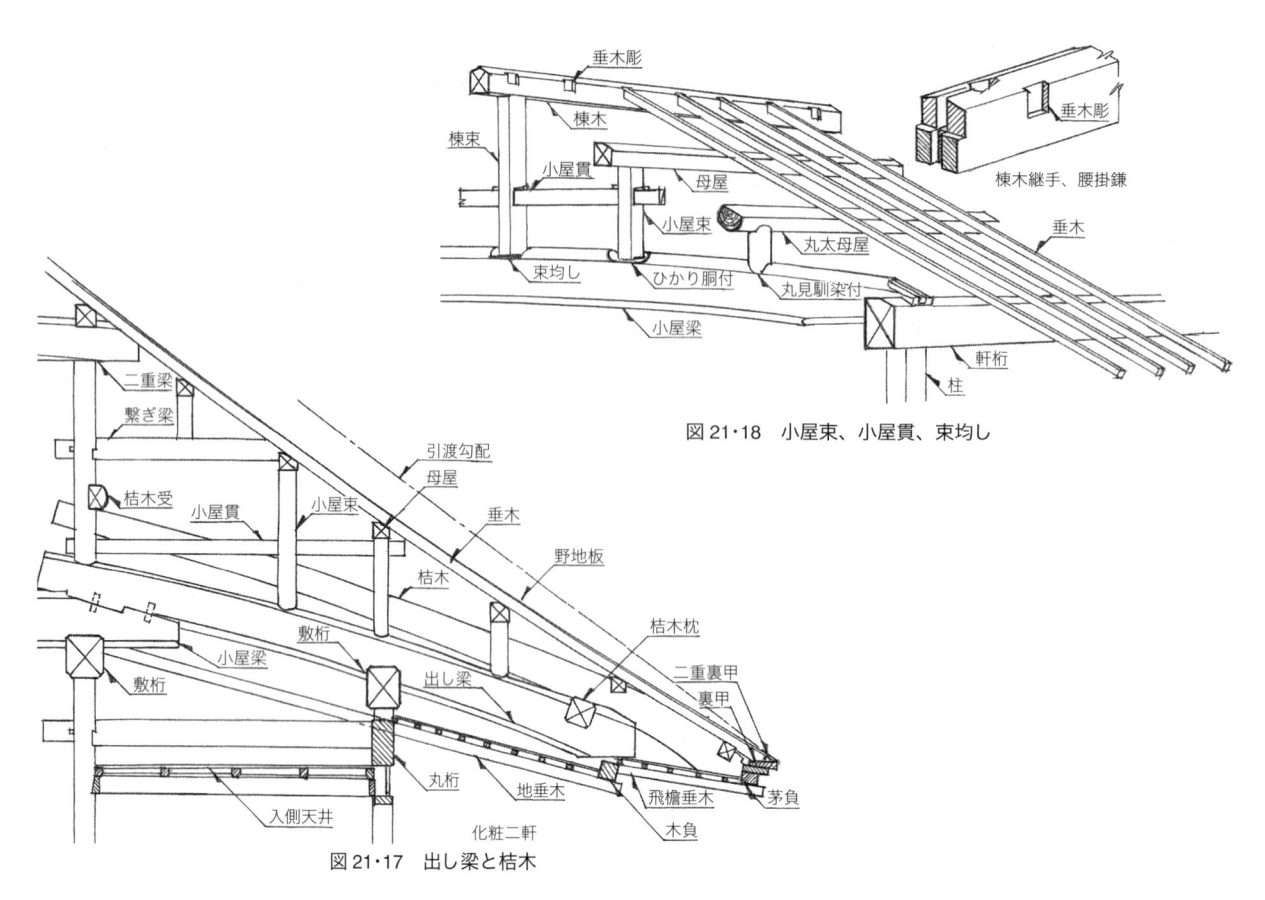

図21・18　小屋束、小屋貫、束均し

図21・17　出し梁と桔木

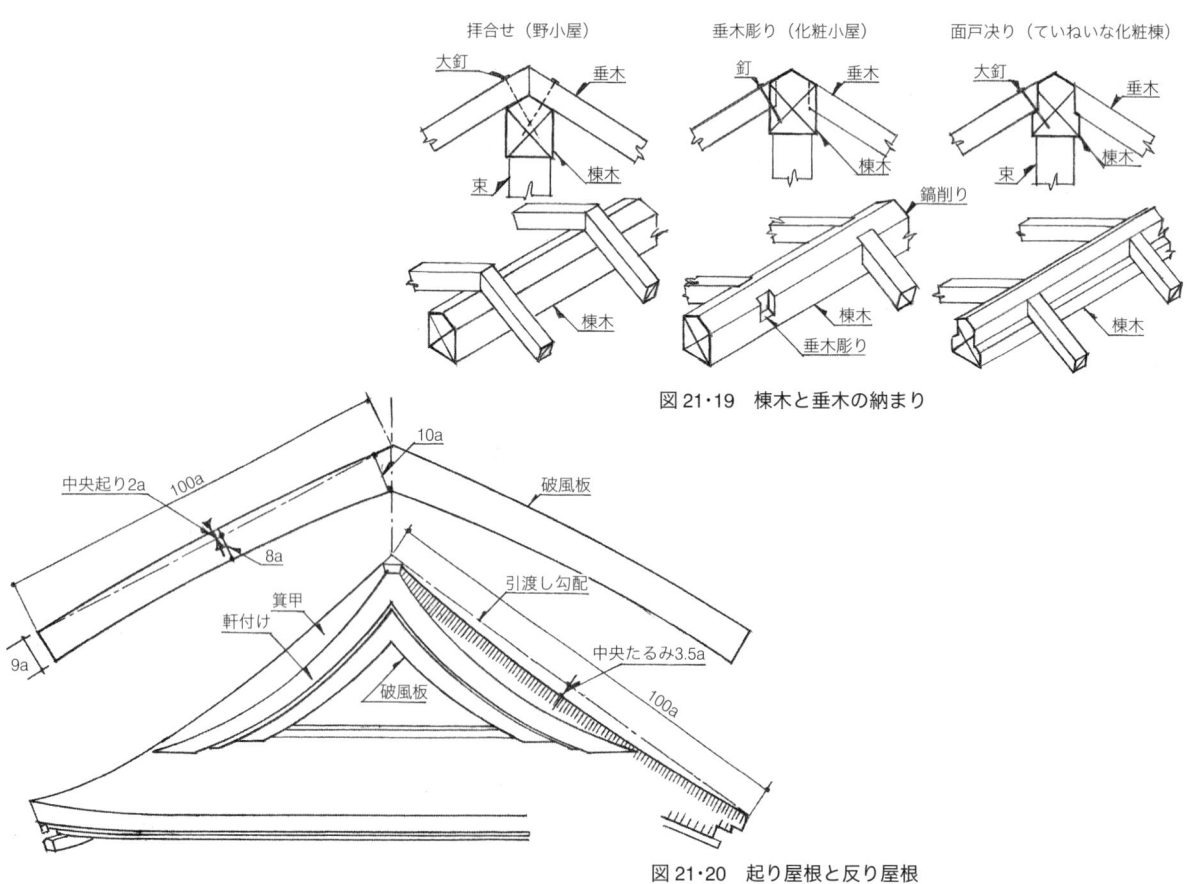

図21・19　棟木と垂木の納まり

図21・20　起り屋根と反り屋根

22 屋根野地

1 隅木と谷木

屋根の斜面の交わる所の出隅に隅木を入れ、入隅に谷木を軒桁と母屋の直交した上に架け渡し、その口脇に垂木を配付けにする。

屋根勾配の等しい屋根面が交差する時は、隅木、谷木とも45度になる。これを棒棟という（図22・1）。勾配の違う時は45度にならず、これを振棟という。

材料は普通、杉や桧等を用いる。幅は、柱と同寸、隅木の高さは鎬の峠までと見込む。谷木の高さは隅木の口脇と同寸にして、溝（薬研谷）をつける。軒桁捻組の通りに軒に落ちかかり、母屋にも組付ける。一方を母屋に蟻掛けとすると、他方は隅木道を刻み落掛りに組ませる。

隅木谷木とも、下部に少し反りをつけ、鼻は隅勾配に直角に切る。

配付垂木は、隅木谷木とも垂木彫りをするが、一般にはこの上から垂木を置いて大釘で打つ。

2 垂木

垂木は棟木、母屋、軒桁の上に直角に勾配垂に打つもので、野地板を打つ下地である。大きさ、材質、間隔などは、屋根裏を化粧にするか、覆うかで異なる。垂木の間隔は、1間の三つ割か、四つ割、五つ割にする（図22・2）。大きさは、だいたい柱の四つ割を標準とし、高さは二割増くらいにする。取付けは棟木、母屋、桁に大釘止め、継手は同一母屋に並ばぬように乱継ぎにし、継目は突付けより殺継ぎにして大釘縫打がよい。

深い軒を出す時、桔木その他を用いず、軒の出の1/10を垂木の高さにする。その時垂木の高さが高いと釘が効かないので、ねじり金物や目鎹で止める。その場合、軒桁と垂木鼻間を斜めに切り取ると、軽快な軒ができる（表22・1）。

化粧屋根裏は、高級な工事の時に行う。あるいは社寺建築では、屋根を支える垂木（野垂木という）と、見せるための化粧垂木を二重に用いる。この化粧垂木は材料と垂木間隔で意匠され、種々の名称があるが、ここでは一般木造住宅に用いられる一軒、疎垂木にとどめ、社寺建築については項を改める。なお、一軒とは軒先で垂木が一重のもの、二重の時は二軒といい、三軒までである。

力垂木は軒の出の大きい時、普通垂木の中に背の高い垂木を入れ持たせる。

高級な数寄屋住宅では、一軒で、野垂木と化粧垂木を毛抜き合せにして二重垂木とし、化粧垂木は、間疎、吹寄せにし、勾配もゆるい方が落ち着いてみえる。

化粧軒の出は、半間から1間（約2m弱）出してもよい。玄関、車寄せ等の葺却庇等は、1.5間くらい出すこともある。この庇の出によって垂木の寸法、軒の構造が変化するので、適切な大きさと構造を採用しなければならない（図22・3、4）。

3 軒先

軒先の仕舞は建築のデザインによって決まる。材料は柱と同材を使う（図22・5）。

鼻隠しは垂木の小口に直角に取付ける板のことで、軒天井を作る時には垂直に貼ることもある。大きさは一般住宅で厚さ約2cm、高さ約12〜15cmで垂木の木口に釘打ちで取付ける（図22・6、7）。

軒天井は、火災時に軒先に延焼がおこる最初の場所で、防火地域、準防火地域では、不燃材で作らなければならない。不燃材には、法規で定められたもの以外に、国土交通省の認定材料もあり、よく調べ、意匠に合わせ採用することが大切である。

広小舞は、化粧屋根の小舞を垂木端で広くしたもので、規模の大きい建築や社寺建築の茅負に相当する。

淀は、広小舞の上にある断面梯形（長押挽）のものである。屋根瓦の納まりと、軒先の葺き地を厚く見せ、軒樋を取付けやすくするもので、規模の大きい建築や社寺建築の裏甲に相当する。一般の軒先では広小舞と淀を兼用させ、広小舞と呼んでいる。これらの寸法は、広小舞の厚さは垂木の半分、幅は、垂木幅の2倍前後である。淀は前面垂木幅の2/3、薄い方は1/3、幅は広小舞と同じ、柾目物は高級品になる。

図 22・1　隅木（桷木）と谷木

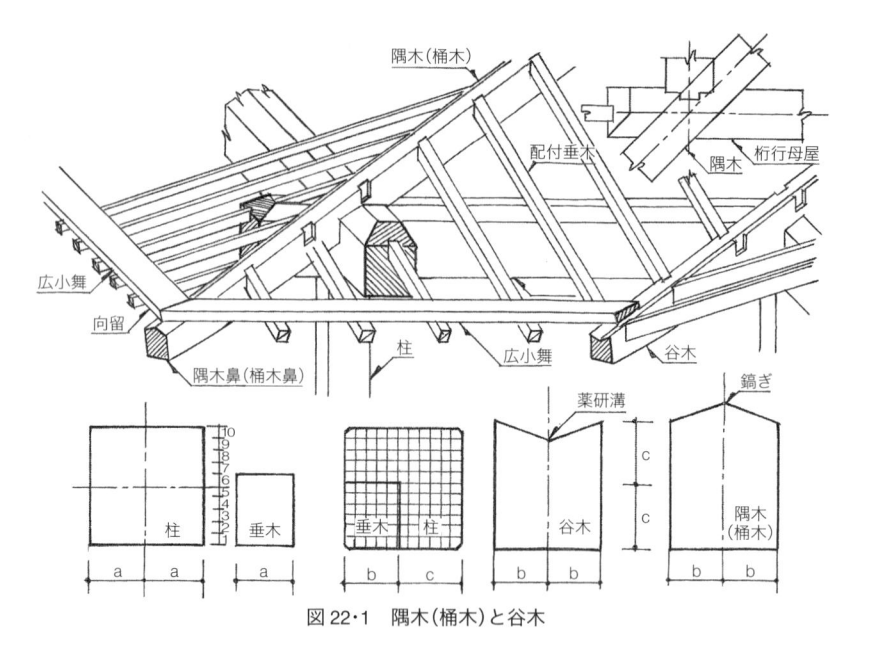

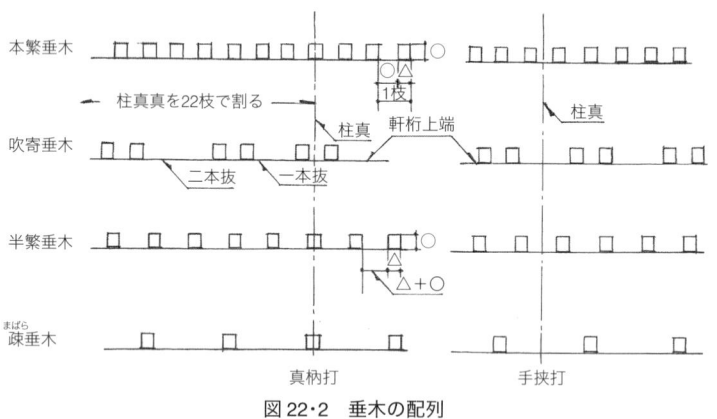

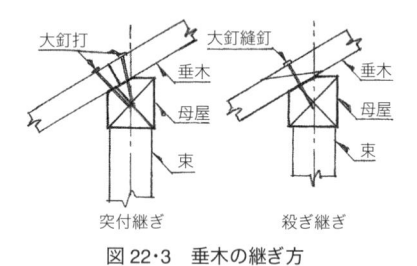

図 22・2　垂木の配列

図 22・3　垂木の継ぎ方

表 22・1　垂木の仕様

	間隔	大きさ	材質
化粧垂木	約 40cm	5cm 角	栂、桧、米栂、台桧、米栂（柱と同材）
化粧丸太垂木	約 40cm	径 4cm	杉の小丸太、磨物、赤松皮付、桜皮付
野垂木	約 45cm	6cm 角	杉挽物、海老割（丸太）、米松挽物

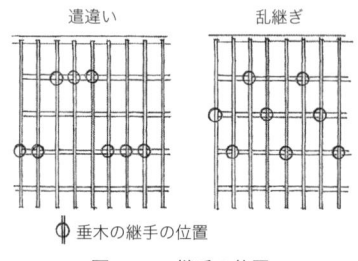

図 22・4　継手の位置

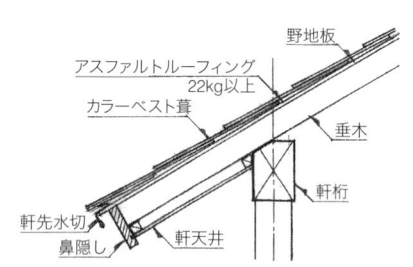

図 22・5　現在最もよく使われる軒先の納まり

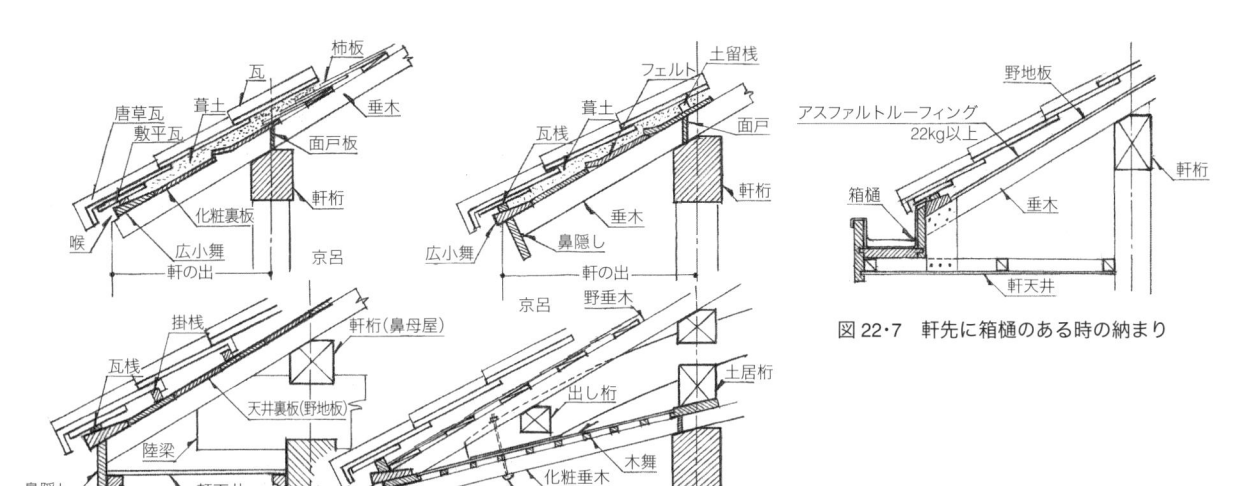

図 22・6　一般的な軒先の納まり

図 22・7　軒先に箱樋のある時の納まり

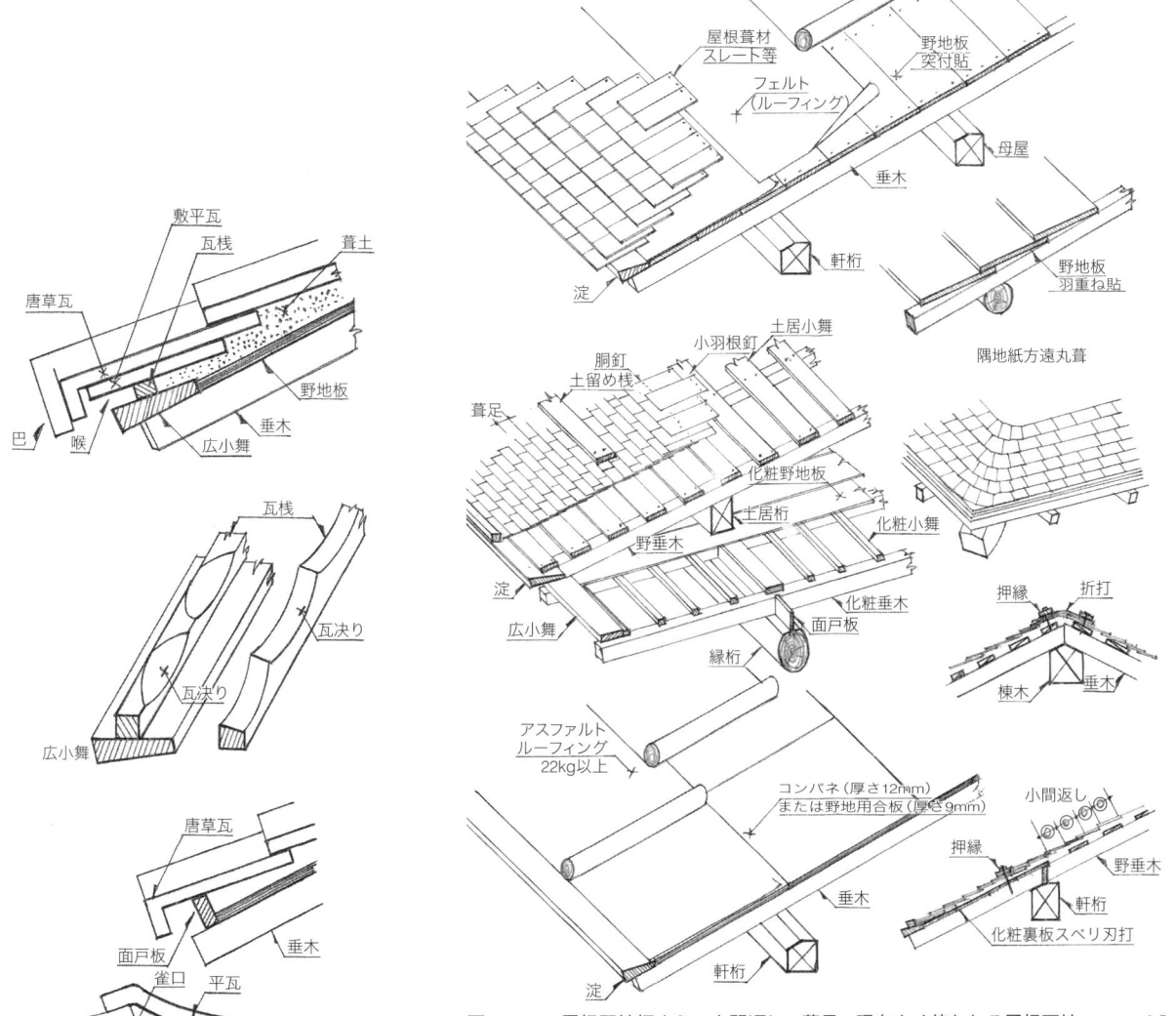

図 22・9　軒先瓦桟と雀口

図 22・10　屋根野地押さえ、小間返し、葺足、現在よく使われる屋根下地　コンパネ（12mm 厚）や野地用合板（9mm 厚）がよく使われるが、接着剤の対応年限を考えると、杉板を使用した方がよい。

取付けは、ともに上端から釘打ちか、木ねじ止めにする。また垂木間で、広小舞と淀を独鈷ねじで吸い付けるか、釘縫打ちにする。これらの継手は垂木の上端で、召合わせ、曲折目違い（箱目違い）にし、薄いものは隠目違いを入れ、見えない所から鋑いて引く。また、いすか継ぎ、殺継ぎにして、簡単に釘打止めも行われる。隅は上端を留（45度に切って合わせる）に合わせ、曲折目違いまたは隅留枘入れ、込み栓打ちか釘留めにする（図22・8）。

雀口の納まりとは瓦桟（瓦座）は瓦の枕として、瓦の垂れるのを防ぐもので、材料は 2.5cm × 3.5cm で淀の上端へ約 3cm 入った所へ釘打ちする。また瓦決りすることもあり、この時は喉は 2cm くらいまでえぐる。雀口面戸板（図22・9）は瓦桟の代わりに左官が雀口を塗り潰すことが多い。これは屋根の項で述べる。

4　野地

野地仕舞は野地板を垂木の上から釘打ちした屋根葺材の下地の板で、板厚は 15 〜 20mm、種類は三つに大別される。

ⓐ——三種類の野地

荒野地は見えない部分の野地で、構造的に充分であればよい。土居葺ともいう。

現在は、ここにコンパネ（12mm 合板）や野地合板（9mm 合板）を使うことが多いが、接着剤の寿命を考えると、野地板の取替えがたいへん面倒なことになるので、杉の無垢板を採用した方が安心できる。

削り野地とは、化粧になる所に入れる、幾分体裁よく、かつ構造的にも充分な板をいう。見え掛かりは鉋削りとする。しかし住宅の軒先に、不燃材使用が義務づけられている地域および延焼のおそれのある部分は、不燃材を使用しなければならない。

化粧野地を作るのは、荒野地で屋根が支えられていて、屋根裏の見える所だけ二重軒にして、裏板を見せる構造の時である。縁側、玄関、社寺等には、この方法が用いられる。

荒野地は、野地板を打つものと、さらにその上に柿板（枌板）を打つものがある。地方によっては、割竹、杉皮、萱、葭を簀子にして野地板の代わりにすることもある。

ⓑ——施工の順序と注意点

野地は、杉板の上に、枌板を葺く。また小屋裏をバラ板打ちとし、枌板を貼って、見える部分のみ削野地板を使うのが多い。

土居葺の上にタールフェルトを葺く場合もあったが、現在では野地の上にアスファルトルーフィング（22kg、厚さを重さで標示したもの）を敷き、土居葺を省く。またアスファルトルーフィングの代替品として、ビニール製のシートもある。

柿板葺は、一般にはトントン葺といわれ、いわゆる柿葺とは本質的に異なる。

柿板葺は垂木の上に野小舞（3寸貫）を「小間返し」（板の幅と同じ間隔に開ける）に打つか、また板割りを傍突付けに貼り、その上に柿板を葺足 5 〜 8cm くらいで竹釘か亜鉛めっき釘を用いて軒先から打登り、棟では水に浸した柿板を数枚重ねて折り返し、押縁（3寸貫）で打止める。

野地板は、杉、松、北洋松等の板割傍を羽重ね（削野地の時）または、突付けで、洋釘 6cm 歩み（間隔）に打ち、ルーフィングを敷き込む。

土留め桟は瓦葺の時は、垂木の上にルーフィングを敷き、その上に 3 寸貫か 2cm 角くらいのものを、水平または斜めに 5 〜 10cm 間隔に打ち、ルーフィングを押える。

引掛桟瓦の時、瓦尻を引掛ける引掛桟（2cm 角）を瓦割に従って打っておく（図22・10）。

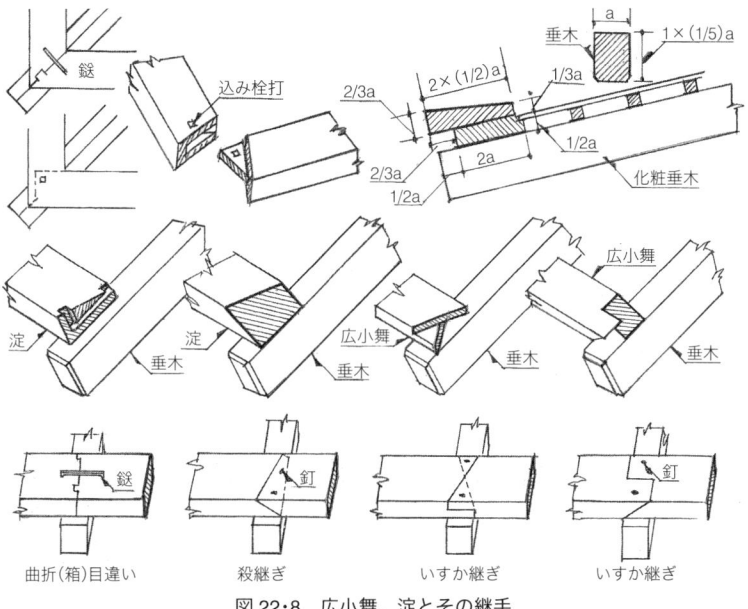

図 22・8　広小舞、淀とその継手

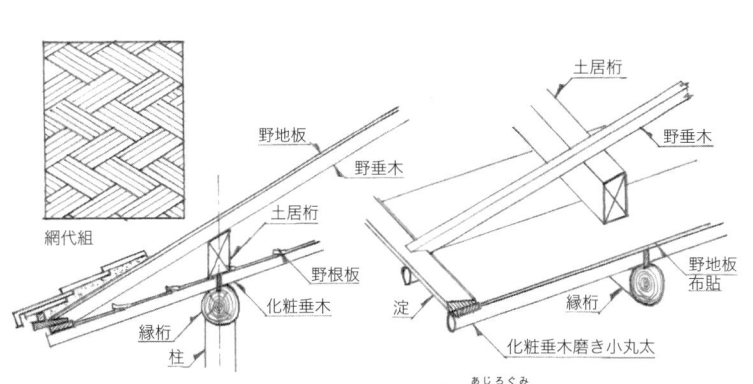

図 22・11　化粧軒納めと網代組（あじろぐみ）

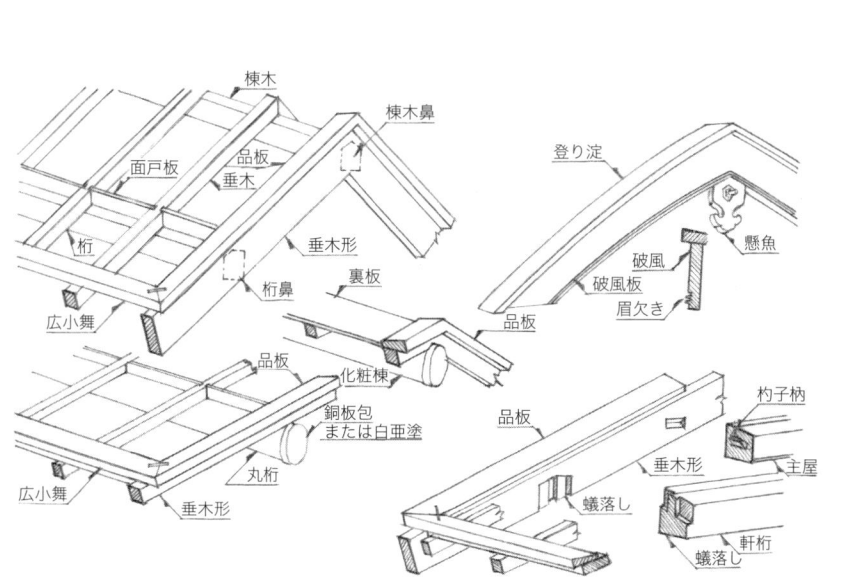

図 22・12　垂木形と破風板

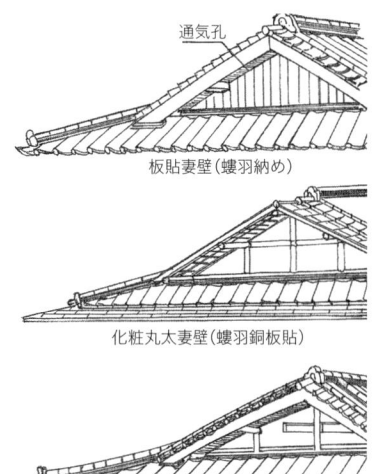

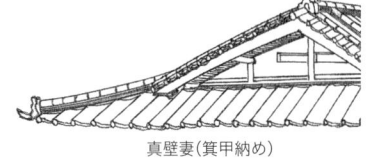

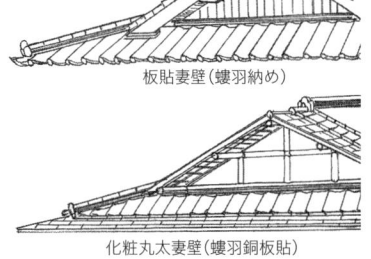

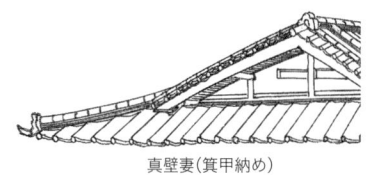

図 22・13　入母屋藁壁納め

化粧裏板は、屋根の重さに関係なく、屋根裏を美しく見せるものである。この場合、垂木は杉の磨き小丸太、赤松皮付小丸太、竹等を使い、間疎垂木、吹寄せ垂木、一本挟み（材料の違うものを交互に配る）等、意匠に工夫をする。化粧小舞は垂木上に杉、桧の2cm角無節のものと下端面を取って、約15～20cm間隔に打ち、縁桁上では面戸板の内外に小舞幅の2倍くらいのものを置く。「野根板」は杉柾、椹柾の長さ1m、幅10cm、厚さ2mmくらいのもので、化粧竪貼板は杉か桧の厚さ1cm、幅垂木間1枚ものである。これらを小舞の上に、垂木の流れに沿って、あるいは直角に貼っていく。また網代を貼ることもある。これら化粧裏板は数寄屋を意識した瀟洒な建物の縁側や軒先に用いられるが、現在では化粧合板が貼られることが多い。また布貼化粧板とは、垂木の流れに沿って布貼することで、板厚約1cm、幅は垂木の真々距離で定める。これは玄関、軒先などに応用される。社寺建築の中で、垂木間に網代を貼り、そこに漆喰を塗ってあたかも板貼に見えるようにした建築もある（図22・11）。

5　妻(傍軒)の仕舞

傍軒、蟖羽とは切妻屋根の母屋鼻に現れる軒で、妻仕舞ともいい、これには母屋、桁の小口をそのまま現したものと、垂木形（垂木の高さの2倍ほど）や破風板を木口に打つ時とがある。

傍軒の出は、普通45cmくらいだが、場合によっては20～30cmのものもあり、逆に平軒と同じとか、1.2mくらいのものまである。また垂木の小間二つとか三つ分出すものもある。寸法は妻壁芯から垂木形、破風板外側までのことである。

垂木形は母屋や、桁鼻に蟻落しに掛ける。幅は柱と同寸、高さは流れ長さの約0.5～0.6を下幅とし、上幅はその約2分増にする。一般住宅ではこの垂木形が多く、母屋桁をそのまま妻壁から伸ばし、納まり寸法に幅および高さを合わせていることが多い。丸太の二つ割が用いられることもある。

破風とは、垂木形の高さを増し、形を意匠した化粧板のことである。江戸時代は庶民は破風を禁じられた時があったので、一般の住宅では破風のことを垂木形といったが、同材異名である。破風板の木作りは、厚さは垂木と同寸くらい、幅は腰幅（流れの中央）で流れの7/100～8/100、破風頭はその2分増、破風尻で1分増の反りや起りの曲線に作り、外面下段に2～3段の「眉欠き」をつける。破風板の取付は、母屋、棟木の端に蟻枘か杓子枘を作り、破風板の枘穴に嵌め、裏から手違鎹で引く。上部拝みは、目違い枘を入れ胴付として入念に固める（図22・12）。

破風板を用いない妻はやわらかく見える。母屋や桁の木口をそのまま現わし、木口だけ胡粉等を塗るか、銅板で「仇折包み」にする。平垂木のままで、野地板の木口を隠すため、広小舞を登らせ品板とすることもある。広小舞の上にのせた淀が、妻を回って棟まで登る場合は「登り淀」という。平の淀、広小舞と留に組んで、破風板の前面から垂木の高さ以上、胸を出して上に登らせる。

妻壁は、束を現わすものと、そうでないものがある。束を現すものは左官仕上とし、束は化粧しておく。古いものでは「豕扠首」がある。束を現さないのは塗籠になり、全体が左官工事で、表面に土がつきやすいように棕櫚縄や藁縄をつける。メタルラス貼もあるが、下塗はモルタルの必要がある。これには防火の効果がある。また格式の高い建物の場合、木連格子にする時もある（図22・13）。

妻に通気窓を開けると小屋の通風がよくなり、小屋裏が蒸れないので木材の腐朽も少なく、冷房負荷も少なくて済む。

23　屋根

　屋根の形は、一般住宅では、切妻、寄棟（四注^{しちゅう}）、方形^{ほうぎょう}（宝形）、入母屋^{いりもや}等で、附属建物では、片流れが多く用いられる（図23・1）。木造以外の建築では、陸屋根（フラットルーフ）が最も多い（図23・2）。

　錣葺^{しころぶき}は、古代寺院の屋根に用いられたが、住宅にも用いられている。江戸時代、梁間三間以上の家を作ることを禁じられていたが、左右庇は各一間だすことができた。ところがそのまま屋根を葺くと、梁間五間と見なされることから、庇と母屋の屋根に段をつけて錣葺と称したのである。「私の家は錣葺です」という言葉の中には、家のステータスを誇る気持ちが表れている（図23・3）。

1　勾配

ⓐ——屋根勾配

　屋根勾配は、気候によって考える。雨の多い地方では勾配を急にして、雨水を早く流す。風の強い所では軒を低く、軒の出を小さく、勾配をゆるくするとともに、瓦の葺き方にも細かい配慮が必要である。雪国では軒を深くし、積雪の際、軒下を通りやすくするとともに、落雪にあわないような工夫がいる。また屋根に雪止めをつけるようにする。

　建物の梁間の大きい時は、軒先の雨水の量が多くなるので、勾配を急にして早く流すようにする。近畿、東海地方の「起^{むく}り」屋根は、その点合理的な工夫である。また建築の種類、好みによって勾配を加減する。社寺建築、本屋、倉、門、亭、四阿、庇といった建物の種類それぞれに、ふさわしい形状、勾配がある。

　庇は、本屋よりゆるくした方が落ち着く。二階より一階の屋根勾配をゆるくするのも、同じ意味である。

ⓑ——屋根勾配の標示と最低勾配

　屋根勾配を表す方法は、水平に10行って垂直にいくら上がるか、上がった分の寸法が呼称で、10行って3上がると3寸勾配ということになる（図23・4）。また10行って10上がる勾配のことを矩勾配^{かねこうばい}といい、それ以上のものは10を引いて、返り何寸という呼称になる（図23・5）。

材料によっての最低勾配がある。その目安として、桟瓦の場合は4寸、本瓦の時は5寸くらいほしい。金属板の一文字葺きは3寸以上、波形鉄板では3.5寸以上、長尺カラー鉄板で、棟から軒先まで継ぎ目のない時は2寸。折板屋根も同じで、鉛板の場合は小はぜ継ぎ等を用いると1.5寸くらいの勾配でよい。波形スレートは4寸、平板は3.5寸だが、流れの長さで変わる。天然スレートは表面がなめらかで、雨水が逆流するから返り2寸以上、草葺の時は、雨を面で防がず雨水を下に流すので、矩勾配以上である。陸屋根（フラットルーフ）は水平ではなく2/100以上の勾配である。陸屋根の標示方法だけが異なる。

ⓒ——屋根の水取り（棟の置き方）

　屋根の水取りとは、雨水の流し方である。次の諸点に注意すること（図23・6）。

・棟は、梁間の最大の所に、長手の方向に置く。
・軒の高さが異なるとき、主屋より軒を低くすると、地回り（桁）の高さに相違ができ、その差だけ隅谷ができる。
・同一角度の二面が合うとき、その稜は45度の平面になって登る。建物が直角でないとき、隅は平面の二等分線上にできる。
・勾配の違う屋根の隅は、平面45度にならず、小屋部材に影響し、面倒になるので、屋根勾配は変えない方がよい。
・入り組んだ屋根を作ると雨樋が多くなるので、水取りを工夫する。特に水平谷（陸谷^{ろくたに}、薬研谷^{やげんたに}）は作ってはならない。
・方形、寄棟は、四方から隅木が登り、そこに三角形が形成されるので安定する。風に強い屋根ができる。

図 23・1　瓦葺切妻箕甲付車寄せ

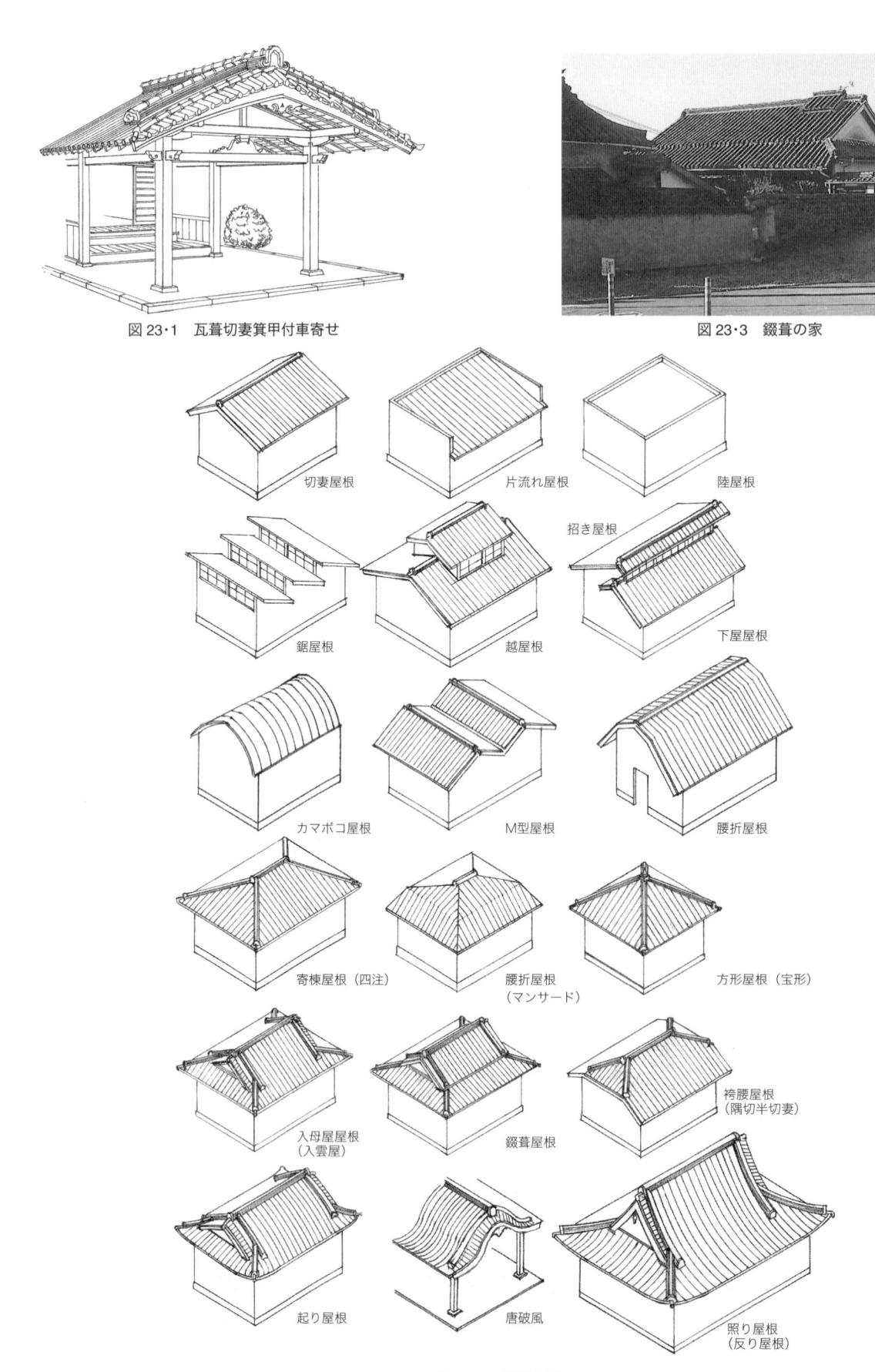

図 23・3　錣葺の家

切妻屋根　片流れ屋根　陸屋根

鋸屋根　越屋根　招き屋根　下屋屋根

カマボコ屋根　M型屋根　腰折屋根

寄棟屋根（四注）　腰折屋根（マンサード）　方形屋根（宝形）

入母屋屋根（入雲屋）　錣葺屋根　袴腰屋根（隅切半切妻）

起り屋根　唐破風　照り屋根（反り屋根）

図 23・2　屋根の形

図 23・4　屋根勾配をとる方法

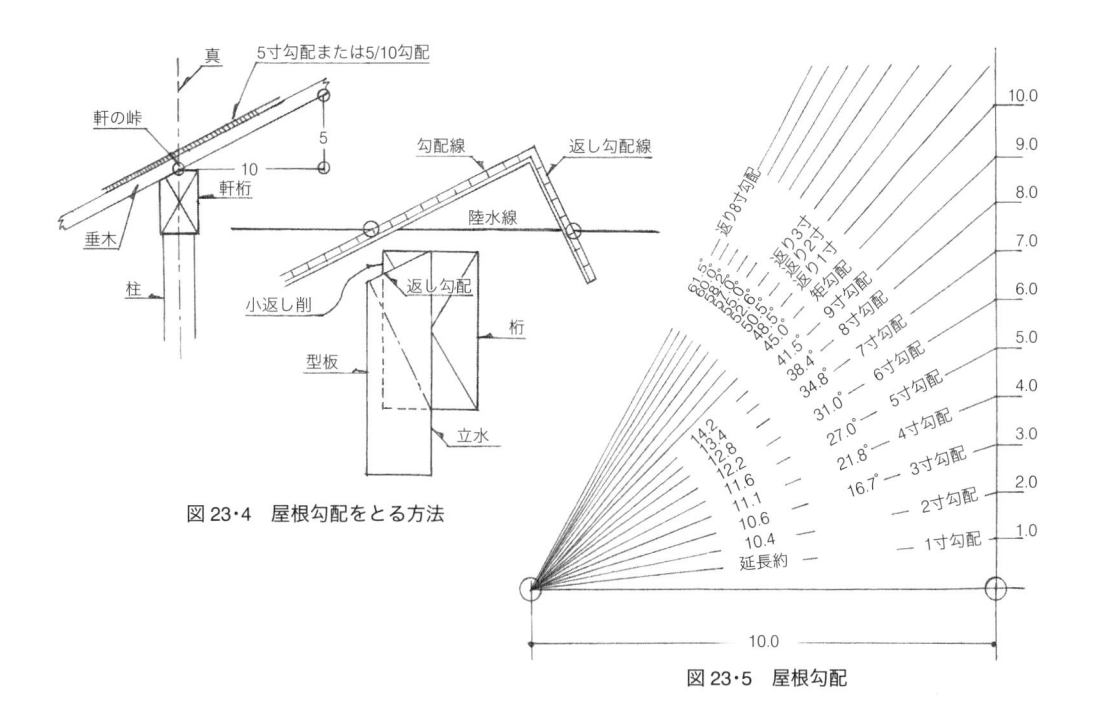

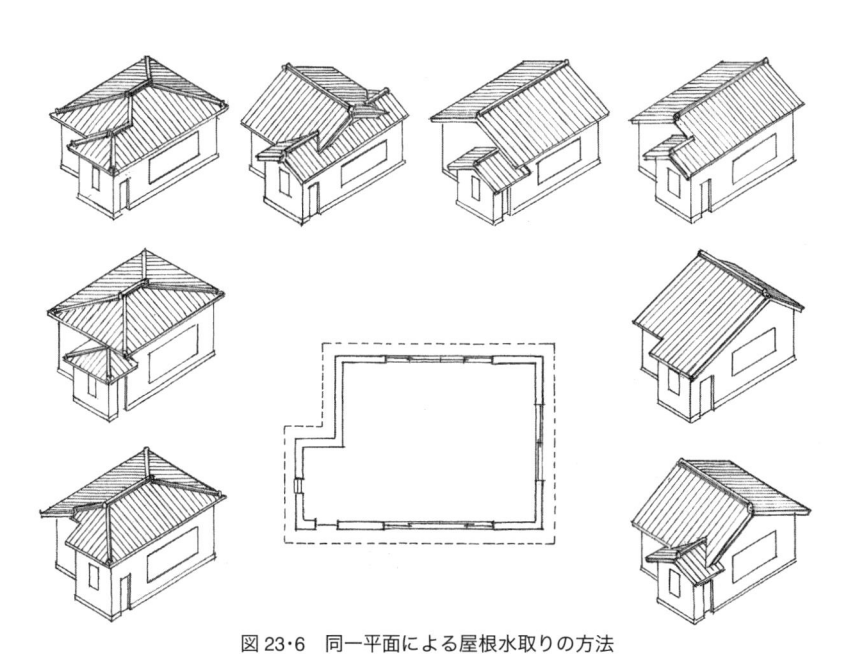

図 23・5　屋根勾配

図 23・6　同一平面による屋根水取りの方法

表 23・1　桟瓦の寸法 (出典：JIS A 5208 による)

形状による区分	寸法による区分	寸法 [mm]				許容差	谷の深さ（山の高さ）C	参考 3.3m²あたりの葺枚数（概数）
		長さA	幅B	働き寸法				
				長さa	幅b			
J形	49A	315	315	245	275	±4	35以上	49
	49B	325	315	250	265			
	53A	305	305	235	265			53
	53B	295	315	225	275			
	56	295	295	225	255		30以上	57
	60	290	290	220	250			60
S形	49A	310	310	260	260		50以上	49
	49B	335	290	270	250		40以上	
F形	40	350	345	280	305		(35以下)	40

2 屋根葺材料

屋根葺材料には、焼物、金属板、岩綿入りセメント板、石、木材、樹皮、アスファルト、ビニールシート、プラスチック等種類が多い。

ⓐ──焼物

焼物に代表されるのは瓦である。大別すると、製法により施釉瓦と素焼瓦に分けられ、また、和瓦と洋瓦に分けられる。

和瓦は桟瓦（図23・7）、本瓦（図23・8）、行基葺（図23・9）と葺き方で分けられる。桟瓦は、江戸時代中期に発明されたもので、瓦上部下端に突起があり瓦桟に掛けるものと、他に土を瓦面に馴染ませるものとがある。

和瓦は、粘土を整形し、松葉で焼き燻したものが、一般に瓦と言われているが、種類は多く、いぶし瓦、釉薬瓦、塩焼瓦、素焼瓦、非焼成瓦の五つに分けられる。

本項では、和瓦の本瓦葺、桟瓦葺を主として述べるが、この他に、洋風瓦のイタリー型、フランス型、S型、スパニッシュ型、パンタイル型や簡易型といわれるものもある。非焼成としては、セメント瓦、金属瓦、石綿瓦、便利瓦等がある（図23・10）。戦後和瓦も施釉されるようになった。

本瓦葺は平瓦と丸瓦で葺いたもので、いぶし瓦が用いられる。桟瓦は一枚の瓦に突起のあるものを並べて葺き、桟瓦葺とする葺き方で、いぶし瓦、塩焼瓦、釉薬瓦等も平葺である。

和瓦の産地は、京都、泉州（大阪府下）、三州（三河静岡）、播州（姫路）、淡路物（兵庫県）等で、いずれも特徴があり、この他の地方でも製造されている。塩焼瓦は焼成時に少量の食塩を投入して、表面にガラス状の膜を作り、釉薬瓦と同じような効果を持たせる瓦で、出雲瓦ともいわれ、多雪地域に多く使われている。瓦の良否は産地の他、次の点にも注意するべきである。

大きさが揃っていて、長さの差がそれぞれ4％以内であること。ねじれ、歪みがないもの。割れ、欠け、焼傷のないもの。仕上磨きの表面が銀色を長く保つもの。暗黒色は品質が落ちる。瓦を打って金属音のするものは焼きが足りている。吸水率は16〜22％で、JISでは15％以下、無釉の瓦で12％以下とされている。また、瓦の前面に大面を取ったものもある。以上により、一等品、二等品、三等品と等級がつけられ、分類されている（図23・11）。

瓦の大きさは、屋根勾配3寸5分〜4寸5分とすると、JIS A 5208では一坪（3.3m²）当り、40、49、53、57、60枚の5種類である（表23・1）。また平瓦1間につき8枚並べ、上り葺足20cmで重ね4cm、厚さ2cmくらいである。以前から葺坪（屋根面3.3m²）につき64枚で葺く六四瓦が一般的な桟瓦の枚数である（図23・12、13、表23・2）。

桟瓦には引掛桟瓦と桟瓦があり、引掛桟瓦は土居葺の上に打たれた瓦桟に銅釘かステンレス釘を尻打するか、銅線でつなぐ。これは土を使わないので空葺といわれ、風等に強いが、関西では屋根に土が置ける家が格式ありとされるので、採用されることは割合に少ない。役物瓦は、軒仕舞、螻羽仕舞（けらば）、隅仕舞、谷仕舞等に用いる特殊な瓦で、要所要所に用いられる。

葺土は有機物の少ない粘土を、水で練って半年以上晒して葺土にする。この葺土にも既製品があり、すぐに使用できるものもある。粘りの強いものは少し川砂を混ぜ、藁苆（わらすさ）の5cmくらいのものを交ぜることもある。

南蛮土は、軒先、螻羽（けらば）、棟等、瓦の飛散しやすい所に使う。粘土4、石灰1に切揉苆（小切の藁苆）1という体積比に適当に水を加えたものである。また黒色で瓦の色に近い漆喰を「鼠漆喰」という。南蛮漆喰の石灰は、下等品でもよい（表23・3）。

つなぎ銅線とは、瓦を結ぶもので、No.25以上のものを焼きなまして用いる。鉄釘類は防錆処理が必要ないステンレス釘がよく、銅線もステンレスに代わりつつある。

図23・7 桟瓦葺（隅）

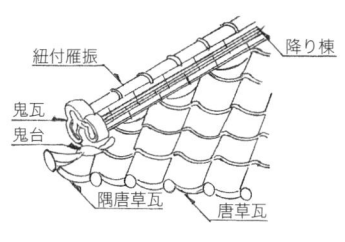

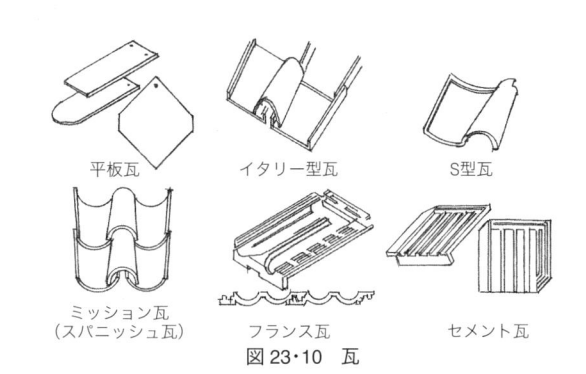

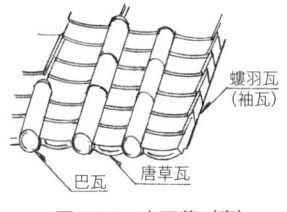

図23・8 本瓦葺（妻）

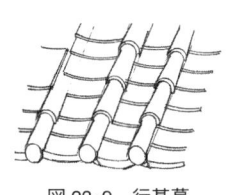

図23・9 行基葺

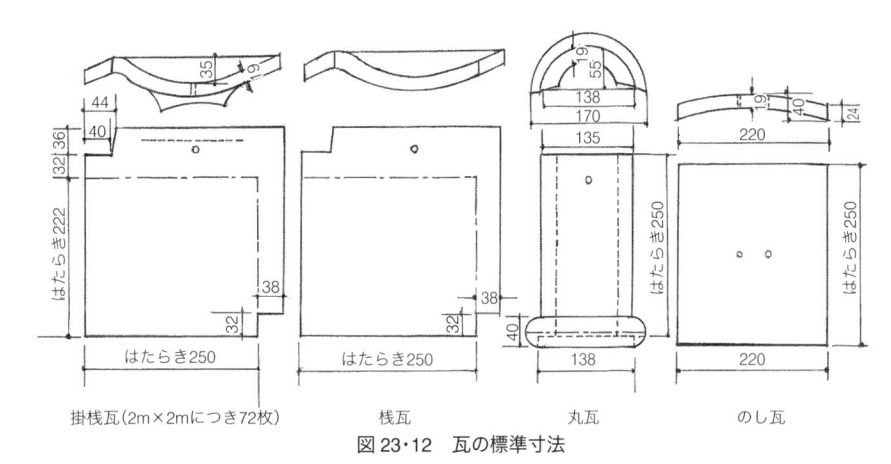

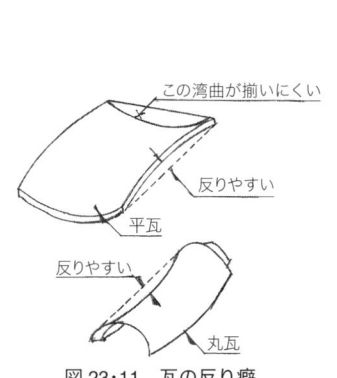

図23・10 瓦
平板瓦　イタリー型瓦　S型瓦
ミッション瓦（スパニッシュ瓦）　フランス瓦　セメント瓦

図23・12 瓦の標準寸法
掛桟瓦（2m×2mにつき72枚）　桟瓦　丸瓦　のし瓦

図23・11 瓦の反り癖

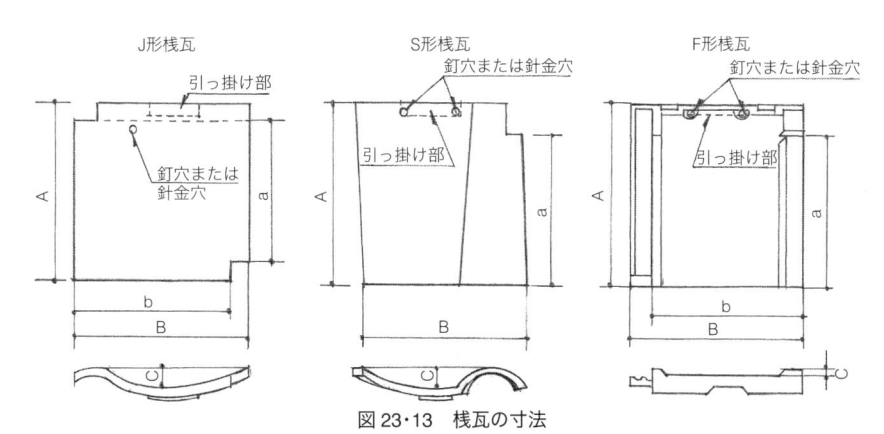

図23・13 桟瓦の寸法
J形桟瓦　S形桟瓦　F形桟瓦

表23・2　六四瓦五寸勾配筋葺瓦枚数表（地坪3.3m²（1坪）の明細）

棟瓦筋葺	平瓦	特殊瓦	葺土	葺手間	手伝手間
数量	120枚	30枚	12ℓ	0.1人	0.4人

表23・3　漆喰調合

材料	石灰	蠣灰	角又	芋苆	切揉み苆	水油	灰墨
南蛮漆喰	90ℓ	90ℓ	340g		50～70ℓ		
鼠漆喰	110ℓ	70ℓ	375g	375g		2ℓ	適量

3 瓦葺の施工法

ⓐ──桟瓦葺

桟瓦葺の葺き方には「ベタ葺」「筋葺」「素葺」がある。ベタ葺は瓦の裏に隙間なく葺土を置いて葺く方法で、本瓦葺の場合はもっぱらこの方法である。桟瓦でこの方法を使うと、葺土が多く、屋根が重く、土居葺が腐りやすくなる（図23・14）。

筋葺は桟瓦に用いられ、瓦の谷の下に一直線に葺土を置いて葺登る。これは一般によく採用される。しかし土のない部分に風を含んで瓦の飛散がおこりやすく、防暑の点では、ベタ葺に劣る。

素葺は引掛桟瓦に用い、葺土は用いない。葺き方は前述したが、瓦の不陸や召合せに隙間のできた時には土を使う。

葺土の少ない桟瓦が断熱性に劣ることから、野地板を二重にして、鋸屑や籾殻を入れることも行われたが、現在では優秀な断熱材が多く出回っているので、それを内部から垂木と垂木の間に充填すると大いに効果がある。天井に断熱材を敷いただけでは効果は薄れる。この工事は、他の屋根葺材の屋根にも同様の効果がある。

瓦と瓦の重ね、葺足は桟瓦では切込みによって決まり、重ね代は約7cmである。大きな反り屋根では、水上では葺足を大きく、水下では葺足を細く重ね、瓦の数を多くする。これは雨水の量への対応である。本瓦葺で平瓦を重ね3枚くらいにすると、1枚破損が出ても、わずかな差で雨洩を防ぐことができる。

瓦葺で注意すべき点は、瓦は縦横とも通りよく葺く、ということである。そのために瓦割りをし、糸を張って葺合わせる。また軒先通り2〜3枚と中通り3〜4枚ごと、南蛮漆喰か鼠漆喰で葺重ねを棒塗すると瓦の飛散を防げる。

ⓑ──軒先と螻羽

本瓦葺の軒先には、唐草瓦と丸瓦の巴瓦を使う。ていねいな仕事では、敷平瓦を瓦座の上に置いて、その上に唐草瓦を葺く（図23・15）。広小舞や淀から6〜7cmくらい胸を出し、それぞれを銅線で結び付ける。軒唐草瓦の据付けは平瓦部分が基準になるので、軒全体の瓦割が必要である。唐草巴瓦の模様は種々あるが、最近では紋様のないものもある（図23・16）。

軒先を軽く見せるため、銅板仕舞とする。瓦を軒先まで葺かず、地回りくらいから先は銅板の軒とし、銅板からの葺始めの瓦は直軒瓦という。これを瓦桟の上にのせ、銅板を瓦桟の所で立上げる。このような仕舞を「さらし葺」という。特殊なものとして門塀等1〜2枚の瓦で屋根を葺く軒では、特殊な注文瓦で軒を化粧することもある。目板瓦、一文字瓦がその一例である（図23・17）。

螻羽には切妻、入母屋とも塗籠仕舞（左官）と破風仕舞があり、傍軒の仕上によって異なってくる。まず、塗込傍軒には平瓦納め、螻羽瓦納め、螻羽瓦隠しがあり、破風板傍軒には、螻羽瓦納めと箕甲付掛瓦がある。塗籠傍軒は螻羽瓦を用いるか、平瓦納めの時は、重ねを半分くらいにして、南蛮漆喰を棒塗にする。螻羽から一通りか二通りの所にある丸瓦を、風切り丸瓦という（図23・18）。

破風板傍軒は、螻羽納めと同じだが、千鳥破風、唐破風等を用いる高級な建築等では二重に貼った化粧傍軒で、破風板を野母屋木口より下げて、化粧母屋木口に取付けるので、瓦の葺地が傍軒で前に傾斜してくる。ここに箕甲をつけて巧妙に納める。箕甲のついた所は、大屋根の野地よりも水垂が前下りになり、ここを納めるには懸瓦を用いる。

唐破風の時は、懸瓦は軒近くで水垂勾配が強く、破風尻で平瓦と一致するように戻していく。千鳥破風の場合は、破風中央が最も水垂勾配を強くつけて葺納める。利根丸瓦（刀根丸瓦）は懸瓦の尻を押える瓦で、この瓦の下は隅降り棟の熨斗積み側面に納まり、上は鬼板台に納まる。利根丸瓦と降り棟の間の雨水は、隅降り棟の下を潜って流れるようにする（図23・19）。

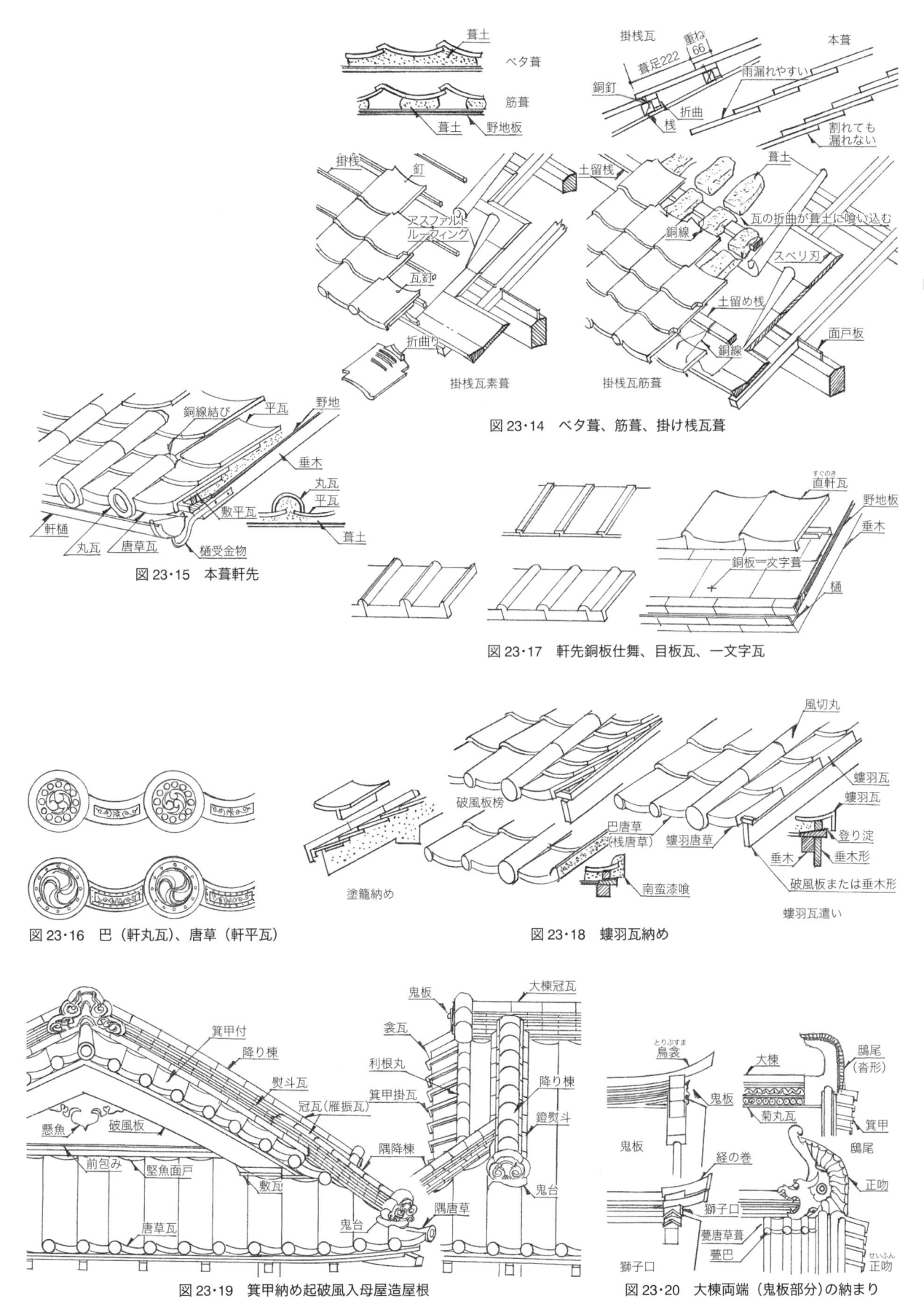

図 23・14 ベタ葺、筋葺、掛け桟瓦葺

図 23・15 本葺軒先

図 23・17 軒先銅板仕舞、目板瓦、一文字瓦

図 23・16 巴（軒丸瓦）、唐草（軒平瓦）

図 23・18 蟇羽瓦納め

図 23・19 箕甲納め起破風入母屋造屋根

図 23・20 大棟両端（鬼板部分）の納まり

c——棟および谷

棟には大棟、降り棟、隅降り棟がある（図23・20）。

棟熨斗瓦（熨斗瓦は、平瓦の一種で、専ら積むことに使用される）は、棟を作る時、熨斗瓦を積上げて棟を作る。熨斗瓦には完熨斗（一枚の熨斗）と割熨斗（二つに割ったもの）とがあり、召合せには紐つきと、紐なしがある。そのいずれを選ぶかは、好みによる。厚熨斗瓦は、みかけは厚く見える熨斗瓦である。棟築土は、風圧に耐えるように南蛮土を用いる。また葺土で築いて漆喰で練りつける。棟の作り方は、下段二通り完熨斗を伏せ（「鐙熨斗」）、築土を入れて一枚ごとに遣違いに積み、その上に割熨斗を三段、五段と築土で伏せ、最上段は冠瓦（雁振瓦）を載せ、あらかじめ棟木に打ち付けた銅線で結び止める。建物の規模によって棟の高さは十一遍くらいから五遍くらいのものもある。数寄屋風の建物では、紐なし冠瓦を一文字に葺き、鬼板を略して大巴で納めることもある（表23・4、図23・21）。

鬼板は古来、屋根や棟の大きさに合わせて作ってきたが、現在では一般住宅で使用する程度のものは、既製品が種類も多く出回っているので、その中から選べばよい。鬼瓦の意匠は、覆輪型、洲浜型（素浜型）が多く、細部に雲形、水形、唐草形など作る。大棟の額は破風腰幅の約2倍の大きさで、厚さは破風腰幅の半分ほどが一般的である。鰭のつく時は、この長さは破風板腰幅くらいがよい（図23・22）。

隅の鬼瓦は、隅唐草を押え、軒先から瓦一枚内に控え45度に振って立てる。降り棟の鬼は、軒先から2～4枚くらい内側（軒の出の4/10）に入れ、屋根面に直角に立てる。据付は野地に打付けた銅線で控えを取り、南蛮土かモルタルで固める。

谷は最も大切な所で、雨洩りはここでおこることが多い。一般的にはあらかじめ銅板7オンス（約1kg付き）くらいを幅50cm程度に切って、瓦桟の上に折り曲げ、釘打ち底は小はぜ掛けとし、釣子で野地に止める。その上に谷瓦または谷の形に切り合わせた瓦を葺く。現在は銅板部分に0.2mm厚のステンレスを使うこともあるが、硬く工作が難しいことが難点である（表23・5）。また亜鉛めっき鉄板（トタン）は錆やすいので、防錆に慎重でなければならない。ていねいな仕事では、靱瓦を使用する時もある（図23・23）。

d——屋根の見積り

屋根の見積りは面積によるが、その面積には屋根坪と地坪がある。屋根坪は軒先より棟までの流れの長さに破風間の距離を掛け、2倍したものである。

地坪とは建坪のことで、壁真々で計算した面積で概算したものである。また瓦を始めとした材料や手間賃をすべて含めて値段を定める習慣があり、これを「葺上がり単価」という。いずれにしても、軒と螻羽の長さを計算して、各種材料を精細に拾い出して見積ることはいうまでもない。

瓦の枚数の一例を表23・1に示した。これは地坪1坪（3.3m²）のもので、建物の大きさ、軒の出の大小、勾配の緩急によって差の出るのは当然のことである。

e——屋根監督の注意

屋根はとにかく建物の上部にあり、近くから見えず、ごまかされやすいので、より細かく、何度も見て確認する必要がある。

瓦屋根は施工の難しさがあるが、品格があり喜ばれる。割合簡単な施工で瓦を葺く簡易瓦も、各メーカーから売り出されている。ほとんどが乾式工法で、役物も揃っていて釘打ちで仕上げられる。伝統的な瓦葺と比べると差があり、普及品あるいは別の物といったものだが、瓦という名がついているのは、瓦に対する憧れの強さを示していると思われる。

図 23・21　棟の築き方

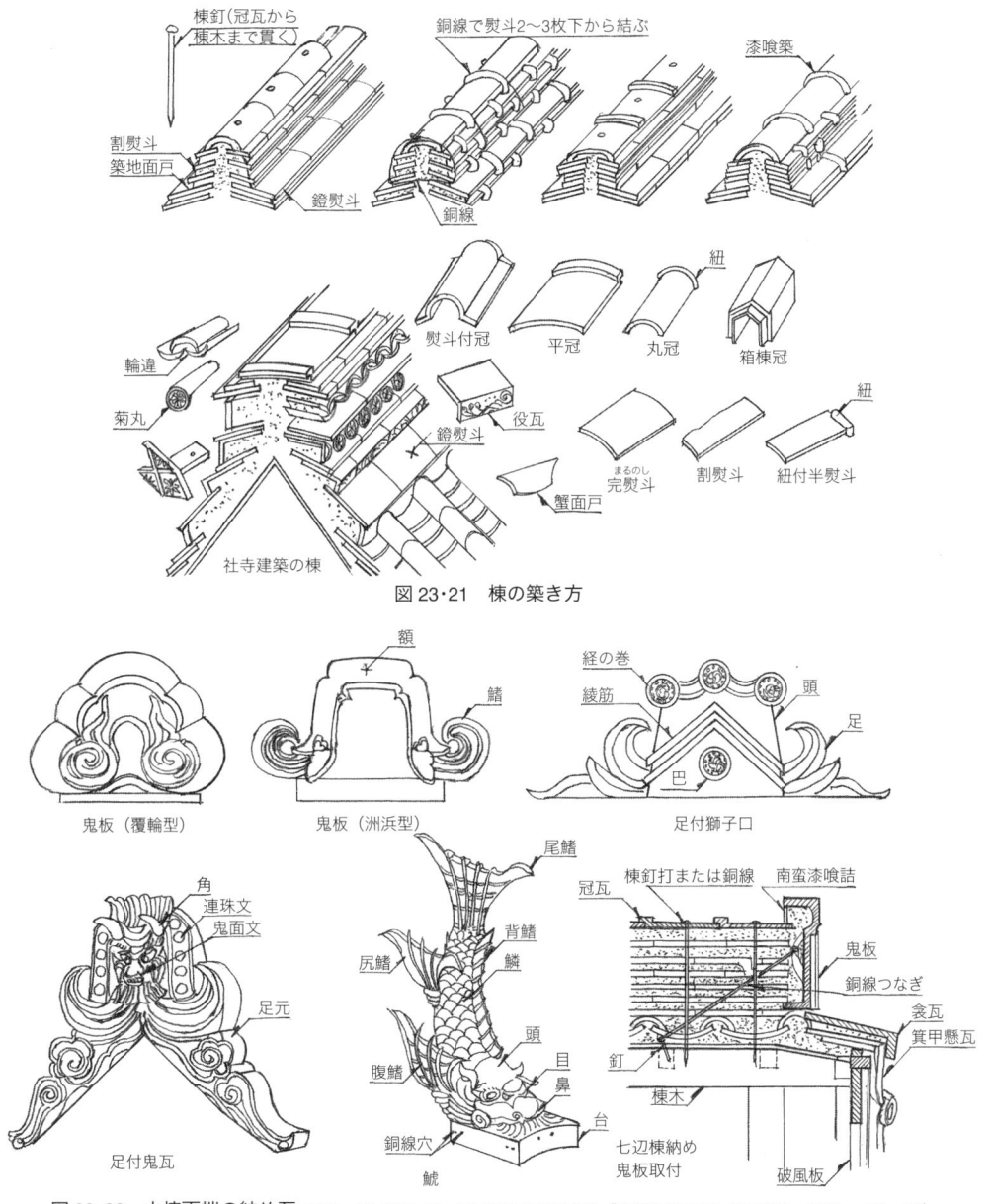

図 23・22　大棟両端の納め瓦　(出典：足付鬼瓦、鯱、足付獅子口は坪井利弘『古建築の瓦屋根』理工学社、1981、p.72〜73)

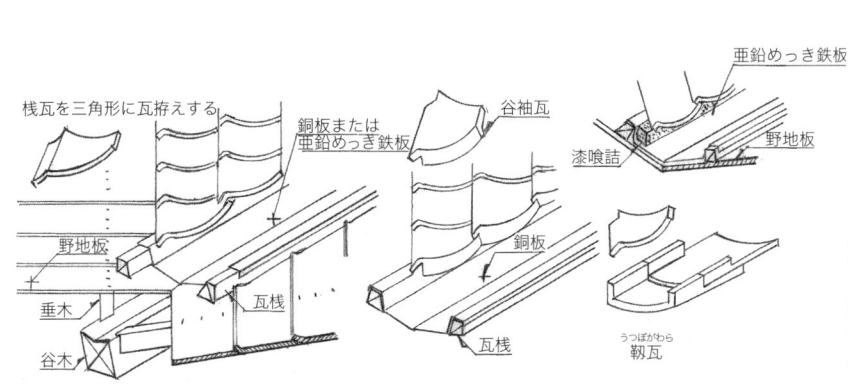

図 23・23　谷仕舞

表 23・4　熨斗数

	鎧熨斗	割熨斗	冠瓦 (雁振瓦)	合計
大棟	2遍	5遍	1遍	8遍
降棟	2遍	3遍	1遍	6遍
隅棟	2遍	2遍	1遍	5遍

表 23・5　塗装ステンレス鋼板標準寸法
[mm]　(出典：JIS G 4304)

幅	長さ
762	1829、2438、3048、3658
914	1829、2438、3048、3658
1000	2000、3000
1219	2438、3048、3658

厚さ 0.25、0.3、0.35、0.4、0.5、0.6、0.7、0.8、1.0、1.2、1.5 等ある。

4　金属板葺（銅板、鉄板、アルミ板、鉛板）

屋根を葺く金属板には、銅板、亜鉛めっき鉄板（トタン）、アルミニウム、鉛板等がある。

ⓐ──銅板

銅板は江戸時代から盛んに使われた材料で、1636（寛永13）年完成の日光東照宮を始め、関東の建築に使われた。これはこの地方に良質の瓦がなかったことと、それまでの屋根葺材に耐火性がなかったことに起因する。

銅板には耐久性があり、色調が美しく、時間とともに緑青（錆）を生じ、展性（叩き延ばしやすい性質）、延性（引き延ばしやすい性質）に優れ、屋根瓦、鬼瓦、棟等も自由にできる。同時に半田鑞ではんだづけ（半田付）も簡単にできるという特徴がある。軽量で瓦葺の1/10くらいの重さであることも構造的な利点である。欠点は熱伝導が大きいこと、また昨今の大気汚染により重工業地帯の近くでは、緑青を吹く前に、酸性雨によって穴が開くこと（銅は硫酸に弱い）が知られている。酸性雨に対処するため、ステンレスに銅メッキした材料もある。立地の考慮も必要な時代になっている。

銅板に早く緑青を出すためには、酸液を塗ればよい。

銅板の規格は、メートル法以前は平方尺の重さ「オンス」（OZ、28.38g）で表したが、現在では厚さによって分けられている。工事にはあまり薄いものはかえって扱いにくいので、0.25mm以上のものがよい。

定尺は、小板と呼ぶ36.5×120cm（1.2×4尺）のものと、大板100×200cmがあり（表23・6）、一般に小板を使う。磨きには、両面磨きした俗に「コルベール」といって樋に用いられるものや、片面磨き、片面黒板のものもある。銅瓦板は熱を加えて瓦の形にしたもので、優雅な赤いボカシに仕上げることができる。

銅板の見積りは、電気銅の相場によって変動する。銅は100kg建である（表23・7）。

銅板葺は高価であるが捨てがたいといった気持ちを満足させるために、「カッパータイト」または「カッパールーフ」というものがある。前者は厚さ0.1〜0.2mmの銅箔に近いものを、厚さ1.2mmの未硫酸ブチルゴムに接着したもので、後者は同じような銅板をアスファルトフェルトに接着したものである。ともに専用ボンドによる圧着貼で施工する。施工が簡単なのも大きな利点である。

ⓑ──亜鉛めっき鉄板（トタン）

鉄板は錆が出るので、亜鉛めっき鉄板（トタン）として使われるのが基本である。亜鉛は空気中ではすぐに錆が出るが、内部と接触を遮断するので鉄板の錆が防げる。最近登場した着色亜鉛めっき鉄板は、着色塗料を焼付たもので、耐候性のあることから、相当大きな建築にも用いられる。両面着色と片面着色があり、「カラー鉄板」と呼ばれている。

鉄板は銅板に比べて、熱伝導は大差ないが、外観は著しく異なり、対候性に乏しく、延性、展性も劣る。しかし銅板に比べて安価で入手しやすいのが特徴である。よって一般の建築によく用いられた。

鉄板の規格は「三六物」（914×1829mm）の平板が最も多いが、大きいものもあり、それらはJIS規格にある（表23・8）。厚さは番手（ゲージ）で呼ばれており、24、26、28、30番で、30番が最も薄い。これも最近はメートル法で表示する。

他に「波型亜鉛めっき鉄板」（浪板鉄板）がある。湾曲を防ぐため皺をつけたものである。厚さは平板と同じで、幅は762mm（2尺5寸）、長さは182cm、213cm、243cm、273cmで、長幅物として1270cmがある（図23・24）。カラー鉄板もこれに準じる。これをコイル状にした長尺カラー鉄板もある。ステンレスは錆びることがなく、屋根に利用できるため、着色ステンレス板も発売されている。カラー鉄板にフッソ樹脂をコーティングしたものもある。これは切ると鉄板の小口が出るので、寸法切してからコーティングし、そのまま使う。また鉄板を折り曲げた「折板」がある。凹凸に作った断面の高さは80〜210mmのものまであり、長さは10m以上のものもある。曲がりに強く、施工も簡単なことからよく使われる。鉄板葺の欠点である雨の騒音に対応したカラー鉄板と断熱材と防音材をセットにした屋根葺材もある。

表23・6 銅板の標準寸法 [mm] (出典：JIS H 3100)

厚さ	幅×長さ 365×1200	幅×長さ 1000×2000	厚さ	幅×長さ 365×1200	幅×長さ 1000×2000
0.10	○		1.2	◎	○
0.15	○		1.5	◎	○
0.20	○		2.0	◎	○
0.25	○		2.5	◎	○
0.30	○		3.0	◎	○
0.35	○		3.5	◎	○
0.40	◎ ○		4	◎	○
0.45	◎ ○		5	◎	○
0.50	◎ ○	○	6	◎	○
0.60	◎ ○	○	7	◎	○
0.70	◎ ○	○	8	◎	○
0.80	◎ ○	○	10	○	○
1.00	◎ ○	○			

○は合金番号 C1020、C1100、C1201、C1220、C1221、C2100、C2200、C2300、C2400、C2600、C2680、C2720、C2801 の板を示す。
◎は C3560、C3561、C3710、C3713 の板を示す。

表23・7 銅板葺の手間（出来上がり葺坪3.3m²(1坪)の所要材料、手間）

葺方	仕様	枚数	釣子、胴釘	葺手間
平葺	定尺使い	9.1	適量	0.8人
瓦棒葺	二つ切使い	13.0	適量	1.5人
庇	四つ切使い	9.5	適量	1.7人

表23・8 亜鉛めっき鉄板標準幅標準長さ [mm] (出典：JIS G 3302)

波付前の標準幅	標準長さ
762	1829、2134、2438、2743、3048、3353、3658
914	1829、2134、2438、2743、3048、3353、3658
1000	2000

大波板(八波) 中波板(十九波) 小波板(二十八波)
他に断面を工夫したものも種々ある。

1829〜2743
(6尺00〜9尺00)
最もよく用いられる寸法

762

大波
中波
小波

図23・24 波形鉄板

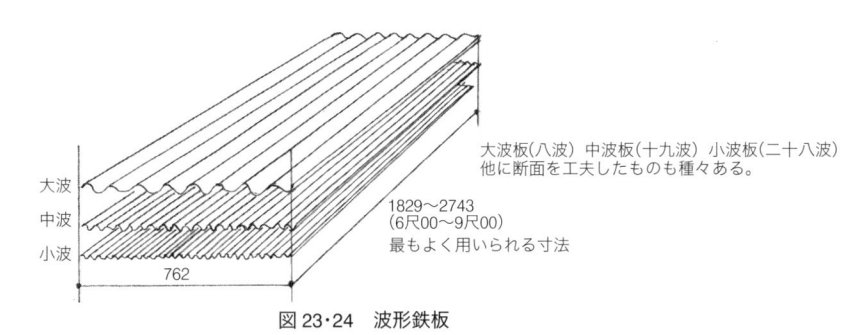

表23・9 アルミニウム板標準寸法 [mm] (出典：JIS H 4000)

厚み	400×1200	1000×2000	1256×2500	厚み	400×1200	1000×2000	1256×2500
0.3	○	−	−	1.5	○	○	○
0.4	○	−	−	1.6	○	○	○
0.5	○	○	○	2.0	○	○	○
0.6	○	○	○	2.5	○	○	○
0.7	○	○	○	3	○	○	○
0.8	○	○	○	4	○	○	○
1.0	○	○	○	5	−	○	○
1.2	○	○	○	6	−	○	○

表23・10 鉛板の標準寸法 [mm] (出典：JIS H 4301による)

厚さ	幅×長さ	質量 kg	厚さ	幅×長さ	質量 kg	厚さ	幅×長さ	質量 kg
1.0	910×1820	18.8	1.0	1000×2000	22.6	1.0	2000×5000	113.0
1.5		28.2	1.5		34.0	1.5		170.0
2.0		37.6	2.0		45.4	2.0		227.0
2.5		47.0	2.5		56.7	2.5		284.0
3.0		56.3	3.0		68.0	3.0		340.0
			4.0		90.7	4.0		454.0
			5.0		113.0	5.0		567.0
			6.0		136.0	6.0		680.0

鉛板は屋根葺材料の他、今後は放射線等の防護等に、多く使用されることが予想される。現に鉛板貼の合板も一般に売られている。

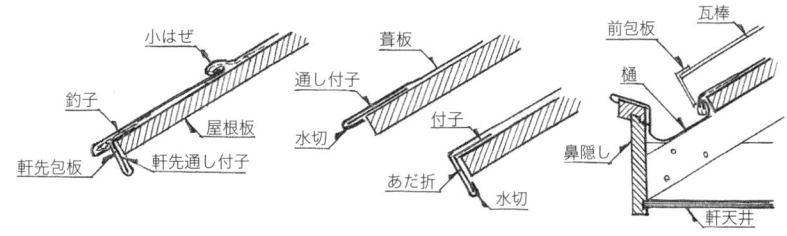

図23・25 平板葺軒先納め

ⓒ──アルミニウム板

アルミニウムは歴史の浅い金属で、重さは鉄の0.35倍と軽い。表面だけしか錆びず、錆の色は同色であるので目に見えない。延性、展性にも優れているが、酸に弱く、それを補うためアルマイト加工がなされる。また融点が660度と低いため耐火の問題もあるが、ステンレスよりはるかに安く加工もしやすいことから、屋根材に使われる。施工はカラー鉄板と同じように行う（表23・9）。

ⓓ──鉛板

鉛は融点が低く（327℃）やわらかく加工しやすいので、古くから使用されてきた。種々の特徴があるが、屋根葺材としては他の金属に比べてやわらかく重いことから、馴染みがよいのが最も大きな特色といえる。

鉛板はイスラムの建築によく使われ、わが国でも石川県の金沢城の石川門や櫓等に使われているが、現在では稀である（表23・10）。

⑤　金属板葺の施工法

金属板葺の葺き方には平板葺と瓦棒葺があり、横葺の屋根板もある。

ⓐ──平板葺

銅板なら定尺を二つ切りから八つ切りにして、周囲1～1.5cmくらいに短辺と長辺が反対になるように折り曲げる（小はぜ爪）。これに釣子（幅1.5cm長さ5cmで一端を小はぜにまげたもの）を約30cm間隔で小はぜに引っ掛け、釣子尻を野地板に釘打ちで止め、上段の板に食込ませて定木で打ち固めて貼る。葺方は一文字葺が多いが、他に亀甲葺、菱葺等がある。

軒先および螻羽に水切りをつけ、板端に通し付け子を打ち、包み込む時に「あだ折」水切りにする（図23・25）。棟は「あふり板」の上の軒飾りや化粧棟を押さえ、棟包板で納める。壁付けは約20cm折り曲げて釘で止め、充分押さえ、壁仕切で水仕舞をつける（図23・26）。

ⓑ──瓦棒葺

金属板の板幅、葺き長さに瓦棒の高さと小はぜ折込みを見込んだ間隔に合わせて、野地上端に約4cmの瓦棒を釘打ちし、四方を瓦棒の間に嵌め込み、軒先から釣子打ちにして葺上る。瓦棒の上蓋を別に拵え、平板小はぜに合わせて叩いてとめる。軒先は、化粧樋を使って連絡する納まりもある。長尺カラー鉄板を使うと、棟から軒先まで継目なしで、ごくゆるい勾配の屋根が作れる。

立てはぜ棒は瓦棒を省いて、U字に折り曲げた鉄板の、立上がり部分ではぜ止めにするもので、瓦棒なしの瓦棒葺である（図23・26、27）。

ⓒ──横葺金属板葺

横葺の金属板屋根もある。瓦棒葺は勾配方向が強調されるが、この葺方は、軒と平行のラインが強調され、柿葺や桧皮葺の雰囲気に近い。他の葺方と異なる点は、工場であらかじめ加工製造された部材を現場で組立てる方式である。材質はアルミニウムをはじめ種々のものがあり、軒と平行に、水下は下に、水上は上に折り曲げるが、一枚一枚に15～40mmの段をつける、このようにして水平線を強調し、この段の中に断熱材をいれて組立てる。板幅は規模によって18～70cmくらいである（図23・28）。

ⓓ──金属瓦葺

これは本瓦葺に見せる葺方で、丸瓦の形に作った瓦棒を打ち、瓦棒葺同様に葺登る。軒付け唐草、巴等を打出し、棟は箱棟を銅板包みにする（図23・29、30）。

ⓔ──波板葺

波板とは、亜鉛めっき鉄板を波形に作り、たわみを防いだもので、波形トタンともいう。下地は母屋の上に直接置き渡して取付けるので、経済的で倉庫や工場等の屋根によく使われる。葺方は流れの重ねを5cm以上とし、母屋はこの板の継目に配する。切捨てや不足があっては不経済である。定尺は6尺（182.9cm）、7尺（213.4cm）、8尺（243.8cm）でこれを適当に配る。また、二つ切りにすることもある。横方向の重ねは6cm以上かさねるようにし「1山重ね」「2山重ね」などとする。

一文字葺　　　菱形葺　　　亀甲葺

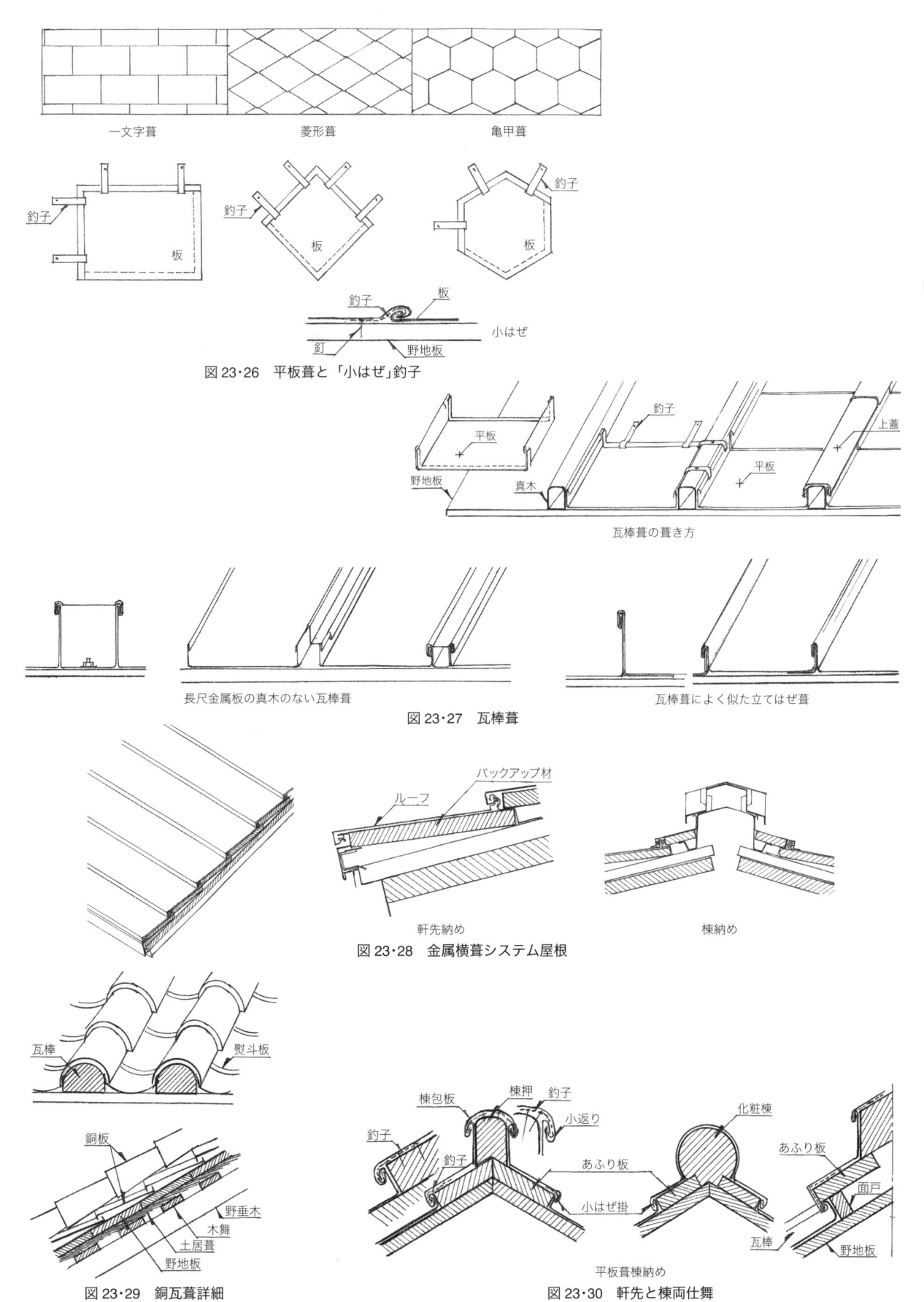

釣子　板　釣子　板　釣子　板

釣子　板　釘　野地板　小はぜ

図 23・26　平板葺と「小はぜ」釣子

平板　釣子　上蓋　平板　野地板　真木

瓦棒葺の葺き方

長尺金属板の真木のない瓦棒葺　　瓦棒葺によく似た立てはぜ葺

図 23・27　瓦棒葺

ルーフ　バックアップ材

軒先納め　　棟納め

図 23・28　金属横葺システム屋根

瓦棒　熨斗板

銅板　野垂木　木舞　土居葺　野地板

図 23・29　銅瓦葺詳細

棟包板　棟押　釣子　化粧棟　釣子　小返り　釣子　あふり板　あふり板　小はぜ掛　瓦棒　面戸　野地板

平板葺棟納め

図 23・30　軒先と棟両仕舞

波板と母屋の取付けは、釘の場所の下にパッキン（飼物）を置き、釘はゴム座付の亜鉛めっき釘かステンレス釘で、山の上から打つ。波板葺の軒先は、野地板を貼らない時は60cm以上桁出すと弱くなるので、鼻に軒捌みを打つか、鼻隠しをつける。鼻隠しまたは樋は、貝折金物で木ネジで止める。棟の仕舞は雨押さえを亜鉛めっき鉄板で包むか、セメント製の特殊雁振(がんぶり)でおさえる（図23・31）。

亜鉛めっき鉄板に塗装する時は、新しいと塗料がのりにくいので、いったん塩化銅1：硝酸胴1：コロルアンモニア1：水64の重量比溶液を塗り、その乾燥後塗料を塗ればよい。もしくは完成後すぐ塗装せず、1～2週間後塗装すると、ペンキののりがよい。

f ── 金属製折板屋根

波板は鉄板のたわみを防ぐために波形としたが、これをさらに大きくしスパンの大きな建物に応用しようとしたのが、折板(せっぱん)である。勾配のゆるい屋根を作ることができる（図23・32）。波形ではなく梯(てい)形に折り曲げた物で、標示方法は山の中心から中心までの山ピッチ、谷部分の下底の幅、頂上の上底の幅、山の高さで決まる。山の高さは8～30cm、山ピッチは19～52cmで、それぞれの厚みが用意されている（表23・11）。材料は亜鉛めっき鉄板、塗装焼付けのものやアルミ合金などである。同じ折板でも、重ね形、はぜ締形、かん合形の三種がある（図23・33）。

施工は、タイトフレームという金物を横架材に取付け、それにそれぞれの方法で折板を取付けてゆくが、はぜ締とかん合は、ボルトが外に出ず、耐久性と雨漏りの心配が少ない。そのため、簡易な建物、物入、駐車場、上屋等によく利用され、鉄骨造や軽量鉄骨造の建物にもよく用いられている。

6　スレート

a ── スレート（石綿板）の種類と施工

スレートは石綿とセメントを圧搾、成型してできる材料である。これを波形に成型したものが、波形石綿板で、特にスレートとよばれている。鉄板より耐候性と強度に優ることから波形鉄板と同様に大工場等によく使われた。現在では使用禁止になりノンアスベストのものが出ている（図23・34）。

スレートの葺方は波形鉄板の葺方に準じる。これは木造ばかりでなく鉄骨造にも用いられ、その場合、母屋は山型鋼またはリップ溝型鋼（cチャン）であるから、専用の引掛けボルトで、母屋の山に取付けられる。

平板は、厚さ6mmで、大きさは三六(さぶろく)（91～182cm）で種々の場所に使われた(図23・35～37)。この平板で4.5～8mmの厚さ、大きさは約91×41cmで、五角形に作り、重なる部分に釘打ちして葺くカラーベスト（コロニアル、図23・38）が軽く施工が容易なことから、1960年頃から急激に普及した。デザイン、色とも豊富で、附属部品も揃っている（図23・39、40）。

7　石類

屋根葺材として用いられる石は、一般に天然スレート（玄昌石）である（表23・12）。耐久性、耐熱性、耐寒性があり良材だが、和風にはあまり調和せず、洋風によく使われる。重り(かさな)部分が密なことから毛細管現象で水が送流することがあるので、勾配は、矩勾配(かねこうばい)以上が必要である。他に大谷石を瓦の形にしたものもあるが、一般的ではないので、省略する。

8　アスファルト類

大きさが60×30cmの厚手のアスファルトルーフィングを基盤に、表面砂等附着させたものを重ね貼りするものなどがある。曲線の屋根にも対応し、施工が簡単で、夏季の熱でアスファルトが接着剤となり、屋根全体が一枚となって重宝なものだったが、耐火性のないことから、1975年頃使用禁止になっていた。現在は不燃材となったものが発売されている。

図 23・31　波板葺各部詳細

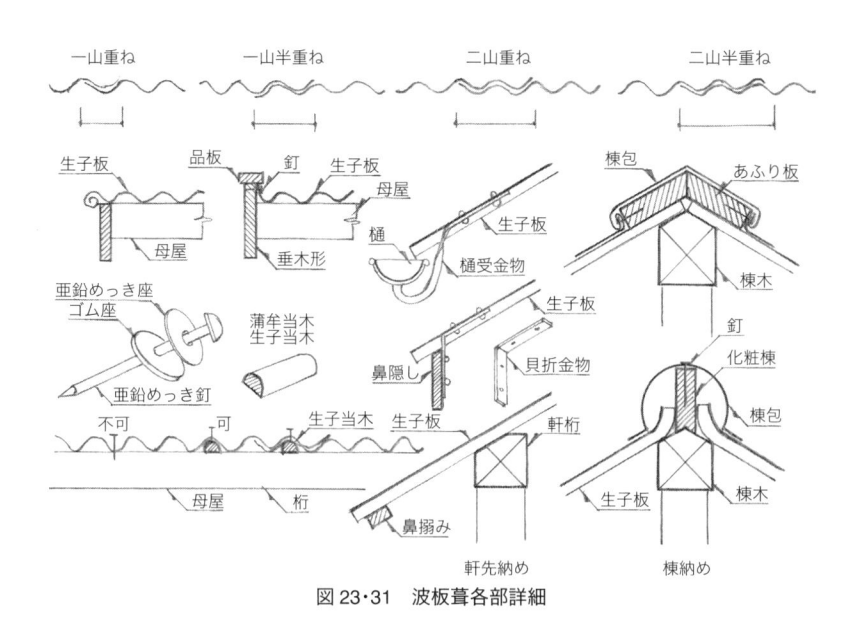

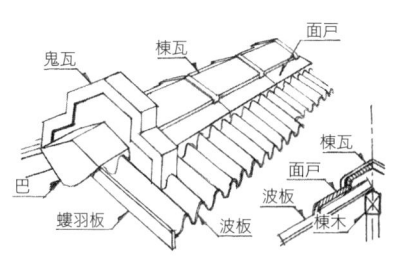

図 23・34　波板棟納め

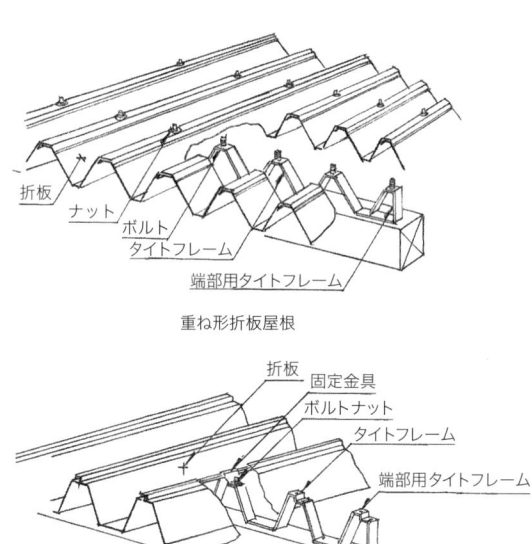

図 23・32　はぜ締形折板屋根

図 23・33　折板の種類

表 23・11　山高、山ピッチによる区分　(出典：JIS A 6514 による)

山高による記号	山ピッチによる記号	20	25	30	33	35	40	45	50
	山ピッチ寸法[mm]	190以上 230未満	230以上 270未満	270以上 310未満	310以上 350未満	350以上 390未満	390以上 430未満	430以上 480未満	480以上 520以下
	山高寸法[mm]								
09	80以上 100未満	◎							
11	100以上 120未満	○	○						
13	120以上 140未満	○	○	◎	○				
15	140以上 160未満	○	◎	○	◎	○	○	○	○
17	160以上 180未満			○	◎	○	○	◎	◎
19	180以上 210以下				◎	○	◎	○	○

◎は常備寸法。

表 23・12　天然スレートの寸法表　[cm]

幅	12	15	15	18	18	25	30
長さ	18	22	24	30	36	25	30

厚さは 4、5、6mm の3種類がある。

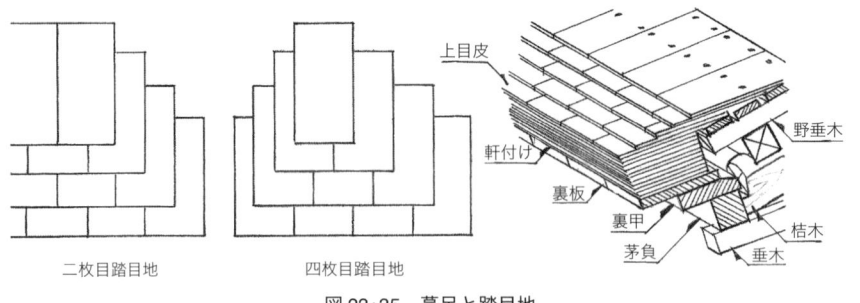

図 23・35　葺足と踏目地

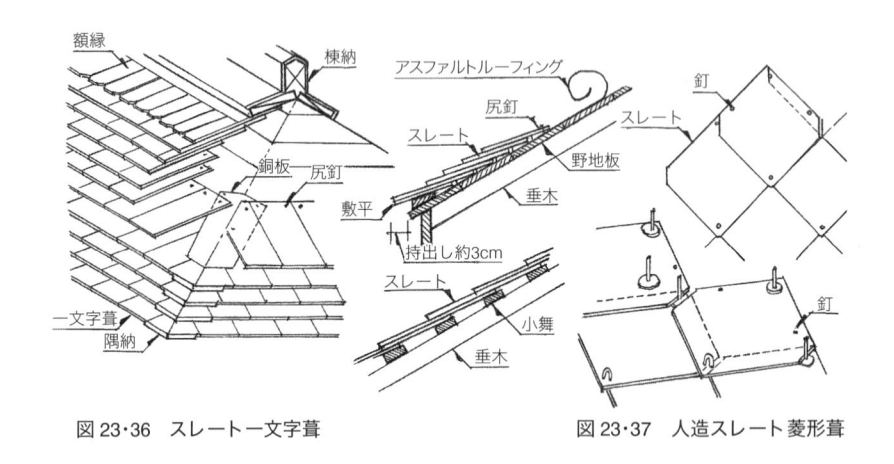

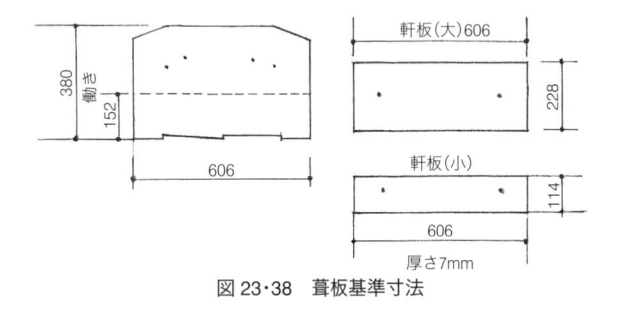

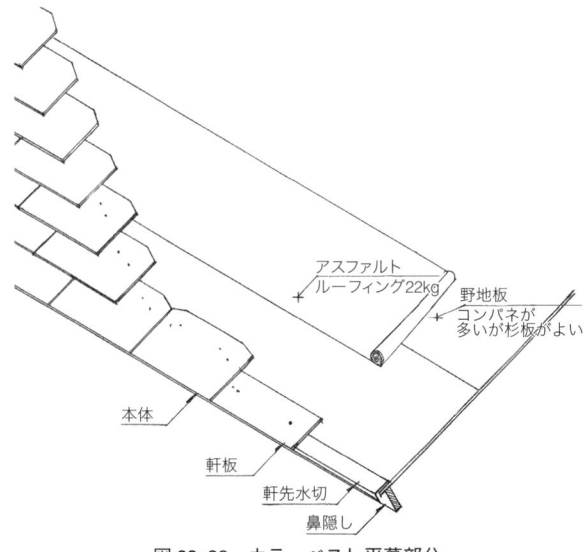

図 23・36　スレート一文字葺

図 23・37　人造スレート菱形葺

図 23・38　葺板基準寸法

図 23・39　カラーベスト平葺部分

9　板葺（木端板葺、木賊葺、スレート葺）

平たく作られた板を重ねて葺くものが板葺で、まず木材と石材に分かれる。木材では木端板葺、木賊葺があり、石材では、天然スレート葺と岩綿スレート葺（カラーベストもこの中に入る）とがある。

a── 木端板葺、木賊葺

野地板の上に木片を重ねて葺くもののうち、少し厚い板を木端板葺、薄いものを木賊葺（トントン葺）という。

木端板葺は、雪国で木材の豊富な地方に多く、都会では防火上用いられない。

木端板葺は厚さ5mm、幅10cm内外、長さ約30cmの板を葺足4〜10cmくらいに葺いたものをいい、木賊葺は繊細で桧皮葺に似ている。これを一般には柿葺と呼んでいる。打付釘は糠油に浸した竹釘や、焙烙で煎って油を抜いた竹釘、金属釘は亜鉛めっき釘の4〜7cmくらいのものがよく、丸釘より角釘の方が板割れが少ない。

最も大切なのは葺足である。葺足が短いほど耐久年限が短くなるので、働き幅の1/3以上の葺足にしてはならない。柿葺の施工は葺足の呼び方で決める（図23・41）。葺足8分（24mm）、1寸（30mm）といったもので、長さを30cmとすると8分で12枚重ね、1寸で10枚重ねとなり、軒先でこの重さを保ち、納めるのが軒付けである。前もって葺足の寸法で割付けておくことも大切である。横の目地を3枚にすると、中の板が割れた時に雨漏りをおこすので、4枚にするか、乱目地にするのがよい。板葺の材料の幅は特に決まっていないので、その幅をどこにもっていくかをよく考えて貼ることが大切で、この場合ほとんど乱葺となる。これらの材料は栗が最上品で、桧、杉、椹、桧葉等が多く用いられる。

柿葺は洋式建築で外壁（壁貼）に用いられることがあり、これをシングル貼という。虫や火に弱いので、現在ではあまり見かけない。

地方によっては、この葺方を柿葺屋根全体に採用せず、主屋を瓦葺にし、縁側や軒先だけに用いたり、茶室や四阿の屋根に用いたりする。これらは風雅な板葺となる。また、風ではがされないように割竹を1m間隔で横に押え、その上に石を並べた屋根もあるが、防腐剤を塗る等のメンテナンスも大切である。

10　樹皮葺、草葺

a── 桧皮葺、杉皮葺

桧皮葺は、社寺建築に用いられる極めて古雅優美なわが国独特の屋根だが、一般住宅で用いられることは少ないので、宮殿建築の項で述べた。

杉皮葺は瀟洒な建築、四阿、茶室等に用いられることが多い。

杉は秋皮（秋に採取したもの）がよい。杉皮は一坪分として販売され、厚いほど上等で、サビ皮（表面苔色のもの）は高級品である。葺方は、一般には木端板葺に準じるが、小田原葺といって杉皮を並べて竹で押え、上に野石を重しに置く葺方もある。原則として3枚以上重ね、下部2枚は表裏逆に葺き、最上層は、表を上に向けて葺く。この方が水の流れがよい。よく上に竹を格子に組み、棕梠縄で結んだものを見かけるが、竹の格子は杉皮がまくれ上がらないようにした重しである。この場合も杉皮は木端板葺と同じように葺く。

ⓑ──**茅葺（萱葺）、藁葺**

　茅葺は古来からの独特の葺方である。山間部の斜面の茅場と称する所で茅を育て、これを刈取り貯め、集落の屋根を順番に住民の手で葺替えてきた。現在では、これらの工事も少なく、新築の茅葺は伝建地区等を除き少なくなっている。

　藁葺は農家に多い（図 23・42）。茅葺に準ずるが寿命が短く、麦藁葺の時はさらに短い。

　葺方には民家独特の小屋組が関係する。平叉首の上に屋中竹（母屋）を棕櫚縄か荒縄で結び、これに垂木竹を結び付け、この竹上に葺草を縄で縫い付けていく。軒付けは木口を約 30cm の厚みに見せ、板木で叩きながら揃えて次第に葺登る。葺地の厚さは軒付けと同じである（図 23・43）。棟の納め方は地方によって種々趣を異にし、棕梠縄か蕨縄で立結びのもの、太丸棟瓦のもの、杉皮で納めるもの、棟を跨いで堅魚木（鰹尾木）風にしたもの等がある。多くの場合、入母屋の妻部分に煙出しとして機能させる。窓や穴窓を工夫して、飾りにする。これらは大工という専門職が施工するものではなく、その地方の人々の手による。よって地方を越えて技術が伝播していくものではなく、その地方の人々に伝えられていく。

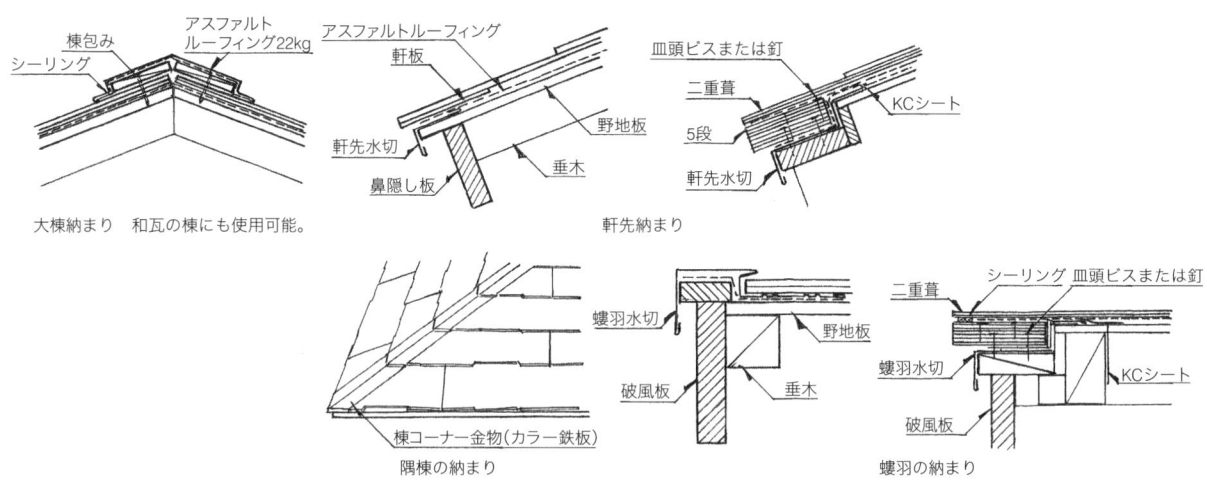

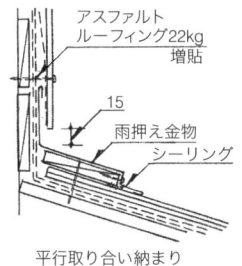

図 23・40　カラーベストの納まり詳細

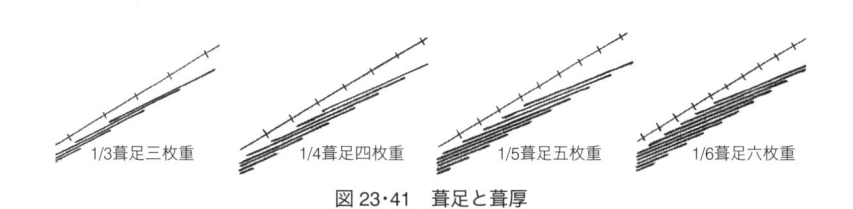

図 23・41　葺足と葺厚

図 23・42　農家の藁葺屋根

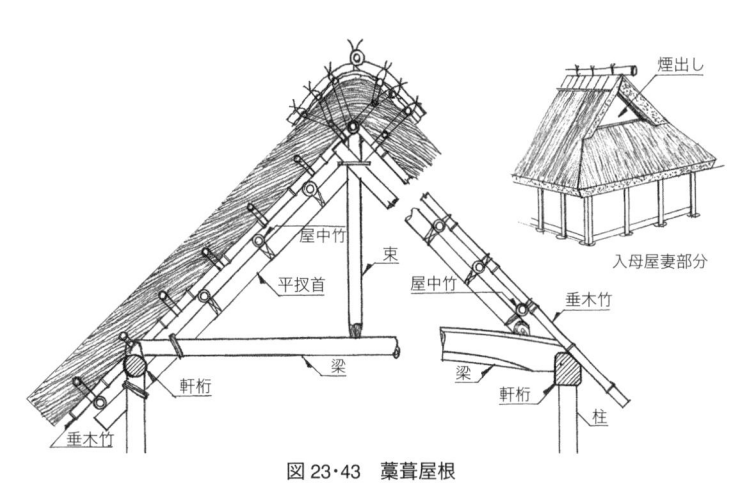

図 23・43　藁葺屋根

24 樋

屋根からの雨水を軒先で受けて適切に処理し、建物の美観を保ち、破損を防ぐのが樋の機能である。樋各部名称には、軒樋、竪樋、鮟鱇、呼樋、這樋などがある(図24・1)。材料は、古くは竹や木箱の樋であったが、現在では茶室や四阿の他には用いられない。従来多く使用されたのは亜鉛めっき鉄板で、高級なものでは銅板が用いられた。その他金剛パイプ（石綿製管）や、破損の恐れのある竪樋下部にはガス管も用いられた。しかし現在は既製品の樋が多種販売されている。材料にはプラスチック、亜鉛めっき鉄板を耐候性樹脂で被覆したもの、銅板、ステンレスに銅めっきしたもの等あり、形も和風、洋風と種類が多岐に渡り、ほとんどの場合、その中から最適なものを採用している。

樋を独自に作る時、亜鉛めっき鉄板使用の場合、軒樋は0.5～0.8mm厚で、竪樋は0.4～0.6mm厚、銅板の時は軒樋約0.8mmで竪樋約0.6mmを用いる。これらの継手でははんだ蝋づけとし、この時の煤溶剤として塩化亜鉛（塩酸に亜鉛の小粒を入れたもの）か松脂を使う。その他工事に必要な材料は、亜鉛めっき鉄線、銅線、銅鋲、真鍮鋲（黄銅鋲）、樋受金物、掴金物（いわゆるデンデン）が必要になる(図24・2)。

軒樋の大きさは屋根の「地の間」が6m以上の時は半径15cm、4m以下の時は約10cmである(図24・3)。半円形の両端は直径約2mmの亜鉛めっき鉄線（銅板の時は真鍮の針金）を巻き込む（耳針金という）。軒樋の継手は耳針金を通し、約3～5cm重ねてはんだ蝋づけするか、銅鋲を約3mmのピッチで千鳥にかしめ、内外からはんだ蝋づけする。軒樋の吊方は、樋受金物を約1mの間隔で垂木の側面に打付けるか、小口に化粧座金付に打ち込む。軒樋を樋受金物にのせ、銅線で縛る。軒樋の下り勾配の目安は、1/100～1/200くらいである。竪樋の配置は、雨量にも関係するが、約10mの間隔で、要所に配置する。大きさは普通軒樋より小さな円形にする。竪樋掴金物は鉄亜鉛めっき製、真鍮製、銅製があり、1.8m間隔で壁に打ち込む。

竪樋の継目は小はぜ掛とし、継目に鍔をつけ、はんだ蝋でつける(図24・4)。軒樋と竪樋を連絡する樋を鮟鱇という(図24・5)。軒樋の水下に落口を切り開き、鮟鱇を銅鋲でかしめつける。この形には種々あるが、原則的に角形で、竪樋の方で細くし、竪樋の直径に合わせて3cm以上竪樋に差し込む。落口には塵除けのため銅網かステンレス網を差し込む。竪樋下は、雨水排水管につなぐのが普通だが、樋受石を置き、地業根元から約1m外へ導いて、下会所に落とす方法もよく取られている。

這樋は二階屋根の水を階下の屋根に這わせるもので、幅10cm深さ6cmくらいの溝形で、両側は底板を折り上げ、耳針金を入れ、上部に開き止めを50cm間隔に入れ、下は落口を折り曲げて鮟鱇に臨む(図24・6)。

以上は樋を作っていた時代のことで、今ではほとんど既製品が使われ、納まりも種々工夫されている。たとえば軒樋の受金物が見えないもの、竪樋も丸に限らず、鮟鱇も好みで選べ、軒樋の断面も多種販売されている(図24・7、8)。

1 降雨量と樋の大きさ

降雨量はわが国では1時間に降った量によって表される、九州地方で多く（宮崎では140mm）、北に行くほど少なくなる（札幌で50mm）。全国平均降水量は100mmが目安と考えればよい。

少し大きい建物(図24・9)だが、樋の計算式を例として挙げておく。

屋根の水平投影面積Aは、

$A = 40m \times 25m \times \cos 30° = 1000 \times 0.866 = 866m^2$

竪樋2本に振り分けると、$866 \div 2 = 433m^2$

となり表24・1により、直径125mmということになる。

図 24・1　樋の名称

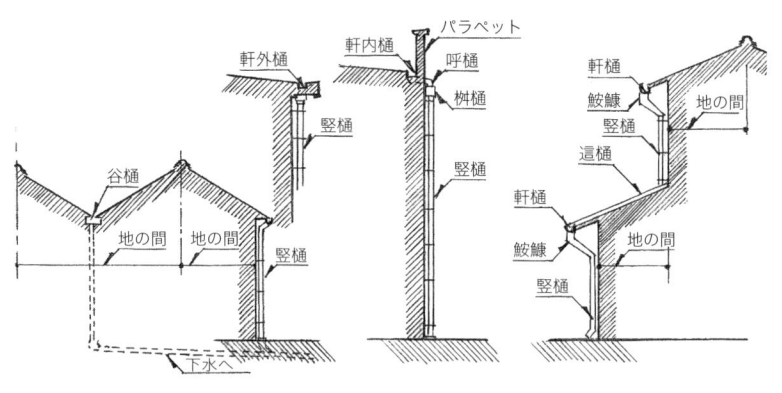

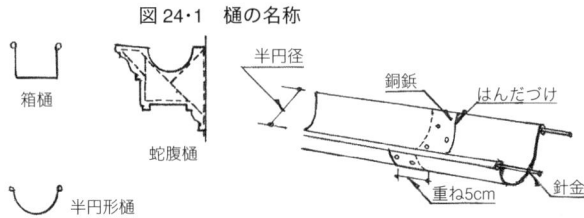

表 24・1　雨水竪管の管径 (出典：建築のテキスト編集委員会編『初めての建築設備』学芸出版社、2000、p.113)

管径 [mm]	許容最大屋根面積 [m²]		
	100mm/h	120mm/h	80mm/h
50	67	56	84
65	135	113	169
75	197	164	246
100	425	354	531
125	770	642	963
150	1250	1042	1563
200	2700	2250	3375

許容量大面積は雨量 100mm/h を基礎とする。これ以外の雨量に対しては表の数値に（100/当該地域の最大雨量）を乗じて算出する。
（空気調和・衛生工学会編『空気調和・衛生工学便覧』12 版 4 巻より）

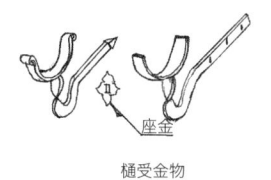

図 24・2　軒樋の詳細

図 24・3　軒樋の流れ勾配と直径　例えば地の間 4m、竪樋の間隔 5m の時、円樋半満 1/100 勾配の軒樋の直径は、5×4＝20m² で点線のように 13cm となる。

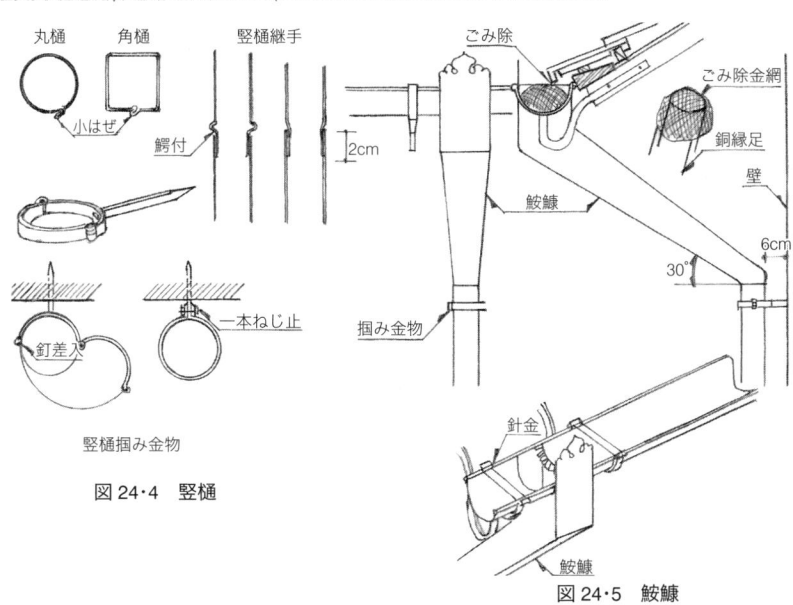

図 24・4　竪樋

図 24・5　鮟鱇

図 24・6 這樋と竪樋足元

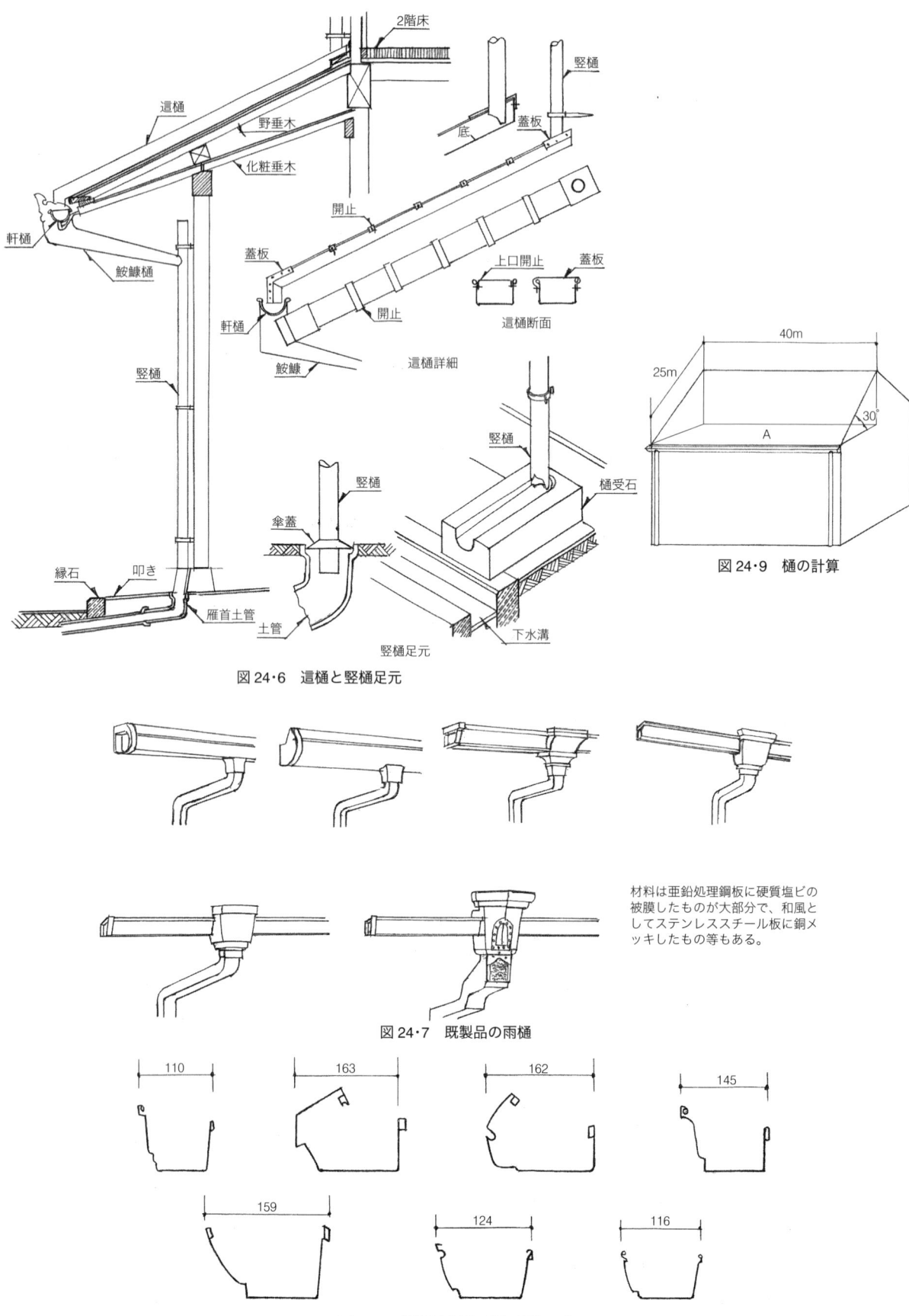

図 24・9 樋の計算

図 24・7 既製品の雨樋

材料は亜鉛処理鋼板に硬質塩ビの被膜したものが大部分で、和風としてステンレススチール板に銅メッキしたもの等もある。

図 24・8 既製品軒樋の断面形 [mm]

25　壁

壁は、和風壁と洋風壁に分けられる。和風壁は真壁が多いが、大壁にすることもある。この場合、塗籠、といわれている。洋風壁は、ほとんど大壁である。

真壁は和風本来の壁で、建物が仕上がった時、柱が化粧で見える壁のことである。大壁は柱の上に壁仕上げがくるので、建物が仕上がると、柱が見えなくなる壁のことである。現代の壁工事は、従来行われてきた左官工事と随分変わっているが、本書では両工事について述べていく。

1　和風壁下地

ⓐ──小舞下地

従来の壁下地では、壁小舞を掻き上げ（壁の骨組みを組むこと、図25・1、2）、屋根葺前後の時期に、荒壁（最初の壁）が付けられるように段取りする。壁を塗る前に建直し再検査をする。

間渡し竹は、篠竹の径2cm程度のものを、柱や塗込貫上下6cm、中間30cm開けて、間渡し竹小穴に入れる。竪間渡し竹は貫に釘打ちする。大壁の間渡し竹は、柱に欠き込むか、大竹釘で受け止め釘打ちする。竪間渡し竹は柱面内に納まるから、真壁の場合と同様とする（図25・3）。

小舞竹は、径4〜6cmで肉厚の真竹を、四つに割って用いる。これを「本四つ小舞」という、径2〜3.5cmの篠竹を二つ割にして、竪は四つ割にしたものを、「竪四つ小舞」という。掻き付けは竪横とも、間渡し竹の間に3.5〜4cmの間隔に配置し、間渡し竹の掻き縄で巻き付け、間渡し竹の交叉する所をもう一度巻き堅め、各間渡し竹は竪横ともことごとく掻き付ける。これが小舞下地である（図25・4）。

ⓑ──木摺下地

木摺小舞ともいう。柱、間柱に木摺を打って壁下地にするもので、仕上げは大壁となる。洋風建築に多いが、和風建築に使われることもある（図25・5）。

まず大きさ断面0.5×6cm程度の板を、間隔1.2cm開けて、釘2本打ちとし、継目は3、4丁ごとに遣違いにする。入隅は一方を打越し、その上に杉の3×4cmくらいを他方の木摺受けとする。木摺は木摺用の材料として売られている（図25・6）。

木摺を水平でなく、対角線に打っていくと、地震に強い壁ができる。材料手間ともに2割ほど高くなるが、一考に値する打ち方である。木摺下地壁の場合、紐縁、柱形、長押、額縁、回縁、軒先、妻、垂木形といった特殊な納まりでの塗込め下地は、型板に木摺を打ち付けるか、その面に「荒しめ」をつける（釘打ちをして、肌を荒らす）か、棕櫚縄を巻き付ける（図25・7）。天井が木摺下地で塗物の時、下げ苧（麻を30cmくらいに切り、二つ折れにして釘頭に結び付けたもの）を野縁に30cm間隔に取り付ける（表25・1、図25・8）。

2　日本壁

ⓐ──壁土と苆

荒壁の土は粘土質で、屋根にも使用する。古くは手近にあるものを使用した。良い土の条件は、塗りやすく、水持ちの良いことであるが、強度、作業性、水引き加減も考慮する。土は長く練り置くほど灰汁が抜け、亀裂が少なくなるので、長いもので1年以上置いた練置土（晒土）を使う。近頃は建材屋で「どろんこ」と称して発売されているが、土の素性がわからないので不安である。

荒木田土は、関東では普通品である。関西の大阪土は南住吉から堺にかけて採れたが、現在では市街地になっており、羽曳野、藤井寺あたりで採取されている。粘着力があってよく晒された土は、土壁仕上げにも使われる。

苆は藁苆の他に、筵、俵、縄、畳の床等を約6cmに切って壁土に混入する。苆は壁の割れるのを防ぐために用いられる。苆は3〜4カ月水分を保ちつつ分解されてゆくので、塗る数日前に新しいものを入れて、調整する。また苆を加えた土を1カ月に一度くらい掻き回して馴染ませることも必要である。

図 25·1　真壁小舞

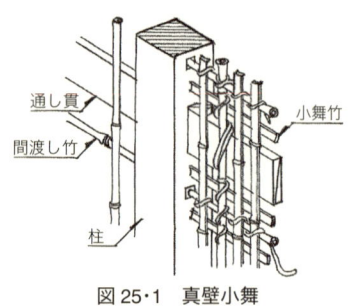

図 25·2　大壁小舞

図 25·3　壁構造と小舞

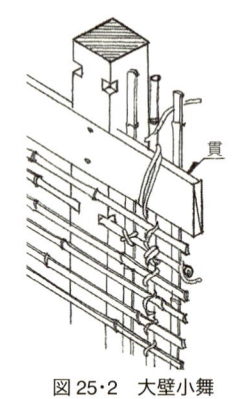

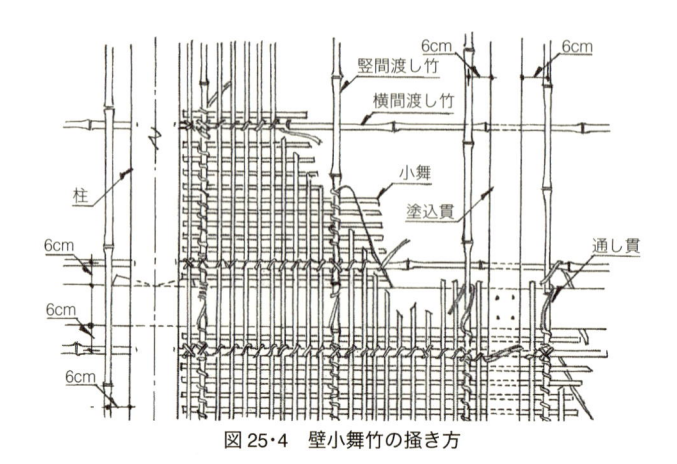

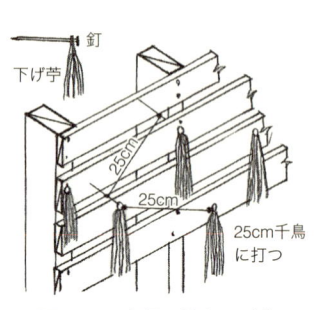

図 25·4　壁小舞竹の搔き方

図 25·5　木摺下地と下げ苧

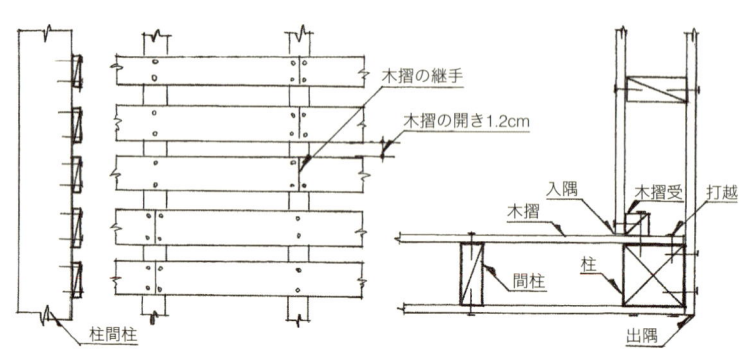

図 25·6　木摺下地

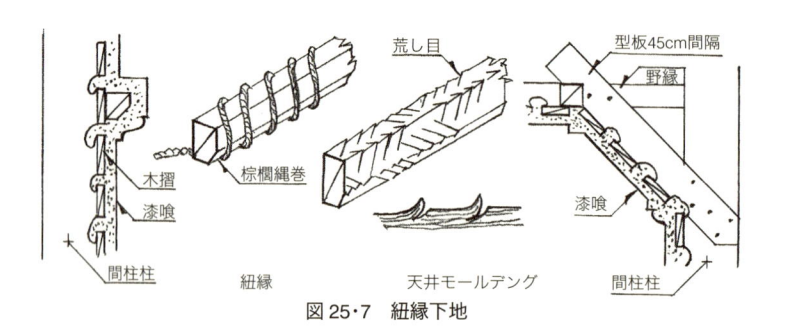

図 25·7　紐縁下地

表 25·1　壁の塗厚さ[mm]（壁付の厚さを各塗層に応じて）

		荒壁	裏返	むら直し平均	中塗	上塗	柱真より片側厚さの計
小舞壁	高級	30	15	7.5	7.5	3.0	40.0
	普通	20	15	5.0	5.0	3.0	35.0
木摺壁		1.5		7.5	6.0	3.0	18.0
木摺天井		1.5		6.0	4.5	3.0	15.0

ⓑ──漆喰

漆喰は石灰の凝結力で壁表面を硬化させる工法である。日本壁に薄く塗られたり、木摺下地や、ラスボードにも仕上げとして塗られることもある。仕上げ面は平滑なものばかりでなく、イタリア磨き（イタリアンスタッコ、ベネチアンスタッコ）という、わざと凹凸を付けたものもある（表25・2）。

漆喰は凝結剤、糊、苆、着色剤の四種を混ぜて作り、使用場所によって調合する、また黒、白、鼠等の漆喰にもなる。

凝結剤には、普通弗化石灰（消石灰）の野洲灰や土佐、紀伊、美濃産がある。湿気を帯びていない微粒のものが良品である。これに混ぜてよく使われた蠣灰（かきばい）は石灰より高級品であるが、現在ではほとんど用いられない。

糊は石灰が堅くなるまでの間のつなぎの役目をする。天然素材の角又（つのまた）、布海苔（ふのり）が用いられた。現在では工業製品の糊の使用が多い。

角又は海藻である。俗に銀杏（ぎんなん）という実の付着したものが上等で、肉厚く、採集してから2年ほど経過した古いものがよい。弱火で水煮して溶かし、篩（ふるい）で滓をとってその汁で苆を練り、石灰を入れて練り合わせ漆喰を作る。

布海苔は寒天草（てんぐさ）に似た海藻で、乾燥し網のようになった30×60cmの物で古いほど良く、煮た時に滓の少ないものが良品である。角又より高級品で、上塗に使用する。

また、角又を乾燥粉砕した粉末乾燥糊も便利なものとして使用されている。他にカゼイン、こんにゃく糊、可溶性澱粉等があるが、極めて特殊なものである。高分子化学を応用した工業製品の糊も種々出ている。天然物に比べて品質が安定し、大量に供給される利点もあり、これら工業製品が主流になりつつあるが、実績が浅く、寿命の点でまだ疑問もある。種類が多いので、塗る壁の材料や、場所の状況に応じて選ぶ必要がある。

上塗にも苆は必要であるが、中塗より細かく柔らかいものを使用する。

着色剤は、大別して、紅柄、群青、酸化黄、松煙の四種がある。古くは墨、岩絵具、紅柄が使われたが、現在では、安価な合成顔料（色粉）が主に使われている。また油煙から作り出される「灰墨」は鼠色または、黒色になる粉末剤である。その他「ヘナ土」（黄土）や川砂がある。いずれも必要量を水またはお湯、酒等で溶き、これを漉した溶液で、材料を練るとよい。

漆喰壁には、混ぜる土や仕上の色によって白漆喰、南蛮漆喰、鼠漆喰、黒漆喰がある。仕上げにより黄大津、泥大津、茶大津がある（表25・3）。

大津壁は漆喰に色土を加えた壁で、これは安価なものと最高級なものとがある。安価なものは中塗を略し、むら直しをした後、乾く前に大津壁の仕上げをしたものである。高級な仕事は、中塗もていねいに、散り寸法も正確に、曲げ歪みのないように、正確に定規摺りしながら仕上げる。鏝も、力を入れても曲がらないものを使用する。

ⓒ──水捏

水捏で作られる壁は、和風の壁では最上の壁である。土壁の仕上用の壁土は、聚楽土が最も有名であり、一般的でもある。元々この土は、豊臣秀吉が作った聚楽第附近の土で、採取できなくなったため、滋賀県産出の土が聚楽という名で使用されている。この他、大阪土や稲荷土も有名である。

水捏壁の材料混合比の一例を挙げておく。大阪黄土（播州土）を18ℓ、紀州墨（カラケシの微粉）の細目篩いを通した極めて細かいものを18ℓ、ミジン苆適量に水を加えて捏合わせて、よく練り合わせる。

ナメシ土水捏は、大阪ナメシ土（黒色を帯びた土）に一割程度の浅黄土を混ぜて、細目川砂を適当に入れ、ミジン苆を入れて水捏したもので、落ち着いた壁になる（表25・4）。

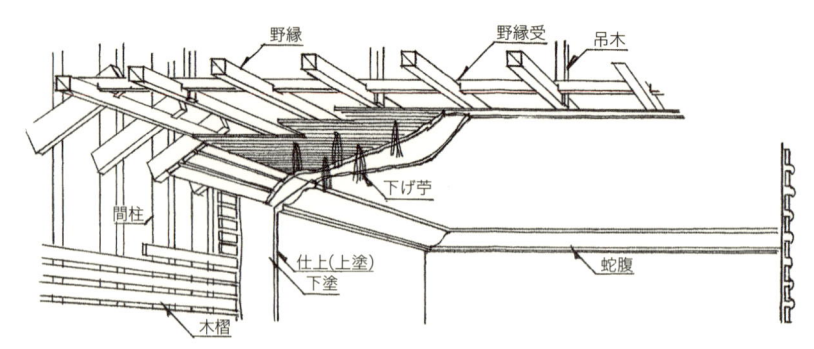

図 25・8　漆喰天井

表 25・2　漆喰仕上調合（10坪、33m²につき）（木摺下地四度塗）

材料	下付苆伏(3mm付)		むら直し(5mm付)		中塗(3.5mm付)		上塗(3mm付)	
石灰	4斗	72ℓ	5斗	90ℓ	3斗	54ℓ	2斗	36ℓ
蠣灰	6斗	108ℓ	5斗	90ℓ	7斗	126ℓ	8斗	144ℓ
浜苆	中浜	5.6kg	中浜	5.6kg	揉浜	5.6kg	上揉浜	5.6kg
角又	1.5貫	5.6kg	1.5貫	5.6kg	1.5貫	5.6kg		
川砂			5斗	90ℓ	2斗	36ℓ		
布海苔							1貫	3.75kg

表 25・4　苆の種類と用途および製法

名称	用途	製法
藁苆	荒壁、裏返し	藁、筵などを約6cmに切る
揉苆	むら直し、中塗	古莚を刻んで柔らかく揉んだもの
浜苆	漆喰　下塗　上塗	地曳網などの網、船の碇綱などを切り刻んだもの（上浜、中浜は上塗、並浜は下、中塗）
芋苆	上塗	麻の芋を細断したもの
油苆	南蛮漆喰上塗	油を絞った袋から作る。耐水苆の外壁、屋根用
南京苆	上塗	古絨毯の類から作る。毛苆ともいう
異人苆	大津壁	硝石を入れた袋から作る普通品
紙苆	高級上塗	紙の断裁片から作る最高級品

表 25・3　上塗漆喰調合表（10坪、33m²につき。荒壁・中塗の上へ上塗する）

	石灰	蠣灰	角又	布海苔	苆	ヘナ土	川砂	その他
南蛮漆喰（屋根）	4斗 72ℓ	6斗 108ℓ	10貫 3.75kg		並浜1貫 3.75kg、油苆1貫 3.75kg			
外壁漆喰	2斗 36ℓ	8斗 144ℓ			油苆1貫 3.75kg			セメント砂
白漆喰	2斗 36ℓ	8斗 144ℓ		1貫 3.75kg	芋苆1貫 3.75kg、紙苆0.5貫 1.88kg			
野呂掛上磨き	上等トビ粉1	上等トビ粉9		1貫 3.75kg	美濃紙苆0.35貫 1.32kg			
卵色漆喰	2斗 36ℓ	8斗 144ℓ	1貫 3.75kg			0.2貫 0.75kg		
鼠漆喰	2斗 36ℓ	8斗 144ℓ	1貫 3.75kg					灰墨0.1斗 1.8ℓ
泥大津		8斗 144ℓ			揉苆1貫 3.75kg		4斗 72ℓ	
黄大津		8斗 144ℓ			揉苆1貫 3.75kg	1.5斗 2.7ℓ		
茶大津		8斗 144ℓ			揉苆1貫 3.75kg	4.5斗 81ℓ	1斗 18ℓ	

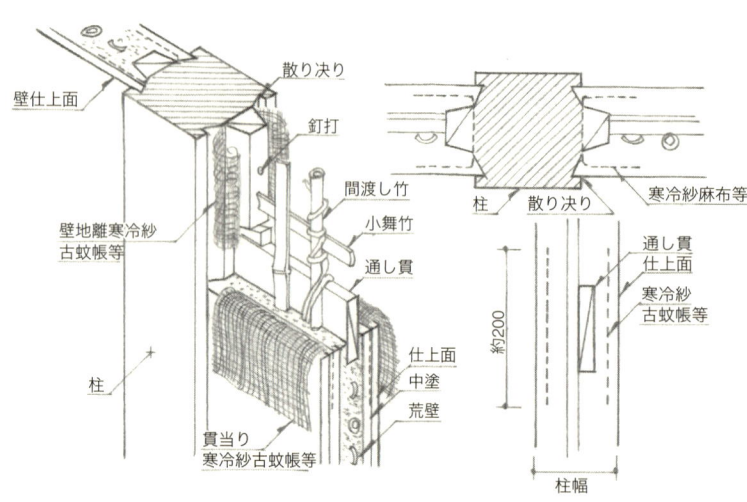

図 25・10　散りと貫縛り

表 25・5　壁仕上までの手間
（大津壁、色壁、漆喰の左官1人の塗面積の一例）

仕様		手伝、左官1人につき	高級	中級	普通
荒壁	平均片面につき	3人	25坪	40坪	50坪
むら直し	平均片面につき	2人	30坪	50坪	60坪
中塗	平均片面につき	3人	10坪	15坪	25坪
上塗	色壁平均片面につき	3人	5坪	7坪	10坪
上塗	漆喰平均片面につき	3人	3坪	6坪	15坪
散り漆喰	棕櫚髭伏	1人	20間	30間	50間
散り漆喰	麻布ノレン伏	1人	15間	20間	40間

ⓓ——糊捏

糊捏壁は、糊の接着力によって壁面を固めるものなので、床の間や小壁等、人の通行量の少ない所に用いるのがよい。擦れることに弱いからである。5〜10年ごとの塗りかえを前提とする糊捏壁のうち、砂壁仕上とは、砂と糊を塗付けたもので、仕上がりは各地から産出する砂で決まる。砂の種類には、小笠原、金星砂、銀星砂、孔雀砂、鉄砂、松の霜、黍砂があり、これと糊とが主な材料となる。

この他、糊捏壁には、繊維質のものを千切りにして塗込む壁がある。塗込む材料は例えば、毛類、鋸屑、新聞紙の泥装体、コルクの粉、モミガラ等で、これらを塗込めた壁を一括して綿壁という。

ⓔ——薄塗壁

近年は工期の短縮が求められ、一般住宅では前述の工法が敬遠され、乾式工法が一般化している。旧来の土壁を完全に施工するには、1年半ほど必要であるが、これは土壁の乾燥に要する時間なのである。この乾燥時間を極力短くしたのが、薄塗壁である。

薄塗壁は小舞下地の代わりに石膏ボード（プラスターボードともいい、定尺は三六、91×182cmで、厚さ9mmと12mm）やラスボード（石膏ボードと同じで、厚さ7mmで表面に凹凸がある）を壁に打たれた胴縁に打付け、この上から下地用石膏を塗り、その上から上塗りするもので、仕上げ時間は2〜3日と短い。最近では石膏ボードに直接塗付ける方法もある。壁内部が空洞であることから、簡単に筋違いを納めることもできる（図25・9）。

またシックハウスの関係から、今までの上塗土の他に、珪藻土等も使われるようになった。

ⓕ——日本壁の施工

荒壁は地面で練るが、その他の壁土は大舟（約2×1×0.6mの槽）で、鍬で押し練る。この練舟は、現在はプラスチック製が主流で、さまざまな大きさのものがある。

小舞を掻いた上に、まず荒塗をする。これは一般に建物の内側から塗るが、場合によっては外側から壁を付けてゆくこともある。この乾燥に最も時間を要する。

裏返し塗は、荒壁が乾燥または半乾燥した時に、反対側から荒壁を塗ることである。荒壁の乾燥の程度にもよるが、少なくとも同時に塗るより乾燥は早い。

むら直しとは、裏返し乾燥後、壁の凹凸を直すために行う。隅々の柱、敷鴨居際などを入念に塗ることをいう。

貫伏せとは貫縛りともいう。土壁が貫の部分で割れることを防ぐために、不織布や防水テープを、貫部分や散り部分いっぱいに貼り、土佐漆喰を薄く塗る。乾かないうちに貫伏せ土を使って、麻布や古蚊帳、寒冷紗を貼る（これを布連という）。布の幅は20cmほどで、これを塗込むのである。布連を柱や敷鴨居の接点に施すことを散り回塗（散り漆喰、図25・10）という。柱と壁の間に隙間が開きやすいので、散り決りして漆喰を塗込むことで（図25・11）、この場合貫伏せと同じ材料の布連を打ったり、ひげこ（チリトンボ）、下げ苧をつけたりする。

中塗は、むら直しの乾燥後に行う。良質の荒土を篩で漉した漉土や粉土といわれるものを塗って、壁に肉厚をつけ、一様に均すことである。苆は揉苆といって古縄や藁を2cmくらいに切って、充分に水に浸してから、手で揉込んで使う。鏝は少し厚い目か、地金のものを使う。薄いものでは壁にムラができる。中塗は上塗と同様ていねいに施工する。

上塗には、大きく分けて水捏と糊捏がある。

現在の水捏風の上塗は、中塗まで終わった後、充分乾燥させ、糊捏を薄塗して、追っかけて水捏材料で二度塗している。糊捏は微塵砂を入れず、1cmくらいの長さの微塵苆を使用し、丸太柱などの散りは、和紙を1.5cm幅に切ったものを柱に貼っておく。鏝は撫で鏝がよいが、0.2mm厚のステンレスの波消鏝でもよい。散り隠しは、鏝先で散り決りの中に塗上げ、柱肌と一枚だけ透かすのもよい方法である。

糊捏仕上は、同じ材料を二度塗とし、一度目は糊を濃くする。また水捏よりも細かい藁苆を使うと良い結果が得られる。鏝は糊土鏝または0.2mm厚のステンレス鏝でもよい。散りは水洗いしていたが、養生テープを貼ると水引きがよく、きれいに仕上がる。

土壁の仕上が、土以外の材料の時は、裏返し塗のみで、その上に仕上げてもよい。

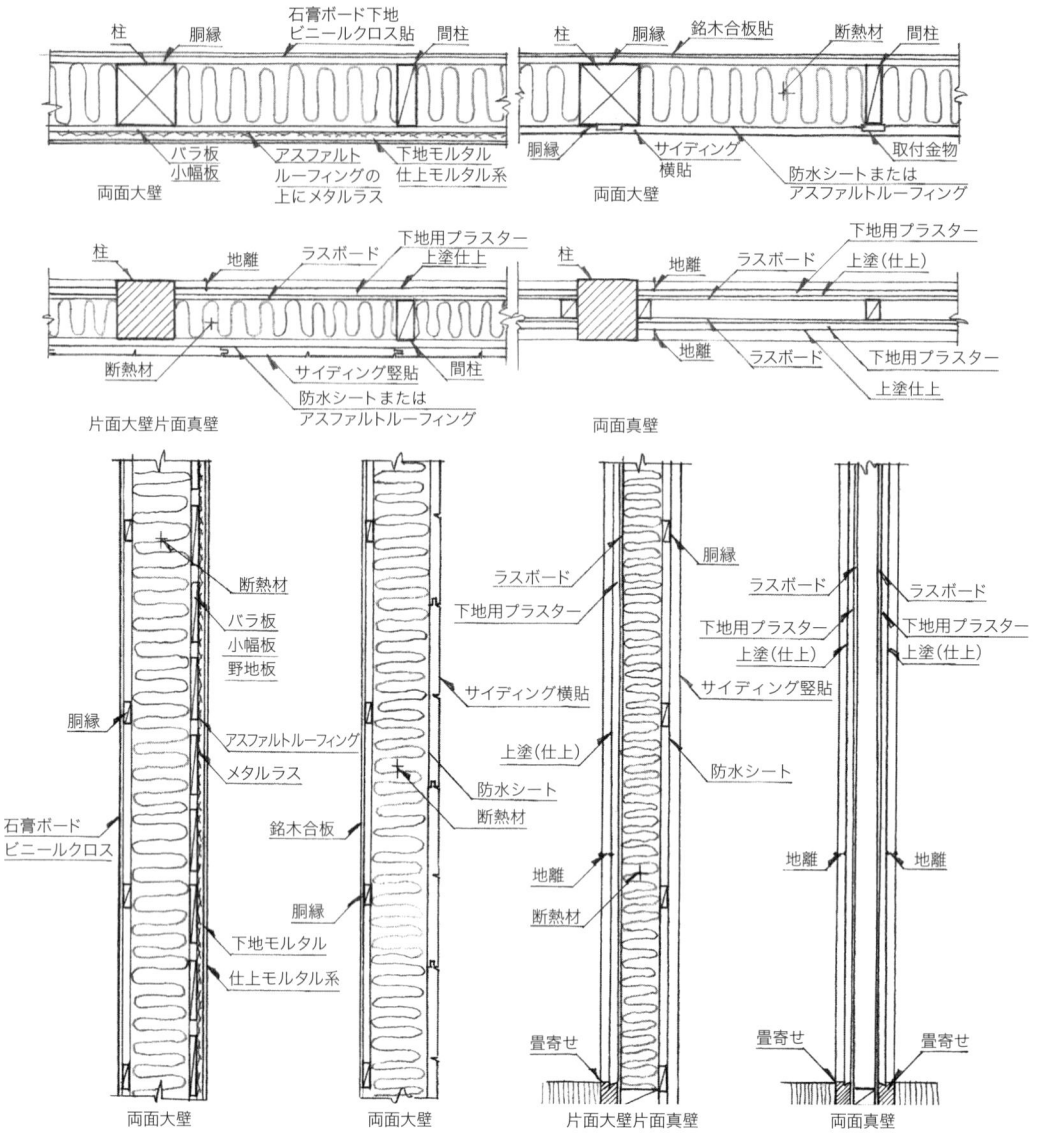

図 25・9 薄塗壁の平面図(上)と断面図(下)　木造住宅の壁のほとんどに用いられる。

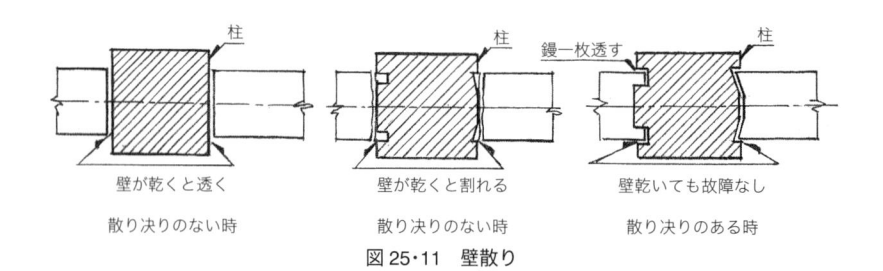

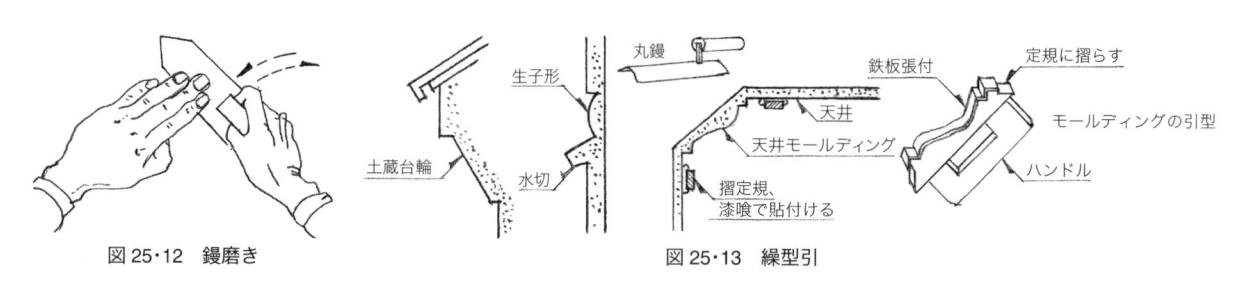

図 25・11 壁散り

図 25・12 鏝磨き

図 25・13 繰型引

漆喰壁の高級なもので、壁に光沢のある仕上を野呂磨きという。施工は最初から漆喰を用い、むら直しの後、中塗を全面に曲げ歪みのないようにして、上塗を薄くかけ、野呂（石灰のクリーム）をかけ、生乾きで鏝磨きを行う。これで水分の多少を見て、半日ほど経過してから磨き、最後にフランネルを両手で押さえて、一方向にゆるやかに進む。このように磨くと、ガラス面のような光沢が出る（図25・12）。

壁面の繰形（台輪、蛇腹、モールディング、紐縁等）の曲線は「引形」という繰形の凹凸に相反する形（雌形）を木で作り、これに鉄板を貼って鏝代わりとし、定規を当てて摺りながら引いて塗る（図25・13）。

g──左官工事の見積り

左官工事の見積りは、面積で計算する。幅一間（約2m）で高さ内法までを1坪（3.3m²）とし、小壁の高さの3倍を1坪とする場合と、壁仕上面積を正確に計算する場合がある。壁が多様化している昨今、後者が一般的である。また手間は、その仕事の程度に左右され、高級なものでは、1面坪10人工当たりの仕事もあれば、3面坪1人工というのもある（表25・5）。

左官工事の現場監督は、今まで述べてきたことを忠実に実行するようにしてほしい。

3　洋壁

洋壁は和風壁に対する言葉である。西洋建築の壁は本来構造体で、柱、梁を構造体にしてきたわが国の壁と本質的に異なっている。1955年頃までは、大壁の場合も左官工事が多かったが、急速に乾式化している。ここでは洋壁の左官工事について記す。

材料は、主材料に水を入れて練ると化学反応により固まる、水硬性のものが多い。セメント、プラスター（石膏）、マグネシア（苦土）は原材料を焼くことによってできる。天然のものには、火山灰、珪藻土がある。いずれも使用前は粉末で、水を加えて練ると固まり、個体に凝着しやすい性質は共通である。主材料の他に緩和剤、着色剤がある。

これらの仕上げには、プラスター塗、モルタル塗、人造石塗、タイル貼等がある。タイルは従来左官が施工したが、現在では専門の職人が施工するので、タイルの項で述べる。

a──プラスター塗

一種の漆喰塗で、主材料は石灰、石膏、白色セメント、ドロマイド等で、これらを調合したものが使われる。緩和剤は川砂が用いられる。

施工工程は普通モルタルの上に塗られ、下塗、中塗、上塗の3回以上とし、下塗と上塗は凝結剤を多く、中塗はむら直しを目的として川砂を入れる。下塗が乾燥しなくても、固まりさえすれば、その上に塗っていく。湿っていた方が、いっそうよい仕上げになる。プラスターの調合はメーカーによって材料仕様が指定されているので、ここでは省略する。

b──モルタル塗

モルタルとは、セメントと砂を水で練ったもので、壁や土間等多方面で使用されている。また石貼、タイル貼の下地もモルタルで、石やタイルの貼り付けにも使われる。モルタルの下地には、コンクリート、れんが、コンクリートブロックがあり、木造ではバラ板下地とする。バラ板は野地板、小幅板ともいわれ、約9～12×100mmの板を間柱、柱に約25mm間隔で横に打ち付けるもので、その上に雨水等による腐朽がないようアスファルトルーフィングを貼る。その上にメタルラスを貼って、モルタル下塗をする。アスファルトルーフィングについては前述したので省略する。なお、アスファルトルーフィングについて、アスファルトフェルトと記載されているものもあるが、これは羊毛、パルプ等の繊維質にアスファルトを浸透させた圧搾フェルトで、幅は90～100cm、厚さは単位面積の質量で表される。陸屋根、浴室内部、地下室等直接水に接する部分の防水層形成に用いられる。

メタルラスには大きく分けて、薄い鉄板に切目を付け、引き延ばした「エキスパンドメタル」（一般にはメタルラスという）（図25・14、表25・6）と、これを亜鉛めっき鉄板に貼り付けたラスシートがある（図25・15）。細い鉄線を網状にした「ワイヤラス」とがある（図25・16）。一般住宅の場合はメタルラスを用いることが多く、貼付けには股釘（ステープル）を壁で15～20cm、天井で12～15cm間隔に千鳥に打ち、とりつける。ワイヤラスの網の形には、菱形、甲形、丸形等がある（表25・7）。ワイヤラスはモルタルが厚くつくので、それだけ高級な下地といえる。天井が塗り物の時、天井下地は壁と同様であるが、野縁等堅固に組む必要がある。バラ板は、壁と同様に貼り、その下に直接メタルラスを貼ってルーフィングを用いない。メタルラス下地の時は、必ずモルタルを使用しないと、メタルラスが早く錆びる。

モルタルは下塗と上塗の2回で仕上げるのが普通で、下塗（現場ではコスリという）仕上塗か、仕上ものが施される。この下塗の調合比はセメント1：川砂3で、塗厚はラスが隠れる程度から約10mmである。その上に塗る仕上モルタルは厚さ6～10mmで、調合比はセメント1：川砂1～3である。モルタルが凝固する時は、必ず収縮するので、セメントの比率が大きくなると亀裂の原因になる。

一般のモルタル仕上げには「搔落とし」「刷毛引き」「鏝押さえ」の3種類がある。

搔落としは、モルタル塗付け後、水が引き、硬化する前に、金属の櫛等でガリガリ摺って表面を粗くする仕上である。刷毛引きは、硬化するまえに、大きな刷毛に水を含ませて壁面を撫で、セメントペーストを流し、砂粒を残して粗面にする工法をいう。これら二つの方法は、仕上面の凹凸を目立たなくするためのものである。モルタルは、鏝で平面に仕上げるのがたいへん難しいので、大面積の壁はこれら二つの方法で仕上げる。鏝押えは、小面積で、目立たない所に採用される。この他、掃付け、かのこむし、箒目等の仕上げがあるが、すべて粗面である（図25・17）。

色モルタルは、セメントに色粉（リシン）を混ぜ、壁等に塗付け、前述の方法で仕上げられる。また白色セメントに、川砂の代わりに大理石の寒水（白色大理石）の粒を用いると白色で透明感のある仕上げになる。これは白色セメントモルタル寒水搔落しといい、モルタルリシンより多少高価になる。また一度仕上げられた壁に吹付けタイル（外壁用塗料）で仕上げられることもある。この方法は、壁全体の塗替えにも応用される。

1970年頃までは、舟で練ってモルタルを作っていたが、モルタルミキサー（図25・18）により機械化され飛躍的に省力化がなされた。バケツ等による少量の練り合わせにはハンドミキサー（図25・19）があり、先端の回転刃を取り替えることで多目的に材料を練ることができる。

c ── 人造石塗

人造石の仕上では、しっかりと塗る必要がある。場合によっては定規摺りを行う等、特に平坦に仕上げることを心掛ける。

目地を入れる時は、下塗表面の墨を基準に目地棒（桧製、見付約8mm、見込み塗厚）をモルタルで小刃立てに貼付け、この目地棒の間を人造石モルタルで埋め、硬化した後、目地を抜いて目地モルタルをていねいに施す。

人造石塗の材料は、セメント、種石、着色剤、砂で、時に白色セメントを使うこともある。また石灰や珪藻土を混和させることもある。

平面を平滑に仕上げる表面仕上には、研出し仕上、研出し艶付仕上があり、ほとんど室内に使われる。外壁用では、表面を粗面に仕上げる鏝摺り洗出し、生乾き搔落し、型押し洗出しがある。また表面の小叩き仕上げは、石工によって仕上げられる。

種石には、花崗岩、風化花崗岩（錆石という）、大理石、蛇紋岩、砂等を使用する。着色剤は、浅黄土の他、色岩石、鉱物質の顔料を使用する。

研出しは、鏝で充分摺り、種石の表面を一様に揃え、硬化を待って、表面を砥石で荒研、中研、上研の後、艶出し薬品とワックスで仕上げると、石材の「水磨き」同様に仕上がる。これは現場で平滑に仕上げる方法で、現テラと呼ばれることもある。人造石がテラゾー（terrazzo）と呼ばれることからきている。

テラゾーはモルタル下地板に、少し大きい種石を入れて塗った後、機械で磨いて仕上げたものである。

平ラス

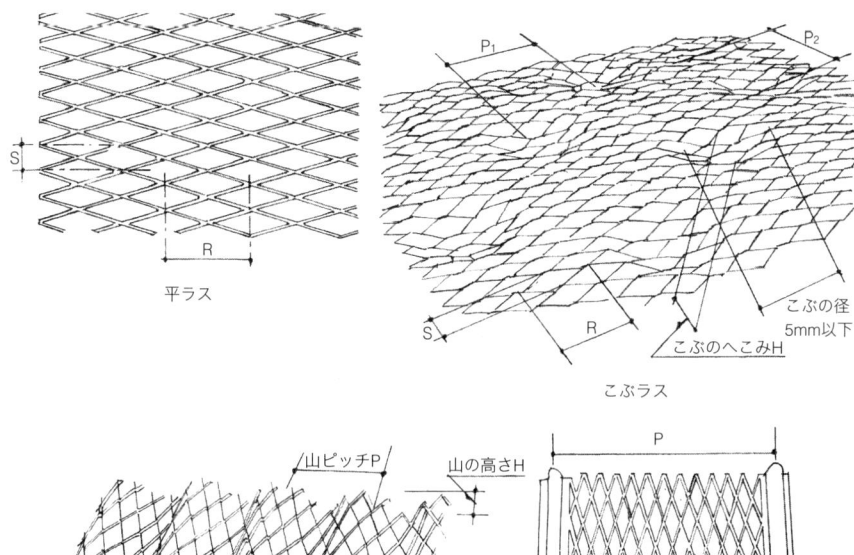

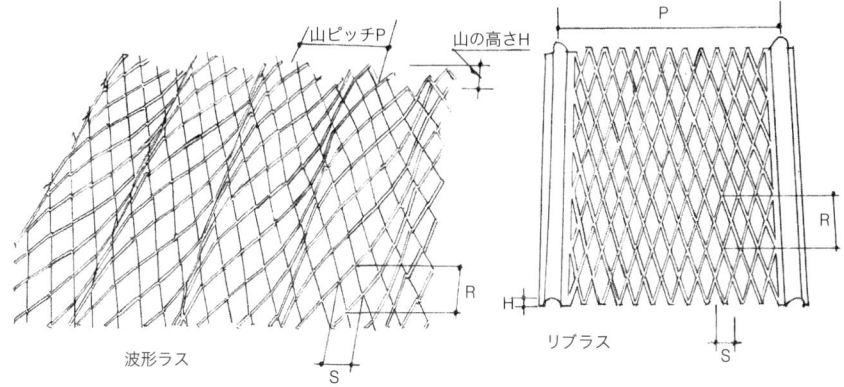

こぶラス
- こぶの径 5mm以下
- こぶのへこみH

波形ラス
- 山ピッチP
- 山の高さH

リブラス

図 25・14　メタルラス四種 (出典：JIS A 5505)

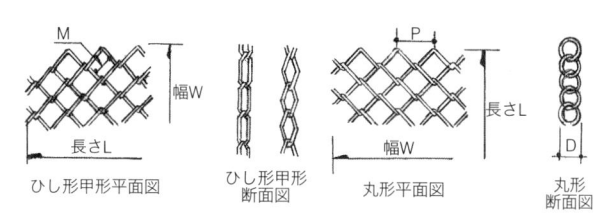

ひし形甲形平面図
ひし形甲形断面図
丸形平面図
丸形断面図

図 25・16　ワイヤラス (出典：JIS A 5504)

W：製品幅
w：有効幅（角波亜鉛鉄板の両端の山の中心から中心までの距離）
L：製品の長さ
l：有効長さ
h：山高
P：山ピッチ
b：横重ね代（1山重ね）
c：縦重ね代（30mm以上）
b'：横重ねラス代
c'：縦重ねラス代

このラスシートは、主に壁、屋根、床等モルタル下地、コンクリート下地に使用する。角波亜鉛鉄板の上面にメタルラスを溶接したもので、二方向重ね方式と、一方向重ね方式がある。

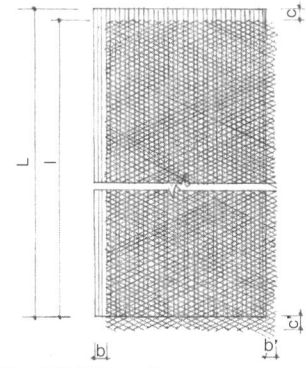

図 25・15　ラスシート（角波亜鉛めっき鉄板シート） (出典：JIS A 5524)

表 25・6　メタルラスの呼び方、形状、寸法、質量 (出典：JIS A 5505)

種類	呼び方	薄板の厚さ [mm]	1種 [m] 幅W	1種 [m] 長さL	2種 [m] 幅W	2種 [m] 長さL	ピッチP [mm] P_1	ピッチP [mm] P_2	高さH [mm]	質量 [kg/m²]	備考 [mm] R	備考 [mm] S
平ラス	1号	0.4〜0.6 (28#〜24#)	1.0	2.0	0.61	1.82	−	−	−	0.45	26〜32	13〜16
	2号	0.4〜0.7 (28#〜22#)	1.0	2.0	0.61	1.82	−	−	−	0.50	26〜32	13〜16
	3号	0.5〜0.7 (26#〜22#)	1.0	2.0	0.61	1.82	−	−	−	0.70	26〜32	13〜16
	4号	0.5〜0.8 (26#〜21#)	1.0	2.0	0.61	1.82	−	−	−	1.05	26〜32	13〜16
こぶラス	1号	0.4〜0.6 (28#〜24#)	1.0	2.0	0.61	1.82	73	68	9	0.45	26〜32	13〜16
	2号	0.4〜0.7 (28#〜22#)	1.0	2.0	0.61	1.82	73	68	9	0.50	26〜32	13〜16
	3号	0.5〜0.7 (26#〜22#)	1.0	2.0	0.61	1.82	73	68	9	0.70	26〜32	13〜16
波形ラス	1号	0.5〜0.7 (26#〜22#)	1.0	2.0	0.61	1.82	33		10	0.70	26〜32	13〜16
	2号	0.5〜0.8 (26#〜21#)	1.0	2.0	0.61	1.82	33		10	1.05	26〜32	13〜16
リブラスA	1号	0.4 (28#)	−	−	0.61	1.82	120		9	1.40	26〜27	10
	2号	0.5 (26#)	−	−	0.61	1.82	120		9	1.80	26〜27	10
	3号	0.6 (24#)	−	−	0.61	1.82	120		9	2.10	26〜27	10
リブラスB	1号	0.4 (28#)	−	−	0.99	1.82	90		17	2.60	32	10
	2号	0.5 (26#)	−	−	0.99	1.82	90		17	3.25	32	10
	3号	0.6 (24#)	−	−	0.99	1.82	90		17	3.90	32	10

表 25・7　ワイヤラスの呼び方、寸法、質量 (出典：JIS A 5504)

種類	呼び方	鉄線の径 [mm]（番線）	網目 M [mm]	ピッチ P [mm]	厚さ D [mm]	1種[m] 幅 W	1種[m] 長さ L	2種[m] 幅 W	2種[m] 長さ L	質量 [kg/m²]
ひし形ラス	ひし 1238	1.2 (# 18)	38	—	10	2.0 以上	4.0 以上	1.82 以上	3.64 以上	0.51 以上
	ひし 1232	1.2 (# 18)	32	—	9	2.0 以上	4.0 以上	1.82 以上	3.64 以上	0.6 以上
	ひし 1225	1.2 (# 18)	25	—	9	2.0 以上	4.0 以上	1.82 以上	3.64 以上	0.75 以上
	ひし 0932	0.9 (# 20)	32	—	9	2.0 以上	4.0 以上	1.82 以上	3.64 以上	0.32 以上
	ひし 0925	0.9 (# 20)	25	—	9	2.0 以上	4.0 以上	1.82 以上	3.64 以上	0.41 以上
	ひし 0920	0.9 (# 20)	20	—	6	2.0 以上	4.0 以上	1.82 以上	3.64 以上	0.54 以上
甲形ラス	甲 1232	1.2 (# 18)	32	—	15	2.0 以上	4.0 以上	1.82 以上	3.64 以上	0.65 以上
	甲 1225	1.2 (# 18)	25	—	15	2.0 以上	4.0 以上	1.82 以上	3.64 以上	0.79 以上
丸形ラス	丸 2045	2.0 (# 14)	—	45	30	2.0 以上	4.0 以上	1.82 以上	3.64 以上	2.03 以上
	丸 1235	1.2 (# 18)	—	35	20	2.0 以上	4.0 以上	1.82 以上	3.64 以上	0.84 以上
	丸 1225	1.2 (# 18)	—	25	15	2.0 以上	4.0 以上	1.82 以上	3.64 以上	1.36 以上

　ワイヤラスはモルタル塗下地にラスとともに用いられるが、モルタルの着きが多くそれだけ丈夫な壁等になる。
しかし一般木造住宅の時、特別な場合を除き、用いられることは少ない。
　ワイヤラスの取付けには、ステープル（またくぎ）を用いる。長さは18〜50mmまであり、ワイヤラスの種類に応じて適切なものを用いる。

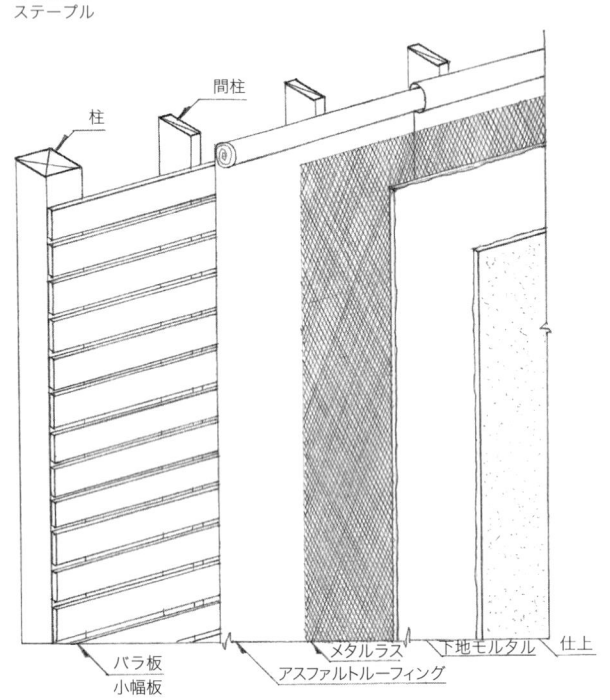

18〜50mm
ステープル

仕上は、モルタル刷毛引き、モルタル掻落し
モルタルリシン掻落し
白色セメントモルタル寒水掻落し等の仕上、また、下地モルタルの
上にタイル貼することができる。

図 25・17　モルタル等外壁の構造

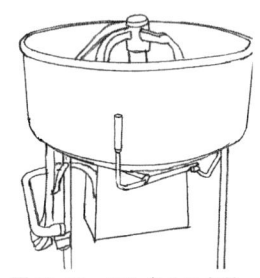

図 25・18　モルタルミキサー

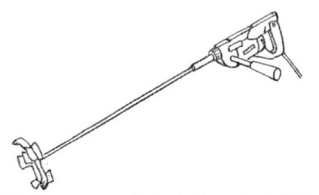

図 25・19　ハンドミキサー（攪拌機）

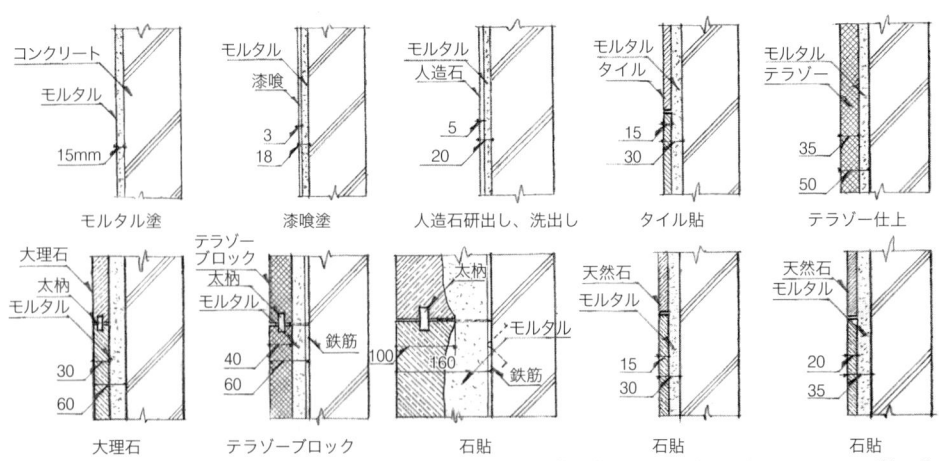

図 25・20　洋風壁仕上厚標準　右下の石貼二つは、現在の工法である、石が薄く作られるようになり、タイルと同等の施工ができる。

洗出しは、種石を表す仕上で、モルタルに丸く小さな種石を混ぜて塗り、硬化以前に噴霧器でモルタルを洗い流し、種石を表す仕上である。種石は豆砂利を使用することが多い。この仕上の場合、後の清掃をよく行わないとセメントが残留して、セメント色の汚れになるので注意する。

押型仕上げも表面に変化を付けるもので、種々の方法がある。例えば、布に小石を包んで壁面を叩く、ササラ（竹の割ったもの）で壁面を突く、指先でアバタ面にする等である。モルタル塗上げ後、2日ほど後にワイヤーブラシでたたいて、人造石モルタルを中ば掻落とす方法もある（図25・20）。

4　外壁仕上

外壁は建物の顔を決めるものであるが、他に出入口、窓、庇、戸袋の類、屋根があり、これらと材料、配置をよく調和させることが大切である。

洋風建築の外壁は、タイル貼、れんが壁、漆喰塗壁、モルタル塗壁等大壁で防火の役目も果たす。和風は真壁で従来土壁なので、雨等水から壁を保護する目的のために杉皮貼や羽目板貼が用いられた。現在では、工期や経済的なことから乾式の工業製品の外壁が増え、この材料を一括してサイディングボード（siding board）と呼んでいる。

従来の木造壁仕上で、大工工事で行われるものには、下見板貼として鎧下見（よろい）、南京下見（目地下見）、凸目地下見（ドイツ下見）、簓子下見（ささらこ）（江戸下見）がある。また羽目板貼には目板貼、敷目板、相決り、羽重ね打ち（スベリ刃打ち）があり、素木または焼板が用いられる。特殊貼には、シングル貼、杉、桧皮貼、萩貼、柆板貼（へぎいた）、網代組貼（あじろぐみ）、なぐり板貼、竹割、竹貼、舟板貼があり、これらを不燃材にしたものが、各種サイディング貼ということになる。

木造壁仕上の着色は、その下地の仕上によって工夫され、ペンキ仕上や防腐剤塗のものや焼板も用いられた。また方法の混用によっても味のあるものになるが、現在は一般住宅ではあまり用いられなくなっている。

左官工事の外壁については前述の通りだが、他に塗装、貼付けがある。

貼付壁の種別を述べておく。石材の貼付には、スレート貼、石貼（化粧薄板）、人造石貼があり、粘土焼成品貼には、タイル貼、テラコッタ貼、平瓦貼（海鼠壁（なまこかべ））がある。金属板貼には、亜鉛めっき波板鉄板貼、同平板貼、同押型板貼（シーリング）、銅板貼があり、化粧板には、化粧外装用仕上板（サイディングボードの類で岩綿板系、セメント系）がある。

外壁全体を同一の仕上材とするのもよいが、二種以上の仕上をその機能に応じてバランスよく組合せ、よいデザインのものを作るのはデザイナー（建築家）の腕の見せ所である。

ⓐ──下見板の施工

下見板は、外壁土壁の保護を目的としていることは前述したが、外観にも大きく影響する。ただし防火上の問題のあることを知っておく必要がある。貼り方は数種あるが、いずれも板が下から上に貼り上げられ、板の端が下向となる。板は間柱、柱に釘打で取付けられる。下見板下辺には、幅10cm、厚さ2cmくらいの板を水垂勾配に取付け、雨押えとする（図25・21）。

鎧下見（よろい）は厚さ約1.5～2cmの杉板を約2.5cm重ねて横に貼り登るもので「南京下見（なんきんしたみ）」ともいう。幅約20cmの板を使うが、幅を変えてもよく、また長押挽きの板を使うこともある。板の貼り方によって趣が変わる。隅の納まりは、定規柱で押えるか、向う大留（むこ）（おおどめ）や板の小口を交互に遣り違えたり、鉄板、銅板で包む等がある。鎧下見には削り板を使い、ペンキ仕上が多いが、粗木（あらき）のまま防腐剤を塗布するのも一つの方法である。

目地切下見は、板の刎目（はぎめ）を相決りにして、板の面（つら）を垂直にした貼り方である。

凸目地下見板は、板の刎目に目地棒を入れ、壁面の水平線を強調する貼り方で「ドイツ下見」ともいう。隅の納め方は、鎧下見と同じである（図25・22）。

鎧下見貼の家 　　　　　　　　　　　　羽目板貼の家

遣り違納め　　化粧柱納め　　定規柱　　銅板包み　　銅板　　向う大留

図 25·21　下見板の貼方

鎧下見　　鎧下見　　目地下見　　凸目地下見　　　　大和貼　　　相決り打ち

間柱　真壁面　隅柱
押縁　見切縁　押縁
雨押えまたは水切り
地覆または基礎

図 25·22　簓子下見真壁納め

重ね打ち　　目板打ち

スベリ刃打ち　　敷目板打ち

図 25·23　羽目板の貼り方

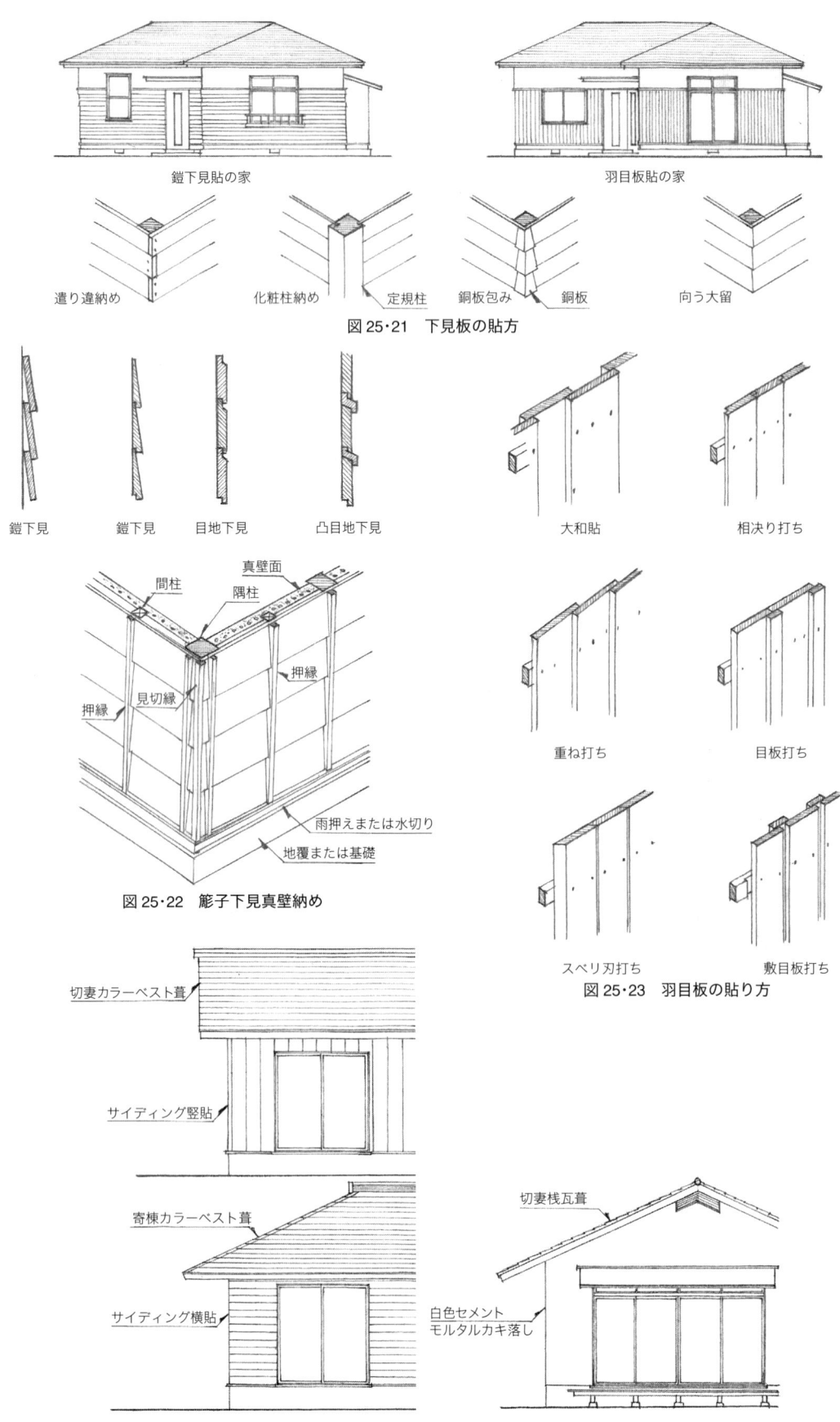

切妻カラーベスト葺
サイディング竪貼
寄棟カラーベスト葺
サイディング横貼
切妻桟瓦葺
白色セメントモルタルカキ落し

図 25·24　外壁化粧各種

簓子下見貼は江戸下見ともいわれ、杉または桧の厚さ1.5～2cm、幅15～20cmの板を、約3cm重ねて打上げ、間柱、柱の上から、押縁（簓縁）で押え、釘打ちするもので、釘頭を外に現さない高級な仕事もある。隅の納め方は、見切縁（幅は押縁と同じ、厚みは見込み板の幅だけ増したもの）で木口を包むように刃刻みにして打付ける。真壁に納める時は、柱を外に見せるため、そして押縁の釘を隠すため、間柱を省略し、板の裏から押縁に釘打ちしてから間柱を嵌め込んで、見切縁の側面から隠釘で止める。武家屋敷の長屋門などで、この方法が用いられている。仕上は鉋削りにペンキ仕上もよいが、生柿渋塗や紅柄と松煙を生渋に溶かしたものを塗った後、菜種油で拭う方法もあり、これらの方が上品に仕上がる。

ⓑ──羽目板の施工

　羽目板は、板を縦に貼ったものである。これも塗壁保護が目的である。板を縦に貼るので胴縁（受木）が必要となる。胴縁は約6×5cm～2×4cmのものを45～60cm間隔で柱に欠込み釘打ちする。板は下見板と同じく、削り板が多い。また保存のよい杉の焼板を用いることもある。

　目板とは、羽目板と同材で幅約4cmのものを羽目板の目地部分に釘打ちするもので、ほとんどがこの貼り方である。また反対に、羽目板の下に胴縁を切り込んで目板を取付けて板を貼るのを「敷目板打ち」という。相決りは刎目を相決りにしたり、羽重ね（スベリ刃）に削って貼る方法もある。大和板打ちは羽目板の下板を重ね代分狭く打っておき、その上から上板をかぶせて打つ方法で、両耳の重ねは、約3cmである。上板を打った時、胴縁との間に飼物（パッキン、図25・23）が必要となる。

ⓒ──特殊貼

　木材、竹類をそのまま使ったり、加工したものを貼って住宅、茶室、料亭などをより風雅に見せるのが特殊貼である。杉皮、紛板、網代組や、なぐり板（栗材で全体に釿目を入れたもの）や、古い和舟の底板で鉄錆、虫食、杢目、節等があり古色を帯びた板や、古い水車に用いられていた材料等を用いる。さらに竹を割って外壁に用いたり、小木片で、柿葺のようにしたり、また藁、茅、熊笹、ソダ等の草類を編んで使うこともある。これら材料の貼り方は、羽目板の貼り方を基本に工夫され、意匠も考えられるのであるが、あまり凝ると厭味が出てくるので、その点注意が必要であるが、一般住宅では、ほとんど使われることはない。

　スレート貼は、人造スレートを貼る方法で、羽目板貼に準じる。次の乾式工法でも述べる（図25・24）。

ⓓ──乾式工法による外壁

　現代では湿式工法が敬遠され、乾式工事が普及している。乾式工事は大工仕上や貼付専門職のみで仕上がり、工期も短縮できる。

　乾式外壁材として急速に普及しているのが、サイディングボード（siding board）である。基材は石綿板が主であったが、最近はノンアスベストになっている。他にセメント中空押出材のものや（図25・25）、コンクリート（ALC版の厚さ約2cmのもの）がある。多くは幅30cm、厚さ15～25mm、長さ最大で約3mのもので、貼上がると幅10cmほどに見えるものが多い。表面の加工がなく、塗装で仕上げるものと、モルタル、タイル、石等に見えるよう着色されたものがある。貼り方は、下見板、羽目板に準じ、縦貼と横貼に分かれる。しかし各メーカー指定の貼り方が無難である。

　縦貼（図25・26）は、間柱、柱に、アスファルトルーフィングかメーカー指定防水シートを貼り、2.5×5cmくらいの胴縁を間隔約30～45cmに打付け、これにボードを打ち付ける。目地部分はほとんど本実刎ぎになっている。

　横貼（図25・27）の場合、胴縁は不用で、間柱、柱にアスファルトルーフィングか指定の防水シートを貼り、その上に下からボードを打ち上げる。目地は本実刎ぎである。もちろん両者は防水見切の所でちがってくる。水切の必要な場所に専用の水切金物、出隅入隅には役物が用意されている。また指定されている所にコーキングを施す。板と板とは突付けになりそれが目地となって外に現れるので、この目地を窓、出入口、庇の位置との関係も含めて設計しておくことも大切である（図25・28）。

図 25·25 サイディングの断面(セメント中空押出材)

図 25·26 竪貼サイディング施工

図 25·27 横貼サイディング施工

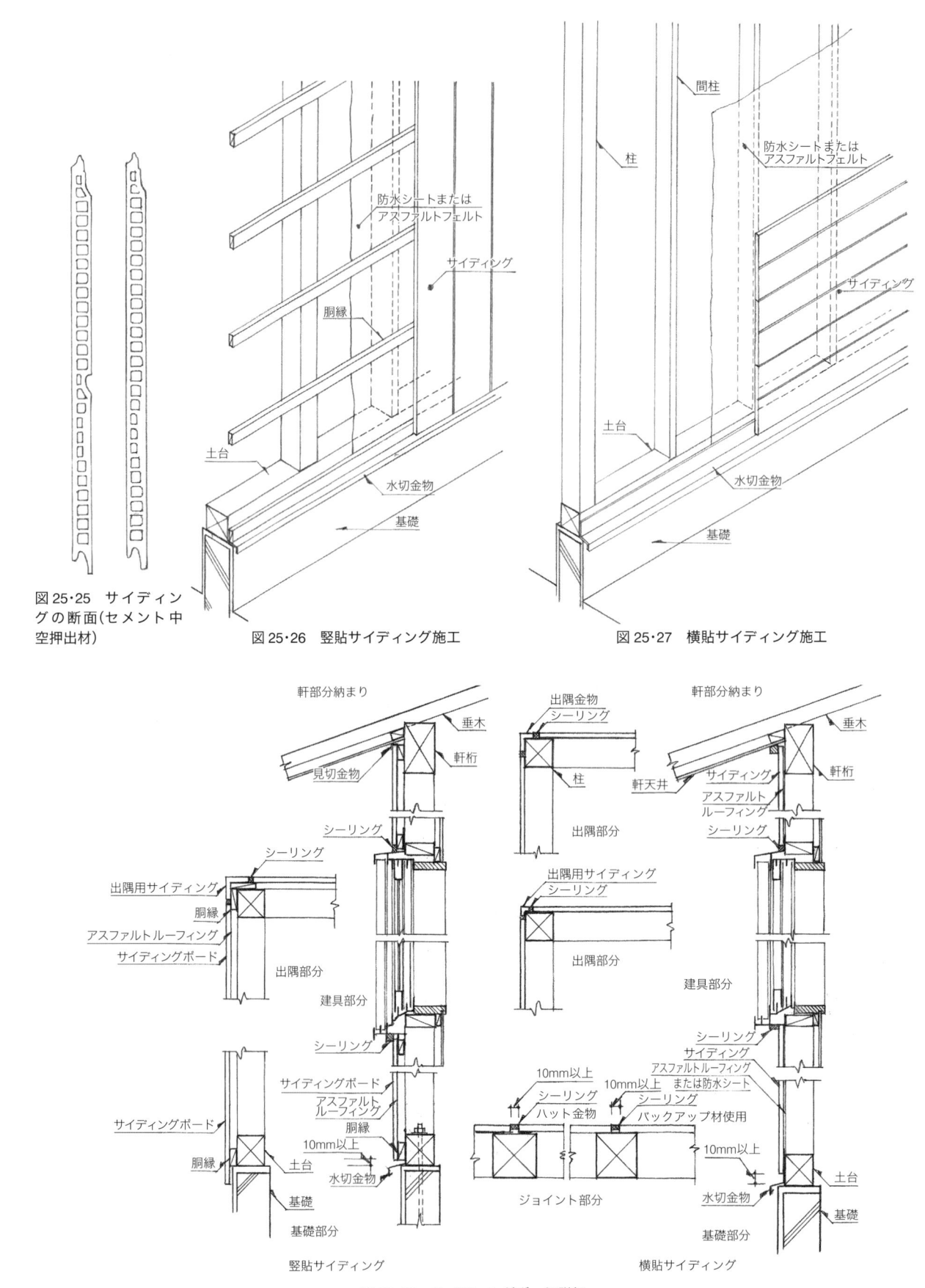

図 25·28 サイディングボード詳細

e —— 乾式工法による内壁

大壁の時は、柱、間柱に横胴縁16×40mmくらいを、30〜36cm間隔に打つ。

塗壁は、厚さ7mmのラスボードを、ステンレス釘、ユニクロ釘、ユニクロの木ねじで止める。ラスボードの代わりにラスカット板の使用もできる。その上から石膏プラスターで下塗とし、その上にそれぞれ仕上塗を施す（図25・29）。

1◆銘木合板

銘木合板貼は、胴縁までは塗壁と同じで、その上に直接銘木合板を貼る。

銘木合板とは、各種銘木（チーク、ローズウッド、ウォールナット、桜、欅（けやき）、樺（かば）、塩地、楢（なら）、楓（かえで）、メープル等々）をスライスしてできた単板（たんぱん）（厚さ約0.3〜0.7mm）を5.5mm厚のラワンベニヤに接着したものである。定尺は二八（にはち）（606〜2424mm）、二九（にきゅう）（606×2730mm）や三六（さぶろく）（910〜1820mm）の各サイズがある。木目を紙に印刷したものを貼ったのはプリント合板で、銘木合板に比べてランクが落ちるが、施工法は同じである。横貼専用のものを「ピーリング」ともいう。この時胴縁は不要だが、柱、間柱の不陸の調整は必要である。銘木合板は天然材なので、同じように見えてもその木目は変化していくから、貼る前にはあまり木目の異なるものが並ばないように考慮して、配置を決定しておくことが大切である（図25・30）。

接着方法は、胴縁に白ボンド（酢酸ビニル樹脂エマルション系接着剤）を塗り、これに銘木合板を押し付け、カリ釘（針釘の頭にビニルの管が着いている）を打って止める。その時回縁、幅木の取り合いに充分注意する。その後、接着剤の硬化の程度を見計らってカリ釘を抜く。釘穴は小さいので目立たないが、気になるなら銘木合板と同色のパテを擦込み完成である。プリント合板の貼り方もこれに準じる。

2◆ビニールクロス貼等

ビニールクロス貼またはペンキ塗の時は、胴縁に石膏ボード（プラスターボード、9mm厚）を、ユニクロメッキの釘か木ねじかステンレス釘で取付ける。これは、クロス糊用の糊も、ビニルエマルションペンキ（水性ペンキ）もともに酢酸系なので、鉄の釘では錆びて表面にその錆が浮き出すからである。クロス下地の時、5.5mm厚ラワンベニヤ（2分厚ともいう）もよく使われる。

ビニールクロスとは、従来からあった壁紙の一種で、施工が簡単、安価で模様、色彩、表面のエンボス等の種類の多さもあって、壁、天井の仕上に大量に使われている。

糊付ビニールクロスは、幅90cmで長さはロールなので、縦貼が原則である。

下地についてはすでに述べたが、薄いものが多く、凸凹や目違いがすぐ表面に現れるので、下地の調整が大切である。釘の頭は充分打ち込み、目地部分は石膏ボード、ベニヤともVカットして、できれば二度パテ込めを行ってクロスを貼っていく。糊は1960年頃まで澱粉で作られたものを使っていたが、カビの発生もあり、現在では酢酸塩ビ系のエマルションが用いられている。ここでもホルムアルデヒドの発生しない糊が使われるようになった。糊付は、以前は幅の広い刷毛で塗っていたが、現在は糊付専用の機械によって施工されている。

貼る部分上下約3〜5cmを長くしておいて、その部分を外に出し貼り下げていくが、この時内部に空気が入らないよう、専用の鏝やローラーで空気を追い出すように貼る。続けて貼る時は、前に貼ったクロスに無地の場合は3〜5cmくらい重ね代を設け、この糊面にごく薄い幅約4cmのビニールフィルムを貼って重ね貼りし、すぐカッターで先に貼ったクロスを切り除き、クロス同士を突き付け、余分な上下の分も切断する。模様付のものはその寸法（リピートという）を正確に計って、模様が合うように重ね貼りしていく（図25・31）。

3◆天井

天井の貼り方は壁に準じるが、しっかりした足代を作ることが大切である。

薄塗壁の項で既述したが、真壁の簡単な工事の時は、石膏ボード貼とし、壁仕上によく似たビニールクロス貼とすることも多い。

以上でもわかるように、乾式工法では壁面内部が空洞になるので外壁では断熱材を充填でき、また亀裂の心配なく筋違を入れることができる。断熱材には、ガラスウール、ロックウール（岩綿）やスタイロフォーム等がある。このように乾式工法は特徴の多い仕上法で、一般によく普及しているが、従来の小舞を掻いての土壁は、千年以上の試行錯誤によって生まれたものなので、われわれに計り知れない何かを秘めている。乾式の和風の壁は、見た目では土壁と変わらないが、どことなく軽々しい雰囲気を感じるのは、筆者一人ではないだろう。

5 タイル、石工事

ⓐ——タイル工事

タイル工事はもともと左官工事の範疇にあったが、施工技術の多様化から近年独立した職種になった。

また石工事については、外装ではなく、天然石がタイルと同じ厚みと大きさに加工された工事について述べる。

タイルの種類は、施釉タイル（釉薬タイル）、無釉タイル（磁器タイル）、炉焼タイルに大きく分けられる。

施釉タイルは、素地に釉薬を掛け焼成させたもので、最もタイルらしいタイルである。ブライト釉、マット釉がある。

無釉タイルは、素地のみで焼成され、表面に艶が少なく、緻密で堅く強い。割っても内部まで同質のタイルである。

炉焼タイルは、炉器粘土を原料として焼成し、土の中の有色鉱物を発色させるものである。おもに外装用として用いられ、れんがタイルに代表される。

外装用壁タイルには、炉焼タイル系、外装床タイルがある。内装壁タイルには施釉タイル系のもの、内部床や浴室床タイルには無釉タイル系のものがある。各メーカー共通のマークが、それぞれのタイルに標示されていて、一応の目安となる（図25・32）。床タイルの共通点は滑りにくいことである。

タイルを大きさでおおまかに分類すると、モザイクタイル、正方形タイル、れんがの大きさのタイル、その他の形のものとなる。

1◆タイルの大きさ

モザイクタイルとは小さなタイルの総称である。一枚一枚貼ることがむずかしいので、タイルの表面に30×30cmの紙を貼り、この大きさを一度に貼るもので、表紙貼モザイクタイルという。大きさは5cm以下で、形は正方形のほか、円形、六角形等がある。モザイクとは、もともと小片を貼って模様や絵画を描くことであった。ギリシャ、ローマ時代からは大理石が用いられた。わが国では小さなタイルを用いたことから、小さなタイルの呼び名となったと考えられている。

正方形タイルは、6cm角、7.5cm角、9cm角、10cm角、10.8cm角（3・6タイルという）、12cm角、15cm角、20cm角が一般的で、大きなものには30cm角、60cm角、120cm角のものもある。

れんがの大きさのタイルは、その小口の大きさが約6×12cmのものが標準寸法で小口タイルといい、それを横に二つ並べた大きさのものを、二丁掛タイルという。二丁掛タイルは、約6×23cmである。

その他、よく使われるものに10×20cmのもの等がある。これらのタイル寸法は目地を入れての寸法で、目地の幅によって実寸法が左右される。石材や外国製タイルは実寸法で呼ばれることが多く、混ぜて使うと目地の通らなくなることがあるので、注意が必要である。

役物タイルは、出隅、入隅や笠木部分等に用いるもので、片面取り、両面取り、幅木タイル、竹割（内隅と外隅）やこのタイルの交差部にできる三角入隅、三角出隅、上入隅、下入隅（図25・33）といったものをいう。これらはすべてのタイルに用意されているものではないので、その都度確かめてから採用を決定する。

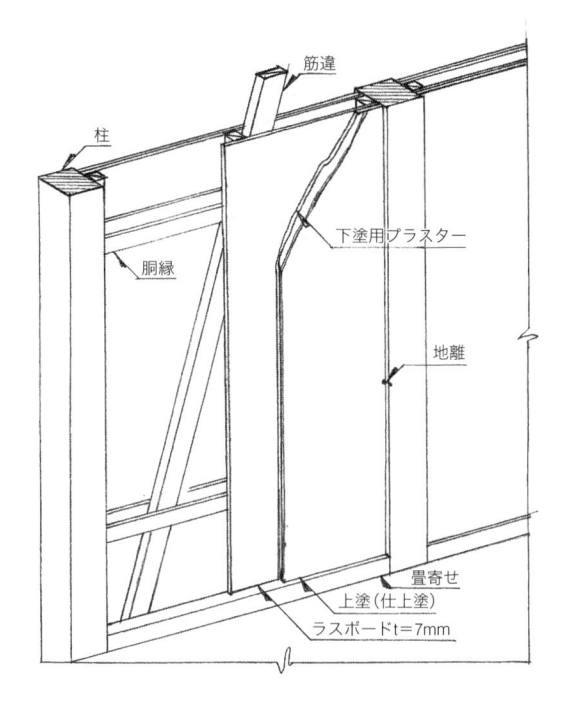

図 25・29 真壁内壁の構造（薄塗壁）　ラスボードをプラスターボードとし、それに直接上塗する方法もある。

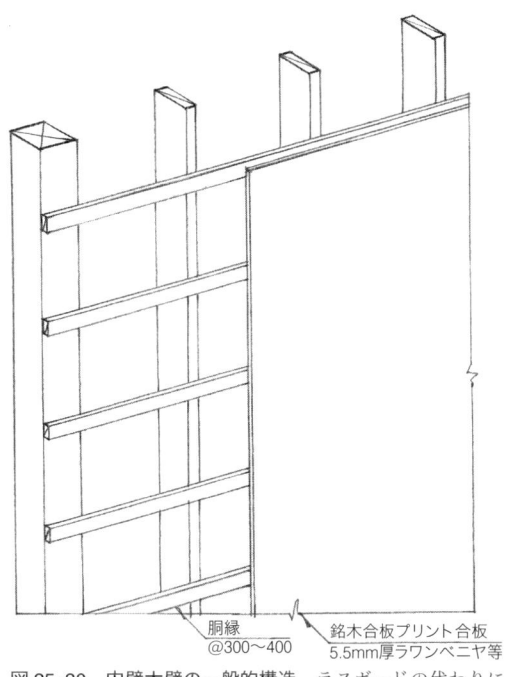

図 25・30 内壁大壁の一般的構造　ラスボードの代わりにプラスターボードとし、それに直接上塗する方法もある。

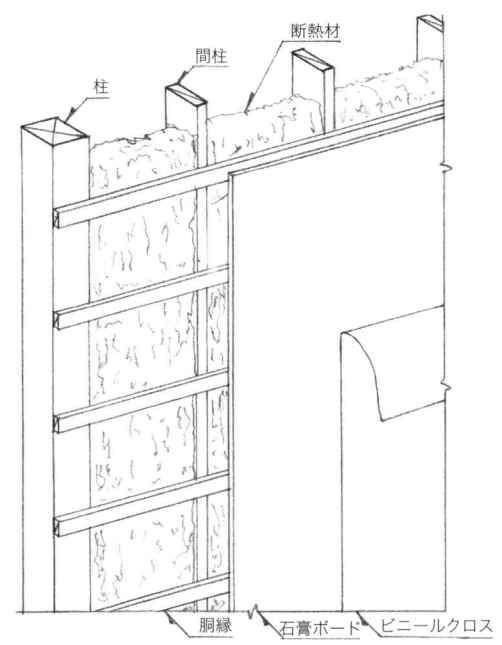

図 25・31 内壁大壁準不燃の一般的構造

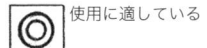

図 25・32 タイル使用場所の表示

2 ◆ 施工方法

　ここでは一般住宅に用いられる手貼工法について述べる。工法は、積上貼（ダンゴ貼）、圧着貼、接着剤貼の三つに大別され、それぞれの改良貼もある。

　積上貼は最も一般的で、下地モルタルをよく乾燥させ、タイルの上にモルタルをのせて一枚一枚貼っていく方法である。確実なタイルの貼り方だが、作業効率が悪く、発華（モルタルの隙間に水が入って、遊離石灰が溶け出し、表面を汚す）が出やすいという欠点がある。

　圧着貼は、下地モルタルの上にもう一度モルタルを塗り、タイルを押付けて貼っていく方法である。一度に施工する範囲を $3m^2$ 以下にしておかないと、浮きや剥落の原因になるが、作業効率は積上貼よりよく、発華の問題も少ない。

　接着剤貼の下地は、モルタル、ベニヤ板、硅カル板、その他のボードにも貼れる。接着剤は、二液反応タイプのエポキシ系や、アクリルエマルション系の一液硬化タイプがあり、下地をよく乾燥させて櫛目鏝で塗り、タイルを貼る。

　改良積上貼、改良圧着貼はどちらもモルタルの硬化の始まる時間（オープンタイムという）を意識したもので、硬化以前に貼上げるものや、特殊衝撃工具（振動工具）を用いて貼るといった工夫のされた工法である。

　マスク工法とは、圧着貼しかできなかった従来のモザイクタイルの裏に特殊なマスクで適量のモルタルをのせ、貼るものである。この方法を壁タイルに応用して、10cm角タイルで9枚、15cm角で4枚の裏面をプラスチックで継ぎ、前出の特殊マスクにより適量のモルタルをのせて貼る。効率もよく、白華の心配も少なく、ネット貼タイルとして発売されている（図25・34）。

　目地は、モルタルが硬化するか、接着が完了した後、軟質の調合目地材により入れるか、目地同時押えにし、よく清掃してタイル貼を終える。

ⓑ――石貼工事

　施工する石の種類には、花崗岩、石英岩、石灰岩、大理石、人造石（テラゾー）等があり、各々色および模様も豊富である。大きさは30cm角、40cm角で厚み12〜15mmのものが最も多い。また 6×12cm といったボーダーのようなものもある。役物も用意され、カタログに寸法も出ている（表25・8）。

　施工法はタイル貼工法に準じて行うが、天然石であることから適材適所にその石の長短を考えて配置する。花崗岩は火に弱く、大理石は水に溶けやすい。

図 25・33　役物タイル

図 25・34　マスク工法

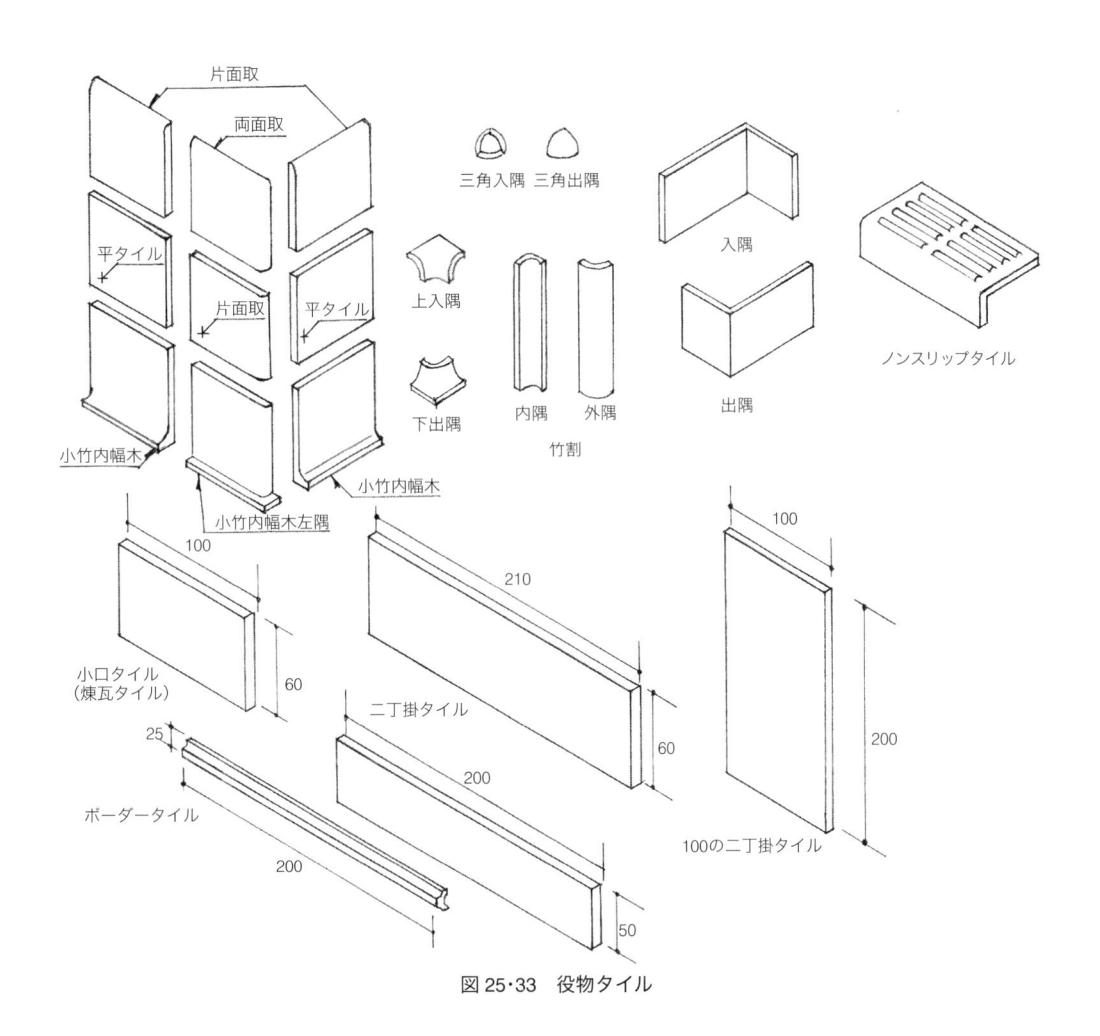

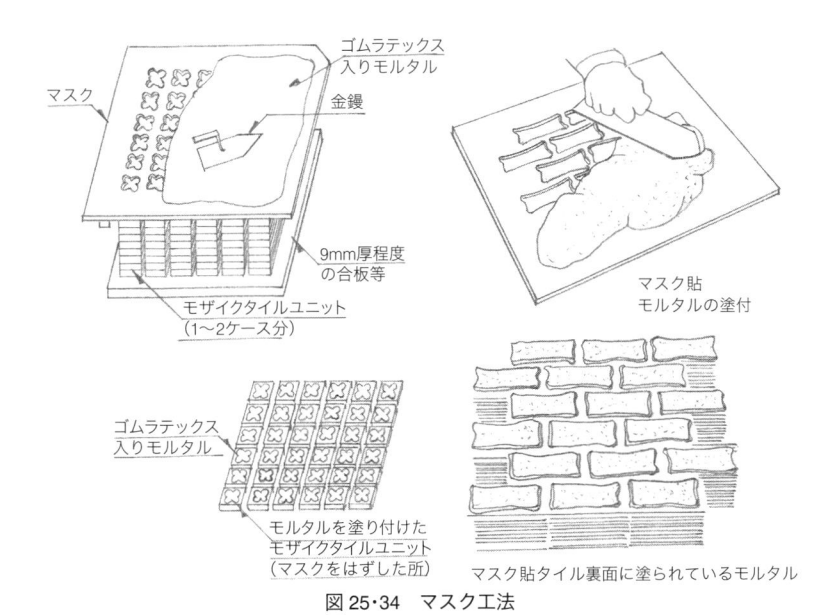

表 25・8　タイル様天然石の寸法

形状	実寸法 [mm]	厚さ [mm]
400 角平	400 × 400	12
400 角平	400 × 400	13、15
400 角片面小端磨き仕上	400 × 400	12
400 角片面小端磨き仕上	400 × 400	13、15
400 角両面小端磨き仕上	400 × 400	12
400 角両面小端磨き仕上	400 × 400	13、15
297 角平	297 × 297	13
297 角片面小端磨き仕上	297 × 297	13
297 角両面小端磨き	297 × 297	13
597 × 297 角平	597 × 297	13、15
ボーダーピース	1500 × 150	30
框石	1500 × 150	90

26　造作

1　縁側

入側の発生については宮殿建築の項で述べたが、現代では、縁側は和室の外回りの通路であり、日光の直射を調節すると同時に、外部と内部の中間にあって緩衝空間になっている。わが国独特の空間である。

縁で幅の広いものを「広縁」(図26・1) といい、一般住宅では半間以上のものをいう。また畳敷にしたものもある。幅が広い縁で、一部畳敷にしたものを「入側」と呼ぶことが多い。入縁は格式の高い縁側になる (図26・2)。

縁側の板を長さの方向に貼ったものを榑縁といい、この形式が大半を占める。この板のことを榑板という。また直角に貼ったものは切目縁といい社寺には多いが、住宅では濡縁くらいにしか用いられない。榑縁を支えるのは柱だが、切目縁は縁束で支えられる。

縁の広さは、日照、照射角度で決めることもあるが、隣接する座敷等の格式、仕上等に釣合ったものでないと座敷の雰囲気を失ってしまう。

ⓐ──縁側の骨組

柱下と束下の地業は、独立基礎同様に行い、立上り部分に沓石を据える (図26・3)。沓石は縁側に続く部屋の格式に合わせ、格式の高い時は石の肩幅が柱の幅より5割増くらいの正方形で、花崗岩の本磨きとし、中央に枘穴を彫る。格式が下がると自然の玉石を用いる場合もある。

縁側の床下は開放するのが普通で、雨垂以内に地盤面より1cmくらい上げて縁石を据え、コンクリート下地モルタル塗か、人造石研出し、タイル、切石敷等にする。古くは「三州たたき」にした (三州たたきについては伝統建築の項で記述)。縁石を用いず、砂利を約10cm敷くことも行われる。この勾配は、約1/100で、水が流れやすい勾配だから水垂勾配という。

縁桁の材料には丸太と角材がある。前者は杉の磨き丸太で、元口柱の倍以上の通りよく肌の美しいものを、背割を上に向け使う。長いものは15mくらいにもなる。これを丸桁またはがんぎょう、と呼ぶ。角材も化粧であるから肌のきれいなものが必要で、構造にもよるが、幅13cm、高さ18cmくらいが目安になる。木作りは、化粧垂木を受けるため、口脇を取るものと垂木道を彫るものとがある。継手は鎌継ぎが普通で鯱継ぎもある。角材は追掛大栓継ぎにし、継手持出しは桁の高さの2.5倍くらいとする。隅の仕口は丸太でねじり竿鯱とし (図26・4)、その胴付はヒカリ (角同士でないものをうまく合わせること) にして鯱竿を通し、鯱栓を打つ。角桁は相欠きねじり組か、蟻落し鼻木も同様に蟻に入れ、隅木道を彫っておく。

ⓑ──縁側の化粧屋根

化粧垂木は杉磨き丸太径4cm内外が普通で、皮付樫丸太、赤松丸太、竹も用いられ、これらを一本置きに混用する等の工夫もされる。角垂木は杉または桧の柾で約4cm角で下面面取りし、約40cm間隔にする。勾配は3寸以下がよく、垂木鼻を銅板で包む、ていねいな仕事もある。

垂木掛は主屋の柱に取付ける。材質は柱と同材か、磨き丸太を二つ割にしたものも使用する。垂木掛の継手は箱目違いで柱真で継ぎ、高さは柱幅の7、8分、厚さ4分取り、柱への組付首切り欠きにして、下端外角大面取りにし柱に取付ける (図26・5)。

化粧小舞は垂木の上に直角に置き釘打ちして、その上に化粧裏板、野根栃板を貼るのが普通だが、小舞を略し垂木裏に布板貼にすることもある。小舞は垂木と同材で約2cm角、下端に面を取り間隔は約12～20cmである。小舞の材料や配置は、瀟洒な建築では種々工夫され、おもしろさを出す。

裏板の材質は杉か椹の柾板で、網代組にすることもある。最近は杉柾か中杢のベニヤも使われる。小舞のない時は、厚さ1cm、幅垂木間隔の板で長さが垂木と同じものを布貼にする。直角に貼る時は刃重ねするか、底目貼にする。

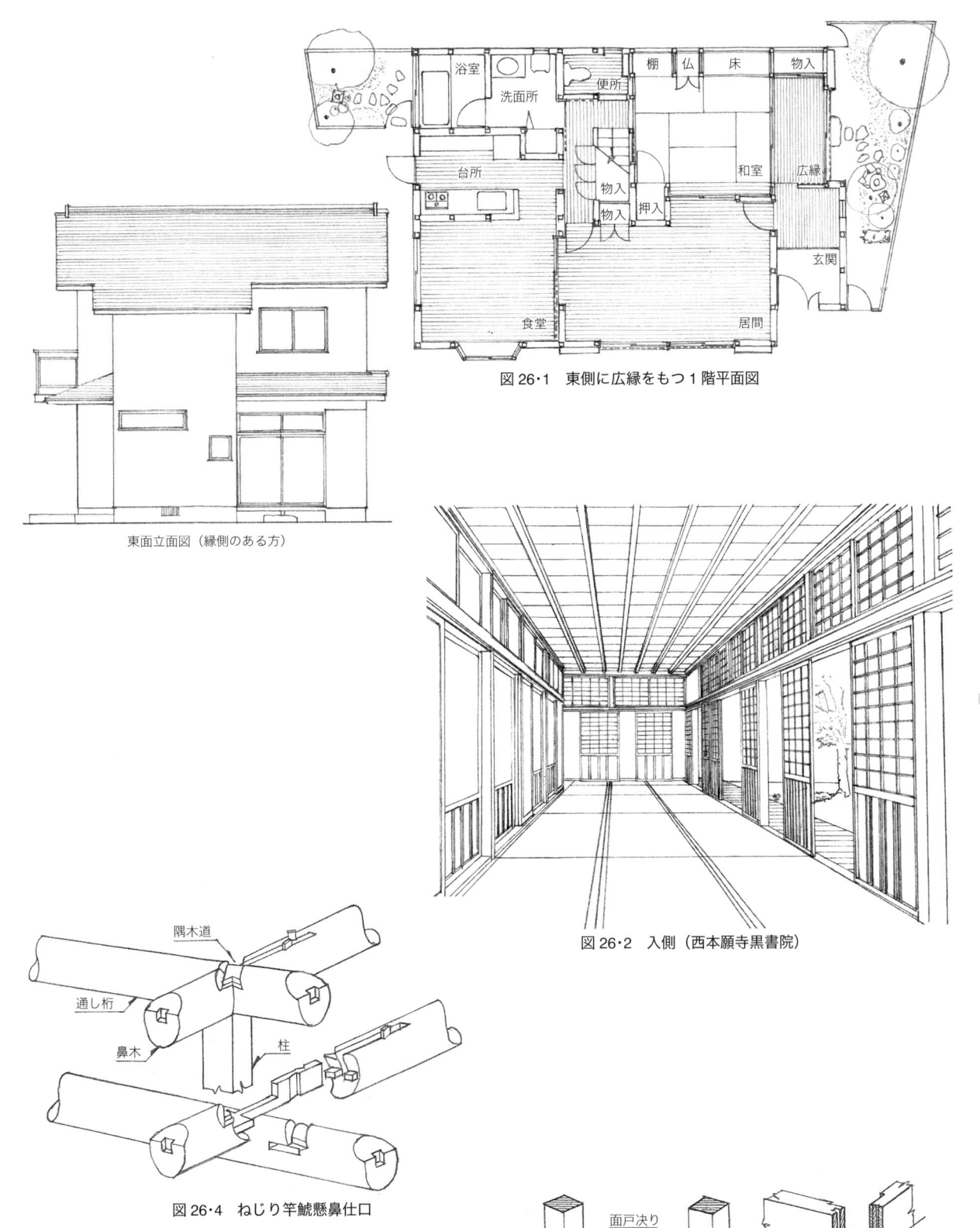

図26·1 東側に広縁をもつ1階平面図

東面立面図（縁側のある方）

図26·2 入側（西本願寺黒書院）

図26·4 ねじり竿鯱懸鼻仕口

（ラベル：隅木道、通し桁、鼻木、柱）

図26·5 垂木掛仕口

（ラベル：面戸決り、垂木彫、首切、化粧垂木、柱、垂木掛裏、襟輪欠き、箱目違）

26 造作

図 26・3 縁側の矩計

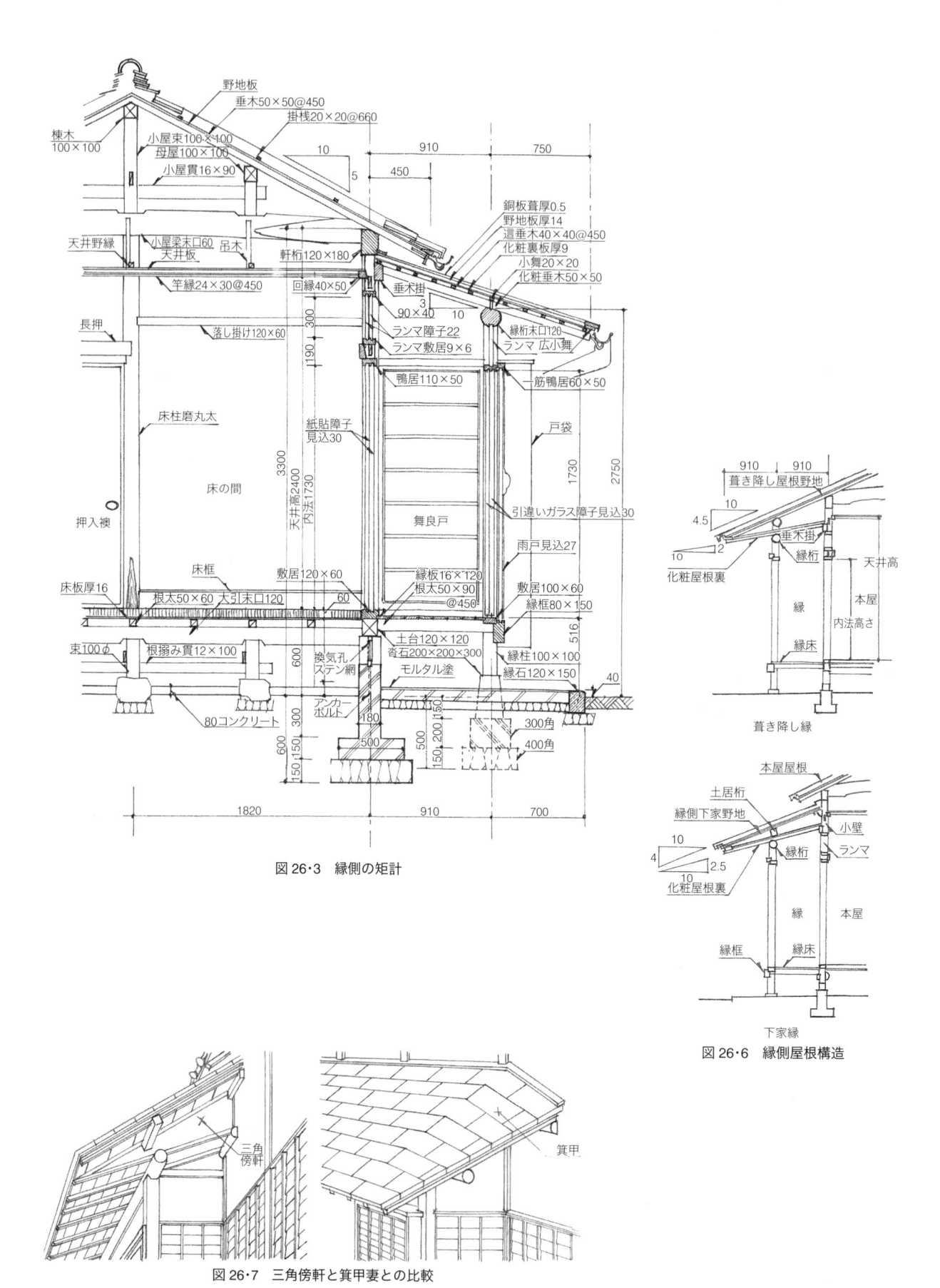

図 26・6 縁側屋根構造

図 26・7 三角傍軒と箕甲妻との比較

c —— 縁側屋根野地

　縁側の屋根は、葺下しと下屋とに分かれ、葺下しは主屋の勾配と同じになるが、下屋の時は母屋より少し下げ、勾配も主屋よりゆるくする（図26・6）。化粧垂木の勾配を2寸くらいにすると、野地との間に三角形に組付くので、軒先の垂れ下がりも防ぎやすい。縁側の二重軒の終端が切妻の時、化粧垂木と野垂木の三角形ができて納まりにくいが、野垂木尻を落とし込み、箕甲納めにするとうまく納まる（図26・7）。

　軒の出が1.5m以上になると、直径約10cmの栗か桧の丸太を桔木として、約2m間隔に母屋の屋根裏から桔ね出し、深い軒を支える。桔木が用いられない時は、力垂木や野垂木で納めることもある（図26・8）。力垂木や野垂木と這垂木を貫でつないで、トラス型になるように納める方法もある（図26・9）。縁側の幅が1.2m以上になると中間に母屋が必要になるが、これを支えるために繋ぎ梁か登り梁を設ける。

　広小舞、淀の大きさは、主屋と同じだが、広小舞は厚さ2〜3cm、幅10〜12cm、淀は長押挽きで厚さ前方で3cm、幅12cm、後方で2cmくらいのもので、軒の隅や軒傍で高さの2倍くらい反り上げるのが高級な仕事である。

d —— 榑縁

　縁框は雨戸の一本敷居を兼ねて縁床を支え、縁柱の外側に水平に取付けられるもので、柱と同材か、桜、栗等の堅い木で作る。高さは15〜30cm、幅7〜10cmくらいである。溝の外樋端は1.5cm、溝幅2cmくらいとし、柱と溝の内側に約3mmの余地を見込んで、深さ約2〜5mmにする。戸車による摩耗を防ぐために溝底に約5mmの堅木を入れることを埋樫という。埋樫には、真鍮板も用いられる（図26・10）。

　縁框の継手は箱目違いにし、継手を引固めるよう、独鈷か鎹を打つ。隅の仕口は二枚枘に差込み、柱に襟輪欠けに取付け、柱から出た太枘に差し込んで裏面から手違い鎹で緊結する。

　縁束は縁柱の間隔が1.5〜2間以上になるときに、その中間に割り合わせて、縁框に取付ける。柱の9分取くらいで沓石に枘立が本式の仕事である。仕口は兜蟻にする（図26・11）。

　床は、まず根太を蟻枘で縁框と主屋の足固めや土台に連絡する。縁には一般に大引を用いないので、根太は大きくして柱の半割程度を縦使いに約45cmの間隔で架ける。縁の幅が大きくなると、さらに大きな根太を入れるが、その大きさに応じたものを用い、上面鉋削りし水平を出す。全部鉋削りするのは高級な仕事である（図26・12）。

　縁床板については既述した（図20・13、p.322、図26・13）。

　古くは縁の端は雨戸だけであったが、縁の機能を増すために雨戸の内側にガラス戸を建てるようになった。このガラス戸を「防寒」と呼んでいる。縁板に敷居溝を作ることもあるが、別に敷居を取付けることの方が多くなっている。

　縁床の高さは座敷や和室から約4cm下げ、外の框に向かって1/200の水垂勾配をつけ、床が平坦に見えるようにする。縁幅が2m以上と広い時は納まりのことも考えて水平に貼る。また座敷和室と同じ高さに貼る時もある。これは、バリアフリーに適合するが、縁の意味から考えると、その雰囲気が希薄になってしまう。

　欧米列強が東洋に進出し、植民地に建てられたコロニアルスタイル（colonial style）の建物では、建物の周囲あるいは一部の面に吹放しの柱列を作っていた。しかしわが国では冬季の寒さから通年使用できないので、この柱の間に建具を入れて、サンルームのような使い方をした。この部分が、その幅や使われ方から、洋風建築における縁側だと考えられる（図26・14）。

e —— 手摺

　ここでいう手摺は勾欄といわれるものではなく、二階縁側や1m以上の高さにある縁側に、転落防止のために必ず取付けるものである。現在の住宅では、和室が減り、二階縁側を兼ねる廊下を取ることも少なくなり、二階室外にバルコニーを取って手摺をつけることが一般的である（図26・15）。また建築基準法では、手摺の高さは1.1m以上と規定されている。以下の手摺は現在ではあまり使われていないが、参考のため簡単に記しておく（図26・16）。

図 26・8　縁側登り梁

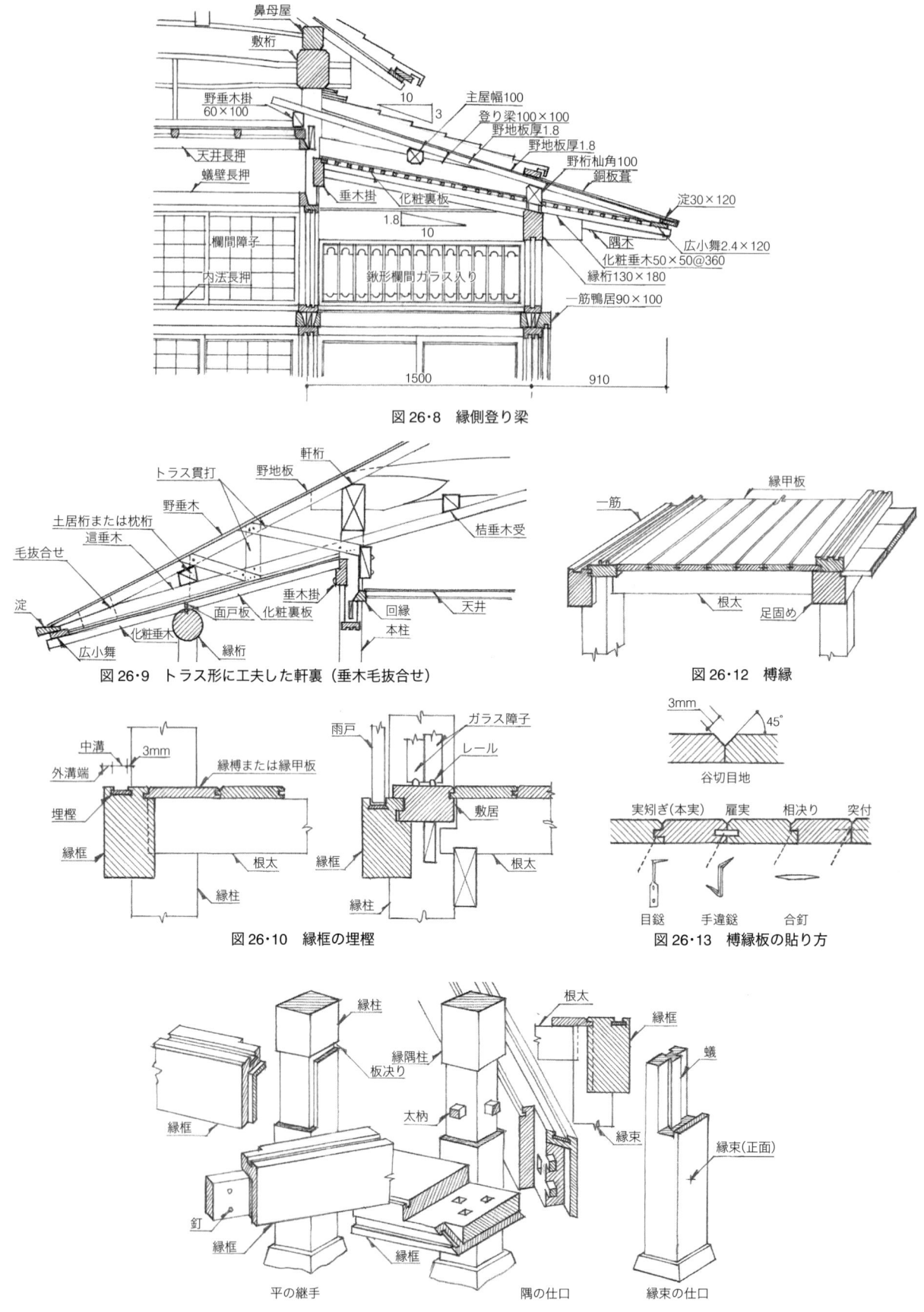

図 26・9　トラス形に工夫した軒裏（垂木毛抜合せ）

図 26・12　榑縁

図 26・10　縁框の埋樫

図 26・13　榑縁板の貼り方

図 26・11　縁框の仕口

住宅の二階に縁側と掃出窓を作ることは、ほとんどなくなり、掃出窓を作る場合は、バルコニーをつけるようになった。バルコニーは建物全体の意匠に変化を与え、物干等に有効なスペースができる等の便利さがある。現在は、既製品のアルミ製バルコニーキットが多く売り出され、取付も簡単にできるようになっている。

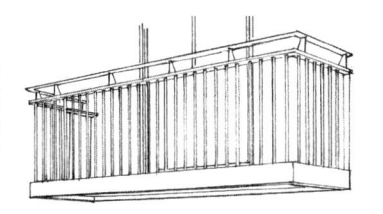

柱なしバルコニー（先付）

図26・14 サンルーム（旧ハンター邸）

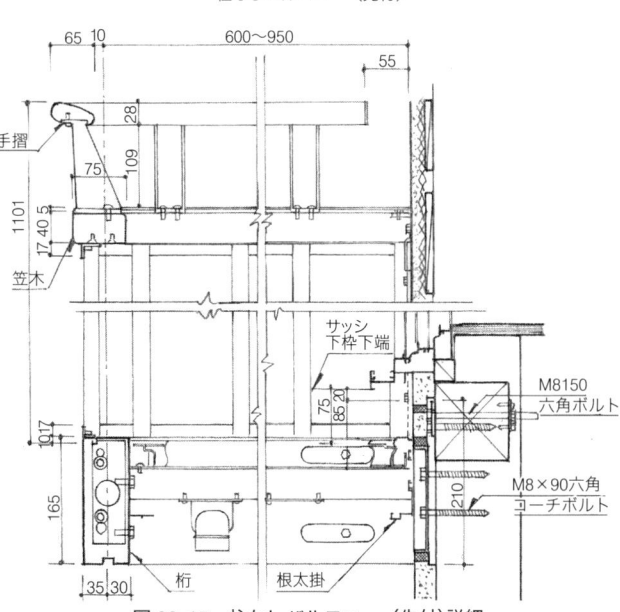

図26・15 柱なしバルコニー（先付）詳細

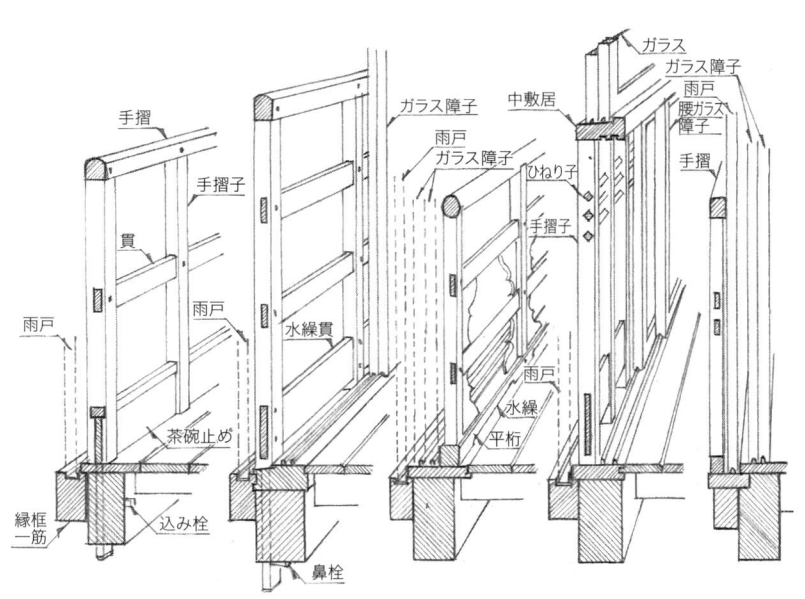

図26・16 二階縁側手摺

材料は桧を使い、笠木は柱の6/10の幅で高さは5/10くらいとし、手触りよいように削る（たとえば蛤面（はまぐりめん））。束と手摺子は笠木の面内に納め、貫の厚みは束の1/3、幅と数は意匠による。束は掛子彫（かけこ）にするか、込み栓止めにする。これは一つの目安で、これを基本に種々の意匠のものを作っていく（図26・17）。

変わったものでは、手摺の上下にガラス窓を作ることもよく行われた。

洋風建築の手摺の意匠は、建物のファサード（建物の顔の意）のデザインを左右するので、たいへん重要である。

雨戸と手摺の関係は、雨戸が手摺の外にある時と内にある時に分かれる。それぞれ長短はあるが、雨戸が手摺の外にある方が構造的にうまく納まる。雨戸の敷居と縁板は、1.5cmくらい敷居を下げ雨に備えるので、雨戸の内法の方がその分高くなる。また腐りやすい所であるから工夫が必要になる。現在は外回り建具がほとんどアルミサッシで、手摺、雨戸もアルミ製である。これらについては、金属建具の項で述べる。

f ── 縁側内法

内法（うちのり）回りとは、鴨居の上、欄間の敷鴨居までの総称で、正式には内法回り造作という。縁にガラス戸を建てる時は鴨居、ガラス戸のない時は無目（鴨居に溝のないもの）を入れる。鴨居および無目は柱と同材で幅は柱の九分取り、高さ約5cm、柱に大入繰出し蟻枘平枘など、一般と同じように取付ける。吊束は柱間隔が2m以上の時、縁束に合わせた位置に、縁桁平枘差し上部から割楔打ち込み栓打、下は篠差蟻（しのさしあり）で取付け、材は柱と同材九分取角くらいとする。雨戸の鴨居は高さ7〜12cm、幅8〜10cmで柱の外につけ、敷居と睨み合せに同様の溝を彫り、柱との隙は約3mm、ガラス戸の鴨居や無目に咬み合せて「印籠嵌（いんろうはめ）」に組合せ、吊束にも組付ける。継手は箱目違付天狗鯱枘を上端を引くようにし、柱へは襟輪欠に取付ける（図26・18）。

欄間は取付ける時、縁桁の上端と無目の背中に溝をつけ、雲障子、〆板などを嵌めるが、ていねいな仕事では別に敷鴨居を柱や吊束に取付け、さらに防犯格子や網戸をつける。網戸は現在ではステンレス網が一般的になっている。

g ── 切目縁

切目縁は、住宅の簡単な濡縁に用いられる。縁葛は榑縁貼の縁框に相当するもので、縁束の頭を貫のように連絡する化粧材である。縁束は榑縁の場合に準じる。根太は用いないが、縁幅が1m以上で縁板の薄い時、間隔50cm内外で束で受ける構造として用いることもある。切目縁板は、松、桧、桜は高級で、水に強い桧葉（アスナロまたはアテ）やアピトンも用いられる。板幅は柱の2〜3倍、厚さ柱の1/4〜1/8くらいで突付に貼る。突付に貼る方が木口包（こぐちづつみ）よりぬれた時の乾燥が速く、切放しの方がよいようである。勾配は1/100〜3/100が適当である（図26・19、20）。

2 窓

a ── 機能

窓は建築の開口部のうちで、出入りできないものとされるが、フランス窓、掃出し窓や茶室の大円窓のようなものも含まれる。機能としては採光、通風、日照、換気、展望等がある。その目的によって壁面や屋根に設けられ、目的、形、位置、開閉方式等によって多くの種類と名称がある（表26・1、図26・21）。壁面に窓を開くことによって部屋の閉鎖性（圧迫感）はなくなり、窓の大きさや種類を工夫すると種々特有の雰囲気が得られ、外観の意匠要素にもなり、室内から見る外の景色も大切な設計の要素になってくる。また通風、採光の機能により、住人の精神衛生に非常に大きく影響することを充分理解し、設計することが大切である。

窓はまず明かりをとることが目的なので、他の建物や崖に近い時はその点、注意を要する。また窓の要素である展望も、隣家の窓と近い時は、お互いに不愉快になるので、注意を要する。換気については、窓全体の半分以上が開くことが大切である。

1960年頃までは内法寸法（床から無目、鴨居の下端まで）の下に窓は設けられていたが、和室が減り、洋室では内法寸法はそれほど厳密なものではないので、機能に応じて決定することができる。

窓の幅は柱と柱の間で、1間（約2m）〜2間（約4m）にする。その窓の計画によって、柱の位置も決まってくる。

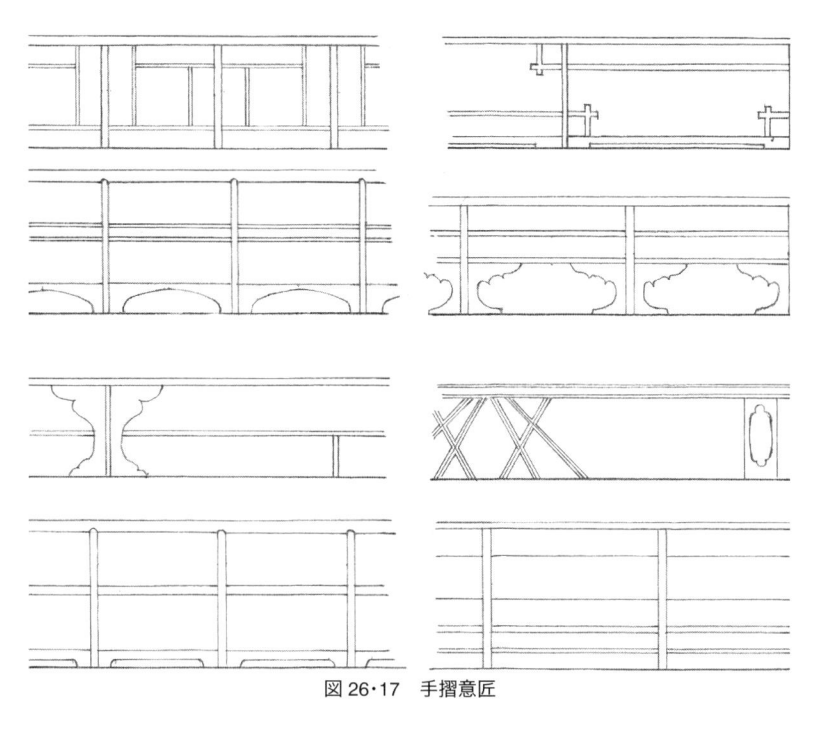

図 26・17　手摺意匠

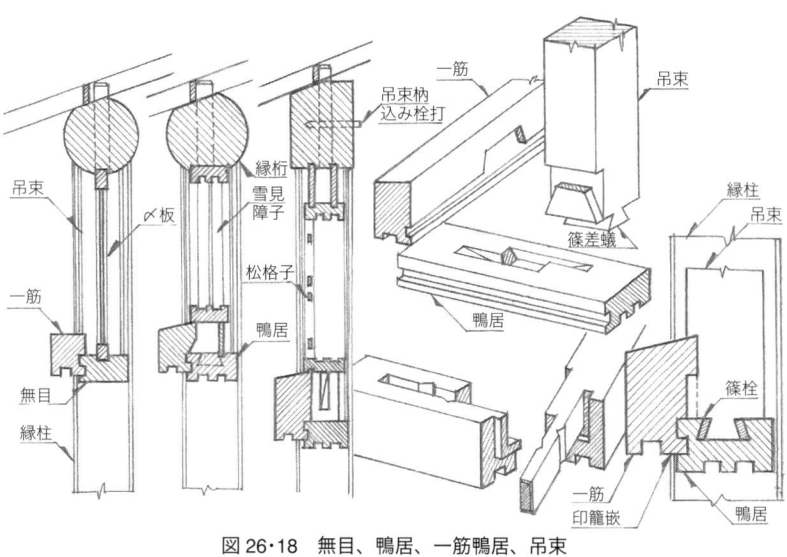

図 26・18　無目、鴨居、一筋鴨居、吊束

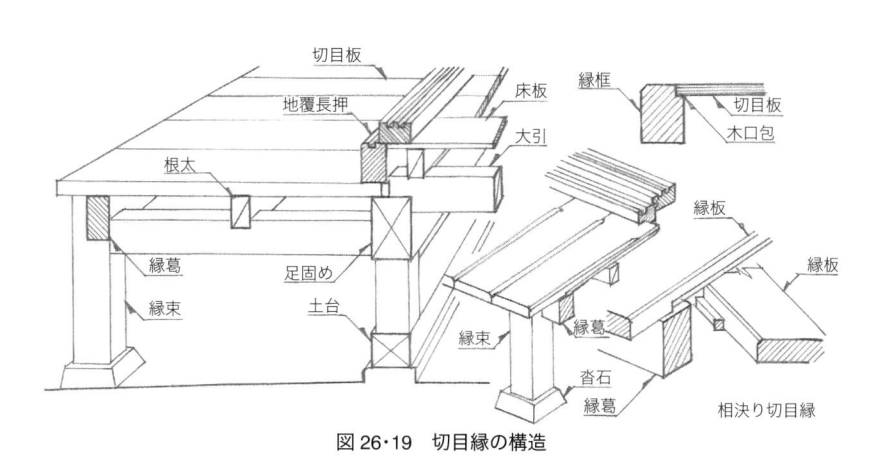

図 26・19　切目縁の構造

図 26・20　切目縁

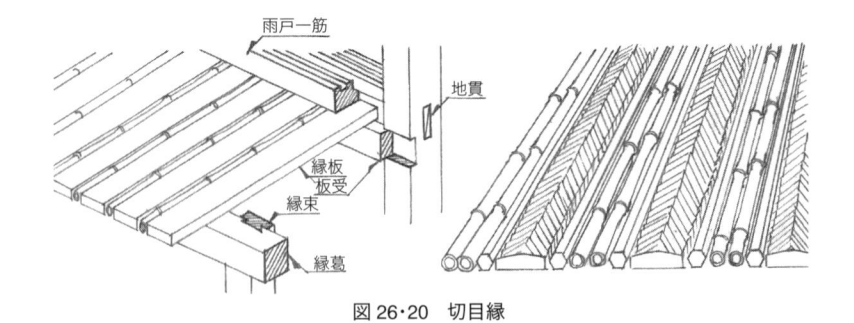

表 26・1　窓の名称

区別	名称	用途
構造	肘掛窓、格子窓、出窓、下地窓	特殊用途の窓
位置	掃出窓、高窓、天窓、連双窓	通風採光上の窓
形	丸窓、隅切窓、火灯窓、櫛形窓、引違い窓、片引き窓、両開き窓、突上げ窓	壁面装飾用の窓
開閉	上げ下ろし窓、回転窓、嵌殺し窓、無双窓、折畳窓、スベリ出し、ルーバー窓（ジャロジー窓）	開閉方法による窓

片開き　　両開き　　引違い　　片引き

回転　　軸回し　　上げ下ろし　　上げ下げ

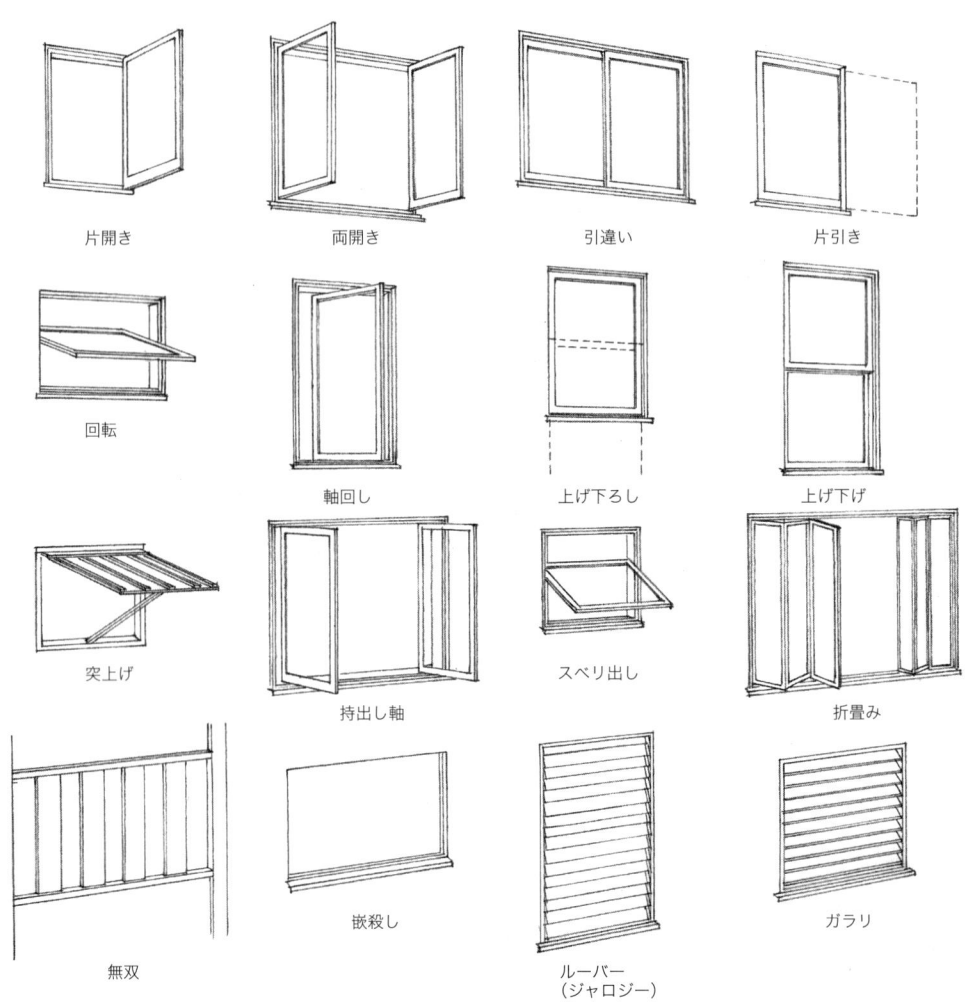

突上げ　　持出し軸　　スベリ出し　　折畳み

無双　　嵌殺し　　ルーバー（ジャロジー）　　ガラリ

図 26・21　窓の開閉図

居室の窓には、建築基準法による規定がある。これは敷地の選定時の法的チェックや、確認申請の項で既述した。

　窓の取付け時期について述べておく。荒壁が終わるとすぐ、敷居、鴨居を取付ける。乾式工法では壁仕上の前に、窓台、窓まぐさを取付け、これにアルミサッシが取付けられる。アルミサッシには、専用の敷居鴨居から雨戸までがついている。アルミサッシについては、金属建具工事の項で述べる。

ⓑ——肘掛窓

　肘掛窓とは腰付窓のことである。高さは、和風で座敷の時は、床から窓敷居上端まで約30〜40cm、椅子式の部屋の場合は70〜75cmで、窓に机をつけるような時は、90cmくらいがよい。鴨居の高さは普通内法とするが、洋室の時はあまりこだわらなくてもよい。室敷居下は壁であるが、ここにも窓を設けると通風上非常に快いものとなる。敷鴨居の大きさは、高さが柱の1/3、幅は柱の面内納めとする。建具は明障子（紙貼障子）かガラス障子とし、柱に戸決りをしておくのがていねいな仕事といえる。雨戸仕舞は縁側の項を参照。

　1935年頃から、明障子と雨戸の間にガラス障子が入れられるようになった。現在では普通の納まりである（図26・22）。アルミサッシは外付を用いると、敷鴨居は以前と同じになる。ガラス戸内部に明障子を建てると、障子ならではの光になり和室らしい雰囲気の演出に大いに役立つ（図26・23）。

　手摺取付の時は、柱に直接取付ける時と手摺を持出してつける時がある。1950年代まではこれら手摺りをよく見かけたものだが（図26・24）、現在は建築の外観に洋風、凝洋風が多く、これらの建物には和風の手摺が似合わなくなり、また腐るというメンテナンスの問題もあることから、洋風、金属の手摺、ステンレスやアルミの既製品手摺が採用されている（図26・25、26）。

ⓒ——格子窓

　格子窓は、防犯や外からの視線をさえぎるために設ける。したがって道路に面する場所、路地内などで、塀や一階の窓に取付けることが多い。これは外からの視線を防ぐ設備のない時代のことで、現在では、カーテン、ベネッシャンブラインド、ロールブラインド等種類も多く、明障子もこの範疇に入る。金属建具は防犯の機能も格段に充実させている。一方、格子をつけた窓はそれだけ光量が少なく、旧家独特の陰鬱さを作り出す。現代の明るさにはかけ離れるが、落ち着きと陰（かげ）りを出す材料として価値は大きく、捨難いものである。

　格子窓の種類は、施工法により大きく「取付格子」「打付格子」「組格子」「出格子」の四つに分かれる（図26・27）。取付格子は敷鴨居に格子子を上下柄入れで立て込んだもの、打付格子は外面より格子子を釘打ちしたもの、組格子は格子を組んで溝に嵌め込んだもの（図26・28）、出格子は柱外面から持送り腕木に方立柱を立て、上下框を組んで出窓とし、格子を組むものである。これらは窓の大きさ、種類、使用場所によって選択される。出格子の場合は、出は10〜45cmくらいだが、中には、60cmも出すことがある。持ち出しの少ない時は、妻板を両側柱で妻板立てにし、台輪を一筋に取付ける。また柱から肘木を柄差した持送りで支え、これに方立柱を差固め、一筋または出桁と台輪を取付ける。また地板は一筋と敷居の間に入れ、地裏に受桟を40cm間隔くらいに吸付桟にして、天井は鏡板を入れるのが一般的である。建具は格子の内側に建て込み、一筋を戸袋の幅だけ延ばして戸を戸袋の中に入れるか、戸袋をなくしガラス戸を引違いに入れる方法があり、引違いの場合は当然ながら敷鴨居が必要である（図26・29）。

　格子の材料は、木、鉄、真鍮パイプ、既製アルミ面格子（図26・30）等あり、防犯のためには金属製もよいが、住宅の場合には木製の格子窓が美しい。また格子窓は火災時の避難等のために、内側から簡単に外せるようにしておかなければならない。

　庭園の茶室等、瀟洒な建物の格子には、皮付きの小丸太、竹類を組むことがある。

　格子の組み方もその種類場所、作り手によって違ってくるが、格子の大きさは柱の1/8〜1/4角か、見込みを見付けの2倍増くらいにし、間隔は見付けの1.5〜3倍くらい、奇数に割り付けるのを基本に意匠すればよい。

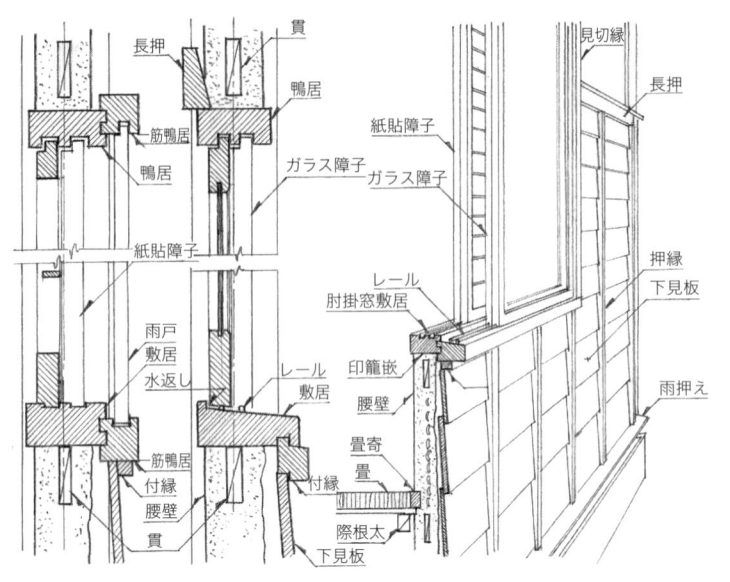

図 26・22　肘掛窓詳細

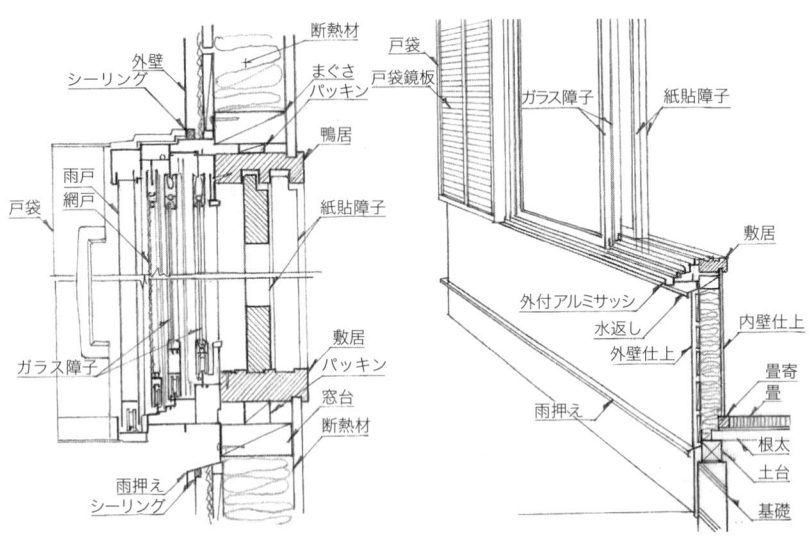

図 26・23　肘掛窓外付アルミサッシ詳細

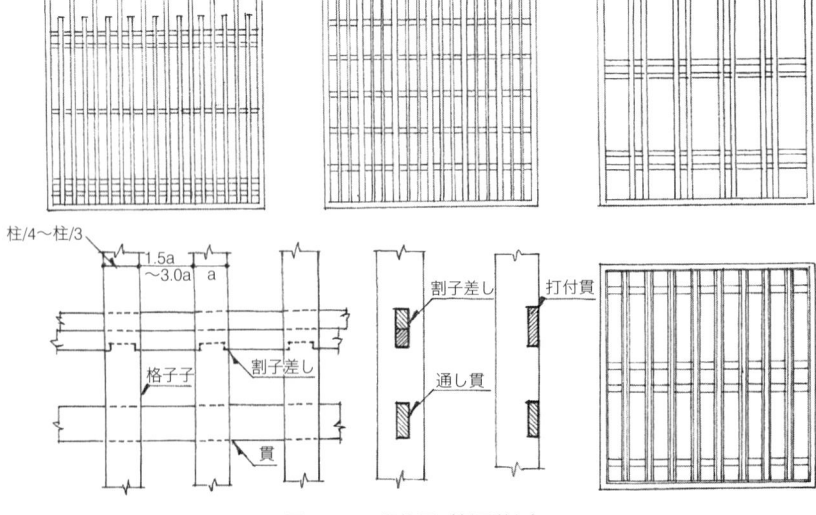

図 26・28　組格子（割子差し）

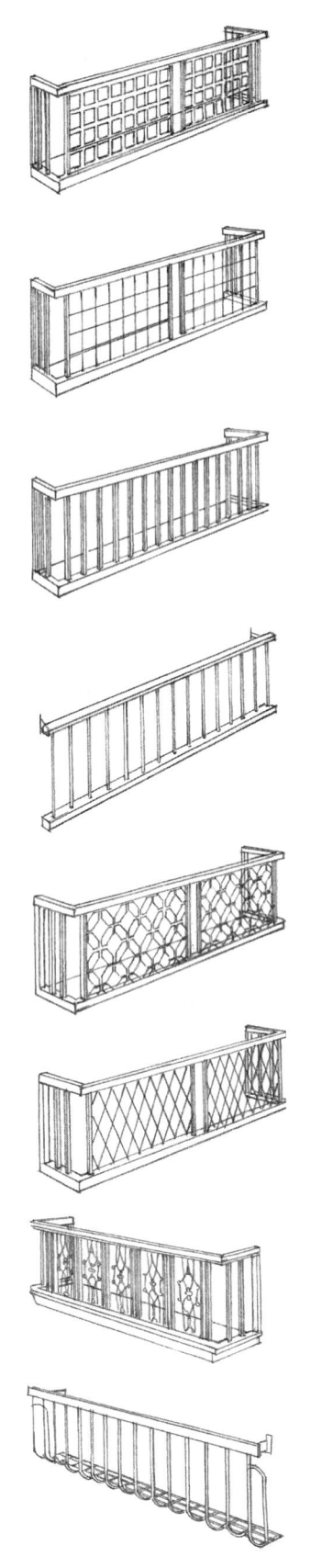

図 26・25　既製アルミ製手摺　寸法、意匠等多岐に渡る。

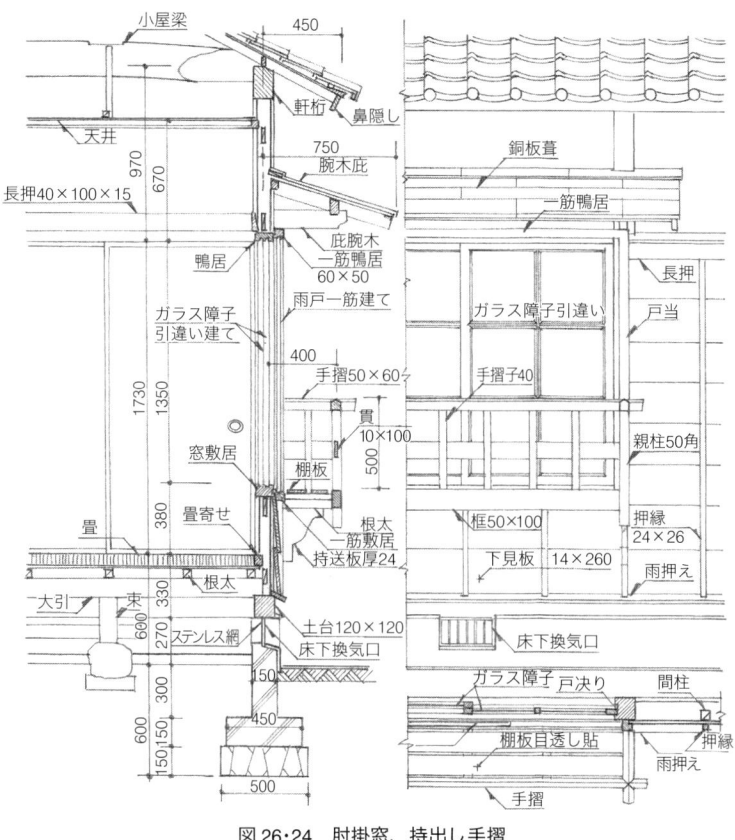

図 26·24 肘掛窓、持出し手摺

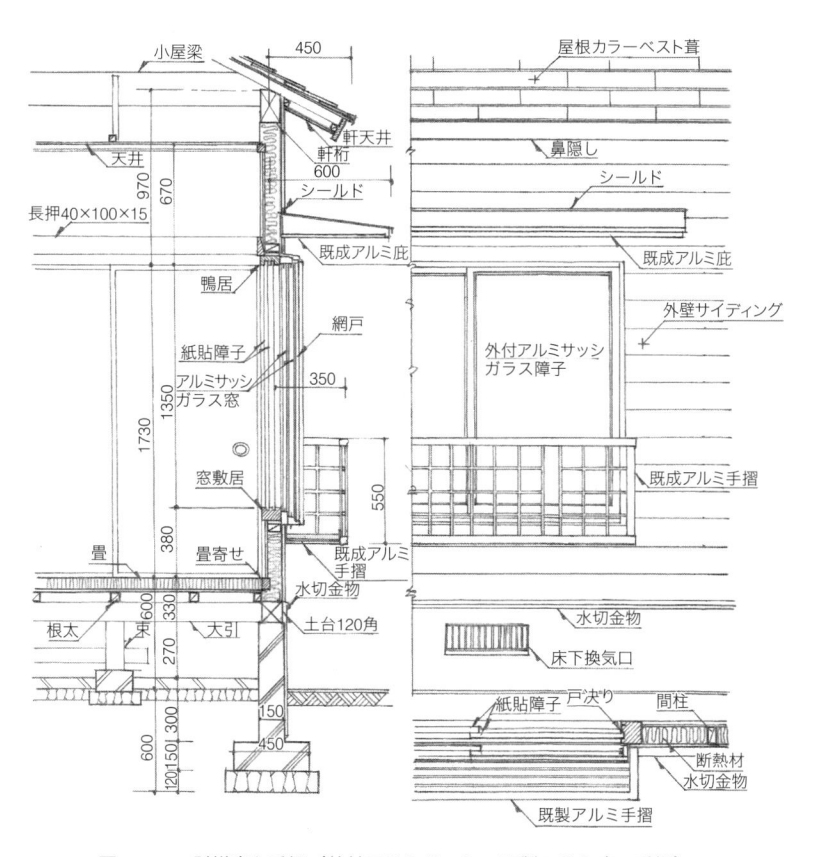

図 26·26 肘掛窓と手摺（外付アルミサッシ、既製アルミ庇、手摺）

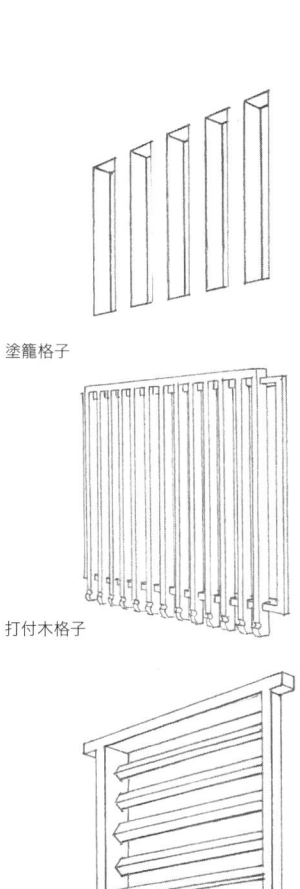

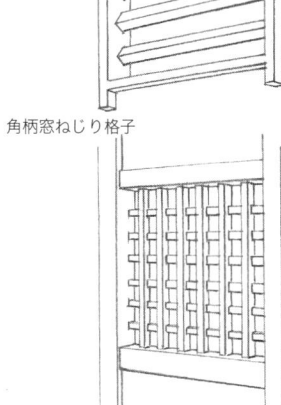

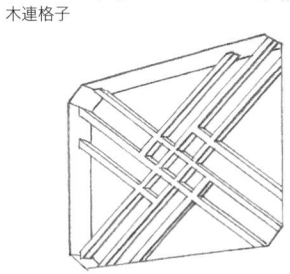

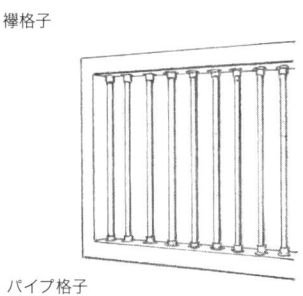

塗籠格子

打付木格子

角柄窓ねじり格子

木連格子

欅格子

パイプ格子

図 26·27 格子窓

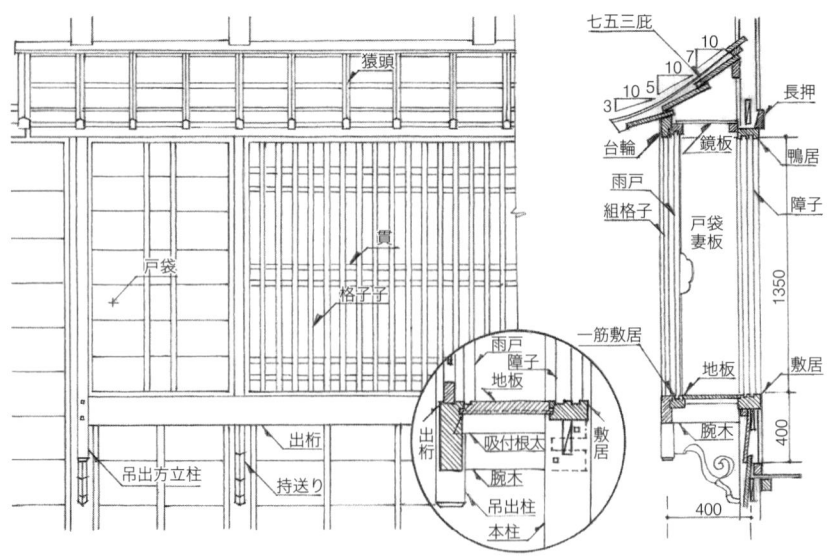

図 26・29　出格子

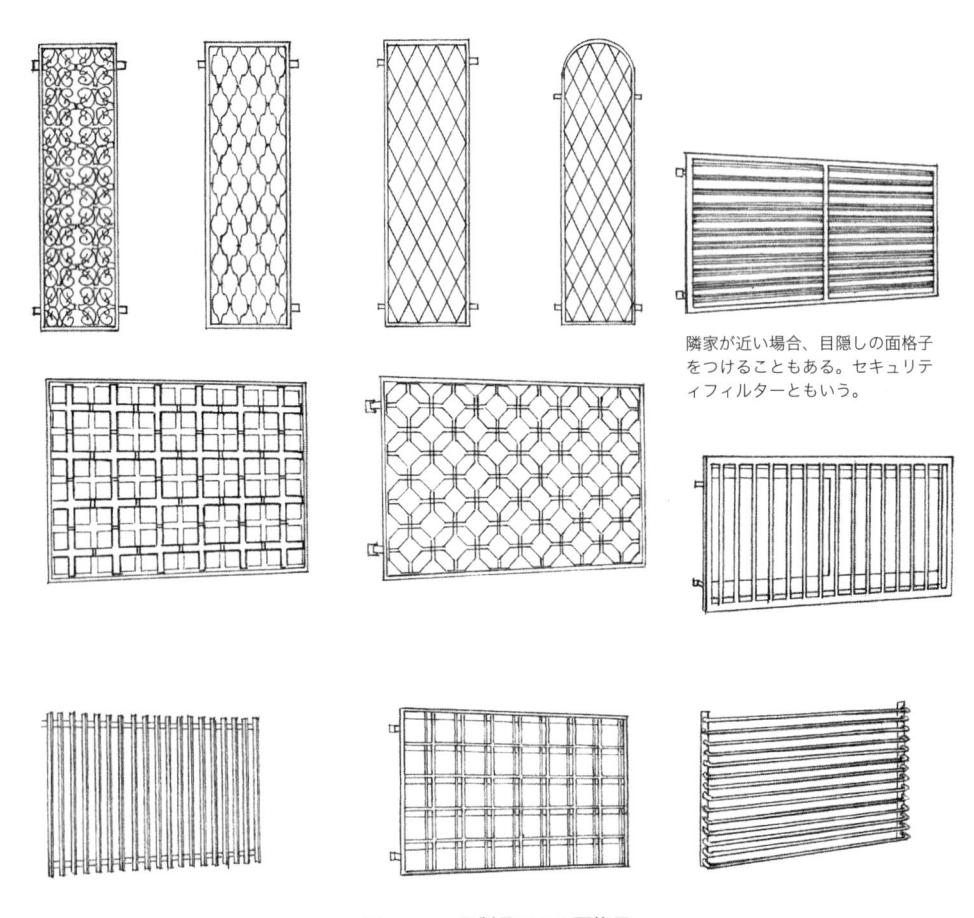

隣家が近い場合、目隠しの面格子をつけることもある。セキュリティフィルターともいう。

図 26・30　既製品アルミ面格子

現在、このような格子窓を市街地で見ることはまれになったが、重要伝統的建造物群保存地区（重伝建地区）の町並みで格子窓が街道沿いに並んでいるのは壮観である。時代や規模等により一つ一つ異なるが、離れて見ると皆揃っているように見えるのが、格子窓のデザインである。先人の残してくれた貴重なものとして、格子窓のデザインはおおいに参考になり、また参考にすべきものと思う。

ⓓ──特殊な窓

通風や採光に加え、特別の用途に用いる窓がある。

掃出し窓は、床と同じ高さにある窓で、夏季の通風上最高の窓となる。地袋や床脇にも設けられ、茶室の躙口を意識して作るのも一興である（図26・31）。内側に小襖か明障子を建てるとさらに雰囲気が出る。防犯のため格子を組むか、茶室の連子窓のように小竹を打つと風雅なものになる。テラスサッシも掃出しと呼ばれているが、テラスサッシは洋風、掃出し窓は和風の感じが強いので、名称を分ける必要を感じる。

高窓とは一般の窓より高い所にある窓で、部屋の使われ方によって採用するかを決める。たとえば壁にタンス等を並べた時、タンスの高さより高い位置に窓を設け、通風採光に役立てるといった場合である。

天窓（図26・32）は、四周壁で開口部が取れないのに採光面積が必要であるといった所に採用すると便利である。採光面積が約3倍弱認められ、さらに上から落ちてくる光の素晴らしさが味わえる。建具は現在ほとんどがアルミ製なので金属建具工事の項で述べるが、天井の空きがそのままでは格好が悪いので、天井面を天窓より少し大き目に開け、天井と同一面にルーバー（格子には木製、アルミ製などある）を入れて納めるのも一つの方法である。

出窓（図26・33）は既製品のアルミ製のものの他、うまくいかない時は別注して作ることができる。その場合は腰部分を物入れにする等が考えられる。出窓は、腰部分が床より30cm以上高くないと、出窓と認められない。

鎧窓はガラリ窓のことで、おもに換気を目的とし、採光できない窓である。1960年頃までは木製で作っていたが、金属製の既製品が大きさ、形とも多種売り出されている。当初は鉄製であったが、錆が出るのでアルミやプラスチック製となった。羽根の可動するもの等もある。

ルーバー窓（図26・34）は鎧窓のガラリ子がガラスで、その角度が変えられる窓のことをいう。一時、ジャロジー窓と呼ばれていた。ガラスとアルミでできていて、洗面所、便所、浴室等によく使われている。開閉は手動の他、リモコンや電動リモコンで行うものもあり、重宝されている。気密性はやや劣る。

無双窓は、貫幅くらいの板を小間返し以内に建て、内側は上下框をつけて建具とし、これを動かして開閉する。わずか10cmの移動で窓の半分が開閉できるわが国独特の窓である。使用場所はルーバー窓と同じで、なかなかよい建具である。

ⓔ──意匠窓

ここでいう意匠窓とは、機能より、外観を飾って建物に調和させたり、雰囲気を作る飾り窓の類の、デザインを重視したものである。従来からの意匠に工夫されたものも多いが、新しい意匠窓を考案するのは設計者の自由な領分である。

和風の窓には、丸窓、隅切、火灯（花頭）、櫛形などがある。洋風の窓は形に加え、桟の配置、ステンドグラス等で工夫されたものが多い。

屋外に接する窓では、建具を引き込むような窓の雨仕舞は、煩雑になるので注意する。突上げ窓、回転窓、外開き、スベリ出しの方が納まりやすい。ただし敷居枠に水返しをつけることから、開閉のため形にある程度の制限を受ける（図26・35, 36）。

室内の間仕切りに設ける窓は、雨仕舞が必要ないことからさらに自由であり、円、欠円、半月、新月、櫛形、三味線胴、隅切、花頭（図26・37）等の形がある。下地窓（図26・38）は土壁下地の小舞の一部が現れたように設け、茶室や数寄屋でよく使われる。一般の和室の時は「煤竹（すすだけ）」「斑竹」「胡麻竹（ごまだけ）」や萱（かや）等で格子を組み、葛（かずら）で巻いたり、竹や小丸太を建て込むだけ等、種々工夫し、両引障子や掛障子で戸締にする。外壁の時は掛雨戸を用意する。意匠窓を入れて上品に仕上げることはたいへん難しいので、相当の経験と研鑽が必要である。

図 26・31 掃き出し窓

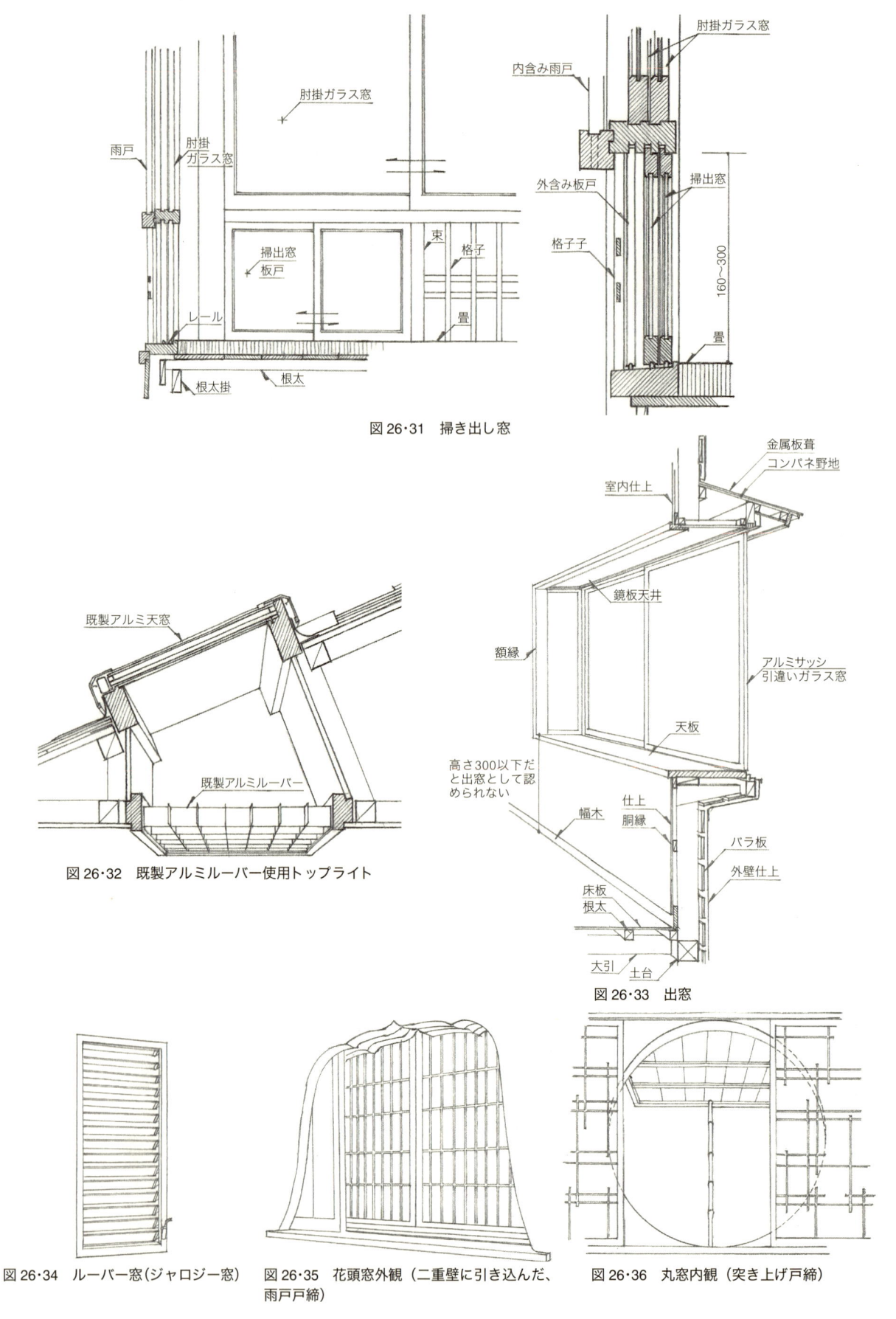

図 26・32 既製アルミルーバー使用トップライト

図 26・33 出窓

図 26・34 ルーバー窓（ジャロジー窓）

図 26・35 花頭窓外観（二重壁に引き込んだ、雨戸戸締）

図 26・36 丸窓内観（突き上げ戸締）

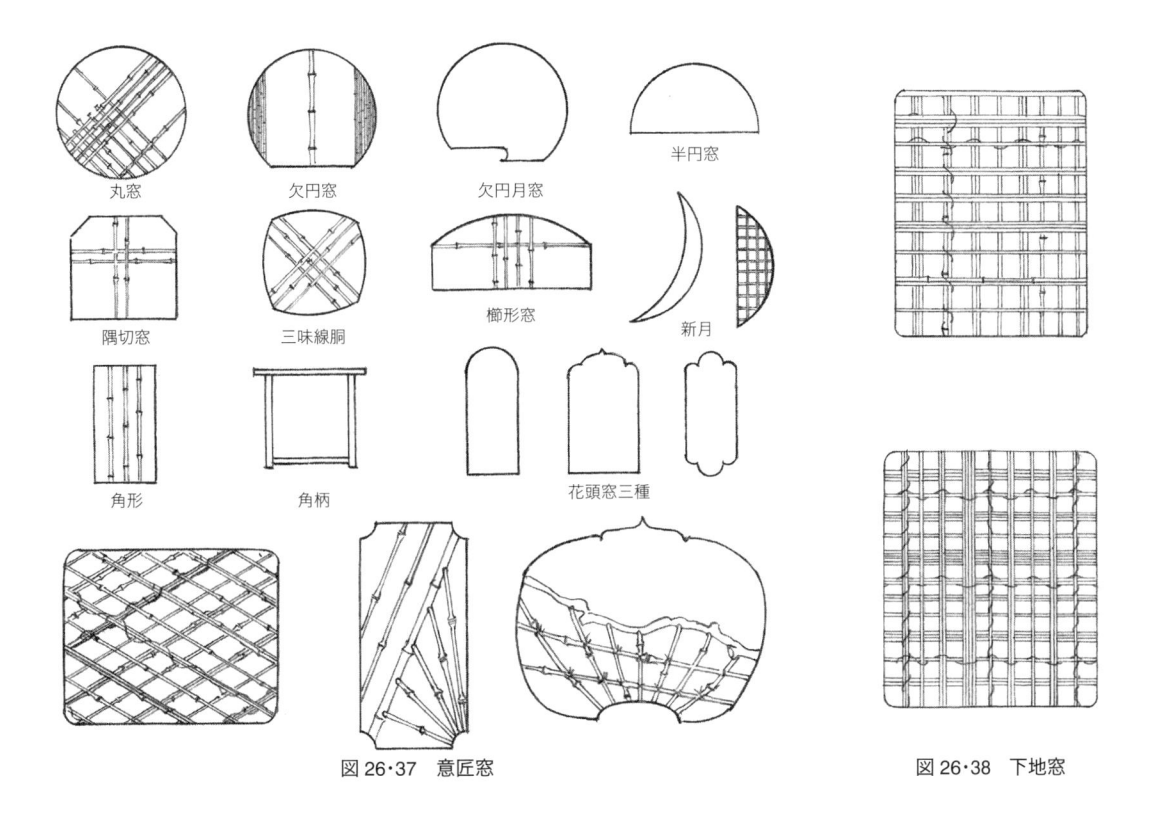

図26・37 意匠窓

丸窓　欠円窓　欠円月窓　半円窓
隅切窓　三味線胴　櫛形窓　新月
角形　角柄　花頭窓三種

図26・38 下地窓

図26・39 庇断面

腕木庇　陸庇　霧除庇

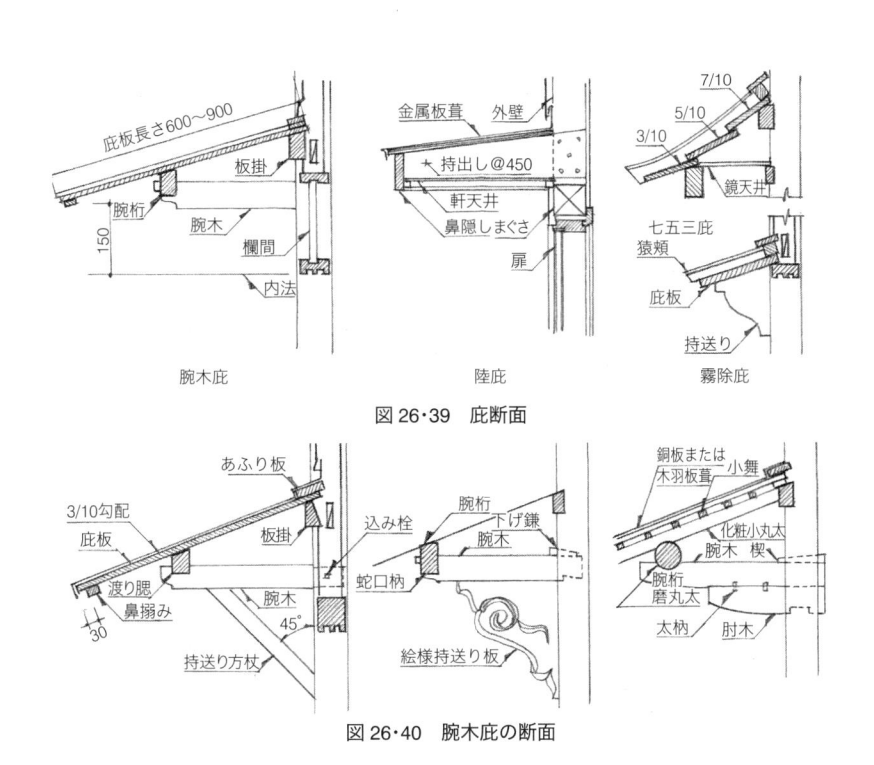

庇板長さ600～900
板掛
腕桁
腕木
欄間
内法
150

金属板葺　外壁
持出し@450
軒天井
鼻隠しまぐさ
扉

7/10
5/10
3/10
鏡天井
七五三庇
猿頬
庇板
持送り

図26・40 腕木庇の断面

あふり板
3/10勾配
庇板
渡り腮
鼻摺み
30
板掛
腕木
持送り方杖

込み栓
腕桁
下げ鎌
腕木
蛇口柄
45°
絵様持送り板

銅板または木羽板葺　小舞
化粧小丸太
腕桁
腕木　楔
磨丸太
太枘　肘木

❸ 庇（廂）と戸袋

ⓐ──庇（廂）

　庇は直射日光、雨、霧、雪などが開口部にかかることを防ぐために、その上部に付けられるものである。建物の外観にも影響を与える。

　庇には、腕木庇、陸庇、七五三庇、霧除け庇（図26・39、40）等の、形による名称と、材料による名称、庇板の打ち方による名称の生子板、銅板、大和打ち、目板庇等があり、これを基本に種々作られる。

　庇の鼻は開口部の鴨居より下ではなく、少し上り気味が美しい。欄間のある時は、欄間の上端に出桁の上端を置く。ない時は約15cm上を庇鼻の位置とし、七五三庇と霧除庇は鴨居の上に板を置く。

　庇の出は、建物の規模や開口部の大きさで異なる。目安として半間または約60cmを流れに使うが、90cm以上出すことは少なく、長く出しすぎると採光を妨げる。霧除庇では30cm以下の板を横に使う。正面両端の出は、普通流れの半分ほど（約30cm）、10～40cmの間でバランスにより決める。勾配は主屋、下屋の勾配よりゆるくし、3寸、2寸5分、2寸くらいがよい。陸庇は雨水が逆流しない程度に1寸、1寸5分くらいで谷樋で排水することもできる。

　庇の屋根材料には、亜鉛めっき鉄板、カラー鉄板、銅板、ノンアスベスト板等がある。

　板庇は削板を屋根に貼るもので、大和打ちと目板打ちがあり、横板使いの時は反りを防ぐために約40cmの間隔で猿頭（猿頬）を打つ。雨樋は、出入口の他はつけることはない。樋をつける時は、流量が多いと排水が煩雑になるので、少し小型のものにする。

ⓑ──腕木庇

　腕木を柱から出す庇で、柱に枘差か下げ鎌上端楔打ちで腕木を取付け、庇の出の大きい時は持送りを45度に腕木下端に取付ける。腕木の先に出桁を蛇口枘組か渡り腮に架け取付けるが、この出桁を磨き丸太にすることもある。上端は板が馴染むように削っておく。板掛りは垂木掛のように柱に襟輪欠き（図26・41）で取付け、板を載せる。瀟洒な建物では磨き丸太を用い、小舞を配って庇板を貼ることもある。屋根板は厚さ約2～3cmで、板鼻の下端に「鼻搦み」（約2.5×4cm）を打つ。庇板の壁付は上端に「あふり板（障泥板）」を首切りで欠込んで、壁の上塗等その上にのせ、雨仕舞にするが、銅板や亜鉛めっき鉄板で作ることもあり、庇の傍軒は垂木形や品板を取付け、仕舞は「絵振板」を取付け、傍軒の垂木型上尻や棟で納める。

ⓒ──その他の庇

　七五三庇は、武家長屋の出格子窓の庇として取付けられていたが、昨今は見かけなくなった。この庇は板を横に使い、勾配を3寸、5寸、7寸と変えるのでこの名がある。猿頬に吸付蟻で取付けたものである。

　霧除庇は厚さ3cm、幅30cmくらいの板を鴨居に横たえ、同材の持送りで板を支えた庇である。勾配は約2～3寸、猿頬は3～4cm上端鎬に削り、板より約2cm出し、上鼻を少し反らして、投墨で切る（図26・42）。

　陸庇は貫類を間柱、柱の横面に釘打ちで持ち出し、また流れ勾配に沿って同様に持ち出したものとを三角に縛り、鼻に鼻隠し板を持ち、板を横打ちしてその上に化粧屋板材を施工する。またコンパネで骨の形を作りリブのようにし、鼻隠し板を打つと一気にできあがる。軒天井を水平にする必要もない。ただコンパネの釘打ちは弱いので、あらかじめ釘打ち部分に4cm角か、胴縁程度を釘打ちしておくと丈夫な庇になる（図26・43）。軒天井は硅カル板を貼ったペンキ塗がよく、妻もこれらの材料で仕上げられる。

　樋を庇の中に取込むと、落葉その他で詰まる等たいへんなので、流し放しにした方がよい。竪樋等余分なものを見せずに仕上げることができる。

　種々のアルミの押出型材を組合せた既製品のアルミ庇もある。柱に簡単にボルトで取付けられ、庇の出も9～50cmくらいでデザインも多岐に渡り、色も白、黒、ブロンズ、アルミ地金等ある。いずれも、庇が建物に調和するか、慎重に判断する必要がある（図26・44）。

図 26・41　蛇口柄と垂木掛

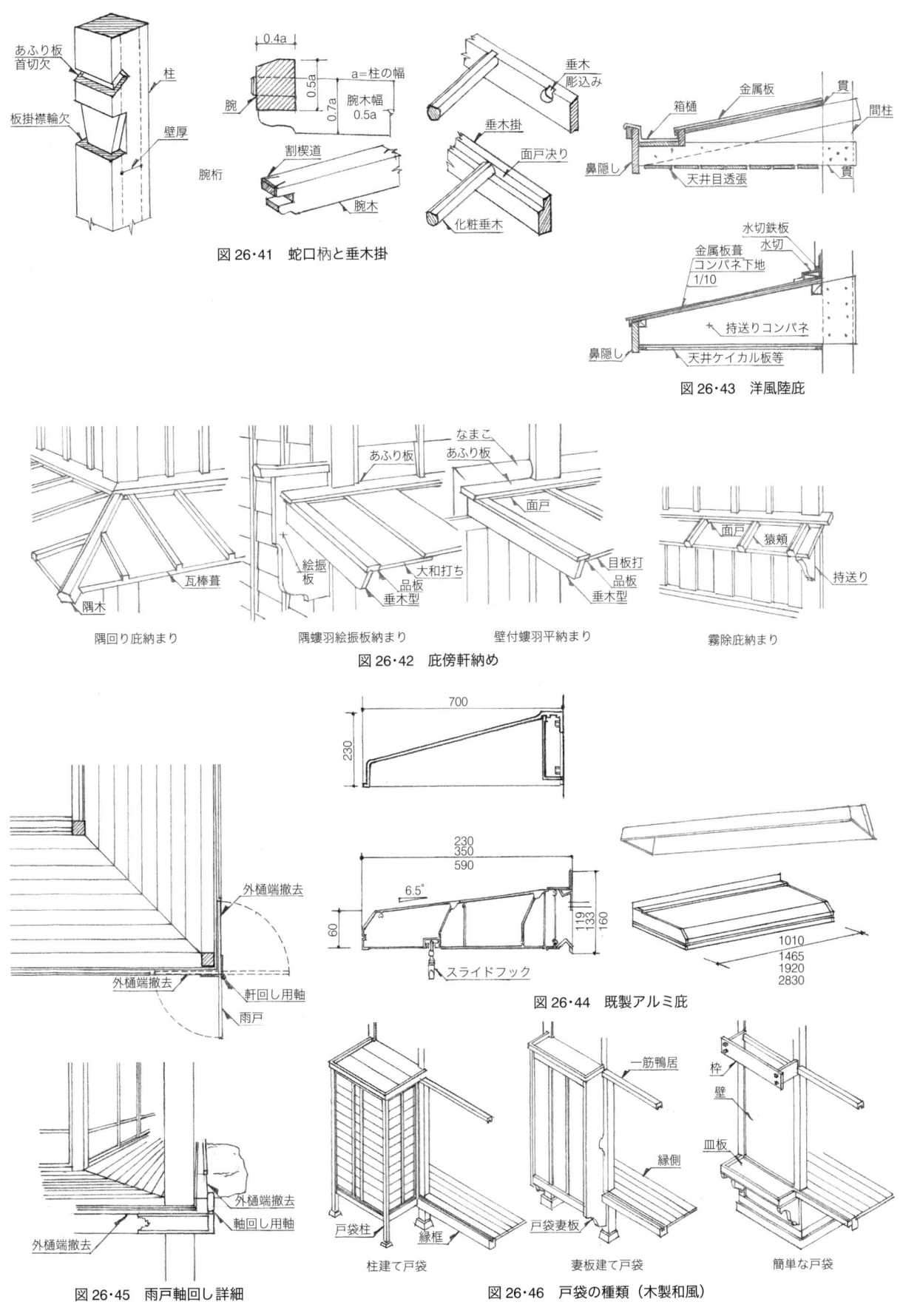

図 26・43　洋風陸庇

図 26・42　庇傍軒納め

隅回り庇納まり　隅蓑羽絵振板納まり　壁付蓑羽平納まり　霧除庇納まり

図 26・44　既製アルミ庇

図 26・45　雨戸軸回し詳細

図 26・46　戸袋の種類（木製和風）

柱建て戸袋　妻板建て戸袋　簡単な戸袋

d──戸袋

戸袋は、雨戸を収納する所で、窓や縁等の開放する面に近い壁ぞいや、縁側の突き当たりなどに設ける。回縁で戸袋が設けられない時は、雨戸を軸回しにして方向を変え、戸袋に繰込む。軸回しとは、一筋の上下隅に太枘（金物）を取付け、敷鴨居の他の樋端を各方向とも雨戸の半分以上切り取り、雨戸が半分外に出た状態で1/4回転させて方向を変えるものである（図26・45）。

戸袋の大きさは雨戸の枚数で決まる。雨戸が7枚以下の時は「妻板建て戸袋」とし、8枚以上の時は「柱建て戸袋」とする。また簡略な皿板と枠だけの皿戸袋もある（図26・46）。

妻板建て戸袋は、妻板に戸袋の重さを負わせる構造で、妻板は厚さ2〜3cmくらいで、柱に「引き独鈷」または鎹で引付ける。手先の妻板は鴨居に1cm以上渡り腮に欠込み、釘または鎹で隠釘打ちに取付け、雨戸の出やすいように「戸繰」の高さも考える。皿板は敷居溝高と同じにし、外樋端を取り両端は妻板に片蟻に入れる。戸の滑竹（肉厚の真竹の割ったもの）を皿板に打ち付ける。天板は厚さ2cmくらいの板を、妻板の木口を覆って釘で止め、周囲に台輪をつける。

裏は竪羽目にする。間隔45cmくらいで胴縁を妻板につけてそれに羽目板を貼り、目板打とする。また網代貼やベニヤ貼のものもある（図26・47）。

柱建て戸袋の柱は約60cm角で、足元は沓石にのせ、上下長押を三方に組回し、板で囲って戸袋とする。底板は皿板仕舞にするか、小根太に板を貼ることもある。天板は台輪を決め込んで嵌め、大きい戸袋は水垂の必要がある（図26・48）。

周壁は胴縁を打って羽目板にしたり、鎧下見にすることもある。

雨戸を扱いやすいように、室内から戸袋に窓を開けると便利である。ここに一本の小襖を入れると上品に仕上がる。また戸袋の内壁に舞良戸か格子戸を吊り込むと、さらに上品で便利な納まりになる。

一筋鴨居底に、真鍮板かステンレスの板を取付け、雨戸にステンレスの平車をつける方法もよく行われている。現在外回りはアルミサッシがほとんどで、サッシを取付けた後、サッシ枠に雨戸の部品を取付けると戸袋もつく。戸袋は皿戸袋が標準だが、鏡板も種々用意されている。もちろん雨戸はアルミである（図26・49）。

4　内法（敷居・鴨居）

a──内法回り

内法は、和風建築の高さの重要な寸法である。内法回りは壁および間仕切で、開口部や欄間の他、床の間、床脇、書院も含まれる。建具は、和室間仕切には襖、縁側と窓では明障子がある。音、湿気、臭気の遮断には、板戸、舞良戸が用いられる。今はフラッシュドアや框ドア等、ドア類が多い。片側襖、片側フラッシュドアの「戸襖」も使用されている。

小壁とは、鴨居、無目（付鴨居）から天井までのことである。一般には塗壁で、鴨居や無目（付鴨居）の上に格式を上げるため長押を回す。また欄間もこの部分に入り、特に高い天井の時は、回縁の下に蟻壁長押をつける。壁面は、床畳と壁裾の壁散りに「畳寄せ」をつけて納める。洋室大壁では幅木がこの部分に取付く。また茶室などでは、和室土壁の下に美濃紙を腰貼にすることもある。

b──敷居

敷居は、建具のレールと下枠になるものである。幅の大きさはだいたい柱と同じで、厚さは畳の厚み、幅は畳敷の時は柱の外面揃え、畳でない時は約5mm柱の「面内」に納める。溝は建具の種類によって多少異なる。

材料は柱と同材とするが、杉はやわらかいので向いていない。松、桜、欅等は高級仕事の時に用いる。また現在では、集成材もある。

入念な仕事では「埋樫」にする。埋樫は厚さ約3mmの堅木の端を斜めに削った板を敷居の小口から差し込むか、上から叩き込む。どちらも埋木の傍を槌で叩いて「木殺」してから嵌合わせ、水で湿して固定する（図26・50）。

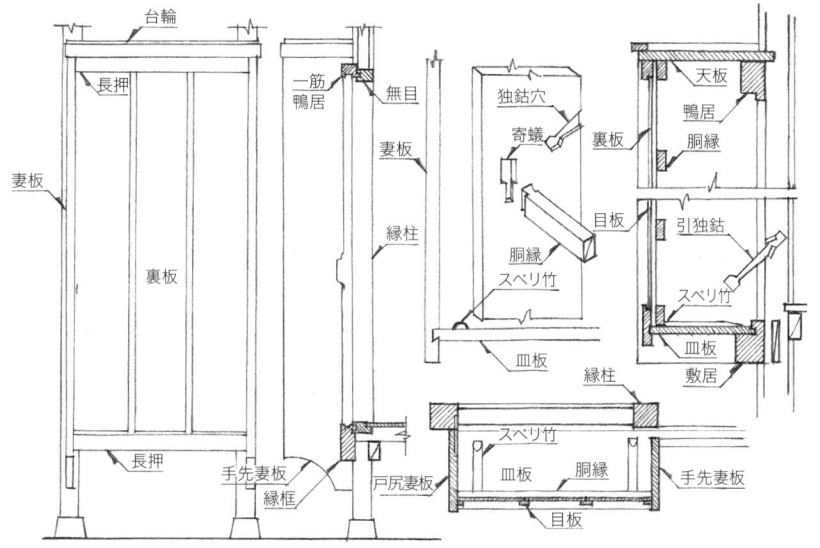

図 26・47 妻板建て戸袋

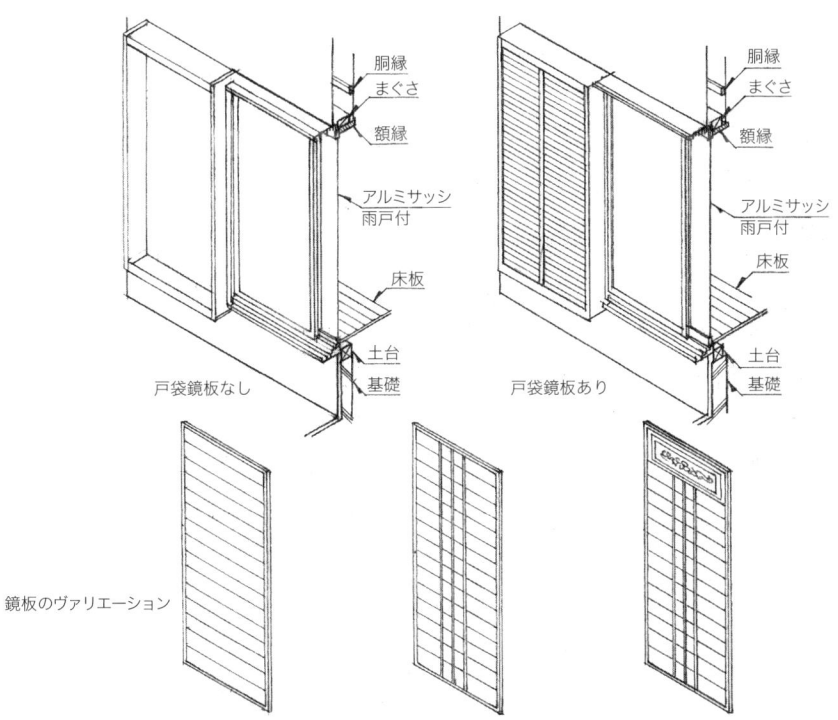

図 26・49 既製アルミサッシ付雨戸と戸袋

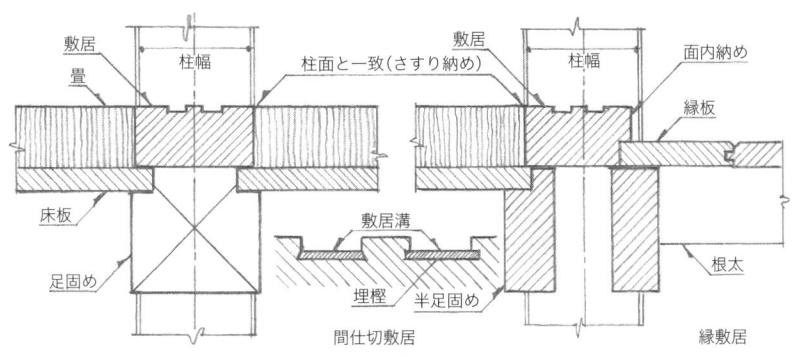

図 26・50 敷居の納まりと埋樫

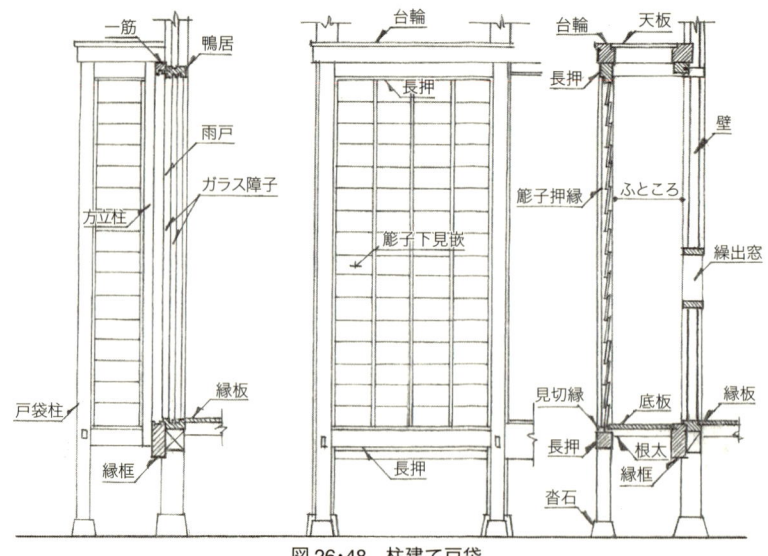

図 26・48　柱建て戸袋

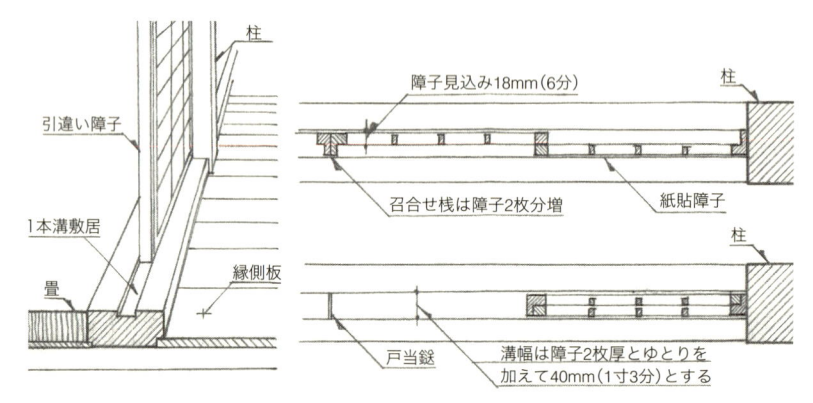

図 26・51　1本溝 4 枚障子引違い建て

図 26・52　障子と襖の敷居溝

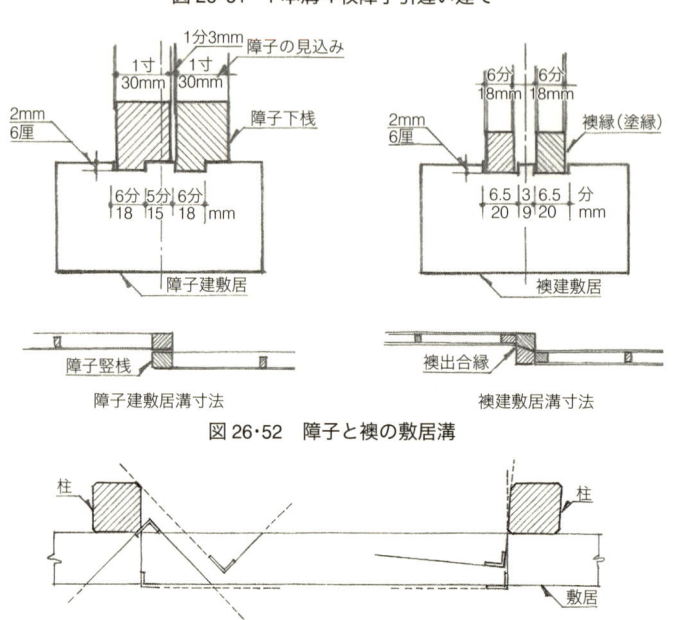

図 26・53　敷居を柱に「ヒカル」　ヒカルとは柱と胴付を隙間なく納めること。

障子は溝幅を 15 〜 18mm、深さは 2mm とし、中畦幅は約 15mm、溝幅と中畦の幅の和が障子の見込みより 3mm くらい広いのがよい。いわゆる五六の敷居である。溝は普通 2 本だが、1 筋、3 筋の時もある。1 筋溝は、1 本引き、2 枚引違、4 枚引違に（図 26・51）、2 筋は 2 枚引違、4 枚引違に、3 本溝は 3 枚引違にそれぞれ対応する。1 本溝で 2 枚、4 枚引違は一般的ではないが、可能である。これは横桟の見込みを 15 〜 18mm とし、召し合わせ堅桟を堅桟 2 枚分の見込みにして、互いに決縁（しゃくるぶち）とする。この場合、敷居鴨居の溝幅は障子 2 枚合わせた見込みより 3mm くらい広い方がよいが、あまり採用されない。

襖溝は溝幅を約 18 〜 26mm（襖の框の寸法）とし、中畦幅は 8 〜 10mm で召し合わせ、堅桟は見込みを増し、定規縁とする。いわゆる七三の敷居である（図 26・52）。

敷居と柱の胴付は、敷居と柱の幅が同じ時、胴差枘差にする。柱が矩の手（直角）になっていない時があるので、この点注意が必要である（図 26・53）。

敷居と柱の仕口は、一般に柱内々の長さに切り、無理に上から叩いて大入れにするが、ていねいな仕事では一方の柱に約 3mm 大入れにし、他方を柱面いっぱいに切り合せ「待枘（まち）」に臨ませ横栓を打ち込んで止める。敷居の長さが 1m 以上の時は、60 〜 90cm の間に吸付蟻を用いて足固めに固定する（図 26・54）。

畳寄せは柱と柱の間、壁の散り分を埋めるもので、高さは畳の高さ、幅は柱の面から壁の中付とし、壁の塗込み代を取る。材料は柱と同材で柱前面に揃えて納め、板貼の部屋では「雑巾摺（ぞうきんずり）」にする（図 26・55）。

洋風では大壁の納まりになるので、その項で述べる。

c——鴨居

鴨居は、敷居と同じく建具のレールとガイド役である。鴨居敷居は一対のものである。差鴨居は伝統建築の構造体で、そのうち溝のないものをまぐさと呼んでいる。ここでは一般の木造住宅の鴨居について述べ、差鴨居と区別しておく（図 26・56）。

鴨居の高さは内法で決まる。大きさは厚さ 38 〜 46mm、幅は柱面より 6 〜 8mm 狭くし、柱が 12cm 角より大きい時は幅を 10cm にして柱との差を二つ割にした分、柱に大面を取って納める。溝の幅は敷居と同じ、深さは 15 〜 20mm、材料は柱の同材であるが、集成材の鴨居もよく使われている。

戸締りを必要とする建具の鴨居では、建具の定位置以外の溝底に建具の角柄だけ溝を深く彫り、これに建具を嵌めると、その位置以外では建具は外れなくなり、防犯に役立つ。敷居が垂れても、建具が外れることはない（図 26・57）。

鴨居と柱の仕口には「大入れ遣戻し（おおいれやりもどし）」「繰出枘（くりだし）」「横枘」「突付」がある。

大入れ遣戻しは、鴨居の小口の穴を一方の柱面に深さ約 5mm、他方に 10mm 彫り、深い穴に鴨居を差し込んだ後、浅い方へ遣戻して込み栓を上から打って固める。繰出枘は、鴨居の一端を横枘にして柱に差し込み、他端は柱に繰出枘を柱に送り、栓を打って止める。突付は、鴨居の長さを柱間寸法より少し長めにし、無理に叩き込んで上から釘を打つもので、よくない仕口である。

鴨居は、鴨居の背に吊束の枘穴か塗込貫の穴を約 1m 間隔で彫って、吊束や塗込貫を定着させ、上方の構造材と緊結させて吊る。欄間を設ける時は吊束のみで、大きさ見込みは鴨居幅と同じ、見付は柱の 8 分くらいがきれいに納まる。

付鴨居は、壁部分に鴨居と同じ高さで装飾的につけるもので、無目ともいう。室内に長押を回す場合は必要で、見付は鴨居と同じ、見込みは鴨居二割くらい、取付けは鴨居と同じであるが、普通は「切付（きりつけ）」隠し釘打で止める（図 26・58）。

d——長押

古来、わが国の建築で、横の力（地震や風圧）に対応する材は長押であった。鎌倉時代には通し貫にその機能を譲り、長押は部屋の格式を示す道具立てとなった。大きな部屋では水平の太い線となって現れ、柱を安定させるので高雅厳格な建築には必ず用いられる。逆に茶室、数寄屋等の風流で瀟洒な部屋にはあまり用いられない。

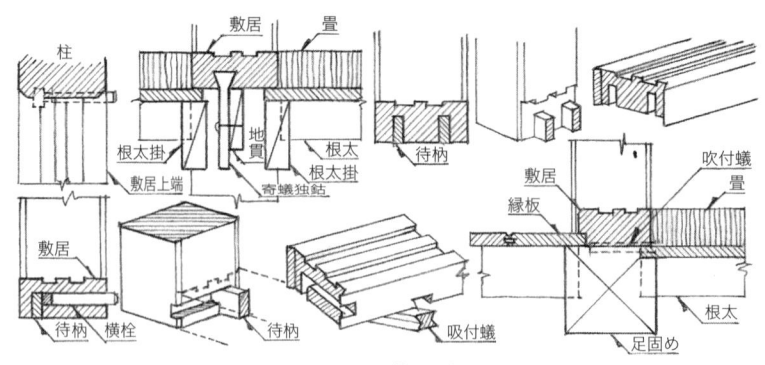

図 26・54 敷居の仕口

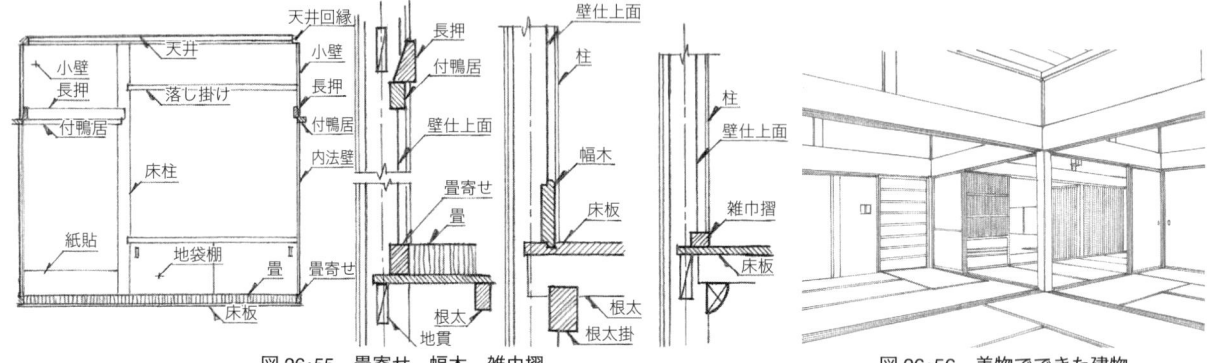

図 26・55 畳寄せ、幅木、雑巾摺

図 26・56 差物でできた建物

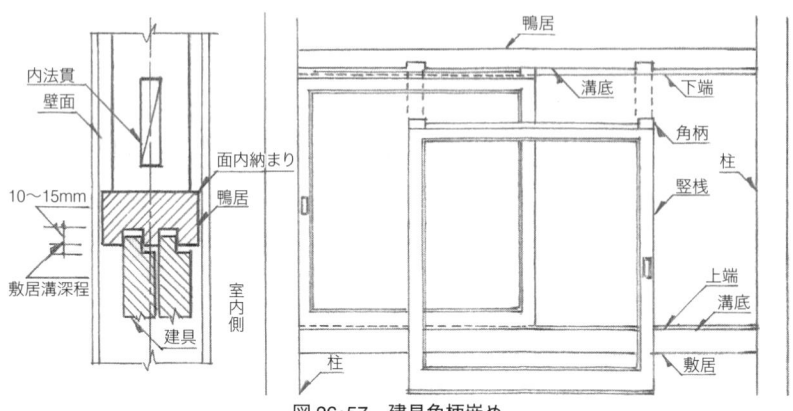

図 26・57 建具角柄嵌め

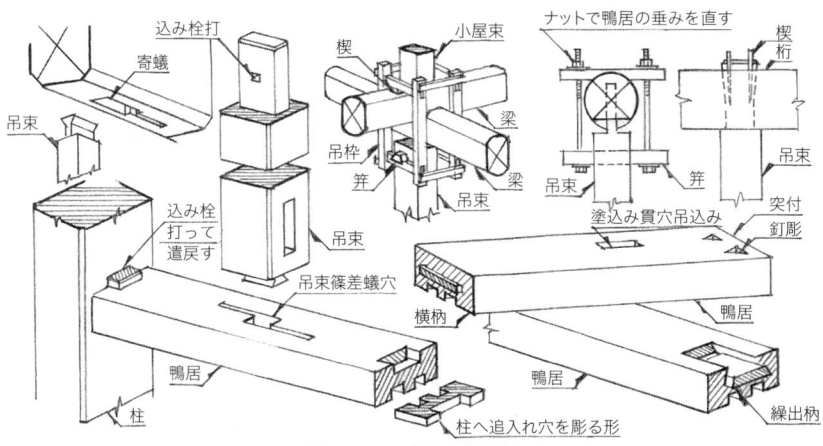

図 26・58 鴨居の納まり

図 26・59　長押の名称

図 26・60　長押仕口襟輪組

図 26・61　釘隠し金物

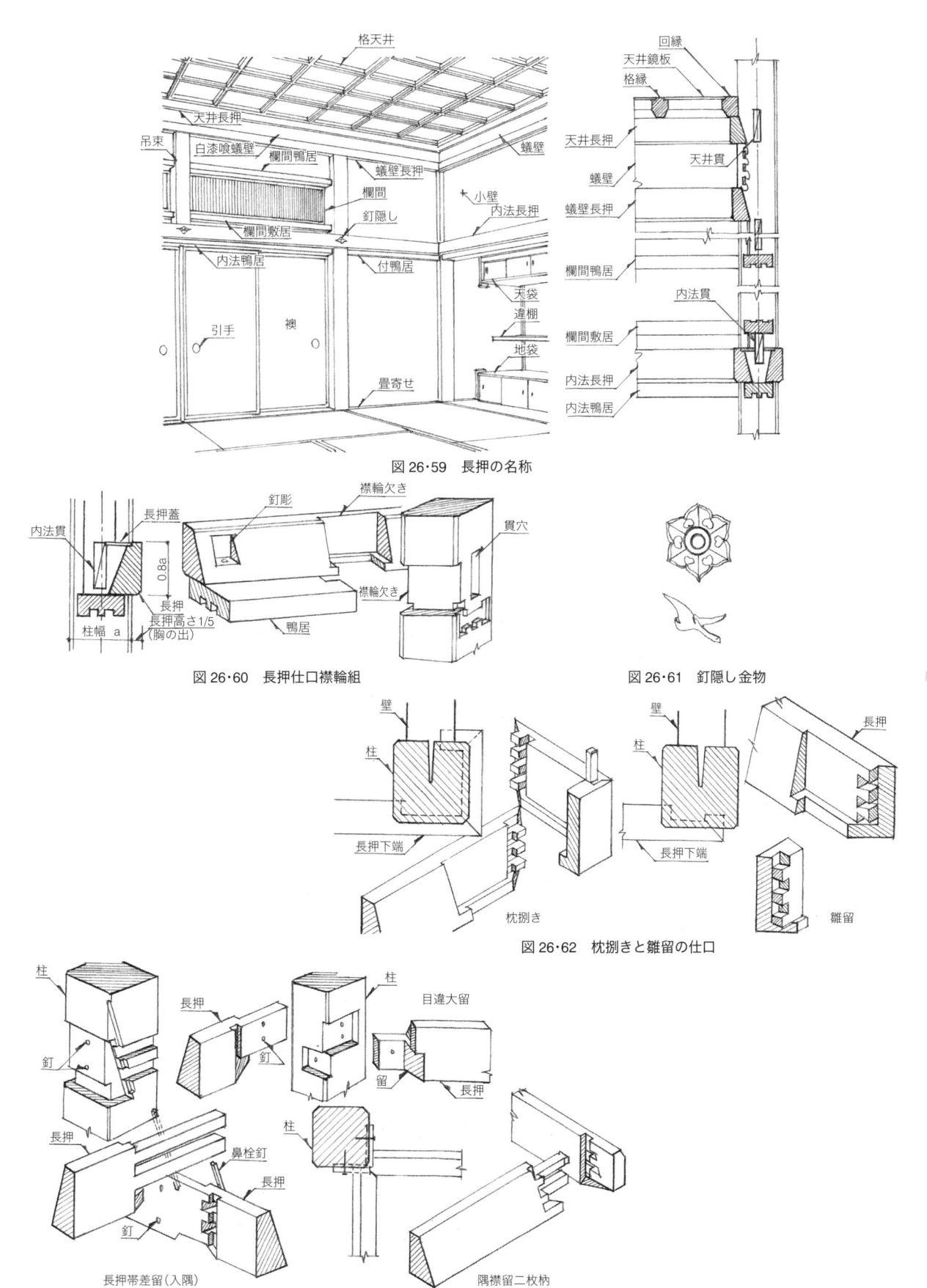

図 26・62　枕捌きと雛留の仕口

図 26・63　隅帯差留、目違・大留と隅襟留二枚柄

長押は、用いられる場所によって名称が変わる。一般住宅では、鴨居の上の「内法長押」だけであるが、大きな部屋では、天井回縁の下の天井長押や、天井長押と内法長押の間に蟻壁長押を入れ水平線を強調し、小壁の間が抜けて見えるのを防ぐ。

　格天井では、格縁が柱の中心から外れると天井が納まっていないように見えるので、天井際で柱を隠して格縁とのつながりを切ったように見せるため、蟻壁を設け、その見切として蟻壁長押を付ける。部屋によって、竿縁天井でも猿頬天井でも用いられることがある。宮殿、社寺、書院建築では外部に長押を用い軸組を締めるが、一般には用いない（図26・59）。

　材料は柱と同材だが、特に杉柾目が喜ばれる。数寄屋風の部屋では、杉の磨き丸太（丸太長押）や、皮付丸太（面皮長押）も用いられ、最近では集成材の既製長押も多く用いられている。

　長押の高さは柱の8/10（本長押）〜6/10（半長押）の範囲がよい。下端の角に大面を取り（1〜2cm）、外面（そとづら）は柱面より1〜1.5cmくらいで、長押挽きになり、蟻壁長押は内法長押の9分取り、天井長押は6分取りがよい。

　長押は柱に襟輪欠きでつけ、鴨居には長押裏に釘彫して、釘または木ねじで止める（図26・60）。厳格な部屋では柱や吊束の交差部に釘隠金物（図26・61）を打つ。入隅柱の所では、帯差留か襟留2枚柄がよいが、普通は目違い大留である。出隅柱への取付けは床柱の取付けと同じで、柱との関係は、柱に7分重ねて長押を終わる七分三分や、柱を巻き込むように納めるのが本式で「枕捌き」や「雛留」（ひなどめ）を用いる（図26・62）。いずれも長押の木口を隠すために工夫されたものである（図26・63）。この他二方だけ回し、床奥行に胸を出して切る方法もよく用いられている。床柱が磨き丸太等の時は七分三分だが、床柱の格式を落とした数寄屋風では、長押を用いない方がやわらかい（はんなりした）部屋になり、その目的に合う。

ⓔ——欄間

　欄間は内法上部小壁の代わりに、障子、板透彫、組物等を嵌め込んで、採光通風や隣の天井と二室の一体感を出す設備である（図26・64）。小壁が広過ぎる時の、間の抜けた感じも調整できる。普通、欄間は内法とは別の敷鴨居に取付ける。欄間敷居は長押の上にのせるか、柱の1/2〜7/10くらい上げて取付け、欄間鴨居は天井回縁から柱1〜1.5本下げて取付ける。天井が高く欄間が大き過ぎるような場合には蟻壁、蟻壁長押で調整する。数寄屋の時は、天井回縁と鴨居を一つにし、長押との間を大きく開けて種々工夫した欄間とする。粋な意匠では、欄間敷居部分から1/3上った所に煤竹（すすだけ）を1本通すといったこともある。欄間部分に壁が多いと、抜けた感じが出なくなる。

　欄間の敷鴨居は内法のそれより小さく、高さは内法敷鴨居の4/5くらいで、幅は吊束の内面納めとする。この敷鴨居を特に「薄敷居」「薄鴨居」といい、障子の開閉方法で溝の突き方が変わる。欄間障子の木割は框、見付けとも内法障子より細くし、割付は下の障子に揃える時と、全然違うものにする時もある（図26・65）。板欄間は襖上か書院欄間に用い、框の中に約12mm厚の板を入れ、これに花鳥風月、山水、模様等を透彫にしたもので、材料は桐、桧、欅、朴等、である。框は塗仕上のものもある。組欄間に筬（おさ）、鍬形、菱組、竹の節、化粧下地等がある。筬欄間（図26・66）は、框に組格子を縦に組込んだものである。その縦格子の長い時は、横格子を中央に2〜3本、上下に2本入れる。また素地のままのもの、縁を漆塗で仕上げたものもある。筬欄間は種々の欄間のうち、最も格式の高い欄間である。菱組欄間は、書院欄間に使われ、紙貼される（図26・67）。組子は単純な菱の他、入花菱、唐花菱、花菱蜻蛉、菱井桁等がある。竹の節欄間（図26・68）は宮殿、社寺等の長廊下等に用いられる気品あるもので、木割も他のものとまったく異なる。一般住宅ではあまり用いられない。下地欄間は下地窓を欄間にしたもので、軽い感じはするが、うまく使わないと安っぽくなる。

　室外のものは、外部の小窓、門、塀、玄関の入口などに設ける。繊細さは避け、頑丈で、やわらか味のあるものにする。たとえばなぐりを用いて格子を組む、塗込めの縦格子を小間返しに立てる、塗壁を短冊に連ねて切り取る等の方法がある。

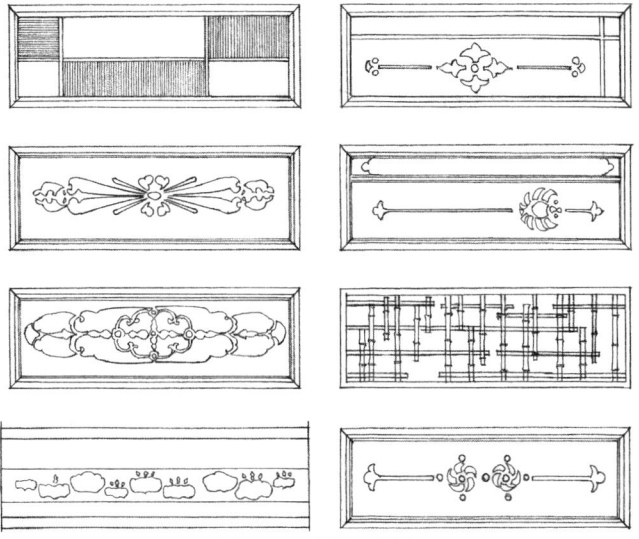

図 26・64 欄間の意匠

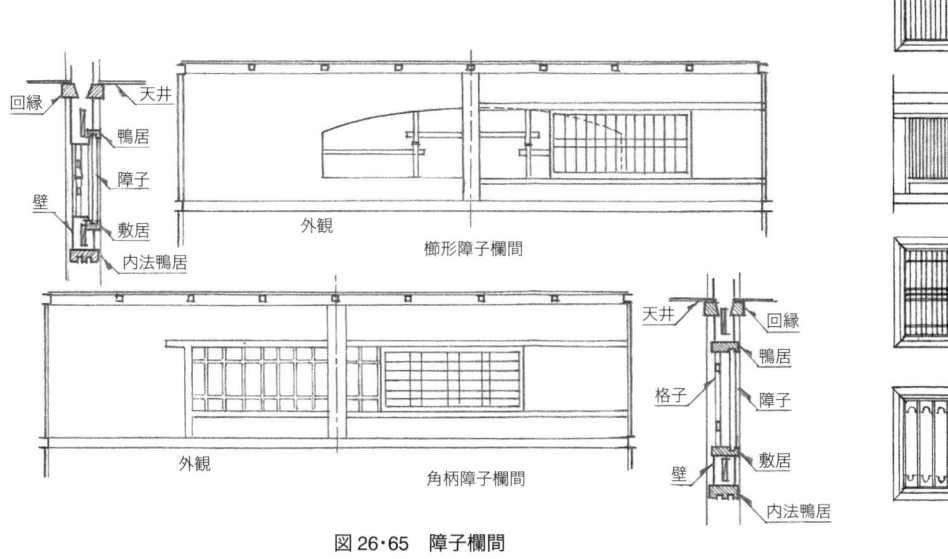

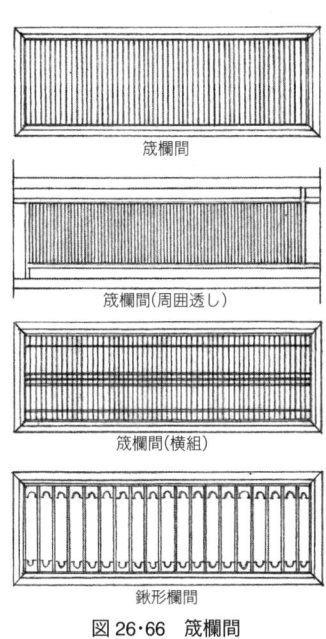

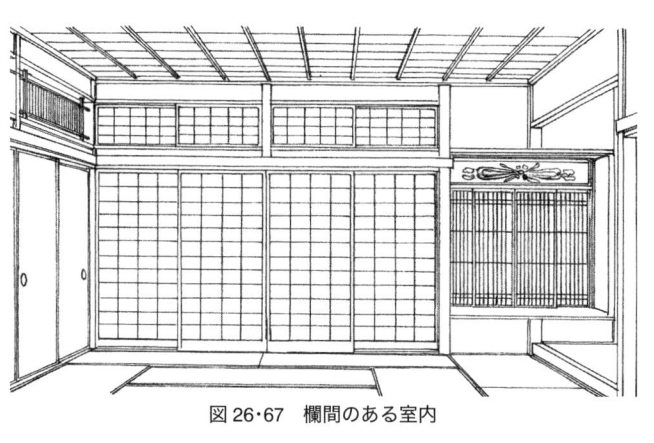

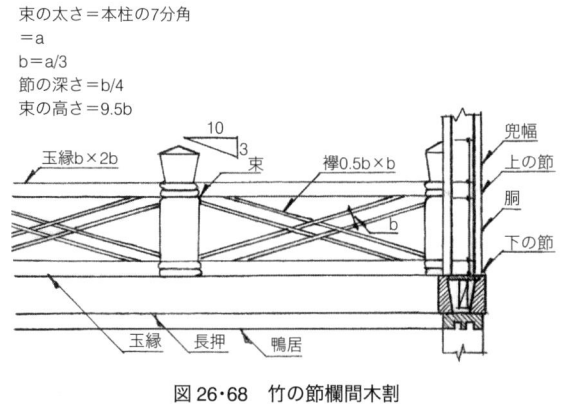

図 26・65 障子欄間

図 26・66 筬欄間

図 26・67 欄間のある室内

束の太さ＝本柱の7分角
＝a
b＝a/3
節の深さ＝b/4
束の高さ＝9.5b

図 26・68 竹の節欄間木割

f——洋風の内法

洋風の内法が和風ほど厳密でないのは、洋室には特別なものを除いて横に巡る部材がないからである。しかし目安としての内法高さは必要で、1.8mが多い。最近日本人の身長が伸びていることから、既製の木製内装建具の寸法の変化により、2m内法ということもある。内法回りの造作には、天井回縁、額縁、出入口枠、腰貼、幅木、カーテンボックスがある。

1◆天井回縁

これは天井と壁を見切るもので、材料や意匠によって異なる。天井壁が漆喰等塗物の時は、蛇腹を塗物で作り、室の雰囲気に合わせて繰形（モールディング）等を施し、左官工事になる。天井、壁の仕上材が異なる時は木製の回縁になる。その場合は約4〜5cm角を、一面面取りして用いる。さらに塩化ビニールの形成品で底目地納めにするものもある。アンティークな部屋には、繰形（モールディング）のあるものも使われ、ハウスキットという名前の既製品も多く出回っている（図26・69〜71）。材料としては堅木が多く、楢（なら）、桜（さくら）、塩地等で、高級品としてチーク、安価なものとしてラワンが用いられるが、部屋全体に内法回りの材料意匠を統一することが大切である。

施工は、壁下地ができた時に行う。回縁の下部に小穴を彫り、塗壁の時はこれに塗込み、乾式工法では下地、仕上ともこの小穴に嵌込むようにする。ハウスキットの場合、この小穴がないので、塗仕上、乾式の仕上の上から、モールディングの溝を利用して専用の隠釘で打ち付ける。本格的なものに比べて安易な仕上となる。

回縁入隅の仕上は、留切にして取付ける留着が普通である。

2◆幅木（巾木）

幅木とは、床と壁を見切るもので、出幅木と入幅木に分けられる。

出幅木とは、壁面より外に出て納まるもので、本来洋風建築では出幅木だけが用いられていた。古くは壁から3cmも出、高さも30cmくらいのものまであり、上端にモールディングを施した重厚なものであったが、現在では出は約6〜10mm、一般的な高さは約5〜10cmである。これも部屋の雰囲気を作るものであったが、現在では壁の汚れを防ぐ等の機能が優先している。施工方法は、幅木上部に小穴を彫り、これに壁仕上を嵌込み壁散りが切れないようにする。幅木自身の厚さは、柱、間柱に取付けるとすると壁下地、仕上、幅木の出を加えたものである。幅木の下部は、床に小穴を彫り、これに幅木下部を嵌込んで、柱間柱に取付ける。出幅木は出代に塵が貯まり、掃除しても壁下部が汚れてくる。また家具等を置いた時、出代だけ隙間が開くということになる。

入幅木は壁面より奥に入った幅木で、機能的な幅木といえる。材料の高さは仕上見掛けより約2cm高くし、厚みは壁下地に揃える。下部は内部になる方を決り込み、床に彫られた小穴に嵌めて納め、上部は2cm長い部分で間柱、柱に釘打止めする。仕上がこの上に被り、釘の頭が隠れるのである。床に小穴を彫らないで、軸組の方から釘を斜めに打つ荒い仕事はやってはいけない。なお、入幅木は機能的だが塗壁の納めができないので、もっぱら乾式工法で用いる。

壁と幅木を面一（つらいち）（同幅）に仕上げるのは困難なことである。どうしてもという時は、壁と幅木の間に6mmくらいの底目地を取ることで案外うまく納まる。

既製品の幅木も多種あるが、共通して壁、床の仕上ができてから取付けるもので、本格的とはいえない。したがって入幅木はできず、もっぱら出幅木である（図26・72）。

ソフト幅木というものがある。ビニール製のシート状のもので、高さは約6〜10cm、色も数種ある。床、壁ができてから、速乾ボンドで貼る乱暴なもので、普通一般住宅では使用しない。

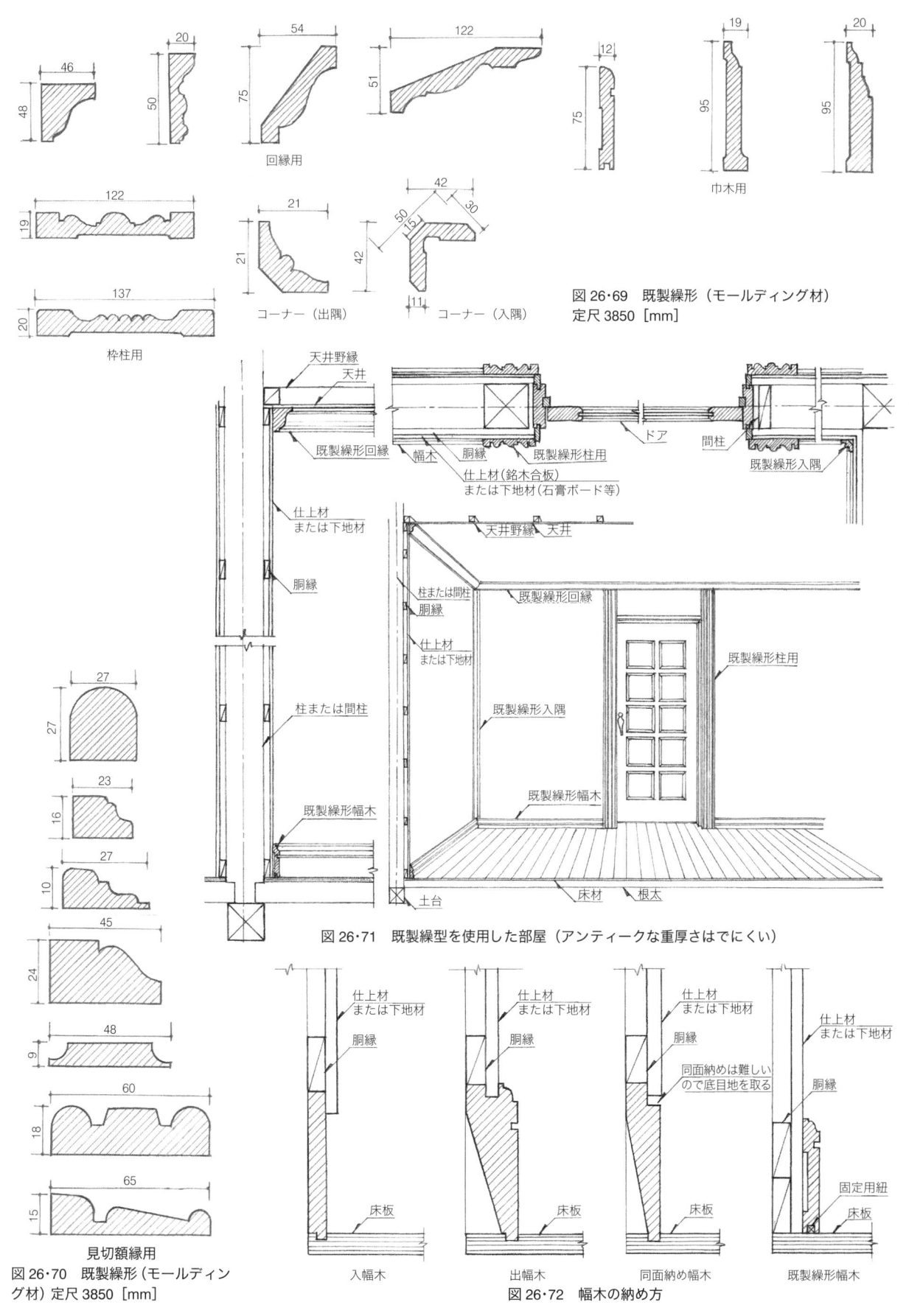

図 26・69　既製繰形（モールディング材）定尺 3850 [mm]

図 26・71　既製繰型を使用した部屋（アンティークな重厚さはでにくい）

図 26・70　既製繰形（モールディング材）定尺 3850 [mm]

図 26・72　幅木の納め方

入幅木　　出幅木　　同面納め幅木　　既製繰形幅木

3◆出入口枠

洋室の出入口は、大壁下地および仕上をいかに納めるかという点が重要である。出入口には引違戸、1本引き、ドアがある。

引違戸では、柱および鴨居を和風と同じように使う時と、枠全体を新しく作って嵌込む時とがある。柱、鴨居を化粧として使う場合は、柱鴨居に大壁の下地仕上の吹上がってくる分だけの見切縁を、柱にあらかじめ彫った小穴に叩き込んで納めるが、この見切縁にも仕上が押し込まれるような小穴が必要である。見切縁の見付けは25mmが標準である。また縦横交わる所は留にして納める。これらも堅木が材料として使われ、出入口全体では、堅木と軟木の不揃いから、多少違和感が残る。

枠を新しく作る時は、柱、まぐさでできた開口部に嵌め込む方法をとると、本格的な洋風仕上になる。上枠は引違い溝を彫り、縦枠とで門形に作り、散り決りした見切縁を回して嵌込む。取付は出入口枠と野物の差を約5mm取り、柱が垂直でない場合があるので、その差を調整してパッキン（板状の楔）を差込み固定する。他に大壁の仕上厚よりやや大きな幅の板で、出入口枠を作ることがある。散り決り、鴨居溝、見付け厚は前述の出入口枠に準ずる。

出入口枠もその部屋の雰囲気に合ったものが必要で、例えばモールディングを用いると、重厚さが増す。既製品の室内ドアでは、出入口枠もセットになっており、見切縁の差込み方で、壁厚を調整するようにできている（図26・73）。

敷居は、溝を彫る場合とレール取付けの場合があり、レールをそのまま取付けるとレール分高くなるので、レールの高さだけ彫り込む。また現在は、彫り込まなくてよいV型アルミレールが使用され、敷居を用いないならこの時は床に補強が必要となる（図26・74）。

1本引きは、建具厚を壁の面に納める時と、建具厚が壁面から吹き出す時がある。前者では壁を建具厚（約4cm）引込み代だけ下げる。それにともなって枠の寸法を決め、鴨居は見切縁より少し大きくして、溝を彫って納め、戸当たり部分も同様とする。レールはVレールかハンガーレールとする。

後者の納め方は、戸当り、鴨居は軸組に直接取付けてから壁の仕上をする。鴨居の見付けは少し大きく3cmくらいがよい。戸当りの壁仕舞と戸当りは同材で同じ見込みにするときれいに納まるが、少し手間がかかる（図26・75）。

現代の住宅では洋室が多くなっていることから、ドア枠を使用することも増えている。ドア枠も、化粧の柱、無目等を使う時と、新しく門形に作った枠を使用する時とがあり、形、取付け方、材料、大きさは出入口枠に準じる。ドア枠と出入口枠の異なる点は、竪枠、上枠の中央に戸当りのつくことである。室内の敷居部分の沓摺は特別な場合を除き、つけることはない。

4◆額縁

窓を設置する時、大壁の厚みを吸収する部材が額縁である。出入口枠に準じて取付けられるが、散り決りも必要で、アルミサッシ採用の場合も必要なものである。見付けは25mmを標準とし、見込みは採用する建具で異なり、壁仕上より3～5mm吹き出した方が納まりがよい。出入口枠やドア枠も同様である。額縁にもアンティークなモールディングを施すことがある。額縁の下枠の幅を特に広げたものを膳板（ぜんいた）と呼び、古典的な部屋ではよく使われる（図26・76）。

5◆腰貼

洋室の内壁は、腰の高さや内法の高さまで羽目板を貼り、その上が塗壁というものが多かった。これを腰貼という。この時腰貼の高さまでは銘木合板貼の下地と同じで、束と鏡板や枠に嵌め込んだように見せる、ベタ貼するといった意匠があった。塗壁と腰板の見切は笠木とし、見付けはドア枠より少し大き目がよい。下部に散り決り、上面は手前に下る傾斜をつける。これにも繰形をつけることがある。笠木の見込みは、羽目板より3mmほど出るのが上品であるが、繰形の時はその意匠で決める（図26・77）。

図 26・73　ドア枠の納まり

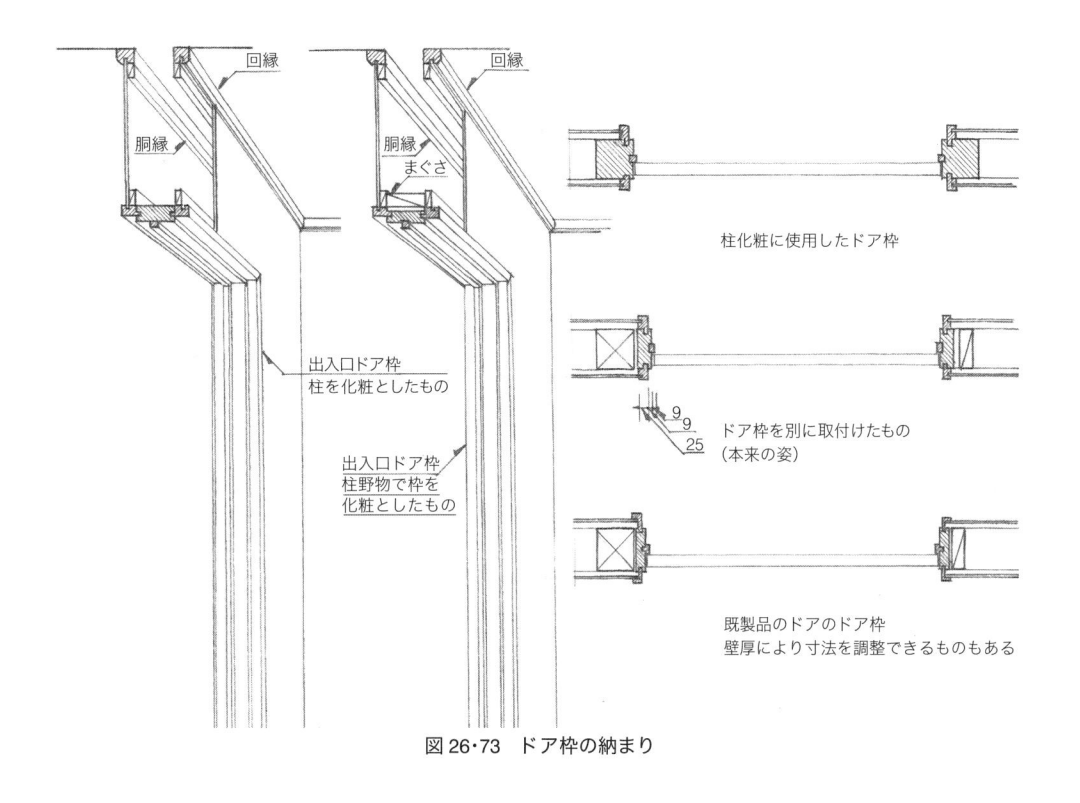

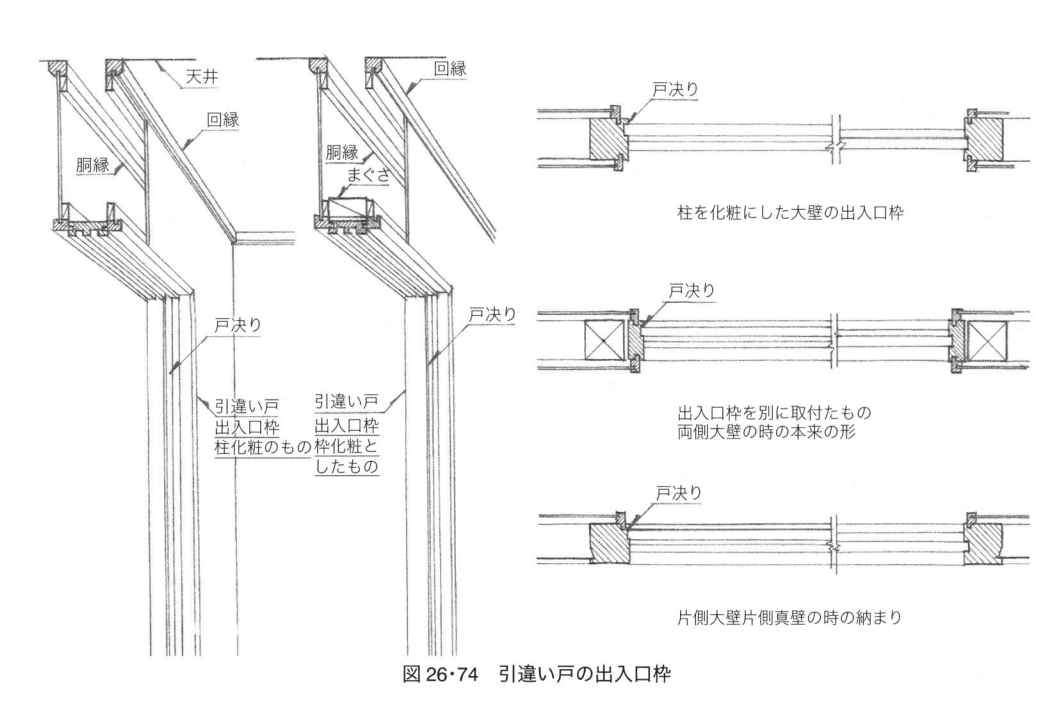

図 26・74　引違い戸の出入口枠

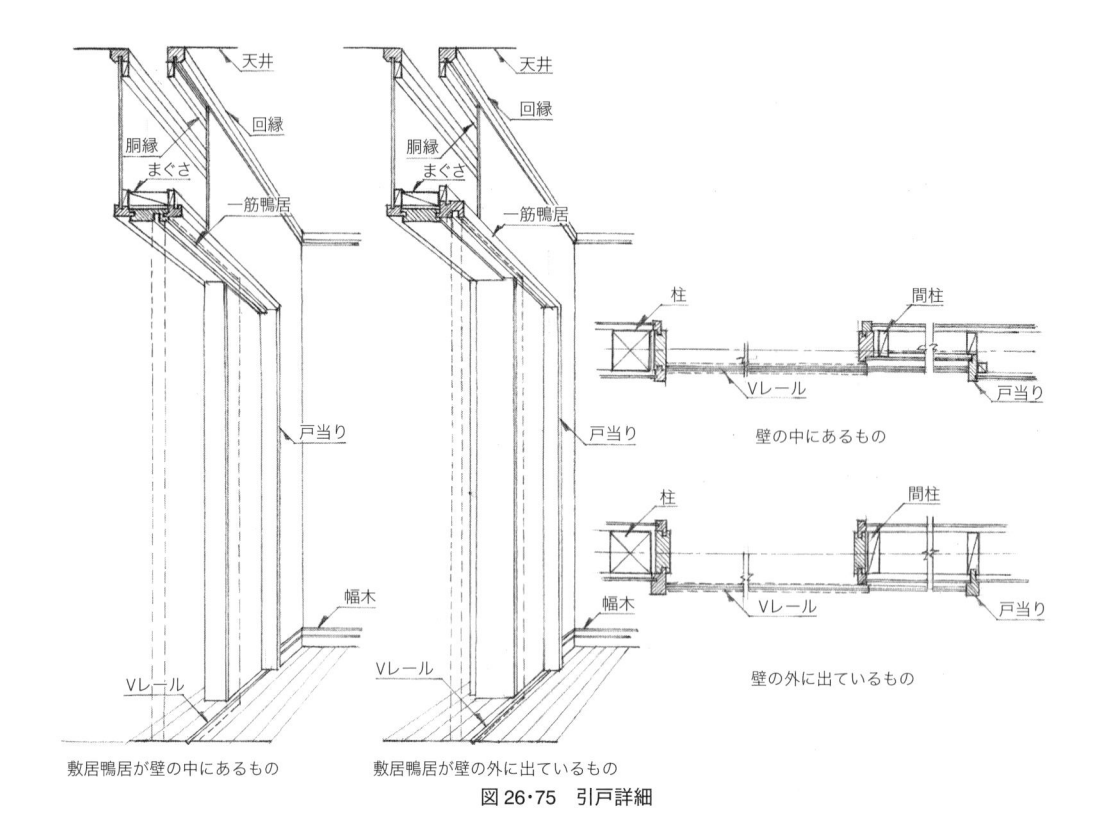

敷居鴨居が壁の中にあるもの　　敷居鴨居が壁の外に出ているもの

壁の中にあるもの

壁の外に出ているもの

図 26・75　引戸詳細

アルミサッシの額縁の納まり　　従来の窓の額縁の納まり　　膳板

アルミサッシの場合の額縁の納まり

従来の窓額縁の納まり

図 26・76　額縁の納まり

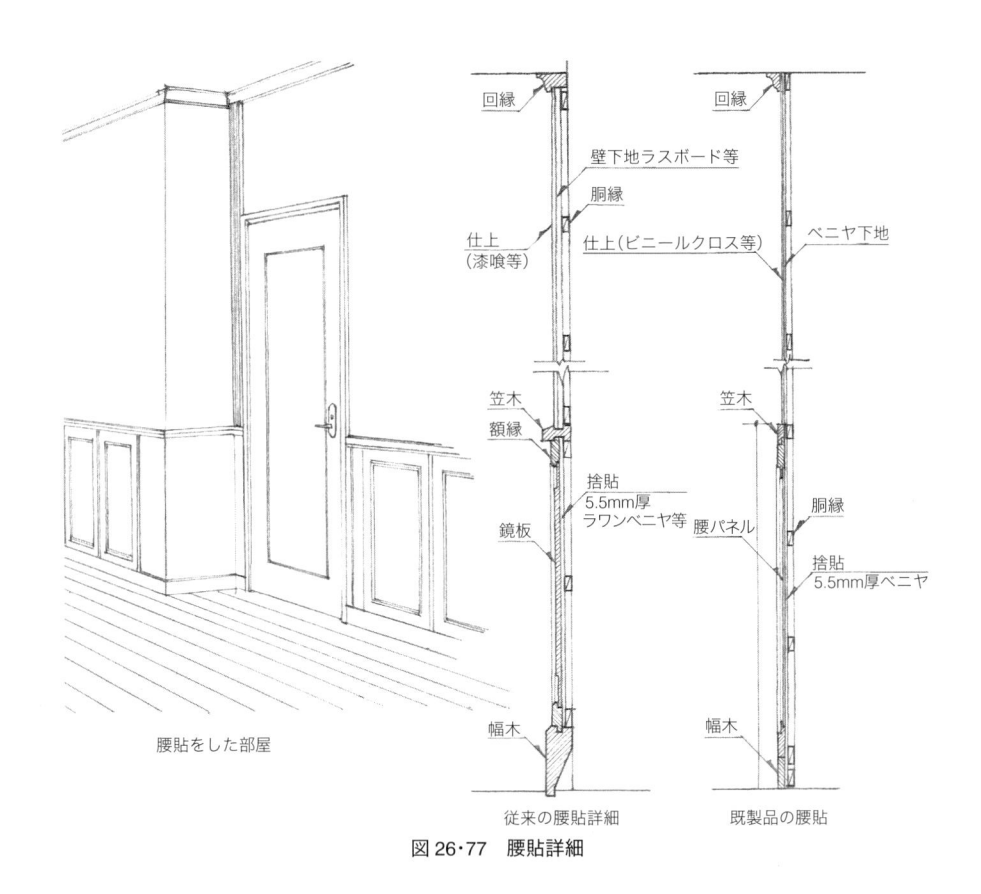

図 26・77　腰貼詳細

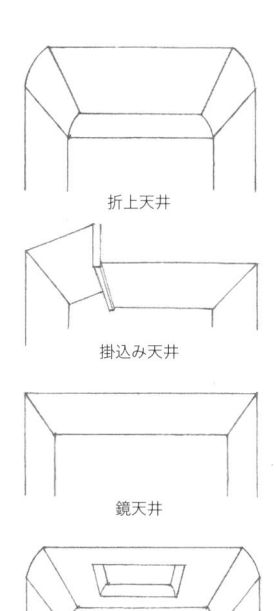

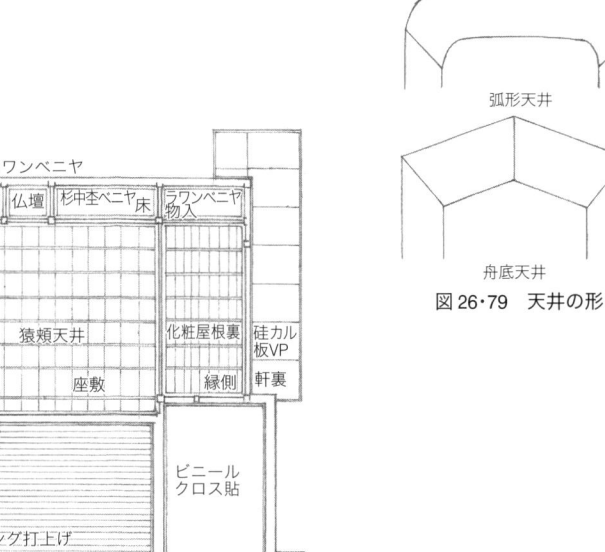

図 26・78　天井伏図

図 26・79　天井の形

5 天井

ⓐ——天井

　天井は古代の住宅にはなく、全室に天井ができるのは、近代に入ってからである。天井には、二階小屋組や床組の目隠し、温度の調節、光の調整、塵埃の排除等の機能があるが、室内の雰囲気を作り出す大きな要素である。

　天井の高さはその条件によって決まる。座式の部屋と椅子の部屋でも本来は異なっていたが、現在は変わらない。また高すぎると陰鬱になり、寒い感じになる。その点を工夫すると、吹抜け等、快適になることもある。天井が低いと圧迫感が出てくる。建築基準法で居室の天井高は2.1m以上とされている（図26・78）。

　天井の高さは、内法に加え畳敷の時は畳数に10cm倍をもって小壁の高さとした。

　たとえば8畳の部屋では、

　天井高＝内法＋8畳×10cm＝1.73m＋0.8＝2.53m
ということになり、椅子式の時はこの値より45cmくらい高くしてもよいが、現在では既製品のドア建具、家具の関係から2.4mにすることが多い。天井の形の種類は多く、貼り方によっても名称があり、部屋の性質、構造、様式に応じて用いられる（図26・79）。

　和風の天井には、鏡天井、舟底天井、竿縁天井、猿頬天井、平天井がある。これらの竿縁は、疎、吹寄せ、井桁などである。また格式を重んじる天井は、格天井、折上格天井、二重折上格天井、小組格天井等で、他に掛込み天井や網代天井がある。

　洋風の天井には、打上げ天井、格天井、弧形天井、間接照明のための二重天井等がある。

　貼り天井と呼ばれるものには紙貼天井と布貼天井があり、下地にはスベリ刃サスリ板貼、胴縁目透し打、漆喰塗、ベニヤ打上げ、石膏ボード打上げがある。塗天井といわれるものには、漆喰塗、石膏スタッコ塗、モルタル塗、塗料仕上天井があり、下地には木摺打ち、ラス打ち、下地モルタルがある。

　繊維および木材の天井には、自然材料では竹、小枝、竹、熊笹竹、ソダ、葭（よし）、萩や雑草類、杉皮、粉板等がある。人工の材料には、ベニヤ板、石膏ボード、有孔ボード、硅酸カルシウム板、吸音テックス、岩綿吸音板等がある。金属天井にはメタルシーリング、アルタイル、スパンドレール等がある。

ⓑ——棹縁天井（竿縁天井）

　棹縁天井は、一般木造住宅で一番多く用いられている天井である。現在材料等の関係で底目貼天井（図26・80）が多くなっているが、棹縁天井は、和風天井の代表格である。

　回縁の木作りでは、高さ4～5cm、幅は柱面から胸の出2cm以内で、壁散りに隙間ができないように工夫し、下部角に約4mmの面を取る。棹縁の取付けは、回縁に落とし込みで取付け（図26・81）、床の間に平行するよう配置する（直角にすると床差しで忌み嫌われる）。床の間のない部屋では長手方向に1/4間間隔で配置する。この棹縁の間隔を吹寄せにすると、部屋がくだけた雰囲気になる。

　棹縁の材料は、杉や栂の柾目がよく、幅は柱の1/4～1/3で高さはその一割増がよい。下端に糸面を取る。この面を大きく取ったのが猿頬（さるぼお）天井で厳格な座敷に採用され、棹縁が細く見えて、感じのよい天井になる。茶室等のくだけた部屋では、棹縁に嵯峨松や桜や白樺の小丸太、煤竹（すすだけ）、胡竹（ごちく）を用いることもある。小丸太類は積層材が売り出されている。

　棹縁と回縁の仕口は、大入れ釘打ちか落蟻にし、棹縁の上に寄蟻穴を彫って2～3cm角の吊木で、上部横架材か、吊木受に吊る。天井板の上では野縁を半間くらいの間隔で渡し、これに吊木を片蟻入れ木ねじ止めで吊る。天井は長さの1/200くらい中央で起（む）らせておくと、水平に見える（図26・82）。

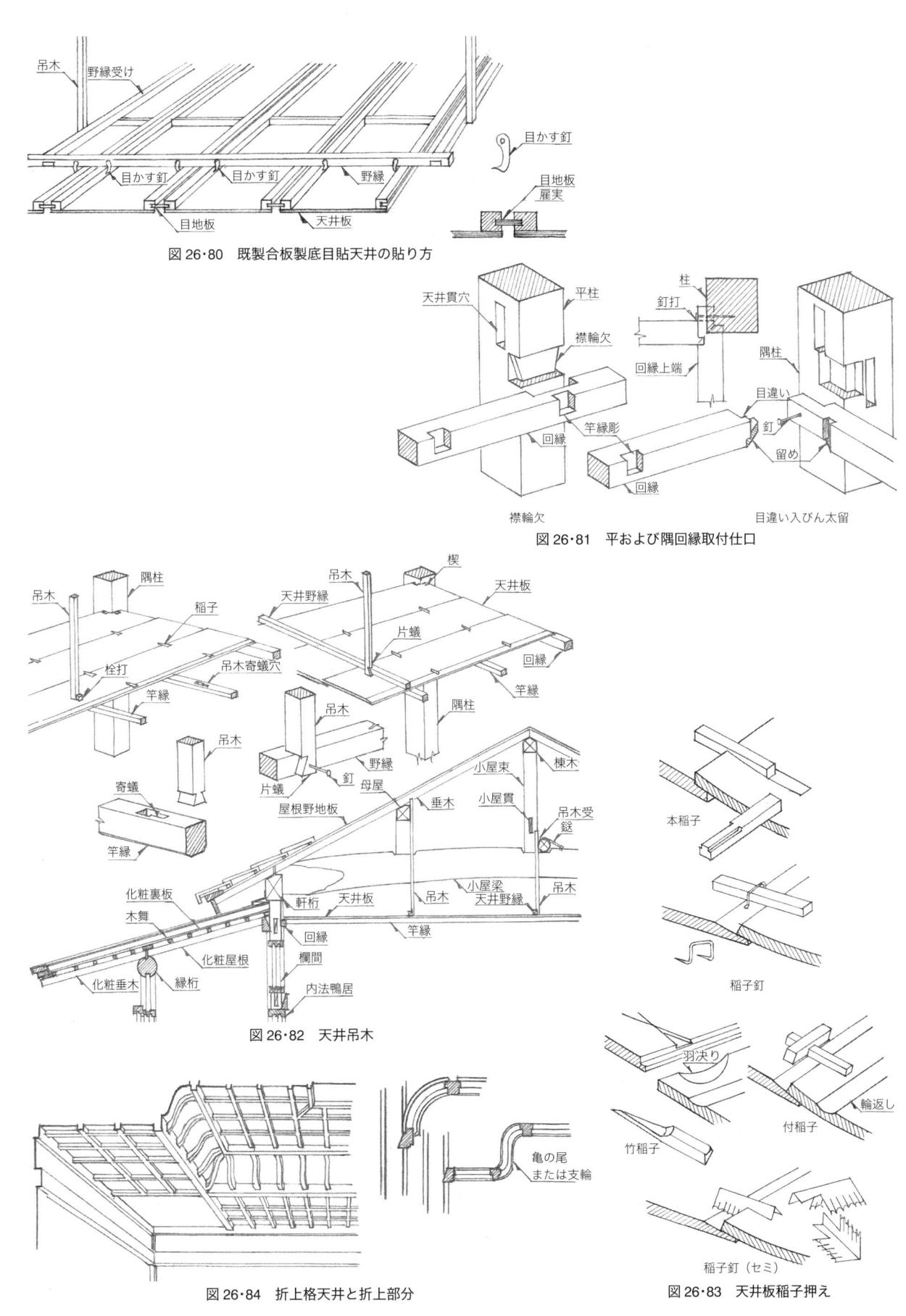

図 26・80 既製合板製底目貼天井の貼り方

図 26・81 平および隅回縁取付仕口

図 26・82 天井吊木

図 26・83 天井板稲子押え

図 26・84 折上格天井と折上部分

天井板は、建主が凝る材料の一つであった。おもに杉の柾目で、春日杉、霧島杉、秋田杉、吉野杉等を、好みや価格で選定した。屋久島の玉杢（薩摩の鶉杢）は最高級品といわれている。また杉の中杢天井でもおおらかな天井ができあがる。厚さ4分（9〜12mm）の板を削って用いたが、現在はベニヤ板の上に杉柾や杉中杢の単板を貼ったものが大勢になっている。幅は約25〜45cmで、約30cmのものがよく使われる。天井を貼る時は普通羽重ね貼とし、棹縁に釘打ちする。棹縁と棹縁の間の刃先が密着しにくいので、稲子、付稲子などで止める。板の厚い時は本稲子だが、昨今では板が薄いので半稲子か、鉄製の稲子釘も使用する。天井板は奥から貼り始め、重なりの刃先が下手から見えるようにする（図26・83）。

また召合わせは、柱、吊束の真納めにする。天井の貼終わりは押入等で押え、棹縁小間、板幅2枚ほど貼らずに人の出入や点検口とし、石等で押さえておく。

特殊な天井として網代組、葭簀、萩の簀その他繊維を編んで天井とした時は、隙間から塵が落ちないよう、石膏を天井裏から垂れない程度に塗る。

鏡天井は野縁を井桁に組んで、幅の広い板（ベニヤ板や杉、楠、桐の1枚板）を貼ったものをいう。杉柾や杉中杢ベニヤでは、羽重ね部分を化粧に出せないので、継目は雇実の底目地に仕上げる。板幅は約45cmで、約6mmの底目地が入るが、一種の鏡天井で、目地が床差しにならないようにする。

c──格天井

格天井は、格式の最も高い部屋に採用される（図26・84）。天井全体を格子組にしたもので、格天井、折上格天井、二重折上格天井、小組格天井の四種になるが、折上格天井、二重折上格天井、小組格天井は一般木造住宅に採用されることはないので別項で述べる。

格縁の木割は本柱の3/10角くらい、覆輪面または大面を取り、「面組」にして相欠きにし、格間が正方形に近いように天井に割り付ける。この格縁は吹寄せの時もあり、素木、漆塗（蝋色）の時がある。

鏡板は一枚板やベニヤ板、ボード類の他、網代を貼ることもある。

格天井は現在の意匠の傾向から、あまり採用されないが、玄関等の小面積では既製品で一式が販売されている。

d──洋風天井

洋風天井の種類には、打上天井、格縁天井、貼天井、塗天井、繊維天井、金属天井等がある。いずれも天井下地に下から貼上げるか、塗仕上にする。

下地は4cm角の野縁を縦横とも45cm角に格に組み、4cm角の吊木で約90cmの間隔にして上部吊木受で吊る（図26・85）。化粧ボード等は一方向に野縁を流し、それと直角方向にバラ板を打って「板野縁」とする（図26・86）。

1◆打上天井

打上天井は、幅の狭い板を傍面取り、相決り、実矧ぎにして野縁に打上げ、長手の継手は乱にして木口相決りか実矧ぎで継ぐ。仕上にワニスやペンキを塗る。材料は松、桧、桜、塩地である。現在は化粧銘木合板がよく用いられ、幅606mm、厚さ5.7mm、長さ1.82m、2.43m、2.73mがあり、表面に7.5〜10mmの目地が付けられ、傍は相決りになっている。

貼る方法は野縁に白ボンド塗布の上、カリ釘で仮止めして貼っていく。

2◆格天井

格天井は格縁で幾何学模様に区切り、鏡板等を貼ったもので、仕上はワニス、ペンキ塗や漆塗もあるが、ほとんど採用されない。ただ、鏡板を利用して天井照明に用いることがある（図26・84、87）。

3◆貼天井

貼天井は紙貼か布貼の天井で、下地は野縁に貼る板類で以前は入手に苦労したが、現在は5.5mm厚ラワンベニヤや石膏ボードが下地である。突付け部分は約2mmの面を取り、ユニクロメッキの木ねじかステンレス釘を用いる。

紙貼は和紙で骨縛り、袋貼、清貼の順に下地を作り、仕上貼をする。このうち、袋貼は紙の周囲に糊付けして貼る。他は全面に糊をつけ、仕上貼は模様を合わせ、鳥の子紙や銀揉紙等を貼ることもある。

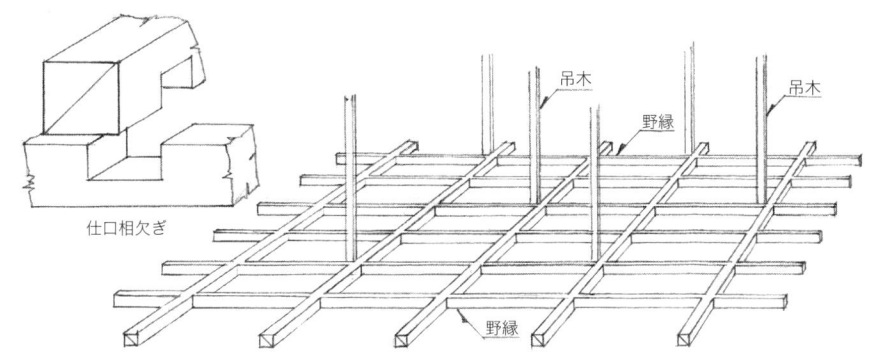

図 26・85　鏡天井等に用いられる一般的な天井下地（野縁 40 × 40　縦横＠450 が標準）

野縁40角一方向に450＠、バラ板
野縁の直角方向に打つ、ボード、
岩綿吸音板、化粧石膏ボードの
天井下地に必要。

図 26・86　板野縁

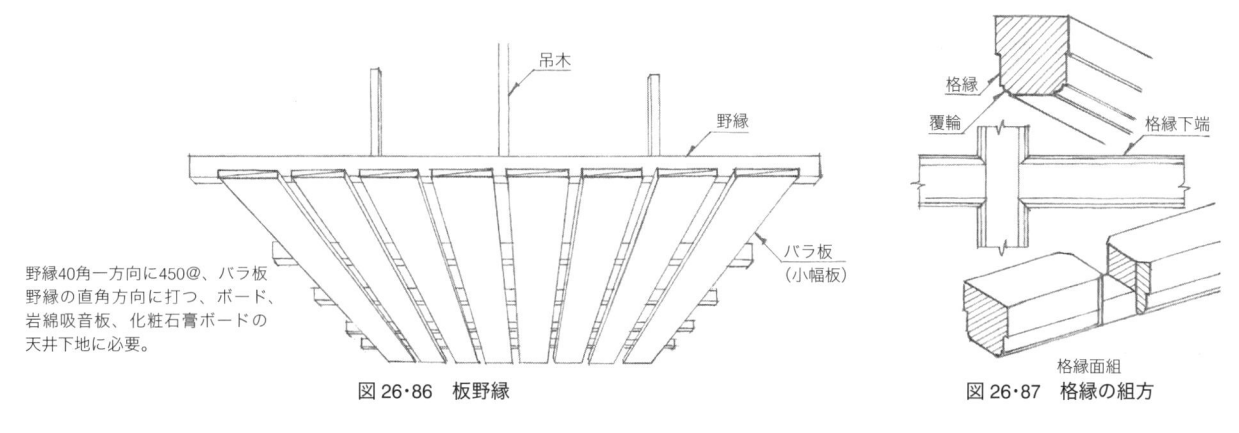

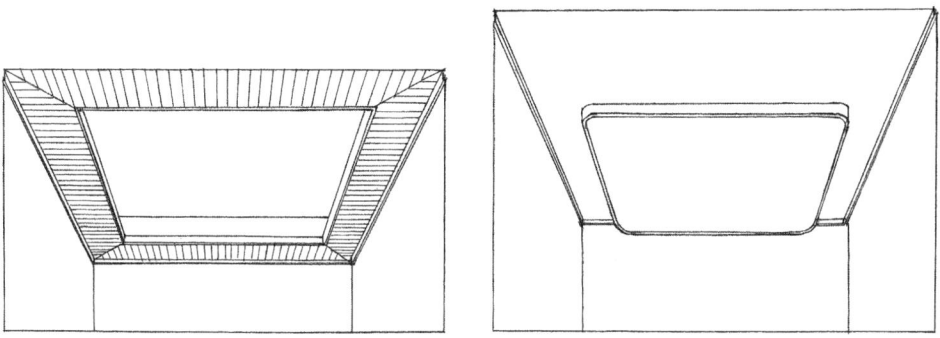

図 26・87　格縁の組方

図 26・88　建築化照明（二重天井）

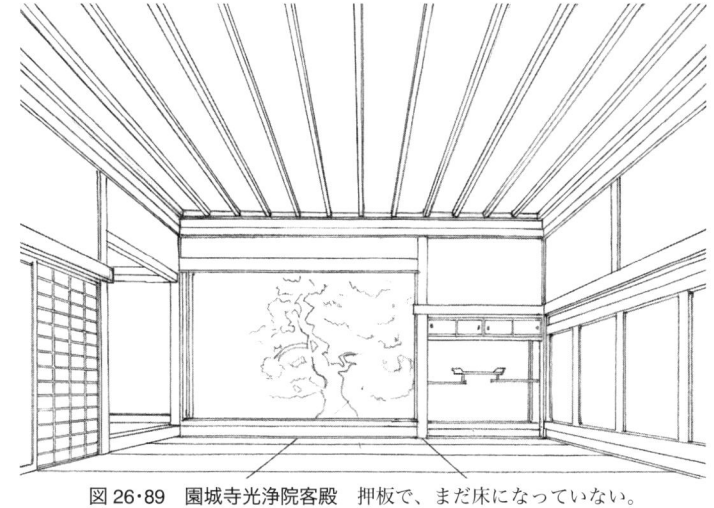

図 26・89　園城寺光浄院客殿　押板で、まだ床になっていない。

図 26・90　「慕帰絵」の押板　観応 2（1351）年に描かれた絵では、まだ押板は完成しておらず、文明 14（1482）年に補加されたものでは、押板が造付けになっている。

布貼天井も、下地は紙貼と同じにするか、布地に紙の裏打ちをして下貼の上から押えるか、飾鋲で止める。また布貼が格間に納まるようにカンバスを貼り、格間に落とし込んで貼る方法もある。以上のように紙貼も布貼もたいへん手間のかかるものだが、現在では本式ではないものの、ビニールクロス貼がほとんどになっている。下地、貼り方については内壁の仕上で述べた。

4◆塗天井

塗天井は漆喰天井が主で、天井野縁に木摺を打ち、それに下げ苧を細く打って下塗（図25・8、p.362）、中塗、上塗の三回塗る。蛇腹や中心飾りは石膏で型抜きして、仕上面に石膏で貼付ける。亀裂や剥落防止のためメタルラス貼の上、モルタル下地にプラスター、漆喰塗も安全な方法である。セメント塗天井は、野縁に防腐剤を塗り、メタルラス貼の上、モルタルを塗る。仕上はエマルションペンキか吹付タイルを塗る。また白色モルタル寒水掻き落しもよい仕上になる。

ボード類は、定尺のものと、寸法切して加工したものがある。そのまま貼れるものと、目地を楽しむことができるものとがある。

石膏ボード、硅酸カルシウム板は定尺物で、2分厚ベニヤには、有孔のものもある。化粧ベニヤを除いて表面エマルションペンキや吹付タイルで仕上げられる。岩綿吸音板は大きさ606×303mmの結合部本実刻で、種類も多い。また表面に透明の塗料を塗って雑巾で拭けるものもあり、準不燃材でもあって、急速に普及している。

定尺の天井の打上げは、野縁に飾鋲で打つか、目地棒で押える。模様が複雑な時は板野縁とする。目地には木製（エンボスト）、プラスチック製、金属製（スチールかアルミ製のジョイナー）の目地棒を使う。金属板の天井はメタルシーリングといい、軽くて便利だが少し浅薄な感じがする。アルミの天井材スパンドレール（縁甲板状の天井材）は軒天井やピロティ等に使われる。軽量金属製の野縁のことを軽天といい、内装制限があり、木製野縁の使えない時、用いられるが、一般木造住宅ではあまり用いられない。

5◆建築化照明

建築化照明の天井とは、天井全体を間接照明とするもので、部屋の中央の天井を高くし、周囲を低くするものと、その反対の二つに大別できる。仕上材料として光らせる部分は、漆喰塗、プラスター塗、ケイカル板、石膏ボードのペンキ塗、ビニールクロス貼等、白いものがよく、段差部分の框は木製やビニールクロスの巻込み、アルミ板等が使われる。段差は一般に約20〜30cmで、照明は間接だけでは照度不足となるので、高い部分にコードペンダントやシャンデリア、低い部分にはダウンライトやコードペンダント、また壁にブラケット等を併用する。ムードある天井はこの方法が一番よいようである（図26・88）。

天井換気扇はシックハウス対策、天井裏の木材の乾燥、室内の換気のために必要である。換気扇をつける部分を、天井裏改め口にすることもできるが、点検口は別に目立たない所に設けた方がよい。センタリングは、水平な天井に変化を持たせるもので以前は木工事として行われたが、現在は既製品が売り出されて下地の調整のみで取付けられるものもあり、種類も多い。

6　床の間と床脇

ⓐ──床構え

床構えは鎌倉時代、わが国にもたらされた禅宗とお茶の影響でできたと考えられる。禅宗の塔頭方丈では、仏画が壁に掛けられ、その前に仏具が並べられた。一方で喫茶が流行し、室町時代には名物を鑑賞しながらの喫茶が楽しまれた。白磁、青磁といった陶器類や舶載の絵画が名物として珍重された。またこの頃、部屋全体に畳が敷かれるようになった。一部に畳を敷かず、ここに名物を飾ることもあったが、何かと不便なことから、この飾る部分を建築の主要部分から外へ押出した棚を作ったのが「押板」といわれる床の間の原形である（図26・89、90）。

封建制が確立するとともに、身分の高い人が一段高い所（上段）に位置することになったが、桃山時代の侘茶の場となった茶室では、上段と押板が取れなくなり、それが一つになったのが床の間と考えられている。床は原則として一段高く、床框がつき部屋内に設けられるが、押板は畳より約30cmあがった所に部屋の外に押出すように板を設け、下部は壁を塗り、奥行も60cmと床の半間に比べて浅いものである。床の間は単に装飾ではなく、格式や安らぎの象徴で座敷には必要な部分である。床の間は、厳格な本床を基本に（図26・91）、趣味や雰囲気、機能によって設計し作り出していくものである。本床で上段床は、厳格高雅な部屋につけ、本床、蹴込床は住宅の厳正な床の間である。この他、洞床（塗回床）、踏込み床はややくだけた床で、袋床は風雅な味わいの床、織部床、吊床、畳床は部屋の上品さを保つ手軽な床である。これらの中間的なものもあり、床の間の種類は多種多様である。

床の間は南向（北床）または東向（西床）がよいとされている。本床と逆床は間取りの都合で、右勝手と左勝手がある。向かって左に縁側や書院のあるものが本床で、その反対の時は「逆床」という（図26・92）。

ⓑ——本床

本床は、最も一般に採用される床の間で、基準となるものである。

厳正で格式が高く、木割（基本寸法）は決まっているが、これを掟のように考えるのは間違っている。本床は縁側に接して上席に設け、畳一畳の大きさが普通であるが、座敷の幅が二間以上大きくなると、床の間の間口も一間以上大きくなる。

厳密で格式の高い床柱は、その部屋の柱材と同材で、見付けは一割増くらいの大面取が正式である。京都北山の磨き丸太が使われることも多いが、これはすでに本格的なものではない。この場合、元口の直径を普通柱の二割増くらいにし、足元畳寄せの前面に合わせて「筍目」に削る。本床では、珍木を用いるのは下品でよくない。

床框の高さは畳面から柱の見付けほど、床脇は畳面と同一に地板を納め、その上に地袋、違棚、天袋を設け、床の間と床脇の間には狆潜りを開けるか、下地窓、火灯窓を設けることもある。床框の材料は本床では蝋色漆塗で溜塗や素木も用いられるが、多く堅木（黒檀、紫檀、花梨、黒柿、イチイ等）が好まれる。最近は集成材のものが多く出ている（図26・93）。

少しくだけて上品な床框では、磨き丸太の面皮に、削った所のみ漆塗したものがある。大きさは高さ柱幅以内、幅は柱の八割くらいで下端は畳寄せにのせ、前面を大面取をする。柱への取付け面内より大入れで、塗框の時は両端柱裏から「かば入れ」に納め、楔打する。

地板は欅、楠、松、栃等の根杢板を艶出しして貼るものと、小紋縁をつけた畳表（龍鬢）を貼った嵌板や畳表の厚さだけ沈めた板の上に薄縁を敷く方法があり、この方が本格的である。また地板の積層材も種類多く出回っている。

落し掛けは床框に平行して、長押より柱幅1〜2本くらい上げて取付ける。本床では杉柾、桐等の軽い木を用い、高さは鴨居よりやや高く、取付は鴨居と同様にする。少しくだけたものは、雑木丸太、煤竹、胡麻竹の径6〜7cmのものが用いられる。丸太柱への取付は、柱の丸と落し掛けの幅の関係から落し掛けの小口が約5mm露出するが、これが一般的である。無目との関係も同じで「切目胴付」という。

床の間の天井は一枚板の鏡天井とするのが普通である。以前は無垢板の厳選されたものが用いられたが、現在では、杉柾、杉中杢の合板が用いられる。

床の間の天井の高さは座敷の天井高と無関係で、床前一間くらい離れて座し、軸吊紐が見えないほどがよい。床の間の回縁下につけ、正面壁に塗込んだ「夢想四分一」（図26・94）は隅柱面内に納まるよう大入で取付け、「稲妻釘」（雷紋釘）を取付ける。一幅、双幅、三幅といった軸掛けの時の用意である。床の幅が一間以内の時、回縁下端下約3cm下げ、中央に胴縁を入れておき、竹釘を壁から約3cm出して打っておく。天井回縁下に幅約15cmの雲板を取付け、壁面より約5mm散りを出して塗込み、これに軸釘を打つようにしたものが多い。

落し掛け壁裏面を利用して間接照明にすると、夜間の雰囲気がよい。この場合、蛍光灯は10〜15wくらいが適当で、明るすぎるのはよくない。

図 26・91　本床

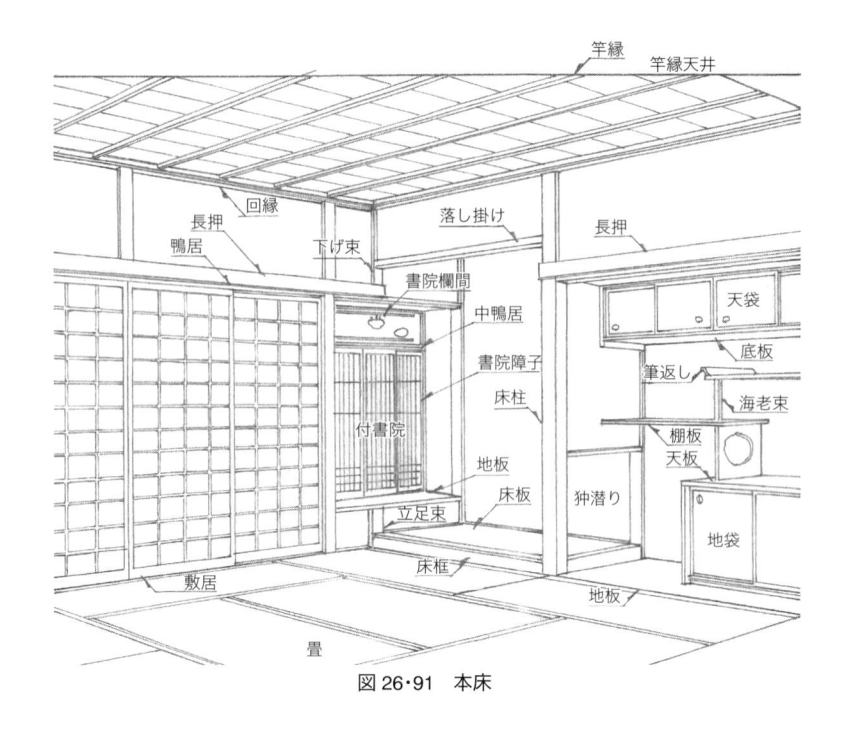

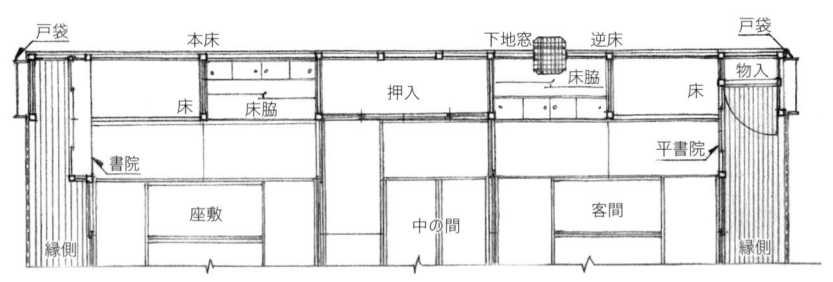

図 26・92　床の間の勝手　右手が北。

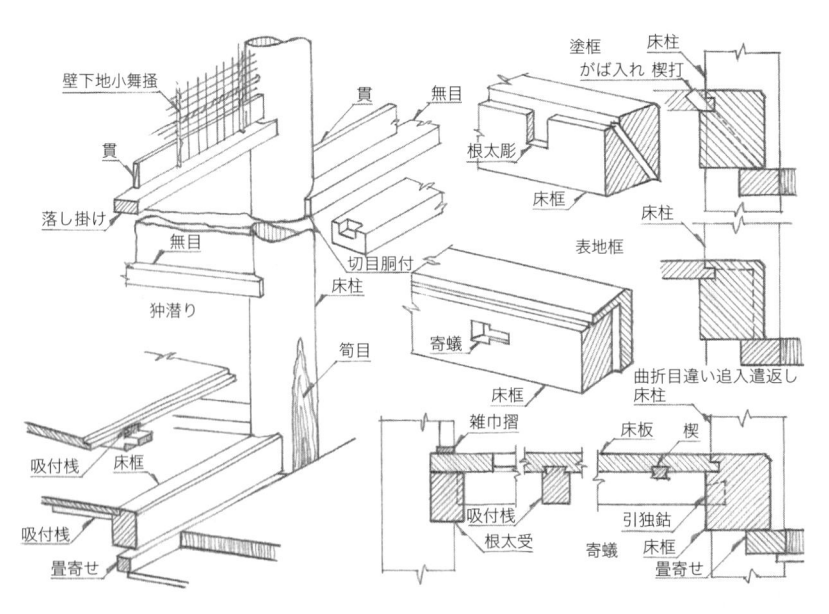

図 26・93　床框と床板取付け

図 26・94　夢想四分一と床裏

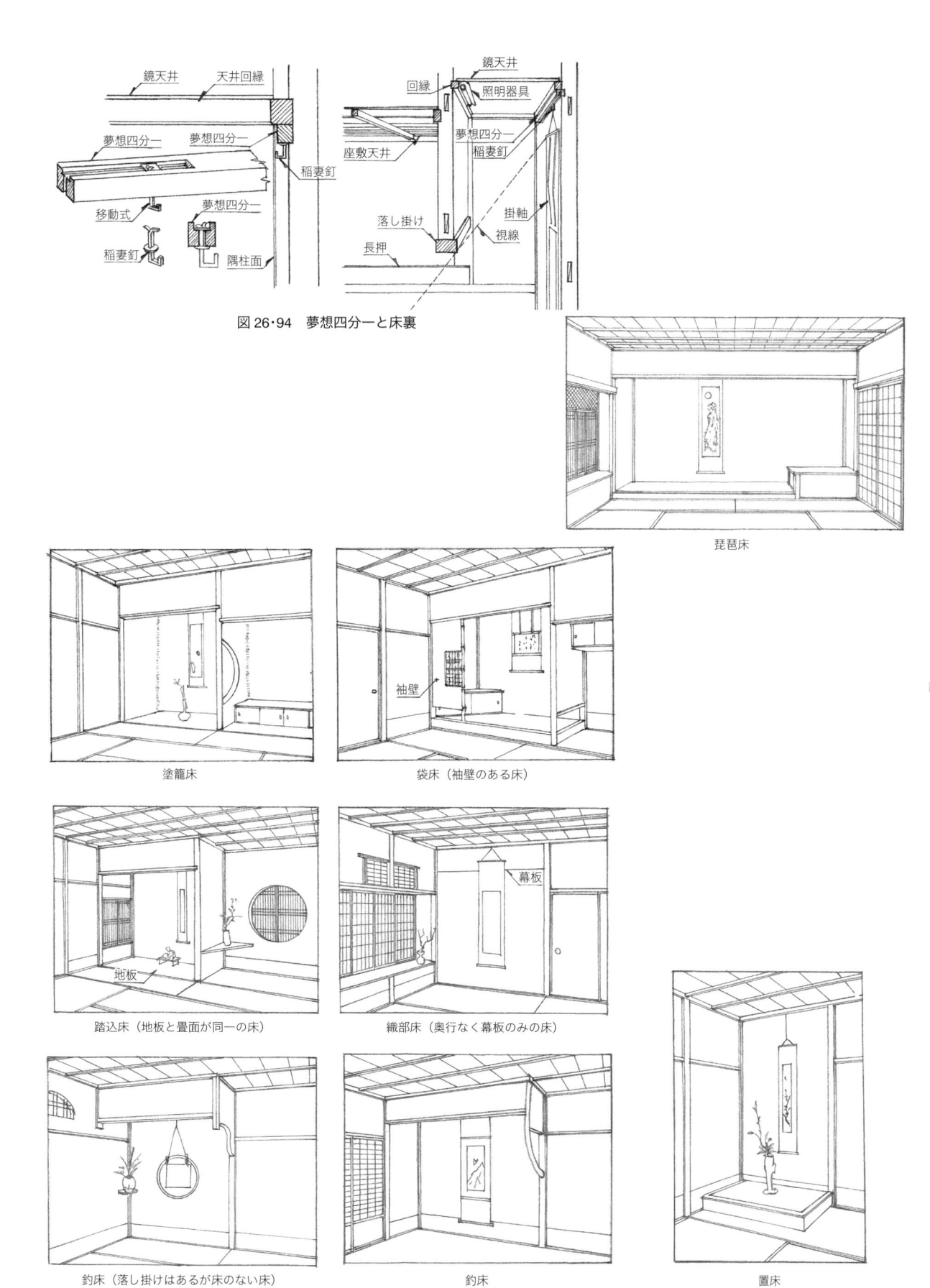

図 26・96　床の種類

- 琵琶床
- 塗籠床
- 袋床（袖壁のある床）
- 踏込床（地板と畳面が同一の床）
- 織部床（奥行なく幕板のみの床）
- 釣床（落し掛けはあるが床のない床）
- 釣床
- 置床

c —— 特殊床

上段床は最も格式の高いもので、もともとは縁側に桔出した書院地板を机とし、落し掛けから御簾を垂らし、中に身を隠すものであった。床というより上段の間に相当し、大きさは 2 ～ 4.5 畳くらいであるが、今ではほとんど見かけない。

蹴込床は、床框がなく、床板の下に蹴込板を入れた床で、蹴込板の下部は畳寄せ上端に彫られた小穴に入れ、上部は床板の小穴に入れる。床板は裏面に吸付蟻の根太を入れ、前は蹴込板に後は根太掛に蟻枘で落として取付ける（図 26・95）。

琵琶床は達磨床ともいい、書院に接し床框から約 15cm 高い所に四角い板を束にのせたものである。

洞床は、床の間の壁三面、天井全部を塗壁仕上とし、角に丸味をつけた床で、床柱、床框、落し掛けは丸太、竹等随意に使う。落し掛けさえも塗り込んだものを「塗回し床」といっている。

袋床は正面片方か両面手前に袖壁をつけた床で、瀟洒な座敷向きである。長押を多く用いない部屋に採用し、柱、框、落し掛け等に丸太や竹を使う。

踏込床は床の高さを畳面と同じにした床で、地板を敷いた床の間である。

織部床は最も簡単なもので奥行がなく、柱と柱の間、天井回縁の下に幅約 25cm の幕板を貼り約 5 ～ 10mm、壁面より出して柱の小穴に入れる。軸掛釘を回縁から約 3cm 下がった所へ打つ。

釣床は天井から吊束を下げ、これに落し掛けを掛けたものである。また床框の形に枠を組んで、畳の上に置くだけの置床もある。最近では床の間の奥行が減少し、30 ～ 60cm のものもある（図 26・96）。

d —— 床脇

床脇は、棚が設けられ、書物や巻物を置く場所である。これがあることは当主の教養の深さを現すことから、ステータスとして形式化されたものである。

厳格な床の間には高雅な床脇を作るが、瀟洒なもの、粋なもの、それぞれに合ったものを工夫することで種類は限りなく広がる。設備から考えると、天袋、違棚、地袋のあるもの、天袋と違棚のもの、天袋と地袋のもの、天袋のみのもの、棚のみのもの（一枚棚、違棚、隅棚、吊棚）、違棚と地袋のもの、地袋のみのもの、これらに窓をあしらったものがある。また棚の基本型には、通棚、違棚、落棚、吊棚、仕切棚、隅取棚がある。また床脇は床の間と区切られたものである。床の間と合わせて考えることで、さらに種類が増えて、工夫することでおもしろいものができる。

また床脇を必ず設ける必要はなく、簡略化したり、なくして押入にすることも一般住宅ではよく行われる。地板の大きさは一定しない。一枚板を畳上端と同一の高さに取付ける。界壁の意匠も狆潜りや洞口（壁を塗り回したもの）だけでなく、袖壁の持送り風や下地窓、火灯窓も考えられる。天井は無目上端に回縁（台輪という）を回し、天袋のある時は鴨居の上にくる。鴨居無目から 1cm 胸を出し、下角に大面を取る。天井は板の他、網代組、萩等の簾を用いるとか、種々工夫をする。

e —— 違棚と袋戸棚

床脇の基準寸法は、地袋天端と天袋底板を 2 分した所を、違棚の下棚上端とし、その棚と上違棚の間は柱 1 本分、板の厚みは柱の約 1/4、棚の重なりは柱の 0.9 ～ 11.5 倍とする。海老束は板の厚さの 1.2 ～ 1.5 倍、板の重ねの中心に建てる。上棚板の板端木口に筆返しをつける。これらはあくまで基準寸法で、より優雅により簡略にと種々工夫され、意匠される部位である。棚板の材料は、欅、桜、花梨、楓など無節柾板や杢板、松の大節杢板などだが、漆塗に仕上げたものもある。板幅は、棚板傍が柱内面より 2、3 本ほど内側に入った所にすると美しく納まる（図 26・97）。

筆返しの取付けには、蟻掛けと燕蟻（燕返し）の二種がある。燕返しにした場合は、別に端喰を木口に蟻に差し込んで、木口包みに隠す。棚板の取付けは、棚板の当たる所に貫を取付け、それに板厚の小穴を彫っておいて嵌め込み、裏釘で止める（図 26・98）。

図 26・95 蹴込床

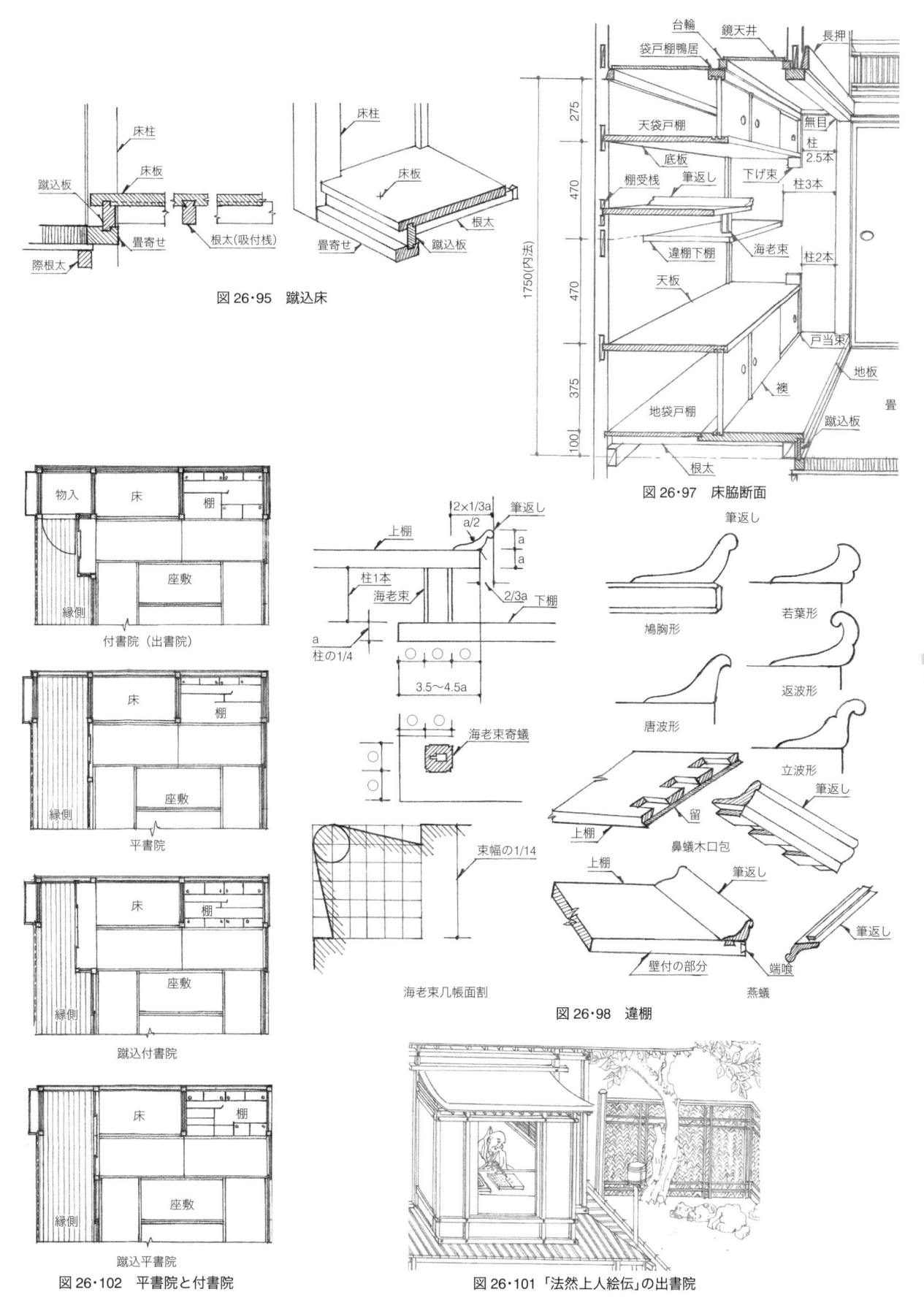

図 26・97 床脇断面

図 26・98 違棚

図 26・102 平書院と付書院
- 付書院（出書院）
- 平書院
- 蹴込付書院
- 蹴込平書院

図 26・101 「法然上人絵伝」の出書院

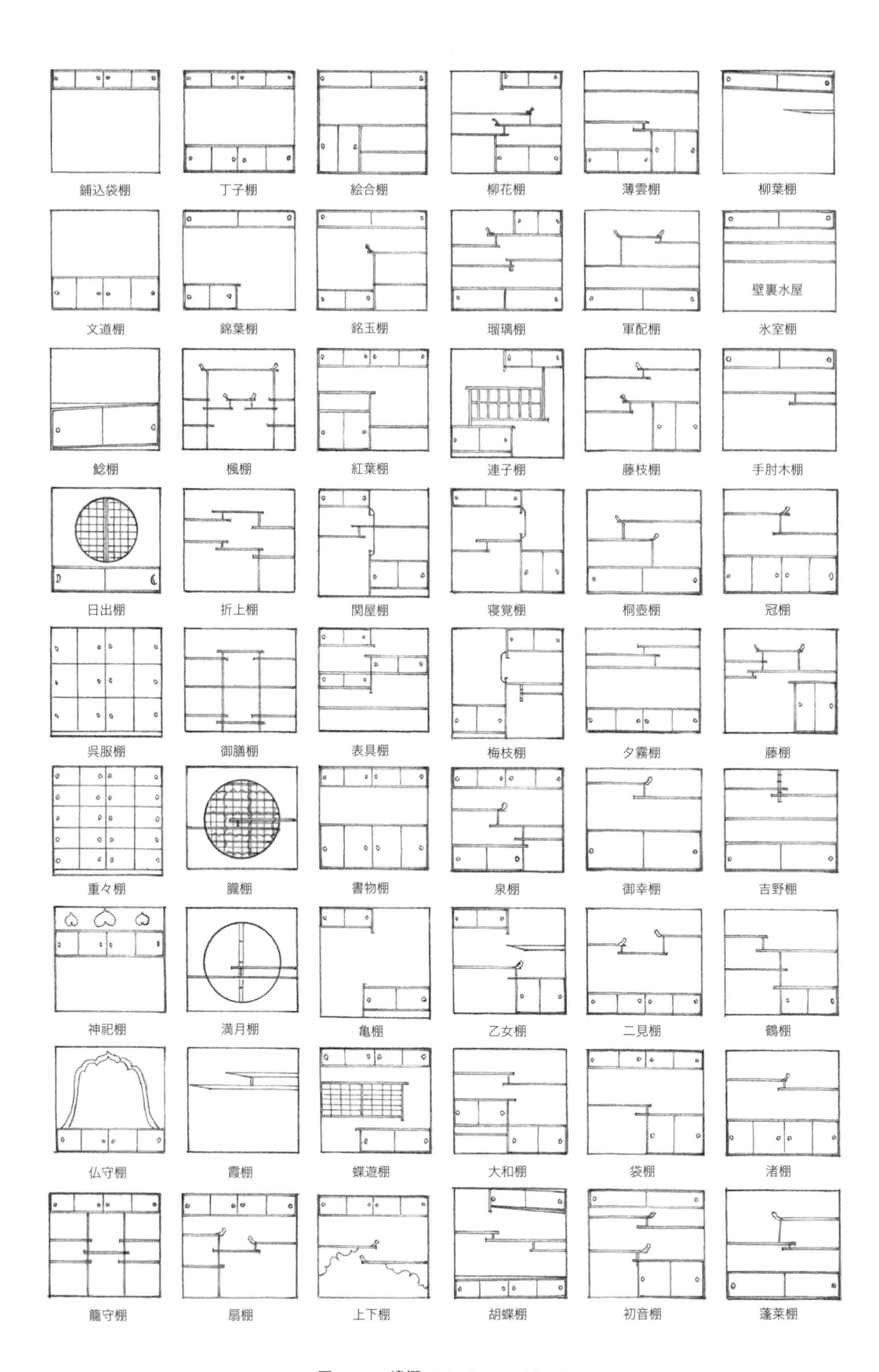

鋪込袋棚	丁子棚	絵合棚	柳花棚	薄雲棚	柳葉棚
文道棚	錦葉棚	銘玉棚	瑠璃棚	軍配棚	氷室棚（壁裏水屋）
鯰棚	楓棚	紅葉棚	連子棚	藤枝棚	手肘木棚
日出棚	折上棚	関屋棚	寝覚棚	桐壺棚	冠棚
呉服棚	御膳棚	表具棚	梅枝棚	夕霧棚	藤棚
重々棚	朧棚	書物棚	泉棚	御幸棚	吉野棚
神祀棚	満月棚	亀棚	乙女棚	二見棚	鶴棚
仏守棚	霞棚	蝶遊棚	大和棚	袋棚	渚棚
籠守棚	扇棚	上下棚	胡蝶棚	初音棚	蓬莱棚

図 26・99 違棚 （出典：『アルスの建築学』）

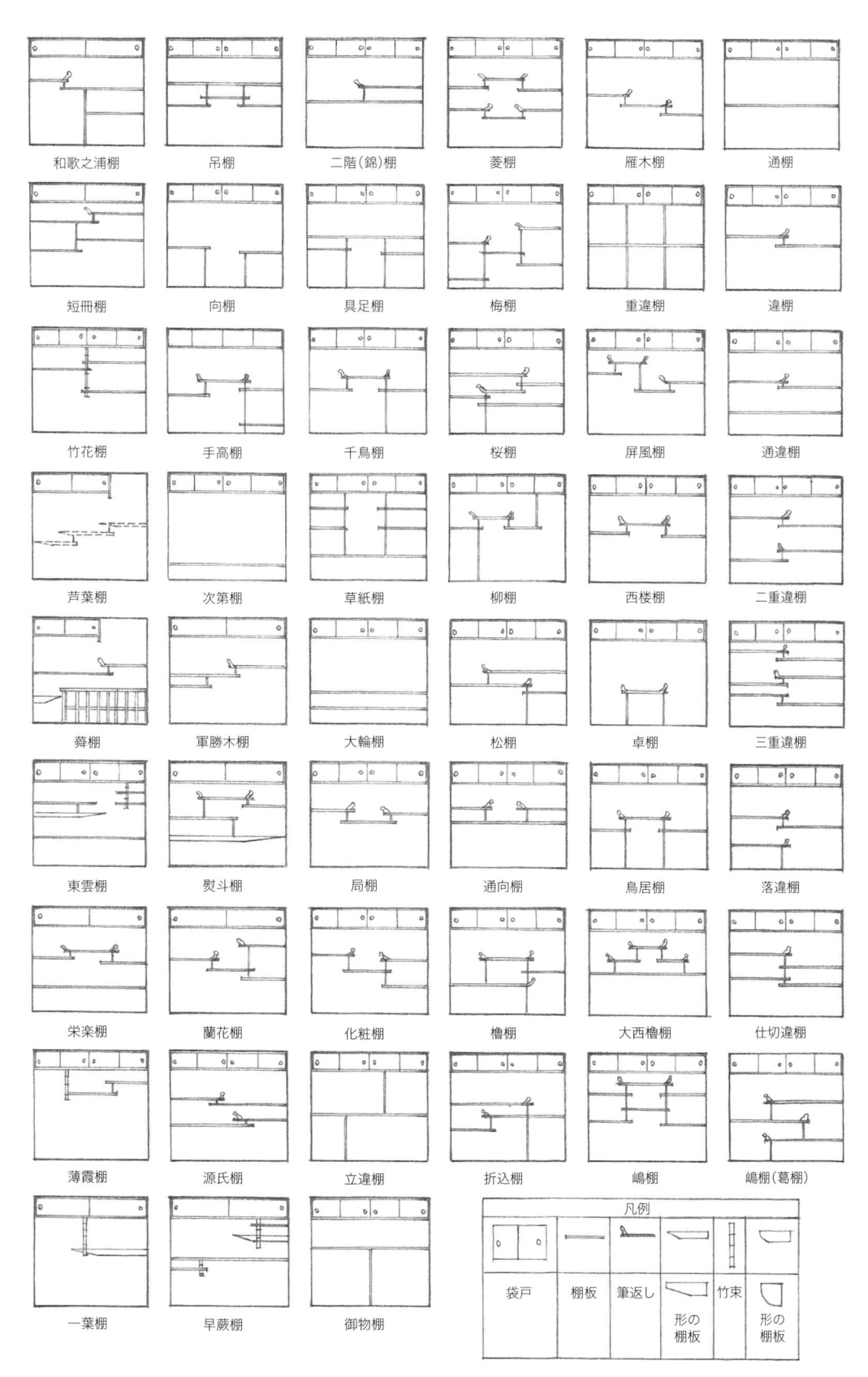

和歌之浦棚	吊棚	二階(錦)棚	菱棚	雁木棚	通棚
短冊棚	向棚	具足棚	梅棚	重違棚	違棚
竹花棚	手高棚	千鳥棚	桜棚	屏風棚	通違棚
芦葉棚	次第棚	草紙棚	柳棚	西楼棚	二重違棚
蕣棚	軍勝木棚	大輪棚	松棚	卓棚	三重違棚
東雲棚	熨斗棚	局棚	通向棚	鳥居棚	落違棚
栄楽棚	蘭花棚	化粧棚	櫓棚	大西櫓棚	仕切違棚
薄霞棚	源氏棚	立違棚	折込棚	嶋棚	嶋棚(葛棚)
一葉棚	早蕨棚	御物棚			

凡例: 袋戸　棚板　筆返し　形の棚板　竹束　形の棚板

図 26・100　違棚（出典:『アルスの建築学』）

海老束の材料は棚板と同材とし、正方形断面に面幅十面幅程度の几帳面を取り、棚板に寄蟻で取付ける。天袋寸法は、高さ無目下端から戸棚の内法で約29～33cm、棚板をつけ、奥行は違棚の幅より柱半分くらい広くする。地袋の寸法は高さ約35～40cmであるが、違棚の状態によって調整する。奥行は違棚の幅とする。天袋の底板、地袋の天板の材料は違棚と同材とし、厚さも同じで、小襖を建てるので敷鴨居の溝を彫る。天袋や地袋の鴨居は別に取付ける。天袋の底板は板受貫を三方に違棚取付け同様とし、両脇壁前方に下げ束を塗り込み、地袋の戸当束を立て、板厚の1～1.5倍延ばして切る。束の大きさは柱の半割より少し細い程度である。

最近は、床回りの材料には、ほとんど積層材を用いる。材料によって価格が変わらず、反りや割れのないのが、その原因である。

床脇も床の間や建物全体の品格を考慮して設計することが大切である（図26・99、100）。

f──書院

書院の歴史には諸説あるが、昔、僧が経巻を紐解き、写経や思惟が行われた所であるといわれている。書院の発生は、建具に関係があると考えられる。寝殿造では、「蔀戸」が用いられ、天気のよい日はこれを上げることで光を入れたが、荒天になると閉ざすことから真暗となる。そこで本屋より外屋を少し出して明障子を入れ、読み書きし、風雨による損害を最小限にしようとしたのが書院の始まりである（図26・101）。鎌倉時代になると3本溝が採用され、板戸、舞良戸2枚に明障子1枚が立てられ、光の問題はなくなったが、不要になったからといって書院はなくならず、読み書きができる教養の道具立てとして、床の間、床脇とともに重要な座敷飾の部分として残った。

書院は平書院と付書院に分けられる（図26・102）。平書院は床の間と縁側の境の壁に窓を取付けたもので、窓の形には丸窓、火灯窓、角柄窓、下地窓がある。付書院は出書院ともいい、縁側に出る室内の出窓である。出は約25～40cmで、地板は机のなごりである。書院柱は柱の7分取り、内法敷居と同高に地覆をつけ、書院柱上に台輪を回す。この下に書院の鴨居が取付き、天井は鎧天井や鏡天井にする。高さは、内法寸法を5等分し、下から1/5に地板の上端で、地板の下端にそって腰長押を取付ける。この地板から上が書院窓で、一般の内法長押下1/5下がった所を書院中鴨居の下端とし、上は欄間、下は書院窓とする。両妻は板貼とし、壁添いの妻は両面が露出するので、両面から板を貼り、下地として約40cm間隔に胴縁桟を吸付蟻仕掛で横木として入れる。この貼り方を「太鼓に貼る」という。書院柱の散りは2cmくらいがよい。

地板は違棚と同じ堅木を使い、書院障子の溝を突く。室側の地板から下は、塗壁か地袋とする。縁側より倹飩の板戸を入れることが多い（図26・103）。

平書院は地板の代わりに敷居を入れ、障子欄間を入れる。幅は小さいもので床の間の奥行くらいから、1間（約2m）のものまである。変わり窓もおもしろい。他は付書院に準じる。

7　階段

階段については平面計画の項で詳述したので、ここではおもに工法について述べる。

ⓐ──木造の階段

踏板階段は最も簡単な階段で、両側に松か桧の厚さ3cm以上、幅30cm以内の側板に、約20～25cm間隔で厚さ2～2.5cm、幅21～25cmくらいの踏板を柄差し割楔打ちにして組み、裏板を貼ったものである（図26・104）。

吊階段（図15・51、p.226）は、踏板階段の上部を釣元にして、不用の時は天井に吊り上げるもので、室利用面積の点で有利になる。天井物置の法的条件となる階段である。また住設メーカーからも既製品としてセットで発売されている。

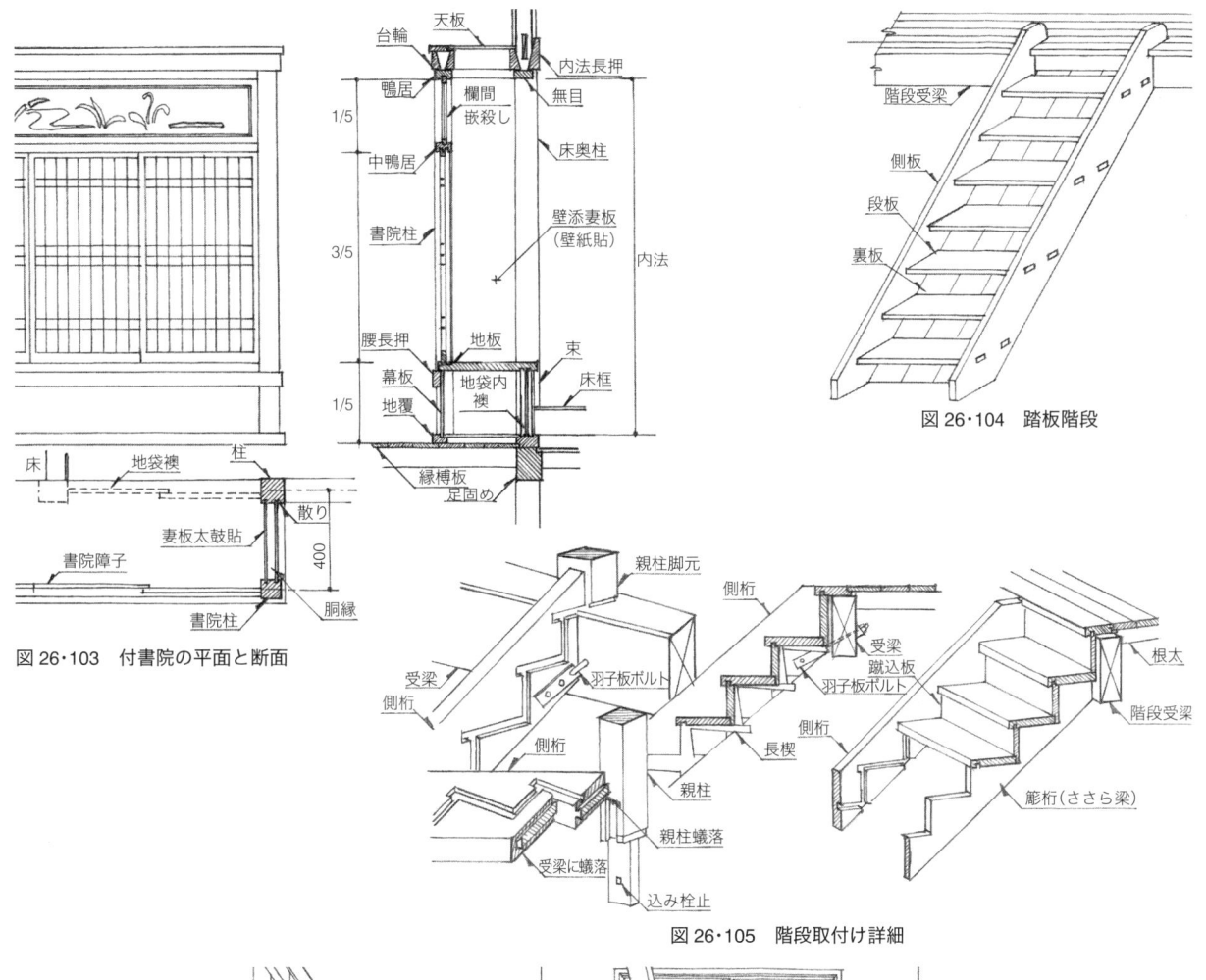

図 26・103　付書院の平面と断面

図 26・104　踏板階段

図 26・105　階段取付け詳細

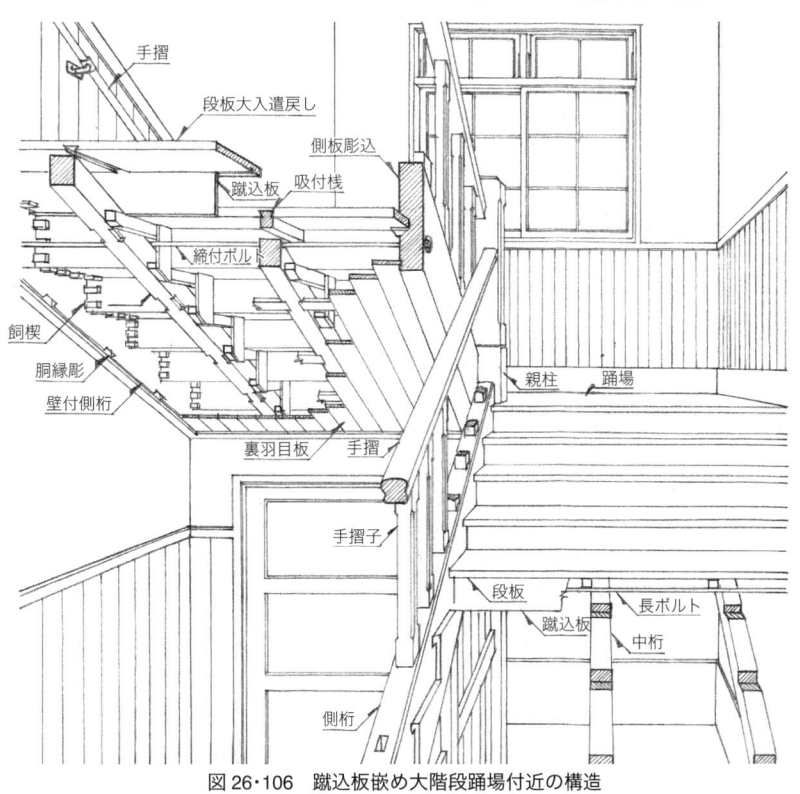

図 26・106　蹴込板嵌め大階段踊場付近の構造

26 造作

蹴込板嵌め階段は、踏板の下に蹴込板を用いる、最も一般的な階段である。踏板蹴込板とも側板に彫り込み、これを柱に取付ける。

側桁は傾斜梁と同じで、踏板の両端約2cmを大入れに組込む。側桁の幅は30cm以上とし、踏板の上端角から直角に計って3cm以上余地が必要である。側板の厚さは、一般の木造住宅で約3～4cmで、上の階段受梁に蟻落しで取付ける。また補強のためにボルト締めすることもある（図26・105）。

段板は約25～40mm、踏込板は厚さ約10～15mmで、踏板の下端は、踏板の鼻から2～3cmくらい入った所に小穴溝を突いて蹴込板を嵌め込む。踏板の上端角は面を取るか、溝をほるか、滑止め（ノンスリップ）を取付ける。踏板の裏には吸付蟻を60～80cmごとに入れ、中央の受梁（ささらげた）（簓桁）に取付ける。組立階段の取付けは、組立から取付ける時は、踏板と蹴込板は蟻入れか、柄差割楔とする。側板を先に取付けてから踏板、蹴込板を取付ける時は、大入遣戻し楔締めか、裏から追い込んで長楔打ちにする（図26・106）。

手摺は中央上端から75～90cmくらいが普通であるが、年齢その他の条件に合うように高さを決めることも大切である。手摺の両端は親柱で、中間は手摺子で支えるのが普通であるが、意匠は多様化している。建物、室内の雰囲気によく合った意匠のものを工夫する。親柱は側桁より幅が広いので、受梁や大引等に柄を差込み栓打ち、側桁は蟻落しに取付ける。現代では、親柱のない手摺も多い（図26・107）。

現在、室内階段は、システム階段の名前で、住設建材メーカーから多種多様にセットで売り出され、一般に普及している。材料は化粧合板製で、手摺ももちろんついている（図26・108）。

ⓑ── 特殊階段

鉄骨階段は補助用か避難階段として屋外につけられることが多いが、一般住宅用として用いられることは少ない。1965年以前は側桁型鋼をリベット（鋲鋲）で組立て、踏板は縞鋼板（チェッカープレート）のものが多かったが、現在では側板をリップ溝型鋼や12mm厚くらいの鉄板で作り、踏板蹴込板は厚さ約5～8mmのチェッカープレートを一体として曲げ、側板に溶接して作る。手摺は、簡単なものは径6cmくらいのパイプ、手摺子は13mmくらいの丸鋼を約10～12cmの間隔で側桁に溶接して作る。これも種々意匠に工夫するとおもしろいものになる（図26・109）。

石階段は、玄関、ポーチの階段等に用いる。花崗岩が多く使用され、コンクリートかれんが積みで下地を作り、布石、切石で段形にモルタルで積み上げるが、この時、踏板と蹴込板を貼り付けるものと、踏石、蹴込石を一体の石で積み上げるものがある。後者の場合に、段端を造り出すのは高級な仕事である。なお、1m以内の高低差のものには原則として、手摺の必要はない（図26・110）。

コンクリートの階段は地下室等に用いられるが、一般に用いられることはほとんどない。コンクリートを段型に打ってモルタル仕上とするのが簡単であるが、支持方法、コンクリートの厚み、配筋の太さと方法等専門家の構造計算が必要となる。仕上は木製、人造石研出し、石貼、タイル、プラスチックタイル貼等種々考えられ、手摺はステンレスや真鍮パイプがよく用いられる。また工場で作った階段（プレキャストコンクリートの階段）も現場で組立てて用いるが、この場合は仕上を行わず、コンクリート打放しの場合が多い（図26・111）。

簡易な階段として、側桁を厚さ3cm、幅20cmくらいの板とし、段板を2枚柄で組立てたものがある。これは踏板階段に準じ、物干台に上る等に用いられるものである。

猿梯子は、垂直またはそれに近いもので中二階の物置等に用いる。約15cmの丸太の二つ割を面皮を残すくらい削って、桧丸太を柄差にし、壁に立てかけて使う。また外壁や屋根の点検のためタラップをつけることがある。これは径約13mmでコ字型にした丸鋼の端にボルトナットを取付け、30～40cm間隔で、壁面に取付けたものである。

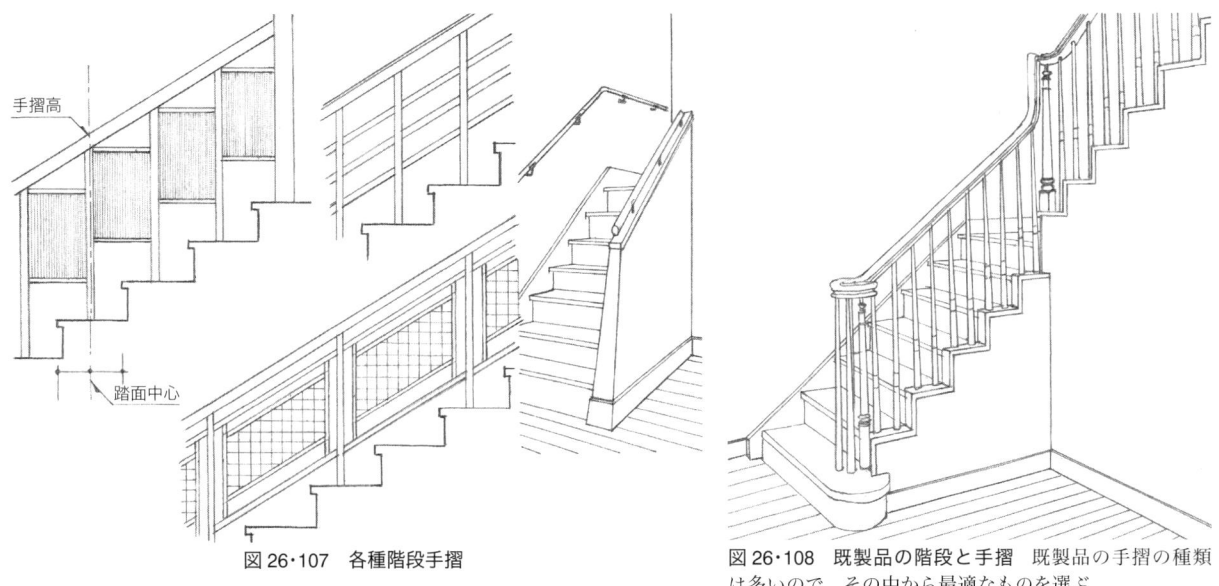

図26・107　各種階段手摺

図26・108　既製品の階段と手摺　既製品の手摺の種類は多いので、その中から最適なものを選ぶ。

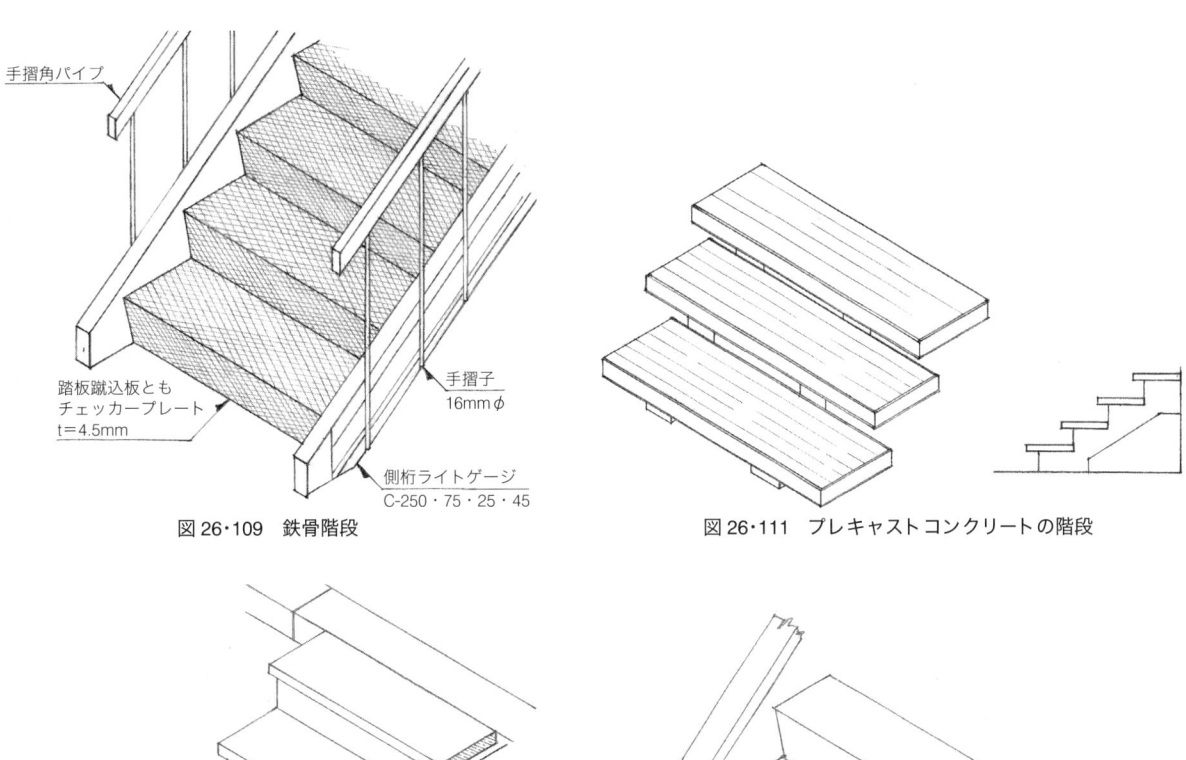

図26・109　鉄骨階段

図26・111　プレキャストコンクリートの階段

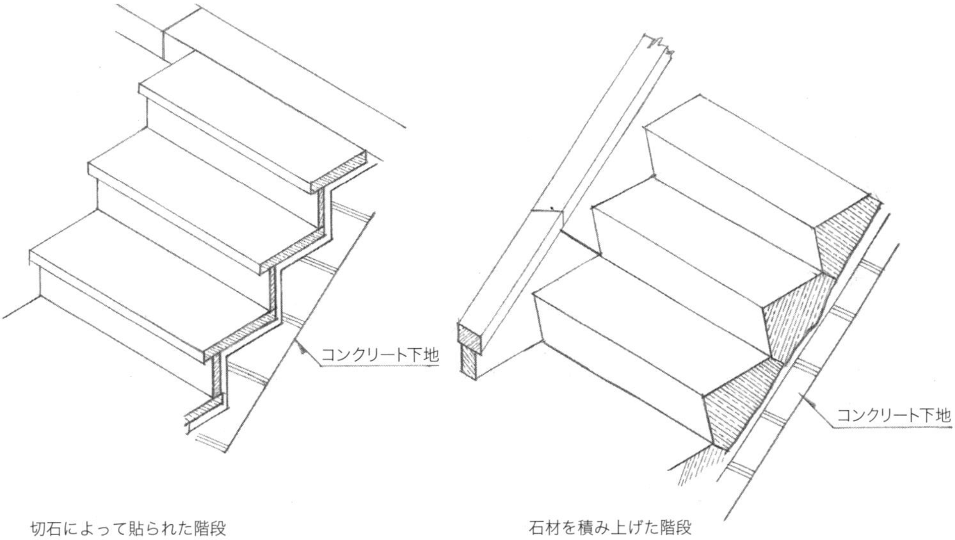

切石によって貼られた階段

石材を積み上げた階段

図26・110　石階段

27　建具工事

1　金属建具

　従来の一般住宅の建具は、木製建具ですべて誂え建具であった。金属建具が使われることは少なかったのである。鉄製のサッシ（建具）は、鋼製のサッシバーで組立てられた。建築のデザインの進化から窓が大きくなり対応できなくなった。しかも錆が出る。一時ステンレスサッシも用いられたが、その後、アルミサッシが登場してくる。

　アルミでサッシを作ることは、溶接が容易でなく、むずかしかった。しかし、ステンレスサッシより安価で、錆びないサッシへの要望が、多くのアルミニウム合金押出し型材（JIS H 4172）の開発と、組立てにビス止めを採用することを後押しし、徐々に普及していった。その後、注文生産される木製建具の高騰と、アルミサッシメーカー間の競争による価格の下落、その結果、急速な需要の拡大といった循環により、現在では、一般住宅の外部建具はほとんどアルミサッシになった。

　アルミサッシの種類は、ドア類と窓類に大別され、さらに細分化される（図27・1）。

ⓐ──アルミドア

　ドアは玄関、勝手口、浴室、共同住宅の玄関用等に分けられる。玄関ドアは洋風と和風に分けられ、各メーカーそれぞれ独自のデザインで多種売り出している。
　洋風玄関ドアは、間口81cmでドアだけのもの、123cmで81cmと31cmの親子ドア、ドアと袖付、170cmの両開き等があり、高さは240cmの欄間付と200cmの欄間なしがあり、いずれも外開きである（図27・2）。
　和風玄関はすべて引違いで、間口は170cmの2枚建、260cmと350cmの4枚建で、高さは230cmの欄間付と180cmの戸のみのものがある（図27・3）。
　勝手口ドアは、以前はガラスドアだったが、最近このドア内部に上げ下げ窓の入ったものができて、通風に便利なものもある。間口は60cm、70cm、75cm等で、高さは欄間付235cmと扉のみ180cmと200cmがあり、デザインも多彩になっている（図27・4）。

　浴室ドアは、片開き、中折扉、1本引きがある。浴室の狭い時は、中折扉や、1本引きがよい。デザインも多彩で、換気ガラリがついて、ガラスの代わりにプラスチックの入っているものもある。間口は約70～75cmで高さ180cmのものが多い（図27・5）。
　共同住宅の玄関ドアは、一般木造住宅用ではないので省く。
　この他、襖や障子、間仕切、折れ戸等がある。

ⓑ──窓

　窓は、一般の窓と特殊な窓に分けられ、一般の窓は引違いで掃出し（テラスサッシともいう）窓と腰高窓（肘掛窓）とに分かれる。

1◆一般の窓

　一般の窓で注意する点は間口である。前述したが、基準寸法が地域によって異なるため、サッシメーカーはこれを関東間（江戸間）、関西間（京間、本間）、九州四国間の三つに分けて間口を決定している（表27・1）。また使用に当たっては、アルミサッシはネジ止めで組立てられているから、切縮めができるのも特徴である。
　サッシの取付方法には、外付用、内付用、半外付用がある。外付サッシは軸組の外に取付けるもので（図27・6）、内部に障子を入れる時に便利である（図27・7）。内付サッシは、軸組の見込みに納められるもので（図27・8）、半外付サッシは見込みの半分が外に出るタイプである（図27・9）。これらは外壁の納まりや、内部の仕上の納まりを検討して決定する（図27・10）。
　掃出し窓は、高さ2mと1.8mのもの、中帯桟付きとそうでないもの、欄間付きとそうでないもの、1.5間2枚建と4枚建のもの、外部に雨戸のつくものとつかないもの、また結露や防音のための複層ガラス（ペアガラス）用と普通ガラス用のもの等、種々用意されている。
　腰高窓は掃出し窓に準じるが、高さは種々あり、切縮めができることを考慮して決定していく。

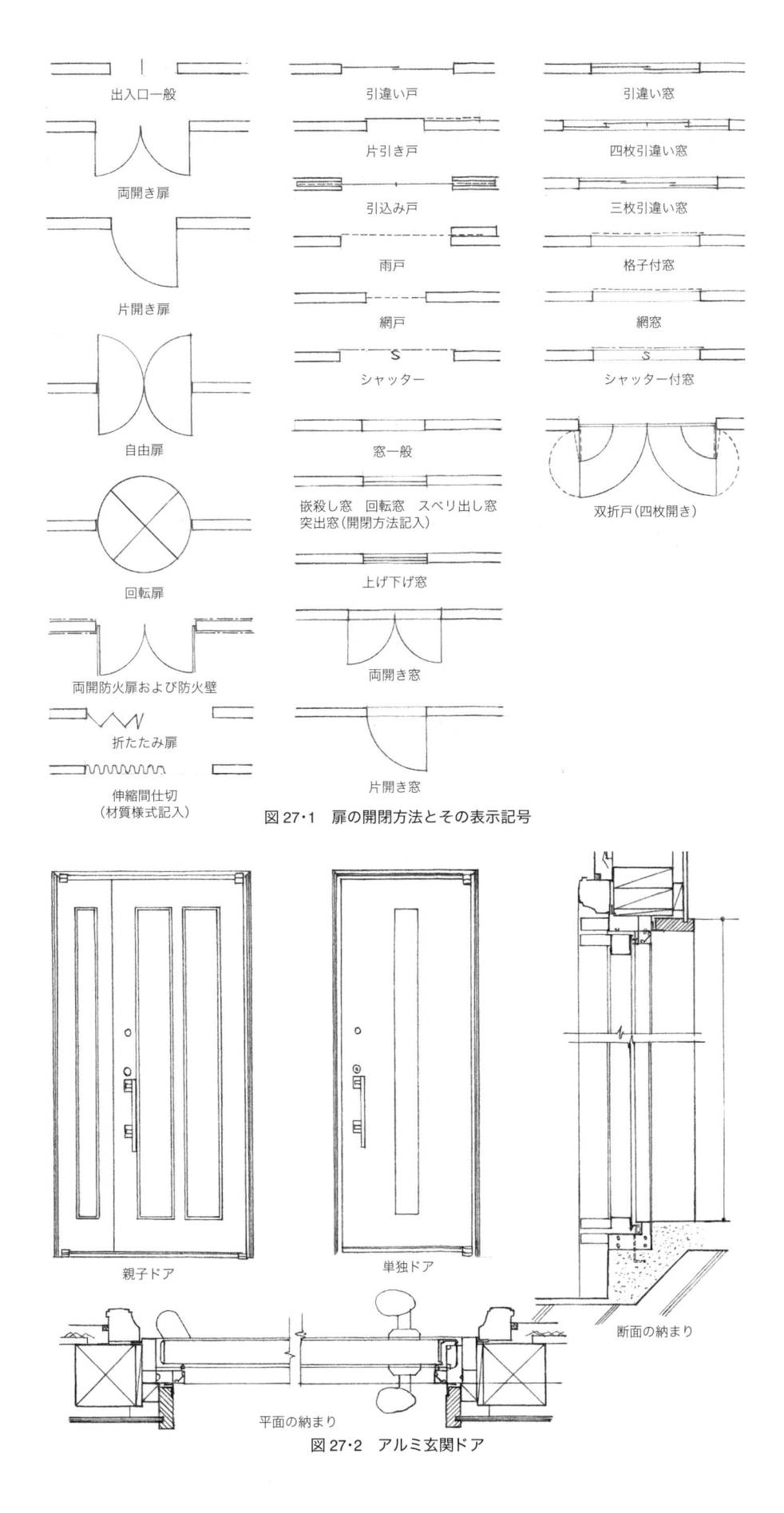

出入口一般	引違い戸	引違い窓
両開き扉	片引き戸	四枚引違い窓
片開き扉	引込み戸	三枚引違い窓
自由扉	雨戸	格子付窓
回転扉	網戸	網窓
両開防火扉および防火壁	シャッター	シャッター付窓
折たたみ扉	窓一般	双折戸（四枚開き）
伸縮間仕切（材質様式記入）	嵌殺し窓　回転窓　スベリ出し窓　突出窓（開閉方法記入）	
	上げ下げ窓	
	両開き窓	
	片開き窓	

図27・1　扉の開閉方法とその表示記号

親子ドア　　単独ドア　　断面の納まり

平面の納まり

図27・2　アルミ玄関ドア

図27・3 アルミ玄関引違い戸

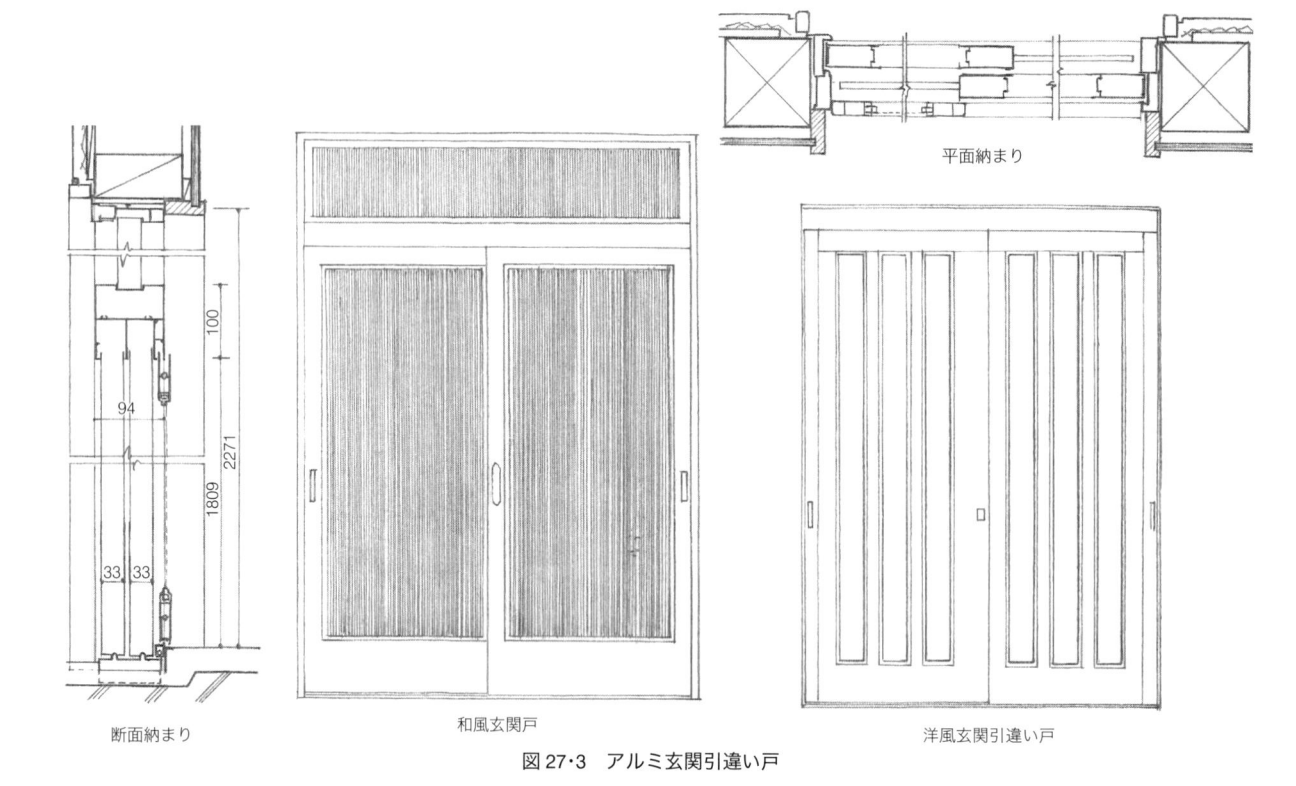

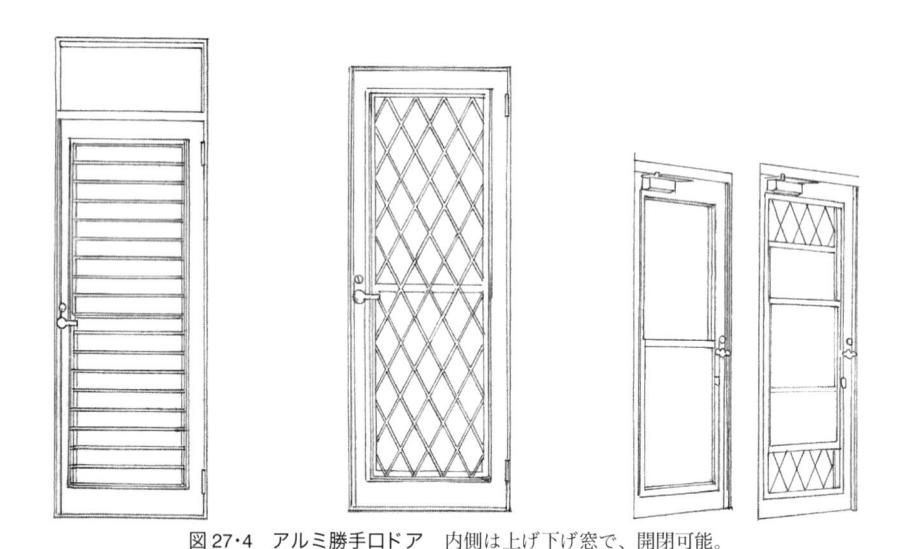

断面納まり　　和風玄関戸　　　　　　　　　　　平面納まり　　洋風玄関引違い戸

図27・4 アルミ勝手口ドア　内側は上げ下げ窓で、開閉可能。

表27・1　アルミサッシ単体、規格間口寸法 [mm]

呼称間口	3尺間用	4.5尺間用	6尺間用	9尺間用	12尺間用	15尺間用
関東間	785	1240	1692	2604	3514	4422
呼称間口	2.88尺間用	4.6尺間用	6.3尺間用	9.5尺間用	12.6尺間用	15尺間用
関西間	870	1361	1891	2845	3800	4880
呼称間口	2.8尺間用	4.4尺間用	5.9尺間用	9.1尺間用	12.2尺間用	
九州四国間	850	1320	1800	2740	3700	

わが国の住宅はモデュール（基本寸法）によって設計されるが、この寸法が種々あることから、アルミサッシは間口寸法の異なる関東間、関西間、九州四国間の三つの規格が売り出されている。高さ関係は統一されているが、アルミサッシは切縮めが可能である。

断面納まり図

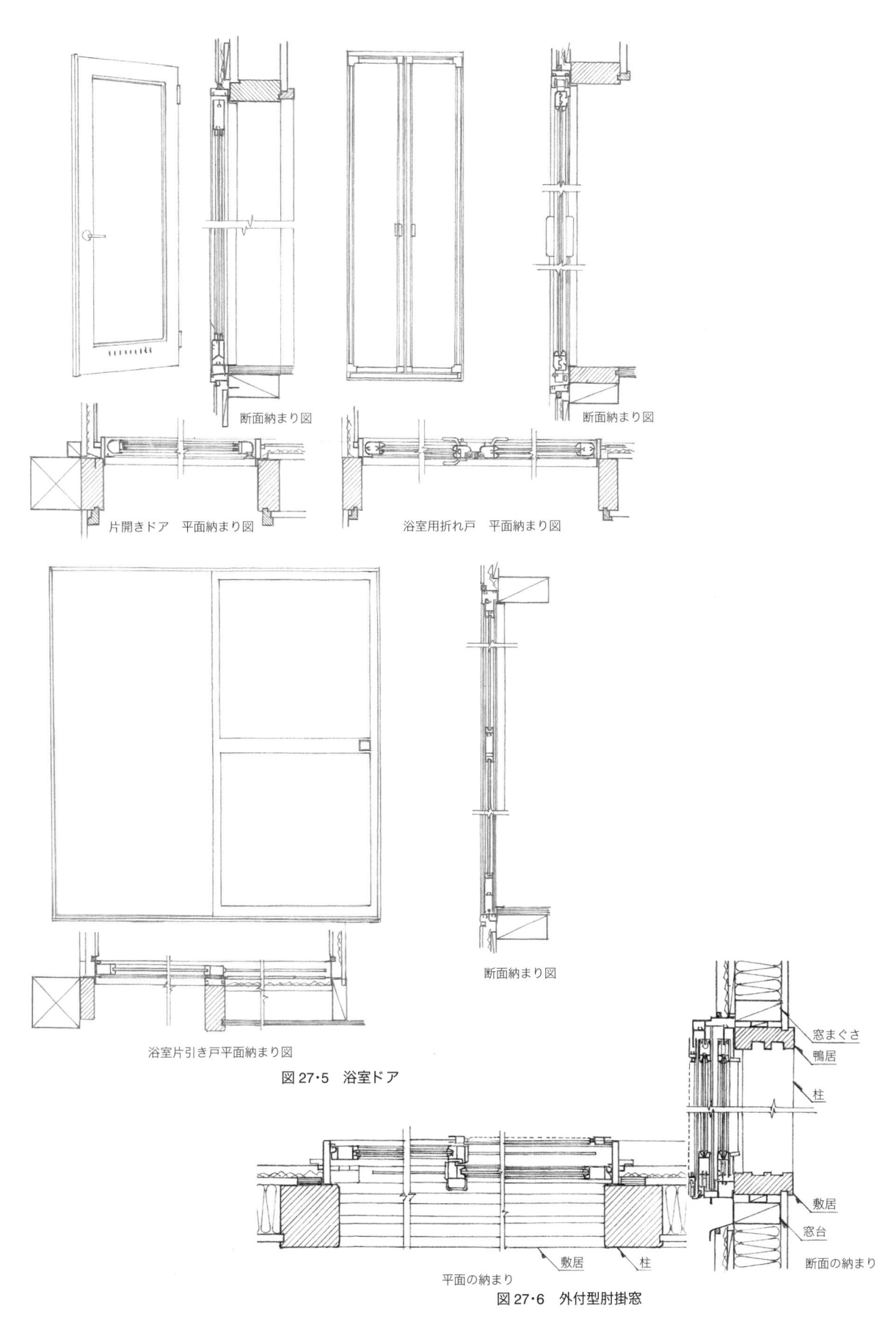

断面納まり図

片開きドア 平面納まり図

浴室用折れ戸 平面納まり図

断面納まり図

浴室片引き戸平面納まり図

図 27・5 浴室ドア

窓まぐさ
鴨居
柱
敷居
窓台

断面の納まり

平面の納まり

敷居　柱

図 27・6 外付型肘掛窓

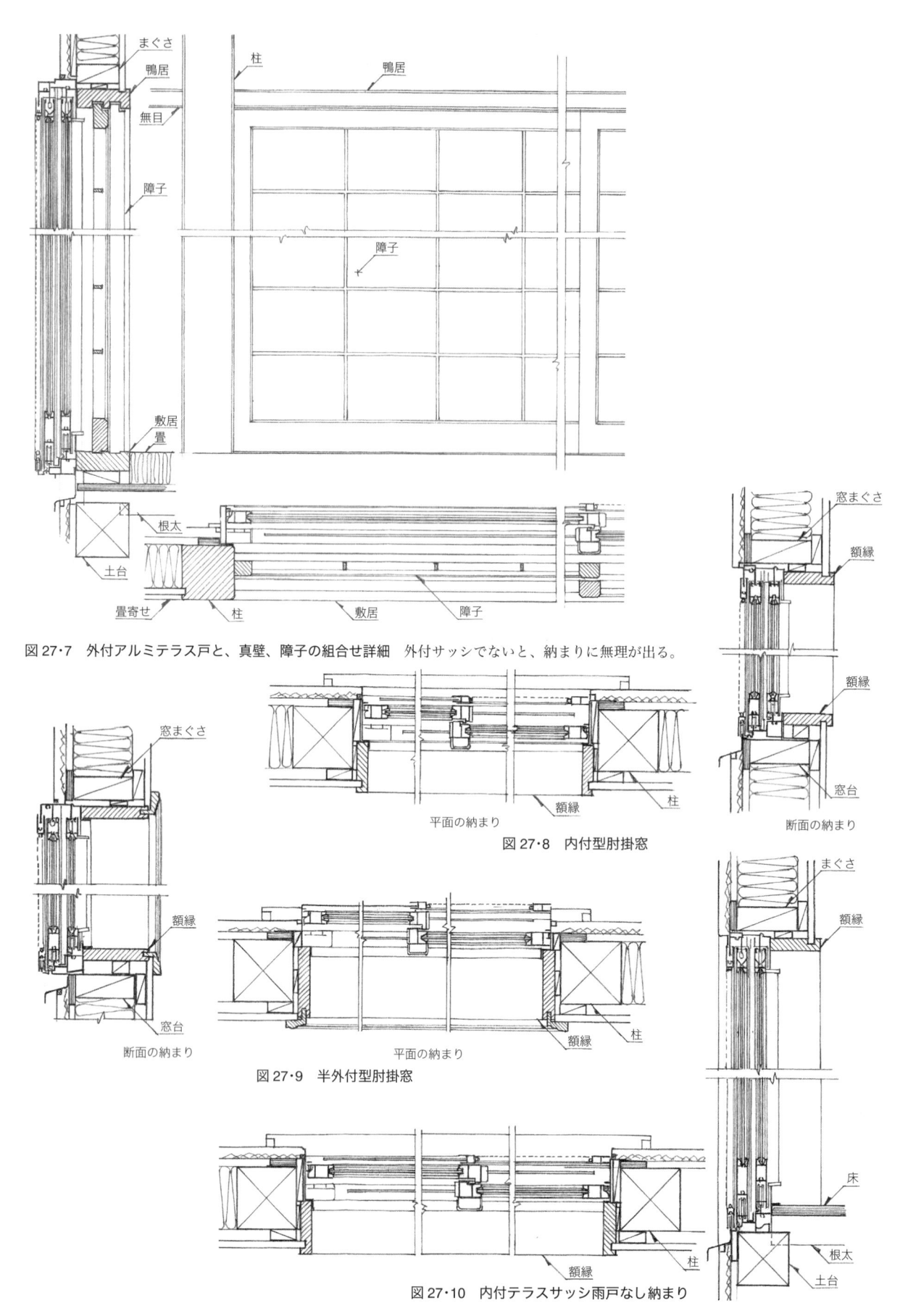

図 27・7 外付アルミテラス戸と、真壁、障子の組合せ詳細　外付サッシでないと、納まりに無理が出る。

図 27・8 内付型肘掛窓

図 27・9 半外付型肘掛窓

図 27・10 内付テラスサッシ雨戸なし納まり

2 ◆ 特殊な窓

特殊な窓には、片開き、両開き、回転窓、上げ下げ窓、嵌殺し、スベリ出しがある。大きさはそれぞれ最大寸法が決まっているので注意が必要である（図27・11）。

出窓にも木製のものや、既製品がある。角度をつけた出窓、壁から直角に出たもの、全体に円弧のもの、三角形のもの、両側だけ片開きのもの、正面のみ引違いのもの、格子のあるもの、面格子付のものと多彩である。また、浴室用や洗面出窓もある。出窓は、床より30cm以上、上にないと法規上出窓と認められない（図27・12）。

天窓は、陸屋根の大規模の建築ではプラスチックドームといったものが使用されるが、一般の勾配屋根ではほとんどの屋根葺材に対応できるものがあり、雨漏りの問題も使用方法さえ間違わなければ心配はない。形式は嵌殺し、中軸により回転するもの、上部が軸の突上げ（チルト）窓、横にスライドするもの等で、寒冷地用のものもある。開閉方法は手動、電動の他、雨をセンサーで感知して開閉するものもあり、内部にベネシャンブラインド、ロールブラインドの設置ができる。大きさは120cm角が最大である。上から降ってくるような独特の光は快適な雰囲気を醸し出し、採光面積も三倍近く認められ有利な窓だが、部屋側の工夫が何よりも大切である。

ルーバー窓は一時ジャロジー窓ともいわれ、幅約10cmのガラス板が上下に並び、ハンドルで開閉するものと電動で開閉するものがある。幅最大で78.5cm、高さは約150cmで水回りによく使われる（図26・21、p.386）。

コーナー窓は建物の出隅に取付けられる。木造以外では、隅に柱の出ないのが特徴だが、木造の時は構造上隅に柱が出ることから、出窓にすることもある。角はガラスの突付けであるが、ペアガラスの場合はサッシが出る。また開閉はできるものと、できないものがある。大きさは片面30～214cmで、種々組合せて使う（図27・13）。

ほとんどの窓に、ステンレスか、塩化ビニールの網戸がついている。

c ── 雨戸

窓用サッシには雨戸が用意され、そのデザインもルーバー、ルーバーに見えるもの、竪羽目板のもの等がある。雨戸のレールや戸袋もあるが、戸袋は敷鴨居のものと鏡板付があり、鏡板にも種々の意匠がある（図27・14）。

雨戸の代わりにシャッターもよく採用される。電動のものや、シャッター羽根の間の透くものも用意されている。

d ── 色

サッシの色は、始めアルミ地金の色のみであったが、現在ではその色がなくなり、黒（ブラック）、白（ホワイト）、ブロンズ（ゴールド、茶褐色）の三色である。色によって価格の変わることもあるので注意を要する。

e ── 木製建具とアルミサッシの取付の違い

木製建具は、敷居、鴨居、化粧の柱に囲われた部分で使用したが、アルミサッシは一つの枠としてできていて、敷鴨居や雨戸、網戸、戸袋までセットされている。これを取付けるのは野物の窓台、窓まぐさと方立や柱である。したがって木製建具より作業が複雑になった。これを納めるのが額縁で、和風では角柄付の枠になる。外付サッシか、半外付サッシを採用し、内部に敷鴨居を作って障子を入れるのが、無難な納め方になる。

外部仕上とアルミサッシの取付け部分に、幅1cmくらいコーキングパテを施しておくと、亀裂から雨の浸入を防ぐことができる。

f ── その他

その他のアルミ製品に、面格子、手摺、花飾り台、既製品の庇がある。

アルミ面格子は防犯にあまり役立つとは思えないが、多彩なパターンの作り出す影の雰囲気を楽しむことができる。手摺（図26・25、p.388）は二階窓等からの落下を防ぐものである。花飾台は手摺までの間に奥行のあるものと、台だけのものがある。

アルミの庇は、庇の項で既述した。

これらはすべて外観を左右する材料であるから、全体の意匠に合ったものを選ぶことが大切である。

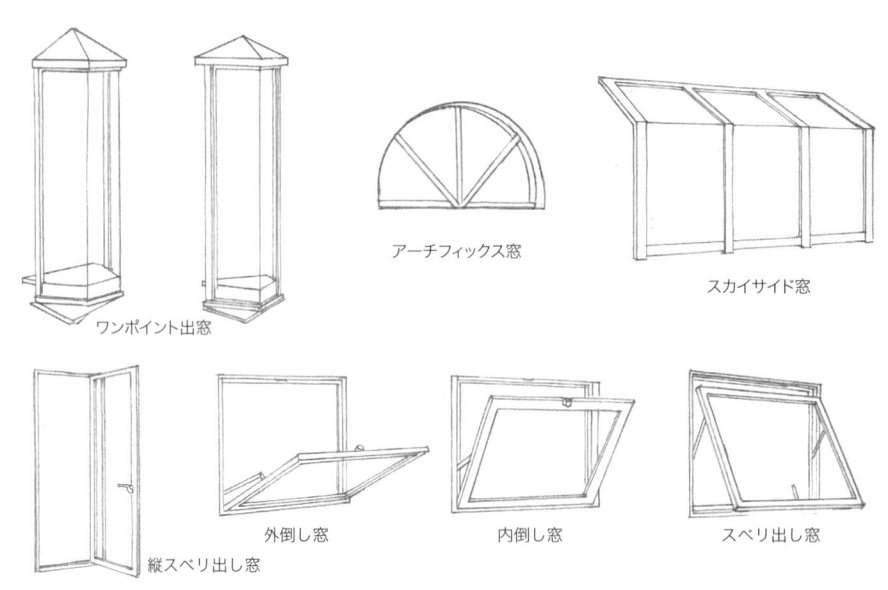

ワンポイント出窓　　アーチフィックス窓　　スカイサイド窓

縦スベリ出し窓　　外倒し窓　　内倒し窓　　スベリ出し窓

図 27・11　アルミ既製品の特殊な窓

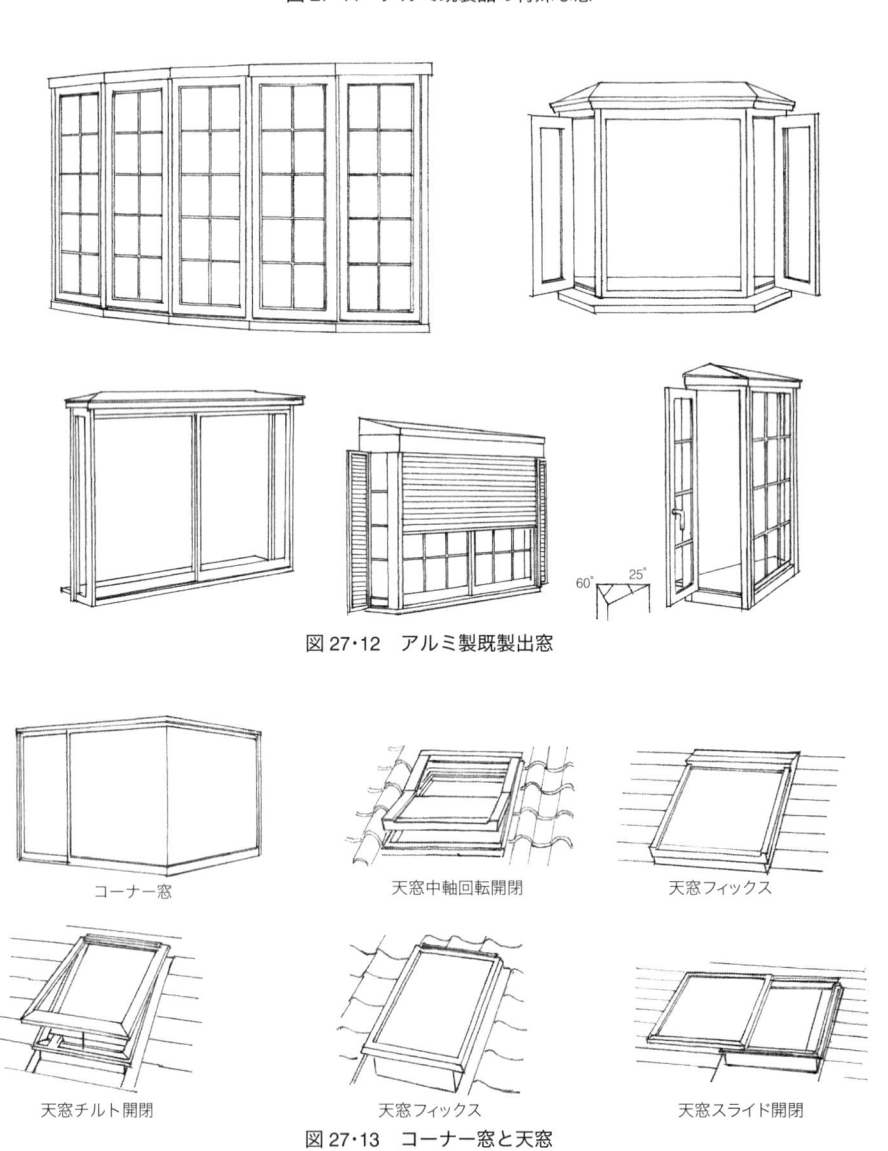

図 27・12　アルミ製既製出窓

コーナー窓　　天窓中軸回転開閉　　天窓フィックス

天窓チルト開閉　　天窓フィックス　　天窓スライド開閉

図 27・13　コーナー窓と天窓

2　木製建具

ⓐ──戸と障子

　木製建具は「戸」と「障子」に大別される。欄間も建具に入るが、前述したので省略する。

　住宅用建具は、外部ではアルミサッシ、室内では既製品が多用されている昨今であるが、従来の木製建具にも簡単に触れておく。

　雨戸、無双窓（縁側、肘掛窓に用いる）、格子戸（外観に構えた戸）、帯戸（室内の仕切、戸棚、襖代り）、舞良戸（帯戸の横に細い桟のある戸）、桟唐戸（社寺建築の玄関、門などの扉）、扉（一般にドアと称する扉）が戸の種類である。

　障子の種類には、ガラス戸（障子にガラスを嵌めたもの）、紙貼障子（いわゆる明障子で紙貼のもの）、網戸（金網を貼った防虫用のもの）、簾戸（夏季に使用する涼しそうな障子）、襖（間仕切、押入、袋戸棚に用いられるもの）がある。

　建具に用いられる木材は、唐戸、扉には堅木の欅、チーク、楢、塩地、楓、桜、アピトン、またはこれらの合板がある。障子には桧、杉、栂、杉、樅、椹、ラワン、アピトン、スプルースを用いる。同じ材で、高級品と安価なものがあることもあるが、その材料の状態によるもので、赤味、柾目が一般的に高級品となる。

　建具の開閉方法は、開き戸と引戸に分かれ、唐戸、扉は開き戸、他は引戸になる。伝統的な建築では引戸が圧倒的で、洋風では開き戸が多い。開き戸の長所は、引戸のような引代がいらないことである。その上、防犯上有効で、特に内開きの時はその効果が大になることから、欧米ではほとんど内開き扉になっている。しかし、その扉の幅を半径とした円の1/4の面積は使えなくなる。また開く途中では安定しない。開くと内部のものに当たることがあり、開く途中で扉が止まらないなど、使い勝手で邪魔になるので、高齢者や子供、車椅子では使いにくくなる。引戸は、面積のロスはほとんどなく、開閉途中で安定しているが、引代が必要となる。したがって一般住宅の時、引代の確保できる時は引戸、引代が取れない時には扉を採用するのがよいだろう。

ⓑ──雨戸

　従来の雨戸の材料は、一般的には杉材であった。安価なものでは板部分を5.5mm厚とした耐水ベニヤ使用のものもある。雨戸の部材の大きさは、竪框見付け33mm、見込み30mm、上横框50mmの27mm、下横框50mmの27mm、中桟（4本または5本入る）は33mmの21mmくらいとなる。見付けは框の幅、見込みは厚みで、建具の厚みになる。見付け、見込みは建具だけでなく、建築全般によく使われ、大工さん等が用いている言葉である。中桟5本を用いると、框と合わせて「7本桟」となり高級で、5本桟が一般的である（表27・2）。

　仕口は上下横框を竪框に小根柄差し割楔打ち、中桟は包み込み柄か平柄割楔打、板は6mm厚以上のものを框に板決りで嵌め込み、板は3〜4枚を6cm間隔で銅釘かステンレス釘で打ち、敷目板は板剝目の下に幅約3cmのものを中桟に切り沈める。戸と戸の召し合わせは、印籠決りをつけ、横猿をつける。戸尻の雨戸は戸袋妻板の厚みだけ幅を増して、上下框に、上げ猿、落し猿をつけ戸締まりとする（図27・15）。また雨戸の一部を無双窓にしておくと、通風、換気に効果がある。雨戸の戸車については、戸袋の縁の項で述べたので、ここでは省く。

　縁側雲障子〆板の代わりに無双窓を入れると、たいへん便利である。無双窓はもっと応用されるべきである。ただし手間賃は高い（図26・21、p.386）。

　現在では、木製ではなくアルミの雨戸とシャッターがほとんどとなっている。

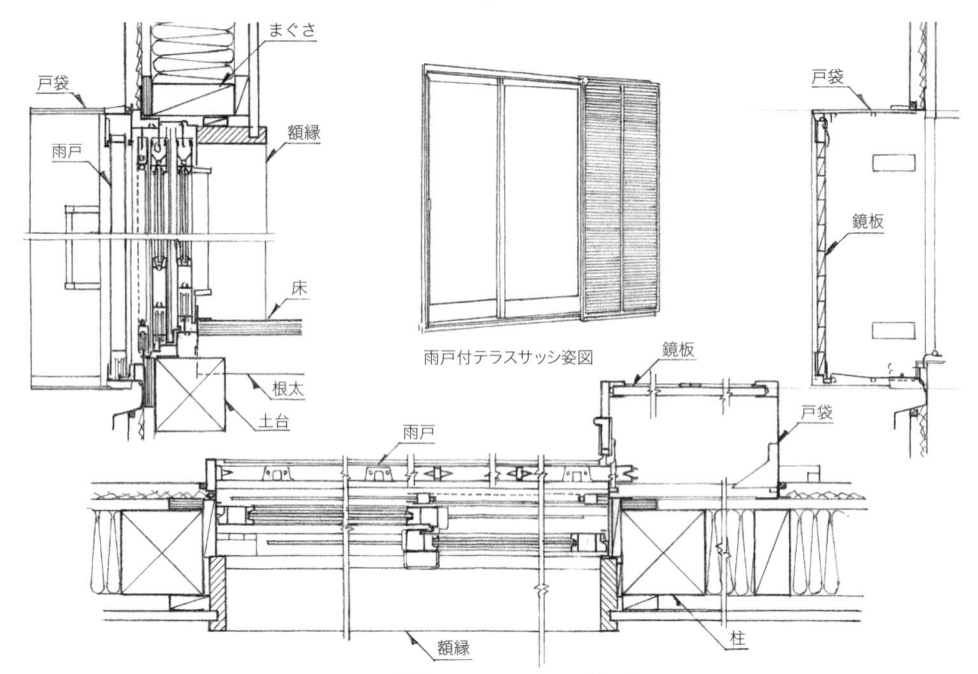

図 27・14　内付テラスサッシ雨戸付の納まり

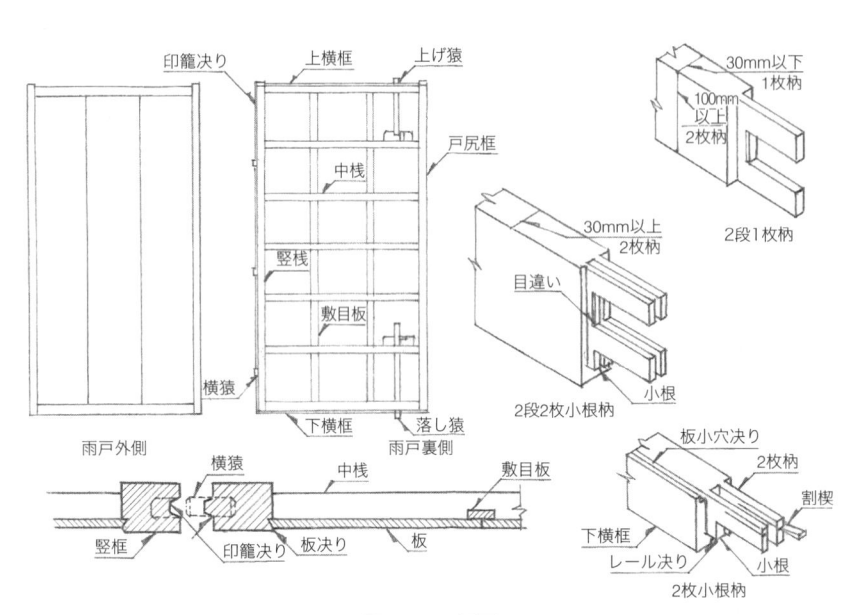

図 27・15　雨戸

表 27・2　雨戸各部材の大きさ [cm]

	竪框	上横框	下横框	中桟(4本または5本入る)
見込み	3.0	2.7	2.7	2.1
見付け	3.3	5.0	5.0	3.3

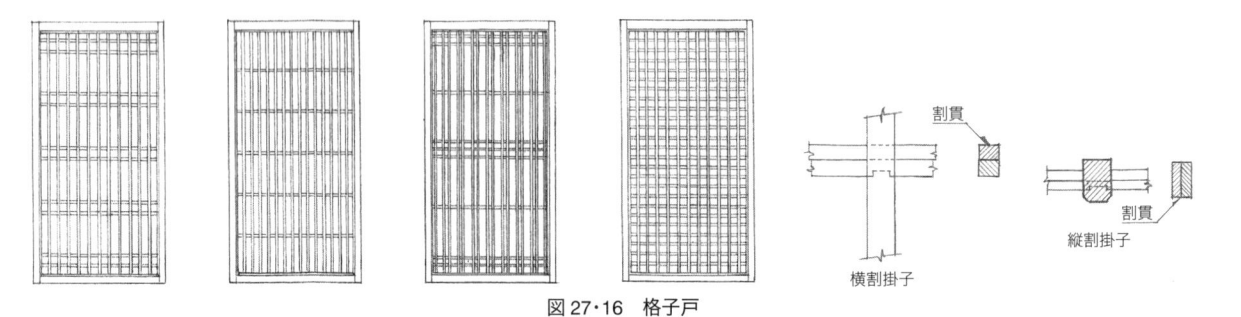

図 27・16　格子戸

c──格子戸

　格子戸は、玄関を始めとする出入口に使われる引違戸である。よく用いられるものには、竪桟を細かく入れ、横貫は30cm間隔くらいに入れるもの、木連格子で竪桟の間隔を同じにしたもの、格子を吹寄せや弁慶縞に組んだもの等があり、材料は桧、椹、栂が使われる。框の大きさは雨戸と同じだが、竪桟の召し合わせは見込みを敷居の中畦の中くらいに増す。また横框を大きく10〜15cmくらいにすると、丈夫で堂々とした戸になる。いずれの場合も、竪格子を見付け15〜20mm、見込み20〜25mmとし、面を取り横桟の内側に納める。ガラスは、上の横桟を2枚に割っておいて、竪桟の小穴溝に滑らせて入れる。仕口は框を2枚枘割楔、下框は2段2枚枘とし、貫も竪框に平枘割楔で固める。木連格子も横貫を使わず、竪格子と同じ格子を使った格子戸であるが、ガラスを入れて玄関に使われる（図27・16）。

d──板戸

　板戸には帯戸、舞良戸、鏡戸、網代戸などがある。また部屋の使用上、片側板戸片側が襖という「戸襖」もある。杉戸は厳格荘重な戸で、現在住宅に使われることは、ほとんどない。板戸の框の召し合わせは見込みを増し、見付け約6cm、見込み約32〜40mm、桧または杉の素木か漆塗等を使う。板は杉12mm、四方小穴枘に入れる。1枚が理想だが、2〜4枚矧ぎにもする。

　帯戸の帯桟は見付け約9cm、見込み21mm、中を抜くこともあり、框と帯桟ともに大面を取る。舞良戸の桟は約18mmで大面か丸面を取り、半繁か吹寄せで竪框に枘差し、3〜4本おきに地獄枘にする。鏡戸は框の中に小穴枘で板を入れたものである。網代戸は、杉、椹の粉板を網代に組んだものを入れた戸で、裏板を入れたものもある。下框を摺桟としたり、桜や樫を矧ぎ付けることもある。鏡板の矧合せは樋部倉矧ぎとする。引手は、赤銅、宣徳、砲金、真鍮、ホワイトブロンズ等が一般的で、高価なものには銀の燻し、安価なものには、アルミ、ブリキ、プラスチックが用いられる（図27・17）。

e──扉（ドア）

1◆唐戸

　古く日本建築では、無垢板の扉は上下端喰付で軸回しであった。唐戸は桟唐戸ともいい、鎌倉時代にわが国にもたらされた禅宗様とともに伝えられ、一般化した。桟と框で枠を組み、その間に鏡板を入れた戸である。欧米風のドアも基本的には唐戸と同じ構造である。また、枠を組んで両面から合板を貼った太鼓貼のドア（フラッシュドア）などがある。材料は、桧、塩地、栖、桜等である。桟唐戸は、一般木造住宅で使われることはほとんどなく、社寺等に用いられるので、社寺建築の項で詳述した（図27・18）。

2◆ドア

　洋風ドアは基本的には桟唐戸と同じだが、意匠が種々工夫され、框、桟の大きさも一様ではない。材料も桧、栂、杉や栖、塩地、欅、桜、ぶな等多彩で、仕上は杢目の見えるワニスやクリヤーラッカー塗仕上が多い。

　フラッシュドアは、装飾を極端に嫌う機能本位のドアとしてもともとは登場した。しかし格子組ドアの材料の選定、製作に手間がかかり、狂いも多いことから、フラッシュドアの採用が増加した。芯になる木の仕口は簡略化され、両面合板を貼り、木口に同材の単板を貼って仕上げる。芯になる木は、あまり強いものは不向きで、杉、ラワン、栂等が用いられる。適当に鋸目を入れ、空気の流通のための穴を開けておく。丁番の取付箇所は少し硬い木を使う。このドアが普及したのは、良材の入手困難と接着剤の進歩によることが大きい。銘木合板のみならず、ポリ合板（ポリエチレンフィルムを貼った合板）やメラミン化粧板を貼ったものもある。シナベニヤのフラッシュはペンキ塗が容易なため多く使われ、この技術が拡大して、格子組をフラッシュにしたものも現れた。また家具の箱物といわれるものは、ほとんどフラッシュの技術である。

　既製品の室内ドアは、ドア枠とともに、各建材住設メーカーから売り出されており、寸法、材質も多岐に渡る。この中から最適なものを選ぶのも一つの方法であろう（図27・19、20）。

図27・17 舞良戸、帯戸、鏡戸、網代戸

図27・18 唐戸、扉類

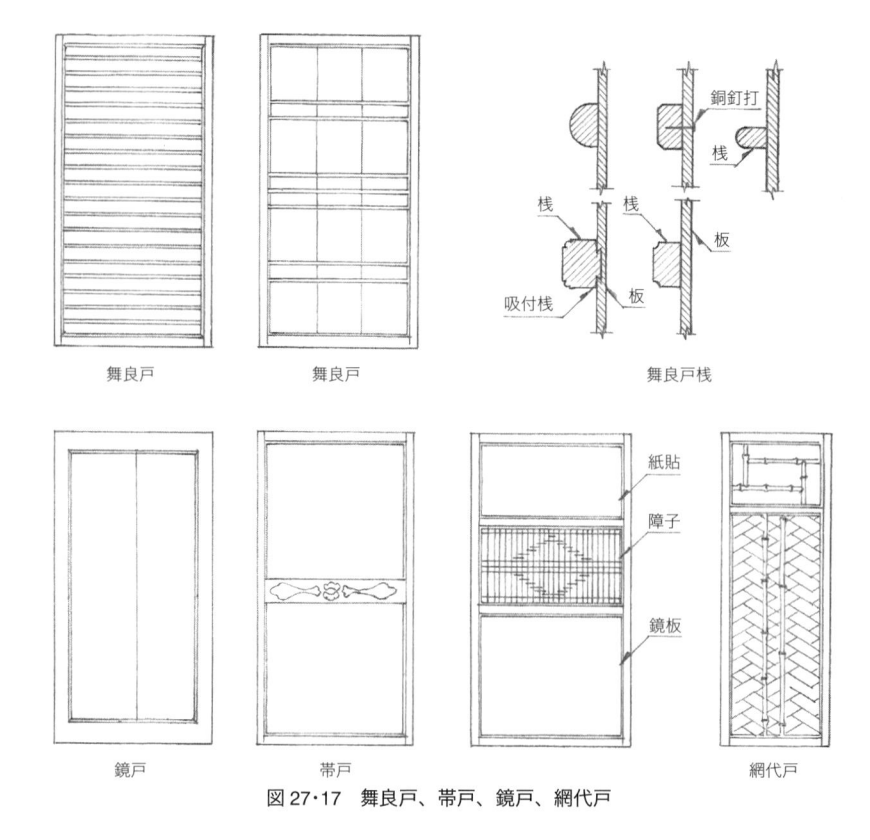

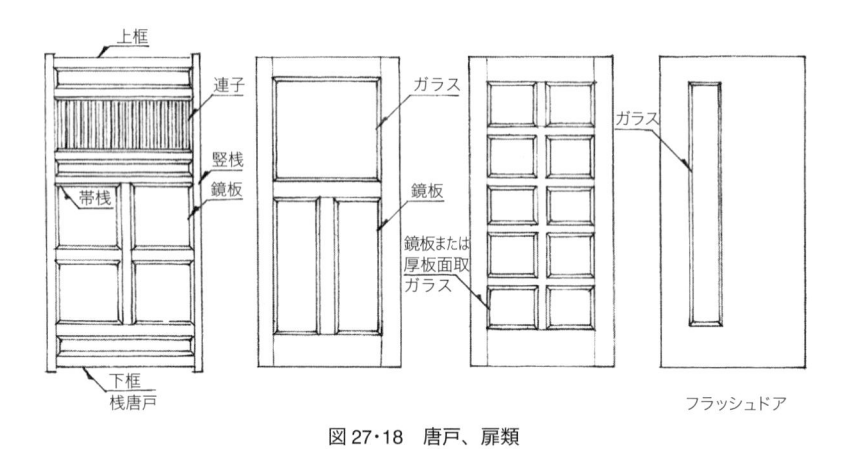

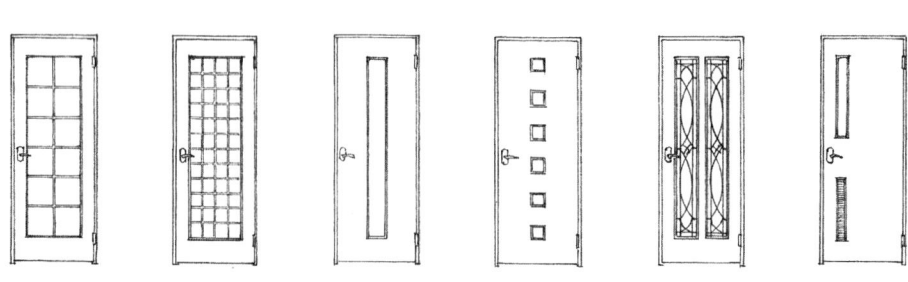

図27・19 既製品木製室内ドア

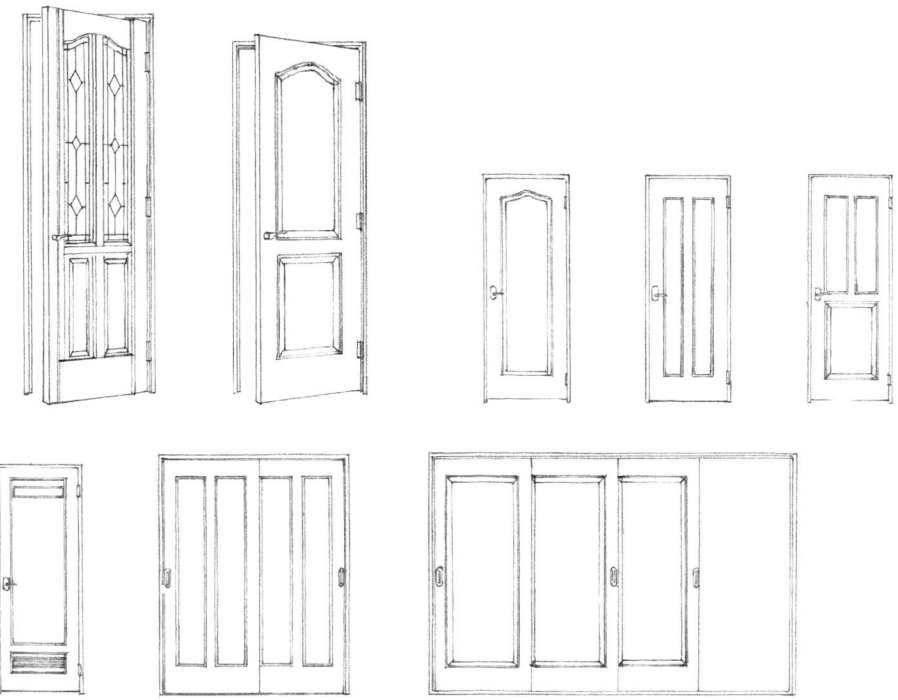

図 27・20 既製品木製室内ドア　最近では高齢化とともに、引戸（1本引き、引違い、3本引き、4枚引違い）の種類が増えている。

表 27・3　ガラス障子桟框の寸法 [cm]

	見込み	竪框	下桟	上桟	組子	組合せ
普及品	3.0	4.0	7.0～9.0	4.0	2.4	
高級品	3.0以上	5.0	9.0～15.0	5.0	2.7	面組印籠決り

表 27・4　紙貼障子各部の大きさ [cm]

	竪框	上框	下框	中桟	組子	腰板
見込み	2.7～3.2	面内納め	面内納め	面内納め	1.5～1.8	厚さ 0.6
見付け	2.7～3.2	2.7～3.2	4.5	2.5	0.6～0.9	三枚矧ぎ

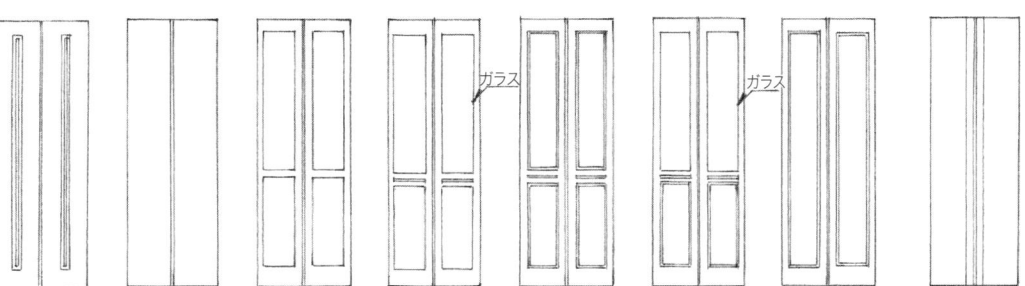

図 27・21　折戸（開閉間仕切）

折戸は物入れや間仕切に用いられる。高さ天井高、幅40〜60cmの扉が折れながら開閉するもので、天井に吊り下げて（ハンガードアの形式）使われる。これも既製品のものが多種類出ている（図27・21）。

吊込みは、10〜15cmの丁番3枚くらいで吊ったり、室内木製床用のフロアヒンジも用いられる。戸締の種類も多いが、これらは建具用金物の項で述べる。

f ── ガラス障子

ガラス障子は外回りに使うが、時として室内に使うこともある。しかし紙貼障子に比べて重く、紙貼障子の雰囲気は出ない。ある建築家は「紙貼障子は透けているがガラス障子は透けていない」と言った。哲学的な表現であるが、空間の考え方として大切な感覚である。

外回り建具の多くはアルミサッシになっていることから、特別の場合を除いてガラス障子が使われなくなっている。1965年以前に使われていたガラス障子は、材料は杉、桧、米桧で組子の割はなるべくガラスの寸法に合わせる。あまり細く割るのは感心しない（図27・22）。

戦後、建築に大量のガラスを用いるようになった結果、建具内部に組子を入れることが減った。以前のガラス障子は、桟框の見込み3cm、見付け竪框4〜5cm、下桟7〜15cm、上桟4〜5cm、組子2.4〜2.7cmといった寸法で、ガラス決りをし、パテ込めか、三角断面木製のガラス押えで取付けたが、組子がなくなると、玄関の格子戸のように上から滑込ませてガラスを入れるので、パテ込めなどがなくなった（表27・3）。

欄間、雲障子にガラスを用いる時は、紙障子に組み、ガラス内面に紙を貼って框の小穴に入れる。ガラス障子の腰に板を嵌め、上部にガラスを入れたものを、腰高ガラス障子という。勝手口、浴室によく使われたが、現在ではこれもアルミ製の専用のものが用いられている。

g ── 紙貼障子

古く障子は襖を指し、現在の障子は明障子（あかりしょうじ）と呼ばれていた。ちなみに壁や襖に描かれた絵画のことを、障壁画という。障子に薄絹を貼ることもあるが、ほとんどは紙貼である。換気を行い、断熱性もあり、光線の乱反射によるやわらかい光をもつ障子は、和風建築になくてはならない建具である。欠点は破れやすいこと、貼り替えが必要になることである。

材料は樅、杉、スプルースで、赤杉の柾物、腰桐板は高級品である。紙は美濃紙が標準だが、現在では障子紙が製造されている。腰板の形状等組子の入れ方も様々だが、標準のものは、下方高さ約30cmの腰板を用い、6〜9mmの組子に貼り、紙幅27.2cm（9寸）を重ねていたが、その中間に1本または2本の組子を横繁にする。現在では腰付障子が少なくなり、下框高さ約6cmのもので、また組子割も大きくなってきている。

各部の大きさは、見込み、竪框2.7〜3.2cm、上框、下框、中桟は面内納め、組子1.5〜1.8cm、腰板厚さ0.6cmで、見付けは竪框、上框は2.7〜3.2cm、下框4.5cm、中桟2.5cm、組子0.6〜0.9cm、腰板3枚矧ぎである。組み方は、横桟と竪桟を包み込み2枚柄、下桟のビンタ（両端）を延ばして摺桟に組むこともある。組子は相欠き糊入れ、周囲の框に包み糊、組子に面を取ったり、框桟に接して「附け子」（または枠子）という枠を回すなどは高級な仕事である。框桟が塗物の時、附け子は必要で、取りはずしできるようにしておくと何かと重宝する。腰板は樋部倉矧ぎ（山形）とし、糊を入れて矧ぎ、周囲に面縁をつけるか、小穴に入れる。横板の時は一枚板で、腰板に透かしを入れることもある（表27・4）。

障子の中ほどにガラスを嵌め、障子を閉めても外の様子がわかるようにしたものや、目の高さまで一枚ガラスを入れ、その外側の障子を上げ下げできるようにしたものを雪見障子という。これにガラスを入れないものを猫間障子という（図27・23）。

欄間雲障子、丸窓、書院障子、角枠窓の掛障子は框、組子とも小さくなるが、工作は同じである。障子の引手は宣徳（せんとく）仕上が多いが、竹、黒柿その他堅木のものを彫り込むと上品に仕上がる。引手はつけず、障子の引手のところの桟でできた桝だけ、反対側から紙を貼って引手代わりに使うと、自然な感じがしてたいへんよいものになる。

防寒建具(縁側ガラス戸)　縁側ガラス戸　窓ガラス障子　一枚ガラス戸

図 27・22　ガラス障子

図 27・24　簀戸

額入障子　荒組障子　縦繁障子

割楔　打抜柄　押糊　包込柄　樋部倉刳ぎ　腰板等の刳ぎ方

図 27・23　紙障子各部の大きさ

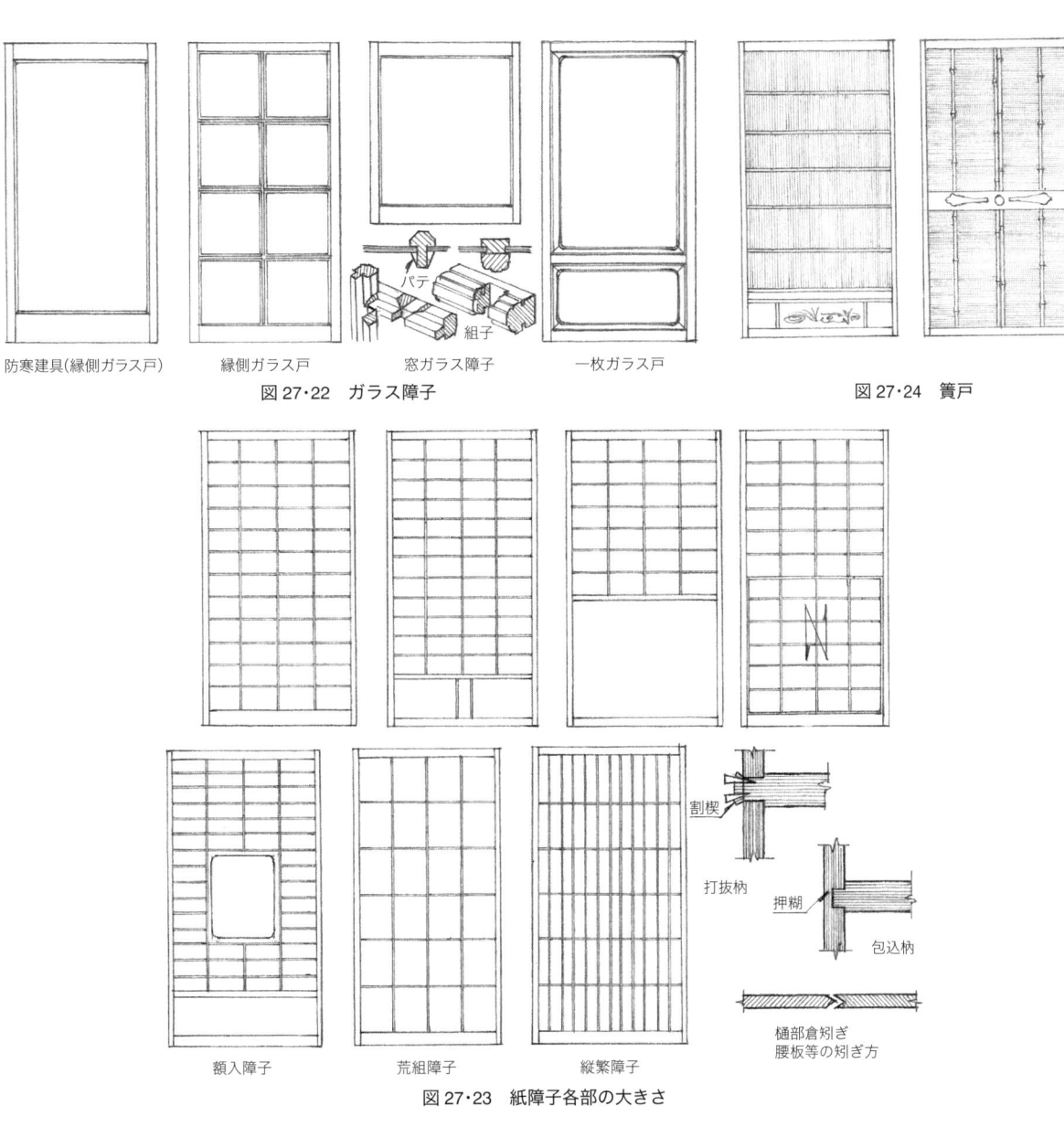

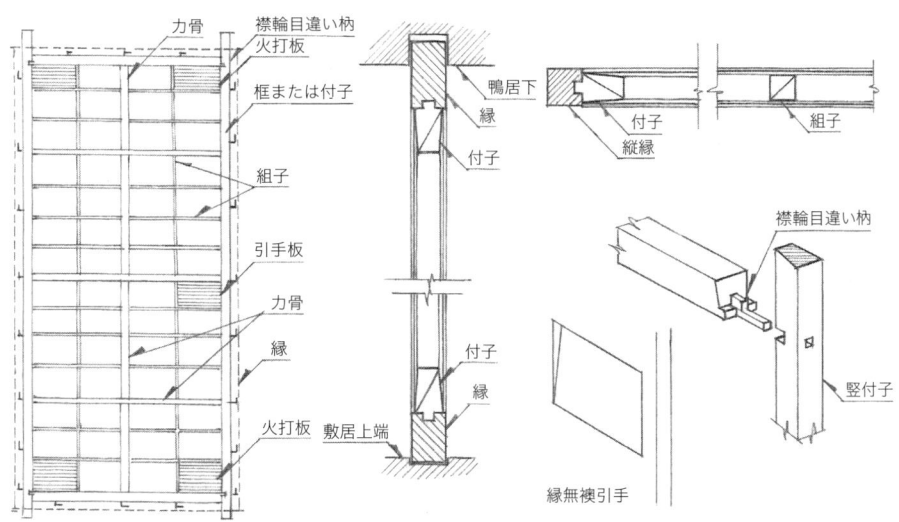

力骨　襟輪目違い柄　火打板　框または付子　組子　引手板　力骨　縁　火打板　鴨居下　縁　付子　付子　縁　敷居上端　付子　縦縁　組子　襟輪目違い柄　竪付子　縁無襖引手

図 27・25　襖と骨組

h —— 網戸

網戸は網障子ともいい、古くは倉の戸前に建てられる腰高障子に亀甲の銅網を張り、鼠を防ぐ目的で利用されたが、現在は防虫のために外部建具の入る所に入れるものとなっている。網は、1960年以前は銅網か真鍮網であったが錆が発生するため、ビニールの網が張られた。ところが虫（コオロギやバッタの類）に喰われるので、現在はほとんどステンレス網になっている。

また、以前は、引違いの建具の入っていない方の溝に網戸を入れて嵌殺しのようにし、一方の建具だけが動くようにしたが、現在外回り建具はほとんどアルミサッシで、これには網戸が組込まれ、専用の敷鴨居もついている。

滑出し、外開き、ルーバー窓等の網戸は、内開きとなっているものが多い。

i —— 簾

簾は、太葭（ふとよし）、細葭（ほそよし）、刈萱（かるかや）、蒲（がま）、割竹の細く丸く削ったもの（籤（ひご））などを糸で編んで框組子に入れ、簾障子にしたものと、布耳（簾の両端を包む布）をつけて鴨居に掛ける簾がある。これらは夏に涼を呼ぶ道具として、紙障子や襖の入替用として用いる。

作り方は、太葭の袴を剥いできれいに洗い、乾かしたものを上下框の小穴溝（みぞ）に建て込み、横桟と押縁（煤竹、胡麻竹など）で挟んで銅釘で止める。他の材料は糸を9cmくらい掛け、太葭と同じく編んだものを框に建て込む（図27・24）。

掛簾は、簾同様糸で編んで、上下両端に煤竹、胡麻竹など幅2cm、厚さ約4mmの竹を編み込む。上框竹には掛け鐶を取付け、耳に絹、麻、紋繻子（もんじゅす）、木綿等の布を縁とし、幅2cmくらいに仕上げる。これを鴨居につけた金具より下げ垂らす。巻上用の打紐をつけ、大紐の端に房をつけ、巻き上げた時に吊っておく別の金物をつける。簾を衝立にした簾衝立も用いられる。

j —— 襖

襖は部屋の境目や押入、袋戸棚に建て込む建具で、下地骨に表裏から紙や布を貼り、四周に縁を付けたものである。

1 ◆ 骨組

下地骨の材料には、杉の狂いの少ないものを使う。襖の見込みは約2cmで、社寺等では大きくなる。縁は素木と塗縁（漆塗）とがあり、その見込み見付けは同じようにする。額障子を入れると採光にも有効である。

組み方は、下地框（付け子）15〜18mm角、隅襟輪（すみえりわ）目違い柄差組、竪框上下は角柄を延ばしたままとし、組子は縦3本、横11本、見付け12〜15mmのものを相互に相欠ぎ糊入れ組み、框に竹釘を打って固定する。上等のものは、中央縦横とも見付け倍くらいの力骨を入れ、高さ75cmの所に手板を入れ、四隅に檜板（ひうち）を入れて歪みの出ないようにする（図27・25）。

2 ◆ 紙貼

襖の紙貼は、骨縛り（強い和紙を貼る）、袋貼（半紙を袋貼にする）、ベタ貼（紙一面に糊をつけて貼る）、箕貼（小さく切った紙の上方端だけ糊をつけて鳥の羽根のように貼る）を繰り返す。最初から3〜7回の工程である。

下貼は半紙、美濃紙の反古で、高級なものには、西の内、細川等がある。下貼用に作られた洋紙を使うこともある。最近、工期や経済性の問題から下地骨の代わりに、発泡スチロールやスタイロフォームの一枚板を使い、一度下貼をした上に上貼ができ、枠を付けるだけといった製品も出ている。

襖の上貼は、鳥の子、型板、間似合紙（まにあい）、楽水紙（らくすい）その他で仕上げる。鳥の子は雁皮（がんぴ）、楮（こうぞ）を手漉にした厚紙で最上級の紙で、新鳥の子はパルプの入ったもの、楽水紙は和紙の原料に着色した海草を漉きこんだものである。また繊維製品として葛布（くずふ）（芭蕉布（ばしょうふ））、更紗（さらさ）、絹紗（きぬしゃ）や合成繊維やビニールクロスも用いられる。葛布は芭蕉布ともいい、麻糸を縦糸、葛の茎の繊維を横糸に織った布を紙で裏打ちしたもので、破れにくく上品である。

3◆襖の縁

襖の縁（化粧框）は竪框18〜25mm角で、上下框は見付け22mm、見込み17〜24mmで常に竪框見込みより1〜1.5mm少なくする。

襖の溝は障子の溝と異なり、塗框を削ったり決ったりできないので、横框が見込みのまま溝に入るようにする。したがって敷鴨居の溝の幅は横框の見込みより1mm広くする。そのかわり、畦は障子より小さく6〜9mmでよい。

襖縁には、素木縁と塗縁がある。また縁のない襖（坊主襖という）もある（図27・26）。素木縁は杉柾が多く、桑、塩地等があり突板貼のものも多くある。塗縁の木地は、杉の白太か樅で、上物は桧、朴も使う。桧、朴は暴れやすく、樹脂も出るので下地をより念入りにする必要がある。漆塗の下地のうち、砥粉下地は砥粉を生漆に適当に混ぜて木地に塗付け、漆塗をしたものである。

紙着せ（漆の下地のこと）は上等な襖に用いる。美濃紙を生漆で貼り付けたもので、回数が多くなるほど高級である。布着せは麻や寒冷紗(かんれいしゃ)等の薄布を用いるもので、大きなもの（床框等）に用いられるが、襖縁に用いられることは少ない。

漆塗は高級な塗りであるが、一般にも用いられた。近年は気候的条件に配慮しなくてよい「カシュー樹脂塗料」が発売され、一般の住宅の襖縁は、ほとんどこの塗料によるものとなった。

襖縁の取付けは、竪框に釘彫りして曲折釘を打ち込んでおき、これを下框に斜めに打ち込む。この時框に傷がつかぬよう、慎重に行う。上下横框の両端は蟻枘を作り、竪框の蟻枘穴に叩き込む。下框と化粧縁を印籠に召し、合寄蟻か、鋲ねじの頭に独鈷穴に打寄組付ける時もある（図27・27）。框のない襖は力骨のみに紙を貼ったもので、見込み部分で紙の継目がわかるから、見込み幅の紙を用意して見込みに貼る。坊主襖は茶室や数寄屋に多く使われ、仕上の鳥の子は、むしろ地味なものになる。

引手の取付は引手板に引手彫をし、切り込みの際に引手金物を釘止めする。引手は、安価なものは薄鉄板やプラスチック、高級なものは、赤銅(しゃくどう)、洋銀(ようぎん)、黄銅、ホワイトブロンズ鍍金、純銀、七宝等の種々の意匠から選ぶ。また框が素木の時は、塗縁に比べて柔らかい感じになるので、孟宗竹の節を加工して引手にするとよく合い、上品になる。框のない襖の時、下地骨の引手板を見込みの幅だけ斜めに入れて、そのまま紙貼として使用するのが一般的である。

3　建具用金物

建具用金物は、ドア用と引違い、1本引きと特殊窓用のものに分かれる。金物は非常に多いので、代表的なもののみ述べておく。

ⓐ──ドア用金物

開閉装置は古く軸回しで、古代では長押を、中世では藁座をつけて開閉した。現在最も一般的なものは丁番（蝶番）であるが、中でも擬宝珠(ぎぼし)丁番が多く用いられる。これに似て、扉が簡単に取り外しできる旗丁番、フランス丁番がある。また竪枠に取付けず軸回しに近い開閉をするピボットヒンジや、この一種のフロアヒンジがある。これらは下部床に埋め込んで開閉し、速度調整、ドアストッパー、ドアクローザーの装置が組込まれ、オフィスや商店の出入口に採用されている。

スライド丁番は、家具等によく使われ、閉じると竪枠が隠れ、キャッチの機能も持っている。ドアクローザーはもともとドアキャッチと呼ばれ、ドアが自動的に閉まる装置で、上枠をドアにつけ、速度が調整できる箱状のものである。

ドアハンドルは、ドアを開閉するハンドルで、以前は「握玉」のみであったが、現在では種々の意匠があり、棒状のもの（レバーハンドル）もある。高齢者用には、レバーの方が使いやすいようである。ドアチェーン、ドアガードは、ドアが一部開く装置で、防犯の目的で取付けられる（図27・28）。

図 27・26　襖

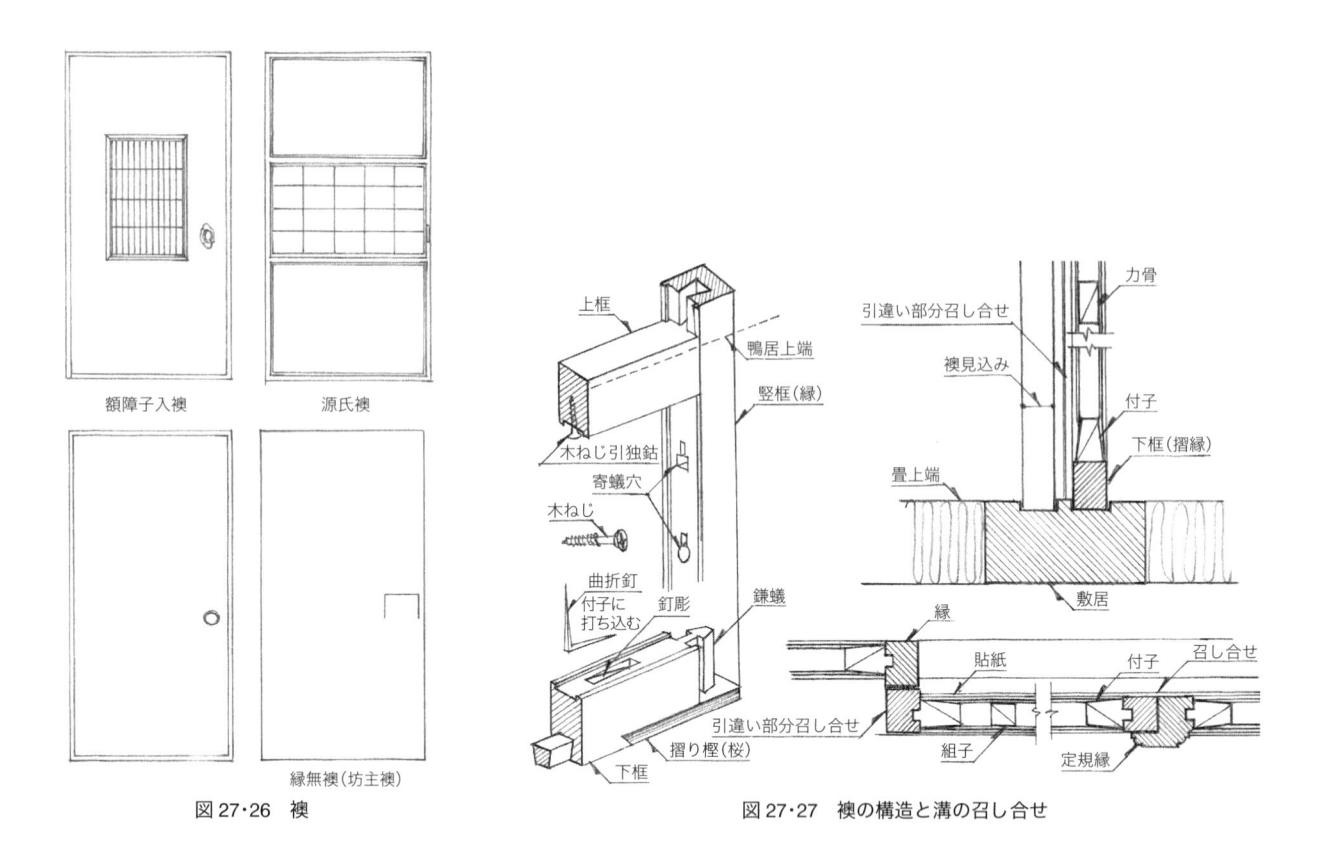

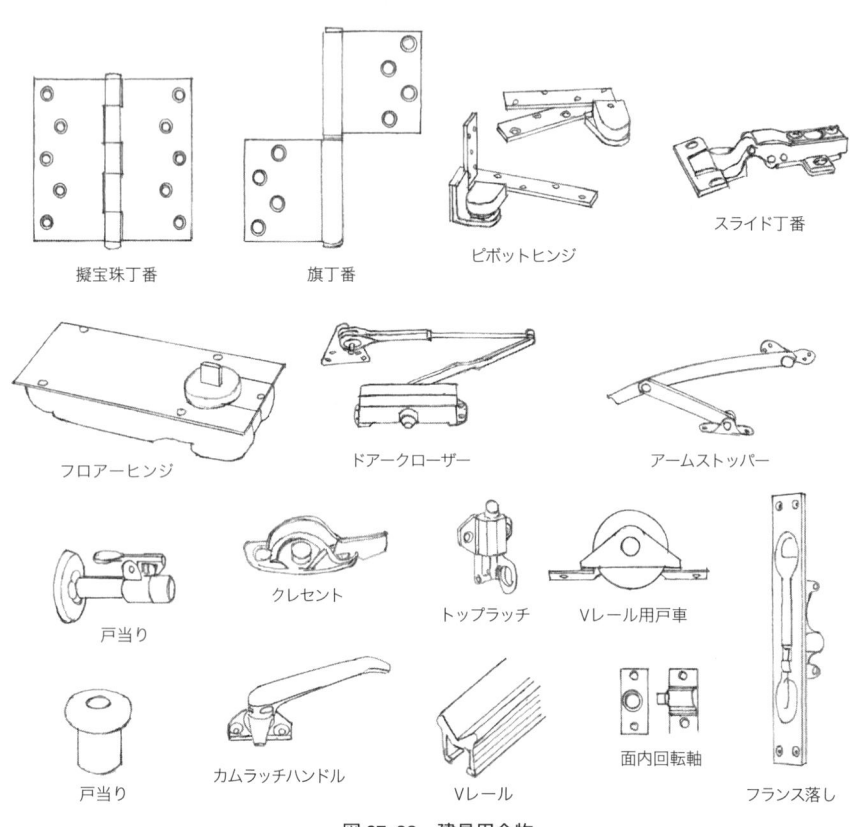

図 27・27　襖の構造と溝の召し合せ

図 27・28　建具用金物

ドア用の錠は、近年非常に発達した。以前は箱錠に握玉であったが、箱錠もシリンダー錠になっている。円筒錠は握玉と錠本体が円筒状のもので、箱錠に比べて取付けが簡単なため、急速に普及、発展した。インテリアロックは円筒錠の取手と箱錠を組合せたもの、ケースロックは、空錠と錠部分が別々のものである。カードロックは、鍵の代わりにカードを用いるもので、ホテルの客室用として一般化している。デジタルロックは、暗唱番号と錠の併用でドアを開閉するハイテクな装置である。やがて一般化することが予想される。

フランス落しは、両開きの扉の両方を固定するもので、外框に掘り込み、上下ドア枠に差し込んで固定する。丸落しはこれを框の外に取付けたもののことである。

ドアアームストッパーは扉を開いた状態で固定する金具である。ドアストッパーは扉が開いた時、壁に傷を付けないようにする金具で、床付と幅木付、扉本体付もあり、フック付とそうでないものがある。

ⓑ——引戸用金物

引戸の錠には、鎌錠と引戸錠がある。鎌錠は出入口の端の部分で戸締りをし、引戸錠は中央の縦框の所で内部からねじ込むねじ回しを、外部からできるようにしたもので、錠はほとんどシリンダー錠になっている。

和風では敷鴨居の溝であるが、レールは、洋風や外部建具に使用される。材料は鉄、真鍮、ステンレスで、戸車は建具に掘込む。敷居レールは、敷居全体にレールの取付けられたものである。Ｖレールは敷居または床に掘込んで叩込むレールで、床に凹凸ができず、軽く作動する。レールはアルミ製、戸車はプラスチック製である。ハンガードアも一般住宅の建具に採用されている。

引手は掘込み引手で、材料は木、竹、金属、プラスチックがあり、和風、洋風と多彩である。取手は、引出し等の開閉に使われ、単純な棒状のものから、種々の意匠のあるものまである。

ⓒ——窓、家具用金物

開き位置調整器は開き窓に用いられる。トップラッチは高所に取付けられた回転窓の戸締り用金具である。クレセントは金属建具の中央竪桟の重なる所に用いられる戸締まり用金具である。他に上げ下げ窓やカウンターバランス窓にも使われ、種々防犯上の工夫（例えばレバーを押さないと開かない等）がある。

ラッチは、家具の開閉を一時定位置に止めるもので、掘込み金具である。キャッチはラッチと同じ目的のものだが、外付けで、スプリングキャッチ、ローラーキャッチ、マグネットキャッチがあり、現在はマグネットキャッチが主流である。

横軸ピボットヒンジは、回転窓の回転軸に使われ、別名を掘込みドンデンという（図27・29）。

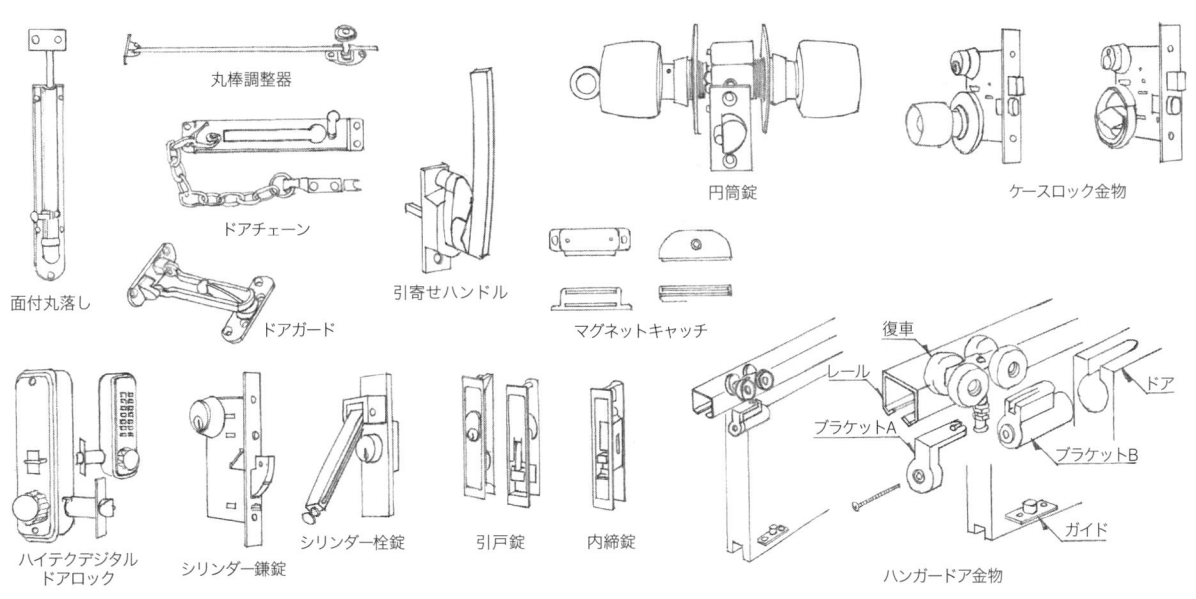

図 27・29　建具用金物

28　ガラス工事

ガラスは古代エジプトでBC2000年頃から、中国でもBC1000年以前に作られたといわれている。わが国でも、塔の舎利容器や正倉院の御物にある。

大量生産できるようになったのは19世紀で、江戸時代後半にはわが国にも輸入され、大名屋敷等でギヤマンと称された貴重品であった。本格的に使用されたのは明治に入ってからだが、平面性に乏しく、厚さも薄く、大きさも小さかったので、ガラス障子を6分割、8分割で使用した、縁側の防寒という1枚ガラスの建具が一般に広まったのは戦後のことである。戦後は種類も多くなり、大きなものも製造され、建築になくてはならないものとなった。今では、一般住宅のアルミサッシは1枚ガラスが大勢を占めている。

ガラスは空気を遮断し、光、視線を自由に制御できるのが特徴である。

ガラスの成分は多岐に渡るが、一般の窓ガラスの主成分は、硅酸ソーダ灰（または硅酸ナトリウム）と石灰である。

1　板ガラス

ⓐ——板ガラスの製法

原材料を粉砕し、調合し、高温（1400〜1500℃）で溶融したものを種ガラスという。種ガラスを徐々に800〜1200℃に冷却し、粘りを持たせて成型する。古くは機械引き上げ法であったが、現在ではフロート法とロール法が用いられている。フロート法は、溶かしたガラスを錫などの溶融金属の上に浮かべ、厚さ幅の均一なガラスを作る、一般的な板ガラスの製法である。ロール法は、溶かしたガラスを鉄板の上に流して、ローラーで圧延する。このローラーに型模様を入れると型板ガラス、網を挟み込むと網入りガラスができる。

ⓑ——板ガラスの種類

1◆普通ガラス

フロート法のガラスは、厚さ2〜19mmで、大きさは厚さによって異なるが、0.61〜2.92mの長さのものが得られる。

型ガラスはロール法で作り、片面各種模様付で、視線を遮る。模様は種々のものが各メーカーにあり、厚さ2〜12mm、大きさは厚さによって0.61〜2.348mまでの長さがある。

摺（すり）ガラスは、板ガラスに金剛砂または硅砂を圧縮空気で吹き付けたり、水と金剛砂でブラッシングしたり、フッ化水素その他の薬品で面を腐食させて作る。現在メーカーでは作っておらず、二次加工となる。表面は不透明で光を拡散する。腐食による方法を応用してガラス面に絵画や紋様を彫り込むものを「エッチング」という。摺ガラスは透明ガラスに施すので、大きさはそれに準じる。

網入りガラスは素地の中に金網を入れたもので、飛散防止と防犯防火に役立ち、乙種防火戸に必要なガラスである。この網の種類によって、縦横のクロスワイヤー、45度の斜めに入った菱ワイヤー、金網の入った亀甲ワイヤーがあり、ガラスの種類も透明、型ガラス、色付ガラスがある。厚さは6.8mmが主流だが、10mmのものもあり、長さは1.727〜3.658m、10mmでは4.47mの長さが得られる（図28・1）。

2◆特殊ガラス

波型ガラスは、天窓や庇に使われる。網入ガラスを加熱して波状にしたもので大波と小波があり、大波は厚さ7mm、小波は厚さ6mmで大きさはともに1.82×0.77m、どちらも不透明の型ガラスである。

合わせガラスは、2枚の板の間に透明で接着力の強い厚さ0.3mmのポリビニールブチラール樹脂を挟み、加熱圧着したもので、フレームドドア（枠なしドア）や自動車のフロント窓等に使われる。安全ガラスとも呼ばれ、着色ガラスもあり、厚さ、大きさも種々のものがある。

色ガラスは、ガラスの成分に着色剤を入れたもので、透明、不透明、無地や模様もあり、エ型の鉛材を仲介にしてステンドグラスを作る。

強化ガラスは、板ガラスを 600 ～ 750℃ に加熱した後、特殊な装置で急冷させ、破壊強さを普通板ガラスの 5 倍にしたものである。破壊の際に鋭利にならず、安全なので、フレームドドアや、自動車の側面ドアに使われている。強化加工してからの切断や加工はできないので、注意が必要である。

　熱線吸収ガラスは、ガラスの原料に微量の鉄、コバルト、セレン等の金属を加え、着色した透明ガラスである。可視光線より波長の長い熱線（赤外線）をよく吸収するので空調に効果がある。厚さ 5 ～ 15mm で、大きさは 2.438 ～ 4.572m の長さが得られる。網入ガラスもあり、厚さ 6.8mm で、2.438 × 1.829m の大きさになる。

　熱線反射ガラスは、反射率の高い金属酸化膜を焼き付けたものである。可視光の反射率は 30 ～ 40％ で、鏡のようなことからミラーガラスと呼ばれ、冷房負荷の軽減ができる。

　複層ガラスは、2 枚のガラスを一定間隔に保ち、周囲に枠を嵌め、内部に乾燥空気を入れたものである、二重ガラスはペアガラスと呼ばれ、断熱性や防音性に優れ、結露も少ないことから、寒冷地に適している。厚みが厚いことから、一般のアルミサッシが使えず、寸法を合わせて発注しなければならない。また、ガラスとガラスの間にベネッシャンブラインドを入れたものもあり、厚さは 32 ～ 36mm で、大きさは 1.8 × 1.2m である（図 28・2）。

　真空ガラスは複層ガラスに類するもので、効果も同じである。0.2mm の真空層を高断熱の特殊合金膜をはさんだ厚さ 6 ～ 10mm のガラスで、これも開口部寸法で発注する必要があるが、一般のアルミサッシで使用できる。

　耐熱強化ガラスは、網入りでなくても、乙種防火戸、甲種防火戸の認定が受けられる。厚さ 6.8mm と 8mm で、大きさに多少の制約がある。熱に強く、住宅のコンロ回りに応用されている。

3 ◆ 化粧用ガラス

　ガラス質化粧パネルは、本来のガラスの機能ではなく、光沢、傷のつきにくさ、不燃性等から、化粧材として使用するもので、大面積が得られる。厚さは 5mm と 8mm で、8mm の時は 1.2 × 0.9m、5mm の時は 1.894 × 0.914m である。内装の施工は高さ 7m 以下では圧着貼か接着剤貼で、外壁の時は材料に先付された金物、下地にビスで止め、材料を載せて固定する（図 28・3）。

c —— 板ガラスの施工法

　木造建具、スチールサッシに用いる板ガラスの施工法は、前述した。現在外部建具の主流になっているアルミサッシは、溶接ではなくねじ止めで組立てられていることから、枠の一方（上枠の場合が多い）を取り外してコ字型のゴムシーリングを取付け、それにガラスを挿入して、枠をねじで締め組立てる。木造住宅には直接関係ないが、大型のガラスを金物等で吊るガラス吊工法や、板ガラスを金属支持部材に接着固定するSSG（ストラクチャル・シーラント・グレイジング）、4 点支持カーテンウォール構造（クワトロポイントシステム）等が用いられている（図 28・4）。

2　ガラスブロック

　ガラスブロックとは、2 枚の皿状のガラスを溶着して作った中空ブロックで、内面に多くの種類の柄がある。音、熱の遮断効果や、光の透過性が大きいので、遮熱を兼ねた採光壁、天井に装飾性を加味して用いられ、壁はガラスブロック、天井はデッキグラスと分けて呼ばれている。

a —— ガラスブロックの種類

　普通ガラスブロックは無色で、透明なものと不透明なものに分けられ、大きさは、115mm 角で見込み 80mm、145mm 角で見込み 95mm、190mm 角で見込み 95mm、190mm 角見込み 125mm、300mm 角で見込み 95mm 等で、出隅用にコーナーブロックもある。

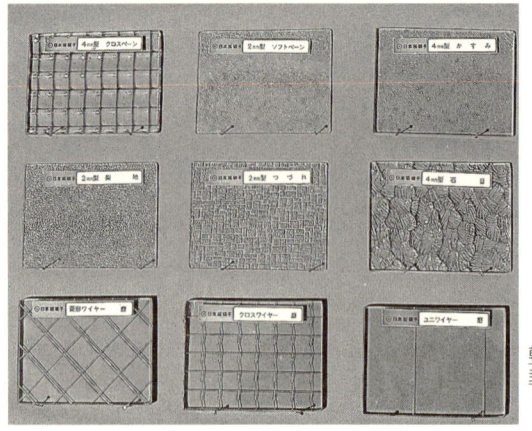

図28・1　ガラスの種類

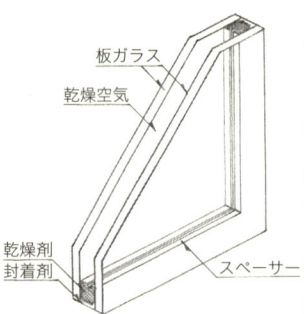

図28・2　復層ガラスの構造

図28・3　ガラス質化粧パネル柱仕上

プレーナーフィッティングシステムとは、ガラスを4ボルトで直接支持部材に取付けサッシをなくし、ガラスの透明性と自立性を上げる工法。

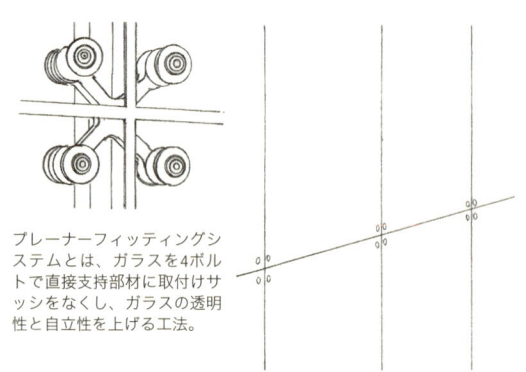

図28・4　プレーナーフィッティングシステムのガラスの壁

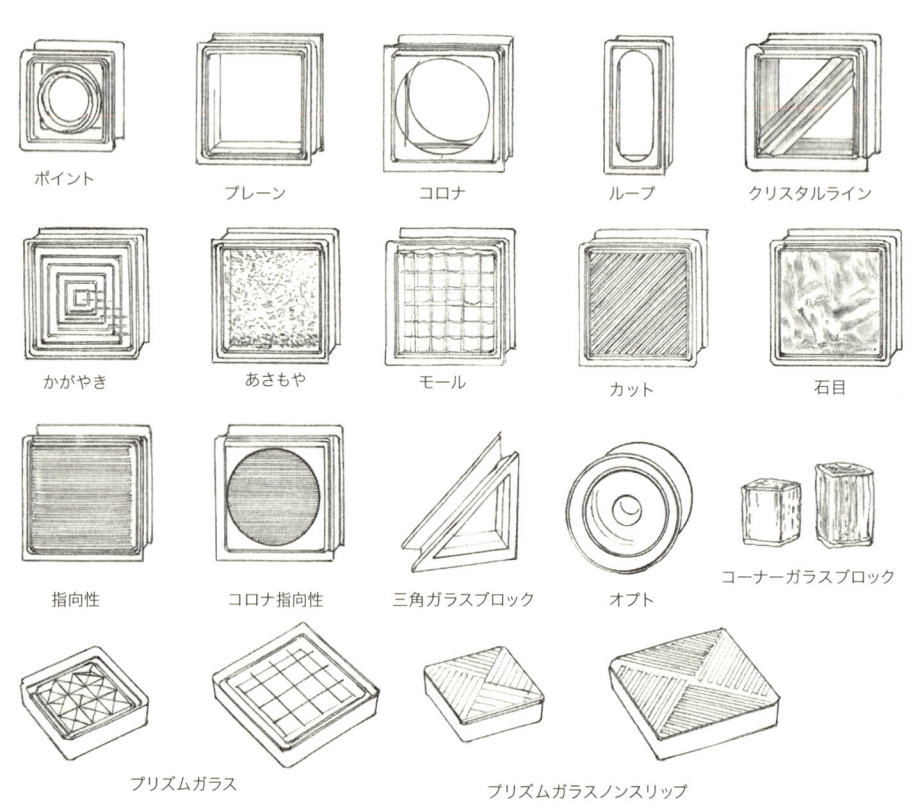

ポイント　プレーン　コロナ　ループ　クリスタルライン

かがやき　あさもや　モール　カット　石目

指向性　コロナ指向性　三角ガラスブロック　オプト　コーナーガラスブロック

プリズムガラス　　プリズムガラスノンスリップ

図28・5　ガラスブロックの種類

プリズムグラスは、集光が目的で、地下の天井に用いられる。したがって上部歩行は可能で、大きさは、120mm角で見込み40mmと、200mm角で見込み50mmがある。

着色カラーブロックには二種類ある。ブロック内部側面にガラスを主体としたセラミックを焼付加工することで、正面は透明、側面は着色したように見えるものをセラミックカラーブロックと呼ぶ。リズミカラーブロックは、内面に透明の特殊カラーをコーティングしたもので、セラミックカラーとは趣が異なる。

これらは、無色のガラスブロックを加工したもので、それぞれの大きさが使える。その他に、二等辺三角形のものや、円型のものもある（図28・5）。

ⓑ——ガラスブロックの施工

壁面への施工は、躯体とブロックの取り合いに専用の金属枠を取りつけ、その内側に特殊塩ビ材料のスベリ材、緩衝材を取付け、その上にステンレス製のアンカーピースを取付けてからモルタルを敷き、ブロックを並べる。金属枠とブロックの合うところには、シーリングを入れる。何段かごとに、縦横径6mmのステンレス梯子状の力骨を入れながら積む。内部モルタルを詰めながら積み上げ、最後に専用目地を詰めて仕上げる（図28・6）。

大規模な壁面には使えないが、ハウスパネルというものがある。ブロック8個から15個を工場で作って積み上げ、ねじ止めして簡単に施工できるようにしたものである（図28・7）。

天井への施工では、躯体に鋳鉄枠を取付け、これにブロックを嵌込むが、緩衝材、スベリ材、バックアップ材を使用し、目地部分には防水材が必要となる。普通ガラスブロックを使用すると非歩行となり、純粋に天井採光用となる。上部を歩行可能にするためには、鋳鉄製の格子とプリズムガラスを使用しなければならない（図28・8）。

これらガラスブロックは、天井、壁とも乙種防火戸とみなされているが、甲種防火戸用ガラスブロックもある。

3　ガラス繊維（ガラスウール）

ガラス繊維は、アルカリの少ないガラスを溶融坩堝（るつぼ）に入れ、底の穴から出たガラスと急速に巻き取った長繊維と、溶融ガラスを遠心力で吹き飛ばし、圧縮空気で集めた短繊維に分けられる。長繊維は、ライニング補強材やFRP、織ったカーテンにも用いられ、短繊維は、断熱材、保温材、フィルター、空気絶縁材に用いられ、GRC（ガラス繊維コンクリート）の補強材、コンクリートのプレキャストの繰形等、亀裂防止に用いられる。

4　その他のガラス製品

その他、建具の取手、押板等の装飾用に鋳造ガラスや厚板ガラスの加工品が使われる。照明器具のシャンデリアや乳白色ガラス、光を調節する調光ガラス等、種類は多く、多方面に採用されている。

ⓐ——プラスチック

プラスチックとは塑性物質の意味で、現在では合成高分子化合物を指し、それが塑性に富むことから、プラスチックと呼ばれている。合成樹脂ともいう。

合成樹脂の初期のものに、セルロイドがある。次いで、ベークライトが商品化され、戦前は流通していた。

プラスチックが建築材料として本格的に使用されだしたのは、1950年頃からである。合板の接着剤として、次にパイプや板に加工され、FRPのような強化プラスチックや、メラミン樹脂など続々登場して、1963年に発泡ポリエチレンが断熱材として使用されるようになった。

プラスチックの長所は、塑性、可紡性、展性、延性が大きく、耐酸性、耐アルカリ性に優れ、接着性が強く、透光性がよいことがあげられる。他に着色が自由で、耐薬品性、耐摩耗性、電気絶縁性に優れている等の利点もある。

短所は、成型品は軽量で強さもあるが、剛性、弾性が小さい。耐火性に劣る。温度変化による伸縮が大きい。表面変化しやすく、耐汚染性、耐久性や耐候性に劣る等である。

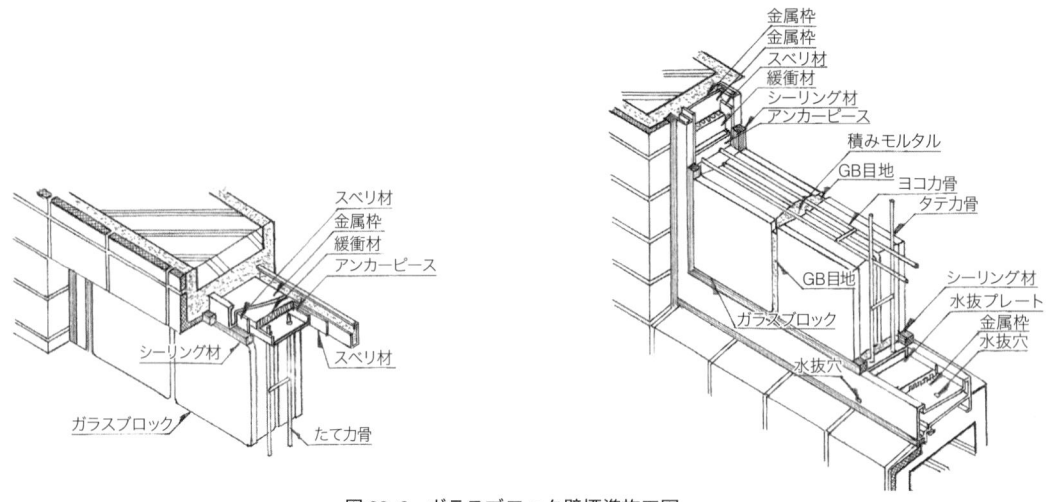

図 28・6　ガラスブロック壁標準施工図

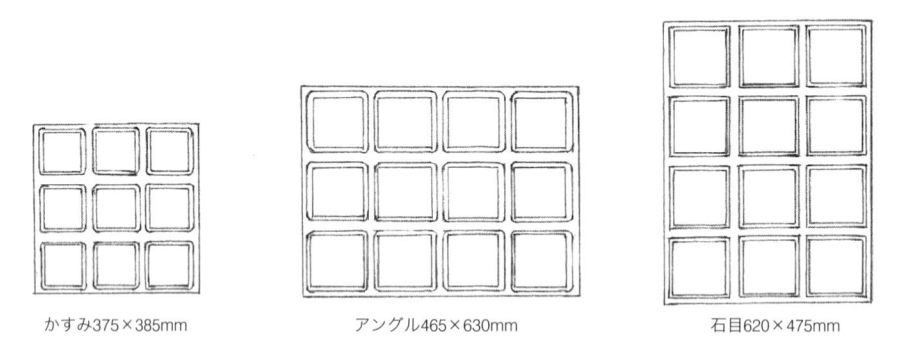

図 28・7　ガラスブロックハウスパネル　一般のガラスブロックは厚さ 80mm 以上で、95mm が多い。これは厚さ 50mm のブロックをステンレス枠に組込みパネル化したもので、木造住宅にも簡単に取付けることができる。大きさ種類も豊富にある。

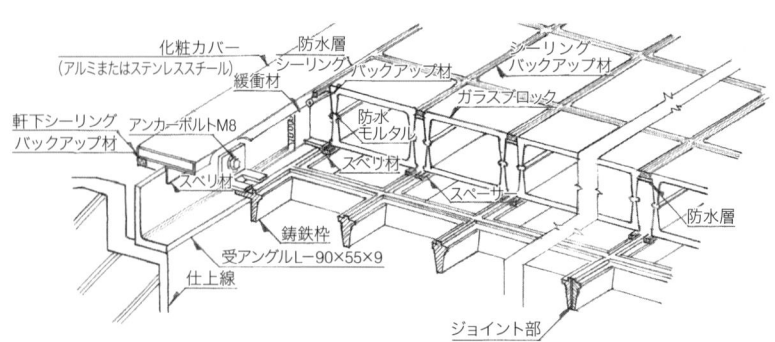

図 28・8　ガラスブロックトップライト標準施工図

合成樹脂の種類は、合成樹脂、合成繊維、合成ゴムに大別される。合成樹脂は、成型品、塗料、接着剤に分かれる。ここでは、建築に関係するものについて述べる。成型品は、熱可塑性と熱硬化性に分けられる。合成繊維は、ナイロン、ビニロン、アクリルの各繊維で、合成ゴムについては、ゴムの項で述べる。

熱可塑性樹脂とは、熱を加えるとある温度で軟化し、塑性あるいは粘着性を持ち、冷却すると再び硬化する性質があるものをいう。

熱硬化性樹脂は、一度固まると熱を加えても軟化しない性質のものである。

ⓑ──プラスチックの種類①　熱可塑性樹脂

ポリ塩化ビニール樹脂は、最も広く用いられている。主原料は、石油と海水で、耐薬品性、耐候性に優れるが、可燃性で使用可能な温度範囲が狭い。板、管、雨樋、屋根材、シート、塗料等に用いられ、色の種類も多く、透明、不透明のものもある。

ABS樹脂、ポリスチレン樹脂は、透明で軽く、着色が自由で、成型が容易である。ポリスチレン樹脂は、衝撃に弱い。ABS樹脂は、これを改良したもので、対衝撃性、耐薬品性に優れているが、耐候性に劣る。いずれも外装材、内装材、水回りに用いられる。また、スチレンとブタジエンを調合して発泡させたものが発泡スチロールで、断熱材、断熱容器に使用される。

ポリプロピレン樹脂は、比重が最も軽く、耐熱性、耐薬品性、成型性に優れているが、収縮率が大きい。建築材料として用いられることは比較的少ない。

アクリル樹脂は、メタクリル樹脂ともいい、強度があり、軽量で透明度が高く、有機ガラスといわれた。耐候性、耐薬品性に優れるが、耐溶性に劣る。照明、水槽、手摺、壁等に用いられ、液化したものは、防水塗膜やモルタル混和剤、塗料の原料にもなる。

ポリエチレン樹脂は、日常最も多く用いられる。エチレンを調合して得られ、調合時の圧力で性質が変わる。常温で乳白色で軽く、弾性があり、耐寒性に優れ、フィルム、シート、成型品、ルーフィングコーティング材、パイプ等に用いられ、これを発泡したものが、断熱材として使用されている。

ポリカーボネートは、透明性と耐撃性に優れ、ガラスより衝撃に強く、成型収縮が少ないことから、CD、自動車、カメラ、OA機器等に用いられる。建築では、折板、トップライト等屋根材料に用いられている。

フッ素樹脂は熱に強く、低温にも強い。高度な耐薬品性、耐候性により、塗料、コーティング剤に使用され、「テフロン」とも呼ばれている。

ⓒ──プラスチックの種類②　熱硬化性樹脂

フェノール樹脂は、古くから用いられてきた樹脂で、ベークライトがこれにあたる。フェノールとホルムアルデヒドの結合で得られ、強度が強く、耐熱性、電気絶縁性に優れ、アルカリ性に弱い。電気絶縁物、化粧板、耐水接着剤、塗料に用いられる。

ユリア（尿素）樹脂は、ユリアとホルムアルデヒドの結合で得られ、比較的安価だが、耐水性、耐候性は低い。接着剤や塗料に用いられる。

メラミン樹脂は、メラミンとホルムアルデヒドの結合により得られ、表面の硬化がプラスチックの中でも最大で、耐水性が高く、着色自由で、化粧板、接着剤に用いられる。

ポリエステル樹脂は、繊維強化プラスチック、FRPに使われ、強度、耐久性、耐熱性、成型性に優れ、波板、天窓に用いられる。FRPは浴槽、設備ユニット、外装パネル、塗料、コーキング材にも用いられる。

シリコン樹脂は、耐熱性、耐候性、撥水性、耐化学性に優れ、有機酸に弱い。低温から高温まで充分弾力性があり、接着力も大きく高価である。もっぱら接着剤や塗料に用いられ、コンクリート等の外壁防水仕上やシーリング剤に適す。

ポリウレタン樹脂は、強度が大きく、耐摩耗性、耐候性、変形性能がよいが、耐酸性、耐アルカリ性に劣る。発泡材は、クッション材や断熱材に使われ、塗膜防水、接着剤、塗床材としても使用される。

エポキシ樹脂は、成型収縮が少なく、接着力が強いので、接着剤、成型材料、積層板、塗料等に広く使われている。金属との接着性、電気絶縁性にも優れ、多くの溶剤にも侵されない等の多くの長所を持つ樹脂である。

このように合成樹脂は、種類が多く、特徴も多岐に渡る。製品を製造する場合は、最も適した合成樹脂が採用されているはずだが、特に疑問の出た場合は、それぞれのメーカーに問い合わせることが大切である。

現在の建築では、合成樹脂がなければ工事が成り立たない状態で、その恩恵は非常に大きいが、一方では、シックハウスの原因とされるのも事実である。使用時はよく考えて、採用しなければならない。

ⓓ──ゴム

ゴムは、ゴムの木の樹液から作られる天然ゴムと、主として石油から作られる合成ゴムがある。その特徴は弾性で、用途に応じて耐熱性、耐候性、耐油性など種々の特性を付与することができる。ゴムは、加工しない生ゴムで使われることは少なく、加硫して力学的、化学的な性質を改善している。合成ゴムは、第二次大戦中からよく使われるようになり、戦後自動車産業の拡大から急速に発展した。代表的なものには、スチレンブタジエンゴム、クロロプレンゴム、ブチルゴム、エチレンプロピレンゴム等がある。

スチレンブタジエンゴムは、最も多く使われているが、耐オゾン性に劣るため、建築外部には使用できず、接着剤やアスファルト改良剤に使用される。

クロロプレンゴムは、耐久性、耐油性に優れ、特殊用途として、電線の被覆防水シート、ガスケット、接着剤、防水塗料として広く使われている。

ブチルゴムは、気体透過性がほとんどなく、耐候性に優れているので、シーリング材や防水シートに用いられる。

エチレンプロピレンゴムは、耐久性、耐オゾン性に非常に優れ、ブチルゴムとブレンドして防水シートに用いられる。

これら合成ゴムも、その性質に応じて、天然ゴムとともに使われる。

ゴムタイルは、床仕上材で、表層を化粧し、下地は、再生ゴム等を用い、表層と下地層の間に綿、ヘッシャン（ジュート布）等を挿入して製造する。大きさは普通303mm角で、厚さは3〜6mm、床面にゴム系の接着剤を用いて施工する。

ゴムには弾性と減衰作用の性質があることから、近年免震構造の材料として使われているが、免震材の対応年限とメンテナンスの方法に注意しなければならない。

29　塗装工事

塗装仕上は、縄文時代からあり、飛鳥時代に本格的な技術としてわが国にもたらされた。塗料の材料は、古くは岩絵具で、群青、緑青、朱に加えて、胡粉、黄土、丹などがあり、植物性の藍も用いられた。その他、漆、弁柄、柿渋、油煙がある。油性の塗料には不透明のいわゆるペンキ色である、オイルペンキ、エナメル、エナメルラッカーと水性塗料がある。透明な塗料には、ワニス、シケラックニス、コーパルニス等があるが、現在は、ほとんどが合成樹脂を原料としたもので、塗装工事では合成樹脂を抜いては考えられなくなっている。

1　塗装の目的

塗装の目的には、保護と装飾の二つがある。保護とは、塗料の耐熱性、電気絶縁性といった機能を活かし、防腐、防錆、防蝕、防火、防湿、耐薬品、汚染防止を行うことである。装飾とは、色彩、光沢、模様等を付加することである。装飾以外に、各種標示の目的にも使われる。

これらは、いずれも単独で機能するわけではなく、複数目的に用いられるので、塗料の性質をよく知っておくことが大切である。

2　塗料の構成

塗料の構成要素を要約して記す。

塗膜形成要素とは、塗膜を形成する成分で、原料の種類も多い。不揮発分で、乾燥後固体となる。塗料の性能は、これによって決まる。

塗膜形成副要素は、塗料添加剤ともいわれ、塗膜形成を助ける成分で、可塑剤、乾燥剤から、たれ防止剤等、種類も多く、目的に応じて用いられる。

塗膜形成助要素は、有機溶剤（シンナー）や水で、塗膜の形成とともに蒸発して、塗膜の中に残留しないものである。重要なのは、溶解力と蒸発速度で、単に希釈剤としても用いられる（表29·1）。

顔料（ピグメント）は、溶剤に対して不溶性の微粉末で、塗料に着色、隠蔽力を与え、流動性、塗膜の硬度や膜厚の向上も目的としており、着色塗料と体質塗料に分けられる（表29·2）。

展色剤は、ビヒクルと呼ばれ、顔料のつなぎになる。顔料を含まないものが透明塗料で、ワニス、クリアー、顔料を含むものが不透明塗料で、一般にペイント、エナメルという。

3　塗料の種類

a　油性塗料

油性塗料とは、油性ペイント、油性調合ペイント、アルミペイント等を指す。

油性ペイント、油性調合ペイントは、乾燥性、半乾燥性の溶剤と顔料で構成されたもので、現在では油性調合ペイントがもっぱら用いられる。油性ペイントは乾燥が遅く、耐アルカリ性がないこともあって使われなくなった。船舶には現在でも使われている。

アルミペイント（ALP）は乾燥油と天然樹脂を溶剤に、アルミの微粉末を顔料にしたもので、一般にシルバーコート、銀ペンと呼ばれ、表面にアルムニウム板のような光沢ある強い被膜を作る（表29·3）。

b　合成樹脂塗料

合成樹脂塗料には、合成樹脂調合ペイント（SOP）、合成樹脂エマルションペイント（EP）、塩化ビニールエナメル（VP）、エポキシ樹脂塗料（EXP）、フタル酸樹脂エナメル（FE）、アクリル樹脂塗料（AE）、ポリウレタン樹脂塗料（UE）、フッ素樹脂塗料、アクリルリシン樹脂塗料等多くの種類がある。

合成樹脂調合ペイントは、従来の油性ペイントより乾燥時間を早くし、劣化を抑えるため、フタル酸を加えたもので、建築内外部の鉄部に用いられる不透明塗料の代表である。一般にビニールペンキと呼ばれるが、アルカリに弱いので、コンクリート、モルタル等には、塗装できない。

表 29・1 塗膜形成助要素の種類 (出典:建築のテキスト編集委員会編『初めての建築材料』学芸出版社、2000、p.151)

名称	内容
炭化水素	揮発油、ミネラルスプリット、ベンゾール、トルオール、ソルベントナフサ
アルコール	エチルアルコール、正ブチルアルコール、イソプロピルアルコール
エステル	酢酸エチル、酢酸アミル
ケトン	アセトン、メチルエチルケトン、ヘキサトン
エーテル	ジメチルエーテル
水	水

(JASS18 より)

表 29・2 顔料の種類 (出典:建築のテキスト編集委員会編『初めての建築材料』学芸出版社、2000、p.151)

色	顔料
白	亜鉛華、チタン白、リトボン、硫化亜鉛、鉛白
赤	弁柄、鉛丹、カドミウム赤、酸化鉄
黄	黄鉛、カドミウム黄、ジンクロメート、酸化鉄、黄土
緑	酸化クロム緑、クロム緑、緑土
青	紺青、群青、コバルト青
黒	カーボンブラック、アセチレンブラック、松煙、グラファイト、酸化鉄

(JASS18 より)

表 29・3 塗料の分類 (出典:建築のテキスト編集委員会編『初めての建築材料』学芸出版社、2000、p.153)

分類	塗料の構成 塗膜形成要素 主要素	顔料	副要素	塗膜形成助要素	塗料の一般名称	乾燥機構	乾燥時間 20℃	性質	素地の適応性 鉄	アルミニウム	亜鉛メッキ	コンクリートモルタル	木材
油性塗料	乾性油	各種	乾燥剤 分散剤	炭化水素	調合ペイント	揮発	20	乾燥が遅い	○	−	○	−	○
		錆止め顔料			油性系錆止めペイント	酸化	20	乾燥が遅い 錆止め用	○	−	○	−	−
	乾燥油+天然樹脂	−	乾燥剤	炭化水素	油ワニス	揮発 酸化	10	光沢あり 肉持良 やや速乾性	−	−	−	−	○
		アルミニウム粉末	乾燥剤	炭化水素	アルミニウムペイント	揮発 酸化	10	耐候性 耐熱性	○	○	○	−	−
	ビチューメン	−	−	炭化水素	黒ワニス	揮発	5	速乾性 耐薬品性 耐熱性不良	○	−	−	○	○
酒精塗料	シェラック			変性アルコール	シェラックニス	揮発	5	速乾性 不粘着性 耐熱性不良 耐アルカリ性不良	−	−	−	−	○
繊維素誘導体塗料	ニトロセルロース+樹脂(1:0.5〜1)	−	可塑性	エステル ケトン アルコール 炭化水素	クリヤーラッカー	揮発	1	速乾性 不粘着性 耐水性					
		各種			ラッカーエナメル		1	光沢あり 肉持ち小	○	−	−	−	−
	アセチルブチルセルロース+熱可塑アクリル樹脂(1:3〜5)	各種	可塑性 分散剤	アルコール エステル ケント 炭化水素	アクリルラッカー	揮発	1	速乾性 光沢あり 耐候性 帯電性あり 肉やせする	−	−	−	○	○
エマルションラテックス塗料	酢酸ビニル重合体エマルション	各種	可塑性 乳化剤 分散剤 保護コロイド	水	酢酸ビニルエマルション塗料	揮発	2	速乾性 無臭性 耐候性に劣る 光沢に乏しい	−	−	−	内部○	−
	アクリル重合体エマルション	各種	可塑性 乳化剤 分散剤 保護コロイド	水	アクリル樹脂エマルション塗料	揮発	2	速乾性 無臭性	−	−	−	外部○	−
	スチレンブタジエンラテックス	各種	可塑性 乳化剤 分散剤 保護コロイド	水	スチレンブタジエンラテックス塗料	揮発	2	速乾性 無臭性 弾力性 耐候性	−	−	−	○	○
漆、カシュー	天然高級フェノール	各種	油脂	炭化水素	漆	揮発 酵素 酸化	24	光沢 硬度 付着性 乾燥遅い 皮膚炎症性	○	−	−	−	○
	天然高級フェノールアルデヒド樹脂	各種	油脂	炭化水素	カシュー塗料	揮発 酸化 重合	24	刷毛塗が容易 漆に類似	○	−	−	−	○

(JIS より)

合成樹脂エマルションペイントは、本来混じらない樹脂と水を乳化の手法で一体化したエマルションに、酢酸ビニル樹脂やアクリル樹脂、ポリウレタン、シリコン、フッ素の各樹脂を加えたもので、大きく二つに分けられる。

酢酸ビニル系のエマルション（EP）は、酢酸ビニルと乳化したエマルションに顔料を混合したもので、安価であるが、耐水性、耐候性に劣るので、室内でのみ使用される。他の一つは、アクリル系のエマルション（AEP）である。これは、アクリル樹脂に少量の酢酸ビニル樹脂を組合せたもので、前者に比べ、耐水性、耐候性に優れ、外装に使用できる。

これらは、ともに塗膜形成助要素が水で、水性ペンキと呼ばれている。艶のあるもの、ないもの、浴室用等があり、塗装後刷毛をよく洗うことと、下地に釘等錆の出るものがある時は、調合ペイントを塗る等の注意が必要である。

塩化ビニルエナメルペンキ（VP）は、塩化ビニルと酢酸ビニルを組合せたもので、前二者とともに普及しており、難燃性で、耐アルカリ性、耐水性、耐薬品性に優れ、浴室、台所、地下室の壁等モルタル、コンクリートにも用いられる。他の塗料と混同されるので、注意が必要である。

エポキシ樹脂塗料は、あらゆる性能に優れた塗料で、床材、アルミやステンレスの塗装も可能であるが、低温で乾燥が遅く、紫外線に対して、やや弱い。

フタル酸樹脂エナメル（FE）の樹脂は、樹脂調合ペイントと同じであるが、油脂量がやや少なく、仕上の光沢がよく、耐候性に優るので、鋼製品に用いられる。FEから顔料を除いたフタル酸樹脂クリアは、ウレタン樹脂に代わって木部塗装に用いられることが多くなっている。

アクリル樹脂塗料（AE）は、溶剤型熱可塑性アクリル樹脂塗料、通称アクリルラッカーまたは、アクリルクリアと溶剤型熱硬化アクリル樹脂塗料に分かれる。

通称アクリルラッカーは、比較的短時間で塗膜を形成する。焼付塗装が可能で、従来のラッカーに比べて、耐候性、耐薬品性に優れている。

溶剤型熱硬化性アクリル樹脂塗料は、耐熱性、耐摩耗性、耐汚染性に優れ、家具や電化製品の塗装、カーテンウォールにも用いられている。

ポリウレタン樹脂塗料（UE）は、Ⅰ液型の床塗装、Ⅱ液型の家具金属、セメントの下地に用いられ、透明、着色透明、不透明塗装が可能である。

フッ素樹脂塗料は、最も高級で、すべての点に優れた塗料である。

アクリルシリコン樹脂塗料は、フッ素樹脂に近い性能を持つ。乾燥時間が早く、金属面、セメント面の外装塗装に適す（表29・4）。

ⓒ──ワニス

ワニス（通常ニス）には、樹脂を揮発性溶剤で希釈した揮発性ワニスと、樹脂を乾性油で加熱溶解させ、これを揮発性溶剤で希釈した油ワニスに分けられる。使用する樹脂は天然樹脂か合成樹脂であるが、現在ではほとんど合成樹脂が用いられている。樹脂量によってゴールドサイズ、コーパルワニス、ボティワニス、スーパーワニスに分類され、家具床を除く室内木部の木目を現わす所に使われている。

ラッカーは、硝化綿（ニトロセルゾール）樹脂で、可塑剤を塗膜形成要素とし、溶剤の揮発のみで乾燥硬化する塗料である。透明（クリア）、着色透明、不透明（エナメル）のいずれも塗装可能、乾燥時間が早く、家具や木工製品、床を除く木部全部に用いられるが、塗膜が薄く、耐候性、耐熱性、耐溶剤性、耐摩耗性に劣るので、使用部所には注意が必要である（表29・3）。

ⓓ──漆、カシュー樹脂

わが国の漆の歴史は古く、縄文時代末頃に使用されていたことがわかっている。最古の伝世品として法隆寺の玉虫の厨子がある。また仏像を始めとし、多くの什器の金属箔の下地にも使われてきた。仏殿内部の荘厳な装飾にも使用され、日光東照宮では、建物全体が漆で塗られている。一方で漆は庶民の生活にも用いられており、わが国においては、重宝な一般的塗料ともいえる。

天然の漆は、漆の樹液で、採取したものを「生漆（きうるし）」といい、わが国では、製産が減少し、現在は90％を輸入に頼っている。

表29・4 塗料の分類 （出典：建築のテキスト編集委員会編『初めての建築材料』学芸出版社、2000、p.155）

分類	塗料の構成				塗料の一般名称	乾燥機構	乾燥時間20℃	性質	素地の適用性				
	塗膜形成要素			塗膜形成助要素					鉄	アルミニウム	亜鉛メッキ	コンクリートモルタル	木材
	主要素	顔料	副要素										
合成樹脂系塗料	樹脂変性フェノールホルムアルデヒド樹脂乾燥油	－	乾燥剤	炭化水素	フェノール樹脂ワニス	揮発酸化	10	耐水性 耐油性	○	－	－	－	○
		各種			フェノール樹脂エナメル		10	油性系より速乾	○	－	－	－	○
	油変性アルキド樹脂（短油性）	－	乾燥剤 分散剤	炭化水素	アルキド樹脂ワニス	揮発酸化	16	付着性 光沢あり	－	－	－	－	○
		各種			アルキド樹脂エナメル		16	耐候性	－	－	－	－	○
	油変性アルキド樹脂（長油性）	各種	乾燥剤 分散剤	炭水化物	合成樹脂調合ペイント	揮発酸化	10	油性系より速乾 油性系より耐候性がよい	○	－	○	○	○
		錆止め顔料			合成樹脂系錆止めペイント		10	油性系より速乾 油性系より防錆効果は劣る	○	－	○	○	－
	塩化ビニル重合体	－	可塑剤 安定剤	炭化水素 エステルケトン	塩化ビニル樹脂ワニス	揮発	2	速乾性 耐アルカリ性	○	－	○	○	－
		各種	分散剤 可塑剤 安定剤		塩化ビニル樹脂エナメル		2	難燃性 耐薬品性	○	－	○	○	－
	熱硬化性アクリル樹脂	各種	分散剤	アルコール 炭化水素	熱硬化型アクリル樹脂エナメル	焼付 揮発 重合	10	光沢あり 耐薬品性	○	○	○	－	－
	エポキシ樹脂	各種	硬化剤	エステルケトン アルコール 炭化水素	エポキシ樹脂塗料	焼付 揮発 重合	10	付着性 厚膜 耐摩耗性 耐薬品性 変色しやすい	○	○	○	○	－
	ポリオール＋イソシアネート	－	硬化剤	エステル 炭化水素	ポリウレタンワニス	常温 揮発 重合	10	付着性 厚膜 耐摩耗性	○	○	－	－	○
		各種			ポリウレタンエナメル	焼付 揮発 重合	10	耐薬品性 耐候性 硬度	○	○	○	○	－
	不飽和ポリエステル重合性単量体	－	安定剤 促進剤	－	不飽和ポリエステルワニス	常温 重合	2	速乾性 厚膜 硬度 光沢に劣る 付着性に難	○	－	－	－	○
	塩化ゴム	各種	分散剤 可塑剤	炭化水素	塩化ゴム塗料	揮発	2	速乾性 難燃性 耐薬品性	○	－	○	○	－
	シリコン＋アルキッド樹脂	各種	乾燥剤	炭化水素	シリコン塗料	常温 揮発 酸化 焼付 重合	5	耐熱性（200℃） 耐水性 耐候性 付着性にやや劣る	○	－	－	○	－
	チタン酸ブチル	－	－	炭化水素	チタン樹脂塗料	焼付 揮発 重合	－	耐熱性（500℃） もろい	○	－	－	－	－
	スチレンブタジエン樹脂	各種	分散剤 可塑剤	炭化水素	スチレンブタジエン塗料	揮発	2	速乾性 耐薬品性 変色しやすい	－	－	－	○	－

（JISより）

ナヤシ、クロメ漆といった加工の工程を経て、生漆を塗装用にしたものが製漆である。

有油塗は、クロメ漆の時点で、荏胡麻油を入れたもので、花塗漆は、塗立塗、立漆ともいい、これを塗ったものが溜塗などと呼ばれている。

無油漆蠟色塗は、荏油を加えず精製したもので、蠟色（呂色）塗に使われる。蠟色塗とは漆を塗って、乾燥後に角粉、木炭で研いで光沢を出す塗り方である。

瀬〆漆は、下地用の漆で、盛物を取った後のもので、石漆、枝漆、裏目漆、留漆ともいわれている。透漆に、漆液10に対し顔料または染粉8〜20を加えると各種の色漆ができる。

漆の乾燥には高湿度の環境が必要で、温度15〜25℃、湿度60〜70%を5時間以上保つ必要がある。この点が漆の使用が少なくなった理由である。硬化した漆は、耐酸性、耐久性、水密性、耐熱性に優れ、電気絶縁性もあるが、紫外線と耐アルカリ性に劣る。

カシュー樹脂は、漆科のカシュー樹の果実に含まれるカシューナッツシエル液を原料に精製したもので、一般に漆を使用する場所に用いられ、漆とは見分けがつかない。透明、不透明、着色と自由で扱いやすく、一般のペイント塗装と同じように塗ることができる。しかし、紫外線に弱く、乾燥に一週間程度が必要になる。

ⓔ──ステイン

ステインは、木部に浸透し、木材の素地を生かし、透明、半透明の着色用である。染料系のものと顔料系のものに分かれ、それぞれに水系、アルコール系、油系がある。

染色系水性のステインは、ステインの中で最も古くから使われ、安全で作業性がよいが、素地が肌荒れを起しやすく乾燥が遅いという欠点がある。

染色系アルコールステインは、着色むらは出るが浸透がよく、発色が鮮明で乾燥も速く、硬い木に適している。

染色系油性ステイン（オイルステイン）は、塗料用シンナー等を溶剤にしたもので作業性がよく、素地への浸透もよいが、最も耐候性が悪く乾燥も遅い。

顔料系水性ステインは、安価安全、着色むらが少なく、にじまないが不透明になりやすく乾燥に時間がかかる。

顔料系アルコールステインは、建築現場での素地着色に最適で、着色むらが出にくく、乾燥も早い上に、耐光性に優れている。

顔料系油性ステイン（オイルステイン）は、木目の導管を明確に着色したい時に適す。染料系のものより耐光性があるが乾燥は遅い。

ステインは内部用と外部用に分けられ、塗膜のないものであるから、着色後ワニス系の透明塗料で抑えておく方が安全である。

ⓕ──柿渋

柿渋は、番傘や団扇に用いられた着色剤で、柿の青いうちに収穫し搾った汁を濾過、発酵させ貯蔵熟成させたものをいう。

2年以上おいたものを古渋といって、建築では紙や布、木材に塗られ、独特の暗赤茶色となる。主成分はタンニンで、着色のため弁柄や松煙を加えて使われることもある。防腐性、防水性に優れている。

ⓖ──弁柄塗、油煙塗

弁柄、油煙、砥粉を適当に混ぜ渋汁を加えたもので、木部に塗り油拭きする屋外用と、松煙と弁柄に菜種油を加えて練り、塗布後、布で擦り込む室内用がある。

ⓗ──特殊塗料

金属前処理錆止塗料とは、鋼材、亜鉛めっき、軽金属の表面をよく清掃して燐酸化成処理を行い、上塗の附着力と防錆効果を期待する塗料である。エッチングプライマー（燐酸定着塗料）がよく知られている。ビヒクルには油性と合成樹脂があり、JISで顔料による錆止め塗料の分類をしている。一般用錆止め、鉛丹錆止め、亜鉛酸化鉛錆止め、塩基性クロム酸鉛等の各種類があり、乾性油とアルキット樹脂が多く、それぞれの効果・価格に特徴があるので、効果により選別することが大切である。

4　塗料の施工

塗装工事の方法には、下地によるものとペンキとワニスによるものに分けられる。特殊なものとして漆塗がある。共通する道具には、刷毛、ローラー、塗装用スプレーユニット（スプレーガンによるもの）があり、他に布、紙やすり（ペーパー）、ヘラ等が用いられる。

ⓐ——ペイント塗装で下地木製の場合

下地の乾燥と清掃、それに節等にニス塗の節止めをして、1回目は薄く塗る。乾燥させ、紙やすり（ペーパー）の最も細かいものをまんべんなく軽く掛け、2回目を塗る。木の下地の時、木目の目立たない、シナ、朴（ほう）、楓（かえで）、桜（さくら）は、3回くらいで終わるが、目立つラワン、塩地、楢等は、目弾き（めはじき）（木目に塗料が入りにくい）が生じて、5〜7回塗りが必要となるので、材料を選ぶことも大切である。

ⓑ——下地が金属の場合

ドアの金属面を塗る時は、スクレーパー、ワイヤーブラシ等で錆を落とし、ベンジン、ガソリン等で油分を取り、防錆塗料を塗るが、ここまでは製造工場での仕事である。

現場で再び清掃し、塗装の剥げた所を繕い塗りする。平らな所は＃80くらいのカーボンランダム砥石で、繰形のある所は、＃0〜1（番手のこと、目の粗さ）くらいの紙やすりで面を平滑にして、地塗、中塗、上塗を行う。下地が木の場合とまったく同じである。金属面には木目がないので、これで仕上がる。

ⓒ——下地がコンクリート、ALC板、モルタル等の場合

おもに外壁に施工する。下地が完全に乾燥したら、シーラー（アルカリ止め下塗材）を2回塗り、乾燥後、表面に吹付け、ローラ塗、刷毛塗もする。JISでは、薄付、厚付、復層仕上、軽量骨材仕上の各塗材の4種に区別している。ALC版は、平滑なもの、エンボスのあるものがあるが、水に無防備なので、多少弾力性のある塗料（吹付タイルという）が塗られる。目地は、下地の時にコーキングを忘れてはならない。塗装方法は、コンプレッサーによる吹付工事である。

ⓓ——ワニス系の塗装

木材には、木目があり、目弾きが生じる。材料をよく乾燥させて清掃し、砥粉を水に溶かして直接塗り付け、半乾きの時に布等で目を詰めながら砥粉を取り、目止めをする。この時、砥粉自身に着色する場合と、ステインで着色する場合とがあるが、目止めが痩せることから2度目止めをすると、よい下地ができる。また専用の目止剤も使われる。下地ができると上からシケラックを塗り、紙やすりを軽く掛ける作業を2〜4回行い、ワニスで仕上げる。高級な場合は、コーパルワニスの仕上やワニスの研磨仕上もある。

クリヤーラッカーは、艶が出にくいが、熱に強く、塗膜も硬いことから最近よく使われる。刷毛塗用のものを用い、目止め、着色、また刷毛塗と紙やすりの関係は、前と同様である。ただ仕上にタンポ（木綿の布を綿で包んだもの）にラッカーを含ませ、数回タンポ摺りと紙やすり掛けを繰り返すと艶も出る。他に乾燥後コンパウンドで研磨し、ラッカーポリッシュで艶出仕上とする時もある。

ⓔ——水性ペイント

古くは、白鉛、亜鉛華、胡粉を膠（にかわ）、カゼイン、澱粉に混ぜ、着色顔料を入れ、水で希釈して塗ったが、現在ではエマルションペイント（EP、AEP）がおもに用いられる。

塗装する面をよく清掃し、鉄の部分は、錆びないようオイルペンキ系の塗料で押えておく。塗料は塗りやすい状態に水で希釈して塗る。この塗料は塗りやすいが、縦または一方向に塗るのが大切で、だいたい2回塗りで仕上げる。外部用、浴室用の施工も、これに準じる。施工後は、刷毛を始め道具類をよく水洗いしておかないと固まって使えなくなるので注意する。

f —— 漆の塗装法

　漆は、仕上によって使用する漆の種類が異なるが、下地は一般的に同じで、「素木固め」「下地ごしらえ」を行う。まず素地固めをする前に、素地の割れ、継目、埋木、節などがあれば、刻苧（木屎）を詰めるための刻苧彫りを行う。

　素地固めは、「素地研ぎ」「摺り漆」「刻苧飼い」「布着せ」「布目そろえ」「布目摺り」の順に行われる。

　素木研ぎは、素地の鉋削りした木地の素面を、サンドペーパー、さめ皮、木賊でていねいに研ぎ上げることで、摺漆は防水の目的で生漆を素木に擦りこむことである。刻苧飼いは刻苧彫りした所に、刻苧を竹べらで入念に充填することである。布着せは刻苧飼いを充分乾燥させ、素木全面に糊漆で布あるいは紙を貼り付ける。布目そろえは、布着せの布や紙の凹凸を平らに削りそろえることで、荒砥で空研ぎ（水をつけずに研ぐ）をする。

　下地こしらえは、「地付」「切粉地づけ」「錆地づけ」が行われる。地付は、厚い下地層の必要なときに行う。生漆、地粉、水適量のものを桧のへらか、下地刷毛を用いて行う。切粉地づけとは、素地面に切粉を正しく均一の厚さに塗ることである。錆地づけも、切粉づけと同様に均一な厚さに塗付けるが、黒色仕上の時は錆地の中に黒煙を少し入れるとよい。

　以上いずれも2回行うが、各回乾燥後、荒砥で空研ぎし、付着したものを取って次の作業にうつる。以後の行程である中塗、上塗は、その最終仕上の種類によってそれぞれ異なる。仕上の種類には、蝋色漆、透明漆、木地蝋色塗、花塗、溜塗があり、変り塗として白檀塗、箔置塗、焼付漆等多岐にわたる。代表的な蝋色漆の仕上についてのみ述べておく（図29・1）。

　中塗に使用される漆は無油のもので、色は上塗漆に合わせ、刷毛で薄く塗り、これを漆風呂（漆室）に入れて充分乾燥させてから、朴炭、駿河炭で平らに水研ぎを行う。上塗する前に付試しをする。付試しでは、板ガラスに漆を塗り、乾燥の速度や光沢色調などを調べておくとよい。上塗はていねいに刷毛で行い、中塗同様漆風呂で乾燥させるが、刷毛目、埃に注意が必要である。先に静岡炭で研ぎ、その後蝋色炭で研ぐ。胴摺りは摺炭に炭粉を使用する場合と、砥粉の時があり、蝋色研ぎの上すぐ行う時と、もう一度摺漆をして行う時があり、前者は、蝋色炭の最も細かいものか、油砥の粉を布に着けて磨き、後者は、油砥の粉か炭粉砥粉で磨いた後、油等を充分にぬぐい去ることが大切である。

　第1回の摺漆では、綿で生漆を一面に摺り付け、よくもんだ和紙で余分な漆をていねいにぬぐい去る。乾燥後、綿に微量の菜種油をつけ軽く摩擦し、少量の角粉（鹿の角の蒸し焼の粉末）も使う。第2回、第3回の摺漆も第1回と同様だが、特に乾燥時間を充分に（2日以上）取ることが大切である。これで蝋色塗が完成する。漆塗の仕上には種類も多く、わが国の伝統的かつ万能な唯一の塗料であるが、それぞれの材料、下地、技法も異なり、一般的な塗料に比べて手間と時間がかかり高価なことから、採用も少なくなっている。しかし本塗の美しさは他にはなく、価値の失われないよう伝えていく必要があり、和風建築、数寄屋の心の中になくてはならない貴重な材料、仕上である（表29・5）。

表 29・5 製漆の等級分類表

等級順位	透き漆 無油	透き漆 有油	黒漆 無油	黒漆 有油
1	研出し梨地	上等春慶漆	蝋色漆	塗立蝋色漆
2	木地蝋色	朱合漆	箔下漆	塗立漆
3	無油朱合	透き塗立	艶消し漆	上花漆
4	透き箔下漆	透き中花	中塗漆	上中花
5	透き中塗	透き並花		中花漆
6	透き艶消し	春慶漆		並花漆
	釦漆	溜漆		

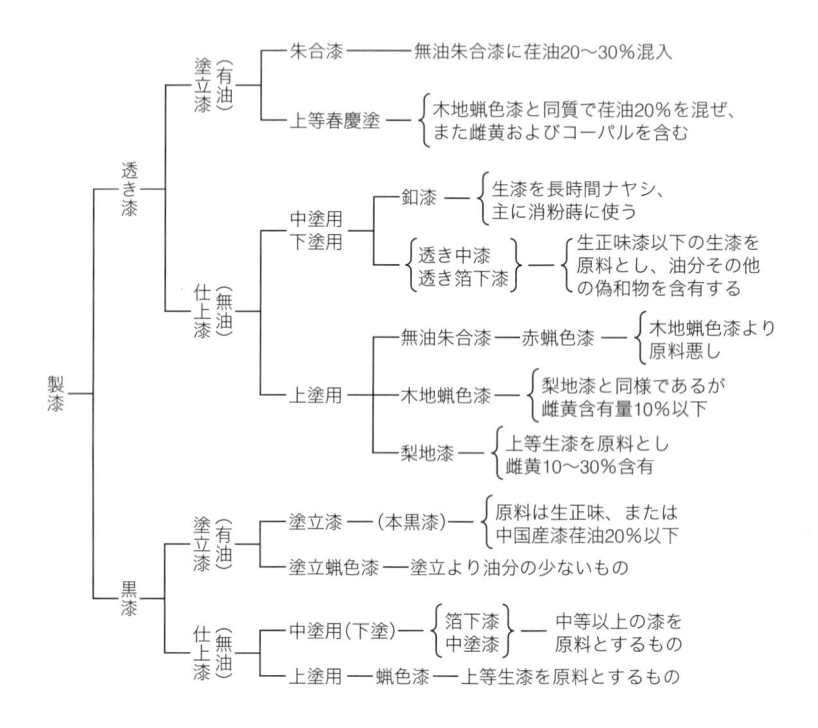

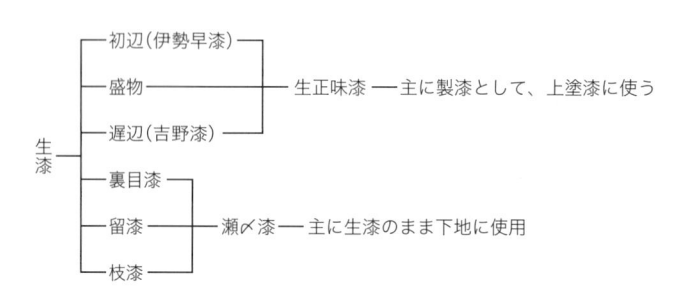

```
                    ┌ 塗立漆(有油) ┬ 朱合漆 ─── 無油朱合漆に荏油20〜30％混入
                    │              └ 上等春慶塗 ─ {木地蝋色漆と同質で荏油20％を混ぜ、
                    │                              また雌黄およびコーパルを含む
              ┌ 透  │              ┌ 中塗用  ┬ 釦漆 ─── {生漆を長時間ナヤシ、
              │ き  │              │ 下塗用  │          主に消粉蒔に使う
              │ 漆  │              │         └ {透き中漆  ─ {生正味漆以下の生漆を
              │     │ 仕上漆(無油) │            透き箔下漆    原料とし、油分その他
              │     │              │                          の偽和物を含有する
              │     └              │         ┌ 無油朱合漆 ─ 赤蝋色漆 ─ {木地蝋色漆より
              │                    │ 上塗用  │                          原料悪し
  製漆 ┤                           └         ├ 木地蝋色漆 ─ {梨地漆と同様であるが
              │                              │                雌黄含有量10％以下
              │                              └ 梨地漆 ─ {上等生漆を原料とし
              │                                          雌黄10〜30％含有
              │     ┌ 塗立漆(有油) ┬ 塗立漆 ─ (本黒漆) ─ {原料は生正味、または
              │     │              │                      中国産漆荏油20％以下
              └ 黒  │              └ 塗立蝋色漆 ─ 塗立より油分の少ないもの
                漆  │              ┌ 中塗用(下塗) ─ {箔下漆} ─ 中等以上の漆を
                    │ 仕上漆(無油) │                  中塗漆    原料とするもの
                    └              └ 上塗用 ─ 蝋色漆 ─ 上等生漆を原料とするもの

        ┌ 初辺(伊勢早漆)
        │
        ├ 盛物 ────────── 生正味漆 ── 主に製漆として、上塗漆に使う
        │
  生漆 ┤├ 遅辺(吉野漆)
        │
        ├ 裏目漆
        ├ 留漆    ── 瀬〆漆 ── 主に生漆のまま下地に使用
        └ 枝漆
```

図 29・1 建築に使用される漆の分類

30 床仕上材と工事

一般の板の間に用いられる縁甲板（フローリング）については前述したが、住宅の他の床仕上材について述べていく。

住宅から畳の面積が少なくなっているが、和室の床の基本は畳である。

1 畳

畳の起源は古く、平安後期時代（藤原時代）にすでにあり、乾いた太蘭や草の類で作った円座を使い、寝る時は、筵のように下に敷いていた。畳の語源は、タタムからきているといわれている。室町時代の後半から安土桃山時代にかけて、書院造の発達とともに部屋全体に敷かれるようになり、江戸時代には、それが一般化した。明治以降は、和室、座敷は畳敷の部屋を指すようになった。

畳の大きさは、その建物のモデュールにより変わることは既述したが、厚さは約5cmで、厚いほど上等といわれ、6cmくらいのものもある。

畳は、畳床、畳表、畳縁から成り立ち、保温性、弾力性、触感などに優れる。吸塵性、吸湿性、可燃性という性質ももつ。畳床のないものをゴザ（茣蓙）、薄縁という。

畳床は、稲藁を約40cmの厚みに重ね、約5cmまで圧縮したものをいう。これには、手製（足締め）と機械締めがあり、現在は、機械締めが普通である。稲藁は、1年以上のものを荒袴を取って用いる。裏菰は、立筵（選藁と細縄で長手に織ったもの）を広げた上に縦に稲藁を一握りほど束ねて並べ、その上に立筵を重ねて横配藁を並べて、追手筵（立筵の幅の倍くらいのもの）を拡げ、繰り返し重ね、最後に畝藁を長手に置き、裏菰から畝藁まで長さ1.5mくらいの所で切って、麻糸で9通りから17通りまで刺す。耳板（框）は両端上角に縫い付ける板で、厚さ3mm、幅4〜5cmくらいの杉板（もしくは桧板）を片側刀刃に削って、厚い方が端にくる。耳板は畳表に折目をつけ、また畳の敷合せで目違いにならないようにするものである。

以上のように畳床は手間のかかるものだが、種々改良されてきた。現在では軽く、扱いやすいことからポリエチレンフォーム板使用のスタイロ畳が増えている。

燈心草、石竜蒭等を藺草といい、乾燥させたものを緯に、麻糸を経に織ったものが畳表である。塩化ビニールの畳表もあるが、まだまだ天然物のように快適ではない。織り方は引き通し（畳幅と1本のもの）と中継ぎ（2本を畳の幅の中央で交差したもの）の二種がある。引き通しは、表替えの時都合がよいが、中継ぎの方が強い。

畳縁は、布縁で種々の色があるが、家庭では無地縁が基本である。質は麻、木綿、ナイロン、サランのものもある。古くは格式によって畳縁の紋様が決められ、また自分の指標として使われ、天皇、上皇、神仏は繧繝縁、親王、大臣は雲菊や高麗縁の大紋、公卿は、高麗縁の小紋、五位以下は、紫端、六位は黄端で、寺院は、白地に黒紋で大紋、小紋に分けられていた（図30・1）。

床畳は薄縁ともいわれ、高麗縁と、藺草も薩摩筵や石竜蒭表を用いる。床の間に用いられる床畳の藺草は、普通よりやや太く、高級で上品なものである。

畳縁のないものを坊主畳という。柔道の道場などに用い、琉球表の藺草のやや太いものを使う。上敷は、畳表のみのものである。本畳の汚損を防ぐため日常的に敷いたり、汚損を隠すために用い、三畳、四畳半、六畳、八畳、十畳敷などがある。床暖房用の畳は、普通の厚さではその効果が出ないので、上敷の下に、プラスチックや合板の芯を作り、厚さ1cmくらいにする。

藤筵は、籐を細く削って藺草の代わりにした上敷で、夏場に上敷としたり、脱衣室の床に敷くのに最適である。

畳の敷き方は、長手を床に平行に敷くのを祝儀敷といい、その逆は不祝儀敷として忌まれる。床前以外の畳は、遣違いに敷く（図30・2）。

畳、特に藺草は、岡山県の西部から広島県の東部にかけての備後表が高級品の代名詞で、他に備前（岡山）、土佐（高知）、八代（熊本）、琉球（大分）、諸目（静岡）、小松（石川）がある。現在は藺草の栽培農家が減少して約60％が輸入され、畳の製造は熊本県でそのほとんどが行われている。

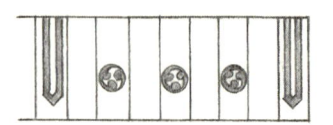

図30・1　畳縁の意匠

二畳　八畳　十畳　十二畳半　十二畳　十五畳

三畳　四畳半　六畳　十八畳

図30・2　畳の敷き方

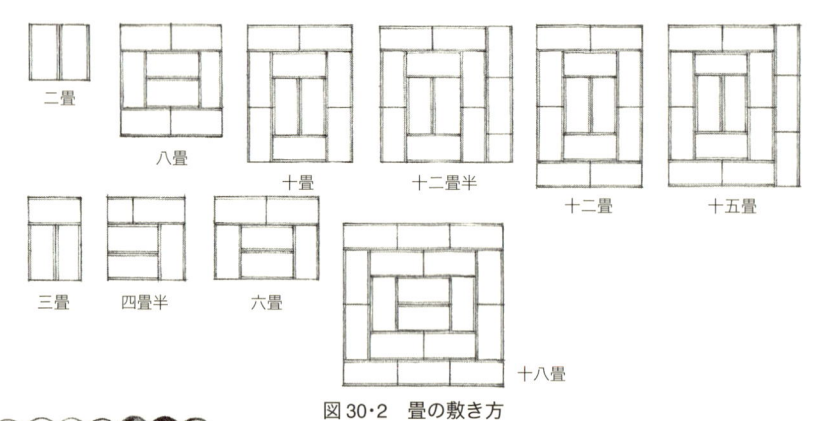

図30・3　二重織の断面図（出典：日装連技能テキスト編纂委員会編『床仕上施工法カーペット編』日本室内装飾事業協同組合連合会、1975、p.9）

繊組　芯
基布　ラックスゴム　基布
芯の無い場合　芯のある場合

図30・4　コードカーペット断面組織図（出典：同上、p.13）

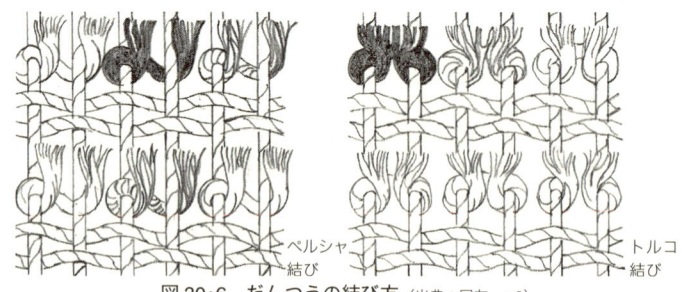

ペルシャ結び　トルコ結び

図30・6　だんつうの結び方（出典：同左、p.9）

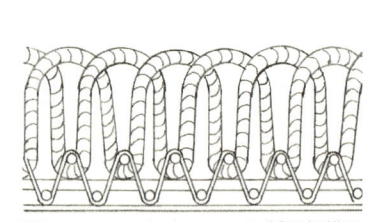

図30・5　ニットカーペット断面組織図（出典：同上、p.14）

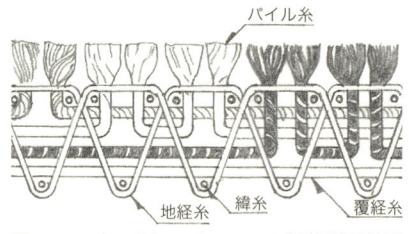

パイル糸
地経糸　緯糸　覆経糸

図30・7　ウィルトンカーペット柄物断面組織図（出典：同左、p.10）

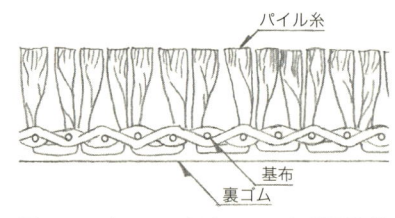

パイル糸
基布
裏ゴム

図30・8　タフテッドカーペット断面組織図（出典：同左、p.13）

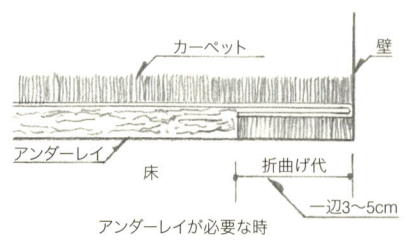

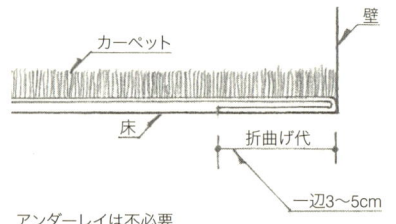

カーペット　壁
アンダーレイ　床　折曲げ代　一辺3〜5cm
アンダーレイが必要な時

カーペット　壁
床　折曲げ代　一辺3〜5cm
アンダーレイは不必要
（折込み部分のパイルを抜き取るか、刈取る）

図30・9　カーペットの折込み断面図

2 織物類

洋室の床仕上材は、織物類、合成樹脂系の製品、圧搾されてできたもの、ゴム糸のもの等多彩である。

床に敷物を敷くのは、有史以前に毛皮がまず用いられたと考えられる。敷物としてはバビロニアやエジプトで床を飾り、6世紀頃中国、ヨーロッパへ伝えられたとされる。わが国では『魏志倭人伝』中に卑弥呼に「けい」が送られたとの記述があり、これが敷物といわれている。奈良時代には、毛氈（もうせん）が作られ、室町時代には、緞通（だんつう）が中国よりもたらされた。

ⓐ——カーペットの種類

カーペットは、パイルがカットされているもの、カットされていないもの（ループカーペット、輪織（わなおり））、表面がフラットなもの、そうでないものに分類される。パイルがカットされたものは以下の3つが代表的である。

プラッシュ（plash）は、最も一般的なもので、パイルの長さ5〜10mm程度、仕上のシャーリングによって、全体がほぼ均一でどんな場所にも使用でき、部屋全体に敷き込むのに適している。

ハードツイスト（hard twist）は、パイルに撚りがあり、パイルの長さは長目で弾力があり、プラッシュより高級品である。

シャギー（shaggy）は、パイルの長さが30mm前後あり、豊かな風合とムードを感じさせるもので、敷詰めたカーペットの上にピース敷きにして、カーペットオンカーペットにすると豪華な感じの部屋になる。

ループ状のものには以下の四つがある。

レベルループ（level loop）は、パイルの高さが一様で、適度に硬く、歩きやすく汚れにくいので、歩行量の多い所に適している。

マルチレベルループ（multi level loop）は、ループの高さに高低をつけることで、柄や模様を作り出したものである。

ループアンドカット（loop & cut）は、前者のループ部分をカットして模様や柄を作り出したもので、色調も部分的に変えるとデザイン的に効果がある。

ハイアンドロー（high & low）は、カーペットの普及とともに、わが国で商品化されたもので、前三者のパイルの形状を組合せて優雅な味を出し、豪華さをループの高低やカットで表現するものである。

ⓑ——敷物の分類

ここでは、起毛の有無と、起毛の構造によって分類する。

1◆起毛の有無による分類

三笠織は、皺にならないよう二重織にしたどっしりしたもので、別名スコッチカーペットともいい、表面と裏面とで、色、柄とも反対になる。菊水織もこの一種で、横糸にセニール糸を用いたものである（図30・3）。

ニードルパンチカーペットはフェルト状で、ふわふわした繊維層にニードル針を突き刺して、基布（基礎になる布）にからませて作ったものである。

プレデットラグは、古布や毛ボロを裁断、三つ編にして縫い合わせたものである。

コードカーペットは、パイルと基布に接着し、簀子状にしたウェブ（web）を用いるものと、太い糸を用いるものとがあり、いずれもパイルが畦状に並ぶ（図30・4）。

チューブドラグは、糸をコード編みして、ミシン縫いしたものである。

毛氈（もうせん）は、洗浄した羊毛をほぐして均一な厚さの簀子状にし、熱と水分と圧力を加えて縮充して、一定の形（約一畳物）に裁断したものである。厚さ1〜3mmの無地染が多い。長尺物には、幅1.9mと1.82mの二種があり、ともに30m物である。緋毛氈とは、太い紡毛を平織にして縮充させたもので、赤色に染めたものをいう。

ニットカーペットは、織物のカーペットで、パイル糸と基布糸が同時に作られていくのは織りカーペットと同じであるが、これは編み上げられてできている（図30・5）。

2 ◆ 起毛の構造による分類

緞通は、縦糸にパイル用の糸をからませ、一本一本織っていく手織のカーペットである。パイル糸を引っ張っても抜けない織組織になっていて、ペルシャ、トルコ、中国のものが有名である。わが国にも種々の産地がある（図30・6）。

中国緞通（天津緞通）は手結びで、金櫛を用いてパイル糸と横糸を打ち込むため「叩緞通」といわれている。密度は、30cmの間に縦、横とも80本が普通品で、天津、北京、洛南、香港等が主要な産地である。

堺緞通は、1831年に堺で始められた手結びの敷物で、中国緞通より薄く筬（おさ）を用いて結び、鋏で切断する。普通品は30cmで縦60本、横80段で通称「ロクハチ」と呼んでいる。

ウィルトンカーペットは織りカーペットの一種で、三越（3-shot）のものをいい、織カーペットでは最高級品である（図30・7）。

ダブルフェイスウイルトンカーペットは、二重カーペット織機により表裏二重の地組織にパイル系を織込み、表裏の中央をナイフで切断して同時に二枚のカーペットを織上げることからこの名がある。

スプールアキスミンスターカーペットは、特殊な織機による機械織のカーペットで、色彩に制限がないので、多色の色模様を自由につくることができる。

金華山カーペットは、一色のパイル系で、濃淡二色の立体感を強調できるのが特徴で、基本は、ウィルトンカーペットである。また椅子貼地やカーテン地も金華山と呼ばれるものがあり、柄の名前にもなっていて、特に豪華なものである。

フットフラックは、刺繍絨毯（ししゅうじゅうたん）ともいう。基布に綿布かジュート布を用い、半自動のパンチングマシーン（ピストル状のもの）でパイルを刺込んで作る。パイルの長さ、番手、撚り数、粒の密度、色、大きさなどを自由にできるのが特徴である。

フロックカーペットは、短繊維を静電法により基布の上に直接接着させた、ビロード風の短いパイルのカーペットである。

タフテッドカーペットは、基布の上に、ミシン針でパイルを植え付けるもので、機械織カーペットの数十倍の生産能力がある。基布からパイルが抜けるのを防ぐため、裏からゴム系の糊で固め、その裏に接着剤を出さないために、ジュートの布で仕上げられており、カットパイルとループパイルがある（図30・8）。

床仕上材としてのカーペットは、豪華さへの憧れから普及した。清掃の難しさ、ダニの問題から、主流は木質床材に取って代わられているが、まだまだ人気の、魅力ある床仕上材である。

c —— カーペットの施工

仕上げられた床（フローリングや寄木貼の床）に部分的に敷く時は、単にカーペットを広げるだけだが、部屋全体に敷込む時は、壁や出入口の取り合い等から、特別な敷込み方が必要となる。カーペットの端は折り曲げるが、この部分の厚さが2倍になるので、アンダーレイ（綿や麻のフェルト状のもの）を糊または鋲で軽く止める（図30・9）。

床にカーペットを定着させる方法には、接着工法、グリッパー工法がある。

まず接着工法には袋貼、部分接着、全面接着がある。袋貼は周囲やジョイント部分のみ接着する方法である。部分接着は、歩行の多い所や端部の主要部分を接着する方法である。全面接着は、接着する順序や段取りが大切で、また敷替え時のカーペット剥がしも大変である。特別な時以外はあまり採用されない。

グリッパー工法（図30・10）は、カーペット需要の増大にともなう施工時間の短縮と大面積の敷き込みのために開発された。まずエッジという厚さ6mm、幅30mm、長さ1.2mの合板に、ゲージ16の鋼鉄製のピンが60度の角度で、15cm間隔に千鳥に打たれたものを、壁からカーペットの厚みの1/2〜3/4開けて打ち、エッジに囲まれた部分にアンダーレイを敷き詰める。カーペットの継手は、下布を当てて接着するか、縫糸でかがったものだが、近年は、ヒートボンド（シーミングテープ）法で行うことが増えている。これはカーペットの突付けの下にシーミングテープを敷き、専用のアイロンで接着剤を溶かして貼る方法で、早くきれいに仕上がる。次に壁とエッジの隙間に少し余らせたカーペットをステアツールという工具で叩き込み、ピンにカーペットを引っ掛け、このエッジに直角方向の反対側で、パワーストレッチャーやニッキーカーを用いてカーペットを引っ張る。一番張った所でエッジと壁面の間にステアツールでカーペットを叩き込み、ピンに引っ掛ける（図30・11）。次に直角方向で同じ作業をする。寸法、出隅、入隅等に気を配って段取することが大切である。また入口下部には、カーペットロックというアルミ製の金物も用意されている（図30・12）。

カーペットタイルは、ループカーペットをゴムで裏打ちしたものである。厚さ7mm大きさ50cm角で、ループの繊維方向に従って市松に貼ることもできる。貼り方は床タイル同様でカーペットと比べて簡単である（図30・13）。

3　床タイル

明治時代から西洋の様式が取り入れられ、天然石、テラゾー（人造大理石）、無釉タイル等による床タイルが用いられるようになった。性能は優れていたが、量、価格の問題があった。

その後、化学的床材料として、リノリウム、ゴム等が作られたが、製造に時間がかかり需要に応じられなかった。

戦後、石油樹脂や塩化ビニール樹脂が母体となった床タイルが作られ、現在プラスチック系タイルが主流になっている。このタイルを総称して、Pタイルと呼ぶ。

ⓐ——床タイルの分類

ビニール系床タイルは、塩化ビニール樹脂を主原料とし、可塑剤、安定剤、添加剤、着色剤でできている。厚さは2〜3mmで30cm角、30.3cm角、30.48cm角があり、半硬質、軟質、ホモジニアスに分けられる。

最も多いのは、半硬質ビニールタイルである。均質な単層で、無地の他、模様も縦筋、マーブル柄がある。実用性は他のタイルより優れ、施工も簡単な床タイルである（図30・14）。

軟質系ビニールタイルは、半硬質のものよりやわらかい材質にしたもので、均一な単層材で模様も変化に富んでいる。

ホモジニアスビニールタイルは、形態的に単層のもの、二層またはそれ以上の積層品もあり、特性もそれぞれ異なる。一般に歩行感もよく耐磨耗性もあるが、維持管理が難しく施工が前二者に比べて少々面倒になる。

アスファルト系床タイルは、クロマン樹脂とその他の石油樹脂、添加材料でできた明色系と、天然アスファルトを主成分にした暗色系がある。厚さ3mmで大きさはビニールタイルと同じだが、現在、種々の事情によりあまり使われなくなった。

ゴム系床タイルは、天然ゴムまたは合成ゴムと補強剤、充填剤等を主組成としたもので、独特の重量感、色調と弾力性と歩行感があり、耐久性、耐磨耗性にも優れた床タイルである。均一層のものは、厚さ3mmで、30.48cm角、他の積層のものは厚さ3mm、4.5mm、5mm、6mm、9mmで、30.3cm角である。また軟質ゴムタイルは均一のもので厚さ7mmで30.3cm角と33.3cm角、積層のものは、厚さ6mm、9mmで、50cm角、60cm角がある。

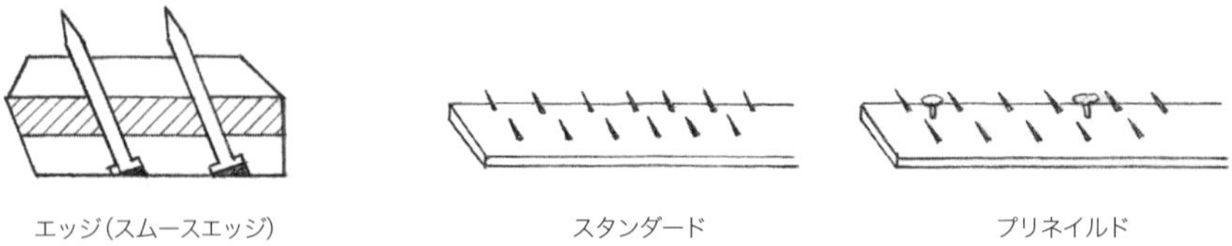

エッジ(スムースエッジ)　　　　　スタンダード　　　　　　　　プリネイルド

図30・10　グリッパー工法　エッジはカーペット敷込み時、カーペットがゆるむのを防ぐのに、エッジが大きな役割を果たすこの工法をグリッパー工法という。（出典：日装連技能テキスト編纂委員会編『床仕上施工法カーペット編』日本室内装飾事業協同組合連合会、1975、p.56）

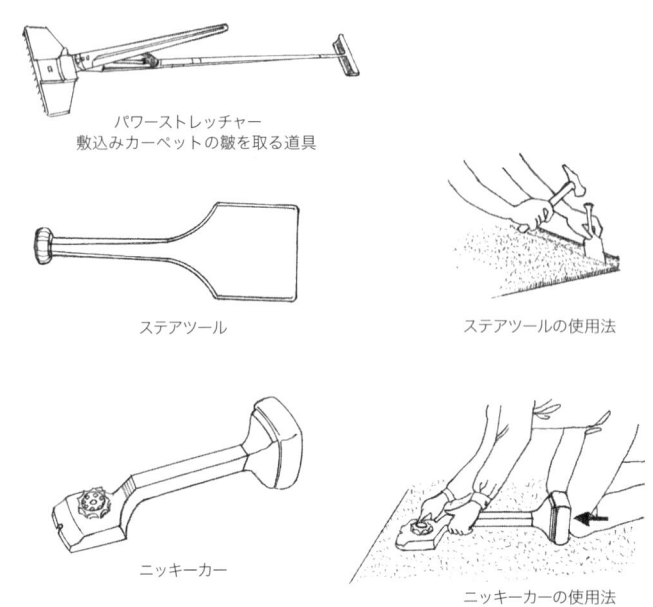

パワーストレッチャー
敷込みカーペットの皺を取る道具

ステアツール　　　　　　　ステアツールの使用法

ニッキーカー　　　　　　　ニッキーカーの使用法

図30・11　カーペット敷込みの道具の一部（出典：日装連技能テキスト編纂委員会編『床仕上施工法カーペット編』日本室内装飾事業協同組合連合会、1975、p.62〜64）

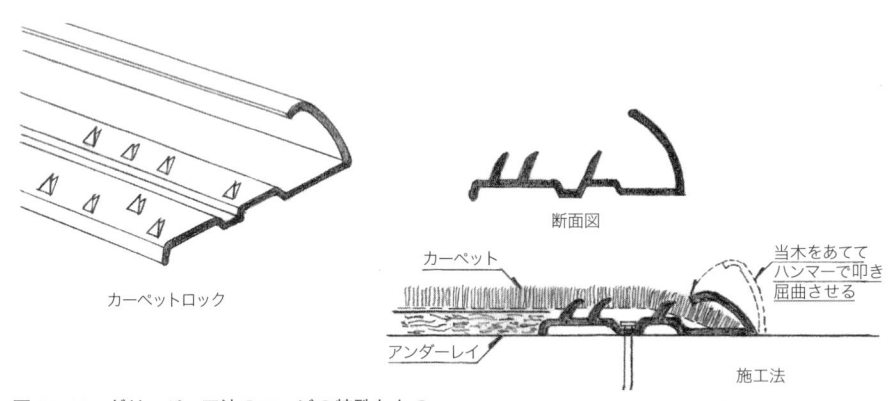

カーペットロック

断面図

カーペット
アンダーレイ
当木をあててハンマーで叩き屈曲させる
施工法

図30・12　グリッパー工法のエッジの特殊なもの（出典：日装連技能テキスト編纂委員会編『床仕上施工法カーペット編』日本室内装飾事業協同組合連合会、1975、p.69）

図30・13　カーペットタイル 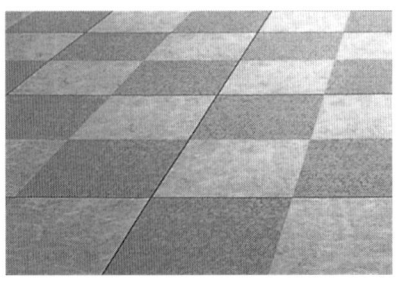　　　　図30・14　床仕上タイル 　　　　図30・15　長尺床材

レジンテラゾー床タイルは、エポキシ樹脂またはポリエステル樹脂で、天然の砕石を成形し、テラゾーまたはそれに類する意匠のタイルである。厚さ4mm、6mmで、30×60cmが主流になっている。材料が硬いので、施工、使用場所等に留意する必要がある。

その他、特殊ビニール床タイルとして、耐酸床タイル、耐熱床タイル、耐油床タイル、帯電防止床タイル、電導床タイル、放射線防護床タイル等多種がある。

コルクタイルは、天然のコルク樫やアベマキの樹皮で作ったもので、樹皮そのものを加工したものと、一度粉砕して再び糊で固めたものとがあり、厚さ4mmくらいで30cm角が多い。弾力があって歩行時にやわらかさを感じさせ、子供部屋等によく採用された。コルクタイル単体のものと、すでにフローリングに貼ったものとがある。コルクには断熱性があるため、厚いものは床暖房の効果がなく、薄いものではその特徴が出ないというむずかしい材料である。

この他、フローリングブロックという木製の床材もあったが、現在ではほとんど見かけなくなった。

ⓑ——床タイルの施工

床タイルを貼る下地は木製床、モルタル下地等だが、しっかりした床で、乾燥していなければならない。

仮にタイル割をし、部屋の端や、壁と接する所でタイルの半分より小さいタイルができた時はやり直し、タイルの半分より大きな半端になるようにする。また壁面の凸凹の切り込みも行って、接着剤を櫛目ゴテで塗り、貼り付ける。接着剤は、状況やタイルの種類に適切なものであることが大切である。

施工上の注意をいくつかあげておく。接着剤はよく攪拌する。櫛目ゴテは、規定のものを使う。塗り付けた後、圧着は時間内に行う。壁際のタイルは、浮きやすいので特に気をつけて圧着する。室温が10℃以下の時は、充分養生して施工し、できれば室温を上げるようにする。トーチランプは、使用を最小限にする。ドライヤーの方が効果的である。

❹ 床シート（長尺床材）

長尺床材は、1863年リノリウムが発明されて以来、広範囲に使われてきたが、製造工程での酸化醸成に時間がかかり、施工にも時間が必要であった。

1950年頃から塩化ビニール樹脂を用いて長尺床材が作られはじめた。この材は色彩が自由で耐水性、耐薬品性に優れ、また製造にかかる日数も飛躍的に短縮され、急速に普及した。外国製のものは、もともと下足で使用するため、表面は強くクッション性に乏しい。国産品は上足を前提とするのでクッション性は良好である。一時水回り全部が長尺床材の時期もあったが、現在は落ち着いた需要になっている（図30・15）。

ⓐ——長尺床材の種類

長尺床材の種類も多いが、その代表的なものを述べておく（表30・1）。

リノリウムは、乾燥油、樹脂、石粉、コルク等が比較的太い麻の基材の上につけられたもので、以前は仮敷きが必要であったが、接着剤の開発により必要がなくなった（図30・16）。

織布積層ビニールシートは、比較的細い糸の麻布の基材の上に二層のビニール質、その上にビニール表面層が重ね合わされたものである（図30・17）。

フェルト積層ビニールシートの基材は、麻のやわらかいフェルトで、その上にビニール表面層が形成されたものである（図30・18）。

ノンアスベスト紙ビニールシートは、ノンアスベスト紙を基材にするもので、インレット方式とクッションフロア方式の二種類に分かれる。インレット方式は基材の上にビニール細片を置き（図30・19）、半透明の高純度ビニールで継ぎ止めたものである。クッションフロア方式は基材の上に発泡ビニールペーストをつけ、これに印刷し、その上にビニールペーストを塗り付けて加熱、中間層を発泡させて表面透明ビニール層を形成したものである。中間層の発泡の高低でエンボス模様もつけられ、パターンは床資材全部あり、長尺床材の代名詞になっている（図30・20）。

表 30・1　長尺床材の分類（出典：日装連技能テキスト編纂委員会編『床シート（長尺床材）編』日本室内装飾事業協同組合連合会、1975、p.5）

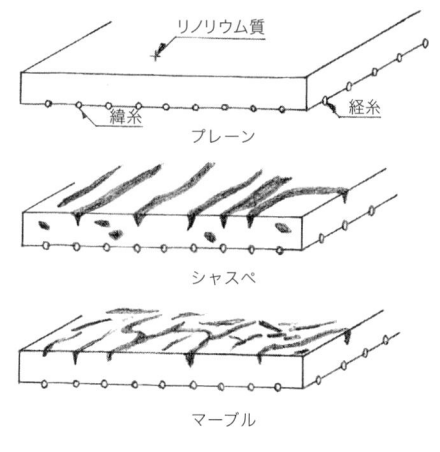

名称		原料			
系	区分	積層基材	粘着剤	可塑剤等	充填剤その他
リノリウム		麻布、紙	アマニ油	松脂	炭酸カルシウム
ビニールシート	単体シート	－	塩化ビニル樹脂または塩化ビニル＝酢酸ビニルとも重合樹脂	可塑剤、安定剤	炭酸カルシウム、クレー、顔料
	織布積層シート	麻布、綿布、合成繊維布			
	フェルト積層シート	フェルト			
	樹脂含浸紙積層シート	含浸紙			
	ノンアスベスト紙積層シート	ノンアスベスト紙			
	スポンジ積層シート	ビニルスポンジ			
ゴムシート		麻布、綿布、合成繊維布	天然ゴムまたは合成ゴム	加硫剤、加硫促進剤、促進助剤、老化防止剤	炭酸カルシウム、クレー、顔料

図 30・16　長尺床材（リノリウム）

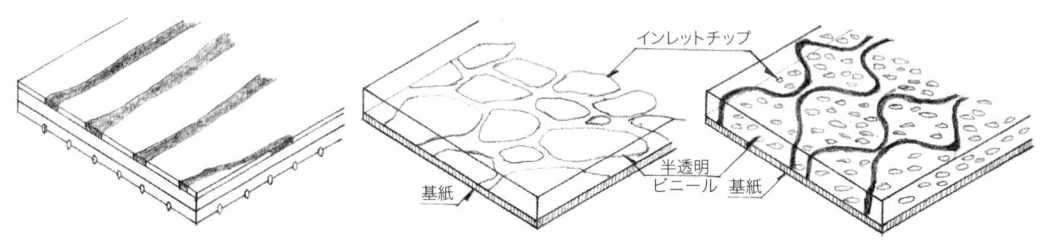

図 30・17　織布積層ビニールシート　ラミネーション方式　細い麻織布を基材とし、その上に１～２層のビニール質、さらにその上にビニール表面層が重ね合わされて、一体化されたもの。

図 30・19　ノンアスベスト紙積層ビニールシート　インレット方式　紙状基紙の上に比較的硬いビニール細片を適宜配列させ、それを半透明の高純度ビニールで、つなぎとめたもの。

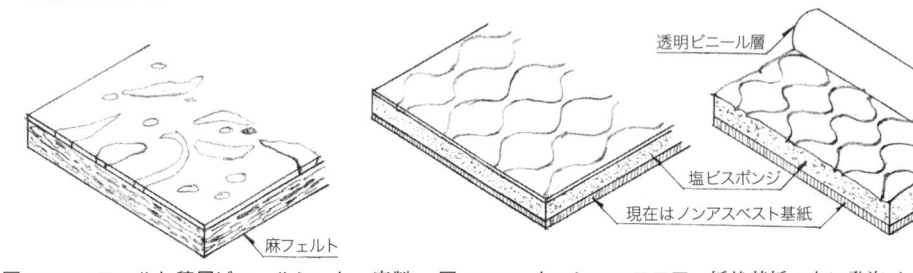

図 30・18　フェルト積層ビニールシート　麻製のフェルトの上に、ビニール表面層が形成されたもの。

図 30・20　クッションフロア　紙状基紙の上に発泡ビニールペーストをつけ、これに印刷、その上にビニールペーストを塗布する。加熱によって中間層を発泡させ、表面に透明層を形成させたもの。エンボスの模様も可能。

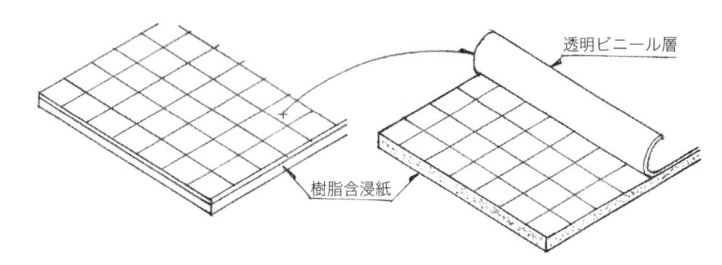

図 30・21　樹脂含浸紙積層ビニールシート　アスファルトなどの樹脂を浸み込ませた厚紙に印刷を施し、その上に透明なビニールペーストを塗り、加熱、ゲル化させたもの。

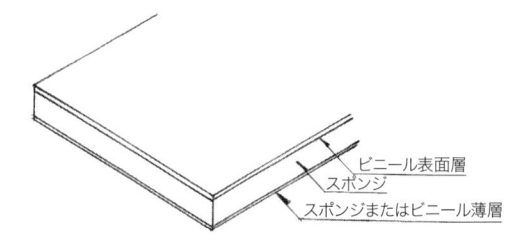

図 30・22　スポンジ積層ビニールシート

樹脂含浸紙積層ビニールシートは、アスファルトを浸み込ませた紙に印刷し、その上に透明ビニールペーストを塗り、加熱ゲル化したものである（図30・21）。

スポンジ積層ビニールシートは、ビニール表面層に厚い緻密なビニールスポンジを付着させたもので、裏面はスポンジスキンで特に緻密になっている。この種のシートは、基材のないのが特徴といえる（図30・22）。

ⓑ────長尺床材の寸法

巻物で、幅1.82m×長さ20mくらい、厚さは、約2〜4mmのものである。

ⓒ────長尺床材の施工

施工は、床タイルの施工に共通する。異なるのは、材料が非常に大きいため、振り回すのに労力がいるということである。また何度も寸法合わせをすることになるが、よい仕上がりのため繰り返し行うことが大切である。模様合わせも確実にする。塩化ビニール系のものは継目同士が溶接でき、専用の機械もある。接着剤も床タイル同様に選別するが、この接着剤は、揮発性のものが多いので、「火気厳禁」にした方が安全である。

索　引

●あ

アーチ（arch）	198
相決り	320, 369
合端	280
青石	290
アカシ押	143
赤味	296
明障子	117
幄舎	64
アクリル樹脂塗料（AE）	453
アクリルシリコン樹脂塗料	453
アクリルラッカー	453
上土門	228
腮	280
網代	336
網代垣	170
網代敷	159
網代戸	173, 435
芦分	159
アスファルト系床タイル	463
アスファルトルーフィング	334, 365
四阿（東屋）	165
校倉	94
仇折包み	336
圧着貼	376
あばた	282
鐙板	141
鐙熨斗	344
あふり板	141, 348
雨覆板	82
甘皮	139
阿麻組	100
雨戸	117, 119, 431
網入りガラス	444
阿弥陀堂	84, 96
網戸	440
粗石	279
洗出し	369
荒木田土	359
霰崩し	159
霰零	159
蟻壁長押	402
アルタイル	410
アルミドア	426
アルミ庇	394
アレルゲン	192
合わせガラス	444
鮟鱇	356
アンダーレイ	462

●い

庵添の木	165
燈心草	459
藺草	459
池様	155
石階段	424
石垣積み	96
石組	157
石の間	64
石櫃	157
居定勾配	105
移植	163
石渡石	159
泉殿	115
磯様	155
板石	55
板蟇股	10, 103, 135
板唐戸	12, 123
板蛇腹	139
板戸	435
板碑	167
板塀	232
板目	298
イタリア磨き	361
一屋一室	115
市松敷	159
一文字瓦	342
1枝	73
一式請負	274
五つ母屋納め	24
五手先	100, 103
稲子	412
稲荷土	361
豕扠首	73, 78, 89, 109, 336
猪目	70
茨垂木	135
茨鰭	135, 137
いぶし瓦	340
芋	280
甍天井	109
入側	117, 119
入花菱	402
入幅木	404
色ガラス	444
岩絵具	142
磐座	145
磐境	59
陰陽五行説	147

●う

ウィルトンカーペット	462
ウォーターハンマー	244
ヴォールト（vault、穹窿）	198
鶯貼	119
請花	94, 167
雨水	245
宇豆柱	66
打上天井	412
打越垂木	73
打付格子	387
内付サッシ	426
内法高さ	254
内法長押	98, 123, 402
内法貫	98
内露地	34
靱瓦	344
腕木庇	394
厩	117
厩貼	73
海様	155
埋樫	381, 396
梅鉢	70
裏甲	24, 105, 107
裏込め	280
裏白戸	53
漆	453
漆塗	441
鱗敷	159
上絵具下	144
上塗	144
上棟	82
縹綱縁	126

●え

ALC版	57
A、L、V、S	276
エクスパンション・ジョイント	18
エスキス	254
江戸下見	369
江戸間	252, 426
荏油	142, 145, 455
海老虹梁	73, 133, 139
海老束	418
海老割	320
エポキシ樹脂塗料	453
絵馬堂	64
絵様	132, 139, 143

絵様繰形	22, 128
絵様決り	24
縁格	320
円形	167
縁葛	78, 119
塩化ビニルエナメルペンキ（VP）	453
縁框	381
縁榑	320
縁甲板	320
遠州形	167
延焼のおそれのある部分	178
円柱	98
円筒錠	443

●お

黄土	142
御廁	64
大霰	159
笈形	73, 135
大矩	284
扇垂木	105
大木戸	173
大阪土	361
大定規	284
大蛸	291
大津垣	170
大津壁	361
大円窓	384
大棟	112
大炉	45
拝み	107
置上げ胡粉	143
置千木	66
置灯籠	167
置床	418
置目	143
桶風呂	214
筬欄間	117, 126, 402
押板	82, 117, 414
汚水	245
尾垂木	100, 103
小田原草	353
落縁	119
落天井	42

男梁	10
落積み	280
鬼板	112, 344
鬼板台	112
鬼皮	139
鬼瓦	112, 344
鬼斗	103
帯戸	435
折上格	128
折上格天井	92, 117, 412
折尾垂木	103
折戸	438
織布積層ビニルシート	465
織部形	167
織部床	418
折釘	51
園城寺光浄院客殿	117
温水床暖房	251
オンドル	251
女梁	10

●か

カーペット	461
カーペットロック	463
貝頭	70
外構図	264
開山堂	96
会所	247
戒壇院	96
外部仕上表	270
海布丸太	300
海陸風	183
回廊	89
蟇股	135
化学的顔料（泥絵具）	142
蛍石	170
鏡板	123
鏡天井	92, 410
鏡戸	435
鏡張り	280
垣	170
搔落とし	366
欠き首	121
柿渋	455
蠣灰	361

角石	279
額障子入襖	442
額束	80
角柱	98
額縁	406
神楽殿	64
掛け雨戸	47
懸瓦（掛瓦）	109, 342
掛子彫	51
掛込み天井	42
掛障子	47
懸鼻	98
懸花生	45
囲	31
籠彫	126
笠石	167
笠木	80
風切丸瓦	139
笠塔婆	167
香椎造	61, 64
可視光線	181
鹿島鳥居	80
カシュー樹脂	455
頭貫	22, 98
春日形	167
春日造	61
春日鳥居	80
ガス設備図	264
片足場	286
堅木	296
型摺写し	144
刀刃	53
刀掛け	41
片蓋柱	121
堅魚木	61, 354
合掌	51
勝手口ドア	426
葛石	96
桂垣	170
桂穂垣	170
火灯（花頭）	391
火灯窓	126
香取鳥居	80
矩計詳細図	255
金輪造営図	66
蟹面戸瓦	112

矩折墨	70
矩勾配	78, 337
冠木	10
冠木門	228
鎌倉和様	86
亀島	153
亀の尾	128
亀腹	68, 73, 78, 82, 96
神魂神社	66
茅負	24, 73, 105, 107
カラーブロック	447
カラーベスト（コロニアル）	350
唐居敷	10, 123
唐草瓦	109
ガラス	444
ガラス障子	438
ガラス繊維	447
ガラスブロック	445
空積み	279
唐戸	119, 435
唐花菱	402
唐破風	20, 64, 133, 342
唐面戸	123
唐面取り	123
ガラリ窓	391
伽藍配置	84
枯木戸	173
枯山水庭園	147, 150
側桁	121
河様	155
丸桁	98, 103, 105, 135, 137, 378
龕合床	45
関西間	252, 426
潅頂堂	96
関東間	252, 426
雁振瓦	344
冠瓦	112, 141, 344
岩綿吸音板	410
顔料	451

●き

木裏	296
木負	73
木表	296

祇園造 …………………61, 64	…92, 94, 117, 119, 378	蛍光灯 …………………236	vault) …………………198
木柄戸 ……………………53	鬼龍子 …………………112	硅酸カルシウム板	格狭間 ………………15, 123
菊 ………………………126	霧除け庇 ………………394	…………………410, 414	格子戸 ……………126, 435
木矩 ………………29, 86, 117	木割 ………………29, 86, 117	珪藻土 …………………363	合成樹脂 ………………447
菊丸 ……………………112	金閣寺垣 ………………170	景物 ……………………165	合成樹脂エマルションペイント …………………453
階 ……………………115, 121	銀閣寺垣 ………………170	軽量型鋼 ………………318	合成樹脂塗料 …………451
基礎伏図 ………………262	金華山カーペット ……462	懸魚 ………………26, 109	高置タンク ……………243
北側斜線 ………………178	金属前処理錆止塗料 …455	蹴込板 …………………121	格天井 …92, 107, 117, 128, 410, 412
基壇 ………………………96	●く	蹴込板嵌め階段 ………424	講堂 ………………………94
凡帳 ……………………115	杭形土居木 ……………155	蹴込床 …………………418	向拝 ……………………68, 132
凡帳面 …………………133	潜 ………………………121	下座床 ……………………45	向拝柱 …………………132
亀甲 ……………………128	楔 …………………………80	化粧 ………………………98	幸表牌楼 …………………80
亀甲敷 …………………159	櫛形 ……………………391	化粧裏板 …………107, 109	格縁 ………………128, 412
亀甲積み …………………96	くずれ積み ……………280	化粧垂木 …………22, 105	光明丹 ……………143, 144
木連格子	九山八海 ………………147	化粧母屋 …………………24	高麗芝 …………………163
…………109, 123, 126, 336	降懸魚 ……………………26	化粧屋根裏 ………92, 115	高麗縁 …………………126
木戸門 ……………173, 228	降り棟 …………………112	化粧用ガラス ……………445	高欄 ………………12, 94, 119
貴人口 ………………34, 38, 45	杏石 …22, 78, 132, 133, 378	外陣 ………………………61, 86	高欄付の縁 ……………115
木鼻 ………………22, 128	クッションフロア ……465	結界 ………………………78	虹梁 ……………22, 73, 109, 133
規範（order） ……………66	杏脱石 ……………20, 161	蹴放し …………………123	五右衛門風呂 …………214
吉備津造 ………………61, 64	杏巻銅板 ………………133	煙返し石 …………………53	コージェネレーションシステム …………………249
擬宝珠 …………………119	組入れ天井 ……………128	螻首 ………………………22	コードカーペット ……461
擬宝珠高欄 ………12, 121	組格子 …………………387	螻羽 ………………78, 336	コーナー窓 ……………431
擬宝珠柱 ………………121	汲取便所 ………………217	懸崖 ……………………153	コールドジョイント …295
鬼門 ……………………194	組物 ……………………100	玄関 ………………20, 117, 221	小返し ……………………26
逆勝手 ……………………41	雲 ………………………126	源氏襖 …………………442	小木 ………………………66
逆床 ……………………415	雲障子 …………………384	源氏塀 …………………232	刻苧 ……………………142
逆蓮柱 …………………121	雲筋違 …………………329	玄昌石 …………………350	木口包 …………………384
キャッチ ………………443	刳蟇股 …………………135	懸垂線状 ………………105	小組格天井 ………92, 412
CAD ……………………270	繰形 ………………128, 135	源太丸太 ………………300	九間 ……………………117
吸音テックス …………410	グリッパー工法 ………463	間知石 ……………96, 279	小狭小舞 ……………66, 78
給仕口 ……………………45	栗のなぐり ………………47	建築概要 ………………270	腰掛 ………………………34
九州四国間 ……………426	厨 ………………………117	建築化照明 ……………414	腰紙貼 ……………………42
九星 ……………………193	クリヤーストーリィ ……70	間斗束 …………………103	腰障子 …………………126
給排水衛生設備図 ……264	車宿 ……………………115	建仁寺垣 ………………170	腰高窓 …………………426
強化ガラス ……………445	榑縁 ……………………378	現場研ぎ人造石（現テラ） …………………96	腰貫 ………………………98
経蔵 ………………………89	クレセント ……………443	剣菱 ……………………126	腰紙貼 ……………396, 406
匈奴 ……………………194	黒木鳥居 …………………80	建蔽率 …………………178	五重塔 ……………………94
経の巻付の獅子口 …………………112, 343	黒文字 …………………170	●こ	小蛸 ……………………291
京間 ………………41, 252, 426	クロルピリホス ………193	小霰 ……………………159	鋲押さえ ………………366
曲水の庭 ………………147	群青 ……………………144	高圧水銀灯 ……………236	小天井 …………………103
切石 ……………………279	●け	笄 …………………………26	小はぜ爪 ………………348
桐板貼 ……………………55	蘗 ……………………49, 204	紅箭門 ……………………80	小刃立て ………………139
切裏甲 …………………107	蹴上げ …………………225	交叉ヴォールト（cross-	
切目縁			

碁盤目地 ……………………133	実肘木 ……73, 100, 103, 133	獅子口 ………………………345	十二支 ………………………193
碁平 ………………10, 12, 315	錆漆 …………………………144	四神 …………………………147	十二直 ………………………196
拳鼻 ……………………22, 98	侍所 …………………………115	紫宸殿 ………………………115	受華八弁 ……………………94
胡粉 ……………92, 119, 142, 143	鞘葺 …………………………57	システムキッチン …………212	守護石 ………………………151
小舞竹 ………………………359	晒土 …………………………359	下地窓 ………………45, 47, 393	主人石 ………………………151
小舞貼 ………………………105	皿斗 …………………………133	下腹雪隠 ……………………34	受水タンク …………………243
小間返し ………………126, 334	猿戸 …………………………173	下見板 ………………………51	須弥山 ………………………147
込たたら束 …………………119	猿梯子 ………………………424	下見板貼 ……………………369	須弥壇 …………………89, 92
ゴム …………………………450	猿頬天井	地垂木 ………………………107	聚楽土 ………………………361
ゴム系床タイル ……………463	………117, 119, 402, 410	七五三庇 ……………………394	棕梠縄 ………………………51
小紋縁 ………………………126	猿頬面 ………………………22	七堂伽藍 ……………………96	俊乗坊重源 …………………84
小屋伏図 ……………………262	沢渡石 ………………………159	十干 …………………………193	準防火地域 …………………178
五輪塔 ………………………167	山岳密教 ……………………84	漆喰天井 ……………………414	書院 …………………………117
コルクタイル ………………465	桟唐戸 ……………12, 92, 123	悉堂伽藍 ……………………96	書院障子 ……………………438
鼓楼 …………………………89	桟瓦 …………………………340	実費精算式 …………………274	書院造 ………………………86
転し根太 …………………57, 315	三解脱門 …………………86, 89	七宝 …………………………126	定規縁 ………………………123
呉呂太石 …………38, 170, 280	三州たたき …………………96	支点間距離（スパン）……313	常行念仏堂 …………………96
転び止め ……………………326	山水并野形図 ………………151	褥 ……………………………115	詳細図 ………………………264
コンクリートの階段 ……424	三層楼 ………………………86	蔀戸 ……92, 115, 117, 119,	上座床 ………………………45
権現造 ………………………61	三尊石 ……………………151, 157	123, 422	障子 …………………………438
権現鳥居 ……………………82	山王鳥居 ……………………82	地貫 …………………………98	仕様書 ………………………270
金剛柵 ………………………18	三面僧房 ……………………96	鎬 ……………………24, 103, 329	消石灰 ………………………361
金堂 …………………………89	三門 ………………………86, 89	柴垣 …………………………170	上段床 ………………………418
牛蒡根 ………………………163	山門 …………………………89	四半敷 ………………………159	上段の間 ……………………117
根本大塔 ……………………94	山谷風 ………………………183	四半目地 ……………………133	正堂 …………………………61
	山廊 …………………………12	鴟尾 ……………………112, 343	浄土庭園 ……………………147
●さ		地覆 ……………78, 119, 121	菖蒲桁 ………………………137
祭器庫 ………………………64	●し	地覆石 ………………………96	匠明 ………………………29, 117
サイディングボード（sid-	シーラー ……………………456	地覆長押 ……………98, 119, 123	鐘楼 …………………………89
ing board）……………369, 371	塩焼瓦 ………………………340	島木 …………………………80	植樹 …………………………161
竿石 …………………………167	枝折戸 ………………………173	地棟 …………………………51	白太 …………………………296
竿縁天井……42, 117, 128,	紫外線 ………………………181	地棟梁 ………………………326	支輪 …………………………103
402, 410	支外垂木 ……………………109	注連縄 ………………………78	真壁塀 ………………………232
堺緞通 ………………………462	磯城 …………………………59	釈迦堂 ………………………96	真空ガラス …………………445
賢木 …………………………78	敷石 …………………………96	シャギー（shaggy）………461	真桁 …………………………105
嵯峨丸太 ……………………300	敷瓦 ………………………96, 133	杓金物 ………………………123	心字池 ………………………147
作庭記 ………………………151	式台 ………………………20, 221	錫杖彫り ……………………133	伸縮目地 ……………………18
箙桁 ……………121, 225, 424	磁器タイル …………………374	尺八竹 ………………………51	神仙思想 ……………………147
箙子下見 ……………………369	食堂 …………………………96	鯱 ……………………………112	神饌所 ………………………64
座敷縁 ………………………119	式年遷宮 ……………………61	借景庭園 ……………………151	神仙蓬莱 ……………………150
座敷飾り ……………………117	四季の庭 ……………………147	蛇腹皮 ………………………139	人造石洗い出し ……………55
三四五 ………………………284	磯城神籬 ……………………78	社務所 ………………………64	人造石塗り研出し（現テラ）
差下げ棒 ……………………284	敷目板 ………………………369	ジャロジー窓 ………………431	……………………………133
指棟 …………………………109	四脚門 ………………………86	朱色 ……………………142, 144	真反り ………………………105
指母屋 ……………………24, 109	軸組図 ………………………262	重層（二重屋根）……………89	真出し（芯出し）……………284
雑排水 ………………………245	鍛葺 …………………………61	重層楼 ………………………86	真束小屋組 …………………326

472

寝殿	115	隅肘木	103	添物	324	高窓	391
寝殿造	115	住吉造	61	ゾーニング（zoning）	206	滝	155
心の御柱	66	隅炉	41	殺継ぎ	320	抱き足場	286
心柱	94	素焼瓦	340	祖師堂	96	滝組	157
真棒胴突	291	スライド丁番	441	礎石	96	滝副石	151, 157
神明造	61	スランプ試験	293	組積構造	94	竹の節	121
神明鳥居	80	摺ガラス	444	袖垣	170	竹の節欄間	126, 403
				袖形	167	多重塔	167

●す

		●せ		袖切り	100	多層建築	92
水煙	94	正混法	190	袖切眉	133	誰屋形	167
随流垣	170	青漆	143	袖鳥居	82	たたき	96
末口	324	青漆地	142	外付サッシ	426	畳	459
スカートジョイント	300	清浄石	170	外露地	34	畳石	159
透し欄間	126	正吻	112, 343	傍軒	336	畳表	459
縋破風	20, 68, 133, 139	井籠組	94	礎盤	132, 133	畳床	459
杉戸	126, 435	赤外線	181	素描	254	畳縁	459
数寄屋	29, 31, 86	石塔	167	反り	329	畳寄せ	396
透廊	64, 115	石幢	167	反り元	105	たたら束	119
直根	163	瀬〆漆	455			立水	26, 70
直軒瓦	342	軟障	115	●た		立水線	133, 137
筋芝	163	石膏ボード	363, 414	台石	170	タッカー	302
筋葺	342	摂社	64	大唐破風	135	塔頭	96, 117
筋良材	300	接着剤貼	376	大虹梁大瓶束	109	龍山石	290
雀口	334	折衷様	86	太鼓落し	326	建具表	264
簾	440	折板	346	太鼓張り	121	棚	117
ストゥーパ（stupa）	92	施釉瓦	340	太鼓貼のドア	435	谷積み	280
ステイン	455	施釉タイル	374	太子堂	96	種石	369
捨膠塗	143	迫出積み（hanging over）	198	大師堂	96	手挟	73, 128, 133, 139
捨眉	133	迫持積み	198	大社造	61	タフテッドカーペット	462
簀戸門	173	背割り	296	台子	28	ダブルフェイスウイルトンカーペット	462
砂壁	363	塼	290	大池泉庭園	147	多宝塔	92, 94, 167
砂雪隠	34, 159	膳板	406	大徳寺垣	170	玉石積み	96, 280
砂浜	155	潺湲	155	大斗肘木	22, 100	玉垣	64
簀子	47	前栽秘抄	151	耐熱強化ガラス	445	垂木形	336
州浜	155	禅宗様	86	対の屋	115	単管足場	286
スパンドレル	410	禅宗様高欄	12	大仏形	167	単彩色	142
スプールアキスミンスターカーペット	462	禅堂	96	大仏様	84	短冊敷	159
素葺	342			大瓶束	73, 107, 109, 135, 137	単床	318
スベリ刃打ち	369	●そ		大名庭園	147	壇上積み	89, 94, 96
スポンジ積層ビニールシート	467	総反り	105	台目切り	41	単層（平屋）	89
隅木	24, 105	相伝	94	台目畳	41	鍛通	462
隅切	391	象鼻	22	大紋縁	126	タンポ	456
隅降り棟	112	総掘り	284	台輪	98, 133	断面詳細図	255
隅桔木	107	総門	86	高基礎	290, 294	断面図	255
		相輪樸	96				

単廊	89	ツーバイフォー	200	天窓	391, 431	トラス（truss）	323

● ち

		束石	96			トラップ	247
違棚	418	突き上げ雨戸	47	● と		鳥居	64, 78
力金	121	築山	153	ドア	435	鳥居門	82
力鎖	141	蹲踞	34, 38, 155, 159, 170	ドアハンドル	441	鳥兜	82
力垂木	105	付書院	422	ドア用金物	441	取付格子	387
千木	61, 78	付樋端	117	土居	161	鳥衾付の鬼板	112, 343
地業石	96	土極	163	土居木	161	塗料	451
稚児棟	112	繋虹梁	133	ドイツ下見	369	トントン葺	334
池泉回遊式	150	角柄	45	東院伝法堂	114	トンボ皮	139
池泉観賞式	150	角又	361	東求堂	117		
池泉舟遊式	150	壷底	153	胴繰	121	● な	
池泉庭園	147, 150	壷掘り	284	胴庫	41	内陣	61, 86, 92
千鳥足	159	妻板建て戸袋	396	礬水引き	143, 145	内部仕上表	270
千鳥破風	20, 64, 109, 342	妻飾り	109	遠侍	117	中潜り	34, 38
地袋	418	積上貼（ダンゴ貼）	376	透視図	270	中芝	163
粽	98	詰組	100, 103	東司	96	中備え	103
粽柱	133	吊足場	286	塔婆	92	中立ち	38
茶室	31	吊階段	422	胴縁	373	中引	326
茶所	96	釣子	348	藤筵	459	中味絵具	144
茶庭	147, 150, 159	釣灯籠	167	灯籠	167	長屋門	228
茶屋	31	釣殿	115	灯籠控え	167	流造	61
中国緞通（天津緞通）	462	鶴亀蓬莱	147	道路斜線	178	長押	98, 100
中陣	68	鶴島	153	通し貫	98, 307	投墨	80
中台	167			ドーム（dome）	198	七つ母屋納め	24
鏝泥	142, 143	● て		トーラナ（torana）	80	七手先	100
中殿	61	逓減率	94	木賊	143	海鼠壁	15, 55
チューブドラグ	461	出入口枠	406	床	45, 117, 418	波型ガラス	444
中門	34, 89, 173, 228	出組	73, 100	床差	117	双堂	61, 86, 92
中門廊	115, 117	出格子	387	床脇	418	縄垂曲線	279
長州風呂	214	デシベル（dB）	186	斗尻	103	南越	194
手水鉢	155, 170	鉄骨階段	424	土台	98	軟質系ビニールタイル	463
手水屋	64	鉄山秘書	61	土壇	96		
朝鮮芝	163	鉄砲垣	170	特記仕様書	270	南大門	86
帳台構え	117, 126	出幅木	404	凸目地下見	369	納戸	117
丁番（蝶番）	441	出窓	391, 431	土留め桟	334	南都六宗	84
塵穴	41	出三ツ斗	100	利根丸瓦	112, 342	南蛮漆喰	340
チリトンボ	363	出炉の構え	41	飛石	159		
亭	165	展開図	264	戸襖	396	● に	
狆潜り	415, 418	電気設備図	264	戸前	53	ニードルパンチカーペット	461
		天井	128	塗膜形成助要素	451		
● つ		天井高	254	塗膜形成副要素	451	仁王門	89
築地塀	10, 18, 89	天井伏図	262	塗膜形成要素	451	逃し管	245
衝立	115	展色剤	451	留蓋瓦	112	二月堂形	167
対束小屋組	326	天地根元之宮造	61	留蓋丸	139	苦汁	96
		天袋	418	巴瓦	109	膠	143, 144

握蓮 ……121	練積み ……279	秤肘木 ……100, 103	……463
西の屋形 ……167	練塀 ……18	掃出し窓 ……384, 426	半繁 ……22, 105
二重折上格 ……128	●の	白熱灯 ……236	磐石 ……145
二重折上格天井 ……412	軒唐破風 ……137	曝涼 ……49	半外付サッシ ……426
二重壁 ……55	軒蛇腹 ……18, 103	刷毛引き ……366	版築 ……96
二重虹梁蟇股 ……15	軒支輪 ……100	箱皮 ……139	版築塀 ……18
二十八宿 ……196	軒付け ……139	笠崎鳥居 ……80	ハンドミキサー ……366
二重床 ……128	軒天井 ……103	箱棟納め ……70, 141	●ひ
蹴口 ……34, 38, 45, 159	軒鉢巻 ……51	狭間石 ……96	Pタイル ……463
日影図 ……183	熨斗瓦 ……26, 112, 141	橋 ……165	ヒートボンド（シーミング
ニッキーカー ……463	熨斗積み ……112	半蔀戸 ……123	テープ） ……463
丹土 ……142	野芝 ……163	橋挟み ……161	ヒートポンプ ……252
ニットカーペット ……461	野島 ……153	橋挟石 ……167	ピーリング ……373
丹塗 ……128	野筋 ……147	端喰 ……123, 418	飛檐垂木（飛簷垂木、飛詹
庭石 ……157	野垂木 ……105	柱建て戸袋 ……396	垂木） 73, 105, 107, 139
人形束 ……135	野面石 ……279	蓮花形 ……121	ひかり胴付 ……329
●ぬ	野根板 ……336	撥束 ……103	引戸 ……126
貫 ……98	延段 ……159	鉢巻 ……18	引戸用金物 ……443
貫穴 ……307	登裏甲 ……24	鉢巻貫 ……51	引渡し勾配 ……24, 107
拭板敷き ……92, 115, 126	登高欄 ……121	八幡造 ……61	ピグメント ……451
布裏甲 ……107	登り淀 ……336	八幡鳥居 ……80	ひげこ ……363
布掘り ……284	野屋根 ……100	八面取り ……326	庇 ……68, 94, 115
沼津垣 ……170	法勾配 ……279	八炉の構え ……41	燈障り ……161
塗籠 ……359	布連 ……363	発光ダイオード ……238	燈障木 ……167
塗込傍軒 ……342	ノンアスベスト紙ビニール	八双金物 ……10, 123	菱井桁 ……402
塗天井 ……414	シート ……465	法堂 ……94	肘掛窓 ……387
濡縁 ……119, 378	●は	鼻隠し ……331	肘木 ……100
●ね	ハードツイスト（hard	花狭間 ……15, 123, 126	菱組欄間 ……402
根搦み ……80	twist） ……461	花肘木 ……103	菱格子 ……15, 123
根搦貫 ……315	ハイアンドロー（high &	花菱蜻蛉 ……402	菱格子欄間 ……92
根皮 ……139	low） ……461	枯尾垂木 ……103	菱狭間 ……126
猫木 ……326	梅軒門 ……34	枯木 ……22, 100, 103, 105,	肘壺 ……59
猫間障子 ……438	ハイサイドライト ……70	137, 381	非焼成瓦 ……340
根締め植え ……161	配置図 ……255	枯木枕 ……24	飛泉障り ……161
捻組 ……313	配付垂木 ……331	枯高欄 ……12, 119, 121	引掛桟 ……334
鼠漆喰 ……340	拝殿 ……61	破風板 ……107, 137, 139, 336	引掛桟瓦 ……340
熱可塑性樹脂 ……449	這樋 ……356	破風瓦 ……112	一手先 ……100
熱硬化性樹脂 ……449	バイブロプレート ……292	破風造 ……12	一軒 ……12, 331
熱線吸収ガラス ……445	バイブロランマー ……292	浜床 ……70, 73, 78	ビニールクロス ……373
熱線反射ガラス ……445	ハウスパネル ……447	羽目板 ……121	ビニール系床タイル ……463
ネットフェンス ……234	羽重ね打ち ……369	羽目板貼 ……369	飛貫 ……98
熱ポンプ ……252	バカ棒 ……284	張芝 ……163	ひねり格連子 ……126
根間割 ……98	袴腰付鐘楼 ……89	貼天井 ……412	火袋石 ……167
練置土 ……359	端柄物 ……300	晴 ……204	火袋の台石 ……167
		パワーストレッチャー	神離 ……59

廟建築 ……… 86	二軒 ……… 12, 105, 331	粉板葺 ……… 10	本繁 ……… 105
平頭 ……… 94	二柱 ……… 73, 78	壁面後退 ……… 178	本繁垂木 ……… 22
屏風 ……… 115	フタル酸樹脂エナメル（FE）……… 453	ベタ葺 ……… 342	本床 ……… 415
氷紋敷 ……… 159	縁石 ……… 96	ペチカ ……… 251	本眉欠き ……… 100
比翼入母屋造 ……… 64, 70	縁無襖 ……… 442	ヘルツ（Hz）……… 186	
日吉造 ……… 61	弗化石灰 ……… 361	弁柄 ……… 143	●ま
平唐破風 ……… 12	フッ素樹脂塗料 ……… 453	弁柄塗 ……… 455	舞良戸 ……… 20, 117, 126, 396
平唐門 ……… 15	仏殿 ……… 89, 92	●ほ	前包み ……… 26, 109, 112
平瓦 ……… 109	フットフラック ……… 462	防火地域 ……… 178	蒔芝 ……… 163
平桁 ……… 119, 121	舞殿 ……… 64	防火扉 ……… 53	まぐさ（lintel）……… 98, 198
平格 ……… 128	不動石 ……… 151	防寒 ……… 381	マグネシア ……… 365
平極彩色 ……… 144	懐枝 ……… 163	方形 ……… 94	柾目 ……… 298
平書院 ……… 422	舟底天井 ……… 410	宝篋印塔 ……… 167	斗 ……… 100
平葺 ……… 141	舟肘木 ……… 98, 100	宝珠 ……… 94, 121, 167	枡 ……… 247
平三ツ斗 ……… 100, 103	布海苔 ……… 361	宝珠柱 ……… 121	桝形 ……… 15
鰭 ……… 109, 135, 344	部分請負 ……… 274	方丈 ……… 117	マスク工法 ……… 376
広縁 ……… 378	踏板 ……… 121	坊主畳 ……… 459	斗組 ……… 109
広小舞 ……… 331	踏板階段 ……… 422	坊主襖 ……… 441, 442	斗刻 ……… 119, 133
桧皮葺 ……… 107, 137, 139	踏込床 ……… 418	宝蔵 ……… 94	枡床 ……… 45
琵琶床 ……… 418	踏面 ……… 225	宝相華 ……… 128, 132	松皮島 ……… 153
	浮遊粉塵 ……… 192	方立板 ……… 123	末社 ……… 64
●ふ	プラスター ……… 365	方立柱 ……… 121	窓 ……… 126
ファンヒーター ……… 251	プラスターボード ……… 363	方柱 ……… 98	疎垂木 ……… 105, 115, 331
Vレール ……… 443	プラスチック ……… 447	膨張管 ……… 245	豆板 ……… 282
フィンガージョイント ……… 300	フラッシュ ……… 121	宝塔 ……… 167	眉欠き ……… 70, 100, 336
風鐸 ……… 94	プラッシュ（plash）……… 461	宝輪 ……… 94	眉決り ……… 26
フェルト積層ビニールシート ……… 465	フラッシュドア ……… 435	HA（ホームオートメーション）……… 217	丸桁 ……… 98, 103, 105, 135, 137, 378
吹付タイル ……… 456	フラットルーフ ……… 337	穂垣 ……… 170	マルチレベルループ（multi level loop）……… 461
吹き放し鐘楼 ……… 89	フランス窓 ……… 384	架木 ……… 119	完土台 ……… 98
吹寄せ ……… 22, 126	プリズムグラス ……… 447	補色 ……… 190	完熨斗 ……… 344
附近見取図 ……… 255	武陵桃源 ……… 147	法華堂 ……… 96	丸柱 ……… 98
複床 ……… 318	プレキャストコンクリート ……… 424	掘立柱 ……… 61	丸窓 ……… 391
復層ガラス ……… 445	プレデットラグ ……… 461	ホモジニアスビニールタイル ……… 463	間渡し竹 ……… 307, 359
伏鉢 ……… 94	振れ棟 ……… 107	洞口 ……… 418	饅頭金物 ……… 100
覆輪 ……… 121	フロアヒンジ ……… 441	ポリウレタン樹脂塗料（UE）……… 453	萬代塀 ……… 234
覆輪面 ……… 128	フロックカーペット ……… 462	ホルムアルデヒド ……… 193	
複廊 ……… 89	褌金物 ……… 302	本足場 ……… 286	●み
袋床 ……… 45, 418		本蟇股 ……… 103, 135	見え掛り ……… 98
負混法 ……… 190	●へ	本勝手 ……… 41	三笠織 ……… 461
富士火灯 ……… 126	幣軸 ……… 73, 123	本瓦葺 ……… 340	神輿庫 ……… 64
藤原豊成邸 ……… 114	塀重門 ……… 228	本間 ……… 41	簾 ……… 115
襖 ……… 117, 126, 440	幣殿 ……… 61	本実矧ぎ ……… 320, 371	水揚石 ……… 170
二ツ斗 ……… 103	平面詳細図 ……… 255		水返石 ……… 170
二手先 ……… 100, 103	平面図 ……… 255		瑞垣 ……… 82

簾垣 170	無色相 190	●や	浴室ドア 426
水杭 284	無地彩色 144	焼板貼 51	横連子 126
水汲石 170	虫干し 49	焼鈍し番線 286	四畳半 31
水捏 42	武者隠し 117	役石 159	四畳半切り 41
水垂勾配 96, 119	夢想四分一 415	役瓦 112	四脚鳥居 82
ミストサウナ 215	無双窓 391	野洲灰 361	四ツ目垣 170
水鉢 163	鞭掛 66, 78	八脚門 86	四ツ目戸 173
水引梁 20	六連れ 10, 12	八ツ中転び 80	四手先 100, 103
水屋 47	六手先 100, 103	八棟造 64, 70	淀 331
水屋釘（竹釘） 47	棟巻き 329	八手先 103	四通貫 307
見立物 170	棟持柱 66, 73, 78	屋中竹 354	嫁たたら 119
乱継ぎ 320	棟門 228	屋根伏図 262	依代 59, 80
道しるべ形 167	無縫塔 167	屋根塀 232	鎧下見 51, 369
密陀絵 144	無釉タイル 374	矢筈積み 280	鎧窓 391
密陀絵彩色 142	無油漆蝋色塗 455	山島 153	
密陀僧 142	●め	大和打ち 394	●ら
密陀油 142, 145	目板瓦 342	遣水 155, 165	礼堂 61
三ツ斗 22, 100, 133	目板貼 369	軟木 296	ライトゲージ 318
三ツ斗組 73	銘木合板 373	●ゆ	ラスボード 363
三つ半母屋納め 24	盲連子 126	唯一神明造 66	ラッカー 453
三棟造 15	目地 280	結綿の繰形 135	ラッチ 443
三つ母屋納め 24	目地下見 369	遊魚石 167	欄間 126, 384
三手先 100, 103	メタルシーリング 410	有効採光面積 181	欄間鴨居 402
三通貫 307	メタルラス 365	有孔ボード 410	欄間雲障子 438
蓑垣 170	目違い棚 280	釉薬タイル 374	欄間敷居 402
三軒 105, 115, 331	目土着 165	遊離尾垂木 103	
箕甲 24, 107, 137, 139, 141	目通り 298	油煙塗 455	●り
箕甲納め 70, 109, 381	馬道 61	床 117	鯉魚石 157
箕甲皮 139	面皮 41	床タイル 463	立面図 255
蓑束 103	面腰押 126	床伏図 262	リノリウム 465
三柱鳥居 80	面戸板 109	瑜祇塔 94	リピート 373
宮立て形 167	面戸決り 329	雪見形 167	龍安寺垣 170
明神鳥居 80	●も	雪見障子 438	粒子状汚染物質 192
明礬 143	毛氈 461	油性塗料 451	龍車 94
三輪鳥居 82	木質系プレハブ 200	ユニットバス 214	龍頭鷁首 115
●む	帽額 115	斉庭 145	石竜翅 459
麦漆 143	裳階 94	柚の木形 167	龍の髭 165
起り 329, 337	木瓜火灯 126	●よ	龍鬣 415
起破風 20, 109	身舎 68, 115	養生 163	龍門瀑 155
向唐破風 12	森島 153	容積率 178	流觴曲水 147
向唐門 15	モルタルミキサー 366	用途地域 178	両流造 68
向切り 41	双斗 103	浴室 96, 214	両部鳥居 82
向止 98	紋切置目 143	浴室換気乾燥暖房機 215	輪蔵形式 89
無彩色 190	文殊堂 96		●る
			ルーバー窓 431

ループアンドカット（loop & cut）……461

● れ

レジンテラゾー床タイル ……465
レベルループ（level loop）……461
れんが敷 ……159
連子（櫺子）……123, 126
連子窓 ……15, 47, 92, 126

● ろ

炉 ……45
楼門 ……12, 64
ローリングタワー ……286
六枝掛三ツ斗 ……133
六四瓦 ……340
緑青 ……142, 144
陸谷 ……61, 337
陸直し ……315
陸庇 ……394
陸屋根 ……337
六曜星 ……196
六葉乳金物 ……100
露地 ……147, 150
炉焼タイル ……374
露盤 ……94

● わ

ワーカビリチー ……293
ワイヤラス ……366
脇懸魚 ……26
脇障子 ……119, 121
脇羽目 ……123
枠組足場 ……286
枠指鳥居 ……82
枠肘木 ……100, 103, 133
綿壁 ……363
渡殿 ……115
渡り廊下 ……115
輪垂木 ……135
輪違い瓦 ……141
輪違丸 ……112
ワニス ……453
侘茶 ……28, 86

藁座 ……123
蕨手 ……121
蕨縄 ……51
割束 ……135
割熨斗 ……344
割拝殿 ……61

あとがき

　本書を執筆していると、自身の浅学さがひしひしとわかってくる。それを補うために原著『新版　日本建築』を数回熟読した。たいへん勉強になったが、原著の偉大さが、さらに浮き上がってくる。それゆえ原著の内容を全部載せたいのであるが、頁数の関係が諸々に影響を与えるので調整がいる。付け加えるところはあまり苦労はないが、省くところは相当の覚悟と決断力が必要となる。

　例えば、現場での仕口は割合簡単なものが多く、本格的な仕口が使われることが少ないので、省いてしまうことを考えた。しかし省いてしまうと、本格的な建物が建たなくなってしまい、やがて消えてしまう。したがって、留める必要のあるものはほとんど残し、省けると思ったものは、身を切る思いで省いていった。その結果、不行届きの部分等も多々あることと思うが、お気づきの点があればお知らせいただければたいへん幸せである。

　本書執筆にあたり、原著者渋谷五郎・長尾勝馬両先生の業績の偉大さを改めて認識するとともに、このような形での『新訂　日本建築』発行をご快諾いただいた原著著作権継承者渋谷晧夫・長尾ち子両氏に、心より御礼申し上げます。

　また、多くの人々からアドバイスと励ましとを頂戴して、力をいただきました。特に矢ヶ崎善太郎・末川協両先生には貴重な忠告とご指導を賜り、深く感謝いたしております。また、本書刊行にあたり、その機会を与えて下さった学芸出版社の京極迪宏氏、ならびに全般にわたって、ご苦労とご指導賜った永井美保さんに心から御礼を申し上げます。ありがとうございました。最後になりましたが、日夜我慢を重ねて見守り、期待してくれた妻悦子に礼をいいます。

2009 年 7 月
妻木靖延

《原著者および著者略歴》

渋谷五郎（しぶや ごろう）
　1919 年東京工業高等学校卒業。大阪市立都島工業高校教諭を経て、元大阪工業大学講師。
　1977 年没。

長尾勝馬（ながお かつま）
　1926 年中央工学校卒業。大阪市立都島工業高校教諭を経て、元大阪工業技術専門学校建築工学科教授。
　1981 年没。

妻木靖延（つまき やすのぶ）
　妻木建築設計事務所所長、大阪ガス㈱リフォームコンサルタントスタッフ
　1935 年（昭和 10 年）、大阪市生まれ。
　1957 年、大阪工業大学第一工学部建築学科卒業。同年、坂倉準三建築研究所入所。1959 年、同所を退所。
　同年、妻木椅子工場を経営。1967 年、妻木建築設計事務所を開設。1980 年、妻木椅子工場を廃業。
　1986 年、大阪ガス㈱リフォームコンサルタントスタッフとなり、リフォーム教育を一手に手がけ、現在に至る。
　この間、大阪工業大学高等学校建築科、摂南大学工学部建築学科、武庫川女子大学生活環境学科他の非常勤講師を定年まで勤めた他、松下電工株式会社宣伝部アドバイザー、松下電器産業株式会社 HA 事業部建築関係のアドバイザーを務める。
　また、庭園と縁の関係に着目し、建築家故西澤文隆とともに、20 年余りにわたり庭園実測を行った。

新訂　日本建築

2009 年 7 月 30 日　第 1 版第 1 刷発行
2017 年 8 月 30 日　第 1 版第 2 刷発行

原著者………渋谷五郎・長尾勝馬
著　者………妻木靖延
発行者………前田裕資
発行所………株式会社学芸出版社
　　　　　　京都市下京区木津屋橋通西洞院東入
　　　　　　電話 075-343-0811　〒600-8216
装　丁………KOTO Design Inc.
印　刷………創栄図書印刷
製　本………新生製本

Ⓒ 妻木靖延・渋谷晧夫・長尾ち子 2009　　Printed in Japan
ISBN 978-4-7615-4088-3

JCOPY 〈㈳出版者著作権管理機構委託出版物〉
本書の無断複写は著作権法上での例外を除き禁じられています。複写される場合は、そのつど事前に、㈳出版者著作権管理機構（電話 03-3513-6969、FAX 03-3513-6979、e-mail: info@jcopy.or.jp）の許諾を得てください。